中国年鉴资源全文数据库

中国妇女研究年鉴

（2011~2015）

ALMANAC OF CHINESE WOMEN'S STUDIES

(2011-2015)

全国妇联妇女研究所　编

主　编　刘亚玫　杜　洁

副主编　宓瑞新　史凯亮　杨玉静

社会科学文献出版社
SOCIAL SCIENCES ACADEMIC PRESS (CHINA)

编辑委员会

目录

研究成果选介

研究机构和组织、学术活动、学者简介

附　录

前　言

《中国妇女研究年鉴》是由全国妇联妇女研究所组织编写，全面反映中国妇女/性别研究进展的学术文献，也是妇女/性别研究的工具书。《中国妇女研究年鉴》自1995年以来，以五年为一个周期，已连续出版四卷。《中国妇女研究年鉴（2011～2015）》是第五卷。

一　编纂目的

为保证《中国妇女研究年鉴》的学术性、原创性和权威性，全国妇联妇女研究所邀请部分全国妇女/性别研究领域的权威专家组成《中国妇女研究年鉴》编辑委员会，组织近年来在妇女/性别研究各领域较为活跃的学术中坚撰写研究综述，并依托全国妇联妇女研究所信息中心、中国妇女研究会办公室、《妇女研究论丛》编辑部搜集整合近年来妇女/性别研究领域的研究文献和研究机构信息，力求全面反映2011～2015年中国妇女/性别研究成果，努力使本年鉴成为对各级政府决策部门、妇女/性别研究机构以及妇女工作者兼具研究和资料价值的工具书。

二　主要栏目及内容

《中国妇女研究年鉴（2011～2015）》的栏目基本与前四卷保持一致，设有“研究综述”“研究成果选介”“研究机构和组织、学术活动、学者简介”及“附录”四个栏目。本卷年鉴的“2011～2015年中国妇女/性别研究概述”对这五年中国妇女/性别研究的概况、特点、主要研究进展及不足进行了较为整体和全局性的回顾与总结，并对未来发展进行了展望。

“研究综述”栏目是本年鉴的主要部分，是对中国妇女/性别研究各领域和各学科的研究进展的系统总结，包含“妇女/性别专题研究综述”和“学科建设研究综述”两个子栏目。编辑委员会在认真讨论的基础上，基于《中国妇女研究年鉴》的连续性考量以及2011～2015年妇女/性别研究发展趋势，对本卷年鉴的专题综述和学科综述进行了微调和优化。本卷年鉴的“妇女/性别专题研究综述”部分共设31个专题综述，与第四卷年鉴大体保持一致，删去了第四卷中“农村妇女发展研究”专题，增加了“妇女人权与法律”专题。在“学科建设研究综述”部分，本卷年鉴共设12个学科综述，在第四卷基础上删去了“女性教育学”学科综述。

“研究成果选介”栏目旨在汇集2011～2015年妇女/性别研究相关课题/项目、论著以及论文等学术成果，力求让读者对这五年妇女/性别研究进展有更直观的了解。与前四卷保持一致，本卷设“课题/项目选介”“论著选介”“论文选介”三个子栏目。其中，“课题/项目选介”介绍了国际、国家以及省部级大型课题/项目23个，“论著选介”对国内外影响较大、学术质量较高的65本专著进行了介绍，“论文选介”则筛选了学术影响力较强、被引用频次较高的70篇学术论文。

“研究机构和组织、学术活动、学者简介”栏目延续了第四卷的编排体例。“研究机构和组织简介”针对前四卷未介绍过的或较以往有较大变化的12个研究团体和学术机构进行了简介；“学术活动简介”呈现了2011～2015年召开的研讨会和学术论坛情况。“学者简介”栏目主要介绍前四卷年鉴没有介绍过的、具有正高级职称并在妇女/性别研究领域有较大影响的学者31位。

“附录”栏目在延续第四卷年鉴“附录”的“论著索引”“博士学位论文索引”“妇女/性别研究学术刊物及专栏名录”“妇女/性别研究网站名录”“全国妇联、中国妇女研究会中国妇女研究优秀成果奖、优秀组织奖获奖名单”“中国妇女研究会妇女/性别研究优秀博士、硕士学位论文评选获奖名录”六部分内容基础上，增设了“国家社会科学基金与性别相关项目索引”。

三　编纂体例和选用原则

(1) 本年鉴“研究综述”栏目所采用文献资料是2011年1月1日至2015年12月31日中国大陆公开出版或内部发行的研究成果(个别例外另作注明)。

(2) “研究综述”栏目遵循本年鉴首发原则，在年鉴出版前，未发表于任何公开出版物。

(3) “课题/项目选介”是以2011~2015年国际项目和国家级、省部级课题为重点，兼顾研究选题内容、地域和研究机构分布，并注意民族、代际均衡，最后由年鉴编委会讨论决定。资料来源以中国妇女研究会妇女/性别研究基地和各研究中心为主。

(4) “论著选介”栏目的论著筛选主要根据选题、内容、学术质量和社会影响力，注重学术性和创新性，在突出重点和热点研究领域的基础上，兼顾各学科、各民族和代际、性别及累年成果的均衡，尽力展现新领域的学术成果。是否获得省部级奖励也作为考量因素。资料来源以国家图书馆、北京大学图书馆、中华女子学院图书馆和全国妇联妇女研究所信息中心馆藏的中国大陆2011年1月至2015年12月出版的妇女/性别研究专著为主。

(5) “论文选介”以论文的学术影响力、被引用频次、被下载频次为主要标准，注重学术性和创新性，在突出重点和热点研究领域的基础上，兼顾各学科、各民族和代际、性别及累年成果的均衡。资料来源以中国知网数据库、万方数据知识服务平台、维普数据库为主，并参考数据库未收录的《新华文摘》《中国社会科学文摘》《高等学校文科学术文摘》和中国人民大学“复印报刊资料”、《妇女研究》以及部分以书代刊的连续出版物，时间范围为2011年1月

1 日至 2015 年 12 月 31 日。

（6）“研究机构和组织简介”对于前四卷年鉴已经介绍过的研究机构原则上不做介绍，但个别变化较大的学术机构和组织除外。资料来源于中国妇女研究会办公室。

（7）“学术活动简介”主要来自中国妇女研究会、全国妇联妇女研究所信息中心和各妇女研究组织提供的信息，以及从相关报刊、网站等媒介的信息源中筛选出的 2011 年 1 月 1 日至 2015 年 12 月 31 日之间开展的影响较大或有特色的学术活动。

（8）“学者简介”主要介绍前四卷年鉴没有介绍过的、截至 2015 年底具有正高级职称，并在妇女/性别研究方面有较多学术成果和较大学术影响力的学者。选介的学者以各地妇女研究中心推荐的学者为基础，并补充了未推荐地区和学科中有代表性的学者作为候选，最后由编委会讨论决定。

（9）“附录”栏目中的“国家社会科学基金与性别相关项目索引”“全国妇联、中国妇女研究会第三届中国妇女研究优秀成果奖、优秀组织奖获奖名单”“中国妇女研究会第四届至第五届妇女/性别研究优秀博士、硕士学位论文评选获奖名录”由中国妇女研究会办公室提供。“论著索引”是在搜集国家图书馆、北京大学图书馆、中华女子学院图书馆和全国妇联妇女研究所信息中心馆藏和部分出版社、图书网上商城书目的基础上，通过参考图书分类号，大致阅读论著内容，根据本年鉴的“研究综述”专题编辑分类而成。“博士学位论文索引”是在中国知网博士论文数据库的基础上，参照上述图书馆馆藏，基本按照本年鉴的“研究综述”专题和学科分类而成。“论著索引”和“博士学位论文索引”中文献排列顺序也基本参照“研究综述”栏目的专题和学科排列顺序。“妇女/性别研究学术刊物及专栏名录”“妇女/性别研究网站名录”是在前四卷年鉴已有成果的基础上，依托《妇女研究论丛》编辑部和全国妇联妇女研究所信息中心，新增了2011～2015年新开办或以前未介绍过的期刊、栏目及网站，删除了这五年中未继续开设相关专栏的期刊以及这五年中关闭的网站。

四 致谢

《中国妇女研究年鉴（2011～2015）》的编撰得到国内妇女/性别研究同仁和有关机构的大力支持，我们在此向本卷年鉴所引用的各类文献的作者、资料的提供者、学界同仁、有关协助单位和部门的负责人表示真诚的感谢！各个专题和学科综述撰写工作十分繁重，作者们不厌其烦数易其稿，付出了艰苦的努力。编委会专家在组织策划及稿件外审中贡献良多。中国妇女研究会办公室的吴菁、李海燕、高倩同志和妇女研究所信息中心的林丹燕、郭月青同志承担了部分数据的收集和资料整理工作。在刘亚玫、杜洁同志的直接领导和指导下，《妇女研究论丛》编辑部的宓瑞新、史凯亮、杨玉静同志在方案策划、组织撰写、召开作者交流研讨会、联系作者、补充核对数据、编辑、校对、返校以及年鉴出版中承担了主要工作，并撰写了前言、2011～2015年中国妇女/性别研究概述的初稿，付出了大量的精力和心血。在此，我们向年鉴的所有直接和间接参与者致以最诚挚的谢意！同时，我们对社会科学文献出版社在本卷年鉴出版过程中给予的大力支持表示由衷的感谢！

2011～2015年是中国妇女/性别研究持续发展、不断进步的五年，我们尽力在本卷年鉴中全面反映这五年中国妇女/性别研究的进展和不足，但由于收集材料、数据的渠道限制，以及人力和精力的不足，难免挂一漏万，甚至还有不少错误，欢迎广大读者提出宝贵的批评和建议。

编 者

2018年12月

研究综述

概述

2011～2015年中国妇女/性别研究概述

杜 洁*

2011～2015年是中国特色社会主义进入新时代的重要历史时期。2012年11月，党的十八大胜利召开，十八届一中全会选举产生了以习近平为总书记的新一届中央领导机构，明确了新时代坚持和发展中国特色社会主义的指导思想、统筹推进“五位一体”总体布局和协调推进“四个全面”的战略布局，以及实现“两个一百年”奋斗目标和实现中华民族伟大复兴中国梦的愿景。中国特色社会主义事业发展进入了新时代，妇女事业不断开创新局面，妇女/性别研究被进一步纳入国家哲学社会科学发展议程，马克思主义理论的指导地位不断加强，中国特色社会主义妇女理论开始体系化，妇女发展的重大理论和现实问题得到持续关注，妇女/性别研究的学术影响力和社会影响力不断提升，妇女/性别研究学术共同体进一步壮大，女性学学科建设进一步发展，妇女/性别研究基地数量进一步增加，在推动妇女事业发展中的重要作用逐步凸显。

一 党中央对妇女发展事业做出新的部署，将妇女/性别研究进一步纳入国家哲学社会科学发展议程

2013年8月，中央召开全国宣传思想工作会议，为繁荣发展包括妇女/性别研究在内的中国特色哲学社会科学提供了指南。“坚持男女平等基本国策，保障妇女儿童合法权益”被写入党的十八大报告。2013年10月，全面贯彻党的十八大精神、推进妇女事业和妇联工作创新发展的盛会——中国妇女第十一次全国代

---

* 作者简介：杜洁，女，全国妇联妇女研究所副所长、研究员。

表大会召开，习近平总书记在同全国妇联新一届领导班子集体谈话中提出“要坚定不移走中国特色社会主义妇女发展道路，这是实现妇女平等依法行使民主权利、平等参与经济社会发展、平等享有改革发展成果的正确道路”，强调要坚持男女平等基本国策，在出台法律、制定政策、部署工作时充分考虑两性的现实差异和妇女的特殊利益。2015 年 7 月，党中央召开历史上第一次中央党的群团工作会议，颁布了《中共中央关于加强和改进党的群团工作的意见》，为推进妇联组织改革、增强妇联组织和妇联工作的政治性先进性群众性、加强新时期群团改革研究指明了方向。这些重要会议和习近平总书记的系列重要讲话彰显了新时期中国共产党继续把妇女事业放在中国改革开放和现代化建设的重要位置。

国民经济和社会发展第十二个五年规划（2011～2015 年）为妇女发展提供了政策保障。“十二五”规划明确提出，要树立高度的文化自觉和文化自信，推进马克思主义中国化时代化大众化，建设哲学社会科学创新体系，为进一步加强妇女/性别研究提供了指南。《中国妇女发展纲要（2011—2020 年）》明确了未来 10 年中国妇女发展的主要目标和策略措施，强调要“加强妇女理论研究和高等学校女性学学科建设。在国家社科基金等科研基金中增加社会性别和妇女发展的相关项目和课题，推动妇女理论研究。提高女性学学科等级，鼓励高等学校开设女性学专业或女性学课程，培养女性学专业人才”，为推进中国妇女/性别研究提出了具体的方向和目标。

2015 年是第四次世界妇女大会召开 20 周年，中国与联合国妇女署于 9 月在纽约联合国总部成功举办全球妇女峰会，习近平主席亲自主持峰会并发表重要讲话，深刻阐述了中国的妇女发展观，为促进性别平等和妇女全面发展贡献了中国智慧、提供了中国方案，成为国际妇女运动史上新的里程碑。中国妇女事业发展注入了新的时代内涵，取得了举世瞩目的成就，受到国际社会的广泛赞誉。中国提前完成《联合国千年发展目标》中减少极端贫困与饥饿、消除教育中的两性差距、降低孕产妇死亡率等目标。这些都为妇女/性别研究提供了新的动能，也拓展了研究的领域和空间。国内涌现了一批对 1995 年北京世界妇女大会后中国妇女人权发展状况梳理、总结的研究。2015 年 9 月国务院新闻办公室发布了《中国性别平等与妇女发展》白皮书，白皮书运用了大量的事实和数据，从性别平等与妇女发展的机制保障、妇女与经济、妇女与教育、妇女与健康、妇女与决策管理、妇女与环境、性别平等与妇女发展的法治保障、性别平等与妇女发展的国际交流合作等方面，详细介绍了中国推动性别平等与妇女发展的政策措施和取得的显著成就。

五年来，国家和地方各级政府部门落实党的十八大报告、国家“十二五”规划和中国妇女发展纲要的目标和任务，对妇女/性别研究的重视程度和支持力度明显加大，政府的资助成为妇女/性别研究资助基金的主流。2011 ~ 2015 年，国家社会科学基金项目加大了对妇女/性别研究的支持力度，尤其是以特别委托项目的形式予以支持。这五年累计批准立项的妇女/性别研究课题达 170 项，比 2006 ~ 2010 年（88 项）增长近 1 倍。立项项目由 2006 ~ 2011 年的 18 个学科领域发展到 20 个学科领域，其中获得资助最多的是中国文学（31 项），其后依次是社会学（30 项）、人口学（26 项）、世界文学（22 项）。在推动将妇女/性别研究选题方向纳入国家社会科学基金项目年度课题指南方面，中国妇女研究会广泛征集妇女/性别研究选题建议，向全国哲学社会科学规划办公室提出在国家社会科学基金项目年度课题指南中加强妇女/性别研究选题的具体建议。这种机制化运作有效地推动了妇女/性别研究课题在国家社会科学基金项目中的申报和立项。

二　妇女/性别研究事业快速发展，成果丰硕

五年来妇女/性别研究公开发表的学术成果无论从数量还是质量上都有所提升，研究领域不断拓展。

1. 学术论文数量持续增长

2011 ~ 2015 年学术论文数量持续增长。以“妇女”“性别”“女性”三个检索词在中国知网“哲学与人文科学”“社会科学Ⅰ辑”“社会科学Ⅱ辑”“经济与管理科学”四个数据库以及“信息科技”数据库中的“新闻与传媒”“出版”“图书情报与数字图书馆”“档案及博物馆”子数据库中对篇名进行检索①发现，与上个五年相比，2011 ~ 2015 年研究成果总体上稳步增长，硕博学位论文数量增长较为明显（见表 1）。值得关注的是，硕博学位论文的增长表明更多在校学生参与到妇女/性别研究中来，呈现了妇女/性别研究代际相传的可喜景象。年轻学者接受了更为严谨的理论和学术训练，学术视野更为开阔，他们的不断加入为妇女/性别研究注入了新的活力。

① 表 2 检索方式与此相同，不做具体介绍。

表1　中国知网期刊、会议论文、博硕论文数据库中妇女/性别研究成果统计

单位：篇

论文	"妇女"		"性别"		"女性"	
	2006～2010年	2011～2015年	2006～2010年	2011～2015年	2006～2010年	2011～2015年
期刊论文	4369	4303	4822	5137	15344	17115
会议论文	169	116	277	329	453	498
硕博学位论文	621	893	917	1212	3139	4621

2. 研究基金支持发挥了重要导引作用

对中国知网的检索也显示，2011～2015年基金论文数量增长明显，尤其是国家社会科学基金、省级和高校基金论文数量的增长十分突出（见表2），表明各类、各级基金项目在引领妇女/性别研究学术方向、搭建成果转移转化和服务平台方面起到了重要作用。

表2　中国知网期刊论文中基金论文发表数量统计

单位：篇

基金类别	"妇女"		"性别"		"女性"	
	2006～2010年	2011～2015年	2006～2010年	2011～2015年	2006～2010年	2011～2015年
国家社会科学基金	116	312	148	445	207	713
全国教育科学规划	2	2	18	41	10	19
其他国家级基金*	24	40	108	256	93	247
省级和高校基金	57	53	69	163	168	490
国际基金	13	9	23	14	16	3

*其他国家级基金包括国家自然科学基金、跨世纪优秀人才培养计划、长江学者奖励计划、教育部留学回国人员科研启动基金、国家留学基金、中国博士后科学基金、国家软科学研究计划、高等学校博士学科点专项科研基金、攀登计划、国家科技支撑计划、国家重点基础研究发展计划以及建设部、农业部等部委基金项目等20余种。

3. 学术专著涉及领域丰富

这五年，学术专著数量持续增长。通过对国家图书馆、北京大学图书馆等馆藏图书和相关出版社、网上图书商城等书目的搜索，据不完全统计，2011～2015

年出版的妇女/性别相关论著达到 797 部，与上个五年相比，总体数量上增长明显。一些大型学术专著如《中国妇女通史》《20 世纪中国妇女运动史》的部分卷集接连出版；从具体研究领域和学科来看，各个研究领域和学科都有代表性的学术著作出版，特别是公共政策与公共管理、妇女人权与法律、婚姻家庭、农村妇女、流动妇女、少数民族妇女研究以及女性社会学、女性人口学、妇女史、女性文学、女性哲学等领域的学术成果整体水准更高；妇女与环境研究、妇女与宗教研究、性别与空间研究、性与身体研究、妇女与科技研究、男性气质研究等领域也出现一些比较新颖、扎实的学术研究成果。

妇女/性别研究论著的出版模式也更为多元。这五年，很多国家级、省部级、校级妇女/性别研究课题研究成果得到中国政府及高校、科研院所出版经费的支持；一些专著译著继续以妇女/性别研究丛书的形式出版，如“性别视角下的中国文学与文化”丛书、“性与性别学术译丛”、“北京大学女性研究丛书”等，对妇女/性别研究影响力的扩散起到十分重要的助推作用；与此同时，一些知名出版社策划的丛书，如江苏人民出版社的“凤凰文库·海外中国研究系列”、北京大学出版社的“文学史研究丛书”和“历史学研究入门”丛书、中国人民大学出版社的“心理学译丛”、复旦大学出版社的“当代哲学问题研读指针丛书”、科学出版社的“科学技术与文明研究”丛书等，均有意识地将妇女/性别研究专著译著纳入其中，显示出学术界和出版界对妇女/性别研究作为一个重要研究方法和视角的接纳。一些优秀妇女/性别研究博士学位论文得以规划出版，成为妇女/性别研究领域重要的学术创新点。值得关注的是，侯杰教授主编的“台湾硕士博士历史学术文库”仅 2011 年就出版 7 本妇女/性别史专著。此外，《中国家庭研究》《中国女性文化》等以书代刊的图书继续出版。2012 年，厦门大学主办的《妇女/性别研究》也开始不定期连续出版，一定程度上弥补了妇女/性别研究发表渠道的不足，在学界产生了较大的影响。

三　坚持马克思主义的指导地位，构建中国特色社会主义妇女理论体系

马克思主义理论是中国特色哲学社会科学发展的指导思想，也是中国妇女/性别研究的原则和指南。五年来，妇女/性别研究继续坚持以马克思主义为指导，

进一步对马克思主义妇女理论的基本原理、中国特色社会主义与妇女解放和妇女发展等重大议题进行探讨；运用马克思主义立场、观点、方法回应和澄清一些理论误区，在与世界各种女性主义思潮交流、交融、交锋中不断扩展视野；在推进马克思主义中国化、大众化、时代化进程中，不断发展21世纪马克思主义，构建和完善中国特色社会主义妇女解放和妇女发展理论体系。

1. 马克思主义妇女理论研究得到进一步深化

马克思主义基本原理及其妇女解放理论是中国妇女解放与妇女发展的理论基础，也是中国共产党领导中国妇女运动的指导思想。这五年，一些学者继续深入研究马克思、恩格斯的妇女解放思想，重温马克思、恩格斯两种生产理论、阶级理论等重要理论概念对妇女解放和发展的历史意义，梳理和总结马克思主义妇女理论中国化的发展脉络，追溯马克思主义妇女解放理论及其中国化进程。在对李大钊为代表的早期中国共产党人、中国共产党妇女运动决议案等重要人物、重大事件的研究上有所突破，尤其是对毛泽东在中国革命和建设实践中形成的妇女解放理论的研究更为深入。对马克思主义经典著作和中国早期妇女解放先驱思想的研究，为进一步继承和发展马克思主义妇女观奠定了科学基础。

2. 中国特色社会主义妇女理论体系的建构取得可喜进展

广大妇女/性别研究工作者坚持以马克思主义为指导，解放思想，实事求是，与时俱进，基于中国妇女发展面临的理论和实践问题，进一步构建中国特色社会主义妇女理论体系。2011年7月，“中国特色社会主义妇女理论研究”课题被设立为国家社会科学基金重点项目。2011～2015年，彭珮云同志先后召集召开了24次研讨会，就相关理论问题进行讨论，出版论著《中国特色社会主义妇女理论与实践》。与此同时，妇联系统的研究机构和越来越多的社会科学院、党校、高校不断参与到中国特色社会主义妇女理论研究中来，围绕中国特色社会主义妇女理论的核心概念、主要内容以及相关重大理论问题开展了较为深入的探讨和反思，对中国特色社会主义妇女理论的理论基础、妇女解放与发展的目标任务、妇女解放与发展的道路等重大问题进行了深入研究，初步界定了中国特色社会主义妇女理论体系的理论构架，即中国特色社会主义妇女理论是中国特色社会主义理论体系的有机组成部分，是以中国特色社会主义理论为指导，以马克思主义妇女理论为理论基础，以改革开放以来中国妇女运动的鲜活经验为实践基础，汲取和借鉴国际妇女运动的理论成果和实践经验，围绕社会主义初级阶段中国妇女解放与发展的目标任务、发展途径、主体力量和条件环境等一系列基本问题展开讨论，为推动中国妇女运动向前发展提供理论支持。[①]

3. 突出立足中国社会主义妇女发展道路的立场和视角

如何看待妇女解放与人类解放、阶级解放、民族解放以及妇女发展与经济社会发展之间的关系等广泛议题，是长期以来理论研究的焦点。国外一些学者认为，中国共产党领导妇女运动在面对阶级、民族等“紧迫”问题时，总是在性别问题上让步，妇女缺乏自主性、主体性和独立性，中国社会主义革命不能真正解放妇女。对此，运用马克思辩证唯物主义和历史唯物主义，就西方针对中国社会主义和妇女解放极具影响的学术著作中的经典结论和主流话语提出批判性质疑，揭示其冷战和自由/本质女性主义立场，有助于国内妇女研究界甄别和消除西方学术的偏见和影响，引领学术研究的方向。很多学者认识到，中国妇女解放是内嵌于国家发展、民族振兴之中的，中国妇女解放与发展的途径必须与国家发展、民族振兴相融合，中国特色社会主义道路是实现中国妇女解放与发展的唯一正确道路。中国社会发展实践证明，妇女需要社会主义，社会主义也需要妇女。妇女的命运是同国家、民族的命运紧密相连的，妇女只有积极投身于社会主义革命、建设和改革的伟大实践，在全面参与国家现代化建设中发挥“半边天”的主体作用，才能不断实现自身的解放、进步与发展。妇女全面参与中国特色社会主义经济建设、政治建设、文化建设、社会建设、生态文明建设，在参与中求解放、促平等、谋发展，是中国特色社会主义妇女解放与发展的根本途径。这些研究成果对于如何正确把握和珍视中国作为一个社会主义国家在推动妇女解放和发展方面的可贵探索和历史经验，澄清认识误区、增强理论自信，都将产生重大而深入的影响。同时，成果体现了学界深入挖掘本土资源、为世界妇女运动贡献中国智慧和中国理论、丰富世界妇女运动多样性的努力。

四　关注妇女发展重大现实问题，在推动妇女事业发展中促进理论和学科发展

坚持问题导向是中国妇女/性别研究的鲜明特色，妇女/性别研究的兴起和发

---

① 详见本年鉴“研究综述”栏目中马焱的《中国特色社会主义妇女理论研究综述（2011～2015年）》。

展正是源于解决妇女发展问题的需要，妇女问题是妇女/性别研究创新的起点和动力源。这五年，妇女/性别研究紧紧围绕妇女发展面临的难点热点议题，在推进“四个全面”战略布局和实现“五位一体”总体布局的格局下，深入调查研究，提出解决问题的思路和办法，推动理论创新和实践经验的总结。本文选取有关经济建设、政治建设、文化建设、社会建设、生态文明建设及全面建成小康社会、全面深化改革、全面依法治国等重要妇女/性别研究议题进行简要概述。

1. 中国妇女社会地位

这五年，包括全国人口普查、第三期中国妇女社会地位调查、中国家庭追踪调查等在内的全国性权威调查数据的陆续开放，为深入研究妇女问题提供了丰富翔实的基础信息和资料，此外还有面向女大学生等群体的专项调查，以此为基础，研究者得以从不同的视角和维度对中国妇女群体的最新状况进行探究和分析，产出了大批基于本土数据的定量研究成果。例如，2010 年第三期中国妇女社会地位调查由全国妇联和国家统计局联合开展，是继 1990 年第一期和 2000 年第二期中国妇女社会地位调查后组织的又一次全国性的大型抽样调查，调查全面、客观地反映了十年来中国妇女社会地位的状况和变化，探究了社会结构变迁与妇女社会地位变化的关系，涵盖妇女健康、教育、经济和社会保障、参政、婚姻家庭、生活方式、法律、性别观念等领域。第三期中国妇女地位调查课题组及数据签约专家基于调查数据形成了大批高质量的量化研究成果，为系统把握妇女生存发展状况、制定有针对性的政策措施提供了重要的智力支持。截至 2015 年，共出版了《新时期中国妇女社会地位调查研究》等 15 部研究专著、2 部论文集，在学术期刊公开发表 86 篇研究论文，其中发表于核心期刊的论文数达到 61 篇，占到发文总量的 70.9%。

2. 法律政策和人权①

党的十八届四中全会提出建设中国特色社会主义法治国家的总目标，明确了推进科学立法、严格执法、公正司法、全民守法的要求，为开展妇女人权和法律政策研究提供了新的指南和契机。在国家继续加快依法治国和保护人权的过程中，《反家庭暴力法》《刑法修正案（九）》《婚姻法司法解释（三）》等重大法

① 详见本年鉴“研究综述”栏目中张再生、曲瑶的《公共政策与公共管理中的社会性别研究综述（2011～2015 年）》，刘小楠的《妇女人权与法律研究综述（2011～2015 年）》，张荣丽、李九如的《反对针对妇女的暴力研究综述（2011～2015 年）》。

律法规出台，《中华人民共和国国民经济和社会发展第十二个五年规划纲要》《国家人权行动计划（2012—2015年）》《中国妇女发展纲要（2011—2020年）》和《中国儿童发展纲要（2011—2020年）》《中国反对拐卖妇女儿童行动计划（2008—2012年）》《中国反对拐卖人口行动计划（2013—2020年）》等重大国家规划相继制定和颁布，2013年中共十八届三中全会决定启动实施“单独二孩”政策，2015年中共十八届中央委员会第五次全体会议提出“全面二孩”政策，2015年为纪念“北京+20”、联合国对中国执行《消除对妇女一切形式歧视公约》的又一轮审议等一些重大国际活动，激发了广大学者的研究动力，引领了研究方向和研究选题，使法律政策和人权研究中的社会性别研究不断深化。围绕着这一时期《反家庭暴力法》的立法活动，学界从立法的必要性、立法宗旨和原则、家庭暴力主体范围的界定、社会工作干预模式等角度，对家庭暴力问题进行了全方位的研究。大量科研成果在国家立法和司法改革过程中起到重要的参考和推进作用，为第一部《中华人民共和国反家庭暴力法》的出台提供了重要的理论支持，并对司法实践产生积极效果。同样，“单独二孩”政策的实施，《女职工劳动保护特别规定》（2012）及《婚姻法司法解释（三）》的出台，农村土地确权登记制度的推进，《刑法修正案（九）》的出台，等等，推进了学界对就业性别歧视与女职工劳动保护、妇女财产权的保障、妇女土地权益、嫖宿幼女罪、女童性侵问题等研究的进一步深化。同时，国际公约执行的审议促进了妇女人权理论的研讨，涉及妇女人权的界定和发展历史、妇女人权保障的立法发展、妇女人权保障机制、不同国家妇女权利发展状况等，凸显了北京世妇会后20年中国妇女人权保障的进展。

3. 经济和就业①

2011～2015年是中国深化改革的关键时期。2013年11月12日中国共产党第十八届中央委员会第三次全体会议通过了《中共中央关于全面深化改革若干重大问题的决定》，强调经济体制改革是全面深化改革的重点，其核心问题是如何处理好政府和市场的关系，使市场在资源配置中起决定性作用和更好地发挥政府作用。禁止就业性别歧视写入三中全会的决议，体现了党在深化经济改革中对性别平等议题的关注。随着改革的深化，妇女在经济参与中和男性一样面临更多

① 详见本年鉴“研究综述”栏目中佟新、陈玉佩的《妇女与就业研究综述（2011～2015年）》。

机会的同时，也面临着严峻挑战，如性别收入差距、职业性别隔离、职场性别歧视等问题。一些具有时代性的议题，如互联网新经济的发展或平台经济的发展对女性就业的影响、女大学生就业创业中面临的歧视、职业女性工作和家庭的平衡、家政工的权利保护、全面二孩政策出台后女性的工作和家庭的平衡、人口老龄化进程中女性照料劳动等，成为新的研究热点。困扰职业妇女的性骚扰不再是“沉默”的职场“文化”，这五年，基于对第三期中国妇女社会地位调查数据的分析和相关专题研究，为预防和制止职场性骚扰提供了研究支撑。妇女就业研究呈现跨学科的特点，在经济学、社会学、人口学、法学等学科方面成果突出，这些研究成果对在深化经济体制改革过程中贯彻落实男女平等基本国策提供了有力的研究支持。

4. 贫困①

2013 年习近平总书记在湘西视察扶贫工作时首次公开提出“精准扶贫”，标志着中国扶贫理念和战略的新发展。之后围绕着如何精准界定妇女贫困、如何有针对性地精准扶贫，出现了一批高质量的跨学科、多学科研究成果。对妇女贫困程度和类型的深入分析，展现了其多维度性和复杂性，揭示了既有收入水平低下的物质层面的贫困，又有在受教育水平、社会资本、社会支持网络、休闲方式等方面的文化层面的贫困，还有卫生保健缺乏、社会福利支持不足等社会保障和社会能力、社会资本和权利等方面的贫困。对妇女贫困人群的分析，突出了具有时代特征的重点人群，包括农村老年妇女、流动妇女、单亲妇女、受疾病困扰的妇女、残疾妇女等。一些学者运用社会性别视角，从妇女自身、社会文化、公共政策等各个角度分析了贫困的成因和影响。对于如何在新扶贫观下精准帮扶贫困妇女，学者从不同的角度提出了思路和策略，包括进一步将贫困妇女群体纳入扶贫政策体系、持续加强扶贫工作中的性别意识主流化工作、加强贫困妇女主体意识培育和能力提升、大力支持企业和其他社会组织参与妇女扶贫工作等。

5. 婚姻家庭②

婚姻家庭议题是党的十八大报告中提出的“五位一体”总体布局中社会建

① 详见本年鉴“研究综述”栏目中吴惠芳、文婷、王宇霞的《妇女与贫困研究综述（2011～2015 年）》。

② 详见本年鉴“研究综述”栏目中马春华的《妇女与婚姻家庭研究综述（2011～2015 年）》，张荣丽、李九如的《反对针对妇女的暴力研究综述（2011～2015 年）》。

设的重要内容之一，在国家治理中的重要性不断提升。习近平在2013年同全国妇联新一届领导班子集体谈话时强调要注重发挥妇女在弘扬中华民族家庭美德、树立良好家风方面的独特作用。2015年《反家庭暴力法》出台，2011年最高人民法院出台了关于适用《中华人民共和国婚姻法》若干问题的解释（三），从“单独二孩”政策到“全面二孩”政策的接连出台，标志着计划生育政策的重大转向，对女性从个人到家庭、从职业到生活的各方面都产生了深远影响，婚姻家庭问题成为公众热议的话题和学界关注的重要议题。来自社会学、人类学、人口学、经济学、历史学、心理学和法学等学科的专家学者围绕新时期妇女与家庭的议题开展了广泛研究。除婚配和择偶问题、婚姻质量、离婚问题、夫妻权力模式、家庭结构、家庭变迁、家庭关系（代际关系、亲属关系、亲子关系）、家庭伦理、父权制、养老问题等传统研究议题外，这一时期的研究更多贴近转型社会中日益突出的家庭问题，如生育意愿、家庭教育、家庭照料、代际冲突、工作－家庭矛盾冲突、失独家庭的困境、家庭暴力等，农民工、失地农民的婚姻家庭状况也受到特别关注。这些研究一方面试图与经典的家庭社会学理论进行对话，检验中国转型期家庭变迁的独特性以及西方理论的适用性和局限，提出具有中国标识的概念和理论，另一方面注重以家庭问题的研究促进中国家庭政策的建构，影响法律政策的制定和完善。

6. 媒介与文化①

在新媒体技术迅速发展的时代，媒体中的性别议题受到更加持续的关注，媒介与女性的研究主题不断拓展，研究内容不断深入。一是媒介与女性的理论探讨取得突破性进展。这五年持续出版的《媒介与女性蓝皮书：中国媒介与女性发展报告》系统梳理了媒介与女性的发展状况，全面分析总结了中国媒介与女性的研究与实践。通过研究传统媒体、网络媒体和自媒体等多种媒介类型呈现的性别议题和性别关系，考察了媒介与女性发展的语境以及媒介产品的生产过程、传播过程与接受过程。学者们对媒介与女性的研究范式和研究理论进行了梳理，并尝试在西方研究理论的基础上，构建适合本土研究特点的理论话语。二是对媒介中更加多元性的女性形象展开分析。妇女正面的形象建构不断增多，但是媒介对女性形象的污名化和歧视仍然存在，这在精英女性群体——女大学生、“剩女”、

① 详见本年鉴“研究综述”栏目中王琴的《女性与媒介研究综述（2011～2015年）》。

女博士等群体中尤其突出。三是从媒体制作和传播角度分析媒介生产过程的各个环节性别意识的贯彻，提出改善媒介内容、完善媒介内容生产的监管体系等建议。四是通过媒介的女性受众和女性媒介素养分析，建议增强社会性别平等观念，促进女性自我主体意识觉醒、提升女性媒体利用技能，同时增进边缘妇女群体的媒介意识和素养。

7. 妇女与环境①

中国大力推进生态文明建设、积极参与全球环境治理，将生态文明建设作为加强中国特色社会主义建设的重要内容上升到国家治理的高度。妇女与生态文明建设也成为这一时期研究的热点，研究议题更加广泛，既有理论层面的生态女性主义研究、妇女与环境的互动关系探讨，也有实践层面的妇女参与生态文明建设、妇女与环境保护、妇女与环境治理、妇女与气候变化及灾害管理等研究，特别是对生态女性主义的行动研究在一定程度上呼应了相关的理论探索。多学科、跨学科研究成果丰富，哲学、文学/文化批评、社会学、人口学、发展学、管理学、政治学等取得了较大进展，研究深度和广度也有一定程度的拓展。在生态女性主义理论与行动、妇女与环境的实践关系、妇女与生态文明建设、妇女/性别与环境治理、妇女/性别与气候变化等研究中，广泛讨论了有关妇女与环境的理论概念、妇女在生态文明建设中具有特殊作用、在可持续发展项目中推进性别主流化等议题；有研究者提出要在可持续发展相关决策和项目评估中纳入性别视角，进一步完善妇女参与环境决策比例和参与环境管理与监督的相关法律政策、完善环境和发展对性别影响的评估机制，进一步发挥妇联和妇女民间环境保护组织的作用等议题。

8. 全球治理与国际关系研究②

2012 年党的十八大明确提出要倡导人类命运共同体意识，对当今世界的发展和全球治理提出了中国主张。2013 年中国国家主席习近平在出访中亚和东南亚国家期间先后提出“一带一路”重大倡议，得到国际社会的高度关注，体现了中国在全球治理中发挥着日益重要的作用。2015 年 9 月 27 日，习近平主席在中国政府和联合国妇女署联合召开的全球妇女峰会主旨发言中提出“创造有利

---

① 详见本年鉴“研究综述”栏目中杨玉静的《妇女与环境研究综述（2011～2015 年）》。

② 详见本年鉴“研究综述”栏目中邱吉青的《女性主义国际关系研究综述（2011～2015 年）》。

于妇女发展国际环境”的中国主张，是中国为性别平等和妇女发展做出贡献、承担责任的又一重要标志。在这样的历史背景下，中国学者对国际关系实践中的女性问题投入了更多的研究兴趣和热情，不仅关注女性主义国际关系理论最新的发展，对如战争、和平、安全、世界秩序等国际关系理论中的核心议题也继续进行了社会性别分析；在国际关系实践中的女性和女性问题研究方面，既有对女性政治领袖、暴力冲突中的妇女这样处于社会“极端”境遇中的女性群体的深度解析，又有对女性在外交活动、全球治理等国际关系实践活动中独特作用的阐释，还有对“北京＋20”这类关系到全球女性发展的重要议题的高度关注。在对这些理论问题和实践问题进行深入研究中涌现出《女性主义和平学》（李英桃，2012）、《社会性别视角下的全球环境问题研究》（金莉、李英桃等，2011）、《全球经济治理中的社会性别议题》（胡传荣，2013）等颇具影响的专著，体现着中国学者正在努力构建具有社会性别意识，符合中国历史、现状和发展趋势的女性主义国际关系理论。与此同时，中国学者积极倡导社会性别主流化战略贯穿于和平与安全工作的始终，在全球治理的方略之中发挥妇女作用、关注性别平等议题。

9. 妇女组织和妇女工作研究①

党的十八大以来，群团组织建设得到前所未有的高度重视，被提升到国家政权支柱的高度，成为国家提升治理体系能力现代化的重要内容。特别是 2015 年召开中央党的群团工作会议，强调要认真解决群团组织存在的机关化、行政化、贵族化、娱乐化的问题，保持和增强群团工作和群团组织的政治性、先进性、群众性，开启了妇联组织的新一轮改革，也激发了妇女工作者和研究者对妇女组织和妇女工作的新思考。在此背景下，关于妇女组织和妇女工作的研究也更为深入和多样。有关妇联组织的研究集中在分析妇联深入参与社会治理、深化组织建设的经验与挑战，聚焦妇联组织与新兴民间妇女组织的关系模式的改变、密切与妇女群众的联系、加强对国际妇女组织的借鉴等议题。“妇女工作”越来越成为妇女工作者和研究者共同关注的领域，从妇联组织的工作机制、妇联组织在政策制定和评估中的作用和渠道，到妇女工作的具体内容、服务对象的类型及特征、妇联工作的外部支持环境等议题，都有不同程度的讨论，比以往的研究更为精细和

① 详见本年鉴“研究综述”栏目中石鑫、丁娟的《妇女组织和妇女工作研究综述（2011～2015 年）》。

深入，特别是对妇女健康等工作进行的纵向和横向梳理，体现了研究者在对妇联工作理念、领域、方法研究中更注重实证等科学方法的引入。

其他议题包括妇女与社会保障、农村妇女土地权益、教育、健康、体育、参政、科技、性与身体、宗教、生活方式、女童、老年妇女/性别研究等，都在发现问题、研究问题、解答问题的过程中，把握历史脉络、寻踪发展规律，基于中国本土经验和实践构建妇女理论的意识不断增强，跨学科合作力度进一步加大，一些基于定量定性方法、口述史方法、参与式行动研究、田野调查、民族志、个案分析法等较为扎实的中观和微观研究脱颖而出，研究的规范性和专业性不断增强，主流学科对妇女/妇女研究的接纳程度进一步提高，妇女/性别研究在主流学界的影响力进一步提升。

五　注重学科建制，提升妇女/性别研究的学术水平和主体地位

学科建制是一门学科建立与发展的基础，包括学会、专业研究机构、各大学的学系和研究机构、图书资料中心及学科的专门出版机构。纵观这五年，妇女/性别研究学科化建制有新的发展。

1. 女性学学科发展

2011年8月，国务院颁布了《中国妇女发展纲要（2011—2020年）》，明确提出要加强高等学校女性学学科建设、鼓励高校开设女性学专业和课程、培养女性学的专业人才，为女性学学科发展提供了政策保障，为妇女学作为专门独立学科的发展及其与其他学科的交流互动互渗提供了新的契机。传统意义下的学科概念，强调独特的研究对象、核心概念、理论框架、研究假设、研究方法以及获取知识的规则等，明晰与其他学科加以区分的要素，而这种趋势在当代逐渐弱化，学科之间在研究议题、方法等方面加强了交融互通，学科边界有进一步模糊的趋势。女性学一直以来强调自身的“跨学科”性，特别是这五年来，女性/性别议题跨学科的视野中、在与传统主流学科的交流互渗中拓展了研究空间，催生出新的学术增长点。女性社会学、女性人口学、妇女/性别史、女性文学研究在选题新颖度、研究深度、新的学术生长点的发掘以及整体的活跃度方面相对突出。

（1）学术会议

这五年召开的一系列与学科建设相关的学术会议也有力地促进了妇女/性别

研究的学科化进程，如2011年1月15~17日，妇女/社会性别学学科发展网络在广西桂林举办第二届全国妇女/社会性别学课程建设与发展经验研讨会，来自全国36所高校的教师针对妇女/社会性别学课程教学进行了交流和研讨。2012年11月29日，第三届全国高校妇女/性别研究与培训基地建设研讨会在厦门大学召开，来自全国各地10所高校妇女/性别研究与培训基地的领导和专家学者代表围绕“妇女/性别课程与学科建设”这一中心议题从课程设计、课程专业方向、课程效果评估等方面开展交流和探讨。此外，中华女子学院女性学系2011年主办的“女性学学科建设与专业人才培养”学术论坛、2012年举办的“女性学学科范式与学科地位”研讨会，2012年湖南女子学院举办的全国女性学学科建设与社会性别研讨会，2013年云南民族大学主办、云南民族大学妇女/性别研究与培训基地承办的“性别平等与高校女性学学科繁荣学术研讨会”等一系列学科建设会议都围绕女性学学科建设、专业人才培养等问题展开深入研讨。

（2）学位教育与人才培养

这五年，学位教育和人才培养进步明显，妇女/性别研究队伍呈现年轻化、专业化趋势。继中华女子学院2006年招收本科生之后，2012年湖南女子学院也开设了本科阶段的女性学专业；研究生培养规模不断扩大，涉及学科更为广泛，覆盖哲学、经济学、法学、教育学、文学、历史学、管理学、艺术学等所有人文社会科学门类中的一级学科。据对中国知网硕博士学位论文的统计，与前五年相比，2011~2015年的硕博士学位论文数量增加2049篇，这表明妇女/性别研究领域正在吸引越来越多的年轻学者，为妇女/性别研究注入了源源不断的活力。

（3）课程设置

全国范围内1000多所高等院校面向本科生开设了公共选修课、专业选修课、通识课、公益课等各类课程；南开大学、北京大学、厦门大学、东北师范大学等一些高校面向本科生、硕士研究生和博士研究生开设了不同层次的课程，普及性、实践性与专业性、前沿性逐渐结合，并渐成体系。专业教材是衡量一个学科规范化发展的重要标志和显著特征。女性学各学科共出版数十部专业教材，尤其是基于社会性别和本土视野的教材越来越多，如女性心理学中有《女性心理学》（程玮主编，2012）、《女性心理学》（罗慧兰主编，2014）、《女性心理学概论》（普通高等教育“十二五”规划教材）（程玮、周蓝岚编著，2015）等，女性法学中有《社会性别与法律》（刘明辉等，2012）、《性别与法》（李秀华、李傲等，

2012）、《妇女法学》（李明舜、林建军，2015）等。2012 年，中国第一部从社会性别角度研究经济问题的教材——《社会性别与经济发展：经验研究方法》出版，不仅成为第一本将社会性别带进经济学教育的中文教科书，突破了以往经济学领域社会性别的阅读资料均为英文的局限，而且教材文章的实证材料均来源于中国的数据、发展问题和经验。

2. 跨学科的研究合作与学术共同体

中国妇女/性别研究的学院化和专业化趋势逐渐突出，跨学科、多学科研究趋势明显。中国妇女/性别研究正处于从性别分析到性别与阶层、城乡、区域、代际相结合的交叉性视角的普遍运用之中，越来越多的研究者意识到，无法通过对某一个理论或视角的依赖进入丰富而复杂的历史和现实场景，一些优秀的研究成果开始尝试运用跨学科的理论、视角和方法研究妇女/性别问题。针对某一议题的跨学科、多学科研讨正逐渐成为妇女/性别研究的重要趋势和特色。

研究基地与研究网络建设。2012 年以来，为进一步促进高校、社科研究机构、党校及妇联相互支持与合作的“四位一体”的研究网络建设，中国妇女研究会办公室多次深入团体会员单位和基地调查研究，开展妇女/性别研究与培训基地评估工作，倾听高校基地建设的新发展、新经验和新问题、新挑战。2013 年，全国妇联与中国妇女研究会开展中国传媒大学、陕西师范大学、延边大学、湖南省委党校妇女干部学校、西北师范大学、河北大学、山东女子学院、汕头大学、河海大学等 11 个第二批“妇女/性别研究与培训基地”的创建工作，推动妇女/性别研究与培训基地建设深入发展。各个基地与其他妇女研究机构和组织发挥自身优势，积极开展学术研讨和培训，促进女性学学科建设，配合妇联进行妇女发展的重点难点问题研究，主动开展对外交流与合作等，为妇女/性别研究的繁荣与发展提供了重要的专家资源和智力支持。2011～2015 年，中国妇女研究会也采取多种方式继续鼓励并吸引青年学者关注和参与妇女/性别研究。例如，开展第四届、第五届妇女/性别研究优秀博士、硕士学位论文评选活动，面向青年学者组织 2012～2014 年度妇女/性别领域的实证研究项目招标活动，举办 2012 年中国妇女/性别研究青年学者论坛，为鼓励青年学者关注社会转型期中国妇女发展的突出问题、培养妇女/性别研究领域的新生力量、推进妇女/性别研究队伍壮大做出了努力。

六　妇女/性别研究的问题与展望

这五年，妇女/性别研究领域不断拓展，理论创新进一步深化，学术共同体进一步壮大，妇女/性别研究学科化建设进一步推进。与此同时，妇女/性别研究也面临着新的挑战。妇女/性别研究如何进一步扎根中国本土，立足中国、借鉴国外，挖掘历史、把握当代，努力构建妇女/性别研究话语体系、学科体系、理论体系，为党政部门决策、妇联工作和妇女服务，仍有很大的努力空间。

（一）存在的问题

1. 中国特色妇女运动实践的理论化、创新性、系统化有待加强

中国特色社会主义妇女研究理论虽取得了一定进展，但其在中国特色社会主义理论体系中仍处于相对薄弱的地位，理论化、创新性、体系化存在不足。其一，对马克思主义经典原理及其流变的研究不足，对国际共运、妇运的研究不足，对中国革命、建设和改革时期妇女解放与发展实践的深入研究和经验探索不足，相关实践、经验有待进一步理论化、系统化。其二，当前构建基于本土的中国特色社会主义妇女理论已成为妇女/性别研究各学科各领域的一种共识，但是，各学科各领域如何基于自己的问题意识，对妇女/性别研究进行深入反思，进一步拓展妇女/性别研究的新视野、新路径，如何构建中国特色妇女/性别研究话语体系和知识体系等方面的探讨和突出的研究成果仍显不足。

2. 学术研究的深度和影响力有待提高

21世纪以来，中国妇女/性别研究的一个明显的发展趋势，是从单纯强调性别分析，逐渐拓展到将性别与阶层、城乡、代际等维度相结合的交叉性视角的普遍运用，强调研究的情境性、结构性、机制性，这是对之前研究中存在的片面化、简单化问题的反思和调整。但总的来看，很多妇女/性别研究不能深入社会肌理深处产生更大的阐释力，对引发社会普遍关注的性别现象、性别问题解释不够透彻，或者反应迟滞，很难真正站在前沿，引领社会舆论，从而对社会大众、学术界和决策者产生更为实质性的影响。在打通古今中外学术资源、构建以中国为主位的学术和话语方面还没有取得很大突破，难以将具有时代性的丰富妇女实践和多样化的经验构建成既具中国特色又具国际前沿影响力的学术理论。

3. 妇女/性别研究需进一步增强对话交流意识

妇女/性别研究者之间，妇女/性别研究者与妇女工作者、行动者、政策制定者之间，妇女/性别研究与主流学科之间的交流与互动需进一步加强。例如，一些研究缺乏与政策制定者的对话与交流，对相关公共政策的深入分析不足，对政策制定、执行、评估等环节如何纳入性别视角尚缺乏可操作性的建议，研究结论流于表面化。与此同时，中国学者就具有全球性、时代性的议题与国外学界、主流学界的对话和碰撞较1995年召开第四次世妇会前后有所减少，对世界的影响力与中国综合国力和国际地位存在一定的差距，在中国妇女/性别研究话语的国际传播方面还不强。

4. 学科建设有待加强

这五年，女性学各学科依然在探索中前行，发展状况参差不齐，这种发展态势也一定程度体现在国家社科基金课题立项之中。2011年8月，国务院颁布了《中国妇女发展纲要（2011—2020年）》，明确提出要加强高等学校女性学学科建设、鼓励高校开设女性学专业和课程、培养女性学的专业人才，中国女性学学科建设的政策目标仍需进一步细化并落实到具体部门和组织。

5. 学科建制需进一步完善

这五年，中国妇女/性别研究基地建设取得一定进展，但各基地的行政编制、资金支持有限。各个学科妇女/性别研究专业委员会比较少，对学科发展的引领作用有限，小的学术圈子和大的学术共同体建设还处于摸索发展阶段。就学术期刊来讲，相比于其他学科，妇女/性别研究核心期刊少，不利于聚合优秀学术成果和壮大学术队伍。在妇女/性别研究课程设置方面，虽然一些高校面向本科生、硕士研究生和博士研究生开设了不同层次的课程，但以本科生课程为主，专业必修课、通选课和选修课构成女性学学科课程建设的主体；另外，以强调社会性别平等意识、理论及方法训练的女性学课程与“适合”女性生活、迎合社会市场需求的女性类课程并存，导致课程范畴虽多样却显得宽泛繁杂，特征不够鲜明，体系不够清晰。① 教材开发方面，本科生使用教材较为陈旧，以概论、导论为主，针对硕士生和博士生的前沿性、专业性教材和读物较少，分层次、成体系的教材开发工作不足，难以满足和应对妇女/性别研究专业化、规范化的趋势。学

---

① 详见本年鉴“研究综述”栏目中魏开琼、卢梦玮的《女性学研究综述（2011 ~ 2015年）》。

术资料搜集整理方面，针对中国妇女运动史和妇女工作史材料的收集整理，针对妇女经济史、社会史、文化史、日常生活史等相关资料的发掘和整理均不足。

6. 学术共同体需进一步巩固

一是研究队伍比较松散。当前，妇女/性别研究队伍正处于代际交替的过渡期，活跃在20世纪80年代以及经历1995年第四届世妇会的妇女/性别研究中坚力量，逐渐退出或弱化妇女/性别研究领域，或转向主流研究领域；新一代从学院成长起来的研究者逐渐成为妇女/性别研究的主体，但受研究积累、人生体验和阅历的限制，在研究深度、厚度方面尚需磨砺，与主流学界的对话能力、对妇女/性别研究的反思能力也有待进一步增强。当前，研究队伍比较松散、不够稳定，许多学科领域缺乏一定数量的有学术影响力的带头人，还没有形成一个高质量的学术共同体。二是针对青年学术人员研究能力的培养和培训不足。硕博学位论文的发展特点与趋势反映了学界新生力量对各学科领域的理解与认识，孕育着该领域的研究创新点和学术生长点，但从这五年的硕博学位论文来看，存在选题重复、学术质量普遍不高的状况，研究的前沿意识和学术的创新性、规范性亟须加强。妇女/性别研究界尚需就人才培养、学科推进做些基础性工作。

（二）努力的方向

在新时代，妇女/性别研究要坚持以马克思主义为指导，以增强研究的原创性为核心要务，不断融汇各种理论资源，在面向生活世界、回应实践变化的基础上凸显中国特色，实现中国特色妇女/性别研究话语体系的创新，在以下几个方面需进一步努力。

1. 进一步推动中国特色妇女理论的创新发展

高举中国特色社会主义伟大旗帜，积极推动各学科各领域妇女/性别研究者进一步增强理论自觉和文化自觉意识，扎根中国国情、社情和妇情，进一步推动面向经验研究的理论研究、具有理论品格的经验研究，有意识地提炼和总结中国妇女运动的历史经验和创新实践，推动中国特色妇女理论创新发展。

2. 提升妇女/性别研究的学术影响力和社会影响力

一是基于问题意识，推动深入的学术研讨和研究方法的讨论，不断拓展妇女/性别研究的新视野、新路径，推动妇女/性别研究不断深入社会肌理产生更大的阐释力，努力打造更具标识性的概念和理论。二是围绕党和国家工作大局、妇联组织工作以及引发社会普遍关注的性别现象和问题组织研究和研讨，努力站在学术前沿，引领社会舆论，对社会大众、学术界和决策者产生更为实质性的影响。三是进一步增强妇女/性别研究的学术对话意识与能力。加强与国外学界、主流学界、政策制定者、非女性主义者、不同性别学者、不同代际妇女/性别研究者、不同学科妇女/性别研究者的对话和互动，在融会贯通中不断提高中国妇女/性别研究的水平，扩展中国妇女/性别研究的传播力和影响力。

3. 加强学科建设，提高学科地位

第一，围绕《中国妇女发展纲要（2011—2020 年）》，中国妇女研究会及其会员单位、各妇女/性别研究与培训基地、妇女/性别研究专业委员会应进一步强化妇女/性别研究学科建制的顶层设计和战略规划，制定学科发展的近期目标和长期目标，整体推进、协同互动、相互支持，为学科发展提供合法性基础和生长机制。第二，进一步提高中国社会科学管理部门和学术机构对妇女/性别学学科建设重要性和必要性的认识，推动将妇女/性别研究及学科建设纳入社会科学研究的相关规划，促进国家社会科学基金、教育部哲学社会科学研究规划项目和其他社会科学研究计划吸纳更多与妇女/性别研究相关的内容，为妇女/性别研究持续健康良性发展创造更有利的环境和条件。第三，各级妇联组织应进一步推动将现实中突出的妇女问题和自身的问题意识转化为学术研究的议题，以课题招标等形式与妇女/性别研究人员合作。第四，强化专业学术共同体建设，发挥学术引领作用。进一步推动在主流学科学会下设妇女/性别研究分会，充分发挥中国妇女研究会及其专业委员会、各主流学科全国性学会下的妇女研究专业委员会、女性学学术期刊在理论创新、人才聚合、学科建设中的优势，使其成为带动中国妇女研究事业发展的引领性力量。第五，进一步加强各妇女/性别研究与培训基地建设，着力培养学科带头人与专业研究团队，拓展更多的妇女/性别研究招生方向，面向本科生、硕士生、博士生开发分层次、成体系的专业性、前沿性教材和读物，组织面向青年学生的高级研训班，进一步提高妇女/性别研究的学术水平和学科认同度。第六，整理、发掘和出版中国妇女运动和妇女工作的相关史料，以项目、课题的形式有计划地规划针对不同历史时期、不同地域、不同妇女群体口述材料的抢救性发掘工作，为妇女研究保存珍贵的历史材料和文献。

4. 巩固和壮大妇女研究学术共同体

一是巩固、拓展研究网络和队伍，进一步稳定学术队伍。更多地鼓励和吸纳主流学科领域的学者，特别是男性学者加入研究队伍。通过组织针对青年学者和学生的高级研训班、青年学术论坛，组织优秀硕士、博士学位论文评奖，为青年学者优秀学术成果提供发表机会等，激发、培养青年学者的研究热情，助推其学术成长。二是加强研究能力建设，促进青年学者成长。将研究能力的培养落实在院系建设、专业建设之中；组织高质量、专题性的讲座、研训班和学术研讨会，提升学术交流的层次和质量，培育和壮大研究队伍。

妇女/性别专题研究综述

中国特色社会主义妇女理论研究综述（2011～2015年）

马　焱*

一　研究概述

中国特色社会主义妇女理论以中国特色社会主义理论体系为指导，研究当代中国妇女解放与发展的一系列基本问题，包括发展阶段、目标任务、发展道路、依靠力量等，揭示当代中国妇女运动的规律。1999年12月，彭珮云同志在全国妇联组织召开的“中国妇女50年理论研讨会”上，首次提出要创建中国特色社会主义妇女解放理论，之后，她先后两次组织全国妇联、中国社会科学院、中共中央党校、北京大学、中华女子学院的专家学者组成联合课题组，就中国特色社会主义妇女理论研究这个议题申报国家社科基金项目并获得立项资助。2011年7月，经国家社会科学基金学科评审组评审批准，“中国特色社会主义妇女理论研究”被立项为重点项目。在2011～2015年期间，彭珮云同志先后召集课题组成员召开了24次研讨会，就相关理论问题进行讨论，并出版论著《中国特色社会主义妇女理论与实践》。与此同时，妇联系统的研究机构以及越来越多的社科院、党校、高校研究者参与到中国特色社会主义妇女理论研究中，中国特色社会主义妇女理论获得了长足发展。

笔者在“中国知网”全文数据库中，以“妇女理论”为主题，检索到2011～2015年的论文数共381篇，比2006～2010年多73篇；其中，硕博士学位论文为112篇，而2006～2010年的这类论文仅有10篇。以“中国特色社会主义

* 作者简介：马焱，女，全国妇联妇女研究所研究员。

妇女理论”为主题，检索到 2011～2015 年的论文数共 38 篇，前五年的这类论文为 10 篇；其中，硕博士学位论文为 16 篇，而前五年的这类论文仅有 3 篇。以“马克思主义妇女理论”为主题，检索到 2011～2015 年的论文数共 228 篇，比前五年多出 100 篇；其中，硕博士学位论文为 100 篇，而前五年的这类论文数为 45 篇。

纵观这五年，中国特色社会主义妇女理论研究呈现出以下三方面特点。一是国家和全国妇联高度重视，“中国特色社会主义妇女理论研究”被列为国家社科基金重点资助项目，以彭珮云同志为代表的全国妇联高层领导大力支持并直接参与研究和书稿撰写工作。二是研究队伍进一步壮大，社科院、党校、高校、妇联系统等越来越多的研究者加入妇女基础理论的队伍中，尤其是高校青年学生开展此类研究的人数明显增多，从“中国知网”检索到的这五年硕博学位论文数与前五年相比即可感知。三是研究内容进一步拓展、深化，有研究中国特色社会主义妇女理论的内涵和体系的，也有追溯马克思主义妇女解放理论及其中国化进程的，还有对中国特色妇女解放与发展的理论与实践进行反思的，部分学者还对如何丰富中国特色社会主义妇女理论进行了前瞻性思考。

二　主要研究内容

（一）概念辨析、时间维度划分

1. 概念辨析

“男女平等”“妇女解放”“中国特色”“社会主义”“妇女理论”“女权主义”“女性主义”等，都是研究中国特色社会主义妇女理论首先必须搞清楚的核心概念。关于“男女平等”，彭珮云（2013）认同 1975 年第一次世界妇女大会通过的《墨西哥宣言》上的界定，即指男女两性具有同等的人格与尊严，同等的权利、地位、机会和责任。此外，她强调男女平等是社会公平的重要内容、社会和谐的重要特征，要正确认识、阐释和处理平等、发展与和谐之间的关系，指出经济社会发展是包括妇女在内的人的全面发展的前提和条件，经济社会发展并不能自然而然地带来妇女发展和男女平等，应该把促进经济社会发展与促进男女两性平等协调发展结合起来；平等、公平和正义是人与人和谐的前提和基础，离开了这个前提不可能有真正的和谐。

魏国英（2013）认为，平等涉及历史观和价值观，首先是一个政治和法律的概念，具有鲜明的时代性、阶级性和实践性。男女平等是人的平等的一种形态，社会主义初级阶段追求的“男女平等”，是全方位的、多层次的、全过程的，即妇女要在一切方面享有与男性同等的权利、义务、机会和地位，获得同等的资源、收益和待遇，是男性平等的合作伙伴。宋少鹏（2011；2013）对“妇女”“女性”“妇女解放”“女权主义”“女性主义”等概念进行了辨析。她认为，妇女运动就语词的概念逻辑来说，内涵包括女权运动，外延大于女权运动。相比于女权主义者对“女性”一词的使用，中国共产党更偏爱“妇女”一词，凸显了妇女解放与整体社会制度之间的关联；女权运动则专指资产阶级（第三阶级）城市知识妇女争取权利的运动。Feminism 在中国对应着两个词：女权主义和女性主义，隐含着两种不同的立场。前者是政治性的，关键字在于“权”，是基于性别身份的权力/权利之争；后者是文化性的，关键字在“性”，强调基于性别分类的身份认同。“女性主义”对“女权主义”的小心替换，是试图消解“权”（特别是“权力”）所蕴含的女性与男性之间的对抗性，“女性主义”的自我命名，不仅失去了对宏观社会制度的批判力，更是把女权主义定位于“女性”个人利益和个性的张扬。“女性主义”取代“妇女解放”成为主流用词，是 20 世纪 80 年代再造“女性化”和个人主义的一种话语体现。

2. 时间维度划分

关于中国特色社会主义妇女理论的时间维度划分，有几种不同的观点。一种观点认为，中国特色社会主义妇女理论将新中国前 30 年排斥在外并不符合历史的本来面貌；还有一种观点认为，中国共产党早在建党初期就开始了中国特色新民主主义和社会主义道路与理论的探索，并且中国革命胜利的基本经验就是坚持了中国特色的解放道路，因此仅就改革开放以来的历史谈论中国特色社会主义妇女理论，显然是对这一理论的人为窄化。丁娟（2011）认为，虽然自马克思主义传入中国后就启动了马克思主义妇女理论与中国妇女运动相结合的求索过程，但是，作为一个理论体系的建构，将其时空定义为改革开放以来的时段，也是符合中国实际情况的。我们可以将中华人民共和国成立前的求索界定为新民主主义时期的妇女理论和妇女运动，而中华人民共和国成立后，虽然进入社会主义历史阶段，但前30年并没有开展系统的社会主义妇女理论的建构，真正的关于社会主义时期特别是社会主义初期阶段妇女理论的构建，是在邓小平社会主义初级阶段理论的基础上以及在20世纪80年代社会实践的基础上发展起来的。从这个角度看，将中国特色社会主义妇女理论界定为改革开放以来妇女运动与男女平等的学说或者对社会主义初级阶段男女平等的规律性认识，并没有违反历史与逻辑的基本原则。关于中国马克思主义妇女解放理论的确立，以往的研究大体有两种观点：一是以1922年中国共产党第二次代表大会通过《关于妇女运动的决议》为标志；二是以1927年毛泽东发表《湖南农民运动考察报告》为标志。刘宁元（2014）认为，中国马克思主义妇女解放理论的确立，应定位于中国共产党以农村为中心的妇女运动方针的制定及实践，是一个历史过程，而不应局限于某一具体的时间、具体的文章或党的文件。

（二）中国特色社会主义妇女理论的主要内容探讨

中国特色社会主义妇女理论是中国特色社会主义理论体系的有机组成部分，它以中国特色社会主义理论为指导，以马克思主义妇女理论为理论基础，以改革开放以来中国妇女运动的鲜活经验为实践基础，汲取和借鉴国际妇女运动的理论成果和实践经验，围绕社会主义初级阶段中国妇女解放与发展的目标任务、发展途径、主体力量和条件环境等一系列基本问题展开讨论，为推动中国妇女运动向前发展提供理论支持（彭珮云，2013）。

1. 关于中国特色社会主义妇女理论的理论基础

马克思主义基本原理及其妇女解放理论是中国妇女解放与发展的理论基础，也是中国共产党领导中国妇女运动的指导思想。一些学者梳理了马恩列斯的妇女解放思想，并对马克思主义妇女理论中国化的发展脉络尤其是毛泽东妇女思想进行了梳理和总结，论证了中国特色社会主义妇女理论具有的民族性、时代性和实践性（魏国英、仝华，2013；罗月婵，2011；郑艳霞，2011；刘维芳，2012；李丹，2013；刘希刚，2011；韩贺南，2014）。乌尼日（2011）等学者认为，以李大钊为代表的早期中国共产党人是马克思主义妇女理论中国化的奠基者；中国共产党妇女运动决议案是马克思主义妇女理论中国化的雏形；毛泽东在中国革命和建设的实践中形成的妇女解放理论将中国化的马克思主义妇女理论体系化，标志着这一理论的形成。

2. 关于妇女解放与发展的目标任务

妇女解放与发展的目标，是中国特色社会主义妇女理论的核心内容之一。这里涉及如何看待妇女解放与人类解放、阶级解放、民族解放以及妇女发展与经济社会发展之间的关系。彭珮云（2013）认为，妇女解放与发展的目标必须与国家发展和民族振兴大目标相契合。国家发展和社会进步是实现妇女解放与发展的根本基础和前提条件，国家发展和社会进步的成果将使全体人民包括妇女受益，妇女的解放与发展则是国家发展和社会进步的有机组成部分。中国特色社会主义妇女解放与发展的目标是妇女解放与发展终极目标下的阶段性目标。妇女解放与发展的终极目标是实现妇女的彻底解放和自由而全面的发展，这一目标和整个人类解放与发展的终极目标是一致的。她强调，男女平等绝不只是妇女的事情，而是关乎社会发展全局的大事，必须放在经济社会发展全局战略中加以审视和推进。

绝大多数学者对上述理论判断持赞同态度。如魏国英（2014）认为，社会主义初级阶段妇女解放和发展的目标，是促进两性平等和谐发展，促进妇女与经济社会同步发展，并应积极改善环境，创造条件，加快妇女向自由而全面发展迈进的步伐。程铭莉、赵海月（2015）认为，中国女性个体的解放首先要以国家民族的解放为前提，女性并不只是生理意义上的个体的“人”，而且是国家、民族、阶级等社会意义上的“人”。社会主义国家倡导的“男女平等”思想，使中国妇女拥有西方女权为之苦苦斗争、争取的意识形态合法化背景。陈英（2011）谈到，在面对性别议题时，马克思主义者的立场是肯定性别关系为一种社会关系，肯定女性归属于人类，肯定妇女的解放是通达人类解放的必然途径，肯定人类的自由预示着妇女的自由。

也有一部分国内学者对上述观点提出质疑，认为在中国共产党领导的妇女运动中，阶级解放的目标压倒了妇女/性别解放的目标，性别问题被收编入阶级内部，从而造成了妇女性别议题被遮蔽和搁置。妇女解放从属于阶级斗争，导致中国革命未能打破妇女受压迫的根源——父权制，从而也未能实现男女平等的目标（尹旦萍，2015）。而宋少鹏（2012；2013）通过分析苏区妇女运动中的性别与阶级，认为苏区妇女运动向我们展示的是一种嵌入型而非交叠型的“阶级中的性别”和“性别中的阶级”。正视阶级性并以劳动妇女作为自己的社会基础，是中国共产党领导的妇女运动最宝贵的历史经验。回顾历史，中国共产党对“阶级”概念的调用，一方面是寻求知识妇女对劳动妇女运动的关注和支持，另一方面是希望敦促知识妇女重视劳动妇女这个数量巨大的社会基础。中国国民革命时期的中国共产党妇运方针，用“阶级”彰显妇女内部的差异，同时用性别认同来寻求妇女内部的团结，这一用意与西方女权运动的路径是不同的（宋少鹏，2012；2013）。曾翔（2011）通过对社会主义女性主义的分析，认为既要分析阶级的性别属性，也要分析性别的阶级属性，父权制和资本主义是人类社会发展过程中交织而形成的两种既迥异又彼此联系的关系体系，两者都是女性受压迫的基本形式（曾翔，2011）。

一些国外学者认为，中国共产党领导的性别革命缺乏“自治性”，在面对其他阶级、民族等“紧迫”问题时总是在性别问题上让步，中国社会主义革命还是父权革命，没有能够解放中国妇女。王玲珍（2015）对此进行了批判，指出那种认为女性主义在不同历史地域场景都应该“独立”重复一个普世主题，那种认定社会主义革命，无论其具体的政治、经济和社会条件如何，都应该一次性地解决所有理论上对性别问题的设想，都具有霸权色彩和盲目脱离实际的倾向，中国社会主义女性主义实践深刻揭示了女性主义不可能超越其历史环境而孤立存在。中国社会主义女性主义主体性具有多重维度和明显的民族主义特点，这些核心特征直接质疑了西方自由/本质女性主义普世化的假设，为跨国女性主义理论和多样政治经济场景中发展出来的女性主义实践提供了一个另类模式。董丽敏（2013）认为，如果将“妇女解放”的目标定位在“妇女”作为重要的历史行动主体所拥有的从文化意识到实践能力的全方位地被激活、被释放、被认可的话，那么，“两性平等”显然仅仅是其中的一个目标。借由这一目标，“妇女”可以获得在“性别主体”意义上的解放；但如果仅仅停留在这一目标上，或许会遮蔽“妇女”作为阶级、族群、国家中的一员获得更具有历史/现实纵深度的“解放”，两性平等不能概括妇女解放的全部内容。

3. 关于妇女解放与发展的道路

妇女解放与发展的路径选择一直是学界讨论比较多的理论问题。这五年，有些学者通过回顾中国妇女运动的发展历程，对中国妇女解放与发展的途径进行总结概括；有些学者通过中西比较，论证中国妇女解放与发展道路的独特性。

中国妇女与国家、民族之间的关系，决定了中国妇女解放与发展的途径必须与国家发展、民族振兴相融合。彭珮云（2013）认为，中国特色社会主义道路是实现中国妇女解放与发展的唯一正确道路。妇女全面参与中国特色社会主义经济建设、政治建设、文化建设、社会建设、生态文明建设，在参与中求解放、促平等、谋发展是中国特色社会主义妇女解放与发展的根本途径。中国社会发展实践证明，妇女需要社会主义，社会主义也需要妇女。妇女的命运是同国家、民族的命运紧密联系的，妇女只有积极投身于社会主义革命、建设和改革的伟大实践，在全面参与国家现代化建设中发挥"半边天"的主体作用，才能不断实现自身的解放、进步与发展。程铭莉、赵海月（2015）认为，中国的女性解放运动是由整个中国的社会运动而不是独立的女权运动带来的，妇女解放始终是国家领导的，通过推行政治性社会运动实现的妇女解放，一直以来都是社会主义革命的一部分。国家通过行政力量推进妇女获得与男性平等的权利和地位，这种方式比一切女权运动抗争都要有力度。

白艳（2011）比较了中西方社会发展的主要矛盾与基本动力、理论依据与指导思想，指出其中的不同决定了中西方社会发展道路和方向的不同，同样决定妇女发展道路选择的不同。中国被动地以民族矛盾形式被拖进了近代社会，彼时中国人民普遍没有人权，更谈不上女权，广大妇女首先要争取的是生存权利，这是与西方妇女运动最大的不同。妇女与男性的关系，是中国妇女解放与发展道路不同于西方的另一个重要方面。在西方，女权主义队伍尤其是中早期的女权运动是与男性针锋相对的；而中国，女性并不是与男性群体直接对抗的力量，相反，男性是妇女运动的发起者、领导者、合作者。中国传统文化讲的是"和而不同"，这种传统文化使中国女性在寻求自身解放的过程中，从未将男性当作斗争的对象。中国的女性主义与西方的个人主义文化传统不同，中国传统文化追求"万物并育而不相害，道并行而不相悖"的最高理想，中国的女性主义深深根植于群体文化之中，这种差异正是我们可以挖掘的宝贵的本土资源，也是中国女权主义对全世界女权主义的独特贡献（程铭莉、赵海月，2015）。

4. 关于妇女的主体性问题

在妇女解放与发展进程中妇女自身有没有"主体性"，近年来成为评价社会主义妇女解放实践的一个核心"标准"。对此，大体有两种观点。一种观点认为，中国妇女没有主体性，是被动地由国家解放的，即持所谓的"恩赐论"。一些西方女权主义者将中国妇女解放运动诟病为被动的、工具性的（被国家利用的），认为中国共产党很多时候不过是在利用妇女的劳动/劳力来为战争、生产和经济发展服务，妇女自身没有主体性。当这种观点传入国内后，一些学者开始反思中国的社会主义妇女解放实践，看到了社会主义时期妇女解放实践中的一些负面现象，便认同中国妇女没有主体性的论断。比如，有学者认为，妇女的解放从来不是自身解放的主体，是在男性的领导、提供和操作下进行的，中国女性缺乏主体自觉性，只是处于被动地位的得益者。在国外是妇女解放，而在中国则是解放妇女（程铭莉、赵海月，2015）。另一种观点认为，不能简单地否认中国妇女运动中妇女的主体性，中国妇女主体性的建构方式不同于西方，有自己的独特路径。用西方资产阶级革命所产生的现代个人主义的思路和标准去衡量中国妇女运动中女性的主体性，遮蔽了中国特色社会主义妇女运动的有益探讨和实践以及妇女主体性建构的多样性和复杂性。这里涉及三个问题：一是什么是主体性，二是主体性的建构方式，三是主体性的评价标准。

李静之（2011）认为，女性主体意识是女性作为主体对自己在客观世界中地位、作用和价值的自觉意识，首先是强烈的自主意识，也表现为对自身解放的认识和觉醒以及对自身解放的要求和从事的活动。在中国，女性主体意识觉醒的最初表现是争取婚姻自主的权利和人格独立，而当女性意识到这点并奋起反抗时，中华民族危在旦夕，这唤起了妇女的爱国感情，产生了与男子共担救国责任的意识，这时妇女的自我解放便和民族解放意识融为一体。中国妇女是以对革命斗争的积极参与，反映着自身主体意识的觉醒。宋少鹏（2012）也通过回顾中国共产党领导妇女运动的历史，阐述了主体性是在历史进程中不断被建构和生成的观点，指出在党/国家领导的各种政治社会运动中，妇女作为一个独立的政治主体和一种集体性的社会力量参与各类工作，通过对国家和民族尽责来实践平等的途径正是彰显妇女主体性的体现，不发达国家语境中妇女“主体性”构成具有复杂性和流动性。并强调，对主体性/自主性的追寻，是对之前中国共产党领导的妇女运动——从苏维埃运动到“文革”时期“铁姑娘”式的生产运动缺少妇女的主体性和运动的自主性之否定性批评为出发点的。韩贺南（2012）则从分析中国传统文化理念的角度，阐述了中国妇女主体性建构的特点。她谈到，中国有“我在家国中”的文化土壤，个体与社会的关系序列是“为国为家为我”，自我与他人的关系是一种“互惠文化”，个体的主体性是曲折地予以表达的。而在西方文化中，首先确定个体的权能，然后探讨是什么、怎么样剥夺了个体的权能。在不同的文化背景下，增权路径不同，中国妇女的增权路线始于建构，西方妇女的增权路线始于批判。杜芳琴（2011）认为，女性在历史上从来就不是纯粹的被动者，近代以来的知识女性更不是被定义被建构的一群，那些得风气之先、接受过新式教育的知识女性，随着主体意识的觉醒，开始策略性利用民族国家话语为女性群体争取权利的同时，也对社会做出了贡献。中国女性是以“责任话语”建构主体身份的。主体建构和身份认同的过程就是参与社会、改变行动的过程，女性自省、自警、自励、自强本身就是主体建构的一部分。

也有一些学者对自己以前关于这个问题的认识进行了反思。金一虹（2011）谈到，自己在写作《“铁姑娘”再思考：中国‘文化大革命’期间的社会性别与劳动》一文时，确实侧重的是妇女被国家组织、运动以及工具性的一面，经过一段时间的再思考以后，她修正了自己的认识，指出有的学者认为是 gender（性别）才建构了妇女的主体性，而实际上社会主义时期“妇女”参加生产同样有建构主体性的作用，不能否认社会主义时期妇女参加生产的意义，简单认为那时的妇女没有主体性，断定那个时期妇女解放是工具性的。李小江（2012）也对自己提出的关于中国妇女解放模式的“恩赐论”进行了反省，当年提出“恩赐论”意欲强调女性不具有主体意识，后来反思到，关注“女性个人”和“局部利益”的理论价值，在涉及个人或局部的“异质”现象时必须谨慎，任何疏忽都可能酿成认识上的误判，可能遮蔽无数女人为争取自由和解放做出的牺牲和努力。

（三）对中国特色社会主义妇女理论与实践的重估与反思

中国妇女走过的解放与发展之路是一条极具中国特色、不同于西方女权主义的独特道路。五年间，学界掀起了对中国社会主义妇女理论与实践进行重估和反思的热潮，深入挖掘本土资源、为世界妇女运动贡献中国智慧和中国理论、丰富世界妇女运动的多样性成为学界的共同心声。对社会主义妇女解放理论与实践的整体评价，是与对西方女权主义理论的传入及评介缠绕在一起的。国内一些学者接触到西方女权主义理论特别是社会性别理论之后，开始反思当代中国的社会主义妇女解放实践，对自己以前传统的研究方式产生了否定和怀疑，而这种自我否定是与把西方视为“学术”标准的国际学术格局分不开的，但在经历最初的“震撼”之后，用自己的经验和实践去检验西方理论后，就觉得“很好但不好用”。从拥抱到反思甚至抗拒，中国学者逐渐对此产生困惑、质疑甚至挑战（宋少鹏，2011）。

一些学者考察了中国20世纪50～70年代的社会主义妇女理论和实践，认为这一阶段的实践和理论探讨尤为值得珍视。如苏红军（2013）通过对这一时期中国妇女运动的回顾性分析，指出当时中国妇女解放理论和实践的探索把世界妇女运动推进了一大步，具有三个前瞻性内涵：一是以改造、废除私有制，建立社会主义所有制来铲除压迫妇女的根源和物质基础，解放广大妇女；二是通过改变生产关系和改革家庭与婚姻制度整合性地建构男女平等、民主的社会关系；三是以改造上层建筑来建构妇女的主人翁精神，使其成为为全人类求解放的社会主义新人。她呼吁中国妇女要正视和珍惜这些宝贵的历史资源，努力构建具有认识世界、改造世界的中国特色妇女理论，为世界妇女解放运动做出新贡献。

更多的学者对20世纪八九十年代中国妇女解放与发展的理论与实践进行了回顾与反思，认为这一时期妇女研究在评价中国和西方妇女理论与实践时存在着厚此薄彼的现象，在研究的繁荣景象背后隐藏着一些令人担忧的制约中国妇女解放与发展的因素。

随着20世纪80年代新自由主义在全世界范围内的崛起，自由主义的市场化浪潮全面推进。80年代中国“民间的”妇女研究正是在这一宏观背景下蓬勃兴起的，这一现象被旅英学者林春（1994）称为“妇女研究运动”。在这一时代背景下，基于对党和国家领导的妇女运动在社会主义前30年出现的一些问题的看法，80年代的“妇女研究运动”试图揭示社会主义中国仍然存在的性别问题，寻求新的理论途径重新界定和思考妇女解放，进一步改善社会主义时期的性别伦理关系（王玲珍，2015）。潘萍（2012）认为，20世纪80年代以来西方女性主义思潮在中国逐步兴盛，一方面打破了既往中国妇女理论界略显沉闷与单调的学术格局，催生出当代百花齐放的妇女研究繁荣景象；另一方面，其带来的负面影响也是显而易见的。过分迷恋西方女性主义学说，用西方女性主义的言说方式表述中国妇女的解放理论将导致与当前中国妇女运动脱节的可能，将严重妨碍马克思主义妇女解放理论指导妇女进行社会和经济变革的集体实践。王玲珍（2015）认为，20世纪80年代介绍到中国的西方女性主义话语是一柄双刃剑，它既发挥了解放思想的潜力，也行使了抑制不同地域多元异质女性主义实践的跨国普适霸权。80年代中国的“妇女研究运动”，用超越体制的理想主义化的女性个体主体意识来架空或否认社会主义女性主义体制化实践的重要历史意义，导致中国民间女性主义运动不仅逐渐脱离了其起始的历史动因，而且在90年代面对市场经济浪潮和一些西方中心女性主义涌入中国的现状时失去了有效的体制性和集体性的抗拒。80 年代所强调的民间或学术运动的独立性和责任性以及女性个体的主体意识，都在无意间迎合了政府管理上减弱社会职责的走向并配合了中国体制从 80 年代到 90 年代从经济改革到市场经济的转型。杜洁（2011）以自己参加 1993 年世界妇女大会亚太地区筹备会的经历，反思国际女权运动内部的“霸权”，认为其以西方女权主义为标准，致使中国妇女解放的很多经验受到质疑。她还反思了性别（gender）中的个人主义实质，认为性别在中国的传播中过多强调了个体选择，在使用性别推动公共政策时面临许多困境。

20 世纪 80 年代启蒙运动中的女权主义批判呈现出分离主义的倾向：把“性别”从“阶级”中分离出来，把“妇女运动”从“国家控制”的妇女运动中分离出来。寻求“主体性”成为 20 世纪 80 年代以来中国妇女运动的主流声音。这一时期的研究释放出来的“女性意识”，无意中契合了 90 年代新自由主义的资本主义精神。90 年代的性别研究正是在继承 80 年代妇女研究的解构和建构的两重遗产之后，驶入身份政治的轨道。然而，妇女/性别研究所依据的文化批判和承认政治的武器，却无力回击新自由主义。基于对一个自主独立的妇女运动的想象，把目光锁定到向西方（实质上是美国，偶涉欧洲）学习女权主义理论，以此作为自己的思想资源，阻碍了 20 世纪 80 年代以来中国女权主义者对于本土妇女解放经验/理论的有效整理和应用（宋少鹏，2012）。

董丽敏（2013）认为，80 年代以来，无论是“传统的”以妇联为主体的妇女研究的转型还是“民间的”以学院为主体的妇女研究的崛起，都面临着自身政治性流失的危机：“传统的”妇女研究配合党的中心工作由阶级革命转向经济建设，探寻了以市场经济法则来争取“男女平等”的空间，结果却是从社会主义时期的“实质平等”蜕变为市场经济时代的“形式平等”；“民间的”妇女研究企图以“有性的人”的概念发明回应 20 世纪 80 年代的新启蒙热潮，同时对其进行反省，但其逻辑架构的内在悖论抽空了中国妇女运动实践/知识生产体系原本蕴含的政治能量。总体而言，新时期中国的妇女研究未能完成从一种有限的文化政治到可以变革现实的能量的转化。

一些旅居境外的学者从对新自由主义和西方女权主义的批判入手，把中国的社会主义妇女解放理论与实践视为一种资源，认为中国人要能够对自己的历史和经验有所认识，对中国在世界历史中的位置有自己坚定的认识，坚持跟别人去对话。只有这样，才能有自己的立场和出发点，才能通过中国的东西来解释世界上存在的一些不清楚的问题，才能对世界做出贡献（柏棣，2011；严海蓉，2011；仉乃华，2011；钟雪萍，2011；王玲珍，2015）。比如，仉乃华认为，“马妇观”中存在“去阶级化”的问题。柏棣认为，马克思的“阶级”概念不光是描述，而是处方性的，是用来揭示和消除不平等。王玲珍认为，70年代末和80年代初逐渐强势发展起来的以西方为标准的启蒙现代性和学科科学化直接消减甚至遮蔽了当时新兴话语自身所包含的复杂的历史多元异质性，而其中被遮蔽的最重要的一点就是社会主义妇女解放作为一个制度实践的不可替代性。

在重估和反思社会主义妇女解放实践时，也有一些学者提出不能理想化社会主义，既要看到其正面也要看到其负面。例如社会主义时期大规模动员妇女参加劳动一方面赋予妇女主体地位，另一方面也在建构劳动力的性别等级制度，今天不能再无视这种把妇女作为劳动力蓄水池的情况（金一虹，2011）。钟雪萍（2011）认为，在反思社会主义文化资源的过程中，不是简单地否定或肯定，而是要问否定的是什么，为什么，基于什么样的认识，这才是问题的关键。

还有些学者对传统的马克思主义妇女解放理论存在的局限进行了探讨。比如，有学者指出传统马克思主义妇女解放理论在强调社会经济生产时对人类再生产重视不足，社会主义制度对（女性）情感生活和需求的忽视和简单化亦造成知识女性的很大失落。20世纪50年代后期，政府没有认识到固有的传统“父权”“夫权”意识和习俗需要长时间、不懈怠的制度性和文化性的清肃，没有意识到持续的新习俗和多元审美建构的必要性。“文革”期间在具体政策方面对性别问题的放松和忽视，反映了对性别问题的持久性缺乏深度认识和体察（王玲珍，2015；刘莉，2014）。董金平（2013）认为，女性家务劳动是基于性别的家庭内部分工，并不是自然属性的结果，它反映了一定的社会结构和框架，而马克思和恩格斯没有对现代资本主义社会中女性的家务劳动进行政治经济学分析。对此，李赛、枫叶（2012）持不同意见，她们认为大部分西方马克思主义女性主义者对马克思主义的两种再生产理论存在误解。马克思批判资本主义普遍存在的异化现象，目的不在于资本主义在物质资料生产方面做出的成就，而恰恰在于其对人的自身再生产的压抑和摧残——对人的本性和人的生活的扭曲，人是目的而不是手段是马克思主义理论的精神追求。马克思主义的两种再生产理论在强调物质资料再生产和人口再生产作为两种不同的生产的同时，始终强调两者之于人类存在方式的统一性和有效性，两种再生产不是分离的，而是一致的；不是有所侧重的，而是相互影响的；不是空间领域的划分，而是在时空交融中构成社会历史的存在。

三　研究不足与展望

回顾这五年的研究，一方面，中国特色社会主义妇女理论体系的建构取得了可喜进展。围绕中国特色社会主义妇女理论的核心概念、主要内容以及相关重大理论问题开展了较为深入的探讨，尤其对中国社会主义妇女解放与发展的理论与实践进行了较为深刻的理论反思，这些研究成果对于如何正确把握和珍视中国作为一个社会主义国家在推动妇女解放和发展方面的可贵探索和历史经验，澄清认识误区、增强理论自信，都将产生重大而深入的影响。另一方面，这五年的研究也存在一些薄弱环节。比如，对于马克思主义妇女解放理论以及中国化多是一些阐释性的研究，甚至存在较多的重复性研究，如何立足中国国情创新马克思主义妇女解放与发展的原理，提出符合时代特征、反映中国实际、凸显中国特色的理论概念和理论观点，是当前面临的重大挑战。对此，许多学者也提出自己的疑问和思考。比如，李小江（2012）谈到，中国妇女解放，不仅是妇女史上一个具有“中国特色”的个案，而且是20世纪社会主义运动中值得分析和分享的重要案例。什么是妇女解放，妇女解放是否只有一条道路，不同的道路导致了怎样不同的结果……这些问题都有待持续探索。宋少鹏（2012）提出，在百年中国的女权运动历史上，寻求两性平等和解放的女权主义者们一直在平等和差异的选项中做着艰难的选择。当代女权主义能否走出平等与差异的内在困境，当代女权主义者思想的想象能在多大程度上摆脱“身体”的限制，这些都有待研究和探讨。贺桂梅（2014）谈到，在现代中国的妇女解放实践中，最突出的问题，其实并不是独立的阶级议题与独立的女性议题之间的分离，而是都市的、中产阶级化的“新（知识）女性”与乡村的、劳工阶级的“农村女性”之间的分裂。如果不是从社会性别制度的角度去理解阶级革命中的性别问题，不从阶级的维度去批判中产阶级化的女性书写主体，那么，反对资本主义与反对父权制的两个“战场”便可能是永远分离的，个人化的中产阶级女性与阶级化的劳工阶级女性便永远处在两个不同的世界。这些疑问和思考，既是当前中国特色社会主义妇女理论研究的不足和薄弱环节，也是丰富这一理论今后需要倍加努力的方面。

对于如何发展和完善具有中国特色的社会主义妇女解放与发展理论，继承什么、发展什么、警惕什么，许多学者也都提出了自己的见解。比如，有学者提出，经典马克思主义是我们的财富，我们在马克思主义中国化过程中积累了大量经验，在坚持马克思主义与中国实际相结合的同时应该积极与西方女权主义对话，为世界女性主义思想增添活力（朱国芳，2011）。有学者主张用阶级和性别辩证统一的历史唯物主义视角对新自由主义展开批判，主张必须超越文化批判的路径，重新回归政治经济学批判路径，重视恩格斯的生产与再生产的分析框架，同时避免经济化约论或文化化约论（宋建丽，2013；宋少鹏，2012；石红梅，2013；万希平，2014）。柏棣（2013）提出要回归经典马克思主义，用历史唯物主义方法论，建立一种关于中国妇女解放的历史叙述，并强调中国需要打造和坚守自己的意识形态，中国的妇女理论也需要重新找到自己的立足点，做到这一点也是对世界妇女解放运动面临困境和迷茫的一种应对和贡献。

实践无止境，理论探索也无止境。中国特色社会主义妇女理论体系不是凝固、封闭的，而是开放、包容、发展的，它需要我们适应时代发展的潮流，从新时期中国妇女发展存在的实际问题出发，进一步深化理论思考，总结中国妇女运动的实践经验，融汇和吸纳中外优秀研究成果，不断充实中国推动妇女解放与发展的理论资源和思想资源，为丰富世界妇女运动的思想宝库做出中国贡献。

公共政策与公共管理中的社会性别研究综述（2011～2015年）

张再生　曲　瑶*

中国公共政策与公共管理中的社会性别研究起始于20世纪90年代中期，在经历了起步阶段、快速发展阶段、普及延伸阶段后，2011年以来公共政策与社会性别的研究呈现出更加蓬勃的发展态势。本文通过对2011～2015年公共政策与公共管理领域中的社会性别研究进行梳理归类和观点提炼，尝试总结这五年来该领域取得的研究进展以及存在的不足与问题，力求客观反映五年来公共政策与公共管理中的社会性别研究概况。

一　研究概述

与2006～2010年相比，2011～2015年公共政策与公共管理中的社会性别研究取得了长足的进展，主要有以下几个特点。

首先，研究成果更加丰富，研究质量不断提升。以中国期刊全文数据库2011～2015年的文献数据作为主要数据来源，以“公共政策与社会性别”为主题进行检索，共检索到相关文献132篇，硕博士学位论文116篇，期刊主要来源于《妇女研究论丛》《中华女子学院学报》《中国行政管理》《人口学刊》等，硕博士学位论文主要来自华中师范大学、吉林大学、复旦大学和山东大学。以“公共管理与社会性别”为主题进行检索，共检索到相关文献38篇，硕博士学位论文69篇，期刊主要来自《妇女研究论丛》《中国行政管理》，硕博士学位论文主要来自华中师范大学、山东大学、复旦大学与浙江大学。在课题研究方面，

* 作者简介：张再生，男，天津大学管理与经济学部教授；曲瑶，女，天津大学管理与经济学部硕士研究生。

共有 1 个重点项目、10 个一般项目和 6 个青年项目获得了国家社会科学基金立项支持。另有宋健主编的《社会性别视角下的中国公共政策》（2012）和李慧英、刘澄主编的《社会性别与公共政策（之二）》（2014）等数十部相关专著得以出版。此外，在以社会性别研究为主题的国际国内会议、社会学年会、妇女社会学论坛上，从性别视角研究公共政策的成果不断涌现。总体来看，这五年公共政策与公共管理领域中的社会性别研究在数量上实现了成倍的增长，核心期刊论文数量不断增加，呈现良好的发展态势。其次，研究议题不断丰富，研究视角更加多元。从搜索到的研究资料来看，研究领域获得了明显的拓展，“单独二孩”、全面放开二胎政策等生育政策、工作－家庭平衡与女性职业生涯发展等社会热点问题成为社会性别研究的新兴议题，获得了学术界的广泛关注。而在妇女参政、女性就业等传统社会性别研究领域中，研究者关注的群体更为多样化，群体内部更为细分。同时，社会学、政治学、法学、经济学等多学科交融的趋势进一步增强，多学科背景为公共政策与公共管理的性别研究提供了多元化的研究思路和研究模式。最后，研究实践更具时代性，研究方法进一步创新。与上一个五年相比，近五年有关社会性别预算、社会性别评估的实践在全国范围内进行了探索，一定程度上加快了社会性别研究理论的本土化进程，使社会性别理论的研究更加贴合中国的现实情况。在研究方法上，近五年定量研究的比重明显提升，虽然研究方法多采用描述性统计、相关性分析等基本的统计方法，但不断探索、尝试前沿的研究方法已成为学术界的研究趋势。

二　主要研究内容

目前公共政策与公共管理中关于社会性别的研究主要集中在以下三个方面：一是将社会性别纳入公共政策的必要性与基本理论研究，二是采用社会性别的视角或理论对具体公共政策的分析研究，三是将社会性别意识纳入公共管理过程的研究。

（一）将社会性别纳入公共政策的必要性与基本理论研究

1. 将社会性别意识纳入决策主流的必要性

一是针对社会性别与公共政策逻辑关系的研究，阐明将社会性别意识纳入决策主流的重要价值。有研究者认为，将社会性别意识纳入公共决策，目的是建立公共决策中的社会性别意识，体现独立、价值、利益、主流四大诉求，即：社会性别意识既要渗透于公共政策又要保持其独立性；公共决策中的社会性别意识是一种促进两性平等发展的价值判断；公共决策平等地兼顾两性共同利益；将社会性别意识纳入决策主流是现阶段的重点任务（陈曦，2011）。从性别与公共政策的关系来看，二者存在紧密的互动性：性别是公共政策制定的预设，因此女性、非政府组织等通过表达诉求可以影响公共政策的出台；公共政策其本身的价值取向会对经济领域的性别关系带来直接影响，也会对性别关系的改善、女性参政的实践带来影响（陈方，2011）。二是针对中国社会性别主流化过程中公共政策的实践研究。张再生、强馨元（2015）分析了当前社会性别主流化进程中公共政策面临的一系列困境：公共政策的性别盲视现象依然存在；公共政策系统缺乏社会性别平等评估体系；社会性别主流化战略从新颖变得老生常谈，主流化疲惫问题出现；社会公众整体性别平等意识不强，传统性别意识有回潮的势头；国与国之间的政策交流互动不足；等等。韩廉、韩自韵（2011）总结了从联合国第四次世界妇女大会以来中国在公共政策领域为促进性别平等做出的努力，中国通过将性别平等问题纳入公共政策议程、将男女平等确定为基本国策、制定妇女发展纲要并建立维护妇女权益的法律法规体系，为实现妇女平等发展创造了良好的政策环境。但不可否认的是，性别平等促进工作仍面临着一定的挑战，如地区间的合作网络尚未完全建立、已有的法律体系与政策之间协调不畅等问题（郭秋菊、李树茁，2012）。

2. 对社会性别主流化工具的研究

社会性别主流化既是促进性别平等和妇女发展的战略框架，也是一个过程。实现社会性别主流化需要采取多样的策略与步骤。近五年来，学术界对社会性别评估、社会性别分析、社会性别统计、社会性别预算等社会性别主流化的工具展开了进一步的研究，总体可以分为社会性别主流化工具的理论研究与应用研究两方面。

社会性别分析是识别和理解社会性别不平等的原因和工具。在社会性别分析的理论研究方面，陈方（2011）认为性别分析是以性别为单位，对相关社会现象进行分析的系统的方法与工具的总称，是公共政策分析的一种重要方法。进行性别分析时要回答“谁来做”“做什么”“如何做”“为什么做”等问题，对公共政策进行性别分析应主要从参与机会、资源分配、决策权力和政策效果四方面进行。在社会性别分析的实践研究方面，部分研究者采用性别分析的方法对相关政策或法律法规进行了分析，揭示其中存在的性别盲视的问题。叶文振、孙琼如（2013）将福建省 30 年来出台的关于参政、就业与社会保障方面的公共政策作为研究对象，在研究影响女性社会参与和社会保障的因素时，提出公共政策不应是与经济发展、文化、制度、素质并列的初始变量，而是受到上述四项因素影响的中间变量。基于这个理论框架，分析政策内容、政策过程对女性社会参与和社会保障的影响，发现公共决策的总体状况、文本内容和运行过程均不同程度地存在着性别盲视的状况，并据此提出了对策建议。

社会性别评估是社会性别主流化的重要步骤，与其他社会性别主流化的工具密切相连：社会性别分析是社会性别评估的主要工具，社会性别预算和社会性别审计是社会性别评估的具体表现形式。建立公共政策的性别评估机制是性别评估的重要内容，公共政策的性别评估机制是指带有社会性别敏感的评估体系，贯穿于公共政策的议定、制定、执行、评估的全过程（刘澄，2015）。目前，中国多个地方相继开展了法规政策性别评估机制的实践，自 2012 年江苏建立全国首个性别评估机制以来，全国已有超过 25 个省区市建立法规政策性别平等评估机制。2015 年 12 月，中华女子学院法学院与国家社会科学基金一般项目“反就业性别歧视的法律评估机制研究”课题组召开“立法性别影响评估的理论与实践国际研讨会”，相关专家对 14 个省区市的具体做法进行了梳理。杨慧、白黎（2015）认为目前中国法规政策性别评估机制的实践积累了一定的经验，实现了专家构成广泛化、评估内容明确化、评估依据标准化、工作流程步骤化的初步成果。但由于各地方的实践仍处于探索阶段，国家层面的评估机制缺位、经费保障不足、评估统计与建议采纳率较低、评估活跃度不足等问题尚待解决。

社会性别预算是通过引入社会性别的视角来评估预算过程对男女两性带来的不同影响，国内社会性别预算的研究与实践在经历了早期理念介绍、宣传倡导阶段后，已经进入了纵深研究和难题攻坚的重要时期（马蔡琛，2012）。在社会性别预算的理论研究方面，郭夏娟、吕晓敏（2011）总结了国外性别预算的策略框架和评估分析工具。鲍静、魏芃（2015）认为社会性别预算实践的激发具有内外驱动的双重作用，并从实践主体和发展特征等方面总结了各国的实践经验，为中国开展性别预算提供了一定的借鉴和参考。马蔡琛、张莉（2015）认为社会性别预算与中期财政均强调公共政策与预算决策的有机整合、关注预算绩效，因此应在社会性别预算的实践中纳入中期财政规划的分析视角。通过借鉴国际社会性别预算与中期财政规划相结合的实践，提出了中国社会性别预算与中期财政规划的整合路径。在社会性别预算的实践方面，学者们重点关注了以张家口、焦作、温岭为代表的三种社会性别预算的实践模式。张家口市是中国第一个试行社会性别预算的地区，2018 年引入专家咨询机制，并通过广泛的宣传倡导使市高层领导掌握社会性别预算的相关理念，但实践中问题也逐步显现，如社会性别预算成果以宣传倡导类为主，并没有进入政府预算决策的讨论议程；焦作的社会性别预算选择了财政主导型模式，改革后实现了持续编制社会性别预算、关注社会性别敏感度较强的特殊项目、建设促进性别平等的长效机制等目标，但同时面临着长期制度建设与短期改革成效的调和、公共政策与性别预算的配合、妇联组织执行力存在差距与试点横向推广等方面的挑战（马蔡琛，2012）。温岭的参与式社会性别预算由人大、党委和政府共同支持推动，妇联、人大代表、基层民众积极参与，其内容主要包括女性专项预算、与女性关系密切的预算支出、一般性的预算支出。温岭参与式性别预算的实施取得了明显的成效，提高了政府对女性权益诉求的回应，使预算资源在两性间的分配更为合理，但在实施的深度和广度上仍有待加强（郭夏娟、吕晓敏，2012）。

（二）具体公共政策和公共管理中的社会性别研究

1. 社会性别与妇女参政

中国妇女参政存在参政比例较低、参政发展速度缓慢、权力参与不足等问题，其中参政社会生态环境缺乏、妇女参政意识不足、妇联组织等中介发挥作用有限是导致妇女参政不足的主要原因（李宁、杨银慧，2013）。针对妇女参政比例低的问题，实行妇女参政配额制是当下世界各国普遍采用的策略，为女性进入决策层提供了制度上的保障。中国实行妇女参政比例制度由来已久，然而在具体政策的制定与实施过程中，妇女参政比例制度不断受到质疑，仍面临着一系列挑战。针对中国妇女参政比例制度的落实情况，部分学者围绕妇女参政配额制的合理性、发展状况、实施效果及其影响因素展开了探讨。丁娟、石鑫（2015）通过梳理妇女参政配额制的国内外探索，认为配额制是对妇女在政治参与方面长期受到歧视、排斥的结构性补偿，是消除针对妇女的歧视的必要手段。在分析妇女参政议政结构性障碍的基础上，结合中国现实情况，提出妇女参政比例不应低于

1/3（李慧英，2014）。张永英（2014）从政策制度与社会文化两个层面分析了影响妇女参政比例制实施效果的因素，认为完善的配套措施、积极的倡导与培训以及妇女组织的推动对妇女参政比例制带来了积极的影响。此外，还有研究者分析不同类型的妇女在参政中存在的问题并提出对策建议。杜洁（2012）认为农村妇女参与村民自治的现状仍不乐观：从总体来看，妇女代表在数量上占村民代表的比例低，而且很少进入村委会的决策层；从职务构成上看，女性村委会成员多负责妇女、计划生育等工作，较少在涉及村镇发展的经济等重要事务中发声；从工作待遇上看，女性村干部的付出回报比明显低于男性。李莹（2015）认为中国农村少数民族妇女政治参与仍存在着参政比例低、参政能力不高、地区差异大等困境，针对少数民族文化的背景，提出政府要平衡少数民族妇女权利保障和文化传承权保障，加强社区领袖合作、消除社区障碍，开展针对性的妇女运动，实行“配额中的配额”制等相应对策。

2. 社会性别与生育政策

随着中国人口逐渐接近“低出生、低死亡、低增长”的阶段，人口红利消失、老龄化加速推进、性别比例失衡等问题不断加剧。为了保持人口长期均衡发展、缓解婚姻市场挤压、延长人口红利收割、推迟老龄社会进程（刘家强、唐代盛，2015），中国对实施多年的“独生子女”政策进行了调整，颁布了“单独二孩”政策。

伴随“单独二孩”和“全面二孩”政策的落地实施，国内学者关注到生育政策的调整对女性群体平衡工作－家庭关系带来的一系列挑战。一方面，“单独二孩”政策会对女性入职、升迁和终身发展三个层面带来影响：当用人单位考虑到女性有生二胎的可能时，会通过提升女性入职门槛来减少女员工比例；女性生育黄金期与职业发展黄金期的重叠性，导致生育二胎的女性容易错过职业升迁的最好时机；最终导致生育对女性的经济资本积累产生负面影响（杨菊华，2014）。叶文振（2014）从职业生涯规划的角度探究“单独二孩”政策出台后可能对中国女性职业发展形成的挤压效应，提出现代女性需提升职业生涯规划的能力，合理调整实际职业生涯规划。另一方面，女性生育二孩还会带来生育成本与保障的压力、养育子女等家庭照料责任的加重（蒋莱，2014）。李桂燕（2014）认为这一政策不仅加重了孩子母亲的家务负担，而且会对隔代的老人特别是老年女性的生活带来直接影响。为了尽可能减少上述政策对女性发展产生的影响，政府在加强对用人单位监管的同时，应颁布促进工作与家庭平衡的福利政策，大力发展家政服务行业，减少用人单位和女性的后顾之忧；社会团体和公共媒体也应积极发挥自身在消除女性职场歧视上的作用；女性个人更需要不断提升职业能力，提高自己对企业的不可或缺性（杨菊华，2014）。

3. 社会性别与家庭友好政策

在全球化背景下，劳动力结构、家庭结构的转变以及劳动力市场竞争压力的增大，对女性的家庭和职业发展带来了一定的冲击和挑战，工作家庭－平衡问题、女性平等就业问题已成为经济发展新常态下社会政策性别研究的重要议题。现阶段中国劳动力市场存在着性别分工结构性不平等及公共政策隐含的性别盲视问题，政府、市场、企业及社会组织在推进女性平等就业过程中面临着挑战：政府对自身责任认识不足、市场提供的托幼与家庭照料等服务存在供需偏差、企业忽视女职工的家庭责任、工会等社会组织为员工争取的工作和家庭权利不足等（郭砾、赵云，2013）。在工作过程中，男女两性均不同程度受工作－家庭冲突的影响，姜佳将（2015）对第三期中国妇女社会地位调查浙江省数据进行实证分析后指出，工作时间、家庭支持和性别观念是影响工作－家庭冲突的三大主要因素，两性感知工作－家庭冲突与其教育程度、工作时间、性别观念和家庭支持存在显著的影响，对此，政府可以加强政策支持和财政支持、推动弹性工作制等工作生活平衡计划、加强性别平等宣传。段塔丽（2014）使用社会性别视角对比分析内地和香港社会福利政策后发现，内地和香港的社会福利政策为女性就业和参与社会事务提供了良好的政策环境，女性受高等教育比例提升，传统家庭角色日益淡化；然而，现有的福利政策也导致了香港“二元化”劳动力市场分割加剧、政策中存在的“性别盲区”导致女性利益被忽视、女性就业的职业隔离现象依旧严重。李亮亮（2013）分析欧盟四个国家的家庭友好政策后发现，四国均安排提供了带薪与无薪相结合的妇女育儿假、儿童照料服务、家庭津贴和已婚家庭的税收减免，为女性尤其是职业女性创造了平衡家庭和工作的政策环境。自20世纪70年代以来，欧洲国家积极构建由政府、市场、社会组织和家庭共同提供的多元照顾体系，实现儿童照料责任的公共化、服务提供者的多元化（张亮，2014）。

4. 社会性别与社会保障

养老保险制度是中国社会保障制度的重要组成部分，是老年人获得经济保障的重要支撑。在中国老龄化速度不断加快的背景下，推进公平的养老保险制度设计成为当下学术界讨论的焦点。在养老保险“多缴多得”的总体原则下，看似创造了公平的机制，但由于女性非正规就业的比例较高、收入普遍低于男性、工作年限低于男性等特点，现有的社会保障制度实则忽视了两性的差别，损害了女性公平获得养老保险的权利，最终可能导致老年女性贫困、性别分立的不良后果（王佃利、杨妮，2015）。

王海东、李珍（2013）通过数学模型推算发现，女性退休年龄偏低是女性养老保障金不足的重要原因，应当推迟并统一全国退休年龄。谭琳、杨慧（2013）认为机关事业单位女性的退休年龄不仅低于同龄、同类的男性，也低于法定退休年龄，这对女性的职业发展与养老保障造成了障碍，建议应实施有利于社会性别平等的退休年龄方案。而崔世良等（2011）认为延迟女性退休年龄会造成就业挤压，加剧中国劳动力的供需矛盾。同时，实行男女同龄退休制度虽然有助于保障精英阶层女性的利益，但未能满足其他阶层女性及所有男性的退休需求，可能在女性群体内部形成新的歧视（王向梅，2015）。刘伯红等（2011）通过调查黑龙江等四个省份中40～60岁的男性和女性发现，年龄较长（50～60岁）、受教育程度较高、家庭经济状况好、在公共部门就业、福利待遇和社会保障情况好的被访者，赞成同龄退休；反之，年龄较轻、受教育程度低、经济状况不佳、在非公共部门就业、福利和社会保障不足的被访者，反对同龄退休。针对上述争议，刘明辉（2011）认为应兼顾不同岗位男女职工的需求及利益期待差异，尊重其在满足工龄或者缴费底线的前提下选择提前退休的权利，实行“双轨制弹性退休”制度，即设置强制性退休制与自愿弹性退休制相结合的退休年龄制度，从而在一定程度上为男女同龄退休奠定基础。

（三）将社会性别意识纳入公共管理过程的研究

1. 加快将社会性别意识纳入决策主流的进程

社会性别主流化作为国家治理现代化的重要内容，贯穿政策制定、执行过程的始终，是一项具有长远规划意识的战略（朱春奎，2015）。政府作为实现社会性别主流化的责任主体，应明确自身在推动性别平等过程中的政治承诺与主体意识。首先，要完善各级政府中促进性别平等部门的设置，中央政府应充分发挥自上而下的统筹作用，有效联动各级政府部门及社会组织，形成政府工作问责制，将性别工作纳入政府绩效考核的指标；继续推进社会性别意识纳入决策的主流，将性别观点纳入立法、公共政策、方案和项目中，完善促进社会性别主流化的顶层设计；提升国家机构工作人员的性别意识与专业化水平，为性别平等工作配备足够的人力和财政资源，保障社会性别工作的持续性与稳定性（刘伯红，2015；刘利群，2013）。

2. 开发社会性别主流化的工具

不断探索和开发本土化的社会性别主流化工具，增强社会性别分析、社会性别预算等工具的科学性与可操作性，是社会性别主流化的内在要求。加快中国分性别的数据统计工作，将社会性别统计工作落实到基层社区政府的工作中，进而反映不同领域、地域及人群中所存在的性别差异，为分析和评估各项政策、项目和规划提供数据基础（陈淑梅等，2012）。开发社会性别分析工具，构建公共政策性别评估的指标体系，在政策法规起草、制定、执行和监督过程中进行持续的社会性别评估，了解两性需求、表达两性意见，将性别公正贯穿于整个决策过程（朱春奎，2015；叶文振、孙琼如，2013）。其中，在利用性别分析工具研究农村具体公共政策时，有学者采用案例分析的研究方法。于光君（2011）对山东省德州市的合村并居政策进行考察研究后发现，合村并居政策中的班子建设政策、房屋置换政策、福利政策均给农村妇女权益带来了不同程度的损害，其中福利政策对女性的“过度保护”导致了男性居民权益的受损。王晓莉等（2014）通过对湖北省洪湖市白村开展实地调研后发现，农村土地股份制改革过程中“农嫁女”的合法权益屡屡受到剥夺，“农嫁女”因脱离家庭依附关系无法获得“成员权”，传统的父系资源分配规则与不合法的村规民约将“农嫁女”拒绝于“村民权”的大门之外。

探索中国社会性别预算改革新模式，强化政府财政部门的主导力。结合中国当前垂直化预算管理的制度现状，不能被动地等待“自下而上”的推动力量，要主动考虑“自上而下”的推广策略，从地区试点开始由点及面地推广（马蔡琛，2015；刘筱红、田野，2013）；积极探索社会性别预算与全口径预算、绩效预算、中期财政规划的协调推进，将社会性别预算融入政府预算制度建设的主流（朱春奎，2015）；关注教育、就业与公共卫生等公共项目的预算支出，财政部门通过列出性别预算项目，邀请公众参与投票，使用“菜单点菜”的模式降低财政部门的选择成本，满足各地的不同需求（闫坤等，2015）。

3. 保障妇女与妇女组织的发言权

要实现提升妇女参政比例的政治承诺，就要抓住历史机遇，将承诺转变为促进妇女参政的有效行动。应通过加强对各级妇女干部的培训，提升其社会性别意识与工作能力；结合中国实际制定符合本国国情的妇女参政配额制，为妇女进入决策层提供制度保障，提高女性在政治权力系统中的影响力（杜洁，2013；刘伯红，2015；刘筱红、田野，2013）。以妇联为代表的妇女组织作为连接政策决策者与公众的重要桥梁，在促进将性别平等意识纳入公共决策议程中具有独特作用，一方面应继续探索妇女组织与政府合作、妇女组织之间合作与妇女组织独立开辟渠道等合作模式（杜洁，2012），另一方面妇联组织要继续进行组织变革，优化自身队伍，提升妇联组织的专业性与影响力（张再生、强馨元，2015）。

4. 不断学习借鉴国际社会经验

社会性别主流化作为国际社会普遍认可的促进性别平等的重要战略，自1985年第三次世界妇女大会提出以来得到了世界各国的普遍支持，社会性别视角逐步走进国际组织与世界各国的政策议程与实践，为中国的社会性别研究与实践提供了一定的经验支持。

从战略实施层面来看，各国最高层领导或机构表达了坚定的政治承诺，包括联合国在内的国际组织均设立了社会性别的专门机构；将性别视角纳入儿童发展、环境保护、人权等公共管理的领域；为妇女进入决策层提供了渠道，提升了决策者的社会性别意识与工作能力；加强分性别统计的数据支持和研究，为推进性别平等战略完善了顶层设计，提出中国应从进一步将承诺转化为行动力、改正观念上的误区、强化性别平等主流化和提升贯彻男女平等基本国策的能力等几个方面改进（杜洁，2013）。从公共政策的具体实践来看，对国际经验的学习与研究主要集中在社会性别工具开发、促进女性公平就业与妇女参政、家庭友好政策构建等方面。季仲赟（2013）通过梳理全球70多个国家开展的性别预算实践，总结了各国在实施社会性别预算的实践过程中形成的经验：探索社会性别预算理论与实践的结合，探索符合本国特色的本土化策略，更加关注公共预算收入，注重与国际组织和非政府建立战略合作关系。在帮助女性平衡工作和家庭冲突、促进两性平等就业的政策构建方面，李亮亮（2013）通过对四国家庭友好政策的效应测评发现，儿童早期教育和公共照料服务比生育假期和家庭津贴更能促进女性就业，进而认为中国应大力发展儿童早期教育和公共照料服务，总体上坚持家庭友好政策向女性尤其是职业女性倾斜。张亮（2014）在总结欧洲经验的基础上提出，中国应发展公共托幼服务，平衡照顾工作中的公共责任与私人责任；在今后的政策中对家庭内劳动的性别分工进行干预，设立父亲假，以减少劳动力市场的性别歧视。

5. 加大性别平等政策的宣传与教育

公共政策在落实过程中不仅需要政府决策者合理地制定与执行，同时需要政策目标对象的支持与认同，通过加强社会性别与公共政策的宣传与教育，使政策对象在知晓公共政策的同时，审视公共政策为两性带来的性别福利，进而给决策者与政策执行者带来自下而上的政治压力与社会约束，以进一步保证政策的执行效果（叶文振、孙琼如，2013）。刘利群（2013）从大众传媒视角出发，认为在社会性别主流化的推进过程中，媒介在社会性别的教育培训、法律政策议题中大众意见的表达、性别平等和谐的文化风尚传播、社会性别理论研究的平台搭建等方面担负着重要的使命，承担着宣传责任、抵制责任和配合责任。

三　研究不足与展望

2011～2015年公共政策与公共管理中的社会性别研究相较于之前的研究取得了较大发展，但总体来看仍存在以下几点不足。

研究议题发展不平衡，选题缺乏创新精神。虽然近五年公共政策与公共管理领域中的社会性别研究议题不断丰富，学术视野逐步拓宽，在一定程度上弥补了之前研究领域的空白。但从研究议题的整体分布来看，各研究议题发展十分不平衡，学术界依旧倾向于研究传统理论视角下的较为成熟的议题，或者更多地关注当下的社会热点问题，而对于老年妇女、少数民族妇女等特殊群体的贫困问题、妇女与环境发展问题等“非热点”问题关注较少，针对许多关乎女性权益并亟待解决的议题研究明显不足。另外，研究成果多发表在妇女研究的专门性期刊或边缘性期刊上，刊登在国际、国内等有影响力的核心期刊的数量较少。

社会性别本土化理论构建仍需加强。近五年来，关于社会性别预算、社会性别评估的实践在中国逐渐推广开来，但由于社会性别理论和社会性别主流化的西方背景，中国的实践多学习和模仿国际社会性别主流化和妇女发展的理论与方法，缺少基于本土的理论支撑和框架指导；对本土实践的经验总结多局限于试点经验的总结，尚未形成对全国具有指导意义的理论框架。

研究数据不足，研究方法相对滞后。依托于第三期中国妇女社会地位调查，近五年定量研究的数量有所增加。但总体来看，针对妇女开展的实地调查数量仍然不足，导致用于社会性别研究的统计数据支持力度不够。在研究方法上，大部分学者即便采用实证分析，其分析方法多停留在描述性统计、相关性分析等基础分析层面，对于国外前沿性的研究方法的学习与应用不足。

伴随着中国社会性别主流化实践的不断深入，实践推广过程中涌现的新问题、新形势亟须性别研究的理论指导，尤其需要通过学习借鉴国外经验，结合中国实际形成本土化的理论框架的指导。未来的研究一方面要关注公共政策与公共管理中社会性别研究议题的多样化，在已有研究的基础上加深研究的深度；另一方面要加快本土经验的总结，形成具有普遍指导意义的理论框架，促使研究成果推广、转化为实践成果，体现研究的应用价值。同时应继续培养社会性别研究的专业化人才，关注性别研究新生力量的培育；收集和整理公共政策与社会性别研究的数据，为社会性别研究提供数据支持。

妇女组织和妇女工作研究综述（2011～2015年）

石　鑫　丁　娟*

这五年，党的执政理念从社会管理向社会治理转变，政府职能也逐渐由管理型向服务型转变，民生工作和群团工作进一步受到重视，这为妇女组织和妇女工作创造了前所未有的机遇。在此背景下，关于妇女组织和妇女工作的研究更为深入、多样。特别是2015年，中央召开党的群团工作会议，强调要认真解决群团组织存在的机关化、行政化、贵族化、娱乐化的问题，保持和增强群团工作和群团组织的政治性、先进性、群众性，开启了妇联组织的新一轮改革，也激发了妇女工作者和研究者对妇女组织和妇女工作的新思考。本研究将2011～2015年有关妇女组织和妇女工作的研究内容加以总结、分析，力图客观全面地展示这五年妇女组织和妇女工作的研究状况。

一　研究概述

在中国知网期刊数据库以“妇女组织”“女性组织”“妇女工作”为主题进行检索，得到文献1510篇，其中国家社科基金立项的成果有60项；在博硕士论文库以“妇女组织”“女性组织”“妇女工作”为主题进行检索，得到文献235篇，其中博士学位论文23篇，硕士学位论文212篇；在中国重要会议论文数据库以“妇女组织”“女性组织”“妇女工作”为主题检索到文献46篇。此外，从国家图书馆检索到五年间共有44部专著出版，包括研究专著、妇联工作报告、妇联工作文件汇编、妇联工作志等类别。其中，李莉的《和谐社会中的妇女非

* 作者简介：石鑫，女，全国妇联妇女研究所助理研究员；丁娟，女，全国妇联妇女研究所研究员。

政府组织：角色、作用与行动》（2012）和陈琼的《现代国家建构与妇女公共参与——组织变迁的视角》（2011）等专著均对妇女组织和妇女工作进行了较为系统的研究。在课题立项方面，有一个青年项目“中国共产党领导的妇女组织研究（1921～1949）”获得了国家社会科学基金立项支持。

这五年来的妇女组织和妇女工作研究总体上呈现出以下特点。

一是成果数量与之前五年基本持平。2011～2015年期刊论文、学位论文和会议论文总数为1791篇，比前五年（1875篇）减少84篇。其中，期刊论文数量有所减少，而学位论文增加幅度较大，会议论文略有增加。从全部期刊论文来看，对妇女工作的研究成果多于妇女组织研究成果（1087∶686），但从核心期刊论文数量来看，二者基本均衡（107∶109）。

二是多学科交叉趋势更为明显。这五年中，针对妇女组织和妇女工作的研究主要来自政治学、社会学、人口学、历史学、管理学等领域。在研究方法上，注重定性研究和定量研究相结合，注重实证调查。个案研究是较为常用的方法。

三是研究队伍进一步壮大。尽管妇联工作者或研究人员仍然占绝大多数，但有更多的博士、硕士研究生将妇女组织和妇女工作作为他们的研究方向和博士、硕士学位论文选题。2006～2010年，有166篇博士、硕士学位论文以“妇女组织”或“妇女工作”为主题，而2011～2015年，共有235篇相同主题的博士、硕士学位论文。这表明这一研究领域正吸引越来越多的年轻学者，妇女组织和妇女工作的研究队伍将越来越壮大。

二　主要研究内容

（一）关于妇女组织的研究

1. 对妇联组织的研究

（1）妇联组织参与社会治理

妇联组织参与社会治理是这一时期研究的重点。研究者普遍肯定妇联参与社会治理的重要意义，认为妇联组织对于承接政府转移的部分公共管理和公共服务职能具有优势，如纵向组织健全、公信力较强、理念和使命鲜明、服务专业化等（方英，2013）。由于妇联在人民代表大会制度和政治协商会议制度中的独特地位，妇联组织在加强社会主义民主政治建设、推进人大制度和民主协商制度发展中也可发挥自身优势（丁娟，2014）。此外，包括妇联在内的妇女组织还可以提高妇女参与能力、培养秩序与合作的现代社会公民意识，从而减少政府治理的社会成本，实现社会的有序整合（程同顺、邝利芬，2015）。

对于如何发挥妇联参与社会治理的功能，妇女工作者认为，要按照妇联组织的性质和职能参与社会管理，以配合党和政府解决影响社会和谐稳定的突出问题和妇女儿童现实利益问题为重点，把参与社会管理与解决妇女实际问题相结合，推动将更多的实事项目纳入政府改善民生的制度安排（宋秀岩，2011）。有的研究者认为，妇联参与社会治理的重点是维护妇女合法权益，手段是运用法治思维依法维护妇女合法权益，关键在于源头治理，倡导在制定法律政策时考虑到对于男女两性的影响，从根本上消除性别不平等（李慧英，2014；罗宁，2015）。

在新农村建设和村庄治理中，基层妇联组织也可承接重要的公共事务，包括农村基层民主管理、公共场所的管理和维护、日常村务治理等（王晓莉、李慧英，2013；张凤华、魏红英，2014）。还有研究者注意到妇联组织在维护社会和谐稳定中的特殊作用，提出妇女常常是群体性事件的导火索和重要的参与者，妇联组织可代表女性有效进行制度化的利益表达，并影响男性参与者理性表达，从而防治群体性事件的发生（程同顺、邝利芬，2015）。

（2）妇联组织面对的挑战与组织建设

对于社会转型期妇联组织面临的冲击和挑战，研究者认为主要有以下几个方面：一是在妇女群体激烈分化、不同妇女群体之间利益差异巨大甚至存在利益冲突情境下，妇联能否代表不同妇女群体的利益受到质疑；二是妇联体系纵向组织弱化，基层妇联组织力量薄弱，与妇女群众的联系被削弱；三是横向联系乏力，对其他妇女社会组织团结凝聚不足；四是发挥社会职能不足，妇联承担了大量管理职能，而其社会服务职能弱化，对社会的需求缺少回应（罗宁，2015；程同顺、邝利芬，2015；汪超，2015；陆春萍，2014a；陈琼，2011）。

研究者认为，从推进国家治理体系和治理能力现代化的角度来看，妇联应理顺与政府、社会、市场的关系，提升合作共治的能力，推动妇联基层组织向现代公共服务型组织转变，形成多元主体共同治理的结构，有效弥补公共服务与社会管理的市场失灵与政府缺位（汪超，2015；彭丽敏，2015；谭凝，2015）。妇联组织建设要与“党建”相结合，坚持“党建带妇建”，不断加强和改进党对妇联组织的领导，使妇女工作服务于党和政府的中心工作，体现妇联组织的独特作用（彭丽敏，2015）。妇联应在公共政策、公共参与和公共服务三个层面明确自身定位、改进动员方式、创新工作方法，提高参与社会治理的能力（苏静，2013）。与此同时，妇联必须拓展横向网络，拓展联系各阶层、各行业妇女的渠道，探索妇联组织与其他社会组织合作的新型治理模式（陆春萍，2014），并强化基层妇联组织，改革组织管理模式，吸收社会各领域的女性精英参与妇联工作，依托互联网技术，构建“上面千条线、下面一张网、中间互联网”的全网式妇联组织新格局（刘睦终，2015）。

一些研究者将注意力投向妇联如何建设和发挥枢纽型组织作用。研究者普遍认同枢纽型组织对妇联拓展组织网络、延伸工作手臂、服务女性社会组织的重要意义（蔡立，2012；温兰子，2013）。一些妇女工作者总结了地方实践经验，提出建立枢纽型组织者一要主动介入顶层设计，争取政策、资源；二要不拘一格建立枢纽服务平台，吸引社会组织靠拢；三要突出服务意识，在合作中协同发展（温兰子，2013；上海市静安区妇联，2013）。也有人指出妇联枢纽型组织建设中存在的一些问题，包括妇联与草根型女性社会组织联系不畅通、妇联扶持能力有限、妇联工作行政化色彩浓厚、女性社会组织整体发展不足等（上海市静安区妇联，2013）。

2. 对民间妇女组织的研究

（1）民间妇女组织发展状况

这一时期，民间妇女组织的发展和演变仍是研究者关注的重点。研究者普遍认为，目前民间妇女组织发展不够充分，体现在妇女组织数量少、能联系的妇女少、社会动员力和影响力小、妇女的组织化程度不高等方面，难以满足目前社会治理和妇女群众的需求（黄粹，2011；张凤华、魏红英，2014；程同顺、邝利芬，2015）。

一些研究者对于这种现象背后的制度因素进行了深入分析，提出民间妇女组织发展受到父权制的社会性别意识、计划体制的路径依赖、国家与社会间的制度张力、社区治理不成熟、同质性组织（包括妇联组织和国际妇女组织）影响等外在制度因素的限制，因此，推进民间妇女组织的发展必须培育适宜的文化、法律以及政治经济制度环境（黄粹，2011；李莉，2011；石鑫，2012；叶雷、宋连青，2012；高焕清、李琴，2012）。张翠娥和杨夏玲（2012）通过实证调查发现，由于传统社会组织的家庭性与男性家长制相叠加、女性组织能力不足以及男权社会对女性的压制等因素共同作用，女性农民的组织化程度明显低于男性。

（2）民间妇女组织的作用

民间妇女组织的独特作用和重要意义也引起了研究者的关注，特别是在村庄和社区治理中。李莉（2011）借用经济学的“嵌入”概念分析了妇女NGO对社会制度、社会群体及其他组织的影响。她提出，当前妇女NGO的嵌入效果主要表现为对妇女参与发展的赋权、对妇女组织的自我规范以及为服务对象提供社会资本。张凤华和魏红英（2014）认为，城乡一体化进程的推进，村庄从管理到治理、从压力型治理到民生型治理的转向，为农村妇女组织化参与提供了广阔空间，村庄治理经济、行政压力的减轻为妇女的组织化参与提供了有利条件；民间妇女组织在民生事务如计生、环保、调节邻里矛盾、红白喜事操持方面可发挥独特的优势。叶雷和宋连青（2012）研究发现，参与社区治理有利于实现女性的全面发展，女性NPO在自我意识与能力、资源支撑、制度保障、社区认同等层面影响着社区参与的深度与广度，逐步形成女性参与社区治理的价值体系，并对社会、社区和家庭的变革产生了巨大的影响。

（3）民间妇女组织能力建设

如何增强民间妇女组织参与社会治理、推进性别平等的能力成为研究的重点。许多研究者认为，培植鼓励女性结社的文化环境、完善相关的立法政策、合理放宽准入机制、完善社会监督机制、合理定位妇联的管理职能，是民间妇女组织得以健康发展的制度前提（黄粹，2011；李莉，2011；叶雷、宋连青，2012；李金龙，2013）。

对于如何提高民间妇女组织自身能力，研究者提出了争取与其他社会治理主体合作、拓展社会力量、健全组织管理结构、提高绩效评估等具体措施（叶雷、宋连青，2012）。有的学者从民间外交的角度，认为妇女组织可以通过参与国际合作获得发展资源和空间，特别是在资金筹集和能力建设等方面，但同时要警惕国际资助者的话语霸权对民间妇女组织主体性的损害（石鑫，2012）。

（4）少数民族地区民间妇女组织

这一时期，关于少数民族地区妇女民间组织研究有所增多。曲凯音（2014）针对云南楚雄彝族妇女的“彝绣协会”的研究认为，民间妇女组织不仅可以在少数民族地区传播先进的性别文化、提高女性社会和家庭地位，还可在提高民族文化自觉和文化自信、保护和传承非物质遗产文化方面发挥独特作用。章立明（2015）用常人方法学对云南省3个少数民族（白族、景颇族和藏族）草根妇女组织进行了人类学分析，探讨了草根妇女组织对于形成妇女群体意识、提供公共服务以及改变传统社会观念的作用，并提出这类妇女组织在公共领域扮演的角色往往延续了私人领域的性别分工，因此仍处于相对边缘地位。陆春萍（2014）发现，西北少数民族地区妇女社会组织数量与规模较小，草根性质的组织发展空间有限，主要原因在于受传统的性别意识影响较深、民众公益慈善意识缺乏、政府倡导不够、组织内部管理机制不完善等，建议政府应把妇女组织建设与当地的反贫困战略联系起来，培养妇女自我组织和自我发展的能力。

3. 对妇联组织和民间妇女组织关系的研究

对于妇联组织和民间妇女组织的关系，绝大多数研究者认为，妇联处于实质上的主导性地位，同时，二者之间存在竞争和合作的关系。一方面，依赖官方或半官方的支持和帮助是妇女非政府组织生存及可持续发展的重要保证。例如，妇联组织制订的要求和活动规范对民间妇女组织来说相当于行业规范、章程和条例，符合这些要求可以使民间妇女组织具有行政意义上的合法性。而对于妇女非政府组织来说，借助妇联的合法地位以及保持与政府的良好关系已成为组织发展的现实途径（李莉，2011）。另一方面，新型的妇女非政府组织弥补了妇联组织提供多元化服务不足的问题，政府在资源配置和公共服务中更多地引进公平竞争的机制，在很大程度上将挑战妇联组织的传统优势，因此二者在共同服务妇女群体方面同时存在竞争与合作关系（丁娟，2014；陆春萍，2014a）。

对于妇联与民间妇女组织之间关系的发展走向，研究者普遍认为，伴随政府职能由管理型向服务型的转变，妇联组织与其他妇女组织之间、妇女组织与妇女之间将逐渐形成新型横向关系，以前的政府、妇联、妇女三者关系的纵向管理型结构开始向横向服务型结构转变（陆春萍，2014a）。妇联可在同类组织中起到枢纽型组织的作用，发挥其政策、组织、资源、人才等优势，扮演调研员、协调员、监督员的角色，从而推进妇女组织网络的整体发展（温兰子，2013）。

一些研究者发现，在国际交往加深的背景下，妇联组织和民间妇女组织之间产生了许多共同特征。在1995年第四次世界妇女大会的影响下，中国妇女组织得以学习和模仿国际妇女组织的形式和经验，将倡导参与、共同分享、尊重差异等工作原则借鉴到自身的组织行为模式中，促进了中国妇女组织的制度同构和模式构建，在组织理念、组织建设、关注议题等方面也形成了很多共识（李莉，2011；石鑫，2012）。

（二）关于妇女工作的研究

1. 对妇女工作机制的研究

妇女儿童工作委员会是推进性别平等的重要国家机制。近年来，各地妇儿工委工作机制不断完善，妇儿工委工作不断强化，有力地推进了中国妇女发展纲要的实施，并积累了很多行之有效的经验，如分类指导、示范先行，分层示范、分级负责，以点带面、整体推进，整合资源、形成合力，等等（甄砚，2013）。但是，妇儿工委在机制运行中仍存在某些问题，如一些地区政府的主体责任缺位、工作机制落实不到位、督办落实缺乏刚性措施和长效机制等。一些地区妇儿工委办公室自身建设不足，没有解决编制和人员问题，还有一些地区妇儿工委办公室没有将实施两个规划专项工作经费纳入当地财政预算或财政经费不足等（黑龙江省政府妇儿工委办公室，2014）。

随着《中国妇女发展纲要（2011—2020年）》提出要加强对法规政策的性别平等审查，对法律政策进行性别平等评估成为实现男女平等的一个重要工作机制。有学者以“单独二孩”政策制定过程为例，分析了缺少性别评估机制在政策实施后对女性产生的影响，提出将性别平等评估机制广泛引入各个领域公共政策制定的必要性（蒋莱，2014）。2013年以来，《中国妇运》刊载多篇文章探讨法规政策性别平等评估机制的意义，一些先行实践的省市也总结了其建立性别评估机制的经验和不足，特别是如何建立评估机构、确立评估标准和范围、规范评估程序等（江苏省妇联，2013；国务院妇儿工委，2014；全国妇联权益部，2014；湖北省妇联，2015；许津荣，2015）。有学者认为，性别平等评估机制的探索和试点工作在出台规范性文件、初步建立评估机制、重视专家参与、参与地方法规的评估等方面取得了一定的成绩。但是，性别平等评估机制仍处于探索和试点阶段，还面临诸多问题，如评估主体不统一、评估范围不统一、评估方法简单、评估缺乏依据等，需要进一步明确和规范（郑玉敏，2015）。

2. 对妇女工作理念和工作方法的研究

在多元治理的理念下，学者和妇女工作者对妇女工作有了新的认识。宋秀岩（2011）指出，传统妇联组织的工作理念是管理型理念，习惯于“一竿子插到底”的工作模式，缺乏横向辐射的观念。之所以形成这种工作理念，主要是由于妇联在组织序列上隶属于党群系统，在资源配置上依靠政府，妇联管理女性事务过程中往往依靠自身力量或是借助党政力量。因此，倾向于“纵向管控”的工作方式，缺乏民主协商的意识，趋向于“一元单向治理”的工作过程，缺乏多元共治的思想（汪超，2015）。今后妇联必须转变这种工作理念，树立“多元主体、民主协商、合作共治”的治理理念（宋秀岩，2011）。

基于新的治理理念，研究者对妇联传统的工作方式进行了反思。有人提出，传统的妇联工作存在行政化、机关化、封闭式的特点，只愿意做体制内安排的事，不习惯把妇女工作置于社会发展的大背景中，难以有效地联系和服务广大妇女群众，致使妇女工作出现盲区，也难以激发和吸引体制外的妇女群众及社会资源共同参与（汪超，2015）。只有妇联工作向社会化的群众工作方式转变，妇联系统才能从“自转”向妇联引导社会资源的“公转”转变（汪超，2015；彭丽敏，2015）。

妇女工作者和研究者都对如何将专业的社会工作方式引入妇女工作产生兴趣，特别是如何将其应用在农村和社区妇女工作中。研究者认为，社会工作与行政性社会工作结合可以为弱势妇女构建专业、可持续的社会支持网络。而社会工作者非官方、非个人关系网络的性质，可以协调政府、社区、组织、个人之间的关系，可以为弱势妇女搭建正式支持与非正式支持之间的桥梁（陈琦、何静，2015）。一些地区妇联主动将社会工作引入妇女工作，并提出了“妇工+社工+义工”的新服务模式（天津市妇联权益部，2011；谢平，2014）。一些基层妇联还开展了对妇联工作人员的社会工作能力建设培训，发现培训有助于妇联工作者转变工作理念和价值观，树立助人自助的理念，获取专业工作方法和技巧，改变以前居高临下的工作态度，从替妇女做主向案主自决转变，使妇联的工作更符合实际，调动妇女的参与热情，因而工作成效更为明显（刘梦、焦开山等，2011）。

还有研究者关注到项目化运作的工作方式对妇女工作的影响。从工作效果来看，项目化运作可以更好地了解妇女需求、整合社会资源，实现目标导向（上海市杨浦区妇联，2011）。从扩展妇女工作网络的角度，妇联可以通过项目化运作，打造一批妇女工作品牌或实体，并在此基础上孵化出女性社会组织，发挥妇联的枢纽型组织作用（温兰子，2013）。这些新的工作方法是妇女工作进一步开放化、社会化、群众化的体现。

3. 对妇女工作专门领域的研究

在这五年中，一些妇女工作的专门领域成为妇女工作者和研究者关注的重点。通过这些研究，研究者审视了妇女工作的发展状况、特征以及从中折射出的妇女组织与政府、社会的关系。

为了承接政府部门转移的公共管理与服务职能、推进社区治理，社区妇女工作成为城市妇联工作的重点。研究者认为，社区建设离不开妇女，妇女也是社区发展的主要受益人群，将城市妇女工作的重点放在社区，做好社会服务，不仅能减少社会矛盾、调动妇女参与社区建设的积极性，而且对推进城市化进程、促进社会文明进步有重要意义。在城乡接合部等特殊地区，妇女工作尤为重要（刘冶梅，2013）。调研发现，城市居民对社区妇女工作需求度很高（海南省妇联，2011）。从妇联的角度看，社区妇女工作可以发挥妇联在妇女儿童和家庭工作方面的优势，推动妇联基层组织建设。一些地方妇联较好地调动社会力量，将妇女工作与和谐社区建设融为一体，促进了妇女工作的社会化。研究者认为，目前社区妇女工作存在的问题主要有社区妇女活动参与主体老龄化、社区专职妇女干部少、妇女工作者文化程度偏低或基层经验不足、经费支持有限以及活动场地缺乏等（海南省妇联，2011；天津市妇联权益部，2011）。要解决这些问题，研究者建议，一要将社区妇女组织建设与“党建”有机结合，纳入基层政权建设的统一规划；二要发挥驻区单位妇女组织的作用，纳入社区妇联组织工作；三要加强外来妇女的组织建设，打破社区中的城乡壁垒；四要创新工作载体，以家庭文明建设、家政服务、家庭教育为活动载体，用和谐家庭推进和谐社区建设（刘冶梅，2013）。

随着城镇化进程的深入，农村妇女的弱势地位凸显。研究者认为，目前对于农村留守妇女来说，来自政府、妇联、村委会等提供的正式支持（政策支持、舆论支持、权益保护）较为薄弱，留守妇女的社会支持主要来自家庭、亲人、邻里等非正式支持。政府应该在留守妇女的支持体系中发挥主导作用，为留守妇女的发展提供良好的制度环境，农村妇联组织和村委会是构建留守妇女正式支持网络的组织基础，为此，要加强农村基层妇女组织的建设，强化村委会的社会支持功能，为留守妇女提供多样化的服务（李包庚，2012；陈琦、何静，2015）。此外，如何保障农村出嫁女的土地权利也受到研究者的关注。研究者建议，应重视组建农村妇女组织，开展妇女的能力建设培训，同时，在农业和农村能力建设的培训中纳入性别平等内容，提高基层政府对违反法律政策的村规民约的纠错强制力，切实改变男娶女嫁的传统资源分配规则（王晓莉、李慧英，2013）。

此外，马焱和吴菁（2011）对中华人民共和国成立后妇联开展的妇女健康工作进行梳理后发现，改革开放前很长一段时间内，妇联组织非常重视妇女健康问题，20 世纪 80 年代以来妇女健康工作力度有所减弱，2008 年后这种局面出现了转变。从妇联角度看，这种工作力度的游移与妇联缺乏相应的组织设置和工作制度、工作对象有盲区以及工作有空白点有关；从宏观制度环境看，主要是由于男女平等基本国策执行力度不够、党政部门忽视妇女运动独特性以及对妇女发展的理念认识不足。针对这些问题，她们提出了根据两纲内容改革妇联组织和工作设置、将健康工作覆盖各阶层妇女群体以及在健康决策中推动性别主流化的建议。

（三）关于国际妇女组织和妇女工作研究

一些研究者对国外的妇女组织和妇女工作进行了开拓性研究，探讨不同国家妇女组织和妇女工作的异同之处。

李小红（2013）的研究发现，在 20 世纪 70 年代的韩国新村运动中，农村女性成立各类组织，在改善居住环境、净化社会风气，参与村庄社会经济活动、参与村庄管理等方面发挥了重要作用。其作用的发挥得益于政府对妇女的倡导和培训、女性教育文化水平的提高以及重视发挥基层妇女组织的作用。这对于中国农村妇女工作具有一定的启示。

黄粹（2014）对北欧妇女组织兴盛的制度环境进行了分析，认为北欧悠久的结社理念及新教文化提倡的自由平等意识为女性结社提供了非正式制度层面的支持，而家务劳动公共服务化以及规范而宽松的社团管理制度则为妇女组织的发展提供了正式制度支持。

李国庆（2012）通过对美国第二次三 K 党运动中妇女组织的研究探讨了性别与种族的关系。他发现，妇女组织是美国第二次三 K 党运动的重要参与者。第二次三 K 党组织领导体系的内部权力纷争，为三 K 党妇女组织的建立和发展提供了条件。在运动中，三 K 党妇女组织成为被利用的工具，并在一定程度上沦为帮凶。然而，种族主义组织中的性别歧视理念也决定了妇女组织在第二次三

K 党运动中仍然处于从属地位。

这些关于妇女组织和妇女工作的国际研究，开阔了中国妇女组织和妇女工作的国际视野，提供了可资借鉴的经验和教训。

三 研究不足与展望

回顾这五年的妇女组织和妇女工作研究可发现，多元的研究视角和研究方法使研究更为深入，研究水平也有所提升，但仍存在一些不足和有待提高的方面，主要表现为以下几个方面。

一是妇女工作研究质量不高。90%的研究成果发表在非核心期刊，研究者绝大多数为妇联工作者，研究层次局限于工作报告、工作总结、工作宣传。研究与政治时事联系较紧密，而对妇女工作的理论思考不够深入，对妇女工作机制和方法研究不足。

二是对民间妇女组织的研究缺乏总体数据支撑，以个案研究为主。这一方面与民间妇女组织发展水平较低有关，另一方面也由于缺少针对民间组织的宏观统计数据。这直接影响了研究者对民间妇女组织的总体把握，以及在此基础上进行分类研究。此外，对民间妇女组织的研究往往为个案研究，对妇女组织与其他组织相比而言的独特性发掘不够。

三是对妇女组织和妇女工作研究的国际视野不足。尽管有个别研究涉及妇女组织的国际交往，但总体来言，较少把中国妇女组织和妇女工作放在国际大背景中进行审视，缺少对妇女组织和妇女工作的国际比较研究，对妇女组织和妇女工作的中国特色分析总结不够深化。就国际交往的演变对妇女组织和妇女工作的意义认识不够深入，对未来妇女组织和妇女工作在国家对外交往中发挥的作用缺乏前瞻性研究。

这五年的研究已经提出了很多妇女组织和妇女工作的重要问题，未来的研究可在以下几方面继续深化。

一是加强妇女组织和妇女工作的理论和方法研究。要总结中国特色妇女组织和妇女工作的历史和现实经验，拓展研究议题，特别要关注与妇女群众权益密切相关的重大现实问题，做到研究与实践相结合，提升研究的学术性和现实指导意义。

二是加强针对民间妇女组织的数据统计。妇联、民政部门和民间组织应密切合作，强化大数据意识，通过开展专门的项目或课题研究，对全国范围内的民间妇女组织信息进行汇总统计，为今后的妇女组织研究提供研究基础和数据库。

三是加强对国际妇女组织和妇女工作的研究。研究要立足本土，开拓国际视野，对国外妇女组织和妇女工作的经验进行介绍分析，同时要坚持以我为主、为我所用的原则，深入挖掘国际妇女组织和妇女工作背后的制度与结构性因素，通过国际比较研究深刻认识中国妇女组织和妇女工作的独特之处和普遍性意义，从而寻找理论突破。

妇女与就业研究综述（2011～2015年）

佟　新　陈玉佩*

一　研究概述

在中国知网中国学术期刊全文数据库以“妇女/女性”及“就业/劳动”为关键词进行搜索，2011～2015年的相关文献共2749篇；核心期刊发表论文737篇，占27%，《妇女研究论丛》刊发相关研究论文74篇，《社会学研究》和《中国社会科学》各有5篇。在中国优秀博硕士学位论文全文数据库搜索，共有论文1463篇。在国内外重要会议论文全文数据库搜索，共有文献73篇。另有十余部相关著作。

2011～2015年，妇女与就业研究特点主要体现在以下五个方面。第一，研究主题丰富。研究内容扩展至与劳动力市场相关的诸多要素，包括家务劳动、照料经济和职场性骚扰等主题。第二，在社会性别视角上的跨学科特点。特别是在经济学、社会学、人口学、法学等学科方面成果突出。第三，定量研究有突破式的进展。随着全国性社会调查数据库的建立和2010年第三期中国妇女社会地位调查数据的使用，定量研究明显增多，对职业的性别隔离、性别收入差等经典问题有持续性的回应。第四，学术研讨活跃，成果显著。中国妇女研究会每年一次的年会、中国社会学会妇女/性别社会学专业委员会以及社会分层专业委员会每年一次的年会等有专题研讨。第五，出现了一些值得深入研究的热点问题，如互联网经济或平台经济的发展对女性就业的影响，“全面二孩”政策的出台和老龄化等问题的突出带来了对以女性为主的照料经济的关注。

* 作者简介：佟新，女，北京大学社会学系教授；陈玉佩，女，北京大学社会学系博士研究生。

二　主要研究内容

女性在社会转型过程中的经济活动是复杂多样的，相关研究议题包括女性劳动参与、性别收入差、职业的性别隔离与职场性骚扰等。

（一）女性劳动参与状况及影响因素

衡量女性社会经济地位的重要指标之一是女性劳动参与。相关研究主要关注女性劳动参与状况、趋势及影响因素等方面。有研究者以经济参与、资源分享、收入、社会保障、就业结构、职业地位为指标设计出“经济领域的性别平等/妇女发展指数”的评估体系，并用人口普查数据进行分析，得出2005～2010年经济领域的性别平等指数从70.5提高到77.6，总体状况得到改善（蒋永萍，2013）。这表明，女性在经济领域的平等地位总体上是提升的，但对此存在有争议的看法。

第一，改革开放后，中国城市女性的劳动参与率呈下降趋势。第六次人口普查数据显示，2010年中国女性劳动参与率为63.73%，低于男性。与20世纪90年代相比，女性劳动参与率呈下降趋势（马艳林，2014）。1990～2010年，女性经济活动人口增速减缓，劳动参与率下降速度加快，性别差距加大（郝娟，2015）。但中国妇女社会地位调查的数据则表明，2010年女性16岁及以上人口的就业率比2005年上升了0.4个百分点。全国女性就业人员占全社会就业人员的比重为45%，超过了《妇女发展纲要（2011—2020年）》规定的40%的目标（蒋永萍，2013）。

第二，农村女性从事有酬非农劳动的机会增加。从第三期中国妇女社会地位调查的数据看，20年间，中国农村妇女从事非农劳动和兼业的比例显著提高。女性整体非农就业率在2010年达到46.8%，比1990年提高了21.8个百分点（杨慧，2013）。

这些争议涉及如何理解影响女性劳动参与的理论框架。

1. 微观的或家庭视角的解释框架

强调女性就业受到家庭责任的影响。处于25～35岁的女性劳动者因面临生育、儿童照料、家务劳动的压力，其劳动参与受到影响（孙芬、曹杰，2011）。

一是生育与女性劳动参与之间的关系，两者之间的影响是双向的。一方面，女性生育和养育孩子会限制其就业；另一方面，女性劳动参与率的提高会促使生育率下降（宋健、周宇香，2015；顾和军、吕林杰，2015）。量化研究同时证明了生育对女性就业和收入水平有明显的负面影响。第三期中国妇女社会地位调查数据发现，生育二孩、家有婴幼儿和曾因生育中断就业的经历对女性就业状态产生消极影响（宋健、周宇香，2015）。通过对2004年和2006年中国健康与营养调查数据的分析发现，生育对城乡女性的影响有所不同：生育子女数量的增加使城镇已婚女性的劳动供给显著降低，并显著降低了在业女性的工作时间和工资水平；生育子女数量的增加对农村已婚女性的非农就业无显著影响，对其工资也没有显著影响，但显著地降低了其工作时间的投入（张川川，2011）。生育对城镇女性收入有显著的负面效应，证实了"生育工资惩罚"（Motherhood Wage Penalty）的存在（贾男、甘犁等，2013；於嘉、谢宇，2014）。二是女性在家庭中的照料责任对其劳动参与有影响。针对"六普"数据的分析发现，女性不在业的主要原因是承担家庭照料的责任，而男性更多的是因为个人和单位的原因（蒋永萍、杨慧，2013）。照料老人对女性劳动参与有影响（黄枫，2012；马焱、李龙，2014；范红丽、陈璐，2015）。女性承受更大的工资惩罚和更大的性别工资差（刘柏惠，2014）。三是对农村女性的非农就业来说，家庭化迁移会降低女性就业的可能性。学前教育、技能培训等公共服务的可获得性有助于提高流动妇女的劳动参与率（李强，2012）。针对浙江省农民工的调查数据的分析表明，工作经验、培训经历、本地生活时间、工资对女性农民工的劳动供给具有显著影响，子女或老人随迁会显著降低女性的劳动参与率和工作时间（卢海阳、钱文荣等，2013）。基于江苏省调查数据的研究发现，在经济发达地区，农村已婚女性非农就业受到传统家庭分工的影响，已婚女性由于更多地承担抚养孩子、赡养老人等家庭责任，降低了她们非农就业的可能性和劳动时间（周春芳，2009）。

同时，家庭结构对女性就业会产生影响，来自老人的家务分担有助于女性就业。基于东部九个省份的家庭调查数据的研究发现，多代同堂的直系家庭结构对女性就业有积极影响。多代同堂的家庭结构明显改善了女性的劳动参与率和工作时间，但没有显著改善男性的劳动参与。其背后的机制在于，多代同堂家庭中老年父母尽力协助料理家务，有助于女性投入更多的工作时间（沈可、章元等，

2012）。对第三期中国妇女社会地位调查数据的分析发现，老年照料会影响到城镇已婚中青年女性的就业状况。有研究比较老年照料提供者和非照料者的差异发现，照料者的就业概率会降低29.6%；老年照料对男性从事有酬劳动则没有显著影响（马焱、李龙，2014）。中国健康与营养调查2009年数据的分析表明，照料老年人对女性劳动参与存在替代效应。为父母提供照料的女性劳动力参与率下降了23.80%，其中与父母公婆同住的女性，照料责任使其劳动参与率下降49.08%，农村女性照料活动使其劳动参与率下降28.10%（范红丽、陈璐，2015）。

2. 宏观经济视角

有观点认为，经济形势与经济政策对女性劳动参与有影响。出口密度与女性劳动参与率呈显著、稳健的正相关关系（钱学锋、魏朝美，2014）。但相反的观点认为，全球经济一体化进程对妇女的经济权利和经济参与有重要影响。贸易开放对中国女性劳动参与率具有显著且稳健的负向效应，其负向效应在于资本产出比的提高、失业率的上升及婚姻的限制。当提升职工平均工资和女性受教育程度时，会提高城镇女性劳动参与率（冯其云、朱彤，2013）。真实市场潜能显著促进了制造业的女性就业，不同所有制和不同行业影响有差异（李宏兵等，2014）。这表明，市场因素对女性劳动参与的影响是十分复杂的。

应当注意到，在劳动参与方面，女性非正规就业规模不断扩大（袁霓，2013；薛进军、高文书，2012），统计数字可能难以反映女性劳动参与的真实情况。2010年城镇女性在业者中，非正规就业的比例达51.6%，比同类男性高5.0个百分点。与2000年相比，城镇女性非正规就业比例提高了10.6个百分点。2010年非正规就业女性的年均劳动收入仅相当于同类男性的49.1%，而在正规就业中，女性劳动收入达到同类男性的87.3%（杨慧、蒋永萍，2014）。在非正规就业领域中，性别收入差更为明显（魏下海、余玲铮，2012）。1997～2009年，从事非正规就业的女性收入始终低于男性，且差距在逐渐扩大。同一职业内存在性别收入差异，受教育程度和工作经验对工资性别差异有一定影响，但性别歧视仍然存在（袁霓，2013）。非正规经济领域就业的人员缺乏劳动法规保护和社会保障（黄宗智等，2011），但非正规就业群体内存在明显异质性，女性非正规受雇者因缺乏制度保障，存在显著的低收入现象（张延吉、秦波，2015；李朝阳，2011）。从事非正规就业显著降低了劳动者的主观幸福感，对女性劳动者影响更大，其中可能存在更加严重的性别歧视（王海成、郭敏，2015）。

利用CHNS调查数据发现，农村户籍的女性比城市户籍女性更可能从事非正规就业，受教育程度更低、工作经验更缺乏的女性更可能从事非正规就业，且教育程度对女性的就业选择影响要比男性大（刘波、徐蔼婷，2014）。对浙江省11个城市自我雇佣的农村外来女性的调查发现，女性从事自我雇佣就业更多是在权衡成本和收益后的主动选择（袁红清、赵丙奇，2015）。虽然户籍、教育程度、家庭对女性非正规就业选择有影响，但是在男女各方面条件相同时，女性从事非正规就业的可能性比男性更高，从事正规就业的可能性更低。劳动力市场存在着对女性的排斥（袁霓，2013）。

家庭内性别分工可能会促使女性选择非正规就业。家有0～3岁儿童会提高女性从事非正规就业的概率，但对男性没有显著影响（袁霓，2013）。也有研究者注意到非正规就业对女性有积极影响。对广州市芳村茶叶市场茶艺表演业的研究发现，女性茶艺表演者可利用就业过程中的培训和职业资格认证有效地实现人力资本积累，最终进入高级、正规劳动力市场或实现自我创业（黄耿志、薛德升等，2011）。

（二）性别收入差研究

性别收入差距的大小体现着两性的职场位置，亦是国际社会关注的重要问题。研究表明，中国两性间的收入差明显，且有扩大趋势。

对2005年人口抽样调查数据的分析发现，城市劳动力市场中，男性平均时薪约为6.68元，比女性平均高出24%（贺光烨、吴晓刚，2015）。2005年中国综合社会调查的数据显示，城镇居民月收入均值的性别差异显著，女性的月收入均值只有男性的78.3%（陈文府，2011）。1995～2007年，中国城镇职工的平均实际工资收入保持较高增长，但工资水平的性别差距不断扩大，2002～2007年，工资性别差之中不可解释部分（即不能由个人或就业特征所解释的工资差异）的比例也越来越大，说明性别歧视更加严重（李实、宋锦等，2014）。

第三期中国妇女社会地位调查显示，两性收入差距明显并有扩大趋势。女性劳动收入相对较低，城乡在业女性的年均劳动收入仅为男性的67.3%和56.0%（第三期中国妇女社会地位调查课题组，2011）。市场化转型加剧了两性收入差，1990年女性劳动收入是男性劳动收入的81.7%，2000年城乡女性劳动收入分别是男性的70.1%和59.6%。性别收入差没有因地区的经济发展水平提升而有所改变，京津沪、东部和中西部地区城乡在业女性的年均劳动收入均低于男性（蒋永萍、杨慧，2013）。

关于影响性别收入差的因素，学者们主要有以下观点。

一是宏观社会和经济因素的作用。如贸易开放对不同部门、不同技能水平的城镇劳动者性别工资差距有影响，女性从事的多为技术含量低的工作（卢晶亮、冯帅章，2015）。职业的性别隔离对两性收入差有显著影响，特别对低收入群体和高收入群体的影响更大（何意銮，2015）。

二是个体因素的影响。包括两性的人力资本和社会资本的差异引发的性别收入差。女性劳动者因受教育水平低限制，较多进入第一产业和非正式劳动力市场，这种情形部分地解释了性别收入差距。同时，女性受教育的收益率高于男性，较高的受教育程度有助于女性进入高收入和性别歧视程度较低的行业和部门（邓峰、丁小浩，2012）。女性社会资本缺乏可以部分解释性别收入差，中高收入群体的社会资本的性别差异更大，对性别收入差距的贡献更高（程诚、王奕轩等，2015）。

三是家庭因素的作用。认为家务劳动对工资收入具有惩罚效应，女性作为家务劳动的主要承担者，其不平等的家务分工形成了性别收入差（郑加梅、卿石松，2014）。女性被要求承担更多的家庭责任，这弱化了女性的市场地位，女性被迫进入那些非正式的、有时间弹性的低收入职业。城镇女性中有30.8%会因为生育和照顾孩子的原因中断工作（佟新、周旅军，2013）。

四是综合因素的共同作用。认为有多种力量作用于性别收入差。一项对北京、上海、广东三地性别收入差的研究，将人力资本、劳动力市场结构和政治资本纳入分析框架后发现，三城市形成性别工资差的因素并不相同，同是市场化程度高、经济发达地区亦有所差异，其原因更加复杂：一是家务劳动时间对性别工资差异存在显著影响，主要原因可能是女性每天做家务的劳动时间比男性多，一定程度上减少了女性对工作和学习培训的精力投入，降低了女性职务、职称晋升的机会；二是私人部门比国有及公共部门的性别工资差更加明显；三是受教育程度，受教育程度越高感受到性别工资差异的程度越小；四是职务、职称对性别工资差异的影响存在不确定性。本质上，性别工资差是性别歧视（胡雯、李建新，2014）。

（三）职业性别隔离研究

职业性别隔离的状况是劳动力市场中性别不平等的重要表现，可引发性别收入差。职业性别隔离既包括水平隔离，即男性女性分布在不同类型的职业中；也包括垂直隔离，即在相同职业中男性占据着较高等级的职位（童梅，2014）。第三期中国妇女社会地位调查表明，女性更多集中在行业进入门槛、技术含量和收入水平均偏低的行业（杨慧，2013）。针对中国健康与营养调查的分析发现，中国劳动力市场1989～2009年职业性别隔离的发展趋势是职业性别隔离水平在小幅波动中稳定上升，与1989年相比，2009年的职业性别隔离邓肯指数上升了48%（张成刚、杨伟国，2013）。1982年以来的四次人口普查数据表明，自中国经济体制改革以来，职业性别隔离始终存在，且程度持续上升。受到职业规模的影响，即由于职业性别隔离较低的农业部门规模锐减，非农职业的性别隔离先升后降，主要受到职业内部性别构成的影响，即非农职业内部的性别隔离程度上升或下降（李汪洋、谢宇，2015）。对2009年八大城市“社会网络与职业经历”的调查数据分析发现，女性在各类职业中都集中于等级较低的岗位，即使在没有性别水平隔离的中性职业中，也同样存在性别的垂直隔离（童梅、王宏波，2013）。

关于影响职业性别隔离的因素，学者们主要有四种观点。

一是个体因素。个人的人力资本因素影响性别的职业流动（张成刚、杨伟国，2013）。有研究者从个人的自我选择机制提出了“社会支配倾向”的概念，即某人更愿意社会平等还是不平等的取向，社会支配倾向水平高的人偏好增加阶层差异，也会选择增加阶层差异的职业，相较于女性，男性社会支配倾向水平更高，更愿意选择增加阶层差异的职业，如金融分析师、银行客户经理等；女性更倾向于选择减少阶层差异的职业，如社工、慈善团体成员、支教志愿者等（乔志宏等，2014），但将差异归结为个人心理因素的风险是无法看清“社会支配倾向”的社会根源的。

二是社会网络/社会资本因素。女性被分配到低收入职业岗位的原因可能是其缺少社会资本的结果（程诚、王奕轩等，2015）。有学者指出，社会网络有性别同质化倾向，人们倾向于和同性亲朋交往。女性利用强关系更可能进入“女性职业”，而女性使用弱关系所获得的工作更可能跳出性别隔离（童梅，2012）。

三是宏观的社会结构因素。市场转型加剧了职业性别垂直隔离程度（童梅、王宏波，2013），职业结构的变化影响着职业性别隔离（李汪洋、谢宇，2015）。

四是综合因素。将人力资本、再分配与市场、管理位置、职业的性别结构等多个维度放入分析框架后发现，随着受教育水平的提升，晋升机会的性别差距逐渐缩小；体制内晋升机会的性别差距低于体制外市场性组织；在组织的高层位置，女性在晋升中的劣势更为明显，“天花板”效应得到一定程度的验证，但职业的性别隔离对晋升机会的性别差距并没有显著影响。工作安排与升迁流动中的性别不平等是劳动力市场性别不平等得以维系和再生产的重要动力机制（秦广强，2014）。

（四）职场性别歧视

职业性别歧视是指基于性别的就业机会或职业待遇的区别对待，包括直接歧视和间接歧视、显性歧视和隐性歧视。法学研究领域视两性就业机会的不平等为歧视。就业歧视可能发生在入职、职中、离职三个阶段，体现在招聘中的性别歧视，就业率、职业流动、收入状况、职业隔离的性别差异，以及因性别不同的退休政策上（杨慧，2014；张立、杨慧，2014）。女性受到的就业歧视更多（庞铁力，2012）。

1. 对女大学生就业歧视的研究

由于女大学生具有较高的人力资本，应当是具有较高的职业发展前景，但是现实状况是她们初入职场就感受到性别歧视。虽然国家有相关的法律和政策保障性别平等的就业权利，但 2010 年第三期中国妇女社会地位调查显示，求职应聘是“80 后”女大学生的首要就业途径，但实现就业的比例较低，性别歧视是重要的阻碍因素。相较于男性，女大学生就业率、创业率、工作稳定性、获得正式编制机会、劳动收入等偏低（杨慧，2014）。

2009 年，全国妇联妇女发展部开展的全国“女大学生就业创业状况调查”发现，女大学生平均投出 9 份简历才有可能得到 1 次面试或笔试机会，平均投出 44 份简历才有可能得到一个意向协议，91.9% 的被访女大学生感受到用人单位的性别偏见，理工科女大学生的感受更为强烈（全国妇联妇女发展部华坤女性生活调查中心，2011）。“大学毕业生就业质量与政策研究”课题组于 2010 ~ 2011 年在全国 63 所高校开展的问卷调查显示，58.14% 的被访女大学生在求职过程中感受到用人单位的性别偏见，且性别身份增加了女大学生就业搜寻的次数（张抗私、盈帅，2012）。同等条件下女生比男生更容易遭受就业歧视，其受到歧视的概率高于同类男生20个百分点。女大学生面临的就业歧视有院校、学历层次和生源地的差异，来自普通院校、农村等地区的女硕士毕业生最易受歧视，其发生的概率为73.24%（张抗私、班晓娜等，2015）。

对女大学生就业状况与就业质量的研究表明，“80后”女大学生的就业率低于男性，专科毕业的女大学生与男性差距尤为明显。就业质量上，女大学生在国有单位就业比例高于男生，但获得正式编制的比例低于男生。相比男生，她们的工作稳定性更差，劳动收入较低，工作满意度较低（杨慧，2014）。对“中国大学毕业生求职与工作能力调查”分析显示，男生毕业半年后的月工资平均高于女生14%，通过分解影响性别工资差的禀赋效应和歧视效应，研究者发现，性别工资差绝大部分是由歧视导致的，特别是工资分布顶端的女生群体所受歧视更大，且行业性别隔离和职业性别隔离现象并存（谭远发，2012）。女大学生就业难在各地和各类院校广泛存在（朱茹华、甄月桥等，2012；黄敬宝，2014；黄楠、谭娅等，2015）。

有研究认为，女大学生就业难可能与其文化资本与符号资本处于劣势有关，这是社会结构合谋的产物，需要结构性的调整与变革（周小李，2011）。女大学生对传统社会性别角色的认同亦使得她们默认与容忍性别歧视，这造成性别歧视现象的再生与强化（余秀兰，2011）。

2. 职场性骚扰

20世纪70年代，国际社会开始关注职场性骚扰问题，美国的法律将职场性骚扰定义为性别歧视。《走向法治——工作场所性骚扰的调查与研究》一书分析了职场性骚扰的现状、影响和法律制度，特别呈现了女性的声音和感受（唐灿、黄觉等，2012）。男性和女性都可能成为职场性骚扰的对象，但在以男性为主导的社会中，那些处于低报酬、低职位的职业女性更容易成为性骚扰的对象；性骚扰的实质是以一种隐蔽的性别歧视将妇女限制在次等级的社会地位上（李莹，2012）。

第三期中国妇女社会地位调查显示，在工作/学习/劳动中曾遭受过性骚扰的女性占7.8%。在性骚扰的形式上有性别差异，男性更多的是被动看黄色图像或听黄色笑话，女性更多地遭遇到不受欢迎的与性有关的身体触摸以及不愿意接受的与性有关的要求，女性更容易受到更为严重侵犯人身权的性骚扰（刘小楠，2014）。

针对 21 世纪三次“中国人的性”全国总人口随机抽样调查的数据分析发现，实际发生的性骚扰在减少，但是人们对它的担心在增加；在报告自己曾受到过言语、动作骚扰的人之中，最多的性骚扰发生在基本相互平等的人际关系之中，利用职权的性骚扰相对较少，即来自“老板、上级、领导、老师、对我有恩的人”的言语骚扰、动作骚扰只占 7.6% 和 13.1%。不同于美国反对性骚扰主流话语，中国人认为自己受到的性骚扰最多发生在平等关系中，其次发生在陌生关系中，利用职权的相对最少。“反对性骚扰的话语”已经强势介入日常生活，而国民的主体建构与这种话语大相径庭，其冲突的根源是中国社会中的权力、社会性别与性三者之间的关系结构已发生变化（黄盈盈、潘绥铭，2013）。

职业的特殊性使某类女性职业易受到性骚扰，例如护士这一群体（徐晶等，2013）。对某医学院校实习医生的问卷调查和访谈发现，6.6% 的实习生受到过性骚扰（赵海艳等，2015）。对北京市 9 家医院急诊科护士的研究发现，4.3% 的护士遭受过性骚扰，而遭受到骚扰类型越复杂、感受到社会和家庭的不认可或排斥度较高，产生创伤性应激反应的程度越严重（官锐园等，2015）。

李永鑫、祝庆等（2013）对职场性骚扰的心理学文献进行了综述，梳理了职场性骚扰的定义与分类、测量方法、影响因素、影响后果，关注不同文化背景下性骚扰的发生与影响。对比西方的量表，有研究强调应在中国文化背景下定义性骚扰的内涵（刘微、何少颖，2011）。两性对性骚扰的态度有差异，对描述性骚扰男性比女性更为敏感，更倾向于将之界定为性骚扰（刘微、何少颖等，2011）。有研究认为，职场性骚扰包括口头骚扰、行为骚扰和性要挟三方面内容，针对 6 个城市 18 家企业的问卷调查发现，职场性骚扰的状况对离职意向有影响，性别、婚姻状况、受教育程度、年龄、工作年限和职业类型的差异导致员工遭遇的职场性骚扰存在差异。有意思的是，男性职场性骚扰各维度得分均高于女性，其原因可能是社会文化因素的作用，男性较女性更容易谈论与性相关的话题（祝庆、李永鑫，2014）。对此值得深入讨论。

针对职场性骚扰的立法倡导认为，可以行动的空间有两类：一是以保护职场安全为核心的职场主义模式，职场性骚扰是一种性别歧视，立法目标在于维护安全的职场环境、保障雇员平等就业和获得劳动安全卫生保护的权利；二是以保护私权利为核心的权利保护主义模式，将职场性骚扰认定为对个体权利的侵害，关注职场性骚扰的侵害行为、受害人的损害结果、受害人和雇主之间的雇佣关系和雇主责任（李妍，2011）。中国针对性骚扰的立法有《妇女权益保障法》《女职工劳动保护特别规定》等，这些法律涉及禁止性骚扰的原则性规定，但没有明确的性骚扰定义，救济途径不通畅，缺少司法实践的可操作性和对雇主责任的规定（杨茂，2011；李莹，2012；刘小楠，2014）。

（五）拓展女性劳动参与的概念与关怀经济学

1. 家务劳动或无酬劳动研究

长期以来家务与照料劳动被视作女性天职，不算作劳动参与，未被纳入国民生产总值的计算，女性对国民经济的贡献被忽视（庞晓鹏、董晓媛，2014）。有必要打破公私领域分割的生产模式，回归人类再生产和对幸福生活的追求，要重估女性关怀劳动的价值（佟新、周旅军等，2015）。

照料劳动，主要是指对老人、儿童、病人的照料工作以及各种志愿服务。这些工作多数由女性完成。这些劳动是无酬劳动，但对国民福利有着重要贡献（安新莉、董晓媛，2012）。计划经济体制时代，“以生产为中心”的发展策略，使国家有意识地把性别化分工编织进大生产体制，妇女无酬承担起绝大部分的再生产职责。以职工家属为例，20 世纪 50 年代，在集体主义的生产体制中，生产和再生产的结合体现在空间安排上，生产单位有意识地把职工家属组织起来，集中居住，让生活区靠近生产区，以“方便生活、有利生产”。城市里的职工家属被组织起来从事集体性的各类免费或有偿的互助服务和副业生产（宋少鹏，2012）。

市场转型后，家务劳动出现了明显的变化。对 2008 年十省市城乡居民时间利用调查数据进行分析后发现，男性从事有酬劳动的时间多于女性，而女性的无酬劳动时间多于男性，两者之间的差异农村比城镇更为明显；从总体劳动时间来看，无论城乡，女性的劳动时间比男性更长，且女性无酬劳动时间比例远高于男性（安新莉、董晓媛，2012）。基于第三期中国妇女社会地位调查数据的研究显示，从 1990 年到 2010 年，18～55 岁在婚男女家务劳动时间呈下降趋势，但女性家务劳动时间均远超男性，说明女性在普遍参加社会劳动的同时，依旧是家务劳动的主要承担者（杨菊华，2014）。在中国城镇双职工家庭中，67.2% 的家庭其家务劳动主要由妻子承担（佟新、周旅军，2013）。对城镇双职工家庭的研究发现，城镇家务劳动量已大幅减少，但女性仍是家务劳动的主要承担者，她们的家务劳动时间是男性的 2.4 倍；约有 1/3 的家庭是夫妻合作型家务劳动模式（佟新、刘爱玉，2015）。影响家务劳动分工的因素有：经济依赖关系、工作时间、工作收入、性别角色观念、城乡差别等（於嘉，2014；刘爱玉、佟新等，2015；周旅军，2013；张锦华、胡军辉，2012）。女性从事无报酬的照料劳动对其就业、收入和健康亦有影响（顾和军、刘云平，2012；刘云平，2012；卿石松、田艳芳，2015）。

老年女性的无酬劳动受到关注。当代家庭内部形成了“严母慈祖”的分工和权力格局，祖辈作为“帮忙者”承担大量儿童照料和家务劳动工作，但在家庭事务决策和话语权方面处于边缘位置（肖索未，2014）。老人承担儿女的家务劳动不能被简单视为一种代际互惠。第一，当代家庭中权力关系发生了变化，儿子儿媳和孙辈的需要处于优先地位，儿子儿媳掌握着家庭决策权，传统意义上的代际互惠发生了改变，老人在承担大量家务工作的同时，却得不到情感支持和价值肯定；第二，代际互惠背后隐含着几种意识形态，即育儿和家务活是家庭内部事务、是女性的事情，且不具有社会价值，而工业化进程中家庭功能外移，这种意识形态将老年女性为家庭的付出合理化，将社会问题私人化，不利于老年女性的福祉（陶艳兰，2011）。

倡导将无酬劳动纳入国民经济核算是很多学者的努力方向。这对全面反映社会生产成果和经济福利、肯定女性家务劳动的价值、增强国家间或不同时期生产指标的可比性都非常重要，并有利于国民经济账户内部的一致性（刘丹丹，2012）。对 18～59 岁城乡女性的家务劳动价值的测算发现，城乡女性的家务劳动时间远多于男性，城乡女性家务劳动的总价值非常可观，在 2.31 万亿至 2.95 万亿元，占 GDP 的比例在 5.75%～7.35%（杨慧，2015）。家务劳动的经济贡献应纳入国家 GDP 的统计中。女性作为家务劳动的主要贡献者，她们的劳动价值需要得到公正评价，由此经济领域、社会乃至国家会更充满活力。

2. 职场女性工作与家庭平衡的研究

管理学关注女性工作和家庭角色冲突对工作绩效和工作态度的影响，心理学关注工作和家庭角色冲突的心理机制、测量及其对员工心理健康的影响，经济学关注女性对工作和家庭的投入及回报，社会学关注工作和家庭角色冲突中的角色认同和角色转换（邓子鹃、林仲华，2012）。

一种工作与家庭冲突的视角认为，工作和家庭责任对个体的时间与精力具有竞争性。工作与家庭对于个人的角色期望不同，引发角色压力和角色冲突。女性对工作与家庭冲突的感知高于男性（唐娅辉，2014）。甚至有学者关注到，职业女性的自杀意念与工作和家庭的冲突有关，冲突水平越高，职业女性的自杀意念越强，社会成就需求和家庭职责需求让女性陷入双重压力中；而伴侣支持能够起到调节作用，可以缓解家庭和角色认知冲突带来的压力（袁艳萍等，2012）。

另一种是工作与家庭之间相互促进的视角，认为工作和家庭都能给个人带来幸福感，两者相互促进，对主观幸福感有正面影响（严标宾等，2014）。青年白领女性在工作、婚姻和家庭实践中发展出自己的策略，能够较好地协调工作和家庭角色（唐美玲，2011）。

3. 家政工研究

家政工的工作将照料劳动的价值显性化，但难以纳入《劳动合同法》保护的范围。家政工的劳动是一种性别化的劳动：主体构成以“女性”为主，以“移民型”的劳动力为主，与雇主是“主从”的社会关系，处于人际网的“孤岛”中，具有“非正规性”、权利不受劳动法保障（胡大武，2011）。对北京市家政行业的研究发现，家政工既面临服务业从业者共性的问题，如培训缺乏、职业化程度低、职业认同低等，也遭受着从事家政行业所特有的困境：法律与制度上缺少保护、不稳定与高流动的就业困境、“虚拟家人”与情感劳动的角色困境、私人空间劳动的性别困境、家政公司与雇主的困境。完善法律保护，将家政工纳入劳动法律制度体系是学者们呼吁的政策发展方向（马丹，2011）。

对于家政工的劳动关系，有观点认为，家政工的雇佣双方是等级制的权力关系，从阶级视角看，家政工的阶级意识淡薄，原子化地工作和生活，外部感知的阶级视角与家政工的阶级觉悟之间存在差距（马丹，2012）。有研究从微观层面利用劳动过程理论讨论了雇主和家政工在家务劳动过程中经历的“身心分割”，认为雇主的“身心分割”会导致其对家政工身心的控制，而家政工亦会进行反抗（苏熠慧，2011）。

三　研究不足与展望

2011～2015年有关妇女与就业的研究成果丰富，多数研究在理念上体现了性别平等的经济权利和赋权妇女的基本价值观。

首先，方法论体现了五类具有差异的理论取向。一是使用实证主义的方法把性别当作一个变量加入分析框架，以此分析两性间的差异并得出结论。值得肯定的是这样的研究关注到了性别差异，并证明了性别间确实存在差异，但缺少对差异的深入反思。比如，有研究认为家庭经济条件好、不工作又有主观幸福感的女性是被“家庭庇护”的（吴愈晓、王鹏等，2015）。这展示了中国城市存在着被家庭庇护的“幸福的、不工作的太太们”。但缺少了对家庭内性别分工的深入考察，难以回到生活经验本身。有的研究甚至沿着性别刻板印象的认知，将男性看作支配欲望强的群体将女性看作支配欲望弱的群体，由此发现两性收入差是源自这种性别气质的差异（乔志宏等，2014）。这样的研究需要加强对性别本质主义的洞察，对社会的性别建构做出反思。二是用建构主义的方法把性别关系当作一种社会机制，深入讨论父权制的类型，分辨出公共父权制、集体父权制以及流动的父权，处在传统性别关系想象中的农村妇女，在资本、家庭制度和城乡关系中实践自己的非农劳动经验（金一虹，2015）；市场转型产生了一个性别化的社会结构（宋少鹏，2015）。三是主体性的理论取向，研究关注女性的个体生命体验，记录和展示女性的感受和话语（潘毅，2011）。四是通过历史方法，在资料的发掘中重新解释新中国妇女劳动的经验（宋少鹏，2012），还有用口述史的方法记述劳动妇女和职业妇女的劳动经验。五是政策研究，讨论与女性就业相关政策的内容、产生背景和社会效果，并着重于政策建议（佟新、周旅军等，2015；安新莉、董晓媛，2012）。这些研究在方法论方面深入公私领域、结构与主体、历史与现代等关系，力求打破边界，为未来的研究提供了丰富的学术想象力。

其次，对劳动力市场中的性别歧视研究具有重要的政策价值，有关非正规就业、职场性骚扰、照料经济/家务劳动等的研究为相关政策制定奠定了重要基础。积极倡导国家承认女性照料劳动的价值和贡献，将更深远地影响到中国经济和社会的发展。综合性的理论取向将就业机会、收入和无酬劳动三个方面结合在一起认识女性就业，其分析逻辑是回到就业机会的不平等上，而女性就业机会降低的重要原因是传统性别分工，是女性在家庭内的无酬劳动得不到承认（刘伯红、李玲等，2015）。

最后，对职业性别隔离和性别收入差的研究不断深入，并具有全球学术对话的基础，相关的人力资本、社会资本以及家庭劳动性别分工等变量的讨论是世界性的话题。但这些研究过度使用定量方法，缺少对问题实质即性别不平等现实的关注。

未来需要关注的有以下几点。①增加比较研究，在此基础上认识中国女性就业的独特性。②全球化的视角。全球经济发展给女性进入劳动力市场带来更多的机会，如服务业增长、适合女性就业的制造业扩张等。同时女性受教育程度提高增强了女性参与劳动力市场的竞争能力，世界范围内的生育率下降也为女性就业创造条件，期待更多的国家间的比较研究。③要更多地关注科技的变迁特别是数字经济/平台经济对妇女就业的影响。

理论是竞争的，带着性别视角的研究需要鲜明的立场，应从理论高度把握女性就业在整个理论体系中的拓展（沈尤佳，2011），并坚定不移地倡导女性劳动参与和经济赋权的公共政策。

妇女与社会保障研究综述（2011～2015年）

黄桂霞*

一 研究概述

与上个五年相比，2011～2015年妇女与社会保障的发展受到更多的关注，无论是性别研究专家还是社会保障研究的学者，都认识到国家的社会保障制度政策存在性别分化问题，力图通过研究推动公平的社会保障制度建设，提高妇女社会保障水平，让妇女更加公平地分享社会发展成果。本综述力图将2011～2015年间有关妇女社会保障的研究加以归类、提炼，总结进展，发现问题，尽量客观、全面地呈现这五年妇女社会保障的研究状况。

本研究主要以中国知网（CNKI）2011～2015年的文献数据为基础，五年中各年度的研究成果相对比较均衡。在收集文献时，分别以"妇女+社会保障""性别+福利""生育保险""女职工劳动保护""性别+养老保险""女+养老""性别+医疗保险"等为主题进行检索，其中从性别视角分析福利的研究相对较多。相关文献数量见表1。

表1 妇女与社会保障研究文献情况

单位：篇

主题词	合计	期刊	硕博士学位论文	报纸	国内外会议
妇女+社会保障	330	177	138	14	1
性别+福利	782	219	551	2	10
生育保险	1057	670	142	236	9
女职工劳动保护	700	360	8	332	0
女+养老	293	173	96	12	12
性别+养老保险	305	131	157	8	9
性别+医疗保险	92	55	26	8	3

* 作者简介：黄桂霞，女，全国妇联妇女研究所副研究员。

除 CNKI 的文献以外，关于妇女社会保障研究的专著不多，但有不少著作或者论文集收录了妇女保障的相关内容，比如社会保障绿皮书中有生育保障的专章、第三期中国妇女社会地位调查专著以及论文集中都有妇女保障的相关章节内容；国家社会科学基金和国家自然科学基金、各省社会科学基金等也对相关领域的研究给予关注和支持，“非正规就业女性生育保险问题研究”“中国特色社会主义法治体系建设中的妇女权益保障研究”等课题获得立项；五年间，基金资助的研究成果产出逾百篇，其中国家社会科学基金资助的项目产出成果有 70 篇左右。

二　主要研究内容

这五年，关于妇女社会保障的理论研究数量增加。对具体社会保障项目的研究，更多集中于生育保障和女职工劳动保护；养老保障的性别研究进展较慢；医疗保险中的性别问题因为医疗保险的全覆盖受到的关注也不多；失业和工伤因为覆盖面窄和享受待遇比例和人数都较少，相关研究也较少；弱势妇女群体的社会保障因为农村养老保障制度的推行，受到越来越多的关注；社会救助的相关研究不少，但都缺乏性别视角，其中关于妇女救助的研究仅占到 1% 左右，主要围绕农村老年贫困妇女、受暴妇女的救助。

（一）性别与社会保障理论进展研究

社会保障作为社会再分配的重要手段，对缩小劳动力市场造成的性别差距发挥了重要的作用。但在实践中，传统的社会分工与性别角色定位使女性在享有社会保障时处于不利地位。因此，建立公平的社会保障制度、提升女性社会保障水平，成为长期以来妇女与社会保障研究的基本宗旨与目标。

1. 性别视角缺乏，妇女福利水平未能充分体现社会发展与公正

妇女福利是分享社会发展成果的一个重要体现，不仅反映了妇女自身所能享受到的保障水平，而且是衡量妇女解放和男女平等程度以及国家发展状况的重要指标，甚至影响着家庭成员尤其是子女的福利水平（黄桂霞，2015）。

在市场化、工业化发展过程中，妇女的福利发展并没有与时俱进。一方面传统的性别观念潜移默化地体现于制度政策以及家庭分工机制中，对女性的家庭劳

动重视不够，忽视了女性家务劳动的经济与社会价值，而家庭不稳定因素的增加、养老功能的弱化以及女性缺乏通过参与劳动力市场获得与男性相当的正式福利的机会，加剧了福利分配的不平等；另一方面，女性在劳动力市场的广泛参与又因为劳动力市场的性别隔离，导致就业和福利的弱势，强化了“两性差异”。在社会保障不断发展完善的新世纪，妇女并没有自然而然地平等分享到社会经济快速发展的成果，反而在市场经济不断深化的过程中处于更弱势的地位（刘晓静、兰树鹏，2013；朱冬梅，2014）。

2. 社会保障的性别盲视与劳动力市场的性别歧视“合谋”加大性别差距

性别、年龄、户籍、受教育程度、收入、职业特征、工作单位、劳动合同签订情况等因素不同程度地影响着妇女社会保障的享受。劳动力市场的性别歧视、中立的社会保障制度，二者相互影响，进一步强化了社会保障的性别差距。

劳动力市场存在性别歧视是个历史性难题，市场经济下存在性别歧视的部分原因是用人单位为女性就业者承担更高的劳动力成本，比如生育保障，尤其是个体经济组织等未被生育保险覆盖的单位，企业要负担女职工的生育费用，还要承担产假期间岗位临时缺失或调换的成本（曹月林、曾丽娅，2013）。城镇非农妇女的社会保障受劳动力市场的影响更明显，体制外的劳动妇女处于社会保障制度保护的边缘。女性老年人先期生命历程的累积劣势（如缺乏较高的人力资本和政治资本、主要是务农或无业），对老年时期的经济安全产生十分重要的影响，退休前的职业对经济安全的作用更为凸显（杨菊华、谢永飞，2013；苏映宇，2014）。

中国现有的社会保障制度因为忽视性别差异而对女性产生不利影响，甚至加深了劳动力市场的性别歧视，比如，中立的养老保险和医疗保险平等缴费政策等，两性在退休政策、社会保险参保率、就业政策等方面存在的性别歧视，导致保障水平的性别差异更加明显，养老保险领域待遇水平的性别差异尤为明显（吴宏洛、苏映宇，2011；黄桂霞，2014）。

3. 社会福利设计纳入性别视角

女性在家庭保障、社会保险与社会福利服务中都处于劣势地位，主要原因是女性对家庭和非传统正规经济部门就业的贡献未得到承认，需要将性别视角纳入社会福利制度的顶层设计中，建立和完善女性保障制度；特别是要消除劳动力就业市场的性别隔离，增强反性别歧视意识，保障女性劳动权益；同时促进家务劳动社会化（张赛玉，2015；杨菊华、谢永飞，2015）。还要纠正社会保险中的性别差异现象，完善社会公共服务体系；建构性别平等的老年社会保障制度和社会养老福利体系（刘晓静、兰树鹏，2013；朱冬梅，2014）。

4. 承认女性家务劳动价值，平衡职业－家庭责任

儿童照顾政策不仅影响妇女的劳动参与，还与儿童的福利水平密切相关。面对新的儿童照顾安排需求，欧美国家发展出亲职假、公共儿童照顾服务和经济支持三种途径来重新分配儿童照顾的任务、成本和责任。建构一个由国家、市场、志愿组织和家庭共同提供的“混合照顾”体系，改变照顾工作在家庭内部不平等的性别分工以及把儿童照顾政策作为解决其他社会问题的政策工具（妮娜·贝文、李淑君，2013；张亮，2014）。德国支持“成年劳动者”的模式也值得我们学习，如保证女性平等的养老待遇，完善生育福利制度，加强对孕产期劳动妇女的保护，同时适度干涉传统意义上的家庭角色分工，引导男性承担家庭责任以实现两性职业与家庭责任的平衡等政策实践（贺赞，2014）。中国可以通过减少女性家务劳动、增加女工的劳动力供给等公共家庭政策增进女性公平就业权利，具体包括加快推进生育保险覆盖面、女工劳动保护成本社会统筹或政府补贴、完善女性就业保障立法等（潘锦棠，2015）。

（二）生育保障发展研究

生育保险制度的建立和完善，是国家对妇女生育社会价值的肯定，也是均衡用人单位生育负担、预防就业性别歧视、促进公平就业的制度保障。但生育保险制度实施中存在覆盖面较窄、各地生育保险待遇差距较大、制度保障公平性不足、生育保险基金来源单一、政府责任不充分、男性责任和权利没有得到充分体现等问题（张永英、李线玲，2015）。

1. 生育保险对女性公平就业的促进

生育保险政策通过提高女性工作概率和人力资本积累的连续性而增加了改善女性就业的可能，强制雇主缴费义务对分散雇主因女性生育造成的经济损失、保护女性生育权益具有一定作用，但分散雇主雇用女性因生育而给其带来的用工风险和成本明显不足，刺激了雇主对女性的就业歧视，也在一定程度上加强了对女性的工资歧视。2012年《生育保险办法（征求意见稿）》将“促进公平就业”作为重要立法宗旨，表明中国意图通过《生育保险办法》解决女性因生育而引起的就业歧视问题。以激励性机制、替代性选择机制和利益平衡机制作为生育保险改革的关键点和重点，设立先行支付和代位追偿制度，可以有效解决女性生育所致的就业问题（陈琳，2011；吕惠琴，2015）。与生育相关的公共政策，比如产假、育儿假，有利于妇女生育后再就业或者重返工作岗位（马莉、郑真真，2015）。

2. 强化生育保险中的政府责任和男性责任

中国现行的社会统筹的生育保险制度中，企业承担了主要缴费责任，政府责任体现不足。必须将国家纳入缴费体系中，强调国家在女性生育保险缴费的主体责任地位，加大政府财政投入方式，实现全覆盖，建立国家、单位、个人三者相结合的缴费机制（冯祥武，2011；邹艳巧，2012；蒋永萍，2013）。覃成菊、张一名（2011）从中国生育保险制度的演变来考察政府责任，发现政府承担的规范责任、财政责任以及监管和实施责任也都不够充分。

只有认识到男性在生育保险制度中的主要作用，包括稳定基金、均衡生育保险费带给用人单位的负担以及缓解女性在就业方面遭遇到的性别歧视问题等，才能使女性真正获得制度的保障，进而保护妇女平等就业的权利（李鑫，2011；宋乐飞，2015）。有专家提出，通过鼓励性政策强化男性在生育中的责任对于引导男性承担育儿责任、消除对女性的就业歧视具有积极作用，建议在生育保险待遇中增加“生育陪护假”一项，即将男性生育陪护假纳入生育保险津贴补贴内容（蒋永萍，2013）。

3. 生育保险的改革发展：合并生育保险与医疗保险

对于生育保险的改革，专家学者提出不同的方案，比如，可以将生育医疗保险设计为普惠性的生育保险项目，纳入社会医疗保险合并实施；将男性生育陪护假及其津贴纳入生育保险待遇，可以确保生育津贴的水平足以维持产妇和婴儿的生活和健康，激励企业参与生育保险，积极聘用女工等（蒋永萍，2013）。或者将现行生育保险制度分拆，其中生育医疗费用纳入基本医疗保险，同时建立生育津贴制度，补偿生育者因生育而中断劳动的基本收入，并将覆盖范围由工薪劳动者扩展到全体国民。经测算，生育津贴制度资金需求量占财政收入的比重维持在较低水平，将生育医疗费用部分纳入职工基本医疗保险并没有明显加重用人单位缴费负担，因而此项改革必要且可行（何文炯等，2014）。但是，生育保险纳入医疗保险也应该注意几个问题，包括确定合理的缴费比例和适当的筹资模式、探索一个高效合理的保险管理方式以及制定适当的保险待遇发放模式、加大监督管理力度等（梁艳华、李菲菲等，2012）。也有学者建议将生育保险继续作为独立险种，规范生育保险待遇的基本内容，提高统筹层次，扩大覆盖面，由政府为生育保险基金托底（张永英、李线玲，2015）。

4. 扩大生育津贴享受范围、提高津贴水平

实现生育保险全面覆盖基本成为专家学者的共识，但关于生育津贴的研究较少。有专家提出，生育津贴不仅是对参保人法定产假内工资损失的经济补偿，而且应该对工作者的家属（如妻子）的生育费用给予补贴以及发放生育小额补助等（潘锦棠，2014）。

生育保险在社会保险五大险种中涉及的基金最少，但涉及的人数最多，而生育津贴是生育保险的关键部分，其计发办法的变动会涉及参保人的利益。有专家提出，现有生育津贴“按照职工所在用人单位上年度职工月平均工资的标准计发”的规定，可能会因为中国职工的工资收入中基本工资只占收入的一半的现状，导致生育津贴水平大幅降低，无法维持产妇和婴儿的生活和健康，建议生育津贴按照职工所在单位上年度职工平均工资计发给用人单位，职工个人生育津贴则按“补高不扣低”的原则发放（蒋永萍，2013）。

5. 生育保障制度“碎片化”，公平性不足

生育保障需要有一套系统的制度安排，但目前的生育保障体系缺乏整体设计，“碎片化”现象严重。不同地区、不同制度下的生育待遇差异较大。一方面，承担生育保障职能的社会保障项目有多个（生育保险、新型农村合作医疗、城镇居民基本医疗保险等），且制度之间难以衔接转换。不同身份的社会成员适用不同的生育保障制度，享受不同的保障待遇，部分小微企业不参加生育保险也不承担生育保险责任。较长一个时期以来，国家机关和事业单位职工享有良好的生育保障，企业职工次之，农民和城镇非工薪居民基本上没有生育保障，所以主要问题是国家机关和部分事业单位带薪产假的生育保障制度与社会统筹的生育保险的双轨制。另一方面，每一个制度都是地区统筹（一般是县级或市级统筹），各地政策差异较大（何文炯、杨一心等，2014；张永英、李线玲，2015）。

（三）养老保障的性别公正研究

研究发现，对养老金再分配发挥作用的主要是年龄、性别和地区（侯慧丽，2012）。邹铁钉（2014）从城乡户籍与性别的重叠效应讨论了身份对养老的影响，认为生理特征以及家庭和生育责任是造成男女养老差异的根本原因。

专家学者一致认为，劳动力市场的性别歧视以及男女不同龄退休政策等，使得性别成为影响养老金水平的重要因素。一方面，男女在就业能力以及就业环境上的差异，必然会导致男女在获取养老金概率及水平上的差异，男性获取养老金的概率和水平比女性高主要是因为性别对养老福利分配所产生的身份标签效应。另一方面，退休年龄是影响女性养老金水平的重要因素，还带来了养老金的性别差异。解决方案是从已有退休政策的设计出发，退休年龄的一个重要依据是体能变化，可以规定不同劳动群体的退休年龄，而不是根据性别规定不同的退休年龄；同时，应尊重两性群体的个体差异和不同意愿，不将男女或者某个群体的劳动者视为一个整体（刘明辉，2011）。

有专家学者从养老金发放与预期寿命的性别差异进行了研究，认为中国现行养老保险制度采用统一的个人账户给付期忽视了不同性别、地区预期寿命的差异，造成不同群体间个人账户超支月数不相同，并可能引起财政补贴的不合理。女性退休年龄与政策目标以及预期寿命不符，既不利于保障退休生活，又不利于制度的健康持续发展（王海东、李珍，2013）。因此，应立足预期寿命和性别结构及地区差异，将养老保险个人账户给付期与预期寿命相结合、延长个人账户给付期并采取差异的养老保险个人账户给付期的改革策略。同时，采用对女性家庭和生育责任进行补偿的照顾性就业政策和养老政策，则有利于纠正身份标签效应及重叠效应对男女养老福利分配的负面影响（杨斌、丁建定，2012；邹铁钉，2014）。

还有学者考察了老年照料支付和健康投资的性别差异。性别对老年人日常健康照料的直接成本和间接成本的作用影响不显著，但由于女性老人的“多重弱势”地位增加了其对日常健康照料的需求，同时由于其支付能力较低而压抑了其日常健康照料需求的满足。伴随着老龄化进程的深化，当前和今后一段时间增加女性老人的日常健康照料支付能力成为亟待解决的问题（薛伟玲、陆杰华，2012）。从人口健康投资来看，流动人口健康投资存在性别差异，男性较女性具有更强的健康投资意愿（梁海兵、卢海阳，2014）。

（四）女职工劳动保护研究

针对妇女的生理特点以及女性承担的生育责任，中国在1988年就制定了专门的《女职工劳动保护规定》，为维护女职工的权益提供了制度支持和实践经验。2012年《女职工劳动保护特别规定》（以下简称《特别规定》）出台，成为一时关注的焦点。

1. 劳动保护对女性就业的双重影响

《特别规定》的颁布，对中国保障妇女权益、促进男女平等和女性就业、承认和尊重性别差异具有重要意义，以立法的形式规定了女职工禁忌劳动的范围，保障女性健康权，是立法的一大进步（党日红，2013；李晓雯，2015；陈晓丽，2012；李亚辉，2015）。《特别规定》调整了女职工禁忌从事的劳动范围，扩大了孕期和哺乳期禁忌从事的劳动范围，删去了已婚待孕期禁忌从事的劳动范围，缩小了经期禁忌从事的劳动范围，更好地平衡了劳动保护与妇女就业的关系（马庆纯，2012）。

劳动保护在一定程度上保障了女性的就业权，但劳动保护规范偏原则化、劳动禁忌范围过广并且采取一刀切的方式，忽略了女性群体就业意愿的个体差异，女性存在从事“体力劳动强度非常大和负重过重的作业”的可能性，禁止女性从事这些作业其本质上反而形成了歧视，限制了女性就业（马庆纯，2012；陈晓丽，2012；李亚辉，2015）。

2. 劳动保护贯彻落实情况不均衡

一是经济发展水平不同，执行效果有差异。对《特别规定》执行效果的调研显示，经济发达地区的企业均与劳动者签订了集体合同、女职工劳动保护专项合同，女职工劳动保护状况尤其是女职工禁忌从事的劳动规定执行情况良好。女职工“四期保护”基本落实，女职工的劳动环境、劳动条件等相对较好（蒋月、王铀镱，2015）。但在经济相对较落后的青海省，女职工“四期保护”状况堪忧，职业安全保障不明确，特殊设施不完备，职场性骚扰的解决机制不完善（李桂娥，2013；邵珠同、贺瑾玲等，2015）。二是同一地区企业之间执行情况差异大。公有制企业的执行情况明显好于非公有企业；规模大、效益好的非公企业又普遍好于规模小、效益较差的非公企业（蒋月、王铀镱，2015）。三是部分条文执行不到位。一项基于黑龙江的调查显示，存在产假工资、特殊保护设施、经期保护、低技能女性劳动者劳动权益实现较困难等问题（何金苗、刘一等，2013）。对浙江某县的小样本调研发现，有不少企业在定期对女职工进行妇科病检查、支付女职工产假工资、报销生育医疗费、给予女职工享有国家规定的产假和生育津贴、改善女职工的劳动环境和劳动条件等方面与《特别规定》的要求相去甚远（璩梅宵，2013）。

3. 劳动保护从“四期”到“五期”的探索

“四期”保护是指对妇女生理机能变化过程中的保护，一般指女职工的经期、孕期、产期、哺乳期的保护。目前对“四期”的研究主要集中在孕期、产期、哺乳期“三期”的保护（卢红丹，2014；杨琴，2015）。2015年《山西省女职工劳动保护条例》将更年期纳入女职工劳动保护，成为一时的热点。有专家认为“女职工更年期保护”是女职工的一项权利，这一权利是对“她权益”的确认，是社会的进步，体现了制度的体贴与温馨，是女职工劳动保护相关法律的充实与完善。但也有人表示担忧，认为有可能导致女性权益无法得到真正保护，反而出现“男士优先”的尴尬。有人建议，可以将“四期”保护拓展为“五期”保护，由用人单位和职工共同缴纳成立“五期基金”，用基金的方式给企业提供适当补助（张鑫，2015）。这有可能成为今后劳动保护的新的亮点。

（五）弱势妇女群体的社会保障

2009年开始新农保试点以来，国家越来越重视农村社会保障的建立与不断完善，为老年妇女的生活保障提供了制度政策支持。随着中国对农村地区社会保障问题的重视，农村老年人的养老保障问题开始引起专家学者的普遍关注。

老年妇女、农村妇女在现有的社会保障体系下都属于弱势群体。农村社会保障体系尚不完善、内容不完整，缺乏对农村妇女全面的制度性保障。老年女性个人经济收入、养老保险水平、医疗保险水平均低于老年男性，老年妇女、非正规就业妇女福利在一定程度上甚至低于一般福利，尤其是农村留守老年妇女，其福利水平甚为低下（朱冬梅，2014；杨菊华、谢永飞，2015）。“新农合”有效缓解了农村“看病难、看病贵”的问题，但医疗保障有限，缺乏大病统筹能力。一些农村妇女不能及时得到“低保”救助，而且“低保”水平仍然较低（张学东、李红霞，2012）。农村老年妇女作为“弱势中的弱势群体”，呈现出经济生活贫困化、社会境遇底层化的现象，老年人口的收入性别差异显著，女性老年人口的收入水平均明显低于男性老年人，医疗费用支出明显低于男性老年人，而从事农业劳动的农村老年妇女尚未被普遍纳入社会保障，农村老年妇女在获得经济来源和收入支持方面因社会性别不平等而较男性存在较大劣势（张辉，2013）。因此，构建性别平等的社会保障制度，提高妇女社会保障水平，尤其关注弱势妇女群体的社会保障，是创建和谐平等社会的重要战略措施。

三　研究不足与展望

2011 ~ 2015 年，关于妇女社会保障的研究明显比前一个五年增多，建立公平的社会保障制度，提高妇女社会保障/福利待遇，成为社会保障领域性别研究的核心目标。生育保障与女职工劳动保护依然是研究的重点内容。有更多的专家学者注重从实践角度解决妇女社会保障遇到的问题，比如通过有效的工作 - 家庭平衡来提高妇女福利、减少性别歧视带来的不平等。

这五年一个明显的变化是，从事与性别相关的社会保障议题研究的年轻学者尤其是研究生明显增多，研究人员更加年轻化。研究议题更加多元化，研究视角更新，更与时俱进，更能与国际接轨。研究生以社会福利①中的性别议题作为学位论文选题的数量远远多于期刊发表的论文，而他们也恰恰是未来研究的主力，需要加以关注并给予支持。当然，传统的与性别相关的主题，比如劳动保护、生育保险中的性别问题依然是研究中的重头戏，公开发表的期刊成果更多一些。

（一）研究不足

总体看来，这五年关于妇女保障的相关研究文献虽然很多，但是从研究主题和研究深度来看，还存在以下几个问题，需要进一步加强研究，不断深化与拓展。

一是理论研究不足。对社会保障纳入性别视角、妇女与社会保障的关系缺乏理论思考，对妇女保障的定位不够清晰，更多侧重于传统的性别角色对妇女在社会保障领域中劣势的影响，对社会保障领域性别不平等的根源研究不足。

二是研究不够深入，很多研究是对现状的分析，对于问题则深入分析不足，

① 中国的“社会保障”与国际的“社会福利”的内涵基本相同。

对策建议大而化之的较多，切实可行的较少。大部分研究针对发现的问题提出了相应的对策建议，但综合来看，主要还是集中于打破传统的性别观念、承认家务劳动的社会价值、消除就业领域的性别歧视及性别隔离、实行男女同龄退休等一些笼统建议，缺乏具体操作性。

三是对灵活就业人员的社会保障关注不足。大部分研究关注的是非农从业人员、城镇就业人员的保障问题，对于农村的社会保障关注较少。对灵活就业人员的社会保障的研究基本是空白，当前灵活就业人员越来越多，尤其以承担主要照料责任、家务劳动的女性居多，这部分人的社会保障恰恰是研究者需要关注的重点。

四是对政府在社会保障中的角色与作用研究不透。政府作为社会保障的责任主体，应推动社会保障真正发挥社会再分配的作用，这是提高妇女社会保障待遇水平、缩小社会保障性别差距的关键环节和重要途径。

（二）未来研究方向

妇女与社会保障是一个跨学科的研究议题，需要更多有性别研究视角的专家学者加入，需要更加深入的理论研究，也需要更切合实际、更具操作性的对策研究等。

一是加强社会保障纳入性别视角的理论研究。深化社会保障中的政府角色与作用的研究，从理论上厘清妇女保障的定位，妇女不仅是劳动力市场上社会保障的积极参与和成果分享的群体，作为人口再生产的主体，更需要在普惠性的社会保障/福利中分享社会发展成果，从而削弱劳动力市场形成的资源配置的性别分割。

二是加强政府在妇女相关保障中的责任研究。与就业无关只与身份有关的社会保障基本上不存在性别差距，而女性在就业、劳动力市场上的弱势以及由此带来的社会保障不足，是因为女性承担大量无酬家务劳动尤其是养育子女的工作，这不仅与传统的性别角色定位有关，而且主要与国家、政府在再分配中的定位有关，社会再分配功能没有发挥好。加大对妇女社会保障的投入，可以较好地缓解妇女工作－家庭平衡需求与社会发展不平衡不充分之间的矛盾，已有研究从这个视角展开的不多。

三是结合中国妇女保障的实践问题，通过扎实、深入的研究提出有针对性、可操作化的对策建议。比如完善生育保险制度、建立生育津贴制度、提高生育成本社会化、可以通过减免或补贴的方式降低企业雇用女性成本、提供公共托幼服务等婴幼儿照料支持等途径。

四是加大灵活就业人员的社会保障的研究。中国的社会保险与就业密切相关，易将非正规就业人员排除在外。但随着市场经济的不断深入，用工形式日益多样化，灵活就业人员等非正式就业人员会不断增加，尤其是女性为了照顾子女和家庭更多地选择阶段性就业和灵活就业，如何为她们提供较好的社会保障，以更好地保障她们的权益，需要给予更多的关注并提出有针对性的策略措施等。

农村妇女土地权益研究综述（2011～2015年）

王晓莉*

一　研究概述

本文在中国知网“中国期刊全文数据库”“中国博硕士学位论文数据库”“中国主要会议论文全文数据库”，以“妇女”并含“土地”为精确主题词进行检索，其中“中国期刊全文数据库”共检索到367条结果，有效文章共194篇；“中国博硕士学位论文数据库”共检索到219条结果，其中有效文章48篇①；“中国主要会议论文全文数据库”检索到9条结果，其中有效结果共4条。在中国国家图书馆文献系统，以“妇女土地”为检索词进行全部检索字段检索，共检索到2部专著，一部是全国妇联权益部主编的《维护农村妇女土地权益报告》（2013），另一部是赵玲编著的《农村妇女与农村土地》（2014）（见表1）。

表1　农村妇女土地权益研究成果年度分布情况（2011～2015年）

单位：篇

年份	2011	2012	2013	2014	2015	合计
中国期刊全文数据库	30	41	51	37	35	194
中国博硕士学位论文数据库	9	12	8	10	9	48
中国主要会议论文全文数据库	2	0	1	1	0	4
中国国家图书馆文献系统	0	0	1	1	0	2
合计	41	53	61	49	44	248

*　作者简介：王晓莉，女，中共中央党校社会与生态文明教研部副教授。

①　以“妇女”并含“土地”为题名或关键词的检索结果均少于以“妇女”并含“土地”为主题词检索的有效文章数。比如学位论文库中检索结果，前者仅有25条，而后者的有效结果为48篇，故在此统一采取主题检索。

采用 CiteSpace 软件进行文献计量分析，用关键词命名进行聚类分析，阈值选取每年 10 个最热词，可以看出，2011～2015 年的五大类热门关键词分别是“土地权益”“农村妇女”“土地承包经营权”“土地流转”“全国妇联”，其中出现频次最高的集中在“土地权益”和“农村妇女”这两个关键词。尽管学界对于土地确权中的妇女权益保障关注度不高，但在实践中积累了丰富的经验，全国妇联联合农业部开展了“全国保障农村妇女土地权益县级示范培训”，编写了《农村土地承包经营权确权登记中妇女权益保障工作指导手册》，涌现了不少有代表性的地方经验。随着 2011 年新一轮农村土地承包经营权登记工作的开展，“土地承包经营权”作为关键词的研究增多，但将之与土地确权登记的实践相联系进行分析的不多，研究者仅仅是采纳了这一概念术语，却将分析的重心转向“承包经营权”。

分析 2011～2015 年农村妇女土地权益研究的发展脉络、特点、研究成果、研究活动的数量规模以及变化趋势等，大致可以归纳出以下几个特点。

一是研究议题更加多样，大致可以分成 6 个方面①：分配土地对妇女发展和国家发展的意义与贡献；土地分配方式与家庭关系、婚姻关系的变化之间的联系；法律上的男女平等在农村社会落实的情况；如何保证妇女的土地权益不受侵害；失地妇女如何争取她们自己的土地权益；土地制度改革怎样影响男女平等；等等。

二是研究立场兼顾效率论和公平论。从女性主义视角来看，妇女土地权益领域的研究立场主要有两类，一类强调妇女作为生产者的效率论立场，关注妇女的土地获取与农业生产、粮食安全的相关性（王晓莉等，2014），其典型范式是以农业女性化为讨论的起点，强调农村妇女作为土地使用者的各项权利（如向东，2014），也有研究专门分析了农业女性化的负面影响，尤其是造成了妇女对土地的依赖性增强（张笑寒、洪艳，2012）。另一类从福利和公平的视角关注妇女的土地权益，涉及失地妇女的就业权、社会保障及住房权等（张清、段林，2011；魏丽丽，2013；郭岁，2014；魏敏，2015）；关注“贫困女性化”，强调保护妇女个体的土地权利有助于促进减贫这一目标的达成（王晓莉等，2014）；这类研究为保障妇女土地权益提供了新的视角和对策思路，但目前尚停留在理念阐述层

① 参见高文德·凯卡著《中国的妇女和土地问题（摘译）》，郑曙村、宋锦洲译，《中华女子学院学报》1993 年第 4 期。

面，缺乏理论支撑和实证分析。

三是研究思路以问题导向为主。这五年的研究多是就农村妇女土地权益进行综合性研究，从法学、社会学、管理学等学科视角分析妇女土地权利未能得到有效保障的现象、原因以及对策，其中成因分析以法律层面的居多，对策建议则涉及法律、政策、村规民约与妇女能力建设等四个层面。

四是研究方法以定性为主，定量为辅。这五年的定性研究较多，定量研究甚少，仅有9篇（3.7%）。定量研究的数据多基于研究者在某个省或某几个村庄的小样本调查数据；作为全国性数据的重要来源，全国妇联权益部2013年发布的《维护农村妇女土地权益报告》和2010年第三期中国妇女社会地位调查的数据也被广泛引用；此外，民间妇女组织农家女机构2010年的《中国流动妇女土地权益状况调查》也是重要的数据来源。除了全国性的失地妇女占比、分年龄段的失地妇女统计这类指标外，全国妇联权益部的调查还增加了分婚龄的失地男女统计（全国妇联权益部，2013），用以检验土地承包经营权“长期化”的政策所导致的妇女失地趋势。在方法上，不同于以往研究中以家户为基本分析单位的做法，田传浩、陈佳（2013）从个人角度揭示掩盖在家庭均值下的个人差异，也更符合女性主义方法论。

二　主要研究内容

针对农村妇女土地权益的研究，多集中在现状描述、成因分析和对策建议三个方面。相比之下，与土地征收、土地流转、土地确权、农地产权制度改革相关的内容不多，从“成员权”视角进行研究的也非常少。

（一）妇女土地权益问题的现状描述

近年来，歧视妇女、随意剥夺妇女土地权益的现象呈上升趋势（张笑寒，2012）。在土地承包政策调整不同时期结婚的农村妇女，因婚嫁而失地的比重随时间大幅上升（宋月萍等，2014）。例如，对一轮承包后没有分到土地的嫁入妇女，在二轮承包中仍不做调整；农嫁非妇女不分承包地；计算家庭人口时，妇女只能分到男性村民50%～70%的土地；侵权主体更多表现为村组集体而非个人。在不同地区，妇女土地权益受侵的表现形式也不同。在发达地区，出嫁女及其子女等成为土地权利受侵最为普遍的群体，表现为在集体收益分配中不能享受股份分红及其他村民待遇；在欠发达地区，往往表现为土地调整后迁入的已婚妇女不能获取承包地（商春荣、张岳恒，2011；王晓莉、李慧英，2014）。

20世纪90年代以来，学术界对中国农村集体产权制度改革的研究呈现一种强劲的势头，新制度主义经济学派所提倡的“产权明晰”论几乎成为主导性的农地产权改革共识。面对日益严峻的村集体收益再分配问题，历史制度学派和社会学制度学派提出，“成员权”成为影响土地增值收益再分配机制和宅基地使用权的关键，它镶嵌在社会关系中，在不同的政治、经济和社会过程中被反复建构与界定。实践中，“成员权”界定的复杂性及所激化的矛盾冲突不断，妇女群体首当其冲，伴随着农村集体产权制度改革的推进而面临一些新挑战，主要体现在土地征用、土地流转、土地股份制改革、新一轮确权登记、宅基地置换等实践环节。既有研究指出妇女是改革中权益易于流失的弱势群体：一种情况是受承包经营权“长期化”政策影响，即使是股权化的土地，妇女出嫁后在娘家的土地承包经营权也得不到保障（张笑寒、杜静，2015）；另一种情况是在股权及土地征用等其他集体收益分配中，“出嫁女”及其丈夫、子女的合法权益受剥夺。就宅基地问题而言，依据目前政策，农村的“一户一宅”实际上是“一儿一宅”，妇女陷入“无宅就无户”“无户就无宅”的悖论之中（江桓，2012）。

离婚丧偶妇女一般很难再享有原土地承包经营权，即使离婚妇女在夫家承包地没有被收回，其承包经营权也得不到有效保障。一项调查显示，52.7%的受访农户反映，离婚妇女的承包地由其前夫继续经营（肖新喜，2011）。离婚丧偶妇女回娘家村，也无法获得土地承包权及其他各项相关权益。通常离婚丧偶妇女不主张土地承包权，只强调住房和其他财产（李玉滢，2012）。如果再嫁则有可能完全丧失夫家的承包地，对于丧偶妇女，很多村规里约定寡妇只有在本村内再嫁才能保障自己的土地（孙萌，2013）。因婚嫁失地直接影响到农村妇女的政治、经济和社会地位，致使妇女陷入更加贫困的处境，造成极大的社会不公平。这些问题的存在还会直接或间接地影响到社会的稳定（李和平，2013）。一项实证研究指出，婚嫁失地使农村已婚妇女遭受来自丈夫的家庭暴力的风险显著增加（宋月萍等，2014）。

目前，关注土地流转中的妇女权益的研究不多（刘玲，2011），为数不多的几篇相关研究多强调土地权益与决策权的相关关系：一类是强调妇女土地权益的保障与其在家庭中的决策权之间的正相关性（陈会广、张耀宇，2014；张会萍等，2015），认为参与土地流转显著正向影响农村已婚妇女劳动力发生转移的概率和外出持续时间（张会萍等，2015）；另一类是强调妇女在家庭土地流转中的决策权、继承权（郑红彩、杨睿，2014），关注的是家庭层面的个体权利如何实现。还有部分研究探讨了某项具体法律政策与土地权利保障的关系（田传浩、陈佳，2013）、妇女土地流转意愿（陈会广、张耀宇，2014）、妇女土地继承意愿（邢朝国、郝妩阳，2013）、留守妇女和流动妇女的土地权益（范聪聪、夏莹，2015；许典利，2015）等。张笑寒、吴龙桓等（2012）概括了妇女土地维权的特点：矛盾激烈、涉及面广且解决难度很大；从权益流失到主张权益保护，通常有一定的时间间隔，甚至长达几十年之久；维权成本过高，法律救济途径不通畅，基层调解民事纠纷能力弱化；等等。

（二）妇女土地权益问题的成因分析

研究多认为，稳定性与变动性之间的冲突是导致妇女土地权益问题的根源。对于冲突又有几种不同的理解：一种冲突发生在人地之间，主要由于土地资源位置的固定性与妇女因婚姻而产生的居住地（非）流动性之间的矛盾，或者解释为法律与习俗之间的冲突，即法律倾向于保障其原居住地的土地权利，而习俗却是妇女在新居地获取土地（商春荣、张岳恒，2011）；另一种冲突则出现在产权的效力与目标之间，即承包经营权的物权效力所具有的稳定性与承包经营权所承载的共同富裕目标所决定的变动性之间的矛盾（肖新喜，2011）。具体成因分析多聚焦法律和政策层面，研究普遍指出，现行法律中以原则性规定为主，缺乏可操作性规定，相关立法缺乏社会性别意识，没有充分考虑人地冲突、法律与习俗的冲突、产权效力与目标的冲突等。而当农村妇女援用行政和司法途径维护土地财产权时，却又遭遇救济不力的困境。针对离婚妇女土地权益问题，研究多强调土地承包经营权的产权属性，如家庭成员“人人有份”（刘大海，2013）、“可分割性”（易燕、李晓，2014），而既往针对已婚妇女的研究多关注的是承包经营土地的分配方式，如“按户承包、按人分地”。一项法院律师的研究专门分析了离婚妇女土地承包经营权案件的执行困境，触及法律层面的一些核心问题（贾志生、胡德华，2011）。

法律政策视角的成因分析所涉及的主要法律包括《宪法》《婚姻法》《继承

法》《民法通则》《物权法》《土地承包法》《土地管理法》《妇女权益保障法》《村民委员会组织法》等九部法律，主要政策文件包括《关于切实维护农村妇女土地承包权益的通知》（厅字〔2001〕9号）、《关于审理涉及农村土地承包纠纷案件适用法律问题的解释》（法释〔2005〕6号）、最高人民法院《关于审理涉及农村土地承包纠纷案件适用法律问题的解释》（法释〔2005〕6号）、《关于村民因土地补偿费、安置补偿费问题与村民委员会发生纠纷人民法院应否受理问题的答复》（法研〔2001〕116号）、《中国妇女发展纲要（2001—2010年）》、《中国妇女发展纲要（2010—2020年）》。无论针对哪部分群体、哪类土地权益，妇女土地权利的模糊性是问题的根本所在，既有研究分别从不同侧面揭示了这种“模糊性”。

1. 产权属性的“模糊性”

《物权法》确立了农地承包经营权的实物物权属性，却并未明确承包经营权的产权共有属性。现行的土地承包制度是以家庭为单位的，《民法通则》将“农户”确定为不同于自然人和法人的一种独立民事主体。家庭承包土地是否属于夫妻共同财产，《婚姻法》并没有明确规定。有研究认为《婚姻法司法解释》（二）第11条通过封闭列举的方式将土地承包经营权完全排除在夫妻共同财产范围之外（季俊宏，2015）。也有研究提出，男方婚前单独承包或与其家庭成员共同承包本集体土地的，婚后女方不当然享有男方的土地承包经营权，离婚时男方婚前享有的土地承包经营权不能作为夫妻共同财产，而应确认为男方婚前个人财产（程建邑、程建华，2011）。关于宅基地的产权属性也存在法律空白。《土地管理法》第62条规定了“一户一宅”原则，但并未就使用权的获取方式做出规定。有研究认为，《婚姻法》及新司法解释存在对妇女的宅基地使用权和房屋所有权的直接歧视（王竹青、王金凤，2014）①。法律界定的产权模糊性，是导致妇女个体权利模糊从而引发种种“妇女土地权益问题”的根源之一。

2. 产权主体的“模糊性”

《土地承包法》第5条规定了“农村集体经济组织成员”的承包经营权，而

① 根据目前的《婚姻法》第18条第1项及新的司法解释二第22条第1款，农村地区的宅基地和房屋均属于男性的婚前个人财产，妇女一般对宅基地及地上房屋均不享有权利。关于离婚妇女的宅基地使用权没有明确的法律规定，《婚姻法》第42条及司法解释一第27条将没有住房的情况确定为需要经济帮助的情形。离婚妇女是否主张该项权利，由其自己决定。

第15条又指出“农户”是承包经营权的主体。研究者就法律用语是否存在表述上自相矛盾之处产生了分歧，有的学者就认为不存在矛盾，“成员”是指权利主体，“农户”是指承包方式（韩龙，2013）。无论是否认可法律存在自相矛盾的表述，研究者都认为表述上的不明确之处将作为“农村集体经济组织成员”的妇女个体权益置于家庭“户”的掩盖之下，妇女的土地权利获取具有强依附性特征（张笑寒，2013）。

3. 产权继承的“模糊性”

《物权法》对承包经营权的继承问题未进行深入规定，仅在第131条默认了“农村土地承包法等法律另有规定的，依照规定”。《土地承包法》第31条和第50条，规定了土地承包收益的可继承性以及林地承包经营权在承包期内的可继承性，但土地承包经营权是否可以继承，并没有明确表述。有研究认为，通过家庭承包方式取得的土地承包经营权不能继承，仅允许承包收益的继承；并认为，这样的继承规定会带来土地承包经营权主体上的不确定性（袁震，2013）。有研究也指出，以承包方式的差异和承包土地用途的不同来界定继承人不同的继续承包的权利，造成了理解和应用的混乱（向东，2014）。

4. 成员资格的“模糊性”

《土地管理法》第10条将农村集体所有土地的管理权赋予了村集体经济组织或者村民委员会。第24条规定了集体经济组织成员是享有土地承包经营权及其他衍生权利的前提条件，但没有界定成员资格，也没有制定确认资格的具体规定，认定成员资格的权利交由村民自治。有研究认为，妇女土地问题的症结归因于“成员权”的界定（杨焕兵，2015），或者说，成员资格的“模糊性”；村民自治制度安排决定了婚姻流动妇女能否获得其主张的土地权利（商春荣、张岳恒，2011）。

（三）保障妇女土地权益的主要对策建议

研究者的对策建议主要围绕以下几个方面。①针对立法和司法主体，建议完善相关立法和有关政策的制定，将社会性别意识纳入立法，将保障妇女土地权利的条款具体化；畅通农村妇女土地承包权益司法救济的途径和多元化方法。②针对政府主体，建议建立乡镇政府对村委会的民主监督机制和权力约束机制，建立村规民约的审查机制，发挥乡镇政府的审核与纠错职责；建立失地妇女的社会保障机制或通过预留机动土地、储备金等方式进行事前或事后干预（孙萌，

2013），并出台地方性政策以保障妇女土地权利问题（商春荣、张岳恒，2011）。③针对村民自治主体和社会力量，建议提高农村妇女参与土地流转和分配等重大事项的表决权，提高妇女参政意识、参政保障（配额制）、维权意识，通过妇联等社会组织力量帮助维权，并探索建立公益诉讼制度。

围绕农村集体产权制度改革的对策建议，出现了一个研究转向，即将问题的矛头不再仅仅对准妇女无法获取承包地的事实，转而探究承包经营权的产权属性和家庭成员间分割的可能性及路径，如有研究认为，土地股份量化改革可以量化到人，有利于解决土地分割问题（张笑寒，2013；施英燕，2013）。笔者认为，这显示出学界更加务实的态度，试图在既有的制度框架下寻求行之有效的解决之道。强调承包经营权的共有属性和可分割性，可谓借新一轮确权登记之际解决存量问题的良方。目前相关研究的争议主要集中在三方面。①关于承包经营权的共有属性缺乏法律界定。它属于共同共有、按份共有还是其他，学界存有争议（袁震，2013），各自主张的可行性也有待进一步论证。目前理论上的讨论还远远不够，包括法学界的关注也明显缺乏。②关于土地承包经营权的分割性如何落实的问题。1999 年 7 月 8 日起施行的最高人民法院《关于审理农业承包合同纠纷案件若干问题的规定（试行）》第 34 条，就承认夫妻共同承包土地过程中妇女在离婚时要求分割承包经营权的权利。出嫁女在离开家庭时也应当享有要求分割承包经营权的权利（向东，2014），但必须面对现实中如何落实的问题，袁震（2013）建议通过赋予原家庭成员强制购买权、设定法定次级承包经营权、设定定期金等方式解决权利冲突。③关于征地补偿是否建立多元标准的争议。有研究建议建立"承包经营权补偿分配以'地权'为依据，土地所有权补偿分配以'成员权'为依据"的征地补偿收益分配体系，旨在解决出嫁女的征地补偿问题（刘灵辉，2015）。但这种看似周到的制度建议，实则是将出嫁女差别化对待，没有指出承包经营权的家庭共有属性和可分割性。

三　研究总结与展望

（一）研究特征

总体而言，2011～2015 年的妇女土地权益研究特征可以概括如下。

一是主要围绕“农村妇女”的“土地权益”这一综合性分析框架展开，学科视角逐渐多元化。研究从法学、社会学、管理学等学科视角分析妇女土地权利未能得到有效保障的现象、原因以及对策，其中成因分析以法律层面的居多，对策建议主要围绕法律、政策、村规民约与妇女能力建设等四个层面。这一时期的研究基本沿袭了此前有关妇女土地权益问题的研究思路。

二是研究的问题导向突出。随着2011年国家新一轮农村土地承包经营权登记工作的开展，“土地承包经营权”“土地确权”“土地流转”等作为关键词的研究增多。研究对政策制定者的影响力也逐步显现。在研究成果的基础上，全国妇联联合农业部开展了“全国保障农村妇女土地权益县级示范培训”，编写了《农村土地承包经营权确权登记中妇女权益保障工作指导手册》，涌现出不少有代表性的地方经验。

三是以定性研究方法为主，定量研究开始增多。定量研究的议题多关注相关性研究和妇女的主观意愿，数据多基于研究者在某个省或某几个村庄的小样本调查数据，文献回顾充分、理论框架严谨，采用多元回归模型等进行假设检验，研究结论能够支持研究者的经验判断。作为全国性数据的重要来源，全国妇联权益部2013年发布的《维护农村妇女土地权益报告》和2010年第三期中国妇女社会地位调查的数据广被引用。此外，还有民间妇女组织农家女机构2010年的《中国流动妇女土地权益状况调查》作为重要的补充。

四是法律视角分析不断走向纵深。研究共同指向一个问题的根本所在，即妇女土地权益的“模糊性”，主要体现在产权属性、产权主体、产权继承性、村民资格、司法救助等方面。土地产权的“模糊性”深植于“父系、父姓、夫居”所涉及的一系列父权制的社会结构性安排：“父子相承”的承包土地、宅基地及其他家庭财产的继承制度、“从夫居”的婚居制度、“父子相传”的姓氏继承制度、“养儿防老”为核心的家庭养老制度（王晓莉等，2014），导致妇女土地权益的不确定性或依附性增强。

（二）研究不足

同时，我们应看到，相对于主流的土地问题研究领域，妇女土地权益问题的研究还处于边缘化地位，尚存在诸多不足。

一是针对单一群体或单一权益领域的研究相对较少。单一群体的研究中，多关注离异丧偶妇女、出嫁女的研究，其他类型的妇女群体，如已婚妇女、留守妇女、流动妇女及适龄未婚妇女、男到女家落户的女婿及其子女等关注度更低。单一权益领域的研究中，土地权利往往指代承包经营权，一般不做具体交代。相比之下，其他权益领域关注度更低，如征地补偿款分配权或收益权、宅基地使用权及由土地权益派生出的其他各项收益权（如集体经济组织收益分配权）等。

二是学科视角单一，多采用法律视角，分析妇女土地权利的特征，包括依附性、不稳定性等。研究多认为，稳定性与变动性之间的冲突是导致妇女权益问题的根源。对于冲突又有几种不同的理解：一种冲突发生在人地之间，另一种冲突则出现在产权的效力与目标之间。具体成因分析多聚焦于法律和政策层面，就土地问题论土地问题，社会学、经济学等学科视角的关注不足，如从社会保障视角贡献新的视角和对策思路等。

三是研究的学理分析有待强化。目前的研究多以问题导向，围绕“如何保证妇女的土地权益不受侵害”展开应用性、对策性研究。研究的基础性学理分析不足，鲜有研究触及妇女和土地问题的其他议题，如分配土地对妇女发展和国家发展的意义与贡献，土地分配方式与家庭关系、婚姻关系的变化之间的联系，失地妇女如何争取她们自己的土地权益，土地制度改革怎样影响男女平等等，研究的女性主义立场有待强化。

四是“妇女土地权益问题”在主流的土地研究领域仍处于边缘化的地位，研究者即使偶有提及农业女性化、妇女在征地中的权益受侵等，却鲜有专门论述妇女土地权益问题，对公共政策及主流学科的影响有限。

（三）未来研究展望

从国际上来看，妇女土地权益一直是发展领域的热门研究议题之一。围绕妇女土地权益保障的重要性产生了一系列基于结果的证据，包括农业生产与投资、包容性增长、劳动力和收入、获取金融支持、土地市场等维度。针对妇女土地权益保障的意涵，研究主要强调法律认可、社会认可、可执行性、长期性、可转交性等五个维度。妇女土地权益保障干预的关键在于产权改革，强调政府和公益机构的角色，并总结出一系列成功干预的关键要素，如公共信息与意识、培训与能力建设、招聘中的性别平等、监测评估、回顾与调整等。

从研究的分析框架来看，研究者们正在致力于搭建一个跨国别、跨学科的综合性分析框架，可以共享研究成果，使研究不断走向纵深，并致力于推动现实的改变。该分析框架基于埃莉诺·奥斯特罗姆（Elinor“Lin”Ostrom）的 IAD 制度分析框架，从背景（context，包括妇女、土地与土地产权、法律和社会规范、社区）、风险与机会、行动情境（action arena，包括行动者、行动资源）、产出（妇女土地权益保障）四个维度开展宏观、中观和微观的综合性分析。该分析框架目前仍在建构阶段，对于结合中国实际进行分析具有一定的指导意义。

从中国当前的土地制度改革来看，不断出台的政策和各地实践中的做法不仅为研究妇女土地权益提供了新的机会，为保障妇女权益提供了契机，同时对研究的要求越来越紧迫。我们现有的土地制度里有两个原则的逻辑，也可以说两个权利的逻辑：一个是成员权的逻辑，对应的是公平原则；另一个是财产权的逻辑，对应的是效率原则。改革开放以来，中国的农村土地制度改革出现了一个明显的转向，由公平原则优先逐渐转向效率原则优先，随之出现的是成员权的逻辑与财产权的逻辑之间的矛盾和冲突。

目前，“产权明晰化”的改革共识已经达成。党的十八届三中全会的决定提出一个渐进式的改革方案，“三权分置”成为新一轮农村土地制度改革的指针。新一轮的土地制度改革更多秉承的是效率原则。这一政策原则的转向进一步激化了土地制度所固有的成员权逻辑与财产权逻辑之间的矛盾和冲突。反映在现实中，即村集体经济组织成员身份的“含金量”大大增加。“成员身份”界定的复杂性及所激化的矛盾冲突不断升级。在现有的土地制度安排下，出现了“产权越是明晰，妇女权益保障难度反而越大”的悖论。主流学界亟待引入社会性别视角的分析，这将有非常重要的意义。

建议未来从事妇女土地权益保障研究，一要抓住现实发展提供的契机，跳出“就土地论土地”的封闭循环，为推动土地改革政策制定中的性别主流化，逐步减少并消除性别盲点做出应有的努力。同时，增加对妇女能动性的关注。二要从学科发展的角度，开展跨学科、多元化的研究，特别要关注当前中国农村土地制度和农村集体产权制度改革，推动研究的主流化，推动研究成果转化为改革的决策支撑。三要加强国际交流与合作，因地制宜地引入国际先进的研究成果、分析框架，加强学科队伍建设，提高研究成果的学理水平和国际对话的影响力。

妇女与贫困研究综述（2011～2015年）

吴惠芳　文　婷　王宇霞*

一　研究概述

妇女贫困是一个始终伴随人类社会发展的重大问题，存在于社会整个进程之中，它不单单是贫困问题，而且是关系到妇女地位提升与人类性别平等的重要问题。因此，妇女与贫困问题也一直是社会研究中的一个重要主题。在2011～2015年，关于该主题的研究成果颇丰，在中国知网和读秀数据库以“妇女与贫困”“性别与贫困”为主题进行检索，除去重复部分，共检索到314篇文献、20本著作。与上个五年相比，研究成果在数量上有了明显增加。对妇女贫困的现状、原因、反贫困等问题，研究者采用社会性别视角、多维贫困视角、可持续生计视角、可行能力视角等多维视角进行了深入的剖析。近年来出现的移民贫困妇女等新型贫困群体也逐渐进入研究者的视野，研究对象的层次和类别不断丰富。同时，跨学科、多学科的研究亦有发展，除了传统的女性学、经济学、社会学、人类学、政治学对妇女与贫困问题进行研究外，医学、生态学、心理学等多个学科也开始重视该主题。遗憾的是，在学术出版物对妇女与贫困问题关注热度持续不减的情况下，国家社会科学基金立项的相关项目在同一时间段内却仅有三项，涉及两个研究主题——精准扶贫与农村妇女反贫困、残疾女性贫困。

二　主要研究内容

1. 妇女贫困的内涵与贫困的测量

贫困是世界各国在经济社会发展过程中不得不面对的挑战。国内外对贫困概

---

* 作者简介：吴惠芳，女，中国农业大学人文与发展学院社会学系教授；文婷，女，山西师范大学传媒学院教师；王宇霞，女，中国农业大学人文与发展学院社会学系博士研究生。

念的讨论持续至今，从最初的收入和消费维度拓展到福祉、权利、社会排斥等多维角度。在此过程中，“易受损害性”“社会排斥”等与贫困相关联的一些概念得到了学者的重视。贫困概念的拓展不仅加深了对贫困问题和反贫困实践的多维认识，而且在社会性别和贫困之间建立了联系，使人们认识到男性和女性因为不同的社会性别而拥有不同的贫困经历。社会性别的差异导致了女性和男性在获得社会资源的机会与社会地位上的不平等，缺乏性别意识的社会制度不能保护妇女的正当权益，使妇女更容易陷入贫困的境地，且更不容易摆脱这种状况。因此，越来越多的研究在关注妇女贫困问题（向德平、程玲，2015），从而也产生了越来越多的妇女与反贫困的实践。

进入21世纪以来，中国学者也开始越来越多地开展妇女与贫困问题的研究，不断完善对妇女贫困的界定。妇女贫困具有更复杂、多维、深层次的表现。首先是物质层面的贫困，收入水平低下是最突出的表现。对于农村妇女贫困来说，非农收入极其有限，缺少社会福利支持，同时农业劳动容易使其身体受伤（贾慧咏，2011）。其次是人文层面的贫困，意指除了收入低下的问题之外，妇女在受教育水平、社会资本、社会支持网络、休闲方式等方面都存在不同程度的贫困（商万里，2013）。最后是包括卫生保健等社会保障和社会权利在内的多层次、多方面的综合贫困，如社会性别不平等也使妇女比男性更易遭受艾滋病侵袭（郭瑞香，2011），妇女缺乏政治参与的客观条件（李雪彦，2014），造成其参政机会少、缺少话语权（杨成波，2012）。在市场经济的大环境下，劳动力市场存在的性别歧视和职业隔离也是女性贫困的重要表现（宁满秀、荆彩龙，2015）。少数民族妇女贫困问题则进一步延伸了贫困的含义，包括收入贫困、参与社会发展能力贫困、家庭和社会地位贫困、生存健康贫困及主体性缺失下的贫困（马东平，2011）。农村老年妇女贫困的内涵又有所不同，往往是经济贫困伴随着精神上的贫困，家境贫寒使她们更加愚昧迷信，观念陈腐，很容易上当受骗，成为弱势群体中的弱者（张爽，2013）。

从妇女贫困的测量方法来看，中国现有的关于贫困的衡量数据往往是统计户一级，人们理所当然地认为在家庭户中，家庭资源在成员之中是平均分配的，所以贫困统计指标及相关数据大都是按照家庭（户）或人均水平而不是按照男女性别分类赋值，忽略了家庭内部的性别差异（贾慧咏，2011；王爱君，2013），尚未超越“家庭内贫困分布均等”的理论假设（张雪梅等，2011）。此外，绝大多数已有的妇女贫困研究对妇女贫困的测量，依据还是收入贫困，对贫困的非物质层面比如文化娱乐、公共服务等关注不够（贾慧咏，2011；张雪梅等，2011）。因此，需要构建基于社会性别主流化的贫困测度，有利于真实客观地为扶贫减贫政策的制定提供理论支持，帮助妇女快速有效彻底地摆脱贫困（王爱君，2013）。

2. 妇女贫困的类型与原因

妇女贫困的类型有多种分类方法，一些学者根据贫困的内容和形式将其划分为权利性贫困、能力性贫困和结构性贫困。就权利性贫困来说，由于根深蒂固的传统观念以及社会制度的制约，妇女受到不同程度的权利剥夺而被排斥在社会正常生活之外。20 世纪 70 年代，戴安娜·皮尔斯首次提出“贫困女性化”概念之后，谢拉·露丝、瓦伦丁·M. 莫格哈德分别从父权制度与社会性别的角度进一步探索了妇女贫困的原因（张雪梅等，2011）。以男性为中心的家庭结构和父权制意识形态使妇女在社会中居于从属的地位（庞海云，2014；邵彩玲，2011）。在制定政策时忽视社会性别的后果是偏向男性，其中婚姻家庭制度、社会保障制度、生育制度及市场制度制约了女性的能力发展（王淑婕、解彩霞，2011）。妇女大部分就业于效益较低的部门和产业（马东平，2011）。土地产权制度中的土地分配不平等也是造成她们收入低的直接原因（马东平，2011；洪名勇、周欢，2015），传统社会性别文化往往限制妇女的教育和培训机会，阻止妇女得到信贷与资源（郭亚莉，2012）。从能力性贫困来看，农村女性受教育程度普遍低于男性，很难实现由第一产业向第二、三产业的劳动力转移，经济收入低，更多地依赖丈夫的收入，更易陷入贫困（王丽熔，2015）。因病致贫也是一个不容忽视的现实（周潮，2011；叶占存，2011），妇女还可能经历能引起精神障碍的创伤事件折磨（夏宏伟等，2011）。从结构性贫困来看，贫困具有多维尺度，女性在资源、权利、机会拥有和控制方面弱于男性，这是女性之所以贫困的结构性因素（赵群、王云仙，2011）。在家庭内，宗教观念和社会意识形成的许多生活禁忌和习俗，决定了妇女在家庭生活中所享有的权利和资源分配机会远远低于男性（史玉梅，2011；霍萱、林闽钢，2015）。贫困使妇女这一庞大的弱势群体不能共享经济社会的发展成果，无论对个人、家庭还是社会的发展都是一个痼疾。贫困妇女在面临极度贫困时更容易放弃生命（李良达，2015）。对于家庭来讲，贫困女性对子女的早期喂养与教育能力弱化，不利于子女的健康成长以及成年后社会竞争能力和自我能力的提升，从而造成贫困思想的代际传递（韩春、陈元福，2011；张爽，2013）；更严重的是，贫困会导致家庭关系紧张，更容易导致针对妇女的家庭暴力，威胁其人身安全（王莉丽，2011）。

除了上述的类型划分外，还有学者从地域角度将贫困妇女群体分为农村贫困妇女和城市贫困妇女。由于国家统计资料缺少对农村贫困状况的分性别统计，一般认为低收入妇女、老年妇女以及贫困女童等构成农村贫困妇女的主体。同时中国贫困的地域性、多元性决定了少数民族贫困妇女成为少数民族地区和国家反贫困重点关注的群体（马东平，2011）。从可持续生计视角来看，脆弱性是导致连片特困地区妇女贫困的重要原因，生计资本贫乏与脆弱性叠加成为制约连片特困地区妇女脱贫的主要障碍（顾永红等，2014）。在城市，妇女构成城市新贫困群体中各贫困层的多数，贫困女性群体也分化出越来越多的亚群体，包括下岗失业人群、工作中的低收入者、流动妇女、失地女农民、女户主单亲家庭、艾滋病病毒感染者、老龄化中的妇女群体、气候变化等灾害影响的新型贫困妇女（张雪梅等，2011）。同时，伴随社会转型，单亲贫困母亲、农村留守妇女、移民妇女的贫困问题也引起了学者关注。

3. 移民及单亲贫困妇女

移民脱贫是中国实现脱贫的重要途径之一，因此移民女性的经济参与和贫困问题也开始进入研究者的视野。与男性农村移民相比，移民妇女更容易陷入贫困和边缘化的状态。由于搬迁破坏了其原有的生产与生活体系，妇女被安置到新的环境更难适应，加上教育水平、健康状况、技能等方面与男性移民相比有一定劣势，移民妇女在迁入地的生产生活重建面临相当大的挑战，如土地权利问题、新农业生产方式和生产技术要求、就业机会等，这种挑战会进一步影响移民妇女对资源的利用、经济机会的获得、政治参与等方方面面（陈莎莎，2013）。一项对内蒙古牧区生态移民的研究发现，女性生态移民承担大量家务活动的同时，主要从事农业生产，非农就业难问题较为突出，为家庭生计转型与可持续发展带来了困难（史俊宏，2015）。

在大规模人口流动和乡村经济发展的冲击下，人们的家庭与婚姻观念正在发生深刻的变革，农村离婚率也节节攀升，出现大量单亲家庭。其中，单亲母亲因其弱势地位，更容易陷入贫困。然而，对于这个群体，学术研究与探讨少之又少。在十分有限的研究文献里，研究者将目光聚焦在城市贫困单亲母亲问题上。

城市单亲贫困母亲通常具有年龄较大、受教育水平低、无稳定就业的特点，面临极端经济困境、子女教育难题、生理和心理的双重困顿、情感的深层困乏以及再婚的多重困难。因此，为了改善贫困单亲母亲的处境，需要对其加大生活救助力度，加强健康、情感及就业等多种援助，提供家庭教育指导等（刘荣，2015）。其他研究更深刻地剖析了贫困单亲母亲的成因。城市贫困单亲母亲普遍具有人力资本不足、社会资本不足以及制度资本不足的特点，而其从单亲化到贫困化是外在结构性压力机制与内在失能累积机制之间的持续的负面互动并相互强化的结果。女性虽然摆脱了不幸婚姻的束缚却陷入了贫困，弱势社会地位被进一步固化，成为新的贫困女性，这进一步加大了男女两性不平等的趋势（孙明彩，2015；周慧琴等，2014）。对于单亲贫困母亲的救助工作，传统性别观与价值观等社会环境、不完善的救助服务机构和工作机制、救助依赖心理等都使得贫困单身母亲的社会救助机制有效性不足（杜佳珈，2014）。应从性别赋权的社会工作介入出发，建构城市贫困单亲母亲群体的社会支持体系，协助城市贫困单亲母亲群体的发展能力，使其获得资源和机会，克服权能障碍，最终缓解压力改善社会地位（孙明彩，2015；何珍，2014）。农村单身贫困母亲社会救助缺失，主要受到农村传统性别观念、单身贫困母亲社会救助的主体地位缺失以及缺乏长效救助机制等因素的影响。因此，应从强化政府责任、推进社会化运作和引导单身母亲自立自强三个层面完善农村单身贫困母亲的社会救助体系（戴爽，2013）。其他见诸出版物的更多内容，以各地、各级妇联组织及非政府组织开展的贫困单亲母亲援助活动描述为主，鲜见对这一贫困妇女群体进行深入分析的研究。

4. 妇女反贫困政策与行动

中国政府一直高度重视扶贫开发工作。改革开放以来，中国政府为缓解和消除农村贫困，投入了大量人力、物力和财力，经历了救济式减贫和体制改革推动扶贫、大规模开发式扶贫、扶贫攻坚、第一个和第二个扶贫开发纲要前期等几个阶段（赵群、王云仙，2011；向德平、程玲，2015）。妇女群体被纳入政府扶贫开发工作也经历了一个过程。中国政府在早期的区域开发以及经济体制改革为背景的扶贫工作中并未重视女性的参与，甚至在明确鼓励女性参与的整村推进中，妇女的参与也并未见实效。直到《国家八七扶贫攻坚计划（1994—2000年）》才提出鼓励妇女参与脱贫的政策与措施，并把全国妇联开展的“巾帼扶贫行动”纳入国家总体扶贫计划（姜秀花、倪婷，2015）。进入21世纪以来，中国反贫困政策更加关注女性。《中国农村扶贫开发纲要（2011—2020）》提出将农村妇女作为重点群体，同等条件下对贫困女性优先安排。同时，《中国妇女发展纲要（2011—2020）》提出要加大对农村及贫困地区和民族地区妇女发展的支持力度，努力缩小城乡区域妇女在人均收入水平、生活质量、文化教育、医疗卫生服务、社会保障等方面的差距（姜秀花，倪婷，2015）。

近五年国家扶贫政策最突出的变化即"精准扶贫"政策的推进，其中也不乏对贫困妇女的关注。精准扶贫理念是2013年习近平总书记在湘西视察扶贫工作时首次公开提出，他强调"必须切实抓好脱贫致富这个战略性任务"，"要分类指导，把工作做细，精准扶贫"（汪三贵、郭子豪，2015）。2014年，国务院发布了《关于创新机制扎实推进农村扶贫开发工作的意见》（以下简称《意见》），提出了深化改革、推进"精准扶贫"开发的各项工作机制以及注重实际问题解决的原则，其中不乏对妇女扶贫的关注。例如，在完善金融服务机制中，《意见》提出要"完善扶贫贴息贷款政策，增加财政贴息资金，扩大扶贫贴息贷款规模。进一步推广小额信用贷款，推进农村青年创业小额贷款和妇女小额担保贷款工作"（国务院公报，2014）。2015年全国妇联、国务院扶贫办就共同推进贫困妇女脱贫致富工作下发《关于在扶贫开发中做好贫困妇女脱贫致富工作的意见》，要求各地要充分发挥妇女和妇联组织在新时期扶贫开发工作中的独特作用，推动经济发展新常态下的贫困妇女脱贫致富工作更加精准科学，促进贫困妇女共享改革发展成果（中国妇女报，2015）。

精准扶贫思想提出后，学术界掀起了研究的热潮。国内学者对精准扶贫有不同的理解，基于大数据的角度，提出精准扶贫的核心在于精准度（郑瑞强、曹国庆，2015），针对不同贫困区域环境、不同贫困农户状况，运用科学有效程序对扶贫对象实施精确识别、精确帮扶、精确管理的治贫方式，即瞄准每一个贫困人口并采取有针对性的扶贫措施（孙璐，2015）。精准扶贫的内涵在于通过系列贫困人口识别机制对具体贫困人口进行有效识别和动态管理，深入分析致贫原因，并对识别出来的贫困人口和贫困农户实施具体、有针对性的扶贫措施，消除导致贫困的各种因素和障碍，增加自主发展的能力，达到可持续脱贫的目标（黄承伟、覃志敏，2015）。精准扶贫的关键是"贫困识别精准"和"帮扶措施精准"，随着贫困识别对象的下移和缩小，贫困妇女群体被纳入扶贫政策的体系中。在深入了解她们致贫原因的基础上，各地政府对贫困妇女制定出有针对性的减贫政策，一些地方提出干部“结穷亲”，乡镇干部与贫困妇女“结对子”，引入社会资本进行精准帮扶，提出的对策现实可行（徐俊，2012）。提高扶贫的有效性就需要建立参与式扶贫机制，要加强瞄准的主体和对象互动和交流，强化贫困妇女的造血功能（叶初升、邹欣，2012；辜胜阻，2014）。

国家扶贫开发政策与妇女反贫困项目的实施，有利于农村贫困女性可持续发展，是社会公正、公平的重要体现（张励仁，2011）。全国妇联通过赋权妇女、投资妇女、健康妇女以及引导妇女实现创业就业来消除妇女贫困，取得了良好成效。贫困妇女是扶贫开发的重点对象，也是参与扶贫开发的主体，中国政府始终把妇女减贫作为国家减贫战略的重要组成部分，使2亿多妇女脱贫，2600多万城乡贫困妇女拥有了最低生活保障，国家扶贫开发工作重点县的妇女贫困发生率从2005年的20.3%下降到2010年的9.8%（崔郁，2015）。小额信贷项目被认为是促进贫困女性收入提高的重要途径（Yao，Q.，2014）。非政府组织也积极行动，在改善贫困女性生存环境、促进贫困女性就业、提高贫困女性健康水平方面创造了更好的条件（倪婷、李文，2015）。经过不懈的努力，妇女的福利得到改善，自我发展能力得到提高，妇女的人格和尊严得到更多的尊重，不同贫困妇女群体的性别需求得到一定的关注和满足，妇女的自我组织和发展能力明显提高，妇女的政治参与能力得到加强（姜秀花、倪婷，2015）。

5. 妇女反贫困工作面临的挑战

国家扶贫机制和运行机构具有多种局限性，妇女反贫困的支持主体单一。在中国的扶贫实践中，扶贫程序的官僚化、工作人员能力的局限性及相关机制和法律的不健全，对扶贫资金的使用效率都造成了一定的损害。而且，很多扶贫行动仍然是“输血”性扶贫，而非“造血”性扶贫，无法根治西部农村民族妇女的贫困问题，返贫现象频发。官员的流动和不连续性对政府扶贫行动的持续性影响较大（马东平，2011）。一些救助项目缺乏有效的瞄准机制，往往是耗费了资金和精力，却达不到使妇女脱贫的目的（史玉梅，2011）。同时，中国在反贫困过程中是以政府为主导，反贫困工作主体单一化特点明显。由于缺乏非政府组织和公民个人参加反贫困工作的有效机制，非政府组织在这项工作中没有充分发挥其可能的作用（杜亚男，2014）。

女性自身素质较低限制了其参与反贫困的积极性。贫困妇女的文化素质和身体素质较差，经济和社会地位也较为低下，她们害怕竞争、思想保守，子女多、生活负担重的贫困现实等多种因素综合，使她们在一定程度上将贫困内化为一种思想意识上的贫困，并成为一种习惯性的行为方式和生活态度，造成了自卑、自弱的心理，严重制约她们积极主动的反贫困意识和行动（周潮，2011；史玉梅，2011；王秀花，2012）。文化程度较低、思想观念陈旧、积极主动性差又严重限制了妇女对国家政策的知晓程度，主动参与政府、妇女组织及社会扶贫项目的积极性不高（史玉梅，2011）。

针对这些问题，研究者从不同的角度提出了建议。

第一，加强贫困妇女主体意识培育，加大妇女赋权、增强社会性别意识、保障有效参与，才能建立妇女自主脱贫的基础，也是实现精准扶贫的关键（周潮，2011）。要加强继续教育，尤其是性别公平教育，促进贫困妇女性别意识的觉醒（吴海涛等，2013；高飞、向德飞，2015），促进教育公平（东波等，2014），提高贫困妇女的科学文化素质，这对于实现“中国梦”的目标具有支撑作用（袁兰，2012；高凌雁、郑逸芳，2015；庾春云，2015）。发展职业女农民教育，为农村妇女提供相应的市场信息和专业技能培训（周潮，2011；白雪，2012；张倩、陈遇春，2013；何丕洁，2015），推动妇女人力资本等行动，积极参政议政，投资发挥妇女科技示范户双学双比女能手的示范帮带作用（郭亚莉，2012）。鼓励农村女性积极参与农村事务管理，为妇女赋权（邵彩玲，2011）。还要高度重视贫困妇女的心理健康问题，深入妇女群众开展心理疏导工作，为贫困妇女提供心理健康服务，排解不良情绪，化解潜在矛盾（吉林省妇联，2012）。

第二，持续加强扶贫工作中的性别意识主流化工作是妇女实现脱贫的重要保障。基于中国反贫困的政府主导特征，学者分别从社会性别、可持续发展、社会资本、公共政策等视角对国家反贫困政策进行了分析（赵群、王云仙，2011）。在妇女反贫困研究与行动中，应持续强化社会性别意识，增强社会性别敏感，推动性别意识纳入决策主流（郭亚莉，2012；全国妇联妇女发展部，2015）。社会性别视角有助于精准扶贫目标的真正落实，有助于加强联合国可持续发展目标中减贫目标和性别平等目标的关联和协同，同时有助于加强国内减贫和国际援助之间的耦合与互动。采取立法等一切措施消除对妇女的歧视，从制度方面为贫困妇女提供一个稳定的生存环境（王莉丽，2011；王丽熔，2015），扩大社会保障的覆盖范围（杨成波，2014；王博、张瑜，2015）。

第三，大力支持企业和其他社会组织的参与是妇女扶贫工作的必要举措。多数社会组织针对的贫困弱势群体都包括妇女，扶贫项目有较高的性别敏感意识。同时，鼓励NGO加强自身能力建设，为妇女反贫困工作提供更具创新性的项目支持（汪力斌、贾蕊，2012；王志学，2014；王晶、刘彦喆，2012）。提升妇女NGO的社会认知度，加强政府与社会支持力度，使其在妇女反贫困工作中最大可能发挥功效（唐永霞、罗卫国，2015）。对于生活极其困难的贫困妇女和家庭，单靠政府以单一的救助手段很难保障其基本生活。应在政府支持的基础上，有效利用宣传的积极作用，动员企事业单位、社工、慈善机构及社会救助团体各界力量共同关注和帮助贫困妇女群体（吉林省妇联，2012；刘新玲，2012；江雪，2014；崔馨宁，2015）。通过多种途径，不断培育新兴的社会服务机构，形成扶贫多主体共生局面。

三　研究不足与展望

尽管关于妇女与贫困问题的研究成果不断涌现，但已有研究的内容重复性较高，部分研究有模式化的倾向。大多数研究仍然停留于宏观的层面、相对抽象的角度，深入实地、深入贫困妇女生活世界、描述其贫困问题、探索其贫困原因的研究仍然乏善可陈。刘欣（2015）曾经对20世纪70年代以来的国内妇女贫困与社会性别研究的文献进行了梳理，对妇女贫困的界定、类型、特征、测量、原因、影响研究以及妇女反贫困研究进行了述评。她指出，现有研究仍将贫困妇女作为政策受众，缺少对现有政策、组织如何介入妇女反贫困的机制和过程研究以及妇女主体如何利用本土知识参与反贫困的研究。同时，社会性别视角几乎是妇女反贫困的唯一理论视角，且缺乏本土化的理论，尤其缺乏可操作的具体方法和技术手段。

以往针对妇女与贫困的研究更多的是静态层面的研究，关注同一性别群体中的贫困发生率，而少有总贫困人口中贫困妇女比率及其动态的变化。贫困女性化没有更具体化、全方位、多维度地展现在人们尤其是政策制定者的面前，不容易引起政策制定者和扶贫实践者对妇女贫困应有的关注。

以户为单位的贫困测量方法掩盖了妇女贫困的事实。精准扶贫是新时期中国扶贫工作的重要战略思想，开启了中国扶贫工作的新阶段。扶贫对象精准作为精准扶贫的前提和基础，对精准扶贫最终的成败起着至关重要的作用。然而在扶贫工作的实施过程中，扶贫对象的精准识别面临着测量方法的挑战。目前，中国主流贫困测量方法主要分为两个阶段，首先是确定贫困线，其次是确定贫困户和贫困人口，以贫困线为标准，“家庭”或“户”为收入测量单位，区分贫困家庭或贫困户，其下的所有人口，不分性别、年龄、个人可支配收入一律被视为贫困人口（汪雁，2004）。这种测量方法所隐含的基本理论假设之一为“家庭内部贫困分布均等”，但现实是家户整体状况的提升并不总是被家户的所有成员均享，家户中一部分人处境的日渐提升可能伴随着另一部分人的每况愈下。农村女性特别是已婚妇女往往为了家庭成员而牺牲和奉献自己，放弃自己某些权利（王爱君，2013）。因此，在以家户为单位的贫困测量方法中忽略了家庭内部基本生活资源的消费存在性别等级之分，贫困中的性别差异被家庭均质所掩盖，忽略了妇女在贫困家庭中的弱势地位，实际上依旧没有解决妇女个体贫困的问题。

精准扶贫背景下妇女反贫困理论与实践还有很大的探索空间。尽管社会性别视角和性别意识主流化被研究者反复强调，但它仍未完全进入政策制定者和执行者的主体意识。1995年世妇会以后在社会组织特别是女性社会组织的倡导和坚持下，性别意识逐渐进入社会意识的主流，各种扶贫政策中针对妇女的特殊需求有了明确的规定，在减贫战略中强调妇女的参与性和共享性，将提升妇女的发展能力和话语权作为重要指标。在知网数据库，以“精准扶贫”为主题进行检索，从2014年至2015年共有1530篇文献，将“精准扶贫”分别与“妇女、女性、性别”组合检索，去除重复部分，共有12篇文献。可以看出，现阶段精准扶贫视角下对妇女贫困问题的研究尚存不足，学术界对于“精准扶贫”的研究侧重点主要是对其概念意涵的阐释与宏观层面的比较，基本上是站在国家视角自上而下来看待精准扶贫政策实施的效果以及提出对策和建议，鲜有分析精准扶贫政策与妇女反贫困之间的关系。

因此，展望未来的妇女与贫困研究，以下几个方面特别值得关注。

第一，加强精准扶贫与贫困妇女关系的研究。在以往的反贫困政策与行动研究中，对妇女问题的关注度经过了一个不断加强的过程。但是，在进入精准扶贫阶段之后，对于精准扶贫行动、作用机制以及效果和妇女贫困与反贫困之间的关系的研究亟须加强，以助力国家新阶段扶贫政策的有效实施，推动妇女反贫困事业的发展。

第二，继续采取西方社会性别理论与中国社会性别文化相结合的研究视角，对城市和乡村的妇女贫困问题、流动妇女贫困问题进行更深入的剖析，为中国妇女反贫困政策与行动提供良好的研究基础。

第三，丰富贫困妇女亚群体的微观个案研究和中观定量研究。随着中国反贫困行动和社会发展的不断推进，妇女贫困的内涵、类型、原因及表现特征正在不断发生变化，因此非常需要在宏观理论探讨基础上，通过更为丰富的贫困妇女亚群体的研究，多方面、多维度呈现贫困妇女的群像。

第四，加强少数民族贫困妇女问题的研究。当前学术界对于少数民族贫困问题的研究大部分是从政策机制方面探讨，而少数民族绝大多数人口分布在边远地区和连片特困地区，有关这些民族贫困问题比较系统的田野调查与实证研究较少，其中从社会性别角度关注少数民族贫困妇女的研究更是有很大的空白要去填充。

妇女人权与法律研究综述（2011～2015年）

刘小楠*

一　研究概述

2011～2015年，妇女人权与法律的研究出现了一些新的契机和热点。首先，2010年全国妇联和国家统计局联合组织实施了第三期中国妇女社会地位的调查，撰写了《第三期中国妇女社会地位调查主要数据报告》。报告在全国数据初步分析的基础上，从十个方面描述了当前中国妇女社会地位的总体状况和五个典型群体的主要情况，提炼归纳了八大进步和六个值得关注的问题与挑战，并提出了相应的对策建议。基于这次调查，学界涌现出一系列相关的论文和著作，其中包括相当一部分妇女人权与法律方面的研究。其次，2015年是联合国第四次世界妇女大会召开20周年，为纪念“北京+20”，一批对北京世妇会后中国妇女人权发展状况梳理、总结的研究相继发表。再次，2015年9月国务院新闻办公室发布了《中国性别平等与妇女发展》白皮书，白皮书运用大量事实和数据，从性别平等与妇女发展的机制保障、妇女与经济、妇女与教育、妇女与健康、妇女与决策管理、妇女与环境、性别平等与妇女发展的法治保障、性别平等与妇女发展的国际交流合作等方面，详细介绍了中国推动性别平等与妇女发展的政策措施和取得的显著成就。最后，2011～2015年，中国保障妇女人权的法律不断完善，学者积极参与和推动相关立法，围绕新的法律修订和颁布也形成了一些研究热点。比如，经过全国妇联等妇女组织与学者20多年的努力，2015年底中国通过第一部《反家庭暴力法》。为了推动反家暴法的出台，2011～2015年，学者发表大量文章深描中国家庭暴力的现状，提出反家庭暴力的对策和建议，为反家庭暴力立法提供了重要的智力支持。再如，2012年《女职工劳动保护特别规定》出

* 作者简介：刘小楠，女，中国政法大学人权研究院教授。

台前后也在学界形成研究热点。

在此背景下，2011～2015 年妇女人权与法律的研究不断深入，取得了丰硕的研究成果。笔者在中国知网以“妇女法律”进行主题检索得到 721 篇文献，与上个五年的 321 篇相比，文献数量增长突出，其中硕博士学位论文 89 篇，相比上个五年的 76 篇硕博士学位论文，数量明显增加。而直接以“妇女人权”为主题进行检索，无论文献总量还是硕博士学位论文数量都略有下降，说明研究热度较上个五年有所降低，但纵观这五年的研究成果，研究质量上升较为明显，主要表现在研究议题、研究方法的多元和学术活动的丰富等方面。

五年间关于妇女人权与法律的研究具体包括多个议题，如妇女人权的理论，包括妇女人权的界定、发展历史、人权与权利的关系；妇女人权与法律的关系以及对妇女人权保障的立法发展、妇女人权保障机制；用国际人权法视野研究妇女人权以及用比较的视角考察不同国家妇女权利发展状况；描述中国妇女人权发展的历史和现实状况，尤其是北京世妇会后 20 年中国妇女的权利发展状况；等等。

在研究方法上，除了常用的文献研究方法和比较研究方法，2010 年第三期中国社会妇女地位调查和 2015 年《中国性别平等与妇女发展》白皮书的发布，为妇女人权和法律的研究提供了大量数据资料，这一阶段出现更多地以实证研究和数据分析为基础的研究。

五年间，与妇女权利相关的法学类国家社会科学基金项目有 10 项，这些项目有效促进了妇女人权与法律的研究（见表 1）。

表 1　2011～2015 年研究妇女权利的法学类国家社会科学基金项目

年度	项目名称	负责人	项目类别
2011	社会排挤与女性婚姻家庭权益的法律保障	王歌雅	一般项目
2011	西北农村回族妇女家庭暴力问题研究	王雪梅	青年项目
2012	反就业性别歧视的法律评估机制研究	刘明辉	一般项目
2012	古代中国婚变中妇女利益维护的司法模式研究	崔兰琴	一般项目
2013	公权力干预家庭暴力的适度性研究	李明舜	一般项目
2013	夫妻财产制与财产法规则的冲突与协调问题研究	裴　桦	一般项目
2013	职场性骚扰雇主责任问题研究	曹艳春	一般项目
2014	中国特色社会主义法治体系建设中的妇女权益保障研究	宋秀岩	特别委托项目
2015	高校性骚扰防治机制研究	林建军	一般项目
2015	新疆女性恐怖活动犯罪研究	古丽燕	西部项目

此外，五年间相关学术研讨会的召开也促进了该领域的学术交流，参会者撰写了大量会议论文。比如，性别与法律研究网络2013年年会以“司法公正与性别平等”为主题。会议讨论了司法公正对保障妇女权利的重要意义。与会的专家学者认为，对司法人员进行社会性别意识的培训，使司法人员树立社会性别平等理念，依法进行公正审判，有利于实现司法公正与性别平等；必须采用“渗透法”，通过多种手段和方式展开社会性别视角下的立法与司法；在司法实践中，应当注意对农村妇女土地权益的保护，关注受虐妇女案件的公正处理，矫正对两性平等问题的错误认知；为推进防治家庭暴力工作，应当加快制定专门的“家庭暴力防治法”。再如，2015年10月由联合国妇女署、浙江省妇联、杭州市人民政府联合主办的性别平等与企业社会责任（杭州）国际会议暨“他为她”行动，围绕“为提高妇女地位、实现性别平等、发展与和平而继续行动”的目标，进行共同探讨并分享经验。此外，2015年，学界和妇女组织以“北京+20”为主题也举办了一系列学术会议，比如，北京大学中外妇女问题研究中心、香港中文大学性别研究中心/性别课程中心、韩国启明大学女性研究所共同主办的“北京世妇会+20：我们在行动”学术研讨会从各个角度讨论20年来世界妇女地位的改善以及今后妇女发展的方向。由联合国妇女署等机构支持、多家民间妇女组织发起的以“北京再出发”为题的纪念第四次世界妇女大会20周年民间妇女论坛讨论了北京世妇会后20年中国性别平等进程以及代际的接力和议题的拓展。这些会议中也涉及妇女人权与法律的内容。

二　主要研究内容

（一）妇女人权理论

1. 妇女人权的界定

人权与权利是两个不同的概念，并非所有的权利都是人权。人权指人仅仅由于其为“人”——除此之外不需要任何其他的资格和条件——而享有或者应当享有的权利。而“妇女人权”是妇女作为人所有的和应当享有的权利，是基于妇女群体固有的人的资格和身份所应当享有的不可分割、不可剥夺和不可侵犯的权利（薛宁兰，2015）。也有学者把妇女人权放在男女平等的框架内来界定，认为妇女人权是指妇女作为社会成员与男子一样平等享有的权利和自由以及由妇女生理特征所产生的权利，其本质特征是男女平等的基本原则，即实现妇女在政治、经济、社会、文化和家庭生活等各方面的平等权利，使她们真正能够自尊、自立、自强和全面自由地发展（邹晓巧，2013）。

2. 妇女人权发展以及人权观念培养

人权观念产生伊始，女性虽然为人，却被排除在人权主体之外。西方启蒙时代的人权观念是女性主义分析妇女权利问题的重要思想来源。在20世纪90年代，“妇女的权利即人权”已成为唤起全世界妇女的一个重要口号（马忆南，2015）。也有学者在研究中强调培养妇女权利观念的重要性，指出妇女权利是人权的重要组成部分，而培养妇女的权利观念既是改变妇女自身地位，使其获得应有的人格尊严和实现自身人格的必要条件，也是社会发展的必然要求。培养妇女的权利观念，主要是培养妇女具有独立人格的理性权利观念、培养把性别差异作为平等前提的权利观念、强调在两性权利上对妇女权利优先保护的权利观念。要在法治宣传教育中重视妇女权利知识的普及，使全社会了解妇女权利的法律规定；完善妇女权利维护的法律机制，建立健全妇女权利维护的社会救助机制，创新妇女权利维护的社会保护途径（尹奎杰，2013）。

3. 社会性别视角下妇女人权保障

把社会性别理论引入妇女人权的研究也是这一阶段研究的重要内容和特点。比如，马忆南（2015）认为，社会性别理论拓展了法律议题的范围；社会性别理论使司法过程纳入了妇女的经验和性别的视角；社会性别理论帮助立法者制定积极的法律政策，对弱势群体给予倾斜性保护，有助于实现实质上的男女平等。也有学者强调了性别意识缺失对妇女人权保障的影响，认为体现社会性别意识的法律重构是妇女人权实现的基本途径，是妇女的应有权利到法定权利最终到事实权利过程的必经环节（汪云，2014）。

（二）国际人权公约和国别比较视野下的妇女权利

美国学者凯利·D. 阿斯金（Kelly D. Askin）、多萝安·M. 科尼格（Duoluoan M. Koenig）编，黄列、朱晓青等译的《妇女与国际人权法》第三卷《走向赋权》（2012）是由国际刑法与妇女人权领域专家撰写的三卷本巨著之一，该著从理论和文化习俗到法律文书以及国际法庭的案例法等方面，对国际法上的妇女权利进行了深入细致的剖析和阐释，对妇女权利领域的具体问题与解决方法、针对妇女的犯罪与侵犯、可予利用的资源和积极有效的赋权等，提供了犀利透彻的分析。

李西霞和丽狄娅・R. 芭斯塔・弗莱纳（Lidija R. Basta Fleiner）主编的《妇女社会权利的保护：国际法与国内法视角》（2013）从国际法和国内法两个层面梳理了妇女社会权利法律保护的不同理论观点，比较借鉴了国际人权法、区域人权法和国别人权法的有益经验，深入探讨了妇女作为社会弱势群体之社会权利法律保护的若干理论和实践问题。该书也剖析了中国当前社会保障、妇女生育保护、劳动保护、就业权等方面的最新情况，并对荷兰、英国、瑞士、德国等国家妇女的社会权利保护状况进行了比较研究。

对于国际人权法与女性主义运动和妇女人权的关系，马忆南（2015）教授在文章中表示，女性主义在利用人权理论推进妇女权利的过程中，国际舞台上的努力是一个不能忽视的层面。第二次世界大战后形成和发展起来的国际人权法、国际上保护妇女人权的运动与女性主义理论及其服务的世界妇女运动已经结合在一起。对于女性主义运动消除性别歧视的目标而言，国际人权法还具有策略意义上的工具性，是极为重要的手段。尽管存在种种不足，但现有国际人权法及其组织框架在提高对人类尊严的尊重方面具有威信和威力；将妇女关心的问题纳入国际人权法的规范和组织体系，能够使女性主义运动借助这种力量而发展。

刘海年（2011）在文章中追溯了第二次世界大战之后为改变男女不平等的状况、维护妇女的权利，以联合国为代表的国际组织进一步加强了妇女权利保障的举措，将制定此领域的国际公约和推动各国制定国内法提上了日程。刘海年也梳理了维护妇女权利的国际公约、世界妇女大会和一系列专题国际会议和宣言，总结了国内和国际方面保障妇女权利的法律和实践经验。

（三）北京世妇会后妇女人权与法律的发展

1995 年，在北京召开的联合国第四次世界妇女大会将“妇女的人权”作为 12 个重大关切领域之一并提出了系列战略目标。2015 年为纪念“北京 +20”，国内学者发表了一系列相关著作和文章，北京世妇会后妇女权利和相关法律的发展状况成为这个阶段的一个研究热点和特点。薛宁兰在其论文《北京世妇会以来中国妇女人权法律保障述评》（2015）中把北京世妇会后保障妇女人权法律政策的进展总结为法律规定体系化、保障内容全面化、政策框架定型化三个方面，并指出相关立法之不足：缺乏对“性别歧视”的界定，运用“暂行特别措施”尚不到位。建议增加专门性立法，增强法律的可操作性。刘小楠在《20 年，我们走了多远？——北京世妇会后中国妇女权利发展状况研究》（2015）一书中回顾了北京世妇会后中国在妇女权益方面法律的发展，以及《行动纲领》所列的 12 个重大关切领域中中国妇女权利的实现状况、存在的问题以及今后发展的方向。

（四）保障妇女人权的法律政策发展

2011 ~ 2015 年，为了不断完善保障妇女人权的立法，学界围绕相关立法进行了大量研究，除了针对妇女法的综合性研究，新的法律的出台和修订也形成了一系列研究热点。

1. 保障妇女人权的法律政策

保障妇女人权不仅是中国人权事业发展的重要组成部分，而且是法治中国建设的内在要求和重要任务，同时，妇女人权的实现程度也是衡量法治中国建设的重要指标之一。因此，在法治中国建设进程中，应将性别意识纳入决策主流，建立更为完善的妇女权益保障体系和机制，从立法和政策制定源头保障妇女权利，进而推动妇女人权的实现（隋悦，2015）。

李线玲（2014）以妇女权益保障法为考察对象，基于第三期中国妇女社会地位调查的数据，就《妇女权益保障法》的认知状况，从城乡、文化程度、年龄以及职业层次等方面进行分析，考察了公民对妇女法律的认知状况。结果发现，公民对《妇女权益保障法》的知晓程度大幅提高；公民对《妇女权益保障法》在保护妇女权益方面所起作用的主观评价降低。这一研究结果为进一步深入了解妇女的法律地位及其实现状况提供了基础。

班文战、夏吟兰主编的《人权知识妇女权利读本》（2012）系统说明了妇女人权（包括各项妇女人权）的概念、种类、意义、其在中国和国际社会得到确认和发展的历史以及国家和其他社会成员尊重和保障妇女人权的责任和义务，总结了各项妇女人权在中国得到确认和实现的状况，包括取得的进展和存在的不足，重点介绍了中国和联合国的妇女人权保障机制。

五年间，研究生学位论文中关于保障妇女人权保障的选题增多，比如吉林大学吕东慧的硕士学位论文《论人权全球化背景下的中国妇女权利的保护》（2011）、东北大学赵小琳的硕士学位论文《中国妇女人权法律保障问题研究》（2011）和姜楠的硕士学位论文《中国妇女人权的法律保护探讨——以消除对妇女的歧视为视角》（2013）等从不同角度对中国妇女人权的法律保护问题进行了研究。

2. 关于家庭暴力与《反家庭暴力法》

2011～2015 年，以妇女权益保障为导向的家庭暴力专项立法研究活动不仅蓬勃发展，而且在客观上为《中华人民共和国反家庭暴力法》的出台提供了巨大的理论支持。学界从立法的必要性、立法宗旨和原则、家庭暴力主体范围的界定、社会工作干预模式等角度，运用比较研究、文献研究、实证研究等多种研究方法，对家庭暴力问题进行了全方位的研究，澄清了许多概念误区，为立法活动提供了很多可借鉴的制度设计。如李明舜（2012）对反家庭暴力法的立法目的、立法原则、工作机制及立法核心等做出了详尽的阐释。学者对反家暴立法的重视度可见一斑。虽然男女平等的观念在中国已经逐步深入人心，但是对于家庭暴力这种“家务事”社会各界始终存在着绥靖态度，行为人的“理所当然”和受害者的“顾全大局”是中国家庭暴力现象出现的主要原因之一。为了更准确地界定家庭暴力的内容、含义，夏吟兰（2014）根据法律概念的抽象概括原则和中国的法律体系逻辑，对家庭暴力的主体范围进行了界定。由于中国没有反家庭暴力法的先例，虽在民法、婚姻法、妇女权益保障法中有关涉禁止家庭暴力的条款，但是没有完整的反家庭暴力立法框架。于是，中国学者将眼光放之于世界，用比较法视角对美国的反家庭暴力立法活动做出很多详尽的分析报告，但是学者没有一味简单地要求像美国一样出台绝对刚性的反家庭暴力法，而是强调反家暴立法行动要与家庭暴力行为的性质、中国的社会现状、传统文化和民众的接受度相结合，呼吁立法者注重立法干预家庭暴力的特殊性（李明舜，2014）。

与倡导反家庭暴力立法并行的，是相关学者对民间纠纷解决机制和社会工作对家庭暴力的介入。由于家庭暴力是在家庭内部这种极为亲密的私权力掌控的范围中出现的，为了更合理更切实地保护受害者在“家庭”这一特殊场域中的合法权益，社会工作方法和民间纠纷解决机制不失为立法活动之外的另一条有效途径。如许晓芸（2011）试图将社会工作方法中的个案工作方法、小组工作方法和社区工作方法结合到解决反家暴的实践中；申伟和陈冲（2015）对坪石村、李岭村、王集村及榆中周边诸村的家暴受害者进行了细致的访谈，总结出家暴受害者维权意识不够，执法机关、司法机关对家庭暴力认识不足，村集体中男女平等观念不够等诸多因素，并建议制定“禁制令”①，设立农村妇女协会，设立“家暴”邻里通报制度与“家暴”记录制度等措施。学界对家庭暴力的研究不仅关涉对行为人的惩罚与制裁，也关照到了在家庭暴力过后对受害者的救助。在其他国家和地区，民事保护令是对受害者有效的民事保护措施，并且在家庭暴力案件中，法官会运用自己有限的自由裁判权力，在权力限度内给予受害者更合适的保护及补偿。薛宁兰（2014）提出了其他国家对家暴受害者保护的具体方式，对中国立法和司法实践有着重要的借鉴意义。

3. 妇女财产权的法律保障

妇女的财产权，实质是赋财产权以性别色彩。这样的区分，在我们展望历史上乃至现如今某些地区男性与女性在财产权上的差异时，显然是有意义的。因此这里的“妇女财产权”概念主要是法学而非经济学意义上的。中国《民法通则》中的“财产权”，指的是“所有人依法对自己的财产享有占有、使用、收益和处分的权利”。具体而言，妇女的财产权包括财产（包括动产和不动产）的所有权、债权、知识产权、继承权等。然而，在某些领域妇女和男性对于财产权的享有并无任何性别差异，因此，对于妇女财产权的保障着重强调存在性别弱势的家庭共同财产权、夫妻财产权、土地财产权和继承权等权利的保障，这也是《中华人民共和国妇女权益保障法》第五章有关财产权益所明确保障的权利内容（孙萌，2013）。

孙萌的《中国妇女财产权的保障和实现》（2013）一文，通过分析妇女在家庭共同财产权、夫妻财产权、土地财产权以及继承权方面的实现现状，指出中国妇女财产权在某些方面的实现上存在的不足。隋悦、李春雷的《性别、法治视阈下的村规民约》（2013）一文，分析了某些村规民约中的规定，指出其损害了妇女的财产权，应该予以修订，以保护妇女权益。张强的《农村妇女财产权的法律保护》（2015）一文，针对农村妇女财产权的保护提出了具体而细微的建议措施。除此之外，《婚姻家庭视域下的妇女权利保障》（孙颖慧，2012）以及《对婚姻法司法解释（三）的反思》（马海霞，2013）围绕婚姻关系下的妇女财

① 即禁止行为人接近被害人的行政处罚，属于对家庭暴力的事前预防。

产问题进行了反思。

4. 就业性别歧视与女职工劳动保护

2012年《女职工劳动保护特别规定》的颁布在学界引起热议。有学者着重于对《女职工劳动保护特别规定》进行解读（罗娟、李元程等，2012），有学者着重讨论了《女职工劳动保护特别规定》的亮点和优势（林燕玲，2012），也有文章兼论该法规的进步与缺失（刘明辉，2012）。刘伯红（2012）在《特殊保护势在必行，平等发展更需坚持——女职工劳动保护的国际趋势》一文中认为，保护性立法是实现劳动领域性别平等的一种惯例。为所有劳动者创造体面的工作发展环境成为国际社会的现实追求。但是当世界各国女性劳动者普遍获得保护性立法和政策保障的时候，国际妇女运动又发现，对女性劳动者的保护性立法有可能是一把“双刃剑”，如果把女性当作弱者，用禁止和限制的方法把她们“保护”起来，就有可能使妇女因生育和养育功能的保护而失去在劳动力市场上平等就业的机会，从而带来劳动力市场对女性的歧视，特别是在劳动力供大于求和遭遇经济、就业等危机的时候。刘伯红进一步指出，对女职工的劳动保护，不是保护得越多越好，更不能过度保护，而是适当保护为好；不应用禁止和限制的方法把妇女隔离起来，而应创造体面劳动和友好工作条件的制度环境，为所有劳动者提供机会平等、待遇均等的工作机会。传统的单纯保护性方法被称为“保护性平等”，现实的立足于发展的制度性改革的方法被称为“实质性平等”，而后者则成为妇女运动和国际社会致力于争取和实现的目标。

这五年间，随着学界起草《反就业歧视法（专家建议稿）》和相关的立法推动工作以及从2012年到2015年陆续起诉的四起招聘中的性别歧视案件，就业性别歧视也成为研究热点。一些学者通过对案例的评析，指出中国相关立法和司法中存在的问题，对案由、处理体制、劳动监察、认定标准和民事赔偿等方面提出建议（刘明辉，2014）。除了对中国就业性别歧视状况的描述和法律建议，学者们也对海外的反就业歧视法律制度进行了研究，并提出可供中国借鉴的经验（何霞，2015；唐颖侠、范金梅，2015；刘小楠，2013）。

5. 妇女权利保障和救济机制

妇女权利保障和救济机制是妇女人权得以实现的重要基础。这一议题一直为学界所关注。李国波在《广东妇女维权机制创新的功能考察与思路重构》

（2013）一文中介绍，为了破解妇女维权的难题和困境，广东省各级妇联在省、市两级行政区域分别设立“妇女维权与信息服务站”项目。妇女维权与信息服务站是广东妇联组织创新社会治理模式的新载体，发挥了传统维权机制无法比拟的功能优势。妇女维权与信息服务站以开展咨询服务、个案服务、网络服务、外展服务和决策服务作为妇女维权服务的主要形式，充分发挥四项基本功能。有学者对妇女权益保护公益诉讼进行研究，认为公益诉讼一方面具有矫正民主政治中妇女未被充分代表的弊端的作用，另一方面具有打破传统的性别不平等政治结构的作用。妇女权益保护公益诉讼的法律框架与传统对抗型诉讼之间有重大差别。虽然作为公益诉讼中重要类型之一的宪法诉讼在中国尚不存在制度基础，但是，“推进性别社会结构变革的典型案件”在中国则有较大的发展空间。首先，推进性别不平等社会结构的改变需要多重力量的介入，司法也是其中重要力量之一。其次，现有法律为法院介入性别不平等案件提供了原则和裁量空间。法律的原则性、概括性的规定中往往包含着对法院的赋权，同时为法院提供了创制保护妇女权益模式的裁量空间，而这恰恰是中国妇女权益保护公益诉讼存在的土壤（沈国琴，2011）。

中国的法律援助已经有17年的历史，然而中国的法律援助事业还未纳入社会性别视角。张伟伟在《论妇女法律援助应增强社会性别视角》（2013）一文中建议培养具备社会性别视角的志愿律师队伍，形成维权网络体系；发挥妇联优势，采取全程关注、发公函协调推动的工作方法；将信访与法律援助有机结合，实现维权与维稳的统一；不断寻求妇女法律援助的新路径；增加对妇联系统项目资金支持的力度，并确保可持续性。

三　研究不足与展望

目前，中国的妇女人权与法律研究已经取得了一些较有成效的研究成果。学者对于妇女人权的关注和探讨使得妇女人权问题走入了人们的视野，也在一定程度上为中国完善对妇女人权的保护奠定了良好的理论基础，有助于推动国家在妇女人权方面的立法。

但是，我们也发现存在如下不足。在研究主体上，相关议题的研究者仍以女性学者为主，关注妇女人权与法律议题的男性学者较少。在研究方法上，由于该研究领域主要是法律界的学者，实证研究的能力和意识不足，研究方法主要还局限于文献研究。由于缺乏对现实情况的深入了解以及对司法案例的具体分析，一些研究难以做到对问题的精准把控。在研究内容上，对于妇女整体的宏观研究比较多，对于一些特殊女性群体，比如残障女性、少数民族女性等面临的特殊问题和状况以及多重歧视的研究仍然缺乏；描述性的研究比较多，深度的理论探讨和具有可操作性的法律政策建议仍然缺乏；2014 年联合国消除对妇女歧视委员会对中国政府履行《消除对妇女一切形式歧视公约》的情况进行了审议，但是学者们的关注和研究不足，对于妇女人权的国际保障机制及其对中国妇女人权发展的影响仍需要进一步地深入分析和探讨。在研究质量方面，有些研究比较空泛，缺乏创新，低水平的重复现象仍然存在。对策性研究尤其是借鉴国外经验的对策性研究虽然比较多，但是对国外的法律制度多局限于宽泛的描述和梳理，结合中国本土的实际情况真正提出切实可行的改革措施的研究仍然不足。

妇女人权与法律研究一直紧密围绕并服务于中国法律的发展，期待下一个五年有更多深层次、有创新价值的研究出现，为中国保障妇女人权的法制建设和发展提供理论基础和实践指导。

在研究议题上，结合新时期中国法律政策的发展以及新的国际国内形势，针对中国目前妇女权益法律保障中存在的突出问题，比如《中华人民共和国反家庭暴力法》实施中的问题、全面二孩政策下妇女就业权利保障问题、民法典修订中有关妇女人权保障的问题、农村妇女的土地权益问题以及妇女的参政权等都应该成为下一阶段的重点研究内容。同时应该把中国的妇女权利放在国际人权的大框架下，加强对国际人权公约和国际妇女人权保障机制的研究，加强中国在国际社会中妇女人权议题上的话语权。

研究方法和研究视角应更加多元，除了理论推演、文献研究和比较研究外，希望今后的研究更多地建立在实证研究的基础上，加强对研究对象的定量和定性调查，切实了解研究对象的真实需求。另外，充分利用司法文书公开的便利，通过对大量司法判决的分析研读，发现司法实践中对妇女人权的实际保障状况及司法判决中折射出的立法和司法中存在的问题。研究议题从实践中产生，才能针对实践需要提出更有见地、有针对性和可操作性的对策建议。希望今后能出现更多高质量的具有开创性和本土化意义的专著和论文，争取妇女人权与法律问题在研究深度和广度上都能有所突破。

反对针对妇女的暴力研究综述（2011～2015 年）

张荣丽　李九如*

一　研究概述

2011～2015 年是国家妇女儿童保护事业不断发展的五年：国家发布了新一期的《中国妇女发展纲要（2011—2020 年）》和《中国儿童发展纲要（2011—2020 年）》，继续将反对针对妇女儿童一切形式的暴力作为发展目标，并在“策略措施”部分对预防和制止强奸、家庭暴力、性侵害、拐卖做了更加细致的规定；国务院发布了《国家人权行动计划（2012—2015 年）》《中国反对拐卖妇女儿童行动计划（2008—2012 年）》《中国反对拐卖人口行动计划（2013—2020 年）》等，要求预防和制止针对妇女的家庭暴力，完善预防和制止家庭暴力多部门合作机制，建立预防、制止和救助一体化工作机制，提出建立反拐工作的长效机制，有效遏制拐卖妇女儿童犯罪。国家不断推进妇女儿童事业向前发展的战略吸引了更多学者投身这个领域的研究，科研成果在数量上远超前五年。[①] 在中国知网“哲学与人文科学”“社会科学Ⅰ辑”“社会科学Ⅱ辑”“经济与管理科学”四个数据库中，以“家庭暴力”为主题检索出相关文献 3067 篇，是上一个五年同类文献数量的 1.9 倍；以“性骚扰”为主题检索出相关文献 457 篇，较上一个五年同类文献数量略有下降；以“强奸”为主题检索出相关文献 1592 篇，是上一个五年同类文献数量的近 2 倍；以“拐卖妇女”为主题检索出相关文献 247

---

* 作者简介：张荣丽，女，中华女子学院法学院副教授；李九如，女，中国矿业大学文法学院法律硕士。

① 《中国妇女研究年鉴（2006～2010）》“反对针对妇女的暴力研究综述”（薛宁兰、胥丽撰写）中提到，在中国知网期刊全文数据库中，以“家庭暴力”为主题检索出相关文献 1653 篇；以“性骚扰”为主题检索出相关文献 520 篇；以“强奸”为主题检索出相关文献 810 篇；以“拐卖妇女”为主题检索出相关文献 50 篇。

篇，是上一个五年同类文献数量的近5倍。在中国国家图书馆，通过“暴力”“女”“性骚扰”“强奸”“拐卖”等关键词组合检索后逐一筛选，这五年间中国大陆出版的与反对针对妇女的暴力研究相关的著作达到25部。

反对针对妇女暴力的学术会议及高层论坛不断，国内外学者在学术会议和论坛上的观点交流与碰撞促进了中国反对针对妇女暴力的研究不断走向深入。例如，2015年10月17～18日，首届“中国性侵预防与应对跨界研讨高峰大会”在深圳举行，法律、教育、医疗、心理咨询、慈善公益等领域的300多位知名专家学者围绕如何建立性侵害的预防救助和善后处理机制等问题展开深度研讨，并成立了中国第一个“性侵防治”工作联盟；2015年9月14日，中国法学会研究部与中国法学会婚姻家庭法学研究会共同主办中国法学会2015年第27期立法专家咨询会（暨《中华人民共和国反家庭暴力法（草案）》专家研讨会），专家学者建议从立法的宗旨、立法的原则、家庭暴力的定义、处置机关、证据认定、立法的定位、人身保护令的设计、框架结构和文字表述等方面对草案进一步修改和完善；2015年8月15日，由中国法学会婚姻法学研究会与中国社会科学院法学研究所共同主办、辽宁师范大学法学院承办的“中国反家庭暴力立法研讨会”在大连召开；2015年7月6日，“中德法治国家对话第十五届法律研讨会”在北京举行，研讨会的主题是“反家庭暴力的法律制度和机制”；2014年12月7日，中华女子学院中国妇女人权研究中心主办的“妇女维权理论与实务研讨会”在北京召开；2014年10月30日，全国妇联和中国妇女研究会联合全国22所高校在北京举办“高校预防和制止性骚扰机制研讨会”；2014年9月28日，全国妇联和联合国人口基金在北京联合举办“反对针对妇女暴力高层论坛”，论坛旨在分享双方的项目合作成果，并就反对针对妇女暴力方面需要重点关注的问题、反对针对妇女暴力立法中需要体现的相关内容进行研讨，为推动相关研究成果纳入反家暴立法提供参考依据；2013年7月2日，北京众泽妇女法律咨询服务中心与国际劳工组织北京局在京共同主办“企业防治职场性骚扰国际研讨会”，参会人员围绕职场性骚扰与职场性侵害典型案例及其特点难点、受害者的社会援助和社会救济等问题展开讨论，国内外部分企业也分享了各自在建立防治职场性骚扰机制方面的成功经验。

在过去几年，反对针对妇女暴力方面的大量科研成果在国家立法和司法改革过程中起到重要的参考和推进作用，有些已经应用于司法实践并产生积极效果。

例如，2012 年，经最高人民法院批准，全国四个法院开展引入专家证人制度的试点探索。2014 年 11 月 5 日，安徽省马鞍山市中级人民法院在开庭审理王某犯故意杀人罪一案中，首次通知了家庭暴力问题研究专家出庭，协助法庭查明案情。2013 年 7 月 25 日，江苏省高级人民法院、江苏省人民检察院、江苏省公安厅和江苏省妇女联合会联合印发了《江苏省家庭暴力告诫制度实施办法（试行）》，在全国率先建立家庭暴力告诫制度。由于该制度实施的社会效果良好，后被吸收进《中华人民共和国反家庭暴力法》。姜秀花主编的《中国反对针对妇女暴力的立法与司法实务探讨》（2015）结合《中华人民共和国反家庭暴力法（征求意见稿）》（以下简称《征求意见稿》），组织专家就针对妇女的家庭暴力、性暴力问题展开深入讨论，为立法机关制定反家暴和妇女权益保护立法建言献策。经过全国妇联、人大代表、政协委员的多年呼吁和专家学者的研究、论证，2015 年 8 月 29 日，第十二届全国人民代表大会常务委员会第十六次会议审议通过《中华人民共和国刑法修正案（九）》（以下简称《刑法修正案（九）》），取消了《中华人民共和国刑法》第 360 条第 2 款规定的“嫖宿幼女罪”，对这类行为适用《中华人民共和国刑法》强奸罪中关于奸淫幼女的以强奸论、从重处罚的规定，实现了刑法对不满 14 周岁幼女人身权利的平等保护；经过学术界长期研究和妇女组织自下而上地长期推动，2015 年 12 月 27 日，第十二届全国人民代表大会常务委员会第十八次会议通过《中华人民共和国反家庭暴力法》。学术界以长期扎实的科学研究、丰富的研究成果和着力推动研究成果转化，为在中国消除针对妇女的暴力做出了突出贡献。

二　主要研究内容

（一）家庭暴力问题研究

1. 反家庭暴力立法相关研究

《中华人民共和国反家庭暴力法》由中华人民共和国第十二届全国人民代表大会常务委员会第十八次会议于 2015 年 12 月 27 日通过。这一具有反家暴活动里程碑意义的法律文件的出台，与学者们多年来的探索和研究息息相关。

2011～2015 年，学者研究反家庭暴力立法的内容多集中于家庭暴力的概念、专项立法的必要性、法律规制的视角、立法模式的选择、域外反家暴立法的经验借鉴等方面。李明舜（2012）认为，在反家庭暴力立法需要解决的诸多问题中，家庭暴力概念的界定占据着极为重要的地位。家庭暴力是一个含义广泛的概念，在不同的文化、制度、个体主观体验下可能会有不完全一致的理解。中国制定防治家庭暴力立法时必须全面考虑各种因素，合理界定家庭暴力的内涵与外延。对家庭暴力的界定应该体现出概括性、全面性、确定性和普适性。《妇女研究论丛》继2012年第3期组织并刊登“制定家庭暴力防治法 促进社会和谐”专题讨论之后，于2014年第5期再次围绕反家暴法制定中的重点难点问题——家庭暴力概念中的主体范围、反家暴法应处理好的几个关系、涉家庭暴力民事诉讼证据规则及反家暴公益诉讼机制、反家暴法宗旨及其对幸存者的社会救助、婚内强奸的入法问题以及反家暴专门机构和专项基金等邀请学者展开讨论并发表研究成果。随着《征求意见稿》和《中华人民共和国反家庭暴力法（草案）》（以下简称《草案》）的相继公布，2015年起大量以上述文件为分析对象的研究著述纷纷涌现。

论文方面，夏吟兰（2015）认为，《征求意见稿》中有关家庭暴力概念的主体范围有待扩大，行为类型需进一步明确。其认为家庭暴力是指发生在家庭成员之间损害身体、精神、性的暴力行为。包括但不限于：实施或威胁实施身体上的侵害，以及限制受害人人身自由的行为；以恐吓、侮辱、谩骂、诽谤等方式造成受害人精神损害的行为；实施或威胁实施性暴力及其他违背受害人意愿的性行为的行为。其中家庭成员包括：配偶、父母、子女、公婆、岳父母、儿媳、女婿、兄弟姐妹、祖父母、外祖父母、孙子女、外孙子女。具有同居关系、前配偶关系以及家庭寄养关系的人员之间的暴力行为，视为家庭暴力。李明舜、曲美霞等（2015）认为，《征求意见稿》在界定公权力干预家庭暴力的范围和强度方面仍需改进：应当明确家庭暴力案件、人身安全保护裁定可以独立提起诉讼，以便加大家庭暴力的司法干预力度；应进一步完善强制报告制度，增加强制带离、强制矫治、强制教育、代为告诉等制度，以增强反家庭暴力手段的有效性。薛宁兰（2015）认为，反家庭暴力法属于社会法范畴，它并不是一般性地保障所有家庭成员的权利，而是对受害人权利给予倾斜性保护和救济。作为保护受害人权益的特别法，它具有优先适用的效力。文章围绕《征求意见稿》的立法宗旨、与其他法律的关系以及受害人救助措施等发表见解。李春斌（2015）认为，《草案》

中规定的家庭暴力行为类型指向不明，无法起到法律应有的明晰指引作用。世界范围内认为家庭暴力的行为类型主要有四种：身体暴力、精神暴力、性暴力和经济控制。鉴于“经济控制”在司法实践中操作困难，中国在现阶段立法中应该明确性暴力也是家庭暴力的行为类型。

著作方面，夏吟兰在《家庭暴力防治法制度性建构研究》（2011）中描述反家暴立法的进程，涵盖《家庭暴力防治法》最新专家建议稿全文、建议稿条文释义以及中国地方立法、2000 年之后域外反家庭暴力专门立法四大部分，是学术界在反家暴制度构建方面的重要综合性成果。陈苇在《我国防治家庭暴力情况实证调查研究》（2014）中，对重庆市、吉林省、湖南省、海南省、贵州省、云南省防治家庭暴力情况开展实证调查，并结合调查资料对家暴现状、产生家暴的原因、多机构合作防治家暴的经验、存在的不足与困难等进行了深入分析。罗杰在《家庭暴力妇女受害者权益之法律保障研究》（2015）中，通过分析针对女性的家庭暴力的原因，深入研讨“针对女性的家庭暴力”的认定，运用实证研究方法，从心理学、医学、法学、社会工作理论等视角分析针对女性家庭暴力的危害性，并通过考察分析中国内地家庭暴力案件审判、投诉现状，提出继续完善人身安全保护裁定制度、修正家庭暴力非法证据排除规则、建立家庭暴力验伤中心等主张。

也有学者以某一类型的家暴或者家暴涉及的某一类人群为研究对象，提出相关立法建议。例如，薛宁兰在《家庭暴力防治法应有之儿童观》（2012）中，针对家暴研究主要集中在妇女受暴，对儿童受暴研究较少的现实，提出中国家庭暴力防治法应以儿童利益优先和最大化为价值追求，树立将家庭中的儿童作为权利个体对待的立法理念，加大对“受暴儿童”和“目睹儿童”保护力度，在家庭暴力的定义、预防、服务和救助措施、撤销监护人资格等方面给予儿童更多、更有效的保护。叶齐华在《中国精神家庭暴力实证调查与研究》（2013）中聚焦精神暴力问题，对 232 人发放问卷，对 53 人进行了访谈，研究中国家庭中的精神暴力现象，探讨中国夫妻在家如何使用、经历精神暴力行为；精神暴力对他们产生什么样的影响；不同教育背景的丈夫和妻子使用、经历词语和非词语行为是否存在差异以及精神暴力对夫妻心理和健康的影响。这类立足本土的研究成果对国家制定有中国特色的反家暴立法具有重要的参考价值。

2. 家庭暴力犯罪相关问题研究

家暴行为因其具有隐蔽性、持续性、反复性、高危性等特点，导致家庭暴力类刑事案件普遍认定难、追责难、判决难。众多学者基于此，对家庭暴力犯罪中的刑事责任认定、定罪量刑依据、证据规则、域外经验比较等展开研究。

论文方面，赵秉志、郭雅婷（2015）认为，家暴犯罪的罪与罚应规范如下：对虐待罪“情节恶劣”的具体情形做出规定；对于以暴制暴行为，应区分“趁其不备”和“防卫过当”的情形；规定被害人过错为法定减轻量刑情节。杨万明、薛淑兰等（2015）认为，对于因家庭暴力引发的杀害、伤害施暴人的案件，虽然相关司法解释总体上要求从宽处罚，但绝不是鼓励家庭暴力被害人以暴制暴。绝不能以犯罪来制止犯罪，被害人定要通过正当的法律途径维护自己的合法权益。

著作方面，邢红枚在《家庭暴力受虐妇女杀夫犯罪问题研究》（2011）中采用犯罪心理学和法学的综合视角来研究家庭暴力受虐妇女杀夫这一问题。其对正在监狱服刑的杀夫女犯采用问卷调查、访谈、量表测量等方法进行研究。通过对这些资料的分析证明家庭暴力是导致妇女故意伤害、故意杀人犯罪的重要原因。包雯、翟海峰在《家庭暴力引发犯罪刑法适用问题研究》（2012）中以家庭暴力引发犯罪的刑法适用问题为切入点，其对规制家庭暴力犯罪、完善中国家庭暴力刑法理论、正确解决家庭暴力犯罪问题具有十分重要的指导意义。陈敏在《涉家庭暴力案件审理技能》（2013）中通过“读懂家庭暴力”“家庭暴力知识在婚姻家庭案件审理中的应用”“法官的情绪调整”三章内容，旨在澄清家庭暴力案件在审理中的误区，引导审判人员关注家暴是否发生而不是因何发生，从而提升司法人员审理家暴案件（包括家暴引发的犯罪案件）的专业性与科学性。

3. 多机构合作反家暴研究

预防和制止家庭暴力需要多机构、各部门共同协作，使妇女在与暴力相关的每一个环节上均可以得到及时有效和个性化的支持。从实践层面上看，主要包括理念干预、社区干预、立法倡导、司法干预、医疗干预、传媒干预、行政干预等七个层面。

论文方面，薛宁兰（2012）认为对家庭暴力的干预是一个系统工程，需要众多机构和组织在各自的权限范围内予以干预，这也是国内外干预家庭暴力的有效模式。中国制定家庭暴力防治法时，可在如下方面予以体现：第一，确立

“政府主导，多机构合作”的基本原则；第二，设立专门的协调议事机构；第三，确立预防、制止、救助一体化的社会干预机制。李茂强、陈诗颖（2014）认为对家庭暴力的干预需要众多组织和机构从改变社会认知、提倡社会性别主流化、建立女性支持网络、立法及舆论倡导等多方面联合介入，以求达到如下效果：①改变公民意识，建立起反对家庭暴力人人有责的观念，使人们理直气壮地干预家庭暴力；②建立反家暴社区支持网，成立社区多机构合作反对家庭暴力工作小组，确立预防、制止、救助、转介、康复一体化的社会干预机制；③帮助受暴女性解决困难，抚平她们身心受到的伤害，使其树立信心回归社会。

著作方面，朱东武、齐小玉在《城市社区多机构干预家庭暴力的实践》（2011）中旨在传达社会性别平等的目标、多机构合作干预的策略和社会工作专业介入特色三大理念。作者将多机构合作内容归纳为构建社区多机构干预家庭暴力工作网络、营造反对家庭暴力的社区氛围、提升工作人员干预家庭暴力的意识与能力、积极介入帮助家庭暴力当事人和组建社区居民志愿者队伍五大方面。张亚林、曹玉萍在《家庭暴力现状及干预》（2011）中从社会、精神心理、生物学等角度进行研究，涵盖家庭暴力的流行病学、发生因素、社会特征与后果、施暴者和受虐者的社会心理特征以及家庭暴力的干预模式和精神心理治疗，为制定中国反家庭暴力相关法律法规提供了专业的参考依据。

（二）对妇女的性暴力问题研究

对妇女的性暴力是针对妇女暴力的一部分，具体体现为对妇女的性骚扰、强奸、强制猥亵等多种形式。互联网时代针对妇女的性暴力也呈现出一些新的特点，学者们对此也给予了充分的关注。

1. 性骚扰问题研究

与上一个五年期相比，2011～2015 年学术界在性骚扰问题上的研究成果数量有所下降。产生这一现象的原因尚有待于观察和分析，案例的稀少和因调研困难导致的研究资料和数据匮乏都会给相关研究带来困难。但从研究成果内容上看，对性骚扰的研究更加深入和细化，研究范围也从以往聚焦在劳动就业领域扩展到教育、医疗、体育、旅游业等相关领域。

（1）性骚扰的概念和性质

长期以来，性骚扰被认为是一个私人的、道德的问题，不被国家和社会关注。唐灿、黄觉（2015）认为女性主义理论和女性主义运动关于性骚扰研究的主要贡献之一，是将性骚扰行为命名化并对其实质加以定义：一种性别歧视。女权主义运动将这种弥漫在职场和社会上的性别压迫现象揭露出来，在不断对其进行理论分析和法理否定的同时，推进法律、政策对这种行为进行规制。

《中华人民共和国妇女权益保障法》第40条中规定："禁止对妇女实施性骚扰。受害妇女有权向单位和有关机关投诉。"性骚扰行为的违法性由此确立。但法律中并未对性骚扰的概念给予明确界定，因此，对性骚扰概念的研究以及争论仍在持续进行。骆东平（2011）对美国以性别歧视为基础界定性骚扰概念的优势与不足进行深度分析，认为以性别歧视为理论支撑的性骚扰定义无法涵盖同性间的性骚扰行为，导致了两性之间的隔离，也使得很多女性越来越难以找到合适的工作，在职场面临"玻璃天花板"问题。有学者认为欧盟国家建立在人格尊严理论基础上的对性骚扰的界定，其优势在于突破了传统以性别歧视为基础而产生的法律规制范围狭小问题，同时，人格尊严的价值目标更容易让人产生共鸣。其不足之处在于对人格尊严的理解难以形成一个统一的价值标准。"当下的中国，在曾经借助行政力量建构的单位社会逐渐走向解体后，女性在新的社会结构中所面临的不利现实更值得人们关注。因而，中国性骚扰法律制度建设，要防止在性骚扰概念的界定中将其简单地看成个体间的性吸引和将女性的从属地位情欲化倾向。"（骆东平、谭彬，2012）与上述观点类似，邓喜莲、彭云飞在《性骚扰法律概念界定的比较分析——以美国模式和欧盟模式为视角》（2013）一文中，从美国和欧盟关于性骚扰概念的界定出发，对以反性别歧视和维护人格尊严为基础的两种立法模式进行比较分析，认为欧盟对性骚扰的界定"注重受害者本身的感受，其概念更容易让人产生共鸣，也顺应了这一社会现实需要"。但是"对人格尊严的理解与不同国家的文化构建有很大关系，它本身没有一个统一的价值判断"。他们认为，要从整体上准确地把握性骚扰概念的法律内涵，才能概括出既有国际通识性又有中国普遍观念的性骚扰法律概念。

有学者针对学术界对性骚扰定义的争论进行了整理，如对2014年因某大学发生的性骚扰事件而在学术界不同派别之间就性骚扰定义问题引发的争议和质疑进行了观点梳理，认为中国"女权派"与"性学派"对于性骚扰定义之争，实质上是平等范式与自主范式之争，"女权派反性骚扰的规范基础是平等"，而"性学派立论的规范基础实则是'自主'，言说的单位是'个人'"。该学者认为范式之争，不是简单对错的问题，而是解释力的问题。“每一种理论范式都各有功用，各有局限。”“立法者需要根据本国之情况选择自己的立法基础，最大可能地保护绝大多数社会成员的公平公义，特别是处于社会不利地位成员的权益。”（宋少鹏，2014）

（2）用人单位（雇主）责任

2012 年，国务院颁布的《女职工劳动保护特别规定》第 11 条规定：“在劳动场所，用人单位应当预防和制止对女职工的性骚扰。”随着该规定的颁布和实施，以往用人单位（雇主）在防止性骚扰方面责任不清的问题得到初步解决。但也有学者认为，将反性骚扰立法规定在妇女权益保障法律中的立法模式不利于对单位职工的平等保护。刘明辉（2015）认为有必要借鉴域外和中国地方的相关立法经验来完善中国反性骚扰立法，即正视性别多元化的现实需求，采取性别平等立法模式，不分男女，对职工给予平等保护。同时建议细化性骚扰防治义务并增设法律责任，倡导行业协会将其纳入企业社会责任管理体系，通过影响性诉讼警示用人单位履行防治职场性骚扰的义务。

夏利民、郭辉（2012）对于雇主责任问题展开研究，对于曹艳春在《雇主替代责任研究》（2008）中的职场性骚扰雇主替代责任的观点提出异议，认为无论是“敌意环境型性骚扰”还是“交换型性骚扰”，“职场性骚扰侵权作为一种具有较强人身属性的侵权行为不适用雇主替代责任，应该由侵权行为人承担自己责任”。李妍在《职场性骚扰雇主责任研究》（2014）中，通过借鉴美国等发达国家的职场性骚扰的救济制度——雇主责任，结合中国的雇主责任理论，对职场性骚扰雇主责任的归责、构成、形态及承担进行理论探讨和研究，并对中国适用雇主责任来防范职场性骚扰做出制度设计构想，建议在民法典中界定性骚扰侵权行为，由司法机关出台司法解释、确立职场性骚扰雇主责任、引入雇主安全保障义务条款等。

（3）校园性骚扰问题

调查数据及媒体曝光的典型案例表明，大学校园性骚扰具有一定普遍性及严重性，因此，近年来对校园性骚扰的研究成果增多。廉启国、左霞云等（2012）在 2009 年对上海四所大学的大学生开展的一项有关言语性骚扰等非意愿性行为的专项电子问卷调查显示：“28.48% 的大学生报告有遭受言语性骚扰的经历，女生遭受言语性骚扰的比例（33.93%）明显高于男生（20.00%）”；“男生遭受的言语性骚扰主要发生在集体宿舍（52.33%），而女生主要发生在公共场所（65.64%）”。对于大学校园性骚扰现象的产生原因，邹明玮、陆涓（2015）将其归纳为：性别关系上的不平等、防范与维权意识淡薄、法律法规的援助不力。在治理对策上，他们认为应当在高校加强性别平等教育，“若性别平等、尊重女性等观念融入校园文化，校园内两性之间和睦相处、携手并进，高校则成为促进社会性别公平的辐射源”。在高校作为责任主体应对性骚扰的机制建设上，张永英（2014）认为：“学校的职能部门、教学科研部门、群团组织、学生（研究生）会及各类社团组织都应在各自的工作范围内，做好预防和制止性骚扰工作。有条件的高校还可以借鉴其他国家和地区的经验，成立专门的预防和制止性骚扰的工作机构，例如防治性骚扰委员会、性别平等委员会等，负责本校预防和制止性骚扰的宣传教育工作以及对性骚扰事件的调查、处置工作。”在防治性骚扰的具体措施上，张永英的建议是建立预防和处置机制，在预防机制部分，高校应着力做好“三个明确，一个帮助”：明确性骚扰行为的投诉受理部门和程序；明确性骚扰事件的调查处理程序和原则；明确规定对实施性骚扰行为者的惩罚措施；对性骚扰受害人提供帮助。

（4）域外防治性骚扰的立法和实践

由于反对针对妇女的性骚扰观念最早产生于20世纪70年代的美国，因此，对域外反对性骚扰立法和实践活动的关注与研究一直在相关研究中占有较为重要的位置。近五年间较为重要的研究成果包括：唐灿、黄觉的《关于性骚扰的女性主义理论与行动——美国女性主义的实践》（2015），文章对女性主义理论和女性主义运动在推动美国性骚扰立法和公众性骚扰的意识转变方面的努力及成效进行了较为全面的陈述，包括女性主义不同派别的主张、代表人物、代表性观点、立法成就、典型案例、媒体态度等，时间跨度从20世纪70年代到21世纪第一个10年，清晰地描绘出“反性骚扰的一些基本概念、理论和政策纳入美国主流的意识形态，成为美国司法制度和政治正确性的组成部分”的发展路径。刘小楠在《性骚扰的现状及法律规制——以港台地区性骚扰立法为鉴》（2014）一文中详细梳理了港台两地的性骚扰防治立法以及职场性骚扰的救济途径，她认为香港与台湾地区与内地有着文化和地域上的亲缘关系，有关性骚扰以及法律救济的观念更为接近，因此其制度上的经验对内地更具借鉴意义。学者们关注国内校园性骚扰问题的同时，也注重研究和借鉴其他国家防治校园性骚扰的经验。林杰在《美国大学校园反性骚扰的政策与个案研究》（2015）中介绍，美国大学的性骚扰问题也曾引起政府部门的注意，司法部下属单位曾面向6800名本科生进行过专项调查，结果显示：女大学生尤其是大一大二学生是受性侵犯风险较高的群体。文章较为详细地介绍了加州大学在发生两起性骚扰案件后，校方对《教师行为准则》的修改和颁布校际《反性骚扰和性暴力政策》，凸显出学校管理层在防治性骚扰问题上具有重要的制度建设作用。

五年间性骚扰问题研究的著作主要有唐灿、黄觉、薛宁兰的《走向法治：工作场所性骚扰的调查与研究》（2012），这是一部对工作场所性骚扰给予较全面论述的著作，主要内容包括中美的性骚扰案例介绍和分析、关于性骚扰的女性主义理论与行动、美国反性骚扰法律的产生与发展历程等。书中还附录了《人民法院审理性骚扰案件的若干规定（项目建议稿）》，作为专家对司法机关审理性骚扰案件的建议。骆东平的《性骚扰纠纷解决机制研究》（2014），针对法律中对性骚扰纠纷解决机制规定不明导致受害人难以获得有效救济的现实，着眼于性骚扰纠纷的多元化解决方式，主要研究民事诉讼和非诉讼两种纠纷解决机制。

2. 强奸罪研究

总体来看，对强奸罪的研究仍旧以刑法对强奸罪受害人进行“性别假定”、婚内强奸、嫖宿幼女罪存废等议题为主。其中嫖宿幼女罪存废问题随着《刑法修正案（九）》对该罪名的取消而淡出相关学术热点议题。

（1）强奸罪受害人的“性别假定”问题

强奸罪的“性别假定”，即被害人被固化为女性曾经是世界各国刑法的通病。随着女性主义理论研究的深入和女权运动、人权运动的发展，“很多国家的刑法已经对强奸罪进行了根本性改革”（张荣丽，2012），张荣丽认为这种改革主要体现在以下几个方面：①将传统的单一强奸罪发展成为独立成章或者成节的综合“性犯罪”，将侵害妇女性自主权的各种犯罪都纳入本章或者本节；②将传统上男对女的强奸罪发展为人对人的性侵害犯罪，这是有关强奸罪立法的最大变化；③把强奸罪从传统上的风化罪提升到侵犯人身权利的高度对待，视为一种损害公民生命健康和人格尊严的行为。在以往专家学者对强奸罪“性别假定”弊端给予充分论证的基础上，一些研究人员结合典型案例开展的研究则更进一步说明强奸罪去性别化的现实迫切性。王长军（2011）结合重庆市、云南省、北京市、陕西省等地区发生的男性性侵双性人、女性性侵男性、男性性侵成年男性及男童的案件，说明刑法“对强奸罪的认定过分强调性别的区别，保护的群体只是女性，忽视对男性尤其是未成年男性性安全的保护”。金泽刚（2015）则结合多起男童遭受性侵的案件，认为女童同样情况下可以适用强奸罪追究，而对男童只能以“猥亵儿童罪”追究行为人的刑事责任，“这无疑凸显刑法适用的尴尬”。针对同性间发生的性侵行为，他认为“就社会危害性而言，这类案件中受害人遭受的肉体伤害和心灵创伤并不亚于被异性强迫发生性关系的情形。这就使同性之间的性侵害可以被纳入强奸犯罪的范畴。也就是说，只要是采用暴力、胁迫或其他相当的手段，强行与他人发生自然性交的行为，均构成强奸罪”。从已经发表的研究成果来看，有关强奸罪犯罪主体和犯罪对象的论述，基本上均支持去性别化。王燕玲（2015）的观点具有代表性：“任何性别都是性侵害行为的实施主体或受害者，而非只有女性才注定是唯一受害者。”

受害人“性别假定”问题同样存在于强制猥亵妇女罪中，值得欣慰的是，立法机关采纳学界长期研究的理论成果，使得“性别假定”问题在《刑法修正案（九）》中得到纠正：《刑法修正案（九）》中规定将《中华人民共和国刑法》第237条修改为：“以暴力、胁迫或者其他方法强制猥亵他人或者侮辱妇女的，处五年以下有期徒刑或者拘役。”即将法条中原来规定的“强制猥亵妇女”改为“强制猥亵他人”，实现了该罪名的去性别假定。

（2）婚内强奸问题

丈夫对妻子的强奸是家庭暴力的一种特殊形式，对其是否构成犯罪，学术界远不像强奸罪去性别化和废除嫖宿幼女罪那样意见趋于一致，至今仍存在巨大分歧。实务部门的裁判结果也因刑法在这个问题上规定不明而态度不一，有的案件法院做出无罪判决，有的被告人则按照强奸罪定罪处罚。概括而言，学术界在此问题上存在三种观点。

第一，婚内无奸论。持这一观点的学者认为，性生活作为夫妻婚姻生活中的重要组成部分，男女结婚即是在性生活上对对方的一种承诺。简而言之，配偶权和丈夫豁免权使得丈夫强迫妻子过性生活并不构成强奸犯罪。王一婷（2014）认为古语“奸”指“淫他人妻女”，夫妻之间无奸可言。即使存在着“强”，因为不存在“奸”这个本质要素，不能构成强奸。林玲玲（2014）认为“只要婚姻契约不废除，夫妻间性生活的合法性就自然存在。即使丈夫采用的手段不当，违背妻子意志，其性行为本身也并不属非法”。林玲玲（2014）认为对于婚内强奸的定性，必须在保护妇女权益与维护传统道德之间做相应的平衡，不可偏向一端。建议采用同其他罪名处理看，即根据丈夫的施暴行为特征和造成的后果，以虐待罪或者故意伤害罪追究其刑事责任。持婚内无奸论的学者认为将男性偶然的强行性交作为强奸罪处理，既给司法机关侦查取证带来困难，也不利于整个社会和家庭的和谐与稳定。

第二，婚内强奸成立论。持这一观点的学者认为，根据刑法条文及罪刑法定原则，刑法并未将“丈夫”排除在犯罪主体之外，丈夫违背作为妇女的妻子的意志，强行与之发生性行为，完全符合强奸罪的构成要件，所以婚姻存续期间丈夫对妻子可以构成强奸。冀祥德（2014）在否定基于配偶权和丈夫豁免权主张婚内无奸观点的基础上，认为丈夫在违背妻子意志的情况下使用暴力强行与之发生性关系，即成立婚内强奸无疑。但是，考虑到婚内强奸与婚外强奸的不同，在婚内强奸入罪模式上，可以参考中国台湾地区的做法，将这类案件纳入自诉范围，规定“告诉乃论”。王新宇（2014）基本持同样观点，认为单方强制性行为违背妇女意志，按照中国刑法规定就是犯罪，不能让婚姻成为强奸的免罪牌。但是婚内强奸有其特殊性，应以当事人亲告作为法律介入的底线。江立奥（2014）认为在讲求个人权益与平等的今天，“婚内强奸豁免”则已经没有存在的空间。“婚内强奸”构成“强奸罪”是合适的选择。同时，他认为“婚内强奸”与普通强奸罪之间存在差别，主张在量刑时给予区别对待，对行为人做适当的从轻处理，以此来区别普通强奸罪。卢德建、王利明（2014）则提出了具体的量刑建议：“建议处3年以下有期徒刑、拘役、管制。”

第三，区别对待论。还有学者认为应当具体问题具体分析。高维俭、罗江峰（2014）认为区别对待的观点，既看到了婚内强奸的犯罪本质，又考虑到了中国当今社会的法律、文化、风俗、家庭伦理、公民素质等实际状况，是比较可取的。认为“判定婚内强奸行为是否构成犯罪，应当考虑行为发生时的婚姻状况，同时还要具体综合衡量行为的方式、情节、动机、暴力程度、时间跨度、造成后果等因素，结合具体案件，进行具体分析，作出正确判定”。同时对《中华人民共和国婚姻法》和《中华人民共和国妇女权益保障法》修改时未涉及婚内强奸如何处理的法律空白问题提出建议：顺应时代发展潮流，中国婚姻法、刑法的立法上应及时修改跟进，明确对婚内强奸犯罪行为的定罪与处罚。

（3）嫖宿幼女罪存废问题

1997年修改刑法时增设嫖宿幼女罪，本意是打击社会上存在的未成年人卖淫现象，保护儿童权益。但从实际执行效果来看，并没有起到当初预想的作用，反而在客观上确认了幼女具有“卖淫”能力，给其带来污名化效应。同时，在司法实践中带来了执法混乱等问题。因此，学术界对嫖宿幼女罪的存废之争由来已久，近年来已经由学术领域扩大到社会领域，随着人大代表、政协委员、妇女儿童保护组织、媒体、专家学者等对该罪名的存废问题陆续表明态度，要求立法机关取消这个罪名的呼声越来越高。在中国知网期刊全文数据库中，以“嫖宿幼女罪”为主题词进行搜索，发现2011～2015年相关研究文献达649篇，是上一个五年期的7倍！其中仅2012年发表的文献数量（92篇）就几乎与2006～2010年五年间全部相关文献数量（93篇）持平。2013年的文献数量（172篇）又在2012年基础上差不多翻了一番。2015年，在《刑法修正案（九）》讨论通过之际，有关嫖宿幼女罪存废的讨论几乎达到白热化程度，全年文献数量达到215篇。

孙晓梅在《废除“嫖宿幼女罪”的研究综述》（2013）一文中详细介绍了嫖宿幼女罪的由来及刑法中保护幼女相关规定的立法历史，她认为自1997年“嫖宿幼女罪”从奸淫幼女罪中分离出来成为一个独立罪名后，“嫖宿幼女罪”在司法实践中产生了诸多负面效应，挑战社会道德底线，动摇人们对刑法的信任和信心。实践中许多“嫖宿”幼女的人都有“买处”思想，其明知对方是幼女而奸淫，这完全具备奸淫幼女的强奸罪构成要件，理应按强奸罪处理。但同时认为通过立法废除“嫖宿幼女罪”困难较大，而由最高人民法院出台司法解释更易操作。赵合俊（2015）认为中国同意年龄法在卖淫领域的适用，是以“嫖宿幼女，以强奸论”开始的。这就将女性同意卖淫的能力与女性同意性交的能力混同起来，从一开始就是一个错误。张荣丽（2013）认为设立嫖宿幼女罪是对部分女性的公然歧视，破坏了儿童优先保护原则，提出取消嫖宿幼女罪的建议。对于与不满14周岁的幼女发生性交的行为，不管幼女是否同意，不管幼女有无收受钱物，建议对行为人一律按照奸淫幼女罪定罪处罚，以确保儿童获得优先和无差别保护。王世洲（2015）认为幼女具有非常特殊的法律属性。现代刑法学已经发展出了世界公认的“同意年龄”的概念。这就是说，在法律上，幼女没有性自决权，不具有自由表达性意志，不具有自由进行性行为的能力。中国刑法目前在幼女性法益保护方面出现的混乱与不合理，主要是由于嫖宿幼女罪不恰当的规定造成的。在运用刑法手段保护幼女的性法益方面，他提出了临时方案、变通方案、正式方案等不同解决办法，并在正式方案中建议在刑法修改时增加“过失性侵幼女罪”的规定。而屈学武（2012）则提出即行取消现行刑法上的嫖宿幼女罪，另设专门针对幼儿的性生理、性心理健康权益保护的“类犯罪”——“对幼儿的性侵犯罪”。林建军（2015）从儿童视角、性别视角和被害人视角等多个角度对嫖宿幼女罪进行检审和分析，得出该罪名的设立“使得嫖宿幼女行为的归罪偏离了其本来的轨道——强奸罪”的结论。

尽管人数不多，但亦有学者仍对嫖宿幼女罪的保留持支持态度，认为刑法存设嫖宿幼女罪具有合理性，所谓“污名化”的“卖淫幼女”帽子，在嫖宿幼女罪中并不存在。嫖宿幼女罪与奸淫幼女型强奸罪之间的区别，表现为对幼女的侵害方式不同。郑伟（2014）认为保留嫖宿幼女罪，有利于追究性交易中真正的卖方的刑事责任并予以从重处罚。李运才（2015）认为嫖宿幼女罪作为一种过失犯罪应当予以保留，该罪与强奸罪、猥亵儿童罪不存在法条竞合关系，亦不存在立法冲突。

学术界对嫖宿幼女罪存废问题的长期研究和讨论随着《刑法修正案（九）》的通过而宣告尘埃落定：2015 年 8 月 29 日，第十二届全国人民代表大会常务委员会第十六次会议审议通过《刑法修正案（九）》，其中第 43 项规定：删去《刑法》第 360 条第 2 款（即在刑法中取消了嫖宿幼女罪）。与不满 14 周岁幼女发生性行为的，以强奸论，从重处罚。

在学术界推进取消嫖宿幼女罪的过程中，司法机关对女童性安全问题也开始给予高度关注：最高人民法院、最高人民检察院、公安部、司法部在 2013 年 10 月 24 日发布了《关于依法惩治性侵害未成年人犯罪的意见》，最高人民法院、最高人民检察院、公安部、民政部于 2014 年 12 月 18 日发布了《关于依法处理监护人侵害未成年人权益行为若干问题的意见》，其中规定了性侵未成年人的各种严惩措施。上述意见对打击性侵犯罪、保障女童性安全提供了更加充分的法律依据。

（三）拐卖妇女问题研究

1. 拐卖妇女罪争议问题研究

根据《中华人民共和国刑法》第 240 条规定，拐卖妇女罪是指以出卖为目的，拐骗、绑架、收买、贩卖、施诈、接送、中转妇女的行为。中国刑法学界和司法实务部门对于如何理解“奸淫被拐卖的妇女”中“奸淫”的范围问题存在争议。周道鸾、张军（2013）认为，“奸淫被拐卖的妇女”是指拐卖妇女的犯罪分子在拐卖过程中与被害妇女发生性关系的行为。不论行为人对被害妇女是否使用了暴力或者胁迫手段，也不论被害妇女是否有反抗行为。张明楷（2011）认为，强奸罪要求的是行为人违反被害人的意志实施奸淫行为，而不要求特定的因果关系发展过程。在行为人利用被害妇女不能、不敢或不知反抗状态实施奸淫行为的情况下，人身强制行为本来就不属于必备的客观要素，因此人身强制行为处于缺失状态并不影响强奸罪的成立。王志祥（2014）认为，在拐卖妇女的犯罪分子明知被拐卖妇女因系精神病患者或程度严重的痴呆者而对性交行为没有正常的认识能力和意志能力的情况下未使用强制手段而与被拐卖妇女发生性关系的，应当被纳入“奸淫”的范围。

关于犯罪人对“被拐卖的妇女重伤、死亡”的主观罪过形式问题，理论上尚有争议。高铭暄、马克昌（2005）认为，对被拐卖的妇女的重伤或者死亡，行为人主观上只能是出于过失。如果行为人故意重伤、杀害被拐卖的妇女、儿童的，应以故意伤害罪，故意杀人罪与拐卖妇女、儿童罪实行并罚。陈洪兵（2012）认为，造成被拐卖的妇女重伤、死亡包括故意致人重伤、死亡。因为造成被拐卖的妇女重伤、死亡或者其他严重后果的可判处10年以上有期徒刑、无期徒刑甚至死刑，而认定为拐卖妇女罪（处5年以上10年以下有期徒刑）与故意伤害罪（处3年以上10年以下有期徒刑），数罪并罚的结果可能是20年有期徒刑，这比拐卖妇女过程中过失致人重伤的情形还要轻。王志祥（2015）认为，在拐卖妇女的过程中不能排除行为人对被拐卖的妇女故意实施重伤害的情形，因为这种情形与拐卖者的出卖目的是相容的。由于故意杀人罪中的杀人故意与拐卖者的出卖目的不能相容，表明其在拐卖妇女的行为之外又实施了新的应予独立法律评价的故意杀人行为，因而应以拐卖妇女罪与故意杀人罪实行并罚。

2. 跨境拐卖妇女问题研究

论文方面，曹勋（2013）认为，中国传统的重男轻女思想及婚姻状况、利益驱动及边境管理、法律瓶颈等原因，使得跨国拐卖越南妇女犯罪问题日益突出。其建议构建打击跨国拐卖越南妇女儿童犯罪的动态机制，加强社会综合管理和打击犯罪力度，强化国际警务合作。兰立宏（2014）介绍了加拿大、美国等国的良好经验，建议依照《联合国反人口贩运议定书》的要求，借鉴他国良好做法，结合中国国情实际，从拐卖犯罪的惩治和预防两个方面完善中国的应对策略。董纯朴（2014）认为，欧盟使用的“3P”做法——起诉贩运者、保护受害者以及预防未来犯罪，为中国有效预防、依法打击拐卖人口犯罪，积极救助、妥善安置被拐卖受害人提供了样板和借鉴。

著作方面，王金玲在《中国拐卖拐骗人口问题研究》（2014）中通过对国际与国内人口拐卖拐骗现状，中国的反拐行动与进展，流出地与被拐卖拐骗者的状况，拐卖拐骗的机会、风险与效益衡量，收买方的生存环境以及被拐卖拐骗者在流入地的待遇等方面的研究，得出治理这一严峻问题公力救助必须先行的结论。

3.《刑法修正案（九）》在惩治拐卖犯罪方面的进步

2015 年 8 月 29 日，第十二届全国人民代表大会常务委员会第十六次会议通过《刑法修正案（九）》。其将《刑法》第 241 条第 6 款修改为：“收买被拐卖的妇女、儿童，对被买儿童没有虐待行为，不阻碍对其进行解救的，可以从轻处罚；按照被买妇女的意愿，不阻碍其返回原居住地的，可以从轻或者减轻处罚。”

对于《刑法修正案（九）》的上述改进，学者们多持支持观点，赋予这一改变积极意义。王爱鲜（2015）认为，拐卖妇女罪与收买被拐卖的妇女罪是对合犯，对收买被拐卖的妇女犯罪的治理有利于减少拐卖妇女犯罪的发生。其肯定《刑法修正案（九）》对此的修改遵循了宽严相济的刑事政策，虽然收买儿童即入刑，但也不一味地加重刑罚，该规定具有合理性。陈伟（2015）认为，此次修改对犯罪对象是儿童时，如果对收买儿童没有虐待、不阻碍对其进行解救的，可以从轻处罚，对于犯罪对象是妇女的，没有减轻处罚的规定，这一修改更突出了对儿童身心健康的保护。冯翔（2105）认为，《刑法修正案（九）》的一大进步是收买行为从可以不追究刑事责任到一律入罪。如若收买完成后非法拘禁被害人的，收买人另外成立非法拘禁罪，与本罪数罪并罚。

三　研究不足与展望

结合国家在保障妇女权益方面的发展目标和社会关切来反思目前的反对针对

妇女暴力的学术研究状况，不足之处可概括为以下几个方面。

1. 对妇女家庭暴力的研究

对家暴问题的宏观研究较多，但围绕被害人需求服务、加害人行为矫治方面的微观具体问题研究较少。以“人身安全保护令制度”“公安告诫制度”“家暴庇护制度”“家暴强制报告制度”为主题词在中国知网期刊全文数据库中搜索会发现，除了“人身保护令制度”外，其他方面的研究文献寥寥无几，可数的一些文章也多来自报纸的新闻报道。宏观研究文献中不少是在重复已有的文本研究成果，有新意的实证研究及跨学科研究家暴问题的理论成果较少，立足于本土的有中国特色的家暴干预模式和干预经验总结同样较少。对因家庭纠纷而屡屡出现的女婿灭门案件、受虐妇女杀夫案件及社会上大量的家暴“目睹儿童”，也缺乏深入的原因分析和预防救助措施研究，试点地区的经验总结缺乏强有力的推广，家暴加害人行为矫治的措施和手段研究基本上处于空白状态，上述问题的存在影响了家暴干预工作的开展。建议学界以反家暴工作存在的现实问题为导向，围绕《中华人民共和国反家庭暴力法》中重要制度的建设与适用、实施效果评估、法条理解与适用中的重点难点问题等开展深入研究，多学科交叉协作产出更多服务本土社会需求的对策型研究成果，尤其要重视反家暴试点经验的总结推广和反家暴预防手段的研究，以提升中国的家暴干预工作整体水平。

2. 对妇女性暴力的研究

对妇女的性暴力研究方面存在的主要问题是研究主要集中立法执法的个别“点”上，没有像家暴问题一样全面深入展开。研究方法也多是结合司法实务中的典型案例开展的质性研究，缺少针对妇女性犯罪的宏观大数据分析和在社会性别分析框架下的深入理论研究。尤其是针对互联网时代出现的一些新的性暴力形式，如网友约会强奸、网络色情图片与视频泛滥等，缺乏有说服力的研究成果去指导干预工作。对妇女的性骚扰问题，学者对职场性骚扰研究得较为深入，但在其他公共领域，例如教育、旅游、交通、医疗等性骚扰多发领域的研究成果很少。高度原则性的反性骚扰国家立法与各单位落实法律规定的具体应对策略之间是需要填补的研究空白；对妇女的强奸研究多集中在犯罪主体性别固化、婚内强奸等问题上，缺乏对以强奸罪为核心的相关罪名立法完善的总体思考和设计。对是否需要制定国家层面的性犯罪防治立法，目前学界还缺乏像制定反家暴法和取消嫖宿幼女罪那样的共识。对强奸等严重性犯罪的改造效果评估、刑满释放后监管及再犯罪预防研究同样有待深入。由于针对妇女的性暴力涉及多个学科，很难由单一某个学科的研究人员独立推进，因此建议学者借助课题和项目等平台，联合法学、社会学、女性学、心理学、医学等不同学科研究人员共同努力，在整体上提高针对妇女性暴力的研究水平，并将研究成果通过立法、司法、行政、社会等不同渠道推广应用，及时收集实践效果反馈，检验研究并指导其走向深入。

3. 对妇女拐卖的研究

对妇女的拐卖研究方面存在的主要问题是研究集中于对“拐卖妇女、儿童罪”的捆绑解读上，且对拐卖儿童的探讨较多，对拐卖妇女的相关问题研究较少。随着《刑法修正案（九）》的出台，虽然研究“收买被拐卖的妇女、儿童罪”的著述增多，但是研究角度单一，多停留在收买、拐卖行为定性，非法获利的认定等刑事法律层面，缺乏科学的性别视角及从社会学、心理学等多学科角度对人口拐卖长期存在的现实原因进行深度分析，使很多研究成果因欠缺对反拐实践的指导意义而最终流于形式。建议学界对拐卖妇女问题进行必要的大数据分析，采取多学科合作的研究模式，从拐出地及被拐女性基本状况、被拐卖后去向、拐入地基本情况、打拐难点、被害人解救安置、反拐措施实施效果评估等方面开展深入研究，使研究成果能够真正惠及社会及拐卖犯罪被害人群。

妇女参政研究综述（2011～2015年）

李　文*

一　研究概述

2011～2015年，妇女参政领域的研究成果较为丰硕，成果数量明显增加，研究视角更加多元，对妇女参政理论和实践问题的思考和探讨逐步深化。在中国知网期刊数据库中以“妇女参政”为主题进行检索，获得文献450篇，其中核心期刊111篇；在博硕士学位论文全文数据库中以“妇女参政”为主题进行检索，获得文献139篇，其中博士学位论文8篇，硕士学位论文131篇。以“妇女参政”“妇女”“政治”为主题，在国家图书馆检索到《当代中国性别政治与制度公正》《权力参与和民主参与：改革开放以来中国妇女政治地位变化研究》等专著11部。

在妇女参政领域，相关研究主要呈现出如下特点。

一是研究成果数量增多，研究质量有所提升。无论是期刊论文还是博硕士学位论文的数量，较上一个五年都有明显增加，说明学术界对妇女参政的关注程度呈持续增长态势。在期刊论文中，获得国家社会科学基金立项的成果明显增多，在一定程度上反映出国家对妇女参政研究的支持力度加大，同时推动了研究成果质量的提升。

二是研究议题更加多元，研究视角日益丰富。有研究从不同理论视角对妇女参政的相关理论及认识问题进行分析，深化了对妇女参政的主体性、赋权、政治权利等问题的认识。还有研究通过回顾历史或是从中外比较等多层面审视妇女参政配额比例制，并对这一制度的功能作用和现实意义进行思考与探讨。此外，关于少数民族等特殊妇女群体政治参与的研究也逐渐增多。

---

* 作者简介：李文，女，全国妇联妇女研究所助理研究员。

二　主要研究内容

（一）妇女参政的相关理论探讨

1. 妇女的政治权利与赋权

政治权利是妇女的一项基本人权。如何认识妇女的政治权利以及对妇女的政治赋权等问题，引起研究者的关注和思考。

有研究认为，妇女的政治权利是实现其他权利的核心，女性参政是其拥有完全公民资格、实现自身要求以及维护自身权利的最直接有效的手段。因此，只有参与政治，才能消除政治对女性的排斥，女性才能结束被决定、被奴役、受压迫的命运，成为具有独立人格的完整意义上的人、自由发展的人（李丹，2012）。但是，也有研究者指出，目前中国妇女政治权利虚化的问题仍较为明显，主要表现在两个层面：在国家权力层面，妇女参政的权利虚置一定程度存在；在基层自治层面，妇女政治参与不足与任职的“边缘性”问题长期存在（雷扬，2012）。

还有研究阐释了政治赋权农村妇女的重要意义，并探讨了赋权的主要路径。宗芳（2013）认为，加强农村妇女的政治赋权工作，对于促进世界农业和农村发展、改善粮食安全状况、消除贫困和实现男女平权等都起着关键性作用，也是保障中国基层民主建设的内在要求、推动政治领域男女平等的必要手段。研究提出，实现农村妇女政治赋权主要有两个路径：一是自力赋权，即内生性的自我成长、权利需求自然生成，这是妇女赋权的决定性力量；二是他力赋权，需要政治权益保障的多元推力来实现。

2. 参政妇女的代表性和主体性

参政妇女是否必然会代表妇女群体的利益，参政妇女的主体性如何构建，研究者对这一问题也进行了反思和探讨。

有研究认为，参政妇女为妇女参政是一种政治理想，现实中参政妇女并没有为妇女参政的主体性；如果妇女处在一种被推动参政的状态中，或者没有“为妇女而参政的意识”出现，那么仅仅提高妇女参政的比例，参政的妇女并不能代表妇女的利益为妇女说话（杨静，2013）。对于更多的女性参政能否推动社会治理的性别平等，李琴（2013）认为推动女性进入权力结构仅是第一步，实质政治代表性的获得才是关键。女性精英不一定会代表女性大众，因为政治意愿提倡的机制和在权力层中的影响力影响着政治精英的行为逻辑，现实中政党利益的影响度往往超过性别。陈琼（2011）也明确指出，在当前的政治体制背景下，妇女精英中的绝大部分不可能坚守妇女这一特殊群体的利益，而是首先考虑影响自己升迁的党政领导意图，她们甚至会丧失独立性以求得生存和发展的空间。

借助批判理论和后结构主义女权主义理论，杨静（2013）从中国妇女参政的历程阐释了为何参政妇女没有为妇女参政的主体意识，认为如果没有一套为妇女参政的论述出现，女领导干部在其结构位置上并不必然出现为妇女参政的主体意识，因而必须建立一个强有力的政治论述和认同才能产生为妇女参政的主体性。

此外，还有研究者从理论和现实层面对女性参政中的差等正义进行了分析。谢治菊（2014）认为当下中国女性在高层参政中的席位缺失、在基层参政中的比例过低以及整体参政结构失调等问题仍未消除，这些问题与女性的能力和水平关联较小，还存在着对女性身份的歧视和排斥，属于差等正义的范畴，必须予以批判。由于女性在政治决策中处于明显劣势地位的政治现实一时无法从根本上发生改变，所以只能在体系和过程中做最大程度的有利于女性的努力，发挥政治体系功能和政治过程功能，渐进地影响政治决策，使政治体制的各个层次的政治决策都体现性别意识（魏崇辉，2012）。

（二）妇女参政基本状况

1. 妇女参政整体状况与特征

当前，中国妇女的政治参与处于什么水平，呈现出怎样的特点；如何认识和看待当前中国妇女参政状况；研究者从不同角度和层面进行了分析。

张永英、杜洁（2013）基于中国妇女社会地位调查数据，从决策参与、民主参与、妇女参政的社会环境三个方面，对妇女的政治地位进行了较为全面的考察和分析。研究发现，2000～2010 年，中国妇女政治地位有所提高，主要体现在妇女对政治的关注程度较高，民主参与意识有所增强，参与民主管理和民主监督的积极性、主动性增强，性别差距缩小，在社会组织中的参与日益活跃，妇女参与各级决策的比例提高，参政女性的政治参与能力和社会性别意识较强。妇女参政面临的主要问题包括：妇女参与民主管理/民主监督以及参与人大代表选举投票比例等方面有所下降；在决策参与和民主参与方面均与男性存在差距；不同年龄、不同受教育程度的城乡妇女群体参政状况不平衡；妇女参政的社会环境有待进步改善，传统的家庭性别角色分工仍制约着参政女性的职业发展。

有研究者聚焦于妇女的权力参与，对中华人民共和国成立以来女性参政模式进行了梳理和分析。唐娅辉（2011）基于研究提出，中国女性参政历经以政府主导的、公平竞争的、比例政策与竞争相结合的参政模式，不同的参政模式给女性参政带来了不同的影响。研究认为，政府主导的女性参政模式从法律上赋予妇女与男性平等的参政权，从干部运作机制上保障了女性的权力参与，从实践中拓展了女性参政的民主渠道；公平竞争的性别参政模式改变着女性参政的基础和内涵，性别比例政策的弱化导致女性参政的发展滞缓；比例政策与竞争相结合的参政模式为女性参政带来了新的进步，在中国女性参政的实际机会仍大大少于男性的现实背景下，性别比例政策与公平竞争原则具有同构性。权力参与中重要职位的性别结构失衡问题仍不容忽视。纵向来看，从基层政府直至中央的各级权力机构中，领导职位大多被男性垄断，女性处于明显的“尖端缺失”状态；横向来看，在女性担任的领导级别的职务中，还存在着职务性别化的倾向，即权力结构中一些职务被认为是属于男性的，而另一些职务被认为是属于女性的（李晓广，2012）。女性领导干部多集中在科教文卫、群团等部门，分管全面工作和经济、金融、公安、政法等部门的较少，其工作领域依然是家庭角色的社会延伸（张永英，2015）。

有研究者通过纵向历史比较和横向国际比较，对改革开放以来中国妇女参政状况进行梳理，认为改革开放至1995年世妇会前，计划经济体制下保护妇女参政的措施被废除，妇女参政水平出现了短暂回落；1995年世妇会后，中国妇女参政的范围更广，深度进一步加大，参政状况得到较大改善。但从世界范围看，中国妇女参政的情况不容乐观，应对妇女参政问题的长期性、艰巨性有清醒和充分的认识（段蕾，2012）。有研究者对当代中国女性参政的演进历程进行了分析，并提出了中国女性参政不足的主要表现，即国家机关的女性就业层次低、国家政治权力体系中女性比例偏低、关键岗位女干部少、权力尖端缺损、参政女性的决策影响力弱（牛天秀，2013）。还有研究者在分析国际妇女运动的基础上，指出中国妇女参政在数量、结构和质量上同国际标准存在一定差距，妇女在各层特别是高层的比例仍然偏低，且长期存在着副职多、正职少，虚职多、实职少，群团部门多、主战线少的问题；一些女干部虽然进入领导岗位，但本身缺乏性别敏感，不懂得如何将社会性别议题纳入各项决策主流，因而需要进一步提高女性的领导力（刘伯红，2015）。

在梳理西方文献和数据分析的基础上，王伟（2014）对制度安排和社会经济发展模式在中国妇女政治实践中的适用性进行检验，认为性别政治中的社会经济发展模式并不能够直接应用于目前的中国，保护女性权益的民间组织在一定程度上推动了妇女运动的发展；省级人民代表大会中的女性政治参与比例要远大于全国人民代表大会，说明在分权以后地方政府享有的更多自治权，有利于提高女性的政治参与；少数民族聚居地区的女性政治参与和汉族居住地区相比并没有显著差异。

2. 农村妇女政治参与状况

农村妇女的政治参与是妇女参政领域的一个重要研究内容。曹荔函、张克云（2013）对近10年的女村干部研究进行了较为全面的回顾和总结。研究指出，女村干部走进村庄权力中心所需的条件和资源具有如下一致性：①从政前多从事非农产业，善于从事经济活动，是村里的经济能人，具备一定的专业技术素质，具有经营头脑和社会阅历；②曾担任过类似妇女主任、计生员的职务，或是担任过村“两委”的委员，有了与村民熟识的机会，锻炼了处理公共事务的能力，并赢得了群众的认可与支持；③具有一定社会关系，或者娘家在本村，或者夫家是村中大姓，或者亲属家族中具有有利的背景。

在村庄女性化和农业女性化背景下，妇女参与村级治理面临不少困境。付翠莲（2013）提出，农村妇女虽已成为农村社会经济发展中的重要力量，但在村级治理政治资源分配中仍居于边缘地位，存在着政治效能感低、参政比例偏低等诸多问题，面临着权力被边缘化、非制度化参与现象扩大等困境。研究发现，绝大多数农村妇女在民主选举、村务民主决策和管理中放弃了话语权，在选举投票时往往随众、随夫，缺乏自主性，对村民自治的信心不足；自主性政治参与程度较低，手段式参与明显；制度化参与渠道非常有限。

杨智（2014）基于甘肃省临夏回族自治州Y镇妇女参政的调研发现，该地区农村妇女参政水平明显低于全国平均水平；大部分农村妇女对于政治权利的“男女平等”观念淡漠，她们对于不直接涉及自身利益的政治权利并不在意，自觉自主维护自身政治权利的意识尚不明确；农村妇女参与社会管理尚未被村民广泛理解和接受，群众对于妇女担任村干部仍心存疑虑。研究认为，西部民族地区农村经济发展滞后、农村治理环境欠佳、传统的性别文化和社会角色定位制约、受教育水平低是阻碍当地农村妇女参政的主要因素。基于黑龙江省的调查表明，农村妇女参选途径单一，妇代会主任成为培养女性正职的最主要途径；农村女性政治参与行为相对积极，但对公共事务分工存在传统角色定型的刻板印象；农村妇女的使命意识和进取心较强，自我认同度较高，女性正职的政治参与多出于公心，竞选成功的主要原因是“群众威信高”（闵杰，2015）。

在促进农村妇女参政的路径方面，研究者从不同角度进行了探讨。有研究者提出，农村妇女进村“两委”在政治结构、制度环境、性别文化和妇女组织等层面存在路径依赖，制约妇女的有效参与；促进农村女性进村“两委”并不在于将“依赖”变成“割裂”，而在于梳理各方面组织关系，宣传先进的性别文化，构建妇女组织的合作网络，自上而下地完善政策法律来确保女性进村“两委”，与男子平等参与村级事务的管理（牛天秀，2011）。李娟（2014）关于农村留守妇女参与村级治理的研究表明，农村留守妇女作为乡村治理的主体，她们参与村级治理是其自身发展的现实要求与中国社会发展进步的客观需要共同决定的。研究认为，推动农村留守妇女有效实现其参与农村基层治理的基本权利，需要深刻认识农村留守妇女的政治认知，建立与农村女性特点相适应的政治参与制度，制定具体的倾斜性政策，提高性别平等观念。

3. 少数民族妇女政治参与状况

受传统文化和民族习俗的影响，少数民族妇女的政治参与状况及政治权利的实现相对滞后。

马桂芬（2011）基于对甘肃省广河县穆斯林妇女参政的研究发现，相对于男性而言，穆斯林妇女领导干部人数偏少，大部分担任虚职、副职，且妇女干部增长缓慢、结构不合理。穆斯林妇女参政意识整体不强，特别是农村穆斯林妇女，由于长期受男尊女卑思想观念的影响、缺乏经济能力、承担着不平等的家务劳动分工，地位相对较弱，在家庭中缺少发言权和自主权，对参政缺乏信心和期望。

韩萌萌、邱翊（2014）对青海省互助县大庄村和下李村土族青年妇女政治参与的研究发现，土族青年妇女政治参与的意识淡薄、政治知识储备严重不足、政治信息获取渠道非正规化；更多地关注与本民族利益相关的事务，政治参与思想活跃但行动滞后，传统社会文化规范的严重束缚致使她们主动游离于政治之外。

有研究者用“增权理论”分析了少数民族妇女在发展过程中的权能障碍，认为传统政治文化中女性参与的弱势造成了少数民族妇女不同程度的“去权”，限制了其权能的发展，导致少数民族妇女参政比例偏低、女干部数量增长缓慢（李凤琴，2011）。

4. 妇女组织推动妇女参政状况

长期以来，妇女组织在推动妇女参政方面发挥了积极作用。张永英（2015）在研究中指出，妇联组织促进妇女参政的行动主要集中在三个方面：一是推动有关妇女参政的法律政策的制定与执行，包括就妇女参政问题向人大和政协会议提交建议/议案和提案、在与妇女权益相关的法律法规起草及修改过程中提出建议和意见等；二是为女干部的培养选拔创造条件，如与中组部联合下发关于培养选拔女干部的文件、开展女干部教育培训等；三是在全社会营造有利于妇女参政的社会文化环境，包括宣传男女平等基本国策和女领导干部优秀事迹等。研究还指出，民间妇女组织在推动妇女参政方面也做了大量工作，包括开展妇女参政问题的调查研究、通过实施项目进行法律政策倡导、开展妇女参政能力建设等。

还有一些研究探讨了妇女组织在推动农村妇女参政方面的行动和作用。杜洁（2012）分析了妇女组织在村民自治政策议程形成中的参与和作用。研究提出，妇女组织通过对决策者和公众的倡导，努力使妇女参与村级治理边缘化的问题成为村民自治中亟待解决的公共政策议题，并运用社会性别视角分析影响因素、提出对策，使其纳入村民自治的法律和政策。

（三）妇女参政的影响因素分析

影响妇女参政的因素是多方面的，研究者从不同角度对这一问题进行了分析，主要集中在以下几个方面。

1. 法律政策与制度机制因素

积极的法律政策和制度保障是促进妇女参政的一个重要渠道，研究者从国家法律政策和制度层面对影响妇女参政的因素进行了分析。

汪超、高焕清（2013）提出，现有政治制度安排中存在强倡导、弱实施的问题，一些政策虽规定了性别比例，但比例制定得过于模糊、缺乏刚性和可操作性，尤其是女性干部选拔任用与培训机制力度不够，相关政策执行的监督机制不够健全，难以保证政策的连续性与稳定性，削弱了政策的执行力。现行政策中女性从政比例的刚性规定不足，且政策缺少性别敏感，难以实现保障妇女参政权益的目标（辛湲，2014）。

还有研究者从法律、政策、机制等多个角度分析了影响农村妇女参政的主要因素。方金华、丁国民（2012）提出，法律保障不力是影响农村妇女参与村民自治的主要因素。村民自治制度相关立法采用“性别中立”视角，客观上忽视了农村妇女参政的历史文化背景和现实状况、现实障碍，阻碍了性别公正的实施；法律文件中宣言性、倡导性规定模糊概括，缺乏可操作性的具体措施及严格程序，加剧了妇女委员在村庄权力体系中角色的底层化；惩戒性法律法规的缺乏，导致保障妇女当选的法律措施容易成为可打折扣、有弹性的条款。村委会选举程序不规范、村级事务管理不规范等，相关制度和法律缺乏刚性、执行效力不强，对女村干部的执政质量也产生了不利影响（曹荔函、张克云，2013）。徐桂兰（2012）认为虽然相关公共政策对农村妇女参政的重要性和地位做出明确规定，但从政策到现实层面的转化仍存在许多问题。如一些政策在制定过程中没有考虑到女性和男性的区别和社会分工的差异，有些政策看上去对妇女有利但因不能有效执行导致事实上的不公正；农村地区一些政策执行者仍存有男尊女卑的传统思想，对农村妇女参政的重要性认识不到位，在政策执行上敷衍、僵化甚至扭曲，一些制约妇女参政的问题得不到纠正和解决。吉志强（2013）的研究发现，村庄治理内在价值性保障机制滞后是农村妇女政治参与不足的关键所在。一是农村妇女政治参与权和平等话语权保障机制滞后，依靠政府动员、照顾性和制度性安排参与乡村政治的局面整体上尚未取得体制性突破；二是农村妇女政治参与的民主和法制保障机制不健全；三是农村妇女政治参与的动力和激励保障机制缺乏，政治参与效能感未能有效激发；四是农村妇女政治参与的组织化保障和互动合作机制缺失。

2. 经济、社会与文化因素

妇女的政治参与离不开经济、社会和文化背景。李晓广（2015）认为，政治参与离不开经济基础的支撑，由于所在地区农村经济发展水平的相对滞后，她们考虑得更多的是自身的经济利益，尤其是整个家庭财富的积累和生活水平的提高。有研究明确提出，经济因素对农村妇女的政治参与行为具有重要影响力，相对于低收入妇女，经济收入高的农村妇女获取政治信息的范围比较广，渠道更多，对外界的了解程度也高，自主分析问题和解决问题的能力相对较强，进而政治参与的意愿和自主性也相应提高（李毅、袁玲红，2014）。而一些妇女不愿参与政治生活的一个重要原因是忙于提高家庭经济收入，无时间更无精力过问政治，经济的落后直接遏制了人们的政治参与行动（韩萌萌、邱翊，2014）。能否"带头致富"是村民乃至村干部观念中影响村庄权力分配的重要因素，不少妇代会主任认为"自身缺乏致富技能"是其工作开展过程中最主要的困难和障碍（闵杰，2015）。

有研究认为，公众的性别平等意识状况特别是对妇女参政的认识和态度，既影响了公众是否有意愿选择女性进入政治机构、担任一定职务，同时对妇女自身的参政意愿和能力产生影响（张永英，2015）。有研究者提出，留守妇女在农村民主和权力参与中的广度和深度不足，其中一个重要原因则是传统性别政治观念对妇女的制约。一是性别本质主义的认知，社会上长期形成的男权性别政治文化根深蒂固，致使人们有意无意地排斥女性参政；二是政治社会化对性别角色的塑造，社会性别文化普遍将女性的角色定位于私人的家庭领域，把男性定位于主外的公共领域，使得女性自孩提时代起就对政治既陌生而又缺乏兴趣，不仅整个社会排斥女性参政，女性自身也排斥政治（李晓广，2015）。还有研究者提出，当今中国政治权力和政治资源大都掌握在男性手中，以男权为中心的官场政治文化排斥妇女的政治参与；传统性别文化对妇女参政能力的质疑和偏见依然存在，不利于女干部的培养选拔（辛湲，2014）。

还有一些研究者认为，社会资本对妇女参政发挥着重要影响。祝平燕（2011）以社会资本理论为分析视角，探讨了参政妇女的非正式支持系统对妇女参政的影响，认为亲属关系作为一种强关系，不仅可以为女性提供物质上、工具性的帮助，而且可以为参政妇女建立社会关系，获取更好的政治社会资本，而朋友的支持功能主要表现在情感支持、提供信息和指导等方面。辛湲（2014）在研究中提出，女性参加各类社会组织或民间团体的比例偏低，借助社会组织获取社会资源的意识也较为缺乏，不利于女性争取更多的政治支持。此外，传统的家庭角色与妇女政治资本的积累相悖，使女性难以有足够的时间精力和社会资源参与社会活动，社会资本劣势积累势必会限制妇女社交活动范围，进而又会影响社会经验资本的存量，最终使得女性参与政治活动的机会与积极性等受到负面影响

（汪超、高焕清，2013）。林玲（2012）的研究指出，在受传统文化影响比较深厚的地区，家族关系更是影响妇女政治社会资本和政治地位获得的重要因素；基于个人能力、权威和魅力赢得邻里乡亲的信任与支持也十分重要。

3. 家庭因素

家庭中的性别角色分工、家人的态度以及家庭教育等因素，对妇女参政发挥着不可忽视的影响。

家庭中不平等的性别角色分工特别是工作与家庭冲突阻碍了女性的政治参与。张永英（2014）基于第三期中国妇女社会地位调查数据分析了家庭性别角色分工对妇女参政的影响。研究发现，传统性别角色分工依旧是制约妇女参政的重要因素之一，从政经历并没有打破传统性别角色分工，反而使参政女性背上了更为沉重的双重负担，限制了她们在政治领域的职业发展。女性承担更多的家庭责任，用于学习进修以及参与社交活动的时间大为减少，从而影响了女性参政能力的提高和社会资源的获取（辛湲，2014）。对农村留守妇女而言，既要承担家庭照料责任，又要从事生产劳动，致使她们劳动强度和精神压力加重，疲于应对生产与家庭生活等问题，无暇关注正常的政治生活（李晓广，2015）。

家人尤其是丈夫的支持对女性参政十分重要。由于传统家庭性别角色分工依然没有打破，参政妇女要想在政治领域得到更大的发展，家庭成员尤其是丈夫对其担任领导职务是否支持至关重要，有一些优秀女性因家人不支持而无法实现其参政愿望（张永英，2014）。

还有研究者认为，家庭教育对女性的政治参与具有重要影响。女性初始的政治认知来自家庭，家庭对子女的角色期待影响了女性的参政意愿（辛湲，2014）。

4. 个人因素

在一些研究者看来，女性的政治参与不可避免地受到其自身对政治的认知以及参政能力的影响。高银玲、齐卫等（2011）认为，女性自身的性别角色认知、社会角色认知、情感角色认知制约着女性参政的自发要求。父母、家庭成员对女性在成长期的教养与男性存在差异，参政往往被认为是男人的事情，影响着女性的自我角色认知；不仅社会上潜藏着对女性的歧视和轻视，一些女性自己也缺少竞争意识和开拓创新的精神；女性更多扮演感受性强、支配欲低、以柔顺和情感的付出为中心的“情感性角色”，从而削减了女性参与政治文化活动的热情。

还有一些研究者将农村女性处于权力边缘的内因归结为素质低、缺乏参与意愿，但也有学者提出了不同意见。李毅、袁玲红（2014）认为，许多农村妇女对政治理论和形势不理解，不关心国家和社会公共事务，与其文化程度和缺乏相关政治知识有关。刘筱红、周鹏程（2014）则认为，在民主主义革命与社会主义建设时期，农村妇女有过高度参与村庄治理的经历，妇女有翻身解放的“感知”，农村妇女第一次拥有了政治身份，增强了社会成就感和自信心；当下很多农村妇女对于公共事务的热情逐渐冷却，对乡村政治、治理自愿保持“理性的无知”，这种冷漠态度也是基于她们的“感知”。因此，应思考村委会选举、村庄管理与妇女“翻身”“解放”之间的关联度，从历史视角探究当下农村妇女参与热情不高的原因。

（四）推动妇女参政的制度与政策分析

1. 妇女参政比例制的思考与探讨

妇女参政配额制，即妇女参政比例制，是国际上普遍采用的提高妇女参政比例的有效策略之一，旨在通过规定各级各类决策机构中的妇女比例来保证妇女参与政策决策的机会和在决策中发挥足够的影响力。近年来，学术界对妇女参政比例制的关注度有所提高，学者们从如何认识妇女参政比例制及其功能、发展运用、实施效果的影响因素等方面进行了研究。

丁娟、石鑫（2015）在阐述妇女参政配额制基本内涵的基础上，从历史视角探讨了苏联、中国关于妇女参政配额制的早期探索，梳理了西方国家特别是北欧在妇女参政配额制方面的做法和贡献，对配额制的公正性、妇女参政比例的量度等问题进行了思考。研究提出，无论是从理论还是从实践的角度审视，配额制作为推动妇女参政的一项积极性和临时性的措施，都不会在结果上构成对另一性别的歧视；关于规定妇女参政的比例，如一国宪法确立了男女平等的基本原则，那么唯有向50%的参政目标迈进，这个原则才能实现质与量的统一、权利与义务的统一。有研究者对妇女参政比例低的结构性障碍问题进行分析，阐述妇女参政比例制的功能及其对社会发展的推动作用，提出妇女参与决策需要两个条件：一是至少1/3的比例，二是能够代表女性利益诉求（李慧英，2014）。

闵冬潮（2012）对中国和印度妇女参政运动及配额制的发展运用进行了比较分析，在此基础上对配额制进行深入思考。研究提出，关注配额、超越数字，妇女参政必须建立在基层妇女参与政治的基础上，自上而下、自下而上的良性互动是决定妇女政治参与数量与质量的关键因素；充分考虑妇女群体内部差异，从性别、阶级、宗教、民族等方面交叉思考和探讨妇女的政治参与；重视总结妇女参政的历史经验，妇女进入权力机构之后如何发挥作用。Astrid Lipinsh、杜心怡（2014）对中国和德国在政治领域的妇女参政比例制、中德两国对妇女比例制的不同态度及相应政策进行了比较，提出完善中国妇女比例制的建议和对策，即将妇女比例制写入宪法和党章、建立法律监督机制。

还有研究者对影响妇女参政比例制实施效果的因素进行了分析。研究认为，制约妇女参政比例制实施的消极因素既有比例政策本身的局限，也包括政策制定和执行者的观念和认识问题以及社会文化环境中存在的不利因素。妇女参政比例制的规定本身是否适当、是否具有可操作性和强制性、是否采取了具体的可操作性的配套措施，社会公众尤其是政策制定者和执行者对妇女参政及妇女参政比例制的认识和态度，都对妇女参政比例制能否有效实施产生重要影响。研究提出，促进妇女参政比例制实施，需要完善促进比例制实施的配套政策、针对不同人群开展差异化的宣传倡导和培训、妇女组织的积极推动（张永英，2014）。

2. 妇女参政相关政策分析

有研究者对女干部选拔政策及其执行中的问题进行了分析。钟曼丽（2011）提出，当前女干部选拔政策的实施现状不尽如人意，主要表现在两个方面：一是政策内容的疏漏，如支持妇女干部当选的政策主要为倡导性政策，缺乏惩戒性的法律法规加以保证；二是政策条文冲突，如关于男女退休年龄的政策规定与宪法中男女平等原则相冲突。女干部选拔政策实施问题的制度成因，主要表现在：政策制定中，决策层中女性的缺席往往导致决策内容上的强制性和偏见，女性群体利益容易边缘化；政策的价值取向方面，经济发展往往被优先考虑，参政政策中的性别公正易被忽略；政策执行者对于女性的定位和认识、参政妇女自身素质等也是影响政策有效实施的重要原因。

张永英（2013）从社会性别视角对人大代表选举相关法律进行了分析，认为国家法律对人大代表中妇女名额的规定过于原则，且缺乏相关配套措施的保障；地方法规对于国家法律的积极解读与消极解读并存、省级的妇女法实施办法比选举法实施细则规定更为积极。从社会性别视角审视，相关法律规定中存在的主要问题：一是没有对选举委员会的性别结构做出规定；二是人大女代表候选人的名额分配不够具体；三是现有的选区划分方式不利于女代表的当选。建议人大选举相关法律中对于妇女代表名额的规定更为具体和量化；增强人大选举相关法律的性别敏感。

在农村妇女参政实践中，地方上出现的制度创新引起相关学者的关注。肖军飞（2012）运用多源流理论，从问题流、政策流和政治流三个层面对广水市“性别两票制”这一新型选举制度进行了分析。研究认为，许多问题成为公共问题，最后提上政策议程，是问题、政策以及政治三大源流共同作用的结果。其中，性别严重失衡的农村基层选举构成“问题流”；性别两票制的方案设计既科学又具有较强可行性，形成“政策流”；由专家、社会组织等政策企业家在政策制定系统中推动将解决办法与问题相连接、将问题与政治力量相结合、将政治力量与政策建议相联结，与主流意识融合形成“政治流”。

三　研究不足与展望

整体而言，近年来妇女参政领域的研究取得了明显进展，同时存在一些问题和不足。

一是研究内容有待进一步深化，创新性和针对性有待加强。关于妇女参政状况的部分研究具有一定趋同性，且针对性不足，缺乏翔实的数据支撑和细致严谨的问题分析。例如，一些研究指出农村妇女缺乏参政意愿是其政治参与不足的表现之一，但对其背后的深层次原因缺乏深入分析和科学阐释。还有一些研究在分析妇女参政的影响因素方面过于笼统，未能针对不同妇女群体、不同参政内容等，深入探究影响妇女参政的主要因素、次要因素以及影响程度。

二是对部分妇女群体的政治参与缺乏关注和深入研究。随着经济社会以及网络新媒体技术的发展，不同群体妇女的参政渠道更加多元，参与国家和社会公共事务的机会也不断增加。现有研究大多聚焦于妇女整体参政状况或是农村妇女参与基层治理状况，对城镇妇女、流动妇女、新领域新阶层等妇女群体的政治参与问题关注不足。

三是妇女参政理论与实践研究结合不足，对妇女参政实践中的重要现实问题缺少高质量的深度研究。无论在各级领导决策层还是农村基层治理领域，妇女的政治参与进展都较为缓慢，决策层女干部比例、人大女代表比例、村委会女委员比例等多年来未能取得突破性进展。如何从理论上认识这些问题，现实层面应探索怎样的可操作性路径和策略，仍需要深入思考和研究。

今后的研究中，需要进一步拓展妇女参政的研究范围、细化研究对象，加强调研，掌握翔实且有代表性的数据，更加全面科学地反映不同群体妇女的政治参与状况。同时，聚焦制约妇女参政的重点难点问题，通过理论阐释和实证分析，加强对妇女参政政策及制度的创新性探索，推动研究成果的转化，进而推动妇女参政实践。

妇女与健康研究综述（2011～2015年）

姜秀花　郭月青*

2011～2015年，中国政府仍然把发展妇幼卫生事业作为改善民生的重要内容，把健康问题作为妇女发展优先领域在法律政策方面提供强力保障。这五年，国家医疗卫生改革中持续推进实施基本公共卫生服务项目和妇幼重大公共卫生服务项目，实施健康中国2020战略，关注人口精神健康，开展“两癌筛查”等不同类型的妇女健康项目，支持社会组织开展形式多样的妇女健康促进活动，这些努力不仅进一步提高了妇女健康服务均等化程度，而且开阔了妇女健康研究的视野，为多元视角的妇女健康研究提供了丰富议题。

一　研究概述

妇女健康问题是一个跨学科特征极为明显的研究领域，为了更为集中地讨论新的健康理念向传统生物医学以外的社会科学领域不断拓展的理论和实践，本综述主要对非传统医学领域的妇女健康问题研究成果进行综述。

鉴于妇女健康问题研究涉及面宽，用词极其多样化，为了更集中地进行讨论，本文仅以“女+健康”“性别+健康”（少量与“女+健康”重叠）两组词汇，对2011～2015年中国知网“中国学术期刊网络出版总库”中的“哲学与人文科学”“社会科学Ⅰ辑”“社会科学Ⅱ辑”“经济与管理科学”四个子库的研究题目进行搜索，结果显示，以“女+健康”组合共检出文章430篇，比2006～2010年多67篇。其中期刊论文335篇，发表在核心期刊（含中文社会科学引文索引，以下同）的为42篇；硕博士学位论文31篇（其中1篇是博士学位论文）；以“性别+健康”组合共检出文章89篇，比2006～2010年多9篇。其中

* 作者简介：姜秀花，女，全国妇联妇女研究所研究员；郭月青，女，中国移动政企分公司职员。

期刊论文61篇，发表在核心期刊的为40篇；硕士学位论文8篇。从图书出版来看，通过对国家图书馆（数字图书馆）进行检索，共有健康类图书245册，大多为妇幼卫生保健、生殖健康、疾病预防等科普类图书，非医学类妇女健康研究图书数量极少，如杨国才的《社会性别视野下少数民族妇女的健康与生态环境保护》（2011）、宋月萍的《中国农村儿童健康的性别差异：历史、现状及对策》（2011）、刘春燕的《性别与健康：城镇非正规就业女性健康需要和政策回应》（2012）等。从国家社会科学基金立项情况看，2011～2015年共有4个项目以女性健康或男性健康为主题，涉及女性流动人口生育健康公共服务、未婚男性的性健康、男同性恋人群精神健康以及农村中老年女性人口生殖健康需求与服务等研究。

综合来看，这五年中国妇女健康研究主要表现出以下特点。一是研究对象虽然涵盖广泛，但较多聚焦于高校女性，特别是女大学生群体。二是研究议题虽然涉及妇女全生命周期的心理、生理、社会适应等多维度的健康问题，但女性心理健康得到更多关注研究，反映了21世纪妇女健康问题新情况新动态。三是研究方法虽然丰富多样，但健康干预性研究表现突出，尤其偏重运动干预（健康行为）对健康的影响研究，体现了研究方法的实践性特征。

二 主要研究内容

（一）对妇女健康状况和健康地位的综合评价

一类是对中国妇女健康状况和健康地位进行综合评估。如基于2010年第三期中国妇女社会地位调查数据，通过构建妇女健康地位分析框架，从社会性别视角和生命周期的视角对中国妇女健康水平、营养和保健服务、求医行为、健康风险等进行综合分析和描述，全面呈现中国妇女健康地位状况，认为社会阶层和社会性别是影响健康公平的两个重要社会结构性因素，提出增加妇女健康能力、促进健康领域阶层公平与性别公平的相关建议（姜秀花，2012，2013，2014；张凤荣等，2014）。有的研究尝试建立涵盖健康水平和健康服务的健康领域性别平等与妇女发展综合评估指标体系并进行综合评估排名，认为改善妇女健康的关键往往存在于传统的健康领域之外，要进一步推进健康领域的性别主流化进程（姜秀花，2013）。

一类是对特定女性人群健康的研究。如就人口流动对城乡居民健康差异的影响研究（牛建林，2013），对贫困地区农村人口包括流动人口健康投资行为性别差异的研究（梁海兵，2014；孔繁荣等，2015）。对农村妇女健康不利地位的研究，提示农村尤其是农村老年妇女应成为健康促进行动最重要的目标人群（王金玲等，2013）。在对妇女全生命周期健康的研究中，女性老人健康特殊状况、健康生活方式也得到关注。如从生命历程劣势积累视角对老年妇女群体健康及影响因素的研究（贾云竹，2013，2014；徐洁等，2014；梁家盈，2012；霍红梅，2015），社会性别视角下对中国老年人口不健康预期寿命及代际支持的研究（郭未等，2013），对高龄失能老人照顾者精神健康状况的研究（唐咏，2013），针对老年日常健康照料成本的研究（薛伟玲等，2012）等。有研究者根据人口普查等相关数据，详细分析了中国女性老年人口健康特征，发现女性整体健康状况呈现明显的性别、城乡与区域差异。因此，在提供养老照料与服务等方面，需充分考虑性别特征及差异问题（晏月平等，2015）。

在不同议题的研究中，有的综合分析妇女健康状况和健康地位的影响因素，有的专题论述妇女健康的特殊影响因素，如社会经济地位与老年人群健康公平性的关系（吴燕，2012）、生活方式对健康的影响（高兴民，2015）、多重角色对女性健康的影响（郑丹丹等，2014）等。

（二）女性心理健康研究

鉴于21世纪初精神和神经疾病已在中国疾病总负担中排名首位，妇女心理健康问题越来越多地得到学者关注。2011～2015年，一半以上的妇女健康研究侧重于心理健康研究，包括对妇女心理健康问题成因特别是社会支持系统的考察，对妇女心理健康服务需求的调查和心理健康教育、运动干预等诸多方面研究。研究对象群体广泛，但对高校女生和女教师两个群体最为关注。以下侧重介绍这方面研究涉及的一些重点议题。

1. 贫困女大学生心理健康

有研究者对贫困女大学生的家庭经济状况与消费状况、学习、职业规划、自我意识、人际交往和恋爱观等方面进行调查，了解其心理健康状况（仇小梅，2012），分析其存在的心理健康问题——心理压力大、人际关系差、自我满意度低、不良情绪严重、处于经济和心理双重贫困之中（谢秀美，2011）。也有学者关注女硕士生心理健康问题，包括学业压力造成的焦虑感、就业压力造成的忧郁感、人际交往不和谐造成的孤独感、婚恋压力造成的困扰感（郭秀兰、吴东藩，2011）。贫困大学生的学业和社会适应问题目前受到了全社会的关注，因贫困而产生的大学生辍学、犯罪和心理异常的比例有增无减，给予贫困大学生更多的社会支持不仅可以减少或杜绝以上问题，而且反映了一个国家或一个社会的教育公平程度。关于贫困女大学生心理健康与社会支持的关系，研究者也进行了多方面探讨，有学者认为贫困女大学生的社会支持与心理健康水平呈正相关，而女大学生比男大学生更善于利用社会支持，且获得的社会支持更多（成云，2011）。有学者提出构建贫困女大学生心理健康教育正向支持系统，并确保心理健康教育真正落实在对贫困女性大学生群体的保障和支持系统中，提高对这个特殊群体进行心理健康教育的整体性、系统性和实效性（邱勇强，2011）。

2. 少数民族女大学生心理健康

对少数民族女大学生心理健康研究的回顾发现，研究总量较少，研究方法单一，缺乏系统全面的研究，缺乏大范围大样本研究，多数研究只是对心理健康状况的一般测评，而没有深入揭示少数民族大学生的特点，没有深入少数民族的社会和文化中（李志英等，2015）。少数民族女大学生心理健康问题产生的原因，主要有地理环境、民族文化经济、就业形势、语言学习压力等；应对的措施主要有注意将心理健康与少数民族文化相结合、建立心理档案、调适学生主体的价值文化冲突、加强价值观选择教学、接受社会主流文化等。值得注意的是，研究方法中主要使用的心理健康测量量表译自国外，且使用汉语，这导致一些对汉语不熟练的少数民族学生理解量表困难，在一定程度上影响到效度。除此之外，有专门对单一少数民族女大学生群体的关注，比如探讨朝鲜族、彝族女大学生心理健康问题（滕奎祥等，2011；耿德英等，2012）。同一般水平相比，彝族女大学生心理健康水平明显低于全国大学生平均水平、心理问题检出率较高。通过测量其在人际关系、情绪、躯体化、抑郁和精神症等方面的表现发现，其存在人际交往敏感、情绪方面的障碍，但借由多种心理训练活动，配合体育训练增强体质，能够改善其身心健康（耿德英等，2012）。

3. 女研究生心理健康

有学者对女硕士生的就业压力、学习压力、社交压力、生活压力、恋爱婚姻的压力等进行系统研究，利用结构化理论分析压力成因，并对其社会支持进行结构化分析，为这一议题提供了建构主义的新视角（赵瑛，2012）。杨娟（2015）探讨了女博士研究生在不同精神支持来源、内容对其群体心理健康水平影响，发现同辈群体对女博士研究生个体情感支持作用较大，不同社会支持来源对女博士研究生精神健康影响存在显著相关性，但该群体缺乏全面社会支持系统，且正式组织支持程度比非正式组织支持程度更低。

4. 女教师心理健康

学者既关注高校女教师也关注中小学女教师心理健康。有研究发现，一方面，高校女教师心理健康状况和其他女性群体有共有的特征，如焦虑、人际关系敏感、躯体化，主要源于工作负荷、学历提高、职称评定、合同期聘任、末位淘汰、绩效工资等方面（崔鹏，2012）；另一方面，这一群体内部同样存在差异：不同科目、职称和工资水平的高校女教师心理健康水平不同（董鹏等，2012）。有学者提出缓解高校女教师心理健康的对策，如社会要提供全方位支持，学校要进行立体式引导，家庭要给予更多人文关怀，女教师要不断提升自己的心理素质等（刘伍梅，2015）。有学者分析了中小学女教师的职业压力和心理健康关系，提出促进女教师心理健康维护和心理素质发展的教育管理措施和预防方案（赵雪、谢华，2014）。

5. 女大学生的压力源破解

李楠（2012）从女大学生生活事件出发，调查分析压力事件及其产生的主观压力感程度，掌握包括生源地、年级、专业、是否独生子女在内的不同因素影响下的高校女大学生的压力情况，结果发现只有性别的作用是显著的。王艳峰（2012）比较了入学两年后和刚入学的护理专业女学生在人格特征上的差异，希望借此了解人格发展规律，探索解决心理危机、疏导心理问题的新方法。还有学者将女大学生心理问题的类型、表现、解决方式与女性这一社会性别相联系，认为将性别平等理念内化入心理健康教育中才能更好地促进女大学生的心理健康教育，应该针对女大学生的群体特点开展普及性的女性教育；正视女大学生的性别因素，不回避性别因素给女大学生带来的问题和困扰；尊重女大学生作为个体的个性特点，尊重女大学生作为群体的性别特色（孟彩，2013）。

6. 高校女生心理健康教育

为提高高校女大学生的心理健康水平，改善高校心理健康教育工作，学者们试图借助积极心理学理论，创新开展心理健康教育工作，构建积极的心理健康教育系统，从传统的问题导向转为健康关注，注重积极人格特质培养、强调积极情绪体验（翟媛媛，2011）。有学者认为，现阶段女大学生心理健康教育问题主要表现在心理健康教育内容不够系统、相关管理不够规范、内容缺乏实用性、重矫正轻防治等，从高校、学生自身和家长三个角度提出对策，比如学校需要完善保障机制、建立健全心理咨询制度，女大学生应当学会正确认识评价自我、用“四自精神”要求自我，家长应当注重与孩子进行心理沟通等（高辉，2015）。

7. 心理健康水平测量

一些研究者综合评估女性心理及其影响因素（姜秀花等，2014；周丽苹等，2014），有的根据心理学理论用量表来测量心理健康水平，有的对自我分化与心理健康、自尊的关系进行探究（姚玉红等，2011）。有的从性别差异的角度，分析低年级大学生的自我分化和心理健康之间的关系，并检验自尊水平对二者关系的调节作用，发现与女大学生相比，男大学生的心理健康状况交互、自我分化程度和自尊水平更高；女生的自尊水平越低，越容易因不成熟的自我分化而体验到更多的情绪和心理健康困扰。有学者对人格特点、应对方式和个体心理健康之间的关系进行探究，结果发现这三者关系显著，成熟型应对方式和外向型人格对心理健康有积极促进作用，不成熟型、混合型应对方式和情绪不稳定人格对心理健康有消极影响（张海芳等，2013）。此外，还有研究对农村地区女性自杀死亡危险因素进行了分析，结合心理分析方法构建农村女性自杀高危人群的评分模型（王东芳，2011）。

8. 女大学生心理健康研究综述

有学者在梳理女大学生心理健康状况的已有研究成果、综合分析女大学生存在的心理问题及产生原因的基础上，深入探讨了女大学生心理问题的应对策略，认为国内研究文献多为描述女大学生存在的心理问题，并没有解释心理问题的产生和作用机制，因而没有能够从根本上解决问题，提出应从积极心理学的视角，调动一切积极因素，从幸福快乐希望乐观勇气等积极方面帮助女大学生，帮助其更好地适应自身环境和阶段（曹晖，2011）。

（三）女性生殖健康需求与服务研究

本部分主要聚焦于全妇女生命周期的生殖健康需求与服务研究，以反映妇女未满足的生殖健康服务需求状况以及推进妇幼卫生服务未来趋向。

1. 未婚女青年的性与生殖健康问题

有学者基于中国青少年生殖健康可及性调查数据，对中国未婚女青年的流产状况进行调查分析后发现，未婚女青年的怀孕流产率日渐升高，东部地区、城镇居住的流产率较大，其原因主要是缺乏自我保护知识和能力，学校、家庭和社会的性教育和生殖保健服务缺位缺失，制度保障不力，建议在加强基本生殖健康知识和技能教育、改善服务、促进青少年多渠道利用服务的同时，进一步完善性健康信息、教育和服务方面制度化建设（陈华、郑晓瑛，2011；胡玉坤，2015）。有学者在对未婚女青年人工流产现状进行调查的基础上得出结论：重复人工流产者性生活开始较早，在校学生和外来务工人员比例较高，学历偏低，多性伴比例较高，因此建议开展流产后避孕咨询服务，促进未婚女青年的生殖健康（杨聪莉等，2013）。一些研究者分析研究了女大学生群体性行为与生殖健康对心理健康的影响，发现发生婚前性行为的女大学生存在明显的心理压力，并因初次性行为不同的动机而呈现不同的特点——负面的性行为体验、担忧负面社会评价、担忧生理方面的伤害、担忧损害婚姻关系（张凤云等，2013；武慧多、杨健，2013；张艳，2015）。

2. 生殖健康教育及服务需求

有的研究关注青少年女生对性教育的态度、接受性相关知识的途径、学习相关知识的意愿、希望了解到的知识、学校性教育情况及评价、性知识、性行为状况（王宏等，2011；赵小红等，2013）、经期保健、妇科检查、艾滋病传播途径认知、避孕知识掌握（蔡慧玲等，2013）、乳房保健及知识态度行为（刘巧云等，2013）等。有的研究通过调查发现，大学生对生殖健康教育存在需求，而不同性别大学生对生殖健康知识的需求存在差异，所以高校在实施生殖健康教育时既要考虑大学生的需求也要兼顾性别差异（张爽等，2011）。有的关注外来务工人员生殖健康知识状况及获取途径、知识需求内容、生殖健康保健服务需求内容、性行为相关特征、卫生习惯等，提出针对外来务工女青年生殖健康水平低的情况，需要探索外来务工青年生殖健康友好服务模式，完善外来务工人群医疗保障制度，开展生殖健康教育与保健服务（伍丽群等，2013）。有学者通过对比健康教育前后对生殖健康知识的知晓情况认为，健康教育有助于改善生殖健康知识、态度、行为（薛志林等，2014；李茹莉等，2012；王敏，2014）。学校教师相关理论和知识水平相对欠缺，家庭教育中存在教育盲点，阻碍了生殖健康教育的推广，要加强学校教育、家庭教育、大众传播教育、自助小组同伴教育，建立女生保健中心及相关医疗机构的专业服务体系（赵小红，2013；蔡慧玲等，2013）。

3. 职业女性生殖健康研究

研究者对机关和企事业单位女职工、女军人等不同群体的生殖健康进行了广泛研究，如高校女教工妇科病高发情况及预防机制研究（丁继侠等，2014;）、高校女教职工体质量指数腰臀比与糖尿病的关系研究（孙亚娟等，2011）、女性职业病研究（苗美荣等，2012）、铁路女职工妇科疾病相关因素分析（刘莉莎，2012；陶明锐等，2012）、武警护士和通信女兵心理健康状况及相关因素研究（周玉来，2014）等，为加强职业女性疾病预防教育、加强女职工自我健康保护能力、提高女职工健康服务水平提供了研究依据。有专著对职业女性健康与职场环境、工作压力等相关问题进行了研究，指导现代职场女性保持身心健康与科学生活（王生等，2015）。有的研究基于非正规就业女性对疾病预防和健康保健的需要及其满足、对安全和健康环境的需要及其满足、对康复和健康照顾的需要及其满足等进行系统调查研究，探讨政策改进机制（刘春燕，2012）。

4. 生殖健康服务及其影响因素

有的研究分析了农村老年妇女生殖健康的相关影响因素，提出应采取老年妇女容易接受的方式开展健康教育，提高其生活质量（辜钦娅等，2014）。还有研究关注了妇女医疗卫生服务利用状况与改进机制，提出应强化医疗卫生服务宣传、降低医疗卫生服务费用，建立以“患者为中心”的医疗卫生服务运行机制（张琪等，2014；张栋等，2015）。也有的研究关注了中国女性艾滋病感染者/病人就医歧视现状，发现女性比男性自我感知受到来自医务人员的歧视更多，从而影响就医行为和生殖健康，因此应加强艾滋病知识宣传，改变对艾滋病的刻板印象，完善风险保护机制（张丽坪，2011）。其他还有对“两癌”免费检查试点项目的关注（崔郁，2013）。有的学者对流动妇女避孕节育服务满意度影响因素、流动人口孕产妇住院分娩现状及影响因素、社区卫生服务利用的影响因素等进行研究，为改善流动已婚妇女的生殖健康质量提供依据（王欣等，2014；刘冬梅等，2014；张翠玲等，2014）。有的研究对中国联合使用社会、文化、教育等多方面的综合配套措施降低孕产妇死亡经验进行总结，为其他国家提供借鉴（王晖等，2014），也有对畸高的中国剖宫产率问题进行研究并提出对策（杨菊华等，2012）。

（四）运动干预与女性健康研究

运动对改善女性身心健康的作用得到高度关注，研究成果极为丰富。综合来看，在方法上主要通过实验法，分析比较实验组和参照组的数据判断干预效果，涉及的运动形式多种多样，关注的人群涵盖各种群体，特别是女大学生和中老年女性，如瑜伽对女大学生健康的影响研究（邓茗丹，2013；周永莉，2015），健身操对女大学生健康的影响研究（孟杨，2014；王赟，2011；付小红，2013；王枢，2011；汲彤阳，2012；赵春娟，2012），女子防身术、核心稳定训练、有氧运动对女大学生健康的影响（沈琳，2013；王艳霞，2013；李鑫，2012；张春燕，2011），运动项目对存在亚健康状态的女大学生的干预效果（赵春琪，2013），印象管理与锻炼行为和心理健康之间的关系（邱芬等，2014），传统舞蹈和体育舞蹈对心理健康的影响（陆竞文，2013；杜艳伟，2013），预防中年女性代谢综合征的运动干预研究（李宁，2014；倪虹莺等，2013），等等。有的还在理论层面分析体育生活化对女大学生健康体育意识与行为的建构，为培养女大学生终身体育行为提供理论依据（薛利利，2015）。

（五）妇女健康政策保障研究

有的研究结合《北京行动纲领》《消除对妇女一切形式歧视公约》等有关规定，对'95世妇会以来20年中国政府为促进妇女健康采取的一系列政策与行动进行系统回顾和评价，肯定中国政府现有妇女健康政策和行动的积极进展和影响，针对不足提出对策建议（姜秀花，2012）。有的研究从制度供给的角度分析城市女性在提高生活质量中存在的身心健康问题，提出需要通过政府管理、制度改造与创新来完善制度供给主体，建立健全女性制度需求诉求表达渠道和机制，实现差异化的制度供给（黄璐，2011）。针对女性心理健康问题，有研究者选择EAP（员工援助计划）这一系统性支持模式，分析其在具体实际中的运用，以缓冲来自学业、职业和生活的压力，提高女性的身心健康水平（黄萍，2013；刘慧媛、赵明慧，2014）。有的研究以《工会女职工委员会工作条例》落实情况为例，对相关女性疾病健康保险工作情况进行调查和思考并提出建议（胡慧玲等，

2013）。有学者对企业女职工特殊劳动保护实施效果进行调查研究，针对存在的问题，提出应普及相关法律知识、完善相关立法，强化政府、企业、工会等主体责任的建议（蒋月，2014；魏鑫，2013）。有学者采用计量经济学的方法，基于独生子女与非独生子女的实证分析比较，结合健康人力资本理论，探讨了“一胎化”政策对独生子女生理健康、心理健康、健康行为的影响机制及对健康人力资本、经济增长、社会发展的层级影响，提出以人为本，逐步放开“一胎化”政策等建议（樊敏杰，2014）。有研究者基于对工作场所的流行病学社区优质服务干预效果评价，探讨流动人口避孕节育/生殖健康特征及流动人口计划生育服务现况，进而思考适宜流动人口的优质服务模式（赵洪鑫，2011）。有的研究调查分析了家庭结构变迁下农村新农保对老人身心健康等生存质量的重要调节作用及性别差异，提出应根据两性养老保障需求强度的差异，结合不同的家庭结构实施更加灵活的养老账户配置策略（刘慧君等，2014）。有的学者运用理论分析与个案研究的方法考察了当前城市非正规就业女性的健康需要以及健康政策对其满足之间的关系，发现缺乏社会性别意识的健康政策对城镇非正规就业女性的健康需要回应不足，现有的健康政策维持和强化了不平等的性别结构，损害了女性利益，因此亟须完善（刘春燕，2012）。有的聚焦性别失衡问题，从多元视角分析健康、权利与政策，构建治理工作的政策创新体系和制定社区干预策略（李树茁等，2014），探讨性别失衡下的人口健康与公共安全，提出应对中国性别失衡背景下健康风险的政策建议（刘慧君等，2011）。

（六）历史、文化等学科视野中的妇女健康研究

历史视野中的女性健康研究主要运用文本分析方法来开展，如《抗战动员与性别实践——以战时国统区妇女医疗救护为中心》（赵婧，2015）分析动员女性从事医疗救护的话语建构，梳理妇女医疗救护的基本构想和实践及与抗战的复杂关系。其他如《清末民初中国女西医研究（1879 ~ 1919）》（赵俐，2013）、《特罗图拉的女性医学研究》（韦欣欣，2013），主要从社会医疗史的角度集中呈现了历史上的女医形象、女性医学特点及其处境等。

文化文学视角下的女性健康研究，如《我国近代女性之健康促进与形象塑造——以〈玲珑〉杂志女子体育报道为例》从《玲珑》杂志中筛选出关于近代女子体育的相关内容，分析发现通过“新女性”思想的传播，关于“健康美”

有了全新的定义；女性借助媒介发声，要求身体解放和精神权利男女平等，女运动员成为其中的意见领袖；女性的健康形象塑造提升到保家卫国新高度（卢姗，2015）。有的研究关注小说中的女性疾病书写，如《谈〈雪莉〉中的女性疾病书写》试图提供运用焦虑理论这一新的阅读角度解读女性疾病（张莹，2011）。《论新时期以来女性小说中的乳房疾病书写》对女作家笔下所塑造的乳腺癌患者形象进行总结和归类，通过对乳房疾病的分析来探讨女性真实生存状况，探讨女性在长期以来在男权文化规范下如何从“无意识”到逐渐觉醒并最终获得自我认同、建构起女性主体意识（袁明，2012）。有学者从文化的角度分析女性减肥塑身的社会原因及对身心健康的影响（姜秀花，2013；左华，2013）。有的研究者则在社会性别视野下探讨了少数民族传统文化中妇女与健康、生态环境、传统文化有关的观念和行为，批判了忽视少数民族妇女在医疗保健和生态环境保护中作用和经验的现象（杨国才，2011）。有的研究从家庭和社区两个层面分析男孩偏好对中国农村儿童健康性别平等的影响，力图为促进农村儿童健康的性别平等、促进人口与社会可持续发展提供参考依据（宋月萍，2011）。有学者分析文化适应对两群体心理健康的影响方式的不同（程菲等，2015）。

有学者从身体社会学、医疗人类学等不同学科视野探讨性/别框架下的“性与生殖健康”，关注性权利及性别主体的声音，展现身体在日常生活中的多重性与政治性（黄盈盈等，2013；鲍雨等，2014）。有学者分析青年女性打工者的疾病叙事，揭示病痛的意义、个人生活世界、地方医疗系统以及外出务工这一社会过程之间的关联，主张对青年女工病痛的关怀要关注结构性的不平等如何塑造个体生命历程与道德体验，不应只是将关注点放在户籍制度，而应将农村青年女工与城市之间的联结视为一种生命的互惠，转向构建更加以人为本的医疗保障体系（何潇等，2011）。

三　不足与展望

（一）研究不足

综观2011～2015年中国妇女健康研究，妇女健康研究成果丰厚，现实性和实践性都明显提升，但也存在一定不足，主要表现如下。

第一，妇女健康理论创建依然不足，特别是多学科的妇女健康本土化理论。大多数实证研究也因为缺乏深入的理论思考而陷于简单的现状描述或低水平的重复。

第二，跨学科研究依然有待加强。在人文社会科学领域的妇女健康研究中，心理学、社会学、人口学等领域参与较多，经济、历史、文学、人类学等领域也不同程度参与，但零散不系统，难以形成学科群体互动效应。

第三，研究议题有待拓展。这五年大学生心理健康、老年妇女健康、流动妇女健康、健康公平、健康政策等诸多议题得到关注，但妇女健康依然存在诸多研究弱项或空白，如对环境健康、职业健康、留守女性的健康、家庭健康资源分配、社区卫生服务利用、新医改的政策效应等健康议题涉猎不多，全生命周期视角的分析不充分，对不同责任主体在健康促进中的作用重视不够，等等。

第四，国际视野有待进一步拓展。妇女健康研究依然缺乏国际视野的比较研究，对国外关于妇女健康的理论进展、学科发展、政策推进等情况基本缺乏关注，导致妇女健康研究的前沿性受到一定制约。

第五，健康指标体系和实证研究质量有待提升。这五年尽管有指标构建和评估的尝试，但基本限于个别单位和研究者，缺乏群体的努力和系统研究，难以形成较大的社会影响，缺少和国际测量指标体系的对话交流。定量研究方法、健康水平测量、数据生产多样性和数据质量可靠性等方面的不足，都在一定程度上影响了妇女健康研究成果的质量和影响力。

（二）研究展望

第一，进一步加强妇女健康理论创新。既要注意借鉴国际妇女健康研究的最新理论进展，又要充分吸收本土妇女健康促进和干预行动的实践经验，进一步建构本土的妇女健康理论，并提高理论研究的系统性、前沿性。

第二，进一步加强学科合作。建立稳定的妇女健康学术交流与合作平台，吸引更多不同学科领域的学者加入妇女健康研究队伍，挖掘妇女健康的文化内涵和社会价值，为促进妇女健康贡献智慧。

第三，拓展研究议题。要从妇女全生命周期、全球化和市场化的、人类可持续发展以及从多元文化、历史变化、现实政策和问题关照等视角出发，关注妇女不同角色的健康问题、健康需求及满足，并探讨社会性别在其中的独特作用。

第四，进一步提升科学研究能力。要进一步加强妇女健康测量指标体系研究，推进定量研究方法的系统训练。在高校推进相关课程设置，争取更多学术带头人关注妇女健康问题，培养各学科领域研究生对妇女健康研究的兴趣。加强数据开发，充分利用大数据时代的信息优势，加强国内外合作与交流，掌握最新妇女健康知识增长点。

妇女与教育研究综述（2011～2015年）

史凯亮　王　俊*

一　研究概述

2011～2015年，妇女与教育研究领域进展明显，研究主题不断拓展，以问题为导向的高质量研究成果稳步增长，研究方法融合性增强，多学科、多角度的研究更加丰富。采用“女性”“教育”“课程”“女大学生”等检索词，在中国知网“哲学与人文科学”“社会科学Ⅰ辑”“社会科学Ⅱ辑”“经济与管理科学”四个数据库以及“信息科技”数据库中的“新闻与传媒”“出版”“图书情报与数字图书馆”“档案及博物馆”子数据库中，对2011年1月1日至2015年12月31日公开发表的研究成果进行组合检索（结果见表1），通过与上个五年检索结果简单对比可以发现，这五年论文数量整体上增长幅度不大，但硕博士学位论文数量增长较为明显。如“女性”＋“教育”的检索结果为479篇论文，仅比上个五年多30篇，增长主要体现在硕博士学位论文数量上。关于女大学生的研究论文多达2899篇，与上个五年相比，增长幅度也不大，但在增加的256篇文献中，107篇为硕士学位论文，充分反映了这五年中以学位论文为代表的原创性、规范性研究成果稳步增长的趋势。从这五年学位论文的授予学科来看，涉及教育学、社会学、心理学、经济学、法学、历史学、新闻传播等十余个学科，多学科、跨学科交叉研究趋势更加明显。

在中国国家图书馆数据库中同样通过以上检索词进行组合检索，逐一筛选后发现，这五年间中国大陆出版妇女与教育相关著作达到33部，与上个五年出版的51部论著相比有所下降，但从专著质量上看，学术性和原创性有较大提升。

---

* 作者简介：史凯亮，男，全国妇联妇女研究所《妇女研究论丛》编辑部编辑；王俊，女，华中师范大学教育学院教授。

表1　中国知网妇女与教育领域各检索词组合检索结果

单位：篇

检索词	期刊论文数	报纸文章数	硕士学位论文数	博士学位论文数	会议论文数	文章总数
妇女＋教育	143	80	33	6	3	265
女性＋教育	351	53	63	7	5	479
性别＋教育	290	51	51	2	18	412
女子＋教育	290	25	73	5	6	399
女童＋教育	72	6	11	0	0	89
女性＋教学	47	0	13	1	1	62
女性＋课程	43	2	7	0	1	53
女性＋学校	16	0	1	0	0	17
妇女＋教学	4	0	0	0	0	4
妇女＋课程	6	0	1	0	0	7
妇女＋学校	8	0	1	0	0	9
性别＋教学	64	3	28	1	1	97
性别＋课程	22	3	10	0	1	36
性别＋学校	24	6	6	2	1	39
女校	30	6	10	1	2	49
女学	58	13	12	1	0	84
女教师	368	86	68	1	9	532
女大学生	2285	188	327	3	96	2899
女研究生	103	1	36	0	4	144
女博士	145	19	7	0	1	172
女子高校	38	2	0	0	0	40
女子院校	21	1	0	1	0	23
女性教育学	4	0	3	0	0	7

如王俊的《遮蔽与再现：学术职业中的性别政治》（2011）、徐宁的《江南女校与江南社会（1850～1937年）》（2015）等专著，无论从研究视角、研究方法还是研究结论都对相关问题的推进有重要启示。这个阶段值得注意的是，妇女与教育领域的大型工具书相继出版，对女子教育知识的普及和女子教育研究做出了积极贡献，如澳大利亚的G. 拉可姆斯基主编的《教育大百科全书：女性与教育》

中文版由张莉莉翻译后于2011年出版，主要是从国际视角来说明、记录并解释女童和妇女在教育方面为什么会成功，又为什么会失败，词条涵盖妇女教育史、教育领域中的性别平等妇女研究的理论视角等多方面内容。郭明蓉、杜学元编著的《女子教育大辞典》（2014），收录了与女性教育有关的各类条目3000多个，是一部女性教育百科全书式的专业辞典。

这五年间，国内外学者在学术会议和论坛上的观点交流与碰撞，促进了中国妇女与教育领域的研究不断走向深入。其中，中国妇女研究会妇女教育专业委员会主办的会议主题鲜明，直接围绕妇女与教育领域的热点问题展开。如2014年10月召开的第七届年会暨教育公平与妇女发展研讨会，主要围绕“高等教育公平与妇女发展”“继续教育公平与妇女发展”“家庭教育与妇女发展”三个重大议题展开。2015年12月召开的“纪念北京世妇会20周年学术研讨会暨全国妇干校校长论坛”，主要围绕女性的教育培训、女性权益保障、性别文化与女性发展等主题展开深入研讨。关于女性人才开发，主要有“2011年中国（重庆）女性论坛”、2012年的中国社会学年会“中国女性人才发展规律与政策研究”论坛、2013年的第二届中国女性人才资源开发与利用国际研讨会、2013年的“优秀女性人才在科学发展进程中的战斗力”主题论坛、2015年的“女性人才与时代发展”主题论坛等。此外，其他专业学会会议也设立了妇女与教育研究专题或吸纳妇女/性别研究学者参加，如2011年、2012年、2013年、2015年中国妇女研究会年会都设立妇女与教育专题讨论，2011年以来历次第三期中国妇女社会地位调查研讨会都对教育议题有所讨论，2012年以来的历届中国教育学会教育史分会也都有女性教育史论文入选。

2011～2015年，全国哲学社会科学基金项目中共有4个项目属于妇女与教育领域的研究，包括1个一般项目和3个青年项目。除秦方主持的“晚清女子教育与女性形象建构研究”属于“中国历史”学科外，其他3个项目是关于女大学生就业和创业问题研究，分属于“人口学”和“社会学”。全国教育科学“十二五”规划项目中，涉及妇女与教育领域的研究有10个项目，涵盖高等教育、基础教育、道德教育、职业教育、民族教育等各领域的热点问题（见表2）。从全国哲学社会科学基金项目和全国教育科学“十二五”规划项目的立项来看，项目的现实性和针对性较强，有利于科研成果转化，对国家教育政策制定能起到重要的参考和推进作用。

表2　妇女与教育领域全国教育科学"十二五"规划项目

序号	立项年份	项目编号	项目类型	项目名称	主持人
1	2011	DBA110187	教育部重点	不同民族中学生性别角色社会化的比较研究	周波
2	2011	EFA110344	教育部青年	社会性别视角下教育对社会流动的影响研究	王鹏
3	2013	DEA130239	教育部重点	中国古代女性修身教育的转化与应用研究	毕新伟
4	2013	EIA130398	教育部重点	我国"985"工程大学校领导的性别特征研究	朱剑
5	2013	BFA130035	国家一般	大学生就业性别差异研究	王俊
6	2013	DEA130241	教育部青年	关怀伦理视阈下的现代女德培育研究	付红梅
7	2013	BKA130099	教育部重点	西部民族地区女童职业教育培养模式研究	刘丽平
8	2015	DIA150325	教育部重点	心理资本视域下高校女教师职业幸福感研究	姜淑梅
9	2015	BIA150106	国家一般	高等教育入学机会性别差异的变化研究	王伟宜
10	2015	DIA150323	教育部重点	两岸高校性别课程通识化教育状况比较研究	刘英

资料来源：根据全国教育科学领导办公室网站数据整理而成，网址：http://onsgep.moe.edu.cn/edoas2/website7/level2list2.jsp?infoid=1335260046576122&firstId=1335254793983223。

二　主要研究内容

（一）对教育公平的社会性别审视

从社会性别视角来看，在教育起点、教育过程和教育结果上仍然存在较明显的性别差异、性别盲视和性别歧视。张李玺主编的《教育公平与妇女发展》（2015）是中国妇女研究会妇女教育专业委员会第七届年会论文集，该书围绕教育公平与妇女发展诸多领域和问题而展开的探索与思考，展现了中国妇女教育发展所取得的经验以及在教育公平方面存在的问题。教育过程中的性别差异具体表现在：女性特别是农村女性获得高等教育的机会仍然偏少，在学科和专业上存在着性别隔离和性别分流现象，在教学资源分配和享有上存在性别差异，在教材和教学活动中存在性别歧视，在学生组织和活动中不断复制着传统性别角色的定型，校园文化中隐含着对女性的规诫和限制。在教育结果上，存在女性发展空间受限、就业机会不公平及就业歧视等问题。因此，推进教育领域的性别公平是一个漫长的过程（刘伯红、李亚妮，2011；李桂燕，2011；奚晓露，2012）。

1. 教育获得的性别差异

学者们普遍认同，从总体上看，近几十年来中国的教育公平程度在不断提高，尤其在受教育机会上性别差距缩小明显，但教育的性别差异仍然是一个重要的现实问题，在更高层次教育的入学机会、专业选择、学业成就以及劳动力市场回报等更深层次的教育公平方面，男女差距依然明显（郑磊、张鼎权，2013；陈新叶，2014；陈新叶、赵雪，2014）。

从教育机会均等角度来看，诸多研究利用中国综合社会调查（CGSS）数据从不同角度展开研究。基于这一数据，有研究发现，城镇居民教育获得的性别不平等程度较低，并且呈现逐渐降低的趋势，近年来已经基本消失，甚至男生是基础教育中的“新弱者”（胡振京，2014），但总体而言，农村居民的教育获得性别不平等程度仍然较高，虽然也显示出逐渐降低的趋势，但降低的幅度有限（吴愈晓、黄超，2015）。同样基于这一数据，还有一些研究注意到了20世纪90年代末开始的教育规模扩张对教育均衡的影响。有学者认为，教育扩张从整体上对教育性别平等化有正面影响，缩小了与男性之间的机会差距。扩招之后高等教育机会的性别平等化正在从家庭文化程度较高的群体向家庭文化程度较低的群体推进，从非农村地区向农村地区延伸（张兆曙、陈奇，2013）。有学者系统研究1978～2008年中国各教育阶段教育机会获得性别差异以及变化趋势后做了更为具体的分析：在基础教育和中等教育阶段，教育扩张所导致的教育机会获得性别平等化趋势更为明显，而女性高等教育入学率提高的原因并不是高等教育扩张，而是女性接受中等教育的机会提高，从而导致更多的女性获得高考的机会（邵岑，2015）。

对于教育获得的影响因素，有学者认为主要包括城乡差异、父母职业和教育水平、家庭内部资源分配模式、本人所处的教育层次等方面。农村户口居民的性别不平等程度高于非农户口居民；父亲的职业地位指数或父母的受教育水平越低，教育获得的性别不平等越严重；兄弟姐妹人数越多的群体，教育获得的性别不平等越严重；教育层次越低，升学机会的性别不平等越严重，而这种性别差异主要来自不同的社会群体对父权制观念或传统性别角色观念认同感的差异（吴愈晓，2012）。针对家庭内部资源分配模式，有研究指出，母亲的受教育程度以及是否工作两个因素对于子女教育获得的影响都是正向显著的（顾诗颖，2015），但也有研究指出，母亲在家庭中相对地位的提高对家庭内部资源分配的影响并不显著。从同胞性别结构分析，拥有兄弟不利于个人的教育获得，而同胞中女孩比例越高越有利于个人的教育获得。有利的同胞性别结构同时影响男性和女性，不利的同胞性别结构只影响女性（郑磊，2013）。

2. 教育过程中的性别平等

教育过程中的性别盲视和性别歧视与教学、课程有直接关系，而根本原因在于当前教育存在“性别中立教育”和“性别化教育”两个传统。两种教育传统只有实现向性别敏感教育的转变，才能引领当代中国教育走出性别困境。性别敏感教育的核心理念即教育应培养有性别的“完整的人”。为了使男女两性成长为“完整的人”，教育应当是社会性别意义上平等、完整和有德行的教育（周小李，2011）。

在上个五年，虽有研究开始关注女性主义课程理论，但译介性文章较多，研究性文献较少，而这个五年中，女性主义课程理论研究明显增多，且日益受到主流教育学研究的瞩目，硕博士学位论文也开始关注这一议题。这些研究在基于女性主义视角对当前课程领域的批判与建构上达成相当程度的共识，如大部分学者认为，在女性主义视角审视下，当前课程领域存在不同程度的性别教育缺乏、课程评价不公平、课程设置性别歧视等问题，女性主义对课程结构中的父权制、课程文化中的男性霸权、男性话语与性别歧视进行批判，有利于重建课程文化理念（姚文峰，2011；靳璐，2011；刘志华，2013）。借鉴女性主义课程研究经验，可关照两性话语，创设关怀空间，共享个体声音，重拾实践视野，在课程实践中实现性别化教育模式（柳士彬、何爱霞，2012；李晓玉、杨道宇，2015）。还有学者从女性主义视角对女性思想政治教育原则、内容、途径等方面进行探索，试图构建系统完整的女性思想政治教育体系，以应对和解决中国当代社会日益凸显的女性思想道德问题，推动思想政治教育学科的创新（周天枢，2012；陈蕾，2013）。也有学者对女性主义伦理观及其基础上形成的女性主义道德教育模式进行剖析，认为女性主义道德教育从道德心理模式、道德发展方式、道德核心主题、道德思维方式、道德教育策略等方面对传统道德教育模式是一种超越（李芳，2015）。

与上个五年相比，这五年中研究教材中女性形象的学位论文从数量上有所减少，但依然是学位论文最受欢迎的选题之一。在笔者检索到的 13 篇论文中，有 12 篇是学位论文，且绝大多数为师范类院校的教育硕士学位论文。这反映出，以未来中小学骨干教师为培养目标的教育硕士既要接受具体的学科训练，也要完成教学论、课程论等教育学理论的学习，在学位论文选题中，自然地将学科视角和教育学视角融合起来对中小学课程进行分析。从选题内容来看，同上个五年基本一致，还是以语文教材和英语教材为主，这也是学科特点决定的；从研究结论看，大多数研究者认同中小学语文教材中的形象存在性别比例失衡、性别角色单一等问题（杨雪芳，2011；贾利波，2011；吴荷荣，2012；张一帆，2012；江芳，2015；杨莉，2014；龙艳，2014；龙娟，2012），针对不同版本英语教材的分析，也能得出类似结论，性别歧视普遍存在于英语教材中（朱彤，2012；王海霞，2011）。而通过不同年代中学语文教材的比较可以发现，新版教材相比旧版教材在女性角色的定位上有进步，角色更加丰富多元（杜晓娜，2011）。值得一提的是，研究者开始注意到幼儿园课程建设中的性别问题，如李书娟（2011）指出，幼儿园教材中女童角色总体出现次数偏少，缺乏多元化的成人女性角色。安洪涛（2015）、吴卫东（2011）则反思了女性在幼儿园课程建设中的作用，认为女性既是幼儿园课程的理念主导又是行动主体，其在显性的规范、制度层面和隐性的思想、观念层面发挥着长久却又不易觉察的作用，直接反映出社会文化对两性角色的定型，在幼儿园进行双性化教育对儿童的社会性别角色形成十分必要。

3. 教育回报的性别差距

这五年对于教育回报的研究集中于教育经济学领域的分析，并取得了一些明显进展。学者们认为，女性的高等教育回报率普遍高于男性，但其工资收入仍低于男性（彭竞，2011；杨钚，2012），而随着女性受教育程度的提高，工资的性别差距会逐步缩小。从政策含义上看，政府在设计和实施公平的就业制度和工资制度的同时，通过发展教育提升女性人力资本水平，将有助于缓解工资性别歧视和缩小工资性别差异（刘泽云、赵佳音，2014；郭凤鸣、张世伟，2012；王晓焘，2011）。但有些研究也指出，女性受教育程度提高，并不一定能缩小工资的性别差距，性别歧视仍是工资性别差距的主要原因。杨钚（2012）基于对2009年北京大学的高校毕业生就业调查及2008年麦可思公司的全国大学毕业生就业调查数据的分析得出：所有行业中都存在性别收入差距，且差距随着个体受教育程度的提高而增大。张兴祥、林迪珊（2014）对外来务工人员的研究显示，教育回报率不存在显著的性别差异，收入性别差异主要是由婚姻状况、务工所在地和产业类型不同引起。对于性别收入差距的原因，学者们大多认同性别收入差距主要是由行业内而非行业间的收入差异导致，性别歧视是行业内性别工资差距的主要原因（彭竞，2011；杨钚，2012）。此外，还有学者用社会性别角色理论对教育回报进行了研究，认为受教育程度显著影响人们的社会性别角色态度，但对社会性别角色行为意向无显著影响。不过，受教育程度可以调节社会性别角色态度和行为之间的关系，受教育程度越高，社会性别角色态度与行为意向之间的关系越强（余秀兰，2013）。

4. 教育政策的性别评估

改革开放以来中国制定了一系列促进教育性别平等的法律、法规和政策，但从性别平等角度对这些政策的研究很少，这五年中，相关研究开始出现。有学者基于政策文本的比较研究发现，中国的教育性别平等政策仍然存在政策之间缺乏衔接、对宏观行动方向表述较多但对微观行动策略制定较少、教育系统内部以及其他行政部门的配套措施不完善等不足。研究者从转变教育性别平等的行动主体、行动方向、行动内容三个方面提出相应的政策改进建议：行动主体从单纯依赖政府转变到鼓励社会参与，从教育行政部门主导转向教育、劳动、社保、妇联、计生等多个行政部门协调配合；行动方向从之前以扩大教育供给为主的政策转向以刺激教育需求为主的政策；在行动内容上，以往的教育性别平等政策主要关注的是保障女性的受教育机会均等，今后应进一步强调关注教育结果和教育发展收益上的性别平等（郑磊、李静，2012）。

（二）典型女性群体的受教育状况研究

1. 对农村女性教育的研究

在受到传统文化影响较大的农村地区，女童教育状况一直不容乐观，而流动和留守女童更是由于弱势叠加而面临着更为不利的教育处境。陈怡、季斌（2011）在阐释主体性教育的哲学基础上，根据对甘肃省天水市留守女童的走访调查资料与数据，总结了女童在主体性意识方面存在的问题，研究了主体性意识缺失对女童教育的不利影响，提出了完善和提升西部女童主体性意识的现实路径。于凤（2013）认为，流动女童在学校适应中存在障碍、不适以及自我边缘化的问题。苏雪萍（2014）通过对流动男童和非流动女童的比较指出，在校流动女童享有公平教育机会和教育资源，学业成绩也不亚于两个参照群体，甚至在某些方面表现得更好。这既得益于政府大力推进教育公平的政策，也源于流动女童因更不易获取进城学习的机会从而更加珍惜和努力。张婷（2014）对楚雄彝族自治州某小学留守女童进行实地调研，通过定性与定量相结合的方法分析影响留守女童教育的各种因素，进而提出有针对性、切实可行的对策建议。

在少数民族农村地区，女童教育同样受到诸多制约。雷湘竹（2014）指出，瑶族女童辍学现象较严重，女童缺乏学习兴趣，面临的不安全因素较多。究其原因，传统性别文化依然在瑶族社会占据主导地位。因此，让性别平等意识深入每一个角落，是教育者优先要做的工作。丁月牙（2014）对四川凉山彝族的教育人类学田野调查发现，彝族家长的女童教育观是教育观和女性观的结合，具有实用与发展、传统与现代等双重特征。女性观和教育观的多元差异以及二者的交织融合，构成了家长女童教育观的复杂性。同时，家长的女童教育观及其对女童教育实践的影响，既受制于村寨环境，又有个体性特征，呈现为动态的发展和变迁。杨蕾、段炳昌（2015）通过对滇中地区 3 个苗寨的社会调查表明，法治的缺失是制约滇中苗族女童教育发展的一个关键性因素。

对农村女童教育的研究中，一些紧追社会热点的议题得到了关注，如女童性教育问题。易双林（2012）结合基层支教观察指出，在小学高年级实施性教育是迫切和必要的。何晓莉的硕士学位论文（2015）从社工角度对女童反性侵教育的小组工作介入活动进行了探索。此外，对以往研究的反思性研究开始涌现。如王舟（2011）指出，女童教育专项研究走过了近 20 年的历程，在解决贫困地区女童教育方面取得了一定的研究成果，同时在研究方法、运作模式等方面暴露出一些难以克服的问题。潘莉的硕士学位论文（2013）也对女童教育研究进行了“元研究”。女童研究中国际视野的介入也越来越多，如王丹（2014）对印度女童教育现状研究、夏诗敏（2013）关于联合国儿童基金会对尼日利亚女童教育援助的研究、周林莎（2011）对联合国儿童基金会在保护女童的受教育权利方面作用的研究等。

这个五年中，对农村妇女成人教育的研究主要围绕农村妇女成人教育参与的意义、现状、问题和对策等方面内容展开。学者们指出，在农业呈现女性化趋势的当下，加强农村妇女成人教育对于提高农村劳动力素质、优化农村妇女就业结构、促进农村经济发展具有重大意义（李倩，2011；刘华，2013），但农村妇女成人教育没有得到应有的重视，农村妇女的成人教育参与水平普遍不高，农村女性职业技能提升空间有限并且缺乏可持续性，结构性原因主要包括不公平的公共政策和环境、传统社会性别文化的影响、教育内容脱离农村妇女实际需求等

（李倩，2011；程琳，2011；臧娜，2011；陈腾、冯韶华，2011）。从家庭层面看，父母的文化程度、父母的职业、家庭收入情况以及职业学校的学费都对农村女性接受职业教育有较大影响（刘华，2013）。基于社会性别理论、成人教育参与理论，研究者也对当前成人教育课程存在的“性别屏蔽”、性别角色刻板等诸多问题进行了反思，建议以女性主义课程论的有关思想为指导开发成人女性课程（柳士彬、何爱霞，2012），应改变基于传统性别文化的女性职业教育模式，构建基于性别平等的女性职业教育模式（许艳丽，2011），建立多层次、多渠道适应农村妇女需要的教育体系，构建农村“三位一体”宣传平台，保障教育信息畅通，努力克服农村妇女教育参与人际障碍（张丽萍，2011）。

对于受流动影响的农村妇女群体而言，文化素质普遍较差，就业能力普遍偏低，更应着力发挥成人教育的作用，加强多样化的职业技能培训，促进流动妇女尤其是女性农民工的就业能力和城市适应能力，帮助她们更好更快地适应并真正融入城市（邵艾群，2011；翁远霞，2014）。随迁子女难以进入幼儿园，对流动女性就业带来显著的负面影响（宋月萍、李龙，2012）。对留守妇女来说，当前针对农村留守妇女的培训存在培训内容实效性不强、接受培训的途径单一、培训师资匮乏、培训比例低、培训经费不足、培训对象积极性不高等问题（刘冰，2012；刘华，2013）。农村留守妇女教育的改善，需要政府引导、社会参与，应发挥妇联的积极作用，加强相关部门间的合作，发挥社会团体的集体力量，多种渠道筹集培训经费，加强激励措施（刘冰，2012；徐瑞，2013；程琳，2011）。

对少数民族农村妇女的教育研究显示，虽然少数民族农村女性教育有较大的发展，但仍然存在很多问题。强俄巴·次仁央宗主编的专著《西藏妇女教育发展及其对策研究》（2015）对西藏妇女教育进行了全景式扫描，认为西藏妇女教育主要旨在帮助藏区妇女提高各方面的素质，从而实现妇女解放与男女的真正平等。张兴的《哈萨克族女性教育变迁研究》（2011）以女性角色为观察点，从“社会背景”和“教育变迁”的角度解读社会变迁影响下的哈萨克族女性教育。杜学元主编的《当代教育热点问题专题研究——女性教育问题研究卷》（2014）聚焦羌族女童教育、多元民族文化对女童义务教育的影响、女中学生受教育权等少数民族女童教育中的热点问题。对撒拉族农村女性的教育研究指出，撒拉族农村妇女受教育权益的实现程度很低，严重制约了其自我发展能力，可从识字教育、项目参与、技术培训三个层面进行加强（闫丽娟、李强，2011）。宁夏农村回族女性教育的发展滞后主要表现为农村回族女性受教育的程度偏低，回族女生入学率偏低、辍学率偏高，农村回族女性早婚多育现象严重；这主要与家庭经济窘迫、宗教及传统观念的影响、教育资源匮乏等因素有关，因此应从加强性别公平教育、建立多层次多目标的示范学校、培养女性自身能力等方面入手来改善回族女性的受教育现状（江晓红，2011）。

此外，这五年对于农村女教师的研究值得关注。农村女教师的专业发展意愿强烈，但专业发展水平不高，角色冲突、性别隔离、人际交往和身心健康等因素对农村女教师的专业发展存在不同程度的影响（徐今雅、赵思，2011）。此外，传统性别文化、心理压力、培训机会、农村学校环境对女教师专业发展影响更为明显，家长对子女教育不够重视也影响女教师的工作积极性（杨燕萍，2011；谢春丽，2012）。伴随国家对西部农村地区教育扶持政策而出现的特岗教师群体中女性居多，这一现象未得到应有的关注。罗英卓（2012）的硕士学位论文以社会性别、人际关系、社会资源分配、社会流动四个维度为切入点分析特岗女教师的自我认同和社会认同，解析特岗女教师职业身份认同的现状，为我们提供了宝贵资料。

2. 对女大学生和女研究生群体的研究

女大学生研究是成果最为丰硕、学科跨度最为广阔、研究议题最为丰富的领域。从研究议题看，这五年中，除了对女大学生就业、婚恋、学业成就等传统热点问题的大量研究外，女大学生的媒体形象、消费行为、宿舍关系、安全教育等新兴议题也得到较多关注。

对女大学生就业的研究主要集中于女大学生就业难的现状、原因和对策等方面。对2009年全国女大学生就业创业状况专项调查、2010年第三期中国妇女社会地位调查女大学生专卷等调查数据的分析显示，女大学生就业质量普遍低于男生，主要表现在就业机会不平等、竞争过程不公正、就业结果不公平等方面（全国妇联妇女发展部、华坤女性生活调查中心，2011）。就业性别歧视对“80后”女大学生的就业造成了不利影响，“80后”女大学生的就业率、工作稳定性、正式编制比例以及工作满意度都不同程度地低于男生。政府及社会各界需要通过加强劳动力市场监管消除就业性别歧视，为女大学生公平就业创造良好的社会环境（杨慧，2014）。

这五年中，一些学者对女大学生就业难的原因进行了多层次多角度的深入分析，如有学者从社会性别理论出发，认为女大学生对传统社会性别角色的认同，导致她们对就业市场上的性别歧视视而不见、认同与容忍，这种态度强化了性别歧视现象。而女大学生之所以有这种态度，是“男性中心”的性别文化意识建构的结果（余秀兰，2011）。还有研究认为，女大学生就业难有深层次的经济和社会结构原因，是市场经济条件下经济效益与社会公平之间的矛盾的反映（全国妇联妇女发展部、华坤女性生活调查中心，2011）。有学者从布尔迪厄资本理论审视这一问题，得出类似的结论。女大学生就业难根源在于女大学生的文化资本和符号资本弱势，文化资本弱势源于女大学生在专业区隔与文凭等级中的不利处境，符号资本弱势则是社会文化建构的有关男女两性的符号系统发挥权力作用的结果，女大学生资本弱势是社会结构合谋的产物，因此，女大学生就业难问题的根本性解决需要结构性的调整与变革（周小李，2011）。还有研究对各种因素进行了综合分析和比较，认为个人素质和意愿是影响女大学生就业质量的首要因素，包括工作能力、人际关系、技能掌握、实习经历和所学专业等方面。学校尤其是学校知名度在女大学生就业中起着重要作用。性别、技能掌握、求职技巧和长相对女大学生就业质量的影响大于对男大学生就业质量的影响；社会传统观念对女大学生就业质量有负面作用；家庭因素同样影响女大学生就业质量，但影响系数较个人素质和意愿、学校、市场等因素要小（张抗私、盈帅，2012；段磊，2014）。

改善女大学生就业状况的对策建议主要包括：将性别平等纳入促进高校毕业生就业的总体规划和政策体系，优化产业结构，完善促进男女平等就业的法律法规，政府采用经济手段合理消化女性用工成本，发挥各级妇联的作用（全国妇联妇女发展部、华坤女性生活调查中心，2011），提升女大学生综合素质，帮助女大学生确立正确的就业观（韩新路，2011）等。此外，还应积极引导女大学生创业，给女大学生创业营造良好的创业环境（罗建河，2011）。为解决女大学生就业难的问题，这五年，国内学者还编著了大量教材和辅导读本，如林建军、唐芳主编的《女大学生就业创业调研与指导》（2014），董晓红、李娜主编的《女大学生职业生涯规划》（2014），赵继忠主编的《女大学生职业指导》（2011）和《女大学生职业生涯发展与规划》（2014），王丽娟、宫玲琳编著的《女大学生就业权益法律保护》（2013），盖春瑞、韩建伟主编的《女大学生创业教育》（2015），等等。

学者们通过一系列高质量的定量研究对女大学生的学业成就进行了分析，一致认为传统社会性别观念对女大学生和女研究生的学业成就有负面影响，这提示我们，高校应该在相关的政策中增强性别敏感性，提升女大学生的社会性别意识。周小李的著作《科学教育背后的性别政治》（2013）论证了数学焦虑、物理恐惧、逃离理科等女生科学学习危机之所以存在，并非因为女性先天的禀赋、能力或品质有欠缺，而是性别政治操纵下的家庭和学校教育以及文化与制度对女性不断规训的结果。有研究通过对本科生学科专业选择的实证调查发现，本科生在选择院校、选择专业、对所选专业的满意度方面存在性别差异，反映了本科阶段普遍存在学科性别刻板印象和职业性别隔离（田菊，2014）。而针对三本院校农村女大学生的定性研究同样指出，农村女性具有阶层和性别双重先赋性劣势，这直接影响了她们在对院校和专业的选择以及就读过程中的行为（周菲、余秀兰，2013）。针对理工科女大学生的研究显示，她们对所学专业的兴趣呈现下降的趋势，成绩上的优势未能给她们带来应有的自信，社会性别偏见压抑了理工科女大学生的自我意识（张莉莉、甄红慧，2011）。

问卷调查数据显示，当代女大学生恋爱现象较为普遍（李承鑫，2015），恋爱价值观念多元，择偶观念表现出不同程度的功利性，婚姻观也有片面性与矛盾性，性知识贫乏与性观念开放并存（张金玲，2011；诸云、刘佳，2011；万美容、曾兰，2014；李承鑫，2015）。对于当代女大学生婚恋观出现的问题，应根据她们自身的特点采取科学的对策进行正面教育和引导（张金玲，2011）。

这五年中关于女大学生的研究还涉及一些新的议题，如有研究基于内容分析对一定时段网络媒体中的女大学生形象进行了解读，认为网络媒体新闻报道中女大学生负面形象较多，正面形象较少，报道内容呈现出片面化、刻板化、夸张化的特点（梁微，2012）。媒体在塑造女大学生形象方面通过选择性的议题设置和报道立场形成了较为固定的报道框架，对女大学生的正面性解读只集中在工作议题上，对女大学生真实形象虽然有部分还原，但这种还原是短暂的并且具有针对性（董天策、罗小玲，2011）。此外，还有 3 篇硕士学位论文从不同角度对女大学生宿舍人进行了研究（李会，2012；牛腾雀，2014；刘相娜，2013），1 篇硕士学位论文对女大学生群体的化妆品消费行为做了分析（王克妮，2014）。

近年来女大学生安全问题引起学界重视。有学者指出，女大学生频频失联被害说明当前大学安全教育存在缺失，女大学生的安全意识和防范能力严重欠缺，缺乏良好的安全行为习惯，很多女大学生独立生活能力较差，缺乏系统的安全保障知识，缺乏有效的危机处理技巧（李佳、陈娜，2011；胡华荣，2011；喻娜，2014）。而高校的安全教育应进行制度化建构，从宏观安全向微观安全、从校园安全向学生安全、从传统安全向非传统安全拓展（马振超，2015）。

与女大学生研究议题的丰富性和多样性相比，这五年对女研究生的研究议题相对集中。在对女研究生进行研究的36篇硕士学位论文中，有13篇是围绕女研究生婚恋观的研究，有10篇是对女研究生就业和创业问题的研究，其余的研究议题分散于女研究生的媒体形象、消费行为、心理健康等方面。对女研究生群体的学业成就进行分析的论文很少却较有代表性，如李洁、王颖等（2013）的研究指出，女研究生存在学业成就优势下滑、实践创新能力不足、事业发展成就动机滑落、社会性别观念随学历增高趋于保守等特点。结构方程模型表明，女研究生的社会性别观念通过影响其实践创新能力和事业发展成就动机，间接影响其学业成就。而对于女博士的研究中，议题更为集中。检索到的172篇文献中，研究性文献极少，几乎全部是新闻报道和介绍性文章。在研究女博士的7篇硕士学位论文中，有4篇是对女博士媒体形象的研究，其余3篇分别是对女博士的婚恋难问题、性别认同和成长经历的研究。

3. 对女教师的研究

这五年对于女教师的研究无论从深度还是广度都有所拓展，既有对高校女教师的大量深度研究，也有对农村小学教师、特岗教师等群体的关注。基于社会性别视角的定量研究有增加趋势，主要集中于工作满意度、自我效能感等便于测量的心理指标等方面，且得出了较为一致的结论。多项对高校女教师的定量研究表明，高校女教师遭遇职业生涯阻隔是较为普遍的现象（程芳，2011；周亮梅，2011；陈丽琴，2012；万玉群，2012），而对研究型大学专任女教师的工作满意度的问卷调查结果显示，教师的工作满意度存在一定性别差异，女教师对校园学术环境、国际化、人际关系等方面比男教师满意度高，但在课题经费的获得、课题的获批、接触学术前沿等研究资源获得方面的满意度远不如男性教师（赵叶珠，2011；李文，2012）。针对高校青年女教师的研究显示，影响她们工作满意度的因素包括工作环境、工作内容、工作回报、成长与发展、工作压力以及人际关系，其中，工作内容、人际关系以及工作环境是影响高校青年女教师工作满意度的关键因素（樊洁琼，2013）。而更为具体的研究显示，大学英语青年女教师的自我效能感在职业压力与职业倦怠之间存在调节作用，自我效能感可以缓解职业压力对职业倦怠造成的影响（韩敏，2013）。邓子鹃（2013）则对高校女教师的工作－家庭冲突进行了调查研究，结果表明高校女教师工作－家庭冲突包括家庭干扰工作和工作干扰家庭两个维度。女教师的年龄、学位、职称以及孩子的年龄对工作干扰家庭和家庭干扰工作的影响不同。工作－家庭冲突不仅直接对工作生活质量产生负向影响，还抑制了工作效能感对工作生活质量的积极影响。汤婧（2011）对城市高中女教师的研究显示，工作时间、福利待遇、工作压力等学校因素，配偶特征、家庭构成、家庭支持程度等家庭因素，个体特征、心理特征等个人因素都是影响其工作家庭平衡的主要因素。

在定量研究大量增长的同时，越来越多的研究开始采用定性方法，注重吸收日常生活研究视角，呈现女性自身的经验，并对以往研究方法和研究取向展开反思。王俊的专著《遮蔽与再现：学术职业中的性别政治》（2011）通过对一所研究型大学的女教师日常生活深入细致的描绘，使用“情景分析”和“结构分析”的方式探讨大学知识制度、学术制度和组织制度中大学女教师学术职业发展路径，以及蕴含其间的社会性别不平等的产生机制，指出学术共同体表面上平等、中立、客观与公正的背后隐含着性别化的逻辑以及制度与结构上的不平等。丁瑜（2014）基于高校女教师的研究，反思了现行女性研究的理论取向：“现在国内学者普遍运用性别平等的视角去解读女教师的家庭生活与教师生涯之间的关系，他们的分析通常认为女性对于家庭的投入减低了她们追求行政晋升的动力，在这蕴含阶梯性、持续性的生涯定义下，女教师在学者的研究中呈现的多是一种负面形象，她们被认为缺乏进取心，对行政工作缺乏兴趣，经常为了家庭而中断教职以及欠缺生涯承诺等，成了‘无生涯’（careerless）的人。这实质上也是在‘男造’校园里发展出来的一种男流（malestream）意识形态。”蒋玉梅（2011）的博士学位论文用定性研究方法对大学英语女教师的职业生涯发展进行了深入分析。谢春丽（2012）的硕士学位论文也通过对农村一位小学青年女教师的访谈，获得了对其职业价值观深入、细致的了解。武宇林主编的《宁夏回族女教师口述实录》（2013）由“女教师来稿”“口述实录”“采访稿件”三部分组成，反映了宁夏回族女教师的独特成长经历。李艳红的专著《东乡族女教师职业生涯发展研究》（2012）在考察东乡族文化习俗的基础上对5位女教师的生涯历程进行回顾性探讨，解析不同年龄、不同教龄、不同受教育程度、不同职务以及不同学校类型东乡族女教师生涯发展的异同。

（三）对女子高校的研究

这五年中，一系列专著都对女子高校进行了深入研究。张李玺主编的《中国妇女教育发展报告No.2：女子院校发展研究》（2012）以中国女子院校为主要研究对象，分别对独立设置女子本科学校、独立设置高等职业学院、主流大学内设女子学院、女子中学、女子中等职业学校、妇女干部学校、港澳台地区的女子学校进行了专题研究。周廷勇、张兰的《中国女子高等教育》（2014）一书对近代女子高等教育中的金陵女子大学与北京女子高等师范学校进行了比较研究。杜学元主编的《当代教育热点问题专题研究——女性教育问题研究卷》（2014）包含当代中国女子高校发展问题研究、女大学生科学素养存在的问题及对策研究等内容。吴宏岳、王世豪等编著的《为什么要办女校：女校存在与发展的价值》（2014）也对女子院校的办学目标和理念进行了较为系统的阐释。

学者对女子高校的研究主要集中在女子学院特有的学科建设方面，而女性学课程是女子院校学科建设的特色所在。这五年对于女性学课程建设的研究特点鲜明，一方面，研究者试图在通识课程的层面对女性学课程进行研究，并对其推广到普通高校的意义、路径进行论证；另一方面，对国外女性学课程的经验进行总结分析，以资借鉴。学者们认为，在普通高校开设女性学专门课程，有利于女大学生价值观的培育（王新婷，2015）。女性学的课程理念体现在学生观、知识观、课程观和生活观等方面，课程目标体现在民主平等、人性关怀等方面（任一明、张家军，2012）。高职院校女性学课程的建设和发展应以女生教育为基点，以社会性别意识培养为平台（倪丽珊，2012；黄三平，2013），而且要与城市化进程相结合，关注城市职业（郭彩琴，2012）。同时，研究者非常注重从国际女子高校的发展中汲取经验。郭冬生（2014）对美国5所女子学院妇女学或性别研究专业课程设置分析后发现，除开设美国妇女史、妇女学或性别导论、妇女/性别研究方法等专业基础课程外，这些学校开设了丰富的跨院系妇女或性别研究选修课程，而且分种族、分地区研究妇女的课程占有一定比重。陈梦娴（2012）认为，日本女子大学的女性课程也多是交叉课程，但明确的培养目标致使其课程设置十分贴近市场。经过对比，研究者指出，中国女子高校女性教育课程资源不足，跨院系开设的女性教育课程十分稀缺（郭冬生，2014），今后要加强跨学科培养，从框架、内容和结构等多个方面研究女性教育特色课程体系的特点（张洁清、张福堂，2013）。

（四）对女子教育史的研究

1. 近代女子教育史

从这五年文献来看，研究者对近代女子教育的多样形态关注较多，不再局限于从教育学视角进行研究，而是在时代脉络中，自觉运用包括社会性别理论在内的多种研究视角，从国族解放、文化背景、社会变迁、舆论场域以及女性主体意识等角度对女子教育进行全面立体的解读。王晓慧的专著《近代中国女子教育论争史研究》（2015）就是其中典型。该著通过对女子教育议题论争的考察表明，由于近代中国的特殊性，女子教育并非单纯的教育问题而是更多地呈现出政治特色。杨洁的《民国时期上海女子教育口述研究》（2014）以教育现代化理论为指导，以中国社会现代化为背景，从教育文化学角度考察上海女子学校教育。杜学元的《社会女性观与中国女子高等教育》（2011）一书依照女性主体意识的压抑时期（先秦至两汉）、复苏时期（魏晋至五代）、初步沦落时期（宋元）、彻底沦落时期（明至前清）、复兴时期（晚清），分别讨论了各个时期的社会女性观与女子高等教育，提出女性主体意识的觉醒是变革传统女子高等教育的重要前提。徐宁的专著《江南女校与江南社会（1850～1937年）》（2015）以近代江南女校生存拓展的历史脉络为基本线索，深入分析江南女校如何在时代契机下获得自身发展，如何通过各类手段来规范和引导以女学生为主的相关人群的思想行为。唐冬眉、王艳霞（2015）的著作同样基于复杂历史观对虔贞女校做了全方位分析。

还有诸多研究关注到《妇女杂志》作为近代发行量和影响力最大的女性教育类杂志对中国早期女子教育产生的巨大影响。有学者认为，《妇女杂志》开设的众多专栏为女性提供了职业基础知识，在女性职业教育的理论方面进行了卓有成效而富有争鸣的讨论，为中国早期女子职业教育与世界女子职业教育的交流做出了积极探索（杜若松、薛媛，2011）。有学者通过对《妇女杂志》发起的“我之理想的配偶”征文活动的研究发现，在选择配偶这一现实问题时，青年们十分注重女性的学校教育经历，并在女子教育与近代家庭的组建之间建立起了简单的因果关系。青年们的选择使女子教育逐渐成为一种权威和意识形态，发挥着特殊的文化功能，而且影响深远（何玮，2012）。

2. 古代女子教育史

古代女子教育史研究成果数量与上个五年相比没有明显的增加，研究方法和研究视角也没有大的突破，虽然也有博士学位论文从文化视角对传统女性教育进行再审视，但总体上超越既往研究范式的研究不多。关景媛的博士学位论文从“淑女教育”的价值诉求、文化根基、审美取向以及时代使命几个维度论证了“淑女教育”在当代的价值，提出应予以扬弃地继承（关景媛，2014）。徐芳的博士学位论文以“文化女性主义”的视角探讨中国女性教育在女性审美中的作用。她认为文化女性主义是中国女性审美未来发展的方向，它指向“自由个性”这种最高的社会形态，代表着中国女性能够通过自由教育和自我教育达到自我实现和自由审美（徐芳，2014）。有学者对清代苏南女性在家族教育中的作用进行了分析，认为这种作用通过苏南独有的“家教之族”婚嫁机制得到保障，从而成为苏南社会重文兴教风气长盛不衰的重要内因（蒋明宏，2011）。还有研究对唐代女性教育的变迁进行了梳理，认为唐代前期到中后期的女性教育在对象、内容和价值取向等方面均发生了明显变化。教育对象的变化主要表现为受教育者由社会上层逐渐向中下层普及；教育内容前期涉及传统教育各个方面，显现出对女子文化素质的重视，中后期则窄化为以纲常礼教为主要特征的妇德教育；教育价值取向则体现为从“孝敬父家”到“贞顺夫家”的变化（孙玉荣，2015）。

3. 国外女子教育史

这五年，国外女子教育史研究的突破主要体现在基于本土问题意识对国外女性教育的借鉴以及对国外女性教育史学本身的批判性思考等方面。石彤、李洁（2012）关注到英美发达国家高等教育过程中的性别差异和不平等。这种差异既体现在校园课堂上，也体现在校园以外；既发生在教师和学生的互动之中，也发生在同龄群体内部的交往过程中；既在某些专业领域中表现明显，也有跨专业存在的普遍性。诸园等人的研究则对美国女性教育史学的研究视野、研究范式的嬗变进行了系统阐释，认为第二次世界大战后，随着西方历史学的转向以及美国女权主义运动的发展，美国女性主义教育史学研究模式发生了嬗变，从妇女史到妇女教育史的简单添加，到妇女－社会性别教育史的社会建构，而后随着科学的发展，后现代女性主义教育史学开始对传统教育史学的诸多问题进行反思和讨论，将性别维度与相关因素如政治、经济、种族、阶级、性向等结合起来研究（诸园、周采，2012）。而从更长的历史阶段看，美国女性教育史学可以划分为传统、现代、后现代三重视野。这三重视野是女性主义哲学在不同阶段对美国女性教育史学的规律总结。传统视野中的美国女性教育史学源于早期自由主义女性主义对美国教育史学的批判，具有她史的特点；现代视野中的美国女性教育史学在福柯的现代性哲学的指导下，更加强调理性和主体性，呈现出鲜明的性别史特点；后现代视野中的美国女性教育史学具有普遍史的特点，其在后现代主义女性主义的影响下，尤其强调女性在历史变迁中的双重角色以及女性群体内部的差异性和文化多元性。（鲍硕来、诸园，2015）。

从文献来源看，在对国外女子教育史的研究中，硕博士学位论文占相当一部分比例，但与上个五年相比，大部分学位论文在研究议题和研究方法上没有明显的进展，且主要聚焦西方发达国家的女性教育史，对发展中国家关注较少，研究方法和视角也比较单一。在英国女子教育的研究方面，姚琳的博士学位论文（2013）、庞莹莹的硕士学位论文（2013）对19世纪英国女子教育进行了整体研究，认为工业革命的兴起与蓬勃发展、政治改革的深入、中产阶级的崛起、启蒙思想的传播共同推动了女子教育的发展。女子初等教育逐渐走向普及，中等教育也进一步完善，女子成人教育不断壮大和发展，尤其是女子高等教育开始兴起，女性得以进入原来由男性垄断的高等学府。女子教育的发展极大拓展了社会人才的来源，壮大了社会的人力资源，为英国经济社会的发展做出了重要贡献。但19世纪中后期英国女子教育自然并没有彻底地与“传统”相决裂，传统的性别分工模式在女子教育目标和教育内容上依然有着一定的体现，女子教育的对象也没有辐射到所有的女性，女性受教育水平依然与男性有着巨大的差距，致使这一时期的女子教育变革不可避免地带有温和性、渐进性、不均衡性、不彻底性的特点。此外，杨阳（2011）对1848～1948年英国女性高等教育的起源与发展进行了综合分析，李伟（2014）对18～19世纪英国女性教育进行了系统梳理，尹秀芳（2011）对英国女性哲学家玛丽·沃斯通克拉夫特的女性教育思想进行了阐发。以美国女子高等教育为选题的研究也大同小异，认为女性主义运动与女子高等教育的发展是相互推动、相互影响的关系，美国女子高等教育史就是美国女性主动争取和维护自身权益的历史（丁坤，2011；李娟，2012）。郭华（2013）对中世纪女子教育的研究指出，中世纪晚期与近代早期西欧社会各阶层女性受教育状况普遍得到改善，贵族女性以修女院教育和家庭文化教育为主，中产阶级女性以家庭技能教育和学校文化教育为主，而社会底层女性则以学徒教育和职业教育为主。

三　研究不足与展望

2011～2015年，妇女与教育领域在议题拓展、研究方法融合、研究成果转化等方面取得了不少进展，但存在的一些不足和问题也值得关注。

首先，研究议题的冷热不均现象值得反思。对女大学生、女教师等热点议题的研究热度从上个五年一直持续到这个五年，而女性教育的基本理论、学科体系、女留学生等方面的研究，只能检索到非常有限的文献。此类研究议题的“断档”固然与研究议题本身的难度以及研究者自身的学术视野、知识储备、理论功底等有关，但更多是由于当前急功近利的学术评价体系、人才培养、学术认知等方面出了问题，一些年轻学者在当前刚性的学术评价体制下，职业压力过大，更愿意去追逐能较快带来回报的热点议题，而不愿意在冷门研究、基础性研究上花费心力，这在今后学术评价、人才培养和学科建设中应引起重视。

其次，研究理论、方法、结论缺乏新的突破。某些研究议题的探讨表面看起来十分热闹，但对研究前沿没有实质性的推动。如对教材中的性别歧视、少数民族女性教育等方面的研究，普遍呈现出千篇一律、创新乏力的特征，尤其是对这些议题进行研究的硕博士学位论文，选题过于集中甚至高度雷同，研究方法和研究结论乏善可陈，严重降低了其学术价值。教育研究与女性研究都是跨学科、多学科的研究领域，有价值的研究需要学者有敏锐的学术洞察力、深厚的学养以及持久的投入，一旦浅尝辄止或仅仅局限于某一个学科狭隘的研究思路，就可能一叶障目。多学科相互渗透、相互借鉴的研究领域，如中国近代女子教育史“整合思想史、社会史与妇女史”① 较为成功，因此研究广度和研究深度都得到了极

---

① 这是杜芳琴教授对万琼华的《近代女子教育思潮与女性主体身份建构》（北京：中国社会科学出版社，2010）一书的评价，参见杜芳琴《民族主义与女权主义语境下的女性主体身份建构——读〈近代女子教育思潮与女性主体身份建构〉一书》，《山西师大学报》（社会科学版）2011年第2期。

大拓展，呈现出欣欣向荣的局面。这也启发我们，在今后的研究中，只有开阔视野，注重吸收借鉴各个学科研究方法和研究视野，才能真正将妇女与教育领域的研究向纵深推进。

最后，学科建设的自觉性和能动性需进一步加强。从这五年的研究来看，研究者对女性教育的研究涉及基础教育、高等教育、成人教育、职业教育、教育史、课程论、教育政策等各个方面，但除了极少数研究从学科发展的角度对女性教育史进行反思外，女性教育学基本理论和学科建设并未得到应有的关注。以"女性教育学"作为检索词，在这五年中只能检索到7篇论文，且文章题目包含的全部是"女性主义教育学"而非"女性教育学"。从研究内容来看，这7篇论文都是以"女性主义教育学"的视角对价值观教育、性别平等课程、英语教学等具体教育实践展开的分析，而非对"女性主义教育学"或女性教育学本身的学科建设进行探讨。这说明，"女性主义教育学"作为一种研究视角和研究理论已经得到承认并被研究者自觉运用，但女性教育学作为一门学科的合法性似乎并未得到学术界足够的关注和思考。从这点来看，与女性人口学、女性社会学、女性心理学等学科相比，女性教育学研究的学科化之路仍然道阻且长，今后如何在问题意识、知识体系、研究范式、资源整合、学科建制等议题上进一步推进，还有相当多的工作要做。

妇女与科技研究综述（2011～2015年）

章梅芳*

一 研究概述

2011～2015年，国内关于妇女与科技方面的研究主要从哲学、历史学和社会学三大角度展开。从研究文献的数量来看，据不完全统计，在中国知网、中国中国人民大学“复印报刊资料”、超星图书馆等资源数据库中，以妇女、科技、女性主义、性别、科学、技术、女性科技人才、女科学家、女科技工作者等关键词组合检索命中的文献有：关于妇女与科技的哲学研究著作1部、博士学位论文1篇、硕士学位论文11篇、期刊论文近80篇；妇女与科技的历史研究著作5部、译著2部、硕士学位论文2篇、相关论文100余篇；妇女与科技的社会学研究著作2部、硕士学位论文6篇、期刊论文130篇；女科学家的宣传报道与访谈文章大约400余篇。其中，一些著作较为集中地反映了国内2011～2015年妇女与科技研究方面的关注焦点，例如，徐志宏的《女性主义科学哲学》（2015）和章梅芳的《女性主义科学编史学研究》（2015）分别是对国外妇女与科技的哲学研究、史学研究所做的全面分析，周小李的《科学教育背后的性别政治》（2013）和李乐旋的《中国科技女性职业发展影响因素研究》（2014）则较为关注科学教育和现实科技发展中的性别问题。此外，近年来学术界举办的一些学术会议中亦有与此主题相关的报告出现，如中国妇女研究会年会、全国科学社会学学术会议等。

从研究范围和内容来看，妇女与科技的哲学研究关注的主题依然是女性主义的科学观和科学认识论，研究内容仍集中在女性主义的科学客观性思想，女性主义经验认识论、立场认识论和后现代认识论。妇女与科技的历史研究主要分为编

* 作者简介：章梅芳，女，北京科技大学科技史与文化遗产研究院教授。

史学理论研究和具体的经验案例分析两大部分，案例研究又可从社会性别视角运用与否的角度细分为女性主义科技史研究和女科学家/群体研究两类。女性主义与科技的社会学研究主要关注以下方面：科技领域性别差异的研究、女性科技人才/工作者发展现状的调查分析、影响女性科技人才成长的因素分析、推进女性科技人才发展的对策研究。

二　主要研究内容

（一）关于妇女与科技的哲学研究

2011～2015年，依然有很多文献讨论妇女与科技的哲学问题，主要集中在女性主义科学观、认识论方面，其中关于女性主义技术思想的研究比重有所增大，个别文章开始讨论女性主义科学哲学的前沿转向。

1. 女性主义科学观

张慧敏（2011）的硕士学位论文集中考察了女性主义科学客观性问题，对托马斯·库恩（Thomas Sammual Kuhn）时期及科学知识社会学的科学客观性观念进行了背景分析，并集中讨论了伊芙林·福克斯·凯勒（Evelyn Fox Keller）、桑德拉·哈丁（Sandra Harding）、海伦·朗基诺（Helen E. Longino）和凯瑟琳·麦金农（Catharine McKinnon）这四位女性主义学者的科学客观性思想，分析了女性主义科学客观性思想的不足。常红（2011）的硕士学位论文则考察了女性主义对传统科学观、科学建构论和实践科学论的“科学发现观”的批判和补充。易显飞、常红（2012）探讨了自由主义女性主义、激进主义女性主义和生态女性主义的认知主体观念，认为女性主义试图构建“性别无涉”的认知主体。常红等（2013）将女性主义的科学批判归纳为三条不同进路，认为在传统科学观视域中，女性主义重点在于概念分析；在建构论视域中，重点在于构建科学衍射新模式和主客体交互关系理论；在实践论视域中，则以“异质性因素的动态分析”为进路，揭示性别差异的多层次性和科学文化的多样性。惠美英（2015）的硕士学位论文对女性主义科学观进行了梳理，分析了女性主义经验论、立场论和后现代女性主义科学观的不足。徐志宏（2015）的著作梳理了女性主义科学哲学发展的背景、经典流派，分析了其情境知识论及科学客观性概念的多元化特征。

除此之外，一些学者开始关注近十余年来国外女性主义科学批判的新动向。其中，柏棣（2012）介绍了 2008 年以来西方女性主义理论发展中的物质女性主义思潮，分析后人类时代女性与科学技术的关系。尹海丹、蔡仲（2012）分析了库恩和女性主义对待“相对主义”问题给出的不同方案，提出女性主义不同于库恩转向先验的语言学分析，而是强调物质因素的重要性，并出现了自然主义及本体论的转向。随后，很多学者进一步阐述了女性主义的本体论转向问题，透过对凯勒、凯伦·巴拉德（Karen Barad）和南希·图安娜（Nancy Tuana）等学者观点的分析，认为该转向的核心观点在于拒绝心物二元、重视物质因素，在现实生活的实践中理解科学（尹海丹，2013），并且，这一转向有效地摆脱了当前女性主义研究中因生物决定论和社会建构论之争所陷入的本质主义表征困境（肖雷波、柯文等，2013）。

2. 女性主义科学认识论

殷杰、尤洋（2012）将当代女性主义认识论问题总结为两个重要论题，即“经验差异导致认识差异”和“知识是否具有客观性”，认为对“接受式知识观”和“与性别偏见相关联的学科规范”的批判性解释是当代女性主义认识论的批判性核心，并分析了女性主义和社会认识论之间出现的融合趋势。陈英（2014）对女性主义经验论与立场论视野下的科学与民主问题进行了探讨，认为科学无法被隔离在非政治的理想空间，科学不仅因与“事实”相关的客观性而得到科学共同体内部的认同，而且因其与“价值”相关的合理性而在更大的社会共同体内接受审视。董美珍（2015）认为女性主义认识论对科学的批判并不是针对科学本身，而是更新人们头脑中关于科学的文化图景，也更新科学的形象，使科学呈现出不同的方面，特别有助于消除科学客观性概念的意识形态功能。

此外，还有一些学位论文以女性主义科学认识论为研究论题。平静（2011）的硕士学位论文分析了后现代女性主义产生的学术背景、基本内涵和特点及其对待实在论的态度，认为其要完成自己的政治目标，必须接受来自现代性与后现代性的双重考验。吕春颖（2011）分析了女性主义认识论对科学客观性思想的批判及其特点，认为其对传统男性中心主义科学观的批判，为建立更客观的知识生产方式做出了贡献。李春晓（2012）的硕士学位论文阐述了女性主义立场论产生的历史渊源、主体思想、认知方式和基本特征，分析了其与马克思主义之间的联系及其理论不足和困境，认为其有本质主义倾向。刘淑芳（2013）的硕士学位论文分别对女性主义经验论、立场论和后现代女性主义三种认识论进行了系统梳理和考察，分析了其各自的特色和局限性。张雨石（2014）的硕士学位论文分析了女性主义对科学关注的过程以及阻碍女性主义科学建立的根源，提出一种所谓的“二元气质合体”的科学范式的构想。朱静姝（2015）的硕士学位论文对女性主义之于威拉德·冯奥曼·奎因（Willard van Orman Quine）自然化认识论的扩展及修正进行了分析，认为具有怀疑论性质的女性主义自然化道德认识论打破了传统认识论的客观性、理性和中立性神话，超越了二元对立观念，对奎因自然化认识论以及女性主义理论的发展都有重要意义。

3. 女性主义学者的科学哲学思想

朗基诺题为《〈科学革命的结构〉与科学中的女性主义革命》（2011）和哈丁题为《后殖民主义和女性主义科学哲学》（2013）的两篇文章被单篇翻译成中文发表。张卓琳（2013）的硕士学位论文考察了桑德拉·哈丁强客观性思想的提出背景和具体内涵，认为其揭示了传统科学中的男性密码，肯定了女性认知在科研中的独特作用，丰富了科学知识的方法论标准，改变了科学的公众形象，是一种科学民主的态度。郭丽丽、洪晓楠（2011）比较了朗基诺和唐娜·哈拉维（Donna Haraway）的知识观，认为二者在思想来源、对传统科学哲学的态度、对情境的理解以及对知识与权力关系的态度四个方面既相互联系又各有侧重和区别。郭丽丽（2013）的博士学位论文、王垚（2014）的硕士学位论文进一步对哈拉维的赛博格本体论、情境化知识观进行研究，认为其赛博格理论为女性主义注入了新的活力，丰富了西方科学哲学的内容。此外，周丽昀（2011）、章梅芳（2011）、洪晓楠和郭丽丽（2012）、陈茜（2014）等分别对哈拉维的“技科学”主体、赛博格理论、情境化知识观进行了分析。赵艳丽（2014）的硕士学位论文分析了伊丽莎白·波特对“价值中立”观念的批判，认为其反价值中立论对今天理解科技的发展有启发意义，但其对何为“辩明的语境”缺乏充分的定义和讨论。

4. 女性主义技术思想

2011～2015 年，章梅芳、易显飞两位学者对女性主义技术研究关注较多。章梅芳、高亮华（2011）重点考察了“技术女性主义”理论提出者朱迪·瓦克曼（Judy Wajcman）的技术思想，认为这一思想的理论前提是对技术决定论和本质主义性别观的解构，实质在于强调技术与性别的相互形塑，目标是试图避免陷入技术恐惧与技术崇拜的困境，并消解性别身份差异性与政治立场统一性之间的冲突及其给女性主义政治实践带来的挑战。章梅芳、龚艺（2014；2015）在分析露丝·施瓦茨·柯旺（Ruth Schwartz Cowan）的技术案例研究及其技术思想的基础上，认为其继承和发展了马克思主义技术观，在一般系统论的基础上援用"技术系统"概念并予以创新，既坚持某种社会建构论的技术观念，亦强调技术的双刃剑性质。章梅芳（2015）提出女性主义技术社会研究的理论根源分别是女性主义的社会性别理论、马克思主义的劳动过程理论、技术社会建构论和技术文化理论；其研究主题和理论框架也因此经历了从"技术－女性"研究转向"技术－社会性别"研究，再到"技术与社会性别的文化研究"的变迁。易显飞（2013）分析了女性主义技术研究的经验论、立场论、建构论、跨学科与多学科特征，认为这四个特征是四位一体的关系，反映了女性主义技术研究的不同侧面。易显飞（2013；2014；2015）先后分析了生态女性主义、文化女性主义、马克思主义女性主义视域中的技术观点，认为生态女性主义视域中的技术整体上是悲观主义的，文化女性主义强调技术与性别的相互形构是其技术变革的价值实现方式，马克思主义女性主义同时强调技术的阶级特征和性别特征。余乃忠、易显飞（2015）分析了现代技术溢出的女性"增量自由"问题，认为其销蚀了女性的自我识别与自控能力，这种超出女性内在"知性"能力的外在增量构成了现代技术主导下女性自由的内核。

此外，陈英、肖峰（2011）对女性主义技术研究进行了述评，认为进入技术领域的女性主义为反思技术提供了一种新的视野。技术女性主义的后期走向充分整合建构主义的理论洞察，并植根于技术实践中的性别问题，为解构父权制的科学技术遗产并以符合女性主义政治目标的方式重构技术的未来提供了富于意义的启示。满珂（2012）回顾了女性主义关于生育技术的讨论和观点，认为简单地将生育技术定性为解放或者伤害女性是没有意义的，关键是要分析它被应用的社会。张裔雯（2013）的硕士学位论文考察了自由主义女性主义、生态女性主义、赛博女性主义的技术观，分析了女性主义技术研究的方法以及女性主义技术理论的局限性。侯潇潇、练新颜（2014）考察了刘易斯·芒福德（Lewis Mumford）的女性主义技术哲学思想，认为其面临着"女性技术在考古学上的困境""女性技术和男性技术的划界困难""女性主义理论对'女性'的解构"三大主要理论困境。孙越、蔡榆芳（2014）考察了女性主义对现代技术中的二元逻辑、道德缺位和理性至上原则的批判，认为这些批判对环境正义和社会正义的关注将环境问题和社会问题有机地联系在了一起，但其对社会经济关注度的缺乏使其技术解放思想仍带有一定的乌托邦色彩。

（二）关于妇女与科技的历史研究

1. 女性主义科技史理论研究

2011 年以来，在女性主义科技史理论研究方面取得了一些新的进展。这主要表现在两个方面。

首先，尽管女性主义关于科技史的研究自 20 世纪 90 年代中期开始介绍到国内，但科技史界对“女性主义究竟能给科技史带来什么新东西”的问题仍有疑惑。其中，江晓原、刘兵（2012）两位学者提到，女性主义可以划归“泛建构主义”的范畴，那么在此范畴内，女性主义是否能给科技史研究带来其他建构主义立场尤其是科学知识社会学（SSK）所不能带来的新东西？为回答这一问题，章梅芳（2012）对女性主义和 SSK 理论指导下的科技史研究进行了编史学分析，认为二者在科学观、认识论立场和编史原则等方面的确存在诸多共性，体现了后现代科技史学的一般特点；但是，二者在编史目标与内容、编史视角与方法论、科学观与科学史观方面又存在诸多差异。章梅芳（2015）认为女性主义的科学编史学纲领最突出的特点在于对科学和历史的看法均具有更强的政治批判性，更大程度地摆脱了传统科学史观的束缚，并且始终注意研究的反身性，在研究的主题上也更具有鲜明特色。

其次，章梅芳（2015）对女性主义技术史进行了专题研究，较为系统地梳理了女性主义技术史发展的基本脉络，将其发展大致划分为“补偿式”女性主义技术精英史、“批判式”女性主义技术社会史和“多元化”女性主义技术文化史三个不同阶段，认为女性主义技术史的经验研究将为女性主义科学认识论走出困境提供有力支撑。

2. 妇女/女性主义科技史案例研究

在案例层面，2011～2015 年，关于妇女与科技的历史研究基本上没有发生大的变化。主要分为两大类：一类是妇女科技史研究，主要以个别女科学家或者女科学家群体为研究对象，重点在于突出女性对科技所做的贡献，大多未走出

“填补式”历史研究的思路，不具有明显的社会性别视角；另一类是具有一定的女性主义色彩的科技史研究，主要表现为开始尝试从社会性别视角出发分析中国本土的科技与性别议题。

（1）女科学家研究

著作方面，刘晓（2013）对中国著名物理学家何泽慧院士的生平、学术经历与成就、科学贡献与社会影响进行了全面的梳理和总结。沈雨梧（2014）介绍了中国古代的女医师淳于衍、鲍姑、张秀姑，以及在天文学、数学等方面有所造诣的王美人和班昭等人的科学事迹与贡献。张楠（2014）对中国近代女性教育中自然科目的设置、女校机构的类别及其中涉及的科学教育内容、女性社团活动中的科学氛围、产业工人和知识女性的职业发展、女性社会形象的变化以及近代女科学家的成长背景等进行了分析，尝试探讨中国近代女性观的演变与科学的互动问题。饶毅、张大庆等（2015）详细研究了诺贝尔奖获得者屠呦呦参与青蒿素相关科研项目的过程、思路及贡献，并对特殊历史时期科研协作体制问题进行了分析。

在期刊论文方面，主要分为三大类。第一类是对“世界杰出女科学家成就奖”“中国青年女科学家奖”等奖项的获得者以及在国际科学界享有一定地位的中国女科学家的科学成就介绍或访谈，相关文献100余篇。其中，较具代表性的文章，如尹晓冬（2012）介绍了20世纪30年代留英归国的金属物理学家周如松的生平及学术成就；廖玉婷（2013）介绍了美国国家科学院院士庄小威的人生经历与科研成就；毛天祥和王柏懿（2015）介绍了中国塑性力学的开拓者李敏华院士艰苦求学、毕生奉献塑性力学的经历及其为中国塑性力学建立、发展和人才培养所做的贡献。第二类是对国外著名女科学家的科研成就及活动进行评介。如尹晓冬（2015）介绍了英国物理学家、工程师、数学家赫莎·埃尔顿（Hertha Ayrton）的生平、学术成就和社会活动，分析了20世纪初英国社会对女科学家的认同与评价问题。第三类是对特别有影响力的中国女科学家的集中报道和研究。其中，关于国内女科学家研究最多的当数诺贝尔奖获得者屠呦呦，相关文献400余篇；大多围绕屠呦呦获得拉斯克奖和诺贝尔奖的过程、发现青蒿素的始末、屠呦呦科学研究的方法（于庆云、张洪雷，2014）、获奖引发的科学优先权争论（黄松平、朱亚宗，2012）以及中西医争论（刘智莲，2015）等问题展开讨论。

总体来看，2011～2015 年，国内关于女科学家的研究或者宣传大多停留在对当代女科学家的成就介绍及访谈实录层面，其目的主要在于展示杰出女科学家的成长经历、心路历程、科研方法及其在科技领域的贡献和影响，少数触及对其家庭和事业关系的讨论，但更深入的研究较少。

（2）女性主义科技史案例介绍与本土化探索

2011～2015 年，国内学术界主要翻译了美国女性主义科学哲学与科技史家哈拉维的两部经典著作《灵长类视觉——现代科学世界中的性别、种族和自然》（2011）和《类人猿、赛博格和女人——自然的重塑》（2012）。哈拉维在这两部著作中，透过对灵长类科学研究历史的分析，探讨了其中所涉及的现代科学对于自然和女性的双重征服实质以及性别问题与种族问题的交错关系，表达了赛博格女性主义的基本主张。这两部著作的翻译对国内关于哈拉维科学哲学思想的研究具有重要的推动作用。

此外，国内学者也开始尝试从社会性别视角出发对涉及科技与性别的议题进行分析。段学敏（2013）的硕士学位论文通过对惠女水库工程中的女性及“惠女精神”的重新审视，揭示了该工程实践活动中的男性价值观导向和女性的从属地位。姜虹（2015）考察了 18～19 世纪英国流行的植物学文化以及女性在其中的角色和影响，探讨了科学的“性别化”标签问题。章梅芳、刘兵（2015）以 20 世纪 50～70 年代中国流行的“铁姑娘”现象为考察对象，分析了铁姑娘所涉及的各类技术性职业及当时媒体对其社会形象的宣传情况，探讨了其中涉及的技术与社会性别之间深层的相互建构关系。以上研究开始踏出女性主义科技史本土化探索与研究的第一步，对推动相关领域的女性主义学术研究具有一定的借鉴意义。

（三）关于妇女与科技的社会学研究

1. 科技领域的性别差异研究

科技领域的性别差异主要包括男女科技人员在人数比例、人才流动、科研产出、获得资助、科学贡献等方面的区别。潘朝晖、刘和福（2011）通过问卷的方式对安徽省男女科技人才在生活、教育、工作和对人才政策了解与流动意向方面的差异进行调研发现，女性科技人才在工作地点的选择上更多考虑社会关系，出国交流的时间短于男性，担任高层管理职位的女性人数少于男性，她们升迁的难度也较男性更大。施远涛、陈雪玲（2011）基于湖北省女性科技人才发展情况的问卷调查发现，该省女性科技人员的科研产出相对低于男性的现象十分普遍。李星蓉（2011）考察了中国高科技领域中女性发展的现状，发现该领域顶尖级女科学家的比例非常低，且出现老龄化倾向。宋琳（2011）以中国电子显微学领域重要期刊和国家自然科学基金中相关资助项目的情况为分析对象，考察了该领域女性科技人员的科研产出和投入情况，发现女性科研产出比重虽在逐年增加，但学术水平与男性相比还存在较大差距，女性作为项目负责人的数量和层次也与男性有很大差距。刘筱红、陈奕（2012）对湖北省科技人才的数量、层次结构、科研产出等方面的性别差异进行研究发现，该省高端科技人才中女性比例偏低，女性参与科研项目的机会与科研产出也低于男性。马缨（2012）基于第二次全国科技工作者调查数据，揭示了不同年龄段的男女科研人员在参与科研活动、科研产出和职称三个方面的显著差异，其中女性基本上均落后于男性。

总体看来，2011～2015年，国内这方面研究不再过多讨论人数比例问题，而是较多基于实证调查，关注不同地区乃至全国范围内科技人员在科研产出、获得资助和职业地位方面的性别差异。

2. 女性科技人才发展现状的调查分析

2011～2015年，国内开展了一些关于中国女性科技人才发展现状的实证调查研究，其中薪酬待遇和工作满意度成为关注的重点。

施远涛（2011）的硕士学位论文对H省科、教、农、卫四类公共部门的女性科技人才现状进行调查研究发现，年轻化、高学历、工龄长和收入低是目前这些部门女性科技人才的总体现状；行业分布不均、高端女性缺席、纵向分布越到高层性别失衡越明显、科研产出较低、工作满意度低等是主要问题。张瑞娟、孙健敏（2011）对31省市女性科技人员进行问卷调查发现，女性科技人员整体上对科研工作本身较为热爱，但对收入待遇、薪酬分配不满，对科技政策和环境的满意度最低；此外，学历、职业和地域等因素也使得女性科技人员的工作满意度出现一定差异。史容等（2011）以北京、天津、上海、广东等地10个高新区的科技人员为研究对象，从工作自身、人际关系、外部激励等角度考察了他们的工作满意度问题，发现女性科技人才的满意度较男性普遍偏低，差异显著，尤其是外部激励方面。张丽琍、吴韵涵（2012）对北京市女性科技人员的工作满意度进行调研发现，她们的工作满意度与组织承诺之间存在正相关关系，而影响组织承诺的主要因素是薪酬福利、晋升情况和同事关系等方面。黄青年、杨小朵等（2012）对宁波市女性科技人才的薪酬待遇、教育水平、科研工作、社会参与等相关状况进行了全面调查，发现该市女科技人员结构不合理、科研水平较低、队伍建设和激励机制不完善，其作用发挥得不够充分。李媛（2013）研究发现，女性科技工作者科研压力大、科研回报低、科研环境不公平。李卫华、袁璐（2013）通过随机抽样发现，芜湖市女性科技人员中高端收入者比例非常低，在不同领域中领军人物很少，大都集中在初级研究者水平上。杨孝丽（2015）则基于对国家自然科学和社会科学基金项目女性负责人的学科、地域分布差异的数据分析，探讨了中国女性科技人才在学科和地域上的差异，并对影响女性科技人才获得项目资助的因素进行了分析。

3. 影响女性科技人才发展的因素分析

关于科技领域性别差异的比较研究和专门针对女性科技人才发展现状的调查研究，客观上揭示了中国女性科技人才发展的困境，例如职位和薪酬较低、高层次人才数量少、晋升存在瓶颈、成果产出较少、工作满意度较低等。哪些因素影响或者制约了女性科技人才的成长与发展，依然是国内相关研究关注的重点之一。整体来看，主要关注了以下几类因素。

（1）生理因素

施远涛（2011）认为，女性承担着伟大的生育使命，科研产出的最佳年龄段25～45岁恰好是其生育高峰期，使得她们在科研中投入的时间和精力都无法与男性相比，这在客观上限制了女性科技人员的发展。马缨（2011）也提出，由于女性31～45岁期间要承担生育下一代的重任，男女科技人员的职业地位差距逐渐扩大，之后二者持平，56岁之后，女性因为退休年龄的有关规定而再一次落后。张廷君、张再生（2011）考察了女性科技工作者职业驱动力和职业生命周期的关系问题。

（2）传统性别观念

全国妇联女性高层次人才成长状况研究与政策推动项目课题组（2011），基于五省市定性调查研究发现，传统的社会性别刻板印象导致了专业中的性别隔离和就业中的性别歧视，加上媒体对传统性别偏见的复制，恶化了女性科技人员的发展环境；“男主外，女主内”的家庭性别分工使得绝大多数科技女性在现实生活中承担了更多家人照料及家务劳动的责任。施远涛（2011）、杨昕（2012）、李乐旋（2014）、杨孝丽（2015）等学者亦认为女性科技人员仍然是家务劳动的主要承担者，“母爱的建构”“贤妻良母”等传统性别角色定位让女性陷入琐碎的家庭事务中，因而投入科研上的时间和精力无法与男性科技人员相提并论，这导致她们的科研产出低于男性，在职称晋升方面也处于弱势。同时，大众媒体对女科技工作者“事业家庭难两全”的角色形象塑造使得坚守传统性别观念的公众对女科技工作者职业的评价和向往度下降（张丽，2013）。此外，很多女性科技人员不知不觉地将传统性别文化内化为自身的观念，导致她们的职业期望值和进取心不如男性，在生活和工作压力不断累积的情况下容易在事业上选择退缩（王建宇，2011；韩晋芳、吕科伟，2015）。

（3）科学素质与受教育水平

李星蓉（2011）基于中国教育统计年鉴等资料数据研究发现，中国女性在高学历层次的教育水平依然较低，这是限制女性进入科技领域的一个重要原因。李乐旋（2014）对女院士的访谈研究发现，良好的启蒙教育、师从名校、专业领域的高学历、具有留学或国外进修学习等经历是女院士的共同特点，女性科技人员要想获得较好的发展，需要争取进一步接受教育的机会。

（4）科学文化偏见与相关制度因素

李星蓉（2011）、施远涛（2011）、王建宇和冯爱红（2011）认为，科学被认为是具有“男性气质”的客观性的、理性的事业，与“女性气质”相冲突，这一偏见在无形中阻止女性选择和成功进入科技领域。此外，全国妇联女性高层次人才成长状况研究与政策推动项目课题组（2011）指出，科技领域男性占据决策管理的主导地位，具有男性化特征的烟文化、酒文化等非正式交往方式盛行，使得科技女性很难融入掌握科研资源的男性社交圈，难以将自己的科研成果与能力展现给决策者和项目评委，减少了女性获得更多科研信息和科研资源的机会。李乐旋（2014）认为，科技领域女性比例越高，性别隔离度越低，女性职业发展更好的可能性就越高。除此之外，还有研究认为，在国家相关政策制度、就业制度、人才流动制度、收入分配制度尤其是科技人才准入机制、培育机制、人才评价机制、劳动年龄政策中，依然存在诸多不利于女性进入科技领域并且取得职业晋升和发展的因素（袁志群，2011；黄约，2011；肖军飞，2013；韦惠惠，2013）。

4. 推动女性科技人才发展的对策研究

针对上述因素分析，学界给出的对策建议主要可归纳为以下几个方面。

（1）树立积极全面的女性科技工作者形象，优化科技女性成长的社会环境

全国妇联女性高层次人才成长状况研究与政策推动项目课题组（2011）主张，应进一步落实男女平等的基本国策，增进社会对女科技人员的了解和认同，消除社会上存在的对女性科技人员的偏见或片面认识；营造关心、重视女科技人员的社会氛围，鼓励和倡导女性投身科技领域。王建宇、冯爱红（2011）认为，应树立多元化的性别观念，赋予女性更多的自主权而不是囿于“男主外，女主内”的传统角色定型。杨昕（2012）提出，舆论与媒体应树立恰当的社会性别价值观念和积极的女性科技人才的社会形象，让更多的女性科技人才走进大众的视野。唐毓商（2013）在比较女性科技人员形象宣传文本的性别意识后，主张提升媒体从业人员的社会性别意识，将社会性别主流化纳入媒体决策。韩晋芳、吕科伟（2015）建议建立媒体性别审查与监督机制，规范媒体对性别文化的引导，在社会上树立客观公正的女性形象，同时加大对女科学家的宣传力度，尤其要注意塑造她们在科研工作中的领导者和决策者形象以及幸福的生活状态，消除社会对女性科学家的偏见。

（2）加强组织建设，完善社会服务，帮助女性科技工作者解决后顾之忧

除在社会媒体宣传方面营造良好的性别平等环境之外，一些研究者还主张建立适合女性科技人员的社团组织，或依托妇联、工会、科协和基层党组织等机构网络，加强女性科技人员内外部的交流，关心其困境，切实帮助其解决现实中的生活困难，解决其工作与家庭的关系平衡问题，帮助其成长（王建宇、冯爱红，2011；韩晋芳、吕科伟，2015）。同时，全国妇联女性高层人才成长状况研究与政策推动项目课题组（2011）建议，有关部门要搭建平台，促进女性科技工作者之间的沟通交流，互相分享知识、经验和成长的体会，增强女性科技工作者群体的自信心、解决困难的决心和群体的凝聚力；要切实解决大多数女性科技工作者家庭和事业难以兼顾的困境，逐步落实政府购买公共服务制度等政策措施，帮助女性科技工作者减少后顾之忧，获得与男性科技工作者相近的工作和学习时间，使其更好地投入科研工作之中。

（3）推进科技教育性别主流化，为科技领域提供更多的女性科技储备人才

相关研究主要从中小学阶段的科普教育、大学阶段的性别平等教育以及职业阶段的科技培训与深造机会三个方面强调注意吸引青少年女学生参与科技、培养女大学生的专业思想、增加科技领域女性的再教育机会。全国妇联女性高层人才

成长状况研究与政策推动项目课题组（2011）呼吁，用人单位应通过帮助女性进行职业设计、创造学习培训机会、提供社会服务等促进其成才。宋笑娜（2012）认为，中国中小学每学期至少开展两场科学普及活动，提高中小学女生的科普参与度，激发女生对科学技术的兴趣；对于进入科技职场的女性而言，应在培训、进修等科研学术交流活动中给予其平等的机会。韩晋芳、吕科伟（2015）提出，应加大对父母的科普宣传力度，鼓励女童投入科学事业；对各级教师以及师范类大学生进行性别平等教育，在大学师范类课程中开设相关课程；为在校女大学生、研究生和博士生提供小额基金资助，鼓励其参加科研实践项目或参加相关学术会议。

除此之外，另一类文献主要关注农村女性科技素养的提高和普及问题，关注农村技术推广中的性别差异和不平等现象，主张加大农村妇女职业技能培训力度，提升农村妇女科技创业能力（邓爱群，2011；胡红、付少平，2012；丛智泉，2012；宋宝华，2015；等等）。

（4）加强立法和推进科技政策的性别主流化，优化女性科技人才发展的职业环境

2011～2015 年，越来越多的学者强调要积极学习欧美和日本、韩国等邻国的性别主流化科技政策。秦佩恒等（2013）对美国自然科学基金会“提升女性参与和发展学术事业能力计划”的计划设立、项目选择、支持方式和管理机制进行了梳理，认为专门支持计划和项目支持是保证实现女性科技人才发展政策目标的有效载体；支持重点由个人转向研究机构，能够从根本上改善女性科技人才发展的制度环境；健全女性科技人才支持项目的监督评估体系，重视过程评估以及内外部评估相结合，是保证项目成功实施的关键。李乐旋（2014）进一步考察了美国、加拿大、英国、德国、瑞典、欧盟、韩国、日本等国家和地区在科技教育及职业发展等方面的性别平等政策，认为中国可以适当进行借鉴。从结合实际调查提出的政策建议来看，2011～2015 年，国内相关研究不断深入和细化，并且更加有针对性。主要包括以下几个方面。

第一，提高科研管理和决策层的女性比例，提高女性在科研决策层面的话语权。全国妇联女性高层次人才成长状况研究与政策推动项目课题组（2011）建议采取类似党政领导中的女干部配额制等措施。王建宇（2011）提出，应确保女性在全国性科技协会、省级学会和机构、科技管理高层的比例，提升女性在科

技决策和评价中的参与权和话语权。杨昕（2012）认为，科研机构应将性别意识纳入科技人才开发与等级评估的决策和体系之中，逐步培养组织群体自身的性别意识。韩晋芳、吕科伟（2015）建议，以法律形式规定科研机构和研究型大学中女性尤其是管理层和决策层女性的比例，可设立性别平等监督委员会等机构，对科研人员的聘用和职称晋升等进行监督，推动性别平等主流化政策。

第二，倡导科研资源向女性适当倾斜。全国妇联女性高层次人才成长状况研究与政策推动项目课题组（2011）建议，在国家自然基金、发改委、国防科工委以及各省的中小企业创新项目中，在申请质量相同这一前提下，优先女性申请者；国家自然科学基金等科研基金中还应设立女性专项基金，在一定程度上解决当前中国科研项目申请中存在的男性主导方式对女性的不公正问题。杨昕（2012）建议，通过立法的形式给处于孕期和哺乳期的女性科技人才建立特殊基金，以支持其科研工作，同时设立更多鼓励青年女性科技人员成才的科研奖项。韩晋芳、吕科伟（2015）指出，应为刚入职的年轻女科技人员提供科研启动资金和继续教育的机会。李媛（2013）强调，在制定相关政策时，应考虑到女性科技人员职业成长过程的特殊性，可在基金资助方面，给予一定的政策倾向和扶持。

第三，制定和实行合理的劳动年龄政策，进一步充分发挥女性科技人才的潜力。黄约（2011）建议根据女性科技人才自身的特点，建立“弹性工作年龄”“同龄退休”等模式。全国妇联女性高层次人才成长状况研究与政策推动项目课题组（2011）指出，实行高层人才男女同龄退休，不仅可以保障女性平等参与劳动的权利，而且可以消除提前退休对女性科技人员发展带来的不利影响，从而更好地发挥女性科技人员的潜力，为她们充分发展、施展才华提供公平的政策平台。事实上，2011～2015年国内在相关方面已取得了一些实质性的进展。例如，中国科协分别于2009年、2011年将“中国青年女科学家奖”“中国青年科技奖”女性候选人年龄从40岁放宽到45岁；自2009年12月开始将中国科协机关和直属事业单位的女性干部退休年龄延长至60岁（王春法，2011）。

三　研究总结与展望

2011～2015年，中国政府、妇女组织和科技团体开展了更多的关于女性科技人才发展现状的调查，对中国女性科技人才的成长困境和发展特点进行了有针对性的分析，并且积极借鉴国外相关政策措施，在基金项目、退休年龄等方面有了实质性的政策改进，为推进妇女更好地参与科技做出了努力；与此同时，大众媒介对女科学家的宣传报道也持续增多，女科学家的社会形象开始变得丰富和全面，性别刻板印象在一定程度上有所减轻，这些均为中国女科技工作者的成长与发展提供了良好的社会环境。

相应地，妇女与科技相关的学术研究在哲学、历史学和社会学领域均有了一定的进展。主要表现在：对国外女性主义科技哲学的前沿研究有进一步的追踪，对女性主义技术思想的探讨有所深入；女性主义科技史理论研究有了阶段性的总结成果，本土化的女性主义科技史研究开始起步；对本土女性主义科技人才的实证调查和对策研究更加深入和具有针对性。这五年的研究开始呈现出两个新趋势或者说特点，一是引介方面，从面上引介西方女性主义关于妇女与科技研究的成果转向妇女与科技相关的哲学、史学和社会学具体问题的讨论；二是本土化方面虽然起步较晚，但也开始出现一些基于社会性别理论讨论本土的妇女与科技相关议题的优秀成果。

从总体上看，这五年妇女与科技研究成果数量有所增加，取得了一定的研究进展，但同时存在一些不足，尚有很大的发展空间。相关哲学研究的大多数文献在研究广度和深度上突破不大。其中，关于女性主义科学观和认识论的探讨基本延续了2011年之前的研究思路和基本观点，一些硕士学位论文泛泛讨论女性主义认识论的几个基本方面，学术水平较低；关于具体女性主义学者科学哲学思想的研究仍局限在桑德拉·哈丁、唐娜·哈拉维、海伦·朗基诺、伊芙琳·福克斯·凯勒等人身上，在研究结论方面也鲜有突破。但可喜的是，关于女性主义技术思想的研究有所深化，今后应做更多的译介工作，并提出具有本土特色的女性主义科技哲学思想。

相关历史研究虽然在编史学理论上出现了阶段性的总结成果以及少量的本土案例研究成果，但后者仍处于起步阶段。其中，关于古代和近代女科学家的研究以及关于当代女科学家的口述史研究，在内容上主要局限于介绍其家庭背景、受教育经历以及探讨其科学成就和社会贡献等，较少以此为基础运用社会性别视角进一步分析和揭示科学内在的性别结构与制度特征，并提出批判性的史学观点。今后应继续追踪西方女性主义科技史理论的最新发展；对本土的案例给予特殊关注，鼓励更多的学者选择有中国特色的研究议题开展深入研究，从而拓展本土科技史和妇女史研究的空间。

相对来说，相关社会学研究有了较大的进展，主要表现在对中国女性科技人才的现状调查做得更加深入细致，对国外科技政策方面的社会性别主流化政策与措施的介绍更多，至少在研究层面上政策和制度的性别盲视不再是普遍现象。但不足之处在于，关于女性科技人才成长困境的原因分析缺乏实质性的突破，一些对策建议较多重复前人的观点。今后应进一步做好中国女性科技人才信息调查和数据库建设，加强理论研究与实践领域的结合，切实推进中国政策制度层面的社会性别主流化，推进女性更多更好地参与科学、建设科学。

妇女与环境研究综述（2011～2015年）

杨玉静*

一　研究概述

2011～2015年，伴随着国内外生态环境和社会环境的变化，中国妇女与环境领域发生了诸多变化，关于妇女与环境的研究成果也日益丰富。在中国知网数据库中，篇名中出现“生态女性主义/生态妇女主义”的研究文献共896篇，主要集中在文学/文化研究、哲学研究领域。以“妇女（女性）/性别”和“生态/生态文明”组合检索，共检索到相关研究文献14篇；分别以“性别+环境”和“妇女（女性）+环境”组合检索，检索到相关研究文献13篇和29篇。以同样的检索词在中国国家图书馆和北京大学图书馆馆藏目录进行检索，共检索到相关研究专著7部。本文主要涉及妇女与环境的相关理论、妇女与环境的关系、妇女与生态文明建设、妇女与环境治理以及妇女与气候变化等内容，尽管文学/文化批评领域的生态女性主义研究成果非常丰富，但这并不是本文关注的重点。本文关于妇女与环境的研究综述主要基于哲学、发展学、社会学、管理学、政治学、法学等领域的80余篇研究文献。

五年来妇女与环境领域研究的主要特点表现在：一是研究议题更加广泛，既有理论层面的生态女性主义研究、妇女与环境的互动关系探讨，也有实践层面的妇女参与生态文明建设、妇女与环境保护、妇女与环境治理、妇女与气候变化及灾害管理等研究，特别是对生态女性主义的行动研究在一定程度上呼应了相关的理论探索；二是多学科、跨学科的研究成果更加丰富，对妇女与环境关系的探讨更加深入，尤其是在哲学和文学/文化批评领域，越来越多的研究者从多个方面多个视角探讨妇女与环境问题的理论基础；三是随着中国提出大力推进生态文明

---

* 作者简介：杨玉静，女，全国妇联妇女研究所副研究员。

建设的战略任务，妇女与生态文明建设成为这一时期研究的热点，基于本土的妇女与环境实践研究更加深入，结合地方性语境对生态女性主义理论在中国的本土化探索取得了一定的研究进展。

二 主要研究内容

1. 生态女性主义理论与行动研究

2011～2015年，关于生态女性主义的理论和行动研究成果都更加丰富。国内学者对生态女性主义理论的研究主要从介绍理论发展、理论源流、基本概念以及跨学科分析等视角进行研究，探讨生态女性主义的议题与难题、方法论、问题和走向，分析其丰富内涵和生态阐释力（赵媛媛，2012；戴雪红，2012；陈伟华，2012；王芳芳，2012；张杜芬，2012；刘晓辉，2013；耐木，2013；张怀敏，2013；张慧霞，2014；胡志红，2014；霍娟娟，2015），这些研究在介绍生态女性主义的同时，丰富了生态女性主义的研究视角。有研究者认为，西方生态女性主义从女性的视角看待自然，将父权制社会对妇女的统治与对自然的统治联系起来，提出生态危机产生的根源在于父权制基础上的二元论（余维海，2011）；二元论对差异进行极端化和绝对化而导致的主宰关系合理化正是生态女性主义的理论困境所在（施月红，2014），有研究者以关怀伦理学为架构，从生态女性主义的论述中重新诠释关怀伦理学在环境议题中的拓展，认为生态女性主义既是一种女性主义理论，又是一种生态理论，同时是一种多元的文化视角（赵媛媛，2011）。尽管西方女性主义在如何对待女性与自然的关系问题上，面临着多种立场选择，但总的来看，仍呈现着从拆解到重构的解读理路，从而引发了人们对女性概念、自然概念、女性与自然关联的重新思考，努力发掘相互性自我中存在的理性，珍视世界上不同文化和生命的丰富性和多样性，这对于在生态危机背景下解决女性生存和发展问题具有重要意义（石碧球、李晓哲，2011；戴桂玉，2011）；但作为一种新兴理论，生态女性主义仍存在较大的发展空间，其理论假设值得进一步商榷，强烈的乌托邦色彩也容易在实践中遭遇诸多质疑，因此要实现进一步的发展，必须在加强自身伦理文化建设的同时注重理论与实践的结合（安秀伟，2011）；而以关系性为理论基点进行自我建构、关注到情感因素在道德行为中的重要性、强调在具体情境下强化关怀行为的关怀伦理则可能成为生态女性主义理论困境的出路（施月红，2014）。吴琳（2014）认为，生态女性主义从最初仅关注性别歧视发展至关注人类社会各种压迫制度，最终认识到自然主义也是统治逻辑的结果，它在很多方面有别于并且超越了女性主义和生态学。

对生态女性主义与马克思主义生态思想的比较研究发现，二者都坚持以人与自然的关系为研究对象，都认为人与自然之间是内在相关的，但前者是在反思以往理性传统基础上的批判，而后者则是在批判既有理论基础上的彻底超越（陈玲，2013）。生态社会主义的女性主义维度极大丰富了生态社会主义的内涵，其分析问题的立场和方法表现出与马克思、恩格斯妇女观的契合性（蔡华杰、林美萍，2014）。邵楠（2012）梳理了印度学者范达娜·席瓦的生态女性主义思想，指出其理论对全球化、对资本主义发展观的批判性。张淑兰（2012）的研究发现，席瓦对妇女、环境与发展关系的系统性阐述形成了独树一帜的女性环境主义理论流派，但她的生态女性主义理论与实践之间存在着鸿沟，将复杂的抱树运动简化为女性主义运动，还试图把“女性主义原则”简单运用到公共领域，这种性别简化论使其遭受了诸多批评；作者提出女性主义和环境主义应该停止无谓的相互攻击，代之以建设性的合作，以实现妇女、环境与发展的有机统一。严玉芳（2014）探讨了美国环境史学家卡洛琳·麦茜特的生态革命理论，认为她的研究不但为人们从宏观上解读历史上人与自然的相互关系提供了新颖的结构范式，而且增添了环境史研究的重要维度，特别是对性别分析和再生产因素的重视，有助于促进环境史研究的多元化发展。余维海、李从娜（2013）认为，生态女性主义的理论对生态文明建设的意义不仅在于增添了对性别的关注，其价值还体现在生态文明建设的全过程。

另外，很多研究者从文学角度对生态女性主义进行研究。吴琳（2011）从生态学、性别研究和文学批评的跨学科视角，对美国生态女性主义文化思潮进行了系统考察，不仅澄清了一些与生态女性主义相关的概念，而且对美国生态女性主义文学批评理论及其文学作品加以集中探讨，对国内生态女性主义批评研究面临的问题以及西方生态女性主义批评的“本土化”问题进行了讨论，在一定程度上丰富了生态女性主义批评研究。对美国黑人女性作家艾丽斯·沃克作品中生态妇女主义的研究发现，她在书写黑人妇女成长历程的同时，自觉地糅入了自然的因素，深刻认识到种族、性别、自然三者之间的密切联系（于爱琴，2011；王冬梅，2013）；具有反性别主义、反种族主义、非洲中心主义以及人道主义特征，表达了对不同种族、不同性别的人类从对峙走向共存，自然从被压迫到与人类和谐相处，从而实现人类完整和生存完整的理想追求（卞捷，2011；高晓慧、宋宝梅等，2011；陈静、宋宝梅等，2013；郭婷，2014）。

近五年，对生态女性主义的行动研究成为一个重要的研究方向。有研究者认为，生态女性主义实践是一场超越了传统女性主义运动的针对所有不平等现象的平民政治运动（陈伟华，2011）。对美国进步主义时期女性环境运动的研究发现，女性环境意识的高涨和女性民间组织的蓬勃发展激励了美国女性广泛参与环境运动，不仅对20世纪美国的环境文化产生了深远的影响，也极大促进了美国女性政治力量的成长，开启了她们大范围参与政治活动的先河（祖国霞，2013）。《扎根于生态生计文化的和平妇女行动研究》（陈顺馨等编著，2013）一书展示了2008～2011年在内地、香港、台湾进行的“生态、生计、文化与可持续和平”行动研究，探究三地“和平妇女”在生态、生计与文化等方面所面对的暴力，以及她们处理或回应这些暴力的行动经验、策略和困难，从中看出这些“和平妇女”行动的效应和张力以及生态运动与和平的关系。有研究者对美国环境正义运动中妇女参与的背景、方式以及妇女的作用进行分析发现，妇女的加入不仅改变了运动关注的焦点，也给妇女自身带来了一些积极变化。她们超越了传统的影响政策和立法的方式，强调社区教育工作、建立广泛的社会正义目标网络等；她们不再是环保运动中的边缘角色，而是开始进入权力中心并发挥作用（王俊勇，2013；程晓静，2013）。尽管妇女的参与度大大提高，但对环境关心的比例还是要比男性小；人们还需对两性在环境运动中的共同责任进行反思（王俊勇，2013）。纪莉、曾益民（2015）对美国环境传播运动中的生态女性主义研究发现，女性可以通过介入环境议题和使用大众媒介来实现进入公共领域的目标，环境正义运动是女性进行环境传播的未来趋向。

2. 妇女与环境的实践关系研究

研究者从性别视角分析妇女与环境的互动关系发现，一方面，妇女在生态文明建设中具有特殊作用，她们是生态价值观的传播者、生态行为的实践者、“生态家庭”的塑造者、生态安全的维护者（俞白桦、罗贤宇，2014；金莉、李英桃，2014；陈登源，2014；齐霜，2015；李智环，2015）；另一方面，部分欠发达地区日常生活中贫困与生存之需的矛盾、各地生态和农业生产系统差异也会影响到妇女与生态环境的关系，特别是在中国现代化进程中，妇女也会有意或无意中成为环境问题的制造者或参与者（金莉、李英桃，2014）。研究发现，妇女与生态环境的关系是由妇女所生存的条件、生产发展水平以及生活经历等共同作用的。如对陕北白村和中缅边境妇女生态实践的调查发现，妇女在自然环境出现问题及发生变迁的过程中所做出的具体反应，根源于其依赖和利用自然资源以求生存的需求，她们在生态观念、生态政策的认知、生计行为的选择上受知识和经济条件等多种因素的影响，个体生存理性远远高于群体环境理性（张雅茜、付少平，2011；李智环，2015）。杨国才主编的《社会性别视野下少数民族妇女的健康与生态环境保护》（2011）一书从社会性别的视角出发，通过描述女性的生产生活方式、对自然资源的管理机制、民族传统医药和保健知识、宗教信仰、风俗习惯等事例，阐述少数民族妇女与其所处的生态环境发生互动关系时，为了适应生态环境而形成的生态文化观念；强调少数民族的传统文化是男女两性共同创造的，倡导关注、挖掘并传承妇女在这一领域的知识和经验，使其成为符合社会发展要求的知识，并推动少数民族地区的可持续发展。

对环境意识和环境行为的微观调查数据显示，现阶段中国公众环境行为没有明显的性别差异（程志华、王凤，2011），城市女性的环境态度与男性并无显著差异，但通过环境行动知识的调节作用，环境态度会对女性的环境友好行为产生正向影响（罗艳菊、张冬等，2012）。环境关心、环境敏感度这两种环境态度与城市女性环境行为意向显著相关，但环境态度对环境行为意向的影响又受到外部情境因素“合作参与”“参与渠道”“政策法规”的调节作用（黄粹、鹿群，2014）。这一结论可以为城市环境治理中如何促进女性参与提供决策参考。教育程度是影响女性环境意识的最重要变量，同时，年龄、月收入、婚姻三个变量对环境意识有显著作用（张斐男，2014）；李亮、宋璐（2013）对大学生环境意识调查数据的分析显示，女大学生比男大学生更为关心环境，社会性别意识对环境意识存在显著的正向影响，但这种影响不存在显著的性别差异。刘书雁（2011）认为，当前农村女性环境素质认知程度参差不齐，不同个体特征、经济状况和社会因素对农村女性环境参与行为有着不同的影响。石会娟、宗义湘（2014）对河北农村的调研数据显示，农村妇女的环保意识低，对生活环境的满意度低，但对环境保护的期望高；文化程度、家庭经济情况、环保知识是影响其环保意识的重要因素。武永春等（2014）认为，受教育程度偏低、接收环境信息渠道有限、环保习惯养成困难、深层社会责任感导向形成困难、常被排斥在环境决策之外是影响女性环境责任行为形成的主要因素。帅庆、平欲晓（2014）则认为，虽然生态文明意识存在着性别差异，但差异不等于优劣；将性别因素纳入生态文明意识的构建中，有利于不同性别的利益表达和需求满足，有利于在生态决策和生态发展中做出有益的探索，以促进价值平等。

3. 妇女与生态文明建设研究

章梅芳、刘兵（2013）对生态女性主义理论在中国的本土化发展进行了积极探索。他们认为中国性别平等事业和生态文明建设所面临的最主要问题是理论和实践脱节。一方面，理论研究仅限于评介外来思想的层次，缺少本土化的、与中国现实相关的生态女性主义理论探讨；另一方面，实践者对生态女性主义的理解还存在一定偏差，以解决性别问题和生态问题为行动主旨的实践进展缓慢。提出要关注现代科技与工业文明对于人与自然关系的影响以及科技领域的性别政治问题；关注全球化背景下跨国资本对本土经济社会（包括环境和性别）的巨大影响，深入分析本土的社会文化语境，致力于自身的内部改革。艾晶、刘爽（2015）认为，强调女性参与生态环境事业的同时，要注重男性参与和男女合作的模式，以此审视生态女性主义的基本价值意义，凸显其在实现生态可持续发展上提供的新思路以及发挥的重要作用。

金莉、李英桃的《社会性别视角下的全球环境问题研究》（2014）一书提出生态环境问题有“性别”，男女两性在生态环境恶化面前的脆弱程度和面临的问题并不相同；关于社会性别与环境的理论、政策和实践都有一个发展变化和不断完善的过程，也因各地政治、经济、社会、文化特点的不同而不同，发展中国家讨论社会性别与生态环境保护问题时要注重“时间性”和“空间性”因素，探索和积累自己的经验；此外，实现社会性别平等、保护生态环境还需要“整体主义”的思考方式，真正将环境保护和性别平等纳入政府决策与服务，融入企业、非政府组织、家庭与个人的观念和行动中。在《社会性别与生态文明》中，胡玉坤（2014）从社会性别视角探讨全球化语境下社会性别与生态文明关系的若干理论与实践问题，既考察了国际宏观政策的动态流变，也探究了转型中国的本土经验尤其是微观村落层面的发展动向，内容涉及就业、农作实践、土地利用、“三农”问题、气候变化、健康与保健等一些当代中国具有挑战性的发展问题。这些研究对于我们进一步反思既往的发展模式和生态女性主义的本土化具有重要的启发意义。

研究者认为，由于性别不平等的传统文化影响以及中国社会经济快速转型时期妇女与经济社会发展的不协调，妇女参与生态环境建设的主动性和创造性还受到一定程度的制约（俞白桦、罗贤宇，2014；陈登源，2014）。配套政策的缺失、环境保护的组织化程度低下也影响妇女生态参与的实践和话语权（吴蓓，2015）。妇女参与生态文明建设需要政府各部门的积极配合和全体社会成员的共同参与。有研究者提出，要在经济和社会发展的具体语境中阐释妇女与环境的互动过程（李智环，2015）；在全社会树立性别平等与生态公平理念；消除贫困，保障欠发达地区妇女生存需求（吴蓓，2015）；要鼓励妇女参与生态文明教育工作，提高妇女的知识素质，赋权妇女，发挥妇女在生态文化建设中的主体作用，推动环境保护与生计的共同发展（安秀伟，2011；张雅茜、付少平，2011；梁炜、郑安云，2015；丁莉，2015）；还应重视性别统计信息的收集，建立女性本土环境保护知识库（安秀伟，2011）；加强妇女组织建设（丁莉，2015；吴蓓，2015），特别是要扶持建立以农村女性为主导的民间环保组织（刘书雁，2011）。王欢欢（2012）则提出应从社会性别视角审视环境正义价值的重要意义，将差异平等作为标尺，实现从关怀伦理到关怀价值的转化，将公共和私人领域作为同时适用的场所。除全面构建国家法律体系与制度政策外，还需要建立和完善具体的生态文明体制机制，包括建立观念和培育机制、完善引导和自愿机制、严格限制和禁止机制等（丁雨辰，2013；俞白桦、罗贤宇，2014），建立和谐的两性关系，把女性与自然和谐发展原则贯彻到中国特色社会主义“五位一体”总布局建设之中（陈登源，2014）。

4. 妇女/性别与环境治理研究

环境保护与人类发展是当今国际社会共同面临的重大议题。人们越来越关注环境退化对女性生存与发展的消极影响，同时意识到女性参与环境治理对可持续发展以及女性自身发展的重要意义。可持续发展领域性别平等的机制化和主流化成为当今社会提高妇女参与环境治理能力，促进妇女参与可持续发展的重要途径。有研究者认为，妇女和环境制度建设中存在一些问题，如妇女参与环境决策权缺少具体政策保障，由政府部门主导的妇女环境保护行动呈现被动性和不持续性，妇女民间环境保护组织面临诸多生存发展困境，在妇女与环境保护领域还存在诸多体制性不均衡等，建议进一步完善妇女参与环境决策、妇女参与环境管理与监督的相关法律政策，完善环境和发展对性别影响的评估机制，进一步发挥妇联和妇女民间环境保护组织的作用等（侯建华、周伟文，2015）。就如何在可持续发展项目中推进性别主流化，有研究者提出要在可持续发展相关决策和项目评估中纳入性别视角（杨玉静，2015）；在项目设计阶段考虑女性性别需求，设立项目性别指标，进行性别预算；在项目实施阶段加强性别指标数据的收集和分析，提高女性参与项目的积极性；等等（王爱华、潘寻，2015）。高莉娟（2011）总结了加拿大社会性别与环境可持续发展机制的主要做法和经验：一是从立法上确保妇女在自然资源的获取、使用和管理方面享有平等的权利；二是政府加强妇女在地方、国家及国际各个层面对环境管理和决策的参与，并注重提高妇女参与管理和决策的能力；三是注重以社会性别敏感视角审视所有发展项目。这些经验和做法为我们进一步推动妇女参与环境治理提供了有益借鉴。

王欢欢（2011；2012；2013）认为，环境治理中形成了独特的社会性别制度，父权制导致女性在环境治理中处于“缺席”状态，环境治理结构性地忽略了客观存在的性别差异在环境退化后果承担和利益分配、环境政治和基层运动、环境科学与决策等活动中，分配与参与呈现偏向某一性别的特征，而这一偏向是性别生物差异的社会化或单纯社会建构的结果，提出要全面评估现有环境立法及运行中的性别制度、性别规范与性别盲点，建立长效的机制，促进社会性别在环境法治中的主流化。在对集成水资源管理的研究中，郭玲霞等（2013）认为，广泛的公众参与和性别平等是集成水资源管理的基本原则，也是其公平、可持续性的体现。在集成水资源管理中，考虑性别问题，有利于女性在水资源管理中的充分参与，发挥妇女在水资源利用管理及环境保护中的重要作用，促进水资源管理可持续发展。此外，应用性别分析方法，能够更加精确地分析自然资源的利用情况。亦有研究者认为，资源型农村环境危机的深层原因在于人类中心主义导致对自然的过度掠夺，性别公平是资源型农村发挥女性环境治理作用的保障（董江爱、郎杰燕，2015）。从全球治理视角看，发展中国家女性参与环境治理也可以提高国家参与全球治理的话语权（杨光，2014）。

5. 妇女/性别与气候变化研究

气候变化已经成为一个重要的可持续发展问题和全球问题。已有的研究和事实显示：气候变化使本已存在的性别不平等进一步加剧。在应对气候变化过程中纳入社会性别视角的重要性已得到国际社会的认可和重视，一系列国际公约、宣言、纲领等国际法律和文件中已将社会性别主流化纳入其中（刘伯红、王晓蓓，2011）。近年来，气候变化的社会性别研究逐渐成为多个学科共同关注的重要议题。有研究者指出，作为一个跨学科的研究领域，气候变化与社会性别研究的理论结构可划分为价值观、习俗与制度、行为和知识等三个层面的构成要素，其研究重点可分为气候变化对女性的影响、女性与气候的关系以及女性应对气候变化等三个层面的内容，气候变化的社会性别研究可以从跨学科的理论研究和结合实际的运用实践两个方面发展（尹仑，2014）。

气候变化及其应对之策不只是环境问题，还是社会公正问题和人权问题（胡玉坤，2011）。已有研究指出，在气候灾害中女性的死亡率远远高于男性，特别是贫困妇女的生活和生计比男性更依赖周边的自然资源，也更易受到气候变化的冲击。因此，应重视消除妇女“气候贫困”（赵惠燕，2012）。对少数民族生态环境的研究发现，少数民族传统文化的消减以及村落管理机制的衰落等，导致少数民族地区生态环境恶化的同时影响到妇女健康（杨国才，2013）。刘伯红、王晓蓓（2011）认为，在应对气候变化和减灾过程中，如果妇女作为平等参与者和贡献者的能力没有得到足够重视，她们的技能和生活经验没有被作为可利用的资源，她们被排除在规划和决策过程之外，则会进一步强化传统上对女性依赖性强、软弱和处于附属地位的看法，加剧两性之间的权力关系不平等的同时，也会造成女性资源的巨大浪费。但是，在气候灾难面前，妇女不仅仅是受害者，也是遏制气候变化的积极能动者。在森林资源管理和保护方面，在新能源和清洁能源的使用中，在影响商品生产模式的消费方式方面，妇女都扮演着重要角色，对应对气候变化有着深远而重要的影响（刘伯红、王晓蓓，2011）。有研究指出，乡村妇女直面生活的智慧、知识和生存策略是战胜气候变迁的宝贵财富。通过可持续地利用和管理森林、土地、水等自然资源，她们在确保对环境友好的生产和生活方式上可发挥更积极的作用；长远看来，通过投资于女童和妇女的教育、健康、福祉及社会地位提高等，可促使生育率下降，从而最终有助于减少温室气体的排放（胡玉坤，2011）。对云南德钦红坡村的个案研究也发现，无论是应急性的减缓气候灾害威胁还是长期性的适应气候变化影响，当地藏族女性都能够对气候变化及其灾害做出有效的应对。基于女性自身文化和传统知识基础之上的应对举措是建立气候灾害防范、互助和治理机制的最为有效的途径之一（尹仑、薛达元等，2012）。

在应对气候变化的过程中，研究者强调要将性别问题贯彻始终。缓解行动只有将性别平等纳入其中，使妇女在资源控制、技术与知识的掌握、参与决策和同等受益方面获得平等的权利，使妇女应对气候变化方面的潜力和能力得到充分的发挥，才能最终达成减少温室气体排放的目标，实现经济与社会的可持续发展（刘伯红、王晓蓓，2011）。如兰州大学西部环境与社会发展中心通过联合国社会性别主题工作组项目，推动甘肃省立法系统在气候变化应对相关政策的制定和执行过程中提升社会性别敏感性，促进女性和男性平等地参与应对气候变化公共政策的制定、执行、评估和监控，推动男女公平享受政策成果（丁文广、仙昀让，2012）。此外，研究者认为，在应对气候变化的过程中纳入性别视角还需切实加强建设气候变化和灾害知识的共享平台，拓宽女性对气候变化和灾害的认知（丁文广、魏银丽等，2012），帮助妇女利用全球、区域、国家和地区层面的公共平台开展相关对话（赵惠燕，2012）。在灾害风险管理过程中，有研究者提出要制定纳入两性平等观念的减灾和恢复策略，以产生有效的人道主义灾害管理干预办法（杨国才，2013）。不可否认的是，当前全球应对气候变化的政策对话和政策议程大体上依然由市场或技术驱动，即便在家庭或社区层面实施减缓和适应策略也时常如此。不难想象，在应对气候变化和灾害管理过程中推进社会性别主流化依然任重而道远（胡玉坤，2013）。

三 研究不足与展望

2011～2015年，妇女与环境的相关研究在哲学、文学/文化批评、社会学、人口学、发展学、管理学、政治学等层面取得了较大进展，研究成果更加丰富，研究深度和广度也有一定程度的拓展，但总体看来还存在诸多不足。

第一，对生态女性主义理论的研究虽然数量丰富，但大多侧重介绍和评价，简单重复的研究居多，特别是大量的相关硕博士学位论文缺乏创新性。

第二，理论研究和实践研究存在脱节现象，一方面，基于本土的、与中国现实相关的生态女性主义理论探讨不足；另一方面，关于妇女与环境的实践研究还存在生搬硬套西方生态女性主义理论的问题，对生态女性主义的理解还存在一定偏差，如强调妇女与环境的天然联系、对妇女与自然关系的理解还存在本质主义倾向等。

第三，对妇女与环境研究的本土化探索虽然取得了一定进展，但无论是研究成果还是研究力量都还与现实需要不相适应，与国家整体推进生态文明的战略以及妇女在生态文明建设中的实际作用还存在很大差距。

第四，研究视角和研究方法比较单一，研究力量在不同学科的分布不均，基于发展学、社会学和管理学的研究成果不足。

因此，在今后的研究中，要抓住中国大力推进生态文明建设、积极参与全球环境治理的契机，加强中国特色社会主义妇女理论与生态文明建设理论的交叉创新研究，在介绍、翻译和借鉴西方及第三世界生态女性主义研究成果的基础上，结合中国妇女与环境的实践，加强本土化研究。一方面，将中国的妇女与环境问题置于全球背景之中，加强对应对气候变化、灾害管理、环境资源管理方面的研究；另一方面，结合中国的政治经济文化现状，深入分析和探讨本土的社会文化语境，形成具有中国特色的研究成果。与此同时，需在课程设置、相关学科发展中向妇女与环境研究方向倾斜。另外，还需加强研究队伍建设，积极培养相关研究人才，增强研究力量。

妇女与婚姻家庭研究综述（2011～2015年）

马春华*

妇女与婚姻家庭研究，目的是探讨女性婚姻家庭中的经验和实践，其核心就是分析和批判家庭内部的性别关系以及和其他领域中性别不平等之间的关系。而女性主义理论是性别研究的主要理论来源，它认为男性和女性有着同等的价值，赋予女性生活和经验以价值，试图确定、批评和改变积极或消极阻碍性别平等的结构和实践（Wood，1995）。女性主义理论的出现，对于婚姻家庭研究有着革命性的影响（Zinn，2000）。家庭不再是结构功能主义研究者眼中的和谐整体，而既是压迫和冲突的场域，又是力量、团结和集体生存能力的源泉（Osmond & Throne，1983）。在家庭的实证研究中，性别不再只是性别角色，而且成为一种社会建构（Thompson & Walker，1995）。性别作为权力和展演（performance）的机制成为普遍关注的主题（Bittman et al.，2003）。

20世纪末21世纪初，女性主义重新定义了家庭研究（Fox & Murry，2000），他们关注的许多主题已经成为家庭研究的重要议题，差异、不平等和冲突与家庭研究交织在一起，不同群体女性的生活经验成为家庭研究的基础（Zinn，1995）。但是，对家庭进行性别分析，把家庭作为融入政治、经济、公民社会的互动机构，认为家庭和基于种族、性、民族、残疾和年龄的不平等相互交织在一起，依然不是家庭研究的主流（Ferree，2010）。女性主义有关家庭内部利益冲突的问题以及家庭与文化、经济和政治变迁之间的联系已经进入了家庭研究领域，但是回答常常更多地强调适应而不是转型（Stacey & Biblarz，2001）。只有在家庭研究的边缘，家庭才被当作以性别关系为基础的不平等竞争场域（McDowell & Fang，2007）。甚至保守主义者依然把女性主义看作对功能性家庭的威胁（Buss & Herman，2003）。

---

* 作者简介：马春华，女，中国社会科学院社会学所副研究员。

和国外相比较，2011～2015 年中国的婚姻家庭研究中，女性主义的理论和方法影响更显微弱。很少有研究进行批判性、社会性的动态性别分析，大量的研究还是基于保守的功能主义范式。女性经验虽受到关注，但是大量的研究还是把性别作为一个自变量或控制变量进行性别比较，而不是将性别作为社会建构的核心变量。当然也有相当数量的研究在尝试使用女性主义理论和方法来分析家庭中的性别关系以及家庭中的性别不平等与更加宏观的社会不平等体系之间的相互关联，但是这类研究相对来说还是比较少。

一　研究概述

2011～2015 年，婚姻家庭重新成为学界关注的主题。特别是 2011 年最高人民法院出台了《关于适用〈中华人民共和国婚姻法〉若干问题的解释（三）》，2011 年、2013 年、2015 年政府相继出台了双独二孩政策、单独二孩政策、全面二孩政策，婚姻家庭问题成为公众热议的话题，也吸引了大量的学者从事婚姻家庭方面的研究。参与研究的学科领域很多，涉及社会学、人类学、人口学、经济学、历史学、心理学和法学等。相关的议题除了传统的研究主题，如婚配和择偶问题、婚姻质量、离婚问题、夫妻权力模式、家庭结构、家庭变迁、家庭关系（代际关系、亲属关系、亲子关系）、家庭伦理、父权制、养老等，还涉及一些研究相对较少也往往是学者现阶段比较关注的主题，如生育、家庭政策、儿童福利和权益、性别失衡、工作－家庭平衡、婚姻法和家庭法等，也特别关注一些特殊群体的婚姻家庭状况，比如农民工的家庭、失地农民的家庭等。虽然女性主义理论和方法的影响在逐渐加强，但是妇女/性别与婚姻家庭研究的进展有限。

2011～2015 年，根据笔者不完全统计，有关婚姻和家庭研究的论文整体来说篇数较多，但分散在《中国社会科学》《社会学研究》《社会》《妇女研究论丛》等相对重要和权威的杂志中的论文只有数十篇。而且由于这些杂志不是婚姻家庭研究的专业学术杂志，因此从女性主义角度研究婚姻家庭的就更少了。以婚姻家庭为主题的学位论文相对数量更多，但水平参差不齐。这五年出版了百部左右相关专著，还有一些以婚姻家庭为主题的国内外会议和会议论文。总体来说，这些研究中与妇女有关或者从女性主义理论和方法角度进行研究的很少。

除此之外，还有几家致力于婚姻家庭研究的研究机构采用以书代刊的形式出版了论文集。比如，中国社会科学院社会学研究所家庭与性别研究室于2011年、2013年、2014年和2015年分别以“全球化与性别”“20世纪以来海外中国家庭研究”“华人社会代际关系及变迁”“家庭主义、个体主义与个体化”为主题出版了《家庭与性别评论》第3辑、第4辑、第5辑和第6辑。这些辑刊收集了各个主题下性别和家庭方面的研究，基本上没有原创论文。上海社会科学院家庭研究中心2011年、2012年、2014年分别出版了《中国家庭研究》的第六卷、第七卷和第八卷，其中少部分是原创性的婚姻家庭研究论文，更多是翻译国外婚姻家庭研究的论文。总体来说，这些辑刊之中与妇女相关的研究也有限。

基于妇女和婚姻家庭研究的现状，本文在分析的时候主要选择的是在《中国社会科学》《社会学研究》《社会》《妇女研究论丛》等学术杂志上发表的论文，特别是作为中国社会性别研究最重要的刊物——《妇女研究论丛》中有关婚姻家庭研究的论文。《妇女研究论丛》刊载的妇女和婚姻家庭的论文相对而言是最多的，根据笔者的统计2011～2015年也不到30篇，平均一期不到一篇。虽然这五年来出版了大量和婚姻家庭研究相关的专著和学位论文，但是从女性主义或者社会性别角度进行研究的专著非常有限，更多见于一些论文集中（杨善华，2012；吴小英，2011），或者是对某个村庄（李斌，2013）、某个民族（米莉，2014）或某个女性群体（王天玉，2014；次仁央宗，2015）的部分研究之中。为了反映在婚姻家庭研究方面性别分析的推进，本文尝试从女性主义研究关注主题和重点出发，分析中国婚姻家庭研究在这些领域中的推进和不足。如前文所述，婚姻家庭研究涉及的领域非常广，包括文学、法学、历史学、心理学、经济学等。为了使本文的论述更为集中，本文分析的研究主要来自社会学、人口学、人类学等领域。

二　主要研究内容

总体来说，2011～2015年的婚姻家庭研究，由于结构功能主义理论的强大影响力，大多数研究还是把性别作为一种个人的特质，在数据分析时作为控制变量或者自变量，或者作为质性分析中区分人群的标志。令人欣喜的是，有研究开始关注女性的经验，把女性的经验放在研究的核心（林晓珊，2011），甚至对家庭内部的性别和年龄等不平等结构进行交互分析，或者对家庭内部的性别不平等结构和外在的社会阶层等进行交互分析（沈奕斐，2013a；2013c）。这些研究展示了女性主义理论和方法对于婚姻家庭研究的重要影响，也是未来推动妇女和婚姻家庭研究发展的重要路径。

为了能够展示2011～2015年妇女与婚姻家庭研究的进展，笔者在下文将根据受到女性主义影响的婚姻家庭研究的主题对相关研究进行讨论。Osmond和Throne（1993）提出女性主义学者进行家庭研究时的五个主题：把社会建构的性别作为核心概念；关注家庭所处的社会历史情境；认同性别平等和社会变迁；女性经验处于中心位置；质疑所谓的“家庭”概念。Thompson和Walker（1995）在此基础上进行了一定的调整，基于他们分析的美国三个重要家庭研究杂志的相关论文，增加了有关在家庭研究中推动女性主义理论和方法的实践主题。本文以这些研究者提出的主题为基础，根据中国2011～2015年家庭研究论文所集中的主题，进行了局部调整，比如增加了有关父权制的讨论。同时应该强调的是，这些主题之间并不是互斥的，一篇研究论文可能会涉及多个主题。

（一）社会建构的性别作为研究的核心概念

在进行性别分析的时候有两种理论框架，一种是源于结构功能主义的性别角色理论，一种是性别社会建构理论（Glenn，1997）。女性主义学者多是采用社会建构的立场，把社会建构的性别作为研究的核心概念（Osmond & Thorne，1993）。对于女性主义学者来说，性别并不仅仅是个人的特征，而是结构的、文化的、历史的各种条件建构了两性间的差异，并且维系和延续着两性之间的权力关系（Thompson & Walker，1995）。基于性别角色理论的性别分析无处不在，但是基于女性主义性别社会建构理论的研究较少。社会建构主义在家庭研究中依然处于边缘位置（Fox & Murry，2000）。

1. 家庭生活中性别的概念化

性别在家庭生活的各个领域中普遍存在，包括角色、日常实践、想象和权力。家庭并不是像传统的概念那样，是个和谐统一的整体，而是性别和代际冲突的场域（Ferree，1990），是爱和权力纠缠在一起的男性和女性斗争的领域（Hartman，1981）。因此，现有的研究者在讨论婚姻家庭生活中的性别时，不再仅仅是讨论两性之间的差异，而更为关注性别类别化和分层化的过程，关注性别中蕴含的权力关系。

养老送终是家庭的重要事件之一，但也是展示性别权力的场所。高修娟在研究中采用了李霞研究中对于农村家庭生活前台和后台的区分："父系制度中的性别分工、男尊女卑和父系亲属体系中的义务构成了前台，而女性对家事和亲属关系经营所具有的影响力则是居于后台。"（李霞，2010）代表父系家庭传承的葬礼是家庭事件表演的前台，男性仍旧是家庭的正式代表，具有象征性的权力；而在家庭事件的运行后台，女性（包括女儿和儿媳）在养老活动中积极参与，悄然取代了男性所拥有的部分实际权力（高修娟，2014）。

但是，女性权力不具有文化合法性，仅仅能够在实践中发挥作用，因此被高修娟称为实践性权力。这种权力是基于女性在家庭事务中的付出，是一种影响力，且只能够影响过程而不能够影响结果。相对的，男性的象征性权力却得到了传统文化和家庭制度的支持，具有文化合法性。不需要对应着实际的付出，却能够影响结果，并用于为男性本身谋取利益。尽管"女性的这种后台权力，在一定意义上从内部置换了父权和夫权"（李霞，2010），但是传统的以男性为中心的父权制的制度基础并没有被根本改变。在性别权力的较量中，男性少了一部分权力，但还是拥有合法性象征权力；女性获得了一部分权力，但是只能囿于后台之中，缺乏合法性和象征意义，没有文化和制度的支持（高修娟，2014）。

2. 性别社会建构的家庭结构限制和条件约束

从社会建构论的角度探讨家庭中的性别关系和权力结构的研究者，首先关注的就是建构性别社会的家庭结构限制和条件约束（高建新等，2012；田瑞靖，2013；杨菊华，2014；刘爱玉等，2015）。

根据中国传统的父权制家庭制度安排，儿子承担赡养父母的责任，同时拥有继承财产的权利。相应地，女儿没有赡养父母的责任，也没有财产继承权。但是，现在无论是在城市还是在农村，女儿都更多地参与了父母的养老，这也成为婚姻家庭研究的一个主要议题，因为它重新塑造着家庭中的性别关系，挑战了传统的性别权力关系。研究者发现，如果是在多子女家庭，儿子或女儿是否外出务工，是否全部外出务工，都会影响到家庭的养老安排。只有在女儿全部外出务工的情况下，她们才可能和儿子平均分担对于父母的经济支持（高建新等，2012）。而田瑞靖（2013）的研究指出，在盛行招婿婚的村庄，农村女儿在赡养老人方面能够获得和儿子一样的正式身份。但是这实际上并没有挑战父权制，而是父权制的另一种展现方式，因为这些女儿实际上都是被当作了儿子。这同时从另一个角度证明了微观结构主义者的极端发现，如果男性和女性处于相同的情境之中，两性的差异会消失（Risman，1986）。

随着经济的发展，两性在家庭中时间利用模式依然保留着类似的性别差异模式（畅红琴，2013）。杨菊华（2014）在研究中指出，虽然中国男性家务劳动的参与率更高，但即使在两性条件相同的情况下，女性家务劳动的时间依然远远超过男性，很多女性却认为这种家务分工是公平的。杨菊华用“女性策略”的理论来解释这种现象，家务劳动不再是一种负担而是一种资源，能够给女性带来稳定感、安全感，并维持家庭和谐与稳定，更能帮助女性维持夫妻关系、增进夫妻情感。刘爱玉等人（2015）认为从男性的角度来看，家务劳动也可能变成一种情感劳动。两者的理论有异曲同工之妙。

3. 性别社会建构的社会历史情境

从社会建构论的角度讨论性别的学者，都会坚持性别和性别关系应该在其所处的社会历史情境中进行分析（Osmond & Thorne，1993）。家庭内部的机制和家庭与社会体系之间的机制是互惠的、相互影响的。家庭成员之间的关系受到社会话语和物质现实的深深影响（McDowell，2007）。微观的家庭世界的权力关系复制了宏观社会的结构化分层，家庭婚姻中的私人文化反映了整个社会的文化理念，外在的社会潮流、普遍的权力关系和居于支配地位的意识形态塑造着家庭中的亲密关系（Mullings，1994）。

家庭中女性面临的不平等境遇从出生就开始了，出生性别比是衡量这个现象的一个重要指标。从20世纪80年代到现在，中国一直面临严重的出生性别比失衡问题，男孩偏好被当成导致这个现象的最主要原因，因此，对于男孩偏好的研究也成了2011～2015年学者关注的主题之一（李树茁、毕雅丽，2015；李卫东、尚子娟，2012；杨菊华，2012；杨雪燕、李树茁等，2011）。这些研究者从不同角度分析了中国男孩偏好的形成原因，讨论社会历史情境是如何塑造着男孩偏好，而男孩偏好在什么情况之下才能够改变。

基于个人选择与制度情境互动的制度分析与发展框架，李树茁等人（2015）强调个体的心理因素是导致男孩偏好的最主要心理机制，同时提出社区规范和家庭规范作为行动情境对于男孩偏好的形成有显著影响，拥有儿子所导致的社会需求的满足感甚至大于儿子的继嗣功能，男孩偏好已经成为情境和社会取向。而杨菊华（2012）的研究则强调男孩偏好是基于父权制的建构，它能够给个人和家庭带来需求满足感，只是这种需求涵盖的范围更大，既涉及父系、夫居、子继、子送等最原始的文化领域和家庭场域，也衍生到政治、经济、社会和心理领域。李卫东和尚子娟（2012）则强调男孩偏好是一种生育文化，国家的生育政策对于男孩偏好文化的再生产机制有着重要的影响，可能导致更为宏观的社会分层机制参与到男孩女孩的价值分层之中，而这种性别分层又将个体的微观生育行为卷入宏观的社会分层之中，从而构筑了男孩偏好持续存在的制度基础。

中国正在经历着大规模的城乡人口流动，2013 年举家外迁的总量达到了 3525 万人（国家统计局，2013）。这种大规模的“家庭化”城乡流动对于家庭的性别权力关系的影响也是 2011～2015 年学者关注的另外一个重要主题（张传红、李小云，2011；刘鑫财、李艳，2011）。张传红和李小云（2011）认为流动改变了家庭的性别权力结构和性别关系，因为社会文化环境、个人的社会资本等因素都发生了变动。刘鑫财、李艳（2011）的研究区分了留守女性和流动女性家庭，认为这两类家庭的妇女家庭地位主观和客观都存在差异。徐敏（2014）的研究则强调了丈夫留守、妻子流动的家庭策略本身就是性别资源占有不平等所导致的，是对女性资源的剥夺，但留守妇女的地位随着其掌握家庭资源增加而有所提升。

4. 通过家务劳动/工作来建构社会性别

受到女性主义理论的影响，婚姻家庭研究者开始重新思考女性工作的概念和意义。这里提及的工作，既包括女性在家庭内部承担的家务劳动，诸如日常操持家务以及照顾儿童和老人；也包括女性离开家庭，进入劳动力市场，赚钱养家，为家庭而工作。通过日常工作，人们生产了自己和他人的关系、他们和世界的关系（Fishman，1978）。家庭内外的工作不仅建构或重构着家庭的性别关系，而且是家庭和外部世界发生关联的一个节点。

这部分研究包括重新思考家务劳动的概念。杨菊华（2014）的女性策略理论的重点其实是重新定义了家务劳动的概念。她认为对于很多女性来说，家务劳动并不是一种负担，而是一种维系家庭稳定和夫妻关系的资源。对于刘爱玉等人（2015）来说，家务劳动则成为一种情感劳动。宋少鹏（2012）的研究则讨论了集体主义时期国家话语中对于家务劳动在不同时期的不同定义，这决定着国家对于家庭劳动采取支持态度还是贬抑态度；对于女工、农妇、职工家属/家属工三类女性的家务劳动的不同定义，决定着家务劳动是由单位承担还是女性自己承担。

这部分的研究也包括从女性的角度重新思考有薪工作，重新定义家庭必需品和赚钱养家。国外有很多相关的研究，他们认为赚钱养家和劳动力就业不一样。赚钱养家不仅仅是一种活动，而且是一种竞争的、协商的和再协商的意义体系，它界定了性别的边界。但在国内的婚姻家庭研究中，就笔者有限所见，2011～2015 年还没有出现类似的研究。

5. 父权制/性别权力关系

女性主义对于家庭研究的重要影响之一，是使婚姻家庭研究者开始关注婚姻家庭中的权力过程，无论是公开的还是潜在的过程（Fox & Murry，2000）。2011～2015 年的婚姻家庭研究中，有不少研究以父权制为核心概念来解释家庭内外部的性别不平等（左际平，2012；杨菊华，2014；沈奕斐，2013a，2013c；金一虹，2011，2015；罗小锋，2011；谌鸿燕，2015）。经过数十年的社会主义实践，中国的父权制依然存在吗？沈奕斐（2013a）认为，现在中国的公私领域父权制依然在起作用，可能表现的方式发生了变化，因此她称这个时代为“后父权制时代”。她认为家庭等级制度是由性别、代际和年龄所决定的，在传统父权制家庭中，它们的作用是一致的，因此年轻女性处于最为弱势的位置；在后父权制时代，它们的作用是交错的，由于老人权力的让渡，年轻女性获得更多的权力，年长女性成为家庭等级制度的底层。金一虹（2011；2015）则认为，虽然城乡间大规模劳动力流动的“去地域化”侵蚀了以血缘关系和地缘关系高度重合为基础的中国父权制家庭，但由于体制约束、市场主导和父系父权自身延续需要三重力量的交互作用，流动后父权制家庭又重构了，形成了“流动的父权”。罗小峰（2011）的研究则更为强调流动前后父权制的复制和延续。

在左际平（2012）看来，父权制不仅包含着“父权”，还包含着“夫权”，因此她用“男权制”代替了“父权制”。她把性别视为一个“父权、夫权相互交织、权力边界不断变动的过程”，将家庭男权制度置于父系继嗣的体系中去研究，发现在大家庭中父权和夫权是次第起作用的。当夫权遇到父权时，两者是既合作又冲突的关系，使性别与代际权力出现多重性、易变性和内争性，导致中国传统男权家庭中妇女的地位在一生中是变动不定的。李慧英（2012）则从父权制的制度安排角度来讨论中国男孩偏好的形成，认为改革开放后，由于经济和社会的转型，国家在公共服务和社会保障上的不力，家庭的社会保障和避风港的功能凸显出来；同时，家庭父权制日趋活跃和强化，甚至在很多地方扩张成为集体父权制，成为公共资源分配的“合理依据”，村民资格和资源分配变成以父系规则为基础，这些培养了中国强烈的男孩偏好。

6. 把性别作为社会角色

从社会建构的角度看待性别的研究者，对于性别角色的理论都持强烈的批评态度（Ferree，1990），两种理论取向从表面看是冲突的。但是实际上，对于性别角色的分析也可能有利于我们对家庭中社会建构的性别的理解（Thompson & Walker，1995），只要研究者是使用角色分析来讨论结构和文化之间的冲突、不连续和矛盾，把社会角色作为互动中真实行为和性别规范及结构之间的概念联系，或者承认女性和男性的角色不是公平地创造出来的（Komarovsky，1992）。

2011～2015年的婚姻家庭研究之中，一些讨论因子女数目减少而出现的新婚姻模式的研究就属于这类论文。黄亚慧（2013）讨论的苏南地区的“并家婚姻”，主要发生在独生子女家庭之中，指的是“男方不算娶，女方不算嫁”的婚姻模式，男女双方的地位以及和各自父母的关系完全对等。汪艳渝（2014）研究的安徽农村的“两边蹲”婚姻模式，类似于“并家婚姻”，都是为了满足独生子女家庭的养老和继嗣的需要，确认女儿合法的财产继承权和养老的正式身份。但是，黄亚慧（2013）强调这种女儿的新角色行为需要通过协商来建构，且只是在男性子嗣缺失的时候的暂时性补充，并没有从根本上对于父系父权家庭制度提出挑战，改变儿子继嗣的制度。

（二）强调家庭中的性别平等

女性在家庭中所处的从属和弱势地位，是关注妇女和婚姻家庭研究者所重视甚至致力于改善的，这一点在女性主义研究者那里表现得特别明显。他们认为女性常常在家庭生活中处于不利的位置，家庭其实更多地服务于男性的利益，因此其研究要推动性别平等和改善女性在家庭中的福祉（Thompson & Walker，1995）。这个研究领域不太关注社会性别的建构，主要关注劳动性别分工，推动出台政策和项目以回应女性的需求和利益以及针对女性的暴力。

1. 家务劳动

家务劳动分工是婚姻家庭研究的一个重要主题。女性主义研究者把家务劳动定义为工作，提出了照顾工作的概念，强调性别本身是家务分工的基础。2011～

2015年，这个主题受到许多研究者的关注（王金玲，2011；於嘉，2014；杨菊华，2014；陶艳兰，2011；佟新、刘爱玉，2015；宋少鹏，2012；方英，2011）。前文已经讨论了部分研究者对于家务劳动定义的思考。王金玲（2011）在研究中从经济学的角度详细地讨论了家务劳动是不是生产，认为这决定着国家对待家务劳动的态度。她的研究指出，服务于家人的家务劳动符合国内生产总值定义的核心指标和关键性术语，所以应该纳入国民生产总值之中，否则会削弱或者遮蔽女性劳动的价值。杨菊华（2014）利用三次中国妇女社会地位调查的数据，分析了1990～2010年中国家务分工状况。她发现，总体来说，女性家务劳动时间是男性的三倍。随着时间的推移，男女两性之间的家务劳动时间的差距仅有微弱缩小，没有根本改变。在男女两性条件相同的情况下，女性家务劳动的时间也远远超过男性。佟新、刘爱玉（2015）得出了女性主要承担家务的类似结论，但她们强调有1/3的家庭出现了夫妻合作型的家务劳动模式，认为这说明家务劳动是一种情感劳动。

陶艳兰（2011）在分析家务劳动的时候，对于性别和年龄进行了交叉性分析。她认为现在城市双职工家庭中，祖父母特别是祖母协助儿子媳妇承担育儿及其他家务劳动，已经不再是代际互惠了，因为父辈只能付出劳动，但是没有家庭事务的决定权。建构代际互惠的解释，实际背后蕴含着几种意识形态：育儿及家务劳动是家庭内部的事情，育儿及家务劳动是女性的事情，家务劳动不具有社会价值。

家庭中女性不仅承担着照顾幼儿的责任，而且承担着照顾老年人的责任。孙文玥（2013）的研究，历时性考察了中华人民共和国成立后土地私有制时期、集体化时期以及市场经济时期政治、经济、文化所建构的力量对传统父权制文化背景下儿媳照顾分工固化模式的影响。她发现，虽然现在农村呈现了儿媳照顾式微及女儿赡养增多的趋势，但以女性为照顾主体的传统模式并未改变。包兰英（2014）则进一步讨论了农村这些女性照顾者面临角色困境、经济困境、家庭责任困境、照顾时间困境、照顾关系困境及健康困境，而目前照顾者可获得的照顾资源却并不充足，缺乏国家和家庭的支持。

传统的家务劳动分工对于不同时代的女性产生了不同的影响。伍伟萍（2011）的研究发现，家务劳动分工导致的角色期望冲突成为“80后”家庭中夫妻矛盾的主要原因，甚至成为这些夫妻最终走向离婚的原因。因为“80后”

女性获得了更多的社会资源和就业机会，使她们勇于挑战传统的两性关系。而“80后”男性更多还是秉持传统的性别分工模式，两性之间的角色期望因此发生着冲突。家务分工成为妻子现代意识和丈夫传统观念博弈的场所。而放弃了自己职业、完全成为家庭主妇的女性则失去了和男性博弈的基础（严世趁，2012）。

2. 工作和家庭冲突/平衡

即使在其他国家女性就业率普遍上升而中国女性就业率连续下滑的背景下，中国女性的就业率也普遍高于其他国家。从中华人民共和国成立之初国家普遍推动女性就业开始，女性就面临着工作和家庭的冲突。只是对于不同的女性群体，国家有不同的策略（宋少鹏，2012）。改革开放之后，随着国家撤出福利体系，所有的女性都只能依靠自己、家庭或者市场来解决工作和家庭的平衡。这里讨论的女性所面临的工作和家庭冲突/平衡，主要指工作的已婚女性特别是已育女性，或者被称为工作母亲，面临着工作要求和家庭责任之间的冲突。2011～2015年婚姻家庭研究中，这个领域的研究相对不多。

金一虹（2013）从历史的维度分析了中国工作母亲曾面临怎样的工作和家庭冲突。从20世纪50年代开始，由于国家鼓励妇女就业，造就了一大批工作母亲。她们既要参与生产劳动，又要承担无偿的照顾性劳动，处于两种性别角色体系要求的冲突之中。但由于国家话语的核心是鼓励妇女参加社会劳动，因此有劳动管理制度和福利政策来分担母亲的责任和职能。在社会转型之后，随着国家调整福利体系的供给和劳动管理制度的改革，育儿又变成了家庭的事情，而私人化的育儿责任又重新落在了母亲身上，工作母亲面临的工作和家庭冲突更为激烈。佟新和周旅军（2013）的研究也得出类似结论。

结婚生子或者抚育子女而中断就业的职业中断现象是许多研究者关注的重点。李芬（2105）把这种现象称为“内嵌于家庭生命周期的职业中断”。在国家实施二孩政策之后，这种职业中断的期限可能变得更长，这既会加重雇主对于女性的歧视，又不利于女性人力资本的积累，职业流动和回报都会受到负面影响（闫淑敏，2015）。因此，为了能够兼顾工作和家庭，许多工作母亲选择所谓的具有了灵活性等特质的“母亲友好型”职业，但是这种职业实际是一种向下的职业流动，不仅使生育对于女性的职业惩罚效应长期存在，而且固化和加深了劳动力市场中已有的性别隔离（李芬，2015）。

3. 推动满足女性需求和利益的政策出台

第二次人口转型带来了诸如出生率下降、结婚率下降、单身母亲比例增加等现象。研究者认为这些现象是社会、经济和政治脱序的后果而不是原因。它们不是家庭变迁本身带来的，更多是因为缺乏国家对于家庭的普遍支持（Zinn，2000）。女性承担了主要的家务劳动和照顾责任，因此缺乏对于家庭的支持，在很大程度上是缺乏对于女性的支持，或者说缺乏满足女性本身利益和需求的政策。欧盟和联合国提出的家庭政策主要目标之一，就是推动性别平等以及促进工作和家庭平衡（European Council，2007；EGM，2012）。

2010年之前，中国婚姻家庭研究中这类讨论比较少。2011～2015年，这类研究开始慢慢多了起来（吴小英，2012；陈卫民，2012；马春华，2015；黄桂霞，2014；唐灿、张建，2013）。吴小英（2012）认为，中国"家国同构"的治理逻辑使得中国公共政策体系中家庭处于缺位的状态。而陈卫民（2012）则根据家庭在社会政策中的地位和角色，指出中国要制定的家庭政策不是为了构建理想的家庭模式，而是为了改造现有的社会政策，促进各个领域的社会政策更好地适应家庭变化。

从婚姻家庭层面来说，在越来越多女性外出就业的情况下，满足女性的需求和利益的政策最为重要的就是有利于工作和家庭平衡的政策。促进父母（尤其是女性）工作和家庭平衡的主要政策工具，除了提供多样的儿童保育服务，另一个重要的政策工具是产假/育儿假和陪产假以及产假/育儿假和陪产假津贴。2010年之后，是否应该制定育儿假以及育儿假的时间成为热议的话题，一些研究聚焦于这些政策是否回应了女性的利益和需求，在缓解了女性育儿的困境时是否会给女性的就业带来新困境，等等（周文，2014），希望通过研究推动帮助女性平衡工作和家庭关系的政策出台。

李芬（2014）提出应推动生育成本社会化，生育假期政策与"挽留性"政策双管齐下，考虑以公共儿童托管和兼职性就业作为中国家庭政策的倾斜点，帮助女性平衡工作和家庭的关系。黄桂霞（2014）则在研究中更加具体地讨论了如何运用生育支持政策来缓解职业中断对于女性的不利影响。她认为国家、用人单位和个人三方应该共同承担生育责任。政府和用人单位分担女性生育的经济成本、托幼服务和家庭分担照顾责任。马春华（2015）强调维系经济发展和社会保障制度的可持续性，在儿童收益社会化的时候，要推动儿童养育成本的集体分担，不要让对儿童养育贡献了最多时间和金钱的女性成为受伤害最深的群体。

4. 针对女性的家庭暴力

根据第三期中国妇女社会地位调查的数据结果，在整个婚姻生活中曾遭受过配偶侮辱谩骂、殴打、限制人身自由、经济控制、强迫性生活等不同形式家庭暴力的女性占24.7%，其中，明确表示遭受过配偶殴打的比例为5.5%，农村和城镇分别为7.8%和3.1%。这些数据结果说明针对女性的家庭暴力在中国还是一个普遍现象，这也是为什么许多研究者参与推动《中华人民共和国反家庭暴力法》出台，而反家庭暴力法最终于2015年12月27日颁布。

2011～2015年，在法学领域出现了大量有关针对妇女的家庭暴力的研究。为了推动中国反家庭暴力立法，2012年第3期和2014年第5期的《妇女研究论丛》先后刊发了一系列从法学角度讨论家庭暴力的文章。这些法学家集中讨论了家庭暴力的定义，特别是在反家庭暴力法之中家庭的定义。有的研究者提出应采用概括和列举相结合的方式明确家庭暴力的概念和范围（李明舜，2012），有研究则着眼于家庭暴力概念的主体范围，认为主体既应该包括法律上具有权利义务关系的家庭成员，也应该包括前配偶、前恋人等不具法律关系者（夏吟兰，2014）。正式出台的反家庭暴力法中对于家庭暴力的定义是指家庭成员之间以殴打、捆绑、残害、限制人身自由以及经常性谩骂、恐吓等方式实施的身体、精神等侵害行为。

古学斌（2014）的研究则从更为女性主义的角度探讨了苗族妇女遭受的家庭暴力，他认为这是女性这个社会性别给她们带来的苦难，家庭暴力是她们面对的主要苦难之一。“父权制度、农村贫困、传统文化习惯等交织在一起，形塑了她们生命的遭遇和苦难。”不能生育男孩、丈夫酗酒等都会成为她们被丈夫殴打和虐待的原因。穆怀奕（2012）则讨论了男性气质和男性暴力之间的关系。他认为社会分工和家庭内部性别分工中的权力关系格局是男性暴力发生的结构性和基础性因素，而构建男性气质的男性童年创伤和暴力经历、性的社会化等也是重要影响因素。男性气质和男性暴力相互影响、相互建构。男性暴力总是被当作男性气质非常重要的组成部分。马春华（2013a；2013b）的研究讨论了如果拓宽家庭暴力的概念，家庭暴力的受害者既包括女性也包括男性。女性主义理论在分析妻子受虐方面相当有解释力，但是在丈夫受虐方面解释力度有限。夫妻平权的家庭中，夫妻间暴力发生的可能性最小。

（三）女性的生活和经验成为研究的中心

婚姻家庭中女性主义的核心议题就是女性的生活经验。这些研究者并不是简单地研究女性的生活经验，而是通过她们的经验挑战有关女性的普遍概念，抗议有些研究者对于女性经验的忽视或歪曲，改变家庭研究者对于核心概念的想法，捕捉女性生活经验的差异性。研究者从女性的角度来研究家庭生活，关注女性作为母亲和女儿的生活经历，包括女性和亲属的关系等。

1. 母职/作为母亲的经历

所谓“母职”（motherhood/mothering），是指女性承担母亲的身份，认同和扮演相关的母亲角色规定（林晓珊，2011；金一虹、杨笛，2015）。女性主义学者认为母职是社会和历史建构的，它提供给所有生育的或者未育的女性一个性别化的行为规范。母职并非天生的和自然形成的，而是一个被定义的和被规范的角色意识和行为准则（Roger，2011）。母职是可以建构和再建构的。在父权制社会中，母职是维护父权制的重要制度，是在父权制文化体系下运作的行为和意识形态（林晓珊，2011）。

母职研究的核心就是什么样的妈妈才是“合适的妈妈”（appropriate mothers）。对于西方传统的婚姻家庭研究者来说，合适的妈妈必须具备这几个特质——已婚、异性、中产阶级、白人，只有这样的妈妈才适合照顾孩子（Baber & Allen，1992）。但是，大量有关不同阶层、不同群体女性成为母亲的经历都在挑战着这个概念。母职影响着女性的经历，女性的经历又再塑造着母职。2011～2015年婚姻家庭研究中，出现了很多以中国女性作为母亲经验为核心的论文（林晓珊，2011；金一虹、杨笛，2015；沈奕斐，2014；陶艳兰，2013，2015；蔡玲，2015）。这些母亲的经历都是性别社会建构的一部分。

林晓珊（2011）的研究把母职体验向前推到了怀孕的时候。因为怀孕对于女性来说是生命中的一个极为重要的事件，她们从怀孕开始对自己的身份认同就发生了急剧的变化。怀孕在现代社会必然伴随着一次次产检，在这个过程中母职被不断想象和实践。在产检的过程中，孕妇本身的身体经验是不被重视且被贬低的，作为女性主体性建构最重要的内容被压抑，孕妇的“母职体验也因此变成一种经由现代医学健康方案所主导的想象”。金一虹和杨笛

（2015）的研究则重点讨论了孩子的教育对于母职的重塑。她们认为竞争性教育和“家长主义”带来了“教育拼妈”。由于父亲的缺席，母亲承担了孩子教育投入和产出的责任，带来了“母职密集化”。而当女性的角色几乎压缩到和母亲角色等同之时，女性本身的个体价值就被消解。但是这些母亲在日常生活中也重新定义着母职，给她们抵抗主体性消解、寻求更为强大的自我提供新机会和空间。

在母职认同的研究中，陶艳兰（2013）认为中国城市女性更多地还是把母职视为个体的责任，认为母亲在孩子成长过程中是不可或缺的，母亲的角色不可替代，这源于传统性别意识形态的隐蔽呈现、职场规则的去性别化运作和科学育儿知识权威论证。在这种母职认同之下，为了建构她们心目中的好妈妈，女性可能采取两种不同的策略：或者调整自己的工作状态以符合“好妈妈”的母职期待，主要从“身体在场”和“心理在场”两个方面确认自己在最大限度地满足孩子的需要；或者逾越传统母职规范，将母职视为一种团队工作，使母职和职场工作达成平衡和相容状态。那么，流行育儿杂志作为载体，是如何塑造城市女性的母职认同的？陶艳兰（2015）发现，这些杂志再现了一种理想妈妈和好妈妈的形象：接受育儿专家的指导，花费高昂，以家庭和孩子为重。专业化、消费主义和父权制共同建构了这种母职观念。而流行育儿杂志通过再现这种母职观念塑造了城市女性的母职认同，协助维持了女性、国家与市场之间动态关系中的各种社会权力结构。

2. 女性的代际关系

代际关系是家庭研究的一个重要主题，而从女性角度讨论代际关系则是其中最为重要的一个维度。这种代际关系不仅包括母女关系，也包括婆媳关系。2011～2015年的婚姻家庭研究中，有大量研究讨论了婆媳关系（李超海，2011；陈讯，2012；张爱华，2015；邹鑫等，2015），因为在父系父权制家庭之中，婆媳关系是一个永恒的主题，特别是现在养老问题也成为婚姻家庭研究所关注的主题。

李超海（2011）的研究发现，都市中的婆媳关系特别是农村婆婆和城市媳妇之间的矛盾，并不仅仅是个人特质决定的人际关系冲突，而更多是国家和市场因素共同塑造的结果。比如，国家的城乡二元制度塑造了城乡不同的生活逻辑和社会保障体系，间接地加剧了农村“凤凰男”的养老负担，降低了城市“孔雀女”的养老责任，从而导致同一家庭内部代内和代际不同家庭价值的冲突。

在研究代际关系时，年龄和性别的交互作用是许多研究者关注的主题，比如几代婆媳关系。陈讯（2012）的研究指出，40～60岁年龄组的女性是婆媳关系转换中被牺牲的一代：她们向上遵从传统伦理等待婆婆放权（“候权”），向下为了讨好媳妇换取老年的赡养向媳妇赠送权力（“赠权”）。张爱华（2015）研究中的40～60岁的中年婆婆也面临着权力丧失与主体性消融的困境。她们为了营造出和儿媳妇的新型代际关系，承担隔代照顾孙辈的责任，让渡出工作的权利，力图“生产”融洽的代际关系与和睦的家庭伦理，营造亲密的家庭关系，进而“激发”子辈的感激、依恋乃至对其未来养老的承诺。

女儿养老特别是农村女儿养老是2011～2015年婚姻家庭研究中的另外一个重要主题。许多研究提及虽然女儿开始参与父母的养老，但是养老的主力还是儿子（王跃生，2012）。许琪（2015）发现，虽然儿子赡养父母的总效应还是大于女儿，但是女儿在生活照料方面的直接效益已经显著超过儿子。在农村，女儿对于父母养老的工具性意义也在不断提升。部分农村居民已经开始逐渐接受这种现象（张翠娥、杨政怡，2013），但是养老还存在着实践的“实”的层面。名实可能是统一的，也可能是分离的（张翠娥、杨政怡，2015）。而且，人们虽然接受女儿养老，却并不因此认为女儿有分得家产的权利（赵宝爱，2014）。

高华（2012）的研究则发现养儿防老虽然遭遇困境，但是父子一体的伦理依然强盛。虽然女性参与养老在增多，但是女儿和儿子采用了不同的养老方式和规则。在代际交换关系中，儿子更注重与父母的即期交换，即互惠模式；女儿更看重与父母的延期交换，即“抚养－赡养”模式（章洵，2014）。女儿通过参与养老实践获得了实践性权力，但不具备合法性，在代表家庭的表演前台上依然是儿子象征性权力的天下（高修娟，2014）。通过招赘婚，女儿可能获得了赡养老人的合法身份和正式身份，但只是替代了儿子的位置，并没有真正挑战传统的父系父权制家庭制度（田瑞靖，2013）。

3. 重新发现父亲/父职

在关注母职的同时，有研究者开始挑战传统对于父亲和父职的定义。在现代社会中，父亲不仅是赚钱养家的人，还应该参与育儿和分担家务，成为负责任的家庭成员（Berkowitz & Marsiglio，2007）。

2011～2015 年，只有少数几篇研究涉及这个领域。贾振勇（2014）从历史的角度梳理了中国传统的父亲形象是如何形成的，是如何从一种来自自然天性和血缘亲情的印象感觉的“初始经验”转化到典章制度化、意识形态化的“实质部分”，也就是说“父权”的理论化、观念化、规范化以及强制性。他发现在早期典籍中，强调的“父亲”形象是集中于自然天性和血缘亲情，但是为了给以君权为核心的社会政治模式提供天然支撑，“父亲”从“父慈子孝”转变成为“父为子纲”。“一个全面控制人的肉体、言行、思想和情感世界的制度体系和意识形态体系，借助于‘父权’的实施，将统治力量‘下移’和‘内化’到社会组织的最基层细胞中，从而获得了全权掌控全社会的能量。”贾振勇认为五四时期对于“父亲”的批判，批判的是沦为政治工具的“父权”和“父亲”形象，将人伦关系的支点重新确立在“爱”这个融合了自然属性和社会属性的本质出发点上。

唐双捷（2014）的研究关注由趋同的经济实力、弹性的家庭分工、模糊的家庭角色而导致的与妻子相对更为平等的反传统的上海男性。但是他的研究同时表明，即使是这样的男性，在承担父职上，也就是在照顾未成年子女上，也是更为符合传统对于父职的界定，但在时间投入上远远少于妻子。徐安琪和张亮（2009a；2009b）把父职主要界定为育儿投入。她们发现男性对于父职角色和身份的积极认同、非传统的性别角色态度等能够促进男性参与育儿，而且这种参与对于父亲自身的成长有着积极影响。吕鹏（2013）对于父职的研究则表现出更多女性主义的色彩。他用伦理剧中父亲的形象来讨论父亲的退化和父职的空缺。当下社会的父亲似乎被期待更多地承担传统社会所定义的母职，但是在父权制意识形态依然强大的情况下，父亲角色和形象的改变依然是一条漫长的道路。

有些研究者从男性气质的角度研究父职参与，因为“父亲”是男性身份的重要方面，并在男性气质的建构过程中发挥着重要的作用。秦珊（2014）认为父职参与是男性气质的重要组成部分，但是不同的世代在实践中有明显的差异：父辈由于社会性别角色的刻板压制，认为事业有成才是男性气质的表现，因此很少积极参与育儿；而子代则更为积极地参与育儿，履行父职参与。但是，男性参与在抚养孩子方面非常重要，现在已经同时得到了不同世代的认同。邬文娟

（2012）的研究也发现，总体来说父职参与还是比较少的，其主要原因在于对女人和男人角色的评估上，支配性气质是传统男性气质的理想类型，因此男性主要角色被定义为家庭经济支柱，男性自己也更为认同传统的角色定义，不认为父职是男性身份的重要内容。

（四）质疑“家庭”

女性主义研究对于婚姻家庭研究的重要贡献之一，就是基于女性的生活经验推动研究者重新思考“家庭”的概念（Doherty et al.，1993）。基于结构功能主义的所谓标准家庭和女性的生活经验并不一致，且其背后蕴含着强烈的性别不平等。研究者就所谓的标准家庭提出了挑战：谁或者如何构成家庭并不是理所当然的，家庭生活是多样化的，充满着差异性；应该关注家庭的多样性，而非关注如果偏离所谓的标准家庭可能带来的负面后果；家庭的意识形态也是社会建构的（Kingsbury & Scanzoni，1993）。

沈奕斐（2013b；2013c）借助对上海46个家庭的深度访谈资料，讨论了女性的崛起和个体化视角下的家庭认同。她认为，对于个体来说，“家庭”不是一种客观存在，而是一种认同。社会允许个体有选择自己生活方式的自由，家庭也成为个体成就自己的手段，不同的家庭成员有着不同的定义。由于女性的崛起，女性个体意识觉醒，把自身的血缘关系加入家庭之中，强调自己的代际关系，导致家庭认同模式发生了全面的变化。两条家系的斗争和妥协形成了多元而流动的家庭结构。

性别关系塑造了不同的家庭模式，也包括同性恋家庭和跨国家庭等。2011~2015年的婚姻家庭研究中也出现了一些这类的研究（魏伟、蔡思庆，2012；管珮君、汪家庆，2013；唐魁龙、于慧，2014）。在此之前，陈亚亚（2009）就通过对形式婚姻、婚外恋和亲子关系三个领域的研究，讨论了女同性恋的形式婚姻对于传统婚姻制度提出的挑战。管珮君和汪家庆（2013）则发现女同志伴侣的互动和角色分配与传统家庭不同，更多是按照生活习惯来分配，性别作用降到最少。唐魁龙和于慧（2014）的研究则着力于形式婚姻中的“同妻”或者“同夫”一方。陷于形式婚姻的同性恋者处于纠结、矛盾、负疚等情绪之中，更让“同妻”“同夫”的婚姻家庭生活陷于困境之中，其中“同妻”的处境更为堪忧，因为她们不仅要面对这种非主流的婚姻模式，而且要面对传统的性别权力关系。

魏伟和蔡思庆（2012）的研究则是在家庭框架下考察同性恋的伴侣关系。他们发现，现在同性恋的伴侣关系正在发生转型。伴随着经济发展和劳动力流动性增大带来同性恋者自主性的增加，他们可以重新规划自己的情感生活和亲密关系，同性恋者开始远离异性婚姻，挣脱占主导地位的异性恋亲属体系，成为一种可供选择的家庭生活模式。现代同性恋伴侣关系，同样强调感情和性，与异性恋关系一样追求稳定的情感关系。他们的家庭生活实践，挑战了传统生物基因决定论的家庭和亲属关系的特权地位，创造了另类的家庭类别和亲属制度，成为传统亲属关系的补偿和替代方案。

三　研究不足与展望

与刚刚进入21世纪相比，2011～2015年的婚姻家庭研究有所推进，特别是在运用女性主义理论和方法讨论婚姻家庭中的女性方面，出现了许多讨论社会性别是如何在社会历史情境中建构出来、女性的日常生活经验是如何建构着社会性别的文章，还有文章对性别不平等和年龄不平等进行交叉分析，探讨这些不平等制度是如何相互作用并决定着家庭中女性的位置。性别变化和家庭变迁都在进行中，现有的妇女/性别和婚姻家庭研究还存在着许多可以进一步推进的地方。

一是女性主义理论和方法在婚姻家庭研究之中还处于边缘，大多数家庭研究者是性别中立的，在他们的研究中，男性和女性、男孩和女孩都受到同等对待。但是，使用性别作为控制变量或者自变量的研究并不是在做性别分析，有可能会歪曲或者忽视女性的利益和需求。

二是研究者在讨论家庭内部的性别不平等的时候，更多的是把这种不平等关系看作单独的，而不是把它和诸如年龄、阶级等多元不平等关系放在一起考察，运用交叉性分析方法来考察它们是如何相互作用、共同塑造着女性的生活世界和从属关系。比如，全球生产链的出现和雇主对于雇员时间更多的要求，是如何挑战现有的性别体系，如何影响着女性应对工作和家庭的冲突。而不同福利制度和经济发展水平的国家又是如何支持妇女的育儿劳动的。

三是在婚姻家庭研究的某些领域，女性主义理论和方法的影响更为明显，比如，家务劳动、针对女性的家庭暴力、母职等，女性主义研究在这些研究领域中处于核心位置。研究者无论是否标榜自己是女性主义者，他们在研究的时候总是倾向采用女性主义视角。但是，婚姻家庭的每个领域都与性别有关系，需要推动女性主义理论和方法在婚姻家庭研究的其他领域的运用，比如家庭结构的变迁、多样的家庭模式等。

女性与媒介研究综述（2011～2015年）

王　琹*

一　研究概述

媒介与女性研究是传播研究和性别研究的交叉研究领域，它以性别研究的维度拓展了传播研究的研究层次和研究内容，也以媒介传播的视角为性别研究注入了新鲜的研究主题。当前媒介与女性研究体现了多元化的研究内容和研究路径，在研究实践中形成了丰富成果。

2011～2015年，媒介与女性领域的研究成果较为丰富，但研究数量略有下降。在新媒体技术迅速发展的时代，媒体对性别议题更加关注，媒介与女性的研究主题不断拓展，研究内容不断深入。从研究成果数量看，在研究论文方面，以"媒介""传播""性别""女性"为关键词对中国学术期刊网（CNKI）数据库进行主题检索，共搜索到期刊论文307篇、博士学位论文23篇、硕士学位论文339篇，而之前笔者曾搜索到2006～2010年博士学位论文80篇、硕士学位论文288篇。可以看到，硕士学位论文的数量比五年前有较大的增加，但博士学位论文大大减少。在研究著作方面，对国家图书馆数据库和超星读秀数据库进行搜索后发现，2011～2015年，媒介与性别研究方面的著作共有18部，而2006～2010年有24部，研究著作数量有所下降。

在科研立项方面，在"全国哲学社会科学规划办公室"的"立项专家数据库"查询2011～2015年"新闻传播学"的所有国家社会科学基金立项，媒介与女性研究方面的项目仅有青年项目"大众媒介中的大龄女青年形象及其传播效果研究"1项。此外，搜索这一时期教育部人文社会科学研究的立项项目，五年间"新闻传播学"的项目中，只有2个立项项目和媒介与女性研究相关，即规

* 作者简介：王琴，女，中国传媒大学媒介与女性研究中心副主任、副研究员。

划基金项目“中国女性期刊的发展脉络与趋势研究”、青年基金项目“文化研究视角下中国互联网女性形象研究”。

二　主要研究内容

（一）媒介与女性研究的概述总结

这一时期持续出版的《媒介与女性蓝皮书：中国媒介与女性发展报告》（刘利群、唐觐英，2013；刘利群、陈志娟，2015），系统梳理了媒介与女性的发展状况，全面分析总结了中国媒介与女性的研究与实践。通过研究传统媒体、网络媒体和自媒体等多种媒介类型呈现的性别议题和性别关系，考察了媒介与女性发展的语境、生产过程、传播过程与接受过程。

《社会性别视野下的媒介研究》（刘利群，2013）探析了媒介与女性研究的理论和方法，并针对不同的媒介类型进行分类研究，分析了电视与女性、网络与女性、广播与女性的互构关系及发展状况。此外，依托于中国传媒大学传播学专业媒介与女性方向硕士研究生的教学，刘利群、张敬婕编写出版了国内第一本媒介与女性研究生教材《媒介与女性研究教程》（2013）。

基于国际研究的视野，也有一些著作进行了积极的研究探索。《西方女性媒介文化研究》（张舍茹、陆道夫，2013）通过系列论文探讨了媒介文化中的女性主义，包括女性主义与大众文化、女性主义与影视研究、女性主义与翻译研究、女性主义与言情小说、女性媒介受众、女性主体建构等重要议题。《中韩女性媒介比较研究》（刘利群、张敬婕等，2011）梳理了媒介与性别研究的理论与方法，分析了媒介与性别研究的现状，并对中韩两国女性媒介组织、女性媒介内容、女性媒介受众等进行了对比研究。《中美女性电视节目比较研究》（刘利群、张敬婕，2014）分析和提炼了中美两国女性电视节目发展历程和特色，探讨了女性主义电视研究的发展趋势，并着重分析了媒介对性别议题的反思与建构、媒介中女性形象的再现、媒介通俗化趋势与性别政治等主题。

在第四次世界妇女大会召开20周年之际，卜卫（2015）批判性地回顾和分析了《北京行动纲领》中有关传播的内容，包括信息生产、针对妇女的信息赋权、公众信息、妇女参与传播以及大众媒介治理等，提出超越“妇女与媒介”

的两个战略目标，来审视传播在推动性别平等方面的作用。刘利群、王琴（2015）总结了1995年第四次世界妇女大会以来“妇女与媒介”这一重大关切领域的发展，指出其特点主要呈现为：性别研究成为媒介传播的重要分析维度，性别议题进入媒介传播的议程设置，媒介监测为性别平等评估提供重要依据，妇女界与媒介结成伙伴关系推动性别公共政策。

（二）媒介与女性研究的理论探讨

媒介与女性的理论探讨是推进这一领域研究的重要动力。这一时期的研究中，学者们对媒介与女性的研究范式和研究理论进行了梳理，并尝试在西方研究理论的基础上构建适合本土研究特点的理论话语。

张敬婕（2015）认为学术界存在着将“性别传播研究”“女权主义媒介研究”“性别与传播研究”混为一体的现象，而事实上，这三者之间既有联系也有区别。“性别传播研究”与“女权主义媒介研究”都是以女权主义认识论和方法论为基础的批判性研究，它们与“性别与传播研究”所坚持的以传统的传播学研究规范为主、以社会性别为辅助性研究视角的研究立场截然不同。

媒介一直是女性主义批评的中心议题，女性媒介传播研究在西方的发展经历了“播放、快进并倒带”的历程，国内的女性媒介研究与之相比还存在不小的差距（赵伟，2014）。为了推进中国的媒介与女性研究，研究者倡导借鉴西方成熟的研究理论，如运用南希·弗雷泽（Nancy Fraser）的“反话语”与“次反公共领域”的理论，反抗以男权为中心的公共领域。通过诸如“性骚扰”“反家暴”“婚内、约会或熟人强奸”等“反话语”的发明与流通，使传统意义上被视为以女性为主的私人话题能够获得公共性，以实现构建替代性公共领域的可能（宋桂花，2015）。

也有研究者焦虑，中国的女性主义媒介批评始终面临着外来理论本土化的问题，难以回避“拿来主义”与“移花接木”的痕迹（姚小云，2012）。中国“性别与媒介”研究的困境主要体现在：大部分研究所遵循的范式是哈罗德·拉斯韦尔（Harold Lasswell）“五W”，研究思维中存在明显的二元化对立模式。过多地采用西方女性主义研究的理论和话语，容易忽视中国女性研究的实际问题和情况（凌菁，2011）。

刘利群（2012）在总结和梳理媒介与女性研究状况时指出，中国媒介与女性研究中出现最频繁的议题是对媒介所呈现的女性形象的探讨，其次是对媒介所呈现出的性别观念进行阐释。研究的同质化使得中国媒介与女性研究暴露出很多视野局限，也使得理论探索与媒介现实不断出现错位。

（三）媒介中的女性形象

女性媒介形象研究一直是媒介与女性研究的主流内容，在这一时期，研究者通过多元的案例研究，对于不同女性群体的媒介形象做出深入阐释，形成了一系列丰富成果：女研究生的媒介形象（刘姝伶，2011；胡佳渝，2013），政府女性发言人的媒介呈现（汪可，2015），媒介对女童形象的建构（王春鸣，2012），媒介报道中女航天员的性别角色（谭琳、齐鸣宇，2013），主流媒体中“榜样女性”形象（高焕静，2014），网络媒介中女博士形象（洪静，2014；王娜，2012；李璐，2014；赵宁，2013），大众媒介对女科学家形象的建构（蔡雨坤，2013），女特务的媒介形象（韩敏，2014），等等。

1. 跨文化传播中的女性形象

在国际传播的视野中，对一个国家女性形象的认知也与国家形象塑造密切相关。李敏（2015）研究了《纽约时报》2001～2010年涉及中国女性的报道，从社会性别和民族国家叙事两种视角分析了中国女性的媒介形象，阐释了媒介如何通过话语的运作将“中国”与“女性”这两个要素勾连起来。杨娜、吴鹏（2012）通过对语料库的媒介话语分析指出，以《纽约时报》为代表的美国主流媒介运用贬义词汇、被动语态、夸张、暗喻等语言形式和话语策略，重塑了美国大众对中国妇女的社会认知模式。

从跨文化传播的角度分析中美主流报纸中的女性报道，可以看到，新闻报道对于女性在“公共领域”的形象进行了积极呈现。但在具体的报道对象、事件、态度以及意识形态导向方面，也隐含着不同国家在性别观念上的不同意识（吴越，2011）。

2. 媒介对女性形象的污名化

媒体中的女性形象存在很多歧视和污名化现象，这在一些受媒体关注较多的精英女性群体中尤其突出。新闻报道中出现的针对女性的歧视性语言，主要包括物化售卖女性、差异化女性和标签或矮化女性，其原因主要是文化影响、社会影响和媒介渲染（张谊，2013）。

媒体对女大学生负面新闻的过度报道，直接导致女大学生媒介形象的异化，强化了传统社会性别的刻板印象（张志刚、汪蓓蓓，2013）。媒体频频出现“妖魔化”或“污名化”女大学生的报道偏向，劫掠性地把女大学生作为新闻中可供大众娱乐的对象（伍婧，2012）。

女权主义者在媒体中也常被呈现为愤怒、极端、冲动的形象。媒体往往只抓住其抗争的形式，而忽略了其背后的合理诉求。媒体对女权主义思想内核的误读，对女权主义符号的商业化消费，使得女权主义在舆论场中被污名化（杨雨柯，2014）。

“剩女”作为近年来很受关注的女性群体，也是媒体的热点议题。在意识形态分析的视角之下，可以发现，“剩女”这一词语的流行是媒体制造策略发挥作用的结果。媒体对“剩女”议题不仅仅是“呈现”，更是一种带有价值判断的“制造”（刘利群、张敬婕，2013）。可以看到，媒介话语权下的“剩女”制造，是一种性别话语的偏向，其结果是对公众议程的掩盖和对“剩女”话题的不断歪曲（窦梅华，2014）。“剩女”话语旨在贬低女性的性别形象和社会价值，以迎合传统观念中男性主导的性别霸权，关于“剩女”标签的制造和权力编码，反映了男性对现代独立女性的恐惧和排斥，以及女性自身在传统角色规范和现代身份认知之间的冲突与矛盾（孙金波、范红霞，2014）。近年来的“剩女”题材电视剧也为媒体的“剩女”制造推波助澜，剧中映射出现实生活中大龄未婚女性的生存困境。女性仍处于男权中心话语的外围，消费文化视域下女性的自立只不过是男权文化遮蔽下的虚幻图景（李琦、谭瑶姬，2014）。

同样面临污名化的还有女博士群体。媒体中女博士的负面媒介形象主要有择偶难、婚恋难、受骗、自杀与犯罪。研究发现，文凭危机、择偶观、社会角色冲突、媒介与大众的认知偏见是女博士被标签化的主要社会原因（杨英，2011）。对女博士的边缘化和异化，很大程度上是大众传媒利用文本阐释的话语优势对女博士群体实施的一次符号暴力（吴迪，2014）。本应成为社会骄子的“女博士”在媒介的符号学建构和过度阐释下，成为一个被人们边缘化的“神话”场域。校正社会对于“女博士”群体的狭隘偏见，不仅有赖于媒介自身的修正，而且需要“女博士”群体主体意识的觉醒（朱婧雯，2011）。

（四）媒介与女性身体建构

1. 社会权力与女性身体

在无所不在的社会权力场域，“自然的”女性身体总会受到媒介与时代的深刻规训，从大众媒介兴盛之初的民国时期就可以看到这样的情景。

程亚丽（2014）考察了五四时期《妇女杂志》等媒体的公共舆论，发现女性从服饰到头发、乳房都成为社会关注的焦点。女性的身体成为各种社会话语角力的场所，并由此建构起女性身体新的时代美学。

20世纪30年代，“摩登女性”开始在中国都市大量涌现。以《良友》和《玲珑》为代表的通俗刊物极力宣扬“摩登女性”形象，号召都市女性进行摩登身体实践。但与此同时，左翼文学对女性摩登身体大肆口诛笔伐，国民党政府出于意识形态统治的需要也极力打压摩登风潮，这使得女性身体受到来自社会文化、意识形态和大众传媒的多重权力的塑造（贾海燕，2013）。

白蔚（2011）指出，民国报刊着力建构的摩登女性身体，具有丰富的现代意涵：首先，它指称着现代性，标志着处于世界现代化潮流中的中国人追求现代性的热烈尝试；其次，它指称着女性解放，是现代女性从闺阁中解放出来、走入更广阔的社会空间的一种象征；最后，它指称着身体物化，意味着从封建专制主义与父权制家庭解放出来的女性重又沦为男权社会与商业文化消费的对象。

2. 消费主义与女性身体

在今天的社会，消费主义日益成为一种新的社会意识形态。媒体中的女性身体成为一个新的神话、一种文化表征（谢珂，2011）。女性身体被商业资本赋予了消费与被消费、商品与购买的双重含义。女性既是消费的主体，又是消费的客体。女性从自我意识乃至真实的身体成为消费社会中最常见的符号（靳琰、王莉，2012）。各类女性时尚网站对“美丽消费”的营造、对时尚消费的指引及对商品符号价值的构建，实现了对女性消费的引导（廖晓玲，2011）。女性商业网站挥动消费主义大旗，将奢侈品消费建构为人们展示身份、品位、社会地位和金钱的符码，通过一整套符号体系控制时尚的发展脉络，潜移默化地影响女性的奢侈品消费（张洁莹，2013）。同时，在各类时尚论坛中的“积极”“自由”氛围的掩盖下，女性消费压力逐渐内化。时尚论坛增强了女性作为新穷人的焦虑感（同心，2014）。在时尚杂志所引导的女性美学观中，身体是女性美的中心，而时间美学观和空间美学观是女性美的两个基点，背后隐藏着现代性的追寻、安全感的诉求、消费观念的刺激、男性凝视的快感等美学缘由（杨扬，2013）。

大众传媒缔造的美丽神话让女人相信，接受“规训”的身体，可以获得爱悦。媒介成为“规训”女性身体的机器，为资本市场开路。而女性在美丽神话的诱导下也自觉地接受媒介灌输的“规训”，积极改造自己的身体（罗坤瑾，2012）。女性身体神话体现为技术层面上的数据化、碎片化、图像化以及理想化，消费资本介入女性身体形象的生产，借助各种媒介和技术来“规训”女性身体，以达成女性身体的再生产（蒋建梅，2015）。

在消费文化的视域之外，媒体暴力中也有女性身体的印记。孙金波、范红霞（2013）指出，媒体的身体叙事中存在潜暴力话语，女性的被压制与抗争借由身体这一符号象征得到最充分的体现，女性身体因此成为受辱与反抗的双重之域。

（五）女性媒介工作者

中国女记者职业最早在民国时期产生。冯剑侠（2103）归纳了民国时期女记者身份认同上的两种类型：性别意识主导的女记者和职业意识主导的女记者。民国时期的女记者在建构新的女性主体以及赋权女性参与社会文化的变迁中发挥了重要的作用，女记者的职业实践也给报纸带来了新闻采编视角和题材内容上的变化。

今天的女记者依然是媒体行业的半边天。上海市新闻工作者协会女记者工作委员会（2014）针对上海 35 家新闻单位女性新闻工作者的调查发现，女性新闻工作者的现状、优势、困境和机遇表现出一些新特点。首先，女性新闻工作者的数量呈上升趋势，自我能力评价较正面。其次，女性新闻工作者面临着压力场的变化与叠加，她们普遍年轻、素质高、追求理想与品质生活，乐意以新闻作为终身职业，而来自家庭生活、婚姻感情方面的压力成为女性新闻工作者首要的职业障碍。最后，新闻传媒行业的格局变化，也带来巨大的变革压力。在各种压力交叠之下，上海女性新闻工作者的职业自豪感有所下降，职业倦怠感则有所上升。

随着越来越多的女性进入新闻行业，新闻业女性化（feminization of journalism）的观点也流行起来。这种观点认为，以市场为导向的商业化媒体运作，使得时尚、休闲、娱乐等女性化议题和“软”新闻在媒体中居于主流，女性从业者也相应地在新闻行业中占据主导地位。王海燕（2012）通过对广州、深圳、成都、长沙四地 30 多名记者的深度访谈，指出市场化不但没有带来新闻业的女性化，反而使得新闻业性别不平等的问题趋于严重。这体现在以男性为逻辑的市场化所带来的不公正的就业合同与薪酬制度、女性组织和工会组织的式微等方面，也体现在日常的性别化编辑部文化中。

影视剧塑造的女记者角色有很多“刻板印象”，女记者常被呈现为：年轻靓丽，生活富足；大龄剩女，职场恋情；冲动感性，家庭为重；深入调查，频遭危险；必须坚强，自我牺牲。这些“刻板印象”有主观偏见也有客观表现；有独特的职业特征，也有整个社会女性生存状态的真实反映（李尤，2012）。

（六）媒体的性别意识

媒介传播是“意义”的生产和传播的过程。性别意识对于媒体的媒介内容生产有着重要的指导作用。从媒介生产的过程来看，媒介内容的最终呈现需要经过议程设置、把关监管等重要的传播环节。要提升媒体的性别意识，改善媒介内容，需要从媒介生产的机制着手，在媒介把关机制中完善媒介内容生产的监管体系（刘利群、王琴，2015）。

开展媒体监测是提升媒体性别意识的重要途径，媒体监测需要有专业化的监测指标。联合国教科文组织2012年推出《媒体性别敏感指标：衡量媒体运行和媒体内容性别敏感的指标框架》，旨在评价媒体机构和媒体内容中的性别敏感，判定其是否符合性别平等的原则。媒体性别敏感指标包括两部分：媒介组织中的性别平等、媒介内容中的性别描绘。媒体性别敏感指标在中国的推广对大众媒体提升性别意识、推进性别主流化以及社会中的性别平等有着积极影响（王琴，2015）。

提升媒体的性别意识，还需要制定和落实具有社会性别意识的文化和传媒政策，在传媒专业培训和新闻传播教学中纳入性别平等内容，鼓励和支持女性在新媒体领域发声（孙晓梅，2015）。

（七）媒介的女性受众

1. 女性受众研究

宏大的受众理论很难有效地整合不同特征的受众群体。经验研究可以从不同角度丰富对媒介与受众关系的深入理解。周红丰（2014）在其博士学位论文中研究了女性个体化进程中的电视经验。重点考察了女性对于婆媳剧的观看体验，分析了女性受众的行为特点。首先，家庭这一重要收视语境发生了改变，日常收视越来越具有家庭/个体的双重含义。其次，性别仍然是与电视经验相关的重要因素，但来自女性内部的分化与多样性同样值得我们关注。最后，决定女性解码立场和解读差异的不再是阶层、收入、学历、职业等结构性因素，而是与女性个体化进程这一社会背景与现实情境密切相关。谢凤华、白潇（2015）指出，电视媒介主要通过议程设置和意见领袖影响女性受众，引导女性消费。通过净化传播环境，发挥积极引导的作用，电视媒介能够形成与女性消费的良性互动。

2. 女性的媒介话语

女性的媒介话语权是女性利用传播资源表达自我主体意识的权利。建构女性媒介话语权的路径主要有：增强社会性别平等观念，唤起女性自我主体意识觉醒；提高媒介素养，完善媒介监测机制；培养女性意见领袖作用，提升女性参与网络公共领域的主动性（张文鸯，2014）。

陈晓华（2013）指出，女性群体在传播与接受罗曼史小说方面呈现出一种跨媒介、多元化的特征，形成了女性自我展示、自我创造、自我传播的文化现象。她们相对于传统的罗曼史读者而言有更多、更主动的媒介使用行为。不是被动地被主流文化所操控和左右，而是通过一系列主动的媒介使用行为生产属于自己的意义——女性的话语表达。

（八）女性媒介素养

1. 女性媒介素养的现状

媒介素养教育被引入中国时存在社会性别盲点，使本来赋权工人阶级、被压迫的妇女及其他弱势群体利益的媒介素养教育变成了降低其主体性的“提高弱势群体素质”的运动。卜卫（2011）指出，媒介素养教育的发展应该增加青少年女性的个人赋权，并倡议在传播学教育领域开设女性主义媒介研究和社会性别课程，检视所有的教材和出版物是否具有社会性别敏感，逐渐消除传播学界的社会性别盲点。张敬婕（2012）在《性别观念与媒介素养》中强调了性别意识对于公众媒介素养的重要性。该书既有对大众传播报道的性别议题的个案研究，也涉及关于媒介发展与性别观念、传播生态与性别政治的理论方法，有助于推进公众全面认知媒介制作、媒介内容、媒介自身发展过程中的各种性别理念与社会观念。

女大学生的媒介素养状况受到很多研究者的关注。对广西女大学生的媒介素养状况的调查结果显示，女大学生能够积极接触媒介、使用媒介，并批判地看待媒介信息。但其媒介素养还处于一种自发、无意识、盲目的状态，缺乏系统的指导和训练（李敏智，2014）。对新疆少数民族女大学生的调研发现，女大学生在媒介消费使用中把娱乐开心、了解信息作为主要目的；部分学生缺乏辨析媒介内容的性别敏感（王蔚蔚，2013）。对于中国传媒大学的调研显示，女大学生的媒介利用和媒介接触表现出较强的积极主动性。受访者在观念上普遍认同性别平等，但是在特定的性别议题上也出现了性别立场模糊、不坚定的情况（张敬婕，2015）。

另外，农村女性的媒介素养也有一定数量的研究。针对贵州省毕节市林口镇的农村女性媒介素养的调查显示，受文化素质、经济条件、地理环境等因素的影响，农村女性媒介素养较低，对媒介的使用和认知还处在一个较低的层次，信息接收较被动，不能积极解读媒介信息（凌菁、陈雨曦，2012）。对湖北省恩施州某个土家族聚居村落W村的调研显示，大多数女性能从媒介中获取信息为自己的生活服务；具有一定的社会性别意识，能认识到媒介中的女性形象与现实存在差距；性观念相对保守，对色情信息多持抵制态度（秦娜、李烨辉，2015）。

2. 女性的媒介接触与使用

边缘女性群体的媒介使用是研究者的关注重点。在对南京女性农民工媒介使用的调研中发现：女性青年农民工遭遇困境时向媒体求助的意愿不高，已婚者、文化程度高的女性青年农民工更倾向于求助媒体以摆脱困境；女性青年农民工媒体自我形象认同度越高，向媒体寻求救助的意愿越强烈（张蓓，2014）。女性农民工对于媒介组织的各类交友节目参与意愿不强。未婚者更倾向于参与交友节目；进城时间越短的女性农民工越认同媒介交友方式（张蓓，2012）。

在长三角地区，新生代女性农民工的城市适应过程也是利用媒介传播、建构性别认同的过程。新生代女性农民工以大众传播、代际传播、人际传播为途径，进行多层次、互动式的传播实践，实现城市"适应"与未来"融入"（郑欣、张春琳，2014）。

随着电视媒介在云南哈尼族地区的普及，看着电视长大的哈尼族女性有了明显的就业要求，就业观有较大转变。她们更清晰地认识到女性也可以接受良好的教育，多学知识可以在社会上谋求职业，提升自我的价值（汪力娟、汪力智，2013）。电视媒介信息也是湖南女书村落日常生活的重要内容，村民对待现代文化有兼容并蓄的态度，很多主动收看电视的村民对女书文化持开放态度。由于电视的介入及女书传人的主动选择，女书在传统文化的基础上已融入了现代元素，逐步被打造成具有现代特色的新型女书（陈峻俊、何莲翠，2012）。

（九）新媒体与女性发展

在新媒体时代，女性与新媒体之间的关系也呈现出很多变化。新媒体的易得性使得男女之间的信息鸿沟缩小，新媒体的便捷性传播可以改变女性传统的“无声群体”角色，新媒体的去中心、多点传播，可以发展出更多的双向交流、对话协商，使得新媒体传播的交互性增强，有利于推动性别权力结构的调整（刘利群、唐觐英，2015）。

自媒体是这个时代重要的新媒体类型。借助自媒体，女性的声音可以畅通无阻地传播，从而在最大限度上保证了信息的真实性。可以预见，自媒体引发的不仅是传播革命，更是性别革命。传播平等权的实现对于消除性别压迫和性别歧视、推动性别平等具有积极而现实的意义（范红霞，2012）。

微博作为当前中国很重要的自媒体样态，得到了研究者的特别关注。张晨阳、郁慧玲（2011）认为，微博颠覆了传统媒体的传受结构，有利于女性在媒介中的充分表达。在微博传播中，女性娱乐名人更易得到关注，女性更关注私人领域信息，更容易成为倾听者。杨克青（2014）在其博士学位论文中指出，女性在微博中的话语表达，有利于推进话语多元化发展，重塑公共话语空间。在社交网络话语空间中，女性记录生命历程，构建自我价值，同时获得更多的新型社会资本。

新媒体场域中消费女性、物化女性的现象比较突出。网络媒体的交互性、虚拟性和隐蔽性，满足了部分受众在现实社会中敢想不敢为的窥视欲望；社会转型带来的紧张和焦虑，也通过“消费女性形象”在网络中得到了扭曲的释放（曾长秋、李斌，2015）。同时，新媒体对青少年女性社会化的影响值得重视。网络对青少年女性生存样态、生活方式、审美价值都产生了前所未有的教化作用，而网络弱控制性、环境虚拟性、个体娱乐宣泄性等特质又消解了青少年女性的话语权、性别定位以及社会化的发展进程（宋红岩，2012）。

在新媒体迅速发展的背景下，传播与社会不断相互建构。社会性别是分析传播技术、传播制度与传播现象的重要理论视角。曹晋、格雷姆·默多克（Graham Murdock）等研究者（2015）通过对上海的家政钟点女工的手机使用分析，指出传播新技术中体现的性别与阶级。对上海妇女儿童心理热线电话的案例研究，展现了媒介对女性日常生活和青少年社会交往的影响，以及国家如何通过热线的建制化渠道灵活地进入个体的私人领域。在个体的都市生活交往实践中，阶级、性别、科技等范畴仍然是当下媒介技术、媒介产业等结构性权力等级的轴心。

（十）媒介与女性的历史

媒介与女性的发展是一个历史过程，关注不同历史时期中的媒介与女性是学者的重要研究主题。这些研究主要是由一批历史研究学者开展的，关注的历史时期也主要聚焦于民国年间大众媒体初兴时期。

谢天勇（2012）分析了《妇女时报》对民初女性参政问题的媒介表述，揭示出商业性质的女性报刊是如何呈现颇具政治色彩的女权运动的。同时，从社会舆论角度，《妇女时报》对女子参政运动的价值评判，也构成1913年后女性报刊对相关问题探讨的话语框架。

侯杰、李钊（2011）分析了清末民初天津的《醒俗画报》《人镜画报》等石印画报，指出当时的男性知识分子们既把女性纳入培养国民之母的计划之内，又把女性“缺乏教养”视为“封建落后”的象征。他们将其所感受的国族困境投射在“她者”身上，通过对“她者”的批评，树立起男性知识分子的社会形象。简姿亚（2013）指出近代的新母性神话是要求女性成为身体健康、受过教育、拥有知识和文化的贤妻良母。这一母性神话是时代使命、男性欲望和大众媒介的合谋。辛亥革命时期，大量涌现的女性媒介参与了这一“母性神话”的制造。

20世纪30年代电影中以“摩登女性”和“职业女性”为代表的新女性形象，明显受到好莱坞明星的演绎风格影响，也是这一时期中国电影对外来文化的借鉴（张倩，2012）。这一时期印刷媒介的公共话语中，通过电影女明星对“现代女性”所进行的想象，首先是“摩登”的，她们通过服饰、照片参与现代生活方式的展演，并承载了社会对“摩登女郎”的价值要求；其次是“独立”的，她们经济上的独立、对表演事业的追求在大众媒介中被推崇；最后是“毁誉参半”的，她们虽然被称为“现代女性”，但又被想象为“危险女人”（许航，2015）。

从历史角度看，媒体中的女性形象变迁与国家话语转变有重要联系。王蕾

（2011）对1949～2008年《中国妇女》杂志样本期刊中的封面人物图片进行分析后指出，60年来封面女性形象由“雄性”气质向女性气质过渡，并最终形成“多元气质”。同时，封面女性形象体现了从“生产偶像”向“消费偶像”的转变。黄继刚（2013）的研究也指出，女性期刊封面作为一种有效传播媒介，选择并塑造了不同女性形象，成为当时社会所认可的“理想女性”，包括20世纪初启蒙叙事阶段的“新女性”形象、中华人民共和国成立初期革命叙事阶段的“女劳模”形象以及改革开放消费叙事阶段的“封面女郎”形象。各个时期的“理想女性”建构了女性身体形象的标准范式，引导群体参与“理想自我”的虚拟想象。徐艳蕊在《媒介与性别：女性魅力、男子气概及媒介性别表达》（2014）中梳理了中国当代媒介性别形象的发展——由劳动妇女形象到大众文化中的魅力女性，再到以网络为平台女性的自由表达，以及这种表达对男性气质的建构产生的影响，探析了性别观念和性别生产机制在当代中国的发展和变化，以及消解性别陈规和建立新的更为平等的性别秩序的可能。

（十一）女性媒介的多元发展

女性媒介是为女性打造的专业媒体，以女性为主要受众，关注女性议题，为女性发言，倾听女性声音，站在女性立场上说话。各类女性媒介的发展既展现了媒体节目专门化和细分定位，也从女性的角度为女性发展提供了助力。但是，由于商业化的生存环境和社会责任之间的纠葛和矛盾，女性媒体往往处于“角色冲突”的困境中，其所传播的社会性别意识和信息也充满内在矛盾性（李卓，2012）。

1. 女性网站

为了迎合女性受众的不同需求，女性网站在内容上呈分化趋势，可分为官方女性网站、商业女性网站、学术研究女性网站等。中国女性网站在促进两性平等、消除性别歧视等方面做出了贡献。但各类女性网站仍存在不足：同质化严重、女性意识缺乏、服务性不够等（马湘凌，2014）。

女性网站的消费主义文化十分突出。聚焦商业门户网站中最具代表性的三大门户网的女性频道——新浪女性、搜狐女人、网易女人，可以清晰地看到三个频道的首页在表现形式和文本内容上都表现出鲜明的消费主义倾向（安贝，2012）。对比中美商业门户网站女性频道可以看到，网络媒体为女性提供了更大的自由度和表现空间；同时强化了女性形象在男权审美趣味下被“猎奇”、被“观察”的境况（万媛媛，2012）。

本土化发展是女性商业网站发展的重要路径，冯璇（2014）的研究关注了天津地区的“百丽吧”网站。这一时尚网站以本土化视角为自身的发展优势，为当地女性服务，从线上内容到线下活动，积极利用本地优势，开拓出一条商业女性网站发展的新途径。

研究者认为，女性媒体从业人员特别是女性决策层人员的缺位是导致商业女性网站女性意识缺失的重要原因，提高媒体从业者的性别意识、加大对商业女性网站监督和监测力度，有利于使网站在商业化与理想化中寻求平衡点（刘颖，2012）。

2. 女性广播

女性广播节目不仅有着丰富的节目形态，而且有着独特的传播机制和社会功能。在服务女性受众、提高女性意识、塑造女性形象方面发挥了重要作用（王杰，2013）。

杭州的FM104.5十二星座女主播电台于2009年开播，这是全国唯一的女主播电台。清一色女主播是电台的最大特色，但电台的最高决策者为男性。女主播虽然是一档节目的核心和灵魂，但在整个媒介生产过程中处于从属和服从的边缘地位，无法将女性视角、女性观点带入决策层的核心，影响了媒介两性话语权的平衡（谢觅之、马科钦，2011）。

《叶文有话要说》等情感热线节目融电话传播与广播传播为一体，兼具便利性、隐匿性、互动性等特征，具有广泛的传播影响力。女性在这一节目中居于主体地位，既是主要倾听者，也是重要的倾诉者（徐菱骏，2014）。

3. 女性电视节目

近年来，中国女性电视节目数量不断增加。但中国女性电视节目与商业、消费紧密相连，同质化现象严重。某一时间段内各电视台女性节目都选取类似的节目题材，节目内容多指向都市中青年女性和事业成功女性，而对农村及老年女性的关注度很低，几乎为零（杨柳，2011）。

在女性电视节目中，时尚类、真人秀类、谈话类女性节目“三分天下”。纪实类女性节目的消失表明电视媒介对女性现实生活缺乏关注，电视媒介对女性时尚消费的过度关注导致时尚类女性节目的泛滥（孙百卉，2012）。在女性电视节目的发展中，谈话类节目强化主持人品牌，时尚类节目与商业消费结盟，真人秀女性节目迅速流行。目前时尚类和真人秀节目在所有女性电视节目中的占比为64%。商业竞争激烈，导致女性电视节目越来越趋于商业化和娱乐化（王琴、高倩，2015）。

不同类型的电视剧中也体现了不同的性别符号体系，对女性角色的呈现既有刻板印象，也有多元展示。《女性·历史·消费——当代电视剧的文化批判》（李庚，2011）从女性主义文化、新历史主义批评和消费文化的理论视角，对当代中国电视剧类型中具有焦点意义的三类电视剧，即家庭伦理题材电视剧、古代历史题材电视剧和青春偶像剧进行深入分析，探讨了其中的性别意识和文化内涵。

4. 女性期刊

自1898年中国第一份女性期刊《女学报》在上海创刊至今，中国女性期刊已经走过了百年春秋。吴敏娟（2015）在《中国女性期刊史》中，从中国女性期刊的发展脉络着手，以中国女性期刊百年历史为总线，系统地对中国女性期刊发展的历史进行梳理与阐述。

魏漫江（2013）分析了《中国妇女》杂志的性别话语，指出在媒介市场化与大众文化世俗化的背景下，官方女性媒介性别话语的建构受到国家话语、市场力量、社会性别力量、传统性别意识形态等多种力量博弈、协商的影响。

女性期刊已经成为当今期刊界中的一道具有特色的风景线。女性期刊开辟新的发展之路，要打破城乡二元对立的观念，增加农村女性期刊的出版和发行（杨曙，2011）。此外，女性期刊一直以情感、时尚为主题，女性新闻类杂志一直是市场的巨大空白，《女友 LOOK》等女性新闻杂志在开创性实践中摸索出自己的运营模式，发挥自身优势，形成了自己的品牌特色（杨娜，2011）。

近年来，对于女性时尚杂志的市场定位过于集中、信息重叠、赢利模式单一等批判之声不绝于耳。而基于互联网市场无限容量的长尾理论，女性时尚杂志应该重视个性化和差异化，打造一条特色化的营销路线，为杂志开拓新的受众群体和走集团化发展之路（张哲，2014；周红莉，2012）。

女性杂志的内容研究是一直被关注的重点。这一研究的新动态表现在不少研究关注了女性杂志中的男性形象。研究者指出，女性杂志呈现的男性形象带有性别刻板印象，这一刻板印象是传统文化、读者定位、杂志办刊理念和风格等要素综合影响的结果（王婧，2011）。女性杂志对于男性形象缺乏客观、全面的呈现。如人物报道中的男性多为事业成功、家庭幸福、尊重女性的乌托邦式的好男人，而事件报道中的男性则以出轨背叛、无责任感、压迫女性的负面形象为主。女性杂志虽然以女性主义立场为基础。但是在建构男性模范形象上，又往往依循传统父权制的男性刻板印象（魏艾，2012）。《时尚·COSMOPOLITAN》等女性时尚杂志中，营造了一种“女性至上”的拟态环境，集中展现了女性对“理想男士”的想象。通过外在形象的“男性美”与“成功”，强调其中产阶级的生活品味和消费水平，维持了男性刻板印象中理想型的“霸权”男性气质，同时展现出“双性化”的性格特征，如对女性关怀有加、忠于爱情、浪漫温柔。男性形象被“商品化”，使他们极具观赏性、娱乐性和消费性（张耀坤，2015）。

5. 女性报纸

女性报纸作为女性言说的大众媒介，也是传播和构筑女性文化的一个重要空间。在传统媒体日益式微的情境下，中国女性报纸的发展面临很多困境。

研究者探究了济南《都市女报》的女性观（汤莉莉，2011）和女性形象（赵文娟，2012），采用SWOT方法分析了《都市女报》的生存环境与发展空间，为《都市女报》提出了改革思路（尹艳羡，2012）。还有研究者对长沙《今日女报》的内容差异化战略（王伏虎，2011）、广告传播模式（王伏虎、柴凤，2012）、差异化经营（张漫忆，2014）进行了深入研究。

全媒体时代，很多都市女性报刊利用微信公众平台来实现融合和创新，充分发挥自身优势特点（隋祎，2015）。都市女性报刊建构报纸品牌的策略包括：以精确的读者定位和自我定位来建立品牌，通过以情感为中心引领两性文化、以塑造新女性形象的方式来扩大品牌的认知度，以品牌延伸及二次售卖的方式形成品牌的价值产业链（贺艳，2011）。

三　研究不足与展望

（一）研究的不足

1. 研究创新性有待提升

整体来看，2011～2015年，媒介与女性研究呈现出更加丰富多元的研究内容，但媒介与女性领域的研究视角和研究方法缺乏突破和创新，研究成果同质化的情况比较突出。媒介文本内容研究占据了研究主流，缺乏深入的实证研究，缺乏有价值的数据和原创的观点。一些研究过于强调女性的性别特质，忽视了女性作为个体的人具有的阶层、区域、职业等其他社会属性。对于女性群体的差异性和丰富性还需要进一步深入挖掘。很多研究集中于对媒介现实的批判，缺乏建设视角，难以对当前的媒介发展实践给予积极的学术指导。

2. 研究资源比较匮乏

与媒介与女性发展的丰富现实和多元需求相比，目前的学术研究既存在不足，也面临一些研究困境。媒介与女性研究的基金项目、科研项目相对较少，难以获得重要研究资源的支持；学术研究缺乏一些全国性的权威调研数据和各类统计数据的支撑。如对女性媒体工作者现状的研究、女性媒体的研究、女性受众的研究都没有一些重要调研和大规模数据的支持，也缺乏高质量的实证研究。学术研究资源的匮乏，难以推进这一研究的整体发展。

3. 国际视野有待拓展

一些国外重要的研究著作没有及时引介，相关的译著和文章很少，国际交流和研讨还不活跃，缺乏与海外的媒介与女性研究领域的深入持续交流。国内的媒介与女性研究起步较晚，需要与国际学界保持持续的沟通和对话，以推进本土研究的发展。同时，中国学者要积极通过国际学术交流合作，发出中国的声音。

（二）研究展望

1. 加强研究队伍建设

青年研究者对这一领域的兴趣不断增加，在期刊论文和硕士学位论文中有越来越多的相关选题，但是大部分缺乏持续和深入的研究，也没有成为稳定的研究队伍。要推进媒介与女性研究的持续发展，需要推动更多的学者关注这一领域，通过课程培训、社会活动、学术交流、研究成果推广等多样化的形式，吸引关注，培养稳定的研究群体，形成结构合理的研究梯队。

2. 推进本土媒介实践

在研究创新的基础上，要推进媒介与女性领域的实践，在一些重要的现实问题上积极发声。推进媒体生产和节目制播的实践，促成媒介监测体系的建设与完善，推进媒体管理机构落实性别平等相关的媒介政策，改善媒介内容和媒介组织中的性别不平等现象。媒介与女性研究要更多地进入公共视野，为政府决策提供咨询，对现实的媒介问题和公共政策的制定与落实发挥影响力。

女性主义艺术研究综述（2011～2015年）

马聪敏*

一 研究概述

女性主义艺术是发端于20世纪六七十年代的女性主义浪潮在艺术领域的重要表达。1971年，女性主义艺术史家琳达·诺克林（Linda Nochlin）发表《为什么没有伟大的女艺术家》一文，标志着女性主义艺术研究出现在公众领域。女性主义艺术介入中国女性艺术创作与研究已有30多年的发展历史，2011～2015年，关于女性主义艺术的研究涌现出相对丰富的成果。

对中国期刊全文数据库“女性艺术”有关词频进行主题搜索发现，这五年有关女性艺术的论文数总量为963篇，其中女性主义艺术的论文数总量约290篇，另有关于女性主义艺术的硕士学位论文40篇，博士学位论文6篇。通过对读秀、超星等学术资源平台进行搜索并筛选，可以发现，2011～2015年也出版了一批女性主义艺术书籍。在女性主义艺术创作方面，有顾春芳的《她的舞台：中国戏剧女导演创作研究》（2011），何燕李、柳改玲等（2013）的《性别诗学下的电影研究》；佟玉洁的《中国女性主义艺术性修辞学》（2011）在女性主义艺术理论方面提出中国女性主义艺术政治说，王虹的《“近女性”与“流”的艺术哲学实践》（2012）对女性主义艺术概念有了新提法；而女性艺术史方面则可以从《世界妇女史：从史前至公元1500年》（〔美〕凯瑟琳·克莱、钱德里卡·保罗、克里斯蒂娜·塞内卡尔著，裔昭印、张凯译，2012）、《世界妇女史：1500年至今》（〔美〕帕梅拉·麦克维著，洪庆明、康凯译，2012）这套书中找到相关的资料。2011～2015年举办的比较重要的会议有：“第三届社会性别国际学术研讨会”（2011）、“2012当

---

* 作者简介：马聪敏，女，陕西师范大学新闻与传播学院副教授。

代女性艺术家作品邀请展学术研讨会”（2012）、“中国女性艺术三十年学术研讨会”（2015）等。女性主义艺术相关课题获得国家社会科学基金项目一般项目资助 4 项，艺术学项目资助 2 项。

相比于 2006～2010 年，女性主义艺术研究这五年所呈现出的整体样貌可以通过女性主义艺术理论、女性主义艺术批评、女性主义艺术史等方面的梳理和总结得以呈现。

（1）2011～2015 年，在女性主义艺术理论方面，对女性主义艺术创作影响比较显著的西方女性主义艺术理论主要是生态女性主义理论、后殖民女性主义理论。中国国内对女性主义艺术理论的有关讨论，在认识到套用西方女性主义艺术理论体系对中国女性主义艺术的相关问题无法形成具有针对性的、平等的有效解决途径的同时，期待并呼吁对西方女性主义艺术理论和创作进行本土化和创新性的建构，从而在新的社会环境和新的学科发展空间中建立植根于中国文化背景、符合中国两性发展需要的女性主义艺术理论（蒋晖，2012）。

（2）2011～2015 年，女性主义艺术创作进一步在文学、电影、绘画、音乐、舞蹈中增强了对生态与性别问题的直观性的感知力，让世界各地不同肤色的女性主义艺术家有了表达自己对不公平境遇反抗的思想空间，这些实践又反过来给女性主义批评的发展注入了一股新的动力，从而使得女性主义艺术批评呈现出多维度的视角，并进一步关注艺术与社会的关系，进一步强调女性主义艺术的文化干预性和政治介入性。

（3）2011～2015 年，女性主义艺术史进一步显示出与传统艺术史截然不同的解读视角。对于女性主义艺术史，多数研究强调其对抗男性话语权威、解构传统艺术史的意义。这样一种对于女性主义艺术史的理解在很大程度上得到了现有文献的支持与印证。但是，女性主义艺术史不仅可以被理解为一种艺术史中的“反叛”角色，同时可以被理解为对于艺术－文化史的拓展与延续。由于女性主义艺术史没有提出具体而明确的方法论，在当下艺术史研究趋向方法论综合使用的情境下，其为诸种方法论的合作与竞技提供了可能的场域。在以女性为观照中心的交织中，建构了女性的艺术－文化史，这种文化史揭开了未被我们真正认知的文化记忆。

二　主要研究内容

有学者用“身体”“情色”“窥视”这三个关键词分析2006～2010年女性主义艺术在创作、诠释和解读中的突出特点，并认为女性主义艺术更倾向于“向内看”的观看方式，更注重探索自身、个体的感受，更擅长在细枝末节中深入挖掘（罗丽，2010）。2011～2015年，女性主义艺术在艺术理论与批评、艺术史的发展中，呈现出不同的发展态势。①生态女性主义理论逐渐从一种女性运动发展到文学、影视、绘画的创作与批评实践，并且取得了一定的成果，显示出女性主义艺术走出私密空间，建立以女性原则和生态原则为基础的理想乌托邦的更高追求。②“他者”一词的泛用从后殖民主义进一步延伸到女性主义艺术理论与创作中，形成后殖民女性主义的新视野，并进一步从后殖民主义本有的种族性别视角延伸到对全球化时代和高速流动社会的全新性别议题的关注。③女性主义艺术进一步强调女性与社会的关系，以重新建立与社会大众的广泛联系。

（一）女性主义艺术研究的几个关键词

1. 作为女性主义艺术理论批评及艺术创作主流之一的生态女性主义

通过对中国知网检索“女性主义艺术”和女性主义各个流派的关键词所展开的论文主题进行分析，再对各女性主义的分支理论进行分别检索比对，可以发现，生态女性主义的论文总量虽不够突出但其论文数量的增长率极高。从20世纪90年代中期发表的论文以个位数计，到2008年突破百位数，再到2011～2015年每年都有两百多篇论文发表，学界对这一理论的关注度有了持续、显著的提高。正如美国作家约瑟芬·多诺万在《女权主义的知识分子传统》中所指出的那样，生态女性主义至今仍然是女性主义理论中最有生命力的派别之一。

在人类各种关系问题和人类与自然关系问题上，生态女性主义立场鲜明地表达其价值取向：肯定女性的独特价值及其与自然的关联，倡导关怀伦理；重拾女神崇拜的灵性传统，复归“伙伴关系”；批判“父权制”世界观，建构新的思维方式。生态女性主义倡导一种热爱生命、反对强权的女性文化与女性伦理，为解决生态危机和人类自由与发展提供了新的视野（王素娟，2015）。2011～2015年，在女性主义艺术创作上，女性艺术家展现出鲜明的生态女性主义视角。如中国女艺术家李心沫的行为艺术《一场告别的仪式》《画在水中的山水》等作品，将女性、被污染的河水等意象结合起来，表达在人类社会中依然存在对女性和自然的忽视和压迫的观点。在女性主义艺术批评上，生态女性主义作为批评的武器，被惯常地使用在如弗吉尼亚·伍尔夫、玛丽·雪莱、多丽丝·莱辛、艾米莉·狄金森、爱丽丝·门罗、托尼·莫里森等经典作家和作品的分析上，并且研究者们将生态女性主义的理论扩展到新兴的艺术形式如影视及新媒体艺术，在以大自然环境和生态景观的浓墨重彩为特色的影片及新媒体艺术中去解读其生态女性主义的含义。例如在《女性与自然的颂歌——精神生态女性主义视域下的〈阿凡达〉》（万明科，2013）这篇论文中，作者以精神生态女性主义为批评理论依据，将万物都得到平等与尊重、整个生态系统都可以在运动中保持平衡的原始母系社会的潘多拉星球比作生态女性主义所描绘的乌托邦，为了获得潘多拉资源而不择手段的地球人则成为西方工业文明父权制和人类中心主义的代言人，呼唤建立一个以女性原则和生态原则为基础的理想人类社会是影片内在的叙事隐喻。

就生态女性主义理论自身而言，2011～2015 年，在关于生态女性主义的理论发展、理论溯源、基本概念的介绍性研究之外，对生态女性主义理论的成效及困境的批判、对生态女性主义理论的本土化问题的研究、对生态女性主义理论的跨学科视角的运用等成为学界的创新点之一。在《生态女性主义的理论批判与困境》一文中，有学者指出，生态女性主义的生态观念，对传统西方哲学无疑是个巨大的挑战。与此同时，作为生态主义与女性主义的合体，生态女性主义这一概念自身亦存在一些不妥乃至悖论，在发展中面临着各式理论和实践困境，这些正是生态女性主义所力图解决和克服的。关怀伦理作为女性主义的重要组成部分，其强调关怀、关系、情境和同情，显示出对生态女性主义批判和困境的可能解决的巨大张力（方环非、施月红，2015）。吴琳在《论生态女性主义批评理论的本土化》（2015）一文中指出，从理想的层面上讲，生态女性主义文论“中国化”的定位应该是借鉴西方生态女性主义文论的合理内核的普遍性原理，并结合中国女性生存经验的特殊性，寻求中国生态女性主义文论的言说方式，探讨实现男女和谐和生态环境保护以及实现社会可持续发展的途径。将生态女性主义理论用于分析文学作品之外，生态女性主义还广泛被应用于伦理学、生态学、政治学以及科学等多种学科中，通过分析各个领域中二元的不平等、角色的社会建构以及性别歧视的隐喻，生态女性主义已经成为跨学科研究理论中最重要的分析视角之一（霍娟娟，2015）。

2. 朝向他者性——女性主义艺术研究对全球化性别议题的新应对

后殖民主义理论以其强烈的政治和文化批判色彩关注种族、性别、文化身份认同等问题，带有差异性和从属性质的“他者”概念是后殖民主义理论中的中心概念之一。在后殖民主义看来，自“他者”进入社会领域中就有了具体的指涉对象：“他者”是带着优越感的西方人眼中的东方人，是被殖民奴役的有色人种，是在男权社会中被剥夺话语权的女性。后殖民女性主义是在后殖民主义视角下对性别尤其是女性问题的考量，今天，在面对全球化和高速流动社会所出现的全新性别议题时，女性主义艺术的相关研究呈现出从自在性不断朝向他者性的演进逻辑，即以他者性为原则，从拒绝他者到承认他者的存在，再到向他者开放并面向他者进行建构。

在全球经济、文化交流日益发展的情况下，世界各国之间的影响、合作、互动日益加强，全球化、现代化或工业化影响下的社会性别议题呈现出新的特点。如作为全球性趋势的家庭结构的变化；在亚洲其他地区是否也会重现类似北欧、西欧、美国及日本所经历的“家庭主妇化”的现象；全球化背景下跨国情感及劳动力的流通所带来的流散者议题；全球化过程中内在于第一/第三世界间的权力关系；跨国殖民风潮、女性旅行及劳动/身体的跨国交易问题；等等。2011～2015年，女性主义艺术的相关研究也显示出对全球化背景下所出现的新的性别议题的关注和阐释。如杨莉馨的《“他者”之眼——论英国女性旅行文学的主题变迁》（2015）一文从性别的立场考察旅行文学家对异域经验的建构。英国女性旅行文学不仅见证了女性作家及其笔下的人物由旅行幻想到建构现实之旅的发展，同样记录了女性由在逼仄的社会空间中生存，从部分参与帝国主义话语的建构到逐渐划清与男性暴力的界限，以及在当代全球化的背景下摆脱地域与文化偏见，寻求不同种族、文化与宗教信仰之间沟通与理解的可喜进程。王冰冰、白薇的《全球化与性别政治——以新世纪朝鲜族女作家的创作为例》（2014）选取了几部代表性的作品，试图从少数民族女性的边缘立场开启对全球化及现代性问题的另类质询与反思，真正从弱势群体的立场审视及思考全球化对底层女性而言究竟意味着什么。陈林侠、孟雨蒙的《全球化背景下的性别意识与中国电影的国家形象构建》（2014）从对当代中国电影出现的明显的性别失衡的讨论入手，呼吁构建刚柔兼备、性别和谐的中国国家形象。

3. 女性主义艺术研究的社会维度

女性主义艺术的一大特点是关注女性主义艺术与社会的关系。佟玉洁在《社会纬度中的文化想象——中国批判现实主义的女性艺术》（2011）一文中认为，中国女艺术家创作出性别艺术、同性恋艺术和酷儿艺术，她们通过自己的作品完成的不仅是个人的文化思考，也凸显了作为一个女艺术家的社会价值判断与政治的倾向性。这种由文化干预性与政治的介入性形成的批判现实主义艺术，成为当代艺术社会学的一个创举。郝青松（2015）认为女性主义的女性艺术需要重新建立与社会大众的广泛联系。

佟玉洁在《中国女性主义艺术性修辞学》（2011）中提出了中国女性主义艺术政治说，即把通过艺术实践实现个体生命权力建构中的自身价值的开发与利用变成一个艺术政治说的纲领，使艺术就是政治成为修辞术的立论方式，这种立论的方式为中国女性主义艺术实践带来了更大范围的政治空间。同时，作为修辞语言艺术的明喻和隐喻等手法的大量使用，为中国女性主义艺术带来了更加智慧的实践空间。蔡靓在《女性艺术特质解构与意识补偿》（2012）一文中指出，一些当代女艺术家不关注外界，艺术视角执着于个人的小我世界而摇摆不定，作品中无不呈现着私密化与个人化的倾向。她们对于政治的、历史的、哲学的大主题完全缺乏兴趣，更多的是对生命和自然的无限的关怀。她们很少描绘男人的世界，也无法理解男人对女性描绘有着如此巨大的兴趣。女性艺术遭遇的切身问题是错误理解和引导“女性意识”，过分强调女性意识、过分关注性和身体。所以，当代女性艺术家应该反映女性艺术家的独立观念、自我意识和参与社会的社会责任的精神。唐英、张婧的《当代女性艺术作品的社会意义——〈衍〉传递漂流瓶》（2013）一文认为，女性艺术作品本身已然超越自身而成为一面旗帜、一面参与社会和改变社会的旗帜。可以说，当今社会以女性为经验主体、思维主体、审美主体的艺术作品已成为社会文明的一个文化符号。

（二）女性主义艺术理论的发展

1. 女性主义艺术理论的本土性建构

西方女性主义理论进入中国当代女性艺术虽然不再值得引起争议，但是在具体的实践中，如何基于不同文化背景下的实践经验进行理论创新，如何形成系统性的本土女性主义艺术理论研究体系，对这一问题的追寻是2011～2015年中国女性主义艺术理论发展的一个突出脉络。

在2011～2015年出版的女性主义艺术理论著作中，王虹的《“近女性”与“流”的艺术哲学实践》（2012）对构建中国本土女性主义艺术理论做出了一定贡献。该书提出了“近女性”这一新的概念。正如有论者所指出的那样，在女性主义的历史上，对“女性”这一范畴的每一次重新阐释，往往都会触发理论的突破。“女性主义”对于中国人而言算是一个舶来词，是在近代之后才逐渐被引入中国的，因此它注定具有跨文化元素，但目前中国学界对于汉语语境中“女性”“女性主义”的复杂内涵和社会学背景还缺乏深入全面的研究。王虹的著作提出“近女性”与“流”的概念，可谓在这一薄弱地带的尝试性开拓，试图建立一个兼容中西理论资源、打破固化性别分野的汉语的女性主义范畴，为女性主义理论的研究敞开了一个新的空间。“近女性”以生命作为哲学思辨的内涵与认识的来源，这一概念建立在法国哲学家德勒兹的“无组织躯体”“无器官身体”“生成女人”的基础之上，作者以非女性主义的方式探讨女性在书写艺术、哲学、政治学等方面的精神演变历程。“流”是生命发展的源泉和动力，是生命活动实践的载体。作者不仅从理论上探讨了“近女性”和“流”这两个范畴中蕴含的突破性意义，更结合中外诸多含有“女性式精神”的艺术作品，进一步向读者展示这两个范畴在艺术批评、文化批评中的实践性价值。从意识流文学、广告创意，到电影、电视，再到音乐、舞蹈、雕塑、装置艺术乃至招贴、海报等各类作品，以时间维度的“流”作为线索，梳理女性主义理论，探讨“近女性”生命哲学的内涵与认识论问题，彰显女性意识的本真，揭示女性意识在社会历史中的流变；以超越学科界限、反映社会实践的艺术作品作为展开方式，打破男性/女性二元对立的传统理性思维的局限，开启新的女性主义理论研究的价值和方向，完成“女性式”实践的抽象化的提升与创新（马睿，2014）。

2. 女性主义艺术理论的体系性建构

针对国内对西方女性主义艺术理论新动向的认识滞后、过多依赖社会学等学科的理论成果、缺少建立本学科理论体系的意识，以及对当下的女性艺术家和艺术领域中的女性关注不足、理论与实践相脱节，从而在不同层面上影响了国内女性主义艺术理论体系的构架的现实，有学者撰文指出，建立中国女性主义艺术理论体系正值良机，并呼吁从以下几点着手建立中国女性主义艺术理论体系：其一，对中国社会发展中不同阶段的女性建立全面的认知；其二，对于中国艺术史和未来艺术发展中的女性问题，必须有来自本土文化的理论阐释；其三，清晰认识到女性在艺术史中所处的他者地位的同时，应拓宽研究的领域看到女性在其有限的发展空间中所表现出的艺术，诸如，将中国历史中女性从事的手工劳动（刺绣、剪纸等）纳入女性主义艺术理论的研究框架中（蒋晖，2012）。

在艺术学科理论研究中提出建立中国的女性主义艺术理论体系，是想通过质疑与反思，创新与重构艺术领域中并非徒有虚表的两性平等。从理论的角度认识到女性在艺术史中确实处于劣势和平庸地位的同时，对过去与现在的艺术培养体制和艺术创作体系进行反思，从而清晰地看到在新的时代背景下，女性在艺术领域，抑或在更广阔的社会领域中，如要得到同等的发展空间所面临的机遇与挑战。

（三）女性主义艺术批评的发展

1. 女性主义艺术批评的中国身份

佟玉洁在《中国女性艺术批评缺什么——给卫红的一封信》（2010）里曾指出，中国女性艺术批评缺少中国独立的价值判断体系，缺少中国独立的叙述方式，缺少中国独立的母语规范系统，缺少中国独立的艺术批评的人格魅力。她认为中国女性主义艺术批评应该建立起自己的阐释系统和中国身份。

2011 年，佟玉洁出版《中国女性主义艺术性修辞学》一书，虽然该书在行文逻辑以及概念使用上依然是以西方理论为参照系，但对于中国女性主义艺术尤其是中国女性主义艺术政治说所做的相关解释，显示出作者践行建构中国女性主义艺术批评话语阐释系统与中国身份的决心。作者认为，自 20 世纪中国当代艺术的“85 运动”以来，中国女性主义艺术几乎与世界女性主义艺术同步发展，生产出前女性主义艺术的性别政治、身份政治和后女性主义艺术的酷儿政治三种形态的视觉样式，并且制造了中国女性主义艺术政治说的权力话语机制。中国女性主义艺术政治说，是指通过艺术的实践完成个体生命权力建构中的自身价值的开发与利用，其中包括了三点主张。①艺术是政治的本身。中国女性主义艺术政治说，所关注的是个体生命权力建构中自身价值的开发与利用的问题，并具有分享权力或影响权力分配努力的政治目的性。②艺术是生产权力的。中国女性主义艺术政治说的创造功能与生产功能表现为，通过个体生命权力建构中的自身价值的开发与利用，建立一套政治立场鲜明的权力话语体系，即性别政治、身份政治和酷儿政治的话语体系。③艺术是性话语的竞技场。发生在20世纪80年代的中国女性主义艺术，包括三个部分，即性别政治、身份政治与酷儿政治。

2011年以来，中国女性艺术越来越多地介入国际文化资讯背景，中国女性艺术创作需要在地缘政治关系中更好地以中国方式出场，更明确地表达中国身份，相应地，中国女性艺术批评对中国身份的建构便显得更加迫切。李浥的《图式实践下的主体缺位——后现代女性主义艺术的符号消费与文化创新》（2011），讨论的是女性主义艺术在对后现代消费文化心态的迎合下，被逐渐淡化和抹除的问题。文章提出，女性主义艺术及女性主义艺术批评应该走向“差异性的平等”或“多元的平等”，走向一种自在、多极和共享的文化状态。这一过程需要大量的文化群落、文化智者对自己的文化生态进行适度的、及时的调整，并着力于建立一种能够维持住文化的千百年尊严又适合现代的文化结构。将艺术存在与人的文化生态统一起来，淡化、告别意识形态的负载，强调艺术对感性生命、精神自由、灵魂追问的全新意义，持一种保存异己的现代化的宽容精神，以超越的姿态关注拓展个体生存价值的人文精神（李浥，2011）。

2. 中国女性主义艺术批评的多维度视角

2011～2015年，女性主义艺术创作呈现出创作媒介的多样化的重要特征。女性主义艺术通过绘画、影像、装置、行为等多元化的媒介手段以对视觉语言或听觉语言进行卓有成效的探索。如中国女艺术家陶艾民的作品《女人经》，选取了磨损了的搓衣板作为书简的材料，作品将许多的搓衣板连接起来，就像展开的书简。旧的搓衣板记录着女人一生劳作的痕迹，与作为古代官方典籍载体的简册形式融为一体，诉说着女性历史与现实地位的尴尬。刘玥在《消费文化背景下的“80后”女性艺术倾向》（2013）中，通过对“80后”艺术家群体进行研究后指出，“80后”女性艺术家们在对创作媒介的选择上受到网络时代的影响，数码绘画的形式受到其欢迎，倾向创作形象的漫画视觉卡通形象。王爱芹的《女性艺术的多元化实践研究》（2012）一文通过对国际以及国内知名女性艺术家的装置和影像创作的分析，深度展示女性艺术家的艺术创作越来越多元化，使用了综合材料以及身体、行为、摄影、装置、影像媒介等多种手段来表达自己的艺术本体语言，这种表达方式是超越时空的。

艺术媒介的多样化促成了女性主义艺术家表达的多元化。中国女性主义艺术实践的多样性也带来并出现了女性主义艺术批评多维的文化视角：性别主义的女性主义艺术批评坚持性别政治的理念，解构男性中心主义的强权政治，建立以女性性别为特征的政治发声系统。生态主义的女性主义艺术批评的宗旨，是保持差异政治的集体身份的乌托邦，主张气质说代替性别说的艺术实践和艺术批评实践，并认为男女两性气质文化的融合，不仅来自自然生态环境的影响，也是政治生态环境建立的需要。批判现实主义的女性主义艺术批评实践，直观地呈现当代或历史中的女性社会问题产生的文化根源，同时表达女性的公共权力的诉求。后现代主义的女性主义艺术批评表现在去性别化或超越性别的批评理念上，主张彻底摧毁来自性别规范的理论建构，并拒绝艺术性别身份的标签化，质疑女性生理属性的文化身份的定位，同时对艺术女性化的价值观进行批判。

3. 女性主义艺术批评的干预性和介入性

2011～2015 年，女性主义艺术创作进一步在文学、电影、绘画、音乐、舞蹈中增强了对性别问题的直观性的感知力。以中国大陆的女性主义艺术创作为例，在女性电影方面，2012 年，作为女性电影也是香港电影新浪潮开山之作的《董夫人》重映，这部电影以现代女性观点和存在主义的笔触诠释了古代民间故事《董夫人》，很快引起学界讨论。《主体欲望的诗意表达：再论〈董夫人〉中的女性主义表达》（苏涛、何超，2013）则通过对电影《董夫人》的文本细读，分析导演唐书璇的艺术风格，重点讨论丰富的视听手段在探索女性的内心世界、表现女性在道德与欲望之间的挣扎的作用，用艺术批评快速跟进女性电影《董夫人》的再发现。

在女性绘画方面，2014 年 6 月 25 日在中国国家画院开幕的“无界——四人艺术作品展”值得关注，此次展览由中国国家画院、清华大学美术学院主办，展出了林乐成、董雅、尼跃红、冯小红四位艺术家的作品一百五十余件。其中女画家冯小红的作品集《无界 · 冯小红作品》（2014）是以一种反身体书写或者说反女性主义的姿态呈现的绘画。与激进派女性主义画家热衷于愤世嫉俗地反抗男性权威，在画面中暴露女性身体、展现欲望与野心的风格迥然相异，她画中的女性显得更加清新透净，人物画中充满了自然意趣。其实，无论作者是否标榜自己为女性主义画家，女性特有的细腻与对和谐共生的追求已然渗透在作品中。

对女性主义舞蹈进行了比较系统梳理的论文有《女性主义与女性主义舞蹈及其解析》（张静，2013），该论文主要从“女性主义与舞蹈”“从女性主义舞蹈看其基本特征”“女性主义舞蹈的文化阐释”这几个方面进行论述，对女性主义舞蹈做出如下定义：“以人体本身为物质材料，经过提炼、组织、美化了的人体舞蹈动作为主要艺术表现手段，由女性舞蹈家编创，站在女性的视角凝视世界，展现女性精神世界和情感体验，并用女性独特的表现形式——女性话语，凡此种种的舞蹈，可被定义为‘女性主义舞蹈’。”

相对于社会学领域来说，性别研究尤其是女性主义研究视角在音乐学领域的发展起步较晚。音乐是否具备固有的、超历史超文化的男性或女性特征还是一个饱受争议的美学问题。若要回答这些问题，可以参考 2011 年出版的《音乐学与差异：音乐研究中的社会性别和性》这本书，16 位美国和加拿大学者从民族音乐学、音乐历史学、女性主义研究、社会性别研究、同性恋文化研究等方面对音乐批评理论进行了扩充，其中特雷勒的《音乐史中的社会性别和其他二元相对体》一文主要分析了在理性相对于情感与男性相对于女性联系起来的西方文化传统中，这种联系是如何在音乐史和音乐批评史中发挥着作用。除了对音乐理论批评的研究，还有对女性音乐家的研究。比如《从多元文化视角看刘索拉的女性音乐创作》（张隆隆，2014）一文就将刘索拉的音乐创作与文学作品联系在一起，分析其文化身份与艺术表现的“多样一体”，对其具有多元化特征的音乐创作观以及艺术价值进行论述。对音乐作品中的女性形象的关注有《中国艺术歌曲题材中女性形象的历史变迁》（王菲，2014）、《解析中国大陆流行音乐中的性别角色》（朱方、柯惠新，2013）。不过总体来说，女性主义音乐的理论建构还不够完整，能借鉴的经验也比较有限，能否从女性音乐家的创作中提炼出一种比较严密的音乐流派还有待开发，尽管如此，我们也要鼓励研究者们在此领域的开拓精神和积极尝试。

（四）女性主义艺术史的发展

1. 女性主义艺术史的范式转化

2011～2015 年，女性主义艺术史研究进一步强调女性艺术应不仅对单一性别体系及其文化进行批判，更应面对艺术史的整体寻找一种现实的存在和范式的转化。女性主义艺术史新的领军人物格里塞尔达·波洛克（Griselda Pollock）在《女权主义对艺术史的介入》一文中指出，女性主义艺术史最为本质的使命是转换艺术史范式，重写所有文化史。范式的转换首先意味着对于“把新的材料——妇女和她们的历史——增补到已有的范畴和方法中去”的研究方式的抛弃。因为以往通过增补女艺术家质疑传统艺术史的方式只是一种表面意义上的“质疑传统”，这种方式并未动摇传统艺术史分毫，反而是在为其添砖加瓦。波洛克认为，女性主义艺术史研究须从“考虑一种所谓的女性艺术史”中走出来，进入“一种女性主义对艺术史的介入”的状态中去。她的研究已经不限于为传统艺术史增补艺术家，而是否定传统美学、拓宽研究视角；所挑战的传统也不限于一种历史存在，而是进一步扩展为作为历史结果存在的当下社会。

金影村（2015）选择了一位在巴洛克艺术史上享有极高的成就和造诣的女艺术家阿特米西亚·简特内斯基为研究对象，分析传统艺术史和女性主义艺术史对阿特米西亚的生平和作品的研究。认为传统艺术史倾向于根据画面所提供的直观信息来定义形象，而女性主义的研究则在性别差异的基础上结合了形式分析、精神分析与符号学理论等为阿特米西亚的绘画分析提供了一种新的理论模型。传统艺术史以单向读图的模式来阐释阿特米西亚，女性主义艺术史则能够在“看图”与“读图”之间灵活转化。凡此种种，皆体现出女性主义艺术史与传统艺术史截然不同的解读视角。女性主义艺术史对阿特米西亚的新解读赋予了阿氏绘画以透明的自省特征。女性主义艺术史家的讲述，重构了阿特米西亚在新艺术史范畴中的意义空间，为艺术史写作打开了新的思路。

姜小渊（2013）认为，对于男性艺术家来说，女性形象大多作为一种欲望的视觉载体和艺术家创作理念的呈现。在女性主义时期，西方女性主义艺术家曾用各种各样的方式谴责男性凝视的目光，但实际上男性的凝视从未转移。所以在对女性形象的研究过程中，任何人都不可能排除艺术史中的男性目光。而这种目光无论在男性还是在女性身上都会有所体现，更不能排除自身性别对此类问题的限制，女性艺术应不仅对单一性别体系及其文化进行批判，更应面对艺术史的整体寻找一种现实的存在。

2. 从女性主义艺术史到女性主义艺术－文化史

1971 年，琳达·诺奇林（Linda Nochlin）发表了《失落与寻回：为什么没有伟大的女艺术家?》，在艺术史领域首次提出女性在美术史中的地位问题，成为女性主义艺术史的开端。1979 年，以美国女性主义艺术家朱迪·芝加哥（Judy Chicago）为中心，由众多女性艺术家参与制作的大型装置作品《晚宴》开幕，这件作品从形式、内容、材料等多方面对男权提出了挑战。20 世纪 80 年代，格里塞尔达·波洛克认识到女性形象在美术史中的地位重建不仅是对女性艺术家的重新书写，更重要的是对男性艺术史评断标准的改变。1995年，丁宁发表了《艺术史的独特界面——西方女性主义艺术史观述评》，将西方女性主义艺术史的研究介绍到中国。1999年，格里塞尔达·波洛克出版了作为新女性主义艺术史的代表作《分殊正典：女性主义欲望与艺术史写作》。辛迪·舍曼（Cindy Sherman）从社会学角度进行了女性身体的视觉重建。她利用摄影的方式，充分表现了女性自身的欲望和烦恼或被称为女性特质的东西，并在男性目光的凝视之外建构自信的女性身体。2000年以来，女性主义作为一种新的艺术门类和艺术史研究方法成为学者的共识，学者们在这个领域不断地进行探索研究。

有论者指出，从最初的隐匿在哲思中的艺术哲学片段到"艺格赋词"方式的出现，从传记体例到历史主义、文化史视野下的艺术史，从艺术科学、形式分析到图像学解读的艺术史，从精神分析到心理学写就的艺术史，再到种种"新艺术史"方法论的出现，艺术史的发展逻辑是不断向"有所察觉但未经描述的"艺术存在发起思考（蒋晖，2012）。对于艺术史的主流研究还停留于传统的艺术分类中。而由于长久以来艺术领域中从教育到实践对于女性的限定，在传统的艺术门类中女性是无法找到恰当的地位的。不仅如此，由于艺术史中对于女性和女性艺术家的描述寥寥无几，更在一定程度上使"女性不善于从事艺术工作"的观念得到佐证和强化。因此，仅仅将几个女艺术家添加进艺术史的书写是不足以改变女性在艺术史研究中的地位的。将研究视野进行扩展，有利于我们从一个全新的、更为广阔的视角阐释女性在艺术发展中的作用。因此，从传统艺术史拓展到艺术－文化史，成为女性艺术史写作的新的可能和突破。女性的文化史有别于一般意义上的文化史，因为它揭示出存在于文化史中已经被有所察觉的但未被认知、描述的有关女性的部分。在女性主义艺术史研究中，"女性"的意义不单纯是对于研究对象的规定，还是将所有此类研究联系起来，使得此类研究联系成面，组成女性文化史的枢纽，使得诸种方法论在"女性"的引导下更具向心力，同时将自己构建文化史的能力发挥至最大。

宋方方（2013）发现，在美国，20世纪70年代以来，一些较为活跃的音乐学者开始关注被历史遗忘的女性音乐家，思考女性在社会历史中"静音"的原因。他们通过记录女性音乐家漫长的活动过程，重新发现被忽视的女性作曲家的作品，建构真实的历史图景，以达到重建女性文化的目标。而关于女性艺术家在历史上的成就，自然是学者的关注目光所在。宋方方从音乐的角度出发，在《被遮蔽的性别特征：革命浪潮中女性作曲家的音乐创作》（2015）一文中指出，20 世纪初的革命环境中，女性成为音乐活动的重要参与者，出现了一批具有社会意识和革命热情的女作曲家，她们的创作表现出了社会化和革命化的一面，为传统音乐史增添了新的内容。孙炜炜（2013）探讨了影像和女性的互动关系。20 世纪 20 年代以后，在实验电影为开端的运动影像艺术领域内，渐渐出现了很多卓越的女性影像艺术家，她们在很多方面经常超越男性。这一方面是因为女权运动所导致的男女社会地位的改变；另一方面也是因为运动影像这种体裁的特性跟女性的视知觉体验和心理诉求不谋而合。因为运动影像的美学特质符合女性天生敏感复杂、思维跳跃、情绪丰富的特点，所以女性能在影像中展现和寻找自我，能在影像中探讨与男性的关系，能在影像中以自己的方式看世界。

2013 年国家社会科学基金艺术规划项目“西北地区传统女红类非物质文化遗产传承人影像口述史的实践与研究”将女性艺术的视野从传统的艺术分类拓展到传统女红的领域，将首次完成中国西北地区传统女红类非遗传承人影像口述史的实践、制作、整理与研究工作。抢救传统女红类非遗传承人的个体生活史、生命史、技艺史、传承史和文化史。为已延续了一万八千多年但在现代化的今天面临危机的传统女红文化抢救并整理最后的鲜活的史料，显示出了女性艺术史研究的新面向。

三　研究不足与展望

女性主义艺术研究存在着一些固有的困境，女性主义艺术研究先天缺少原创语境，由此决定了其身份认同危机从未停滞。与西方女性主义艺术实践及理论批评的坚韧、执着不同，中国有关女性主义艺术研究的评价体系长期遭受女性气质的干扰，结果导致但凡与女性有关的艺术便被冠之以“女性主义”的名称，此种混淆概念的做法是对性别身份的刻意强化，不仅局限了对女性主义艺术研究深刻性的认知，而且迫使其越发边缘化，因此，女性主义艺术研究在中国还有很长的路要走。

女性主义艺术研究依旧面临着本土化的问题，当女性主义批评走进中国时，先是由文学走向艺术，所以女性主义艺术研究可以参考女性主义文学研究，获得一定的启发。在女性主义文学研究的本土化发展中，女性主义文化批评业已成为当代中国女性主义文学批评的主流，但女性主义文学研究的继续健康发展需要综合其他更多的视角和方法。重回女性主义思想原点，开辟女性主义审美批评的研究思路，并与女性主义文化批评融合，是当代女性主义艺术研究发展的内在迫切需要。所以，女性主义艺术研究可以结合其他的视角与方法，开辟新的思路。

女性主义艺术研究依旧面临被边缘化和被消解的困境。在解构了经典哲学和美学之后，女性主义哲学和女性主义美学同样面临被边缘化和被消解的命运，而如何在“一切固有的东西都烟消云散”的语境中为女性主义艺术研究的合理性命名，对女性主义研究者们而言，是一个十分棘手而又迫切的问题。立足和着眼于当下中国社会和艺术发展的实际，女性主义艺术研究对于本土艺术而言，其方法论的意义远甚于其“性别政治”的内涵及其价值取向，因此，女性主义艺术研究应当建立和维护自己的艺术审美规范，以建立属我的主体性，从而规避被边缘化和被消解的困境。

妇女与宗教研究综述（2011～2015年）

朱　骅*

一　研究概述

宗教是影响妇女思想、人格和行为的重要因素。早在1980年，国际宗教史学会第十四次会议就已将“女性与宗教信仰”作为一项独立的主题进行讨论，几十年来关于女性与宗教信仰这一主题的讨论越来越深入与广泛。2011～2015年，国内学界对这一领域的研究日益繁荣，笔者在中国知网期刊全文数据库以“妇女”“宗教”“道教”“佛教”“伊斯兰教”“基督教”“民间信仰”“民间宗教”等关键词进行交叉检索，获得涉及相关主题的博士学位论文40多篇，硕士学位论文190多篇，期刊论文200多篇，这其中有近1/3的博士与硕士学位论文只是部分涉及妇女和特定宗教的关系。同样，在中国国家图书馆使用上述关键词进行书目检索，虽然相关书目不少，但本时段内的专著只有3部。因为国家社会科学基金和教育部人文哲社基金具有一定的导向性与标志性，所以笔者也对这五年的立项情况进行了全面梳理，在将妇女和特定宗教结合的研究课题中，获得国家社会科学基金一般项目的有2项（2014），全部归属于社会学；获得教育部人文社会科学基金的有4项，3项归属于史学、1项归属于社会学，其中1项属于“西部与边疆”项目（2011）、3项属于青年项目（2011；2014）。

在这五年间，中国大陆学界的研究视野相当开阔，其中不乏具有国际视野的研究，例如印度女性和宗教的关系、战争背景下伊拉克女性和宗教的关系、中世纪欧洲女性和宗教的关系、古希腊女性和宗教的关系等，还有不少研究深入宗教典籍中，从本体论的视角看不同信仰的女性与宗教的关系，其中比较突出的是关注道教典籍的女性观、《古兰经》的男女平等观、《圣经》的女性观等，相比于

* 作者简介：朱骅，男，上海海洋大学外国语学院教授。

前一个五年，2011 ~ 2015 年的相关研究具有如下新的特征。

（1）妇女和基督教的关系研究仍然是学界关注的重点，尤其体现在体量较大并有一定体系性的硕士与博士学位论文的产出上。本阶段推进了对在华基督教女青年会、中世纪西欧妇女与宗教的关系研究，并有学者将美国来华新教女传教士的研究推进到美国社会历史语境中，进行全面的跨国双向研究。最重要的一点是，诸多学者开始深入广大的中国农村，实证研究农村妇女基督教信仰迅速发展的社会学和心理学机制。

（2）妇女与伊斯兰教的关系受到学界关注。有 6 篇左右的期刊论文探讨了《古兰经》与妇女的关系，也有数篇关于海外穆斯林妇女的研究，但总体上这一阶段的相关研究大多聚焦于中国国内的穆斯林女性，研究涉及教育（清真女寺、女学等）、婚姻、社会行为、服饰（盖头等）、就业等诸多方面，以实证的方法研究伊斯兰信仰对妇女的影响。

（3）农村留守妇女和少数民族妇女的信仰问题得到重视。在这数以百计的研究成果中，针对农村和少数民族妇女的研究占比超过一半，基本覆盖了中国各主要区域的农村，如东北部的萨满崇拜、东南部的妈祖崇拜、东部海岛的佛教信仰、西部地区的伊斯兰信仰、中部地区的基督教信仰等。

（4）本阶段最为突出的是实证研究，尤其是社会学和人类学研究，从国家到地方相关课题基本上归属于社会学。这体现了中国学者高度的问题意识和现实关怀，研究对象高度集中于较为边缘化的农村妇女，这应该说是一个可喜现象。此外，历史性研究也占据重要位置，主要集中于各朝代妇女与道教、佛教的关系以及近代妇女解放与基督教的关系。

为了清晰地呈现 2011 ~ 2015 年“妇女和宗教”的研究状况，下面将以国内的主要宗教类型为分类方法，逐一予以梳理。

二　主要研究内容

（一）女性与基督教

基督教大规模进入中国尚不足两个世纪，曾经历过多次的全国性抵抗与半禁止状态，但由于其传统的“自下而上”的传教策略，目前在广大农村地区的影响力有相当的扩展。就女性与基督教的关系进行的研究，2011～2015年主要集中于两个方面：一是历史性研究，即以女传教士为核心的中国基督教史研究，这是前五年相关研究的延续；二是针对当下农村和少数民族妇女的基督教信仰实证研究。

历史性研究主要是呈现女传教士尤其是她们所倡导的基督教女性观和中国现代性的关系，特别是和近代中国女性的身体解放、文化教育、个性自由等的相关性，例如有学者研究了基督教与清末中国不缠足运动的关系，分析这场运动如何从外国传教士拯救中国的行动转变为由中国男女两性参与的救亡启蒙运动（侯杰、王小蕾，2015）；有学者以女传教士在广州建立的3所规模不等的女校为个案，考述晚清英国循道会女传教士在广州的活动（吴宁，2012）；有学者甚至对近代中国教会女学做了一个较为宏观的历史考察，划分出三个发展阶段，并指出女传教士群体对学校课程进行"知识加工"，客观上对中国女性的主体建构起了一定的启蒙和引导作用（王晓慧，2012）。值得一提的是，本阶段已有博士学位论文对近代中国妇女的宣教运动进行系统梳理（尹翼婷，2013）。相关研究近期的最大突破在于地理空间的拓展，有学者依据西方差会的英文资料，以内地会濮氏母女为个案，展示基督教在西北的穆宣活动（张科、刘继华，2013），也有学者依据女传教士的书信、日记等私人书写，展示女传教士在西北甘新大道沿线多民族多宗教环境中的传教工作（陈妍蓉，2012）。从某种意义上说，这些研究是学界延续迄今的对晚清中国现代性转变在性别维度上的拓展，研究思路仍然是费正清提出的"冲击－反应"中国近代史观，除了史料的拓展之外，没有新的突破。

值得一提的是，部分研究者将研究视角转向推动女传教士大规模来华的西方动力机制以及传教作为"职业"内含的世俗性因素与女传教士社会性别的关系，由此扩大了有关女性与基督教的研究广度，能追本溯源地揭示女传教士的宗教追求和世俗职业成就之间相辅相成却又不时矛盾冲突的状况。这其中成绩最为突出的是台湾学者林美玫在大陆出版的《妇女与差传：19世纪美国圣公会女传教士在华差传研究》（2011）①，这是近年来女性与基督教在华史研究的代表作。林美玫有中国近代史和美国史的双重修养，又凭借对美国宗教及圣公会研究学术史的

① 2011年大陆版是对2005年台湾版的增补和修订，除了保留赖荣信主教的序言（一）外，增加了基督教史专家陶飞亚的序言（二），并在原书基础上增加了一章"所传为何：女传教士工作是女性特质的传接或女性主义的导引"，探讨女性海外传教和19世纪美国女性主义的关系，角度相当新颖。

熟稔，对当时的美国社会背景与女传教士的宣教动机都交代得相当到位。书中揭示了美国圣公会中国差会内部的复杂多样性，挖掘出圣公会在华女传教士的多个集体性个案，并结合美国宗教史、美国妇女研究、中国妇女研究与基督宗教在华史来阐述19世纪中美两国妇女在宗教－性别－文化上对话的意义，创新地将“纯正妇女意识”（true womanhood）和“妇女性别空间”（women's sphere）这两个概念用于分析为何大批美国妇女会从事教会工作的历史疑问，开辟了新的解释路径，是近年来“妇女与宗教”研究领域不可多得的佳作。

大陆研究者在宗教史领域并没有特别深入某一教派，分析往往比较宏观，他们认为清末民初大批美国女传教士执教中国女学的原因，一方面是基于美国女传教士的性别认同而欲通过兴女学以拯救中国女性；另一方面则是基于呼应其内心的宗教信仰，包括从对自身的职业诉求和自我认同的角度考虑，从而愿意来华从事中国女子教育并长期力行之（王晓慧、胡金平，2011）；还有一些美国研究领域的学者则从19世纪美国的性别文化与国家政治发展角度对女传教士来华的原因以及来华后的状况作了跨学科分析（朱骅，2013；2014；2015）。不得不说，这些研究还留有一个重大的遗憾，即忽略了中国女信徒的历史，更没有代表性的有关中国女信徒的个案研究。

对于欧美普通基督教妇女的信仰问题，本阶段也有一些研究，但不是国内“妇女与宗教”研究的主流（郝明，2013；孙兵，2013；王允曦，2013；蒋曙，2014；陈芳，2015），而且主要集中于外国文学研究范畴内对女性作家和诗人的研究。比较有代表性的研究成果主要有张静波的《女性主义视角下的宗教人格与创作——勃朗特姐妹研究》（2015），以女性主义批评方法对勃朗特姐妹的宗教叙事进行了研究，阐述了勃朗特姐妹的宗教观念及其宗教人格的形成，由此系统剖析了其作品独特的女性宗教叙事。作者认为，她们的女性主义宗教观还只是以感性经验为基础，往往以女性个人幻想来对抗强大的传统宗教理念，体现了女性主义宗教的萌芽和发展。

本领域内的实证研究则完全相反，关注当前的信众群体，尤其是当下农村和少数民族地区教育程度有限的妇女信众。造成这种研究状况的原因主要有三个：一是基督教自创始至今始终坚持“自下而上”的传教原则，能有效满足社会转型期中下层群众的精神需求，从而在包括少数民族地区在内的广大农村发展迅速；二是社会主义新农村建设与和谐社会的国家方针造成这方面研究的政策倾斜；三是当下农村劳动力中的青壮年男性进城务工，农村人口以留守的中老年女性为主，她们既是新农村建设的主体和对象，也是基督教发展的目标人群。

当前的实证研究主要以特定的乡村为对象开展小型社区研究，采用问卷调查和访谈相结合的田野方式在中国各地展开。有的在鲁中南的农村妇女中调查基督教影响（李健美，2012），有的在豫北农村留守妇女中开展调查（孙可敬，2012），有的在湖北宜都市农民中调查（龚华，2013），有的在苏北宿迁农民中做调查（王敏，2011），有的在皖东马鞍山市的农村做研究（贾名党，2011），这些研究都提出要以和谐社会与新农村建设为目的，了解目前占农村常住人口主体的妇女的精神生活状态，但结论往往并不考虑农村妇女的实际心理需求，千篇一律地提出要加强基层组织建设，以避免基督教影响的扩大化。这里特别值得赞扬的是，有一些学者注意到了基督教对少数民族妇女的影响，譬如对日常生活的合理性危机与佤族女性转向基督教信仰的逻辑关系的探讨（熊开万、宋建峰，2011）、对石门坎花苗女性的基督教信仰和她们积极的社会生活的相关性研究（马良灿，2011）等。

尽管有学者认为当下的这种针对农村妇女的实证研究，硕士学位论文过多，女性研究者过多，理论深度不足，存在随意性和学科的不规范性（花传国，2011），但不管怎么说，实证研究的蓬勃开展都是一种令人欣喜的进步，是对以前坐而论道的空洞研究的一种反拨，其结果是能在一定程度上为国家的农村政策、妇女政策和宗教政策提供良好可信的数据支持，避免决策的盲目性。

（二）女性与伊斯兰教

中国至少有10个民族是全民信仰伊斯兰教，包括回族、维吾尔族、哈萨克族、柯尔克孜族、东乡族、撒拉族、塔吉克族、乌孜别克族、保安族和塔塔尔族，集中分布于西北地区，地域辽阔。妇女和伊斯兰教的关系问题在2011～2015年得到特别的重视，这与近几年国际国内伊斯兰问题成为热点有直接关系。当学界对伊斯兰教特别关注的时候，与此相关的妇女问题也会相应地受到重视。综合来看，研究者主要关注伊斯兰女权主义（对《古兰经》与圣训的女性主义解读）、国内伊斯兰女学（女性教育）以及社会转型期伊斯兰教对穆斯林女性实际生活的影响等三个方面，大量针对西北地区乡村穆斯林女性的实证研究是这一阶段的亮点，研究时间和篇幅比较宽裕的硕士、博士学位论文引领了这一研究趋势。

有学者认为，城市社区结构的变化、家庭宗教功能弱化、妇女身份意识觉醒是城市中伊斯兰女寺和女学兴起的三大主因。有关女学的实证研究的分布面比较广。有的选取云南昭通地区的女校为分析个案，从社会变迁的视角来分析当代云南女学在回族伊斯兰文化传承中的功能表现（虎丽平，2013）；有的调查临夏回族自治州穆斯林女德教育，认为临夏回族自治州穆斯林女德教育的思想基础是以临夏州穆斯林的信仰文化为基调，以中国传统文化中有关女德教育的优秀思想为向导；在对临夏州穆斯林女德教育的现状调查基础上，提出完善女子改育、改进女德教育的建议（马青霞，2014）；当然也有学者就女学问题做一定的历史梳理，建构女学的合理性与必要性（陈剑宁、马殿立，2014）。

有关伊斯兰女性主义研究目前已经开展得比较全面，共同点是重新解读《古兰经》和圣训文本，但学者之间的观点差别较大。多数学者力图纠正大众对伊斯兰女性观的偏差印象，从本体论的视角解读《古兰经》的妇女观，认为《古兰经》赋予妇女与男子平等却不相同的权利，破除了犹太－基督教传统有关女性是人类"原罪"源头的情结，在十几个世纪前就已为穆斯林妇女确立起西方妇女至今才开始获得的地位（王新生，2011）；有的认为中国伊斯兰教的男尊女卑观更多的是中国化的结果，与《古兰经》主张妇女同等权利的观念不符（马格侠、马玉芬，2011）；还有的学者将伊斯兰女权主义定位为世界女权主义运动的一部分，关注穆斯林社会男性和女性的平等，认为运动外因源于西方女权主义思想的冲击，内因主要是伊斯兰教经训中关于女性地位的使命和规定。现实问题之一是，伊斯兰女权主义的观点和实践常常在伊斯兰世界出现相异的观点（田璐，2013）；对伊斯兰女性观的容纳，也进而促进伊儒之间的理解与共信，为伊斯兰教在中国的生存、发展和传播奠定了基础（韩中义、马媛媛，2012）。或者将《古兰经》和圣训中有关妇女权利的言论与伊斯兰教扩展过程中产生的"法学家法"以及儒家伦理结合起来，分析中国穆斯林女性的低下地位的根源（蒋爽，2014）。

当下国内有关伊斯兰女性和信仰的关系研究主要采用实证法，学位论文占较大比重，切入角度也较为多元。有的通过对北京市的大学生盖头姑娘做访谈，运用宗教心理学、宗教社会学和宗教人类学等理论来分析戴盖头行为对穆斯林妇女、穆斯林群体和中国社会产生的各种影响（黑志燕，2011）；有的对新疆莎车县当代维吾尔族苏菲主义教团女信徒迪喀尔（Zikir）仪式做人类学调查与研究，比较全面和深入地描写了女信徒在罕尼卡、婚礼、葬礼、“恰依”以及其他场合的迪喀尔仪式活动以及女信徒的宗教生活、入教团的经历、女信徒之间的关系、政府对苏菲主义教团及其活动的管理等（阿依努尔·艾尼瓦尔，2013）。也有学者使用同样的宗教人类学研究法，对喀什市浩罕乡艾孜热提村维吾尔妇女的宗教生活进行调查与研究，分析当代维吾尔族妇女的宗教观念、宗教行为、宗教仪式等，揭示了维吾尔妇女的宗教生活与世俗生活的完美结合及其对传统文化延续的作用（阿依先木古丽·木天力甫，2012）。作为人类学研究，这些作者没有对描写对象做明确的价值判断。

实证研究开展最多的是针对分布全国的回民社群。有学者以人类学田野调查方法考察了曲沃县散杂居回族女性的宗教信仰情况，通过对性别角色、宗教仪式、宗教服饰以及宗教信仰特点等问题的汇总，指出散杂居回族女性虽然有强烈的民族认同感，但是其宗教信仰由于受到汉文化的影响而逐渐弱化，并呈现出多元化的发展趋势（张娟，2012）；也有学者就兰州市小西湖地区“80后”回族女性在物质文化与精神文化两方面的变迁为研究基础，探析在城市环境中成长的“80后”回族女性如何适应现代化潮流，同时保持和传承本民族风俗与信仰（贾维，2012）；更有学者描述了新疆昌吉回族女性前往麦加朝觐的过程和她们的体验，对朝觐归来的女阿吉群体的宗教生活、世俗生活和社会交往进行分析，讨论了女性朝觐的社会文化意义（马晓琳，2011）。当然，其他信仰伊斯兰教的民族也得到一定程度的关注，譬如针对保安族聚居区的田野调查发现，保安族社会中男女平等是普遍认同的宗教心理，中老年女性在宗教实践中可以构建较高的社会地位（勉卫忠，2012）；针对新疆额敏县哈萨克族女性宗教心理的调查发现，哈萨克妇女的宗教认知总体上处于一般水平，尊敬、安全和归属等积极情感体验强烈，日常行为受伊斯兰教影响明显，但宗教仪式执行较差（姚学丽、孙秀玲，2011）。

总体而言，女性穆斯林问题受到普遍关注，但对于十个全民信仰伊斯兰教的民族来说，受到的关注并不均衡，学界注意力主要集中于维吾尔族和回族，撒拉族、塔吉克族、塔塔尔族等民族十多年来没有一篇相关的研究论文，这与不同民族的人口、地域分布、文化影响力以及受过高等教育能从事本民族研究的人数都有一定关联。

（三）女性与道教

道教是完全本土的中国宗教，从教义文本和历史实践来说，是中国主流宗教中最尊崇女性的制度化宗教，继承了母系氏族社会尊崇女性的遗风，继承了原始宗教的女性崇拜传统，强调阴阳和合，强调男女同修。然而道教从宋代之后就开始式微，在中国开始大规模现代化之际已成为“迷信”的同义词，直到20世纪后期才在国家多元宗教政策以及弘扬本土文化的政策扶持下逐步恢复其制度化形式。如果撇开道教对旅游业、保健与养生等产业的影响，其并没有形成特别值得重视的民间信众群体。在国家政策导向下，当前的道教研究更倾向于历史文献的深挖和梳理。与此研究现状一致，研究者们重点关注了如下三个方面。

首先是道教尊重女性的本体论研究。这方面的代表性成果有刘玮玮的系列论文，如《论道教的女性道德修养观》（2011）、《道学尊崇女性渊源探析》（2011）等，分析了道教尊崇女性的社会历史根源、哲学渊源和宗教渊源，她的研究相较于其他人的特色在于，她将道教的女性观和其他几个宗教的女性观进行对比，如《论道教与藏传佛教女性伦理观之契合》（2011）、《道学女性伦理观与儒家女性伦理观的对立及融合》（2012）、《汉传佛教女性伦理观与道教女性伦理观之比较》（2012），从而让道教尊崇女性的思想在对比中更加突出。其他学者的研究也有一定的意义，如有研究从本体论的视角系统梳理道教中独特的女仙现象的起源、信仰特征及其社会意义（何桂花，2014），有研究讨论了道教女丹修炼的伦理道德规范及其现代意义，指出道教在理论和修炼等维度彰显了男女平等的观念（吕锡琛，2014）。

其次是道教的经典著作研究。特别是以道教的早期经典《太平经》为中心，理解道教阴阳相合、男女并重、共承天地之统的思想（王恒，2011）。或从唐末五代道教学者杜光庭编撰的《墉城集仙录》中女仙的神性品格看道教独有的平等女性观，认为女仙作为道教理想的形象化表现，其独立的神格、非凡的本领、在道教神谱中的重要地位，具体而生动地体现了道教对妇女较为平等的女性观（谭敏，2012）。

最后是道教与女性的历史关系研究，同时涉及道教发展中的一些分支教派的女性观。例如李裴（2011）通过研究唐代女真白日升仙现象，揭示民间与官方、政治与宗教的互动，分析大唐开放的社会风气和道教贵柔守雌的传统如何给了平民女子摆脱平凡无助生活的机会，使她们能够克服比男性更多的障碍去追求至道；更为独特的是，有学者从墓志材料着手，研究唐代道教女信徒的宗教活动，由此指出唐代道教女信徒有出家为冠、为冠不出家和居家奉教三种。尊奉道教对唐代女性生活影响很大，有的摆脱传统女性的生活方式，一心追求自己的长视久生；有的在从事传统家庭生活之余，有了自己的理想和追求；有的通过入道为冠逃脱了嫠妇苦守的命运，成为备受敬仰的宗师（焦杰，2013）。道教的各支派的女性观也受到重视，有学者通过考察净明道祖师谌母与另外一位传说人物兰公的关系，指出女性在早期净明道中的地位并不低于男性，直到吸收理学思想以后，明清时期地位才有所下降（郭武，2012）。有学者梳理史料发现，在全真教修道观中，女性修道的价值得到充分肯定，在得道成仙资质方面甚至优于男性。当然，形成于男权语境中的全真教并不是强调唯女性至上，女性要取得成功须付出较男性更多的努力，并且修道的评价体系也渗透了男性本位意识。积累道德资本是女性修道的重要内容（夏当英，2011）；还有一些历史研究发现，元代社会道德观念的限制使得妇女的宗教活动更多地需要女性宗教师，而全真女冠们禁欲苦修的信条又契合元代社会道德观念对守节妇女的要求，得到了上层社会的广泛支持，从而形成了继唐代女冠热后又一个女性信仰道教的热潮（张方，2011）。

（四）女性与佛教

佛教千余年来一直是中国的主流宗教，其本体论中非常明确地对女性依附性甚至卑污性定位，使学界的佛教研究很少从女性维度展开。即使有一些反思性研究，也更倾向于历史性探究，不涉及本体论的形而上辨析，如本阶段对佛教中为女性作依附性定位的“八敬法”的研究（王水根，2011）、对“女人五碍说”的历史溯源（陈晴今，2012）等。

在这五年，中国学界关于妇女和佛教的关系研究成果较少，研究热点在藏传佛教，学界的关注点扩展到女活佛体系、度母信仰、出家觉姆等，并进一步分析藏传佛教中矛盾的女性观。一些藏族学者做了很好的奠基工作，有的以女密宗大师卡卓益西措杰和觉域派创始人玛吉拉珍为个案，对藏族古代杰出女性与藏传佛教的关系做了梳理（德吉央宗，2011）；有的对藏传佛教中女性形象进行了全方位梳理和探析（拉毛措，2013）。个别学者尝试对藏传佛教中的女性观做整体梳理分析，以建立比较有说服力的框架体系，既讨论了藏传佛教中矛盾的女性观念，又探析了藏传佛教文化中所含的女性符号等（孟姣，2013）。这些研究材料丰富，可读性强，但研究本身缺乏形而上的与藏传佛教经典相结合的本体论层面的分析。

这里有两个亮点值得一提。一个亮点是历史性研究佛教与妇女的关系，有学者关注佛教与中国女主政治传统的关系，自汉代到北魏女主、唐代武则天、清末慈禧的女主统治都与佛教有密切关系，揭示二者之间的关系具有重要的历史与文化意义（陈开颖，2012）；更多学者关注特定历史时代的宗教和女性的关系，如魏晋时期佛教对妇女的婚姻观念和生活的影响（王思思，2011）、佛教信仰对唐代女性生活形态的影响（焦杰，2015）、佛教活动对宋代女性的影响（金建峰，2012）、佛教空间和明清时期江南妇女生活的关系（于淑娟，2014）等。另一个亮点是对当下女性出家的社会学层面的实证研究，例如对广东省潮州市湘桥区出家女性生存现状的调查（郑群辉，2012），还有对信仰藏传佛教的觉姆（尼姑）出家原因及价值观趋向的分析（白安良，2012）。

（五）女性与民间信仰

国外不少社会学大师比如马克斯·韦伯（Max Weber）等认为中国存在一个民间宗教，因为民间信仰一直在中国扮演着一个宗教的角色。中国本土学者牟钟鉴提出以“敬天法祖教”、刘成有提出以“宗法性传统宗教”对民间信仰加以概括。民间信仰主要表现为对祖先的祭拜、对节令和生产要素的敬拜、对人在各个生命周期所赋予的仪式以及一切民间拜神活动。从狭义上来说，现阶段的民间宗教专指制度化宗教之外的民间自发祭拜活动。民间信仰形式简单，贴近生活，功能明晰，也有一定的娱乐性，因此尽管常常遭受冲击或取缔，却也生生不息。

民间信仰与妇女的日常生活有紧密联系，而且相关仪式的传承和执行者也往往是女性。本阶段学者多采用田野调查的方式，了解民间信仰与女性尤其是与农村女性、少数民族地区女性生活之间的关系。民间信仰大体上可以分为汉族民间信仰和少数民族民间信仰，前者与道教、佛教关系密切，几乎可以看作二者的民间版本，后者则与民族历史、图腾崇拜关系密切。

汉族妇女的民间信仰与婚姻、生育、子女等女性特别关注的人生历程完全融合。有学者以河北涉县女娲信仰为例，分析民间宗教文化与女性社会性别建构的关系，揭示女性的参与如何“篡改”民间宗教活动特定的社会意义，成为重建社会性别的有力方式（侯艳娜，2011）。也有学者对福建泉州地区女性民间宗教信仰（有大量的佛教成分）问题做了实地调查，在数据基础上分析女信众的教育水平和经济地位与信仰强度的关系（杨小霞，2012）。伦玉敏（2012）通过实证研究，探讨了这几年引起世界关注的湖南“女书”和花山庙“姑婆”信仰的关系，指出“女书”曾经是姑婆信仰中专门沟通神、人的文字，其博士学位论文《花山庙女神与“女书”文化》（2013）对学界的相关研究具有很大的推动作用。

少数民族因为居住环境的相对封闭，时至今日多数仍保留了相对完整的民族文化，但当下少数民族文化被同化的进程也在加快，因此相关研究具有一种急迫性。“莲池会”，俗称“老妈妈会”，广泛存在于大理白族地区，是由中老年妇女自发形成的以地域崇拜及其祭祀活动为核心的女性村社组织。“莲池会”自唐南诏时期在大理地区兴起，至今仍以其强大的生命力在村落日常生活中发挥着重要作用。有学者以大理喜洲白族妇女“本主”信仰组织“莲池会”中的一个经母为个案，试图通过一个女人的信仰生命史来揭示白族女性的信仰心理和生命状态（张玉，2012）。中央民族大学张翠霞的博士学位论文《神坛女人：大理白族村落“莲池会”女性研究》（2013），选择其家乡大理龙龛村为田野调查点，以村落女性及女性组织“莲池会”作为研究对象，采用个案研究的模式，通过对田野调查资料的运用试图对两个相互关联的问题展开讨论：作为个体家户成员，村落妇女如何在家庭及社区礼俗的规制和引导下以其角色实践习得各种祭祀知识并逐渐成长为一个“莲池会”成员；作为“莲池会”成员，村落妇女如何作为一个日常生活的行动者和实践者构建家庭礼仪和村落礼俗生活。

有学者从佤族“葫芦”崇拜看母性生殖崇拜意义，以此重新审视和挖掘女性崇拜的文化地位（郭颖平，2014）。这里特别值得一提的是，季岐卫（2012）一直致力于研究萨满教和达斡尔族的文化传承与超越的关系，强调达斡尔女性在萨满文化传承中的自我意识的觉醒，在萨满文化不断遭受现代文明冲击的情况下，能主动地弱化其宗教功能，增强其文化功能，从而有效地使萨满文化得以延续。他的这一观点对于民间信仰的拯救方法具有很强的启发意义。另一个有特色的研究是马宁（2013）对陇西走廊处在多个制度化宗教夹缝中的女性神信仰所做的跨民族调查，他指出，这些民间的女性神信仰客观上发挥了打破民族界限、维系民族团结、加强民族融合的重要作用，被各族民众打造为重要的历史文化资源，是维护陇西走廊宗教生态平衡的重要力量。

必须承认，由于民间信仰在现代化进程中不断撤退，或者受基督教等更加强大的外来宗教的竞争，目前大多数民间信仰已经处于濒危的状态，亟须宗教学、民俗学和民族学界联手拯救这些非物质文化遗产。

三　研究不足与展望

纵观这五年的研究成果，可以说相当丰硕，既有形而上的本体论分析，又有外部历史发展研究。然而，很明显，基督教和伊斯兰教受到最多的关注，对其他宗教和妇女的关系研究则相当薄弱，除此以外，仍有一些不足需要研究者在未来予以关注和改进。

（一）研究不足

（1）除个别论文涉及兰州小西湖、北京牛街等都市的回族社群外，城市居民的宗教信仰被整体地忽略了。事实上，无论是组团或零散的佛教香客，还是在家隐修的道教居士，抑或定期礼拜的基督徒，其中肯定有一定数量的城市居民，只是不如农村的女信众那么显眼，也缺少足够的政府关注，但即使是这样的小众，对城市化的发展与和谐社会建设而言，其重要性也会越来越明显，高度城市化的西方国家的宗教问题可资为鉴。

（2）实证研究的问题设计出于统计的方便而过于粗略和简单化。诚如马克斯·韦伯（2005）所言："宗教行为的外在条件是如此的分歧多端，为了能够了解此种行为，也只有透过个体主观的经验、理念及他们所关注的目的这个观点才有办法达到。"对宗教问题的研究不能忽视女信众的个体心理需求和对宗教特殊的主观体验，无论社会情境如何变迁，社会成员对一种宗教的心理需要是这种宗教得以发展和壮大的基础。因此，以田野工作的方式记录社会成员个体的主观情感经历，呈现现代化背景下女性宗教信仰内驱力的多向度表达，是学理上的必需。女性与宗教的关系研究不只是一项社会学的小型社区研究，其中的"宗教性”元素不能舍弃，宗教不能沦为社会学的仆佣和介质。

（3）一些研究对汉族地区农村妇女基督教信仰总体上持否定态度，认为妇女们因基督教信仰而知足常乐、不求上进，会阻碍农村的经济发展，甚至造成社会主义精神文明建设的倒退。研究者们（常常是男性）作为没有宗教体验的城市知识分子观察者，难以设身处地从留守中老年妇女的实际心理状况角度去思考问题，经济思维主导一切，有些问卷设计一开始就有失偏颇。

（4）对妇女和佛教、道教关系的历史性研究偏多，现实性研究偏少。尽管已有不少学位论文采用实证研究关注当下农村妇女与少数民族妇女的基督教和伊斯兰教信仰问题，但关于妇女和民间佛教关系的实证研究只有寥寥数篇，而关于妇女和道教关系的实证研究几乎没有，这方面的研究未来需要加强。

（5）妇女和天主教、小乘佛教的关系研究相当程度上被忽略，本阶段论文寥寥无几，关于妇女和小乘佛教关系只有一篇硕士学位论文（唐敏莉，2015），关于天主教的论文虽有6篇，但关注当下中国妇女和天主教关系的也只有一篇硕士学位论文（张雷，2013），其余皆为历史性研究。事实上，天主教在四川省西部、云南省、河南省和甘肃省农村的影响力一直比较大，小乘佛教在云南省也很有影响力，因此这方面的研究应该跟进。

（6）系统研究的专著比较匮乏。本阶段出版的相关著作有林美玫的《妇女与差传：19世纪美国圣公会女传教士在华差传研究》（2011）、邵育欣的《宋代妇女的佛教信仰与生活空间》（2015）和张静波的《女性主义视角下的宗教人格与创作——勃朗特姐妹研究》（2015）。但本阶段完成而在2016年出版的相关著作有多本，并且分量较重，如焦杰的《唐代女性与宗教》、永明的《佛教的女性观》、陈晶的《上海基督教会学校女子音乐教育研究》等。这些著作都比较综合，历史研究比较扎实。

（二）研究展望

从目前国家层面和学界的关注点和关注力度来看，未来五年“妇女与宗教”研究在议题、方法论以及成果方面将会有一些可以预期的发展，对于推进更加和谐的新型社会结构会更有参考意义。

首先，穆斯林妇女的信仰与宗教行为仍然会受到最多的重视，这和政府的宗教政策有一定的关联，具有现实针对性的研究会占据主流。政府主导的“一带一路”议题的推广、丝绸之路历史文化的发掘、少数民族地区教育的投入以及西部主要民族研究者数量的增加，都会推动学界对妇女与伊斯兰教信仰的关注，关注点也会从维吾尔族、回族向哈萨克族、东乡族等扩展。随着穆斯林人口流动性的增加，研究的地理范围也将从西部地区向广大的中东部城市扩展；由于穆斯林人口倾向于族群聚居，便于数据采集，所以实证研究会占主体。穆斯林女性的宗教意识和社会转型的关系，教育水平、经济参与能力、家庭责任分工等方面的变化也会在宗教的框架内予以阐发。

其次，妇女与基督教的关系仍然会受到特别的重视，成果丰硕。历史研究与实证研究齐头并进，形成良性学术生态，这和基督教在发展过程中一贯重视资料存档、出版物丰富有密切关系。此外，来华传教者一般受过较好教育，善于记录所见所感，这些为历史研究打下资料基础，能有据可依。从目前的研究趋势来看，未来几年，20世纪基督教在中国西部伊斯兰教影响区域和少数民族地区的传播，会有更多的史料梳理与研究，女传教士在西部地区的活动与影响力会受到重视。尽管城市化率不断增加，农村信教人口日趋老龄化，但有关城市女性基督教信仰研究的成果在下一个五年仍然不会有多少增加，关注点仍然在基督教发展迅速的广大农村地区，但可以预期，城市居民与宗教关系的重要性，将逐步引起学界与政府的重视。

从方法论角度说，“妇女与宗教”这一议题本身就是一个偏向社会学的话题，突出的是现实关怀，而非形而上的理论建构，因此实证研究成为本领域的主要研究方法属于情理之中，即使是妇女与宗教的历史问题，也往往使用历史社会学的研究范式。实证研究的时效性、现实针对性以及直接的决策参考价值，可以使社会转型期的妇女与宗教研究更契合时代发展的需要。田野调查方法、访谈设计、统计方式等方面近几年一直受到批评，预计会有所改进，推动未来的研究结果更加可信，决策更加精准。

天主教、藏传佛教、小乘佛教等的核心影响范围不会发生多大变化，以农村信众为主的人数不会有明显增长，所以有关妇女信徒的研究在未来五年中不会有特别大的发展，因此即便是实证研究也不会增加，以避免重复。至于民间信仰，由于研究者数量不会有显著增加，相反宗教遗迹、仪式执行人和信众日趋稀少，未来数年的成果可能不会有明显的增加，但研究也不会停止，某种程度上取决于国家对非物质文化遗产的保护与拯救力度以及少数民族文学文化的研究方式。

在学术成果产出方面，未来五年的产出总量可能不会有当下这么多，但成果的质量和研究深度会有较大提高，这是目前中国学界可喜的整体趋势，会极大推动中国学术的繁荣与国际影响力。体现系统研究的专著会增加，这是结合近五年的研究者情况和论文的关注点趋势以及硕博士学位论文的产出而得出的合理推断。

女性与体育研究综述（2011～2015年）

阳煜华*

一　研究概述

女性与体育研究本不是一个新兴领域，但在既往的人文社会科学中一直未获得应有的学术关注。随着中国妇女/性别研究的日渐兴盛、北京奥运会后体育科学研究中的社会学理论转向，女性与体育研究成果的系统性梳理集纳成为体育学和女性研究不可忽视的重要方面之一。为尽量全面地呈现2011～2015年女性与体育研究的成果，本研究通过将“女性”“女子”“妇女”与“体育”“运动”两组关键词进行两两配对，形成6条检索式，在中国知网期刊数据库、博硕士学位论文数据库、会议论文数据库、报纸库、年鉴库、成果库、学术辑刊库进行所有学科领域检索，相关研究成果统计见表1。

表1　2011～2015年女性与体育研究相关成果统计

单位：篇

时段	“女性”+“体育”/”女性体育”	“女性”+“运动”/“女性运动”	“女子”+“体育”/“女子体育”/“女子”*	“女子”+“运动”/“女子运动”	“妇女”+“体育”/“妇女体育”	“妇女”+“运动”**
2011～2015年	7/245	13/17	2/263/460	0/1	1/18	0
2006～2010年	6/195	6/69	1/184/522	0/0	1/18	1

* 在表达女性体育竞赛项目时，多加“女子”为定语，故特增一项检索：以“女子”为关键词并在分组浏览中选取“体育”学科进行检索，以客观展现研究成果数量；鉴于体育项目的繁复性较强（现有奥运会正式比赛大项28个，2020年东京奥运会将增至33个，女子休闲体育项目更不计其数）及与本综述相关性较弱，故涉及女子体育竞赛项目（如女子篮球、女子足球等）的文章未作分析。

** 由于“妇女运动”特指妇女解放运动，故不包含在内。

---

* 作者简介：阳煜华，女，北京化工大学文法学院讲师。

在阅读2011～2015年检索文献后发现，中国的女性与体育研究数量成倍增长、研究成果水平提升、研究视域更为宽广、研究视角更为多样、研究方法更趋多元、核心研究话语逐渐清晰。

1. 研究成果数量提升、类型扩充、水平跃升

以“女性体育”“女子体育”“妇女体育”为关键词进行检索，与2006～2010年相比，2011～2015年期刊论文由291篇增至377篇、硕博士学位论文由54篇（硕士50篇/博士4篇）增至60篇（硕士55篇/博士5篇），报纸刊载文章由13篇增至20篇，会议发文由7篇（国内）增至37篇（国内28篇/国际9篇）。女性与体育研究成果数量均比2006～2010年有不同程度提升。值得一提的是，上一周期中尚未出现国际会议发文，本周期增至9篇，标志着中国女性体育研究者已开始了国际发声。

总体来看，成果水平也出现飞跃式增长。以“女性体育”“女子体育”“妇女体育”为关键词在中国知网进行检索发现，国家社会科学/自然科学基金由上一周期的8项增至23项，全国教育科学规划中的“女性与体育”相关项目从无到有，省级和高校基金由上一周期的6项增至17项，其他国家级基金由4项减至3项。2011～2015年各类基金项目47项，比2006～2010年增加29项。

2. 研究视域不断拓展、研究视角更为多样

女性与体育研究正试图突破体育学研究的“三分论”框架（即分别探讨竞技体育、大众体育、学校体育与女性的关系）的限制，自觉融汇入人文社会科学的解释体系。在研究发展过程中，“女性”与“体育”的关系及相互作用不断得到自证和澄清，研究视域不断拓展，研究视角更为多样。体育运动作为反映女性与社会结构进行社会互动的“多棱镜”，折射出女性通过体育的社会化（in sport socialization）和进入体育的社会化（through sport socialization）过程，见证了女性促进社会结构变革的影响力。在这个过程中，体育成为一个平台、一种触媒、一股力量，将女性个体与群体在就业、参政、教育、文化交流、健康促进等方面的发展变迁全方位地展示出来。

3. 研究方法日趋多元

突破了以文献研究、问卷调查、访谈为采获数据的主要研究方法，过渡到综合运用各种质性研究方法，如口述史、实地调查、参与式观察、民族志研究、跨文化研究法、实验法等，使得研究结果更为科学客观，研究结论更逼近理论真实、更具指导意义。有学者采取单独或集体约谈的无结构访谈方式，对村落女性群体的体育参与进行深度访谈，并对采集的口述历史资料进行话语解构和文化诠释（万义、杨海晨等，2014）。又如有学者采取开放式结构访谈方式，采用质性分析软件Nvivo 8.0对访谈所得信息进行处理，探索女性休闲体育行为的限制因素（邱亚君、梁名洋等，2012）。

4. 核心研究话语逐渐清晰

自20世纪80年代女性体育研究初兴，形成了运用“妇女体育”“女子体育”表达相关学术议题的历史惯习。从文献计量结果来看，2011～2015年女性与体育研究的核心研究话语，由“妇女”“女子”向“女性”扩张。主要体现在，以“女性体育”“女性主义体育”为关键词的研究大幅增长，而使用“妇女体育”的发文数基本维持不变。这种核心研究话语的位移，不仅提示了术语外延的改变，更是女性学研究对女性体育领域浸润的力量彰显。

二　主要研究内容

女性与体育研究呈现出明显的跨学科特征。主因源于体育科学（包含运动人体科学、体育人文科学、体育社会科学和体育综合科学）学科属性的高度综合性与性别变量的加入，故研究内容和成果的分化较为明显。以下从女性体育的身体建构、社会建构和文化建构方面进行分析和总结。

（一）女性体育的身体建构

在2006～2010年研究周期中，女性体育的身体建构议题出现了“双盲现象”，即女性与体育和妇女健康两大主题综述中均无提及。在中国公共卫生和公共政策领域对性别与运动健康、性别与体力型健康促进政策日渐倚重倾斜的背景下，此类研究提供的数据既是政策制定依据也是政策评估标准，故也应将其纳入综述范围。

1. 特殊生命周期女性与运动干预

女性身体的生物属性是进行女性与体育研究的基质。2011～2015年，国内从事运动人体科学研究的学者探讨了体育运动对女性生命周期（儿童期、少年期、青年期、更年期）的促进与提升作用，认为有氧运动能有效缓解女性更年期综合征（徐霞，2014），明显减少女大学生腹部脂肪（孙侃然，2014），运动、体重、BMI 和体脂百分比是影响青年女子骨密度的主要因素（郭刚，2012；2013）。还有学者系统整理和阐述了运动训练、营养、饮食等对女性特殊“四期”（月经期、妊娠期、哺乳期和更年期）的改善与调节作用，认为适宜的运动量和频率能够降低乳腺癌发病率，改善绝经后骨质疏松女性的身体功能和生理机能，提升女性生命质量和生活满意感（陈荣等，2011；王连英，2012；刘敏等，2013）。

2. 特殊女性群体与运动干预

通过有氧运动结合饮食调节、药剂补充对超重、肥胖女性群体进行运动干预，一直是本领域的研究热点。短期规律有氧运动能促进超重、肥胖女性的糖、脂代谢（Shu Mei Cheng 等，2014；田向阳等，2015）。2011～2015 年，还出现了通过“运动习惯”调节女性海洛因戒毒者焦虑、抑郁的负性情绪的研究。庄淑梅（2013）认为，女性海洛因戒毒者的运动习惯与负性情绪具有显著相关性，对心理健康状况具有预测作用。

（二）女性体育的社会建构

当代的女性与体育研究，既要承认男女生理构造、身体功能殊异的生理性别为基准，又应充分体现出社会建构主义影响下的女性体育社会文化现象。2011～2015 年的女性与体育研究，以年龄、职业、地域、宗教等社会要素为考量，探讨了女性参与竞技体育、大众体育和体育教育过程中与社会产生的交互影响。

1. 女性与精英体育

“龙凤呈祥，凤先飞”是中国女性参与精英体育的真实写照，由此引发了对高水平竞技运动中女性表现的特殊观照。但是客观地分析，中国女性精英运动员之所以能“为国家”取得举世瞩目的竞技成绩，提升国家形象和国际地位，原因之一是中国施行的赶超型体育发展战略，女性体育项目更是重中之重，尤其是在举重、拳击、柔道等重竞技体育项目中，由于女性的参与程度较低，选拔女运动员进行训练和比赛成为取得突破的捷径（戴平，2013）。

此前出现了大量女性参与奥林匹克运动史的系统梳理，但大多就数据谈数据，对其时所处的具体社会环境的描绘与呈现不足，对成绩波动的影响因素分析不足。在社会主义初级阶段发展条件下，中国女性竞技体育发展呈现出成绩获得与自然、历史、社会环境具有密切关系的规律性。蔡晓梅（2012）通过收集整理历届亚运会女子冠军数据总结出中国女性竞技体育人才的时空分布特征，认为女性竞技体育人才主要分布在东部沿海各省，西部地区为女性竞技体育人才的缺失区；女性竞技体育人才数量与时间呈正相关关系；不同省份之间女性竞技体育人才内部结构差异显著。

2011～2015 年，论及女性参与精英体育时，出现了多视角多面向对议题的共时激发和多理论基础、全生命过程的历时考量。在中国语境中，女性参与精英体育是一把双刃剑：一方面推高了女性的社会地位，另一方面也会出现通过对女性身体的征用来获取精英体育的集体荣誉的现象。卢玲（2011）认为，应将竞技体育中的女性作为社会人来综合审视，关注她们在竞技体育中除运动员之外的社会身份或背景。吴彤（2014）认为，退役女性运动员作为特殊群体应得到继续教育资源的政策、资金等多方面的保护，但是面临着高校资源有限、职业教育缺位、继续教育的经费不足、运动员群体意识薄弱等障碍，可以通过政府和社会共同集资创设女性退役运动员教育保障基金、开设专有学习机会与研究方向、加快“体教结合”进程、大力发展女性职业教育等途径改善现状。

2. 女性与大众体育

女性体育的发展程度是权衡一国社会进步和女性发展程度的关键指标，关注女性参与大众健身和倡导女性体育锻炼，也是落实全民健身计划纲要的重要内容。自 2009 年后，国务院密集出台了《全民健身条例》（2009）、《全民健身计划（2011～2015 年）》（2011）和《关于加快发展体育产业促进体育消费的若干意见》（2014），为中国城乡女性广泛参与体育运动、健身休闲提供了政策支持和舆论导向。中国女性的大众体育参与行为分为直接参与和间接参与。直接参与包括女性参与体育健身、休闲体育，间接参与包括女性参与体育消费（实物类和服务类）。

（1）女性与体育健身

2011～2015 年，此类研究以省域、市域、县域内的女性健身和女性休闲体育参与情况为研究对象，对女性体育锻炼的频度、时间、内容、目的、动机、影响因素等主客观情况进行调查分析，调查范围涉及河北省、河南省、安徽省、江苏省、湖南省、吉林省、福建省、山西省、陕西省及豫东地区、汕尾地区、长株潭地区等。市域范围主要包括北京市、天津市、重庆市、哈尔滨市、潍坊市、泸州市、四平市、吐鲁番市等，以郑州市、洛阳市、新乡市、三门峡市、开封市等河南省下辖市县为多。近年来，除了关注经济发展水平、运动认知对女性健身活动的正相关作用，还出现了将“女性”与“贫困”叠加的研究视角，通过反映“贫困地区女性”（安多藏区）弱势群体的体育健身参与，探讨其作为新时期突出的社会问题以及藏区女性参与体育健身对社会化进程的影响（高继科，2015）。无疑，城镇化过程推动了城市女性健身热潮迭起，但不能只关注受惠的城镇女性，地方政府体育行政部门也应对非受惠群体——“城中村女性”提供相应的公共服务，为中国城乡在转型期间社区工作的开展提供有价值的参考（王蓓，2011）。

区域性研究提供的基础性数据，有利于全面反映中国女性体育健身的基本面状况和发展水平的多层次性，并以此为基础推及女性体育生活方式的建立、女性生命质量的跃升、为决策部门提供政策指引等方面。但是，呈现的调查结果多为未经深度挖掘的初级数据，对区域经济发展、公共政策、社会文化属地性因素等女性体育健身的宏观环境未加深究，总体而言尚未跳脱以往的“现状研究”窠臼。

（2）女性与休闲体育

城市化解放了人们的休闲体育生活，并提高了女性的社会地位，体育制度与性别秩序的变革是女性休闲体育兴起的两大基石。熊欢（2012）认为，城市化为女性休闲体育创造了政策、价值观念、制度和空间要素，这些要素在互动中形成了对女性体育休闲发展的综合推动力，并使它朝着自发性、多样性、多元化、商业化、（自愿）组织化的方向发展。但是，中国白领阶层、蓝领阶层和失业群体的女性体育行为及观念迥然不同，她们的经济地位、教育背景、家庭环境以及社会文化意识相互作用、相互牵制并导致了体育参与分层现象。邱亚君（2012）认为，女性休闲体育行为的限制因素主要包括四种类型：自身限制、人际限制、结构限制、体验限制。其原因不只是由生理因素决定，而是在中国特定的社会性别差异、社会性别角色、社会性别制度背景下逐渐构建形成。

（3）女性与体育消费

一方面，女性在体育消费中通过展示其经济能力，获得向传统观念中的“弱性别”挑战的机会，消除社会参与的脆弱无力感；另一方面，体育消费也为女性提供了体育生活方式的实践平台。2011～2015 年，城市女性体育消费的实证性研究不断增多，以年龄、地域、职业、阶层为切入视角，以体育用品消费、体育旅游、体育博彩消费为统计口径，获得了关于消费影响因素、消费动机、消费方式、消费信息途径等方面的数据。霍笑敏（2011）通过对北京市参与体育旅游的女性居民进行人口学分析后发现，女性体育旅游的年龄分布呈现横向“S”状的波浪形（主要群体为青年女性）、参与率随受教育程度/学历的升高而增大、随经济收入水平降低而逐级递减，机关事业单位人员、学生和离退休人员占参与体育旅游的女性居民的前三位，以家庭的方式出游仍为女性体育旅游的最主要的结伴方式。

不同世代的女性呈现出迥异的体育消费诉求。“90后”“80后”女性体育消费欲求为释放工作、生活压力或炫耀时尚，所不同的是，“80后”女性非理性体育消费行为趋于收敛；“70后”女性则期望体育消费给她们带来健康、成为改善生活质量的辅助手段，“70前”女性体育消费多为了摆脱每况愈下的“运动不足”的身体状况（松家萍、白琳，2012）。首次出现了“女性体育彩民”的研究，吴艳萍（2012）探讨了中国女性体育彩民的人口统计学特征、购彩行为特征、心理特征及行为影响因素和购彩认知，发现：中国女性体育彩民约占彩民总体的16.7%；以已婚者、中青年、高中及以下学历者、中低收入者为主；近半数月购彩金额较少，占月收入的比例和单次购彩金额均显著低于男性彩民；购买数字型体育彩票，且购买即开型体育彩票的比例显著高于男性彩民，购买竞彩的比例显著低于男性彩民；不同学历的女性彩民在经济效用、风险偏好、外部信息作用以及购彩意向各维度上均有差异；不同收入的女性彩民在经济效用维度上有差异；接近半数的女性在有信心和特殊日期时加大购彩投入；随着学历水平的提升，女性彩民的经济效用得分呈下降趋势。

3. 女性与体育教育

2011～2015年，女性与体育教育的研究主要涉及女性体育教师和女学生两方面。在女性体育教师的研究中，集中于中小学体育教师的性别结构、性别职称差异、女性体育教师职业认同感、职业倦怠、社会支持、教学效能感等议题。由于体育教师普遍工作量过重（女性的家庭负担又重于男性），女体育教师的职业认同感一般、专业自主性不强、科学素养欠缺（刘军，2014），职业认同感与现实社会的学科价值评价存在矛盾，学校的期望值与投入的反差等都可能给教师自身不良的心理暗示，易产生职业认同的“高原反应”，形成职业倦怠（徐晓虹，

2012），女性体育教师的厌倦心理明显高于男性（曾刚，2011）。高校分布、学历差异对女性体育教师职业高原的影响不大；职称、年龄、教龄差异对女性体育教师职业高原有较大的影响（吴丽芳，2011）。在体育教育对女生的影响方面，中学体育教学中隐藏着性别不平等，主要表现为教材内容和教师的性别偏见制约了女生获得体育资源的条件和机会（谭小春，2012）。

4. 性社会学与体育的相关论题

2011～2015 年，女性与体育研究开始关注性、性别、社会性别、性别认同、性别角色、性别气质、同性恋、性倾向、性变态等性社会学中的重要概念，并对体育进行重建，使研究谱系呈现出更多的细分区间。

2003 年以降，论题中冠之以“社会性别视角/背景/理论/视域”的女性体育研究渐起，2011～2015 年呈逐渐增多之势。诸多笼统地冠之以“社会性别”的女性体育研究，并不属于真正的性社会学研究。值得关注的是，与运动相关的女（男）大学生/女（男）童的性别角色、性别气质、性别认同等问题，慢慢步入女性与体育研究者的视野，散见于社会学、体育学、医学研究中。有学者认为，儿童性别角色的社会化受到儿童的性别、体育运动项目以及参加该运动时间等因素的影响，参加跆拳道和体操训练都会强化男孩的男性化性别角色、弱化女孩的女性化性别角色。参加跆拳道训练对儿童性别角色的影响较之参加体操训练更明显（漆昌柱，2011）。

2011～2015 年，女运动员（特别是精英女运动员）作为女性体育研究的靶心对象，其性别角色、性别气质、性别认同、性倾向受到特殊关注，但囿于数据取得难度较大，刊发成果并不多。有学者从女运动员的性别刻板印象入手，指出阳刚女运动员被“污名化”有两种表现：“同性恋”污名和“男人婆”标签，并从父权制、女性特质的规训和体育界的“恐同”氛围等方面进行“污名化”溯源（阳煜华，2014）。有学者对参与重竞技的女运动员的社会处境加以总结，认为社会文化和竞技训练的双重规训致使女性身体屈从于新的性别构建之中。女性形象颠覆、性别取向的模糊以及项目本身的社会分层遴选机制致使从事重竞技项目的女性运动员处于边缘化状态（戴平，2013）。

身体观素来是探讨女性体育的门径之一。它既影响女性的主体性建构，也参与客体化身体的塑造，影响着年轻女性群体的体育生活方式选择，已成为身体哲学和运动哲学的热点。一方面，女性对体重“主观化”的认知，对塑造形态美

“感性化”的理解，对健身路径“盲目化”的选择，是因为女性不了解“肌肉”和“形态美”与健康的内部关系。程宙明（2014）指出，在“肌肉观”的导引下，女性不仅可以实现“审美自醒”，而且会找到健身路径选择的“新视野”。也有学者提出，女性体育参与要取中华之正气，抑西方之人欲；习西方之健力美，革中国之病弱美（李慧、李国泰，2014）。另一方面，在男权社会结构中，女权主义不断要求女性价值的自我实现，强力批评商业媒体煽动年轻女性的塑身风潮。在运动塑身的过程中，消费主义强调情色女性，关注女性个体如何对待、管制、打造、形塑自己身体，在身体诱惑与父权传统中寻求平衡点（成钧，2011）。2011～2015 年的女性身体观研究，充分探讨了“体之用”（此处的“体”既为女性之身体，又为体育运动之含义），具有双向双重含义。

5. 女性体育、权利与法治

随着中国法制化进程的加快，女性权利不断声张，女性体育权利成为这五年女性与体育研究中的新议题。成果数量虽不多，但极具时代感和现实意义。内容涉及女性体育权利的基本内容、女性体育权利的认知、国家女性体育政策等。

陈利红（2014）将女性体育权利的基本内容分为体育平等参与权、体育话语权、体育休闲权、体育教育权和体育荣誉权，探讨了女性体育权利的法制化、体育权利的实践状况。郑艳芳（2014）通过追溯女性体育权利的变迁历程，认为女性体育权利经过了性别平等、性别偏见和社会权力卷入的演进历程；女性体育权利的变迁呈现了水平隔离和垂直隔离的态势，女性在体育参与中遭受了显性和隐形的歧视与排斥；女性体育权利演变的背后动因主要受固化的性别偏见、社会规训、性别角色期许、性别角色斗争与冲突、体育项目科层制及职业化等因素的影响；应该摒弃固化的性别偏见、倡导积极和斗争的态度，合理建构自身的体育权利来反对任何形式的体育性别排斥现象。刘向应（2014）以美国、澳大利亚法律在推动女性参与高水平竞技体育过程中的实践为案例，考察到妇女在精英体育中的参与度确实有所增加。尽管各国的法律和官僚机制还存在进一步改进的空间，但应该以此来审视依赖法律的“自由女权主义”在推动女性参加体育运动机会中起到的所谓决定性作用。

法律对体育权利界定的模糊性，导致城市女性居民对自身体育权利的认知、保护和规制的整体认知不明晰，并在权利享有上存在性别差异。陆素文（2014）以 B 市 L 社区女性居民体育参与为案例讨论城市女性居民对体育权利的认知，认为从整体上来看城市女性对于体育权利的认知是模糊的；不同年龄、阶层的女性对体育权利的认知存在差异，在体育权利的实现上，已退休的女性居民明显好于正处于工作期的女性居民；女性居民对体育权利认知的背后蕴含着性别角色和社会文化期许。

中国女性对体育权利的认知水平和权利实现之间的较大差距，使得处理女性体育权利争端时易发生偏离现象。将女性置于具体的体育权利纠纷中，对女性体育权利困境的社会学动因进行解剖麻雀式分析，则可窥见解决路径。杨建成（2015）以社区大妈的广场舞权利纠纷为切入点，认为保护女性体育权利是实现体育公平的重要手段，规制女性体育权利是防止体育权利失态的有效保障措施。要通过建立性别平等观、协调权利与义务关系、健全组织管控机制、“依法治体”等手段疏导女性体育权利实现过程中的社会问题。

（三）女性体育的文化建构

1. 女性体育理论相关议题

（1）女性主义体育观

女性体育观的形成、发展、变化与女性主义哲学思潮和女性解放运动的实践有密切关系。女性主义理论渗入体育领域后形成了女性主义体育观，主要包括自由女性主义体育观、马克思女性主义体育观、激进女性主义体育观、后现代女性主义体育观和生态女性主义体育观（陈利红，2014）。中国的女性主义体育观研究，承袭了西方女性主义体育观的整体框架，并以此为指导形成有中国特色的女性体育理论。西方女性主义体育理论的两大流派——自由女性主义和激进女性主义都确立了对体育的基本观点。自由女性主义力图实现女性在运动中的平等参与机会，但未触及体育结构的根本。激进女性主义对性别结构和父权制展开激烈批评，并将女性解放的可能路径诉诸跨性别运动和放弃家庭。激进女性主义的方案在现实中给许多女性体育参与者造成实践困境。张宪丽（2011）认为，生态女性主义强调女性与自然的关联，并呼吁女性重新思考其在私人领域中的角色，为女性体育指明的道路是休闲体育和家庭体育。

（2）女性体育研究范式

在女性体育研究范式的确立上，熊欢（2014）提出，从认识论来看，女性体育研究的出发点与目的是“为谁的体育知识”；从方法论来看，要从女性立场出发，以女性自我经验为基础，结合具体情境，采取多元的研究方法来揭示体育中的性别权力关系；从理论来看，要避免从以“男性主义”为核心的体育理论知识体系和视角出发来观察和解释关于女性体育的现象与意义，更需要从研究实践中发掘并产生关于女性体育的新的理论。

2. 女性体育史

2011~2015年，女性体育史研究在延续既往重点历史分期的基础上，不断延展研究议题、拓宽研究视角。唐、宋、近代女子体育史素来是本领域研究的重点。这五年，以唐代、宋代、辽代、近代女子体育发展盛况为背景，以古诗词、体育史料为研究介质，着重于析因、特征分析、社会影响分析的研究仍占多数。但是，也出现了多篇关于延安时期/红色革命根据地、抗战时期、南京国民政府时期妇女体育的文献研究。

这五年，经由历史学、社会学、身体政治视角对民国女子体育史的还原与解析日渐增多，并形成兴趣集群，观点指涉民国女子体育发展史、民国女性身体、女子体育观、女子体育教育、女子体育思想（思想家）及其实践、女子体育报道、女子运动会、女性运动生活等方面。

姜志明（2015）认为民国女性体育有着鲜明的救国性、男女平等性、信仰自由性、祛邪扶正性特征。陈刚（2014）认为，民国社会结构变迁会对女性的生物性身体、道德身体与沟通态身体塑造产生影响。

面对这种社会冲击，初创时期的女子体育在学校、家庭、社会等不同的时空格局中展开。清末民初，中国女性首次接受了正规的体育教育，之后便开始了一场关于“谁的身体”、“怎样的身体”以及“谁在支配/使用身体”的社会教育实践运动。阳煜华（2015）认为，教会女子学校和国人自办学校是女子体育发生、发展的两个主要阵地，国家通过制度设计、教科书编撰和师资培养予以制度保障。大多数女性的身体由身困家中到身为国有、身为国用，渐入身心分离之境地。方艳华（2013）通过对游鉴明《超越性别身体：近代华东地区的女子体育（1895~1937）》的评介，阐明了女性运动在国族命运、两性关系、公众舆论等层面的社会文化意涵以及运动与女性特质的关系呈现、女性运动生活的日常模式等问题。在社会舆论层面，康有为、梁启超、张汇兰、秋瑾、邹韬奋、王正廷、毛泽东等人的体育思想中均有论及女子体育的益处及社会影响，对此时女子体育发展贡献巨大（李华禄，2015；李芳菲，2015；刘欣，2015；王晓玲，2015；周成，2015；张学海，2014）。

3. 性别、体育与大众媒介

女性体育的发展与大众传媒的勃兴息息相关，既可壮大女性体育发展的声势，又有助于架构女性体育的理论大厦，亦有助于社会性别主流化在体育领域的浸润。2011～2015年，性别、体育与大众媒介的研究集中围绕以下三个议题。

（1）体育大众传媒中的女性形象和女性经验

此类研究主要以体育新闻、体育广告为场域范围，以女运动员、女性新闻从业者（记者、主持人）、女性体育迷为研究对象。匡淑萍（2015）从女性体育作为内容、女性作为传者、女性作为受众等三个维度展开研究，从而探讨女性体育与大众传媒的深层关系。吴越民（2012）采用量化、内容分析和质化研究相结合的方法，对《人民日报》《新民晚报》《纽约时报》的体育新闻中的女性形象进行深入研究后发现，女运动员的报道与过去数十年相比呈上升趋势，但报道量仍显不足，中国报纸重点报道的是那些强调优雅、平衡和美等与传统的女性形象一致的体育项目；（中国）对于女性运动员作为职业运动员之外的角色报道是不够重视的，在塑造女性体育人物形象时更强调运动员与国家的关系，着重报道她们为国争光的使命感和荣誉感，而《纽约时报》在报道时则更多关注女运动员的个人奋斗与个人价值的体现。庞晓玮（2015）认为，经过媒体塑造的女性体育迷的形象与社会中实际存在的女性体育迷的整体形象并不契合。她们美丽、性感、狂热，是被理想化了的女性范例，并分析了这种异化塑造及构建机制。

（2）对女性与体育传媒文本的分析

在体育文化传播的场域中，女性既是“被看的身体”的客体，也是“通过传媒文本能够言说”的主体。阳煜华（2014）认为，女性运动广告微观分析的典型理路应该是通过“语言和言语、能指与所指、横向组合与纵向聚合进行文本分析”，才能揭示女性运动广告的结构关系和符号学意义。潘爽（2015）以批评性话语切入《新体育》2010～2014年508篇有关女性体育语篇，认为存在以下问题：女性体育报道语篇明显少于男性；女性体育话语凸显了传统女性观念，在再现女性体育时掺杂着男性主义的意识形态；女性体育形象以男性审美为标准，对于女性运动员的外貌、身材、衣着等的描述不遗余力；女性体育报道受到了刻板印象的影响。

（3）传播方式对女性运动参与的影响

张燕霞（2013）以在福建省体育中心参与排球、乒乓球、网球、羽毛球、游泳、瑜伽等六个项目体育锻炼的女性群体为研究对象，从口碑发送者的专业能力、口碑接收者与发送者关系强度、接收者专业能力、口碑信息自身四个角度探寻口碑传播对女性运动参与存在的影响。

4. 社会性别与体育人类学

体育是与人类的衍生发展、生产生活息息相关的独有文化现象，而性别差异是人类社会最为基本的分化特征，具体表现为生物和社会差异两个方面。这五年，在将体质人类学和文化人类学熔于一炉的体育人类学中，出现了挖掘性别的体育人类学意义的研究，社会性别分析亦成为体育人类学的一个重要视角。2011～2015年，首次出现了从人类学视角考察女性体育的研究。何胜保（2014）考证了江永女书文字中的歌舞文化及歌舞鸟图腾文化，认为江永女书歌舞艺术是地域民俗传统体育活动的表现形式之一，旨在通过女书文字的历史考证对江永女子体育文化进行整理。万义等人（2014）通过对湘西三村女性群体体育参与的目标、情境、规范等进行深度访谈，以及对采集的口述历史资料进行话语解构和文化诠释，在湘西三村女性群体的体育活动参与过程中，地方政府将财政补助、劝解、权威、契约等方式结合，凝聚出巨大的工具性作用，短期内造就了女性体育参与的兴盛局面，而女性体育参与由工具理性行为向价值理性行为转变，才是体育文化建设工作中社会治理模式的集中展现。

5. 女性体育研究的国际视野

这五年，中国女性体育研究逐渐突破了“关起门来搞建设”的状态，通过参与、举办国际体育社会学学术会议、关注域外女性体育发展议题来提升本研究领域的学术竞争力。董进霞（2014）与ISSA主席Pike女士访谈录中，详述了国际国内妇女体育发展的热点问题，对中国妇女体育发展的特点、李娜现象、女运动员与社会阶层、伦敦奥运会前后女性体育发展的趋势等进行了探讨。阳煜华（2012）从竞技体育表现、女性领导力、大众体育参与方面总结了亚洲女性体育的成长。同时发现，亚洲各国的社会经济、宗教文化、过度商业化和政策执行失当等，造成亚洲女性体育与欧美的洲际差距不断扩大，而且内部五大分区的发展水平也逐渐出现极化现象。

通过对国外女性体育的研究发现，国外倾向于分析与解决妇女体育实践中存在的问题，这些研究通常扎实深入，理论与实践相结合（王永顺，2013）。所以，形成问题意识将是今后国内女性体育研究的新导向。有学者将女性、身体、体育、宗教与文化的虬结关系进行历史考察和现实观照，认为伊斯兰文化与女性体育并不互斥，其矛盾焦点在于本应遮蔽的女性身体在运动中暴露出来。穆斯林女性竞技体育和大众体育在充满争议的文化背景中艰难前行，逐步得到了社会认同。穆斯林女性通过体育参与正逐渐跨越男女性别隔离的鸿沟。体育参与也成为西方化和世俗势力对女性渗透的阵地及穆斯林移民女性融入主流社会的方式（阳煜华，2013）。

三　研究不足与展望

（一）研究不足

1. 研究系统性、体系化有待提升

由于体育学的综合学科属性明显，既有的二级学科均对女性有所关注和感知。但是现有研究缺乏对国外女性体育理论的整体体认，缺乏对经典理论和新方法的吸纳，对女性体育本土理论和框架的高度抽象不足，制约了研究的系统性和深度挖掘。有些论题诸如体育运动中的性骚扰、同性恋等性别文化实践还属“不可见”的研究领域。

2. 理论运用的纯熟程度有待提升

由于女性与体育研究在体育学和社会学等上位学科中的边缘化学术地位，以此为研究专长的学者并不多见，一些研究运用女性学、女性主义理论、社会性别理论时存在谬用和误读。大多数属于拼凑剪贴的碎片式文章，时而述及历史，时而摆出理论，时而综述他人成果，既不归化于一种理论（体系），也没有抓住理论中的核心概念与分析框架进行条分缕析的演绎。

3. 现实问题的深层致因探究有待加强

与2006～2010年相比，一些研究成果已出现密切结合实践的趋势，研究质量也有所提升，但总的来讲仍有平面化、低水平重复的倾向。表现为数据的解析手段单一、原因分析框架高度相似、缺乏有创见性的观点和结论。女性在体育运动与社会的互动中，既要体现舆情，也要反映出吁请。对于女性体育有所发展、

女性体育研究抬头等现象背后的实质与对未来政策构建的昭示，要通过深挖致因来追寻其规律性。

4. 多宏观扫视、欠微观探视

多数研究属于以不同年龄、职业、阶层、地域的女性群体为对象的面上研究，宏观扫视型居多。而在对女性个体的体育经验研习方面，尚欠缺从本体出发的、由主观建构的、细微具体的、真实客观的经历与感受的微观探视。

（二）研究展望

1. 进一步加强女性体育的议题凝聚性

议题凝聚性的途径，一是来源于对女性/性别研究、社会学等主流理论的自觉归化，二是加强与哲学、社会学、人类学、体育学的对话，形成自洽和圆融的理论体系，才能在体育学和女性学中获得恰如其分的话语权，缔造丰富多彩的女性体育文化谱系，打造具有中国特色的女性体育文化内涵和文化基调。

2. 逐步形成以活跃作者为中心的研究集群

在个体层面，并没有出现大规模以女性体育为研究专长的个体研究者。从个体研究者的研究专长来看，大多属于体育人文社会科学（体育管理学、体育社会学、体育人类学、体育法学等）中的其他方向，只是偶有发表女性体育相关研究。在群体层面，也远没有形成以女性体育中某一个议题为核心的研究集群。

今后的女性与体育研究应注重建立以兴趣为先导的研究团队建设，从培养激发个体的研究兴趣起始，取径于设立相关专项研究基金或在现有的女性/妇女研究基金中增设女性体育资助项目。

3. 尝试建立研究中心，组织女性体育的全国性论坛和研讨会

尝试建立以各学科中的女性体育活跃研究者为组织基础的全国性女性体育研究中心，不仅能起到科研带头示范作用，而且能促成跨学科、多视野的研究局面，加速中国的女性体育研究的发展，逐步缩小与国际女性体育研究水平的距离。

组织女性体育的全国性论坛和研讨会，整理、汇辑女性体育的最新研究成果，以利于逐步构建特色鲜明、理论体系完整的女性体育研究领域，使中国女性体育文化成为有中国特色的性别文化的有机组成部分。

女性生活方式研究综述（2011～2015年）

李亚妮　王　聪*

一　研究概述

生活方式是人们生活价值观的实践，也是一种对理想生活的追求。研究多元化形态的生活方式，是保存和记录人类生活与文化的途径，也可为人们构建理想生活方式做学理上的参考。从社会性别的视角分析研究女性生活方式，能更好地为生活的多元化与社会的和谐进步提供参考。

2011～2015年，对女性生活方式的关注呈现出多视角和跨学科的态势，研究议题也更加多元。特别是随着生活空间的拓展、消费资源与休闲资源的日益丰富，生活方式与社会发展之间的双向影响越来越显著，引发学者对女性生活方式与主体意识等问题的进一步思考和探讨。

以“生活方式”“休闲娱乐”“消费”“服饰”“美容”“时间利用”等为主题词，在以中文期刊全文数据库为主的搜索中，除医疗卫生体育方面的文章外，2011～2015年，有关女性/性别研究的学术期刊论文有115篇左右，著作10部，博士、硕士学位论文160余篇，重要的国内学术研讨会十余次。自2011年起，由全国妇联妇女研究所主办的每年一次的“中国妇女社会地位调查研讨会”和中国休闲研究会每年举办的“中国休闲与社会进步年会”，都涌现了一批有关女性生活方式的实证研究与理论分析成果。

这五年间，有关女性生活方式的研究课题也在开展。在国家社会科学基金项目数据库中以上述关键词进行检索，本时段内通过立项的相关课题共有5项，分别来自社会学、体育学与民族研究，讨论问题包括女性生活方式变迁、女性体育休闲以及女性的传统服饰传承等。项目负责人来源于全国各地，既包括东部沿海

---

* 作者简介：李亚妮，女，北京师范大学文学院民俗学专业博士研究生，北京师范大学民俗典籍文字研究中心副研究员；王聪，女，华东师范大学社会发展学院硕士研究生。

发达地区，也有中西部较不发达地区，研究者的视角较为多元化，不仅投向都市中的女性，也关注到边疆少数民族地区的女性。这也从侧面反映出对女性生活方式的研究在全国范围内受到了普遍性关注。

简要来说，这一时期的研究呈现以下几个特点。

1. 研究队伍呈现年轻化态势

在女性生活方式研究队伍中，硕士、博士研究生们以及优秀的青年学者正成为一股重要的、引人关注的研究力量，硕士、博士学位论文数量比前五年猛增，选题、观点新颖独特，研究成果富有活力。他们既有专业的学科背景，又具有对生活方式新体验的感悟，为女性生活方式的研究注入了新鲜力量。

2. 研究领域进一步拓展，研究内容更加细化和深入

女性生活方式的研究逐渐打破女性视角而转向社会性别视角，结合男女两性在社会和家庭中的不同角色与地位，观照经济转型期与社会价值观的变化，以及市场化、全球化、城镇化、老龄化等时代特点，深入研究不同职业、年龄、受教育程度、地域、社会阶层等女性群体，全方位素描女性生活方式的图景。同时，一些长期关注女性休闲、女性消费等领域的专家学者，逐渐形成系列研究成果，成为推进该领域研究向更高水平发展的重要力量。

3. 学科视角更加丰富，研究资料更加广泛

除传统主流的社会学、经济学、历史学、新闻传播学之外，民俗学、地理学、旅游学、艺术学以及戏剧影视等学科也开始关注女性生活方式。在学科方法的指导下，这一时期的研究资料获取更加广泛，除史书典籍方志之外，墓志材料以及古代绘画、壁画、墓画、陶瓷人物画等图像资料也成为研究对象。

4. 呈现国际化视角的跨文化研究兴起

一方面是探讨全球化背景下女性生活方式在国际空间的变化，另一方面是对不同国家社会文化背景下女性生活方式的比较研究，拓展了该领域的研究视野，也为生活方式研究理论提供了跨文化对话的基础。

5. 实证研究突出

一些市场调查机构或研究机构，从拉动消费的角度开展女性消费产品及消费方式的研究；一些产品设计者或制作者从女性生活方式研究中获取设计或创作灵感等，这些市场化下催生的调查研究也在一定程度上推动了女性生活方式研究。

二　研究主要内容

女性生活方式呈现在日常生活的方方面面，但这一时期的女性生活方式研究依然集中在相关理论研究、时间利用、女性休闲与健身、女性消费、女性服饰美容以及女性宗教信仰等方面。

（一）专题研究及相关理论探讨

1. 女性生活方式的理论探索

学界对于生活方式的概念及研究内容并无统一界定。李亚妮（2013）在研究中指出，女性生活方式是指女性所选择的行为模式和习惯，以及这些选择所反映的占有、享用社会物质和精神文化资源的状况。对女性生活方式的研究既要关注男女两性之间的差异、挖掘女性生活方式特征背后的文化内涵与社会机制，也要关注女性群体内部的差异；阐释不同女性群体生活方式的特征及社会因素，既要关注物质生活的行为方式与质量，又要关注精神生活的价值观。

生活方式与妇女地位和性别制度关系的探讨是长期关注的焦点。潘萍（2011；2015）指出，女性的生活方式是衡量妇女解放具体程度的天然尺度。当代女性中流行着一种具有理想主义色彩的后现代生活方式。这种生活方式符合安东尼·吉登斯（Anthony Giddens）所提出的“生活政治”的真谛，能够通过女性个体生活方式的革新与进步，使父权制意识结构形式得到彻底清算。而其引领者和带动者则是一批受过高等教育，拥有高端职业、高品趣味与高质生活的“先锋”女性。对女性生活方式的社会性别考察，是对以往家庭、社会中女性地位考量的补充，是认识女性个体的社会地位和阶层认同的通道。

女性生活方式的研究框架与研究视角不断丰富和扩展。李亚妮（2013）将女性生活方式研究聚焦于时间利用、休闲、消费、社会交往及宗教信仰等方面，在此框架内描述男女两性的特点以及占有和享用经济、文化、休闲等资源方面的差异。同时，生活方式的研究应纳入历史视角。历史视角不仅是对生活方式时代变迁的梳理，而且探讨生活方式背后女性群体的意识与文化内涵之间的深层历史关系。梁景和等（2013）则运用历史学理论方法，以女性生活方式为主要内容，纵向追溯了民国时期、“文革”时期及改革开放以来的不同女性群体在服饰、社会交往、宗教信仰等方面的变迁。

2. 女性生活方式的研究范式和方法

女性生活方式的选择与教育、健康、阶层、民族、信仰、地域、文化等诸多因素相关联，其研究范式和方法的复杂性也显而易见。王雅林（2015）认为，生活方式的研究应体现社会科学和人文学科研究方法的结合、定量和定性研究方法的结合，一方面可以利用大数据方法为研究提供新的分析空间，另一方面可以从传统学术中的“感悟”“意会”、主客体同感共鸣研究方法中获得新的价值。但同时，马惠娣（2015）认为，正是由于生活方式研究的复杂性，研究难以操作化为一个个具体的测量指标，在测量、调查上很难达到比较准确的程度，给生活方式的分析和研究带来了很大困难。因此，对女性生活方式研究问题与研究方法的探究也很有必要。

3. 女性生活方式的实证研究

在全国性的调查研究中设立生活方式专题。全国妇联和国家统计局分别于1990 年、2000 年、2010 年联合开展了第一期、第二期、第三期中国妇女社会地位调查，其中将“生活方式”作为一个综合性指标来衡量妇女社会地位，数据开发与研究论文推动了对女性生活方式的实证研究，形成了一批有价值的研究成果（全国妇联妇女研究所课题组，2011；蒋爱群、姚旖，2013；李亚妮，2013；赵玲，2014）。自 2003 年起每年一次的中国综合社会调查（CGSS），也将生活方式作为其中的一个专题进行调查，涉及休闲娱乐、社会交往等方面。

此外，国内的一些其他调查机构或市场上的产、学、研相结合的项目也在一定程度上丰富了生活方式的实证研究。2015 年发布的《女性生活蓝皮书：中国女性生活状况报告 No. 9》中包含《第十次中国城市女性生活质量调查》《2014 年中国城市女性消费状况调查报告》等内容（韩湘景，2015），在一定程度上反映了女性生活方式在消费等方面的状况。《农村流动女性城市生活发展报告（2014）》则是国内首部关注农村流动女性发展的蓝皮书，不仅剖析了农村流动女性的城市生存现状，而且对流动女性职业化发展做出了基于案例的探讨。

但是，从整体来看，目前的研究中对生活方式的理论探索依然比较薄弱。生活方式研究的内涵和外延不够清晰，有的研究将生活方式狭义地理解为休闲方式，即体育锻炼或健身等；有的研究将生活方式窄化为行为方式，而较少关注其背后的价值观。同时，对生活方式的整体性研究不足，大多只关注生活方式的某一方面，这些都不足以反映社会变迁背景下人们生活方式选择的客观性与主观性，特别是女性生活方式选择与社会性别因素的影响。

（二）时间利用

在现代社会中，时间是宝贵的财富和资源，对时间的利用和支配反映了女性生活资源与社会资源占有的多寡，同时反过来影响着女性的生活与发展。

1. 时间利用的性别差异

男女两性的时间利用有明显的性别差异。在这五年中，学者们利用中国妇女社会地位调查数据研究发现，与男性相比，女性普遍存在总劳动时间长、有收入的工作时间短、无酬家务劳动时间长、休闲时间短的特征（李亚妮，2013；杨菊华，2014；沈渝，2014）；就城镇家庭女性而言，她们在职业上付出几乎与男性相同的时间，却要在家务劳动中花费更多时间（佟新、周旅军，2013）。女性的学习时间普遍少于男性，既有婚姻和劳动总时间影响等客观因素的制约，又有主观的性别观念影响，性别观念越平等，学习时间越长（杨菊华、张娇娇等，2015）。

2. 男女时间配置差异的影响因素

有诸多因素会造成男女在时间分配方面的差异。与男性相比，婚姻状况和家庭照料对女性时间利用和分配造成了更大的影响。研究表明，在中国女性参与经济活动比例高、正规就业的劳动规则弹性小的大背景之下，女性家务劳动的时间来源是以挤占自身的学习、休闲和休息时间为代价的（李亚妮，2013；周云、郑真真，2015）。

3. 时间配置差异对女性的影响

时间配置差异对女性的影响既是一个新问题，也是一个新视角。罗芳（2011）对农村已婚女性的外出务工与时间配置进行研究发现，中国女性更多地为经济独立而工作，在家务劳动中投入的时间超过男性的数量也在减少，男女工资收入差距不断扩大并没有使女性“理性”地选择增加家务劳动时间，反而以积极的态度增加了配置到市场劳动的时间。

时间利用是测量生活方式的一个国际性指标，但目前国内研究相对比较薄弱，其测量的规范性还不够，与社会生活其他因素的结合分析比较浅，存在就时间谈时间的状况，在评估女性的社会地位方面说服力还不够，需要更多的具体测量和深入分析。

（三）女性休闲

这一时期对于女性休闲的研究推进迅速，涌现出大量研究成果，重点关注男女休闲差异及影响因素、女性休闲方式与性别秩序、女性休闲体育与健身等。

1. 女性休闲与性别差异

一是休闲时间的差异研究。不论城市乡村，女性休闲时间均少于男性，而且，女性休闲质量远低于男性，对那些承担照料家庭成员任务的女性而言尤为如此（王晶、孙曈，2013）。作为家务劳动的主要劳动者，女性的纯粹闲暇时间较少。研究表明，许多女性会在休闲的同时进行家务劳动，表现出了明显的“半休闲”倾向（李丹、尤思书等，2014）。家庭结构的变化在一定程度上会影响家庭时间的配置，特别是影响女性休闲时间的配置。有无孩子对女性的休闲时间特别是看电视外的其他休闲时间有影响，但对男性影响不大（李亚妮，2013）。

二是男女两性休闲行为的差异研究。许晓霞、柴彦威（2012）探究了北京居民日常休闲行为中的性别差异，研究发现，女性更乐意将时间用在社交活动，而男性更倾向于将时间用在体育锻炼和上网活动。男性倾向于一个人休闲而女性更倾向于与家人一起休闲，表明女性更重视休闲活动中的社会关系。整体而言，女性参加社交活动的内容比男性更为丰富，且参与频率更高（李丹、尤思书等，2014）。

三是休闲空间的差异研究。邓昭华等（2014）认为，女性的公园游憩行为更多地受到其社会分工尤其是家庭责任的影响。在活动区域上，女性因对安全性的要求高而趋向视线开敞的集体区域活动，男性因要求独立性而趋向在有视线遮挡的区域活动，且男性同性恋活动区域对女性形成了一定的活动抑制。徐正前（2012）研究发现，在城镇化过程中，随着村改居的生活环境与空间的变化，女性的休闲空间与时间也在变化。

四是女性休闲的影响因素研究。在女性休闲的内部差异上，不仅延续了前五年对职业差异、年龄差异、收入差异等影响因素的关注，还注意到婚姻家庭因素对女性休闲活动的影响。张乐（2011）在研究中发现，未婚女性更多地从事带有明显时尚因素的上网和欣赏影视剧等休闲活动，而且她们在需要投入较多时间外出休闲的娱乐项目上的得分也明显高于已婚女性，已婚女性则更乐意选择棋牌等不需要外出的室内活动。另一大影响因素是城市化的空间区位。近年来，在中国快速城市化、郊区化带来城市空间重构的背景下，土地与住房制度改革、大规模郊区住宅建设、公共交通设施的发展以及城市居民的职住分离、通勤距离和时间明显增加等趋势，使得女性的休闲行为和时间受到显著影响（许晓霞、柴彦威，2011）。郊区女性居民的休闲状况则呈现出较为不同的特点（柴彦威、张雪，2014）。女性休闲还与受教育程度密切相关。受教育程度越高，女性的工作/学习时间越长，休闲生活时间越短，但其参与的休闲活动形式越加多样。随着受教育程度的提高，相同层次中男女两性闲暇时间的差距也呈现出缩小的趋势（马惠娣、李享，2013）。

2. 女性休闲与休闲体育

一是女性参与休闲体育的状况研究。在体育学视角下，研究对象被进一步细分，既包括职业女性（张李飞，2011），也关注了退休女性（张楠，2014）；既关注都市女性（刘卓琦，2013）、高校高学历女性（王晓鸣，2012），也关注外来务工女性（高丹丹，2013）。

二是女性参与休闲体育影响因素研究。除年龄、婚姻状况、收入、受教育程度等人口学因素外（邱亚君、许娇，2014），女性在休闲行为过程中遭遇限制的状况也是在中国特定的社会文化背景下逐渐构建形成的（冯婷，2011；邱亚君、梁名洋等，2012）。女性所拥有的也只是“分钟假期”，她们没有相对集中的时间去从事某项休闲运动。同时，消费一方面促进了女性休闲运动的发展，另一方面又制约着女性休闲运动的发展，女性承担的代理性消费也在一定程度上束缚了女性参与休闲运动（李相如、刘转霞，2011；袁继芳、陈建国，2014）。陈丽珠（2011）研究发现，当代女性对体育健身与人的身心健康的关系认知程度都比较高，但是，参与体育健身的人数和每周健身的频度反映出当代女性健身观念和健身行为的不一致性。

三是休闲体育作为一种生活方式对女性及社会性别建构的影响。社会空间研究进入女性主义理论视野中，女性主义研究者逐渐从研究日常行为来分析空间现象。熊欢（2012）认为，城市化为女性休闲体育创造了政策、价值观念、制度和空间要素，这些要素在互动中形成了对女性体育休闲发展的综合推动力，并使它朝着自发性、多样性、多元化、商业化、（自愿）组织化的方向发展。李野（2012）认为，女性休闲体育的发展与现代女性意识的觉醒关系密切。熊欢（2014）更进一步指出，女性的休闲体育活动解构了“公域”和“私域”二元对立的关系，从一定程度上瓦解了空间上的性别权力秩序，但影响女性通过体育活动建构社会空间的社会结构、文化、群体（同伴）及个体因素依然存在。

3. 女性休闲与性别秩序

女性休闲具有多重维度上的意义。王永明（2011）认为，女性休闲的最终价值诉求是实现女性的自由全面发展，参与休闲活动不仅能够使女性实现感性自然生活的自我解放，也能够彰显性别公正，为女性自由发展提供社会空间。但对于不同的女性而言，休闲同样具有不同意义。对农村女性而言，休闲作为她们的一种日常生活方式，不仅从行动层面上帮助她们建构起积极的情感体验，在物质、行为和社交网络等方面实现了人际关系上的互惠互利，同时在结构上推动了社会性别秩序的建构（杨莉瑰，2011）。对于白领女性而言，其休闲行为的意义则主要体现在女性地位的提高、社会及家庭的和谐以及进一步服务社会、幸福感的提升等方面（郝利双，2014）。

女性休闲空间的发展是与城市发展相辅相成的。近代以来，城市开化了女性，促进了女性休闲空间的发展，而女性休闲空间的出现又完善和协调了整个城市空间的发展（方超，2012）。然而，现有的休闲空间秩序仍然是建立在传统性别角色规范之上的，女性在休闲空间之中行为受到规范，因而始终只是休闲的边缘人与“他者”，而非休闲的自我（张文馨，2014）。

4. 女性休闲的历史研究

有学者运用历史典籍、古代文学或绘画等艺术作品，对不同历史时期女性的休闲娱乐进行研究。李红雨（2011）对唐代宫廷女子的游娱行为进行研究后认为，宫廷中的女性是风气的引领者，反映了唐朝女性的本体意识和自主行为的舒展。这一时期的研究还关注特殊女性群体的生活方式，如唐代道教女信徒的生活（焦杰，2013）、汉代女性的方术活动（董涛，2012）等。

女性休闲是女性生活方式研究中的热点之一，也是成果比较丰富的关注点之一。但目前的研究多以现状描述为主，理论探索较少；针对女性休闲空间与设施的对策建议相对比较单一，且针对改进的追踪式研究缺乏，不能为以后的对策建议提供借鉴。

（四）女性消费

随着社会经济快速发展与女性经济能力的提升，女性在消费中扮演着越来越重要的角色，女性消费的研究也随之得到推进。女性主义消费文化不仅凸显了女性主体性，而且彰显着女性的自我意识与自我认同（艾玉波、庞雅莉，2015）。

1. 女性消费与国家民族

一些研究将女性消费行为置于不同历史和社会背景下，分析女性消费与国家民族命运的关联。任娟娟（2014）研究发现，在近代中国积贫积弱、国门洞开、洋货大量融入的背景下，女性消费观受到民族主义的建构和影响。在1934年的“妇女国货年”运动中，组织者和参与者努力构建女性民族主义消费观，倡导女性服用国货、消费国货，并通过开展各种社会活动，积极引导女性的经济消费行为。对女性消费的民族主义建构客观上增强了女性的民族主义意识和民族认同感。葛丽（2011）认为，女性消费与民族主义的融合起源于女性的特殊社会身份，由于女性在家庭和社会中都扮演着重要的角色，从而可以成为联结家庭消费与社会消费的纽带，这一纽带作用使女性消费成为民族主义建构的理想对象。然而，对女性消费的民族主义建构同时受到消费主义及经济理性等因素的瓦解，使消费主义和民族主义的联合注定只能是暂时的。

当拉动内需、刺激消费成为生产性社会经济增长的主要动力时，城市女性日益成长为市场消费的主力军，但城市女性都负有倡导并积极践行生态消费价值观的责任，城市女性的生态消费模式的构建对社会的引领作用绝对不能小视（贺晋秀、刘翠芬，2011）。陈惠芬（2013）通过对20世纪二三十年代上海都市化过程中的性别与消费之关系的文化研究，重绘了性别、消费与现代性的文化地形图，阐明女性对大众文化的参与和大众文化对女性形象的关注，同时认为，社会经济的变化、百货公司的兴起、都市大众传媒等也为妇女地位的提高、性别观念的变化提供了条件。

2. 女性消费与媒介

媒介既是市场化过程中的产物，也是女性消费的载体，对女性消费的影响吸引很多学者关注。

（1）对时尚杂志的研究

早在民国时期，《上海画报》封面女郎便以直观的视觉形式反映了摩登女郎的时尚生活，从而推动了都市大众消费观念的变化（刘素芬，2014）。在当代，丰富多样的各类时尚杂志更是全方位地对女性的消费观念和消费行为进行引导（晏欣霞，2011；唐薇，2011）。研究者认为，时尚杂志对女性的影响包括积极与消极两个方面。从历史学与传播学角度，周景芝（2012）认为，《玲珑》杂志真实地表现出了女性渴求解放的心声及其对自身解放的执着追求，杂志中所塑造的摩登女性群体在不断超越自我，其主体意识、自我解放意识、平等自由意识不断觉醒。高阳（2015）从身份认同角度分析了《玲珑》杂志中的女性形象，认为其成功推动了中产阶级女性群体的聚集，促进了中产阶级女性休闲娱乐消费，也拓展了中产女性的话语空间。然而，由于受到父权制文化的影响，时尚杂志往往站在男权文化的立场压抑女性经验，通过把女性框定在已有的审美标准之下，维护女性从属于男性的传统性别等级地位（邱学晶，2013）。时尚杂志的负面影响还表现在通过将女性身体纳入消费主义体系，将女性作为一种审美而对象化、客体化，置女性于被看的地位（严雨丝，2011；旷洁，2014）；《妇女杂志》和《申报》两大报刊广告所塑造的"新女性形象"依旧是男性视角下的理想女性（王瀛培，2015；王楠，2014）。时尚杂志为人诟病的另一方面是，由于受到商业利益的驱使，时尚杂志往往极力宣扬炫耀性消费和享乐主义。边晓璇（2015）指出，时尚杂志的确有助长女性消费欲望的功能，但我们不应忽视青年女性群体的消费理性，大部分青年女性能够对时尚杂志的推介保持客观中立的态度，其消费行为依然是追求质量与实用。

（2）对电视媒介的研究

电视广告因其媒介的多重表现方式而产生了更为强大的效力（谢凤华、白潇，2015），同时，电视可以通过树立意见领袖引导消费以及通过议程设置引导消费（胡鹏，2013）。电视广告不仅助推女性消费，同时通过塑造完美女性形象对女性进行规训。在广告中，以男性受众为主的广告多以温柔美丽的女性形象作为卖点，即便是以女性为主要受众的广告中，女性形象依然是按照男权秩序对女性角色的规定来建构的（马欣，2012）。电视时尚节目更是通过树立西化女性身体为审美性范本而建构女性身体形象，使越来越多的女性开始以西方女性为标准塑造自身形象。电视节目中还出现了盲目追求病态身体的趋势（陶冶，2012）。

（3）对网络媒介的研究

在信息化时代，网络媒介对女性消费的影响成为一股不可忽视的力量。一批硕博士学位论文都关注到商业网站对女性消费的影响，包括对心理、行为和价值观的影响（廖晓玲，2011；胡琨，2011；王苗苗，2014）。除传统商业网站之外，社交媒体基于其及时、便捷、自由的特点以及庞大的用户群体，通过具体的意见领袖与网络红人的信息扩散来实现（王琬瑜，2015；刘杨，2012）。新媒介为乡村女性提供了一个窥探城市生活的窗口，乡村女性通过在消费行为上对都市生活的模拟来进行自我表达与形象建构，使自己在心理和身份上形成一种认同（王芬，2014）。

3. 女性消费与身体消费

由于社会性别权力的不平等，女性在消费社会中不仅是消费者主体，也被市场所消费。这一阶段的研究则更进一步阐明了女性的消费客体地位是如何层层被建构起来的。女性的大部分消费行为是围绕着“身体”而展开的，“身体”是女性消费的载体，因此女性消费实质就是以“身体”为载体所展开的符号消费（汪怀君，2013）。为了刺激女性消费，男性权力通过与社会消费资本、技术合谋，共同建构起女性身体神话。这种身体神话往往与医学美容、图像等技术结合，通过推崇理想化的女性身体符号，刺激女性对于身体的相关消费，从而拉动美容、整形、化妆等相关产业的消费（蒋建梅，2015）。女性内衣广告正可以作为男权社会对女性身体进行规训的最好体现。在大众传媒、商家与男权社会合谋之下，女性内衣广告通过将女性塑造成符合男权话语的审美对象，规定了女性身体美的标准，进而通过精神控制内化到女性的自我认知中，对女性身体进行规训，而其最终目的则是商业利益的实现（董渺，2014）。

社会对女性身体的再造研究。刘蒙之（2011）指出，为了对女性消费的商业价值进行开发，当代社会不仅打造出包括化妆、瘦身、整容、文身、美甲等行为的身体改造产业，还进一步催生出女性的身体炫示产业。女性身体炫示的重要意义在于建构女性身体改造的功利意义。而这类女性身体产业的合法性是建立在审美霸权和商业意识形态的传播基础之上的。当这种对女性身体的要求上升成为社会普适标准，女性无法摆脱亦不可抗拒这一社会结构层面的价值体系。张馨月（2014）认为，女性消费主体在身体消费实践中内化了社会的身材标准和审美文化，对自己的身体进行反思性感受，并直接作用于实际的实践活动，而这种做法进一步加深了社会审美的根基并使其能够操控更多的女性。

女性身体消费一方面受到宏观的消费主义、消费文化和大众传媒的影响，另一方面，不同个体的消费行为也受到具体的收入水平、消费观念以及家庭结构等的影响。女性身体消费固然使女性沦为消费客体，但也使女性群体内部实现了身份认同，不仅获得了形象资本，而且改善了自我的社会地位与社会形象（吴维祺，2015）。身体消费还为“千百年来社会对女性主体性的压抑提供释放和再塑空间”，塑造出“平等”和“民主”的幻想（王慧，2011）。

女性作为消费的客体还体现在消费空间的使用上。随着社会经济的发展、女性社会地位的提升，女性逐渐走入城市公共消费空间，从而打破了男性对公共空间的绝对主导，也建构出女性的权力意识。然而，女性对消费空间的占有并不彻底，由于空间的提供者大多是男性，女性的空间活动依旧必须遵从父权制社会的一系列规则和秩序。女性在消费空间中的行为仍然要受到男性凝视和传统性别观念下的角色所规训（王楠，2015）。

（五）女性服饰与身体再造

服饰与妆容作为生活方式选择的外在符号，同时是社会变革的外在体现，也是人们精神追求与价值观的载体，对此进行研究很有必要。

1. 社会变革与女性服饰

作为社会生活的重要组成，服饰往往成为社会变迁的最主要表现，女性服饰风尚直接体现了不同历史时期的社会风貌。魏晋南北朝时期，社会政治经济及风尚和文化因素共同形塑了男性对于女性眉清目秀、面目白净、弱不禁风、衣带飘飘、肢体若隐若现的审美倾向，而这种“阴柔”的审美倾向又借助《玉台新咏》在社会各阶层中的传阅，传播了男性审美标准下的女性衣饰、样貌、首饰等，这些也在一定程度上减少了“强势女性”给其他女性带来的影响和冲击（梁艳萍，2012）。近代以来，女性走出家门，走向社会，开始参与现代生活方式的变革。城市女性的婚服由传统的凤冠霞帔、上衣下裙逐渐转变为中西结合的形制，体现了西方婚姻观念及生活方式对女性的影响。女学生装与女性职业装两类新型女装的出现，则直观反映出两类特殊女性群体的出现。接受了西方穿衣文化、具有一定规模的女学生群体的着装一度引领当时的服装潮流，影响到整个社会女性的服饰消费（陈黎琰，2011）。中华人民共和国成立以后，服饰风尚几经变迁。中华人民共和国成立初期，在“男女平等”的语境下，女性往往以着灰色、蓝色、黑色中山服和绿军装为荣，这种“一切向男性看齐”的行为实则是忽视了女性的主体性，女性意识受到压抑。“文革”时期，女性以穿军装为时尚，款式单一，颜色单调。政治化、革命化、去性别化的女性服饰本质上是一种政治符号，抹除了性别差异（郑丽霞，2012）。改革开放以来，城市女性服饰逐渐由封闭走向开放（胡琳琳，2012），在服饰色彩、面料、款式以及搭配等多方面发生了变化（郭丽，2013）。在少数民族女性需要穿着本民族服饰的重要生命仪式和族群活动中，她们的身体成为民族社会性别文化权力施展权威的场域，她们通过遵守本族服饰规范从而遵从了本民族社会的性别规范（殷丽娜，2015）。

2. 服饰变化与女性意识

服饰风尚的变化在一定程度上体现了女性意识的张扬。在近代以来的妇女解放运动潮流之中，诞生出一批服装设计师，推动了以女性自主意识为前提、以女性诉求为核心的新型女性服饰文化的产生与发展（孙虹、苏祝清，2012）。民国时期汉族女性服饰风尚受到多重文化思潮的影响，经历了从传统到现代、从复古到创新的服饰发展历程，并最终探索出以“倒大袖”与旗袍为代表的多元化服饰风尚（崔荣荣、牛犁，2015）。

女性自身的性意识被唤醒，开始通过服饰追求自身的美。但此时的女性仍然是被男性目光“凝视”的对象，其性别特征实际上是从男性的价值观念出发、受到男性道德观和审美标准的制约的。尹志红、陶辉（2012）将现代社会中流行的高跟鞋与古代妇女缠足后的“三寸金莲”进行对比，认为二者都是在男权“注视”下的女人带有“性趣味”的着装，女性的服饰审美观是由男人的喜好来决定的。进入21世纪，女性开始有意识地对传统性别制度进行重建。以李宇春为代表的中性偶像的流行，正是女性跨越传统性别规范的体现。王晶、刘彦喆（2011）盛赞这场新的审美风尚，“在这次关于‘美’的评判中，中国女性并没有屈从于男性主导的价值观，她们很坚定地发出了自己的声音，阐释了自己对于中性美的认可”。然而，无论在何种历史时期，处于社会较高地位的女性都能够引领女性服饰风尚的变革。女性地位越高，其影响女性服饰风格的作用就越大，传播面也越广。她们不仅能够推动服饰消费，而且对女子服饰设计的创新起着引领作用（史海亮，2011）。

3. 女性服饰与性别秩序

服饰是社会性别秩序的重要表征，它在性别间制造出区隔，但这绝不仅是两性在外观上的区别，它更意味着表象之下的价值与能力以及在社会中承担的角色。性别间的易装行为模糊了两性外观上的区别，无异于颠覆了社会最基本的规则。汤晓燕（2015）对法国大革命期间出现的“亚马逊女战士”的研究发现，这些女性着男装，手持刀枪，走上街头，争取佩带武器、参与战事等权利。她们将服饰的平等自由与性别间的平等权利相提并论，其实质则是要争取同男性相同的政治权利。对此，主流男性社会则竭力维护传统性别秩序的权威性。

4. 身体再造与性别规训

女性的身体再造是消费时代一直以来的话题。杨斌（2011）认为，美的现代标准下女性对身体不满加剧，“美女”行业走进大众生活，美丽消费使女性痛并焦虑着。也正是由于这种认定与追逐使女性身体走向物化、消费化，使女性丧失了自由发展的空间、降低自我生存的价值，给女性自身和社会带来极大的危害，是一种病态的审美文化。张静文（2011）认为，虽然人造美女是一部分女性的自由选择，但在这种改造行动背后的理念，却更多地折射出女性为了迎合社会文化中的美的价值观而做出的选择，在这一过程中，女性不仅失去了身体的特色，也受到新的束缚。有研究认为，女性身体再造的过程，其实质是女性通过不断改变自身以适应父权制规范的过程，女性身体是父权制所物化和规训的对象，而再造行为本身又不断地巩固了性别关系中的从属关系和依附关系，强化了父权制的社会结构（柳波，2011）。但董金平（2013）则持不同意见，认为在自我技术的生产模式下，女性个体的身体又被重新注入了活力，美容手术是女性自我选择的产物，女性是能动的主体，而非被父权制意识形态操纵的庸众受害者。

三　研究不足与展望

就本文查阅分析的研究成果来看，2011～2015年，女性生活方式研究作为一个具有生命力的研究议题，取得了丰硕的成果。但是，现有研究仍存在更多可拓展的领域和更大的学术空间。

1. 整体性和系统化研究缺乏

由于生活方式涵盖领域比较广泛和分散，大多研究关注生活方式的某一方面，而不是对此进行整体性考察与分析，缺乏有阐释力的理论框架，现有的研究大多以描述性为主，间有分析，但少有理论对话。在现有研究中，生活方式往往被泛化研究，从社会性别视角分析的更少，同时，女性生活方式与家庭生活方式的理论界限不明，家庭生活方式也常常被作为女性生活方式来研究，在反映女性生活方式的独特性方面不足。

2. 对女性群体内部的差异性和多元性研究不够

虽然有少数研究关注到城市中的女性外来务工人员以及农村女性的生活方式，但大多数城市女性、职业白领女性群体的生活方式更容易成为研究的热点。整体而言，对不同年龄段、不同阶层、不同受教育程度、不同宗教信仰等女性群体的研究依然远远不够，对女性群体内部的阶层性差异关注度也不足。

3. 研究内容还需进一步拓展

目前的研究运用的依然是生活方式的传统框架，对新生代女性生活方式或新潮生活方式研究较少，依然在资源论分析的传统框架下探索；比较集中于女性消费与女性休闲，但女性休闲又多集中于休闲体育，而对其他娱乐活动关注较少，对女性生活方式的精神追求与价值观研究不够。另外，与生活方式密切相关的饮食、居住、交通、社会交往等方面的研究零星散见于文中或论文集中，未能成为系统专题研究，还有待开发的空间。

4. 女性生活方式的历史研究还有待挖掘

从目前来看，对近代以来的女性生活方式研究较多，同时由于唐宋与明清社会政治稳定、城市经济发达、都市文化繁荣以及相关资料较为丰富等原因也得到了较多关注，而对其他历史时期的关注则较少。

总之，女性生活方式的研究将伴随社会的发展和人们观念的变化而更加具有生命力，研究成果也将更加丰富；不同学科和领域的介入将丰富研究方法和视野，生活方式研究成果的转化也将在一定程度上引领女性选择健康的生活方式；新的生活方式的拓展，也将进一步为生活方式的研究提供鲜活的材料。

性别与空间研究综述（2011~2015年）

宓瑞新*

一　研究概述

2011~2015年，性别与空间研究产出了一批较有影响的学术成果，在研究数量、研究广度和深度方面，较之上一阶段，有了很大的进展。一些优秀的博士学位论文和青年学者的研究成果，将本阶段的研究推向了更高的水平。

在相关研究文献的搜集方面，首先，以“女性空间”“性别与空间”为检索词在“中国知网”进行了主题检索，并对筛选后的每篇论文下的“相似文献”进行了收集扒梳；其次，以性别与空间研究的一些主要议题如“广场舞”“同性恋与空间”等作为检索词进行主题检索；再次，以“性别空间”“女性空间”“性别与空间”等为检索词在国家图书馆网站、当当网上书城、北大图书馆进行了检索。据不完全统计，共收集到性别与空间研究的学术期刊论文600多篇、硕士学位论文300余篇、博士学位论文30余篇、专著译著10部。在课题项目方面，有郭爱妹的国家社会科学基金一般项目“中产阶层化过程中女性社会空间建构研究”（12BSH027）；傅美蓉的教育部人文社会科学基金青年项目“公共空间与性别政治：博物馆的性别表征”（13YJCZH040）、国家社会科学基金一般项目“博物馆场域下的性别表征、知识生产与文化实践研究”（15BZW033）。

此外，需要指出的是，2011~2015年，一大批国外城市、地理与空间研究的经典之作陆续被翻译出版。例如，国家“十二五”出版规划项目“世界城市研究精品译丛”（共24册），大致涵盖了西方城市理论研究的重要主题，代表了近年来西方城市理论与实践研究的最高水平，这五年就出版了跨学科译著14部。不仅如此，《妇女与差传：19世纪美国圣公会女传教士在华差传研究》（林美玫

* 作者简介：宓瑞新，女，全国妇联妇女研究所副研究员。

著，2011）、《图绘：女性主义与文化交往地理学》（〔美〕苏珊·斯坦福·弗里德曼著，陈丽译，2014）、《劳作的女人：20 世纪初北京的城市空间和底层女性的日常生活》（〔美〕程为坤著，杨可译，2015）等性别与空间研究相继出版。这些跨学科的译著和著作，以新角度和新方法所开启的新视野、所探讨的新问题，不仅为国内研究者带来很多有意义的思考和启发，也对国内性别与空间研究起到了重要的推动和辐射作用。

这五年，性别与空间的研究趋势和特点如下。

1. 对空间的认识和理解逐渐加深

空间与经济、社会、文化、行动主体之间的同生互构受到重视，并在社会学、历史学和文学的一些优秀研究之中得到细腻的呈现和阐发。例如，富晓星（2012）在梳理 1980～2010 年沈阳同性恋群体活动的“点儿”的变迁时指出，空间并不局限于地理学上的意义，还包含了多重要素：①具有可见的物质环境，包括房间、建筑、社区、方位、景观等；②包含嵌入在物质环境中人与人之间、人与环境之间的互动；③受社会制度、社会经济地位、活动系统和认知图式的影响，进行空间分层；④空间的意义充满不确定性，取决于不同行动主体的建构；⑤社会和文化的变迁带来“点儿”上社会关系和人际网络的变化。

2. 研究的本土意识进一步增强

一些研究有意识地超越了对西方理论的简单运用或验证，在对西方理论批判性反思的基础上，扎根于中国的田野调查，重视中国经验的提炼，重视本地历史文化和日常生活对性别与公共空间生产的意义。这种研究趋向比较鲜明地体现在社会学、历史学、城市规划等学科的优秀研究之中。

3. 相关研究得到进一步拓展

针对特定区域的社会史、文化史与民族志研究成果比较突出；情感地理成为一个新的研究方向，如对地方的依恋和归属感等研究开始起步；行为地理学中的性别差异研究日渐突出；广场舞的空间占用争议，城市、空间与同性恋，性骚扰与性别化城市空间，女性的地理位移与旅行书写等，成为性别与空间研究的新亮点。

4. 中青年学者成为本阶段研究的主力

这五年，由于广场舞等新研究议题不断拓展，性别与空间研究的硕博士学位论文数量增长较快。一些优秀的博士学位论文和期刊论文选题新颖，在研究的规范化、专业化方面有了很大的提升，显示出性别与空间研究的人才储备和发展潜力。如张杰的《明清江南地域社会才女群体现象的社会学研究——基于“陌生人”的视角》（2012）、董虹的《城市、戏曲与性别：近代京津地区女伶群体研究（1900～1937）》（2012）、刘燕舞的《中国农民自杀问题研究（1980～2009）——社会互构论的视角》（2012）、胡美娟的《身体、空间与性别：西北回族穆斯林女学研究》（2014）等，不仅如此，上一阶段和本阶段的一些优秀博士学位论文得以出版，在学术界产生较大的影响，如魏伟的《公开：当代成都“同志”空间的形成和变迁》（2012）、富晓星的《空间　文化　表演：东北A市男同性恋群体的人类学观察》（2012）、张杰的《熟悉的陌生人：明清江南社会才女群体现象的社会学研究》（2015）。

5. 相关研究基本是在各自所属的学科脉络内向前发展

这五年，国外城市、地理、空间研究趋势及议题的影响，各学科专业内部议题的传承，对性别与空间研究依然产生较大的推力，性别与空间研究基本是在各自所属的学科脉络内向前发展。与上一阶段相比，2011～2015年的一个进展是，“女性主义研究中的空间转向”论坛（2011）、主题为“当代外国文学创作与批评：空间、性别与科技”的“新世纪外国文学发展趋势研究高端论坛”（2014）以及“新世纪的群众文艺与公共空间”青年文艺论坛（2014）相继召开，不仅引领了对这一时段社会关注的热点议题广场舞的讨论，也对女性主义地理学的流派和外国文学发展的最新趋势进行了讨论。但这些性别与空间的学术论坛，基本是在各自学科之内进行，跨学科的学术研讨很少。

二　主要研究内容

（一）女性主义哲学领域的性别与空间研究

2011～2015年，女性主义哲学领域的性别与空间研究，成果数量少，尚处于对国外相关研究的初步引进和介绍阶段。值得关注的是，一些学术期刊和妇女/性别研究组织开始有意识地对西方“空间转向”中的女性主义研究动态及代表性学者进行介绍。2011年6月9日，华中科技大学跨学科论坛、《华中科技大学学报》（社会科学版）编辑部、妇女/性别学科发展网“性别与传媒”子网络联合主办了“女性主义研究中的空间转向”论坛。强乃社介绍了“空间转向”过程中女性主义形成的英美和法国两大流派，认为前者着重关注地理学与性别问题，后者注重语言学与性别的关系；重点介绍了多琳·马西(Doreen Massey)、伊莉格瑞、克里斯蒂娃的空间观点。此次会议强调了“空间转向”中女性主义研究的价值和意义，认为学术创新、理论创新的关键在于视角和研究切入点的创新，空间转向是女性主义研究中一个新的需要重点关注的问题。2013年，在《华中科技大学学报》（社会科学版）编辑部组织的空间研究专题中，刊发了肖巍的《当代哲学语境下的空间与性别》一文，肖巍认为，列斐伏尔（Henri Lefebvre）和米歇尔·福柯（Michel Foucault）的空间理论给当代女性主义哲学带来深刻的启示。女性主义哲学家以性别视角重释空间概念，不仅把它置于人类悠久的哲学思想史中观察，而且将其同女性主体性的建立以及性别差异联系起来。这三种空间观有助于重新认识空间问题，对于社会实践与文化变革也具有深远的意义。2015年，张也代表《国外理论动态》编辑部对英国著名地理学家多琳·马西进行了专访，访谈涉及女性主义、辩证法、历史唯物主义、地区不平等、劳动空间分工、权力几何学等问题。总体来说，这些研究相对零散，但对国内学界尤其是妇女/性别研究界了解国际性别与空间研究的理论动态、扩展理论视角有一定的借鉴与启发意义。

在政治哲学方面，有两篇研究论文值得关注：钱秋月（2014）从空间和时间视角对性别正义的实现路径进行了梳理，认为性别正义的实现，应体现为一种普遍平等的正义要求和差异性的正义观照之间、公共领域和私人领域之间的开放式的、动态的权衡。宋建丽（2015）进一步指出，以性别差异为立足点的女性主义哲学的实践重点，应该在“公共性”逻辑推动下进一步扩展女性政治参与的性别空间，如此，才可能期望摆脱在寻求与主流政治哲学对话过程中差异化和普遍化的对立，进而在一种更为宽广的公共视野中审视性别正义的要求和意义。社会正义要求尊重不同群体的差异，差异性即意味着多样性。如果局限于一种对抗性思维而将“差异”理解为对立，则可能陷入多种立场之间的对立和纷争。而强调多样，则可能使得具有差异性的各方都处于一种彼此合作、丰富彼此的思维框架下，这无疑有利于实现差异性各方之间的沟通和对话，进而减少冲突。也正是在这里，女性主义与罗尔斯再次相遇。

（二）地理学领域的性别与空间研究

1. 女性主义地理学的引介进一步深入

20 世纪 90 年代中后期以来，女性主义地理学首先被城市规划、地理学等领域的专家学者介绍引入中国（宋国臣、顾朝林，1998；黄春晓、张京祥，2002；胡宇娜、陈忠暖等，2006），主要发表在中国地理学会年会以及《人文地理》《地理研究》等学术期刊之上，期待唤起相关学科领域对女性主义地理学研究的重视，并强调社会理论在地理学研究中的实践价值（黄春晓、张京祥，2002）。运用女性主义视角的研究成果也随之出现。2011～2015 年，一些研究分别从新文化地理学、社会性别视角下的人地关系角度，对西方女性主义地理学的学术渊源、主要研究议题等做了进一步的深描。如万蕙、唐雪琼（2013）认为，人本主义地理学和福利地理学是早期女性主义地理学的重要依托，20 世纪 70 年代，随着越来越多的白人妇女进入劳动力市场，女性主义地理学开始关注女性就业和薪酬的地区差别、工业重建和城市化空间中的性别划分与隔离，并思考空间对妇女的制约作用；90 年代至今，在全球化和新自由主义思潮的影响下，女性主义地理学对经济全球化、跨国界政治、跨区域移民、恐怖主义、区域暴力和全球性交易中的性别问题进行研究。与此同时，琳达·麦克道尔（Linda Mc Dowell）、丽兹·邦迪（Liz Bondi）和莫娜·多莫什（Mona Domosh）等从精神分析、后结构主义、后殖民主义和酷儿理论中吸收理论精华，其研究转向身体、距离、身份认同、地方想象和象征空间的微观地理研究。周培勤（2014）在对女性主义地理学学术渊源、主要研究路径和成果进行介绍的基础上指出，在中国发展女性主义地理学将有助于拓展性别分析的交叉性、实践女性主义知识生产的位置理论、为性别主流化提供政策依据。

2. 情感地理学的性别研究开始出现

由于地理学长期受理性原则的支配，情感在地理学的研究中一直处于较边缘的地位。随着近期西方人文社会科学对情感研究热情的不断高涨，地理学也开始关注情感对空间和社会的塑造，并由此引发西方地理学的“情感转向”，情感地理作为一门跨学科的研究也逐渐形成并日益发展壮大。这五年，国内地理学对地方依恋、地方感和地方认同问题的研究已开始涌现，并初步关注到人与特定地方的情感联系（朱竑、高权，2015）。在性别研究方面，一些研究者关注到性少数群体对特定地点的依赖感和归属感。池丽萍（2011）对女性青少年成长过程中所依恋的社会微环境进行研究后发现，女性青少年在这些环境中从事一些恢复性行为来减少心理压力，恢复心理能量，更重要的是，她们还在此从事一些情感性活动，由此这些环境产生了特殊“地方”意义，成为女性青少年心灵成长中具有重要意义的环境。这些研究非常零散，但也显示了中国情感地理学性别研究的新动态。

3. 行为地理学性别差异研究显著增加

这五年，行为地理学针对居民行为的性别差异以及群体内部的分异研究，较之上一阶段有所增多；在研究方法上，实证研究进展明显；一些研究对国外相关理论的适用性保持警醒，注意基于中国独特的文化和社会语境多角度分析居民行为的性别差异，分析女性日常行为中受到的时间、空间、文化等多种要素的制约，并通过与国外研究的对比分析，进一步解读中国城市化过程中的居民行为和需求，以更好地规划适应居民需求的公共空间，优化空间配置，进而提升居民的生活质量，推动空间资源利用的社会公平（许晓霞、柴彦威，2012）。

（1）通勤行为研究。中国城市女性就业率普遍较高，其通勤具备较强的恒常性，作为一种同时联系公共空间和私人空间的日常活动，对女性的通勤行为特征进行研究能够揭示出女性居民所受家庭与工作的双重制约，进而部分解释城市空间的性别特征。江雯婧、原卉（2011）基于对北京市内 10 个典型居住区内 898 位居民日常通勤行为的研究发现：男女两性在交通方式的选择方面存在显著差异；家庭结构尤其是家中子女的有无状况确实会对女性居民的通勤产生一定影响，且子女越年幼男女之间的差异越明显；女性下班时多目的通勤率高于男性，且在通勤出行链主要附带目的地（学校、商店及餐馆）中，后两者男女差异明显。这反映出男女两性对家庭责任的分工差异（尤其是抚育子女的责任）在通勤行为上的影响。

（2）日常生活行为研究。随着城市空间向郊区的急剧扩张，郊区已成为快速城市化过程中疏解城市人口和功能的重要空间，郊区女性居民的日常生活行为也受到研究者的关注。柴彦威、张雪（2014）基于 2012 年北京居民日常活动与交通出行调查的研究表明，在时间上，郊区女性的日常生活具有规律性、丰富性和细碎性的特点；工作日的时间分配以工作活动为中心，从周一到周四的差异性不显著；休息日的时间分配以家务和休闲活动为主，并且在休息日内部出现周日出行时间相对较少的差异。在空间上，大部分郊区女性居民选择在郊区附近就业，日常生活中的购物、休闲活动也主要在郊区空间发生；在休息日，购物活动向城区空间内延伸，休闲活动的空间范围虽然相比于工作日有所扩大但仍主要在郊区空间内部完成。和玉兰、甄峰等（2014）基于南京市居民行为调查问卷的研究发现：不少女性通过网络进行办公、购物并处理私事、家务等活动，降低了工作及家务等必需出行；信息技术的发展拓宽了女性居民获取信息的渠道，丰富了其日常活动，一定程度上增加了女性的娱乐休闲出行。但信息技术对女性居民的解放作用仅限于熟悉信息技术的知识女性，信息化水平低的女性居民在日常生活中依然受到较大的时空制约；女性居民日常活动时空间结构也存在内部差异。

（3）休闲行为研究。李相如、刘转霞（2011）对北京市四城区（西城、东城、朝阳、海淀）26～55岁中青年职业女性的调查发现：不同职业、年龄段、学历水平的职业女性，其休闲体育态度及行为存在差异。基于2007年北京市多类型社区居民活动日志的问卷调查数据分析，许晓霞、柴彦威（2011）发现：女性居民休闲活动受到年龄、受教育程度、家务照料活动、居住区位的显著影响。中年和老年女性更倾向于休闲活动，且偏好多次休闲；受教育程度高的女性休闲的概率反而较低；随着家务和照料活动时间的增加，女性的休闲参与减少；相比近郊居民，居住在远郊的女性更倾向于休闲活动，且多次休闲的概率更高，内城的女性也倾向于选择多次休闲。对比休息日与工作日女性休闲的影响因素发现，休息日个人属性对女性休闲的影响减弱，而居住区位的影响增强；并且休息日女性家务照料活动对女性休闲的制约也更严重，女性休闲还受家庭总人数、私家车拥有等因素显著影响，表明休息日女性休闲受到更多家庭责任和家庭属性的影响。许晓霞、柴彦威（2012）基于同样的数据研究发现：男性拥有更多的休闲机会；女性休闲时间显著少于男性，并要花费更多时间在家务和照料活动方面；男性倾向于一个人休闲，而女性更倾向与家人一起休闲；在休闲地点的选择方面，男性平均出行距离更远，女性更倾向于选择较近的地点。作者认为，社会文化中的性别社会角色建构、对贤妻良母的社会期望，依然在不断塑造着女性的家庭责任意识，使得女性需要承担比男性更多的家务和照料责任，从而在休闲时间、空间和机会上比男性受到更多的制约。另外，成志芬（2012）对北京老年人户外文化活动的性别差异进行了研究。

（三）人口学领域的性别与空间研究

1. 流动人口从业的空间分布与性别差异

林李月、朱宇（2015）基于福建省流动人口问卷调查数据，探讨了不同性别流动人口城市间流动的时空特征及性别差异：在空间特征上，遵循随着流动次数的增加在距离上由近及远、在城市等级上由小到大的规律，且流动距离相对于初次流动趋于缩小，流动的就近性特征显著；在时间特征上，大多数城市间流动发生在流动生涯的前期，随着流动时间的延长，流动状态趋于稳定；在性别差异上，女性城市间流动的强度大于男性，地域选择具有明显的大城市导向，而男性的流动空间活动范围大，地域选择则是大城市和小城市同时兼顾并重。袁红清（2014）基于浙江省数据的研究发现，外来农村女性城市休闲业就业空间分布与地区生产总值、城镇人口比例、外来流动人口和第三产业发展状况高度相关。聂媛、杨钊（2014）对九寨沟、黄山地区旅游从业人员的研究显示：旅游从业人员以移民为主，移民中男性居多，本地从业人员以女性为主；女性旅游从业人员比男性空间分布更集中，空间吸引半径更小；不同职位的旅游从业人员空间吸引半径和地理集中指数都存在着显著的性别差异。其主要原因是女性除工作以外需要照顾家庭，承担比男性更多的责任。

2. 出生人口性别比的空间特征和影响因素

王天露、魏传华、徐世英（2013）以2010年第六次全国人口普查数据为基础的研究发现，人口性别比在全国范围内呈现出空间相关性，相邻地区有趋于相似的出生性别比，出生性别比在地理上存在集聚现象，呈现出东高西低的格局。时涛、孙奎立（2014）对“五普”和“六普”出生性别比的时空演变与影响因素进行分析后发现：10年间中国出生性别比的空间集聚特征更加明显。毛雅瑛、王淑镓等（2015）利用2010年“六普”县级单位数据，对人口出生性别比影响因素进行定量分析。结果表明，中国人口出生性别比存在比较明显的空间自相关性和分层效应，在剔除空间自相关影响的条件下，分层效应消失。需要指出的是，针对出生性别比影响因素的分析，各研究结论之间存在显著的差异。另外，李林霞（2012）系统分析了自中华人民共和国成立以来中国总人口性别结构的时空变动特征及其内在驱动机制。

（四）社会学领域的性别与空间研究

1. 广场舞、大妈与空间占用争议

首先需要说明的是，为了对这五年广场舞、大妈与空间的研究进行整体性的梳理和总结，此一小节将文艺批评领域的相关研讨纳入进来。2013 年之前，针对“广场舞”的研究，多采用问卷调查、实地走访和访谈等方法对某一城市或地区进行现状调查，如江滔、陈玉萍、李协吉（2011）的《湘潭市社区中老年妇女广场集体健身舞发展现状及对策研究》等，研究涉及广场舞参与主体的基本特征、参与原因、存在的问题与对策建议，多侧重于从全民健身、群众文化建设、构建和谐社会中的作用等方面来认识和评价广场舞的价值和意义，缺乏深度的学理分析。2013 年，继南京某小区居民因不堪噪音污染，向广场舞参与者泼粪示威之后，各地相继出现了投掷水弹、鸣猎枪、放藏獒等越来越激进的事件，经由媒体的广泛报道和传播，曾作为全民健身活动、为大众所习以为常的广场舞迅速发展成为一个充满争议的文化焦点和“热点问题”；同时，深陷广场舞争议的“大妈”又与“抢购黄金”、旅游景点“拍照”等联系起来，被迅速污名化、妖魔化和刻板定型化，并与出生成长于特定年代的女性群体关联起来。媒体的炒作及在社会引发的广泛争议，使得广场舞及“大妈”进一步被纳入学术研究的视野。空间也由于广场舞的“公共空间”占用争议而凸显，成为广场舞研究中的一个关键词。

在“中国知网”，以“广场舞”为关键词进行主题检索后发现，2011～2015 年，相关研究文献分别为 11 篇、32 篇、191 篇、504 篇和 692 篇，硕士学位论文为 1 篇、6 篇、13 篇、47 篇、107 篇。可以看到，2013 年后，相关研究文献的数量骤然增多，涉及社会学、人类学、人口学、政治与公共管理、城市规划、心理学、文学、体育、法学等学科领域。一些研究开始利用弱关系网络、同期群效应等概念和理论研究广场舞，基于性别、空间、年龄、代际、阶层等的交互分析也逐步展开，研究的理论性和学术性明显增强。2014 年 10 月 16 日，中国艺术研究院马克思主义文艺理论研究所当代文艺批评中心举办的“新世纪的群众文艺与公共空间”青年文艺论坛和一些研究将其问题意识延展到社会、历史、文化和精神心理层面，进一步推进了对广场舞和大妈的讨论深度。2015 年，黄勇军、米莉的《喧嚣的个体与沉默的大众——广场舞中的当代中国社会生态考察》由

中国社会科学出版社出版，是最早的一部广场舞研究专著。

针对广场舞占用场地、噪音扰民等矛盾和争议，一些研究（袁继芳、陈建国，2014；侯胜川、宋梁，2015；赵军辉、唐炎，2015）认为，这反映了城镇化进程中城市/社区公共体育、群众健身的资源配置与供给不足，城市社区规划建设之初没有明确考虑到市民的多元化需求，建议政府强化公共文化空间的规划和治理（张信思、刘明辉等，2014；谢秋山，2015），探索城市公共体育基础设施建设、公共体育空间布局和价值构建、完善创新公共体育服务的多中心治理模式（马玉华、王莉等，2015）；在规划建设方面，建议注重对公共空间进行合理布局，加快社区、公园等公共空间建设，同时注意动静合理分区，并充分利用植物消音减噪的功能。同时，一些研究涉及针对女性体育权利的"保护"与"规制"（杨建成，2015）以及社区体育运动开展过程中权利冲突的政策规范和法律调整（陈桥、2015）。针对广场舞作为一个社会空间如何分配和建设的问题，黄纪苏（2014）指出，就分配而言，既涉及广场舞内部不同舞群、不同个人之间的分配，也包括广场空间与周围环境之间的关系。群与群之间、广场舞与周围居民之间需要划定合理的边界，边界的主要形态是音量。在社会空间的建设方面，不同社会成员之间需要相互学习，既要维护自己的正当权益，又要尊重他人的正当权益。

关于广场舞大妈的空间秩序感和空间意识问题，有学者认为，这与中国的社会传统——农村的乡土传统以及工业发展过程中所形成的大型厂矿企业的生活圈子——有很大的关系。中国农村是由传统宗亲、乡邻构成的熟人社会，田间地头、水井、村社、庙会等构成所谓的公共空间，人们在这样的公共场合里要家长里短、要交换信息、要打破各自生活的界限，实际生活中的公共空间恰恰是把私人生活带入所谓的公共视野，这是人情社会里一个很自然的生活态，而空间的意识和界限很少被放在心里或予以重视。就国企厂矿企业来说，来自全国各地的人进入那个空间生活一辈子，逐渐形成了一个熟人社会，人与人之间的关系非常近、非常密，也不会把个体与公共做一个截然分明的界限分割。城市的扩张带来城市移民，来自乡土、三四线城市、厂矿企业的移民随着子女进入城市之后，把过去年轻时候的生活习惯带来了，她们也构成了广场舞的主体力量（刘晓真，2014）。

一些研究关注到大妈群体、广场舞与社会主义集体主义之间的历史、记忆和情感联系。王婕（2015）发现，广场舞是同期群效应的表现，在同期群效应中还反映出集体主义特质。她认为“当代的广场舞现象是一种50年代出生的人借助广场舞这一形式框架重构其集体主义理念的过程”。祝东力（2014）也指出，大妈作为广场舞主体的出现需要一系列前提，她们在大庭广众之下抛头露面，尽管不期待别人观看，但其首先要不畏惧别人观看。而这显然经历了毛泽东时代的塑造，包括“妇女能顶半边天”的男女平等观念、毛泽东思想宣传队的普及以及上山下乡经历的锻造。一些研究从社会主义群众组织动员、群众性文艺活动历史变迁的角度探究广场舞的演进线索和发展脉络，祝东力（2014）认为，中国革命时代形成了组织动员体制，1949年之后到20世纪70年代末80年代初，组织动员体制是将群众纳入工厂、矿山、学校、社队等不同的单位当中，这种群众被组织起来包括群众文艺组织化的情况在20世纪八九十年代单位体制转型之后发生了一个剧变，特别是90年代大批国企——中国单位的主体——抓大放小、关停并转这一轮振荡之后，群众的组织化程度降低，群众文艺运动开始逐步呈现出自发性的状态，而广场舞则是一种自下而上的、自发的群众组织形态。赵月枝（2015）也认为，广场舞是回归到日常生活实践的城乡文化形式。孙佳山（2014）认为，广场舞是在中国革命过程中诞生的“文艺大联欢”的当代变体，并且毫无疑问继承了社会主义集体主义的传统。刘晓真（2014）进一步指出，可以从文艺大联欢再向前追溯，广场舞之中还有乡土社会的民间歌舞传统的因素，广场舞也是在那个基础之上的改造，是改造那种群体性舞蹈的结果。

但也有一些学者指出，针对广场舞的研究不能仅仅停留在社会主义集体主义传统那个区间里，而忽视新世纪以来城市空间的剧烈变迁以及这种剧烈变迁背后的阶层、身份和趣味的重大变化（孙佳山，2014）。王芊霓（2015）指出，当今中国飞速发展，社会关系正发生着深刻变化，而空间结构、人们对空间使用的观念与社会关系存在共生性，关于广场舞占用空间的争议，实则是关于这些“空间”应该被变成什么样的“地方”、为谁服务的争议，是涉及价值判断的争议。从阶层结构来看，在当前社会，以中产阶层为代表的现代都市主流群体普遍认为一个现代城市的公共空间应该是安静而有序的；而广场舞代表的一种热闹聒噪的行为方式显然和他们的期待有所冲突。从年龄结构来看，当前社会的中青年，更多受到改革开放后西方文化的影响——强调个人空间权利的重要性。从性别观念来看，内化于广场舞及大妈行为方式的集体主义时代痕迹、大妈们夸张的舞姿与

“文革”后成长起来的中青年在审美和性别观念方面存在着差异。经过几十年的改革开放，这种现代的观念在当代中国已经深入人心，牢牢掌握话语权的都市主流毫无悬念地碾碎了广场舞大妈们微弱的声音，并通过把广场舞大妈统一塑造为“文革一代”的“他者”，不少人轻松完成了他们对现代和优越的自我标榜。她认为，中国历史和现代潮流的激烈碰撞是广场舞在当今社会尴尬处境的本质原因。而真正的现代性，理应建立在对历史的客观辩证认识和对人的基本尊重之上，广场舞议题正在考验着整个社会能否在冲突中找到出路，塑造一个更加多元包容的文化价值体系。黄纪苏（2014）也认为，广场舞不仅是一种群众文艺活动，它还寻找一种归属感、一种群体感情，满足老百姓在社会关系、精神生活等层面的需求，是对当下社会关系的一种调整和修复。对底层老百姓跳舞的权利必须予以尊重，对她们为什么跳广场舞最好努力理解并进行理性分析，同时对她们的一些美好不妨欣赏一二。

2013 年后的广场舞研究，虽然大多可视为对作为社会热点的广场舞和大妈现象的即时性学术回应和探讨，整体上还不是非常深入，但较之以往，不仅进展非常明显，而且为广场舞打开了一个丰富的研讨空间和角度。一些研究将广场舞和研究视野带入更为深刻复杂的历史动态和脉络之中，也让我们更为深刻地认识到，广场舞不仅包含着社会公共道德和社会规范的问题，也包含着私人空间和公共空间两种权力意识的博弈和争斗，同时是一个涉及中国转型期的社会重建和公共空间重建的问题（卢燕娟，2015）。学术研讨和研究逐渐深入的过程，也是广场舞和大妈群体逐渐去污名化、去妖魔化的过程。

2. 城市、空间与同性恋研究

2011～2015 年的同性恋与空间研究，主要以男同性恋为研究对象，源于种种限制，针对女同性恋的相关研究较少。研究议题主要涉及同性恋与城市两者的关系，中国同性恋公共空间的演化和变迁，网络空间与同性恋的身份及文化认同，同性恋者在“同性恋”场所与其他场所间的转换机制、生存策略及个人困境，城市性用品消费空间研究，等等。从研究方法来看，多采取都市民族志研究方法，以单个城市的个案研究为主，也引入了比较视角以综合不同城市开展的田野研究发现，试图在中国语境下对同性恋与城市的关系进行经验说明和理论阐发。这五年，魏伟、富晓星基于博士学位论文出版的著作——《公开：当代成都“同志”空间的形成和变迁》（2012）、《空间　文化　表演：东北 A 市男同性恋群体的人类学观察》（2012）以及论文《市场经济、空间演变与性：东北男同性恋群体的人类学观察（1980～2010）》（富晓星，2012）、《城市、空间和同性恋——中国本土经验以及区域差异》（魏伟、富晓星，2013）是值得关注的代表性研究成果。

（1）同性恋与城市。针对中西方的一些研究表明，城市作为一个“陌生人的社会”，为背负社会污名的同性恋者提供了必要的匿名性和包容性；其大量聚集的人口，促进了各种亚文化的发展，同性恋者在城市中更容易找到同类，并建立自己的社会网络；城市中心地带交通便利，具有大量满足公共需要的服务和娱乐设施，比如绿地、茶馆、浴室和酒吧等，为同性恋者的社会交往提供了场所。城市的这些特点，不仅让同性恋者在城市里获得生存的空间，而且产生集聚效应，持续吸引更多的同性恋者为了追求自由的生活而向城市迁移；更为重要的是，现代同性恋身份认同的建构也是与城市化进程密切相关的。从这个意义上讲，同性恋本质上是“城市的”。但在“酷儿”空间的生产过程中，同样不能忽视的是，同性恋者建构空间意义的能动性（魏伟，2011；魏伟、富晓星，2013）。这五年，本地历史文化和日常生活对于生产同性恋公共空间的意义也受到重视。魏伟、富晓星（2013）对成都、沈阳、上海的研究发现，当地不同的文化特色、伦理氛围和日常生活对同性恋公共空间的生产具有深刻的影响，其共性是超越了异性恋和同性恋的二元分离，以其特有的暧昧性和灵活性，一方面容纳了同性欲望和身份的表达，另一方面又和主流社会自然地融合在一起。针对在中国城市建立“同志实体社区”的设想，他们认为，需要反思西方的“同性恋聚居区”模式在中国的适用问题，其间不仅存在社会语境的错位，而且在推进同性恋平权政治方面也具有盲点。

（2）同性恋公共空间的演变与变迁。一些研究对此进行了较为深入的研究和梳理（富晓星，2012；魏伟、富晓星，2013；边防，2015）。例如，富晓星（2012）梳理了20世纪80年代以来市场经济背景下东北男同性恋群体活动的“点儿”的变迁：改革开放前，同性恋主要聚集于戏院、公园、公厕、广场、浴室、茶社等传统公共空间；90年代市场经济实行以来，同性恋群体的空间制造与实践开始与全球资本体系相连，以消费为基础的酒吧、迪吧、卡拉OK相继建立，同性恋公共空间开始分化；进入21世纪，同性恋群体的消费市场不断扩大，“同志浴池”、“同志酒吧”、“家庭式会所”以及网络社区等专属空间应身份认同的需求而产生，因市场和利益的刺激，“男色消费”被引入专属空间中，同性恋传统公共空间开始逐渐衰落。改革开放以来，中国同性恋社群的空间、身份认同、阶层、性别等分层日趋明显，分异的空间实践给同性恋群体带来身份、资本、性、价值、疾病等方面的重要改变。

（3）互联网空间与同性恋身份认同。相关研究普遍发现，互联网对于构建同性恋者的身份和文化认同具有重要意义。近年来，新兴的“同志”网站和“同志”社区组织在建构社区意识、丰富社区想象的过程中发挥了关键作用。通过展示 C 城的民族志研究的数据，魏伟（2011）指出，中国当代的“同志”社区主要还是一个“想象的社区”，同性恋身份的污名化是集体认同缺乏的主要原因，此外，人群内部广泛存在的基于阶级背景和婚姻状况的差异，也进一步制约了集体认同的发展。赵万智（2011）认为，新兴网络媒介虽然以其“异质空间”特征迎合了“同性恋”人群构建身份/认同的需求，但也消解了他们在现实社会中对群体权利的诉求和抗争，在可见的未来，中国的“同性恋”仍将持续其“模糊性”存在。

另外，牛立腾、王伊欢（2012）考察了同性恋者在“同性恋”场所与其他场所间的转换机制、生存策略及个人困境。王艳光（2013）则探讨了在不同场域里女同性恋者如何以不同的公开度来表达其性取向和自我，以及身份认同中的出柜和“形婚”现象。华东师范大学王璐（2015）基于对上海 8 家性用品商店的质性研究，分析了城市中两种不同类型的性用品商店所具有的空间特征以及该空间背后的性观念，从而进一步探究性用品商店的社会意义及其对于社会的影响。

这五年，相关研究进展主要体现在以下方面。①城市和空间开始作为重要的分析维度。之前研究往往只关注公厕、浴室、公园等城市空间对于同性恋者日常活动和社会交往的意义，这一时期开始将“空间”作为关注和运用的主要分析维度（魏伟、富晓星，2013），有意识地将酷儿视角引入城市研究（魏伟，2011），将城市这一维度引入中国同性恋研究（魏伟、富晓星，2012），取得了一系列角度新颖、富有学术价值的研究成果。此外，这些研究成果既刊发在《社会》《开放时代》《青年研究》《中国性科学》等期刊，也有意识地刊发于《人文地理》《中国城市研究》，这不仅提升了“酷儿”视角与城市维度在城市研究与同性恋研究中的可见性和被关注度，也进一步拓展了同性恋研究的空间。

②进一步深化了对空间与文化、社会、行动主体共生互构关系的思考，提出了同性恋研究的新的分析框架。例如，富晓星在其对东北 A 市和沈阳同性恋群体进行研究时，分别采用了空间 - 文化、地方 - 空间 - 社会关系的分析框架，来探讨不同空间设置中群体内部和群体之间人际关系、社会网络和知识系统的变化，以折射社会和文化变迁模式以及调整行为、观念和价值的运作机制。③重视中国经验的提炼，强调本地历史文化和日常生活对于生产同性恋公共空间的意义。这些研究，超越了对西方理论的简单运用或验证，而是在对西方理论批判性反思的基础上，扎根于中国的田野调查并将研究视野向历史延展，从而清晰、令人信服地勾画和提炼出中国语境下同性恋公共空间生产的路径和本土经验，其问题意识、研究方法、研究思路对同时和后来的相关研究均具有启迪意义。

3. 地铁性骚扰与性别化公共空间

2012 年，广州、西安、武汉、成都、杭州等城市出现“占领男厕所”活动；2012 年夏，上海地铁公司发布的关于女性着装的官方微博引发了广泛的讨论和争议；2012 年、2014 年长沙、沈阳、福州多地出现呼吁在公共场所建立哺乳室的“母乳喂养”快闪活动。虽然在吸引社会关注和政策倡导方面取得了积极成效，但也显示出，女性在公共空间中的不利地位，既存在于正式的工作领域，也表现在城市的日常生活之中。针对女性着装的“骚”“扰”之争，魏伟（2013）认为，论战的双方都忽略了一个重要的角度：女权主义者大声疾呼“骚”是我的自由和权利，但是没有看到的是这种“骚”很多时候也可能是男权社会强加于自己的枷锁和义务；反女权主义的一方把女性的“骚”视为完全的个人选择，而忽视了“骚”的社会根源以及自身作为男性在造就“到处都是乳房”这一“乱象”过程中的作用。这样的一种忽略，使得双方丧失了一个可以透过反思进行对话的路径。经验研究发现，女性在公共空间的特定自我呈现与性骚扰的发生之间，事实上存在一个关联的关系，但并不意味着衣着暴露是导致性骚扰的原因，更不是实施性骚扰的理由。事实上，这不仅是性骚扰当事人的个人特质的问题，也与男女两性的权力平等有关。城市生活不仅创造也反映了社会性别的结构性影响。“骚”和“扰”其实有着共同的社会根源，都反映了性别化公共空间的后果。

4. 针对农村的性别与空间研究

这五年，民族旅游与少数民族女性角色变迁、旅游发展与东道主关系等相关研究比较丰富，陈丽琴（2014）发现，基于发展民族旅游而建立的织锦染绣纺织所和女子歌舞队，不仅扩展了黎族女性的传统的公共活动空间，也推动了其社会资本的累积、社交网络的扩大、生活方式的改变、家庭地位的提高以及当地性别文化的缓慢转变。

近年来，中越边境跨国通婚数量逐年上升。国内研究多探讨越南女性配偶在中国的社会文化适应困境和身份认同冲突，鲜有文献从空间角度探讨越南女性的社会排斥问题。万蕙、朱竑（2013）从空间的日常生活实践出发，基于云南省河口县桥头行政村的研究发现：嫁入当地的越南女性们由于缺失合法身份，出行活动、享用公共空间的权利受到限制；在与村民的社会交往过程中，存在“他者”和“我者”两相对立的空间；劣势的家屋空间位置，为其出行带来不便，也阻碍了其与村民的正常交往，这种空间的边缘化加重了对越南女性的空间排斥。

刘燕舞（2012；2013）对农民自杀的区域差异做了空间社会学的分析，发现农民自杀存在显著的区域差异。①从自杀的性别分布来看，南方区域农村农民自杀的性别差异最为显著，女性自杀死亡占比超过3/4，其中青年女性尤其突出；在中部区域农村，性别差异不显著；北方区域农村，在青年自杀的性别分布上，女性占绝对比例。②从自杀的关联者来看，南方区域农村多婆媳冲突导致年轻媳妇自杀死亡，其次是夫妻冲突导致妻子自杀死亡；中部区域农村，主要是代际冲突导致老年人自杀死亡，这种代际冲突几乎同时混合了婆媳和母子冲突或公媳和父子冲突；在北方区域农村，虽然矛盾冲突双方仍主要发生在代与代之间和夫妻之间，但与前述两大区域均有些差异。他认为，这种区域差异与村庄社会结构的差异、村庄自杀文化的差异、“为谁活着”的生命文化考量、市场对村庄的渗透程度差异、村庄内部对自杀的干预强度高度关联。

（五）历史学领域的性别与空间研究

这五年，历史学领域的相关研究比较清晰地体现出关注底层大众以及日常生活的趋向，社会史尤其是区域社会史中性别与空间的研究取得明显进展。出现了一些具有代表性的研究专著、译著和博士学位论文，如《妇女与差传：19世纪美国圣公会女传教士在华差传研究》（林美玫著，2011）、《劳作的女人：20世纪初北京的城市空间和底层女性的日常生活》（〔美〕程为坤著，杨可译，2015）、

《熟悉的陌生人：明清江南社会才女群体现象的社会学研究》（张杰著，2015）、《宋代妇女的佛教信仰与生活空间》（邵育欣著，2015）以及董虹（2012）的《城市、戏曲与性别：近代京津地区女伶群体研究（1900～1937）》等。在材料的发掘和使用方面，更加注意档案、报纸、杂志、游记、回忆录、社会调查以及有关历史、地理、文化、风俗、宗教等相关材料。图像史料是建构史实的重要工具和形式，近年来，图像之于历史的特殊作用也逐渐为史学家所注意。姚霏（2012）基于对晚清上海女性与城市空间关系的图像研究，提出“图像、图像内外文字和文献综合运用”的分析方法。

邵育欣（2015）的专著《宋代妇女的佛教信仰与生活空间》，以“生活空间”作为观察视角，分析宋代佛教女信徒在现实生活中的活动空间及想象与思维的精神空间，进而探讨佛教信仰对妇女物质、精神生活带来的影响。在“妇女与基督教”研究领域，林美玫的《妇女与差传：19世纪美国圣公会女传教士在华差传研究》（2011）是值得关注的一部佳作。作者将“纯正妇女意识”和“妇女性别空间”这两个概念及理论引入中国妇女与基督教研究之中，不仅“开辟了一个新的解释路径”，也使该著具有更为开阔的全球视野以及跨学科的显著特点（陶飞业，2011）。作者发现，经由来华美国圣公会女传教士各自或集体的努力，她们不仅建构出一个个跨文化的妇女性别空间，在实践中提升了其性别位阶，也向中美男性教牧、教会助手、中国男女信徒和非信徒展现“女子有才始有德”的性别力量，启发了中国社会在跨越20世纪时对女教或妇学传统进行必要的改革。同时，美国圣公会女传教士不但将美国社会中的女性特质传接给中国妇女，而且导引后者认识美国原模型女性主义，并由后者继续在中国社会发展混合式或调和式中国女性主义元素。在美国向海外推进其宗教、文化殖民的背景下，边疆既是一个地理实体，更是一个文化概念，是一个以“归化”程度为基准在空间上不断向外推进的活动带。美国来华新教女传教士作为世纪转折期美国海外新边疆开拓的重要参与者，其女性身份与边疆的国家话语在海外的特定空间中交织互动，从而形成女性特有的“边疆意识”，朱骅（2015）认为，美国来华新教女传教士的边疆意识是由女性身份与宗教、国家、种族这三个外在强势身份共谋与反抗的结果，也因为这种强大的共谋关系，她们对中国文化表达的同情性认同始终难以摆脱东方主义的视域局限。

百余年来，针对江南社会的研究一直是国内外社会史研究的热点。张杰的专著《熟悉的陌生人：明清江南社会才女群体现象的社会学研究》（2015）及相关研究（2014；2015），进一步拓展了江南研究的性别视野。通过熟悉的“陌生人”这一概念的建构，该研究进一步描述和解释明清才女群体的兴起作为一种陌生人，其存在与被容忍是与其特定的社会空间建构联系在一起的。在才女建构的交往规范迥异于礼法空间的异质空间中，才女群体作为“陌生人”的个体性以及基于个体因素的平等交往法则得到确立和发展。但是这种异质空间由于其建构主体与社会空间规范的一致性的特征，使得才女必须放弃其流动能力，成为规训的从而安全的个体，其所建构的异质空间必须具有空间边界的自闭性才能被地域社会所容忍。

从《内闱》到《闺塾师》，妇女史研究与空间的结合一度集中在名媛才女生活的闺阁之中。程为坤著的《劳作的女人：20 世纪初北京的城市空间和底层女性的日常生活》，则试图走出上层人家的闺阁，摆脱闺秀诗作、缠足文化等女性史传统议题，避开北京精英女性的西化过程，将空间关注的焦点从闺阁之内推到家宅之外，转换到北京底层女性生活和工作的寻常院落、街坊邻里以及更远一层的诸如戏院、游乐场、公园等用于寻乐的公共空间。该著展示出北京城普通女性在历史的风云激荡中如何适应变革，特别是如何利用城市的公共空间，并与更广阔的社会环境发生关联。董虹（2012）的博士学位论文着眼于探讨近代京津地区女伶群体与戏曲、城市发展之间的关系。通过分析女伶群体形成及发展过程中戏曲传统、公共空间、舆论媒体等影响因素，有助于我们进一步理解其与区域性文化传统、近代京津地区城市化、商业化过程中公共空间的生成之间的共生互动，而女伶群体的公共演出与日常生活，既是城市文化的体现，又是推动城市化进程的动力。

另外，方超对《妇女杂志》中有关近代上海的资料进行了分析，探讨了近代上海女性休闲空间的嬗变与向城市公共空间的拓展。李净昉（2011）对 20 世纪 20 年代李峙山、邓颖超等创办的刊物《女星》进行研究后发现，借助《女星》这一平台，女性通过编辑、撰稿、投书从被论说者转变为论说的主体，主动表达她们对于性别关系和现代国家的构想。在与男性对话、协商及合作的过程中，女性的话语空间得以拓展。言说与实践的结合，也为天津女星社进一步推动近代中国的女权运动奠定了基础。

（六）文学、文化领域的性别与空间研究

这五年，文学文化领域性别与空间的研究数量多，但存在低质重复的现象，很多研究对空间与性别关系的理解比较简单。值得关注的是，一些研究揭示了女性与现代性、空间的同生互构的关系，探讨了女性的地理流动与阶级、种族、民族等元素相互交织的复杂性，从而使文学批评的视野更为开阔；“新世纪的群众文艺与公共空间”青年文艺论坛、“新世纪外国文学发展趋势研究高端论坛”对当下的热点议题和前沿性议题做了引领性的探讨；《图绘：女性主义与文化交往地理学》（〔美〕苏珊·斯坦福·弗里德曼著，陈丽译，2014）一书值得关注，该书运用当今全球化与跨国研究、人类学研究、地理学研究中的文化理论，对夸大性别、种族、民族、阶级等界限的思维模式提出挑战，认为应从多元文化和地缘政治角度研究女性主义理论。

在女性、现代性与空间方面，有学者注意到，随着19世纪城市现代化步伐的加快，作为城市新生的公共空间，百货商场的出现不仅打碎了城市原有的空间格局，重塑了市民的生活版图，也使女性的活动空间进一步从家庭转向城市公共空间。杜莉莉（2015）选取左拉小说《妇女乐园》中的女性作为整体研究对象，探讨了19世纪巴黎百货商场引领的商业变革如何在消费狂欢的表征下对女性群体进行集体洗礼和社会身份的再造。近十多年来，在持续不衰的有关上海都市文化的研究中，海外学者的贡献毋庸置疑。陈惠芬（2011）认为，张英进的《中国现代文学与电影中的城市：空间、时间与性别构形》，由于固守“文本主义”的研究方法，使得现代上海的空间变化与性别构形的关系被简化了。她认为，20世纪中国女性从家庭走向社会这一重要的历史性变化，对社会心理的影响远未被充分关注和讨论。该书仅从情色想象来解释“妖姬”“消失、逃逸的女人”这一现代中国文学和电影中的典型构形是不够的，“妖姬”“消失、逃逸的女人”的出现是和现代上海的空间结构、场域变化密切相关的，它生动地凸显了面对女性大量进入社会空间这一历史性的变化，社会以及男性普遍的不适感和无意识中的焦虑，以致他们笔下的人物往往比现实中的女性更具诱惑性和威慑力，也更加不可捉摸和掌控。从这种夸张和变形可以窥知时代变迁之际的社会心态尤其是男性的心理变化，并由此测知历史变动的程度和方向。王宇（2012）则通过考察《小城之春》《早春二月》《爬满青藤的木屋》《大红灯笼高高挂》这四部电影文

本中反复出现的一个叙事原型——“外来者故事”，探究了现代中国时间、空间与性别之间的复杂关联，以及这种关联性在不同时代的“外来者故事”中被赋予怎样不同的表现形态和文化内涵，其中又包含怎样不断变化的现代性与性别的纠葛。

近年来，旅行书写吸引了越来越多的研究目光，成为性别与空间研究相对突出的一个议题。何乃柱（2012）从民族学的视角对民国时期汉地旅行者的旅行书写进行解读，返描民国时期汉地旅行者眼中的拉卜楞社会及藏族妇女，分析其旅行书写中显露的以内地为“中心”的痕迹及民国时期所谓的拉卜楞“边民”对“中国”疆域和“中华民族”认同的足迹。另一些研究则跳出以男性流动性体验作为中心的研究局限，从性别视角切入，关注女性与流动性、现代性的关系，不仅打开了考察与解读“旅行书写”的一个崭新维度，而且呈现出女性的地理流动与阶级、文化、宗教、民族、种族等元素相互交织的复杂图景。张朋（2013）基于对清末民初《妇女时报》女性游记文本的细读，考察出其中蕴含的生活史和思想史双重价值：就旅行方式而言，知识女性已由传统社会随夫、随父宦游转变为以求学、求职、休闲度假等为目的的“独自”旅行；更为重要的是，旅行书写是在媒介叙事的公共属性之外，开创了一个具有私人色彩的言说空间，而知识女性在旅行叙事中所刻意彰显的民族国家意识、现代知识、文明、卫生的自我身份，一定程度上显示了近代政治文化对女性日常生活及私人叙事的深度嵌入。杨莉馨（2015）基于对19～21世纪英国女性旅行文学主题变迁的研究，勾勒了英国女性作家及其笔下的人物由旅行幻想到建构现实之旅的发展，也同样记录了女性由在逼仄的社会空间中生存，到部分参与了帝国主义话语的建构，以及在当代全球化的背景下摆脱地域与文化偏见，寻求不同种族、文化与宗教信仰之间沟通与理解的可喜进程。流动性是现代性的重要标志，现代交通为女性的空间移动提供了物质条件，也使其社会流动成为可能，刘英（2014）对美国19世纪70年代到20世纪30年代女性小说的研究发现，女性的流动性既带有明显的性别指征，也参与到性别的生产与再生产过程中。虽然从城市到乡村的度假旅游、从乡村到城市的事业追求、从美国到欧洲的文化朝圣等流动形式，在当时并不是女性的普遍经验，仍然受阶级和种族因素影响，但美国女性文学对这一时期女性流动性的多层面再现，消解了男性中心主义的现代性范式，展现了现代性的多元与复杂，为美国现代性书写提供了独特的视角。

这五年，一些性别与空间研究的博士学位论文也值得关注，如杨慧琼的《新时期的漂泊叙事与现代性体验——对空间、时间、性别的家园体验》(2012)、赵宏维的《他者空间——托妮·莫里森小说研究》(2013)、李静的《“空间转向”中的当代中国小说研究》(2013)、马楠楠的《城市空间的书写、身份认同的困惑与女性意识的独特表达——许鞍华电影研究》(2014)、牛宏宇的《空间理论视域下的弗吉尼亚·伍尔夫研究》(2014)、姜晓渤的《安吉拉·卡特小说的空间与主体性研究》(2015)。

三　研究不足与展望

这五年，中国性别与空间的研究数量提升明显、研究议题不断拓展；对空间的认识和理解在不断加深；一些研究有意识地超越了对西方理论的简单运用或验证，在对西方理论批判性反思的基础上，扎根于中国的田野调查，重视中国经验的提炼，重视本地历史文化和日常生活对性别与公共空间生产的意义。但总体来看，性别与空间研究在中国仍处于起步阶段，还存在很多不足，主要表现如下。

第一，相比于一些主流学科，西方人文地理学包括女性主义地理学对中国妇女/性别研究的影响较为滞后，当前，性别与空间研究基本是在各自所属的学科脉络内向前发展。无论是西方城市、地理和空间经典著作的翻译出版还是国内相关学术研究，女性主义地理学的研究成果很少，在中国大陆还只是零星介绍，远未形成气候，妇女/性别研究领域对其的关注更是不足，这在一定程度上限制了对于性别与空间的认识、理解和娴熟的运用。第二，学科之间发展不均衡。这五年，社会学、城市规划、历史学、文学领域出现了一些值得关注的进展；建筑、设计等学科领域虽然引入女性主义地理学比较早，但是研究进展比较缓慢，研究视角比较单一，研究成果重复；女性文学文化领域的研究成果虽然数量较多，但存在低质重复及将西方的视角、理论简单化运用的现象；教育学领域的性别与空间研究基本没有进展，一些研究存在性别本质化倾向。第三，这五年，性别与空间的研究议题虽有拓展，但整体来看还比较狭窄。未来，需要进一步增强对西方地理学尤其是女性主义地理学成果的翻译、出版和介绍，推动性别与空间研究的跨学科交流。当前，中国正经历大规模的城市化和城乡人口流动以及全球化推进所带来的资本聚集、跨国公司的区域流动，中部、西部、南部等不发达地区和欠发达地区正成为改革开放的前沿地带，生产空间、生活空间和消费空间正经历大规模重组与重构，正如朱竑、高权（2015）所指出的，这一过程不仅是物资、文化和符号等一套系统的转变，还是社会情感空间的转变和再建构。所有这些，为性别与空间研究提供了丰富的素材。城市化进程、空间的重组亟待性别视角的审视，如何在这一进程中自觉关注妇女的经验并将其经验与实践整合进去，都是需要进一步思考和推进的。

妇女与旅游研究综述（2011~2015年）

范向丽　李定可*

一　研究概述

从原始社会的人类迁徙到封建社会的旅行发展、近代旅游业的发端，再到当今旅游业的迅速发展，尽管旅行的动机有所变化，但旅游一直伴随着人们的生产和生活。到今天，不仅旅游成为人们生活的重要组成部分、人们主要的休闲形式，而且女性已经成为旅游业的主要参与者、推动者和决策者。她们不仅在旅游市场上占据着半边天，而且承担着主要的旅游接待工作，女性在餐饮业、住宿业、会议服务、旅游交通等旅游核心部门和岗位扮演着越来越重要的角色。

近年来，随着女性出游数量逐年上涨，女性游客在旅游消费市场中的市场份额不断扩大。2015年“去哪儿网”度假频道联手“瑞丽网”对数千名女性旅游爱好者的调查结果显示：约41%的被访女性平均每年出游1~2次；约15%的女性表示自己“很爱出去玩”，平均每年出游3~5次（王晓易，2015）。《2015女性生活蓝皮书》中针对城市家庭旅游变化趋势的数据显示，旅游已成为被调查女性休闲度假的主要方式，大部分女性认为旅游会给自己的生活带来积极影响（饶丹，2015）。本研究将2011~2015年有关女性与旅游的研究成果进行归类、提炼，总结经验、发现问题，尽量客观全面地呈现这五年来妇女与旅游的研究进展。

本研究主要以“女性旅游”“妇女与旅游”“女性酒店”“女性景区”等为主题词，在中国知网“中国期刊全文数据库”、“中国博硕士学位论文全文数据库”以及“中国国家图书馆”等数字数据库对发表于2011~2015年的学术论

* 作者简介：范向丽，女，华侨大学旅游学院、华侨大学女性研究中心副教授；李定可，女，华侨大学旅游学院硕士研究生。

文、学位论文、专著进行检索和统计（见表1），共检索到学术论文222篇，硕博士学位论文243篇、专著6部。总体上看，2011～2015年女性旅游相关研究文献的数量呈缓慢上升趋势，可见，女性旅游市场的稳步增长也得到了学界的持续关注。

表1　2011～2015年女性旅游相关研究文献统计

年份	2011	2012	2013	2014	2015	总计
学术论文	41	43	36	50	52	222
硕博士学位论文	39	42	43	57	62	243
专著	0	3	0	1	2	6
总计	80	88	79	108	116	471

在分析文献资料时发现，女性与旅游相关论题的研究者多以高校或地方社科院的旅游、社会学等专业学者为主，妇联系统等其他部门的工作者和研究者对此问题关注较少。令人欣慰的是，近些年来很多硕士和博士生开始关注旅游中的性别议题，撰写了一定数量的硕士和博士学位论文。这一研究群体具备较强的专业知识和研究能力，或将对今后的妇女与旅游研究起到较大的推动作用。

二　主要研究内容

目前有关女性旅游的研究成果主要集中于以下三个方面，即女性游客消费研究、女性旅游从业者工作体验研究、旅游目的地女性东道主研究。

（一）女性游客消费研究

学界对女性旅游者的研究主要集中在动机研究、市场研究、行为研究、体验感知研究以及女性旅游产品研究。

1. 女性旅游动机研究

女性旅游者的旅游动机主要为文化、健康、休闲、交往、购物、商务等方面（李蕾，2012；王芳、仇梦嫄等，2015），具体表现为探亲访友、放松身心、观光度假、会议培训等形式（李明月，2011；邱芬，2015；袁利、赵振斌等，2011；孙雪梅、王庆生等，2012）。

2. 女性旅游市场研究

在客源市场激烈的竞争中，女性已逐渐发展为旅游业的新兴市场，并开始在目标市场中发挥一定的潜力和拉动作用（范向丽，2014）。通过整理和归纳分析，女性旅游市场相关研究主要集中于女性游客特征研究、女性旅游市场细分策略研究、女性旅游市场营销研究三方面。

21 世纪被人们形象地称为“她世纪”（赵姝、项莹，2014）。女性游客市场呈现出游频率增加、消费水平阶梯性明显、消费结构层次化等趋势（黄春，2014），通过分析女性旅游市场特征，能够促进女性旅游市场的规范化和女性旅游产品的专门化，从而为女性群体提供更好的旅游产品和服务（王娟，2013；赵姝、项莹，2014）。

女性旅游市场细分标准有年龄、收入、教育背景、气质类型、人格特质、旅游动机、区域、职业等（程送海、郭珊珊等，2011；谢江凌，2012）。通过市场细分，可以使女性游客的需求得到满足，同时可以带动精品旅游、家庭主题旅游产品等的发展（陈思，2015），如花卉旅游产品、购物专线、亲子专线（刘颖，2012；陈思，2015；秦俊丽、林岚，2014）。

3. 女性旅游行为研究

女性旅游行为研究主要为女性游客消费行为研究、旅游决策行为研究、旅游行为偏好研究三方面。

女性旅游消费行为受女性的生活方式、旅游动机、旅游态度以及女性所扮演的角色与地位等的影响，也与其年龄、职业、受教育程度、闲暇时间、收入、家庭结构等自身条件相关，大体上可以分为个体、心理和环境三类（白凯、符国群，2011）。

就决策行为来讲，女性游客偏好自己的实际判断和熟悉的亲朋好友所提供的旅游信息，一般不会通过外界商家和广告进行消费选择（文柳，2014），其中对时间、经济水平和安全问题考虑较多（朱小娟，2012）；另外，女性游客也倾向于上网搜索口碑信息再做出旅游决策（严艳、程萍，2012），比如在专业自助游网站论坛上查看相关攻略、游记等（张婷，2014；邱芬，2015；陆川，2014）。

4. 女性旅游体验感知研究

综合 2011～2015 年的女性旅游体验相关研究成果发现，女性旅游者的体验感知主要有娱乐体验、学习体验、遁世体验、审美体验，此外还有一些学者对女性游客的安全感知进行了分析。

薛熙明（2014）研究指出，女大学生外出旅游是她们获取个人体验、追求个人需要的一种方式，其旅游体验可分为关系补偿体验、环境补偿体验、遁世体验和认知体验等。王晶晶（2012）对男女性的安全感知进行对比后发现，女性的安全管理环境感知和自然环境安全感知水平均低于男性。范云峰（2011）从女性旅游安全需求入手，发现女性旅游者的安全意识、安全感知与期待以及旅游安全环境都会影响其消费行为。

5. 女性旅游产品研究

在现有的文献中，针对女性开发的产品主要有女性主题酒店（女性楼层）、女性主题旅游线路。女性酒店是专门为女性顾客提供特殊服务，以满足女性顾客的安全、整洁、温馨等特殊需求而设立的针对性比较强的酒店。有学者认为应该开设专门的女性旅游网站，并在女性旅游网站上增加女性偏爱的、有丰富旅游资源的景点，给她们提供精细化的服务（雷俐丽，2011；于萍、李炳义，2012）。赵姝、项莹（2014）还提出，应在饭店内开设独立的女性楼层，专门设置针对女性顾客的服务设施并且提供专项服务，例如加装安全防盗锁、安排专职楼层服务员巡逻以此保障独身旅行女性的安全。

（二）女性旅游从业者工作体验研究

女性旅游从业人员研究主要集中在女性员工流失研究、女性性别优势研究、女性职位晋升研究三个方面。

1. 女性员工流失研究

酒店业属于劳动密集型行业，一般而言，酒店员工的职业级别和薪酬待遇都比较低，特别是女员工主要分布在基层岗位，再加上受传统观念的影响，女性员工由于自身心理特点容易出现职业发展危机，产生离职倾向（范向丽，2011，2015）。郭军礼（2012）就旅游行业内女性员工的性格、认知、意志行为等心理特点进行了分析，针对现有环境下女性员工面临的心理压力，提出旅游企业要提高女性旅游从业人员的薪酬待遇，增强其社会认同感。王爱英和张鹏（2012）提出，中国酒店服务业女性人力资源开发与管理中存在酒店一线女员工工作强度大、文化生活贫乏、流失率较高等问题。

2. 女性性别优势研究

在中国的旅游饭店行业中，目前女性已经真正撑起半边天，并且以其沟通交往能力较强、忍耐力更佳、观察力细致和品味独特等优势发挥着关键作用（李明敏，2014），女性所具备的热情、亲和力、细腻、耐心也使其在旅游服务业中更具优势（杨娜，2013；李炯华，2012）。陈钦兰在其专著《服务业性别优势密码：旅游业女性营销能力透视》（2015）中，分析论证了服务业女性营销能力的相关关系和类型，构建并检验了服务业女性营销能力的评价体系和模型，并且在分析女性营销能力风险的基础上，提出针对服务业女性营销能力培育和提升的内容、方法与策略。

3. 女性职位晋升研究

虽然女性高管的出现打破了社会对女性工作领域的限制和对传统分工的性别界限，女性逐渐进入现代企业高层管理领域，但由传统性别观念带来的角色冲突使得女性在兼顾事业和家庭过程中面临着极大的压力。同时由于企业高层多为男性，"玻璃天花板"现象普遍，职位晋升机会较少（李明敏，2014）。荆亚宇和周春梅（2015）在对23个旅游上市公司进行研究后发现，由于中国传统文化、企业组织制度和性别歧视以及旅游行业特点的影响，女性管理人员的职位越高，其晋升受到的阻碍越大。荆亚宇、周春梅（2015）提出，为更好地促进旅游企业发展，建议旅游企业健全组织制度，完善女性福利政策和人才培养政策。

（三）旅游目的地女性东道主研究

2011～2015年，学界对旅游目的地女性东道主的研究主要聚焦在目的地女性形象、目的地女性就业、目的地女性角色变迁等方面。

1. 目的地女性形象研究

少数民族妇女在民族旅游中的举止言谈展示着其民族的传统文化，特别是女性身穿的各式服饰及服饰上的各种花纹与色彩、各类发型及饰物等都蕴含着深刻的意义，是满足文化展示和传播的主要载体。但在消费经济的推波助澜下，为吸引游客目光，旅游场域中女性东道主身体的物化和商品化倾向渐趋明显（张文馨等，2014；陈军军等，2014），这也在一定程度上揭示了旅游演艺民族文化背后的传统性别秩序与社会性别角色。此外，女性通过参与农家乐，其社会角色选择机会增多，角色认同度也有了提高，但同时其角色冲突渐趋明显（沙爱霞、马义红，2012）。

2. 目的地女性就业研究

研究表明，旅游发展为女性带来了新的就业机会，女性通过旅游就业或创业经济收入有了增加，家庭和社会地位也随之提升，自我价值得到了实现（谌世龙，2014；蔡雨岑，2013）。特别是对于少数民族地区女性来说，旅游发展为其带来了更多的利益，她们以歌舞表演、餐饮服务、工艺品制作等形式参与到旅游业的服务中，并在这些活动中担当重要角色，推动了自身在社区与家庭中的发展（李佳等，2015）。梁丽霞和蔡雨岑（2014）运用质性研究方法，从家庭领域和公共领域两个层面分析旅游发展有力地冲击了“男主女从”的传统观念和性别角色，并促使女性走出家庭领域转向公共领域，在社会交往、公共休闲活动以及参与社区公共事务等方面都扮演了更为重要的角色。杨丽琼（2011）基于对大理新华白族旅游村的案例研究指出，白族妇女通过参与旅游就业和创业，不仅自身素质和地位得到了提升，而且促进了妇女剩余劳动力的合理化转移。项萌、黄燕玲等（2013）在对贵州西江苗族鼓藏节研究的基础上指出，旅游扶贫领域需纳入社会性别视角，制定有利于消除妇女贫困的倾斜政策，从而有利于精准扶贫的实施，并在一定程度上缓和贫困女性化问题。

但也有一些学者针对旅游发展对女性社会、家庭地位的提升作用提出了质疑。梁音（2011）针对洛带客家女子舞龙队的研究指出，受女性自身能力、性别歧视等因素影响，洛带客家女子舞龙队虽然是水龙节表演的重要角色，但这种参与对旅游中女性东道主地位的影响甚微。白丹丹（2011）以丽江为例，指出民族地区女性旅游从业人员多集中在低收入、低技术、非正式部门以及收入不稳定的岗位，不利于其能力发展和职位晋升。

3. 目的地女性角色变迁研究

在界定性别角色时，男性被期待承担“工具性”角色，而女性则被期望执行“表达性”或“情感性”角色。在这样的性别角色与分工之下，对女性群体而言，民俗文化对她们的日常生活、成长发展等方面的影响超过男性群体（毛海莹，2013）。总体而言，旅游开发对目的地东道主女性的影响体现在经济、家庭、文化、教育、心理、社会、政治等方面（向艳，2013；吕淑芳，2015；伍百军，2014），有助于女性旅游经营的成长（陈晓红，2012；陈丽琴、张秀伟，

2015；吴忠军，2012）。伍百军（2014）以连州镇女性参与农业旅游的实地调查为基础，通过政治、经济、心理、社会等维度分析女性参与农业旅游的现状特征，提出了连州镇女性参与农业旅游增权的两种交替式发展模式——个体主动增权和外力推动增权。陈丽琴和张秀伟（2015）认为黎族民族旅游中的地方性知识成就了少数女性的旅游精英成长之路，女性精英既能带来经济利益，又能促进民族文化保存和传承。

三　研究不足与展望

2011～2015年，关于妇女与旅游的研究文献明显比前一个五年多，性别视角在旅游研究中有了更广泛和更深入的应用，在丰富妇女研究理论的同时，为中国旅游研究拓宽了视野，一定程度上推进了旅游性别研究的主流化趋势。但是研究存在平面化、低水平和重复的现象，深入的实证分析和理论探讨较少，研究质量有待进一步提升。

（一）研究不足

由以上分析可知，2011～2015年中国女性旅游相关研究文献增长迅速，跨学科趋势和优势已较为明显，研究视角涉及社会学、经济学、人口学、政治学、生态学、民族学等多个领域，研究方法上也有些许进展，但不够明显。与其他领域的女性研究相比，女性旅游相关研究还存在以下不足。

1. 稳定的学术共同体尚未形成

女性旅游研究作为一个跨学科研究方向，其目前无论在女性学还是在旅游学研究领域，都处于一个边缘研究话题阶段。从目前检索状况来看，女性旅游相关文献的作者多为旅游专业学者，也有来自民族学、人类学、传播学、营销学等领域的学者。本研究分析发现，这些学者在女性旅游方面的论文并不是很多，基本没有形成稳定的研究团队，旅游学领域虽然已经有少数学者持续集中于女性旅游研究，但这些学者所在学校和地区较为分散，作者队伍参差不齐。也就是说，女性旅游研究要成为一个稳定的、被多数学者和期刊所认可的学术研究方向或者领域还需要一个过程。

2. 研究方法的应用不够规范

旅游是一个新学科，也有一些人认为旅游不具备一个学科的基本条件，因为旅游学科没有自己的理论。正因为如此，女性旅游相关研究文献的学术规范性还较为欠缺，研究方法较为简单、不够系统，研究手段较为粗浅。研究方法是指在研究中发现新现象、新事物，或提出新理论、新观点，揭示事物内在规律的工具和手段。规范的研究方法和研究范式是决定研究成果可靠性、可信性的关键因素。未来，专注该领域的学者应注意加强研究方法的训练和研究范式的规范化，从而在一定程度上提高该领域研究成果的学术性和被认可度。

3. 缺乏具有较大理论贡献的代表作品

女性旅游相关研究成果不同于其他研究成果的最大特征是，一部分作者为业界人士，如旅行社、报社、工商局等部门的工作人员，其文章多为基于对工作中问题的感性认识所引发的思考，或者是对工作经验的介绍和总结。高校研究者中学生所占比例较大，一些学生的论文是为了发表而发表，或者是为拿到学位而发表，因此出现了一些模仿、抄袭和重复发表的现象，进而影响了研究的整体水平。所以，相关研究成果的实践性、时效性较强，但缺乏理论深度，不能够对学术研究起到推动作用。这五年的文献多出自级别较低的刊物或为学位论文；专著比较少，仅有6本专著，多是从管理视角进行研究，其影响力和理论贡献也不够突出。总之，女性旅游相关研究目前仍然缺乏具有较大理论贡献的代表作品。

（二）研究展望

这五年间，越来越多的学者开始从性别视角审视旅游中的经济、社会、就业、人口、可持续发展、扶贫、乡村振兴等问题，但未来还有很大的发展空间。

1. 提出本土的理论和分析框架

目前有关旅游中的性别研究，多是从西方的框架下发展出来的理论和分析工具，其解释力和实用性有待验证。未来的研究应多从本土的问题出发，积极探讨构建本土社会文化系统下的框架，并从中发展出相关理论和适用的分析工具，使其解释力、可信度、可推广性更强。这种研究成果数量的增多将不仅有利于中国旅游业的可持续发展，而且对提升妇女研究的整体水平甚至整个中国学术研究的水平都具有一定的意义。

2. 推进研究队伍的发展和学术能力的提升

目前，该领域作者队伍中占较大比例的是在校学生以及偶尔涉足此方面研究的高校教师，研究队伍的稳定性和可持续性不足。所以，如何巩固现有作者队伍，并尽快建立起若干具有全国影响力的研究团队关系着该领域的未来发展。建议多举办相关领域的学术研讨会，并加强有关调查研究方法、学术论文撰写规范等方面能力的培训，以提升整体学术能力和研究水平。

3. 性别研究与旅游研究的结合有待进一步深入

近年来，性别视角为旅游研究注入了新鲜的血液，带来了理论和方法上的突破，但妇女/性别研究总体上处于学术边缘。随着全球化和大众休闲时代的到来，旅游业的发展前景将会越来越好，旅游研究也是如此。因此，对于如何将性别研究的理论和方法运用到旅游研究领域，还需要学者们结合中国的国情做出更多的努力。

女性的性与身体研究综述（2011～2015年）

黄盈盈　张育智*

一　研究概述

女性的性与身体是一个前沿、新兴的研究领域，有趣且重要。虽然近年来相关的学术文献有所增加，但是无论相比于其他文献还是社会关注议题，无论是在整体的社会科学界还是在妇女/性别研究领域，女性的性与身体依然"缺席却在场"（Shiling，转引自李康，2001）。

本文旨在梳理2011～2015年中国大陆的情境与语境中有关女性的性与身体的社会科学经验研究类（有定量或者定性资料的支撑）文献。除了时间设定，"女性"限定了研究对象的性别①，"性""身体"限定了检索的主题。情境指向中国大陆变迁时空中的社会结构与文化背景，语境指向中文的社会科学界尤其是社会学与人类学领域有关女性的性与身体的经验研究。研究文献除了著作，主要通过中国期刊全文数据库、硕士博士学位论文数据库获得，部分文献为书稿的章节。所综述的文献涉及期刊论文50篇、硕博士学位论文30篇、著作5部及2本书中的相关章节。具体检索与筛选过程如下。

我们首先以"女性身体"为主题词，在中国期刊全文数据库（社会科学Ⅰ、Ⅱ辑）检索到337篇文献（1983～2015年，该主题的文章共558篇）。其中，期

---

* 作者简介：黄盈盈，女，中国人民大学性社会学研究所所长、副教授、博士生导师；张育智，女，中国人民大学社会与人口学院博士生。
基金项目：本研究受到中国人民大学科学研究基金（中央高校基本科研业务费专项资金资助）（项目编号：10XNJ059）的资助。

① 此处"女性"，局限在生理性别，对于自我认同为女性的其他性别并未包括在内；但是文献包括了从男性变性为女性的文献以及具有性别视角的间性人文献。"女性"的限定，排除了不少聚焦于男性的性与身体的研究文献，以及没有性别指向，或者既包括女性也包括男性，但是在分析中缺乏社会性别视角的医学社会学、医学人类学领域的身体文献（比如器官捐赠者、慢性病相关的文献）。

刊论文共192篇。随后，以“身体认同”“身体认知”“孕期身体”“乳腺癌”等为主题词进行扩充检索（复合检索）。最终通过阅读标题和摘要（及部分全文）逐篇判断，获得女性身体相关的经验研究类期刊文献33篇。“女性身体”主题下的硕博士学位论文114篇，加上扩展检索，共获得经验研究类论文18篇。该主题下的会议论文共19篇（部分已经发表）、报刊文献5篇（均发表于《中国妇女报》，但以阐述观点为主）①。我们同时查阅、补充了与女性身体相关的近现代历史与文学类中文著作（4部）。

以“女性身体”为主题的文献检索，遗漏掉不少“性”的研究。我们进一步以“女性”“身体”“性”“性别”“小姐（及流动妇女）”“耽美（同人女、腐女）”“拉拉（女同性恋）”“性教育”等为主题词，通过中国期刊全文数据库进行多次复合检索与筛选，补充了既符合女性的性与身体主题又符合经验研究条件的期刊论文17篇②。

由于中国知网全文期刊数据库硕博士学位论文并不包含所有高校的学位论文，我们又通过中国人民大学学位论文数据库，以“女性身体”“女性”“身体”“性”“性别”为关键词进行多次复合检索，补充了符合主题的硕博士学位论文12篇。另外，还补充了1部有关女性的性与身体的著作《生于70年代：上海年轻女性的性与生活政治》（裴谕新，2011）以及《性之变：21世纪中国人的性生活》（潘绥铭、黄盈盈，2013）中的相关章节。

2011～2015年，学界几乎没有召开以女性的身体与性为主题的会议。中国人民大学性社会学研究所举办的每两年一次的中国性研究国际研讨会（2011年主题为“权利与多元”、2013年主题为“走向性福”、2015年主题为“沟通与汇聚”）较为集中地涉及相关讨论。其中近30篇会议论文及发言（包括海内外研究者及运动实践家）涉及老年女性、女性感染者、小姐人群、跨性别、拉拉社群、农村妇女、性实践家、少女（以“耽美”现象为主）等多类女性人群的性与身体。这些会议资料构成了中国女性的性与身体尤其是“性的身体”相关的

---

① 会议论文和报刊文章不是我们综述的重点，因此我们没有对会议论文与报刊文章进行扩展检索。然而，我们也难免会遗漏掉一些相关的期刊论文和硕博士学位论文。

② 鉴于这个领域的研究刚刚起步，我们的筛选标准比较宽松，评述中也难免遗漏掉一些相关文献。从文献筛选的第一步开始，至最后的行文，我们丝毫不掩盖自己的“身体”偏好与性/别立场。换言之，本文是在一定的性/别与身体框架下审视现有的文献（何春蕤，2013）。

知识生产的重要方面。考虑到出版途径等因素，我们在此暂不做具体评述。

在我们将要综述的总计50篇学术期刊文献中，共有24项研究获得国家社会科学基金（6项）、教育部人文社会科学基金（5项）、国际合作类基金（4项）、各省市级研究基金（8项）、高校基础科研基金（1项）、博士后基金（1项）等各层级研究基金的支持，个别研究获得国家“十一五”科技重大专项课题基金（艾滋病项目）的支持（1项）。但是，大部分论文成果从属的研究课题与“女性的性与身体”主题并不直接相关，只是不同程度地关注到了这一议题。比较直接相关的课题有：冯智明的“身体、仪式与社会——广西红瑶生命仪式的身体人类学研究”课题，获得教育部人文社会科学基金资助；丁瑜关于“娱乐行业女性流动人口”的日常生活研究获得中国博士后科学基金资助；黄盈盈团队有关身体与性/别的社会学经验研究系列获得了中国人民大学的基本科研基金资助。

整体而言，2011～2015年与“女性的性与身体”直接相关的研究课题与学术会议非常有限，结合内容，已有的研究文献主要呈现出如下的趋势。

首先，从论文数量来看，虽然整体数量不多，但相比于之前的近30年，“女性的性与身体”研究在这五年间有了大幅度增长；基于定量或者定性的社会科学经验类研究占的比重较小，定性研究多于定量研究；以女性研究者为主。

其次，从具体的主题上看，有限的经验类研究涉及女性的生殖与健康身体、侧重身体打扮及重塑的呈现式身体、时空流动中的身体以及不同面向的性的身体。女性身体所涉及的性别与身体政治、边缘女性的性与身体及其治理是目前的文献所关注的重点。

最后，现有研究的问题意识偏向现实关怀，也或明或暗、或多或少地蕴含着日常生活研究视角以及社会性别视角。主要结论凸显出女性的性与身体所处的复杂情境与各类权力关系、女性的主体性与所受的结构性压力与身体规训、性和身体与女性自我认同之间的关系等。大多数研究还缺乏方法与伦理层面的细致展现与反思，缺乏批判性思考与理论对话。少数研究在经验材料的基础上进行了一定的理论分析与对话，并尝试着提炼出基于本土的概念。

从趋势上看，虽然有关女性的性与身体的研究尚未形成成熟的对话与讨论语境，在主题上也可更加多元丰富，但因为其议题贴近生活，紧跟时代变迁，正在成为社会科学研究的新起之秀，也深受年轻学者们的青睐。而基于日常生活视角的更为新颖、前沿、多样化以及更具交叉性与复杂化的分析（比如性、性别、身体、经济、政治等因素的关联）的扎实经验研究有着很大的发展空间。

二　主要研究内容

考虑到女性的性与身体的研究刚刚起步，本篇综述的主体部分将围绕着谁在研究什么（研究主题）、如何研究（问题意识与具体方法）、得出了怎样的结论（主要论点）这三个学术研究的基本要素展开，旨在从整体上把握2011～2015年中国大陆的社会科学界“女性的性与身体”知识生产的大致图景。文章偏粗描，对于我们认为比较重要或者在某个方面有所启发的文献，着墨略浓。

（一）研究主题

现有的经验类女性身体研究，主题多元且呈现出琐碎的特点。从其所侧重的身体面向来看，大致上可以概括为以下几类。这些身体类型相互交叉，边界模糊，但是侧重点有所不同。

1. 生殖与健康的身体

在我们所检索到的论文中，相当一部分研究与怀孕、产检、生产、母职相关。[①] 这部分论文关注女性从怀孕到成为母亲的过程中所经历的身体境遇，包括女性身体在孕期的变化、产检的身体体验、分娩方式的选择、分娩后的母乳喂养、母职实践等（曹慧中，2014；林晓珊，2011；陶艳兰，2013；郭展意，2013）。还有一种身体也与生殖有关，但是更偏向健康的范畴，或者更确切地说，是就健康相关的议题以社会科学的视角对话、挑战医学话语。具体涉及与女性生理身体直接相关的月经（包括绝经与痛经）、妇科、月子病、更年期、乳腺癌等议题（刘熙，2011；吴小英，2013；黄盈盈、鲍雨，2013；鲍雨，2015）。

2. 容貌与仪表的身体

相比于前面两类偏向感受式的女性身体，这类研究更加关注女性在日常生活中的呈现式身体（黄盈盈，2012），集中在减肥、整容整形、着装、仪表、性别

---

① 因篇幅关系，除了具体引用的部分文献，我们在正文中不一一列出相关的文献信息，对相关研究者的贡献的感谢与致意也主要体现在综述之中。

气质等方面（方静文，2014；吴如画，2014）。这部分研究主要出现在硕博士学位论文中。结合笔者平时的教学实践，这类身体研究深受年轻学生（包括本科学生）尤其是女生以及偏酷儿的学生所喜爱。

3. 时空流动中的身体

有两种身体触及社会流动与体育的议题，虽然在主题上也与服饰、医疗、体态有所交叉，但是从更为内在的论述上看都涉及身体与现代性的关系，因此暂时称之为时空中的身体。

流动的身体，主要涉及打工妹群体在社会流动中的身体规训与遭遇（何潇、何雪松，2011；王宁、严霞，2011；严静，2014；郑欣、张春琳，2014），或者打工者的服饰与现代性的关联（鲁佩涛，2014）。女性的体育身体，则主要是在身体与现代性的框架下开展的有关女子举重的研究（孙睿诒、陶双宾，2012）。

除了现时情景中的女性身体，还有一类身体涉及近现代的女性身体。比如，孙沛东（2012；2013）关注“文革”时期广东民众的日常着装，将国家视角引入关于日常身体着装的研究。李贞德（2012）、游鉴明（2011）等台湾学者介绍了近现代的女性身体（涉及性别、医疗、体育等议题）。李蓉主编的《中国近现代身体研究读本》（2014）也是较好地了解文本中的女性身体的一个窗口。这类文献一来有助于我们通过身体看近现代中国的发展变迁，二来也提醒我们历史地看待身体问题。

4. 暧昧的性别身体

另外还有关于间性人的研究，暂且冠名为暧昧的性别身体。林红（2012）主要是在文化人类学的视角下阐述间性人被病理化、污名化的情况，强调性少数人群身体自主权和性别自决权的法律保护问题。文章虽然论述性质强于经验研究，但是它提醒我们更为复杂地去思考性别、思考男女这个二元类别的局限。

除了以上四类身体，有人类学家关注到少数民族的女性身体，侧重从服饰、身体仪式、医疗、空间的角度介绍少数民族的文化（金晓艳，2015；冯智明，2011，2012；孙金菊，2011）。但从目前的文献来看，大多数以描述、介绍性研究为主，或者有些只是附带着说及女性身体，尚且缺乏深入细致的讨论与分析。

以上的“身体”主题不论是偏向健康还是身体呈现，侧重政治、文化还是日常生活，不论是现时还是历史，基本不太涉及“性”的面向，即“性的身体”（考夫曼，2001；黄盈盈，2008）。

5. 性的身体

2011～2015年，以“女性之性”为主题的文献主要体现在以下主题：小姐人群的性与身体及其治理、女性色情、妇女社会工作中对受灾女性之性、少女之性、同人女群体的性观念及行为、拉拉与酷儿女性的性、变性人的性与身体问题、女性日常生活中的性感身体。

（1）被治理的边缘身体

此类文献主要涉及小姐人群。丁瑜（2011）的研究侧重于珠三角地区小姐人群从农村到城市的流动经历与原因以及小姐们对城市日常生活的主体感受。黄盈盈、潘绥铭（2012a）在一篇针对边缘女性（以小姐为例）的社会治理和话语的评述性文章中提出，必须充分考虑治理对象的生存状态与主体声音。另外也有研究关注有固定性伴的女性性工作者的心理健康状况，但是分析路径比较偏离社会科学的讨论。相比于2011年之前的文献，2011～2015年，虽然社会讨论的热度在急剧上升，“治理”层面的关注也在加强，但是有关小姐的学术研究并没有增加，在细节及讨论深度上也未有很大的进展。

值得一提的还有两篇“谈小姐”的文章。黄盈盈等（2011）的文章基于四个工地的研究基础着重分析了小姐作为“被谈论”的对象，如何成为谈论主体——男民工的一种话语实践；男民工们又如何通过言说这种实践建构自我、寻找自己在城市生活中的位置与意义。姚星亮等学者（2012）则从歌舞厅老板“谈小姐”的角度出发，分析在言说中男性老板们的自我呈现。这种把“谈性”作为主题与切入点的研究视角比较新颖，透过言谈分析不同（男性）人群如何消费他者身体，并借以构建自己的社会角色与性别气质，对我们理解中国社会的性与性别文化带来新的启发。

（2）少女之性的身体

青少年的性，一直是挑动大众神经的一个重要内容，但是道德评论远远多于经验研究。中国人民大学性社会学研究所在2010～2011年开展过一项全国随机抽样调查，关注14～17岁的青少年（包括校内外学生与流动青少年）的性，并在此基础上分性别地对这些少男少女的基本人群特征、异性交往与性爱观、线上线下各类性实践的展现与其有关的各类因素分性别进行了分析（黄盈盈、潘绥铭，2012），也着重论述了他们的社会性别认同与性取向（黄盈盈、潘绥铭，2013）。这也是迄今为止针对这个年龄段的青少年的性与多元性别议题方法最为严谨、内容最为丰富、结论颇具现实意义的一项社会学调查研究。

还有一类文献关注近年来兴起的流行于年轻女性中（包括在校学生）的同人女、耽美、腐女现象的基本特点及性观念等。不过，相对于丰富的社会现实，这部分的研究文献少得可怜，且质量欠佳。倒是在概述中所提及的性研究会议、在教学实践中所接触的本科生的课堂作业与毕业论文中更多地突出了这个议题。

（3）日常生活中的女性之性

黄盈盈在博士学位论文基础上撰写的两篇文章更为直接地指向女性之性、性的身体的探讨，在性别、中国现代－中国传统－西方、自我指涉－他指的多维框架中细致展现了“70后”城市白领女性在日常生活中的性感表达与实践（黄盈盈、潘绥铭，2011；黄盈盈，2012）。随后，黄盈盈的研究团队从2010年开始，较为系统地开展了“女性的身体与性”的系列社会学经验研究，2011～2015年完成的论文主题涉及：色情、性/别气质、女性艾滋病病毒感染者的身体与亲密关系、变性、婚姻家庭中的女性之性以及老年女性的身体与性。这一系列硕士学位论文从主体理解与日常实践两个角度探讨生活中的身体尤其是女性以及多元性别的身体，也触及女性在生活空间中如何更为主体地“谈性”与“看黄”（刘熙，2011；鲍雨，2012，2015；王丽君，2013；宋琳，2014；方敏，2014；陈肖，2015；夏冰，2015；陈信波，2015）。此外，中国人民大学性社会学研究所在全国随机调查基础上出版的《性之变：21世纪中国人的性生活》一书虽然不是专门讨论女性的性与身体，但有相当大的篇幅涉及女性之性的诸多面向，包括女性高潮、各类性关系、性观念、性感表达、性骚扰、生殖健康等议题，也是很重要的文献（潘绥铭、黄盈盈，2013）。

裴谕新继其对“70后”上海女性的性与欲望的研究之后，把视角投向“社会工作与性”，探究在地震灾区这一特殊社会情境中女性的性关系、性别关系与性别角色问题，在实务工作中融入性与别视角，以期推动妇女自我意识的提升与社会空间的拓展（裴谕新，2011a；2011）。

除此之外，关于女同性恋（拉拉）与酷儿的文章也在关注这些女性的性、身体与主体性。除了会议论文及项目报告，同语（民间非营利组织，关注中国在性倾向或性别身份上遭受压迫的群体）于2009～2015年所开展并陆续发布的口述史研究成果，有不少内容涉及拉拉社区的女性对自身的性认同和身体的理解，是这个领域的重要贡献。

（二）问题意识、理论框架与方法

1. 现实关怀

女性的性与身体研究的问题意识，首先来源于研究者对女性经验世界与日常生活的关切，这也是大部分作者身为女性而且质性研究多于定量研究的一个重要原因。比如，研究者们关心中国的剖腹产率为何如此之高，孕妇如何看待自己的身体与分娩方式，女性为何减肥、如何打扮，身患乳腺癌的女性、感染了HIV的女性、女同性恋人群如何看待自己的性与身体，地震灾区的妇女社会工作中如何对待性的议题，等等。这些议题都与研究者的身体体验、对于生活的观察以及现实关怀密切相关，选题带有温度与情感，这也是此类文献非常重要的一大特点与亮点。

2. 理论对话

部分研究者在现实关怀的基础上，更加自觉地进行理论对话与概念创建。为了更清楚地把握已有研究在理论层面的努力，我们将现有文献中的理论框架和概念构建概括为以下三种情况。

（1）将女性的性与身体置于社会建构论、性别与身体政治的视角下进行检视。吴小英（2013）采用社会建构论的视角从医学界、大众文化、女性自身三个方面对“更年期”这种常见的日常生活概念进行话语式考察，分析性别理念如何影响了人们对于更年期的理解与叙述，进而如何导致更年期女性在大众文化中的问题化与妖魔化；这种对于衰老的女性身体问题化的话语构建，又与更大范围内主流的性别话语密切相关，浸透且复制着全球化背景下中国的性别与身体政治。陶艳兰（2012）在分析为何中国的剖腹产率如此之高时，采用身体政治的概念与分析框架，反驳了产妇怕疼导致剖腹产率升高的论述，指出产妇的身体处在文化、技术、权力、知识与医疗环境的复杂影响因素之下。宋琳（2014）采用性/别（sexuality/gender）框架和主体建构视角分析了HIV女性感染者如何理解和实践她们的亲密关系，强调了这些感染者女性在强大的医学话语体系以及不利的社会歧视氛围与性别结构压力之下，如何更有主体性地呈现自己的身体与性。

（2）突出性、亲密关系、身体、性别、阶层、国家等多重关系的交叉性分析框架。部分研究既突出女性的性与身体的主题，也强调其他的社会因素在理解该议题上的重要性。比如，肖索未（2013）在婚外包养与男性气质建构的研究中保持了对社会阶层分析的敏感，并采用性别关系化建构的视角，特别是“性别劳动”的概念，分析了婚外包养关系与不同阶层男性气质的建构过程，同时考察了权力关系如何影响性别劳动在特定亲密关系中的运作。这项研究将阶层、城乡、性别等不同的分析框架结合起来，更加立体地展现出了“二奶”与她们的伴侣之间的身体与情感关系。孙睿诒、陶双宾（2012）在对女子举重的研究中，采用“身体－文化象征身份－民族国家”分析框架，说明国家通过家庭实现具体的权力实践，迫使女子举重运动员也参与到权力的构建中，参与其中的个体既是这个权力体系的受害者也成为建构者本身。黄盈盈等通过对男民工“谈小姐”的研究，发现性、社会性别、阶层这三个重要的分析范畴在男民工自己的生活中得到了更为动态与复杂的表达和诠释，并提醒我们在关注此类经常被标定为“男性消费女性”的性与性别议题时，不仅要看到民工与小姐的性别关系，也要看到民工所处的阶层位置、男民工内部更为细化的阶层与差异以及这些内部的阶层化与性、性别议题的动态构建（黄盈盈等，2011）。

（3）基于扎根理论的视角，在经验研究的基础上尝试着进行一定程度的概念建构与理论对话。一些研究倾向于在日常生活的视角之下，在身体社会学与人类学的脉络之下（尤其是冯珠娣等人所强调的逾越二元框架的 lived body 的脉络，见冯珠娣、汪民安等，2004），侧重从身体想象与身体实践两个方面探索生活中有生命力的女性身体，与身体的医学化或者诸多二元框架下女性被动的身体观进行对话。比如，黄盈盈在对“70 后”女性的性感研究的基础上提炼出强调身材的呈现式身体、偏向健康的感受式身体、强调气质的精神“体”现式身体的概念类型（黄盈盈，2008；2012）。黄盈盈、鲍雨在关于乳腺癌的研究中意识到“疾病－健康”的概念与分析框架不足以解释女性在面对乳腺癌时的身体感受与实践，并在深度访谈与参与观察的基础上，借助福柯有关正常与规范的思想，提出“残缺－正常”的概念与分析框架，细化了从具身身体感受到社会关系的四个层面，从而使分析和审视的视角从医疗空间扩展到更为广泛的社会空间。“残缺”这一概念框架不仅更加真实地展现了乳腺癌患者在现时性别文化结构中的主体经验与感受，也能更好地把不同层面的多重身体融入一个概念框架中，在重返身体的肉身性与具身体现的同时，从女性主体的角度出发审视社会与性别规范对身体的规训以及具有反抗性的生活策略（黄盈盈、鲍雨，2013）。鲍雨在进一步探讨“残缺”的身体在重建社会认同的过程中，又提出了“身体认同”的概念，“挑战了以男性为主导的医学话语对身体的解读”，同时把社会性别视角纳入疾病研究中（鲍雨、黄盈盈，2014）。

丁瑜（2011）在对小姐人群的日常生活研究中有意识地去超越身份政治的分析框架而采用“欲望”这一概念，通过解读欲望和日常生活细节去展现小姐人群如何定义自主性、城市化和现代化。裴谕新（2013）关于上海都市“70 后”女性的性生活口述史的研究，通过“性资本”这个概念试图解释性欲望形成的社会机制，并强调女性在性方面的主体性。这些研究在关注生活中的主体性因素方面具有重要的意义，但是这类概念主要借用自西方的学术脉络，在中国情境与语境中的解释力如何，如何以社会学与人类学视角更加切实、切身地探讨“欲望”，依然是一个巨大的挑战。

整体而言，大多数研究带着一定程度的问题意识在探讨女性的性与身体，且或多或少地带有日常生活与社会性别的视角。这些经验材料基础上的概念提炼或者细化，虽然离理论构建尚有一定的距离，甚至不少研究在材料的深描上也依然欠缺，但是在把长期缺席于社会科学视野的“女性的性与身体”带到台前以及促进理解、构建“中国式身体”的学术努力方面具有重要的意义。

3. 研究方法

研究方法的选择与研究者们的理论旨趣以及女性的身体与性这类主题的特点直接相关。从资料收集方法上来看，与其他主题的经验类研究相比，这个主题的质性研究要多于定量研究。在检索过程中我们也发现，部分文章虽然在题目和摘要中有“以身体经验为中心”“实践”的字样，也有一些材料的应用，但是“经验性”缺乏，偏向泛谈或论述性质。

采用定量调查方法的文章集中在减肥、身体消费以及女性的性行为、性心理、性观念这几个具体议题。除了黄盈盈、潘绥铭关于中国女性多性伴行为变迁的调查研究（黄盈盈、潘绥铭，2011），以及中国人民大学性社会学研究所针对 14～17 岁青少年的性调查是在全国范围内的随机抽样调查（包括了非在校青少年）且对于调查方法各个方面与步骤有具体的介绍（黄盈盈、潘绥铭，2012；2013），大多定量调查研究对方法的介绍与考虑过于粗简，且缺乏反思。

采用定性方法的研究涉及的具体资料收集方式包括参与观察、深入访谈、口述史、焦点组讨论等。不过，不少研究在访谈“深度”与材料的丰富性方面依然有很大的提升空间。个别研究对于涉及身体与性这些议题尤其是情欲、性等敏感领域的方法有更为具体的分析与反思。比如，黄盈盈在农民工谈小姐的研究中分析了一对一访谈与小组讨论的不同情境与各自优缺点，并解释了偏向自然情境中的聊天式访谈的重要性（黄盈盈等，2011）。裴谕新（2011a；2011）对于灾区妇女的研究采用的是参与式的行动研究，明确提出在社会工作的过程中收集研究资料的意义。宋琳（2014）有关 HIV 女性感染者对亲密关系的理解和实践的硕士学位论文除了对一对一访谈方法以及研究对象的选取有具体的说明，也对其辅助使用的焦点组访谈的作用做了分析："为了打开话题并建立信任，笔者首先以相对不太敏感的生命历程、婚恋经历和择偶观等话题作为主题，与该小组的 13 名成员展开了一次小组讨论。"

随着网络技术的发展和相关议题的网络化特征，也有研究者采用网络民族志（或有称之为"虚拟田野调查法"）的方法进行资料的收集，包括通过网络与研究对象进行访谈和互动（刘冬、唐魁玉，2012）。还有一些研究结合线上和线下的访谈作为自己的研究材料。不过，在这个主题上，有关网络民族志方法的介绍与讨论依然有待深描与反思。

另外，研究者在性与身体议题上的立场对于其采取什么样的研究方法、理论框架以及最终的研究结论有着很重要的影响。除了大多数文献所持有的性别视角与女性立场的介入，在涉及性及边缘女性的身体之时，道德评判的色彩依然可见。比如有研究者就表示对青少年"腐女""同人女"在性取向、婚恋观问题上的担忧；有研究者在女性减肥问题上也带有明显的价值评判。这些研究背后的立场与价值判断包括性与身体研究中涉及的伦理议题在现有的研究中也尚未得到应有的关注与反思。

值得补充注脚的是，中国人民大学性社会学研究所在 2015 年 12 月举办的"性研究的方法与伦理"内部讨论会上，对触及女性的身体与性及其他方面的性研究议题所涉及的方法与伦理议题（涵盖不同性别人群的纪录片、音乐、网络民族志、田野调查、访谈、问卷调查等各类研究）做了更深入的分析与反思，也对"性研究，我们为什么要谈方法、如何谈方法"类问题做了细致的讨论。

（三）主要结论

现有的研究基于经验材料与理论对话语境得出了不同侧重点的结论。这些结论也体现了研究者的某些立场与情感取向，结合前面的分析，大致可以进一步概括为以下四点。

1. 女性的性与身体处于复杂的场域与权力关系之中

很多文献在结论部分提到性与身体看似个人性的，但其实处在复杂的场域与权力关系之中。这点认识在有关身体的研究中尤其明显：女性的孕期身体处在市场化与医疗化的背景之中（曹慧中，2014），孕妇的分娩选择与社会的医疗化和国家现代化进程紧密相关（范燕燕、林晓珊，2014），城市女性的母职意识背后隐藏了传统性别意识形态、职场规则和育儿知识的作用（陶艳兰，2013），更年期现象受到了社会文化的性别化建构（吴小英，2013），国际运动会礼仪小姐的身体是民族国家的文化象征（王苍龙，2012），“二奶”在性别关系中进行“性别劳动”（肖索未，2013），打工妹的身体流动处在现代化浪潮之中（王宁、严霞，2011），等等。

这些身体都处于国家、现代化、市场化、社会文化、医疗体系、职业规则等场域中，这提醒我们女性的性和身体从来都不是脱离社会情境和规则而独立存在的。但是我们也看到，很多时候研究者关注的重点是各类权力关系与结构因素对身体的限制，对于生活空间中更为丰富与具身性的女性的性与身体缺乏更为积极的挖掘与呈现。

2. 女性的性与身体既在“被规训”又有“主体性”

不少研究围绕着“客体化身体”“身体规训”“主体性（自主性）”“主体分裂感”“社会（文化）建构”“自我规训”这些概念展开论述，因此这部分研究的结论落于女性在性与身体方面到底是“被规训”的还是具有“主体性”的，或是既在“被规训”又体现出“主体性”。

强调“被规训”的研究，一般是将女性的性与身体放入偏向宏观中观的研究框架。比如，在有关孕妇如何看待自己的孕期身体的研究中，曹慧中（2014）认为孕期身体变为无法控制的客体化身体，而孕期女性产生无力的主体分裂感与市场化话语和思维以及医疗体系密切相关。在关于更年期身体的研究中，吴小英（2013）认为更年期与其说是一种纯粹的女性生理现象，不如说是社会文化的性别化建构的产物。还有研究提到女性的“自我规训”，这种“自我规训”也与宏观的国家因素和文化因素紧密相连（王苍龙，2012）。

强调“主体性”的研究首先体现出一种以“主体性”来对抗“被规训”的

意味。比如，在关于新生代女工在就业流动的研究中，严静（2014）认为新生代女工虽然处于诸因素的规训和重塑中，但是她们也采取相应措施进行抗争，表现了“主体性”。

更多的研究认为女性的性与身体既在“被规训”又有“主体性”。这些研究更加倾向于同时关注女性的性与身体的两面性。比如，在关于截瘫者的研究中，鲍雨（2015）认为，作为主体的身体长久以来被作为治理的对象而客体化了，但是身体从来不是一个被动接受治理的客体，而是一个具有主观能动性的活生生的身体。黄盈盈、鲍雨（2013）关于乳腺癌的研究在突出了医疗空间、社会规范对于女性切割了乳房的身体的“正常－非正常”的标定作用之余，也努力展现不同年龄、不同阶层的女性如何动用生活中的智慧（比如戴假发、义乳、调侃）来应对这些标定，努力重建生活信心与包括亲密关系在内的人际关系。一些身体与性研究在关注到社会结构制约的同时，偏向于强调女性作为主体如何进行身体想象与实践，以及如何更为策略性地运用生活中的小智慧来应对不同层次的社会规范与性/别文化的制约。

但是整体而言，强调结构制约的文献偏多，超越对女性的性与身体的主客观讨论、“结构制约－个体自主”框架的讨论并不多。在政治性与医学化的空间之外，在更为多重、暧昧的社会与生活空间中，女性身体的肉身性与具身体现在现有的研究中依然比较缺乏。

3. 女性的性与身体和自我认同的关联

也有研究以女性的性与身体为切入点讨论“认同”问题，包括女性的身体认同、身份认同、社会（性别）认同，最终指向自我认同。

比如，在一项关于打工妹的身体消费的研究中，研究者认为，打工妹通过对身体外在表现的关注，其在日常生活实践中通过身体消费来维护和美化自我的形象资本，这正是她们借助身体消费来获得自我认同、群体认同感以及社会认同的表现（王宁、严霞，2011）。鲍雨、黄盈盈（2014）在《经历乳腺癌：疾病与性别情境中的身体认同》一文中阐明了女性的乳腺癌经历中的身体认同具有主动性和实践性，也探讨了性别态身体与自我认同之间的紧密关联。

综观检索到的文献，特别是以身体流动、身体消费以及患病或残缺的女性身体为主题的研究，几乎都在强调女性的性与身体与女性的自我认同之间有着不可分割的联系。“自我认同”的身体面向，或者说身体之于自我认同的意义，无疑带来了新的视角与认识，但是，如果结合英文文献，那么有关身体、性与“自我认同”的讨论似乎并没有对已有理论或者概念提出更具创见性的挑战或者更有洞见的补充，“认同”理论本身的复杂性与争议性也没有得到很好的讨论与体现。

4. 女性的性与身体既是经验的又是话语的

已有的研究也明示或暗含着这样一种认识：“女性的性与身体既是经验的又是话语的。”吴小英（2013）的研究在分析医界、大众文化、女性自身对于更年期话语的建构的同时，强调问题化的话语构建反过来又影响到了女性自身在更年期阶段的遭遇、体验与自我认同。黄盈盈、潘绥铭（2014）有关性骚扰话语的介入对于人们所理解与感受到的性骚扰现象有着不可忽视的影响，进而探讨了话语与主体建构之间的复杂关联。林晓珊（2011）关于城市孕妇母职体验的研究也提醒我们医疗体系下的主流健康话语和医疗技术对性别话语和母职想象与实践的塑造。这些研究对话语与实践之间、物质性身体与技术和不同层次的叙事之间的关系提出了更为细致与复杂化的思考，也让我们更好地看到了在一定的时空背景下处于变化与建构过程中的“女性身体”。

三　研究不足与展望

整体而言，2011～2015 年，中国大陆有关女性的性与身体的经验研究在数量上有上升的趋势，也出现了一批无论在经验材料还是在理论架构上都具有一定启发意义的研究成果，研究者们正在开始把“活生生的身体”尤其是具象的女性之“性的身体”带回到社会科学的视野之中，并且在强调结构性因素制约的同时，关注到女性的身体自主以及更为复杂的动态关系。

肯定成果的同时，我们发现目前的研究在整体上并没有形成讨论的语境与对话体系，目前的学术话语依然处于比较零散的状态。而相比于其他议题，这个主题的研究无论在基金资助方面还是学术研讨方面，都还远远不够。在“有趣”的一面被看到的同时，其重要性被极大地忽略了。而相比于国际上有关女性之性与身体的讨论，理论层次的对话依然比较单一，更为“酷儿”、更为丰富多元甚至更具张力的研究依然缺乏。

对应于这些不足，关于女性的性与身体的研究至少在以下几个方面还有很大的提升与拓展空间。

首先，在具体的研究议题上，虽然现有文献已经涉及性与身体的诸多方面，但是仍然有很多领域有待开发。比如，性与身体有着千丝万缕的关系，如何将性的研究与身体的经验研究更好地结合；如何探究女性的情欲身体；除了边缘人群，日常生活中不同年龄的更为大众/主流的女性的性以及鲜活的身体实践是怎样的；不同性/别主体的身体与性实践有着怎样的互动与差异；在科技对人类生活影响越来越大的今天，身体、性/别与技术之间又有着怎样的复杂关系。此外，体育、舞蹈、音乐等尚且缺乏呈现的多元身体类型及更为丰富、更为“酷儿”的性的身体也值得想象与探究。

其次，在研究方法上，应提倡发展扎实的经验研究，更为开拓及反思性地思考“情欲”与“身体”研究的多重叙事空间。就研究方法而言，除了细节的资料收集方法有待进一步讨论与发展外，研究与实践之间的关系，或者说实践行动作为方法，更为宏观的社会、政治与文化与性研究之间的关系，性与身体研究方法背后的方法论与认识论，这些议题都值得深入探讨，以促进我们更好地了解日常生活情境中不同群体、不同阶层的女性身体，更为多样化与贴近生活的性/别与身体故事。而研究过程中包括研究者在内的身体在场、情感在场以及伦理的复杂性思考也有待进一步重视。

此外，在概念与理论对话方面，目前中国大陆关于女性的性与身体的研究大多还在沿袭西方的理论脉络，虽然研究者关注的是本土的经验世界，但是很少反思西方理论与本土经验之间可能存在的沟壑（黄盈盈，2008），即便是在理论对话层面，也依然缺乏对于某些身体与性/别理论的引介与探讨（比如酷儿理论与更为多元的性/别理论）。

汪民安和陈永国在其编纂的《后身体：文化、权力和生命政治学》（2011）一书的“前言”中认为中国学术界出现了“身体转向”，但是这个结论主要指向哲学与文化研究领域对西方知识界身体脉络的引介。虽然近几年中国大陆有关性与身体的议题得到了不同学科背景、不同研究旨趣的研究者的关注，学术论文和著作都有所增加，但是女性的性与身体相较于其他妇女与性别研究领域依然“缺席在场”。那么，在中国大陆的情境与语境下，社会科学界的“身体转向”为何没有（更多地）出现？是因为中国和西方对于性和身体的传统观点本就存在根本差异，而这种差异（尤其是对于中国传统知识）并没有得到重视，或是因为目前的情境与语境还不足以支撑这样一种"转向"，还是因为知识界依然没有意识到性与身体作为一种研究对象与研究视角的必要性？在全球化背景之下，在跨国语境中，如何更为动态与复杂地看待身体、性与性别的议题？这些也是研究者们在中国的历史与现实情境与语境之下探究女性的身体与性议题时需要进一步思考的问题。

最后，如何与学界其他领域的学者进行对话与交流，如何看到女性的身体、女性之性的议题与其他社会议题之间的关联性，如何更好地在社会科学研究中凸显"身体"尤其是具象的女性身体、性的身体的在场，也是研究者们需要努力的方向。所幸，我们在年轻学者们的热情里，看到了此类研究更好的愿景与可能。

男性气质研究综述（2011～2015年）

方　刚　王琳齐*

一　研究概述

本综述所指的男性气质研究（masculinity study），有时被简称为“男性研究”，但与 men’s study 不同，masculinity study 是关于男性社会性别角色实践、男性气质和男性社会角色文化再现的研究，属于社会性别研究的范畴。换言之，不具备社会性别意识的、仅是针对“生理男人”的研究，或者强化社会性别刻板印象的“男人研究”，都不属于本综述讨论的“男性气质研究”，不被综述在内。

具有社会性别意识、反思传统社会性别角色的男性气质研究，在中国起步较晚。《中国妇女研究年鉴（2006～2010）》第一次加入“男性气质研究”专题，笔者将那五年的中国男性气质研究总结为：“从无到有的五年，虽然仍然非常薄弱，但毕竟是开始了”，而2011～2015年，我们看到了男性研究稳步的发展，特别令人欣喜的是，看到了男性气质的学术研究与推动男性参与社会性别平等的社会实践之间的相互助力。

在中国知网上，以“男性气质”与“男性气概”为关键词进行搜索，共检索出2011～2015年的相关研究论文130多篇，其中文学影视、传播学论文占的比例最多，这与2006～2010年的情况一致。也就是说，文学影视、传播学领域比较充分地借鉴了男性气质的研究视角，而其他专业领域在这方面的研究进展还明显不足。在专著的出版方面，这五年出版的男性气质研究专著不足十本，其中五本是对国外经典研究成果的介绍。

可喜的是，这五年国家社会科学基金项目中出现了男性气质的研究，而且有三项，分别是2012年外国文学方面的“当代非裔美国文学中的男性气概研究”、

---

* 作者简介：方刚，男，北京林业大学人文社会科学学院副教授；王琳齐，女，北京林业大学人文社会科学学院心理学系本科生。

“山姆·谢泼德戏剧的男性气质研究”以及2013年新闻学中的“大众媒介与男性身份研究”。这些体现出文学和传播学领域对男性气质研究视角的接受和认可。在国家社会科学基金项目中，还有几项关于男性单身人群生活状态、男性与公共健康的研究，但社会性别的视角并不是很突出，所以不应该算作严格意义上的“男性研究”。

2011～2015年，比较值得注意的是联合国人口基金等国际组织支持的男性气质与家庭暴力的研究和社会运动。男性气质研究与反对家庭暴力工作的联结是学术与社会变革结合的有益尝试，我们将专节介绍。

这五年男性研究的专门会议，只有2014年11月在北京举办的“中国首届男性气质与男性参与国际高峰论坛”。另外，一些性别会议中有男性研究的专题或论文出现，如2012年北京林业大学性与性别研究所主办的“性别多元：理论与实务国际学术研讨会”设有“男性气质研究”论坛，收入了吕鹏的《电视生产：军旅题材电视剧、男性气质与解码》和徐佳的《穿Dolce & Gabbana的青年——中国时尚界的男性气质与性别多元认知》等论文。除了学术会议之外，值得注意的是，自2013开始，联合国人口基金每年资助在中国召开一届推动男性参与的“白丝带志愿者年会”。

二　主要研究内容

（一）对男性气质理论的介绍与研究

一些男性研究的经典著作被翻译过来。比如男性气质研究的经典论文集*Men's lives*第8版，被以《心理学：关于男性》的译名出版（〔美〕迈克尔·金梅尔、〔美〕迈克尔·梅斯纳著，张超等译，桑标审校，2012），该书收录了过去十多年间有关男性研究最前沿、最令人信服的研究和文章。总计11章，第一章全面透析男性气质理论，后面两章讨论了男孩和男大学生面临的性别议题，随后针对成年男性面临的工作、健康、人际关系、性、家庭、媒体、暴力、运动及未来等议题逐个展开。

王政、张颖主编的《男性研究》（2012）是一本西方男性气质研究的经典译文集，该文集是目前唯一一本由中国学者翻译、编辑的西方男性气质研究理论文集，分两部分，第一部分由四篇深入讨论男性气质理论的论文组成，第二部的七篇论文分别涉及男性气质与同性恋、殖民、种族等议题。

詹俊峰的《性别之路：瑞文·康奈尔的男性气质理论探索》（2015）则系统地介绍了男性气质研究领域最有影响的学者之一——瑞文·康奈尔（Raewyn Connell）理论的学术内涵和实践应用，是一部以康奈尔的男性气质理论为研究重点，以社会学、文学和文化研究为主要学科场域，以思辨、批判和应用为主要方法的学术著作。

澳大利亚学者雷金庆的《男性特质论：中国的社会与性别》（〔澳〕刘婷译，2012），分析了中国的男性特质，以“文”“武”的独特视角对许多传统与当代文本进行了“重读”与诠释，打破了以往西方对中国乃至亚洲男性特质从阴阳二元对立出发的逼仄理解。该书所分析的文本从《三国》《西厢》到成龙、周润发的电影，不仅时间跨度很大，而且涵盖了文化思潮、经典文学、民间话本和电影作品等诸多体裁。

另有两部译著研究男性，对男性气质有所涉及。美国学者伊芙·科索夫斯基·塞吉维克（Eve Kosofsky Sedgwick）的《男人之间：英国文学与男性同性社会性欲望》（郭劼译，2011），从同性欲望的角度，对莎士比亚、狄更斯、惠特曼等作家的作品进行了解读。意大利学者鲁格·肇嘉（Luigi Zoja）的专著《父性》（张敏、王锦霞等译，2015），探讨父亲在孩子成长过程中所扮演的角色，思索了今天的“父亲”身份正面临的危机。

论文方面，舒奇志（2011）从西方男性气质研究的起源、定义以及理论发展等三个方面概述了当代西方男性气质研究，并从与女性主义的冲突、对话和结盟的角度将男性气质理论发展分为三个阶段，显示了女性主义与男性气质研究的渊源关系。刘岩（2014）也从多个视角对西方男性气质理论进行了梳理和总结，清楚说明男性气质不仅仅是一种观察性别问题的角度，甚至可以作为一个独立的学科与主体来进行多元的研究。

一些中国学者在介绍西方男性气质理论的基础上，提出了自己的思考。姜吉林（2011）基于一直以来存在的男性性别霸权状况，结合朱迪斯·巴特勒（Judith Butler）的性别矩阵理论与康奈尔的性别理论，指明了其中理论的不足之处，并提出了一种有关变通性女性气质与男性气质的理论框架，来对男性气质与女性气质做进一步的划分与探索。

蒋旭玲、吕厚（2012）根据西方先前的研究将男性气质归因于性别自我认同、社会认同与文化认同，同时对男性气质的理论基础、研究取向、相关研究领域进行了系统阐述，认为严格遵守社会建构的男性气质会对男性的心理健康有所影响。作者就未来男性气质的研究与改进进行了探讨，如改进测量男性气质的工具、更新研究设计、发展男性气质多元化实践和男性气质的跨文化研究等。

隋红升（2015）对传统的支配性男性气质（男性气概）与西方当代定义的男性气质之间密不可分的内在关联与区别进行了阐述，并依据已有的文献对男性气概的起源与发展、文化基础以及传统特性进行了详细的整理概括。

（二）对文学作品的男性气质研究

文学一直是男性气质研究最活跃的领域。如前所述，2011～2015年三项有关男性气质的国家社会科学基金项目中有两项属于文学领域。

1. 对文学经典的审视

对经典文学作品的男性气质分析，是文学类论文中最常见的。龚静（2011）分析了《远大前程》对《简·爱》的模仿及其变异，并结合雅克·德里达（Jacques Derrida）有关动物的伦理学观点分析狄更斯建构维多利亚时期英国中产阶级男性气质的策略。刘璐（2015）从男性气质这一角度分析了小说《野草在歌唱》男主人公白人迪克理想男性气质的丧失，并通过对迪克的陪衬人物——黑人摩西强烈的男性气质的描述，揭示了白人优越的谬误性以及多丽丝·莱辛（Doris Lessing）对种族主义、殖民主义的批判。冯琼（2015）也从《野草在歌唱》中两位白人男性的拙劣表现入手，探讨小说对父权文化中白人男性支配的、强力的主宰形象的解构。隋红升（2014）结合美国南方性别文化传统，通过对约翰·基伦斯（John Killens）的《杨布拉德》中约翰等白人男性男性气质特性的伦理分析，揭示该男性气质体现了美国南方社会不平等的种族伦理秩序，蕴含着严重的种族歧视思想，与之相关联的则是赤裸裸的种族暴力，为当下人们对男性气质的认知与学术界对男性气概的研究提供了启示。

2. 男性气质焦虑

文学作品中也会自然地体现传统的支配性男性气质的危机，所以相关的研究也经常聚焦于此。

黄邦福（2011）以弗朗西斯·斯科特·基·菲茨杰拉德（Francis Scott Key

Fitzgerald）小说研究以及其自身经历为考察对象，对男性气质的焦虑与变化过程进行了详细的梳理。说明了男性与男性气质并非完全匹配，生活中仍存在如菲茨杰拉德一样具有女性化的男性气质的人，这就与传播较广的父权制社会霸权性男性气质不相符合，说明随着性别意识的增强，这种父权制社会霸权性男性气质会逐渐被解构，而多元化的男性气质会变得广受关注。

杜荣芳和李泽坤（2012）对小说《告诉我是谁》中男主人公威尔在婚姻生活中的经历进行分析，呈现出身处20世纪中期美国以消费为中心的文化中主人公对其自身男性气质的焦虑，揭示其男性气质危机。王妮茜（2012）根据菲利普·舒尔茨（Philip Schultz）诗集《失败》中一直贯穿的失败的父亲的形象来剖析父性忧郁气质的原因，即历史流传下来的独特的男性气质、社会时代背景对男性的压抑。

在切斯特·海姆斯（Chester Himes）的小说《孤独的征战》中，男性气概是贯穿始终的一个重要主题。隋红升（2013）指出，由于对“支配性男性气概”模式的认同，主人公李·戈登对妻子鲁斯缺乏基本的尊重与关爱，把她当成压制和征服的对象，结果使他的婚姻和事业陷入困境，并始终生活在恐惧、空虚和孤独之中。该文以康奈尔的“三重性别结构模型”为参照，分别从权力关系、劳动性别分工和性关系三个层面探究主人公戈登所认同的支配性男性气质模式背后的文化与社会根源，揭示父权思想与社会性别角色观念在戈登男性气概的认知与实践过程中的误导和危害。隋红升（2014）还对《达荷美人》中纳瑟努这一男性人物形象进行了深入分析。

陈琳（2014）结合英国文艺复兴时期男性气质建构的特点，重新探讨奥瑟罗的悲剧根源，分析其男性气质焦虑对其嫉妒心形成的影响，并在此基础上揭示莎士比亚的男性气质观。王华（2015）以康奈尔的“三重的性别结构模型”以及皮埃尔·布尔迪厄（Pierre Bourdieu）在《男性统治》一书中对“男性气概”的理解为依据，从权力关系、生产关系、男性暴力等三方面深入探究男主人公麦康伯支配性男性气概焦虑和危机的渊源。

3. 对“支配性”的反思与颠覆

男性气质焦虑给反思传统支配性男性气质、建构多元男性气质带来了机会，一些文学作品中呈现了男性气质由支配性到多样性的转变。

陈洪富（2011）以康奈尔的理论探讨了《紫色》对西方传统的男性支配性

气质的颠覆与理想男性形象的重构。云玲、郭棲庆（2012）通过对约瑟夫·海勒（Joseph Heller）小说《第二十二条军规》中男性对女性的凝视、控制与物化和对金钱的占有欲以及暴力等几个层面的分析，探讨约塞连及其战友们如何建构起支配性的男性气质，成为“自我成就”的男性。并指出，这种男性气质的建构是通过权力的运作来实现的，这也是约塞连和他的战友们这些“小人物”对军事集权主义的反抗以及对主流社会价值观的消解。

张平（2012）探讨了《长日留痕》中男主人公史蒂文斯在遭受支配性男性气质的伤害和压抑后，与支配性男性气质分离并最终获得真正的自我身份认同。龚静和向晓红（2012）分析了《杰克·迈格斯》中凯里所揭露出的支配性男性气质及其背后隐藏的焦虑，并对文化霸权和民族理想男性气质的表现策略提出质疑。

胡晓军（2013）在分析索尔·贝娄（Saul Bellow）的代表作《洪堡的礼物》后发现，支配性男性气质和共谋性男性气质的地位竞争与关系变化以及不同的文化条件对男性气质具有微妙的影响和作用，同时指出不同男性气质地位的变化暗示了传统的精英文化向与商品利益结合的大众文化的转变。黄邦福（2013）通过研究指出，雷蒙·卡佛（Raymond Carver）早期作品反映了日益消解的传统霸权性男性气质、痴迷于“病态性”的边缘男性气质，而后期作品则试图想象性地建构新的男性气质。

耿潇（2015）通过对安东尼·特罗洛普（Anthony Trollope）的《如今世道》的分析，探究作者建构维多利亚时代英国中产阶级男性气质的表现策略以及对男性气质主流意识形态的反省。

浦立昕的专著《身份建构与男性气质：舍伍德·安德森小说研究》（2015）以美国经典作家舍伍德·安德森（Sherwood Anderson）的长篇小说为考察对象，梳理其文本世界中的父亲群像，深掘重构父亲身份与“英雄工匠”男性气质之间的关系；指出“父亲形象”不仅是安德森文学创作中特有的形象群体，而且具有特定的文化寓意；进而从父亲身份、作者身份、国家身份三个层面上分析重构父亲身份的文化寓意。

龚静的专著《销售边缘男性气质——彼得·凯里小说性别与民族身份研究》（2015），围绕彼得·凯里（Peter Carey）小说的性别与民族身份问题，对国内外凯里小说民族身份问题研究进行反思，研究其中的男性气质与民族身份建构，从国际市场和消费语境考察了凯里小说面向英美主流英语小说读者的市场指向性，反思凯里民族作家身份，探讨凯里在全球化时代改写民族传奇、整合跨国文学资源、将代表澳大利亚理想男性气质和民族精神的本土文化符码与国际文学套路接轨的写作策略。

芈岚（2015）在研究中指出，罗伯特·安森·海因莱因（Robert Anson Heinlein）在科幻小说《星舰战将》中对男性主体身份的军事化定位正是社会变动及外部环境共同作用的结果，而这种建构的实现对于文化的发展也有着反向的强化作用。

同性恋文学作品中对支配性男性气质的颠覆是另外一个重要的分析角度。宁可（2014）对中国“耽美”小说中的男性同社会关系与男性气质进行研究，揭示出“耽美”文化对女性受众的吸引力在于其对主流性别/性态的修改和重新建构，而这一建构通过对男性气质的修改和男性同社会关系模式与男性同性情性关系模式的贯通，建构出男性的被观看地位和性客体地位，开辟了女性情色消费的新模式。徐艳蕊和杨玲（2014）认为，腐文化用攻/受关系取代了男/女关系，以更富于弹性的模式解读和建构性别角色，使得男性气质的多元化发展成为可能。

男性气质实践的多样性还体现在女性同样可以具有“男性气质”。张松存（2011）主要运用“双性同体”理论来分析本《爱丽丝梦游仙境》的主要角色，指出爱丽丝兼具女性的优秀气质和男性的优秀气质，从而成为经久不衰的艺术形象。王欣欣（2015）以分析心理学派创始人卡尔·荣格（Carl Gustav Jung）的阿尼玛（“女性气质”）与阿尼姆斯（“男性气质”）理论为基础，分析了《金色笔记》中的女主人公在男性社会中从彷徨到融合自己身上的“男性气质”进行创作的过程。

这些文学作品中对男性气质的反思，直接影响着男性气质的建构。正如刘传霞（2014）指出的，现代社会里僵化、单一的男性气质确立与男性身份认同在很大程度上是通过文学艺术反复再现来完成的。现代女性创作者对男性再现的参与，打破了社会性别再现的权力格局，男性再现迈进了再现与自我再现的时代。

（三）针对电影、音乐的男性气质研究

电影研究领域对男性气质的研究主要是针对西方电影。针对电影《搏击俱乐部》，罗小丽（2011）分析了主人公处于男性气质危机中的生存状态，孝红波则立足当代消费文化语境，借鉴让·鲍德里亚（Jean Baudrillard）的消费社会理

论和康奈尔的多元男性气质理论，从影片出发探讨20世纪末美国消费社会中的男性气质危机问题（孝红波，2013）。董雪飞（2012）对20世纪90年代中期好莱坞奥斯卡最佳影片所表现出的男性气质进行了研究，展现了好莱坞电影在国家意识形态与消费文化意识形态的合谋之下，通过对男性气质的理性内涵与主体性建构，塑造新的男性气质神话，对内拥抱保守主义的意识形态话语，对外构建新的帝国形象，以回应美国的社会现实变迁，建构想象性的认同空间。田静（2014）分析了《美国丽人》中男性主人公社会角色的危机与男性内在的身份认同危机，并指出当代好莱坞电影对男性气质的重塑是重建男性的性别角色与恢复男性气质的文化认同内涵。季寅修（2014）从男性气质角度剖析了电影《完美的世界》中菲利普的男性身份认同、男性霸权、独立和勇敢等男性气质的构建。

东西方文化视野下的男性气质也成为学者们的研究目标，李玥（2015）提出中国电影与美国电影在男性气质方面既存在不同点又存在相同点。文化的差异让男性的气质与众不同，使大众的电影审美观发生了变化。程功（2014）对近年来都市电影中男性明星在银幕中所构建出的男性气质进行中美比较研究，探讨其中关于男性气质的共通性和民族特殊性。

在音乐方面，姚亚平的专著《性别焦虑与冲突：男性表达与呈现的音乐阐释》（2015）则从性别批评角度对欧洲19世纪的一些音乐现象进行了新的理解和诠释，内容包括戏剧角色的性别转换、双性同体的另类诠释、音乐思维的性别特征、浪漫主义的阴性特质等。

刘倡（2014）以崔健的《一无所有》、新裤子乐队的《龙虎人丹》以及挂在盒子上乐队的《Shanghai》为例，通过文本分析的手段来检测这三首歌词中所表现出的西方视角、中国男性、中国女性三者之间的关系以及在性别身份的构建上彼此之间的影响。

需要特别说明的是，文学影视方面以男性气质为主题的硕士学位论文五年间共有30多篇，均呈现了青年学子的不同思考，也体现出此一领域研究后继有人。

（四）针对传媒的男性气质研究

大众媒体中强化社会性别刻板印象的性别呈现一直被性别学者所关注，对传媒中男性气质的关注，与之有异曲同工的作用。

吕鹏（2011）认为，当今的娱乐节目对男性气质的消费日益增加，这反映了男性的解放与性别之间权力再生产的关系的改变。受消费文化对男性气质的影响，一直被认为是霸权男性气质建构的最好场域之一的电视体育节目，也开始改变霸权男性气质以往的意义。他还通过对电视家庭伦理剧的文本分析，提出家庭伦理剧通过家庭叙事强化迷人的父权制、鼓励电视观众发挥已有的性属成见建构男性气质的刻板印象。但随着社会的发展，家庭伦理剧中的男性角色逐渐获得反叛的解放形象，男性气质新的意义逐渐被建构起来（吕鹏，2011）。

一些收视率较高的节目也被学者们从男性气质的角度重新进行了解读。通过对《非诚勿扰》中的男嘉宾所呈现的男性气质进行分析，谷征和翁立伟（2015）指出，为了吸引更广泛的受众，节目中所展现的男性气质往往是以迎合主流要求的男性气质为主。而通过对《爸爸去哪儿》男性气质的分析，王蓓（2015）指出，该节目中每一位男性嘉宾所体现出的男性气质都表现出了回归家庭的特征，同时迎合了当下大众对男性气质的新期待。

广告作为消费社会背景下的有效传播方式，其中所体现的男性气质也越来越多样化。一直以来占据主流地位的霸权性男性气质在广告呈现中仍然占据着主流地位，共谋性男性气质的呈现变得更加多元化，一直处于相对弱势地位的边缘性男性气质以及从属性男性气质在当今消费社会背景下也开始得到了表征（程泉森，2014）。

也有学者对国外的传媒进行了分析。舒奇志（2012）针对斯蒂芬·克莱恩（Stephen Crane）1894 年发表在《纽约新闻》上的新闻随笔《贫穷实验》进行分析，指出该作品以中产阶级为视觉主体，以流浪汉的身体为视觉客体，通过男青年对流浪汉怪诞身体 - 自然身体 - 社会身体三个层次观看的视线活动以及男青年贫穷实验的后效性，再现了男性气质的阶级逾越，揭示了阶级差异对性别等级的影响，表达了克莱恩对于 19 世纪 90 年代美国中产阶级男性气质主流意识形态的反省。

这一领域的硕士学位论文有十多篇，其中不乏出色之作。比如，针对中国电视娱乐节目对男性形象的塑造，冯秀彬（2015）对中国电视娱乐节目男性气质的呈现进行研究，认为电视节目对现代社会中的男性气质建构起到了重大作用。男性气质的建构与塑造在美国政治领域非常重要，它是美国民众评判政治候选人个人品德及其才能的捷径，并影响着选民的投票意向以及选举结果。王然

（2014）以分析美国媒体对 2012 年总统竞选中两位候选人的报道为重点，指出奥巴马在美国媒体上的男性形象是符合美国民众对于总统男性气质的要求的。李津竹（2015）对韩国偶像剧男主角的男性气质变迁及主要原因进行了深入分析。

（五）男性气质研究与反家暴运动

学术研究如何转化为促进社会变革的力量，一向是社会性别研究者所关注的。这五年一个特别可喜的现象是男性气质研究与反对家庭暴力运动的相互促进。

2011 年，联合国人口基金与北京林业大学性与性别研究所、中国法学会反家暴网络（后更名为北京帆保）合作的“中国性别暴力与男性气质研究”项目选择在湖南某市进行问卷调查，考察男性气质与家庭暴力之间的关系。这被认为是第一次在中国进行的男性气质与家庭暴力关系的大型调查。项目组对这座城市包括街镇、农村进行了多阶段随机抽样，使用先进的电子调查工具，针对年龄在 18～49 岁的 1103 名女性和 1017 名男性分别完成了调查问卷。调查显示，暴力与严格的性别规范和支配性男性气质相关联。支配性男性气质观念与行为是增加男性施加伴侣暴力、女性遭受伴侣暴力的最密切因素，解构“性别差异”需要从消除支配性男性气质，建构性别平等的、非暴力的新型男性气质开始（北京林业大学性与性别研究所、反家暴网络、联合国人口基金，2013）。

作为这项定量调查的后续项目，2013 年，联合国人口基金与北京师范大学社会发展与公共政策学院进行了“中国社会变迁中的男性气质和性别暴力”的质性研究。该研究旨在探索个体的男性和女性的生命史如何塑造了他们现在的性别实践和性别观念，尤其是那些与性别暴力的相关经验、观念和实践。该研究也旨在了解男性和女性生命历程中对暴力的接纳、反思和拒绝，进而梳理男性气质与女性气质、霸权与反霸权表达的发展轨迹。研究针对“性别平等男”“施暴男”“受暴女”各十人进行了生命史访谈。研究发现，性别暴力贯穿着不同参与者的生命历史：从目睹父母之间的暴力、父母和老师实施的体罚、童年时的校园暴力到各种亲密伴侣暴力，性别暴力展现了不同的形式。在“施虐男性”这一群体中，暴力已经成为他们日常生活的一部分，其中传统的支配性男性气质发挥着重要影响（北京师范大学、联合国人口基金，2013）。

上述研究报告均提出了干预和政策方面的建议，涉及童年、学校、工作环境以及亲密关系之间和社区范围等各个方面。

与此同时，通过男性气质研究促进反家暴的著作和论文也陆续发表。直接讨论男性气质与男性参与反家暴的著作，如方刚的著作《做全参与型好男人：男性气质与男性参与》（2015），从对传统支配性男性气质的批判开始，倡导多元的男性气质，主张通过男性气质的改造促进男性参与到反对性别暴力和性别平等的运动中。周洪超、方刚（2015）对10位具有性别意识的男性的演讲进行文本分析，提出男性经过对自身性别意识的觉醒与男性气质的反思，可以参与到反对性别暴力的社会行动中。方刚还提出了关于男性参与反暴力的意义、现状和策略（方刚，2015），他提出在反家暴法律的制定中应该充分考虑男性气质与家庭暴力之间的复杂关系的建议（方刚，2011）。他还具体指出，引导、改造那些支持家庭暴力的男性气质，鼓励、促进反对家庭暴力的男性气质的增长，是推动男性参与到反对家庭暴力的运动中并减少男性施暴者的一个有效策略（方刚，2012）。

国际社会推动男性参与反暴力的经验也被介绍进来。汕头大学妇女研究中心组织翻译的《动员男性加入反对性别暴力的实践：挑战性与性别暴力背后的制度环境》（2014），记录了来自印度、肯尼亚和乌干达等国的实践者促使男性投身于终结性与性别暴力事业的经验，包括动员男性争做求变的积极分子、认识制度性的性与性别暴力、通过积极行动寻求改变等内容。

2014年，第二届全球男性参与联盟论坛在印度召开，多位中国学者与会，方刚、周洪超等（2015）的文章将国际社会推动男性参与反暴力、促进性别平等的经验带回中国。

基于对男性气质与家庭暴力关系的认同，一系列项目开始支持从男性气质角度推动反家暴工作。2013～2015年联合国人口基金与北京林业大学性与性别研究所（后改为北京怀瑞邦咨询服务中心）合作进行“推动中国男性参与反对性别暴力”的年度项目，这个项目直接促成了“中国白丝带志愿者网络”的一系列工作。全国妇联权益部支持北京怀瑞邦咨询服务中心开展了一个针对家庭暴力施暴男子的小型质性研究调查项目。此外，英国驻华使馆也在2015年支持北京怀瑞邦咨询服务中心开展了“促进男性全方位参与性别平等”的项目，加拿大驻华使馆在2015年支持了“中加促进男性反对性别暴力的合作项目”，等等。联合国妇女署2015年开始与北京师范大学合作，在北京景山学校开展校园男性气质教育项目。

男性气质研究与反家暴工作的相互促进，体现了男性研究与传统女性研究和女权运动的结合。詹俊峰（2011）在论文中指出，有学者曾认为男性研究与女性主义在立场和目标上存在矛盾，但越来越多的学者认识到男性研究对性别平等的关注，两者逐渐由对立转为合作。男性研究提出的男性气质多元化的概念深化了女性主义对男性气质的理解，为女性解放和两性平等做出了理论贡献。

（六）其他研究

除上述几个领域的研究之外，还有一些零散的男性气质研究。方刚在 2011 年出版的博士学位论文《男公关：男性气质研究》，通过对深圳一家夜总会当中男性性工作者的田野观察，发展了康奈尔的男性气质理论，提出男性气质是在不同情境和话语中的建构过程，提出了男性气质的多元趋势的论述。

改革开放以来，中国工人阶级发生了巨大的变迁，激发了众多社会学研究，但除了少量的对女职工、打工妹进行的研究外，基本没有将男性工人当作有性别的人来研究。另外，单位制作为中国计划经济时期重要的社会组织方式，虽然已得到众多社会学研究者的关注，但将其当作具有亚文化特点的生产生活共同体来进行的研究并不多见。王向贤（2011）通过对两部关于下岗前后男性工人的纪录片和一部访谈录，从男性研究的角度对大型国有企业的男性工人进行研究，重点探讨被称为“共和国工业长子”的大型国有企业男性工人的男性气质是如何形成的，正在发生着怎样的变化，政权、阶级、性别、单位制、代际关系等是如何交织互动的。在中国社会经济发生巨大且迅猛变迁的当代，大型国企工人由 20 世纪 60～80 年代荣耀的“共和国工业长子”变为 90 年代的遭受阶级创伤的男性工人阶级，不再享有形象、工资福利、子女就业等方面的优越。相应地，工厂子弟学校原本在工人阶级男性气质的代际传递中发挥着重要的社会化力量，变为工人子弟逃离的场所。性别等级成为抚慰男性工人创伤的有限来源，女性在工人阶级的再造中仍处于边缘位置（王向贤，2014）。

体育运动一直是彰显男性气质的重要领域。张宪丽（2011）展开了对西方相关研究的总结与再探索，王然（2015）从男性气质和消费文化视角出发对男性健身进行了详细分析。张志成、陈刚等人（2011）也对传统的男性占统治地位的体育运动进行反思，倡导实现体育运动中真正的性别平等。

常进、吴昱宏（2015）基于吉尔·德勒兹（Gilles Deleuze）的身体创造理论，指出学校体育教育具有培养男生男性气质的功能。事实上，教学中的男性气质问题一直受到关注。王美（2015）基于康奈尔男性气质理论反思中国针对男孩的“阳刚教育”，指出这是一种落后的性别角色认同教育，揭示其认识误区：一是认为素质教育背景下“支配性男性气概”才是男孩成功的素质；二是认为“阳刚教育”是性角色认同教育；三是认为政策倾斜式的招考方式是“拯救男教师”的重要方法；四是认为男孩“阴柔化”现象破坏了和谐校园文化建设。方刚（2014）也强调了学校教育中不应该再培养男生的“阳刚的男性气质”。

王斌（2012）的研究指出，大学生“宅男”既继承了父辈的支配性男性气质，也展开了对传统性别期望的反叛。在这种叛逆和归并的张力之中，大学生“宅男”遭遇到了自我认同和性别实践的迷局。因此，文章提倡以一种动态开放式的对话研究，还原“宅男”在性别气质、活动空间、两性关系等方面的性别实践轨迹，并在此基础上推进“兼性”格局的实现。

三　研究不足与展望

在《中国妇女研究年鉴（2006~2010）》的“男性气质研究综述”的结尾部分，笔者曾提出了对男性气质研究推动社会性别平等的实务运动的期待。在总结2011~2015年中国男性气质研究的时候，我们高兴地看到这种期待正在变为现实，这主要体现在男性参与在反家暴领域的贡献。这是最令人欣喜的部分。另外一个令人欣喜的变化是，男性气质研究的经典著作、文集被更多地介绍到中国，相信这可以推动未来中国学者在这方面的努力。几十篇的硕士、博士学位论文，也显示了这一领域的后继有人。

但是，研究不足也非常明显。比如，研究仍主要集中在文学、影视、传播学的领域。这与过去五年间的情况没有太大变化。事实上，在社会学、法学、历史学、哲学、心理学等几乎所有的人文社会科学领域，男性气质均可以成为极具价值的研究视角。

另外，目前中国的男性气质研究论文，多以康奈尔的男性气质理论为依据。

这既显示了康奈尔理论的影响力，也说明中国学者对西方男性气质理论的广泛借鉴仍然存在不足。

展望未来五年的男性气质研究，笔者悲观地认为并不会有明显的推进，主要原因是男性学者的性别意识仍然普遍不足，学界也缺少推动的机制。促进未来的男性气质研究，多学科多领域的介入应该是非常重要的。女性研究的发展也正是建立在多学科介入的基础上。只有多学科的介入才可能带来男性气质研究的繁荣以及促进其在推进性别平等的社会变革方面扮演更重要的角色。

受流动影响的妇女研究综述（2011～2015年）

郑真真*

一　研究概述

中国人口流动近年来已经形成一种“常态”，流动人口规模稳定在2亿以上，其中女性所占比例近半。估计当前流动妇女超过1亿人，再加上有丈夫或子女流动、本人曾经流动以及丈夫或子女曾经流动等经历的妇女，组成了一个规模庞大的受流动影响的妇女群体。这个群体的主要构成是劳动年龄妇女或已经进入老年的妇女，她们的流动经历、劳动就业、婚姻家庭、健康等方面的状况及受到流动的影响，是本综述所关注的内容。由于流动人口中农业户籍人口占一半以上，而且绝大多数研究关注的是农村向城市的流动，因此本综述中的“流动”主要指农村向城市的流动，受流动影响妇女也主要指农业户籍妇女。

回顾2011～2015年有关流动对妇女影响的研究，一方面众多研究延续了20世纪90年代以来的视角和内容；另一方面在多年研究基础上有了更深层次的理论思考，还关注到新时代新人群的特点。由于近年来开展了不少有相关内容的全国性调查，且数据的可得性有所改善，应用这些调查数据研究流动与妇女的成果更为丰富，除了学界有相当数量的研究者对这个主题长期关注之外，还有2010年全国人口普查和2010年中国妇女社会地位调查的结果为研究提供了最新的数据资料，推动了研究的开展。

以中国知网检索为例，主题含“流动”和“妇女”的文献共计813篇，其中以2014年文献数量最多，各年数量分别为：2015年152篇，2014年184篇，2013年168篇，2012年161篇，2011年148篇。五年间以流动和妇女为主题的硕士、博士学位论文共计189篇。这五年间，中国大陆也出版了大量有影响的学

---

* 作者简介：郑真真，女，中国社会科学院人口与劳动经济研究所研究员。

术专著，如金一虹的《中国新农村性别结构变迁研究：流动的父权》（2015）、郑真真等著的《中国流动人口：健康与教育》（2014）、邓晓梅的《农村婚姻移民的社会适应与时代变迁》（2014）、曹锐的《流动妇女婚姻质量研究》（2013），等等。本综述的研究成果主要来自中国知网“中国学术期刊网络出版总库”2011～2015年含有“流动”“留守”“妇女”主题词和关键词获得的学术论文，以及北京大学和中国社会科学院馆藏2011～2015年学术著作。

这五年的国家社会科学基金立项的项目中，与受流动影响人口相关的项目共有101个，比上个五年（37个）大幅增长，说明受流动影响的人口得到社科基金的高度重视，其中，与受流动影响妇女直接相关的有6个项目，包括2个重点项目，分别是张李玺的“多机构合作留守妇女社区服务模式研究”（2013）和刘筱红的“‘四化同步’发展背景下的农村留守妇女家庭离散问题治理及公共政策研究”（2013）。其余项目包括罗丞的“农村留守妇女生计策略及家庭福利效应研究”（2012）、任义科的“社会性别视角下农村流动人口生存与发展的影响机制与对策研究”（2013）、罗阳的“女性流动人口生育健康公共服务均等化研究”（2013）以及牛芳的“西北地区农村留守妇女的社会支持研究”（2014），涉及人口学、社会学、政治学、民族问题研究等多个学科，而上个五年中只有1个青年项目和1个一般项目，相比之下，进展十分明显。

二　主要研究内容

（一）性别视角下的人口流动与流动的妇女

进入21世纪第二个十年的“十二五”期间，中国的社会经济形势变化，如社会保障制度改革、新型城镇化、农业农村工作的推进以及产业结构调整等，都对人口流动产生了重要的影响；而人口年龄结构的变化导致劳动年龄人口逐年减少，青年人口数量的逐年缩减和青年受教育程度的提升导致新进入劳动力市场的年轻劳动力有所减少，则直接影响到劳动力的供给。区域间社会经济发展、城镇化速度和质量、产业结构等方面的差距，与人口结构变化因素叠加形成了劳动力供给和需求在不同地区的变化，这些因素都影响到人口流动的流向变化和流动人口的构成变化。

研究受人口流动影响的妇女，需要了解人口流动形态的变化及其影响因素，继而观察新的人口形势变化对妇女的影响。由于这段时期的全国范围数据多反映的是2010年以前的变化，相应的研究成果所涵盖的时期也是2010年之前的。不过这些人口流动变化趋势，仍可反映出在大背景下流动妇女的变化。2010年全国人口普查结果显示，与10年前相比，无论是省内流动还是跨省流动，流动女性因经济原因流动比例上升了约10个百分点；与跨省流动女性相比，省内流动女性具有更高的受教育程度、专业技术人员或商业服务业人员占更高比例；而流动年龄模式也发生了变化，15～24岁男女两性在迁移率上升阶段的差距显著缩小（郑真真，2013）。

2010年中国妇女地位调查中设计了围绕流动对妇女影响的附加调查样本和附加问卷，从而有助于对这个问题进行较为深入的研究，从地位和发展的不同维度，分别观察人口流动对流动、返乡和留守三个农村妇女群体的影响。研究发现，流动对农村妇女的影响是多方面的，既为妇女发展带来更多机遇、对提升妇女地位有积极影响，又有负面影响。与男性明显不同的是，流动对农村妇女的影响往往与婚姻和家庭紧密相连（郑真真、牛建林，2013）。回顾20世纪80年代以来的乡城人口流动，研究发现农村女性在外出打工方面具有明显的后发优势，特别是20世纪90年代以来，女性劳动力的乡城流动概率快速赶上男性，其中较高学历女性的流动概率甚至开始超过男性（牛建林，2014）。而对于流动者的初次流动方向来说，农村女性的教育状况对其初次外出务工的流向选择具有重要的影响，受教育程度较高的女性选择省内流动的可能性更高，但相应关系对男性并不显著；此外，个人及家庭特征对女性流动者的流向选择也具有更重要的影响，如外出时年龄较大的流动者更倾向于近距离流动，外出时有亲友陪同、家庭和社会支持的流动者更倾向于远距离流动（牛建林，2013）。

王东平（2011）将农村女性劳动力的去向置于城镇化和农村劳动力流转的格局之下，以农村女性劳动力中的外出者、回流者和未外出者为研究对象，分析了农村女性劳动力外出和回流决策及多种影响因素，研究不同劳动力群体特征及其对城市化和新农村建设的影响，并从农村女性劳动力流转与农村教育、农业生产、农村人口增长等角度讨论了农村女性劳动力流转与城市化发展的关系。

值得指出的是，流动女性在不同的历史时期均为国家的发展做出了贡献，例如在中国的工业化初期建设中起到了重要作用的“打工妹”。池子华（2015）基于现有史料，以近代长三角地区为中心，从多个角度考察了打工妹群体的生成机制、构成、劳动就业、政治生活和日常生活等方面，分析了当时的打工妹现象对城乡社会变迁的影响，认为这个时期的打工妹群体是从传统农业社会向近代工业社会转变过程中的新生代，既是社会进步的表征，也是社会进步的重要驱动力。章立明（2014）则聚焦西双版纳地区城市化进程中的迁入妇女，通过个案访谈收集的资料记述了妇女进入城市的经历。如1979年以前有计划迁入的农场职工、1995年以后以少数民族为主的流动妇女，展示了妇女在这个边疆地区不同历史时期的流动特点。同为边疆地区的朝鲜族农村妇女的流动，则不仅与改革开放密切关联，更受到国际形势的影响，具有流动总量大、范围广的特点。姜善和朴今海（2011）分析了朝鲜族农村妇女外流的现状、特点及其影响，认为朝鲜族农村妇女的外流提高了朝鲜族妇女的观念意识的变化及其社会化程度，推动了朝鲜族社会的经济发展及其城镇化过程，但是也带来了一些不容忽略的社会问题，如对人口和家庭结构的影响以及对家庭稳定的影响。

金一虹（2015）从父权制理论入手，以性别－权力视角解析父系家庭的性别结构，研究了受流动影响的农民家庭之父权制的变迁。作者分析了父权制随流动漂移进城，经历解传统化又在衰微中重构，提出工业化、现代化、城市化改变乡土社会，撼动了深深植根于这种乡土性的父权制，并分析了在父权制解构和重构中的国家力量。沈渝（2012）应用四川妇女社会地位调查的结果，分析了乡城流动对社会性别体系的影响，认为虽然流动女性与未流动女性存在明显差异，但流动在总体上没有改变原有的社会性别结构。柳玉臻（2015）基于珠三角制衣厂女工的经历，从性别关系变迁角度考察了流动对农村已婚妇女发展的影响。作者认为，尽管外出流动使已婚妇女能够挑战传统的性别劳动分工和家庭内权力关系，然而，其在劳动力市场的劣势和缺乏城市居民享有的权益使得她们的迁移往往很短暂且不稳定，因而她们很难举家迁移。在阶级和城乡关系上的劣势使得已婚妇女必须获得丈夫和父母的支持才能外出打工，因而她们需要与传统的家庭权力妥协，尊重丈夫和父母在家中的首要地位。

（二）流动妇女的劳动就业

2010年以来的流动人口动态监测调查数据显示，相对于男性流动人口而言，女性从事批发零售、住宿餐饮和社会服务业的比重相对较高。随着近年来中国经济转型和产业升级，农民工就业显示出“两极化”倾向，即高收入和低收入岗位数量增长较多较快，最低收入岗位的市场需求依然旺盛（中国国家卫生计生委流动人口司，2015）。如果新进入劳动力市场的女性缺乏相应的知识和技能，则有可能长期滞留在低端就业而难以向上移动，从而形成男女两性之间工资收入的持久差距。

虽然无论是在流动人口或非流动人口中，男女两性的工资差距一向存在，但有学者比较了2005年和2011年的情况，发现农民工性别工资差距在此期间呈上升趋势。不过，该差距随着教育回报的上升而缩小，因而促进技术进步、提高教育回报有助于缩小中国城镇地区的性别工资差距（邢春冰、贾淑艳、李实，2014）。还应当注意的是，不同职业内部的工资和晋升方案差异，也会对男、女求职者的职业选择行为产生重大影响，对女性进入高工资行业形成阻碍，如有分析发现这类影响能解释近1/5的性别工资差异（陈永伟、周羿，2014），并且指出，职业内存在的“估价性歧视”形成了隐形的门槛，改变男女的职业选择过程，从而造成职业间差异。另一项根据江苏调查进行的深入分析和研究也发现，职业是直接影响流动妇女收入的最主要因素，妇女个体特征则对月收入有间接影响（李春平等，2012）

张妍和韩嘉玲（2012）围绕就业质量对北京市流动妇女和本地非流动妇女进行比较后发现，除了在工作场所的安全性方面两个群体的就业质量没有显著差异以外，在就业稳定性、工资收入和社会保护等方面本地妇女的就业质量远远好于流动妇女，主要原因是就业市场中对流动妇女的歧视、流动妇女的受教育程度相对较低以及就业不稳定带来的工作经验方面的劣势。而就业不稳定则在很大程度上与妇女的婚姻生育有关。另一项来自北京市的调查研究，以新家庭经济学为分析框架分析了经历家庭化迁移和城乡迁移对女性就业水平的影响，认为这种“双重迁移”下女性劳动市场参与率的降低意味着劳动力资源的闲置和浪费，政府应通过改善劳动力市场的就业环境、向迁移家庭提供更多的公共服务逐步释放这部分潜在的劳动力资源，从而提高社会劳动生产率（李强，2012）。柳玉臻（2013）通过对工厂女工的访谈，介绍了用工短缺下的珠三角制衣业中大量农村已婚流动妇女进入工厂后的劳动和生活情况。以“打零工”方式就业使她们更容易成为就业市场的边缘群体，很难在城市稳定就业和生活；对企业而言，这种做法不利于技术型工人的培养和积累，从而难以适应进一步产业升级的需要。

一些公民社会组织长期致力于保护流动妇女权益，尤其是确保流动妇女在工作场所的权益免受侵犯。例如，“流动女青工权益保护项目”（郭维明、申秋红，2014）是一项旨在工作场所支持和推动流动女青工掌握维权知识、提高自身维权能力的国际合作项目。项目以维持社会公平公正、促进社会性别平等为理念，与地方政府的不同部门和企事业单位合作，开展同伴教育、宣传倡导活动，通过三年的努力，参与项目活动的女青工从最初的被动参与到逐步地融入项目的全部过程并成为项目的中坚力量，从而能够积极建言，促进相关维权政策落实到位，促进工作环境改善，以维护流动女青工的权益；通过项目活动，女青工们增强了自信心和沟通能力，也促进了生活能力的提高。遗憾的是，虽然多年来有不少类似项目在流入人口集中的地区开展，但相关文献数量极少。

（三）迁移流动对妇女的影响

1. 婚姻家庭

妇女的婚姻家庭状况会影响迁移流动决策和行为，而妇女的迁移流动也对其婚姻家庭产生影响。有研究发现，外出务工经商的农村女性与外地人成婚的新型婚姻模式和与老乡成婚的传统婚姻模式有显著的区别，新型婚姻模式中农村流出女性及其配偶的受教育程度和收入水平均显著高于传统婚姻模式家庭女性及配偶的受教育程度和收入水平，流出女性及配偶的平均初婚年龄也明显大于传统婚姻模式家庭中的女性和配偶的初婚年龄（胡莹、李树茁，2013）。以往研究多注重流动对妇女的影响，而许琪（2015）的研究发现，婚前流动虽然显著推迟了农村妇女的初婚年龄，但推迟效应对男性农民工表现得更加明显，更显示了男性农民工在城市婚姻市场上处于不利地位。

21世纪以来流动人口“家庭化”的趋势日益明显，2014年的流动人口调查发现，近九成的已婚新生代流动人口是夫妻双方一起流动，其中与配偶、子女共同流动的约占61%，2013年流动人口子女在现居住地出生的比例达到57.9%（中国国家卫生计生委流动人口司，2015）。有研究发现，新生代农民工多数人在流动中完成婚恋过程，夫妇共同流动比例较高，初婚年龄逐渐上升，跨省婚姻逐渐增多，而且他们当中婚前同居和婚前怀孕的现象较老一代农民工更为普遍，第一胎为婚前怀孕的比例占了42.7%，但婚姻不稳定的情况也相应增加了（宋月萍、张龙龙等，2012）。刘鑫财和李艳（2013）对陕西流动家庭和非流动家庭中妇女的家庭地位进行比较后发现，流动家庭妇女的家庭事务决策、家庭实权掌握情况要好于非流动家庭的妇女，而在家务分工和家庭暴力方面则相对较差，且流动家庭的妇女在对家庭地位的主观满意度方面得分相对较低。李晓芳（2015）应用2010年中国妇女社会地位调查数据，系统、全面地呈现并较深入地分析了不同流动经历对农村已婚女性家庭地位诸方面的影响，阐述了乡城人口流动在农村家庭性别关系变化中的作用。

近年来，有关家庭暴力的议题受到更多研究者的关注，而流动对家庭暴力的影响也是重要内容之一。上海的一项调查结果显示，流动已婚妇女对家庭暴力有较明确的认识，尤其是较年轻、受教育程度较高、通过自由恋爱结婚的妇女更不能容忍家庭暴力（孙峰等，2012）。另一项研究通过考察夫妻间的资源关系、权力分配、性别差异等因素以及与流动模式相关的变化，得出结论：夫妻流动行为差异改变了夫妻之间的相对资源和相对权力结构，因而流动模式对婚姻暴力具有显著正向的强化影响（周苗，2015）。更多研究结果支持流动对婚姻暴力的影响，认为在流动家庭中传统家庭文化和现代城市文明形成了社会文化矛盾，既打破了传统农村家庭的原始平衡，又没能建构平等式的性别文化，父权式的传统家庭文化依然在流动中得以延续和重建，因而激化了夫妻矛盾（周林刚、陈璇，2015）。

虽然目前女性流动人口构成是以经济原因流动为主，但婚姻迁移仍在妇女流动中占有相当的比例，女性婚姻移民这个人群始终受到研究者的关注。邓晓梅（2014）在苏南农村实地调查的基础上，以“社会适应”为主题，以“社会融合”为理论取向，以社会变迁为视角，结合整体社会结构分析农村婚姻移民社会适应的基本状况和主要特征，考察了婚姻移民迁移方式、联姻模式、社会适应的时代变迁。曹锐（2013）以从农村流向城市的已婚妇女为研究对象，以流动人口的有关迁移理论为基础，以社会性别理论为依据，研究流动妇女随生活环境的变化和流动经历的积累，受传统社会性别意识以及自身社会性别意识变化双重作用影响下的婚姻质量。作者认为，流动妇女的婚姻以夫妻和谐共处为主流，婚姻质量处于中等偏高的水平，高于农村未流动妇女但低于流动男性，社会性别、流动经历、婚恋意愿、婚姻态度等因素都对流动妇女的婚姻质量具有显著影响。王思怡和陆经纬（2013）则通过对浙江一个镇的嫁入少数民族妇女的调查分析，研究了她们的融入策略及其自我身份认同与社会认同的实现。

2. 流动对妇女健康的影响

流动妇女主要集中在中青年育龄期，围绕健康和流动方面的研究也多集中在孕产保健和生殖健康等相关内容。张灵敏（2014）回顾并评述了从2000年至2013年4月国内有关流动女工健康的研究文献，总结出相关学术研究主要集中于流动女工的健康问题现状、流动女工健康服务状况与国家政策分析、健康问题产生的原因等三个方面，指出健康问题所产生的原因来自政治、经济、社会－文化等多方面，其中社会－文化因素是最常出现的分析视角。牛建林（2014）对国内1996～2009年发表的流动妇女健康研究成果进行了综述，认为已有研究为了解流动妇女的健康状况及相关影响因素积累了重要的知识，有助于制定与完善相关政策与管理服务，从而改善流动妇女的健康状况；不过作者同时指出了仍存在的不足，例如研究内容以生殖健康与孕产期保健为主，而对其他健康状况（尤其是生理与心理以及社会适应性）的考察相对较少，将流动妇女的职业、工作环境、生活环境等与健康相结合而进行的系统研究还相当有限。

随着时代变迁，流动妇女的构成也在发生变化，她们的健康服务需求也具有新的特点。张妍（2013）根据2005年和2011年的两次小区域调查，分析了新生代流动妇女在健康服务需求方面的特点，指出"80后"流动妇女与上一代相比，健康保健意识更强，对基本公共卫生服务的利用率和参加健康服务培训活动的意愿更高，更多人选择在外出务工地生育孩子和采取自己能够控制的避孕方法，对传统的服务管理模式的排斥感更强。江苏在流动妇女中开展的一项调查结果也发现，在服务需求方面存在类似的代际差异（刘越等，2011）。

人工流产是生殖健康的主要内容之一，尽管中国人工流产的安全性较好，但因非意愿妊娠造成的人工流产或重复流产更不利于妇女健康。宋晓琴等（2013）应用广州调查结果，比较了流动妇女和户籍妇女人工流产状况，发现流动妇女的人工流产率及重复流产率均高于户籍同龄妇女，但她们在流产原因和术后服务获得方面相似。不过，尽管在人口流入主要城市多年推动基本公共服务，但不同地区的推进速度和实现水平仍存在较大差异。例如，有些城市的调查发现，在母婴保健方面，有77.60%的母亲和81.67%的流动子女就医后费用不能报销（张翠玲等，2014），这些显然直接影响到流动妇女对公共服务的利用；在计划生育基本公共服务方面也存在相似的问题（王德文等，2015）。针对女性流动人口的生殖健康与计划生育公共服务的提供，有学者指出应以保障流动人口的基本生存权、满足基本性尊严和生育基本权利的需要、满足基本健康的需要为立足点，加大财政专项投入，采取切实行动，并尝试创新社会管理，吸引非政府组织、社区居民或城市邻里中心等积极参与（彭伟斌、陈晓慧，2013）。

现有社会保障制度的城乡差别是影响流动妇女利用相应健康服务的主要因素之一。冯祥武（2011）提出2010年出台的社会保险法从国家立法层面上做出了生育保险不与户籍挂钩的刚性规定，应依法行事，将社会保险法由纸面上的法律向生活中的法律转变。还有学者分析了流动女性生育保险制度问题，指出了影响城镇流动女性参保的瓶颈主要在于法制更新速度与社会发展速度失调、政府财政投入不足和政策执行力不够以及流动女性的参保意识薄弱（梁洨洁、刘发彩，2014）。

（四）留守与返乡

随着农村劳动力乡城流动的不断深化，整个农村人口在以不同形式经历着“流动－留守”的拆分。有学者认为，源于性别分工规范、父权制和从夫居的文化实践以及家庭中心主义的约束，留守农村的女性群体在流动与留守过程中承受着显著的性别排斥，从而处于更为弱势的境地。与男性相比，这是农村女性承受的额外强制力。在这种双重强制下，农村女性经历了更为严重的性别不平等（叶敬忠、潘璐等，2014）。值得注意的是，作者并未将留守妇女作为孤立群体来研究，而是将这一现象置于农村、农业与农民乃至中国的发展背景之下，同时分析了农村社区中的非留守群体，揭示了非留守群体与社区整体劳动力流动的联系。

有学者分析农村留守妇女的劳动供给、时间安排和健康状况发现，因家庭其他成员（包括丈夫、子女）的外出打工，留守农村的妇女与其他农村妇女相比在农业生产上所付出的劳动时间更长，但未使她们在农业生产上有更多的决策权；而且这些影响对不同年龄段的农村妇女来说并不相同：年轻的农村妇女干得少了，年老的农村妇女干得多了，同时年老农村妇女的闲暇时间因家庭成员外出打工而减少（牧人、van de Walle，2014）。梁振华、齐顾波（2013）则根据河南农村的个案研究，介绍了农村留守妇女在丈夫缺席的情况下所承担的农业生产者、子女抚养者、老人赡养者、人情维系者、社区事务参与者等多元角色。

有学者认为，丈夫流动、妻子留守的策略虽然在农村延续了小农生产方式，但对于家庭来说是巨大的性别分工变革，也潜藏着微妙的性别关系变化。在丈夫流动、妻子留守的家庭中，尽管丈夫与妻子对家庭的经济贡献界限清晰，即丈夫的经济贡献大于甚至远远超出妻子，但并没有因此而导致妻子在家庭中处于更加边缘化的权力地位（吴惠芳，2011）。另一项研究也得出类似的结论，认为男性务工收入的增长并未降低留守妇女的家庭决策权，而由于留守妇女更多地承担了家庭农业生产活动，掌握了更多的家庭资源，故其家庭决策权显著增强，家庭地位得以改善（陈志光、杨菊华，2012）。还有学者针对丈夫外出打工、妻子留守家庭的离婚率呈上升趋势的现象，分析了农村留守妇女群体的婚姻家庭权益保护方面的新情况以及在农村留守妇女离婚案件中出现的主要问题，如财产分割等方面的问题、留守妇女诉讼能力不足以及离婚后产生的问题，认为应当通过完善立法、强化司法保护来解决离婚案件中留守妇女的权益保护问题（吴国平，2014）。

随着第一代流动人口进入中老年，加之沿海地区产业结构调整以及内地经济形势变化，已经有不少农民工退出劳动力市场返回家乡或返乡就业。不过根据返乡者的报告，在通常情况下，男性返乡以经济和工作原因为主，而妇女返乡的原因主要是家庭需求，如结婚、生育和照顾上学的孩子等（郑真真、牛建林，2013），显示出在返乡决策方面的性别差异。相同研究还发现，与农村非流动妇女相比，返乡妇女的非农就业比例相对较高，她们仍延续了在城市中的就业特征，与返乡男性相比有更高比例在商业服务业工作。还有研究发现，拥有农业生产技术的男性流动者更倾向于返乡（牛建林，2015），但尚未见有聚焦返乡妇女的调查研究成果发表。

三　研究不足与展望

改革开放以来，中国的社会经济发展经历了加速期，虽然目前经济增长放缓，但在相对较短的历史时期内给中国城乡社会带来了巨大的变化，几代妇女身历其中。在不同的历史时期，迁移流动对妇女的影响也不尽相同。随着机会与资源的增加和自身能力的增强，更多妇女积极主动参与到经济发展和社会变迁的进程中，尤其是改革开放之后成长起来的新一代妇女更具有自主意识和能动性。妇女的流动对社会经济发展做出了不可低估的贡献。但是，现有研究多数关注流动对妇女的负面影响或尚未解决的问题，缺乏有关流动妇女对社会经济发展贡献的研究；在评价和分析迁移流动对妇女的影响时，往往聚焦某个时期的某个方面，较少分析不同时期迁移流动的不同作用，更少见跟踪研究或流动经历回顾；还缺乏分析迁移流动对妇女的多重作用和长远影响，包括对妇女个人、家庭和子女以及妇女所在社区的影响。虽然不乏流动妇女的劳动参与和家庭方面的研究，但极少涉及流动妇女所面临的工作和家庭兼顾问题。而且值得注意的是，由于越来越多调查数据容易获得，一些应用二手数据的研究显然缺乏通过实地调研对现实的深入了解，从而对统计分析结果的解释主要靠个人推断而缺乏事实依据，影响了研究成果的价值和意义。

妇女的流动不但关系到城镇地区的经济社会发展，农村妇女的流动与留守也关系到农村的发展和脱贫，但目前综合这些内容的研究成果屈指可数。在社会经济变化的大背景之下，有关妇女与流动的研究明显滞后于现实社会的变化，能够及时反映21世纪以来各种变化及其影响的研究有限。例如，较少有研究聚焦农村的变化与流动之间的关系、关注城市之间的迁移流动等方面的内容。

人口流动有利于社会经济发展和人力资本积累。中国的人口流动在21世纪仍将持续。由于中国城镇化水平不算很高，而且地区差距长期存在，那么随着医保和社保体系进一步完善，公共政策和制度更有利于自由迁徙，不仅劳动力的流动和人才的流动有可能成为“常态”（包括乡－城流动和城－城流动），而且会有更多老年人退休后的流动。随着新一代年轻人进入流动行列，流动人口的构成将逐渐变化，“农民工”的标签将不一定适用。现有研究已经揭示出“80后”“90后”新一代流动妇女具有与年长的流动妇女显著不同的特点，农村妇女在受教育程度和观念上与城市妇女日趋接近。当前有必要认真回顾和总结历史，思考新形势下研究流动与妇女的视角和思路、研究对象和研究内容，使有关流动和妇女发展的社会科学研究紧跟时代步伐。例如，不少研究发现的问题更可能与收入、职业、年龄、婚姻状况等个人特征密切关联，流动身份或户籍并不一定是问题的根源，是否还有必要将“流动人口”看作一个特殊的群体？不少问题还有待学者们更多的思索和探讨。

少数民族妇女研究综述（2011～2015年）

杨国才*

一　研究概述

随着国家对少数民族的政策支持力度的加大，以少数民族妇女为研究对象的项目及学术团体不断涌现，少数民族妇女研究组织加快建立，为少数民族妇女问题研究和发展提供了保障，越来越多的学者开始关注少数民族妇女。相比于前一个阶段，2011～2015年，少数民族妇女研究在学术论文、基金项目和学术活动等方面都取得了长足的进步。

在中国知网数据库以“少数民族妇女”为主题词进行检索，剔除非学术论文后，相关学术论文有204篇，远多于上个五年的论文数量（88篇）。从研究议题来看，这五年研究议题更为丰富，研究范围更加广泛，其中，少数民族妇女流动与社会保障、少数民族妇女参与权力、少数民族妇女的教育与培训等方面的论文在数量上提升最为明显。这五年间，共出版学术专著7部，主要涉及民族旅游与少数民族妇女发展、少数民族婚姻家庭、少数民族妇女的健康与生态环境保护、少数民族妇女的知识和文化、少数民族妇女流动、人口较少民族妇女革新性扫盲、当代少数民族女性文学等方面。

2011～2015年，关于少数民族妇女研究的国家社会科学基金项目8个（见表1）、教育部人文社科研究项目5个、国家民委民族问题研究项目3个、省级社会科学基金项目6个。

2011～2015年，关于少数民族妇女研究方面的专题会议比较少，且大多集中在少数民族地区或者民族院校举办。如2013年11月5～8日，由云南民族大学主办、云南民族大学妇女/性别研究与培训基地承办的“性别平等与高校女性

* 作者简介：杨国才，女，云南民族大学妇女/性别研究与培训基地教授，博士生导师。

表1　有关少数民族妇女研究的国家社科基金项目

编号	项目名称	项目负责人	立项时间	项目类别	单位
1	社会转型与摩梭母系家庭和婚姻变迁研究	石高峰	2011	一般项目	云南省社会科学院
2	云桂妇女流动与边境地区的长治久安研究	罗树杰	2011	一般项目	广西大学公共管理学院
3	西北农村回族妇女家庭暴力问题研究	王雪梅	2011	青年项目	宁夏大学政法学院
4	少数民族女性文学的中华文化认同与传承研究	黄晓娟	2015	一般项目	广西民族大学
5	历代白族女诗人研究	周锦国	2015	一般项目	大理学院
6	东南地区畲族女性学校教育研究	兰俏梅	2015	一般项目	丽水学院
7	西藏阿里普兰女性传统服饰文化的保护与传承研究	伍金加参	2015	西部项目	西藏大学
8	贵州苗族侗族女性传统服饰传承研究	周梦	2015	后期资助项目	中央民族大学

学学科繁荣学术研讨会”以“性别平等与高校女性学学科繁荣”为主题，主要内容集中于少数民族女性学、少数民族妇女的发展。2014年4月11～13日在云南民族大学召开的“民族伦理与少数民族道德生活史讨论会”，围绕民族伦理与少数民族道德生活、民族伦理与少数民族妇女、性别平等视角下的少数民族妇女发展等议题展开研讨。如何在全面深化改革开放的新形势下，推进家庭和谐建设与社会全面进步，特别是在这个过程中进一步促进男女平等与妇女发展，成为这次会议的主要宗旨。2015年11月20～22日，由首都师范大学女性文化研究中心与云南民族大学少数民族妇女/性别研究与培训基地共同主办的“少数民族知识女性职业发展与家庭和谐圆桌会议”在云南民族大学召开。会议就少数民族职业女性如何协调职业发展与家庭和谐的关系、实现双赢展开了交流和探讨。

纵观这五年少数民族妇女的研究，研究领域有明显拓展，少数民族妇女参政、妇女地位、经济参与、教育、就业、人口流动、健康、权益保障、文化交流、妇女发展等理论和现实问题都得到一定程度的关注。从研究队伍来看，呈现出多元背景，出现了一批以研究本民族社会性别与发展为己任的少数民族女性学研究人员，她们在少数民族妇女研究实践中成长。从研究方法上来看，社会性别理论得到了更广泛的运用。在社会性别理论、性别分析方法论影响下，研究成果的质量得到进一步提升，由初期的调查报告或沿袭传统文化研究方式逐步过渡到对妇女问题的理论抽象，以女性为主体去探讨少数民族妇女的生存状况、文化贡献、社会地位等重大问题以及她们在民族社区发展中的地位和作用。

二　主要研究内容

2011~2015 年关于少数民族妇女的研究，主要集中在少数民族妇女的生育与健康、社会参与、教育与培训、妇女与经济、妇女与媒体、妇女流动与权益保障、妇女与传统文化、妇女的婚姻家庭等领域。

（一）少数民族妇女的生育与健康

近年来，随着中国医疗卫生条件的改善，少数民族地区妇女的生育与健康水平总体上得到提升。而少数民族多聚居于边陲山区或高原山地，受制于特殊的地理位置，经济较为落后，医疗卫生水平、健康卫生意识较差，少数民族妇女普遍因生育而留下妇科疾病，健康状况较差。针对此类问题，学者们纷纷从医学角度对少数民族地区女性疾病的现状、原因、政策措施进行研究。

有学者对 1600 名高原牧区少数民族女性进行研究后发现，高原牧区少数民族女性宫颈疾病的发病率相对较高，多与宫颈炎史、对疾病认知程度、产次、多个性伴侣、是否有经济来源、初次性交年龄有关，建议加大宣传力度，科学普及防癌知识，积极进行预防与健康教育管理（臧素萍，2012；晁亚萍、乔世萌等，2015）。孙金菊（2013）则就具体民族进行研究，认为农村回族妇女应对疾病的社会支持系统主要由“夫家”和“娘家”组成，主要有情感支持、服务照顾、医疗帮助和经济资助四种类型。目前，农村回族妇女应对疾病还存在社会支持系统单一、社会支持利用度较低等问题。

部分学者针对特定疾病进行了研究。有的调查发现，库车县维吾尔族女性艾滋病患者年龄和文化程度偏低，家庭类型主要集中在单亲家庭和核心家庭，建议政府完善相关艾滋病法规政策，通过医疗机构、非营利组织、社会公众力量等多方共同努力，提高女性的社会地位和法律地位，营造一种关爱少数民族女性艾滋病患者的良好社会气氛（努日亚木·尼亚孜、古丽巴哈尔·卡德尔等，2015）。

有学者采用自填式问卷法对藏族女大学生艾滋病认知情况进行了调查，分析得出藏族女大学生对艾滋病有较好的认知，但其认知水平还是低于发达地区（马楚平，2011）。

生育作为少数民族妇女一生中的重要阶段，不论是对于少数民族妇女本人还是婴儿日后的健康都有重要意义。有学者依据流行病学调查原则进行研究后发现，孕产妇最想了解的健康教育内容是对婴儿的观察护理等育儿知识，其次是分娩前的准备、药物对胎儿的影响及孕期卫生知识。建议顺应少数民族孕产妇的需要，以胎儿、新生儿为切入点，选择恰当的时机安排健康教育的内容和方式，使孕产妇在较短的时间内得到较多的保健知识，促进母婴身心健康（才仁卓玛，2015）。此外，还有学者分别对延边大学朝鲜族女大学生（金元甲、李美子等，2012）、桂西北地区少数民族女大学生（马月群、李洪等，2015）的生理健康情况以及少数民族女大学生的生殖健康教育模式进行了研究（曲红梅、魁发瑞等，2013）。

还有一部分学者对少数民族女大学生的心理健康进行了研究。基于宁夏高校、新疆高校的调查表明，少数民族女大学生的心理健康总体水平明显低于全国大学生。因此，需要倡导家庭、学校和社会开展并实施少数民族女大学生的心理健康教育（陈耀庚、王娜，2012），并采取相应的心理预防措施（房富利、钟玫等，2015）。

（二）少数民族妇女的政治参与

2011～2015年，相关研究多是从少数民族妇女政治参与的特征、现状、影响因素、增强其参与的措施等方面进行。

1. 少数民族妇女的政治参与特征

少数民族妇女的政治参与是衡量妇女发展的重要指标，部分学者对中国少数民族妇女参政现状与特征进行了分析。当前中国少数民族妇女政治参与呈现出数量和质量的双低，其成长受到经济、文化等不利因素的影响（刘汶，2012）。而纵观整个少数民族妇女的参政历程，有学者认为自中华人民共和国成立以来，少数民族妇女的政治权利得到了前所未有的提高和保障，但农村基层少数民族妇女的政治参与仍存在以下困境：参政比例低，缺乏参政意识；参政能力不高，缺乏有效参政实践；地区差异大，缺乏有效支持系统（李莹，2015）。

近年来少数民族妇女组织逐渐兴起，部分学者针对此类社会组织进行了研究。有研究发现，西北民族地区的妇女社会组织具有重要的地方治理功能，其特征主要表现在：数量与规模较小、组织以妇联为依托、草根性质的组织发展空间有限、受民族宗教影响较大，其问题主要表现在受传统的性别意识影响、民众缺乏慈善意识、政府缺乏倡导、组织内部治理不力等（陆春萍，2014）。有学者运用常人方法学的实践局部性、索引性、权宜性和反身性概念，分析云南省白族莲池会、景颇族妇女禁毒联防队和藏族姐妹会的组织结构、背景愿望、运作策略和社会空间，以期推动对少数民族地区的乡村妇女组织进行深入探讨（章立明，2015）。

2. 少数民族妇女参政的影响因素

一些学者从社会文化以及区位因素探讨了中国西部偏远少数民族地区女性在学校领导岗位中所占比例低的原因。认为习以为常的性别不平等、正面的女性领导形象的缺失、女性多重角色的冲突、宗教与民俗文化以及乡村教育中不利于女性工作的特殊困难都是重要的影响因素（张莉莉、郑新蓉等，2011）。李雪彦（2014）则将原因归为边远山区少数民族妇女的公民意识相对欠缺，认为这不仅影响着妇女自身的发展，而且制约着整个边远山区的社会进步。有学者认为地域经济发展不平衡造成了较低的参政比例，宗教妇女观与繁重的家务劳动阻碍了回族妇女行使政治权利的热情，此外，受教育程度、培养与选拔机制、回族女性自身权利意识也是重要的影响因素（朱丽华，2015）。

3. 促进少数民族妇女参政的建议

基于对少数民族妇女政治参与现状影响因素的分析，部分学者倡导消除传统文化观念对女性参政的约束与限制（张莉莉、郑新蓉等，2011），尽力祛除男尊女卑的意识，进一步唤醒少数民族女性的自我意识，将性别意识纳入社会主流（刘汶，2012），提升她们参政议政的意愿和网络政治参与能力，同时加强民族地区边远农村的网络通信基础设施建设（李雪彦，2012）。除了文化环境方面的改善外，有学者还提出在政治环境方面，建设帮助少数民族女干部成长的支撑系统；在经济环境方面，大力发展经济，提高少数民族女性的经济地位（刘汶，2012）。针对少数民族地区人口流动现象较突出的状况，提出扩大少数民族妇女流入地的参与渠道，提高在乡人员的政治参与积极性（谭三桃，2012）。有学者建议通过立法、社区合作、社会倡导等综合措施逐步克服上述困境（李莹，2015）。

（三）少数民族妇女的教育与培训

刘义兵主编的《人口较少民族妇女革新性扫盲促进和谐社区建设的研究》（2014），分析了人口较少民族妇女扫盲教育的现状、问题与原因，探讨了人口较少民族妇女扫盲教育与和谐社区建设之间的关系，论述了人口较少民族扫盲教育革新的基础、目标体系、课程开发、途径探索等。提出需要准确把握人口较少民族妇女扫盲教育未来发展的形势，结合和谐社区建设的现实需求，寻求二者彼此促进与完善的发展之路。

有学者结合大理白族自治州的调查情况对影响少数民族女性受教育权实现的法制因素进行探讨（徐姝娟，2015）。有学者对贵州省少数民族女性教育的现状及其对策进行研究（吴何女、常进锋等，2013），建议加快培养民族女性双语教师，保护民族女性受教育的权利，提高民族女性的教育水平（高艳、周双银，2015）。一些学者认为，促进农村少数民族女性受教育权实现的重要途径，一是制定具有地区性、民族性的地方教育法规，明确少数民族女性受教育权的内容；二是促进受教育权实现国家义务的履行，构建教育公益诉讼制度（阮丽娟、赖谚辉，2013）。一些学者建议建立新的教育政策支持系统，如推动藏族教育政策由不分性别的普惠性政策向倡导性别平等的特殊性政策转变，保障藏族妇女教育事业的科学、健康和可持续发展（李子华，2015）。

有学者认为，广西少数民族人口文化素质在进入21世纪以后有了大幅提升，高学历人口增长迅速，但是各少数民族文化素质发展差异明显，整体文化素质低于汉族，建议重视少数民族女性受教育的问题；均衡配置教育资源，改善民族中小学的办学条件；构建适合少数民族文化和生活方式的教育内容和教育模式；构筑多层次少数民族教育体系；加强教师队伍建设，提高教师的待遇和福利水平（陆莹，2013）。

有研究发现，家庭的社会资本水平、父母的就业及婚姻观念等家庭环境因素，对“三本”院校的社会认知、高校对少数民族学生低成绩标准要求的现状、求职面临的民族偏见、缺乏对就业政策的了解以及获取就业信息的渠道等社会环境要素，都对新疆少数民族女大学生的就业行为产生了重要影响（史青、史松，2015）。

（四）少数民族妇女的经济参与

少数民族女性参与经济活动和就业，既是妇女社会地位提高的标志，也是社会进入现代化水平的标志。部分学者以具体民族地区为例，对中国少数民族妇女的经济参与情况进行分析，指出提高少数民族妇女的经济参与水平是解决民族地区发展问题的重要途径（王兰，2012；何莉芳，2013）。学者们在调查的基础上发现，少数民族女性的经济参与能力仍然受到经济发展滞后、传统的性别角色分工、落后的传统观念、较少的经济活动资源以及欠佳的健康状况等因素的限制（尹春芬，2015）。有学者通过对兰州市回族女性就业现状的研究，得出受教育程度、初婚年龄、宗教信仰等因素也是影响女性经济参与的重要因素（李静、路婷，2011）。

随着少数民族地区旅游业的发展，少数民族女性在旅游业中的参与也成为越来越多学者关注的焦点。现有研究表明，少数妇女作为民族旅游文化的创造者、传承者、开发者，旅游业的发展对其经济、政治和家庭地位的提高产生了积极作用（陈军军、支国伟等，2014；李嘉莹、李晓东，2015；李佳、黄燕玲等，2015；李嘉莹、李晓东，2015）；旅游业的发展给少数民族妇女提供了许多接触外界、发挥自己特长和提高自己能力的机会，随着受教育水平提高，观念发生转变，主观能动性提升，越来越多的女性愿意接受相关培训和教育（杨丽琼，2011；唐雪琼、和亚珺等，2011；李嘉莹、李晓东，2015），并且能够用新的观念和态度独立决定自己的行为（袁花、和燕杰，2013）；旅游开发提升了少数民族职业女性的民族认同感和归属感，对职业身份的认同也非常清晰，具有很好的自我效能感（陈奕滨，2012）。

在肯定旅游给少数民族妇女带来积极影响的基础上，有学者指出，少数民族女性对旅游业的参与完成了由家庭服务者向公共服务者的转变，但是这种变化并不是新角色对传统角色的颠覆，而是继续和补充，经济的变化无法带来真正的两性平等，传统文化与受教育因素在性别关系中有着根深蒂固的影响（蔡雨岑，2012）。有学者认为，少数民族妇女是民族地区发展旅游业的主要参与者，由于社会经济发展状况不同、地方政府发展旅游业的方针政策有差异、旅游业发展程度以及少数民族妇女在传统社会经济文化中所扮演的社会角色不同，旅游开发对大理和丽江两地少数民族妇女的影响也有所差异（李刚，2014）。吴忠军等的

《民族旅游与少数民族妇女发展》（2012）一书，以社区作为基本的研究单位，基于性别视角对民族旅游与少数民族妇女的互动关系进行了探讨。该书选取桂黔湘三省区少数民族聚居区域内的八个典型旅游村寨，采用田野调查方法搜集资料，针对各研究对象分别进行独立的研究分析，以还原旅游影响发生的具体情境，突出不同研究对象的特殊性；通过对各个研究对象的独立分析，归纳出旅游发展对少数民族妇女的普遍性影响，并对其进行横向比较，区分普遍性影响在各个研究对象身上产生的程度差异；结合民族旅游发展的特征进行的深入分析，揭示旅游发展作用于少数民族妇女的实质途径和相关影响因素；在上述研究的基础上，指出旅游参与中的性别差异，揭示女性参与旅游的障碍性因素，并提出在民族旅游业中促进少数民族妇女进一步发展的对策与建议（吴忠军、张瑾、项萌等，2012）。

有学者论述了少数民族妇女多维度视角下的贫困，从国家和相关部门整体的扶贫规划和实践出发，评价了2000年以来中国政府对少数民族贫困区域的扶贫政策，基于性别视角对民族地区反贫困政策和措施中的贫困问题进行了评述和对策性研究（马东平，2011）。

还有学者专门对新疆少数民族女大学生的就业产生困境的原因进行了调查。马文霞、杨波（2012）基于喀什师范学院的研究，认为就业困境源于保守、传统的文化对人的全面发展的限制、学校学科结构设置等。乌拉尔·沙尔赛开（2012）采用问卷和访谈的方式发现，来自边远农村、少数民族和身为女性三重因素使得新疆农村少数民族女大学生容易陷入就业困境。有学者认为，造成新疆少数民族女大学生就业困境的因素为经济发展不平衡所导致的区域结构性矛盾、社会转型所导致的传统主渠道吸纳能力的下降、就业体制不完善、信息量不足、高等教育体制改革的滞后、传统就业观念与少数民族女大学生自身素质低等（依里合木－牙生、迪丽拜尔－马合木提江，2011）。还有学者指出，传统文化的影响也是造成少数民族女大学生就业困境的原因之一（杨建莺，2015）。

（五）文学作品与传媒中的少数民族女性

在文学作品研究中，有学者运用拉康镜像理论，从模糊的女性自我、女性面具下的镜像、女性的真实存在三种类型，分析影片中少数民族女性的生存现状与符号意义，为少数民族题材电影创作与民族文化传播提供借鉴（高卫华、梁春晴，2015）。有的以云南网为研究对象，选择佤族女性作为个案，主要采用内容分析法，对云南网中相关佤族女性的新闻图片进行统计和分析，总结云南少数民族女性在网络传播中的媒介形象特点，分析存在问题及背后的原因（刘红、昌蕾等，2012）。有的运用社会性别理论和文献分析法、作品细读法与分类法等多种研究方法，多角度、多层面地剖析黔东南苗族民间文学作品中的女性形象（苏晓红，2012），认为史诗、古歌、叙事诗是云南各少数民族历史文化积淀下来的权威性口传经典，云南少数民族史诗歌谣为分析女性形象的集体认同与自我认同提供了一个结构性的对比框架（曾静，2012）。林静（2011）对羌族民族文化和女性文化进行梳理，并援引女性主义、符号学、意识形态、影视人类文化学等理论分析影像对羌族女性文化的作用与影响。梁书婷（2014）则从社会性别视角来审视《内蒙古妇女》对蒙古族女性形象的塑造，探究其形象特征和构建因素。王颖（2011）对中华人民共和国成立以来中国少数民族电影中呈现出的蒙古族、维吾尔族、藏族、白族、彝族、景颇族、壮族等少数民族女性形象进行了系统分析和研究。黄晓娟主编的《中国当代少数民族女性文学研究》（2014）描绘、归纳、品评了中华人民共和国成立以来特别是20世纪80年代之后中国各少数民族女性文学书写的图景与发展状况，内容涉及女性经验与民族文化传统、女性话语与族群记忆、多元文化背景下的女性书写、民族身份与作家身份的建构与交融等。

有的学者基于对《中国妇女报》《中国民族报》等大众媒体的考察，认为大众媒体能秉持着性别平等的意识，从多种视角塑造了丰富且多样化的少数民族女性形象，较全面真实地反映了少数民族女性的生存状态和精神面貌，突破了传统性别成见对少数民族女性的限定或者贬低。在少数民族女性媒介形象建构上呈现出由单一走向多元的特点，体现出对少数民族女性生存境遇的关注。但报道中仍存在少数民族女性话语权缺乏以及被传统品质所限定等问题，少数文本在构建少数民族女性形象时流露出传统成见和性别偏见，或者为展现两性平等而造成少数民族女性形象的不真实等现象（秦娜，2015；项婷，2015）。有学者通过新华网这一主流媒体语境中的文本和图像来分析大众媒体对贵州少数民族女性形象的构建。认为在对外传播过程中，少数民族女性被赋予了某种带有民族文化内涵的特殊意义，成为受众关注民族文化、了解民族特色的一扇窗口，但少数民族女性形象在此过程中存在被单一化、碎片化、标准化的现象，不能完全反映当代少数民族女性的个性与共性，也不利于引导公众正确认识因此而展现出来的民族文化图景；并且媒体以漂亮的形象、外在的观赏价值作为少数民族女性主流形象的评判标准，简单地将其建构为“被观赏者”“被看的对象”，是在少数民族女性形象的表征过程中的文化偏见（王艳，2012）。

（六）受流动影响的少数民族妇女

少数民族妇女的社会流动是近年来的热门议题。杨国才的《女性社会学视野中的少数民族妇女流动》（2015）从女性社会学的视角入手，立足具有代表性的少数民族聚居区，研究少数民族妇女的社会流动。提出要实现少数民族妇女的向上流动，关键是要推动她们接受教育，尤其是接受高等教育。建议强化少数民族流动妇女的社会性别意识，完善政策法规、保护流动妇女的权益；进一步加大民族地区女性教育资源、社会保障、公共服务均等化等方面的投入，赋权女性。

一些学者聚焦于20世纪80年代以来怒江傈僳族妇女跨省婚姻迁移，指出这是一个错综复杂、有深刻社会历史原因和文化逻辑的现象，与生态环境以及建立在生态环境上的生计方式和生产组织形式密切相关。只有从社会历史的整体视角出发，才能全面理解当前怒江傈僳族的跨省婚姻迁移现象（陈浩、陈业强，2015）。有学者通过对因婚姻原因迁移到省外的怒江傈僳族妇女的跟踪调查研究发现，傈僳族妇女的婚姻迁移与其传统习俗、婚姻观念和社会发展状态、社区组织结构紧密相关，其生活及命运虽各有不同，但多数遭遇各种困境，折射出边疆少数民族妇女在现代社会中的不适应与艰辛（陈业强，2015）。

有学者分析了朝鲜族农村妇女流动的现状、特点及其影响，认为其流动呈现出递增的趋势，且具有总量多、范围广、形式多样、流动时间长等特点，而流动在带来少数民族妇女观念意识及社会化程度提高、推动朝鲜族社会的经济发展水平及其城镇化过程的同时，带来了传统农村社会结构的破坏、在农村子女教育中缺位甚至不利于和谐社会的建构等方面的危机（姜善、朴今海，2011）。刘超祥（2014a；2014b）以贵州省黔东南苗族侗族自治州A村为调查点，对农村留守妻子的基本生活状况进行了调查，发现留守妻子家务活增多、农业生产负担重、夫妻两地分居情感交流欠缺、精神压力大，建议建立健全以家庭为主的农民工相关政策，实现劳动力就近就地转移，建立留守妻子帮扶体系。

（七）少数民族妇女的权益保障

这五年，少数民族妇女的权益与保障研究主要涉及少数民族妇女生育、教育、医疗、养老、生存与发展、土地等议题。

在经济水平较低、偏远的农村少数民族地区，农村少数民族妇女的生育现状令人担忧。有学者认为，有必要提高农村少数民族女性受教育水平、完善农村医疗保障制度以及明确侵犯女性生育权的法律责任并构建行之有效的调解等救济途径，以促使其生育权的实现（阮丽娟、邓喜莲等，2011）。有学者探讨少数民族地区女性与养老问题的关系，对老年群体的差异性进行研究，认为老年问题在很大程度上是老年妇女问题（林庆、李旭，2011）。

当前少数民族女性的土地权益尤其受到关注。少数民族农村妇女离婚后，虽然在法律规定上其仍享有完全的土地承包经营权，但事实上，她们很难再享有原土地的承包经营权，不管其在新居住地是否获得新的土地承包经营权。因此，在少数民族离婚案件中土地承包权的分割上应遵循严格保护少数民族离婚妇女的土地承包经营权和科学分割、有利生产和经营的原则（易燕、李峣，2014）。

针对现阶段少数民族妇女权益保障的现状，有学者指出，边疆少数民族妇女如散杂居少数民族妇女的权利救济体系还不完善、法律意识的缺失使得少数民族妇女的权利不能得到充分的保障，因此，需要从立法、司法救济和增强权利意识方面来完善少数民族妇女权利的法律保护体系，使少数民族妇女权利的法律保护汇入国家的总体人权保护机制之中（彭谦、商万里，2012）。有学者则通过实地了解新疆阿勒泰地区青河县农村妇女的基本生活、权益保护意识以及权益救济现状，建议将农村妇女权益保障纳入法制保护的轨道，提高农村妇女维权意识水平（郭梦露，2014）。有学者运用“增权理论”对少数民族妇女的发展做出新的解释，提出了从“个体增权”“社会增权”“制度增权”三个维度来提升少数民族妇女自身能力的建议（李凤琴，2011）。

（八）少数民族妇女与传统文化

少数民族妇女与传统文化的关系非常紧密，这一阶段的研究主要集中在少数民族妇女的传统服饰、传统手工艺、传统体育文化等方面，大部分学者的研究出发点侧重于少数民族文化保护与传承方面，较少将少数民族妇女作为传承人来予以重视。

李伟（2012）在探讨新疆传统民族文化传承和保护模式的基础上，进一步分析了民族文化和少数民族妇女之间的密切关系，提出以二者同为保护客体的理论模式，促成新疆民族文化真正的传承和保护。周莹（2014）对贵州西江千户苗寨中的苗族妇女便装的历史演变、特点和审美进行了考察，从文化角度审视了当地人们的生活面貌与审美观念，认为要维护、传承和发展这种便装艺术应植根于当地特殊的人文地理环境当中，并赋权于当地居民。卢苏萌（2015）则集中对蒙古族女性的头饰进行了历史发展和区域对比的研究，评述了中国北方少数民族艺术的历史价值和现代意义。手工艺与传统服饰的关系非常密切，因为少数民族妇女的手工艺很多是用于传统服饰制作的，如蜡染对贵州镇宁布依族少数民族妇女生活产生的影响（胡文兰，2011）。杨国才在《少数民族妇女的知识和文化——民族民间传统手工艺及服饰》（2011）一书中指出，少数民族妇女有自己的知识和文化，少数民族妇女的知识文化就是民族民间传统手工艺及服饰。

许多学者对少数民族妇女与民族传统体育文化的关系表现出兴趣。张永（2013）、夏思咏（2014）指出，应重视少数民族妇女在民族传统体育文化传承中的重要作用，要充分发挥妇女的主体性来传承和发展民族传统体育。

有学者以云南德宏州梁河县的阿昌族女性信仰变迁为研究对象，试图寻找信仰变化与阿昌族传统文化之间的密切联系（曹路，2011）。有学者基于对广西龙脊梯田景区黄洛瑶寨的研究，剖析了少数民族传统文化在旅游语境中如何被建构生产以及影响红瑶妇女生计变迁的过程（张瑾，2011）。有学者对沿河土家族的哭嫁歌进行了详细的研究，展现了土家哭嫁歌中蕴含的独特土家族文化和其对汉文化的吸收（冉竟华，2015）。在跨境族群的研究趋势下，朱艳霄（2012）对壮族布岱族群女性的跨文化传播现状及其困境进行了研究。杨国才在《社会性别视野下少数民族妇女的健康与生态环境保护》（2011）一书中，从社会性别的视角出发，以女性人类学、生态人类学、医学人类学等为学科背景，发掘少数民族传统文化中妇女的知识和经验，探讨了少数民族传统文化中妇女与健康、生态环境、传统文化有关的观念和行为。王凤华（2012）基于女书文化中瑶汉混俗的多元性特征，提出有必要将女书置于民族互动背景的视角下进行研究。

（九）少数民族妇女的婚姻和家庭

冯雪红的著作《嫁给谁：新疆阿村维吾尔族妇女婚姻民族志》（2013）对维吾尔族妇女的婚姻观、择偶观和婚姻文化进行了全面解析。该书对婚姻居住模式下维吾尔族妇女婚后的家庭关系和早婚原因、高离婚率原因、再婚所面临的压力和困惑以及维吾尔族妇女婚姻与妇女发展的关系进行了深刻的探讨，并提出了以婚姻为基础发展家庭的维吾尔族妇女发展模式。作者指出，对妇女的赋权应建立在尊重当地社区知识和经验的基础之上，主张充分调动维吾尔族妇女主体性的同时，重视国家、学校和社会等多种力量的介入和作用，共同促进维吾尔族妇女的发展，改善维吾尔族妇女的婚姻。王雪梅（2012）通过对西吉县农村回族生育意愿的调查分析发现，该县回族人口早婚现象普遍，提出要从经济驱动、文化教育、建立生育政策调控体系、典型经验启发等几个方面来解决。

有学者对当代少数民族妇女在家庭生活中的角色进行探索，认为受传统文化的影响，少数民族女性的角色被限制在家内，但随着社会经济的发展、性别平等观念的普及深入，女性的社会角色意识、自我意识都有了一定程度的提升（郑璐、郑瑶，2013）。有的学者分析了西南少数民族妇女嫁入东部沿海农村的途径、原因、在当地的适应情况及对东部沿海地区的影响，并指出了她们及其家庭面临的困境（郑信哲，2014）。桂宇（2014）的博士学位论文在社会性别视角下考察了傈僳族社会中社会性别分工、两性角色及婚姻习俗的历史演变，作者认为，傈僳族女性从“家族财产”到“稀缺资源”的角色转变，是社会变迁背景下傈僳族妇女在婚姻关系中权利、地位以及自主能力的调适过程。

三 研究不足与展望

（一）研究不足

2011～2015年，国内学者对少数民族妇女的研究取得了较大进展，但也存在一些不足，主要表现在以下方面。

1. 研究数量不足

2011～2015年，少数民族妇女研究从研究数量上看，较前一个五年有了较大增长，但总数上仍然较少，说明国内对于少数民族妇女的关注度仍然不够。以民族文化为例，每年关于民族文化的研究在中国知网检索中都有近1000篇，而少数民族妇女作为民族文化的重要传承者乃至创造者，其对民族文化的保护与继承的重要性往往被忽视，中国知网检索出关于少数民族妇女与民族文化的文章不足30篇。

2. 研究深度不够

2011～2015年，从研究内容上看，首先，现有研究深度不够，分析较为浅显，缺乏理论性分析，以描述性文章为主；其次，相同主题的研究其结论近似度高；再次，围绕一个主题所进行的研究，而总体感觉较为零散，不够系统，未成体系；再次，虽然目前研究涵盖范围较广，但关于少数民族女童、家庭暴力与少数民族妇女、少数民族妇女与生态环境等热点问题涉及较少或尚未涉及；最后，针对少数民族妇女的特殊性研究不足。关于这一群体的研究，应避免从女性天生处于弱者地位的角度出发，这有可能进一步加深性别间的不平等现状。

3. 研究立项较少

2011～2015年，国家社会科学基金项目和教育部人文社科研究项目中，有关少数民族妇女的立项每年都只是个位数。与前两类课题立项相比，国家民委民族问题研究项目更集中于对少数民族问题的研究，但是有关少数民族妇女研究的课题立项数量同样不容乐观，且少数民族妇女研究项目类别等级较低，无一国家重点项目。课题申报者所属单位皆为少数民族地区院校或少数民族聚居省份的社会科学院，课题的研究主体较为集中，也直接影响到研究视野的开阔性。

（二）对未来研究的展望

1. 积极推进少数民族妇女研究本土化进程

要在少数民族妇女问题的理论、研究方法、研究视角方面有所创新，通过视角、方法的转化为少数民族妇女问题的研究拓展出一片新的空间；少数民族妇女研究要加快本土化进程，建构自身的话语体系。

2. 多方力量联合推动少数民族妇女研究

为促进少数民族妇女研究的繁荣，要做到妇联、高校、社科院和省委党校四位一体；要做到自上而下与自下而上相结合，也就是民间力量与政府力量相互推进，少数民族学者自我研究兴趣与国家项目、教育部妇联等的推进相结合；要做到自内而外与自外而内相结合，也就是少数民族本土学者与其他学科学者相结合；鼓励全社会关注少数民族妇女问题的研究，增加国家社科规划办、教育部、国家民族事务委员会对少数民族妇女问题研究立项的支持；增加反映少数民族妇女问题研究的期刊与栏目。

3. 加强基础理论研究

从事少数民族妇女问题研究的学者应夯实理论基础，对少数民族妇女问题进行深入研究和理论提炼，才能够从真正意义上对少数民族妇女的发展与进步起到推动作用。

女性高层人才研究综述（2011～2015年）

杨　慧　王　妍*

一　研究概述

伴随《国家中长期人才发展规划纲要（2010～2020年）》实施的深入，2011～2015年学界对高层人才越来越关注，对女性高层人才（指副处级及以上女性党政干部、具有副高及以上职称的女性专业技术人员和企业高层管理中的女性）的研究迅速增加。

（一）文献检索情况

根据女性高层人才的概念界定，为了在中国知网上检索出女性高层人才研究文献或分性别研究的高层人才文献，分别使用“女性人才＋高层”“高层人才＋女”“高层人才＋性别”“高层次人才＋女”“高层次人才＋性别”“女企业家”“女干部＋处级/局级/厅级”“后备人才（女大学生）”作为关键词在期刊、硕博士学位论文、会议论文和报纸数据库中进行检索，共获得学术文献记录183条。在剔除交叉重复文献后，最后获得135篇。中国知网各类数据库的检索结果见表1。

表1　中国知网检索的相关文献数量

单位：篇

关键词	期刊论文	硕博士学位论文	会议论文	报纸文章	合计
女性人才＋高层	18	5	3	2	28
高层人才＋女	1	1	0	2	4
高层人才＋性别	10	3	2	1	16

* 作者简介：杨慧，女，全国妇联妇女研究所副研究员；王妍，女，全国妇联妇女研究所研究实习员。

续表

关键词	期刊论文	硕博士学位论文	会议论文	报纸文章	合计
高层次人才+女	31	10	1	3	45
高层次人才+性别	35	26	1	1	63
女企业家	8	5	1	0	14
女干部+处级/局级/厅级	1	1	1	0	3
女大学生（后备人才）	10	0	0	0	10
合计	114	51	9	9	183

同时，在中国国家图书馆检索中，共获得以女性高层人才为主题的著作15部，另外，《新时期中国妇女社会地位调查研究》、《中国妇女社会地位调查论文集》（第1~3辑）以及《2015劳动力市场发展报告》中均有女性高层人才相关研究。

在综述所用文献中，期刊论文有92篇（占62.30%以上），硕士博士学位论文有28篇（约占27.87%），会议论文和报纸文章有15篇（约占9.84%），由此可见，硕士博士等年轻学者作为新生研究力量，通过学位论文加入了女性高层人才研究队伍。从所综述文献的期刊来源看，2011~2015年《妇女研究论丛》发表的女性高层人才研究成果最多，《中华女子学院学报》次之，《中国妇运》《山东女子学院学报》《领导科学》各发表3篇文章，其他期刊论文分布较为分散。

（二）主要特点

与2005~2010年女性高层人才研究相比，这五年的女性高层人才研究呈现出以下特点。

1. 研究对象精细化

谭琳、杨慧（2013）对两类（副处级及以上党政干部和专业技术人员）女性高层人才，谢焕男（2014）、马冬玲（2014a）、佟新（2013）等学者对三类（副处级及以上党政干部、具有副高级及以上职称的专业技术人员和企业高层管理人员）女性高层人才面临的问题进行了分析研究。也有部分学者对某一个具体类别的女性高层人才进行更为细致的研究探讨。其中，对党政人才（中央或部分省市国家机关、高校厅局级、处级女干部、政治精英）研究的学者最多，如李娜（2015），佟新、刘爱玉（2014），王斯琴（2013），卢兴斌（2012），周敏（2011）。对三类人才进行比较研究的学者次之，对两类人才进行比较研究的学者最少。

2. 所用数据权威化

很多学者使用由全国妇联和国家统计局联合组织开展的2010年第三期中国妇女社会地位调查中的女性高层人才调查数据库进行深入研究，此次调查包含31个省区市副处级及以上党政干部、具有副高及以上职称的专业技术人员和企业高层管理人员中3097位高层人才的个人数据，为相关学者开展女性高层人才研究提供了丰富的、权威的数据资料。另有部分学者使用2010年中央国家机关工委统战（群工）部调查数据（包含60多个部门、3000余名女干部），此外卢兴斌（2012）使用该套数据中的中央国家机关50个部委机关的1285份调查问卷完成了硕士学位论文研究。同时，21个省区市的95个科研工作单位的被访者孕哺期状况及产后返岗状况调查数据、中国科学院网站和中国工程院网站数据、国家自然科学基金委员会和国家社会科学基金委员会网站统计汇总数据、内蒙古党委组织部的统计资料、党委政府门户网站中女性党政一把手的公开资料、江苏省及地级市女性官员的履历档案等数据也被使用。

3. 研究方法多元化

在这五年的女性高层次人才研究中，无论是定量研究方法还是定性研究方法，抑或是定量与定性相结合的研究方法，都得到了长足发展。

定量研究方法得以深入。在一般描述性分析的基础上，相关学者不但注重对分析数据的统计性检验，而且利用较为高级的定量分析方法进行研究。谭琳和杨慧（2012；2013）研究男女高层人才职业发展、退休时间和收入待遇等性别差异时，使用了卡方检验。张丽琍（2013）采用方差分析和相关系数logit序次回归方法研究不同单位的性别歧视状况，发现家庭经济贡献、年龄、导师和单位女性比例对女性职业发展具有影响。

定性研究方法得以发展。相关座谈会或个人深入访谈资料为女性高层次人才研究提供了丰富生动的一手资料。如谈宜彦、王玉玲（2011）在问卷调查的基础上，使用了由高级女干部、青年女干部、人事部门负责人、妇女组织负责人参加的多个座谈会资料。刘爱玉、佟新（2012）对中央国家机关女干部成长成才成功经验以及影响女干部成长的主要问题进行了深入访谈等。

其他研究方法有所尝试。有学者利用文献研究法、调查归纳法、理论研究与实证研究相结合的方法，分析了南京市机关女干部发展状况（隆凤，2015）。佟新、马冬玲（2012）通过对以往有关女性高层人才的研究综述总结了不同类别女性高层人才的特点。

二　主要研究内容

这五年里，相关学者在研究中准确刻画女性高层次人才的现状，总结其成长规律，分析面临的问题与挑战，提出促进女性高层次人才进一步发展的对策建议。

（一）基本状况

1. 女性高层人才的总体状况

一方面，女性高层次人才毕业于国家重点院校的比例高出同类男性9.2个百分点（谢焕男，2014），她们在求学阶段就已经积累了丰富的、高质量的人力资本（胡晓红、钟延强，2013）。女性高层次人才还具有良好的社会资本，如所在单位性别环境友好，参加相关专业或行业组织的比例高于同类男性和女性非高层人才，具有更现代的性别观念，能够更多地利用社会化和市场化的家政服务摆脱工作和家庭双重角色压力（马冬玲，2014a；佟新、周旅军，2013；佟新，2014）。

另一方面，高层人才中女性所占比例仍相对较低，存在专业、职业性别隔离，女性人才正职少、副职多，高层少、基层多（马冬玲，2014）。在职业生涯初期有26.9%的专业技术人才表示其所在单位最近3年存在只招男性的现象，职业生涯发展期面临工作－家庭冲突，职业生涯稳定期遭遇社会对女性评判的双重标准以及“男士优先”的潜规则（杨慧，2013a）。女性后备人才受到性别歧视的概率高出同类男性20%以上（张抗私、班晓娜、贾帅帅，2015）。

2. 女性党政人才的基本状况

近年来，中央机关女干部队伍越来越壮大、受教育水平大为提高，特别是新进入国家机关的女干部，拥有全面发展的职业追求（谈宜彦、王玉玲，2011）。2012年中国31个省（市、区）“四大班子”现任“一把手”中有7位是女性（张锫，2014）。在13个地级市的四大班子主政官员中，女性比例为10%～

20%，其中党委中女性比例最低（为10.81%），人大中女性比例最高（为19.23%）。在女性领导干部的退休年龄方面，处级及以上女性领导干部的平均实际退休年龄仅为54.38岁，比同类男性低3.98岁（谭琳、杨慧，2013）。同时，女性官员晋升渠道相对单一，特别是党政系统女性高官大部分来自机关或共青团，存在女性参与比例较低、权力尖端缺损、权力边缘化问题（郁庆芳，2015）。

3. 女性科技人才的基本状况

有研究指出，女性科技人才实力显著增强、潜力巨大，从女性项目主持人占总项目比例来看，虽然从2000年到2012年不断增长，由12.36%提高到24.13%，但是女性主持的重大项目和重点项目数量很少。在学科分布方面，女性科研人才占绝对优势的学科较少；在地域分布方面，女性科研人才分散且具有明显的不平衡性（杨孝丽，2015）。从人才数量方面，科技领域女性高层人才数量较少、所占比例较低，中科院和工程院两院院士中女性仅占5.6%，比1978年第一届全国科学大会时6.2%的女院士比例还要低。国家“863”计划专家组中没有女性成员，“973”计划选聘的首席科学家中女性仅占4.6%，“长江学者”中女性占3.9%，中科院“百人计划”入选者中女性占5.0%（全国妇联女性高层人才成长状况研究与政策推动项目课题组，2011）。

4. 女性管理人才的基本状况

本综述中女性管理人才是指企业高层管理人员中的女性人才。有研究发现，企业中女性高层次人才个人－组织价值观匹配与薪酬、工作晋升次数、生活满意度有正向影响（李玲玉，2013）。另有研究发现，女企业家在获取人力资本、社会资本、政治资源和机会以及在创业动机、对工作的态度和对能力的自信上，与男企业家一样甚至更好。与此同时，虽然女企业家的性别分工意识更为现代，但是仍然受到传统性别社会化的规训（周旅军，2013）。针对女性创业者的研究发现，女性创业者中七成以上年龄超过40岁并接受过高等教育，女性创业者为女性员工提供的发展机会较多、企业发展前景更好（杨慧，2015）。

（二）成长规律

在这五年的研究中，对女性党政人才和女性科技人才的成长规律总结提炼较多，对女企业家或女性创业者的成长规律涉及较少。本综述拟从国家政策、组织环境、家庭支持、人力资本等方面，总结高层次女性人才的成长规律。

1. 国家政策的支持

各级党委和政府致力于倡导男女平等，保障妇女权利，促进妇女发展，为女性进入科技领域成长与发展创造了良好的政策环境。不少女性认为自己的成长离不开男女平等的大环境（全国妇联女性高层人才成长状况研究与政策推动项目课题组，2011）。贯彻男女平等基本国策和实施科技兴国战略，为女性进入科技领域创造了良好的政策环境和难得的发展机遇（陈至立，2013）。此外，教育机会均等政策及支持高校女生就业政策，促进了女性后备人才的成长与发展（石彤、李洁，2014）。

2. 组织性别环境友好

支持性任职环境是女性成才的沃土（谢焕男，2014），平等的组织环境有利于女性成长为高层次人才（陈至立，2013）。随着女性成为一把手、进入决策层的比例增加，女性在职业发展的各个环节遭受的性别歧视会减少；单位领导层的性别比例越平衡，发生性别歧视现象的比例越低，即组织性别环境友好，有利于女性成长（马冬玲，2014a）。学习和工作单位创造的女性友好环境，如师长激励女性选择并献身科学研究，较好地落实国家男女平等政策，提供科研锻炼和积累机会，注重为女科技人员提供支持和服务，有利于女性高层人才的成长（全国妇联女性高层人才成长状况研究与政策推动项目课题组，2011）。高校开设妇女/性别研究课程推进性别平等，有利于后备人才成长（石彤、李洁，2014）。

3. 家庭给予支持

获得家庭的支持是女性成长为高层人才的规律之一（陈至立，2013）。平衡工作和家庭关系是两性行政干部在地位晋升时都要面对的课题，对女性更为明显（佟新、刘爱玉，2014）。在对0～3岁孩子的抚育上，面对单位制的解体，家庭支持网络中夫妻双系的父母帮助成为最主要的力量（佟新、周旅军，2013）；支持性家庭环境在女性高层人才平衡工作－家庭方面提供了必要的帮助，鼓励女性挑战传统性别角色，理解和支持科技女性的发展需求（全国妇联女性高层人才成长状况研究与政策推动项目课题组，2011），更有利于女性成长为高层次人才（陈至立，2013；谢焕男，2014）。家庭的支持特别是丈夫的支持对个人职业生涯发展非常重要（张李玺，2014）。

4. 人力资本和社会资本累积

良好的教育背景是女性成才的重要基础，个人的坚强意志力和强烈的事业心是女性成才的内在动因（谢焕男，2014），个人的努力在职业发展生涯中起着至关重要的作用（张李玺，2014）。同时，女性专业人才有着不输于男性专业人才的人力资本，无论女性还是男性，自致因素对成为高级专业人才更加重要（刘爱玉、佟新，2012）。充分发挥女性科技人才的个人能动性，在专业定位上找准创新点，注重知识积累与更新，把握发展机遇有利于女性成才（陈至立，2013）。性别角色认知越趋向于现代，越利于更高行政级别地位的获得（刘爱玉、佟新、傅春晖，2013）。在厅局级干部职业生涯竞争中，优秀的女性干部精英需要冲破传统性别观念和性别角色的种种束缚（李娜，2012）。此外，榜样特别是女性榜样对女性高层次人才成长具有重要意义（陈至立，2013）。

拥有非常大的社会资本存量是女性成为高层人才的重要条件（胡晓红、钟延强，2013），社会资本对男女两性局级及以上晋升影响显著（佟新、刘爱玉，2014）。强关系对女性职业发展的影响更为明显，特别是家庭出身的优势对女性成才有积极的作用（马冬玲，2014a；张李玺，2014）。此外。女性人才成长不仅要提升人力资本和建构社会资本，而且有赖于父母的社会经济地位（佟新、刘爱玉，2014）。

（三）制约因素

影响女性成长为高层人才的主要因素包括以下几个方面。

1. 社会因素影响

有学者认为，女性高层次人才群体发展面临的主要问题在于不健全的社会制度政策、社会传统文化桎梏以及缺少必要社会支持（全国妇联女性高层人才成长状况研究与政策推动项目课题组，2011；谢焕男，2014；许传淇，2014）。调整女性参政的保障政策措施相对滞后，性别保障政策执行乏力（隆凤，2015）。一定时期内国家政策、社会风气影响制约着女性职业发展（张李玺，2014）。在退休年龄方面，不平等的退休政策打击了女性的科研积极性，造成了女性科技人才的浪费；在传统观念方面，社会性别刻板印象如专业中的性别隔离、就业中的性别歧视、媒体的忽视和对性别偏见的复制等制约着女性高层科技人才的发展（全国妇联女性高层人才成长状况研究与政策推动项目课题组，2011）。性骚扰以及就业市场中对女性的不友好因素也影响着后备人才发展（石彤、李洁，2013）。

2. 组织/单位因素影响

在组织/单位影响因素中，领导层女性缺席或影响力较弱以及给予女性的培训晋升机会偏少，影响了女性成长为高层人才。科技领域决策中的女性缺位，制约女性科技人才发展，导致性别歧视愈加严重（全国妇联女性高层人才成长状况研究与政策推动项目课题组，2011；张丽琍，2013）。政府机关拥有同样职务级别的女性影响力弱于男性（谈宜彦、王玉玲，2011）。女性高层人才职业阻力显著高于同类男性，证实了性别“玻璃天花板效应”的存在（李新建、孙美佳，2013）。女干部接受培训和轮岗交流机会少（谈宜彦、王玉玲，2011），培训的针对性与时效性有待提高（王斯琴，2013）。

3. 家庭因素影响

家庭责任承担越多，越不利于更高行政级别地位的获得（刘爱玉、佟新、傅春晖，2013）。在高层人才对中国各级领导岗位上女性数量相对较少的归因上，“家人不支持女性当领导”占21%左右，“女性家务负担重”占53.1%（佟新、周旅军，2014）。“男主外，女主内”的家庭性别分工模式对科技领域女性高层人才发展具有制约作用（全国妇联女性高层人才成长状况研究与政策推动项目课题组，2011）。已婚女性家庭压力大于未婚女性，生育行为造成女性学术生涯的断层，繁重的家务、养育子女和照顾老人等占据了女性科技人才的大部分时间（杨孝丽，2015）。此外，家庭所在地、父母受教育程度和职业地位等造成女性后备人才专业性别隔离（石彤，2013）。

4. 个人因素影响

有研究认为，女性生理特殊性和普遍存在的“成功意识弱、自卑感强、依附性重、角色冲突大、易于满足和焦虑”等，影响了女性人才的进一步发展（乌尼日、庞惠，2012）。此外，女干部自身普遍缺乏对个人发展的规划意识或职业规划清晰度较低（许传淇，2014；隆凤，2015），自身主体意识不强（谢焕男，2014），综合素质有待提高（门琛，2015）。女性专业技术人才对信息不敏感，限制了学术交流或科研视野，制约了科研潜能的发挥，导致科研人才产生性别差距（杨孝丽，2015）。从20岁到60岁，男性投入曲线起点较低但逐渐上升；女性投入曲线虽起点较高但相对曲折，生育、孩子高考及临近退休三个时间段对女干部成长影响较大（谈宜彦、王玉玲，2011）。对于后备人才而言，个人素质和意愿是影响就业质量的最重要因素（张抗私、盈帅，2012）。保守的社会性别观念和逐步放松的成就动机，影响了女研究生科研创新与持续性发展（李洁、王颖、石彤，2013）。

（四）对策建议

女性高层人才成长是一个关系到国家形象、男女平等基本国策和人才战略的要事，公共政策应更加注重女性高层人才得以产生的社会机制和政策保障（马冬玲，2014a）。大多数学者从国家和政府层面提出促进女性高层人才发展的对策建议，另有部分学者从组织和单位层面、家庭和社区层面以及女性自身层面提出对策建议。

1. 国家和政府层面

在宣传培训方面，研究者建议大力宣传男女平等基本国策（谈宜彦、王玉玲，2011；陈至立，2013；马冬玲，2014a；周丽婷，2013；王斯琴，2013；佟新、刘爱玉，2014），宣传先进性别文化，推动社会性别主流化（隆凤，2015；杨慧，2015；刘菊香，2012），在决策者、工作人员和评审专家培训中加入社会性别内容（牛天秀，2013；马冬玲，2014）。在高校教师资格培训中纳入社会性别培训课程，提升高校教师的社会性别意识（石彤、李洁，2014）。营造良好的社会环境，加大对女科技人员、优秀女干部的正面宣传，为女性高层人才成长树立榜样和信心，鼓励和倡导女性成长为高层人才（全国妇联女性高层人才成长状况研究与政策推动项目课题组，2011；蔡杰等，2014；马冬玲，2014a；马冬玲，2014）。

在政策措施方面，有学者认为，应尽快颁布禁止就业性别歧视的专门法律（张抗私、盈帅，2012）。在招录、培训、晋升、退休各环节实行男女平等政策，减少职业生涯中的性别偏见和歧视（马秀玲、闫虹，2013；马冬玲，2014；乌尼日、庞惠，2012）。实施积极的性别保护政策，完善性别比例保障制度（隆凤，2015），增加各级女干部配额比例、提高妇女参与决策和管理的比例（乌尼日、庞惠，2012；李娜，2015），完善符合女干部特点的人才培养机制，创新选拔机制、任用锻炼机制（王斯琴，2013；蔡杰等，2014）。国家设立女性职业发展基金，帮助她们加快职业成长；采取同等优先等措施，探索设立鼓励后备人才成长的成才计划（乌尼日、庞惠，2012）。全面检查和监督机关事业单位的退休政策落实，纠正违反退休政策的规定，推动有利于性别平等的退休政策改革方案，缩小男女两性在退休年龄等方面的差距（谭琳、杨慧，2013；周丽婷，2013；李娜，2015）。针对女性高层人才遭遇职业发展制约的问题，建议建立反就业性别歧视专门机构（杨慧，2012）。

在提供资源方面，研究者建议创造公平的人才发展环境，资源适当对女性倾斜（全国妇联女性高层人才成长状况研究与政策推动项目课题组，2011；马冬玲，2014；杨慧，2012）。在职务晋升、职称评定方面，扭转男士优先局面。在科研项目评审中，同等质量下女士优先。在相关部门评奖中，重点关注女性作为第一负责人的获奖情况。采取类似党政领导中的女干部配额制等措施，提高管理和决策层的女性比例（杨慧，2013）。为女性创业者提供金融支持（杨慧，2015），将相关资源适当向女性科研工作者倾斜（杨孝丽，2015）。

此外，还要完善相关社会服务，解决女性高层人才的后顾之忧（全国妇联女性高层人才成长状况研究与政策推动项目课题组，2011），特别是加大公立托儿所和幼儿园的建设力度，将幼儿园3～6岁教育纳入国家公共教育的范畴（佟新、周旅军，2013）。加强有关人才资源的分性别统计和监测评估（马冬玲，2014），健全统计机制，将担任正职和副职、担任不同领域的领导职务、担任不同级别的男女领导单独统计，以此来促进男女平等参与政治决策（张镕，2014）。

2. 单位和组织层面

积极构建性别友好的组织环境（马冬玲，2014a），完善管理制度和运行机制，加大领导团队中的女性比例（张丽琍，2013）。针对女性党政人才发展问题，有学者建议领导干部和组织部门应该宣传先进社会性别意识，自觉按照男女平等原则看待、培养、选拔女性人才（蔡杰等，2014）。建议高校适当调整女干部的培养任用制度，合理调配、适当减轻工作压力，制定支持女干部成长的相关政策，加强女干部领导力的培训工作（许传淇，2014）。在企业管理过程中，要注重女性高层人才的职业成功（李玲玉，2013）。此外，为了促进女性高层人才的工作－家庭平衡，有学者建议单位应给予职业男女特别是有0～3岁孩子者婴幼儿福利支持（佟新、周旅军，2013）。

3. 家庭和社区层面

社会化服务的帮助和支持对女性摆脱劳务负担有重要作用。尊重女性人才成长的特殊需求，通过提供更多社会化和多样化的家务劳动服务、鼓励男性更多地承担家庭责任等方式，帮助她们更好地平衡工作和家庭（马冬玲，2014a）。倡导男女共同承担家务的理念，使女性拥有与男性相近的工作学习时间，以便更好地获得个人发展（杨慧，2012；2013a）。部分学者建议管理者通过制定和实施家庭政策，增强家人对女性高层人才的支持（张丽琍，2013）。建立政府购买公共服务制度，为女性人才平衡工作－家庭责任创造条件，如为怀孕或生育后女性放宽申请基金和完成项目的年龄限制、为女性提供有关育儿和家庭照顾方面的信息支持和设施支持等（乌尼日、庞惠，2012）。

4. 女性自身层面

针对女性自身存在的问题，有学者建议女性要树立先进社会性别观念、要有意识地克服自身弱点，培养奋斗与竞争意识，注重提高自身的素质与能力，充分发挥自身优势（张抗私、盈帅，2012；李洁、王颖等，2013；谢焕男，2014；杨孝丽，2015）。正确认识自我，树立较强的自我认同感和自主参政意识，增强追求职业成功的自信，勇于树立远大的职业发展目标（乌尼日、庞惠，2012）。在求职时不仅要考虑薪酬，更要看企业的文化和价值观是否契合（李玲玉，2013）。另有学者建议不断加强女干部的心理素质建设，提升女干部综合素质（蔡杰等，2014），提升女性参政主动意识（隆凤，2015）。

三 研究不足与展望

（一）研究不足

部分研究数据样本量偏小。部分研究所用调查问卷的样本量偏小，由此可能导致分析结果的稳定性受到影响。例如，谢焕男（2014）利用第三期中国妇女社会地位调查中的山西省调查数据进行研究时，发现该省数据库中仅包含女性高层人才40人，由此对女性高层人才的年龄结构、教育背景、任职情况和工作状况等进行分析时，既难以保证对山西省女性高层人才具有代表性，又难以保证数据的稳定性。此外，胡晓红和钟延强（2013）、李新建和孙美佳（2013）利用第三期中国妇女社会地位调查中的省级数据进行分析时，研究对象也仅有100多人。

部分类型女性高层人才研究尚未涉及。按照《国家中长期人才发展规划纲要（2010～2020年）》总体部署，要“统筹抓好党政人才、企业经营管理人才、专业技术人才、高技能人才、农村实用人才以及社会工作人才等人才队伍建设”，据此可见，女性高层人才应该包含以上六个类别。鉴于研究视角和调查数据的限制，这五年的女性高层人才研究中，绝大部分学者关注了前三类人才中的女性高层人才，对于“高技能人才、农村实用人才以及社会工作人才”，本次综述中的相关文献尚未涉及，对于后三类女性高层人才的成长发展状况、面临问题与挑战尚不可知。

部分研究有待不断深入。一是部分观点或研究发现存在争议，学界在高层人才基本状况、成长规律方面的研究发现与高层人才面临问题与挑战方面尚未达成一致认识。如在女性高层人才的科研或工作能力、参政意识、提拔晋升时间、组织环境以及家庭冲击工作方面，部分研究甚至得出了相反的结论。二是部分研究的规范性有待提高。虽然这五年女性高层人才的研究水平较过去五年有很大提升，但是仍然存在低水平重复的问题，研究的规范性与深入性有待提高，研究的创新性明显不足，部分对策建议缺乏针对性和可操作性。

（二）研究展望

做好女性高层人才数据开发与准备工作。第三期中国妇女社会地位调查中的女性高层次人才调查为这五年的相关研究提供了高质量的数据基础。建议相关研究者做好与省级妇联的数据使用沟通工作，在获得第三期中国妇女社会地位调查数据库的基础上，争取获得女性高层人才数据库，在具体研究过程中，将这两个数据库中的高层人才数据合并使用，以解决样本量偏小问题。同时，根据当前经济社会发展特点，结合女性高层次人才发展面临的机遇与挑战，需在相关调查研究中进行这方面的数据资料收集整理。

加大对其他类型女性高层人才的研究。在中国新型工业化道路和产业结构优化升级过程中，高技能人才、农村实用人才、社会工作人才队伍不断发展壮大，应加大对这部分群体的调查研究。

进一步深化女性高层人才研究。加大对女性高层人才的调研力度，通过完善研究设计、增加样本代表性，不断深化研究目前有争议的问题，尽快在女性高层人才状况、成长规律、问题与挑战等方面达成共识，为政府决策提供科学的依据。与此同时，要提高女性高层人才研究的规范性、深入性和针对性。

女童研究综述（2011～2015年）

和建花*

一　研究概述

本综述所指“女童”为18岁以下女性儿童，依据来源于联合国《儿童权利公约》对“女童”的界定。本综述的框架包括以下六个议题：女童相关法律政策与实践、女童生存与健康、女童教育与发展、女童保护和参与、女童的性别观念和性别意识、留守女童和少数民族女童。本综述的文献为2011～2015年公开出版的书籍、学位论文以及期刊学术论文。文献主要来源于以下渠道：一是国家图书馆的馆藏图书和学位论文搜索引擎，从中搜集到馆藏2011～2015年女童相关专著4本，馆藏硕士学位论文26篇，其中相关程度较高的硕士学位论文十余篇；二是中国知网搜索引擎，从中查询到相关学术论文约300篇，其中近百篇文献的研究较为正规，本综述以此作为主要关注的对象；三是中国妇女研究网的相关研究报道，从中搜集到相关政府行动、研究动态等报道20余篇，此部分作为综述的背景补充材料。

2011～2015年关于女童的主要研究项目有：全国妇联与国家统计局2010年合作开展的“第三期中国妇女社会地位调查女童专题调查研究”；中国儿童基金会、北京师范大学、全国妇联妇女研究所2015年合作开展的“女童教育与发展需求研究”，该项目的研究成果《女童教育与发展需求研究报告》于2015年在第四届“国际女童日”暨关注女童权利活动上向社会公开发布。

从这五年的研究来看，女童研究的多学科、跨学科特点明显，学者的专业背景来源广泛，有教育学、人口学、社会学、法学等学科背景，且研究人员比较年轻。与前五年相比，研究力量有所增强，研究层次有所提高。硕士学位论文明显

* 作者简介：和建花，女，全国妇联妇女研究所副研究员。

增加，学位论文的研究议题广泛，涵盖了女童生存、教育和发展、保护、性别观念以及传媒报道等方面，一些硕士学位论文质量较高，研究方法科学、分析深入、结论可信。从研究主题来看，能敏锐捕捉和关注社会热点问题，研究问题较为集中，重点关注人群主要是留守女童和少数民族女童。

2011～2015 年，在法律法规和政策的制定、出台和实施过程中，女童研究成果及相关学者的意见和建议得到较好采纳。一是《中国儿童发展纲要（2011－2020 年)》和《中国妇女发展纲要（2011－2020 年)》专家建议稿的采纳程度较高。二是 2015 年 12 月全国人民代表大会常委会审议通过《中华人民共和国反家庭暴力法》、2015 年 8 月全国人大常委会议审议通过《刑法修正案（九)》废除嫖宿幼女罪，相关研究为上述法律出台提供了学术支持。三是女童研究成果推动了各类专项行动计划的实施，研究的配合、指导、评估作用得到充分体现。此外，各级政府在儿童相关数据统计方面逐步加强了分性别统计，这无疑为今后的研究奠定了重要的基础。

二 主要研究内容

本综述选取女童相关法律政策与实践、女童生存与健康、女童教育与发展、女童保护和参与、女童的性别观念和性别意识、留守女童及少数民族女童六个议题，主要基于以下考量。其一，依据《儿童权利公约》所规定的儿童四大基本权利，对女童的研究通常聚焦于其生存、发展、受保护和参与权利。其二，女童处于女性生命周期初始阶段，也是性别角色观念初步形成的时期，性别观念和意识对女童的成长和发展具有重要意义和影响，女童性别观念相关研究应是女童研究的一个重要领域。其三，中国从国家和政府层面出台的女童相关法律、政策，为推动女童工作提供了重要保障，这也是女童研究的一项内容。其四，考虑到近年来部分特殊女童群体面临的一些突出问题以及比较丰富的相关研究，本综述将部分特殊女童群体研究纳入综述视野，并重点关注农村留守女童和少数民族女童研究。

1. 女童相关法律政策与实践研究

北京世妇会将女童列为 12 个重大关切领域之一，20 多年来，中国在女童领域取得的成就离不开女童相关法律政策与工作的推进。《中国儿童发展纲要》是国家对儿童政策的最集中、最核心的体现。三轮儿童发展纲要的制定颁布和实施，《中华人民共和国义务教育法》《国家中长期教育改革与发展规划纲要（2011～2020年）》等法律政策的出台和执行，有力地保障了女童特别是中西部农村和少数民族地区女童受教育权等各项权利。

在“北京＋20”之际，和建花、杨绚（2015）系统梳理了北京世妇会以来中国在女童领域所取得的进展：法律纲要政策制定中纳入性别视角和儿童优先视角，政府制定政策措施反对针对女童的各种形式的暴力，女童受教育权利得到维护，各类女童问题受到重视，儿童保护和福利体系逐步构建。女童发展面临的问题有：立法决策、学校教育及大众传媒缺乏对儿童问题的社会性别敏感性，女童成长面临各种形式暴力的威胁，女童生存发展仍受到各种形式的限制，儿童工作机制需继续健全。杨晶（2015）梳理了中国20年来出台的女童政策，指出这些政策虽然对女童的发展起到了促进作用，但与女童的现实需求相比仍存在差距，未来应该在儿童政策中全面纳入性别视角，在妇女政策中增加儿童视角，构建完善的女童政策体系，改变不利于女童发展的性别歧视文化，细化性别统计制度并加入年龄、民族、地区、城乡维度，建立问责制。上述两个互补的研究，较为全面系统地梳理分析了北京世妇会以来中国在女童领域的进展和与女童相关的政策法律措施，对系统了解女童相关法律政策与实践有一定的价值。

2. 女童生存与健康研究

2011～2015年，女童生存与健康研究主要涉及女童出生和生存权、男孩偏好与出生性别比治理、儿童营养与生病治疗方面的性别差异等议题。与女童出生权、生存权密切相关的出生性别比和生育性别选择问题长期以来备受人口学界关注。2011～2015年，学者们对男孩偏好与传统观念、社会经济发展、家族制度、家庭结构、婚育模式等之间的关系进行了实证研究。盛亦男（2012）基于对2010年“家庭及生育状况研究调查”数据的分析发现，家族制度中的宗族势力、婚嫁模式和传宗接代观念对男孩偏好具有显著影响。陶涛（2012）认为，随着经济社会的发展和人口流动的频繁，对子代的养老效用预期在经济和居住方面已经很低，但在生病照料和赡养、传宗接代方面的期望依然很高，对男孩和女孩的预期体现出传统的“男主外，女主内”的性别认知。周力（2013）的硕士学位论文发现，出生性别比偏高的根本原因是男孩偏好思想的影响，而社会经济和文化传统因素是形成男孩偏好的直接原因。在男孩偏好、生育政策的双重挤压下，人们选择非医学需要的胎儿性别鉴定、非医学需要的选择性别的人工终止妊娠手段实现对孩子的性别要求的愿望。李树茁、胡莹等（2014）发现，生育男孩概率与母亲个人属性、家庭结构和婚姻模式相关；选择男孩的概率与家庭已生育女孩个数呈正相关，与已生育男孩个数呈负相关；人口流动与迁移有减弱家庭男孩偏好的趋向。

在健康领域分性别研究较少的状况下，个别研究关注到农村儿童健康的性别差异。宋月萍（2011）关于中国农村儿童健康性别差异的研究专著，从性别视角出发，从家庭和社区两个层面分析男孩偏好对中国农村儿童健康性别平等的影响，并从历史、现状和对策三个层面，对社会性别与儿童健康理论、中国农村儿童健康状况变化及性别差异的历史轨迹进行了梳理分析。

一些研究持续对国家为治理出生人口性别比失调、保障女童生存权的“关爱女孩行动”进行跟踪分析研究，并沿袭了以往人口学界对性别比失衡治理开展行动研究和政策研究的分析模式。尚子娟、杨雪燕等（2012）以试点县区的公共治理工具的实践和治理成效为基础，总结和建立了县区级性别失衡治理工具的选择模型，在总结治理工具类型、治理环境和执行有效性之间规律的基础上，就目前居高不下的出生人口性别比问题，提出应针对不同地区的特征采取相关治理工作，使计划生育女儿户能“老有所靠，老有所养”。

有学者从性别视角出发，分析了男女童在营养与生病治疗方面的性别差异和城乡差距，和建花（2014）利用 2010 年第三期中国妇女社会地位调查女童专卷数据进行研究后发现，整体而言，在基本营养可获得性与生病治疗情况方面，女童与男童相对平等，没有因为性别而受到明显的不公平待遇，但城乡和地区差异较明显，农村特别是西部农村少数民族女童群体的状况值得关注。张祥晶（2014）通过分析第三期中国妇女社会地位调查数据发现，浙江省大龄女童在健康照料方面与男童的差异已不复存在，个别指标显示大龄女童的生存环境甚至优于同龄男童，但农村大龄女童对奶制品和肉/鱼类的需求满足度低，因缺少父母监护而面临较高生存风险。

3. 女童教育与发展研究

2011~2015 年，相比其他议题，关于女童教育与发展的研究更为活跃，成果数量也更多，涉及的女童群体范围也较广，尽管质量参差不齐，方法也还有局限，但还是出现了一些质量较高的文章和研究综述。

两性教育公平是教育公平的重要构成部分，强海燕、郑新蓉主编的《女童教育公平与教育质量研究》（2013）从性别视角出发，运用社会性别研究方法，从公平和质量两个维度，对当今中国女童学校教育进行了较系统全面的梳理评估。该研究扎根学校并以较大范围的实证调查为基础，注重女童的话语权和主体地位，对女童的教育机会、学业发展、身心发展、性别平等意识与性别观念发展等方面开展了研究，较为系统地呈现了当代女童学校教育发展和性别公平的状况及存在的问题，认为总体上受教育程度的性别差异在缩小，但在贫困农村和民族地区还存在两性之间教育机会不均等等现象。

王舟（2011）对女童教育研究方法的困境进行了分析，认为自20世纪80年代以来，中国女童教育问题开始受到社会普遍关注，并成为国家“八五”至“十五”教育科学规划项目和国际组织优先考虑的议题。女童教育专项研究在解决贫困地区女童教育方面取得了一定的成果，有鲜明的实用性和应用性，为政府推动基础教育等工作提供了政策参考，但不少专项研究在方法的科学性包括问卷的本土适应性、研究的深入性上有所欠缺，研究常以学校、学生及学校活动为中心，田野调查有限。此外，过分依赖外援资金支持的专项研究则影响了研究及干预效果的持续性和长久性，暴露出专项研究难以克服的一些问题和局限。

一些研究关注农村女童失学辍学问题和生殖健康教育问题。周钦、袁燕（2014）认为女孩更可能面临对教育的关心程度低、入学年龄大、辍学可能性高等问题。曲玮、涂勤等（2012）认为，由于生殖健康教育离女童和妇女生活实际更近，不仅可以帮助贫困地区女童和妇女正确认识和对待健康，而且能有效促进其积极健康的家庭生活，为彻底脱贫奠定基础，但受到传统文化、管理体制、实施渠道、资源保障等多重制约，贫困地区农村妇女特别是大龄女童的生殖健康教育成为女童和妇女教育发展中最薄弱的环节。有的行动研究关注西部贫困女童的生活和学习状况及其未来的发展，如李剑（2011）基于对贫困地区、农村边疆民族地区开展的集体支教活动及其研究，重点对这些地区30名贫困女童的学业成绩及其影响因素进行分析，并针对具体问题和困难开展经济、心理和学业救助。

农村教育中的性别歧视也得到一些研究者的关注。杨春华（2012）指出，农村家庭奉行家庭利益至上原则，但家庭利益天平往往向男孩倾斜。男孩对于家庭的重要性，通过与家庭生活息息相关的农村地域社会的传统文化活动被反复强化，导致男孩在家庭中的地位顺序高于女孩。而随着家庭内孩子人数的减少、经济水平的提高以及农村家庭教育意识的改变，与以前相比，对女孩的投入也在大幅增加，因此现阶段农村家庭内部的教育资源分配原则呈现出“保男顾女”的特点。一些基于大型数据的研究也证实了农村教育中性别歧视正在弱化、男女童在受教育机会和条件方面以及学业表现上的性别差异在逐渐缩小。郭剑雄、刘琦（2013）基于对 CGSS2008 年的数据分析发现，农村女孩的受教育程度与其兄弟姐妹数呈负相关；随着生育率的下降，年轻世代农村女孩的受教育水平相对于年长世代显著提升；同时，在生育率下降过程中，女孩受教育年数的增长速度快于男孩，农村女孩和男孩之间的教育差距趋于缩小。和建花（2013a；2013）通过分析 2010 年第三期中国妇女社会地位调查儿童专卷数据以及全国第六次人口普查数据发现，女童在学状态良好，但农村在学率低于城镇，特别是在 15～17 岁年龄段城乡差距拉大，农村女童在学比例快速下降，而在农村失学儿童中，女童因家庭因素失学的比例高于男童。同时，低年龄段女童的在校学业表现也比男童更为优秀，但到 15～17 岁年龄段男女差距逐渐缩小。

沈瑞（2015）的硕士学位论文认为，“女生优势论”与“男孩危机论”是社会建构的结果，其中话语与大众传媒、父权制文化、科学研究系统和教育系统共同充当了建构主体。通过对女生成长路上的不公和障碍的分析，作者指出，女生并非绝对优势、男孩也并非绝对危机。

4. 女童保护和女童参与研究

这五年间，学术界对女童保护的关注程度有增无减，一些研究非常深入，与现实问题密切结合，特别是在嫖宿幼女罪废除问题上展开系列专题研讨。

嫖宿幼女罪一直备受社会各界诟病，终于在 2015 年被废除，中国在女童保护领域迈出了一大步，而嫖宿幼女罪的废除，离不开学界的推动。近年来，嫖宿幼女罪在学术界得到了比较深入的讨论。《妇女研究论丛》组织了 6 篇相关文章。其中，赵合俊（2011）认为，嫖宿幼女罪自设立之时在学者中就有争议，近年来发生的几起影响较大的嫖宿幼女案，更使这一争论成为社会各界的关注焦点，建议废除嫖宿幼女罪，将嫖宿幼女当作强迫幼女卖淫，以强迫卖淫罪论处。刘焱（2012）认为，嫖宿幼女罪的客观方面分别与强奸罪和猥亵儿童罪的一部分相重合，可以将该罪归入后两个犯罪中，以减少冗余罪名及引发的司法适用中的矛盾和民众的不满。张荣丽（2013）从国际公约规定的对儿童“优先保护”

“非歧视”原则的角度出发，在归纳嫖宿幼女罪罪名出现后所产生的诸多弊端的基础上，提出取消嫖宿幼女罪的建议。王世洲（2015）通过分析幼女性法益的特征和法律保护标准，检讨法律制度尤其是刑法在保护幼女性法益方面存在的问题，认为中国刑法目前在幼女性法益保护方面出现的混乱与不合理，主要是由于嫖宿幼女罪不恰当的规定造成的。林建军（2015）认为嫖宿幼女罪中幼女是儿童、女性和被害人几重身份集合，从儿童视角、性别视角和被害人视角审视，该罪的立论基础偏离了嫖宿幼女行为性质的本质，使嫖宿幼女行为的归罪偏离了其本来的轨道即强奸罪。上述研究对嫖宿幼女罪的最终废除，无疑起到了重要的学术参考作用。

《妇女研究论丛》在2013年也特别关注了其他女童权益保护主题，在“热点问题讨论”栏目，邀请了蒋月娥、洪英、冀祥德、刘明辉、熊丙奇、韩晶晶从不同的视角发表看法，探讨如何预防与惩戒并行，切实保护女童权益。探讨主题涉及健全面向家庭的社区儿童保护网络、女童权利保护相关问题、完善被性侵女童权利的法律保护制度、刑事领域无精神损害赔偿的弊端、校园性侵案与“伪善”教育、性侵害案件儿童被害人法律援助等方面。

其他一些研究探讨了女童权益的立法保障、性虐待预防干预机制问题。邓思思（2014）的硕士学位论文从立法、执法、司法方面分析了中国女童基本权利保护法制不足，认为多数法律法规仅笼统从儿童和妇女权利两方面进行法制保护，而没有充分重视女童群体。张雪梅（2014）认为女童应受法律特殊保护，但当前中国女童保护的立法还不健全，缺乏儿童视角与性别视角，女童相比男童更易遭受暴力侵害，女童遭受性侵害问题越来越突出。陈云凡（2015）对2005 ~ 2013年中国118例女童性虐案进行分析，认为8 ~ 14岁是女童遭受性虐待的高风险年龄段；重组、单亲、流动、留守和贫困家庭是女童遭受性虐的高风险家庭。赵合俊（2015）认为，同意年龄法作为性法律之一，在儿童性保护方面起着重要作用。中国同意年龄法存在同意年龄偏低、过于简单、性别歧视以及在卖淫领域的误用等缺陷，对保护儿童特别是女童免于性侵害不利，与国际公约、任择议定书及未成年人保护法冲突，完善中国同意年龄法非常必要。何晓莉（2015）的硕士学位论文以昆明市某社区的个案为例，对女童反性侵教育的小组工作介入方法及其效果进行了分析评估，为社工介入和其他途径的介入提供了参考。

与儿童生存、发展和保护议题的研究相比，国内学界针对儿童参与的相关研究很少，分性别的参与研究或女童参与研究更少。和建花（2013）分析第三期中国妇女社会地位调查数据后发现，女童对于自己生活相关的事务具有较高的参与机会，绝大多数女童能参与与朋友交往、衣物购买的决策之中；对选择课外学习活动和升学择校等与自己学习相关的事务也有较高的参与机会，但对于父母到外地工作等成人事务的参与程度则相对较低。城镇女童在上述各项事务的参与机会上要明显高于农村女童。

大众传媒中的女童问题及女童形象宣传报道也是女童研究和女童工作的一个重要领域。王硕（2015）从新闻学视角出发，以《人民日报》2007～2014年女童报道为研究对象，采用定量与定性相结合的研究方法，从报道的数量、篇幅、议题、版面、消息来源、报道题材以及报道倾向等方面进行分析与统计后发现，女童报道的数量非常有限，相关议题以社会关爱为主，并主要为篇幅较短的消息类新闻，且女童在大多数情况下不是新闻的主角，而是被动参加者或被关注者、被帮助者，在女童报道中，她们的经历、感受以及要求也未受到应有的关注。

5. 女童性别观念与性别意识研究

唐文文、盖笑松等（2011）发现，在性别差异方面，各学段女生的性别平等意识显著高于男生，小学阶段性别平等意识较低，中学阶段性别平等意识有所提高；女生性别平等意识初中阶段最强，男生性别平等意识高中阶段最强。江露露（2011）通过问卷调查、访谈和实地观察，揭示了小学阶段是性别化成长过程中出现两性差异的主要环节，提出两性的差异在较高年级时，形成女孩子等于漂亮和温柔、男孩子等于打人和帅的性别符号，并向温顺柔弱和阳刚力量的两级发展。陈晓瑜（2012）的硕士学位论文探讨了身体和社会群体互动对性别认同的作用，并分析身体、社会文化与性别认同的关系，认为身体发育促使个体产生对女性身份和性别差异的意识并促进个体性心理的发展，而文化和社会群体互动等因素则在生理性别的基础上塑造了青春期女生的性别认同。和建花、巫锡伟（2014）发现，10～17周岁儿童已初步形成较为明显的性别角色观念；绝大多数儿童在男女儿童能力、男女两性能力的看法上持有较为平等的观念，认同男女童和男女两性之间在能力上是平等的；多数儿童对男女性别角色分工持较为平等的观念，不认同传统的“男主外，女主内”等观念。但相比而言，女童的社会性别观念比男童更加趋向平等，女童对男女/性别平等相关知识的认知程度也更高。龚茜（2011）采用性别角色量表对初、高中生进行调查发现，中学生各年级段的双性化、未分化、单性化（男性化与女性化）比例各约占30%，双性化替代单性化成为中学生性别角色发展的新趋势，未分化现象也极为普遍；中学女生的双性化发展明显优于男生。左霞云等（2013）通过分析全国6个省、自治区城市和农村地区5709例青少年问卷调查发现，青少年双性化、未分化和单性化各占约1/3。在校学生随着年龄的增长双性化比例升高，未分化和男性化比例下降。相当比例的青少年有较刻板的性别角色印象，且对家庭事务领域的性别刻板印象要高于社会和两性关系领域。敖登其木格（2013）的硕士学位论文分析了人教版小学一至三年级语文教科书，发现存在明显的性别刻板印象倾向，课本人物形象存在“男主外，女主内”的特点，明显显示男性文化水平和能力比女性高，对男性人物品质的描述比女性多，并着重其有能力、聪明、能干，而对于女性的描述则侧重于有良好的品德。

6. 留守女童及少数民族女童研究

随着中国流动人口迁移的常态化和长期化，受流动影响儿童的研究成为多学科研究的关注点，留守女童的调查研究数量较多，但方法较为单一且深入分析不够，重复研究过多。鉴于此，有研究开始进行方法上的反思，陈晓晴、杜学元（2011）指出，现有研究视角单一，方法简单，流于表象，注重现状描述而缺乏分析思考，注重宏观而忽视微观深入。张婷（2014）的硕士学位论文指出，与非留守女童、留守男童相比，农村留守女童承担更多的家务劳动，学习成绩在父母外出务工后呈下降趋势，家庭期望和自我期望低，上进心不足，心理孤独，缺乏安全感和自信心，人际交往恐惧，并存在家庭和学校性安全教育双重缺位问题。其他研究主要涉及性安全权益、受照顾权等留守女童权益保护问题。孟继苏（2014）分析了留守女童性侵案件的特征，认为主要表现在性侵主体复杂、女童缺乏性安全教育、防护意识和能力弱、监护缺位、监护制度不能发挥作用等方面。王伟（2015）认为近年留守女童遭性侵案件高发，折射出法律与道德对女童权利保护不足，法律缺乏儿童保护的具体措施，而农村的文化环境容易使受害女童得不到公平待遇甚至成为舆论谴责对象。有研究从儿童权利的角度分析留守女童监护问题，李春斌（2012）分析了农村留守女童父母照顾权中的居所指定权被滥用、教育权缺失、交往权阙如的情况，建议未来《婚姻法》修订中应当规定父母照顾权并细化父母照顾权的内容，继而在《民法典亲属编》中分别规定父母照顾权和监护制度，使其各司其职，从而为农村留守女童权益保障提供制度支持。

流动女童相关研究较少。于凤（2013）的硕士学位论文从教育公平出发探讨了流动女童在家庭环境和教育方式、学校教育机会和教育资源获得、就学状态、学校表现等方面所处于的边缘化状态及其带来的一些不利影响，以及流动女童在心理上的自我边缘化问题。

当前，少数民族女童教育相对薄弱，关系到普及义务教育、提高民族教育水平、促进民族地区经济发展、少数民族文化传承等问题。2011～2015年西部少数民族地区女童教育持续成为一个研究热点，研究地点涉及西北、西南地区，研究对象涉及瑶族、苗族、侗族、保安族、回族、傣族、东乡族女童，也有一些是将少数民族地区作为整体来论述。以少数民族女童教育为研究对象的硕博士学位论文无论从数量还是质量上都有所提高。潘莉（2013）的硕士学位论文对1992～2002年中国少数民族女童教育研究的发展历程进行梳理归纳，分析了少数民族女童教育研究的主要内容、基本理论、研究方法和发展趋势。少数民族女童教育研究是在中国西部大开发和科教兴国战略的时代背景下，在女性主义、女性教育的发展和民族教育发展的需要等背景下发展起来的，并从现状和对策研究向专题研究方向发展。运用的基本理论有女性主义、多元文化、人力资本、终生教育理论。涉及民族有回族、苗族、东乡族、撒拉族、瑶族、景颇族、傣族等。研究方法主要是文献法，有部分实证研究以及少量的个案研究。存在的主要问题是研究内容重复，缺乏新的研究视角，片面强调教育公平。

杨红的专著《拉祜女童的教育选择——一项教育人类学的回访与再研究》（2014）综合运用教育人类学研究方法，通过对云南省澜沧县拉祜族女童班长达九年的人类学重访与再研究，展示45名拉祜族女童九年义务教育的全过程，通过拉祜族女童的教育选择，探讨学校教育存在的文化再生产现象及拉祜族女童教育的特殊性和复杂性。张艳雷（2012）对近20年来回族女童教育的研究资料和研究成果进行分析后发现，回族女童教育问题成为中国教育研究的热点问题之一，研究资料比较丰富，视角开阔，但研究内容主要集中于教育现状、问题成因和应对措施方面，虽有实证研究，但多限于简单的描述统计，理论深度有待加强，理论分析框架亟待系统化。

其他一些研究涉及少数民族女童教育的状况和问题及解决途径。吴衍（2012）的硕士学位论文对广西龙胜各族自治县女童班的发展历程进行梳理，肯定了女童班作为一种特殊的教育组织形式，其存在和发展对保障女童受教育权利、促进女童发展、推动义务教育做出的贡献。罗彦莲、马燕（2013）认为，“两免一补”政策实施以来，西部农村回族女童教育得到长足发展，但由于该政策只限于义务教育阶段，回族女生接受高中教育的比例依然很低，建议增加农村回族女生接受高中教育的专项资金投入，采取优惠政策提高回族女生接受高中和高等教育机会的比例。雷湘竹（2014）认为，瑶族女童学习兴趣缺乏，辍学现象严重，“男尊女卑”性别文化依然在瑶族社会占主导地位、上学不安全因素增多和就业不易使女童教育面临挑战。

三 研究不足与展望

综合分析2011～2015年上述六个领域的女童相关研究发现，这五年的研究议题基本覆盖了主要相关领域，与上个五年相比研究力量有所增强，研究层次有所提高，但比起其他性别研究领域，女童领域的研究水平还面临较多问题。

（一）研究不足

（1）从研究水平和层次来看，女童研究水平有限，研究整体层次尚需提升。这五年间尽管也出现了少量较高水平的专著和硕士学位论文以及一些质量较好的期刊论文，但大量女童研究依然摆脱不了思辨性研究居多、研究问题雷同、研究思路类似、研究方式单一、分析描述简单并多陷于现状、原因与对策的三段式论证模式等弊端，整体研究层次尚需提升。

（2）从研究议题来看，女童参与和女童营养健康议题需要进一步得到关注。女童研究的各个议题总体上处于冷热不均的状态，女童生存权、女童教育发展、女童性保护等一些议题得到学者较多的关注和深入探讨，但是，女童参与和女童营养健康方面分性别的研究较少，缺乏性别视角，更多地将儿童视为整体，相关议题的研究有待进一步拓展。

（3）学科研究人才队伍的稳定性和学科建设面临较大难题。目前女童研究者分散于不同学科，且较为年轻，长期将女童作为研究领域的学者较少，研究人才队伍的稳定性差。共同的研究交流平台和沟通渠道较少，基本没有形成学术交流圈。学科体系尚未形成，学科建设面临较大困难。

（二）未来展望

1. 女童研究资源将逐渐丰富，研究力量将不断壮大

在国际社会越来越重视性别议题、妇女和女童问题的背景下，国家将越来越关注和重视女童的特殊需求和问题，继续在儿童相关法律政策中纳入性别视角，重视将相关研究成果纳入相关法律政策，同时更加重视各级政府在儿童相关数据统计方面加强分性别统计，女童研究将有越来越多权威性的分性别数据。而随着对女童问题关注的学者的增多，研究力量将不断壮大，并逐步搭建出女童研究交流的平台，吸引更多研究者特别是硕、博士共同关注女童问题，凝聚更多研究力量并产出更多研究成果。

2. 研究领域有望进一步拓展

女童研究的热点长期以来多集中于教育领域特别是义务教育阶段的女童教育问题，随着义务教育普及率的提高、国家扶贫攻坚工作的进展，预计未来农村、少数民族贫困地区女童群体的营养健康和养育等问题也将越来越得到研究者的关注，并因此带动目前还相对薄弱的女童营养健康研究。

3. 研究整体层次有望进一步提升

针对女童研究面临的主要问题和挑战，特别是研究整体层次较低的弊端，未来可以期待相关学者在前人研究的基础上，不断加强学术能力建设，提高理论研究水平，掌握科学研究方法，产出更多严谨科学和有质量的研究，并在理论上有所突破。

老年妇女研究综述（2011～2015年）

贾云竹*

中国是全球老年人口规模最大的发展中国家，随着经济社会的快速发展，在生育率急速下降的同时，老年人口的寿命在不断延长，这加速了中国人口老龄化的进程，使其成为全球人口老龄化速度最快的国家之一，“未富先老、未备先老”成为中国经济社会发展的突出特点。如何科学、积极地认识和应对人口老龄化，已成为中国上至中央最高决策层、下至社区乡村的普通老百姓都高度关切的重要民生问题。近年来各级政府频频发布各种促进养老事业和养老服务行业发展的政策文件，政府官员、企业家、专家学者也纷纷从不同立场和视角对人口老龄化开出自己的处方。作为引领社会思潮和政策制定基础的学术研究领域，近年来有关老年、养老方面的研究成果呈现出井喷似的发展，老年研究进入一个空前繁荣的时期。

一 研究概述

在中国知网上我们选择了哲学与人文科学、社会科学Ⅰ辑、社会科学Ⅱ辑及经济与管理科学四个数据库，通过跨库检索的方式，对2011年1月1日到2015年12月31日期间以“人口老龄化”或者“养老”为关键词进行主题检索，共获得54806篇文献，平均每年均在1万篇以上，且呈现出稳步增长的态势。然而尽管老年妇女占据了老年人口的一半以上，但在中国老年研究突飞猛进的当下，以老年妇女为主题的研究并没有随着老年研究同步兴起，而是长期维持在一个相对稳定的较低水平上：我们在时间界限、数据库不变的情况下，以“老年妇女”或“老年女性”为主题进行了检索[①]，共检索出403篇文献，年均仅80篇左右，

---

* 作者简介：贾云竹，女，北京协力人口与社会发展研究所所长、社会老年学博士。

① 因本综述主要是限于对老年妇女社会问题的研究综述，故而不包含医学、文学、艺术等领域。同时为了避免重复，一些相关的议题如老年妇女的体育活动参与纳入“妇女与体育”专题下，养老金、遗属保险等则归入了“妇女与社会保障”专题，本综述则不予涉及。

老年妇女问题的研究空间巨大，亟待更多学者的关注和参与。

2011~2015年，多个在2010年采集的全国性的权威调查数据资料和成果陆续开发和发表，如国家统计局的全国第六次人口普查、全国妇联与国家统计局联合开展的第三期中国妇女社会地位调查老年专卷以及中国老龄科研中心的中国城乡老年人口抽样调查等，为开展老年人口的分性别研究提供了宝贵的数据资料，学者们利用这些最新的数据资料从多个维度对中国老年妇女群体最新的基本生存状况进行了分析研究，形成了一系列具有较强学术资料价值的研究成果，为性别与老龄化这一研究的深入开展奠定了较好的数据资料基础。

从2011~2015年正式发表的老年妇女议题研究文献所涉及的主题来看，医学方面的成果最多，其次是体育（健身）方面，社会科学（含社会学、统计学、人口学、社会福利等）领域共计150多篇，其余则是文学、艺术等。本综述主要以社会科学的150多篇具有一定价值的文献为综述基础，与此同时，对此阶段国内一些重要的研究机构发布的相关报告、出版的图书等也进行了梳理，基于上述资料对中国老年妇女问题研究的情况进行回顾与评述。

在这五年中，以老年妇女为主要研究对象的硕博士学位论文共62篇，其中，医疗健康方面的论文19篇，经济保障方面的论文16篇，其余的20多篇论文则分别对老年妇女的婚姻、社会参与、权益保障等不同的方面做了探讨研究。这些硕博士来自全国42所高校，其中吉林大学、安徽大学、山东大学此间涉及老年妇女的硕博士学位论文达到了4篇，浙江大学、东北师范大学为3篇，西北大学等6所高校为2篇，其余的30多所高校则都只有1篇。从近些年老年妇女硕博士学位论文整体的发展趋势来看，2011~2013年围绕该议题的硕博士学位论文产出相对较多，每年都有十多篇相关学位论文；而2014~2015年则有所回落，论文数量缩减到不足十篇。

2011~2015年，国内与老年妇女相关的学术会议较多，与老年妇女议题有关的学术会议论文或报告总量达到151篇，其中医学和健康领域独占鳌头，占所有论文的六成左右，这些论文大多集中在对一些常见性中老年妇女慢性疾病如骨质疏松、等疾患的医疗处置技术和成效的交流。

从研究方法来看，基于调查数据的实证研究占绝对优势，医学、体育及社会科学的绝大多数成果都属此类。从研究的主题来看，第一是老年妇女的健康和照料问题；第二是体育和休闲活动；第三是老年妇女基本生存状况的综合概论性论述文章；第四是经济保障（包括贫困、养老保险等，这个主题更多地聚焦于农村老年妇女群体的研究）和代际支持。此外，老年妇女特别是少数民族地区老年妇女的精神文化需求特别是宗教参与在这一阶段也得到了不少学者的关注。老年妇女的婚姻家庭（包括丧偶、再婚、婚姻满意度等）也有部分值得关注的成果发布。

与前一个五年类似，在老年妇女问题研究中，就读于中西部地区高校的硕士研究生是一个较为突出的研究力量。2011～2015 年，吉林大学、西北大学等高校集中涌现出了一批以吉林、陕西、山东等地区农村老年妇女为研究对象的硕士学位论文，这些学术研究成果在选题和论文的质量等方面还相对稚嫩，分析研究的方法等也相对简略，但他们正在成为未来性别与老龄化研究队伍中的新生力量。

二　主要研究内容

1. 老年妇女基本状况

1995 年在北京召开的第四次世界妇女大会是中国老年妇女问题研究的重要历史起点，相对而言，欧美国家对老年妇女或者老龄化中性别议题的关注，则源于20 世纪 70 年代第二波女权运动的大潮。胡玉坤等（2015）对全球化与国际老龄化政策进行了系统的梳理，指出国际社会对“人口老龄化是一个社会性别问题”的认识和理解，是伴随全球化进程不断提速而逐渐加深的。在过去数十年里，对老年妇女问题和老龄化过程中性别差异的关注夹杂在各种发展干预项目中进入国际政策框架，并经由一系列全球大会得到了广泛宣扬。20 世纪 90 年代中叶前后可以说是国际政策话语和政策干预转变的一个分水岭。由于全球化浪潮的激荡，国际层面的政策回应逐渐从狭隘地针对发达国家的个人福祉问题转向关注世界各地妇女整个生命周期的脆弱性和不公平待遇，并进而对老龄化问题采取以权利为本的策略。

由全国老龄委组织全国各领域专家组建的“国家应对人口老龄化战略研究”的课题中，全国妇联妇女研究所承担了其中“老年妇女问题”这一子课题的研究。项目组通过翔实的数据对中国人口老龄化的女性化趋势的特点及发展趋势进行了深入分析，并就老年妇女的经济保障、健康与照料以及社会参与等议题进行了系统深入的研究。研究发现，中国老年人口的女性化现象在相当一段时期低于世界多数国家的水平，且老年妇女中高龄老人所占比重相对较低，这是中国社会中长期存在的性别歧视所导致的女性死亡水平相对偏高所致。随着未来中国社会经济的发展，特别是女性各年龄段死亡风险的进一步降低，未来中国老年人口的女性化程度将逐步加深。报告特别指出，作为相对弱势的老年妇女群体，农村老年妇女、高龄老年妇女以及丧偶老年妇女这三个群体尤其值得关注，报告也有针对性地提出了应对老年妇女问题的长期战略举措（老年妇女问题研究课题组，2014）。

国务院人口普查办公室和国家统计局人口和就业统计司委托全国数十家科研院所对2010年全国第六次人口普查数据进行了深度开发，除了人口老龄化专题的八篇报告外，诸多报告涉及老年妇女群体的数据信息。这些报告中提供了丰富的老年人口的分性别统计数据资料，是认识和了解包括老年妇女在内的中国老年人口总体规模、年龄结构、城乡分布、文化程度、婚姻状况、家庭结构以及简单的生活自理情况等的权威资料。这些研究成果的出版，有助于更好地认识老年人口的性别差异状况，为老年妇女群体相关问题的研究提供了最基础的人口信息（国务院人口普查办公室、国家统计局人口和就业统计司，2014）。

全国妇联与国家统计局联合开展的第三期中国妇女社会地位调查，特别设置了老年专卷，从社会性别的视角采集了丰富的一手分性别数据，使得国内从事性别研究的学者可以较好地从社会性别视角对老年期的一些社会性别议题进行更为深入的研究。自2011年数据清理完成后，课题组组织相关专家撰写了“老年妇女社会地位”专章，从社会性别的视角对老年群体的生存状况进行了较为系统的分析研究，提供了大量翔实的数据并进行了深度解读（宋秀岩，2012）。从2012年起，每年一度的中国妇女社会地位调查专题研讨会都会有多篇有关老年妇女方面的高质量论文呈现。这些论文议题广泛，涉及老年妇女的经济保障、健康、照料支持、家庭暴力、家庭关系、社会支持、居住安排、宗教信仰等方面，并且利用翔实的数据和较为鲜明的社会性别视角，对老年期男女两性的生存境况差异进行了多维度的解读和研究，增进了学界对老年妇女群体、老年性别差异的认识。

此外，周志文（2014）、张爽（2013）、王晶（2012）指导其学生完成的一系列围绕山西和吉林等地农村老年妇女的概况及农村丧偶老年妇女的贫困问题等方面的硕士学位论文，以及张美玲等（2012）、雒鹏晖（2011）、许菲（2013）等在陕西开展的研究，李晓娜（2013）在山东的研究，林学翔（2013）、夏群（2013）、宁溶（2013）在安徽开展的农村老年妇女状况研究，等等，主要是利用小规模的实证调查所获取的地域性数据，对不同地域的农村老年妇女生活状况进行了描述和分析。

2. 老年妇女的社会保障

主观经济状况充足度指标是经常被用作分析健康、经济幸福感和心理幸福感等问题的重要自变量之一。李超等（2011）的相关研究发现，与国外研究相比，中国本土的实证研究相同的结论包括老年人年龄越大、客观收入越多、健康状况越好、离退休及仍在工作的城市老人越愿意认为自己的主观经济状况是充足的，不尽一致的结论表现在老年女性、教育程度越高、已婚以及不与子女共同居住的城市老人认为自己的经济状况是充足的比例越高。

对现行社会保障制度进行社会性别视角的解构，揭示女性在这一制度中的不利境地是这期间老年妇女社会保障状况研究的一个焦点。虽然有多位年轻的学者尝试进入该领域展开研究，但其研究的深度、议题的新度都还有待提升。张嘉卉（2013）对于城镇企业职工养老金给付的性别差异研究，仅仅叩动了这个领域的门，但未能深入这个议题的核心。张慧霞（2015）指出，当前中国女性社会保障权利的实现以就业为前提，这种“个体型”的社会保障不利于保障女性的权利。在严格执行独生子女政策、女性广泛就业的背景下，女性社会保障权利的特殊性并不明显。在计划生育政策逐步放开的背景下，女性因生育而回归家庭的时间将延长，其“母亲”等家庭角色进一步强化，因此女性在择业、职业发展等方面将面临新的挑战。女性有特殊的社会保障需求，其特殊性首先基于她们作为“母亲”的社会角色；从生理学角度来看，女性对社会保障的依赖更持久；从社会性别分工的结果来看，女性社会保障水平较低；与男性相比，老年女性对社会性照顾的依赖度更高。因此，在生育政策逐步放开的背景下，女性社会保障需求的特殊性会进一步放大，既有的社会保障制度应该对女性的社会保障需求做出积极的回应。

王璇等（2013）对城市无社保老年妇女这一弱势群体的身心健康所做的实证分析显示，其躯体、心理健康状况问题普遍较多，经济的弱势与健康的弱势相互交叠。特劳特·梅耶和吴晓真（2014）在《德国养老金制度改革：欧洲经验及其对性别平等的启示》一文中，对两种不同的养老金制度体系在保障和改善性别平等特别是改善老年妇女经济状况方面差异进行了解剖。文章指出，在社会性别关系现代化实现较早的国家，养老金体系符合“贝弗里奇模式”：一个由强制性职业养老金补充的全民基本养老金能够更有效地防止老年贫困、促进妇女经济独立。在社会性别关系现代化实现较晚的国家，养老金体系取决于收入和缴款。这些国家在防止贫困方面的效力较低，女性对男性的传统依赖得以存续。虽然贝弗里奇国家采取了紧缩政策，但它们还是为女性提供了较好的防贫保护。贝弗里奇国家的经验表明，为了对抗贫困，必须既有法定最低养老金，又有强制职业养老金。这为中国完善养老金制度、保障女性平等权益提供了有益的经验。

梁允祯和陈诚诚（2014）对中国现行的社会保障制度研究发现，60岁及以上的老年女性中，只有1/5获得国民年金，仅有1/4通过参与劳动力市场获得收入，当前老年人中“男性赡养模式”占据突出的主导地位；而当前30～59岁女性晚年收入也将低于男性10个百分点。文章指出，未来社会需要转变理念，将女性作为社会政策的关键目标群体而非仅仅作为受益人。社会政策的基本理念应由“男性赡养模式”转变为“普遍照料提供模式”，对女性所从事的无酬照护活动应予以认可和重视。实现这一转变的具体政策措施可从建立以市民权为基础的个人基本年金制度开始。

贫困有一张女性的脸，这是全球贫困现象的共同特征，而老年妇女的贫困则又尤为突出。在整个社会福利水平整体提升的情况下老年女性贫困现象频现，女性贫困化、贫困女性化特征显著，对此如何解释？黄晶（2015）认为，中国福利政策中存在的性别盲点是加剧老年女性贫困风险的主要原因，并在广义福利制度定义基础上分析了上海市政府近年来在福利政策方面的成果以及上海市老年妇女贫困原因，对上海市福利制度的缺失进行了分析。

3. 老年妇女的生活满意度及婚姻家庭

对生活的主观满意度是衡量生活质量的重要指标，陆杰华、张金慧（2013）的研究发现，就经济因素而言，当地生活状况与自身生活来源明显影响着这一群体的生活满意度；心理自评健康良好的老年妇女，其生活满意度就好；此外，做家务和社区提供良好精神慰藉帮助也会明显提高老年妇女的生活满意度。王金玲等（2014）指出，经济保障、文化保障、社会保障和家庭保障是影响福建老年妇女的日常生活质量和生命质量的四个重要因子。黄鹂等（2013）对安徽农村地区老年妇女主观幸福感的研究发现，在情感支持方面儿媳和女儿对农村老年妇女主观幸福感有正向影响，而儿子和女婿则有负面影响。

赵聆佑（2015）在对西北地区农村社区“搭伴养老”个案研究的基础上，对这一老年群体中客观存在的社会现象进行较为全面的解析，指出全社会应该客观看待“搭伴养老”现象，支持和帮助老人选择合适的生活方式，通过相关制度的完善和多方面的引导，使老年人可以享受到更加幸福安详的晚年生活，尤其是增强女性老人的法律意识，提高其维护自身权利的能力。张红霞（2014）通过对农村老年人再婚的田野调查，指出受到社会性别文化中女性的依附性地位以及传统伦理规范的制约，农村丧偶老年女性再婚的愿望远低于男性，尽管丧偶男性比丧偶女性再婚要支付更高的成本。孔海娥（2012）则是对农村留守老年妇女的隔代养育责任冠以“二度母亲”的称号，并给予这样的关系以积极的解读，即祖辈与孙辈形成了一种特殊的“家庭三角”和“跨代的拟核心家庭”，这在客观上拉近了祖孙两代的关系，婆媳关系也有所改善，但对儿童的养育会有一些消极的影响。

丧偶人口是个高度女性化的群体，在老年妇女研究中，对丧偶群体的关注（乔丽博，2013）成为这一议题的一个重要内容。丧偶老年女性的规模及发展趋势（王广州、戈艳霞，2014）、居住安排（贾云竹等，2013）、家庭支持（王晶、朱淑鑫，2014）、社会支持（刘焕焕，2014；刘新玲，2014）、精神支持（吴远荣，2015）等方面的需求，成为这五年中一个较突出的议题。范哲宣（2013）对30位丧偶独居的老年农村妇女进行了个人访谈，由于文化和习俗对丧偶老年妇女的排斥，这一群体的现实生活境况窘迫，她们从生理和心理上遭受了年龄、性别和城乡三重歧视。

张戌凡（2015）对城市空巢老年女性生存质量的影响因素进行了研究，认为随年龄增长的健康风险、承担无酬劳动以及职业生涯的不连贯导致的保障能力低下，是影响空巢老年妇女生存质量的重要因素。钱雪飞（2014）对空巢与非空巢老年妇女的生活状况进行了比较研究，发现现实空巢老年妇女的生活品质和风险明显高于非空巢老年妇女。

4. 老年妇女的健康状况

国内对于老年人家庭照料者的研究近些年涌现出了一些值得关注的研究成果。中国作为具有悠久家庭养老文化传统的社会，家庭照料者为老年人提供支持和照料被视为天经地义的家庭责任，因此，当前中国的诸多旨在解决老年人照料需求的政策，其对象多定位于需要照料和帮助的老年人，而鲜有保障照顾者的福利和为其提供支持的政策举措。江芳华（2013）的研究表明，照顾者自身的身体状况对照顾者的风险控制及照顾者的负荷、身心健康均有显著影响，在人口老龄化日益加重的当下，应该在社会政策和福利方面保障家庭成员的社会权，满足照顾者的福利需求。陈欣欣和董晓媛（2011）对老年人的家庭照料状况所做的分析发现，与社会经济地位较高的老人相比，社会经济地位越低的老人，在日常照料上选择的余地越少，他们得到社会化照料的可能性越低，更多的是依赖于家庭照料。即使是在得到子女照料的老人中，社会经济地位越低的老人从子女那里得到的照料时间和现金帮助也越少。农村的老年女性不仅得到照料的选择更少，得到子女的照料也更少。对老年女性生病时临时照料资源的需求现状及其影响因素的研究显示，家庭成员特别是配偶是老年妇女最重要的照料资源，占到六成左右，子女占到两成；还有一成左右的老年妇女没有相应的照料资源，只能自己勉强支撑（宋洁，2013）。

霍红梅（2015）就辽宁老年妇女的社会支持对其健康状况的影响进行了实证研究，揭示了其中的性别差异。黄玉君（2015）对安徽农村空巢老人精神卫生健康状况的研究发现，女性空巢老人在强迫、人际敏感、抑郁、焦虑和恐怖五个维度上明显劣于男性空巢老人。王萍等（2007）的研究显示，农村老年妇女的认知功能显著低于男性。韦艳等（2009）对陕西农村老年妇女社会支持与孤独感的研究发现，社会支持对农村老年女性孤独感具有显著的负向影响，社会交往面广、代际情感支持丰富和日常生活照料周到是降低农村老年女性孤独感、促进老年女性身心健康、安度晚年的重要因素。孙淑娟等（2006）从心理学的专业角度介绍了帮助丧偶老年妇女进行悲伤辅导的工作流程及做法。

医学方面有关老年妇女常见疾病和健康保健的研究，在近些年也保持着稳步发展。对医学领域相关文献的主题进行研究发现，2011～2015年关于老年妇女主要疾病防治和健康保健的研究主要涉及宫颈萎缩、阴道炎、妇科肿瘤、不规则阴道出血、卵巢肿瘤等中老年妇女常见妇科疾病以及尿失禁、更年期综合征等常见疾病的临床特征、并发症、治疗及护理研究和患者生活质量等方面的研究；中老年妇女常见的骨骼疾病如骨密度、骨质疏松、骨折等的护理、治疗研究和临床护理等方面的研究；农村老年妇女的妇科疾病等健康教育的普及研究；妇科疾病的超声检查、宫腔镜诊断等的病理学研究等以及合理用药、诊疗行为等方面的研究等。

体育锻炼作为老年人口健康保健的重要手段，近些年受到越来越多的关注。体育锻炼对于老年妇女健康的影响，各种体育活动形式如太极拳（孙威等，2012；占露露，2012；倪红莺等，2013；常书婉等，2014）、排舞、柔力球（刘茂林，2015）、民族舞（於振朋，2011）等的积极功效，在近些年得到了许多强有力的实证数据支持，老年妇女与体育领域的研究呈现出欣欣向荣的蓬勃局面。一些比较研究对老年妇女的体育健身方式提出了科学的建议，如王翠翠（2015）的研究提出，与广场舞锻炼及无锻炼习惯的生活方式相比，在预防跌倒方面，太极拳锻炼可能是更适合老年女性的一种运动方式。谢婷婷（2015）则对广场舞与健步走的功效进行了系统的比较研究。这些研究为老年妇女更科学地选择适合自己的健身方式提供了有益的建议。

以老年妇女为主体的广场舞、健身团体的兴起，使得对这些民间社会组织的管理成为一个日益受到关注的社会问题，张瑞玲（2014）对老年健身社团为获得合法性身份而采取的行动策略进行深入研究后指出，老年健身社团在外部与内部两方面都需要采取积极的策略，以帮助其获得合法身份。

5. 社会支持/代际支持

肖结红（2014）、马焱（2015）关注到老年妇女遭受的家庭暴力问题，研究了针对老年受暴妇女的社会支持和救助，指出文化上的劣势和经济上对家庭成员的高度依赖决定了老年妇女一旦遭受家庭暴力，很难凭借自身力量走出暴力生活，因此迫切需要社会救助以保障其生命安全和基本生活需要。

钱雪飞（2015）的研究指出，城市老年妇女生活照料的社会支持网络主要由非正规支持系统构成。老年妇女丧偶率高、身体条件较差，家庭中配偶也受到了身体条件的限制，子女日常生活中承担着较大压力，无法给予老年妇女完善的照料，家政行业的参差不齐、社区居委会的行政化等也都影响老年妇女的生活照料。

王小璐和风笑天（2014）的研究发现，老年女性的社会支持状况尤其是经济供给现状处于劣势，其社会支持需求与现状并非完全契合，原因在于老年女性所参与的非正式社会支持交换隐匿于父权社会所建构的性别分工之下，难以获得社会价值的认同，从而使其客观诉求沦为“沉默的需求”。徐美君（2015）对南京市城市老年人的双向社会支持（包括提供支持和获得支持）及其与老年人自我控制感之间的关系进行了研究。总的来看，老年人双向社会支持总体水平较高且互惠原则突出，与此同时，老年人的自我控制感也较高，两者之间存在较为显著的正向相关性，相对男性而言，老年女性日常生活中的参与度和积极性较高，因而其控制感水平显著更高。

景晓芬（2012）等从社会支持来源的角度，利用CGSS2006的数据，通过比较不同时代姻亲支持作用的大小，分析了姻亲关系随时代的变化趋势及影响因素。经过分析发现，随着时代的前进，姻亲关系呈逐渐强化的趋势，并且这种强化在父辈对子辈的支持方面表现得更为明显，影响姻亲关系强化的因素有女性地位的提高、子女数量的减少以及城市化市场化程度提高等，而老年女性比老年男性在姻亲关系的强化方面起着更为重要的作用。有关老年人与子女代际支持状况的研究是近些年国内老年人口研究的一个热点，通常而言，代际支持包括经济支持、生活照料及精神慰藉三个方面的内容，并且老年人与子女之间是双向互惠的。老人帮助已婚儿女承担家务劳动，不能简单地被视为一种代际互惠。第一，在代际及性别权力关系改变与工业社会变迁相互作用的背景下，这种传统意义上的代际互惠发生了改变。第二，代际互惠观念背后隐藏了一些意识形态，它们与工业化进程中家庭功能外移之间存在矛盾和冲突。文章在父系家庭和工业社会变迁的理论框架下，从代际和性别权力关系的视角着重分析了城市双职工家庭中，在第一个孩子出世到上小学之前这段家庭生命周期内，祖父母特别是祖母协助双职工家庭中的儿子和儿媳承担育儿及其他家务工作这一现象，探讨了在经济力量改变社会性别和父权制家庭关系的背景下，老年女性的福利遭到削减、家庭面临工业化挑战、社会政策被期待做出调整等相关问题。

6. 社会参与、休闲娱乐及生活方式

随着越来越多老年妇女步入退休大军的行列，老年妇女拥有了更多可自由支配的休闲时间，但老年妇女的休闲状况并不一帆风顺。潘海颖（2014）从社会、家庭和个体三个方面探讨了限制女性休闲的因素。社会的限制来自社会给予女性的价值判断，包括社会文化和家庭角色，这两方面内化和决定着女性的休闲定位。最后限制来自女性个体，最主要的相关因素是经济地位、受教育程度和健康状况。李慧波（2014）用口述史的方式对老年妇女的生活方式进行了研究，揭示了集体化时期国家干预、女性自身因素以及不同群体间获取社会资源的差异对

老年妇女生活模式的影响。袁利等（2011）对西安市老年女性的旅游动机的研究发现，老年妇女的旅游动机可以归纳为自我提升型、情感逃逸型和游览观光型三大类。

钱雪飞（2015）对城市社区老年妇女的社会参与情况所做的调查指出，虽然日常生活中有不少活跃的老年妇女会进入社会公众的视野，但总体而言，城市社区老年妇女对各种活动的整体参与意愿不高，部分社会活动的参与率低下，角色定位限制了她们的社会参与，其社会参与的组织力度不强。鼓励和促进城市老年妇女社会参与还有较长的路要走，需要积极转变老年妇女和社会公众对老年人的观念，增强老年妇女与社会的接触，同时发挥家庭的支持作用，作为社区组织也需要做好老年妇女社会参与的宣传工作，加强社区组织力度。此外，她还就高校社工专业教师和学生志愿者在一个空巢老年妇女志愿服务的合作型社工服务项目中的多重角色承担以及角色困惑进行了反思，探讨了针对特殊老年妇女群体专业的社会工作组织的工作策略问题。

吴素萍（2011）对少数民族老年妇女的文化参与意识及其制约因素的研究指出，女性自身、公共政策和社会变迁等是制约民族地区老年妇女社会参与的主要因素。在民族文化意识出现淡化迹象的背景下，老年妇女的文化参与和民族历史文化发展传承之间存在较为密切的关系。相对而言，对农村老年妇女宗教活动的研究是值得关注的一个领域。王武林（2015）对民族地区老年妇女信仰宗教问题展开了一系列的研究，揭示了民族地区老年妇女的宗教信仰状况，探讨了宗教信仰对少数民族老年妇女生活的影响。他发现，宗教信仰没有阻碍老年妇女参与社会养老保障，反而成为民族地区老年妇女获得社会保障以化解老年风险的一个途径或选择，提出应加大对民族地区老年妇女社会保障的力度与保障水平，提高老年妇女应对风险的能力，引导民族地区老年妇女正确地开展宗教活动。张艳飞（2015）通过对云南地区“斋奶会”作为一种文化传承组织与老年妇女共同体之间的社会构建的分析，揭示了“斋奶会”对于满足老年妇女精神需要的意义。木薇（2014）则从社会性别视角对云南大理白族老年男女的民间信仰结社组织“莲池会”和“洞经会”的组织活动进行解析后发现，在白族农村社会中，老年女性以结社文化发挥自身能动性来突破家庭的限制，在传承村落文化方面发挥着不可替代的作用。赵春晓（2011）针对嵊州农村的老太念佛队的田野调查也得出了类似的结论。

此外，李有亮（2015）的研究指出，虽然中国人口老龄化已经扑面而来，但目前中国的女性文学中“老年缺席”问题还未得以弥补，他期待作家随着年龄、阅历的增长而在创作理念上进行自觉提升，期待中国的文坛在不久的将来涌现出一批勇于突破文学写作“青春期”情结的作品，中国的女性文学塑造出由老年人充当主角的、更具普遍生命涵盖力的、成功的艺术典型。

三　研究不足与展望

从2011年到2015年国内在老年妇女研究领域发表的成果来看，研究进展主要表现在以下两个方面。第一，得益于2010年多部门的多项全国性的权威调查数据的陆续开放，研究者得以从不同的视角和维度对中国老年妇女群体的最新状况进行探究和分析，为深入研究老年妇女问题提供了较为坚实的基础信息和资料。第二，以全国妇联妇女研究所为代表的专业研究机构在本议题上的积极参与和推动，极大地丰富了国内老年妇女问题研究的成果，特别是自2012年以来一年一度的第三期中国妇女社会地位调查研讨会，为国内关注性别与老龄化议题的学者提供了良好的学术沟通交流平台，推动了该领域的研究发展。

但相对于近年来老年研究整体井喷式的发展，虽然老年人口中女性所占比例更大、老年妇女在养老方面面临的困境也更突出，但现实中老年妇女问题的研究远没有得到足够的重视。目前该议题可获取的研究资助和资源太少，未能培育和聚集形成在学术领域有影响的学术圈，目前参与这个议题的研究者更多的是一些初级的研究人员。从为数不多的研究成果来看，研究者的研究主题主要聚焦在健康领域，除医学领域的成果外，体育健身方面的成果也格外夺人眼球，对老年妇女的宗教信仰研究成为诸多议题中研究较多的领域，而一些传统的重大议题反而成果较少，如农村、高龄、丧偶等特殊困境老年妇女群体的研究成果受到的关注相对不足，且研究的层次和水平也都亟待提升。从研究视角看，已有的研究大多将老年妇女置于社会弱势群体的视角，更多的是揭示其对社会资源的需求，对老年妇女的社会参与和贡献关注较少。对国际社会相关研究成果的引介依旧不足，欧美，东亚的日本、韩国以及中国台湾、中国香港等国家和地区都出版了不少有关社会性别与老龄化的研究成果，但国内的研究者对此了解较少，没有及时将这些研究引介到国内，也在一定程度上制约了中国老年妇女研究的发展。

随着中国人口老龄化的加速发展，中国很快将进入较为深度的老龄化社会，老年妇女群体的养老问题必将更为凸显。为了更好地应对人口老龄化所带来的巨大挑战，有关部门应该切实加大对老年妇女相关议题的研究资助，鼓励和吸引更多有研究能力的学者参与到这个议题的研究中，通过设立一些老年妇女的重大专项研究，资助召开老年妇女领域的专题研究论坛、引介国际有关老年妇女研究的最新成果，逐步形成老年妇女研究的学术团体，切实推动老年妇女相关议题的研究进展。

女性主义国际关系研究综述（2011～2015年）

邱吉青*

一　研究概述

20世纪90年代中后期，国内学者正式开始进行女性主义国际关系理论研究。按照时间顺序来看，中国女性主义国际关系研究大致可分为起始、初步发展、稳步发展三个阶段：起始阶段为1996～2002年，中国国际关系学界出现少量女性主义研究成果，几篇探索起步性质的论文得以发表，在三部国际关系学专著中也出现了女性主义相关内容的章节；初步发展阶段为2002～2005年，中国学界出现更多女性主义国际关系研究成果，包括多部专著、译著、教材和百余篇学术论文，涉及的主题日益广泛；稳步发展阶段为2006年至今，女性主义国际关系研究在2006年前后达到一个高峰，共有24种著述出版，2007年后相关研究成果数量有所减少，每年维持在约10种出版物（李英桃，2011）。经过20年的发展，女性主义国际关系研究已成为国际关系学科中的一个重要分支，越来越受到国际关系学界的关注与重视。

据不完全统计，2011～2015年，国内学者出版的女性主义国际关系专著十余种，其中较有代表性的是《女性主义和平学》（李英桃，2012）、《暴力冲突中的妇女：一个性别视角的分析》（范若兰，2013）、《社会性别视角下的全球环境问题研究》（金莉、李英桃等，2011）、《后现代女性主义理论研究》（王淼，2013）、《在平等与差异之间：女性主义对自由主义的批判》（付翠莲，2013）、《东南亚女性的政治参与》（范若兰，2015）等。以“女性主义国际关系”为检索词，在中国知网“摘要”和“主题”范围内检索到的文献数量分别为31篇和47篇[①]，其中较有代表性的期刊论文有《及笄与志学——中国女性主义国际关系

---

* 作者简介：邱吉青，女，上海交通大学讲师、法学博士。

① 本文以上海交通大学图书馆网页（www.lib.sjtu.edu.cn）登录的中国知网搜索数据为准。

研究》（李英桃，2011）、《女性主义世界秩序分析方法探究》（苏云婷，2013）、《全球经济治理中的社会性别议题》（胡传荣，2013）、《女性主义国际关系理论研究——李英桃教授访谈》（《国际政治研究》特约记者，2015）等；较有代表性的博士学位论文有《构建美国外交政策中的女性主义话语》（蒋倩昱，2014）、《国际社会视域中的女权主义研究》（邱吉青，2015）等；硕士学位论文有《国际政治中的女性恐怖主义——基于社会性别视角的分析》（陈莹，2014）、《美国第一夫人外交现象分析》（李亚辉，2015）等。这些专著、期刊论文、硕博士学位论文涉及内容广泛，不仅在女性主义相关理论问题上作了较为深入的探讨，而且对女性主义实践同样具有较强的指导意义。

表1　中国知网（CNKI）检索结果（2011～2015年）

单位：篇

检索词	检索范围	2011年	2012年	2013年	2014年	2015年	硕博士学位论文	报纸文章	总数
女性主义国际关系	摘要	5	4	4	2	1	13	2	31
女性主义国际政治	摘要	4	2	2	1	1	17	1	28
女性主义国际关系	主题	9	6	8	3	2	17	2	47
女性主义国际政治	主题	6	6	5	2	2	22	1	44

总体来看，2011～2015年，中国女性主义国际关系研究依然保持稳步发展的态势，研究领域和研究视野进一步拓展，在研究深度上有新的推进，研究成果也较为丰富，学者们对于女性主义国际关系理论的评价更加全面和客观，对于国际关系实践中的女性问题投入了更多的研究兴趣和热情，积极回应了实践对于理论的呼唤，体现了与时俱进的学术精神。从研究队伍来看，多年来，从事该领域研究的中坚力量始终坚守阵地并不断产生新的研究成果；一批年轻的硕博士研究生选择女性主义国际关系相关主题作为自己学位论文的研究方向，不仅为该领域的研究队伍注入了新的活力，也提供了更多新鲜的研究主题。

二　主要研究内容

2011～2015年，中国学者所进行的女性主义国际关系研究，主要围绕女性主义理论问题和国际关系实践中的女性问题两大方面展开。在理论研究方面，不仅关注女性主义国际关系理论最新的发展，对如战争、和平、安全、世界秩序等国际关系理论中的核心议题也继续进行了社会性别分析；在国际关系实践中的女性和女性问题研究方面，既有对女性政治领袖、暴力冲突中的妇女这样处于社会“极端”境遇中的女性群体的深度解析，又有对女性在外交活动、全球治理等国际关系实践活动中独特作用的阐释，还有对“北京+20”这类关系到全球女性发展的重要议题的高度关注。在对这些理论问题和实践问题进行深入研究的基础上，中国学者正在努力创建具有社会性别意识，符合中国历史、现状和发展趋势的女性主义国际关系理论。

（一）女性主义国际关系理论研究

女性主义国际关系理论，基于认识论可以分为女性主义经验论、女性主义立场论和女性主义后现代主义，三种流派之间相互激荡和辩论，共同推动了西方女性主义国际关系学的发展。如果从政治态度上来分，女性主义国际关系理论还可以分为自由主义、激进主义、马克思主义、社会主义等流派。女性主义各流派都主张从女性的视角来重新考察国际关系，并且都将“社会性别”作为自己的核心概念和分析维度。

近年来，国内学者进行的女性主义国际关系理论研究，不再局限于简单地引进和介绍国外的理论成果，而是更加深入地研究女性主义国际关系理论的具体分支和最新流派，有多位学者在自己博士学位论文研究的基础上出版了相关专著。如《后现代女性主义理论研究》一书（王淼，2013）系统梳理了后现代女性主义话语/权力观、后现代女性主义差异观、后现代女性主义关于性和身体的观点等三个代表性理论，指出了后现代女性主义理论对世界妇女发展实践的贡献和理论指导意义。《美国生态女性主义批评理论与实践研究》（吴琳，2011）认为全球范围内生态危机的解决与世界各国妇女的解放两者密不可分，因为对自然的掠夺和对女性的压迫以及其他社会的不平等现象之间是相互关联的。

在国内学者进行的女性主义国际关系理论研究中，最受重视的理论派别无疑是把马克思主义理论和西方女性主义理论结合起来探讨国际妇女问题的马克思主义女性主义，这方面的研究成果也最为丰富。单丹丹（2015）在博士学位论文《马克思主义女性主义研究》中指出，马克思主义女性主义突出的理论特质是男权批判与资本主义社会批判并行，性别分析与阶级分析融合，透过女性主义视角对马克思主义妇女解放观点在继承基础上进行了质疑、修正、补充和必要的改造。鹿锦秋的博士学位论文《南希·哈索克的马克思主义女性主义研究》（2014）系统阐释了哈索克将女性主义与马克思主义进行多视域融合并力促女性主义重返马克思主义的理论探索。孙璐（2012）的《米切尔的马克思主义女性主义述评》通过不同思想家之间的对比分析，揭示了资本主义与父权制的关系及妇女受压迫的根源；对米切尔及其他社会主义女性主义思想家思想的研究，能够对中国现阶段女性所拥有的人身权力、政治权力和社会地位有更为明晰的认识和定位。

作为一种批判性的理论思潮，女性主义自形成以来就对现实主义、自由制度主义、建构主义等国际关系主流理论提出质疑和挑战，正是在解构国际关系研究原有知识体系的过程中，女性主义努力建构起自己的理论学说。苏云婷（2012）对现实主义的四大理论假定做出了从女性主义的阐释，认为在现实主义貌似客观的四大假定之中，包含着对性别要素的排除以及对女性和女性特征的贬抑，运用女性主义视角对这些假定进行解读，是女性主义有效批判、成功解构现实主义的基本前提。《在平等与差异之间：女性主义对自由主义的批判》（付翠莲，2013）一书试图超越差异与平等的二元对立关系，寻求建立以多元差异作为平等的基础，并在女性主义对自由主义的传承、冲突、批判中寻找二者融合的可能。作者从女性主义和社会性别的视角出发，通过对西方女性主义各流派的平等与差异观的比较与整合，提出应超越西方传统的男女两性之间的程序平等、形式平等、机会平等的认识，实践一种争取结果和条件平等、实质平等的目标，赋予了男女平等以新的时代内涵。

另外，对于“女性主义”概念本身，学者们也在进一步思考与探究，认为女性主义国际关系既是一种实践又是一种理论：从实践角度而言，女性主义是一个为女性争取在国际社会各个方面权利以达到男女平等目标的过程；从理论角度而言，女性主义理论寻求以女性的视角甚至是超越性别的视角来解读国际政治和国际社会。女性主义在当代国际社会视域中具有了更加丰富的内涵，女性主义的目标已从争取男女绝对的结果平等发展到争取男女机会平等与过程平等，从争取生理意义上的性别平等发展到争取社会意义上的性别平等，从追求女性自身地位提高发展到追求社会和谐与世界和平。女性主义国际关系理论在指导女性主义实践的同时推动了国际关系学科的发展，女性主义国际关系理论的重要贡献在于其不仅参与解构了主流国际关系理论特别是新现实主义，而且对国际政治社会学等新兴学科的发展起到了推动作用（邱吉青，2015）。

（二）对国际关系核心议题的社会性别分析

1. 战争、和平与安全

和平问题始终是国际关系学的中心问题，女性主义国际关系学者认为“和平是政治的”，和平问题深受社会性别影响。《女性主义和平学》（李英桃，2012）一书以社会性别为分析范畴，将妇女置于文本叙事的中心，在上篇“实现消极和平”中讨论了战争与和平中的妇女角色、妇女的和平努力以及家庭暴力问题的国际和平意义；在下篇“通往积极和平”中讨论了社会性别与发展、环境保护、全球健康问题，分析其与实现积极和平的关系。作者通过多个案例具体分析了和平教育在以和平方式实现和平上的重要意义，并提出反映女性主义和平观念的“中国语境中的动态三维女性主义和平观”，指出每个人都是历史的承载者与和平理念的传递者。这部国内女性主义和平研究的拓荒之作，可以说是伴随着中国国际地位提高而形成的中国国际关系学的理论自觉在女性主义研究中发扬光大的标志，而上述理论自觉也会因中国语境中的这一女性主义和平观而增强其包容性（胡传荣，2012）。

诺贝尔和平奖作为迄今为止国际上最有影响力的和平奖项，设立一百多年来已产生了16位女性获奖者，诺贝尔和平奖女性得主人数的增加、地域的拓展、职业和身份范围的扩大，引发国际社会对“和平”内涵的重新思考和对诺贝尔和平奖的重新评价，推动了国际和平行动的深入进行，有利于推进全球治理并彰显国际社会基本价值观，促进女性主义和平研究的发展（邱吉青，2015）。女性主义研究表明，和平与暴力共存于一个统一体中而非处于二元对立框架内，社会性别权力关系与暴力这两者之间是相互建构的关系，暴力由于以权力为特征的社会性别关系的存在而存在，而基于社会性别的权力关系又依靠暴力得以实现（李英桃，2012）。只有将消除性别歧视和两性不平等作为追求积极和平的目标之一，才有可能为构建真正合理公正的和平世界带来曙光。

中国女性主义国际关系学者对和平问题的探索，并不仅仅停留在理论思考层面，李英桃、李东燕等学者还深入非洲，在对布隆迪和利比里亚两国进行实地考察后指出，在非洲和平进程中，妇女成为实现和平的非暴力力量，女性在建设和平中发挥了重要作用，也维护了自身的安全。布隆迪和利比里亚妇女既是两国内战的主要受害者，也是当地实现和平与建设和平的决定性力量。布隆迪妇女发展存在“社会性别主流化已成为现实”和“社会性别不平等”之间的巨大差距；利比里亚则仍然处于由战争到和平的过渡期，精英女性参与决策与妇女低代表性并存。发展问题是两国和两国妇女发展面临的首要问题，将社会性别平等纳入发展主流至关重要（李英桃，2014）。

2015 年是联合国安理会关于妇女、和平与安全的第 1325 号（2000）决议通过 15 周年，该决议在实现全球性别平等、和平与安全中具有里程碑的意义，李英桃、金岳嵠（2015）提出社会性别主流化战略仍需贯穿于和平与安全工作的始终，而流派多样又作为整体存在的女性主义学术领域在争论中相互补充与相互促进，是前行中不可缺少的动力。

2. 世界秩序

世界秩序一直是国际关系研究的核心问题之一。苏云婷（2013）认为，性别是女性主义介入世界秩序研究的根本起点，未来女性主义诸流派之间的分化与认同、冲突与融合、碰撞与互补仍将继续，应促使女性主义保持其学术活力与生命力，为世界秩序理论的丰富和世界秩序实践的推进提供智力支持。另外，女性主义世界秩序观与中国倡导的和谐世界主张在目标设计、强调关联性、重视边缘者、实现途径等方面有着诸多共通之处，这就使得二者能够相互借重、相互支持，共同为世界新秩序的构建做出努力。苏云婷（2013）还针对女性主义世界秩序分析方法进行了探究，认为女性主义世界秩序研究的三种分析方法即女性主义批判分析方法、女性主义文本分析方法和女性主义建构主义方法是在批驳与反叛主流范式的本体论和认识论的基础上逐步建构而成的，对女性主义世界秩序观的形成而言，三种方法缺一不可。

（三）国际关系实践中的女性

近年来，国内学者对国际关系实践中的女性的关注点逐步聚焦到看似处于社会两个“极端”的群体，一类是站在权力巅峰的女性政治领袖和叱咤风云的女性外交家，她们影响着国家的内政外交；另一类则是深陷暴力冲突的妇女，她们深深陷入民族暴力冲突乃至恐怖主义活动的泥淖中而无法自拔。

1. 国际政坛上的女性领袖

女性政治领袖（主要指女总统、女总理或女首相）是反映女性在国际关系中地位的一个显性指标，女性政治领袖及其所代表的国家都是重要的国际关系行为体，女性政治领袖是女性主义在实践中影响国家内政外交的最重要体现（邱吉青，2013）。从地区分布来看，女性政治领袖更容易出现在社会发展程度较高或者社会转型较为剧烈的国家和地区；从从政类型来看，女性执政已从传统的家族继承型逐渐向当代的个人奋斗型转变。范若兰、陈妍（2012）研究了20世纪80年代中期民主化浪潮以来东南亚国家涌现出的众多女领袖，并以阿基诺夫人、阿罗约、梅加瓦蒂三位女总统为例，指出东南亚女领袖现象虽然为妇女树立了榜样并鼓舞了妇女参政，预示着性别差异在逐渐缩小，但这不表明父权制的式微，因为父权制既能支持她们上台，也能使她们在执掌政权时面临更多的困境。从性别视角分析，父权制的男性中心主义、男女有别的性别分工、二元对立的性别特征都深刻影响到人们对男女总统的不同评价和认知，主要表现是性别刻板印象和双重标准。对于女总统来说，人们一方面按总统的标准要求她们，另一方面又按女性的标准要求她们。范若兰（2013）还对东南亚和大洋洲女首脑进行了比较研究，认为东南亚女首脑属“政治替代者”类型而大洋洲女首脑则属“党内攀登者”类型，不论是哪种类型，女性能登上一向由男子把持的权力顶峰，是政治民主化的成果，也是妇女运动的结果。女首脑现象在不同程度上冲击了父权制权力结构和性别秩序，使民众逐渐习惯将女性执掌最高权力视为正常现象，使男政治家习惯与女政治家共事并接受她们的领导，进而鼓舞更多女性参与政治，改变一向由男性主导的政治规则和政治文化，这是构建性别平等社会的必然过程。

2. 外交舞台中的女性

外交是国际关系中最重要的实践活动，妇女与外交的关系丰富多样，“将妇女带入外交”战略通过检视外交决策和一轨外交中男女代表性的差距，可推动更多妇女加入外交队伍；“发现外交中的妇女”战略承认并凸显妇女在非官方外交中长期被忽视的贡献（李英桃，2013）。

女性主义在美国外交中的运用，无疑最能反映女性与外交的关系。《构建美国外交政策中的女性主义话语》（蒋倩昱，2014）强调美国国内外的社会性别权力关系是联系美国内政外交的重要因素，女性主义国际关系理论是构建美国女性主义外交政策的基本依据，美国从国家安全、经济安全和生态安全三个方面构建起自成一体的女性主义外交政策方案。另外，女性主义国际关系话语不仅能够克服男权统治者按地缘政治理论划分国家安全责任和势力范围界线、区别种族和阶级地位尊卑的政策给世界政治生态环境带来的负面影响，而且将有力地促进各国妇女与政策制定者之间的交流对话，帮助她们通过各级妇女组织改进以国家安全为中心的外交政策，进而实现国际社会和平与公正。李英桃在《奥巴马政府第一任期“女权外交”评析》（2015）一文中指出，奥巴马政府第一任期“女权外交”是在美国外交寻求突破与变化之际与“巧实力”战略同时提出的，是美国外交政策的核心内容。围绕“女权外交”，奥巴马政府任命了新职位，建立了新机制，并制定了相关政策与行动计划，在双边和多边外交中采取了一系列外交行动。尽管人们对“女权外交”的评价不一，但它确实是实现美国国家利益和外交战略的工具，是奥巴马政府实践“巧实力”的利器，也改变了妇女和妇女议题在美国外交中的地位。

第一夫人外交是女性主义外交政策的重要组成部分，《女性角色与国家使命：“第一夫人”的外交角色研究》（赵可金，2013）一文指出，人格、社会和制度三大因素是影响“第一夫人外交”表现的主要因素，其中人格因素是前提，社会因素是基础，制度因素是关键。在全球化时代，提升夫人外交绩效的关键是进行制度创新，要通过立法、建规、立制等方式赋予第一夫人以正式的外交空间，充分发挥第一夫人在公共外交中的优势，为实现国家利益和执行外交政策服务。《美国第一夫人外交现象分析》（李亚辉，2015）则通过典型案例分析了近当代美国外交中突出的第一夫人现象，认为美国第一夫人在国际外交中扮演的并非社会性别限制下的角色，其行为非但不会因为其特殊的女性配偶地位发挥不了作用，反而能够因为其特殊的女性特质为国际关系引入女性视角，对平衡国际政治中的性别失衡和提高国际事务中的女性地位起到积极作用。

另外，人文外交近年来逐渐被提到中国对外关系的战略高度，胡传荣（2015）提出应将社会性别视角纳入人文外交建设，因为人文外交可以为女性参与国际事务开辟新空间，也是消除社会性别歧视的重要途径，女性主义所倡导的移情合作可以在方法论层面上为人文外交提供启示，应该将消除性别歧视作为人文外交开展的基础性环节加以充分重视。

3. 暴力冲突中的妇女

20 世纪 80 年代以来，国内有学者开始将女性和社会性别视角引入民族主义研究，批判民族主义研究的性别盲点，探讨社会性别在民族建构、民族国家发展、民族冲突中的重要作用，并分析女性主义和民族主义的多重关系，提出“女性主义的民族主义”和“横向政治”概念，丰富了民族主义和女性主义的理论与实践（范若兰、罗壮雄，2014）。民族冲突是战后冲突的主要形式，在以往的民族冲突研究中几乎不关注妇女的状况，更没有从女性或性别视角对民族冲突进行分析，而事实上妇女并不是民族冲突的局外人，她们在民族冲突中扮演受害者、支持者及和平者等多重角色，民族冲突的根源、过程和影响都与性别密切相关。在《暴力冲突中的妇女：一个性别视角的分析》（范若兰，2013）一书中，作者提出女性经验和女性参与对于民族和解与重建和平的重要意义，认为妇女是民族建构中的重要因素，是民族文化身份的标志和象征，是建构强壮民族的重要基础。在《社会性别视角下的暴力三角学说：解读与重构》（范若兰，2014）一文中，作者分析了约翰·加尔通（Johan Galtung）暴力三角学说和女性主义战争与和平观的相通之处，指出结构暴力、直接暴力和文化暴力构成互相联系和互为因果的暴力三角体系，而社会性别是结构暴力的重要变量，是直接暴力和文化暴力的重要内容。从社会性别视角重构暴力三角学说，形成三重暴力体系分析框架，不仅能更深刻地揭示妇女不平等处境的根源，而且能更有效地提出消除一切针对妇女的暴力的解决之道。社会性别视角下的暴力三角学说不仅丰富了加尔通的暴力与和平研究，而且丰富了女性主义相关研究。

近年来，由女性参与实施的暴力恐怖主义事件已不是偶发，而是演变为国际政治中的一种现象，《国际政治中的女性恐怖主义——基于社会性别视角的分析》（陈莹，2014）一文对女性参与的恐怖主义活动进行了详细解读。在传统观念中女性一般被认为是爱好和平的非暴力角色，男人保家卫国，女人远离战场，然而近年来由女性参与实施的恐怖主义活动不仅数量增多，而且呈现出组织化、低龄化、跨国化等趋势。作者从行动者、结构、意识形态三个层面分析解释了车臣“黑寡妇”和巴基斯坦“玫瑰军”这两个女性恐怖主义典型案例，通过对比发现，社会性别在女性恐怖主义事件中扮演着重要角色，女性被社会建构为相对于男性的弱势一方，被作为一种工具用于实施恐怖主义活动。在今后的反恐政策制定中，国际社会应当纳入社会性别视角，着重改变与提高女性地位，以防范女性从暴力活动的受害者变为施害者。

（四）全球治理与女性发展

1. 女性与全球治理

随着全球性自然问题和社会问题的日益突出，全球治理业已成为国际社会最为关切的重要议题，当今国际社会正在步入一个沟通理性日益彰显、国际权力柔性发展、国际合作多维展开、全球治理多元推进的新时代，女性是全球治理中的一支重要力量，在国家、超国家和次国家三个层面影响着全球治理的成效。除了国家层面的女性政治领袖和女性外交家，超国家层面的联合国系统中女性掌门人，次国家层面的跨国公司女高管等都在全球治理中体现出卓越领导力和非凡才能，发挥出女性对于全球治理的独特作用（邱吉青，2015）。《社会性别视角下的全球环境问题研究》（金莉、李英桃等，2011）一书对美国、俄罗斯、日本、中国四国和欧洲、东南亚、南亚、非洲四个地区的社会性别与生态环境问题进行了深入研究，强调环境保护和性别平等“双重主流化”。《全球经济治理中的社会性别议题》（胡传荣，2013）指出，在全球公民社会中，国际妇女运动是一支活跃的力量，多年来众多妇女非政府组织和女性主义活动家在对社会性别平等的锲而不舍的追求中，想方设法地争取将该议题纳入政府间国际组织的议事日程，并由此向其各成员国施加影响，以使有关妇女权利和男女平等的原则明文反映在全球治理的各项决策中。全球化以经济为基点，且两大性别群体在其中的状况直接关系到双方各自的整体命运。因此，使社会性别意识在全球经济治理中得到足够体现是国际妇女运动着力要解决的一个重要问题。由于全球化产生了新的认同和跨国界联系，人们的生活面临着时空上的重组，女性是参与这一全球化过程的施动者和重要行为体。国际女性非政府组织为女性参与政治权力提供了广阔平台和多样渠道，努力将女性纳入国际政治权力的主导议程，从而使全球治理路径因考虑女性的政治诉求而更为全面和具有包容性（巩辰，2014）。

2. “北京 +20”与女性发展

2015 年是第四次世界妇女大会召开 20 周年，是千年发展目标的收官之年，也是 2015 年后发展目标开启的关键年份。在此之前，亚太地区非政府组织“北京 +20”论坛于 2014 年 11 月在泰国首都曼谷召开，中国有 10 位代表参会（和建花，2015）。2015 年 3 月，在美国纽约联合国总部召开的联合国妇女地位委员会第 59 届会议的主题是审议“第四次世界妇女大会及‘2000 年妇女：21 世纪性别平等、发展与和平’大会第二十三届特别会议成果文件的执行情况”，加速实现妇女和女童在其整个生命周期的性别平等和赋权，在制定 2015 年后发展议程的过程中，将性别平等纳入可持续发展的各个层面。北京外国语大学李英桃教授在亲临第 59 届世界妇女地位委员会进行观察后撰文《二十年的成绩与挑战——

联合国妇女地位委员会第59届会议观察与总结》（2015），指出各国政府和其他利益攸关方改善性别不平等状况的切实行动，直接关系着本国和全球性别平等目标的实现，强烈的政治意愿和强有力的问责机制是贯彻落实《北京宣言》《行动纲领》以及大会第二十三届特别会议成果文件以及到2030年实现全球性别平等的有力保障。《超越"妇女与媒介"——〈北京行动纲领〉回顾、中国经验与"北京+20"评估》（卜卫，2015）一文则批判性地回顾和分析了《北京行动纲领》中有关传播的内容，包括信息生产、针对妇女的信息赋权、公众信息、妇女参与传播以及大众媒介治理等，提出我们应超越"妇女与媒介"的两个战略目标来审视传播在推动性别平等方面的作用。

在2015年9月27日召开的全球妇女峰会上，习近平主席提出"创造有利于妇女发展的国际环境"的主张，李英桃在《改变自己，影响世界：创造有利于妇女发展的国际环境》（2015）一文中指出，应准确定位当前妇女发展的国际环境，为全球性别平等运动提供一个具有战略高度的视角、一条联结不同行为主体和利益攸关方的纽带，性别视角下的国际问题研究的价值才能充分体现出来；应积极创造有利于妇女发展的国际环境，"让每个妇女和儿童都沐浴在幸福安宁的阳光里"，促进世界各国的和平、发展与合作正是实现这一愿景的途径；还应推动妇女参与创造性别平等的国际环境。习主席向全世界做出中国的承诺，是中国为性别平等与妇女发展做出贡献、承担责任的又一重要标志。世界各国处于相互依存之中，中国本身就是国际环境的一个组成部分，只有同时创造有利于妇女发展的家庭环境、社会环境和国际环境，中国才能与世界各国一起，从承诺到行动，以担当精神推动全球妇女发展，为顺利完成2030年可持续发展议程、实现全球性别平等而努力。

三　研究不足与展望

2011～2015年，尽管中国女性主义国际关系研究依然稳步发展，在研究的广度和深度上不断向前推进，然而客观地说，目前中国女性主义国际关系研究依然存在不少问题，比如研究的社会影响力有待提升，选择从事女性主义国际关系研究的青年学者总体来说数量偏少且有些无法持续在该领域深耕，致使该领域研究的代际传承和发展动力皆有所不足。特别突出的问题是，女性主义国际关系研究的创新性研究成果仍较有限，秦亚青（2008）曾指出，原创性理论的有无和多少决定国际关系学是否进入创新阶段，原创性理论分为突破性理论创新和整体理论范式的创新，前者是指在原有理论框架中的突破性研究，后者是指创建一个新的学派。目前中国的女性主义国际关系研究尚未完成这两种形式的创新。

当然，女性主义国际关系研究作为“具有重要现实意义的新兴学科和交叉学科”，其跨学科性一方面固然给学术研究带来了难度，但另一方面也给跨学科融通、跨界合作带来新的机会与可能性。吸引其他学科的专家和青年学者进行女性主义国际关系研究，这或许是研究队伍壮大并使研究成果多样化的可行路径（李英桃，2015）。对于中国女性主义国际关系学者而言，一方面应该立足中国本土，在研究中反映中国女性与中国妇女运动在国际格局演变中的地位、作用与认知变化；另一方面要在吸收外来并在比较、对照、批判、吸收、升华的基础上，把中国实践总结好，为解决世界性问题提供思路和方法，体现原创性和时代性（李英桃，2011）。同时，正因为中国与欧美国家处于不同的发展阶段，中国女性面临的形势与任务也与西方不尽相同，这就为中国女性主义国际关系学者发现问题并寻求解决之道，从而确立自己的研究框架、创建自己独有的理论范式提供了可能性。相信在学者们的共同努力下，女性主义国际关系研究的中国特色、中国风格和中国气派将在未来的日子里进一步显现出来，并为繁荣发展中国哲学社会科学做出贡献。

国外女性/性别研究综述（2011～2015年）

王　楠　刘　英*

一　研究概述

2011～2015年，中国对国外的女性/性别研究在保持以往稳定发展态势的同时，呈现出研究主题多元分布、研究理论纵深推进、研究聚焦新问题的鲜明特点。本综述首先对2011～2015年中国关于国外女性/性别进行研究的成果进行总体统计和概览，其次对这五年的主要研究内容、研究热点、研究趋势进行归纳、分析和评介，最后指出目前存在的问题，并对未来研究进行展望。

本综述主要从国家哲学社会科学学术期刊网、中国知网、中国国家图书馆、读秀学术等数据库以"女性""女性主义""妇女""性别""男性"等作为主题词、篇名，以"2011～2015"年限进行高级检索。据不完全统计，2011～2015年，国内学者有关国外女性/性别研究公开发表的论文2304篇。文学类论文共计1281篇，发表在《芒种》上的论文数目最多（116篇），其次是《电影文学》（102篇）；社会学类论文共计182篇；艺术类论文共计192篇；文化科学类论文共计168篇。以"女性主义"为关键词进行检索，在中国正式出版的专著、译著、论文集共计412部，正式出版的学术译著共计41部。同时，在中国博士学位论文库中，以"女性""妇女"为关键词检索到博士学位论文共计199篇。在研究成果的国别分布上，研究主要集中在美国、英国、日本、加拿大和澳大利亚。在研究成果数量的年度分布上，基本逐年增加，2014年是峰值；从学科分布来看，研究成果集中在文学、社会科学和文化艺术方面。

与2006～2010年相比，2011～2015年的国外女性/性别研究呈现出以下特点。

---

* 作者简介：王楠，女，北京师范大学外国语言文学学院教授；刘英，女，天津南开大学外国语学院教授。

第一，2006～2010年国外女性/性别研究的前沿课题，在2011～2015年已经成为研究重点，研究内容更加细化和深入。例如，生态主义女性主义研究成果，除了传统生态女性主义理论、环境学、社会学之外，还拓展至女性主义环境文学批评、地理学、艺术学、电影理论、法律学、经济学、生态伦理学等学科领域。研究成果在数量上显著增加，也富有新意，专著、论文集、译著、博士学位论文、图文集等形式的成果逐步显现。

第二，研究视野进一步拓展，跨学科趋势进一步加强。国内的女性主义理论研究作为跨学科哲学社会科学领域的一个重要理论生长点，正在获得更多的关注。作为一个比较宽泛的研究框架，女性主义理论千头万绪，并且与哲学、马克思主义理论、国际政治运动、全球化等其他理论话语多有交叉，在伦理学、性别差异、妇女哲学、后理论哲学、文学批评等诸多基本的学理问题上拓展了研究的空间。近五年来，国内女性/性别研究学界密切跟踪哲学、社会学、心理学、人类学、地理学等学科的最新进展，主动跨界汲取新的理论能量，重新阐释了社会性别与社会发展、性别平等与全球化、性别与身体、性别与他者、性欲及其与艺术创作的关系等。除了学术专著，这一时期国内学者将国外性别理论的研究成果引介到国内，译著对于推动国内性别理论的发展起到十分重要理论借鉴和启发的价值。中国学者对于西方女性主义理论在中国的译介和影响过程中产生的问题开始陆续做出反思，这体现出基于中国立场对国外女性主义理论进行的独立判断，反映出中国学者的文化自信。

第三，国家级立项增幅显著。在国家社会科学基金数据库中，以“女性”“男性”“性别”为关键词搜索到的结果是：2011～2015年，在“哲学”“政治学”“世界历史”“外国文学”等学科领域的立项数目为37项，如肖巍的“西方伦理思想的女性主义解读”（2012）、戴雪红的“弗雷泽女性主义批判理论的逻辑谱系及其现实启示研究”（2015）、吴秀莲的“伊利加雷女性主义身体哲学及其现实启示研究”（2014）、许庆红的“艾德里安娜·里奇：性别诗学和文学建构”（2013）、程倩的“英国当代女性小说之超验叙事研究”（2014）、隋红升的“当代非裔美国文学中的男性气概研究”（2012）等，数量较以往有大幅度的提升，说明国外女性/性别研究受到国家社会科学基金的重视。

二　主要研究内容

与 2006 ~ 2010 年相比，2011 ~ 2015 年国外女性/性别研究成果在系统性、话语更新、研究机理方面都取得很大进展。一方面，传统研究领域进一步深化和拓展，在原有基础上增加了新视角，释放出新内涵；另一方面，2011 ~ 2015 年的研究选题出现了新焦点，实现了新突破。

（一）传统研究议题不断深入和拓展

2011 年之前已经展开的研究选题，如经典女性主义理论、生态主义女性主义、后殖民女性主义、身体政治等研究，在 2011 ~ 2015 年继续得到关注，并进一步深化和拓展。由于这些选题横贯哲学、社会学、政治学、经济学、文学和文化研究，本部分以研究选题为线索进行综合梳理。

1. 经典女性主义思想

马克思主义妇女观、经典女性主义理论研究在整体性和系统性增强的同时，引入比较视野，阐释经典新内涵。这方面的研究集中在哲学领域。例如，郑吉伟、常佩瑶（2015）以当前马克思主义女性主义者的一些新的理论进展为依据，对当代马克思主义女性主义者向马克思主义回归的理论趋势以及其理论旨趣和实践策略进行概述。鹿锦秋（2015）系统阐释了哈索克将女性主义与马克思主义进行多视域融合并力促女性主义重返马克思主义的理论探索，多层次揭示哈索克马克思主义女性主义对推动当代女性主义及马克思主义发展的理论意义与实践价值，为中国当代妇女/性别研究及马克思主义研究范式多样化提供了理论资源。周冏（2013）则梳理了西方女性主义政治哲学的多种理论立场、思想流派以及社会实践成果，并提出女性主义对其政治目标的改变呈现出从历史的阶段性扩展到具体的地域性的特征。另外，重访经典女性主义理论家并寻找她们理论的最新突破点成为这一时期的研究焦点之一。屈明珍（2011；2014）以其博士学位论文为基础，系统论述了西蒙娜·德·波伏娃（Simone de Beauvoir）的女性主义伦理思想的渊源、哲学基础，并以其女性主义思想与马克思主义的渊源关系为例来澄清学界对其思想来源的误解，以证明其思想的独立性与原创性。韦清琦（2015）则从波伏瓦的写作中寻找生态女性主义和谐思想的萌芽，寻求真正的超越之道：消除二元对立、自我对他者的压迫，取得男性与女性、人类与自然等关系的和解。郭乙瑶（2012）的专著从“性别差异”“语言观”“隐喻思维”等角度对法国女性主义者埃莱娜·西苏独特的“女性书写”理论进行了系统的梳理和评述。

2. 生态女性主义

如果说2006～2010年是中国大陆生态女性主义研究的兴起期，那么2011～2015年，生态女性主义已经成为研究中的一个焦点。2011～2015年，以“生态”和“女性主义”为关键词在“中国知网”数据库进行检索后发现，发表在各级各类期刊的论文共计618篇，其中发表在SCI、EI、CSSCI来源期刊的论文共计207篇，并显示出持续增长的趋势。这五年的生态女性主义研究有如下特点。

（1）承继和深化以往生态女性主义观点

女性主义在强化弱者的解放诉求基础上，将自然的整体作为其追求的终极目标，建构生态女性主义理论。生态女性主义强调，在人与自然关系中，首先应认清自身作为关系中的个体或共同体而存在，从而使人与自然关系有一个更为和谐的发展。在界定生态女性主义的概念上，陈伟华（2011）提出生态女性主义的伦理是一种新的伦理秩序，作为一种关爱伦理，生态女性主义重新将环境伦理学的关注点聚焦于自然的意义，提出人对非人类自然环境的伦理义务，人类“应该像对待生命一样对待生态环境”，人类对自然的尊重应该如同社会对女性的尊重，人类与自然环境的关系关乎人类共同体命运。戴雪红（2012）认为，在21世纪，性别平等、环境正义与可持续发展间的关系，是生态女性主义者亟须关注的新议题与新难题。在总结西方生态女性主义整体特征方面，马越（2012）和方环非、施月红（2015）将生态女性主义视为一种真正全球化的生态主义理论与运动。这种理论和运动不仅体现出一种超越地区、宗教、阶级和语言的跨文化感知特征，而且能够与其他社会运动特别是环境主义、后殖民主义和社会主义运动达成政治联盟或联合体，在这个意义上，生态女性主义丰富了当代女性主义理论与社会运动的政治内涵。

（2）生态女性主义研究呈现出新的关注点

这一时期关注人与人之间的文化生态系统和关联性，强调人与他者的联系，深入探讨人类共同体的话题。南宫梅芳、朱红梅等（2011）主要从生态女性主义与女性生态主义两个视角来阐述女性和自然之间的天然认同关系，并认为女性和自然是共同遭受男权压迫和支配的处于附属地位的“他者”。她们从批判男权思想入手来分析女性和生态问题，在反对男权压迫与支配的斗争中寻求解放女性和解决生态危机的出路。另外，作为西方左翼政治文化批评的重要一支，生态女性主义提出生态政治伦理理论（郇庆治，2011）。在对待“他者”的问题上进行了富有新意的意义重构和延伸阐释（程静，2014；韦清琦，2014；王霞，2013）。他者既包括人与自然他者，也包括介于人与自然之间的非人类（non-human），如奥斯维辛集中营的犹太人、关塔那摩的囚犯、巴勒斯坦难民、医学实验人、酷儿文学中的杰佛利·尤金尼德斯的“无性别人”（Jeffrey Eugenides' Middlesex）、石黑一雄笔下的“克隆人”（Kazuo Ishiguro's Never Let Me Go）等均是具有人型但被排除在人类之外的“非－人”的代表，他们代表着两性之外的“非－人”。“非－人”提醒着人类内部的自我殖民的事实，“非－人”的存在延伸了有关性别再生产技术、新的家庭和婚姻形式的女性主义理论的多元性和全球性。建构女性主义伦理他者的目的在于对现代主义的核心观点提出了根本挑战，重新形塑其分析范畴，试图转变当代思想话语中的传统范式（王楠，2015）。

（3）生态主义的自然伦理观超越了性别差异理论，消解身体的物质性，在差异体制中打破异性恋建构矩阵

值得一提的是，索福克勒斯的安提戈涅成为新的生态伦理观的代表。作为俄狄浦斯的潜流的安提戈涅，她的女性性征、亲缘关系、伦理意识和道德行为引发了近30年的争议。重新阐释一个文学形象的现象并引发的女性主义的再思考在西方比较少见，而对安提戈涅的女性主义批评思潮不论在西方理论界还是社会学界最近几年引发了对传统的、千篇一律的家庭模式的争论。安提戈涅的问题不仅是血缘问题，而且是认可（recognition）的问题。现代社会中的单亲家庭、同性恋家庭和双性恋家庭的重组凸显亲缘关系的不确定性。这方面具有代表性的成果有《安提戈涅：赤裸生命的抵抗——论齐泽克对安提戈涅的意识形态阐释》（韩振江，2014）、《异类反抗——论朱迪斯·巴特勒的安提戈涅》（钱疏影，2014）、《性别与伦理之间的安提戈涅：黑格尔之后》（王楠，2014）等。

（4）在外国文学和文化研究方面，沙漠、海洋等“荒山野景”进入生态女性主义批评视界

干旱少雨、空旷贫瘠的沙漠，浩瀚无边、神秘莫测的海洋一向被认为是充满阳刚之气的世界，是男性作家潜在的主宰领域，然而2011年之后的生态女性主

义批评则认为女性作家也参与了沙漠和海洋书写。徐海香（2014）通过对比玛丽·奥司汀和爱德华·阿比（Edward Abbey）的沙漠书写阐述了女性和男性对待沙漠的不同态度，她认为女性更倾向于把沙漠建成家园。吴琳（2012）则通过对美国作家雷切尔·卡森（Rachel Carson）的“海洋三部曲”——《海风下》《我们周围的海洋》《海的边缘》所展示的神秘莫测而又和谐美丽的海洋图景的探讨，深入发掘其中蕴含的生态女性主义思想，揭示“海洋三部曲”对人类看待自然以及反思人类与自然之关系的深刻影响。从以上研究成果可以看出，2011年之后的生态女性主义批评已经开始尝试超越以往研究局限，将女性作家对荒山野景的书写纳入研究视界，并挖掘出女性作家所传递的生态主义信念，即强调生态圈的整体性和有机性，维护人与自然和谐共处的世界。

3. 身体政治

中国知网对关键词“身体政治”学术关注度指数表显示，2011 年相关研究开始迅速攀升，到 2013 年达到峰值。以“世界文学”学科专业为例，年发文量就达到 134 篇。之前的身体政治研究往往只是针对文本中的女性身体叙述，将身体政治的考察狭窄化。2011 年之后的“身体政治”研究有两方面的拓展。

（1）把身体作为文化隐喻和意义符号

赵辉辉（2015）从身体审美的视角出发，探寻女性如何借助身体对美国淑女文化传统价值观进行消解，从而展现精神层面的反叛、获取社会认同及最终实现自我。陈静、胡宝平的论文《神话改写与身体叙述：〈夜莺的爱〉中的女性主义批评政治策略》（2014）探讨了这部英国戏剧中的女性通过身体抗争父权制的可能性、形式和意义。郑佰青、张中载（2015）则在安吉拉·卡特（Angela Carter）小说里透过食物与吃的多棱镜来审视卡特小说所揭露的父权制施加于女性的身体政治的运行机制。范一亭的论文《空间、历史与身体政治——论〈无名的裘德〉对资本主义婚姻制度的批判》（2014）分析了哈代小说中的女性以身体政治的方式与资本主义父权习俗相对抗，预言了资产阶级婚姻制度的解体。黄鹤（2011）从文艺复兴时代男性精英们所描述的女性“规训”中，寻找这一时代女性的社会地位的真实情况以及女性观念上的转变。

（2）关注男性身体

张延军、孟利魁（2013）分析了著名华裔美国女作家汤亭亭的文学巨著

《中国佬》中的男性主题。作者将男性问题作为多重主题中的重中之重，以各种叙事策略说明他们不是“被阉割”的牺牲品，而是富有阳刚之气的男子汉。这种鲜明的男性主题，既批评了华人被视为“女性化他者”的偏见，也构建出新型的华人民族形象，彰显出作品深刻的文化政治意义。这一时期也出现了几部非常重要的当代性别研究理论译著，如《男人之间：英国文学与男性同性社会性欲望》[〔美〕伊芙·塞奇维克（Eve Sedgwick）著，郭劼译，2011]、《男性特质论：中国的社会与性别》(〔澳〕雷金庆著,〔澳〕刘婷译，2012)。这些性别经典著作，在国外学界具有持久而广泛的影响，中译本的出版无疑为国内女性/性别研究的提供了重要的文献资料。

4. 后殖民女性主义

后殖民女性主义研究起始于 20 世纪 90 年代，经过 30 多年的发展，后殖民女性主义研究逐渐深化。与之前相比，2011～2015 年，后殖民女性主义研究更加细化、多元化，表现在以下两方面。

（1）对女性化政治隐喻和性别政治话语的研究

具有代表性的有：陈丽（2012）的论文揭示了 20 世纪末以来爱尔兰学界在冲破单一的、狭隘的爱尔兰身份建构（爱尔兰性 = 天主教 + 盖尔语 + 父权制）方面所做的努力。论文指出，在爱尔兰的女性化政治隐喻已经淡去其历史语境和政治紧迫性的今天，更多的注意力似乎应该用来关注如何更好地体现女性身份建构的历史特异性方面。郭方云的论文《文学地图中的女王身体诗学：以〈错误的喜剧〉为例》（2013）分析了文艺复兴时期的女王身体地图所涉及的性别规约、国家意识形态、民族主义思潮、殖民探索和地图传统等错综复杂的关系，并指出，文艺复兴时期女王地图隐喻的并不是伊丽莎白的肉身，而是代表国家的政治身体。罗璠（2014）从性别空间和后殖民角度对英国作家康拉德的小说《黑暗的心》和《吉姆爷》进行了分析，指出康拉德在历险空间和家园空间之间的转换过程中实现了从性别政治话语到帝国殖民话语的转变。从《黑暗的心》到《吉姆爷》，康拉德笔下的家园空间从被隔离到被切除，白人女性形象从虚假在场到完全消失，均体现了康拉德对于家园救赎的悲观、对帝国殖民的批判。朴玉明（2013）则揭露了美国朝鲜战争小说的韩国女性形象并非对那段历史境遇中韩国女性形象的全面再现，而是美国人根据自我标准体系建构出来的美国社会的集体想象，是西方视角下被贬低的他者。

（2）非裔美国女性主义文学研究走向系统化

自20世纪70年代，随着欧洲和美国女权运动的深入发展，美国黑人女性主义批评开始发出自己的声音，成为女性主义文学批评的焦点之一。嵇敏在她的专著《美国黑人女权主义视域下的女性书写》（2011）中首次尝试黑人女性书写与美国黑人女权主义批评的融合研究，避免了国内学界将两者相互割裂的通常做法，因为这种做法在较大程度上抑制了评论界对两者复杂性的充分讨论和深入研究，该著明确提出了“黑人女权主义批评与黑人女性书写的一体化建构”思想。赵思奇的专著《贝尔·胡克斯黑人女性主义文学批评研究》（2014）则聚焦黑人女性主义研究学院派代表贝尔·胡克斯（Bell Hooks），围绕黑人女性写作、黑人女性传统、黑人女性形象、姐妹情谊4个论题，对贝尔·胡克斯的黑人女性主义文学批评进行梳理和反思。

（二）国外妇女/性别研究的新焦点、新动向

近五年来，越来越多的学科将女性主义视角纳入本学科的研究，推出很多富有创见的研究著述，而且系统性和理论性明显增强。据不完全统计，有关性别的政治和法律论著共计约132部，社会科学理论论著共计约105部，文学83部，文化、科学、教育、体育共计38部，经济类19部，历史、地理学科论著16部，哲学、宗教、艺术共计12部等。从著作发表的年份分布上来看，2012年著作出版的数量最多，共计123部著作，2011年、2013年、2014年和2015年平均每年出版著作83部，其中具有一定影响力的著作约20部左右。从内容上看，这些论著集中论及西方女性主义跨学科的学术前沿问题和理论发展走向。例如，肖巍（2014）的专著以女性主义视角围绕着性别与哲学进行探索，不仅试图在各种复杂的理论纷争中梳理和澄清诸如性别与社会性别、女性、女性主义、性别差异、妇女哲学、女性主义哲学等基本概念，而且对女性主义哲学的产生和发展、学科定位以及方法论进行分析。她的论述过程中既有纵向的哲学史脉络，又有横向的逻辑推演，并且很好地融入了个人的性别体验。王淼（2013）的专著主要围绕着后现代女性主义理论观点进行哲学分析，并提出其实践意义和理论局限性。金莉（2014）通过介绍美国女权文学批评家的基本观点及其主要作品的意义，评介她们对美国女权文学批评的重要贡献，折射当代美国女权文学批评的发展轨迹以及与其他理论思潮的联系。再如，章梅芳所著的《女性主义科学编史

学研究》（2015）是国内外首次对女性主义科学史的历史分期、编史方法、编史理论、经验案例、编史纲领、编史意义等问题进行系统研究的著作，对于促进女性主义科学史乃至整个科学技术史学科发展而言，具有十分重要的意义。王楠（2015）以溯源、重构和展望为基点，回顾了美国性别批评理论在历史上形成性别缺场的源头，并把性别作为一种思想史的批评研究方法，论证它的形成机制、成长历史、社会背景和实践意义。另外，倪志娟的《女性主义知识考古学》（2012）、王保中的《欲望际：精神分析与女性主义》（2013）、白志红的《女性主义与人类学》（2014）、滕静茹的《女性主义建筑学理论》（2014）等，这些专著大多采用跨学科研究方法，在比较的视野中，引介西方女性主义新理论并提出理论在当下的实践意义和价值。这一时期的跨学科女性主义理论专著有助于理顺和加深国内学界对于西方性别理论的认识、对于中国性别理论、中国妇女学和社会性别平等的发展具有一定启示意义。

另外，这一时期也涌现出一些新兴领域的女性主义研究成果，例如媒体粉丝与女性主义（鲍震培，2013）、女性主义技术科学的后人类转向（柏棣，2012；肖雷波等，2013；刘彬，2015）、互联网女性主义（姜奇平，2012）、非主流国别的女性主义（周华，2015）。

不仅如此，这五年的国外妇女/性别研究还呈现出以下新的动向。

1. 全球化背景下的女性主义

全球化是21世纪最为多元和充满活力的社会运动之一。在女性主义和全球化之间，作为分析框架的性别介入两者之间，用以界定全球化大背景下的女性主义运动。因为性别不是独立存在的概念，它在与种族、阶级和民族的相关性上发生影响，并且在社会机构中用权力关系标注自身的重要性。全球化理论语境中的性别理论关注文化批判、国家、民族性和种族归属等有关身份的政治批判问题。在宗教融合和文化多元性的大背景下，多元文化主义正日渐冲击着传统西方女性主义概念的内涵。女性主义理论在全球化浪潮背景下，如何找到适合自己的本土化道路成为这五年女性主义理论的重要研究要点。李元（2012）认为，女性经济和政治地位不断提升，女性移民呈现前所未有的活跃。国际移民女性化趋势不仅关涉未来全球人口流动的总体趋势，而且对各国战略和国内政策制定带来深刻影响。谭琳、周颜玲（2011）汇集国内外学者的最新研究动态，从社会性别视角质疑已有研究全球化、跨国主义和各国发展实践的理论范式，分析全球、区域、跨国及各国发展过程中的现实问题。通过强调理论和研究在形塑公共讨论、政策和实践方面的作用，推动理论、方法和实践的发展；通过赋权于各国、跨国和全球的女性和男性，推动女性主义行动；通过为学者、研究者、行动者、政策制定者、公民社会行动者和草根行动者提供一个平台，推动有意义的对话，促进积极的社会变迁。

全球移民潮中，正如女性主义提出建构“多中心”理论框架，用于应对全球化所面临的种族/少数族裔、文化/宗教、教育/职业两级之间的冲突。如何解决移民与宗主国人民伦理文化冲撞和协调的问题显得尤为突出。在国家与民族性之间，以国别或区域性的女性主义移民研究成果较为丰富。例如，周蕾的《理想主义之后的伦理学》（2013）一书中既有对跨文化研究的基本问题的探讨，也有对中国和西方电影的文本分析，还有关于香港的身份研究。朱迪斯·巴特勒（Judith Butler）的《脆弱不安的生命：哀悼与暴力的力量》（何磊、赵英男译，2013），针对“9·11”事件之后全球暴力战争依然层出不穷的现实背景，从呈现战争、塑造情感的表征领域入手，揭露了美国霸权扼制下的战争框架，批判了暴力思维抹杀面孔、戕害生命的恶果，反思了社会纽带的错综复杂与脆弱不安，发出在激进的民主主义国家内构设犹太人与宗主国人民共荣的更广泛和以人为本的伦理文化理想。作为美国的犹太裔性别理论家，巴特勒以自身的“犹太性”为“介入”的切入点，把性别作为一种分析范畴，超越女性主义狭隘的性别差异论。把关于人类同一性和共同命运的离散的犹太人作为研究对象，将有关犹太性的历史“流放”译成或者说建构成当下的“流散”意义。其他译著类研究成果还有唐娜·哈拉维（Donna J. Haraway）的《类人猿、赛博格、女人：自然的重塑》（陈静、吴义诚译，2012）、伊丽莎白·格罗兹（Elizabeth Grosz）《时间的旅行：女性主义、自然、权力》（胡继华、何磊译，2012）、朱迪斯·巴特勒的经典著作《身体之重：论性别的话语界限》（李钧鹏译，2011）以及克里斯蒂娜·冯·布劳恩《科学中的性别》（史竞舟译，2014）等。这些译著对于国内女性主义理论研究具有十分重要的理论参考价值。

另外，全球化下女性主义运动对同性恋和少数族群的多元文化主义（Multiculturalism）的包容，日益冲击着传统女性观和核心家庭内涵，传统婚姻面临考验。受尤尔根·哈贝马斯（Jürgen Habermas）的宪政民主思想、查尔斯·泰勒（Charles Taylor）的“政治承认”和解构主义等理论的影响，多元女性主义文化理论围绕少数民族和其他亚文化群体“承认”的问题提出了种种要求。多元文化主义认为，性取向是个人生活方式问题，旁人无权干涉，要尊重同性恋者的权利，承认他们的婚姻权。在性别问题上，多元文化主义者与女权主义者结成天然盟友，共同向父权制和男权话语系统进行挑战。

2. 女性主义地理研究

女性主义地理学批评以女性主义地理学为基础，借鉴当代马克思主义空间理论和文化地理学对性别与空间、地理位移展开讨论。城市空间是文学地理学批评的重点，但2011年以前的研究偏重男性作家对城市空间的表征和男性城市漫步者形象，2011年之后的研究则将女性作家对城市空间的表征纳入视野，展示了女性作家对现代性表征的贡献。尹星的专著《女性城市书写：20世纪英国女性小说中的现代性经验研究》（2015）和范一亭的论文《女性主义的空间探索与阶级意识——论〈玛丽·巴顿〉中盖斯盖尔夫人的政治想象》（2015）聚焦女性对现代化进程中的城市空间书写。尹星的专著从本雅明的理论出发，对数位20世纪英国女性作家的小说进行研究与分析，围绕街道与室内、商品与消费、战争与家园、流散与他者四个主题，分析了女性作家对城市形态、历史现实、个体记忆、公共政治的再现，反思女性作家对城市现代性经验的阐释。范一亭的论文以大卫·哈维（David Harvey）的空间理论为出发点，细致梳理出工业小说《玛丽·巴顿》中的资本主义日常生活所在的工业化、城市化的空间，论文探讨了玛丽以“行走者”的德塞托式空间方式实践了女性对资本主义空间的消费以及对父权规训的反抗。对女性作家的城市书写研究不仅为中国的女性文学研究和城市文化研究提供了新的视野，也对于我们反思现代性经验和现代性产物、理解城市日常生活和城市人的精神机制具有重要的理论和实践价值。

女性主义地理学批评的另一个突破是将性别、地理位移和后殖民研究相结合。陈栩（2015）揭示了摩尔的跨界旅行实际上是重绘父权制社会地图的政治行为和实践策略。摩尔不但在地理流动性上而且在精神认知层面上都指向新兴资产阶级获得成功所需的经济个人主义。杨莉馨（2015）的论文探讨了英国女性旅行文学不仅见证了女性作家及其笔下的人物由旅行幻想到建构现实之旅的发展，同样记录了女性作家由参与帝国主义话语的建构到逐渐划清与男性暴力的界限，在当代全球化的背景下摆脱地域与文化偏见，寻求不同种族、文化与宗教信仰之间沟通与理解的可喜进程。

总之，2011 年之后的女性主义地理学批评超越了之前仅围绕空间的性别划分、聚焦女性在社会空间中所遭受的压迫的研究视野，而是转向探讨女性的地理流动性与阶级、种族、民族等元素相互交织的复杂性，从而使女性主义文学地理学批评的格局更为开阔，体系越加成熟。

3. 女性主义哲学的伦理转向

作为伦理的批判工具，有关性别的伦理思考在女性主义运动中得到了印证。与三次妇女运动并行，女性主义提出了平等、差异和解放的性别伦理主张。平等伦理关注女性与男性作为人类参与社会事业的平等权利；差异伦理强调女性和男性相关性上重构性别标准；解放伦理则冲出历史、语言和文化的约束和范畴，在消解性别后重构人的自由。从平等伦理到差异伦理再到解放伦理，伦理所试图解放的是社会建制之外的有关人的维度，正是在人类自我这个维度上，作为性别伦理的女性主义重新解释了人类共同体的意义。肖巍（2015）从当代神经科学研究领域有关大脑性别差异的发现入手，追踪了女性主义生命伦理学发展的一个新趋向——女性主义神经伦理学，它是一种以女性主义视角研究和解释神经科学发展所带来的一系列社会、伦理和法律问题的生命伦理学理论。戴雪红（2012）梳理了 20 世纪 80 年代以来女性主义伦理争辩的两个话题：“正义伦理与关怀伦理”和“自我与他者”，并从重新定位伦理、定位自我和定位他者角度阐释性别伦理理论的分析范畴。王楠（2013）提出 21 世纪的女性主义的理论立足于关于人自身的思考，女性主义的未来是走向开放的自己。在现实层面上，女性主义伦理揭示了在边界上存在的“忧郁的性别”，如难民、艾滋病人、无法获得收养权的“酷儿”等，这些脆弱不堪的“幽魂”说明性别范畴是一种预设的身份，是两性文化一直以来的惯性思维给定的表演性行为，是社会常规背后蕴藏的话语权力运作机制的结果。吴秀莲（2011）梳理了露西·伊利格瑞（Luce Irigaray）的女性主义伦理思想，即伊利格瑞将两性哲学解释为“爱之智慧”，接近但并不吞并他者，承认自己的缺乏，建立与他者间真正的互主体关系，承认他者，男女两性都必须回到自身，即要有自己的空间，坚持自己的个性和主体性，既保持开放的态度又不失去自我。屈明珍（2011）以波伏瓦的《第二性》为主要的研究文本，梳理作为“绝对他者”的女性的存在和生成的哲学历史和现实，并为“女性神话”祛魅，最后提出女性本真的解放之途必须建构性别伦理。这些成果以伦理为视角续写新世纪的性别政治，用开放的态度应对 21 世纪人类需要共同面对的“伦理危机”。

4. 女性文学研究超越“高雅文化”与“大众文化”的对立

后现代主义理论打破精英文化和大众文化的对立。2011～2015年的国外性别/女性研究既关注诺贝尔奖文学作家和作品，又将研究兴趣转向以往被边缘的类型小说。

2013年的诺贝尔文学奖花落加拿大女作家爱丽丝·门罗（Alice Munro），随后激起继多丽丝·莱辛（Doris Lessing）后新的一轮诺贝尔奖女作家研究热潮。《崛起的女性声音：爱丽丝·门罗小说研究》（张磊，2014）探讨了门罗创作中的女性主义主题、女性主义叙事策略与方法。除新任诺奖得主之外，对2007年获诺贝尔奖的多丽丝·莱辛的研究热度依然不减，如《审视分裂的文明：多丽丝·莱辛小说艺术研究》（2012）重点探讨多丽丝·莱辛对于种族和性别关系、女性艺术家的精神世界、文化对女性身份的制约等问题的思考，从种族、性别和文化三个维度分析莱辛如何呈现现代社会中文明的分裂。颜文洁的论文《双声部结构的变奏曲：〈金色笔记〉的文本意义生成机制》（2013）对莱辛的女性主义叙事进行了分析。姚晓鸣（2011）的论文则剖析了该小说中知识女性的政治、社会、家庭诉求。上述莱辛研究虽然在理论深度方面有所推进，但仍集中在《金色笔记》等代表作，研究范围有待进一步扩展。其实，女作家获得诺贝尔文学奖本身就是女性主义文学史上的重大事件，女性主义运动和女性主义文学批评必然功不可没。女性主义运动为诺贝尔文学奖颁给女性奠定了思想基础，而女性主义文学批评更为女性文学的价值进一步正名。

随着女性主义理论研究的不断深入，女性主义文学批评实践的视野在不断拓宽，推出一批无论在研究对象还是研究方法方面都超越传统、富有新意的研究成果。其中，女性主义类型小说就是新的关注点。传统的文学批评排斥对类型小说的研究，通常把类型小说和通俗小说、流行小说概念混淆，因而缺乏对类型小说的理论思考，对类型小说的女性主义批评研究成果更是少之又少。相比于活跃的女性主义类型小说创作，类型小说的女性主义批评明显滞后。当代女性主义类型小说借用传统类型小说的躯壳，创作具有自我觉醒风格和反叛意识的女性主义科幻小说、言情小说、童话故事和侦探小说，将在传统的文学观念中被视为肤浅、保守的大众化的类型小说改造为新型思想武器，从而深刻地揭示了父权社会的话语结构，积极地改变了传统的文化生态。面对当代类型小说的发展，梅丽对此进行了综合性整体研究，她的专著《当代英美女性主义类型小说研究》（2013）论证了女性主义作家们通过大胆的想象和实践，不断挑战和跨越类型小说在形式、美学和意识形态方面的制约，斩断了现代主义的文化等级观念，走向开放和裂变，走向充满膨胀性和扩张性的新的叙事方式。张瑛在《琪客文学与后女性主义》（2014）一文中论述后女性主义时代的文学类型——琪客文学，探讨琪客文学如何反映当代年轻女性在生活选择、两性关系、消费伦理等领域的价值取向，如何对女性主义思想上的“偏差”与“局限”做出了一些“修正”与“变革”，体现出从“个人的也是政治的”向“政治的也是个人的”转变。

除了上述综合性研究外，对类型小说的个体研究集中在当代童话研究，例如，姜晓渤在《礼物交换中的女性身份解构与重建——解析安吉拉·卡特的〈狮先生的追求〉与〈老虎新娘〉》（2015）的论文中，通过分析女性主义作家安吉拉·卡特的两个短篇小说，揭示其如何对女性作为被物化的他者和被注视的客体、男性作为观看者和欲望主体的权力模式进行了反抗和解构，并最终超越这种二元对立的权力结构，进而构建多元的、生成性的女性新主体。回春萍在论文《走向后现代的沉睡公主——论童话“睡美人”的当代改写》（2014）中探讨了后现代作家通过对传统童话重新审视和改写，将现实焦虑植入弥漫着王子与公主浪漫爱情的童话世界中，促使人们对当下社会中两性关系进行反思。上述研究成果显示出2011年之后的女性主义文学批评努力把握时代的脉搏，为女性主义文学批评增加了新的向度。

三　研究不足与展望

2011～2015年，国外女性/性别研究成果数量持续增长，成果质量也不断增强。中国学者在女性/性别理论认识和批评实践方面经历了几次重要的范式转型，已经显现出中国女性主义学者所做出的不懈努力，这些研究在认识论和方法论上将马克思主义空间理论、文化地理学、生态理论、族裔理论、后殖民理论等的思想精华兼收并蓄，不仅增强了理论深度，拓展了研究疆域，更是体现了中国学者不断创新的精神。如此的跨学科研究姿态正如吉尔·德勒兹（Gilles Louis René Deleuze）所倡导的“根茎”，不断向外扩展又彼此纠缠，这种充满跨界和超越意识的政治和审美实践，本身就源自女性/性别初始动力，更预示着女性/性别研究的未来方向。

在取得一定成绩的同时存在以下不足之处：仍然缺乏对外国文化、历史、政治的深入了解和研究，缺乏社会学、经济学、政治学等其他学科的理论素养，这在一定程度上阻碍了我们面对新形势时迅速做出及时的回应；虽然研究成果数量增加不少，但研究的原创性不足，存在跟班现象，相似话题的重复性研究占一定比例；对国外女性/性别研究的反思性不足，比较研究匮乏；近几年译著的数量有所提高，对国内学者的研究和发展产生了不能忽视的影响，但是总的来说偏少，在全球化背景下，这种不足在一定意义上制约了女性主义在国际、国内学界的发展。

鉴于以上不足，国内学者在国外女性/性别研究领域应在以下几个方面有所突破：进一步加强对社会、政治和经济发展的密切关注，继续保持唯物主义诗学的立场，敏锐地捕捉全球化时代、信息大众化时代出现的新问题新现象，进行深入的研究；国内学者应从中国立场出发，对国外女性主义/性别研究理论进行独立判断，进行反思性评述，突出中国学者的文化自信；进一步译介国外女性主义的优秀研究成果，用比较的视野，提出原创性观点，发出中国学者声音，与国外学界对话，为推动人类命运共同体建设贡献力量。

学科建设研究综述

女性学研究综述（2011～2015年）

魏开琼　卢梦玮*

女性学一词初次进入中国语境始自20世纪80年代初期，此后，围绕女性学学科建设启动的一系列实践与理论的探索，为2011～2015年女性学学科发展提供了良好的基础。同时，国际与国内对妇女与发展议题的高度重视构成了这一时段女性学学科发展的社会环境，尤其是中国政府颁布的相关政策，为女性学学科发展提供了强大支持。2011年8月，国务院颁布了《中国妇女发展纲要（2011－2020年）》，明确提出要加强妇女理论研究和高等学校女性学学科建设，鼓励高校开设女性学专业和课程，培养女性学的专业人才。

值得注意的是，无论是当下学科边界普遍模糊的趋势，还是女性学一直以来因为强调自身的“跨学科”性而没有直接回应自己学科的边界，在对女性学学科建设进行五年回顾时，诸多概念包括女性学、妇女学、社会性别学、妇女/社会性别学在不同的作者那里虽然有所指，但彼此界限并不完全清晰。① 本文在写作中，聚焦的是狭义上的“女性学”概念，即在专业建设意义下的女性学研究，重点聚焦女性学学术共同体的建设以及女性学专业人才的培养。传统意义下的学科概念，需要学科具备一些与其他学科加以区分的要素，包括该学科独特的研究对象、核心概念、理论框架、研究假设、研究方法以及获取知识的规则等。本综述在写作中结合以上两种思路，从女性学学术共同体建设、女性学学科研究的主要内容、研究评价与展望三个方面来评述2011～2015年中国女性学研究。

---

* 作者简介：魏开琼，女，中华女子学院女性学系教授；卢梦玮，中华女子学院社会工作学院2016级社工硕士。

① 这种现象一方面表明这一学科具有较大的活力，另一方面也隐含着这一学科发展还处于比较初级的探索阶段。

一　女性学学术共同体建设

本综述将女性学学术共同体的核心要素分解为组织建设、组织活动和信息平台，学术共同体通过这三种形式汇聚学者智慧，凝聚学术力量，推动妇女/性别研究的发展与女性学学科建设的进步。

（一）以女性学学科建设作为关注点的组织建设

中国妇女研究会以其强大的工作网络将全国从事妇女研究的学者集结起来，其分散在全国的团体会员、基地通过组织多学科的专家学者广泛开展妇女和性别理论研究，女性学的研究与教学也是其关注的问题之一。2015年中国妇女研究会对自己过去五年的工作进行了总结，一定程度上反映出其在培育支持女性学学科建设上的工作方式与工作成效，为这一时期女性学学科的发展培养人才，并为投身女性学教学与科研的学者建立起彼此支持的学术网络。在这一时段内其取得的主要成绩包括以下四个方面。①研究成果的出版。包括《中国特色社会主义妇女理论与实践》（2013）、《20世纪中国妇女运动史》（中下卷，2013）和《中国妇女运动百年》（2011）。②强化“四位一体”的研究网络建设。通过加强与高校、社科研究机构和党校在妇女研究领域的相互支持与合作，建立起辐射全国的妇女研究网络。2013年，新增11个妇女/性别研究与培训基地。③举办与妇女/性别研究有关的会议。④建立激励机制，推动女性学研究与教学人才的培养（中国妇女研究会，2015）。

作为一个全国性的学术网络，中国妇女研究会在推动妇女理论研究、培养研究人才、传播并转化研究成果等方面发挥了积极的作用，这些反过来营造了有利于女性学学科建设与发展的环境。在研究机构的成立与设置上，20世纪90年代中后期，许多高校成立了妇女/性别研究中心，将分散在不同学科领域和院系的学者集合起来从事女性学的教学与研究。2000年以后，新成立的以女性学学科建设为核心使命的组织朝向专业化的方向发展，其中，“高校女性学学科建设协作组”与“妇女/社会性别学发展网络”发挥了重要作用（韩贺南、陈政宏，2014）。天津师范大学性别与社会发展研究中心甚至进行了建设跨学科的妇女和社会性别实体机构的探索，但终因学科设置与学位点招生政策上的限制，这一实体化的探索在2010年底便结束了尝试（杜芳琴，2015）。尽管网络化、规模化、实体化的机构建设没有获得后续的跟进，但女性学的发展仍然具有空间和活力，在整体扶持科研发展的大环境下，一些院校继续成立自己的研究中心，在机构发展模式上，参考此前其他妇女研究中心的运作模式，成立之初便与当地妇联结合，组织开展了女性/性别理论研究、女性问题调查、各层次女性教育培训及相关学术活动，力图通过这些活动，推动女性学学科的建设与繁荣以及性别平等和和谐社会的建设（池州学院女性与性别文化研究中心，2014）。

（二）围绕女性学学科建设组织研讨会

这五年来，围绕妇女/性别研究展开的主题研讨会在推动中国女性学的学科建设以及提升大众性别平等意识等方面起到了良好的促进作用。本综述写作主要关注以“女性学学科建设”为核心议题的研讨会，同时关注那些通过对相关议题的探讨，营造有利于女性学学科建设友好氛围的会议。

2010年在厦门大学举办的马克思主义妇女观与当代性别理论发展研讨会上，有学者指出中国女性学理论建设要增强马克思主义妇女观的指导作用，借鉴和吸收其他理论流派特别是西方马克思主义女权主义和社会主义女权主义的合理思想，建立有中国特色的女性学理论（唐美玲，2011）。在开设了女性学课程的高校中，“面向过去总结经验，指向未来提出设想”成为女性学学科建设的一个重要内容。2011年6月，中华女子学院召开了“女性学学科建设与专业人才培养研讨会”，就“学科建设”、“专业人才培养”和“性别研究”三个议题进行了研讨（贾春，2011）。2012年12月，中华女子学院再次召开关于女性学学科范式与学科地位的研讨会，围绕女性学的学科范式、学科地位、学科状况、学科建设的困惑与两难处境以及本土化建构进行了深入探讨（于光君，2013）。此次研讨会上达成的共识在于，女性学要完全独立于学科之林，必须走本土化之路，完成它的本土建构，推进女性学学科发展。同年12月，女性学学科建设与社会性别研究学术研讨会在湖南女子学院召开，参会者围绕当前女性学学科建设与社会性别研究中存在的问题、如何进一步推动女性学学科的发展以及如何推动社会性别研究的深入等话题，展开了广泛的学术探讨和交流（胡桂香，2013）。

此外，妇女/社会性别学学科发展网络自2006年成立之初起，就一直致力于推动妇女/性别学学科建设，尤其是分支学科的建设与发展。2011年该网络召开第二届全国妇女/社会性别学课程建设与发展经验研讨会，重点讨论了近年来妇女/社会性别学课程建设的新进展和经验，同时对妇女/社会性别学课程发展中存在的问题进行了反思（王金玲、姜佳将，2011）。其他关注妇女/性别学学科建设的高校也在积极思考学科建设这一议题，2013年11月，“性别平等与高校女性学学科繁荣学术研讨会”在云南民族大学召开。此次研讨会以“性别平等与高校女性学学科繁荣”为主题，认为女性学在学科建设历程中仍然存在着一些问题，如果不重视这些问题，不仅会妨碍到女性学学科的发展，而且不利于性别平等的真正实现（杨国才、陈梦玲，2014）。

除了以女性学专业建设为核心开展的研讨会以外，也有些会议虽然不特别关注女性学学科建设的内容，但其研讨的主题为学科建设的发展营造了良好的氛围，尤其是借助北京世妇会20周年的时机国内召开的一系列会议对促进女性学发展具有重要意义。

（三）信息交流平台的建设与发展

学术刊物、数据库与图书资料都是学术交流的平台，为学者们创造一个交流与协作的环境，共同促进了学科的进步与发展。

期刊是否关注性别研究，除了受刊物的性质、主办机构的影响外，刊物主编的学术研究兴趣与期刊是否开设性别研究专栏有直接的关系。值得注意的是，在期刊领域，为了解决一校一家综合性社科学报造成的多刊一面的局面，回应数字化时代对知识传承带来的挑战，中国高校系列专业期刊于2011年由多家学报联合成立编辑部，在主要一级学科，联合打造共建共有的权威系列专业期刊，其具体形式由中国知网提供技术支持，并进行整体传播（中国高校系列专业期刊，2011）。2014年，在原有一级学科专业期刊的基础上，又增加七种专题期刊，“性别研究”作为其中的专题期刊之一，采用网络专栏合作的方式进行研究数据的收集、整理与呈现，此举或有可能重构网络时代学术传播的新秩序，一种新的收集、阅读与使用性别研究资料的方式可能在未来出现。同样，为了适应网络时代带来的阅读习惯和传播方式的改变，《妇女研究论丛》等刊物推出微信公众号平台，定期推送该刊的性别研究论文，即时传播了最新的性别研究成果，有效回应了社会大众的讨论，也扩大了性别研究的社会影响力和学术影响力。

此外，以图书形式呈现的关于女性学学科发展的论文集在记录这一时期女性学学科发展上具有重要的意义。2014 年作为“妇女发展蓝皮书”系列报告之一的《中国妇女发展报告 NO. 5》一书出版，它主要建构了针对妇女/社会性别学的学科评估指标（陈雪，2015）。该书中有关不同学科领域内的社会性别学学科建设的文章，对于了解主流学科领域内性别研究的进展有着重要的意义。此外，在中国妇女研究会年会论文基础上结集出版的一批图书中，也有一些涉及女性学学科发展的内容，如《北京 + 15——中国性别平等与妇女发展回眸与前瞻》（2011）一书中，专门讨论了妇女/性别学科建设问题；在《社会主义文化发展繁荣与性别平等》（2013）一书中，有研究者从期刊和科研管理机构的视角探讨了中国妇女研究的进展与特色。在中华女子学院图书馆编著的“倾听与发现：妇女口述历史丛书”中，接受访谈的数十位妇女活动家都提到参与女性学学科建设的历程，这些一手的口述史料以及亲历者的反省与思考，反映出女性学学科建设探索在 1995 年世妇会后 20 年间具有重要影响和意义（张李玺，2015）。

高校的图书馆和妇女/性别研究资料中心，汇集了大量的研究信息和成果，为女性学教学与科研提供服务，为女性学知识提供宣传和传播渠道，推动了女性学的学科建设。中华女子学院 2011 年正式成立了中国首家专业的女性学图书馆——“中国女性学图书馆”，珍藏大量中国妇女和社会性别领域的理论研究和实务工作的历史资料，对女性学学科建设具有重要意义。

随着信息技术的发展，女性学信息资料的来源和传播有了越来越多的载体和渠道，但传统的图书分类法对女性学类研究成果的收集、归类与传播仍然具有重要意义。《中国图书馆分类法》第五次修改时，对按性别划分的类目进行了修改类名、删除、合并类目等修订，但修改后的类目仍然存在着许多类目关系混乱、类名概念过窄的问题，缺少妇女文学、妇女社会学、妇女管理学等类目，无法为相关科研、教学和知识普及提供有效的信息保障（宋维平，2012）。实体书店与图书馆在归类图书时，由于缺乏明确的分类信息，通常也会将与妇女/性别研究有关的书目分散到不同的学科领域中去，不利于读者对相关领域的查阅。所以，女性学研究成果要获得更为专业的传播渠道，不仅需要拓宽女性学信息资源的来源途径，还要努力提升研究的质量与数量，争取女性学学科的合法地位，加快女性学学科建设的进程，使其能够早日成为独立学科，拥有自己的图书类别。

二　女性学学科研究的主要内容

女性学学科建设最初参考了大量以美国妇女研究为主体的英语世界的研究成果，这一学科的核心概念、研究范式、研究方法、关注的具体议题也经历了从初期的“向外学习”到后来的既注重与外来思想的对话又注重本土建构的发展过程。2001～2010 年，基本可以看成是中国女性学探索学科制度化与学科建制化并重的重要时期，它体现在一系列关于女性学专业建设的探索上，而专业的发展和人才的培养与学科的独立性、学科的合法性具有不可分割的关系。

2011～2015 年，对女性学学科的研究在广度和深度方面都具有一定的突破。本文将从学科建设、专业建设与人才培养方面对这五年来有关女性学学科的研究进行探析。

（一）学科建设

学科建设的核心问题是这门学科何以成立以及以何成立的问题，这是学科发展过程中比较硬核的部分，也就是说，一门学科要确立自己的合法地位，便需要回答本学科的研究对象、独特的研究方法和完整的知识体系。这五年的研究仍然在围绕女性学学科的核心问题进行探讨。

1. 研究对象

在总结诸多研究成果的基础上，有研究者指出，女性学研究对象的研究大致经历三个阶段：一是 2005 年前的“女性本质”求证阶段，在这个阶段学者们主要以马克思主义历史唯物主义为依托，探索女性的本质、特征、生存以及发展的规律；二是 2005～2010 年的学术使命论证阶段，这个阶段参考英美国家女性学学科从性别、阶级、种族等多重维度来反思女性处境的视角，试图从交叉理论出发，从性别、阶层与区域等多种维度深化女性学学科研究的议题；三是 2010 年后的“学科界定方法的探索阶段”，此阶段仍然在不断探索女性学的研究对象，努力寻求科学界定的方法，但依然没有明确的针对研究对象的界定（韩贺南、陈政宏，2014）。还有研究则总结了不同学者的不同理解后发现，关于女性学的研究对象有几种认知：一是在最早出版的女性学著作中，多将女性学界定为以妇女问题为研究对象的科学，认为女性学的主要研究对象应该是妇女在政治、经济、文化教育、社会和家庭生活中是否与男子享有同样的权利；二是认为将女性、女性问题及女性经验作为研究对象；三是认为女性学的研究对象应界定为社会性别制度，认为妇女学应该研究建立在男女两性之上的社会组织结构（贺江平，2013）。

总之，关于“女性学研究对象是什么”的问题，目前并没有达成一致的共识。本文认为，如果围绕这门新兴学科的研究对象讨论了近20年还未能得到相对一致的共识的话，研究者们需要反思，这一问题的提问是否到位，是否需要调整提问的方式，此外，对这些问题的回答是否需要考虑到当今学科建设的发展趋势与规律，再来回应学科建设中研究对象这个非常内核的问题。

2. 研究方法

是否存在独特的女性学研究方法仍处于一定的争议中。有研究者指出，从哲学方法论的立场看，女性学的研究方法应倡导马克思主义妇女理论和社会性别理论的视角（魏国英，2011）。在具体的研究方法上，郑丹丹（2011）认为，女性学的研究方法具有多样性与包容性的特征。也有学者提出，由于女性学研究集中讨论的是性别关系、女性遭受压迫及解除压迫的问题，同时对一般人文社科方法进行了分析、批判，这些对女性学在方法论上的创新产生了重要影响。结合多年的探讨实践，王宏伟（2012）总结了女性学在方法论上的创新之处：其一，重视和加入女性独特的经验；其二，分析研究问题的产生源头和研究目的相互联系，凸显研究为了女性的新目的；其三，在女性学开展研究的过程中，要不断重新审视、反思研究者和研究主题本身。

从本土化的视角来看，林晓珊（2014）认为，目前中国的女性学缺乏理论自觉和方法自觉。方法自觉不仅包括具体的研究方法和技术，更需要的是方法论上的自觉，这就要求妇女/性别研究能够自觉回答如何有效地批判父权制文化以重构新的社会文化。此外，要加强妇女/性别研究方法的本土化进程，高度重视本土经验，结合本土性别文化的历史情景以及不同民族、文化和阶级的多元女性经验，不断丰富妇女/性别研究的理论内涵，建构本土的妇女/社会性别研究的方法论，推进女性学学科建设的进程。

以上探讨既是对研究方法的追问，也是对方法论的思考，尽管随着时代的发展，女性学的研究方法已经从“一般方法论”逐步向独立的方法论进程发展，但仍然存在着缺乏自己特色的问题。在高校女性学建设中，学术界应该不断探索运用马克思主义世界观和方法论解释和处理当代中国妇女问题的新视角和新方法，构建具有中国特色的女性学理论和方法，建设具有本土特色的女性学学科。

考虑到女性学的“跨学科”性质以及本土女性学学科建设探索中的种种障碍，我们需要结合学科的整体发展趋势，在学科研究对象越来越交叉、学科边界越来越模糊、学科研究方法越来越多样、知识体系越来越庞杂、理论范式越来越多元的时代，重新调整女性学学科建制化的路径探索。

（二）专业建设

1. 课程建设

目前高校中开设的女性学课程可分为专业必修、通选课和选修课三种课程类别，这三种课程类别构成了女性学学科的课程建设的主体。有些学者指出，女性学课程的教学理念是挑战、质疑、批判、解构传统知识体系，把各门学科作为自己的基本领地不断进行清理，试图颠覆和改造男性中心的知识体系，赋予人类知识以社会性别，建立一个包括女性在内的新的知识结构（任一鸣、张家军，2012）。还有研究者认为，女性学课程的理念主要体现在学生观、知识观、课程观和生活观四个方面，要以民主平等、人性关怀、国际理解和真实生活为目标取向（葛延峰、秦红艳，2014）。社会性别理论的教育和传播为女大学生正确价值观的树立提供了理论基石（王新婷，2015）。

有学者提出在女性学课程中运用实践教学方法，一方面要求教师有丰富的理论知识和推广社会性别意识、构建和谐性别关系的实践经验或工作经历；另一方面也要求学生要学习女性学的理论知识，培养自己的实践能力，将所学的知识与实践相结合，在实践中检验学习成果（陈阳忠，2012）。女性学课程运用丰富多样的教学实践方式，有助于学生理解教学内容，开阔视野，培养他们的社会性别意识。有研究者认为应该将参与式教学法运用在女性学课程中，因为参与式的教学方法与女性学课程的教学目的更为契合，而且从女性学的学生群体结构来看，参与式教学模式能更好地发掘与利用群体优势（杨雪云，2011）。

目前，虽然女性学的课程建设体系已经取得了一定的进步，但仍然存在许多问题，如：教材及教学内容有待更新；教学方法过于单一，没有体现女性学的实践特质；教学队伍松散，不适应女性学多元化视角的课程特征（杨雪云，2012）。女性学课程已成为传播男女平等观念、提高大学生社会性别意识、促进两性和谐发展、实现人才培养目标的重要途径。课程建设是为了更好地推动女性学课程向多层次、开放式发展，从而使高校女性学课程的建设更加科学合理（王凤华，2013）。

2. 人才培养

尽管女性学学科建设与专业建设仍然处于探索过程中，作为一个重要的学科领域，学位教育中已经纳入了女性学的内容。虽然在本科生人才培养的层次上，已有的建制在国内只有中华女子学院和湖南女子学院两家；在研究生培养的层次上，只有北京大学；但在研究领域与方向的设置上，女性学的人才培养处于上升的势头。师资队伍建设和教学平台是女性学学科人才培养的两个重要途径。

一门学科的发展除了要依赖专业的研究机构、完善的课程设置和高水平的教材这些硬件设施，还必须有“师资队伍”作为支柱。目前，女性学学科存在着严重的师资匮乏现象，尤其是在研究生教育方面。松散、脆弱的教学队伍，很难保证完成女性学专业人才培养任务和学科专业建设任务（贺江平，2013）。有的教师只是指导学生毕业论文而并不授课，而且目前国内能提供较完整课程的学校，随着老教师的退休也面临青黄不接的困境，即使能承担教学任务的，也面临知识、理念和方法需要更新的挑战（杜芳琴，2013）。

女性学学科的建设发展需要有一支稳定的、具有专业技术水平的师资队伍，这就使得加强女性学学科的师资培训、充实师资力量、提高教师的性别意识、增强教师的教学能力成为女性学学科发展的内在要求（林晓珊，2014）。为了满足这一要求，应该采取一定的举措加大师资培训的力度，提高教师的理论知识和科研及教学能力，注重对教师性别平等意识的培训。

有学者认为，女性学学科建设是依托高校已经形成的学科门类进行的观念再造和行动改变，在很大程度上就是一场思想文化观念再造的行动或运动（畅引婷，2014）。然而，目前女性学的教学平台推进十分缓慢，且主要依托女子院校为教学平台。继中华女子学院 2006 年正式招收女性学本科生以后，湖南女子学院 2011 年开始申报女性学本科专业。2011 年，南京师范大学金陵女子学院正式成立女性学系，致力于培养现代高层次高素质的女性专门人才。2011 年底，河北省发布《河北省妇女发展规划（2011～2020年）》，鼓励高等学校开设女性学专业或女性学课程，加大女性学专业人才培养力度。2012年，厦门大学的妇女/性别研究与培训基地设立交叉学科“妇女/性别研究”博士点。这些尝试表明高校仍然是女性学学科建设依托的主要平台，因此，在更多的高校中设立女性学专业或课程，将有助于推动女性学的学科发展。

目前中国的女性学教育主要依靠于大学的女性/性别研究中心在推动，而这类机构又多为虚体架构，不利于女性学的知识生产和人才培养。所以在女性学的学科建制过程中推进高校设立独立的女性学课程和专业是推动中国女性学学科发展的关键一环（王凤华，2013）。值得注意的是，2015年香港中文大学开始招收女性学的本科生，学制为两年，招生对象为在香港已取得专科学位的学生，这一机制化的建设，或许会为大陆增加面向本科生的教学平台提供一定的智识上的支持。

总之，为了更好地利用高校平台，促进女性学的学科建设，就要确立女性学的学科地位，使它在中国现有的教育体制内有一席之地，将相关课程引进高校，把课堂作为具体的实践场所，一方面传播女性学的基本理论，另一方面培养学生的性别平等意识，使女性学教育更好地服务社会，推进全社会的性别平等。还要重点建设师资队伍，对教师进行性别平等培训，使他们在教学中能够更好地将女性学理论和方法/方法论教授给学生。正如有学者指出的那样，近几年来中国的女性学学科建设已取得了较大的发展，女性学已走过了“前学科”阶段，开始成为一门专业的、独立的学科，无论是在人文科学领域还是社会科学领域都有了自己的一席之地（王金玲，2014）。但它仍然存在着许多不足和挑战，需要学者们不断努力才能迈向学科化和主流化的新高度。

三　研究评价与展望

2011～2015年，女性学学科建设的研究获得了一定进展，但在学科范式、课程设置、政策支持及学科归属等议题的研究上还存在一定的局限。

总的来看，对女性学研究对象、研究范围的认识尚未达成共识；女性学方法论仍然受到争议，研究方法仍在创建之中，没有形成系统的概念体系。根据这种对学科规范性的理解，构建独立的和规范的学科范式是女性学学科建设要面临的首要问题，但实现这一目标需要一个过程。首先，女性学学科的概念虽然有内生的基础，但其框架模式、核心概念仍然来自英语世界，还需要进行不断的概念与框架的再造。其次，女性学学科具有跨学科性和交叉性，其研究方法和理论知识与其他学科密切关联，因此要实现它的理论自觉和方法自觉也需要一个长久的过程。最后，缺乏女性学学科的专门人才，有很多从事妇女/性别研究的学者本身都不是女性学专业出身，大多源自对妇女/性别研究的兴趣转而投身于女性学领域，加之女性学领域的边缘化处境，目前还无法形成稳定的真正体现女性学学科特色的专业教学队伍。

强调社会性别平等意识、注重理论及方法训练的女性学课程与“适合”女性生活、迎合社会市场需求的女性类课程并存，导致课程范畴虽多样却显得宽泛繁杂，特征不够鲜明，体系不够清晰。女性学分支学科课程中的交叉重复现象仍然存在，无法体现女性学学科的本质特征。这在一定程度上影响了女性学学科的独立发展道路。除此之外，在课程设置上还存在教材和教育内容陈旧、教学方式单一、教学队伍松散以及教育内容与课程理念不一等问题。

尽管国家社科基金对女性学研究项目的支持力度逐年增加，尤其是以特别委托项目的形式支持，但总体来看，支持程度还是不高。从 2011 ~ 2015 年国家社科基金与妇女/性别研究直接相关立项项目汇总数据来看，社会学、人口学、中国文学与外国文学相对来说对女性学研究的接纳程度较高。由于国家社科基金的申报原则中要求课题要以学科为主进行申报，作为跨学科性质的女性学可能会因其跨学科的性质而被边缘化。

此外，受到多重因素与观念的影响，政策实施层面与目标层面有所脱节，对女性学接纳的范围仍较为有限。比如，2001 年颁布的妇女发展纲要中就提到要加强女性学学科建设的发展目标，在 2011 年的纲要中再次重申了这一目标。但这些目标仍然较多停留在倡导的层面，还需要在具体工作措施中加强落实，切实推进女性学学科的建设。

以上通过对 2011 ~ 2015 年的研究进行资料的收集和整理，呈现女性学学科发展历程中的形态与样貌，以期为未来女性学学科建设与研究的发展提供一定的思路。值得注意的是，在学科归属问题上，2011 年教育部颁布的《学科分类与代码》中，女性学与社会学、社会工作、人类学、家政学等并列于一级学科社会学分类之下，但女性学并不是社会学中研究妇女问题/议题的一个分支学科，以社会学规范研究妇女或妇女问题/议题只是女性学学术领域中的一个重要内容，但不是全部内容。

此外，由于学科建设呈现出越来越明显的整合趋势，各门学科边界越来越模糊，传统的学科也开始强调自己的“综合学科”或“交叉学科”的视角，在这种情况下，女性学学科建设可以考虑走出“研究对象、研究方法、知识体系”这几个核心词汇来论证自己的合法性，更多地从现实的需求出发，来进行女性学的学科建设与人才培养的探索。

女性主义哲学研究综述（2011～2015年）

肖 巍 李 蕊*

一 研究概述

2011～2015年是国内女性主义哲学研究发展迅速、成果颇丰的五年。国内学者对女性主义哲学的关注度和参与度也在增长，女性主义哲学在研究主题、方法以及实践问题方面更为系统和深入。本综述基于中国知网相关数据，概述这一时期女性主义哲学研究状况，并在此基础上简要总结和展望国内女性主义哲学的发展趋势。

以“女性主义”为主题在中国知网“中国期刊全文数据库”查询结果为例，2011～2015年发表的属于哲学门类的期刊文章约有174篇，相较于2006～2010年的142篇增长了23%。硕士、博士学位论文2006～2010年为35篇，而在2011～2015年则达到79篇。一大批女性主义专著和译著得以出版，例如《多元时代的正义寻求——I. M. 扬的政治哲学研究》（马晓燕，2012）、《女性主义哲学》（曹建波、宋建丽主编，2013）、《飞往自由的心灵：性别与哲学的女性主义探索》（肖巍，2014）以及《女性主义认识论》（魏开琼、曹建波合编，2013）等；出版的主要译著有《灵长类视觉——现代科学世界中的性别、种族和自然》（〔美〕唐娜·哈拉维著，赵文译，2011）、《类人猿、赛博格和女人——自然的重塑》（〔美〕唐娜·哈维拉著，陈静、吴义诚译，2012）、《女性与恶》（〔美〕内尔·诺丁斯著，路文彬译，2013）、《当代美国女性主义经典理论选读》（〔美〕伊丽莎白·韦德、何成洲主编，2014）、《关怀伦理学》（〔美〕弗吉尼亚·赫尔德著，苑莉均译，2014）、“克里斯蒂娃学术精粹选译丛书”《克里斯蒂娃自选集》（〔法〕克里斯蒂娃著，赵英晖译，2015）、《符号学：符义分析探索集》

* 作者简介：肖巍，女，清华大学高校德育研究中心教授、博士生导师；李蕊，女，清华大学马克思主义学院博士后。

（〔法〕克里斯蒂娃著，史忠义等译，2015），等等。

科研基金的支持也极大地促进了女性主义哲学的发展。2012年肖巍的“西方伦理学思想史的女性主义解读”获得了国家社会科学基金重点项目的支持。2013年陈英的“生态女性主义文化批判理论及其现实意义研究”、2014年易显飞的“女性主义视野中的技术”、2015年戴雪红的“弗雷泽女性主义批判理论的逻辑谱系及其现实启示研究”都获得了国家社会科学基金一般项目的支持。同时，还有一些学者获得了地方科研基金的支持，如宋建丽的2012年福建省社科规划一般项目“正义与团结：南茜·弗雷泽社会批判理论研究”、彭华的2012年黑龙江省哲学社会科学规划办专项项目“儒家女性角色伦理研究”、屈明珍的2013年湖南省社会科学基金项目“波伏瓦性别政治哲学思想研究”以及刘慧的2014年山东省高校人文社科项目“女性主义视野下的公民身份研究”。这些科研项目的立项在很大程度上促进了国内女性主义哲学的研究。

同时，女性主义哲学学科内部呈现出良好发展趋势，体现出质的提升。它不仅关注到哲学学科的各个不同分支，而且在女性生存和发展相关的各种实践问题上进行深入系统的探索，并在把西方女性主义哲学思维与中国哲学传统、中国社会主义建设实践以及与马克思主义妇女观、马克思主义哲学结合等方面取得显著的成就。

综合来看，2011～2015年，国内女性主义哲学研究主要呈现出三个特点。

1. 多元化学科交叉与渗透

伴随着国际女性主义哲学的发展，国内女性主义哲学视角也逐步进入政治、科学、艺术、哲学等领域，其关注点不仅限于女性的经济、就业、生育与抚育、精神健康，同时进入生态环境、儿童、残障、社会公正、全球化与资本主义等领域，在汲取国外女性主义研究经验的基础上不断地扩充疆域，例如把女性主义关怀伦理学引入教育、医疗、生态环境等领域。又如，女性主义哲学通过与社会学、科学、医学、教育学等的交流碰撞，将性别视角引入不同学科，彰显出女性主义哲学方法论的普遍有效性。

2. 国际化与本土化更为紧密地对接

1995年第四次世界妇女大会在中国召开，促使女性主义哲学思维和理论迅速在中国国内学术界传播开来。在1995年世妇会之后的20余年里，国内学者在翻译介绍国外女性主义哲学研究成果的基础上，更多地结合中国女性生存与发展的实践问题，发展本土化女性主义哲学，在理论和实践层面不断深化和实践女性主义哲学价值观，并利用新媒体等手段，借助公众关注的事件传播性别分析方法。2012 年 11 月，华南师范大学政治与行政学院、中山大学社会科学教育学院与中国社会科学院哲学所共同主办，广东省马克思主义研究会协办了“国外马克思主义女性主义理论发展与创新研讨会”。2014 年 6 月 2 日，清华大学道德与宗教高等研究院、清华大学人文学院举办了“性别与哲学国际研讨会”，来自美国、以色列、冰岛和中国的学者讨论了西方性别观念的历史流变、如何在当代哲学视域中加强女性主义视角、如何结合中国传统哲学资源解决当代中国性别问题等议题。如今，女性主义在中国已经成为一种大众文化话语方式和分析问题的新视角。

3. 创新和发展中国特色女性主义哲学

女性主义哲学相信哲学从来都不是“中立的”，作为一种社会意识形态，它与不同文化和历史传统紧密关联，与每个国家的社会、经济和政治发展紧密关联。中国特色的女性主义哲学只能根源于中国悠久的哲学文化传统，围绕着中国社会现实问题以及中国女性生存发展问题进行研究和发展，例如有学者把“公正”、“平等”以及“性别差异”等概念置于中国社会发展现实中进行哲学阐释（肖巍，2014），试图推动中国特色女性主义哲学的建设，为国际女性主义哲学发展做出独特贡献。

二　主要研究内容

（一）女性主义哲学方法论

“女性主义哲学是哲学吗?”这是哲学对女性主义及其哲学的一个诘难。如果女性主义无法回答这个问题，那么本身便失去了作为哲学学科的合法性。而对于这个问题的回答，必须涉及哲学、女性主义哲学以及女性主义哲学研究的方法论问题，这五年国内学者颇为关注这些问题。

关于女性主义哲学是不是“哲学”的问题，一些学者通过援引美国女性主义哲学家朱迪斯·巴特勒（Judith Butler）的观点做出解释。对于巴特勒来说，这个问题本身是一个伪命题，因为“哲学”在漫长的发展历程中，其关注范围和研究方式早已经超越既定的范围，生发出了并不遵守其学科规则的“非哲学”（朱迪斯·巴特勒，2001）。与巴特勒对于“哲学”的解构不同，肖巍以“哲学”的词源“爱智慧”为根据，认为女性主义研究应当纳入哲学的范围：女性主义学者不仅可以对由“谁”定义哲学和“谁”代表哲学提出质疑，女哲学家以及女性主义哲学存在的历史事实也击破了女性哲学不存在的说法。“女性主义方法论本身便是女性主义哲学方法论，其宗旨在于从哲学角度探讨和回答社会现实如何被理解、性别如何形成、人们如何呈现自己的体验、权力如何寓于知识生产之中、女性主义知识生产如何得到证明，以及在这一生产和证明过程中，如何以新的方式建构哲学概念及其理论体系等问题”（肖巍，2011）。

女性主义哲学方法论也是一个有争议的问题。例如女性主义学者桑德拉·哈丁（Sandra Harding）强调，女性主义应该将方法、方法论和认识论区分开来。方法是收集研究资料和证据的技巧，方法论是用于分析和说明研究如何进行或者应该如何进行的理论，而认识论问题则讨论有关知识有效性的理论和辩护策略。女性主义研究者可以运用传统意义上的任何一种研究方法，其具体使用的方法依赖于新的方法论和认识论，从而并不存在独特的女性主义研究方法，只存在独特的女性主义方法论和认识论。舒拉米特·瑞恩哈茨（Shulamit Reinharz）强调，女性主义研究是由女性主义理论所引导的。莉丝·斯坦利（Liz Stanley）和苏·怀斯（Sue Wise）强调女性意识对于女性主义研究的重要意义。马乔里·德沃尔特（Marjorie Devault）认为，女性主义方法论支持对女性有价值的研究，并导向有利于女性的社会变革或行动。多萝西·史密斯（Dorothy Smith）认为女性主义研究方法的重点就在于从女性的立场出发探索日常世界（郑丹丹，2011；吴小英，2011）。

哈丁曾把女性主义哲学方法论归结为三点：新的经验来源和理论来源（女性经验）、新的社会研究目的（为了女性）、新的研究主题（将研究者放在与公开的研究主体同一个批判平面上，研究者的阶级、种族、文化、性别等都纳入其所描绘的框架中，表现为具体的和有特定欲望和利益的真实个体，而非无形的和权威的声音）（郑丹丹，2011；吴小英，2011）。肖巍将其归结为四点：相信哲学从来就不是中立的，将哲学探讨与政治意识形态、社会现实、具体的个人紧密联系起来；以解构传统哲学所宣称的中立性、公正性、客观性和普遍真理性与批评其本质论、二元论和父权制结构为自身的使命；突出女性和被以往哲学所忽视的边缘人体验；强调哲学的多元性、异质性、差异性、包容性和开放性（肖巍，2011）。

（二）女性主义认识论

认识论是哲学中的一个重要领域，女性主义哲学也一直对它保持高度关注。知识不仅是关于世界的认识，也代表着真理、正确性与标准。对于是否存在女性主义认识论，即女性主义认识论合法性的问题，曹建波和魏开琼赞同哈丁的观点，即“女性主义知识论更多是一种批判态度，即对传统知识论的基础概念提出疑问，并对建立在这些基础上的道德的、政治的以及形而上学等设定的概念框架提出质疑”。这种知识应该属于“社会知识论”，与传统的理论知识形成对比。女性主义知识论是出于女性主义理论架构和政治实践需要而形成的一种知识论，它试图颠覆并瓦解传统知识论中的基本前提与假设，将妇女的经验、意识、利益和问题纳入认识的过程中，期望通过改变性别不平等的知识结构，重建有利于女性解放的新观念（魏开琼、曹建波，2013）。

女性主义认识论面临着重重困难。在女性主义的分析中，哲学传统中的知识代表着真理和权威，女性主义认识论因而提出“谁代表知识”“谁定义知识”这样的问题，将知识形成过程中的认识主体凸显出来。而“科学，它——或者改用她，看起来好像是没有性别的，但实际上，‘她’是个男人，是个父亲，同时也是受污染的。现实科学的客观性，不过是男性科学家主观性的代名词而已”。因此，在知识生产与传播问题上，性别是一个非常重要的关联性因素。女性正是要揭示出知识和（男性）权力的关系，将自身纳入认知主体的位置。这种认知主体具有情境性、动态性和多元性的特征（曹建波，2012）。冰岛大学的西格雷·托雷尔斯多蒂尔（Sigríður Þorgeirsdóttir）教授剖析了哲学理论发展中女性主义视角缺失的历史原因。她认为，哲学界始终存在浓厚的男性中心主义与白人中心主义的氛围，在理论层面上女性主义视角始终遭到排斥；在制度层面上，欧美很多学校的系所仅有一名女性（戴蓓芬、周冏等，2014）。

女性主义认识论主要有三种范式：女性主义经验论、女性主义立场论和女性主义后现代论。女性主义经验论即主张女性遵循传统的认识论范式，参与到更客观的、无偏见的知识建构中。女性主义立场论则强调女性的视角具有知识论特权。女性主义后现代论则更多的是对传统知识的解构，以认知者的社会立场和认知结果的偶然性来否定知识的客观性。魏开琼和曹建波对这三种立场与传统知识论之间的批判、继承、超越和瓦解的关系进行了分析（魏开琼、曹建波，2013）。女性主义经验论是从知识内部来瓦解知识的客观性，而女性主义立场论则更为直接和彻底。当然，这三者之间的界限并非泾渭分明，彼此也在不断吸收其他路径的批判成果。如女性主义立场论针对后现代女性主义的批判做出调整：统一修正女性主体身份并探索有差异的女性群体主体和个人主体之间关系；坚持以女性认知优越论重塑价值负载客观性，以实现知识客观性最大化并规避相对主义；呼吁女性从对抗转向对话，达成主体间公共性。这种修正有利于女性主义立场论超越差异并获得发展（鹿锦秋、付文忠，2013）。女性主义立场论是女性主义认识论中的主流（魏开琼、曹建波，2013）。

女性主义认识论与传统认识论是相互促进的。女性主义以独特的性别视角，通过客观性、认知主体、偏见悖论改变传统认识论范式（魏开琼、曹建波，2013）；认识论的发展也被女性主义认识论所吸纳和采用。21世纪，女性主义认识论发展出现一种新趋向——“女性主义自然化认识论”，它吸收了主流哲学领域中的“自然化认识论”新发展。自然化认识论研究我们如何与作为这些信念和评价来源的周围世界进行互动、我们在这些行动中追求什么以及我们如何以特有的方式获得成功的经验调查。女性主义自然化认识论除了吸收自然化认识论的初始理论观点之外，还具有坚持女性主义分析方法以及把自然化认识论与道德认识论结合这两个主要特点。女性主义自然化认识论击破了传统认识论关于“客观性”、“普遍性”、“规律性”和“中立性”的理论预设，超越了描述性与规范性“事实与价值”“经验与理性”“经验与先验”的二元对立，把人类的认识知识和信念以及真理和价值置于历史的具体的文化情境之中（肖巍，2013）。

（三）女性主义伦理学与心理学

关怀伦理学自20世纪80年代问世以来，一直是女性主义伦理学研究的主要内容，并逐渐渗透到传统伦理学、政治、生态、性别、医学等各个领域之中。一些学者用关怀伦理学来分析医学职业，认为女性主义伦理学为医学职业精神的培养提供两点重要的启示：加强医学人文精神的培养和医学责任使命的教育（李芳，2012）。女性主义学者认为，伦理学和道德知识建构在具体人的经验的立场上，他们并不只是观察者、分析者，还是有经验位置的行动者和参与者，这就否认了主流伦理学中的契约论、功利论、道义论等，它们以权利为基础的道德理论，按照逻辑演绎模式进行道德推理，以道德知识和法律来决定主体正当与不正当行为（胡军良，2011）。然而，女性主义伦理学从一开始就面临困境和指责：这一理论有性别偏见，仅仅强调女性是关怀主体；自身有逻辑矛盾，无法在解构父权制的同时坚持女性关怀立场；实践中操作困难；等等。有学者提议应该将关怀伦理学理解为情感主义的美德伦理学，这样才能成为一种有前途的规范伦理学（陈真，2014）。女性主义生命伦理学研究也是国内学者关注的重要领域，一些学者十分关注研究这一学科基础概念，例如研究“形而上学”等概念（肖巍，2013）。

女性主义心理学经历了从实证主义取向到现象学取向，最终向后现代取向的发展过程。女性主义心理学将女性作为心理学知识的主体，关注女性群体内部多元性和差异性身份，以社会性别视角透视女性心理发展，主张在公平正义的视角下展开对女性心理的研究。与此相应，女性主义心理治疗家也更加重视社会文化情境以及情境的差异性（如社会阶层、种族、性别、民族等）对女性心理行为和心理健康的影响（宋建丽，2013）。同时，女性主义心理学在解读心理学科发展的过程中，也注意运用马克思主义对资本主义的深刻批判，试图分析不同政治力量对心理学知识生产产生的不同影响，强调心理科学的社会情境性与价值负荷性，强调心理学研究的多元化（魏萍、霍涌泉，2011）。如关于进食异常的进食障碍，它通常指包括神经性厌食和神经性贪食的心理障碍。女性主义心理学则从社会文化、社会性别建构来解释这种现象，如瘦削的社会文化观点、社会性别建构误区对于女性的要求、母女关系复制、女性应对压力的特有方式等这些不利于女性的内容都会导致女性的进食障碍（郑春蕾、刘建冲等，2014）。与社会关于性别的歧视和刻板印象相关，神经科学中关于大脑性别差异的研究也一直受到女性主义的关注。女性主义神经伦理学对大脑“性别差异”研究的证据、研究方法和结论提出质疑，把关于性别与社会性别关系的思考置于对这些发现的解释中，强调大脑组织本身也是社会和历史的产物，警惕性别歧视以“神经科学”的新面目出现，避免“神经性别歧视论”（肖巍，2015）。而与母子关系相关，女性主义精神分析对于母婴关系的分析不仅有助于个体人格、性别关系、身份与道德意识的形成，同时有助于说明社会、宗教和文化的起源（肖巍，2013）。

（四）女性主义政治哲学

在政治哲学中，公平和正义是永恒的话题。2011～2015年，女性主义政治哲学也密切关注这个主题。女性主义的正义观是从对传统政治哲学的批判开始的。公共领域和私人领域的划分将男性和女性对应于两个领域，这是主流正义论性别正义缺失的深刻根源。因此，女性主义提议对公共领域和私人领域二分法的超越（肖爱平，2013），并且要重构公共领域（曾特清，2014）。同时，女性主义注意到，女性在公民身份上所遭受的排斥和压迫与传统公民身份对公民主体的抽象预设和男性化设计密切相关，对普遍主义公民身份的追求导致对公民的同质化理解，在实践中造成对女性和其他弱势群体的排斥和压制；同时共和主义公民身份强调公共领域高于私人领域，公共利益重于私人利益，这也造成了对处于私人领域的女性的压迫。因此，女性主义提议对一种对女性更加友好、更加包容、更加多元的公民身份模式的构建，这已成为今天女性主义公民身份研究的根本诉求（刘慧，2012）。当代女性公民身份重构的重要议题就是“为尊严而斗争”，女性必须争取社会和文化公民身份（戴雪红，2011）。女性主义视野中的国家中心主义以理性自主的男人为原型，主流范式塑就了理性国家的身份特质，并由此割裂了性别要素与世界秩序之间的关联。理性与道德对立导致了世界秩序范畴对道德和性别的排除，最终将国际关系塑造成真正的“无女人世界”（苏云婷，2013）。

南希·弗雷泽（Nancy Fraser）作为美国著名的政治哲学家，她关于正义的理解也是国内女性主义政治哲学的一个重要课题。她以三个维度来考察公正问题，在一个包括道德哲学、社会学和政治分析的理论框架内提出一种经济、文化和政治互动的三维公正观。这一公正观可以被简化为对公正的三种诉求：再分配、承认和代表权。弗雷泽以这种公正观来阐释当代社会不同群体对公正的追求，审视社会不公正尤其是性别不公正的现象、成因及其矫正的途径，力图在女性主义政治哲学框架内提出构建公正平等的社会制度与和谐社会的理想及途径（肖巍，2011）。弗雷泽也图绘了在“后资产阶级公共领域”和“跨国公共领域”中寻求女性解放的新框架，同时指出了女性参与协商对话和元民主制度化的女性解放新路径，为全球化和多元化时代背景下的女性解放定位了再分配、承认与代表权的新坐标（杨礼银，2013；阮华容、戴雪红，2014）。她的性别正义观为左派的政治斗争和女权主义等新社会运动提供了重要的批判武器和实践指导。她的性别正义观更多是政治的，因此具有更加强烈的现实性和批判性（茅根红，2013）。

（五）生态女性主义

环境问题促使和推动生态女性主义的产生和发展。伴随着西方生态保护运动的深入发展，西方生态哲学界出现了一系列新范畴和新命题。生态女性主义在批判深层生态学中的父权观念的同时，与深层生态学相互完善和发展，一同促进环境问题的解决和生态哲学的理论创新（赵媛媛，2015）。女性等同于自然的隐喻使生态女性主义陷于两难境地：或者继承描述自然的话语和词汇，或者抛弃描述自然的话语，而这便意味着抛弃了生态女性主义的基本立足点。澳大利亚生态主义女性学者薇尔·普鲁姆德（Val Plumwood）强调，应当在阴阳、雌雄、男女之间寻求连续性和同一性，以求打破二元鸿沟，而中国传统道家天人合一观也可以为生态女性主义提供理论来源（董山民，2015）。生态社会主义是生态女性主义的合理延伸和“幽灵实体化”（史巍、韩秋红，2012）。也有一些学者主张，应当将研究视角转向动物，重视并发展对动物伦理的探讨。动物受苦的根源是物种歧视，物种歧视与性别歧视、种族歧视、阶级歧视存在着千丝万缕的联系；物种视角将成为生态女性主义的新方向，通过对物种间关系的探讨，强调的是一种基于关怀、养育和爱的动物伦理观（袁霞，2014）。还有人讨论了生态女性主义的伦理观（陈伟华，2012），具体如自然伦理观、关怀伦理观、社会伦理形态和生命伦理形态（袁玲红，2011），强调生态伦理是关怀伦理在环境领域的自然延伸（赵媛媛，2011）。

（六）女性主义科学哲学

除了翻译西方女性主义科学哲学经典著作外，国内学者也尝试对女性主义科学哲学采取一种宏观把握和个体分析的方式。前者体现为介绍女性主义科学哲学的形成过程、基本概念、经典理论流派、最具争议的议题以及它的现状与未来；展现该领域一些代表性人物〔伊夫琳·福克斯·凯勒（Evelyn Fox Keller）、唐娜·哈拉维、海伦·朗基诺（Helen E. Longino）以及桑德拉·哈丁等〕的基本思想（徐志宏，2015）。而后者主要围绕着女性主义科学哲学的先驱者、赛博格女性主义创始人唐娜·哈拉维进行研究。所谓的赛博格指的是人与人造物的结合体，是生物学和计算机领域的结合性创造物。哈拉维期待通过这种模糊界限的方式模糊“主体性”、“统一体”和“男女两性”概念的边界。国内学者分别研究了哈拉维的“赛博格”理论（刘介民，2012）、合成人观点（董金平，2013）、人的嫁接与肢解思想（王治东，2012）以及赛博格带来的对主体和女性主义的改变，例如“技科学”主体（周丽昀，2012）、后性别观点（陈英、陈新辉，2012）以及后现代女性主义观点（李建会、李亚明，2014）等。

（七）马克思主义女性主义

马克思主义“历史唯物主义”、“异化”和“人的全面发展”等理论影响在当代中国有着重要影响。中国妇女解放理论的基础是马克思主义妇女观。在社会主义建设中，女性解放的实践和女性主义理论的发展不能脱离马克思主义的指导。实践唯物主义原则使马克思消除理性和感性的二元对立，提升了感性在哲学史上的重要地位，为确立女性问题的哲学地位奠定基础。马克思本人还通过分析资本主义生产方式所产生的二元对立的思维方式，揭示了资本主义制度下的人的生产从属于资本主义生产，指出女性处于从属地位的事实（梁小燕，2012）。马克思主义哲学把两种生产共同作为人类存在的方式统一起来，批判资本主义普遍存在的异化现象，认为进入社会主义和共产主义的目的是消除对人自身再生产的压抑和摧残——对人性和人的扭曲，把人视为目的是马克思主义理论的精神追求。女性解放需要依托于人类解放来完成，真正的人类解放也必然带来女性的全面解放（李赛、枫叶，2012）。当代社会女性异化表现在两性关系、家务劳动、心理和精神智力等领域，而消除异化实现女性解放需要通过消除性别角色、提高女性经济地位、扩大女性政治参与权等途径来实现（闫志洁、闫方洁，2012）。在人的自由全面发展视域中，女性解放的目标应当指向不合理的资本主义制度，因为女性解放的敌人是资本对人的统治；女性解放的本质不是女性主义所理解的与男权的对立和斗争，而是实现女性自身作为人的自由全面发展（金卓、王晶，2012）。

（八）中外女性主义哲学交流

2011～2015年，中外女性主义哲学交流主要体现在对于西方女性主义哲学经典文献的翻译、对于中国传统哲学文化的女性主义阐释以及中外学者共同参与的学术研讨三个方面。

1. 西方女性主义哲学经典文献翻译

女性主义哲学是从西方传入的，对于西方经典原著以及著名女哲学家著作的翻译一直是国内女性主义哲学的重要工作。2011～2015 年国内的翻译除了关注一些著名学者如南希·弗雷泽、朱迪斯·巴特勒的经典作品或者经典主题，同时不断地追随西方女性主义哲学的新发展，如关注到玛莎·纳斯鲍姆（Martha Nussbaum）、唐娜·哈拉维等人的著作。《当代美国女性主义经典理论选读》是一部较为全面的文集，包含女性主义哲学的四个经典主题。主体性和性别主题选取了朱迪斯·巴特勒和琼·斯科特（Joan Scott）的文章；女性主义差异的主题，选取了周蕾（Rey Chow）和盖亚特里·斯皮瓦克（Gayatri Spivak）的文章；女性主义跨国视角主题选取了海柔尔·卡比（Hazel Carby）、钱德拉·塔尔佩德·莫汉蒂（Chandra Talpade Mohanty）和著名黑人女性主义者贝尔·胡克斯（Bell Hooks）的文章；女性主义和科学主题选取了安妮·福斯特－斯特林（Anne Fausto-Sterling）和赛博格女性主义创始人唐娜·哈维拉的文章。

学界先后出版“克里斯蒂娃学术精粹选译”丛书三部：《语言，这个未知的世界》（〔法〕茱莉亚·克里斯蒂娃著，马新民译，2015）、《符号学：符义分析探索集》和《克里斯蒂娃自选集》。前两部主要涉及克里斯蒂娃关于语言学的研究，后一部介绍 2005 年以后克里斯蒂娃关注的主要问题及研究。朱迪斯·巴特勒的《身体之重：论性别的话语界限》（朱迪斯·巴特勒，2011）是对引发了争论的《性别麻烦》的某些观点的反思，也是对异性恋霸权如何塑造性别与政治问题的进一步探讨，是对女性主义和酷儿研究在内的各种理论的批判性再表述。

女性主义伦理学方面有弗吉尼亚·赫尔德的《关怀伦理学》、内尔·诺丁斯的《女性与恶》。因为堕胎、代孕等与女性本身息息相关，罗纳德·德沃金（Ronald Dworkin）在《生命的自主权：堕胎、安乐死与个人自由的辩护》（2013）所表述的观点也应该引起女性主义学者的关注。

弗雷泽的政治哲学颇受关注，学界分别翻译出版了她的一系列学术论文：《论正义：来自柏拉图、罗尔斯和石黑一雄的启示》（〔美〕南希·弗雷泽著，王雪乔、欧阳英译，2012）、《三重运动？——剖析波兰尼之后的政治危机》（〔美〕南希·弗雷泽著，王雪乔译，2014）、《正义的主体：国家公民、全球人类或跨国风险共同体?》（〔美〕南希·弗雷泽著，古青译，2015），等等。同时，玛莎·纳斯鲍姆的专著《培养人性：从古典学角度为通识教育改革辩护》（李艳译，2013）及其论文《非民主的前景》（王钦译，2012）和《能力、权益与权利：补充和批判关系》（郭晓明、陆建平译，2015）也被翻译出版。

哈维拉的《类人猿、赛博格和女人——自然的重塑》一书以非常独特的研究视角从科学进化的角度讨论女性主义。同时，她的另一部著作《灵长类视觉——现代科学世界中的性别、种族和自然》论述了关于灵长类的爱和知识。《科学中的性别》（〔德〕克里斯蒂娜·冯·布劳恩、〔德〕英格·斯蒂芬著，史竞舟译，2014）以知识/科学与性别之间的关系为切入点，探讨了科学研究中的性别密码和性别准则。

《反抗的文化：拒绝表征》是美国学者贝尔·胡克斯（朱刚、肖腊梅等译，2012）女性主义文化批评的代表作，该书探索了阶级、性别、种族等相互交错的压迫机制，以此反对"白人至上资本主义男权制"。作者通过对许多影视作品及主流文化的分析认为，人们在一些宣称是女性主义的作品中也能察觉出反女性主义倾向。而《厌女：日本的女性嫌恶》（〔日〕上野千鹤子著，王兰译，2015）一书则有助于观察到日本社会对女性的拒斥和贬低。

美国学者伊丽莎白·格罗茨（Elizabeth Grosz）的《时间的旅行：女性主义、自然、权利》（胡继华、何磊译，2012）将哲学通论、传统哲学和现代哲学熔为一炉，关注政治理论与认识论的基本问题。《图绘：女性主义与文化交往地理学》（〔美〕苏珊·斯坦福·弗里德曼（Susan Stanford Friedman）著，陈丽译，2014）则运用当今全球化与跨国研究、人类学研究、地理学研究中的文化理论，对夸大性别、种族、民族、阶级等界限的思维模式提出挑战，认为应从多元文化和地缘政治角度研究女性主义理论。

2. 中国传统哲学文化的女性主义阐释

国内女性主义学者也试图从中国传统哲学中汲取精华，发展女性主义哲学研究。一些学者认为，传统儒家对于女性的歧视受到批评，但它所定义的男女两性关系并非只是性别不公正和男尊女卑这么简单。儒家以宇宙中阳尊阴卑、阴阳和合作为两性伦理角色的支撑，以家庭关系中的"妇礼"来约束女性，在政治层面上以"父纲"和"君纲"来规范女性（彭华、杜帮云，2013）。因此必须重构女性的伦理规范和性别角色，从性别本质主义转向性别非本质论（彭华，

2014）。此外，教育在塑造性别观念和女性地位的提升中发挥着重要作用。孔子对女性采取“唯小人与女子难养也”的态度，把女性排除在“有教无类”的“类”和取士的“五仪”之外。而同时期的柏拉图则承认男女生理有别，主张给予女性以同等的受教育权，通过训教培养女护国者，这种男女等权的理念为促进现代西方女性主义的两性平权思想起到积极作用（王影君，2013）。有学者将儒家的“孝”与西方女性主义关怀伦理相比较，提出一种基于儒学的混合型女性主义关怀伦理学，一方面将孝、仁与关怀伦理整合，将关怀扩充到代际关系中，强化和扩展理论视域；另一方面也依据女性主义的男女平等理念来矫正儒家理论中的男尊女卑性别（李丽香著，李琳译，2012）。

道家哲学及其文化传统是中国思想文化的主干之一。春秋时期女性地位低下的社会背景下，《老子》对母性品质和女性阴柔的性格特质尤为推崇，其实质具有强烈的现实性、功利性和积极性（王晚霞、俞巧，2012）。《道德经》鲜明地呈现出道家哲学的女性气质，以“牝”“雌”“母”等阴性喻词摹状“道”。它是儒、释、道中国传统文化支柱中唯一尊崇女性的流派（刘玮玮，2012）；与此哲学旨趣殊异的古希腊逻各斯理性主义传统则基于以男性为本位的经验和思维模式来规范世界的合理性，进而将女性排挤在公共领域之外。因此，女性主义应融汇中国道家精神资源，致力于男女两性平等、合作与和谐的终极关切（余强军，2014）。

3. 女性主义哲学国际研讨会

2012 年 11 月，由华南师范大学政治与行政学院、中山大学社会科学教育学院与中国社会科学院哲学所共同主办、广东省马克思主义研究会协办的“国外马克思主义女性主义理论发展与创新研讨会”先后在华南师范大学、中山大学召开。会议的内容包括现代性、批判理论与女性主义、西方马克思主义女性主义与中国性别研究、后现代主义语境下的马克思主义女性主义。与会学者认为，在吸收和借鉴西方女性主义发展精髓和马克思主义妇女观的同时，中国女性主义理论一定要关注中国女性的现实生存境遇，正视中国社会主义妇女解放的历史遗产，积极推进中国特色社会主义妇女理论的发展和创新（胡玲，2013）。

2014 年 6 月 2 日，清华大学道德与宗教高等研究院、清华大学人文学院举办了“性别与哲学国际研讨会”。参会学者来自美国、以色列、冰岛和中国，会议议题包括：西方性别观念的历史流变，如何在当代哲学视域中加强女性主义视角，如何结合中国传统哲学资源解决当代中国性别问题，等等。美国常青州立学院教授斯蒂芬·库恩茨从历史学角度阐释了西方性别观念的流变，这种转变体现在男女两性在教育、婚姻和家庭收入等方面。这种性别平等意识的发展需要历史过程，她希望这种历史研究方法能为中国女性的发展提供一些理论参考。冰岛大学教授西格雷杜尔·托雷尔斯多蒂尔分析了在哲学理论发展中，女性主义视角缺失的历史原因，并阐述如何在理论与制度层面恢复这一视角。在中西哲学方面，王蓉蓉教授阐释了"阴阳"概念对于当代女性主义研究的理论意义；而来自以色列的歌莉娅·萨米尔教授则主张，要重视儒学中对于性别伦理问题思考；肖巍教授则梳理了儒家伦理学与西方女性主义关怀伦理学中的关键概念，以此寻求看待中国传统伦理学的新思路，讨论改进传统伦理学思想土壤的方式，以期促进对当代中国性别问题的思考（戴蓓芬、周冏等，2014）。

同时，女性主义哲学研究渗透到不同主流哲学与文化会议中，例如《女性主义的"中国焦虑"及其在消费时代的深化：女性主义中国实践研究》参与到2012年山东社科论坛"公平正义与社会和谐"学术研讨会（孙桂荣，2012）之中；《女性自我观的伦理探究》参与到中国哲学发展国际学术会议（单蕊，2013）之中；《现象学视域中的技术发展与人类性别关系》参与到第15届全国技术哲学学术会议（傅畅梅、易显飞等，2014）之中；等等。

三　研究不足与展望

2011～2015年，国内女性主义哲学得到长足的发展，总起来看，这种进步呈现出全方位的、系统上升的发展趋势，学者们越发地关注到女性主义哲学话题和理论研究成果。同时，随着社会进步和民主意识的增强，越来越多的女性也主动利用女性主义哲学思维追求自身的解放，并运用性别分析方法探讨与女性生存和发展相关的各种现实问题，从底层或者说从最基础层面推动国内女性主义哲学的进步发展。

（一）国内女性主义哲学研究的不足

1. 研究尚处于引进和介绍阶段

从目前研究成果来看，较大部分依旧是评介国外女性主义哲学的研究成果，尚缺乏具有中国传统与当代哲学特色的女性主义哲学本土化研究。而这一局面同哲学相较其他学科发展相对滞后有关。作为最为基础的人文学科，观念的变革和哲学发展需要一个漫长的历史过程。在未来的女性主义哲学发展中，需要不断地引入中国传统哲学和文化特色，从哲学层面研究当代中国女性在生存和发展中遇到的问题，使中国特色的女性主义哲学理论在国际女性主义哲学发展中占据更为重要的地位。

2. 尚缺乏对于中国实践问题的女性主义哲学研究

女性主义哲学发展必须结合各国社会发展和女性进步的实践。在当代中国社会，女性在生育权、参政权、就业权、教育权和健康权等方面都面临诸多问题。当代西方女性主义哲学发展大多也采取从问题到理论、再从理论到政策和实践的路径，并不是仅仅局限于形而上学的哲学传统在象牙塔里闭门造车。而国内女性主义哲学尚处于介绍和引进西方概念和理论层面，尚需为这些概念赋予中国文化特色，把西方女性主义哲学概念和理论与本土化实践相结合。

3. 尚未融入国内主流哲学发展之中

与国际女性主义哲学发展趋势一样，国内女性主义哲学发展尚需努力进入主流哲学话语和研究体系之中。虽然目前已有越来越多的哲学学者开始关注女性主义哲学，但许多人对这一新的哲学发展趋势尚持观察和谨慎态度，这一局面有待于女性主义哲学研究者积极努力得到主流哲学的承认和认可，不仅需要认真的对话和解释，也需要有宣传力度，争取在重大社会问题的研究和解释上发声，吸引更多的年轻学者参与到女性主义哲学研究队伍中来。

4. 尚未充分地展开女性主义哲学教育实践

在中国当代高校教学体系中，女性主义哲学课程尚未铺开，仅仅有少数高校开设这类课程，而且大多没有成为专业基础课或必修课。因而，女性主义哲学应当大力宣传在高校进行性别课程建设的意义，争取把性别平等课程以及相应的女性主义哲学课程纳入现有的高校政治理论课程体系之中，保证每一个受过高等教育的大学生都能在大学阶段接受关于性别平等的哲学教育。

（二）国内女性主义哲学发展的着力和创新

1. 促进中国特色女性主义哲学的建设和发展

近些年来，国内学者对于中国女性学建设尤为关注，然而，女性学的基础却是哲学。女性学研究问题的提出、概念的提炼以及理论体系的建立都仰仗于具有普遍性和概括性的哲学思维，哲学始终是女性学发展更深层和更久远的理论资源。尽管人们对于“什么是哲学”问题的争论与哲学思想史一样漫长，但许多人会赞同一种说法：与其说哲学是一种知识体系，不如说它是一种思维方式。哲学督促人们不停地怀疑性发问，并通过这种发问开拓出更大的思维空间，思考建构和解决问题的各种可能性，而对于实现这些可能性的憧憬和尝试也总让人满怀希望，不由自主地投身到改变现实的实践中来。因而，女性学研究的第一步是问题意识和导向。第二步是概念的建构，需要不断地提出能够概括所见问题的新概念。由于人们之间的各种差异和理论出发点不同，所进行的概括、所提出的概念也不同，同一个问题也可以有不同的概念，同一概念亦可有多样性和差异性的解释，但对于女性主义者来说，唯一相同的是解决问题的目标是一致的。当代中国女性学发展具有三个基础理论概念来源。一是马克思主义妇女理论。二是中华民族优秀的传统文化资源。例如，女性学需要重新考察和解说传统哲学中的“阴阳”、“仁”、“道”、“兼爱”、“法”以及“和”等概念，不仅为我所用，而且为当代世界女性学发展做出独特的文化贡献。三是借鉴国外哲学社会科学的资源。这需要有人做大量艰苦的翻译和解释工作，通过筛选、批评和分析把国外有影响的一些女性思想家、女性主义哲学家的理论引进到中国，用于概括、建构和探讨中国社会和女性在发展中所面临的相似或不同的问题。在这种概念建构中，最为重要的是打造体现出中国文化，反映中国社会现实和女性发展现状及问题的“标识性”概念，并以这些概念平等地加入与国际女性学界的交流和对话之中。第三步是基于概念发展理论体系。女性学研究通过上述三个步骤的哲学发问把现实与理论以及相关的社会政策联系起来，呈现出一种能动的、自我修复的、循环往复的螺旋式上升态势，而这或许就是促进当代中国女性学和女性主义哲学健康成长的一条必由之路。

2. 促进哲学思想史的研究

国外女性主义哲学研究越发关注历史主题，这主要包括两个方面——女性对于哲学史的贡献以及女性和女性主义哲学家对于哲学史的新诠释。例如加拿大约克大学的琼·吉布森（Joan Gibson）强调，在哲学的历史文献中女性始终是缺席的，即使出现过，似乎也只能作为叙事中的人物出现。因而人们应当选择不同的方式来讲述哲学的故事，在“主人的叙事”之外为女性开拓更大的空间。吉布森也有针对性地提出三条路径。一要深入历史中探讨被当代社会视为应当进行哲学探索的问题，例如家庭结构、伦理学与性、境遇美德、理性与教育以及对男性规范的批评等。二要进行多元性的哲学探讨。吉布森建议在梳理哲学史时，应当把当代社会的一些哲学形式包括进来，例如对话、书信和哲学诗集等，以便让女性在这部历史中占据更重要的地位。三要追问一个问题：是否哲学史只能根据专业哲学方式来讲述。而这种方式显然没有为哲学的包容性提供更大的空间，因而人们必须思考由谁来研究哲学、为什么研究、在什么背景下研究以及如何使用哲学等问题。在国内女性主义哲学发展中，历史主题一直是相对薄弱的环节，不仅对中国哲学史中女性的贡献缺乏梳理和提炼，对于西方哲学思想史的女性主义视角分析也关注不够。这既与国内女性主义哲学研究相对滞后有关，也与当代中国女性的生存境遇相关。在改革开放的潮流中，许多现实问题不可避免地成为女性主义哲学必须面对和紧迫关注的主题，造成国内女性主义哲学学者缺乏精力和时间去潜心研究哲学思想史的局面。

3. 在马克思主义理论指导下促进当代中国性别平等哲学价值观教育

在建设中国特色社会主义和追求实现中国梦过程中，性别平等与公正问题具有重要的战略意义，它不仅是中国特色社会主义理论体系的重要组成部分，而且是国家的基本国策，并被纳入由国务院制定的中国妇女发展纲要以及国民经济和社会发展规划之中。因而，在当代中国社会，马克思主义理论指导下的性别平等哲学价值观教育不仅有利于培养公民的先进意识、贯彻落实男女平等基本国策，而且是中国女性主义哲学研究及教育走上国际舞台的重要举措。在未来的发展中，中国女性主义学者应当争取把性别平等课程以及相应的女性主义哲学课程纳入现有的高校政治理论课程体系之中，借此来推动中国社会的性别平等教育。

哲学本质上是一种批判性思维活动，它以反思的方式思考哲学本身和人类的现实生活。美国哲学学会把批判性思维定义为“有目的的、自我校准的判断。这种判断导致解释、分析、评估，推论以及对判断赖以存在的证据、概念、方法、标准或语境的说明”。尤尔根·哈贝马斯（Jürgen Habermas）也把批判性思维视为“解放性学习”，即要求人们把自己从被他人、制度或环境的强制支配中解放出来，学会洞察新的发展趋势。与哲学相同，女性主义也是当代社会最富有实践性的一种批判性思维。可以预料，在未来社会中，由哲学与女性主义结合形成的女性主义哲学会越发凸显出自身的价值与意义，在中国特色社会主义建设中发挥更大的积极作用。

女性政治学研究综述（2011～2015年）

李英桃*

一　研究概述

“政治”一词含义甚广，孙中山曾提出，“浅而言之，政就是众人的事，治就是管理，管理众人的事便是政治”①。政治学是研究公共权力的形式及运作规律的科学。② 在不同的视角下，政治学呈现出不同的样貌，其研究的对象、方法、问题、内容与观点都会有很大的不同。加拿大女性主义者芭芭拉·阿内尔（Barbara Arneil）认为，政治学是“通过理性和语言，在一个群体中行使权力，进而取得某种特定的成果”③。随着妇女运动的发展，女性主义学者开始透过女性主义或社会性别视角重新审视传统政治学，并逐步形成了女性主义政治学。

《中国妇女研究年鉴（2006～2010）》第一次把女性主义政治学研究纳入“学科建设研究综述”。为更切实地反映这五年来中国社会与学科发展的状况，2011～2015年的学科建设研究综述特将“女性主义政治学”调整为“女性政治学”。

2011～2015年，中国女性政治学、社会性别与政治学研究取得了一定的成绩。五年间出版多部学术专著，如《中国特色社会主义理论与实践》（彭珮云主编，2013）、《关于妇女研究和妇女工作的思考》（彭珮云著，2014）、《世界社会主义运动视域下的中国妇女解放》（王涛著，2015）、《女性主义和平学》（李英桃著，2012）、《东南亚女性的政治参与》（范若兰著，2015）等；《中国女性主义思想史中的妇女问题》（〔美〕汤尼·白露著，沈齐齐译，李小江审校，2012）

---

*　作者简介：李英桃，女，北京外国语大学国际关系学院教授。

①　孙中山：《民权主义第一讲》，《孙中山全集》第九卷，北京：中华书局，1986，第254页。

②　杨光斌主编《政治学导论》（第四版），北京：中国人民大学出版社，2011，第15页。

③　〔加〕芭芭拉·阿内尔：《政治学与女性主义》，郭夏娟译，北京：东方出版社，2005，第3页。

等译著；发表了大量相关学术论文，仅以“女性政治学”“女性主义政治学”“政治学 + 社会性别”“政治学 + 性别”作为检索词，通过“中国知网”在“全文”和“摘要”范围内检索，可找到100余篇研究成果（见表1）①。

表1　“中国知网”关键词检索结果（一）

单位：篇

检索词	检索范围	2011年	2012年	2013年	2014年	2015年	总数	博士学位论文	硕士学位论文	会议论文	报纸文章
女性政治学	全文	1	2	2	5	3	13	3	4	0	1
女性主义政治学	全文	31	30	31	24	15	131	14	47	3	1
政治学 + 社会性别	摘要	2	1	3	4	2	12	2	4	0	0
政治学 + 性别	摘要	15	9	26	23	16	89	11	32	3	0
政治学 + 社会性别	全文	439	517	493	500	384	2333				

由教育部在全国范围内评选的高等学校科学研究优秀成果奖（人文社会科学）每两年组织一次，该奖项具有学术权威性，在国内享有盛名。在2011 ~ 2015年的三次评奖中，与政治学直接相关的奖项仍很少，但有多项其他学科的获奖成果与政治学主题相交叉，同时贡献于女性政治学研究。例如，2011年第五届高等学校科学研究优秀成果奖（人文社会科学）中，经济学领域的《家庭收入与中国城镇已婚妇女劳动参与决策分析》（三等奖，姚先国等，2005）涉及决策问题；2013年第六届高等学校科学研究优秀成果奖（人文社会科学）中，社会学领域的《社会性别视角下的中国社会政策：冲突与协调》（三等奖，宋健等，2009）、《国家关爱女孩行动的政策创新——战略规划、治理模式与实践》（三等奖，李树茁等，2010）为政策研究；2015年第七届高等学校科学研究优秀成果奖（人文社会科学）中，中国文学中的《性别、语境与书写的政治》（二等奖，董丽敏著，2012）、国际问题研究②中的《女性主义和平学》（三等奖，李英桃著，2012），皆与女性政治学密切相关。

由全国妇联、中国妇女研究会举办的第三届中国妇女研究优秀成果奖评选

① 由于女性政治学涉及范围广，相关成果数量多，对于更多具体内容，本文将在后文相关部分分主题进行介绍。

② 在教育部高等学校科学研究优秀成果奖（人文社会科学）评奖分类中，设有独立的“国际问题研究”，但在传统学科分类中，国际问题研究属于政治学一级学科的学科范畴。

中，则有多项与女性政治学相关的成果获奖，其中包括《社会性别视角下的全球环境问题研究》（金莉、李英桃等著，2011）、《村庄治理中的女性：角色、地位与制度变迁》（刘筱红、聂金山著，2013）、《性别平等与村务管理——农村干部读本》（温益群、赵捷主编，2013）、《当代中国妇女组织发展的制度创新研究》（黄粹，2013）、《中国女性参政改革的可能模式分析》（牛天秀，2013）、《对日本2011年〈男女共同参与白皮书〉的解读——以政治领域、科技领域女性参与为重点》（周云，2012）、《世界城市妇女发展状况比较研究：纽约 伦敦 巴黎 东京》（赵津芳、金莉主编，2013）等。

2011～2015年，国家社会科学基金资助项目中有四个政治学项目涉及性别问题：2011年，“当代中国妇女参政议政新趋势研究”（政治学，一般项目，董美珍）、“建国以来农村妇女的政治参与研究”（政治学，一般项目，杨翠萍）；2013年，“村庄女性化背景下的治理困境及路径优化”（政治学，一般项目，郭夏娟）、“当代台湾女性参政的制度研究”（政治学，一般项目，林小芳）。更多涉及女性政治学的项目分散在其他领域，包括2011年“中国特色社会主义妇女理论研究”（马列·科社，重点项目，彭珮云）、“中国共产党妇女参政理论与实践研究”（马列·科社，一般项目，白艳）、“中国共产党领导的妇女组织研究（1921～1949）”（党史·党建，青年项目，周蕾），等等。

与社会科学基金项目资助情况相似，2011～2015年，教育部人文社会科学研究一般项目（规划基金项目、青年基金项目、自筹经费项目）立项中有两个与政治学相关的项目：2012年，“制度公正视域下融入性别视角的村民自治创新研究”（政治学，青年基金项目，李晓广）；2013年，“基于胜任力模型的农村妇女有序政治参与的能力建设研究——基于中东西部六省的实验”（政治学，青年基金项目，李琴）。更多相关项目分散在其他领域：“在责任与权利之间：中国近代妇女运动的政治伦理价值取向研究”（交叉研究/综合研究，规划基金项目，万琼华），“公共空间与性别政治：博物馆的性别表征”（交叉研究/综合研究，青年基金项目，傅美蓉），“女性主义视域中的正义——以南希·弗雷泽的性别正义观为例的研究”（交叉学科/综合研究，规划基金项目，秦美珠），“政治伦理视域中的朱迪斯·巴特勒思想研究”（交叉学科/综合研究，青年基金项目，何磊），“宗教视域下美国黑人女作家的政治书写”（外国文学，规划基金项目，张宏薇），等等。

2015年，联合国第四次世界妇女大会召开20周年。在这个时间点前后，世界各地组织了一系列纪念活动，其中部分内容得以在重要学术刊物上展现：2014年11月，亚太地区非政府组织“北京+20”论坛在泰国首都曼谷召开，来自全国妇联、高校、科研机构及其他妇女组织的中国非政府妇女组织代表约10人参会（和建花，2015）；2015年3月，中国代表团参加了在美国纽约举办的联合国妇女地位委员会第59届会议（李英桃，2015）；2015年10月13～14日，由全国妇联和中国妇女研究会主办的“纪念北京世妇会20周年 深入贯彻男女平等基本国策论坛”在北京召开（史凯亮等，2015）；等等。其他由全国妇联系统主办的会议如：2011年4月，全国妇联妇女研究所举办的“推动中国妇女参政交流研讨会”主要从政策倡导、培训和研究三个方面进行交流与研讨（李亚妮，2011）。

与联合国等国际组织开展合作是中国妇联系统促进性别平等的重要内容。例如，2011年，全国妇联和联合国妇女署合作开展了为期五年的“推动中国妇女参政项目”，项目试点省为山西、黑龙江、湖南。2015年12月，推动中国妇女参政项目经验交流会召开，来自三个试点省份的各级妇联和妇儿工委办及项目实施单位、23个非项目试点地区省区市妇联和全国妇联机关各部门及直属单位代表参加交流会。项目在黑龙江省的实施情况体现在《农村妇女政治参与及政治赋权状况研究——以黑龙江为例》（闵杰，2015）一文中。

整体来看，从2011年到2015年，中国女性政治学无论在研究成果的数量质量上，还是在国家和省部级获奖和立项、重要会议、国际交流与合作等各个方面，都取得了一定进展，相关议题以多种形式呈现出来。与2006～2010年相似，部分有一定女性政治学意义的成果分散在不同学科中，体现出鲜明的跨学科特质。

二 主要研究内容

《中国大百科全书》政治学卷中将政治学分为政治学理论、政治思想史、政治制度、政党及政治团体、行政学和国际政治等分支①，国内主流政治学教材也

① 《中国大百科全书》出版社编辑部编《中国大百科全书·政治学》，北京：中国大百科全书出版社，1992，第1页。

基本按此编写。女性政治学重在批判传统政治学将公共领域和私人领域区分开来的做法①，但考虑到学科边界和目前国内研究实际情况，《中国妇女研究年鉴（2006～2010）》仍沿用传统学科划分②，重点从三个方面梳理了女性政治学的主要研究内容：对西方女性主义政治理论的评价与中国化；社会性别、政治参与和公共政策；妇女组织与女性主义国际关系研究。基于2011～2015年中国政治学和女性政治学的发展特点，本综述对讨论重点稍加调整，从六个方面总结过去五年来学术研究的新进展和主要观点，以凸显学科发展的具体特点。

（一）中国特色社会主义女性政治理论研究

中国的政治科学研究离不开马克思主义的基本方法论。马克思主义是在吸纳人类精神文明优秀成果的基础上产生的，同时离不开与其他理论流派的碰撞和对人类文明成果的借鉴与扬弃。2011～2015年的研究成果充分体现出马克思主义对中国女性政治研究的指导意义。对中国特色社会主义女性政治学理论与实践的总结与发展，是中国女性政治学研究的重要组成部分。五年间，学术界出版了多部探讨中国特色妇女解放理论与实践的专著。

其中，《中国特色社会主义妇女理论与实践》（彭珮云主编，2013）一书的编写团队聚集了全国妇联主要领导和国内马克思主义妇女理论研究界的重要学者。该书观点明确、文字简洁、通俗易懂、特色鲜明，在中国特色社会主义女性政治学理论研究中具有较强的代表性。它概括总结了中国特色社会主义妇女解放与发展理论，指出中国特色社会主义道路是实现中国妇女解放与发展的唯一正确的道路。在总结改革开放以来中国妇女解放与发展成就和经验之后，作者分析了中国妇女解放与发展面临的主要问题：妇女发展存在的权利不平等、机会不平等和规则不平等，妇女发展的社会条件和发展状况不平衡，妇女发展的社会文化环境存在不利因素，等等，倡导全社会共同推动妇女解放与发展进程。作者在“后记”中强调，该书仅仅是对这个理论体系与实践的初步探索，随着国内外形势和

---

① ［加］芭芭拉·阿内尔：《政治学与女性主义》，郭夏娟译，北京：东方出版社，2005，第59～105页。

② 本文主要综述属于传统政治学学科的内容。对于《性别、语境与书写的政治》（中国文学，董丽敏著，2012）这类具有政治学意义但依据传统学科划分属于其他学科或具跨学科性质的成果，本文虽然有所提及，但限于篇幅，在多数情况下并未做太多讨论。

妇女运动实践的发展，中国特色社会主义妇女理论与实践需要不断创新与发展。

《世界社会主义运动视域下的中国妇女解放》（王涛，2015）一书则以作者的博士学位论文为基础充实出版，从国际共产主义运动视角探讨中国妇女解放道路的形成过程。王涛指出，新中国妇女解放道路形成的过程是中国共产党创造性地把马克思主义妇女理论与中国实际相结合的结果，首先是摆脱共产国际的影响，把妇女运动的依靠力量从城市无产阶级女性转移到农村妇女，实现了马克思主义理论中国化的第一次理论升华；其次是摆脱苏联模式的影响，在改革开放的时代背景下，中国特色社会主义妇女解放道路逐渐形成，这是马克思主义理论中国化的又一伟大成果。作者认为，改革开放是中国妇女运动的新起点，中国妇女解放事业的进一步发展将取决于社会主义制度的不断改革与完善，而中国特色社会主义体制下的妇女解放不能偏离自由而全面发展的目标。

在中国女性政治学理论的众多研究成果中，对于性别与腐败问题的讨论具有较大现实意义和创新价值。汪琦等（2014）通过考察一些女性作为贪官和作为男性贪官的妻子、女儿和情人参与腐败的情况，讨论了在中国语境中腐败的性别相关性，指出女性腐败案相对较少未必说明女人比男人廉洁，而毋宁说明了女人在政治上的边缘地位。在当前中国，一些妇女参与、涉及腐败不仅仅是腐败环境下被动影响的结果，而且是她们个人为转变经济资源流向和在转型经济中分一杯羹而做的主动选择。宋少鹏（2015）从性别特质、制度、文化特性、性别体制、避险等五种视角梳理了西方关于“女性是否比男性更清廉”的基本观点，修正了汪琦等（2014）的分析，提出“性别化的社会转型/性别化的市场社会＋性别体制/性别秩序”的分析视角，并将其作为探究女性/性别与腐败之关系的一个可能的路径和切入点。这两篇文章呈现了女性政治学研究中有关性别与腐败关系的关键议题。

（二）西方女性主义政治学理论研究

2011～2015年，中国学者十分重视西方女性主义政治理论，努力从中寻到可资借鉴的理论，以指导中国实现性别平等的具体实践。研究涉及多个西方女性主义政治学研究的重要代表人物，包括南希·哈索克（Nancy Hartsock）、南希·弗雷泽（Nancy Fraser）、朱迪斯·巴特勒（Judith Butler）、阿莉森·贾格尔

（Alison M. Jaggar）、朱丽叶·米切尔（Juliet Mitchell）等，而西方马克思主义女性主义在其中占有重要位置。

鹿锦秋（2014）指出，哈索克所创建的理论以推进"理论与实践相结合"的马克思主义传统为指导思想，以探索"女性主义与马克思主义多路径结合方式"为核心要务，以坚持"女性主义批判与建构相结合"的辩证法为方法论原则，从性别维度弥补了历史唯物主义的女性空场，打开了马克思主义研究新视域，有助于克服与解决女性主义和马克思主义能否结合及如何结合的理论难题，有助于推动马克思主义女性主义及马克思主义哲学的新发展。程铭莉（2014）也在研究中指出，借鉴国外马克思主义女权主义优秀理论成果，把女权主义问题作为重要课题纳入马克思主义研究范围，丰富和发展马克思主义，通过了解、反思、借鉴、扬弃、综合构建中国自己的马克思主义女权主义，是一个长期的探索过程。

与这两部博士学位论文不同，宋少鹏（2012）提出，中国自从实行市场化改革以来，计划经济体制向市场经济体制转型，中国的女权主义需要正视中国社会主义妇女解放运动、20 世纪 80 年代妇女研究运动、90 年代社会性别研究的正面和负面的历史资源，在对女权思想进行自我批判的前提下，重构对马克思主义女权主义的批判，同时，把性别公平纳入对中国社会发展道路和未来社会的激进想象中。她借用美国女权主义政治哲学家、批判理论的代表人物南希·弗雷泽的观点，提出开创基于社区的社会主义女权运动。

可以说，国内学者已经对女性主义政治学理论进行了持续探讨，涉及哲学、政治学、马克思主义研究等多个学科领域，学科交叉性、互补性明显。但从已有研究成果看，国内学界对西方女性主义流派中的马克思主义女性主义和社会主义女性主义这两个学术流派的区别与联系的认识仍不充分。在今后的研究中，如果能够从不同切入点关注女性发展的深层次问题和前沿问题，无疑有助于在新形势下发现马克思主义的生长点和创新点。

（三）女性政治哲学在中国的发展

回溯政治学源头，重审西方政治哲学的发展脉络是夯实女性政治学基础的途径。而作为古典政治哲学代表的亚里士多德的《政治学》正是其最重要的分析对象。该书内容丰富，分析精深，是政治学成为独立学科的标志。[①] 刘文沛（2011）指出，亚里士多德在《政治学》中表达了一种典型的“男性话语支配下”的妇女观，这种消极女性观是城邦制度使然，是古典民主政治的必然，而在更深层次上则是人类文化的产物，因为它深深扎根于西方政治文化的土壤之中。“女人”是被男权制理论家们建构出来的一个性别概念，女性的处境是人类多种文化因素相互作用的结果。

对当代政治哲学的批判同样是女性政治学的重要任务。在继承已有对约翰·罗尔斯（John Rawls）正义论批判的基础上，高景柱（2012）指出，性别正义缺失的根源在于自由主义内部的公共领域与私人领域之间的二分法，因此，为实现性别正义，既要超越公共领域与私人领域之间的二分法，又要超越与此相关的正义伦理与关怀伦理之间的二元对立，将正义伦理与关怀伦理结合在一起，以正义伦理为底线，以关怀伦理为补充，使它们共同适用于公共领域与私人领域。高景柱（2015）随后引述了苏珊·奥金（Susan Moller Okin）对罗尔斯的性别中立话语的批判，强调私人领域与公共领域之间的二分法遮蔽了女性对男性的从属地位。

关于实行社会公正的途径问题，有多位学者讨论了美国政治哲学家玛莎·努斯鲍姆（Martha Nussbaum）的可行能力理论的贡献。例如，李英桃（2012）认为，妇女可行能力分析路径产生于人权路径之上，其目标是个人，试图超越“人权”这一政治概念，从“人之所以为人”的基本功能出发分析问题，试图淡化将人分割开来的政治壁垒，以期跨越国界，使之具有普遍意义。而王新宇在《性别平等与社会公正：一种能力方法的诠释与解读》（2014）一文里集中讨论了此问题，认为该能力方法强调人人平等特别是性别平等且弱化性别对立，弥补性别不均衡发展并且杜绝性别歧视，以能力发展为目标可以使女性获得结果导向的公正，以能力获取作为自由的基础以消弭性别发展差异。

对政治哲学的介入是中国女性政治学走向深入的体现。但总体来看，中国特色的女性政治哲学与女性政治学理论建设仍然远未到达成熟阶段。

（四）妇女政治参与、公共政策与妇女组织

妇女政治参与、公共政策与妇女组织是女性政治学的主要内容，也是国内女

---

① 参见徐大同主编《西方政治思想史》，天津：天津教育出版社，2000，第38～39页。

性政治学研究成果集中展现的领域。在“中国知网”用“妇女/女性政治参与”“农村妇女参政”“妇女组织”作为关键词搜索主题、篇名和全文，所得结果如表2所示。由于2015年为联合国第四次世界妇女大会召开20周年，相关研究成果较多。因此，“第四次世界妇女大会”和“北京+20”也是本文选择的检索词。

表2　“中国知网”关键词检索结果（二）

检索词	检索范围	2011年	2012年	2013年	2014年	2015年	总数	博士学位论文	硕士学位论文	会议论文	报纸文章
妇女政治参与	主题	17	20	16	23	19	95	2	35	1	1
女性政治参与	主题	9	18	16	28	17	88	2	48		1
农村妇女参政	主题	17	12	8	5	7	49	1	11		9
农村妇女参政	篇名	9	7	3	5	3	27	0	1		9
农村妇女政治参与	篇名	9	2	2	7	9	29		12	1	
妇女组织	主题	537	388	425	328	336	2014				
妇女组织	主题+篇名	33	28	6	7	19	93		7	1	46
第四次世界妇女大会 北京+20	全文			1	6	24	31	1			11

妇女参政的现状、特点及基层民主政治建设中的妇女参与等问题，一直是妇女参政研究的重点议题。2011～2015年，“中国知网”收录以“妇女政治参与”为主题的论文95篇，以“农村妇女参政”为主题的论文49篇。

其中，有多篇论文讨论了有效提高中国妇女政治参与水平的路径。牛天秀（2013a；2013）总结了当代中国女性参政改革表现出的渐进主义特征。她指出，女性在法律上获得了与男性平等的政治权利，这种形式上的两性平等只能作为第一阶梯的低层次诉求目标，随着政治民主化要求的不断提高，女性参政必然要从政策导向走向制度规范，这也正是中国目前所处的第二阶梯，而女性参政的最终目标是在尊重男女差异和自由选择的前提下，实现真正的男女平等，建立性别正义的价值体系，这也是女性参政发展的第三阶梯。要达到第三阶梯，重要的是使女性参政呈现出“制度性分配→赋权→自我赋权”的发展模式。牛天秀（2013c）在探讨中国女性参政改革的可能模式时强调，执政女性、女干部储备人才以及性别政治学研究者都是女性参政行动的主要力量，就像一个团队，只有每一个成员都努力才能更好地实现团队的目标，只有实现团队的目标，各成员的利益才能得以实现。

妇女参政比例制即配额制，是国际上普遍采用的提高妇女参政比例的有效策略之一，对提高妇女参政水平有借鉴意义。丁娟和石鑫（2015）提出，实行妇女参政配额制的国家并没有对妇女参政比例一刀切，而是提出了三个层次的目标比例，即30%、40%和50%，将妇女参政达到30%作为一个起点目标，将40%作为一个令人满意的目标，而50%是理想的目标。张永英（2014）指出，妇女参政比例制实施效果的影响因素可以归结为政策制度和社会文化两个层面，建议借鉴国际先进经验，进一步完善妇女参政比例制度，创造有利于妇女参政的社会文化环境，发挥妇女组织在推动妇女参政比例制实施中的作用。

公共政策是女性政治学的另一个主要内容。2011～2015年，学者们对于地方公共政策的制定与实施情况的研究总结具有一定的代表性。其中，叶文振、孙琼如（2013）以福建为研究区域，以参政、就业和社会保障等三大公共政策是否性别平等为研究问题进行社会性别分析。他们指出以下三点。①当地公共决策的总体状况是社会性别意识不强，没有达到社会性别理论对公共政策提出的应有的结构要求，即要上升——法律。②其公共政策的文本内容仍保持了传统的中立立场或存在明显的性别盲视。③在公共政策运行过程的主要环节，这三个公共政策不同程度地存在缺陷与不足。例如，就业政策性别有失公平的原因主要是“自上而下”的政策设计理念限制了有女性利益群体参与的利益相关方的充分讨论以及政策执行部门充分有效的衔接与妇联组织的性别监督；缺乏政策对象细分的意识，从而淡化或者掩盖了女性利益群体的诉求与特殊的性别境况；缺乏含有性别维度基本标准和较高质量分性别统计数据支持的政策预评估；等等。这项研究在很大程度上反映了目前中国公共政策中存在的共通性问题，值得政策制定部门和研究者重视。通过对德州市合村并居中的公共政策进行考察，于光君（2011）也发现公共政策存在普遍的性别盲点。针对此问题，两组研究者建议优化决策者的性别结构与提升决策者的社会性别意识要并重，应积极推进社会性别意识主流化，建立性别平等机制，重视关于公共政策与社会性别相关数据的收集与整理，保证具有社会性别意识的政策和方案得到实施。

在第四次世界妇女大会召开之前，全国妇联的性质、作用及与其他妇女组织的关系问题就受到国内外学者的持续关注。黄粹（2011）认为，中国妇联组织在其运作过程中仍然存在着较强的“官办性”，而摆脱官办性带来的制度低效则需要政府和妇联组织的协同努力，包括政府改变以往对妇女的限制性政策，政府加快职能转变，培养健康成熟的公民社会，加强妇联自身能力建设，建立横向的妇女组织发展网络。杜洁（2012）则将全国妇联与其他妇女组织放在一起，作为一个整体的非政府组织，讨论其参与并影响公共政策议程的情况，认为完善村民自治政策的过程成为政府、妇联、新兴非政府妇女组织等社会力量共同促进性别平等的舞台，正是这种合作促进了将性别平等纳入村民自治的政策法律。

对于各类民间妇女组织的研究，既总结了成绩，也探究了发展面临的问题。例如，沈国琴（2011）从“农家女”个案中看到妇女民间组织在形成之初对于社会需求的回应及其在发展之中对于中国社会发展的贡献，但同时指出妇女民间组织生存和发展过程中存在的制度制约问题。她提出，要保障妇女民间组织健康稳定地发展，必须改革现有制度，逐步改善妇女民间组织发展的制度环境。黄粹（2011）认为，中国社会对民间妇女组织存在着迫切的需求，但中国民间妇女组织发展并不迅速，究其原因是相关的法律、文化等制度供给不足。因此，加快中国民间妇女组织的发展步伐，应逐步完善法律管理体制、规范妇联组织的职能、提高文化制度的兼容性。

（五）国外妇女与政治研究

性别平等是一项全球共识，世界各国在女性主义政治学研究理论与实践上的成果、经验、教训等都是中国女性政治学的研究对象。2011～2015 年，相关成果丰硕，覆盖国家广泛，涉及问题全面。一批青年学者已在国别女性政治学研究中崭露头角，有的已成为具有代表性的专家，部分在华外国留学生的研究也为此主题做出了贡献。

对各国妇女状况进行横向和纵向比较研究是 2011～2015 年女性政治学研究的一个亮点。《世界城市妇女发展状况比较研究：纽约 伦敦 巴黎 东京》（赵津芳、金莉主编，2013）一书选取纽约、伦敦、巴黎、东京四大城市作为研究对象，以妇女参政、经济、教育、婚姻家庭与生活方式、健康、权利法律保护、性别观念与认知七大方面为研究维度，从社会性别视角重点考察各城市妇女的发展状况和性别平等机制，梳理了纽约、伦敦、巴黎和东京的妇女发展状况。书中强调，在建设中国特色世界城市的过程中，要切实将性别平等视角纳入政府各项决策，加快推动社会性别意识主流化步伐，实现社会公平正义、男女两性平等和谐发展的目标。通过比较研究东南亚各国女性的政治参与情况，范若兰（2015）指出，东南亚女性参政表现出一些相似的特征：专制君主制下女性政治参与水平最低，军人政权下女性政治参与水平极低，文人主导的权威政权下女性政治参与程度较低，社会主义体制下妇女政治参与水平较高。书中还指出，东南亚女性参政与父权制的复杂关系也是发展中国家女性参政的普遍现象。王向贤（2014）对瑞典、美国和中国的社会政策对父职构建情况进行了比较。她指出，男性如何承担父职是全社会共同构建的，社会政策的作用至为关键。瑞典和美国的社会政策显示，由于二者对社会福利的根本目的、对亲密关系与家庭形式的理解存在巨大差异，两国的父职构建路径分别属于社会民主主义和市场自由主义。

相关研究还涉及更多国家，如日本妇女参政（师艳荣，2012a）、日本妇女非政府组织（师艳荣，2012b）、越南“妇联”（裴金凤，2015）、新南非妇女参政（李思梦，2014）、塞拉利昂地区农村发展中的女性及组织（Theresa Tenneh Dick，2013）等。尽管一些研究尚不充分，其中由硕士研究生和外国留学生进行的部分研究仍停留在描述层面，但这些工作确实为中国的女性政治学研究开启了新领域，补充了新力量。

（六）社会性别、国际关系与外交研究

2011～2015年，中国社会性别、国际关系与外交研究领域取得丰硕成果，有多部代表性学术著作问世；以“女性主义国际关系”为检索词在“中国知网”进行全文检索，得到93篇论文，以“性别”＋“国际政治”为检索词进行主题检索，得到32篇文章，不少学术论文产生了较好的社会影响。

国际和平研究方面，根据国际和平学的研究框架和中国妇女面临的主要问题，李英桃（2012）在中国第一部女性主义和平学著作中将和平定义为没有暴力，区分了消极和平和积极和平，讨论了战争与和平中的妇女角色、妇女的和平努力、家庭暴力的国际和平意义以及社会性别与发展、环境保护、全球健康问题。作者通过多个案例，具体分析了“和平教育”在以和平方式实现和平进程中的重要意义。陈顺馨等（2013）通过展示2008～2011年中国大陆、香港、台湾进行的“生态、生计、文化与可持续发展”行动研究的过程、结果，分析了“和平妇女”行动的效应和张力以及行动研究的知识生产与性别面向、可持续和平的条件与愿景。范若兰则在《暴力冲突中的妇女：一个性别视角的分析》

（2013）中关注和研究了宗教/民族冲突如何导致对妇女的各种暴力升级、女战士和女性自杀袭击者的性别喻义以及妇女如何反战和推动和平进程。她指出，要有效解决宗教/民族冲突，需要引入合作、协商等柔性特征。

全球环境问题研究方面，金莉、李英桃等出版了中国第一部从社会性别视角审视全球环境问题的著作《社会性别视角下的全球环境问题研究》（2011）。该书包括生态女性主义理论探讨，国际、地区相关法律法规分析，对美国、俄罗斯、日本、中国四国和欧洲、东南亚、南亚、非洲四个地区的社会性别与生态环境问题的深入研究，提出同时强调环境保护和性别平等的"双重主流化"战略。邱吉青（2015）在其博士学位论文中提出，女权主义是国际社会治理中的一支重要力量，与全球治理的结构相对应，在国家、国际组织和全球公民社会三个层面上影响着全球治理的成效。

女性主义国际政治经济学在国外研究已较深入，而国内的研究才刚刚起步。曾怡仁、李正鸿（2013）指出，女性主义国际政治经济学是融合女性主义国际关系学与女性主义政治经济学的新研究路径，一方面将性别议题带进全球化以及发展研究，尤其关注第三世界国家的经济发展计划、国际货币基金组织的结构调整方案以及全球化进程所造成的性别不平等问题；另一方面反思主流、非主流国际政治经济学的性别盲视问题，思辨国家、市场和社会之间的辩证关系。作者相信，透过学术社群之间的对话以及更多学者的投入研究，女性主义国际政治经济学的发展将更为成熟，同时推动整体国际政治经济学研究水平的提升。通过对国际社会援助中国和尼泊尔的实证研究，曾璐（2014）分析了性别因素与国际援助的关系。她认为，当国际援助项目夹带着"金钱"和"话语"优势来推动受援国妇女发展，涉及受援国内部政治、法律和制度建设时，受援国"自主权"的发挥与否决定了援助方和受援国之间的此强彼弱的互动态势，也将直接影响发展援助的有效性。

以外交为主题的研究从不同方面深化了社会性别与女性政治学研究。例如，石鑫（2012）认为，随着妇女组织的发展，妇女组织民间外交的参与主体和形式呈现出多元化的特点，在此过程中，妇女组织在组织理念、资金来源、能力建设、议题拓展等方面产生了重要变化，建议中国应本着立足本土、为我所用的原则对待国际援助，使"对外交往"真正形成互动，而非单方向的灌输。这一领域有代表性的研究还有《构建美国外交政策中的女性主义话语》（蒋倩昱，

2014）、《妇女与外交：个人的即是外交的》（李英桃，2013）、《女性角色与国家使命："第一夫人"的外交角色研究》（赵可金，2013）、《妇女组织公共外交模式初探》（陈雪飞，2015）等。

三　女性政治学的研究特点、存在问题与发展展望

魏开琼（2013）从女性主义政治哲学、妇女的政治参与、性别研究与公共政策三个方面分析女性政治学学科建设的进展和问题。她认为，中国本土妇女/性别研究对政治学的影响尚未进入自觉阶段，甚至可以说，女性主义政治学并没有进入政治学学科；本土学术生产的生态致使很多以社会性别为名的写作其实是对社会性别分析粗糙而草率的应用的情况。在此基础上，她指出，女性主义政治学学科建设一方面需要学术共同体的发展壮大；另一方面需要将性别视角与本土政治制度结合起来，才能有效推动学科发展与研究议题的深化。

魏开琼的分析十分中肯，在很大程度上体现了2013年前中国女性政治学发展的基本特点。令人欣慰的是，2011～2015年学科发展所取得的成绩中，确实也可以看到一些可喜的甚至是突破性的变化。

（一）研究特点

通过前文系统的梳理和总结可以发现，2011～2015年，中国女性政治学发展情况具有五个特点。①研究主题反映了时代的要求，回应了实践的呼唤，中国特色社会主义政治学理论得到进一步发展，充分体现出女性政治学研究的中国本土特色和与时俱进的特性。②研究内容的时间跨度大，涉及领域广，跨学科性强，进一步展现出研究的丰富性与多样性。③部分创新性成果和代表性著作获得国内重要奖项的认可，并成为激励女性政治学发展的积极力量，学者内部的互动有所增加。④多学科学者共同为中国女性政治学做出贡献，青年学者的创新意识和主力军作用得以充分体现，博士研究生和硕士研究生所选课题为研究提供了新鲜血液和新方向。⑤国外重要作者作品在中国引介和翻译出版、外国留学生为完成学位论文而进行的学术研究，在不同层次上强化和丰富了中国的女性政治学研究，无论是从研究的角度还是问题的广度和覆盖面，都对中国女性政治学研究有所助益。

（二）存在问题

在承认进步与发展的基础上，也必须看到目前研究中存在的一些问题。

首先，女性政治学与主流政治学接触和碰撞较少的情况仍然存在。与此同时，尽管研究成果越来越丰富，已有一定数量的、高质量的代表著述出版，从事女性政治学研究的学者之间也已有了一定程度的交流，但是对话仍然不充分，多数情况是学者们围绕自己所精专的主题不断耕耘，彼此交流不足，缺乏进行积极建设性学术批评的环境与动力。

其次，从学科分野来看，属于传统政治学研究领域的女性政治学学者和成果数量有限。整体活跃程度不足，女性政治学目前所取得的成绩，更大程度上得益于其他学科或者交叉领域学者的研究成果。

再次，女性政治学研究成果的整体水平仍然有待提高。特别是，在承认博士、硕士研究生和留学生的加入给女性政治学带来积极影响的同时，必须认识到，由于这些年轻学者仍处于学术积累阶段，研究经验不足，加上研究生毕业的论文发表压力，因此，他们的部分作品的质量并不令人满意。

最后，在女性政治学者的队伍建设方面，确实存在一些从文本分析中很难发现的问题。一方面，从事女性政治学研究的学者数量少，而其中的部分先行者由于年龄增长、职称问题已经解决等原因，学术产出相应减少；另一方面，由于毕业分配和职业发展方向等问题，在以博士、硕士研究生身份进入女性政治学研究的青年学者中有很大一部分人并不能够持续从事女性政治学研究。因此，建设稳定、有创造力的学术队伍，仍然是女性政治学研究面临的重要任务。

（三）发展展望

结合中国妇女发展的实际情况，通过考察 2011～2015 年女性政治学研究已经取得的成绩、发展特点和存在问题，笔者对中国女性政治学发展的前景展望仍然与上一个五年一致。同时，笔者希望强调如下四个方面。

第一，对于个体研究者，通过深入踏实的学术研究，立足中国本土，吸收世界各国的学术之长，生产出具有中国特色、与时俱进的学术成果，一直是中国女性政治学研究的基础性任务。

第二，从学科发展和机制建设上看，做好相关研究人员与研究成果的梳理统计工作，在全国和地方层面发展高校、研究机构和妇联系统协调联动的学术网络，形成具有一定规模、稳定而持续的研究团队，着力于与主流政治学界的互动，切实推动女性政治学扎实成长，更好地发挥群体效应。

第三，从人才培养和资源整合上讲，如何更好地帮助青年学者留在女性政治学研究中并取得更大成绩，如何更好地整合不同学科的资源以深化和拓展已有研究，这个问题关系到学科的未来发展主体、动力与潜力，需要给予更大的关注和进行更深入的讨论。

第四，在具体研究内容上，笔者认为需要特别提出四个方面的议题：①重视对马克思主义妇女观、性别平等理论、西方马克思主义女性主义、社会主义女性主义的关系与互动的研究，持续探索具有中国特色的性别平等理论；②强化对提高妇女参政水平的理论与成功案例的研究，切实推动中国妇女参政水平的提高；③加强妇女组织研究，积极探索具有中国特色的妇联系统与其他妇女组织的合作模式；④深化性别平等与国际问题研究，使中国的女性政治学发展能够更好地适应全球治理、中国外交、“一带一路”建设与构建人类命运共同体的需要。

女性主义法学研究综述（2011～2015年）

薛宁兰*

一 研究概述

在西方，女性主义法学是一门研究两性在政治、经济、社会、家庭等方面状况的法理学分支。它是女性主义与批判法学相结合的产物，于20世纪80年代末“逐渐从批判法学中分立出来形成独立的法学流派”（马姝，2013）；作为一个新兴法学流派，女性主义法学注重运用社会性别视角对传统法学理论和现行法律制度进行分析和解构，通过不断推动法律改革，健全女性权益的社会保护机制（马姝，2012）。当下中国，以“性别与法律研究”为主导的女性主义法学研究形成于1995年北京第四次世界妇女大会之后，社会性别理论为中国法学研究提供了新的视角和理论基础，丰富了法学理论框架。

2011～2015年，国内女性主义法学研究呈现蓬勃发展之势。主要表现为：它在为法学、女性学及其他相关学科理论研究提供新的研究路径的同时，对国家法律政策在现实生活中的实施发挥了独特作用，以其自身的学科影响力推动着女性权益保障和性别平等向有益的方向进展。

这五年来，国内女性主义法学研究成果数量较前一个五年有所增长。在中国知网论文库中，以“女性主义法学”为主题发表于学术期刊的论文共56篇，以此为主题的硕士/博士学位论文14篇。除此之外，中国知网数据库的篇名中同时包含“女性”和“法学”的论文36篇，同时包含“女性”和“法律”的论文113篇，同时包含“性别”和“法律”的论文99篇。与2006～2010年相比，上述同类论文的数量共计增加111篇。除研究成果数量增长外，研究领域进一步拓展。除在传统意义上对西方女性主义法学理论进行研究外，

---

* 作者简介：薛宁兰，女，中国社会科学院法学所研究员，博士生导师。中国社会科学院研究生院法律硕士张宇为本文写作做了资料收集与整理工作，特此致谢。

本阶段的研究成果体现出女性主义法学理论研究的本土化视角和基于当下中国社会现状所引发的问题意识。在中国知网论文库中，涉及中国女性主义法学发展中的具体问题分析和现状阐述的论文共39篇，主题包括女性主义法学在中国的适用、女性主义法学与男女平等、女性主义法学对当下职业性别歧视的分析等热点问题。可见，本阶段研究成果涉及面广且具有很强的现实性。

这五年，女性主义法学学科建设在专业教材、课程设置与学位论文等方面取得较大进展。首先，专业教材是衡量一个学科规范化发展的重要标志和显著特征。《社会性别与法律》（刘明辉等，2012）、《性别与法》（李秀华、李傲等，2012）、《妇女法学》（李明舜、林建军，2015）三部教材的出版，显示了中国女性主义法学学科化取得重大进展。其次，在中华女子学院、黑龙江大学、武汉大学等高校引领下，全国范围内各大高等院校开始在其培养计划中设置性别与法律选修课程，女性主义法学开始进入大学课堂。2014年，黑龙江大学法学院王歌雅教授开设的全校性选修课程“性别与法律”被评为教育部第五批“精品视频公开课”。再次，从中国知网论文库数据可见，硕士、博士学位论文中选择女性主义法学相关议题的数量呈增长之势。2011～2015年，优秀硕士学位论文库中题名含有“女性”的法学论文总数达125篇，比前五年同类字段（“女性”“妇女”“性别”）检索相加的法学论文总数还多5篇；优秀博士学位论文4篇[①]，比上五年多1篇。

在课题立项上，2011～2015年，10个有关女性主义法学或性别与法律议题的项目获得国家社会科学基金支持，分别为“社会排挤与女性婚姻家庭权益的法律保障”（王歌雅，2011）、“西北农村回族妇女家庭暴力问题研究”（王雪梅，2011）、“反就业性别歧视的法律评估机制研究”（刘明辉，2012）、“古代中国婚变中妇女利益维护的司法模式研究”（崔兰琴，2012）、“公权力干预家庭暴力的适度性研究”（李明舜，2013）、“夫妻财产制与财产法规则的冲突与协调问题研究”（裴桦，2013）、“职场性骚扰雇主责任问题研究”（曹艳春，2013）、“中国特色社会主义法治体系建设中的妇女权益保障研究”（宋秀岩，

① 它们是张彦红《农村女性人口土地权益保障研究》，西南财经大学博士学位论文，2011；于娟《女性视角下的夫妻间权利义务平衡》，武汉大学博士学位论文，2012；李娟《中国当代女性法官职业群体研究》，南开大学博士学位论文，2013；蒋倩昱《构建美国外交政策中的女性主义话语》，上海外国语大学博士学位论文，2014。

2014)、“新疆女性恐怖活动犯罪研究”（古丽燕，2015)、“高校性骚扰防治机制研究”（林建军，2015)。中国社会科学院法学研究所性别与法律研究中心承担的全国妇联委托课题“中国法律法规的回顾研究与社会性别分析”（薛宁兰，2011~2012)，从理论研究（探讨法律的性别分析框架、定义和标准等)、现行法律法规的文本检审、立法推动（反家庭暴力法、调整公职人员退休年龄政策）三方面展开。

女性主义法学的研究成果在妇女研究领域的影响力更为突出。在2015年全国妇联、中国妇女研究会第三届中国妇女研究优秀成果奖评选中，女性主义法学领域共有9项研究成果入围，其中，一等奖1项：林建军的《规制夫妻暴力民事立法的功能定位与制度完善》(《中国法学》2012年第6期)；二等奖3项：陈明侠、黄列主编的《性别与法律研究概论》（中国社会科学出版社，2009)，孙文恺的《法律的性别分析》（法律出版社，2009)，薛宁兰的《防治职场性骚扰法律的性别分析》(《中华女子学院学报》2012年第6期)；三等奖5项：刘明辉主编的《社会性别与法律》（高等教育出版社，2012)、郝鲁怡的《欧盟妇女劳动权利保护的法律制度研究》（中国社会科学出版社，2013)、陈苇主编的《中国防治家庭暴力情况实证调查研究——以中国六省市被抽样调查地区防治家庭暴力情况为对象》（群众出版社，2014)、张宝义的《犯罪中的性别差异及比较研究——以21世纪初天津市为背景的研究》(《江苏警官学院学报》2010年第5期)、柳华文的《性别平等：联合国人权条约机构的实践及其启示》(《法学杂志》2009年第8期)。这些获奖成果反映出女性主义法学正在向法学学科的各领域渗透和发展，同时也表明女性主义法学研究队伍进一步壮大。

二　主要研究内容

（一）女性主义法学特质与流派

2011年以来，中国女性主义法学研究一方面向本土化研究、实证研究等方向拓宽，另一方面对于传统女性主义法学理论的研究和梳理依然继续并有进一步拓展。

1. 对作为独立学科的女性主义法学的学科背景、理论起点以及方法论等基本范畴和概念进行释明

曹智（2011）对女性主义法学兴起的时间做出阐释。他认为，女性主义法学以女性主义学说大量涌现为兴起标志，伴随女性主义哲学、女性主义社会学和女性主义历史学的发展，于20世纪60年代开始兴起。起初，女性主义法学仅作为一个法学理论流派而存在，其理论起点在于对当下男权意志操控下的法律制度进行批判，有学者认为法律存在于男性的性别传统之中，且一直都是男性活动（肖文渊，2011）。吴岩璐（2011）从女性主义法学对传统自由主义法学的批判中剥离出四个层次：对理性中心主义的批判、对二元论的批判、对社会契约论的批判以及对公平和平等的批判。由此看来，女性主义法学的立论来自于对传统法学理论的解构。从研究方法上来说，女性主义法学研究的主要方法集中体现在运用“社会性别”的视角和方法，对现行法律体系进行深入系统的女性主义思考，从而为法律运行中公平正义的实现标准提供一个新的维度。

2. 相关理论研究仍然注重对几大主流女性主义法学学派及其理论思想进行梳理

蒋欢（2011）以社会生活的“二元框架”理论为主线，从各女性主义法学理论流派的基本主张出发，分析二元对立下法律对于女性生活产生的不利影响。各个理论流派对于如何提高女性地位、实现男女平等均有各自不同的主张，但其中体现出对法律中男性主导地位和女性话语权缺失等诸多问题的拷问这一共性。潘才华（2015）从美国第二次女权运动的开创者贝蒂·弗里丹（Betty Friedan）及其观点主张入手，介绍并梳理了自由女性主义法学学说的发展及演变。梁文莉、曹智（2014）通过介绍文化女性主义法学的代表人物罗宾·韦斯特（Robin West）的观点，以关联、移情、亲密、责任为关键词，强调现代法理学中的男性气质以及法学研究中女性关怀伦理的缺位。基于对不同理论的梳理，学者们逐步推动法学视阈中对社会性别视角的重视，从而使女性群体的主体性得到关注。

3. 作为后现代主义在法学领域的延伸，女性主义法学研究亦从理论结构角度对传统女性主义法学理论做出反思

邹利琴（2013）指出，提高女性社会地位是不同流派女性主义法学的共同政治目标，后现代女性主义法理学采用后现代的理论方法，反对现代女性主义法理学“本质”“普遍”的理论诉求，提出“女性”概念的非整体性、非统一性。

但是，后现代女性主义法理学与后现代理论不同。前者具有提高女性地位的规范性政治目标，后者则仅仅反对现代认识论中“理性”的主导地位，甚至延展到反对现代性的规范性价值。特定的政治目标成为理论方法不可逾越的边界。后现代话语理论在批判男权统治、改善女性现状上存在局限性。后代女性主义法理学不能完全归属于典型的后现代理论，它甚至为后现代理论自身提供了反思的素材。郭美玫（2014）从后现代女性主义法学确立的新思维范式出发，指出该理论将差别概念进行扩展，强调“绝对的差别”，即差异不仅体现在男女之间，更体现于女性群体内部，如女性群体之间在民族、身份、职业、阶层等方面的差别，男女两性之间的性别差异只是社会生活中诸多差异的一种。在此基础上，她进一步提出女性在实现男女平等时应以自身为标准，从而赋予女性更多的自主选择权。马姝（2011）以后现代女性主义“话语构建主体”的理论为视角，指出中国关于强奸罪的刑事立法和学理解释均表明它是带有强烈性别印记的男性立法。她认为应跳出既有法律框架，以开放的视角重新审视强奸罪立法，取消“强奸”这一法律语言，改变女性“可被强奸”的属性。她还强调废除强奸罪并非不惩治这类犯罪，可将其纳入没有性意味的其他罪名如故意伤害罪中，给予行为人应有的惩罚。

4. 女性主义法学理论对于法学理论和法律实践发展均有独立的意义和价值

吴岩璐（2011）强调女性主义法学理论为法学研究提供了多元化视角，并使得长期处在边缘地位的女性重新被关注。乔晓静（2011）指出女性主义法学研究的实质是妇女的人权问题。在女性主义的视角下，现行男性法律存在诸多问题，例如婚内强奸、强奸罪定义等，对这些问题，女性主义法学可以做出与传统的刑法、婚姻家庭法、劳动保障法甚至一些公法的理论完全不一样的解答。

（二）对中国立法实践的推动

为推动实现社会性别公正，女性主义法学特别关注对现行法律的变革。因此，它在很大程度上是一种行动研究。本阶段，中国女性主义法学对法律实践的关注，从劳动关系领域拓展到女性性权利保护、亲密关系中的性别暴力等更为私人的领域。

1. 推动立法机关废除嫖宿幼女罪

2011 年前后，不断有性侵幼女的恶性案件在媒体曝光，引发社会各界的高度关注与热议，也在学术界掀起对刑法嫖宿幼女罪及其法定刑的规定质疑的新高潮。在此方面，女性主义法学理论为中国立法实践提供了理论基础与分析视角。

研究者不仅在理论层面关注并研究西方成果，在对具体问题的分析上同样具有国际视野。赵合俊（2011）从国际法的视角出发，认为中国刑法中的嫖宿幼女罪将幼女的“主观过错”作为减轻犯罪人刑责的依据，与联合国《儿童权利公约》及《儿童权利公约关于买卖儿童、儿童卖淫和儿童色情制品问题的任择议定书》确立的禁止对儿童进行性剥削的原则不符。他认为从国内法与国际法相一致的原则出发，应当废止嫖宿幼女罪。林建军（2015）综合运用儿童视角、性别视角、被害人视角检审立法缺陷，认为嫖宿幼女罪的设立背离“儿童最佳利益”的国际标准，嫖宿幼女罪中的“性交易”本质上是一种赤裸裸的不平等的性剥削、性奴役关系，嫖宿幼女罪也绝非无被害人的犯罪。将该罪中的“性交易”看作平等的交易关系而非不平等的性剥削关系，无视该行为中双方主体民事行为能力以及社会地位等方面的不平等，将幼女打上“卖淫女”的标签，是对被害人的一种污名化。

对女童权益保护的立法是否完备直接影响法律适用的整个过程。洪英（2013）从中国立法现状分析了当前女童权利保护中所存在的问题。当前的法律体系中，虽然有宪法对女童权利保护做出较为充分的规定，但在部门法中对女童权利保护尤其是其性权利的保护并未做出过专门规定，对性侵女童的救济主要出现于刑法中，且救济方式存在瑕疵。具体到嫖宿幼女罪这一罪名的设置，它突出维护社会秩序管理法益，轻视对受害幼女的保护，并且在法定刑设置中为强奸幼女的行为人打开一扇“宽容之门”，客观上帮助其逃避了法律应有的制裁。

上述研究在一定程度上推动了 2015 年《刑法修正案（九）》废除嫖宿幼女罪。但学者对这一问题的探讨并未止步于该单一条文的适当性，如何在实践中保障女童权利才是学者们所关注的重点，冀祥德（2013）从法律适用中暴露的问题着手，主张完善刑事诉讼中对女童的保护。通过设置女童性侵案件的被害人刑事代理制度、被害人法律援助制度以及对被害人的国家救助制度，加强女童权利保障的事后救济，同时避免被害女童在案件调查过程中遭受第二次伤害。

2. 推动颁行反家庭暴力法

制定《中华人民共和国反家庭暴力法》是这一时期以女性主义法学理论推动立法实践的又一重要产物。该法的目的在于保护家庭暴力受害人权益，是一部向弱者倾斜的保障性法律。

女性主义法学理论对反家庭暴力法制定的重要影响，首先表现在“关注弱势群体的人文情怀”上。与传统法学相比，女性主义法学体现出关怀弱者、关注边缘群体的价值立场，在反家庭暴力法草案的专家意见征集过程中，诸多持此立场的专家学者通过参与具体制度的设计将女性主义法学的社会关怀融入其中。李明舜（2014）指出，家庭暴力问题既是家庭问题也是社会问题；既是法律问题也是人权问题，制定反家庭暴力法需要关注弱者。薛宁兰（2015）认为，反家庭暴力法不应仅局限于对受害人婚姻家庭权利的保护，更不能忽视受害人子女抚养、经济赔偿、制止施暴者继续施暴等多层面的社会救助权利，应以受害者为本位，通过特殊措施在保护上向受害者一方倾斜。徐卉（2014）建议，基于该法的宗旨和目的，家庭暴力立法应制定有利于被害人的证据规则，并且明确规定反家暴的公益诉讼机制。

女性主义法学理论对反家庭暴力法的影响还表现在对具体制度的设计上。中国 2001 年修改后的《婚姻法》明确规定禁止家庭成员间的暴力，其后，在修订《妇女权益保障法》《未成年人保护法》《老年人权益保障法》时，增加规定禁止对妇女、儿童、老年人群体的家庭暴力，但这些法律对家庭暴力行为规制的主体范围始终局限于家庭成员。本阶段，一些学者对此进行突破性研究。夏吟兰（2014）指出，同居关系、伴侣关系以及离异的配偶、分手的恋人等在中国现有的法律框架下不属于家庭成员，考虑到这一现实以及与现行法律的衔接问题，可将他们之间发生的暴力行为视为家庭暴力，受害人可以依照《反家庭暴力法》申请采取救助措施。薛宁兰（2015）从反家庭暴力法的立法宗旨着手，认为家庭暴力调整的主体范围除婚姻关系、血缘关系外，还应包括其他亲密关系，如同居关系、前配偶关系等。因此，不宜将反家庭暴力法的宗旨或目的表述为“保护家庭成员的合法权益”。周安平（2015）对家庭暴力行为的性质进行甄别，认为将反家庭暴力法的调整范围局限于“共同生活的近亲属”是不恰当的，家庭暴力行为的范畴应当以亲密关系为界进行鉴定，家庭关系只是一种典型的亲密关系，但不能涵盖其他类型。学界对这一问题的争论，促成最终颁行的《反家庭暴力法》将对“家庭成员以外共同生活的人”实施的暴力纳入调整范围，从而扩大了该法调整的社会关系范围。

（三）对法律性别分析框架的探索

对法律政策等进行社会性别分析，是在国家层面实现社会性别主流化的重要步骤。关于法律的性别分析，黄列（2009）在前一阶段的研究中认为，以社会性别为视角对法律进行分析，需重述法律的概念，从实体规范、体制结构、政治文化三个维度解释法律的含义。对法律的概念做扩大化解读，对妇女群体尤为重要，它“使传统和文化成为法律的一个组成部分，为妇女解构法律话语和法律制度提供了空间，并且能够建构真正将妇女作为人而对待的法律”①。本阶段，黄列（2012）持续展开对这一问题的研究，针对已有运用性别视角审视中国法律研究的成果中存在概念模糊的问题，她指出：“有必要在以性别视角审思法律时，厘清性别歧视概念的微妙区别，从而识别出歧视背后的深层原因或制度性原因。这促使我们尝试以框架形式对法律中存在的主要歧视形式加以区分。”② 法律中存在的主要性别歧视形式包括：直接性别歧视、间接性别歧视、多重性歧视（即基于性别、种族、健康、婚姻状况、年龄等多种理由的交叉性歧视）、结构/制度性性别歧视。她还进一步分析和揭示了制定法、司法和执法、习俗与文化三者的互动与影响。

作为同一课题研究成果，其他学者尝试运用法律性别分析的三维框架，对当下社会关注的不同性别议题做出分析，并提出对策建议。薛宁兰（2012）对中国现行防治职场性骚扰法律做出分析，她指出，性骚扰是职场中的直接性别歧视，现行防治性骚扰的法律还存有空白，司法中对案件的定性更多地取决于法官的性别观念，社会文化中还存在责备受害人的社会偏见。因此，“在完善法律对性骚扰规制的同时，还应在社会文化层面上积极干预，推动社会性别主流化……转变观念、习俗和文化，是纸面上的法律在司法和执法中得以贯彻和实现的必要前提”③。张荣丽（2012）认为，中国目前的强奸罪立法和执法都存在对妇女的

---

① 黄列：《社会性别视角下的法律》，《性别与法律研究概论》，北京：中国社会科学出版社，2009，第37页。

② 黄列：《法律的社会性别分析框架》，《中华女子学院学报》2012年第6期。

③ 薛宁兰：《防治职场性骚扰法律的性别分析》，《中华女子学院学报》2012年第6期。

性别歧视。她提出一系列的刑事立法与执法建议，例如，修改刑法强奸罪的定义，不再限定被告人和被害人的性别；在刑事诉讼法中明确排除“关于被害人过去性行为方面的经历或者评价的证据”①；在强奸罪诉讼过程中引入社会工作者对被害人的全程协助机制；等等。张慧强（2012）从中国男女不同龄退休法律政策出台的背景、现行法律政策执行的状况、法律的支持环境三方面进行分析，提出中国现阶段宜采取分群体、分阶段推行有选择的弹性退休年龄政策，在公务员中率先实行男女同龄退休。

（四）学科化建设的展开

目前在中国，以性别与法律研究为主导的女性主义法学仅是一个知识领域和一种法学思潮，尚未形成独立学科。继2009年中国首部性别与法律研究性教材“一枝独秀”以来（陈明侠、黄列，2009），本阶段学界对法律与性别知识领域的学科化探索在法学教材方面有突出进展，形成法学本科教材的“三分天下”之势。

2012年8月出版的“北京市高等教育精品教材”《社会性别与法律》，是适用于法学院本科生选修课教材，其目标在于“引领高校教师在各个部门法教学中渗透社会性别意识”（刘明辉，2012）。全书由总论和分论两部分组成。总论提供全书的分析视角、方法和理论框架；分论是对总论基本理论的应用，主要运用社会性别视角来分析传统立法、司法执法、法学研究和法律教育。2012年9月出版的“21世纪普通高等教育法学精品教材”《性别与法》，从性别与法学理论、性别与法律史、性别与宪法、性别与民法、性别与劳动法、性别与刑法、性别与国际法、性别与司法辅助职业技能等方面切入，运用社会性别分析工具，审视现行法律与法学教育机制，“以期对立法改革、法学教育未来方向有所指引，对法律援助建构模式有所触及与改变”（李秀华、李敖等，2012）。2015年出版的“21世纪法学系列教材”《妇女法学》，是中华女子学院法学院多年开设“妇女法”课程的总结。该教材按照构建传统法学学科的思路，从妇女法的概念、基本原则、与其他法律的关系等角度，描述妇女法学自身的学科性及其构成，“系统地对妇女法基本原理、妇女法的产生发展及其根本动因等问题进行了抽象和阐释”（李明舜、林建军，2015）。著者还以权利属性为标准，对中国《妇女

---

① 张荣丽：《强奸罪立法和执法中对妇女的性别歧视》，《中华女子学院学报》2012年第6期。

权益保障法》确立的妇女享有的政治权利、文化教育权利、婚姻家庭权利、劳动和社会保障权益、人身权利和财产权利六大权利做出学理阐释，并运用法律的社会性别分析方法对妇女权益的实现展开分析。

三本教材在内容、体例、切入点等方面各具特色，但也有共同之处。它们最为突出的共性是都以社会性别作为共同的理论工具。社会性别作为第二次女性主义运动浪潮的理论结晶，经过多年发展，如今与“阶级”“种族”等维度共同成为研究人类社会与历史的一个基本分析范畴。三本教材以社会性别为分析法律现象的基本立场和方法。具体而言，《社会性别与法律》一书从解释性别、社会性别、社会性别体制等概念入手，揭示了社会性别研究方法的基本特点与原则。著者认为，社会性别分析方法的理论基础是批判理论与女权主义理论，其中，女权主义研究方法具有关注女性经验、强调研究立场和价值、以研究推动行动三个特征。社会性别研究方法因此具有批判、经验、行动和创新的四大取向。《妇女法学》一书从社会性别视角出发，对法律的社会性别分析及其意义做出理论概括。著者认为，法律的社会性别分析包含四个方面：现行法律规范、法律的运作过程、主流法学理论以及法律史。法律的社会性别分析结果是将法律分为三类：直接性别歧视（显性性别歧视）的法律、间接性别歧视（隐性性别歧视）的法律、性别公正的法律。著者还指出，社会性别分析对构建性别公正的法律具有积极的变革意义。在构建的过程中应“由包括女性在内的全体社会成员在平等基础上遵从共同的规则参与法律的制定，共同表达各自的观点和体会”①。“以社会性别为中心的法律分析方法，除了考虑男性立场，还强调从女人的身份出发站在女性的性别立场上来思考两性被社会性别化的现实，确立法律在妇女议题上的性别立场，分析女性面对的法律困境……使法律能同时涵盖男性和女性，共同反映他们的角色、需求、地位，在此基础上完成社会性别与法律的关系建构，最终实现‘去性别’的目的。”② 该书著者还认识到，社会性别分析只是一个过程和手段，其出现丰富了人类思维的多样性，因此，它与阶级分析、心理分析等一样，都是研究法律的基本分析范畴。《性别与法》一书侧重将社会性别视角纳入各个部门法中，对现行立法进行检审，并对法学教育创新中社会性别视角的纳入进行了探索。

---

① 李明舜、林建军主编《妇女法学》，北京：法律出版社，2015，第152页。

② 李明舜、林建军主编《妇女法学》，北京：法律出版社，2015，第155页。

三 研究不足与展望

2011～2015年，中国女性主义法学研究进展显著。这不仅体现在对源自西方的女性主义法学特质、流派等研究逐步细化和深入，也突出体现在对构建本土的中国特色女性主义法学学科的努力上。尤其值得肯定的是，中国女性主义法学研究已经对国家立法改革产生了不可小觑的推动力，除前述嫖宿幼女罪被废除、《反家庭暴力法》得以颁行外，2012年《女职工劳动保护特别规定》的实施等进展也显示出女性主义法学研究具有的行动导向的特质。

与此同时，中国女性主义法学研究还面临诸多挑战。首先，如何协调女性主义法学研究的国际化与本土化之关系，是研究者必须时刻警醒的方向性问题（薛宁兰，2014）。本阶段不乏《中国特色社会主义妇女理论与实践》（彭珮云，2013）这样的著作，但期刊论文、本科教材以及学位论文的选题多是对西方女性主义法学流派的介绍，对同样是西方流派之一的马克思主义女性主义法学阐释得较少，相应地，对中国特色马克思主义女性主义法学的创建显得较为薄弱。

其次，对法律的社会性别分析要素或框架的探索虽已展开，但还处于引介和初创阶段。对这一分析方法的内容、步骤和途径，特别是如何与传统的法律研究方法既相区别又相融合等，都有待进一步阐发。完全移植西方女权主义法律分析方法的做法，不仅与中国人惯常的思维方式有别，也会有“水土不服”之感。

再次，学科化是将具体知识归为某一知识类别并进而形成一门学科的过程，也是性别与法律研究主流化的一个重要策略。其目的在于，改造现有的法律知识体系、改造现有知识的学科体制，并进而改造被社会性别化了的社会关系（谢海定，2009）。本阶段，以“性别与法律研究”为主导的女性主义法学的学科化建设已经展开。但是，女性主义法学从边缘走向中心，成为一门独立的学科还有很长的路要走，尤其在构建自身的研究对象、基本范畴等方面还有许多基础性工作，而要构建自身较为清晰的基本理论框架，现阶段应着力实现“两个突破”，即突破女性主义知识传统和法学知识传统的局限。

女性主义法学的特质决定着它对于女性法律地位提升和社会的现代化都将产

生积极而持续的推动力。女性主义法学因此具有广阔的应用前景，当然也需要有更加深入系统、更具说服力和可行性的研究成果。女性主义法学的跨学科性表明，它不同于传统法学学科对某一问题或具体制度的研究。这就要求研究者必须具有敏锐的问题意识，具备多学科知识和深厚的法学理论功底。已有研究在传播先进性别法律文化、引领法学研究潮流、推动法律变革方面取得的成就有目共睹，今后需继续保持并在此基础上不断深化。

女性主义经济学研究综述（2011～2015年）

庞晓鹏　董晓媛*

一　研究概述

（一）理论贡献及方法论特点

女性主义经济学源于20世纪60年代发展起来的女性主义理论，在女性主义理论与新古典经济学的思想碰撞和理论交锋中逐步形成，并在20世纪90年代得到广泛认可。作为一门新兴的经济学分支学科，女性主义经济学旨在纠正和消除经济学学科中的性别偏见，力图使经济学更好地反映男女两性的现实世界，丰富经济学，改善妇女的经济状况，提高妇女的经济和社会地位（崔绍忠，2011a），推动性别平等。女性主义经济学家强调，以男性为中心的现代主流经济学视野过于狭隘，基于标准理性选择模型的学科实践，提供的信息比较少，事实上客观性也不够（朱富强，2014）。女性主义经济学扩大、丰富和提高了经济活动分析的理论性，其最重要的理论贡献在于它对男性至上经济学统治地位的批判（沈尤佳，2011）。女性主义经济学对新古典经济学的价值论、本体论和认识论提出了根本性的挑战，同时女性主义经济学对关联价值论、本体论以及中庸的社会建构主义认识论的研究，为21世纪的经济学研究发展做出了积极的贡献（崔绍忠，2011a）。

从方法论来看，女性主义经济学已经成为社会性别问题经济学研究的一个新兴流派。与主流经济学派研究社会性别问题的方法不同，女性主义经济学方法论的特点表现在：①经济分析不仅关注市场活动，还关注非市场活动以及两者之间的关系；②研究性别不平等不仅局限于劳动力参与和工资等经济指标，更关注女

* 作者简介：庞晓鹏，女，中国人民大学农业与农村发展学院教授、副院长；董晓媛，女，加拿大温尼伯格大学经济系教授，《女性主义经济学》（*Feminist Economics*）副主编。

性的自主权（agency）和制约女性能力发展的各种制度因素；③价值取向非常明确，就是要提升女性社会地位，推动以人的福利为宗旨、以平等公正为特征的人类发展，不仅追求男女机会平等，而且强调结果的平等；④强调以“相互关联存在的人”（interconnected）为理论出发点，认为社会性别关系作为最基本的社会分层依据，与其他社会分层依据（比如阶级、种族、教育、健康等）是相互交叉的；⑤提倡研究方法的多元化，扩展了经济学的方法论边界，肯定数学化和定量分析的作用，并将参与观察、深度访谈、实地调查、案例分析等定性方法引入经济学研究；⑥倡导跨学科的分析（庞晓鹏、董晓媛，2014）。

（二）研究成果和人才培养

本综述的内容涵盖纳入性别视角的所有经济学研究成果，从研究方法来看，既包括女性主义经济学的研究，也包括主流经济学的研究。2011~2015年，经济学界对性别问题研究的关注度及研究成果继续增加。我们以“性别差异”“性别歧视”为主题词，检索了从2011年1月至2015年12月在中国期刊全文数据库中的经济与管理数据库，发现这五年内共有371篇相关的研究论文发表；以“女性主义经济学”“女性经济学”为主题词检索，发现共有20篇相关的研究论文发表。中国学者在国际女性主义经济学旗舰期刊《女性主义经济学》上发表有关中国问题的文章2篇（Chang etc.，2011；Huayong Zhi etc.，2013），在其他国际期刊发表的有关中国性别平等和女性地位的论文11篇①。

从研究生培养来看，虽然，到目前为止还没有在高校设置女性主义经济学研究专业或研究方向，但是，越来越多的经济学专业的研究生开始研究社会性别问题。我们以“性别”“性别差异”“性别歧视”为关键词，检索2011~2015年中国硕士、博士学位论文全文数据库（经济与管理类），发现106篇相关的学位论文，而2006~2010年对相关问题进行研究的只有18篇硕士、博士学位论文。

---

① 这11篇论文发表的杂志包括：*Review of Income and Wealth*, *Research in Labor Economics*, *Economic Development and Cultural Change*, *Cambridge Journal of Economics*, *UNRISD Research Paper* 2012-6（*October*）, *World Development*, *Development and Change*, *Eastern Economic Journal*, *China Quarterly*, *Asia Survey*, *Contemporary Economic Policy*。

（三）研究队伍建设及主要成果

以中国女经济学者研究培训项目（CWE）的启动为标志的研究队伍建设，在过去的十多年中不断加强。以该项目为基础建立起来的中国女经济学者联谊会（CHWEN）目前有会员三百多人，由来自全国各地高校经济学管理学专业的女教师组成，其目标是帮助女经济学者职业成长、促进经济学领域性别问题研究。

1. 专题研究团队

根据社会经济发展需要和研究的热点问题，组织女经济学者形成专题研究团队，通过研究团队的活动提高女经济学者的研究能力、促进对性别问题的经济学研究。以女经济学者联谊会为平台，在创始人董晓媛教授的带领下，于 2012 年成功地组织出版了《社会性别与经济发展：经验研究方法》，这是目前为止中国第一部从社会性别角度研究经济问题的教材，为在中国大学经济院系开设社会性别经济学课程提供了一本不可多得的教材（张莉琴、杜凤莲等，2012）。此外，董晓媛和赵耀辉教授还组织了 13 位女经济学者联谊会的成员和 3 名男经济学者，共同研究中国的照料经济和无酬照料对女性就业、时间利用、养老金以及精神健康的影响，回应了放开二孩政策和老年人照料等亟须解决的政策选择问题。

2. 每年两次学术交流活动

女经济学者联谊会每年在国内组织两次学术活动。一次是每年 5 月底 6 月初举办的女经济学者国际研讨会，该学术会议邀请国际著名女性经济学学者和中国女经济学者共同研讨经济学中的性别问题。另一次是在每年的中国经济学年会上组织至少两个女经济学者分论坛，为女经济学者提供展示研究成果的平台；同时组织女经济学者午餐会，为大家交流学术及生活提供机会。

3. 国际交流与合作

与国际女性主义经济学学会，美国、加拿大女经济学家协会建立稳定的联系。2011 年 6 月，中国女经济学者培训项目协办召开“第 20 届国际女性主义经济学年会”（陈欣欣，2011）。2011～2015 年，共有 54 名中国学者在国际女性主义经济学年会宣读论文。2013～2015 年，每年邀请美国、加拿大女经济学家协会代表参加中国女经济学者年会，在加拿大经济学家年会上与加拿大女经济学家协会联合组织专题论坛，与美国女经济学家协会交流培训青年学者的经验。2012～2014 年，与印度女性主义学者就如何推动性别敏感公共政策以及性别平等主流化问题进行研讨，在中国、印度国际女性主义经济学年会上开展了一系列交流活动。

通过十几年队伍建设，目前有一批女经济学者活跃在教学科研领域，她们关注研究社会性别问题、教导社会性别问题的女性主义经济学研究方法，已经成为女性主义经济学发展的重要推动力量。

二　主要研究内容

本综述资料来自中国知网经济与管理类科学领域的学术期刊、会议论文、学位论文数据库和国家图书馆馆藏及互联网中搜索到的相关学术著作。根据2011～2015 年女性主义经济学研究的主要内容和重点，同时考虑便于读者与前五年的主要研究内容进行对比，本综述从三个方面进行阐述。

（一）劳动力市场的性别不平等研究

劳动力市场的性别不平等是各国普遍存在的重要的社会经济问题，它具体表现在两个方面——就业机会和工资收入的性别不平等。从就业机会来看，中国女性劳动者在就业、晋升以及职业流动方面与男性劳动者之间存在着显著差距（郭凯明、颜色，2015）。性别歧视是影响性别工资差异的重要因素，受教育程度、人力资本水平、社会资本水平方面的性别差异影响着女性的工资收入水平。

1. 劳动参与和就业性别差异研究

劳动力是经济增长的核心投入要素，劳动参与率也是影响经济增长与社会发展的重要变量。改革开放以后，中国的女性劳动参与率呈下降趋势（沈可、章元等，2012；劳动力供给变化趋势与实现更加充分就业问题研究课题组，2012），引起了劳动就业部门与学者们的关注。现有研究对这一问题的解释如下。

第一，家庭责任和传统的性别观念是女性劳动力供给减少的一个重要原因。针对西北四省的调研数据显示，传统“男主外，女主内”的家庭分工的原因不是男性有较高的收入，而是女性家庭角色的不可替代（张译文、姚植夫，2012）。并且，婚姻状况、学龄前儿童数、80 岁以上老人数和家庭其他成员收入水平对女性非农劳动力供给有显著负面影响（周春芳，2012）。

第二，性别歧视降低了女性的劳动参与率。女性在劳动参与和就业方面面临的性别歧视主要表现在就业机会的不平等（马荣荣，2011）。用人单位的招聘过程经常存在性别比例设置不均衡、男女录用标准不一致现象，导致女性想获得同样的岗位必须有更高的人力资本水平或接受更低的工资，甚至还要接受用人单位诸如“3年内不能结婚、生育”的不合理要求（张高娃，2013；章姗、瞿艳，2011）。这种性别歧视主要是用人单位追求利润最大化的结果（张鹏、周莹，2011；凌巧，2012）。此外，女性在就业市场中还面临生产率低于男性的统计性歧视（章姗、瞿艳，2011）。首先，女性因婚姻生育等造成就业的阶段性与人力资本投资的不连续性（班晓娜，2011）。其次，女性在社会资本拥有量和利用社会关系网络获取收入方面弱于男性（李莉、宋蕾放，2012），而传统的性别角色、性别分工和歧视现状又会进一步强化这种印象，从而加剧对女性群体的歧视。

第三，最低工资标准的上涨对女性群体的市场参与也产生挤出效应（刘玉成、童光荣，2012）。基于省际面板数据的研究发现，最低工资上涨对于女性正规部门就业产生挤出效应，且影响存在滞后性。而这种排斥在低工资、女性就业集中度较高的行业中表现更为明显。在工人劳动替代弹性较高时，如仅要求“同工同酬”反而会带来负面影响，“要求同工同酬”与“保障平等就业”两种政策必须同步到位（郭凯明、颜色，2015）。

那么，如何提高女性的劳动参与率呢？首先，为减轻“自然附着成本”为女性带来的就业壁垒，政府应加强社会保障建设，促进生育成本社会化（马荣荣，2011；李莉、宋蕾放，2012；石莹、黄镇国，2011）。其次，应完善法律法规，提高用人单位歧视的经济成本，或进行补贴，从经济上引导其平等化（王金蕊，2014；凌巧，2012）。此外，政府干预和工会组织会对女性劳动参与产生积极影响（魏巍、杨河清，2015），故应增强政府和社会组织的性别意识和性别视角，促进两性平等就业。

2. 职业流动与性别隔离研究

从职业流动方向看存在显著的性别差异，男性流动主要是个人因素驱动，基于自我实现的目的，更多地向高层次流动；而女性群体往往较男性遭受更多的被动流动、向下流动的风险，这在非正规就业市场和农村务工人员中表现更为突出（谭艺渊，2011）。女性换工作的风险高于男性，但随着年龄和受教育年限的增加，其换工作的可能性又低于男性（李黎明，2014）。

与职业流动相关另一领域就是职业隔离。劳动力市场中职业的性别隔离主要分为横向隔离和纵向隔离。职业的横向性别隔离主要指岗位之间的性别分布不均。女性劳动力集中在几种特定职业上（石莹、黄镇国，2011），甚至一些职业（如幼师、护士等）成了女性专有职业，而计算机、金融证券等高技术和高收入领域则主要由男性垄断，金融业中女性受到的排斥尤为明显（彭思瑶等，2012）。对63个职业种类的性别结构进一步分析发现，大部分职业中存在较为严重的性别隔离。女性就业主要集中在典型的平均劳动报酬偏低的边缘化部门，“白领”女性仅占女性从业人员的12.0%（王金蕊，2014）。

职业的纵向隔离则主要表现在个体职业生命周期内晋升上的歧视，亦即我们经常说的“玻璃天花板”现象。这种晋升的障碍无关其个人的能力、资质与职业成就，也无法用其他职业相关特征解释（罗欣，2014）。有调查显示，公司经理层的性别差异不大，但是在总经理的职位上，男性占到了83.4%，而女性只占16.6%（王丽，2012）。这种歧视和隔离的原因，一方面是传统的性别分工和刻板印象导致了人们的统计性偏见，认为女性不适宜领导岗位（基于女性性格能力与企业投资回报），故在任免和升迁中设置更高的门槛；另一方面在晋升决策中还存在“同质社交再现”现象（王丽，2012），令男性高管倾向于提拔同为男性的雇员，进而形成恶性循环。

职业性别隔离使得女雇员的离职率低于男雇员（徐凤辉、赵忠，2015），并且由于女性更多地从事简单工作（如行政办事员等），难以有效积累晋升中所注重的工作经验，但是职业的性别隔离会强化性别收入差距（卿石松、郑加梅，2013；石莹、黄镇国，2011）。

3. 性别收入和工资差异研究

从工资收入看，中国男女劳动力的性别工资差距持续扩大。劳动力市场的性别歧视和人力资本禀赋差异是造成性别工资差异的原因。在性别收入差异中，有约1/4部分可以由人力资本因素解释（彭竞，2011；李得元、李兴绪，2015），其余部分归为性别歧视。学历低、职业差、年纪轻的女性劳动者受到更为严重的歧视（葛玉好、曾湘泉，2011；李实、宋锦等，2014）。

针对平均工资层面的性别工资差异研究显示，流动人口的工资性别歧视受到户籍和性别的双重影响，对农村女性的歧视更强（曹永福、宋月萍，2014），性别歧视造成的工资不平等及矛盾主要集中在低工资水平的就业者（郭震，

2013）；利用中国居民收入调查数据研究发现，2002～2007年性别工资差距显著扩大，且在低收入群体更为明显（李实、宋锦等，2014）；女性在工资分布高端受到的歧视程度低，在低端受到的歧视程度高（葛玉好、曾湘泉，2011）。而利用“中国大学毕业生求职与工作能力调查”数据的研究发现，大学毕业生性别工资差距中存在“天花板效应”而非“粘地板效应”，性别工资差距中约90%归于歧视，工资分布顶端约30%的女生群体受歧视更大，行业性别隔离和职业性别隔离现象并存（谭远发，2012）；就工资条件分布而言，男女起薪差距随分位数上升而逐步减少，而歧视比率却随工资分位数上升而增大（李红霞、孙璐等，2015），说明高工资端的性别歧视程度更大。

针对工资分布层面的性别工资差异研究发现，虽然女性高等教育回报率普遍高于男性，但随着行业门槛的提高，女性高等教育回报率呈下降趋势（彭竞，2011）。同等条件下女性工资水平和福利待遇较低，甚至直接被排斥在岗位之外。基于东北城市劳动力市场的微观数据研究结果表明，随着个体受教育程度提高、工资水平提高，性别工资歧视呈现下降趋势（郭凤鸣、张世伟，2012）。关于教育回报率的性别差异，学术界尚未达成一致。基于CGSS 2006、2008和分地区的实地调研数据的研究发现，女性高等教育回报率普遍高于男性（彭竞，2011；郭凤鸣、张世伟，2012；田茂茜、虞克明，2013）。也有研究发现男性的教育回报率高于女性，且随着教育层次提高，回报率不断上升（李得元、李兴绪，2015；姚轮轮、张莉琴，2013）。还有研究发现，男女教育回报率差异不显著，性别收入差异非教育因素导致（张兴祥、林迪珊，2014）。而对于教育回报率的变动情况，存在递减、U形和部分样本递增等不同观点。但非常一致的研究发现是，当前中国女性人力资本确实显著不足。女性人力资本对经济产出的弹性系数显著高于男性（王赞、杨会杰，2015；孔繁荣、卢红霞，2015）。此外，女性在劳动市场上的人力资本再投资也受到歧视，在职业培训、社会保险、医疗、健康等领域机会较少（班晓娜，2011）。人力资本因素对于兼业农民的非农就业行为也有显著影响（陆文聪、吴连翠，2011）。提高女性群体人力资本水平，对于促进农村妇女非农就业有重要意义。

行业和职业的隔离是形成性别工资差异的重要机制。利用2006年CGSS数据的研究发现，高等教育群体的性别工资差异主要由行业内工资差异引起，行业间的工资差异不大，职位晋升歧视能解释1/4的性别收入差距（卿石松、郑加梅，2013；彭竞，2011）；利用2009年CHNS成人数据库数据的研究发现，男女之间的工资差异主要由职业内的工资差异引起，而城市劳动力市场上存在的性别歧视是造成男女工资差异的主要原因（柯宓，2014）；利用“中国家庭动态跟踪调查”2010年数据研究发现，职业内部的工资和晋升方案差异，会对求职者职业选择产生重大影响，对女性进入高工资行业形成阻碍，进而导致工资性别差异（陈永伟、周羿，2014）。针对高管群体，也存在明显的性别薪酬差距，其中职位内的性别薪酬差异占总差异的55.93%，且有71.15%的薪酬差异无法用教育程度、工作经验等可观测因素解释（杨伟国、陈玉杰，2014）。

此外，市场化程度也影响性别工资差异。地区市场化水平的提高有助于个体工资水平的提升，但导致工资性别差异扩大（郭凤鸣、张世伟，2013）。利用2006年CHNS成人数据对国有部门和非国有部门的性别工资差异进行研究发现，性别歧视显著存在，非国有部门性别歧视显著高于国有部门（袁晓燕，2012）。市场化程度和性别歧视程度呈现出正相关关系。

工资差异研究的主流分析技术仍是均值分解法，但分布分解法是未来趋势（郭继强等，2011；刘泽云、赵佳音，2014）。均值分解的基本思想是，以均值回归为基础，将性别工资差异分解成个人禀赋差异和性别歧视部分，并且将“性别歧视”与工资总差异的比率称为“歧视比率”。最常用的方法仍然是Oaxaca-Blinder分解法（曹永福、宋月萍，2014；刘泽云、赵佳音，2014；李得元、李兴绪，2015；李红霞、孙璐等，2015）。在此方法上的改进主要有：使用Neumark方法以解决Oaxaca-Blinder方法的指数基准问题（柴国俊，2011）；使用Brown分解方法纠正就业部门选择问题（彭竞，2011）；使用Applenton方法考虑Brown分解的选择性偏差问题（柴国俊，2011；高艳云、王文一，2013）；将机会平等理论与Oaxaca框架结合，提出包含“前市场歧视”的分解方法（马超、顾海等，2014）；提出使用收入差异均值分解法以避免Oaxaca模型和Cotton模型对歧视的低估（陈文府，2011）等。从结果看，学者们一致认可女性群体遭受的性别歧视程度很高，一般占到了起薪差距的70%以上，有的甚至达到了90%。

（二）非市场领域性别不平等研究——照料经济和无酬照料劳动

照料经济和无酬照料劳动是非市场领域性别不平等研究的切入点。照料经济是指日常以及代际对人力资源的再生产劳动。照料劳动包括涉及人们日常生活的家务劳动以及对儿童、病人和老年人的直接照料。照料服务可以在市场购买或由政府以及非政府机构提供，但是大部分的照料服务是由女性在家庭内部以无酬劳动的形式提供的。无酬照料劳动对人们能力的发展和福利至关重要，通过对人力资本的投资，无酬照料劳动对推动和保持经济稳定增长也具有重要作用。但是，市场经济制度的运作通常低估照料劳动的社会价值，照料和再生产活动被看作女性的“天然职责”，是家庭和妇女的私事。照料劳动得不到社会的承认和支持，家庭责任使女性在劳动力市场处于不利地位，这是导致性别隔离、性别歧视以及就业和收入性别差距的主要原因（董晓媛，2015）。

1. 无酬照料劳动货币价值的度量

无酬照料劳动没有计入GDP，因此，其对国民经济的价值在宏观经济决策中往往被忽视。研究发现，全球化对照料劳动的成本分配产生了巨大的影响，把一些应由政府和企业承担的责任推给了家庭，在家庭内部主要推给了女性（崔绍忠，2011c）。因此，女性主义经济学家呼吁全面收集分性别统计数据（不仅包括经济领域也包括家庭领域）、在国民经济核算体系中加入住户无酬劳动的核算（刘丹丹，2012；吴燕华，2015），全面评估女性对国民经济的贡献，在国家、企业、社区、家庭以及家庭内部公平分配无酬照料劳动的负担。

安新利和董晓媛（2012）利用2008年中国时间利用调查的数据，采用五种方法估算得出，中国无酬照料劳动的总价值相当于GDP的25%～32%、最终消费的52%～66%、第三产业总产值的63%～80%。女性创造了中国无酬照料劳动总值的70.4%。由此可见，忽视无酬照料劳动对国民经济的贡献，不仅不利于制定有效的宏观经济政策，对女性也是不公平的。

2. 无酬照料劳动对女性就业与收入的影响

无酬照料劳动对国民经济具有重要贡献，但对于女性来说，一方面，无酬照料劳动限制了她们的劳动力参与和职业选择，这是导致劳动力市场性别歧视、性别工资差异等的主要原因；另一方面，无酬照料劳动对女性的个人权利、能力和自主权等都有很大的负面影响（刘伯红、李玲等，2015）。

研究发现，家里有学龄前儿童降低农村女性非农就业的参与和工资收入（畅红琴，2013）。照料老人显著降低了女性的劳动参与率，尤其是长时间、高强度的照料活动。与无照料责任的女性相比，与父母（公婆）同住、有照料责任的女性劳动参与率将下降0.215；高强度照料活动对女性劳动参与的影响更大，劳动参与率将下降0.695（黄枫，2012）。在城镇已婚中青年女性群体中，老年照料提供者更难以进入劳动力市场，与非照料者相比，照料者的就业概率会降低29.6%（马炎、李龙，2014；范红丽、陈璐，2015）。社区有幼托机构对中国城镇学龄前儿童母亲的劳动参与率有正面影响（杜凤莲、董晓媛，2013）。通过数据模拟，该研究发现，在1997～2000年国有企业改革期间城镇学龄前儿童母亲的劳动参与率下降的46%是由于社区幼托机构数量减少造成的。还有学者发现，其他情况相同，有孩子的城市女性的工资比没有孩子的低很多，“母亲工资惩罚”主要发生在私有企业（贾男、董晓媛，2013）。

3. 工作与家庭平衡及时间利用

虽然大多数中国女性和男性一样从事全职的有酬劳动，但是，她们仍然承担大部分无酬照料劳动。女性面临的工作－家庭矛盾制约着其职业选择与职业发展，而这种限制不仅危害女性群体本身的发展和福利，同时对于整个劳动力市场效率和国家宏观层面的人力资本再投资和劳动力素质提升也有不利影响（石莹、黄镇国，2011）。

2008年中国时间利用调查数据显示，女性每周花在有酬劳动上的时间仅比男性少11.3小时，而用于无酬劳动的时间则比男性多16.7小时，花在照顾子女上的时间是男性的4倍；男性无酬劳动所占全部劳动时间比例仅为20.2%，但女性高达47.1%。每周女性的总劳动时间是58小时，比男性多5.4小时。时间利用性别差异在农村表现得更为突出（安新利，董晓媛，2012；刘伯红、李玲等，2015；刘云平，2012）。面临工作和家庭的双重负担，女性劳动者比男性劳动者更容易陷入时间贫困，没有足够的时间用于个人发展（董晓媛，2015；畅红琴，2013）。比如，女性高管群体面临工作家庭冲突时更倾向于放弃晋升、加薪机会选择家庭（陈珂珂，2015）。针对城镇和农村劳动年龄男女的研究发现，总体上看家庭非劳动收入的相对提升并未显著改善中国夫妻间时间利用上的性别不平等；较之工作，家务是相对缺乏弹性的，尤其成为女性的刚性责任；非劳动收入的相对提升使男性家务与工作负担呈现双重下降，而女性必须在承担相对较多家务劳动的同时面临沉重的工作压力（刘娜、Anne de Bruin，2015）。

家庭无酬劳动与工作时间的平衡是女性面临的挑战。因此，经济政策制定时，应该充分认识无酬劳动的贡献和女性为此付出的代价，国家和企业应该承担部分家庭照料的成本，鼓励男女共同分担家庭责任，通过这些措施来缓解女性面临的工作和家庭的矛盾（安新莉、董晓媛，2012）。

（三）公共政策与性别的经济学研究

性别敏感的公共政策是促进性别平等的重要措施。而在公共政策方面社会性别的经济研究将为政策制定和制度改善提供充分可靠的依据。

现有的土地政策下，与成年男性相比，成年女性无地或者少地的可能性更大，禁止土地调整的制度安排由于缺乏性别视角从而不利于妇女土地承包权的保障（田传浩、陈佳，2013）。“老龄人口女性化”现象日益显著，但是，女性养老保险的覆盖率和养老金的受益水平普遍较低，老年女性陷入贫困的概率远远高于男性（苏宗敏、王涛，2015；王海东、李珍，2013），原因主要是制度设计不健全与保障水平的不足。女性在劳动力市场中处于弱势地位，加之预期寿命较长，建立在与收入和就业相关联的基础上的养老保险制度设计不可避免地不利于女性（徐思云，2013）。另外，养老保险依托单位建立，根据收入计算，女性退休年龄早于男性，女性收入整体水平低于男性，缴费基数和缴费年限都低于男性。受物价指数上涨、退休年龄差异等因素影响，许多职业女性退休后养老金和医保个人账户金额均少于男性（钟波、楚尔鸣，2015）。女性的医疗和健康照料需求高于男性，但需求的满足普遍低于男性（薛伟玲、陆杰华，2012）。男性在健康投资中拥有优先配置权（梁海兵、卢海阳，2014），而女性则更倾向于依靠非正规治疗或拖着不去看病（朱冬梅，2014；孔繁荣、卢红霞，2015）。此外，女性老年残疾人的医疗需求满足程度也低于男性，同时医疗服务提供项目主要从男性视角出发，与女性需求不匹配（张金峰，2011），女性医疗保障在总量和结构上双重失衡。性别差距不仅存在于养老金和医疗服务，也存在于老年照料。研究表明，在得到子女照料的老人中，社会经济地位越低的老人从子女那里得到的照料时间和现金帮助也越少；农村老年女性不仅得到照料的选择比男性更少，得到子女的照料也更少（陈欣欣、董晓媛，2011）。

为了提高公共政策的性别敏感度、增强社会公正，越来越多的国家开始重视使用社会性别预算（gender budget）。社会性别预算作为分析公共财政预算对社会性别不同影响的有效工具，在公平分配社会资源、满足不同群体利益需求、促进社会平等以及可持续发展中发挥了重要作用（鲍静、魏芃，2015）。中国于

2005年首次引入性别预算，至今已经发展出河北石家庄、河南焦作以及浙江温岭三种性别预算实践模式。性别预算试点的比较分析发现：性别预算为妇女参政提供了平台，进一步推动了性别平等（马蔡琛，2012），同时面临着政策执行效力不佳、公民参与能力有待加强、推广中存在很大的障碍等问题（郭夏娟、吕晓敏，2012；文小才，2011）。总体而言，社会性别预算研究与实践，在中国应该已完成了早期理念介绍和宣传倡导，进入了纵深演进与技术难题攻坚的重要历史时期（马蔡琛，2012）；并从早期的重点考察预算支出问题，转向开始关注预算收入（主要是税收）的性别因素（马蔡琛、刘辰涵，2011）。

综上所述，尽管在中国经济学界和决策者中，人们对性别视角重要性的认识已经有所提高，但在很多重要领域，比如社会保障、医疗改革、教育、劳动力市场政策、土地制度改革、进城务工农民、消除贫困、政治参与等方面，对女性的需求以及性别平等的研究仍然存在很多空白，相关问题在政策制定中仍然没有得到足够重视。

三　总结与展望

（一）学科发展的特征

总体来看，近五年大陆女性主义经济学研究发展的特征可以概括为以下几点。

第一，经济学界对性别平等问题研究的关注度越来越高、研究成果数量进一步增加。期刊发文数量、硕士博士学位论文数量都明显增加。从女性主义视角研究中国经济转型和发展中性别问题的文章在逐渐增多。

第二，研究内容和领域有新扩展。劳动力市场的各种性别差异和性别歧视仍是重要的研究内容，在性别工资差异的研究方面，开始关注高管薪酬的性别差异（杨伟国、陈玉杰，2014）；照料经济成为新研究内容，对无酬照料劳动、时间利用、性别预算、公共政策等的研究进一步深入；更多的研究领域，在分析中加入了性别视角，如研究消费行为、投资行为研究等。此外，贸易自由化与性别歧视的关系问题成为一个比较新的研究领域（张相文、刁艳乐，2012）。

第三，研究方法更趋多元化。除了继续使用并改进定量研究方法之外，开始注重女性主义经济学研究方法的使用，如把经济活动中的人作为相互关联的人来分析、借鉴经济学以外的理论和方法的跨学科分析等。

第四，学科影响力进一步扩大，自说自话现象有一定程度的改变。相比于社会学、人类学而言，经济学中对性别差异的关注较晚。近些年来，随着人们对性别平等问题的重视和研究内容的扩展，女性主义经济学在经济学界内部以及其他社会科学领域的影响力进一步扩大，对公共政策的制定开始产生影响，比如照料经济问题的研究对二孩政策和老年人照料的影响等。

第五，学科队伍建设及教材建设取得一定进展。旨在提高女性经济学家研究能力、推动中国经济学中性别研究项目（CWE）的实施，为这个学科领域培养了一支研究队伍，通过培训、研究指导、学术交流活动等逐步提升了这一队伍的研究能力；针对研究生教学的教材已经编写完毕。参与这个项目培训的教师也逐渐把社会性别分析、女性主义经济学分析的视角和方法纳入他们的教学中，为该学科的进一步发展奠定了基础。同时，越来越多的男性经济学者开始关注性别平等问题的经济分析。

（二）学科发展中存在的问题

同时，我们应当清楚地看到，女性主义经济学研究在中国大陆还处于刚刚起步阶段，存在着诸多不足。

第一，高水平的学术研究成果相对较少。虽然发表的成果数量在增加，但是成果质量参差不齐，高质量的成果偏少。造成这种状况的主要原因是这个领域的研究人员能力依然有限、致力于这个领域研究的人数仍然较少。

第二，研究主体地位相对较弱，并存在较大的性别差异。在中国经济学研究领域，与男性相比，女性人数比例较少，职称与职位较低，承担的教学任务繁重，科研成果较少，也较少参与学术交流，并且研究性别平等问题的大多是女经济学家。女经济学家在学术领域内居于弱势地位，对经济学理论与政策的影响较小。

第三，对性别不平等的宏观经济研究不足。现有的研究重点关注到了劳动力市场、家庭无酬劳动以及工作家庭平衡的微观主体研究，对于教育、就业、收入、生产资料占有等的不平等及其对经济增长的影响，贸易条件的变化对性别平等的影响等宏观经济问题关注不足；无酬照料劳动对宏观经济的影响研究也不足；在研究性别不平等时，对民族、阶层等影响社会关系的深层问题关注不够；对于中国经济发展中的重要公共政策领域的研究、对性别差异对经济增长的影响研究也有待加强。

第四，研究方法上仍然是以主流经济学的方法为主，很多性别问题的经济分析只是在分析中加入了性别变量，如消费行为、投资行为的研究；包括作为教学用书的《性别经济学》（王忠，2012）也是主要从经济学的角度，运用劳动经济学和人口学理论，解释经济活动中性别差异、隔离、歧视等现象存在的原因。使用女性主义经济学方法进行的研究数量仍然偏少。

第五，学科建设还处于探索阶段，没有形成完善的理论体系和自己独特的研究范式，女性主义经济学还在不断地拓展新的研究领域。虽然在学术界和政策制定领域的影响逐渐扩大，但是在教学、学生培养中的影响仍然比较小。

（三）学科发展方向展望

女性主义经济学正处于蓬勃发展时期，尽管还存在不足之处，但是它与其他非主流经济学流派一道，已经对主流经济学构成了强有力的冲击和挑战，并创立了能够更为合理地解释和理解 21 世纪人类经济现实的经济学范式。这一范式会随着女性主义经济学和其他经济学学派研究的不断深入而增添新的内容，女性主义经济学在衡量和估算妇女的无酬照料劳动、测算家庭内部收入和资源分配、揭示劳动力市场的性别偏见等方面的研究必然会融入经济学语境范式中，不断丰富和发展经济学语境范式（崔绍忠，2011）。

从学科研究的大社会背景看，中国作为一个正处在社会转型和制度变迁中的发展中国家，经济充满活力，经济成就广受世界瞩目，中国特殊的文化背景和现实制度为女性主义经济学家提供了丰富的研究素材，为女性主义经济学的发展提供了良好的机会。

从学科发展的角度来看，女性主义经济学未来的发展方向应该是：基于跨学科的视角朝着多元化的方向发展；研究重点应转向加强公共政策的性别视角研究，为推动中国经济和社会政策制定中的性别主流化、逐步减少并消除公共政策的性别盲点做出应有的贡献。此外，通过开设相应的课程及设立专题研究，扩大女性主义经济学在教学和学生中的影响，培养更多的具有性别敏感性的公共政策制定者。

女性社会学与社会工作研究综述（2011～2015年）

李　洁　陈伟杰*

一　女性社会学研究状况和发展趋势

（一）研究概述

本研究对2011～2015年的女性社会学相关著作、论文与研究项目进行如下检索：在CNKI的期刊索引下，以“女性+社会学”“性别+社会学”“妇女+社会学”为关键词进行检索；以“女性+社会学”、“妇女+社会学”、“性别+社会学”为关键词在国家图书馆馆藏中进行搜索；在2011～2015年国家社科基金立项项目中搜索相关主题；对本领域代表性专家学者的相关研究成果和相关学术网站进行补充文献搜索。由于文献检索结果数量巨大，本研究主要基于本领域内核心期刊文献与论著展开，同时涉及这五年间的国家社科基金相关课题与主题会议的召开情况。研究表明，2011～2015年，女性社会学研究表现出以下几个主要特征。

第一，学科化的努力与探索。2011～2015年，共检索到女性社会学相关主题的著作45部，这些著作围绕婚姻、家庭与女性，社会变迁中的女性，女性与工作、制度、社会保障等议题开展了丰富的相关研究。女性社会学经过较为长期的发展和探索，开始初步形成自身的理论自觉与反思，这一阶段的不少研究者开始从学科化、专业化与本土化的角度思考中国女性社会学知识框架的建构（张李玺，2013；吴小英，2012；石彤，2012；单凌寒，2013）。

---

* 作者简介：李洁，女，中华女子学院社会工作学院副教授；陈伟杰，男，中华女子学院社会工作学院讲师。

第二，学术共同体逐渐成熟。2007 年 9 月，“中国社会学学会女性/性别社会学专业委员会理事会”的正式成立标志着女性社会学研究共同体迈入更加成熟的发展阶段。这五年，女性/性别社会学专业委员会召开了以“性别研究方法论探析”（2011 年）、“中国女性人才发展规律与政策研究”（2012 年）、“性别发展与美丽中国建设”（2013 年）、“社会性别视角下的社会治理现代化”（2014 年）、“世妇会 20 年：性别社会学研究的回顾与展望”（2015 年）为主题的系列学术论坛。其他重要的学术会议还包括 2013 年 10 月南京大学社会学院举办的“首届中国女社会学家论坛”、全国妇联妇女研究所等机构主办的“中国妇女社会地位调查”系列专题研讨会等。妇女/社会性别学学科网络社会学子网络的建立也持续推进了女性社会学的民间纽带与联系。学术共同体的凝聚和相关主题学术会议的定期召开进一步拓展了女性社会学的研究影响和传播范围，为促进学科的可持续发展奠定了重要基础。

第三，与中国社会转型过程中凸显出来的重要社会议题密切结合。女性社会学者在重视理论研究的同时，始终注重回应时代议题、凸显社会关怀，努力将研究成果与发现转化为社会政策与倡导。以 2011～2015 年国家社科基金资助立项的社会学选题为例，2011 年共有与女性直接相关的议题 6 项，2012 年 5 项，2013 年 3 项，2014 年 4 项，2015 年 7 项——在数量上与前五年继续持平，选题主要集中在生育政策调整对女性造成的影响、流动和留守妇女问题、女性权益保护等与时代发展密切相关的社会议题，持续凸显了女性社会学在回答社会发展亟须解决的时代问题上的独特价值和魅力。

第四，研究方法更加多元与专业，既有基于大规模统计调查结果的定量研究，也有基于个案描述或历史文本资料的质性研究，对不同研究方法的使用渐趋交融互渗，从而进一步促进了女性社会学研究的深入交流和持续发展（郑丹丹、李光玲，2011；马冬玲、周旅军，2014）。

第五，学术研究成果呈现出稳定化和专业化的发展态势。2011～2015 年，每年以“女性＋社会学”、“性别＋社会学”或“妇女＋社会学”为主题的社会学研究仍然稳定在 50 篇左右，与前五年持平；从“性别”、“女性”或“妇女”主题进行分析的社会学类论文每年高达近千篇；此外，研究内容的深入性和研究方法的运用上都显得更为成熟和专业，其中，不乏发表在《中国社会科学》《社会学研究》等权威期刊上的高质量研究成果（佟新、刘爱玉，2015；杭苏红，2015）。

第六，女性社会学的人才培养也更加成熟和规范。2011～2015年，中国知网硕博士学位论文数据库“社会学”学科专业下，以“女性”“性别”“妇女”等关键词进行相关主题的文献检索共检索硕博士学位论文526篇，年均105篇，明显高于2006～2007年均检索54篇的平均值。这些硕博士学位论文主题涵盖广阔；研究议题紧扣时代发展变化中的重要社会议题；在研究类型上，以实证研究为主，行动研究近年来逐步兴起，理论研究仍有较大发展空间；在研究方法上日趋规范、多元；除了与女性直接相关的选题外，还包括从性别视角出发所做的其他相关议题研究。

（二）主要研究内容

2011～2015年，女性社会学研究内容进一步呈现出本土化、多元化和专业化特征，大多研究能够紧扣中国本土社会发展和运行过程中出现的核心议题展开深入分析。囿于篇幅，本文仅选取了女性社会学学科化探索以及女性社会学在家庭、经济、身体、越轨等方面的代表性研究入手，对这五年的主要研究内容进行概述。

1. 女性社会学理论与方法论的学科化探索

1995年北京世妇会之后，中国女性社会学研究进入了一个新的吸纳国外并开始逐步对中国经验现象展开理论分析的尝试化阶段。经过十余年的发展，不少女性社会学者逐步形成了更为清晰的理论自觉和方法论自觉，并对中国女性社会学学科化与本土化研究展开了更为系统、深入的反思与研究。这一领域的代表性作品如下。

张李玺主编的《中国女性社会学：本图知识建构》（2013）一书是作者在国家社科基金项目“中国女性社会学学科化的知识建构”研究基础上完成的。该书邀请国内女性社会学研究的一线学者从女性与文化、教育、家庭、身体、健康、经济、福利等多个角度进行研究梳理，从学科化的视角建构中国女性社会学学科体系，并指出，“中国女性社会学学科化，是中国女性社会学从前学科不断向作为一门独立学科的发展过程和结果”（张李玺，2013）。通过对国内各研究领域内女性社会学最新研究成果与发现的知识建构与系统化呈现，该书试图将女性社会学从现有的社会科学知识体系中的边缘地位塑造为一门主流学科的研究领域。

吴小英的《回归日常生活：女性主义方法论与本土议题》（2011）一书，则通过倡导“重返日常生活”的方法论立场，试图将女性主义视角与转型时期普通人的日常生活实践结合起来。该书上编深入阐释了社会科学与女性主义之间的关系，并试图将西方女性主义方法论置于中国本土研究的语境下展开系统化的分析；下编则通过对全球化和市场化背景下中国性别议题的具体分析，呈现性别视角与日常生活的结合。这些本土化的性别议题包括“干得好”还是“嫁得好”、代际冲突与青年话语以及性骚扰案的轰动效应等。其重要贡献在于，不仅是对女性主义方法论的系统阐释和分析，更强调了性别视角对分析中国当下时代议题的重要作用与意义，对中国本土女性社会学的成长与发展起到了重要的推动作用。

此外，这一时期还涌现出了一批以性别和家庭研究为主题的系列集刊与皮书系列。如：中国社会科学院社会学所主编的《家庭与社会评论》集刊系列，谭琳主编的《2008～2012 年：中国性别平等与妇女发展报告》（2013）以及王金玲主编的“妇女发展蓝皮书”《中国妇女发展报告》、韩湘景主编的“女性生活蓝皮书”《中国女性生活状况报告》系列等，从性别平等、学科发展与日常生活等不同维度和视角系统调研和记录中国妇女平等和发展的历史轨迹。

2. 女性与家庭

中国家庭结构和功能正在经历巨大调整和变化（杨菊华、何炤华，2014），家庭内部互助合作、应对外在风险方面的能力也变得愈加脆弱（胡湛、彭希哲，2014）。在这种情形下，女性在家务劳动、养老和育儿中所扮演的角色也发生了诸多变化。

刘爱玉、佟新等人针对城镇双职工家庭家务劳动分工模式的研究发现，尽管中国现阶段家务劳动时间明显减少，然而女性依然是家务劳动的主要承担者，这主要是受到经济依赖关系、性别角色观念和工作时间等多重因素的影响，但其影响机制存在性别差异，部分女性的家务劳动存在着“性别表演”的痕迹（刘爱玉、佟新等，2015）。与此同时，出现了约 1/3 的夫妻合作型家务劳动模式，这一模式的出现受到劳动性别分工的平等观念、配偶的情感投入、家庭生命周期等多重因素的影响。研究进一步指出，肯定和强化家务劳动的情感表达和相互支持功能有利于推进夫妻合作型家务劳动的产生（佟新、刘爱玉，2015）。

代际关系在转型期家庭变迁过程中呈现出更加复杂多变的样貌。许琪（2015）对中国多子女家庭中赡养行为的研究发现，中国传统社会中以男性继承人为核心的赡养方式正在经历重大转变，在城市中，女儿对父母在经济支持和生活照料中的作用已经超过儿子；在农村，女儿对父母的照料也已经显著高于儿子。这一变化对中国传统继嗣制度和生育偏好的影响值得深思。沈奕斐（2013）、肖索未（2014）等人的研究都提到城市中产阶级女性在家庭中权力地位的上升；而陶艳兰（2011）的研究则从代际和性别权力关系的视角，探讨了在经济力量改变社会性别和父权制家庭关系的背景下，老年女性虽为子女承担了育儿责任和其他家务劳动，但其福利遭到削减。

人口结构和生育政策的转变也使得“母职”的概念成为近年来研究的热点。林晓珊（2011）的研究指出，以产前检查为代表的现代医疗技术干预使得孕妇的身体经验逐渐屈从于医疗话语的建构，母职的体验逐渐成为一种医学凝视的对象与客体。金一虹（2013）对转型期工作母亲的研究发现，今天的母亲不仅意味着要承担对幼儿和家庭的照顾，而且必须成为符合现代型标准的“全能型”妈妈，这一由政府、市场和网络共同形塑的“好妈妈”标准却缺少女性主体的反思和参与。沈奕斐（2014）则从近年来媒体和社会中流行的“辣妈”形象入手，通过重重抽丝剥茧的分析最终发现这一看似女权的概念却并未体现出女性主体的意涵，而是仅仅塑造出了一个男权文化下的消费主体。

3. 女性与经济

信息化时代女性参与经济生产的程度和方式都呈现出一定的时代特征。不同研究者从社会网络、工作 - 家庭平衡及关怀经济等角度对这一时代命题展开论述。

格兰诺维特（Granovetter，1973）在其经济社会学经典研究中指出，社会网络对人们寻求机会、获取资源起到了重要作用。后续研究者提出了社会网络特征的性别差异以及这些差异如何继而影响男女两性的求职和晋升道路。童梅（2012）基于对 2009 年八大城市的调查发现，求职者在社会网络的运用上具有性别同质化倾向，使用强关系成功求职的女性往往继续进入性别隔离的女性职业，而使用弱关系成功求职的女性则能够摆脱职业性别隔离，进入更加中性化或男性主导的领域。张文宏、刘琳（2013）的研究则指出，经济转型增加了女性实现职业流动的可能性，社会网络对于男女两性的职业流动都存在着显著影响，但对女性的影响力更大，社会网络规模、网络资源和关系强度对男女两性的影响存在一定的性别差异。这些研究在与西方理论和方法积极对话的同时，试图将中国社会环境下的独特影响因素纳入研究框架，并共同提出了扩大网络异质性和弱关系对女性寻求职业发展与晋升的促进作用。

工作－家庭平衡亦是女性社会学研究的经典命题。佟新、周旅军（2013）基于第三期中国妇女社会地位调查数据的研究发现，在工作和家庭责任的分担上，女性与男性共同参与有酬劳动，尽管男性参与到家务劳动的比例亦有所提升，但在这个双向变化的过程中，总体而言，女性进入有酬劳动的变化仍然要快于男性进入家务劳动的变化。

这种工作时间与家庭责任的紧张是与整个时代经济发展变化密切联系的，因而需要相关公共政策与社会制度的配套建设。佟新等（2015）通过对各国关怀经济学经验的总结和梳理，指出在中国老龄化加剧的背景下，重新评价女性关怀劳动的价值，打破现代社会制度中公私领域分割的生产模式，鼓励与关怀工作相关的技术创新与制度创新，从而逐步从竞争型经济发展为关怀型经济，恢复人类对幸福生活的追求。

在具体政策的落实上，不仅需要组织内部创造家庭友好型的工作环境，也需要国家从法律上确立家庭照料的公共福利政策，包括对婴幼儿的照料、对老人的照料以及对病人的照料（佟新，2012），以避免照料责任单一女性化的倾向（梁丽霞，2011），逐步提升对家庭照料者的社会福利和支持（马焱，2013）。

4. 女性与身体

黄盈盈等学者在反思性地分析 gender 概念在中国社会知识生产历程表明，国内现有的社会性别视角依然局限于传统“妇女研究”或“性别研究”的二元范式，缺少对性别认同多元化的认识，在研究内容上也较少关注身体、性、欲望等相关主题，大量研究简单套用“父权制”的研究模式从而使得其研究结论在分析之前就已经被限定，成为一种无视复杂性别权力关系的“惟性别政治”或“伪性别政治”（黄盈盈，2013）。

黄盈盈和鲍雨（2013；2014）以罹患乳腺癌患者的叙述为例，分析女性的身体如何被医学与社会规范所形塑——经历乳腺癌女性的身体不仅是一种患病的身体，更是一种被视为“残缺”的、不符合社会规范的性别身体。这种“残缺”表现在疼痛感和行动受阻、身体形象、个体认同和亲密关系等方面。通过描述这些乳腺癌患者如何面对和管理自己的身体、尝试恢复“正常”亲密关系的努力，研究者从女性主体性的角度更为深刻地审视了身体在日常生活中的多重性与政治性。

通过对上海"70后"不同类型女性性经历的研究，裴谕新（2013）采用性资本和生活政治的概念，考察了大都市女性在情欲选择中的自我形象、两性关系和生活方式，通过将女性看成运作着自己欲望工程的经纪人，试图解释性欲望形成的社会机制。

肖索未（2014；2015）研究了婚外包养关系中女性的情感、欲望与消费，研究发现，在以性别分工为基础的市场经济体制中，一些女性由于阶层/地域分化的限制、社会归属的需要以及消费主义浪潮的影响，需要借助婚外包养这种边缘性亲密关系获得体面生活的维系或是稳定生活的保障。但这种不确定的边缘关系依然脆弱、危机重重，并且更多地由女性背负着主流道德的谴责。

上述研究都试图回到女性对自身的身体描述和体验中，再现女性身体、欲望和性体验的复杂面貌与多重纠结。

5. 女性与越轨

社会转型过程中滋生的与女性相关的越轨问题也成为近年来研究者的关注点，研究者从不同的角度和立场对"国家对性工作者的社会治理""性骚扰"现象的界定与"反性骚扰话语"等热点问题展开学术争论。

黄盈盈、潘绥铭（2012）基于对河南"性奴案"的反思提出，对以性工作者对代表的社会边缘人群的社会治理，需要在"善治"的框架下讨论其合理性与合法性，需要将被治理对象的生存状态与主体声音更多地纳入进来，而不能想当然地利用道德优势对其施行自上而下的管控，从而在风险社会中将其推向更加边缘的境地。

宋少鹏（2014）在对"东莞扫黄"事件及其引发论争的讨论中指出，市场经济下以外来移民作为劳动力供应主要来源的二元劳动体制造就了分离的个体，底层女性的无产化为性服务业提供了劳动力，市场社会的伦理则进一步对性交易的合法性做出了道德赦免。在这样一种市场化的性秩序下探讨性工作者自身的选择自由毫无意义，因为这只是更大的资本秩序的构成部分。

王金玲（2012）借助维特根斯坦的概念工具，对性工作者个体在实施服务时所坚持的选择原则进行了解读，她指出，只有当研究者突破意识形态上的"自尊"概念，而使之回归日常生活和原始私人空间的领域，研究者才能够突破自身"此在"和"此知"的认识疆界，进入被研究者的生命空间之中，认识和理解研究对象的生活经历与体验。

伴随着20世纪六七十年代女权主义运动的兴起，性骚扰作为一个公共议题出现在西方话语中。随着性别平等意识的逐步提升与《中华人民共和国妇女权益保障法》的颁布，性骚扰案件及其社会影响也逐渐成为中国社会公众讨论的热点话题之一。魏伟（2013）从城市公共空间的角度分析了发生在地铁等公共场所中的性骚扰，以及网络媒体中反女权主义和女权主义“骚”-“扰”之争。研究指出：“在目前的社会环境之下，女性普遍缺乏权力，价值主要取决于自身的外在形象……在这一过程中，女人们不得不把性作为从男人那里分享权力的一种工具进行运用，并把对完美身体的追求内化为一种实现自身价值的体现。”这一社会规则和压力最终导致公共空间中女性身体和性的不断客体化趋势。

黄盈盈（2013）从权力（power）、社会性别（gender）和性（sexuality）三者之间相互关系的角度，分析了中国人遭遇的性骚扰。研究指出，实际发生的性骚扰在减少，但是人们对它的意识和担心在增加；中国目前反对性骚扰的话语仍然停留在公权侵害、男尊女卑和“性即丑恶”的话语框架下，还远远落后于时代发展的需要。

尽管这些研究者的立场和分析角度存在分歧甚至对立，但这些论争对推进学界对复杂社会现象的分析和理解以及社会公共政策的妥善推行展开有益且必要的探索与争鸣。

（三）反思与展望

2011 ~2015 年，女性社会学研究能够始终紧密围绕时代议题，以高度的社会责任感与敏感性展开专业化的努力与探索，形成了一批具有独立反思意识、彰显性别责任与关怀、逐步形成自身理论框架与方法的独立学科。但与此同时，女性社会学的研究和发展仍然面临着以下挑战。

第一，女性在社会发展中的作用和地位仍在经历调整与变化。互联网经济的兴起、人口政策的调整以及文化价值观念的多元都为女性在未来社会经济发展中扮演的角色带来新的挑战与影响。这也需要女性社会学继续秉持高度的社会关怀与敏感回应时代议题，确保研究作品的新鲜度与生命力。

第二，进一步确立女性社会学在社会学分支学科中的学术地位。尽管这五年女性社会学的学科地位得到进一步的巩固与发展，但其与其他社会学主流研究方向的对话与交流仍显不足。在未来几年的发展中，女性社会学需要积极参与社会分层与流动、经济发展、社区治理、乡村建设等研究并关注主流社会学相关研究动向，以进一步扩展在社会学主流研究中的声音与影响。

第三，女性社会学内部在观点和方法上保持不断对话与反思。社会学本身就具有多重理论来源和方法论体系的学科传统，女性社会学亦不例外。希望这种学科内部的争鸣与探索成为激发研究者思维火花和持续、深入推进研究的助推器，而不是横亘于学科内部的壁垒。

上述挑战同时孕育着女性社会学未来发展的机遇和希望，结合社会经济发展的需要和近年来女性社会学内部学科研究的不断深化，未来几年中，女性社会学研究有可能在如下领域取得更大的发展与进步。

第一，家庭研究。家庭与性别研究尽管看似接近，但二者在理论脉络、研究取向和立场上仍然存在很大分殊。伴随着中国家庭结构、功能与价值观的变迁与调整，家庭中的性别角色等议题研究已不可回避，亟待回答。因而在未来几年中，家庭研究中的女性角色与地位问题仍然会是研究的重要关注点。

第二，照料责任与社会性别。人口结构的变化和生育政策的调整让“照料责任”从社会发展的边缘话题逐渐成为时代发展亟须面对的核心议题，一些公共事件的发生也让研究者注意到照料责任与社会性别之间的重要关联。可以预期，在未来几年的学科发展中，会有更多围绕这一主题的相关研究成果和议题出现。

第三，身体、性、欲望的研究。在全球化与个体化发展的时代浪潮下，人们对个人身体权益的维护和情感的彰显会变得更加突出。近年来，围绕边缘性群体的公共事件和网络争议也让围绕这一社会人群的社会现象和集体行动更多地步入人们的视野。“性学”与“社会学”的交汇与碰撞也会带给我们一些新的发展可能与空间。

二　女性社会工作研究状况与发展趋势

（一）研究概况

女性社会工作，或者妇女社会工作，是“借助社会工作的专业方法来对妇女进行服务的活动”，其目标是“提高妇女能力，赋权于妇女，整合妇女服务资源，从而帮助妇女完善自我、获得社会发展，并推动社会公正”（张李玺，

2008）。需要说明的是，就目前类型划分而言，女性/妇女社会工作看上去只是众多社会工作实务领域中的一个；但事实上，女性社会工作中包含的女性主义/社会性别视角，使其关注各个社会工作实务领域中的性别问题，例如，批评传统服务领域忽视女性的需要，社会工作实务体现的权力与价值仍以男性为中心，接受服务的女性被视为附属物（刘梦、矫杨，2013）。因此，女性社会工作既是一个专业领域，同时对社会工作的其他专业领域具有方法论层面的意义。

针对2011～2015年的女性社会工作研究文献，本综述主要采用四个搜索策略：以“女性+社会工作”“妇女+社会工作”“性别+社会工作”“妇联+社会工作”等不同组合在CNKI的期刊、学位论文和会议论文库以及中国人民大学“复印报刊资料”数据库中进行关键词及篇名搜索；以“女性+社会工作”“妇女+社会工作”“性别+社会工作”“妇联+社会工作”为关键词在国家图书馆、北京大学图书馆的馆藏中进行搜索；在2011～2015年国家社科基金立项项目中搜索相关主题；以《中国妇女研究年鉴（2006～2010）》中本专题所涉及的本领域学者姓名进行搜索。最终共得研究性论文50篇、研究性著作3部、硕士学位论文66篇、国家社科基金立项目1个（张李玺，2013）。

总体上看，这五年的女性社会工作研究具有以下特点：女性社会工作研究文献较之往年有较大幅度的增长，其中，与女性社会工作主题相关的学位论文生产增长迅速，直观体现为搜索到的学位论文数量超过在期刊发表的论文数量；女性主义的社会工作理论探讨与基于本土实践的妇女社会工作模式研究各受关注，分而论之；女性社会工作实务研究既包含了女性社会工作的传统关注重心，也在其他各社会工作领域有广泛的分布。

（二）研究内容

1. 女性社会工作的理论引介与本土发展检视

（1）女性主义诸流派在女性社会工作中的引介

莉娜·多米内利（Lena Domineli）所著的《女性主义社会工作：理论与实务》（2014）[①] 着眼于女性主义各流派所共享的原则，提出女性主义社会工作专

---

① 该书最初于2007年翻译出版，2014年华东理工大学出版社将其纳入社会工作流派译库中重新出版。

注于女性社会位置与其个人困苦间的联结。谢新华和王炎丽（2012）指出，该书所强调的女性主义融入社会工作对中国社会工作理论视野的拓宽、专业性的培育和实践性的加强具有重要的启示意义。国内一些研究同样着眼于女性主义的共性，强调在社会工作中要摆脱男权话语，意识到女性气质和视角的意义（徐莎莎，2012）；主张从性别视角入手去讨论社会工作的基本理论和方法（李松柏，2014）。崔金海（2012）围绕家庭暴力问题对女权主义与系统理论所做的多维度对比，体现了性别视角引入社会工作之中的重要性，同时显示出足够的反思性。正是在理论对话及其与经验的适切性对比中，两种理论显示出各自的优点，但任何一方都不可能单独解释所有家庭暴力问题，因而需要互相补充与完善。张薇（2013）指出传统残障理论在救助工作中忽视具体境遇的变化、过于强调救济而将孤残儿童“他者化”，而女性主义伦理学中的残障理论则注重探索孤残儿童的心理体验，鼓励孤残儿童发现自己的声音，同时，视孤残儿童为普通一员而非仅仅是受助对象，显示了更为积极的价值取向。

当然，流派纷呈的女性主义彼此间常有分歧，在社会工作中引入女性主义呈现出复杂性，这使研究者需要在各流派的具体主张中将之与社会工作相勾连。高榕卿和张晓（2013）的译文从后殖民和跨国女权主义视角出发分析全球化问题，批判新自由主义的霸权及其对边缘人群的负面影响，由此揭示出国际社会工作发展的意义所在。罗晗婧（2014）通过阐述后现代女权主义在反对宏大叙事、消解本质主义思维等方面的主张，试图指出相比传统女性主义，后现代女性主义更为彻底地争取女性地位提升，在重视女性经验、建构女性话语权、重视女性主体地位等方面对于社会工作具有重要的启发意义。徐莎莎从自由主义女性主义、激进女性主义及后现代女性主义等不同流派中分别指出其与社会工作某些特定主张的契合，提出包含将个人处遇结合父权结构、停止将个人定义为有问题者、尊重差异及个人独特性等在内的女性主义社会工作框架（徐莎莎，2015）。

（2）本土女性社会工作的发展检视

本土女性社会工作的研究涉及历史与现实两个层面。在历史研究方面，吕红平（2013）回顾了民国时期妇女社会工作经历从教会引入推广到本土民间组织接纳、政府介入并将其纳入自身的社会服务与管理体制的两大阶段。更多的关注被放在当前本土女性社会工作的发展议题中，并且，通常是在女性（妇女）社会工作、妇联工作和妇女工作的比较视野中进行。肖慧欣（2012）指出，中国妇女社会工作职业化面临配套制度供给不足、受制于传统工作格局而难获社会认同、专业人才培养缺乏深度和广度等困境，并探讨出路问题。王斌（2011）则基于风险社会理论指出，当前形势下妇女社会工作拥有妇女工作所缺少的优势，有利于化解女性所面对的不确定性风险。进一步地，刘梦等学者（2011）针对“中国农村基层妇联干部社会工作能力建设”项目的培训评估，总结将社会工作专业培训与妇联工作相结合的实践经验，以期推动妇联系统社会工作专业化建设。另外一些研究则关注了各地妇联组织对专业社会工作的引入实践，包括推进增能取向的个案工作（何颖欣，2014）、建立化解社会冲突的机制（周艳，2014）及开展从行政化到专业化的项目化运作（曹祖峰，2015）等经验，从中可见中国女性社会工作一般性与本土性并存的特性。

2. 女性社会工作的实务研究：多领域的探索

2011～2015年的女性社会工作实务研究包括像农村妇女和婚姻家庭（尤其是家庭暴力）这样的传统热门议题，与此同时，企业社会工作、健康社会工作、灾害社会工作、社会工作教育等领域中的性别问题亦得到了关注。

（1）针对农村妇女的社会工作实务受到最集中的关注

第一，留守妇女研究占了其中的多数。一些作者指出农村留守妇女在婚姻、健康、子女教育、养老、社会参与、业余生活等诸方面存在整体困境，进而提出一些总体上的对策建议（刘丽晶、刘诣，2012；陈晓龙、李娅娅，2015；王玥、任茂贤，2015）。另外一些作者则从具体角度切入进行探讨。陈琦、何静（2015）和王利娜（2015）的研究表明，农村留守妇女困境主要源于其社会支持体系的缺乏：虽有正式和非正式两类渠道，却存在支持网络单一且脆弱、效果不明显、经济性和服务性支持较多而情绪性和社会支持较少等不足。针对这些问题，李敏和刘梦（2014）提出留守妇女社区服务的基本模式应该是发掘农村社区资源，以具有自治性质的留守妇女工作组为链接与协调正式、非正式社会资源的网络枢纽。第二，流动妇女是另一个受关注主体。杨婧（2014）的研究显示，以个人辅导促使服务对象适应社会变迁的传统社会工作模式无力应对流动妇女所遭遇的各种困境，主张通过发展型社会工作，在宏观层面提供社会服务，促成流动妇女的增能与发展。与之不同，卢思含（2013）所采取的是个体路径，关注新移民女青年“文化资本”获得、形成、发展的过程，从中分析案主拥有的优势与面临的阻碍因素，探索社会工作介入之道。廖婷芬（2015）则分析了社会工作者在社区中孵化流动妇女的自助组织，通过不同层面的社会工作介入挖掘流动妇女潜能。第三，另外一些研究则关注一般性的农村妇女问题。陈家家（2012）指出村规民约以及所谓的“村庄女性记忆”以隐蔽的方式侵害农村妇女的各种合法权益，而社会工作的介入需要提到系统工程的高度。相反，杨梓灵（2014）则从一个成功案例角度入手，指出通过团队激励、运用妇女小组工作和社区工作的方法，可建立农村妇女增能和参与的机制。

（2）婚姻家庭是另一个研究热点

在这当中，家庭暴力干预相关研究是重点。李洪涛（2011）通过回顾家庭－婚姻暴力当事人干预的研究成果，介绍了国内家庭－婚姻暴力干预的基本状况，进而提出应建构家庭－婚姻暴力干预的理论体系与工作模式。潘泽泉和杨又天（2013）论述了家庭暴力在国内的现状、行为特征及危险评估维度以及关于家暴的成因，包括文化系统论、社会控制论、社会结构论和个人病理与心理动力论在内的理论解释，进而提出包括心理/认识行为治疗、社区多元合作与救助、法律干预及司法社工介入在内的多样化干预策略。孙睿雯（2012）认为以灵性社会工作中强调的价值观念与精神状态建构、重塑来指导反家暴工作，对于受暴妇女价值信念的提升、工作者观念构建及公共部门整合服务与增强互动等方面都具有重要意义。在家暴研究之外，孔海娥、陈文（2015）关于中国内地妇女、婚姻家庭社会工作实务的述评回顾了这一领域服务的发展状况，从服务对象、主要领域、服务方法与主要模式等方面进行了归纳；崔效辉（2013）指出性别敏感的社会工作方法适应于人口计生工作转型，可促进人口计生工作服务于和谐社会，应以此为指导，为农村妇女提供家庭服务。陈蕾（2012）则基于女性主义社会工作视角对“第三者”未婚母亲困境与应对进行了探讨。

（3）工作中的女性问题受到高度关注

黄利会和顿亚敏（2012）分析了企业环境中对女性存在的就业、工作过程和制度歧视及其社会根源，并基于反歧视理论视角探讨如何以企业社会工作促进女职工权益保护。张银和唐斌尧（2011）的研究着眼于非正规就业领域讨论女性福利权益保护问题。还有一些研究以性别视角观察社会工作机构，凸显社会工作场域中引入性别视角的紧迫性。王冠（2011）对一个社工机构的案例研究发现，机构中女性权力高于男性的表象，并非追求男女平等的结果，相反，是机构模仿外部建制下男权主义主导的产物。与此有异曲同工之妙，王斌（2014）的研究指出，社工机构中的女性从业人员面临着不公正的情感劳动分工，这是女性家庭角色定位在工作场所的延续，映射了男权文化对女性特质的武断指认。与前述研究持一种批判父权制的立场有别，夏雪（2012）和吴帆、林川（2012）以一种相对中立的预设，分别探讨员工关系和员工压力方面的性别差异及社会工作介入。卢丽荣（2014）从女性主义视角切入，通过社会结构和个体层面的连接，分析养老机构护理人员抗逆力的过程和机制，以及影响养其抗逆力的风险因素和保护因素。此外，另有研究采用了灵性视角来探讨企业女性职工压力管理（林霖，2013）。

（4）其他社会工作领域的研究也各具特色

在社会工作教育领域，妇女社会工作高层次专门人才的培养（刘梦、洪艺敏，2015）、妇女社会工作教学法（郅玉玲，2011）和高校社会工作教育中性别议题的引入（吴翠萍，2011；王颖、矫杨，2013）受到关注。在健康社会工作领域，研究者们以性别视角探讨艾滋病预防（金昱彤，2011）和女性不孕（董金平、唐赛君，2013）的社会工作介入。在灾害社会工作领域，裴谕新（2011a）基于四川地震灾区妇女刺绣小组的案例资料，探讨小组领袖在特殊社会情境中的性关系、性别关系与性别角色问题，通过深入互动了解其生活的复杂性，助其改进福祉，达致充权。在另外一篇论文中，基于相同的案例，裴谕新（2011）分析了妇女小组这样一种草根组织形态所具有的妇女充权和疗伤功能，对现有灾害社会工作研究形成挑战和补充。

（三）研究不足与展望

纵观2011～2015年，女性社会工作研究平稳发展，但仍然有不少亟须提升的地方。

1. 研究不足

一是长期研究者与学位论文中的高层次研究者数量不足。虽说与上个五年相比，此次回顾的五年中有更多的来自妇联系统及相关机构之外的研究者加入此领域研究之中，但是，以下两个方面也显示出研究者数量上的缺憾：一方面，从前后两个五年的回顾看，以女性社会工作研究为核心兴趣点并保持持续产出的学者并不多见；另一方面，虽然以女性社会工作为题的学位论文数量较为可观，但其中全部为硕士学位论文，这从一个侧面反映出学位论文中的高层次研究者相对缺乏。

二是在核心期刊上发表的研究论文数量不足。可能受适合发表女性/妇女社会工作论文的核心期刊较少、女性/妇女社会工作领域所受关注仍然不够广泛等因素影响，2011～2015年本领域论文发表在非核心刊物上的比率较高。

2. 未来展望

首先，继续吸引更多学者从事女性社会工作研究。未来各种研究团体应致力于构建和扩大这一领域的学术共同体，通过学术会议与科研课题合作等多样化的方式促进研究人员之间的交流，营造更为繁荣的研究氛围。

其次，需继续深入探索本土化的女性社会工作的理论基础。这一方面需要更多地引介女性主义的各种理论资源，探索其内在的相通与相悖之处以及与社会工作理论相融合的可能性与途径，为女性社会工作提供更为丰富的理论资源；另一方面需要研究者将这些理论本土化，使其与中国的具体语境相适应。马克思主义妇女理论与女性主义/社会性别的价值立场如何相处，并如何影响国内女性社会工作的基本观点，理应成为这一领域理论探索的重心所在。

最后，女性社会工作研究需要紧跟社会工作研究发展的时代步伐。近些年来，中国内地日益强调推进社会工作研究的重要性。最为引人注目的是引进循证社会工作（或称证据为本的社会工作）的浪潮。随着各种专业培训的开展和学术会议的召开，社会工作干预研究和系统评价有望逐渐发展起来。循证理念和方法的主要意义之一是对服务效果进行专业性的确证，以回应来自政府和社会公众等多种主体对社会工作的质疑。女性社会工作面临相似的困境，因此，研究者们应当抓住这一机遇，努力提升女性社会工作的专业化程度，推动这一领域的未来发展。此外，与循证研究的实证主义范式相异、基于“反思性”预设的其他研究实践（比如行动研究）亦有其自成一派的传统，同样应受到女性社会工作的重视。

女性人类学研究综述（2011～2015年）

白志红*

一　研究概述

2011～2015年，女性主义人类学研究围绕人类学中的一些重要学术议题及社会热点问题展开，努力探索人类学与妇女研究、社会性别研究、女性主义研究的结合点，丰富了人类学研究的内容和民族志资料，拓宽了妇女研究、社会性别研究和女性主义研究的视野和方法论。

为深入梳理这五年的相关文献，本综述主要采用以下方法：在著作方面，以“女性主义人类学”“女性人类学”“妇女人类学”“社会性别人类学”为关键词，在超星、读秀、当当、亚马逊网站进行搜索，同时参考了笔者在教学科研过程中掌握的相关研究成果。在期刊论文和会议论文方面，分别使用“女”“女性主义”“社会性别”“少数民族”关键词在中国知网“中国期刊全文数据库”“中国主要会议论文全文数据库”进行检索，又在结果中分别用“田野调查”“民族志”“定性研究”“人类学”“民族学”进行二次检索，最后选择了那些基于田野调查和访谈基础展开的、具备社会性别视角和分析框架的研究成果。在博士和硕士学位论文方面，使用“女性主义人类学”“女性人类学”“妇女人类学”“女性主义＋人类学”“社会性别＋人类学”“女性主义＋民族学”等检索词，对“中国博士学位论文全文数据库”“中国优秀硕士学位论文全文数据库”“万方学位论文数据库”进行了检索。

考虑到当前网络和微信公众号对研究者和学子的巨大影响，笔者还关注了设有社会性别研究专栏的人类学、民族学网站和经常推送性别研究论文的网络平台，如“人类学乾坤”“复旦人类学之友”“质化研究”“文化批评与研究”等，

---

* 作者简介：白志红，女，云南大学西南边疆少数民族研究中心教授、博士生导师。

并将个别优秀的宏观跨文化比较研究纳入本综述的文献综述范围。

除了查阅国内相关大学的网站和一些妇女研究中心、社会性别研究中心、女性学学科建设机构的网站外，笔者还在多个人类学研究者聚集的微信群（如京城人类学雅集、人类学百人团等规模在500人的群里）公开征集相关研究成果。在“中国知网”数据库上直接输入相关研究者名字搜索其研究成果后，进一步通过电话、微信与相关科研教学人员直接沟通，向他们请教其在2011～2015年的科研成果和教学经历①，以避免各高校网站更新不及时和搜索词的局限导致的疏漏。

这五年，代表性的专著有《潜在课程的性别审视：在东乡族中小学的教育人类学考察》（吕晓娟，2011）、《嫁给谁：新疆阿村维吾尔族妇女婚姻民族志》（冯雪红，2013）、《80后摩梭女达布口述生活史》（赵明湄，2011）、《文化人类学视野中的身体与性研究》（章立明，2013）、《拉祜族女童的教育选择——一项教育人类学的回访与再研究》（杨红，2013）、《女性主义与人类学》（白志红，2014）。代表性论文有《从一个妇女主任的遭遇看村落性别规范》（高修娟，2011）、《前台与后台：皖北农村“养老－送终”活动中的性别权力景观》（高修娟，2014a）、《并家婚姻中女儿的身份与地位》（黄亚慧，2013）、《整形广告、美貌理念与身体文化》（柯倩婷，2015）、《赋权/解放还是控制/伤害？——有关生育技术的女性主义讨论》（满珂，2012）、《被遮蔽的妇科病——广西柳州侗寨妇女的就医选择》（程瑜、黄韵诗，2014）。相关博士学位论文有6篇，硕士学位论文18篇。相关课题仅查到云南大学白志红的教育部社会科学项目“女性主义与人类学”，该项目于2012年9月结题，并出版研究成果《女性主义与人类学》（2014）。经以上搜索，未发现任何以女性人类学为主题的会议。

这五年，中国的女性人类学研究人员分散在各大高校和科研机构里。他们大多数为女性，部分研究者的学术训练背景并不一定是人类学，但做出了符合女性主义人类学学科要求和学术规范的研究成果。一批年轻的女性人类学研究者成长起来，他们具备专业的学术训练背景和犀利的眼光，一方面通过扎实的田野调查回应和推进了一些传统的人类学研究议题，另一方面基于自己的田野调查和独立思考审视西方的理论概念和范式，而不盲目地追逐、套用前人的理论概念来标榜

---

① 在此，笔者衷心感谢各位前辈和同仁的大力支持和无私奉献，衷心感谢李青蓓、张娇娇、钟小鑫、陈桂荣、吕毅、黄晴同学提供了大量相关文献资料。

所谓的理论创新，给女性人类学带来了生机、活力和希望。相关研究呈现出立足田野、关注现实社会热点问题和弱势群体、倡导性别平等和社会公平的特点。

在教学方面，在教学和研究中添加女性与社会性别，揭示社会性别盲点、偏见和误解是理解文化变迁的一种有效工具，也是女性主义人类学教师努力在讲台上传达的主要信息，提高了科研教学人员、学生的学科意识和社会性别意识，从女性的视角为民族志增加了不同色彩。

二　主要研究内容

这五年的研究主要涵括以下内容：女性主义人类学理论与实践，婚姻与家庭，女性的身体、健康与性，女童教育。研究者对女性的生存状态、生命历程中的问题及社会热点问题给予关注和深度追问。

（一）努力探索女性主义与人类学理论

大多数研究者从各自的田野调查入手，在力图突破现有的理论概念和框架方面做了有益的尝试。章立明的专著《文化人类学视野中的身体与性研究》(2013)，运用中西方文化人类学丰富的民族志资料，不仅梳理了不同社会文化在认识、规范身体和性方面的多元文化特征，而且回顾了当前华语世界有关身体和性的研究现状。由于国内有关身体和性的人类学研究尚处于萌芽状态，零星研究成果散见于学术期刊，并无成熟的专著和教材，该书在提供丰富的跨文化资料的同时，的确起到了抛砖引玉的作用。

满珂（2013）运用女性主义和人类学的方法，考察了甘肃省一个大多数信仰伊斯兰教并由中亚人、回族、汉族相融合而成的东乡族村落。除了有些东乡族和回族人操不同的语言外，两个民族之间没有太大的区别。真正的民族差异表现在：东乡族内部教派、门宦众多及其实行的教派、门宦内婚；东乡族在计划生育和高考加分问题上享受着与当地回族不同的民族政策；东乡族男性通常“把现存的性别等级关系作为本民族特有的风俗习惯，力图以性别关系突出东乡（回）－汉之间的不同，以加强对女性的控制来维系民族边界”。满珂清晰地呈现了民族身份对于东乡族性别关系的巨大建构作用，并一针见血地指出，东乡族的性别等级关系是地方化的伊斯兰教教派、门宦制度、东乡（回）－汉族群边界、父系家族共同作用的结果，当地性别等级关系被独占伊斯兰教经典解释权的男性以“神圣”的名义合法化，掩盖了社会性别的不平等；当前“尊重少数民族风俗习惯”的主流话语在一定程度上削弱了国家法律的实施效力，为东乡族男性提供了与国家法律的博弈依据和保持男尊女卑性别关系现状的借口。但是，作者没有对同样信仰伊斯兰教的回族进行类似的考察，这就导致她提出的“社会性别关系建构的边界理论”的说服力不足。另外，作者在呈现了各种民族志细节后，仍然认为“东乡族女性并没有意识到现存的性别等级关系”的论断也是值得商榷的。

宋少鹏（2015）在对西方关于性别与腐败关系研究进行述评的基础上，分析了中国语境下女性参与腐败的原因，提出应该超越对“女性是不是更清廉”这类思维判断，把问题意识转向探究“性别体制与腐败之关系”。作者还提出“性别化的社会转型/性别化的市场社会+性别体制/性别秩序”的分析视角，并试图以此来修正汪琦、闵冬潮、陈密提出的“混乱的资本/资源获取+性资本”的分析框架。正如作者所言，导致女性官员贪腐的原因是市场社会激励了贪腐的欲望，而不仅仅是贪腐的机会。女性的贪欲与男性的贪欲是同一种社会环境制造出来的，男女只是选择了各自的方式和路径而已。若只把女性助贪的原因归于妻/母的贪婪，很容易遮蔽结构性的制度原因。必须承认的是，这篇论文是近年来少有的纯理论分析力作，在理论深度和学术创新方面都有许多可圈可点之处。作者提出应该在具体的政经制度、社会文化语境中探讨性别体制/性别秩序是如何影响两性对待腐败的态度和行动的研究方向也是非常专业、到位的。美中不足的是，作者没有定义“性别体制”所指是什么，是一种系统（system）还是一种制度（institution）或秩序（order）？作者既没有用田野资料澄清体制与性别之间的关联是什么，也没有论述这种关联是在何种场景下发生的，更没有从理论上说明性别体制与性/社会性别制度有何差异这个基本理论概念问题。西方五种分析女性与腐败之关系的视角无一例外地指向社会文化中的性/社会性别制度与腐败的关系问题，应从理论上继续追问人性的弱点和制度安排的缺失。

白志红的《女性主义与人类学》（2014）一书梳理和反思了女性主义人类学学科史，评述了本学科的主要研究热点问题，呈现了一位中国女性主义人类学研究者的艰苦耕耘和理论思考（陈明君，2015）。该书分三个部分，详细展现了女性主义人类学认识论和理论的发展轨迹。第一部分回顾了女性主义运动的社会背景，追溯了女性主义人类学理论之渊源，介绍了国外女性主义人类学发展阶段、基本概念和主要理论以及十余个立场、观点、斗争目标和策略迥异却又具有内在联系的女性主义理论流派。作者还从理论上界定和阐释了女性主义人类学研究中的21个概念，并明确指出女性主义人类学的研究脉络：从一开始仅仅关注男女两性之间的社会性别差异和争取男女两性的平等，到超越男女两性差异和平等问题，关注整个社会弱势群体的差异和不平等乃至整个人类的社会公平公正这个终极人文关怀。第二部分探讨了女性主义人类学研究实践及理论发展中的主要研究议题。除了运用大量国内外民族志资料展现社会性别的不平等和社会性别制度的多样性、复杂性以外，作者还分别从民族志和认识论两个方面论述了女性主义与人类之间的关系，指出一些诸如男人、女人、社会性别、差异、平等等常见概念一直处于不断变化和扩展中，不应在不加界定和解释的前提下使用。第三部分呈现了基于作者田野调查的一个彝族村寨社会性别关系的民族志。

值得一提的是，在女性主义人类学里，口述史既是方法也是方法论，是真正引导研究者和读者贴近现实、正确认识和理解研究对象的有效路径，也是避免将女性当作“努尔的母牛，被观察了但不会说话”（Ardener，1968；白志红，2008，2014）的最佳方法。赵明湄（2011）和朱慧珍（2013）[①] 的口述史研究深入地揭示了女性的生存状态、生命历程以及变化中的女性社会地位。

孔海娥（2012）运用口述史的方法叙述分析女性从少女到婆婆不同生命历程中的角色转变，认为女性的“结构性情感”随着她嫁入夫家实现了“某种跨空间运作”，有助于其完成婚后的角色转换。作者将“结构性情感”这个概念定义为“女性在娘家生活中习得的关于亲疏以及关系处理模式的一种性情倾向”，但没有解释和界定什么是结构，也并未厘清此“结构”与人类学理论中的“结构”有何不同。另外，完全抛开社会文化中的性/社会性别制度来探讨女性各个

---

① 在朱慧珍的《女性生存状态透视：广西少数民族女性口述史》中，24个叙述人不仅涵盖了壮、瑶、苗、侗、仫佬、毛南、回、京、彝、仡佬族中出类拔萃的女歌手、女干部、女教授、女企业家，还包括五个普普通通的农村妇女。这部口述史通过讲述她们的生活经历和内心世界，再现了中华人民共和国成立前后中国社会的政治、经济、文化变迁（朱慧珍，2013）。虽然这部论文集没有任何理论分析，但充分体现了女性主义人类学一以贯之的基本研究目标：挖掘女性的声音，让女性自己述说自己、再现自己的经历和感受。同样，杨国才对女性相关技艺与知识进行了梳理，展示不同民族妇女各具民族特色的手工艺、服饰制造技艺及知识、经验，打破了少数民族妇女“落后”“没文化”的传统偏见（杨国才，2011）。

人生阶段的角色，无异于无源之水、无本之木。

还有研究者借用“接触地带”（contact zone）这一概念来探讨社会性别、族性与国家的关系（沈海梅，2013）。无论是该书所描述的傣泐村寨神的“失效”、直苴彝族的赛装节还是大理白族的年度性节日，都无一例外地展现了民族与国家在不同的历史时期的协商、博弈与共谋关系。社会性别、族群性与国家之间的“接触地带”充满了复杂、流变甚至矛盾重重的关系。没有接触，即使同处地理的、文化的、意识形态的“中间地带”，社会性别、民族与国家也无法进行互动和交往。

（二）婚姻与家庭的变与不变

婚姻家庭一向是人类学研究的中心议题。冯雪红的《嫁给谁：新疆阿村维吾尔族妇女婚姻民族志》（2013）基于对新疆喀什疏附县阿村的考察，对维吾尔族妇女的婚姻观、择偶观和婚姻文化进行了立体、全面的描述和解析。通过扎实的田野调查，作者对维吾尔族妇女早婚、离婚、再婚现象背后的原因、面临的压力和困境进行了深入探讨，继而从理论上深入分析维吾尔族妇女婚姻文化与发展之间的关联。作者认为，女性是早婚最大的受害者，因为早婚她们有可能丧失进一步接受教育及提升和发展自己的机会，但离婚与妇女发展的关系因人而异（冯雪红，2011）。这部民族志的突出特点是脚踏实地的田野调查和细致入微的参与观察，行文中穿插的与中外相关议题的学术对话将大量翔实的田野资料提升到一定的理论层面，是这五年较为突出的女性主义人类学民族志范本。

赵明湄的《80 后摩梭女达布口述生活史》（2011）以口述史的方法，翔实记述了当地最年轻的女达布的十年走婚故事和三代女性的母系家庭生活史，再现了摩梭人内心深处的人性和爱情、当下摩梭女性经历的急剧社会变迁以及那些正在消亡的摩梭传统文化。尽管通篇缺乏一个贯穿始终的理论框架，最终也没有落脚到深入探讨某个具体的理论问题，但行文中不乏作者与前人的研究成果之间的学理对话，以及由此碰撞出的思想火花，亮点频出。作者指出，“结婚和走婚不是简单的形式不同，而是依据于完全不同的逻辑起点，所认定的是完全不同的社会结构和感情基础”，“男人的解放应与女人的解放同时进行，男人可以成为小男人，女人也可以成为大女人，完全由他或她的愿望和能力决定”。

更为重要的是，人类学民族志是将研究者对某一特定的研究对象或文化事项的理解所进行的记录、描述、阐释和再现，在这个过程中，研究者与其研究对象之间存在着不可避免的权力关系，通常还具有鲜明的个人经验特征。《80 后摩梭女达布口述生活史》的作者非常重视并阐释了这些关系，并用大量田野调查资料来呈现其参与观察，表达了其理论思考。该书有以下亮点：首先，面对走婚这个极其私密的问题，从如何进入田野到如何展开访谈，作者始终以一个女性主义人类学研究者应有的态度，把自己和研究对象之间的互动和所处的场景尽可能完整地呈现出来，避免掩饰或隐藏自己的不足；其次，作者在梳理前人研究的基础上，基于自己的参与观察与之展开对话或学术批评，论述了婚姻家庭、劳动的社会性别分工、男女平等在当下摩梭社会中的文化意义，还探讨了女性当家、母系与母权（女权）、男性气质与角色期待、身份建构和文化的再造等学术热点问题，展现出一个研究者难能可贵的独立思考能力和学术洞见。

同年，在对永宁摩梭人调查研究近半个世纪后，人类学民族学前辈严汝娴在《体认摩梭母系制》（2011）一文中回顾了自己研究母系制的调查缘起、过程和经历。作者反思了自己对摩梭母系血亲结构、两性关系与居住形式、外界对摩梭社会的影响以及当地社会文化变迁的认识和理解，认为自己早期将摩梭走访制称为“阿注婚姻”是错误的，用“走婚”一词也不妥，而主张仍用“走访”、“走访制”和“阿夏异居”来描述摩梭社会中的这种两性交往方式。此外，她进一步将走访制置于当地的历史、政治和经济文化场景中，指出了许多研究者忽略或回避的问题：母系大家庭是主导但不是唯一的摩梭生活单位，还有阿夏同居、招赘和结婚等形式与走婚制并存。这些男女两性结合的方式往往是由于某些方面的条件限制了走访制而做出的变通与补充，一旦后代条件允许，人们又会回到走访制，历史上结了婚的土司后代亦然。母系制不仅“呵护和选择”了走访制，还是摩梭社会和谐的制度性保障，“在这样的制度下的确是：财产共有，子女共育；老有所养，幼有所教……男女都有充分的自由选择自己的伴侣……一般成员生活压力小。男人不必事业有成；女人也不必一定要生儿育女”。

章立明在《结构与行动：西双版纳傣泐家庭婚姻的社会性别分析》（2011）中，以西双版纳三个傣泐村寨中的三种不同年龄阶段的家庭婚姻生活为研究对象，探讨了当地家庭婚姻制度（结构）与家庭婚姻生活（个体）间的关系。作者就三个傣泐村寨的生态、人文历史背景与社会经济活动进行了详细描述，就傣泐家庭婚姻制度的基本样态进行了历时性的考察，描述傣泐家庭婚姻生活中的性别分工、性别角色的生产与再生产以及人生礼仪的复杂性，尤其是改革开放后城乡双向交流增多及市场经济盛行对傣泐婚姻家庭生活产生的影响。作者指出，傣泐人婚姻不仅受自然环境和历史文化的影响，具有地域性和民族性的特征，同时他们的婚姻受到大时代背景下社会变迁的影响。

有学者关注近年来为独生子女家庭所接纳的一种新兴的婚姻模式——并家婚姻，也被社会学者称为“拼婚”（向德平、程玲，2015）。并家婚姻是指男女双方结婚，男方不算娶，女方不算嫁，男方不提彩礼，女方不置办嫁妆，男女双方家中各自装修新房，各办喜宴，夫妻婚后在双方家庭轮流居住，主张生两个孩子，男女双方各有一个小孩随其姓，有义务赡养双方父母，也有权利继承各自父母的财产，具体形式各地以及各个家庭会有差异。并家婚姻是在独生子女家庭无法解决现实的养老、财产继承与继嗣等问题以及独生子女家庭普遍化、当地经济的发展使招赘变得不可行的时候出现的（黄亚慧，2013；许沃伦，2015）。

嫁娶形式的变化使两个家庭之间的姻亲关系、代际关系均与嫁娶婚有所不同，随之而来的是家庭成员之间关系的变化，其中较为鲜明的变化即在于女儿身份的改变。一方面是独生女儿对其父母的价值上升，另一方面轮流居住又影响到其与婆婆关系的改善以及享有较高的家庭地位，夫家在这样的婚姻制度下必须允许媳妇对其娘家进行孝养，而不应阻拦媳妇或对她表示出任何不满（黄亚慧，2013）。

显然，并家婚姻对传统的家庭安排进行了修改，并从家庭制度上对女儿进行赋权，从“制度”上解决了女儿赡养的传统制约，从而对传统的父权制也产生了不小的冲击。从从夫居与随父姓这类生活细节的改变来看，婚姻的缔结和日常生活的安排都体现出很强的协商性（黄亚慧，2013）。但正如作者明确指出的，女儿在父母家庭地位中的改变与她作为家中唯一的孩子有很大的关系，女儿作为继承人，只是在家中没有男性子嗣的情况下才会发生，当家庭中有男性子嗣的时候，女性继承的合法性自然就不存在。所以，女性作为继承人的身份只是对男性缺失的暂时性补充，并未从根本上改变男性继嗣的局面（黄亚慧，2013）。

还应该看到的是，女儿养老兴起的另一面是儿子养老的不尽如人意（高修娟，2014）以及大量农村人口外出打工的结果（宋璐、李树茁，2011）。在独女户家庭中，“女性权力”的出现与独生女的身份与角色密不可分，女性权力离不开与父亲的联系，而不仅是受教育程度的提高、工作和掌管家庭经济等因素（黄亚慧，2013）。

跨文化资料表明，世界各国的许多女性通过外出工作增加其对家庭经济方面的贡献，在家庭生活中获得了一定的“女性权力”（girl power）①。20 世纪 80 年代以来，随着中国社会的转型及城市化进程的加快，大批农村男性纷纷外出打工，留守妇女的地位较丈夫在家时有一定的提升（赵元元，2011）。然而，有些研究表明，她们仍然缺乏实际权力和社会地位。例如，农村女性（包括女儿和儿媳）积极参与“养老－送终”活动，并具备较强的影响力，但始终处于家庭事件的运行后台；在为老人送终的葬礼上及家庭事件的前台，男性仍旧是家庭的正式代表，且不可替代（高修娟，2014a）。

从性别权力模式上来看，“女性权力”“后台权力”（李霞，2010；高修娟，2014a）的存在本身说明性别权力的表达并没有发生根本性的转变，这种男性活跃于前台、女性占据家庭或后台的性别格局与传统社会并无太大差别。最明显的是，20 世纪 90 年代以来，随着城镇化的推进、农地征用和土地股份合作等趋势的加剧，土地的权属和经营主体发生了很大变化，妇女的土地权利再度引起关注。妇女在土地流转中的决策权仍然常常被家庭父权制下的“户”所掩盖，遭受权益受损的状况（黄亚慧，2013）。

社会地位的改变与女性自身的身份认同和主体性有密切联系。有研究者通过人类学仪式理论分析了回族女性朝觐过程中的各类仪式活动，认为回族女性朝觐是回族女性主体意识的提高的表现，由朝觐带来的社会地位上的变化又进一步强化了回族女性的主体意识（马晓琳，2011）。

（三）女性的身体、健康与性

女性的身体常常因为生育功能而被置于文化的中心，并被赋予各种不同的意义和价值。许多研究者关注女性的身体、健康和性，关注如性服务（李娟，2011）、妇科病、更年期等不同文化场景中女性的不同经历和故事，探索女性的身体经历对女性的意义，考察建构这些故事背后的社会性别刻板印象及其引发的

---

① Yunxiang Yan, “Girl Power: Young Women and the Waning of Patriarchy in Rural North China,” *Ethnology*, 2006（2）.

忧虑和恐惧，还深入探讨了有关性和性行为的社会性别规范如何在社会文化中发挥着控制女性、影响女性身心健康的作用。

王苍龙（2012）在“身体－文化象征身份－民族国家”的框架下，论述了微观权力机制下礼仪小姐的公共性别身份的建构。一方面，礼仪小姐在与民族国家的互动中实现了身体资本的理性运作，这体现在对身体的自我评估和对“他者”评定的认同上，但在公共父权制下，身体的主体性淹没在力图使之客体化的微观权力的技术策略中；另一方面，公共父权的凝视和民族国家的责任话语借助礼仪小姐的自我规训而建构起她们作为民族国家文化象征的性别身份。

长期以来，从医学界、大众文化到女性自身，关于更年期的各种叙述话语体现的是女性在社会文化中身体化的趋势。女性更年期与其说是一种生理现象，不如说是社会文化的性别化建构（吴小英，2013）。首先，更年期话语的建构造就了关于更年期的流行叙述，并成为加诸女性身体的权威注解，影响和复制了女性的性别身份认同及其身体政治。在国家、市场和传统文化三种力量相互交叠、合作与制衡的共同作用下，有关更年期的判断和叙述打破了原先国家话语一统天下的局面，导致女性更年期在大众文化中的问题化与妖魔化。其次，对更年期女性来说，无论医界“去性化”的手术治疗方案抑或是性别化的激素替代疗法，还是女性自身采取回避身体抑或是拯救身体的不同态度，都落入了性别主义的圈套，使女性的身体成为被控制、被凝视的对象。吴小英敏锐地指出，女性想要获得身体的自主权，就要将自我从被他人凝视的身体里解放出来，让身体成为权力反抗的载体，并在一种流动的性别观念下淡化更年期话语。

被病理化的不只是更年期女性的身体。在美容整形广告中，几乎所有女性的身体都不符合美学原理、不完美，都是需要进行治疗矫正或完善的身体。男性的凝视、科技“神话”和医生的权威力量共同建立起一套女性身体美的标准和话语。在资本和现代科技的支持下，美容整形打着为女性争取自由的幌子，使得传统的社会性别规范以更灵活、更高效、更隐蔽的方式发挥着作用（柯倩婷，2015）。随着科学的发展，生育技术日益为人们所熟悉，从避孕、流产到各种生育辅助、治疗手段，琳琅满目、数量众多。这些技术的发达到底给女性带来了怎样的影响呢？满珂（2012）回顾了国外女性主义学者的有关讨论，质疑新的生育技术到底是祸是福这个根本性问题，并认为简单地将生育技术定性为解放或者伤害女性都是没有意义的，也不应该天真地以为现代生育技术就一定有利于女性解放，关键是要分析这些技术为谁使用及使用目的是什么。

除了身体以外，疾病从来就是有社会标签和文化烙印的，妇科病亦然。程瑜、黄韵诗（2014）从医学人类学视角出发，具体剖析罹患妇科病的高村侗族妇女在具体文化场景中的就医选择。在高村生产生活中，很多不成文的习俗规范约束着亲属之间、不同性别医患之间与性相关的行为，熟人社会中的性禁忌和近亲回避是制约其就诊的重要因素。不仅如此，侗族文化存在着一套洁净与危险的分类体系，其背后支撑着一个与“女性污名化”有关的就医逻辑。高村妇科病“低发病率”的背后是从“女性”到性再到与性相关的“病”这个环环相扣、层层递进的“污名化”过程。这类污名标签使当地侗族妇女对妇科病的认识和理解具有地方性特点：她们不承认妇科病是病，而仅仅认为是某种程度的身体“不适”；竭力隐瞒疾病信息；一般选择到远离熟人社区的医院就诊，并且多选择“阴阳调和”“巫医一体”等传统民族医疗方式进行替代性治疗。作者认为，现代医疗手段要想充分发挥作用，必须与当地的民族文化传统和医疗手段联合，相互学习，共同推进现代医疗的地方化进程。

除了疾病与健康，性的僭越也是个经久不衰的议题。刘中一（2011）对华北平原L村的田野调查发现，“破鞋”是被乡村社会的文化与权力等建构而成。“破鞋”不仅是一些简单的符号，它也构成一个社会隐喻，成为村民表达自己的情感的媒介。“破鞋”在L村不只是针对一个普通女性的称呼，而且成为附带了一定的道德内涵和潜在社会意义的代名词。“破鞋”称谓带给女性的不仅是道德的劣势，而且是整个生存空间的劣势。村民们在对“破鞋”身份的建构过程中，完全剥夺当事人说话的权利；村民们一直在代替她发言，建构她的“破鞋”形象，将她描述为与“村民们”截然不同和对立的、负面的“他者”，居高临下地蔑视她，并在一种自我优越感中进行自我身份的确证，强化了性的等级。尽管田野呈现和话语分析都很到位，但美中不足之处在于，与该文中对村民的批评一样，文章呈现的也只是一面之词，读者既听不到当事人为自己的行为解释或者辩护的声音，也看不到研究者对当事人的观察和访谈。

（四）女童教育

吕晓娟（2011）基于东乡族中小学的教育人类学考察，探讨了导致东乡族女童失学、辍学的原因。她认为，物质性资源的匮乏或缺失，与东乡族女童的失学、辍学现象之间并无线性的因果关系。在更深层次上，东乡族民俗文化尤其是性别文化，是制约东乡族女童教育发展的主要因素。杨红的专著《拉祜族女童的教育选择——一项教育人类学的回访与再研究》（2013），展示了拉祜族女童作为一个多重弱势群体在受教育过程中所遭遇的种种困难，其中涉及性别教育问题以及城乡教育差异问题等。这一生动翔实的个案研究，提示人们对当前的学校教育、民族教育及教育的功能与意义进行反思。

三　研究不足与展望

（一）研究不足

这五年，尽管女性人类学研究出现了一批有新意和创见的研究成果，但基于长期参与观察和深度访谈的田野调查研究成果为数不多，现有研究大多为博士学位论文，社会性别分析的力度和理论的深度有待进一步提高。

首先，当前高校女性人类学学科建设中存在的主要问题是，学术学科根基不牢，师资力量不足。在中国大陆，人类学被列入社会学的二级学科；作为人类学的一个重要分支学科，在很多高校和研究机构，女性人类学没有被有意识地列为一个研究方向，缺乏项目或常规学术学科建制方面的支持，科研教学人员缺乏研究动力和引领，无法形成一支稳定、完善、持之以恒的教学科研队伍（尽管这个队伍中的成员无须限定在某个特定的机构）①。在妇女学学科建设方面，妇女/社会性别学学科发展网络下的妇女/性别与民族学子网络和性别与文化子网络也没有真正运转起来。同时，女性人类学没有独立的网络资源平台，也没有一本专门的电子或纸质的学术刊物，这在一定程度上限制了学术信息的传播和学术共同体的聚合。

其次，女性人类学课程设置与人才培养情况不容乐观。笔者与中国西北民族大学、厦门大学和云南大学开设女性主义人类学相关课程的教师交流后发

---

① 国外的大学和科研机构亦然。详见 Robin Whitaker and Pamela J. Downe，“Introduction：Feminist Anthropology Confronts Disengagement，” *Anthropology in Action*，March 2011。

现，目前这三所大学都没有培养女性主义人类学专业硕士研究生，只有西北民族大学设相关专业方向，西北民族大学和厦门大学开设了的相关硕士研究生选修课程。

最后，相关研究缺乏前瞻性和批判性。整体来看，研究选题视野相对狭窄，研究规模小，主要还是限定在传统的人类学研究领域，对于一些新问题新现象有所关注但还不够，对国外同期研究成果、最新研究进展的关注严重不足。一些研究对国外学者使用的概念和理论分析框架套用有余，独立判断和思考不足，有质量的学术对话不多，对田野伦理的讨论和分析也存在不足。

（二）研究展望

首先，展望未来，中国女性人类学研究者将会继续发挥人类学的特长，更多地关注社会现实问题，为争取女性及其他弱势群体的权益和社会公正提供民族志的研究与发展依据。女性人类学研究应在不断深化创新传统的人类学研究议题、基本原则、方法和方法论的基础上，关注国外最新研究动态，并基于国际视野进行对话交流；同时，进一步关注社会热点问题、政策实践效果和影响研究。例如，为什么在信息时代妇女的从属地位仍然得到延续？促进中国妇女发展的社会政策产生了哪些社会影响？这些影响有何社会性别含义？此外，政策实践及其效果的社会性别分析、少数民族发展政策和实践的社会性别影响研究、老龄化背景下少数民族地区养老问题的性别研究等，都是有待深入探讨的议题。

其次，应加强以课程为核心的开发建设。既可通过在高校开展定期专题讲座以及开设公选课、研究生学位课程等方式进行知识普及和人才培养，也可争取设立微信公众号和学术交流平台，建立全国范围内常规性的教学与科研学习、交流机制，为研究者和感兴趣者提供学习、查阅资料和交流的平台。

最后，进一步推动学科体制化。由于妇女运动发端较早以及建立了较为开放的治学模式，丹麦、瑞典、芬兰、挪威、荷兰等国的大学和研究所都开设了女性研究相关课程，但同时很大一部分欧洲国家并不授予专门的女性主义博士学位，而是在原有的传统学科框架内提供跨学科的研究项目和学位①，这种做法实际上有利于在更大范围内推广女性主义人类学的理论与方法。中国目前与此类似，一

① 感谢吕毅、陈桂荣博士候选人提供资料。

方面培养妇女/性别研究专业方向的硕士、博士研究生；另一方面在人类学或跨学科专业下开设女性主义研究理论、女性与文化、儿童和家庭及社会性别规范、社会性别与性等研究方向的通识课课程或定期讲座，提供人类学或跨学科的研究项目和学位。未来，我们要有意识地进一步推动学科体制化，在长期田野研究的基础上进行理论创新，变“西化”为“化西”。

女性人口学研究综述（2011～2015年）

杨菊华 扈新强 饶畝林*

一 研究概述

从人口学角度来研究女性，是将女性人口看作一个整体，以人口学特有的视角和研究方法去讨论女性人口的状况。女性人口学主要包括两个方面，一是社会性别关系的变化对人口现象、人口行为及趋势的影响；二是人口现象、人口行为及人口的发展变化对性别关系和妇女发展的影响（金安融、朱楚珠，1999）。本综述的主要目的是，概述2011～2015年女性人口学的研究内容和研究动向，了解近期女性人口学学科建设与发展状况。

从学术刊物刊载的论文来看，在《人口研究》《中国人口科学》《人口学刊》《人口与经济》《人口与发展》《南方人口》这6本核心期刊上，以“女性”“女性人口”“性别”“妇女”为关键词进行检索，得到473篇文献，在2011年1月至2015年12月期间发表的学术论文，与2006～2010年的459篇、2001～2005年的201篇和1995～2000年的170篇相比，有不同幅度的增长。

从学科建设与发展角度看，高校人口学专业的人才培养也更加注重社会性别视角。分别以“女性”“妇女”“性别”为关键词，检索2011～2015年间硕士、博士学位论文，得到112篇，比2006～2010年的83篇有所增长。论文主要关注女性婚姻匹配、生育意愿、流动人口就业及性别失衡等议题。

在学术研讨和交流活动方面，2012年4月召开了第三届中国人口/性别/发展论坛，深入分析了21世纪第一个十年的中国人口、性别与发展状况，面临的新形势、新问题，对人口学和性别研究领域的最新研究成果和信息进行了讨论。中国妇女研究会分别于2012年和2014年进行了第四届、第五届妇女/性别研究

---

* 作者简介：杨菊华，女，中国人民大学人口与发展研究中心教授；扈新强，男，中国人民大学社会与人口学院博士研究生；饶畝林，女，中国人民大学社会与人口学院硕士研究生。

优秀博士、硕士学位论文评选活动，鼓励在校研究生积极参与妇女/性别研究，推动了高校和科研院所开展妇女/性别研究和学科建设，促进了女性人口学的发展。

此时，女性人口学的研究内容既关注女性的婚姻与家庭、生殖健康、就业、教育以及流动状况，也注重女性的平等与发展。

二 主要研究内容

女性人口学是从人口学角度出发，从学术层面介入，依托社会性别视角的人口学研究范式，运用人口学的相关理论和研究方法，探讨女性人口问题、人口状态、人口变动及人口行为等。

（一）婚姻家庭研究

1. 婚配模式

婚姻本质上是男女双方的选择和匹配结合。同类婚配和婚姻梯度是婚姻匹配研究中的两大理论。中国各时期的婚姻匹配模式主要表现为不同社会特征群体的同类婚，且异质性婚配也呈现明显的对称性（齐亚强、牛建林，2012），当前同类婚仍是社会主流（马磊，2015）。夫高妻低的梯度特征凸显（高颖、张秀兰，2011），“男强女弱”的婚姻模式仍占主流（张艳霞，2013），而婚姻梯度使得大城市中条件优秀的女性承受更大的婚配压力。

夫妻年龄差也是婚配研究的一个重要领域，研究的重点在于探讨夫妻婚龄模式以及婚龄差的变动趋势。传统的男大女小的婚配模式有所改变，女大男小的婚姻占比明显升高，扣除同龄婚后二者平分秋色（刘爽、梁海艳，2014）。女性初婚年龄的推迟、女性教育文化水平的不断提升及其与男性学历差距的缩小、城市化进程的不断推进等均使夫妇年龄差有趋于缩小的趋势。但也有研究表明“男大女小”仍旧是夫妻在年龄匹配上的主流趋势（高颖，2012）。

2. 家庭角色与关系

中国男女两性社会劳动参与的“外－外”格局业已形成，但“男主外，女主内”的传统家庭性别分工并未根本改变，女性花费在家务劳动方面的时间远远多于男性（杨玉静，2014），仍是家务劳动的主要承担者，并从过去的“主内”转变为肩负家庭劳动和社会劳动的双重责任（杨菊华，2014）。已婚女性的工作时间与绝对收入的增加可以帮助她们减少家务劳动时间，但城乡有别，城镇地区女性相对收入的增加可以帮助她们持续地减少家务劳动，而农村地区的女性受到传统性别观念的影响，其家务劳动并未减少（於嘉，2014）。家庭非劳动收入相对提升并未显著改善中国夫妻间时间利用上的性别不平等（刘娜、Anne de Bruin，2015），女性在社会角色和家庭角色中仍然面临着一系列的困境（张甜甜，2011）。不过也有研究发现，虽然传统劳动分工模式依然是主流，但夫妻合作型家务劳动的模式也初具规模，城镇地区出现了约1/3的夫妻合作型家务劳动模式（佟新、刘爱玉，2015）。

3. 家庭地位

关于女性家庭地位的研究包括女性家庭资源、家庭权力、家庭关系等方面。

在家庭资源与女性家庭地位方面，近年来，中国婚姻家庭领域中的性别平等状况有较大改善，家庭资源男女共享程度提高，家庭权力平等程度提高。但在家庭资源分配、家庭财产拥有、家庭重大事务参与、家庭责任分担、夫妻权力关系等方面仍然存在两性不平衡的情况（刘娜、Anne de Bruin，2015）。家庭中的时间资源、教育资源、医疗资源和社会资源多为男性所占有（朱秀杰，2011）。基于相对资源禀赋性别结构的视角发现，已婚女性的教育程度、收入水平和职业发展状况的提高都有利于其家庭地位的改善和平等感受的提升（吴帆，2014）；在家庭权力分析方面，女性的家庭权力获得与其自身素质、娘家实力、母凭子贵、外界冲击与文化差异有关（陶涛，2012），对家庭重大事务的决策参与程度有了较大提高。在城乡女性权力的差异中，农村女性教育水平低下、权利意识缺乏等是影响其家庭地位的主要因素（李燕、孙颖等，2013），而城市女性更有可能认为自己有家庭权力（杨玉静、郑丹丹，2014）。在家庭关系方面，两性关系在不同结构中呈现出不同的性别秩序；女性在家务劳动中所投入的时间和所承担的任务明显多于男性，男性在家庭资源的控制和经济决策权方面具有明显优势（蒋永萍、和建花等，2012）。在女性权利方面，社会经济发展是女性权利充分实现的物质前提，先进的性别文化构建是女性权利充分实现的文化基础，故要实现对女性权利的保护，必须完善相关法律措施，加强对女性的司法救济（孙桂燕，2013）。

虽然婚姻家庭中的妇女地位在多个方面都有了一定程度的提高，但性别、城乡、阶层之间的差异以及文化规范的制约作用依然存在，婚姻家庭中的妇女地位仍面临诸多问题和挑战，需要给予相应的社会和政策支持（杨玉静、郑丹丹，2014）。

（二）生育相关研究

1. 婚育模式

初婚模式的变动存在显著的性别差异，男性未婚水平较高的情况一直存在，而女性近年来初婚水平下降非常明显，性别差异正在逐渐缩小，女性的初婚年龄在时序上具有递增趋势（高颖、吴昊，2012），中国初婚模式正在转型之中（韦艳、董硕等，2013）。而初婚年龄的推迟可能对婚姻稳定以及初育年龄造成影响，呈“U”形模式，而随着中国高等教育的普及、婚姻成本的不断提高以及适婚人口性别结构的严重失衡，可以预见中国社会中的晚婚现象将越来越普遍，而晚婚带来的不匹配婚姻也将会是婚姻不稳定的重要因素（李建新、王小龙，2014）。

在生育模式方面，女性的生育模式呈现出初婚初育间隔扩大、生育孩次向低孩次集中的方向发展。2010年中国妇女的平均初育年龄为26.24岁，2000年为24.83岁，两者相差1.41岁，说明中国的生育模式正在悄然发生变化，生育年龄、生育间隔、生育孩次正在向着“晚、稀、少”的方向转变。在受教育程度、城乡分布、各地区生育政策等社会因素对中国人口的生育继续产生显著性影响的同时，育龄妇女年龄结构、婚姻状态等人口因素的影响显得越来越重要（傅崇辉、张玲华等，2013；王军，2013）。

2. 出生性别比

国内学者非常重视对出生性别比的研究，一个重要方面就是探讨有关出生性别比失衡的原因及后果。出生性别比失衡是在生育转变过程中、具有男孩偏好的国家和地区不可避免的一个社会人口现象，反映出在特定的文化模式下，女性个体利益与家庭和群体利益的矛盾、错位和冲突（杨菊华，2012）。出生性别比失衡的原因源于传统的男孩偏好，行于便捷的胎儿性别选择技术，成于快速的生育转变，制于经济社会发展水平，同时存在计划生育政策、制度保障等方面的因素（王鹏，2012；王俊祥，2012；杨菊华、李红娟，2015），最后导致生育的性别选择（朱秀杰，2011）。此外，对“一孩半”政策进行的研究发现，尽管政策本来并无任何性别歧视的意图，但是却强化了儿子偏好，造成出生性别比失衡、女童虐待率和女婴死亡率上升（宋健，2012）。出生性别比偏高会对女童生存、女性健康和发展权利造成危害，也会对男性择偶造成消极影响，同时不利于经济社会的发展（王俊祥，2012）。要从根本上解决这个问题应从社会性别视角出发，推动社会平等和女性发展，倡导构建推动女性发展与社会性别平等的法律保障体系，提供性别平等的组织保障（刘爽，2015）；同时还需协调相关政策与配套措施，调整生育政策，采取相应的可行政策来弥补现有政策的弊端，为治理性别比失衡提供良好的制度环境（朱楚珠，2012）。

3. 生育意愿与生育行为

女性生育意愿与生育行为之间的关系是生育研究领域的重点之一。目前国内外对生育意愿和生育行为的关系的探讨主要有三种观点：等同论、相关论、悖离论。等同论认为生育意愿可以很好地预测生育行为，两者在多数情况下趋于一致。相关论认为生育意愿并不能完全等同于生育行为，但是两者之间存在着某种关联（陈蓉、顾宝昌，2014；郑真真，2014）。悖离论认为生育意愿只是个人或者家庭在特定阶段表现出的对子女数量和性别偏好等方面的主观需求，从生育意愿到生育打算和生育抉择再到生育行为存在三重悖离问题（杨菊华，2011），在现实情况中表现为：一是实际生育水平高于生育意愿水平（陈卫、靳永爱，2011）；二是实际生育水平低于生育意愿水平（李玉柱，2014）。

女性生育意愿与生育行为之所以会形成差异是多种因素综合作用的结果，具体可以概括为两个方面：一方面可能是意愿本身的改变；另一方面是打算和抉择的改变。这五年的文献表明，初婚年龄与头胎生育年龄（陈卫、靳永爱，2011）、生育政策（杨菊华，2011；郑真真，2014；王军，2015）可能更侧重作用于生育行为的改变，而性别偏好（石人炳、江丽娜，2011；茅卓彦、罗昊，2013）、人口流动（张航空，2012）则侧重于对生育意愿的影响，当然针对不同情形，育龄妇女个人状况以及其他因素可能同时作用于生育意愿与生育行为。

4. 生育政策

部分文献从社会性别视角讨论人口政策特别是生育政策问题。叶文振（2014）探讨二胎生育可能给女性生存与发展带来的性别影响发现，人口回应低于政策预期很大程度上归因于城镇已婚妇女在家庭生育决策中的地位有所上升，同时她们面临着比生一胎更为艰难的“生（育）与升（职）”的抉择。李桂燕（2014）、沈蓓蓓（2015）从社会性别视角出发对“单独二孩”政策进行分析后发现，新政出台后若是不配套一系列的保障措施，在一定程度上可能造成职业女性由公领域再次向私领域回归，会加重家中中老年女性的负担，从而引发两性地位的隐性变化。杨菊华（2015）认为全面两孩政策落地初期，对公共资源和相应的社会服务的需求与供给之间的矛盾可能会被进一步激化，应尽快从制定并落实家庭友好型政策、加快基础设施建设、拓展育儿社会服务的覆盖面、营造良好的就业环境等方面完善二孩生育环境。

（三）健康与死亡研究

1. 生殖健康

女性健康已成为全人类健康中一个重要的聚焦点。运用社会性别视角分析发现，身心健康水平存在明显的性别差异，女性健康问题与健康需求长期受到忽视，其健康领域的相对独立性和专门化程度尚待提高（刘春燕，2013；姜秀花，2014），健康促进和健康政策的重视程度和统筹能力也需进一步加强（刘春燕，2012）。

这一时期的研究重点关注了未婚女性青少年、女性流动人口及老年女性人口的生殖健康。随着社会的发展，性成熟期有所提前，婚前性行为乃至妊娠的发生率也逐年上升，这将给青少年女性的身心发展带来严重损害（邓斌菊，2011），而未婚女性青少年生殖健康服务需求问题往往是被忽视或回避的。研究显示，有性经历的女性未婚青少年的需求是未发生性行为的女性的两倍，青春期性行为可能导致女性暴露于生殖系统感染、妊娠、流产等风险中（陈华、郑晓瑛，2011）。中国流动人口的生殖健康水平远远低于常住人口，特别是未婚女性生殖健康知识更为贫乏，对一些常规生殖保健知识和避孕方法了解甚少（吴汉霞、石淑华等，2011），导致女性流动人口的生殖健康服务需求满足问题日益突出，客观上要求政府能为其提供更有效率的生殖健康服务（彭伟斌、陈晓慧，2013）。与此同时，绝大多数农村老年女性生殖健康问题不容乐观（韦艳、张美玲，2012），原因在于农村中老年女性人口年轻生育时期缺少高质量围产期保健服务，缺乏对更年期的正确认识，生殖健康促进的意识很薄弱，有半数以上的人出现更年期综合征，约有1/4已绝经的中老年妇女没有将避孕环适时取出，严重影响了她们的生殖健康（孙晓明、舒星宇等，2013）。因此，在妇女整个生命周期为其提供充分的、有效的生殖健康/计划生育服务，是保护和改善妇女生殖健康的重中之重。

2. 女童健康研究

女童是处于女性生命周期初始阶段的特殊群体，女童的权利是妇女权利的重要内容。中国女童问题研究逐渐增多，重点分析了女童的生存和健康问题，包括存活状况、身心健康等方面。在经济社会转型之际，中国因出生性别比和女婴死亡水平的持续偏高而面临严峻的性别结构失衡问题（刘慧君、李树茁，2011）。在大多数文化背景中，女童既因儿童阶段的生理与心理属性处于弱小地位，也因性别不平等的社会文化结构受到歧视，与男童相比，女童处于更不利的地位，其生存与发展面临着更为严峻的挑战（杨晶，2015）。研究显示，孩子的性别及家庭中孩子的性别组成显著影响中国儿童的健康，男孩的健康状况优于女孩（王芳、周兴，2012），从而使女孩处于劣势地位，女童的生存和生殖健康在很多地区仍得不到很好的保护，特别是农村地区，女童生存问题尤为严峻，表现在奶制品和肉/鱼类的需求满足度低，缺少父母的监护而面临较高的生存风险，在教育、营养供给、体罚等方面有明显的“代际”印记（张祥晶，2014）。伴随流动人口规模的扩大，农村留守女童数量也急剧增加，由于缺乏性安全教育和必需的监护措施，有一部分女童成为性侵的对象，留守女童的性安全问题已成为社会高度关注的问题（孟继苏，2014）。同时，研究发现，农村大龄女童的生殖健康教育成为妇女教育发展中最为薄弱的环节（曲玮、涂勤等，2012），如何加强其生殖健康教育是当前亟待解决的问题。

3. 老年女性的健康问题

中国存在老年人口的女性化现象，随着未来中国社会经济的发展，特别是女性各年龄段死亡风险的进一步降低，未来中国老年人口的女性化程度将逐步加深。立足于老龄化的背景，女性老年人的自身特点决定了其健康状况的特殊性，随着该群体数量的不断增加，老年女性健康形式与养老面临新挑战（晏月平、吕昭河，2015）。从生命历程视角看，无论从生理还是心理健康的角度，女性老年人健康与男性相比处于劣势，且女性老年人早期生命历程的累积劣势直接制约着老年时期的健康状况，最终导致其处于健康劣势的地位（徐洁、李树茁，2014）。从长期照护的角度看，女性老年人在生存上的相对优势和在维持健康状态上的相对劣势，使得未来需要护理的女性老人数量、在护理状态的生存时间均将高于男性，年老体弱的女性无疑将成为长期护理服务的主要需求者（黄枫、吴纯杰，2012）。由于女性老人的“多重弱势”地位增加了其对日常健康照料的需求，同时也由于其支付能力较低而压抑了其日常健康照料需求的满足，伴随着老龄化进程深化，当前和今后一段时间增加女性老年人的日常健康照料及支付能力成为亟待解决的问题（薛伟玲、陆杰华，2012）。对中老年人在自评健康上的性别差异及其影响因素的研究发现，中国男性健康状态仍然显著好于女性，教育、疾病和睡眠对健康的性别差异贡献较大，尤其是高等教育是导致两性健康差距的主要因素（徐婧，2015）。

（四）女性工作与家庭研究

1. 未婚女性就业问题

女性就业问题是社会的热点问题，平等的就业机会对于女性而言非常重要。近些年，女性就业率下降幅度大于男性，特别是女大学生就业难显得更为突出。这不仅影响女大学生心理健康，而且为家庭幸福和社会稳定带来了潜在风险（杨慧，2015）。女大学生就业“难”主要表现为：就业机会“难”与理想持平，求职过程“难”获尊重礼遇，薪资待遇“难”与能力对应，工作地位“难”与男生平等（廖和平、王克喜等，2012）。

现有对未婚女性就业的研究主要集中于人力资本视角及性别歧视视角。在人力资本与社会资本视角方面，高等教育与就业性别比较的实证研究揭示了大学生人力资本存量的性别差异。从社会资本视角出发，女大学生社会资本存量尤其是自致性社会资本存量并不低于男大学生。刻板化的性别意识会阻碍社会资本对女大学生就业的促进作用，从而难以缩小大学生就业的性别差异（宋严、宋月萍、李龙，2012）。另一部分研究从性别歧视的视角出发，认为性别在女大学生就业搜寻过程中起着负面作用（张抗私、盈帅，2012）。性别刻板印象的存在、人才培养模式的滞后、相关保障措施的乏力、社会责任意识的欠缺、女性生理心理的特征是导致女大学生就业“难”的主要原因（廖和平、王克喜等，2012）。女性之所以遭受不平等待遇，是由于女性对就业市场上的性别歧视的容忍，反对性别歧视的重点还在于女性意识的觉醒（余秀兰，2011）。除了性别以外，专业、个人社会关系与素质等个人特征与高校就业辅导、经济环境与政府就业政策等社会特征对就业同样有着重要的影响（李瑾、彭建章，2011）。同时，女大学生的工资也与男性有一定的差距，其中行业内差异仍然是构成大学毕业生性别工资差异的最主要原因（柴国俊、邓国营，2013）。女性就业无论是从工作稳定性、正式编制比例还是工作满意度方面都不同程度地低于同类男性，总体就业质量指数较低（杨慧，2014）。

在政策建议方面，部分研究认为应改变传统观念，构建男女平等的就业环境，消除职业性别隔离；从政府角度看，一方面应建立补偿体系，提高用人单位的积极性，保障女大学生的就业权益；另一方面应建立相关的政策体系，保障女性在成长过程中获得同样的人力资本投资，创造同等获得就业岗位的机会，保障女性同工同酬，完善女性生育保障制度，做到经济政策与社会政策相协调（宋健，2012）。从女大学生自身来看，应正视就业现实，强化自强意识，提高综合素质等（张抗私、盈帅，2012）。法律上应扩大劳动法保护对象的范围，进行女大学生就业性别歧视的专门立法及专门保护部门的设置（邓方媛、蔡飞等，2011）。

2. 已婚女性工作－家庭平衡研究

中国的“工作－家庭”冲突问题正变得越来越严峻，很多学者开始关注家庭与职业平衡问题，特别是对女性的工作－家庭冲突的表现、特征及其与西方的差异等展开了广泛的研究。目前对女性工作－家庭的研究主要有三类：强调工作－家庭促进；强调工作－家庭冲突；致力于工作－家庭平衡研究。

关于特定职业群体的研究主要集中于高校教师、企业经理人、女性管理者、女性高科技人才等，她们工作压力较大，家庭与事业并重，容易产生工作倦怠，且工作－家庭边界较为模糊；同时也有学者针对体制内就业、体制外就业和不就业三类城镇女性群体展开研究，论述了就业状态对女性工作－家庭冲突的重要性（吴愈晓、王鹏等，2015）。

关于导致工作－家庭冲突的因素的研究主要关注已婚女性职业特征、个人特征、家庭特征等对工作－家庭冲突的影响。在职业特征方面，造成工作－家庭冲突最重要的因素是时间因素，中国城镇在职女性肩负正式工作和家务劳动的双重压力，即使在女性的职业工作时间与男性相同的情况下，女性从事家务劳动的时间仍显著高于男性（佟新、周旅军，2013），而较长的工作时间则容易导致较多的工作－家庭冲突。工作参与和工作负荷对职业女性的工作－家庭冲突存在显著的正相关关系，职业女性工作自主性能缓解工作参与和工作－家庭冲突之间的关系，上司支持在一定程度上能缓解职业女性的工作负荷对工作－家庭冲突的影响。在个人特征和家庭特征方面，家庭友好实践、人格特质等均对工作－家庭冲突总体具有显著作用，研究显示生育是加剧妇女工作 - 家庭冲突的因素，导致妇女家庭满意度降低，而主管支持和家庭支持则在一定程度上起到缓解作用（陈万思、陈昕，2011）。生育二孩对女性就业的影响可能表现在入职、升迁和终身发展三个方面，表现在女性在为家庭、为社会完成人口再生产任务的同时，会遭遇更高的入职门槛；还会面临“生”孩子还是“升”职位的困境；且会影响到女性一生方方面面的保障（杨菊华，2014）。

在后果及对策上，女性双重角色的冲突不仅阻碍女性的高层发展道路，甚至束缚了女性的职业选择（蒋莱，2012），对其主观幸福感产生负面影响。对此，建设和完善社会支持对工作 - 家庭冲突与主观幸福感之间有一定的调节作用（洪艳萍、卢会醒等，2013；吴愈晓、王鹏等，2015）。同时，缓解工作 - 家庭冲突的重点在于代际支持、伴侣支持、市场支持、政策支持 - 家庭友好型政策的开展（佟新，2012）以及企业女性职工工作环境的改善（黄桂霞，2014）。在发展家庭服务、加大公共托幼园所建设时，关注低收入女性的需求，为在业或不在业的女性提供廉价便捷的家庭服务，为女性工作 - 家庭平衡创造条件（杨慧、蒋永萍，2014）。

（五）与教育有关的女性人口研究

1. 女性受教育程度研究

女性受教育程度是提高女性地位的重要保证，是制约女性经济、社会和政治参与，进而影响其社会地位的关键要素（杨菊华、谢永飞，2013）。教育投入、经济发展水平、社会发展程度等宏观因素对女性教育机会的增长产生重要影响。中国九年义务教育的逐渐普及以及中等职业技术教育资助体系的建立和逐渐完善使家庭教育经济负担大幅下降，因而在教育决策过程中可能更少考虑孩子的性别因素，从而使女性接受这些教育的机会增加并最终促进教育获得的平等化趋势（吴愈晓，2012）。同样，从高校扩招开始，高等教育机会在性别间的分配逐渐走向平等化。扩招从整体上改变了男性与女性之间的机会结构，扩招之后高等教育机会的性别平等化正在从家庭文化程度较高的群体向家庭文化程度较低的群体、从非农村地区向农村地区延伸（张兆曙、陈奇，2013）。而计划生育政策的实施对女性教育产生有利影响，兄弟姐妹越多，女性的受教育年数相对男性越低，但随着生育率下降，家庭中的孩子数量减少，投资教育更不必重男轻女，女性更不必要放弃学业帮补家庭和支持其他兄弟姐妹的教育，性别间的教育差距在年轻的出生世代中缩小了（叶华、吴晓刚，2011）。同时，随着社会平等意识的不断增强，女性的受教育水平在不断提高，女性拥有与男性一样的能力和知识。在现代社会，越来越多的女性希望能够通过一定的教育和训练，增强她们参与社会经济活动的机会和积极参与经济活动的自主性（熊筱燕、敬少丽，2015）。

教育是影响就业能力提高的重要因素，受教育程度作为衡量教育的主要标准，对增加女性就业人数、调整就业结构、提高工资收入具有积极影响（蔡小慎、杨蓝英，2014）。较高的受教育程度有助于女性进入收入水平高的行业和部门以及性别歧视程度较低的部门（邓峰、丁小浩，2012）。在农村地区，家庭妇女的受教育程度对农户家庭经济状况有显著影响，家庭妇女教育程度越高，农户家庭经济状况越好（孔繁荣、丁士军，2013）。女性受教育程度的提高能够增强女性在家庭中的谈判地位和自由选择的权力，能够提高女性分配和利用资源的效率，从而对子女健康产生积极作用（鲁婧颉、臧旭恒，2011），对子女教育获得产生显著影响（顾诗颖，2015）。而女性作为社会的主体，其受教育程度的高低同样影响着自身的发展，尤其是对其婚姻的影响。研究显示，女性受教育程度的高低对婚龄是有影响的，高教育使得婚龄推迟，从而初育时间也向后推迟（冷文聪，2015），同时，女性受教育程度提高对于构建和谐家庭中的婚姻关系、家庭关系、家庭文化建设及邻里关系同样产生影响（丁丽芳、王静，2012）。教育政策的实施有利于落实中国教育优先发展的战略地位，保障女性平等的受教育权利（宋健，2012）。

2. 教育城乡和区域差异

研究显示，中国居民教育获得存在性别和城乡差异。城镇居民教育获得性别不平等程度较小，并且呈现逐渐缩小的趋势，近年来已经基本消失；而农村居民的教育获得性别不平等程度非常大，虽然也显示出逐渐缩小的趋势，但缩小的幅度很小，农村地区女性受教育机会仍处于弱势地位，特别是在高等教育阶段，城乡教育的结构性矛盾和农村女性劣势地位等问题依然突出（周菲、余秀兰，2013），而造成农村居民教育性别不平等的因素是因父权制（或传统的性别角色观念）所导致的性别歧视（吴愈晓、黄超，2015）。同时，教育不公平程度呈现出西高东低的趋势，地区间教育发展差距有所扩大（孙百才、刘云鹏，2014）。而少数民族地区受到家庭经济窘迫、宗教及传统观念的影响、教育资源匮乏和学校现行教育制度等因素制约，女性教育的发展仍呈滞后状态，主要表现为女性受教育的程度偏低、入学率偏低、辍学率偏高（江晓红，2011）。这对少数民族地区女性在就业、社会保障、婚姻生育行为、家庭地位及对子女教育重视程度等方面有着至关重要的影响，进而影响少数民族地区社会经济的发展（罗媛、李鹏程，2014）。

（六）人口流动与女性发展

1. 女性流动与发展

通过理论分析和实证研究发现，女性是否选择外出就业主要受家庭禀赋变量影响，而一旦女性选择外出就业后，人力资本变量将对其就业流动次数起主要作用（石智雷、余驰，2011）。除此之外，社会（网络）资本、流动时长、照料活动（照料子女、随迁老人）对流动女性职业地位获得均具有显著影响（孙琼如，2014），且对其的影响存在年龄分布差异（庞丽华、罗雅楠，2015）。在女性回流的研究中，年龄、女性受教育年限、在外流动时间、现住地性质和家庭总收入对于女性的流动选择都起着重要作用，家庭禀赋变量是影响女性选择永久性回流的重要因素，照顾后代的家庭责任是女性选择永久性回流的重要原因，尤其是有学龄前儿童的家庭永久性回流的概率明显较高（余驰、石智雷，2011）。同样面临的困境是，即使已婚女性进了城，却难以务工，因为已婚流动女性就业促进是建立在随迁子女能充分获得安全的、高质量的学龄前教育的基础之上的（宋月萍、李龙，2012）。

流动妇女的婚姻质量也受到关注。社会性别是流动妇女婚姻质量的重要影响因素之一，流动经历、城市环境、生活方式等也影响流动妇女的婚姻质量（曹锐，2013）。从代际差异视角比较研究两代女性流动人口的职业流动及其影响因素后发现，女性流动人口职业流动的背后是在利用劳动力市场的流动性来试图改变她们在劳动力市场分割中的不利地位，通过职业流动来实现她们的意愿（林李月、朱宇，2015）。这一过程的实现，不同受教育水平的女性流动人口之间是存在一定的差异的，受教育水平低的女性流动人口在找工作的时候更依赖于以地缘和血缘建立起来的社会关系，而受教育水平高的人更善于利用社会资源、通过正式的市场找工作（陈金梅、林李月等，2012）。从地区分布来看，与东部地区女性人口流动的规模、流向、意愿、作用及衍生的相关问题等相比较，中西部地区农村女性人口流动既具有自身鲜明的特点，也面临着影响制约其进一步流动的重要性因素（刘宁等，2013）。

由于中国城市之间和地区之间长期存在的巨大差异，女性流动人口要跨越这些鸿沟，融入城市环境仍然困难重重。影响她们融入城市的既有制度层面也有其自身教育和职业技能方面的因素。因此，需要流入地政府和社会创造条件，帮助她们减少融入中的障碍，增强她们的人力资本和社会资本积累，逐渐实现她们自身和城市生活和工作环境的融合（周海旺，2013）。

2. 留守妇女问题

妇女的留守源于夫妻不同分工的决策。在工业化、城市化的浪潮中，大量青壮年农民进城务工，传统的“男耕女织”演变为“男工女耕”，农村留守妇女成为新农村建设的主力军。农村留守妇女一方面为农村经济社会的正常运转提供直接动力，另一方面为城市发展提供着间接推力。

这一时期女性人口学对留守妇女问题的研究主要关注留守妇女问题成因、面临的困境及政策支持体系的构建等，研究既涉及宏观原因的分析，也涉及微观层面的探讨。在问题成因方面，中国农村劳动力“家庭分散化”和“性别差异化”的流动使得农村出现了大规模留守妇女群体，而工业化、信息化、城镇化以及农业现代化发展不同步是造成农村留守妇女家庭离散问题产生的根源（刘筱红、施远涛，2014）。加上城乡二元结构分割、传统观念、自身素质、经济因素以及社会制度因素等制约，导致农村女性角色地位发生转变，由此形成了农村留守妇女这一群体（王云飞、胡业方，2013；李包庚，2012）。研究表明，在家就业和外出务工两组已婚妇女家庭的劳动力就业构成存在明显的差异（任晓静，2011）。

但是，留守妇女是社会的弱势群体，承受着来自经济、社会、家庭、身心健康等诸多方面的压力和困境（陈琦、何静，2015）。具体来说，主要面临家庭、社区、国家及个人四个层面的问题。在家庭层面，表现为生产和家务负担重、婚姻质量不理想、婆媳关系不融洽等；在社区层面，参与社区文化活动和社区管理的机会与时间较少、政治参与度不高；在国家层面，针对留守妇女的政策和工作机制也有欠缺、健康及医疗保障体系不完善；在个人层面，大量的留守妇女留守在家承受着比一般农村妇女更大的身心压力，表现为心理负担较重、身体健康状况不良、人身安全受到威胁等（张永英，2015；齐力、张伯艳，2014；余益兵、方明等，2011）。针对留守妇女存在的问题，应该加大对留守妇女生活的帮助和扶持，从社会性别纳入社会管理和政策主流的视角出发，以“双轨策略”——主流化（社会管理和政策制定）和专门化（专项社会支持和服务）互补为思路，探讨在社会管理中建立关爱留守妇女的路径和模式，有效解决留守妇女面临的困难（杜洁，2013）。

三　研究总结与展望

2011～2015年，中国女性人口学研究力量不断增强，相关研究取得了一定的进展，但同时也面临诸多挑战。

研究进展主要表现在如下几个方面：①在学科建设上，女性人口学逐渐走向规范化和系统化；其中，社会性别视角十分突出，成为女性人口学研究的一个重要理论支撑。②研究主题和研究视域也逐渐多元化，既关注学理性的议题，也紧扣时代脉搏，关注宏观政策的变化引发的新的时代议题，由此也使得研究范围日益广泛，研究内容更为丰富和具有时代气息。③在研究方法上，借助惯用人口变量间的数量关系来解释人口现象的人口学方法，“用数字说话”的定量研究得以与传统女性学研究话语模式更好结合，提供了更好的实证支撑。④在学科交流上，跨学科的特点更加突出，相邻学科之间的结合更加紧密。

同时，这五年的人口学研究也存在不足：①最突出的表现是，相关的理论研究很少甚至基本停滞：当前研究仍偏向于问题的探讨和对策建议分析，很少观照本领域的理论架构；理论发展与创新很不充分，符合中国国情的、本土化的理论研究近于空白。②与此相伴随的是，研究存在两大问题：一是偏重数据的描述。一方面，一些研究在描述数据时存在不科学、不规范、不严谨和随意化的问题，数据有什么就描述什么，而非基于理论指导的数据分析；另一方面，正因理论思考不够，相关研究对数字的解读也缺乏应有的深度，对其背后的意涵缺乏阐释。二是一些非定量性的研究（亦谈不上定性研究）多是泛泛而论，缺少较有深度的分析与论证，既无质量又无新意。③此外，以性别为视角的人口研究仍有局限性和片面性，多数研究仅突出性别这一人口特性，将人口性别发展与人口发展紧密结合、融为一体的研究还不多。

未来中国的女性人口学研究，首先必须加强本土性的理论探求，注重在理论指导下开展定量和定性研究；既要借鉴国外女性人口学研究理论成果，又要基于国情，构建本土的女性人口学理论框架，实现理论的创新与突破。同时，注重研究方法选择的合适性，突破现有定量研究“重数”和非定量研究内容“空泛”的局限，关注数字背后的意义，注重研究的科学性、规范性和深入性，提升研究质量。此外，拓展研究视域，关注新时代女性人口面临的新情境、新问题、新需求，丰富女性人口学的研究内容，彰显自身的学科特色，推进学科融合发展；同时，还需加强两性之间的比较研究，因为只有这样，才能更好地判断哪些是女性自身的特点，而哪些是时代给两性打下的烙印。

女性心理学研究综述（2011～2015年）

郭爱妹*

一 研究概述

女性心理学是心理学的一个新兴分支学科，它以女性（或性别）心理为主要研究对象，从社会性别视角出发，采用心理学的研究方法，定量或定性地研究各种女性或与性别相关的心理现象和行为规律。20世纪80年代，中国女性心理学才开始起步。1980年10月，美国心理学会主席、女性心理学家弗洛伦斯·L.丹玛克（Florence L. Denmark）教授随美国心理学代表团访华，应邀参加中国心理学会举行的学术会议，做了题为“女性心理学：一个新兴领域的概观”的学术报告，这是女性心理学第一次被作为一门学科介绍到中国。随后，一批国外的女性心理学专著、教材也被翻译介绍到国内，一些学者陆续出版了一批与女性心理学、性别差异有关的论著。随着1995年第四次世界妇女大会在北京的召开，一些非心理学专业的学者及妇女理论工作者对女性学进行了大量研究，也促进了心理学学者研究女性心理学的自觉性，国内的许多大学也相继开设了女性心理学或性别心理学课程。这些都昭示着女性心理学越来越成为主流心理学家关注的一个重要心理学领域。

2011～2015年，无论是从论文发表、专著与译著的出版还是从学科建设方面，中国女性心理学研究都取得了长足的进步。

第一，一方面，在教材与学术著作出版方面，越来越多的国外女性心理学经典的学术成果被翻译引进到国内，例如《穿越迷宫：指引女性领导者登上事业之巅》（〔美〕艾丽斯·H.伊格利、琳达·L.卡莉著，王丽译，2011）、《心理学：关于女性》（第2版）（克莱尔·A.埃奥等著，施铁等译，2012）、《描绘道

* 作者简介：郭爱妹，女，南京师范大学金陵女子学院教授。

德的图景：女性思维对心理学理论与教育的贡献》（〔美〕卡罗尔·吉利根等著，季爱民、杨启华译，2012）、《男性与女性》（〔法〕保罗－劳伦·阿苏著，徐慧译，2013）、《关心：伦理和道德教育的女性路径》（〔美〕内尔·诺丁斯著，武云斐译，2014）、《第二性》（〔法〕西蒙娜·德·波伏娃著，郑克鲁译，2011）、《论女性：女同性恋案例的心理成因及其他》（〔奥〕弗洛伊德著，刘慧卿、杨明敏译，2015）、《部落动物：关于男人、女人和两性文化的心理学》（〔美〕鲍迈斯特著，刘聪慧等译，2014），等等；另一方面，基于社会性别和本土视野的女性心理学教材与学术著作也开始出现，如《文化发展心理学视野下的性别认同：以青春期女生为例》（马川著，2011）、《女性心理学》（程玮主编，2012）、《女性心理学》（罗慧兰主编，2014）、《女性心理学概论》（普通高等教育“十二五”规划教材）（程玮、周蓝岚编著，2015）。

第二，在学术刊物刊载的学术论文方面，以“女性”“性别”为关键词检索《心理学报》《心理科学》《心理科学进展》《心理学探新》《心理与行为研究》《心理发展与教育》《中国临床心理学杂志》7 种心理学学科 CSSCI 来源期刊上发表的学术论文后发现，2011～2015 年有 138 篇女性/性别心理相关论文发表，比 2006～2010 年的 106 篇和 2001～2005 年的 37 篇略有增加（详见表 1）。研究领域主要涉及性别角色与性别社会化研究、性别刻板印象研究、性别差异性与相似性研究、女性身心健康研究、职场女性心理研究等。

表 1　心理学期刊（CSSCI）发表女性心理学相关议题的论文数量比较

单位：篇

刊名	2001～2005 年	2006～2010 年	2011～2015 年
《心理学报》	7	36	22
《心理科学》	11	26	22
《心理科学进展》	4	7	15
《心理与行为研究》	4	1	12
《心理发展与教育》	0	7	13
《心理学探新》	7	2	7
《中国临床心理学杂志》	4	27	47
总数	37	106	138

第三，在学科建设方面，武汉大学、华东师范大学等高校相继开设了女性心理学或性别心理学课程，少数高校在理论心理学、发展与教育心理学、社会心理学等硕士、博士专业培养方向中设有女性心理学或性别心理学方向。越来越多的硕士、博士研究生开始关注女性或性别心理研究。在“中国优秀硕博士学位论文全文数据库”中，以“女性心理”或“性别心理”为关键词检索到这五年与女性心理有关的硕博士学位论文82篇，远高于2006～2010年的52篇和1995～2000年的12篇；在“国内外重要会议论文全文数据库”中，以“女性心理”或“性别心理”为关键词检索到这五年与女性心理有关的会议论文48篇，稍低于2006～2010年的51篇，高于1995～2000年的25篇。

第四，在教育部人文社科基金项目和国家自然科学基金中，涉及女性心理学研究的项目有5项，其中教育部人文社科基金项目3项：“3～8岁儿童特质推理中的性别刻板效应：性别图式的调节作用”（闫秀梅，2013）、“性别角色冲突对青少年自残行为的影响机制研究”（杨雪燕，2013）、“社会性别视角下的我国高校女研究生‘成长’问题研究”（廖和平，2014）；国家自然科学基金项目2项：“性别社会化、工程文化、社会变迁对工程女性技术和发展的影响机制研究”（王昕红，2012）、“反性别刻板印象的演化——评价效应及加工机制”（温芳芳，2014）。

尽管以上研究大多数并没有以女性心理学的独立学科出现，而是附属于理论心理学、发展与教育心理学、社会心理学等学科，但这些研究及相关的努力对女性/心理学学科知识的传播以及学科构建都具有重要的推动作用。

二　主要研究内容

2011～2015年，中国女性心理学研究主要包括以下几个方面。

（一）性别角色与性别社会化研究

性别角色与性别社会化研究一直是女性心理学研究的重要议题。在前期主要关注Bem性别角色量表的本土化及性别角色与心理健康之间的关系的基础上，进一步探讨性别角色的变迁及其与主观幸福感、心理适应的关系。

大学生性别角色发展状况是研究者关注的一个重点。但是，随着时代的变迁，当代大学生的性别角色观与性别角色也在发生着变化，而已有的性别角色测量工具多年来没有修订，因而亟须一个对发展变化敏感的有效测量工具。刘电芝承担的国家社会科学基金项目“转型期我国青少年性别角色取向的偏移与引领研究”对此进行了深入的探究。她所编制的《大学生性别角色量表》揭示了大学生性别角色的变迁。与已有性别角色量表比较，构成本量表的词汇有较大变化：男性化词汇体现的“理性化”特质反映出当代中国男性的特点；女性化词汇虽仍以“表达性”特质为主，但也体现了中国传统“勤俭心细”的特征。大样本调查发现，当代大学生性别角色双性化、未分化和单性化群体数量各占约1/3；传统占优势的单性化已让位于非单性化；理想的双性化与最差的未分化同步增长；男性化比例男性高于女性，女性化比例女性高于男性，传统性别角色的影响减弱但依然存在（刘电芝、黄会欣等，2011）。

耿晓伟、张峰（2012）继续采用卢勤、苏彦捷所修订后的 Bem 性别角色量表探讨性别角色与主观幸福感之间的关系，认为双性化个体的主观幸福感水平更高。王中会、王晶（2013）则探讨了性别角色、性别观念及女大学生适应之间的关系，结果表明，平等性别观念对女大学生大学适应具有促进作用，传统性别观念和反传统性别观念对女大学生适应有阻碍作用；性别观念对女大学生大学适应的影响，是通过男性化、女性化特质的中介作用产生影响，中介效应显著，中介效应检验进一步证明了双性化模型是女大学生理想的性别角色模型。

性别社会化是个体关于性别角色和其规范的学习过程，是贯穿人的一生的性别认同过程。已有的研究结果表明，父母、教师、同伴和媒介是个体性别角色社会化的重要源泉。这一阶段主要聚焦于以下四个主题：父母的性别角色教养态度，父亲在儿童性别角色社会化中的作用，人际交往，身体意象与自我客体化。

越来越多的研究开始关注父亲在儿童社会性发展中的不可替代作用。王美芳等研究认为，父母的性别角色教养态度对于儿童的发展起到不可忽视的作用；随着社会的进步以及独生子女政策，父母倾向持有非传统的性别角色教养态度，但也会因儿童和自身性别图式的不同而不同（王美芳、袁翠翠等，2013）。

聂晋文、芦咏莉以 92 名 35～74 个月的健康儿童为被试，采用选择等待范式测查儿童的自我延迟满足能力，通过父亲参与教养问卷和母亲参与教养问卷测查儿童父母的参与程度，考察控制母亲参与和儿童年龄的情况下，父亲参与对儿童延迟满足能力的影响以及儿童性别在其中的调节作用。结果表明：父亲参与的互动性、可及性、责任性均能显著正向预测儿童的延迟满足能力；儿童性别可以调节父亲参与的互动性及责任性与儿童延迟满足能力的关系。父亲参与的互动性和责任性可以显著预测男童的延迟满足能力，但均不能预测女童的延迟满足能力（聂晋文、芦咏莉，2014）。

马川（2011；2012）从人际交往的视角探讨青春期女生的性别认同机制。她以文化发展心理学为理论框架，结合动态系统理论、对话自我理论和心理膜理论，以青春期女生为例对女性性别认同的发展特点及机制进行了系统研究。结果表明，女性性别认同由自我系统与同伴交往的互动赋予意义。这一方面揭示了女性性别认同的深层机制，另一方面也是对文化发展心理学具体运用上的一次尝试。

近年来，身体意象（body image）、性客体化（sexual objectification）和女性自我客体化（self-objectification）成为女性心理学研究的新热点。性客体化通常指女性成为取悦或供他人使用的身体或身体部分的集合。生活中的性客体化无处不在，主要通过媒体、人际以及一些隐秘的环境表现出来。相比于男性，女性更容易成为性客体化的目标（孙青青、郑丽军等，2013）。李俊一、尹清等（2015）探讨性客体化经历、理想美内化和性倾向对女性自我客体化的影响。结果表明，理想美内化对性客体化经历与自我客体化的关系具有部分中介作用。孙青青等（2013）认为文化吸引力标准的内化和社会比较是导致女性自我客体化的重要心理机制。

（二）性别刻板印象研究

性别刻板印象在生活中随处可见，不仅影响最基本的社会认知，而且是社会认知中最根深蒂固的一部分。性别刻板印象不仅存在于意识层面，而且存在于无意识层面，具体表现为外显性别刻板印象和内隐性别刻板印象。

以往对性别刻板印象的研究主要集中于能力和职业领域，对性别情绪刻板印象的研究相对较少，更缺乏从内隐的角度进行的研究。张娟、程刚等（2015）研究发现，男女大学生均存在着性别情绪刻板印象，将男性名字更多地与愤怒词相联系，将女性名字更多地与高兴词相联系；男女大学生的性别情绪刻板印象程度存在极其显著的差异，女生更明显地表现出“男性更容易愤怒、女性更容易高兴”的偏见；被试的内隐和外显性别情绪刻板印象相关不显著，是两个不同的心理建构：在外显测试中由于受到社会评价效应的影响，被试可能会有意识地压抑自己的真实想法，不表现出性别情绪刻板印象，但在内隐测试条件下会被启动和激发。该研究证明了性别情绪刻板印象在大学生中是普遍存在的，并且，女生的性别情绪刻板印象更为明显。该研究证明了性别角色结构也会内隐地影响对不同性别的刻板印象，这既是对性别刻板印象的研究深化和推进，亦是对性别角色理论的重要扩展。张艳红、佐斌（2011）探究了人们对情绪性别刻板印象的归因解释。结果显示，感知者对女性的面部表情表现出更多的对应偏见（correspondence bias），而女性的情绪反应则被认为是环境导致。这可能源于当人们看到女性面孔时，便会激活大脑中和女性相关的关联（比如，女性多愁善感、情绪表现丰富等），从而产生对应偏见。

减弱内隐刻板印象以削弱甚至消除其负面影响成为研究者着力探讨的一个重要问题。王美芳、杨峰等（2015）考察了反刻板印象对抵制内隐学科性别刻板印象的效应及情绪的调节作用，启动反刻板印象能够有效地抑制内隐学科性别刻板印象；与消极情绪下启动反刻板印象相比，积极情绪下启动反刻板印象更能够抑制内隐学科性别刻板印象。数学－性别刻板印象对女生的数学学习会产生威胁效应。宋淑娟、刘华山（2015）探讨反数学－性别刻板印象信息能否给女性带来积极效应。研究结果表明，语言声称方式直接提供反数学－性别刻板印象信息不能对女生产生积极效应，相反还会给女生带来威胁效应；榜样方式提供反数学－性别刻板印象信息对女生有明显的积极效应。该研究对教育实践具有重要的现实意义。研究提示我们，首先，在教育过程中，要淡化性别意识，男女生一视同仁，不要让女性在学习过程中受到任何的性别方面的不良暗示；其次，教师应在教学过程中有意识地多渗透一些反数学－性别刻板印象信息，如举例时有意地多举一些女性数学楷模、女性科学家的事例，多宣传数学成绩特别优秀的女生等等，通过这些方式给女性积极的暗示和引导。

管健、柴民权（2013）采用问卷调查的形式探讨外来务工女性刻板印象威胁的应对策略与认同管理。结果表明，外来务工女性群体具有城市和农村双重认同趋势；具有较高城市认同融合的外来务工女性群体具有显著的认同维护倾向；不同印象管理水平的外来务工女性对否定策略的使用差异性很小，反而是刻板印象威胁的长期性和暴露性是引发否定策略的重要因素；应得性角色榜样对外来务工女性城市认同感的提高具有积极的提升作用。

闫秀梅、王美芳（2014）分别考察了性别刻板印象对自发特质推理和有意图特质推理的影响。结果表明：性别刻板印象对刻板不一致行为的内隐和外显特质推理分别产生了阻碍和促进两种截然不同的影响：当加工性别刻板一致行为时，性别刻板印象既不影响个体对行为的自发特质推理，也不影响个体对行为的有意图特质推理；当加工性别刻板不一致行为时，性别刻板印象阻碍个体对行为的自发特质推理，促进个体对行为的有意图特质推理。

（三）性别差异性与相似性研究

心理变量上的性别差异研究一直是女性心理学研究的一条主线，也是女性心理学成果数量最多的领域。2011～2015年，心理学研究主要探讨个体在自我控制能力、情绪冲突解决过程、创造性思维、社会认知、共情等方面的性别差异。

张萍、梁宗保等（2012）采用实验室行为观察法考察了114名2～11岁儿童自我控制的发展变化及其性别差异。研究显示，儿童2岁、4岁、7岁和11岁时的自我控制表现出了显著的性别差异，女孩的自我控制显著高于男孩。随着年龄的增长，女性自我调节的能力要超过男性。

姚昭、王振宏等（2011）从个体对表情面孔加工的性别差异角度出发，探讨了情绪冲突解决过程中的性别差异。男性和女性在词和面孔情绪效价不一致的条件下，对悲伤面孔的判断存在差异。女性在词和面孔情绪效价不一致条件下对悲伤面孔的判别反应时间短于男性，其原因可能是由于女性对情绪信息解码的社会化发展优于男性，或者是女性的大脑天生就比男性的大脑更容易对情绪信息进行解码。

沈汪兵、刘昌等（2015）对创造性思维的性别差异研究表明，在发散思维方面，女性优势相对明显；但在聚合思维方面，男性具有一定优势。两性在不同类型创造性思维方面的相对优势与大脑两半球的加工优势有密切联系，且受到包括性别作用等因素的调节。

闫春平、申鲁军等（2011）对社会认知的性别差异进行了探讨。结果发现，在特质推论方面女生好于男生，而在行为推论上二者没有差异。陈武英、卢家楣等（2014）研究了共情的性别差异。共情指的是个体在与人交往的过程中共享并理解他人的情绪状态的倾向，包括认知共情和情绪共情。共情在学前阶段没有性别差异，但进入中小学阶段后，共情呈现出显著的性别差异。此外，还有研究者对负面评价恐惧（兰晓芳、张锦坤，2015）、负性事件引发情绪反应（朱昭红、王振宏等，2011）、沉思与宽恕关系（唐顺艳、Siu-Man R. Ting 等，2012）等方面的性别差异进行了探讨。

也有学者对“性别差异广泛存在”观念所导致的性别刻板印象，使得这种生理上的男女分类被普遍地应用于心理学研究表示出忧虑，认为不利于性别平等的推进。近年来多方面的实证研究呈现出心理变量上的性别相似的现象，主要涉及认知、情绪情感和社会行为三个方面（梁斌、王进等，2015）。

（四）女性身心健康研究

早期女性心理研究关注女性特有的产后抑郁、女性更年期心理特征等问题，近年来该领域包括两个主要研究方向：一是探讨不同女性群体的身心健康水平、影响因素及其对策；二是聚焦于身体意象、负性身体自我、女性自我客体化所引发的相关身心健康问题。

从总体上来说，中国女性心理健康现状令人担忧。姚玉红、刘亮等（2011）从性别差异的角度探讨低年级大学生的自我分化与心理健康之间的关系。结果表明，与男大学生相比，女大学生心理健康状况更差，自我分化程度和自尊水平更低。而女生的自尊水平越低，越容易因不成熟的自我分化而体验到更多的情绪和心理健康困扰。这提示在针对自我分化程度较低的大学女生的心理干预中，帮助其提高自尊水平可降低其罹患心理疾患的概率。王利群和赵晓杰（2012）、秦安兰（2013）等关注女性研究生群体的心理健康问题。王利群、赵晓杰认为，女研究生心理健康问题产生的原因不仅仅是个人原因，更包括来自学业与科研、婚姻与家庭、择业与就业等多方面的压力，而科研补助偏低导致的经济拮据更是造成女性研究生群体心理问题的物质基础原因。对此，要采取多方面的措施，即学校要加强对女性研究生群体的心理健康教育和心理问题疏导，而社会上也要为女性研究生群体的婚恋、就业等创造良好的物质与精神环境。

朱礼华（2013）基于中日韩三国数据的实证结果探讨了心理健康对劳动参与和劳动生产率的影响以及心理健康投资的影响因素。研究发现，性别本身并非心理健康的重要影响因素，社会经济状况等诸多因素的性别差异才是导致女性心理健康水平低于男性的主要原因。因此，改善与之相关的社会和环境因素可以有效地改善女性群体的心理健康水平。姜雪（2013）从社会支持的角度探讨心理健康影响因素的性别差异。研究认为，婚姻家庭、工作满意度、工作和生活环境等对男女两性的心理健康的影响存在差异：女性心理健康更多地受到婚姻家庭的因素影响，而男性心理健康更多地受到工作满意度的影响。

近年来，随着产后抑郁（Postpartum Depression，PPD）的发病率不断攀升，妇女产后抑郁问题开始进入女性心理学的学术视野。张颖（2011）对479 例妇女产后抑郁的社会心理影响因素进行了探讨。结果表明，武汉市妇女产后抑郁发生率为 34.9%，这与产褥期社会、文化特性的影响紧密相关，如“男孩崇拜”、不科学的“月子风俗”、产后丈夫的照顾不周、社会支持较低等均可能导致妇女的产后抑郁。产后丈夫的照顾和照顾月子者的表现能较好地反映家庭关系、社会支持及婆媳关系的质量。

蒋奖、张雯等（2011）探讨不同性别在遭受工作场所排斥后的心理健康和工作满意度状况。结果表明，性别在工作场所排斥与心理健康、工作满意度的关系中起调节作用：相对于男性员工，女性员工遭受排斥后心理健康水平和工作满意度水平下降更加明显；在高排斥组中，女性员工的心理健康水平和工作满意度显著低于男性。该研究结果对现实中组织管理有重要启示作用：首先，工作场所排斥是职场中不可被忽视的负面现象，应予以关注和解决，尤其应重视遭受排斥的女性员工；其次，组织应针对不同性别的员工酌情处理排斥行为，帮助员工积极应对排斥行为。

胡宏伟、曹杨等（2011）关注女性新生代农民工的心理压力与心理健康问题。相对于男性新生代农民工，由于受传统观念影响，女性新生代农民工融入城市进程中面对社会排斥、职业分离、思想“污名化”等方面的压力更大，是否女性比男性新生代心理问题更为严重呢？他们的研究表明，虽然女性新生代农民工的心理压力显著大于男性，但她们比男性更少出现过激行为（如自杀），城市适应力更强。其原因主要在于女性新生代农民工在心理诉说和社会帮助两方面显著优于男性，拥有较好的心理疏导机制。此外，一些研究对高学历女性群体（武芳，2012）、社区女性干部（邸娜，2011）、进城务工女性（光晖，2013）、女性服刑人员（史梁，2013）、女性吸毒人员（刘瑜，2014）、受家暴女性（杨静妍，2013）、未婚人工流产女性心理健康（黄河，2014）等相关问题进行了探讨，女性心理学开始渗透到其他人文社会科学，受到社会学、犯罪学、人口学、刑法学、教育学等学科领域的关注。

吴梦莹、周仁来等（2014）分别选取两组神经质程度高、低女性16名和25名，考察两组被试在月经周期不同阶段（经期、卵泡晚期、黄体中晚期）的激素（雌二醇、孕酮）波动以及观看情绪视频（中性、搞笑、悲伤、愤怒）的主观情绪感受和生理反应的差异。结果显示，月经周期对无经期综合征（PMS）的健康育龄女性的影响受到神经质水平的调节，具体表现为高神经质女性在黄体中晚期对负性情绪的主观感受和生理反应均下降，且明显低于低神经质女性，而低神经质女性的情绪反应较少受月经周期的影响。

另一些研究关注女性自我客体化、负面身体自我（Negative Physical Self，简称NPS）对于女性身心健康的影响。自我客体化的女性，往往从第三者的角度把自己的身体看作物体，持续监视自己的身体，并与社会理想体形对比产生差距，便形成了身体羞耻、焦虑、“心流”体验的减少及身体内部感知的迟钝，最终导致进食障碍、抑郁及物质滥用等心理健康问题（郑盼盼、吕振勇等，2015）。负面身体自我是个体对身体的消极认知、消极情感体验和相应的行为调控，是一个多维度、多层次的系统。高笑、王泉川等（2012）探讨胖负面身体自我女性对身体信息注意偏向成分的时间进程。研究发现，高胖负面身体自我图式女性对胖身体图片的注意偏向时间进程为警觉（定向偏向、加速探测）－维持模式（最初维持、总体维持），对瘦身体图片的注意偏向时间进程特点为早期的注意警觉模式（加速探测）。该研究对于饮食失调高危人群的早期辨别以及对饮食失调、身体意象障碍等疾病的早期诊断具有重要的意义。

（五）职场女性心理研究

当今社会，女性在职场中占据越来越重要的职位并取得相当的成就，而这与传统的女性性别刻板印象相悖，因此，职场女性的心理受到心理学研究者的关注和重视。此类研究主要涉及四个方面：一是对女性领导者的领导风格及其效能的研究，二是对女性领导者的角色困境的研究，三是女性创业意向与创业胜任力研究，四是工作－家庭增益研究。

随着越来越多的女性进入领导岗位，女性领导的领导风格及其效能成为女性心理学研究的重要领域。以往的研究主要有两种观点：一是领导风格存在性别差异，女性的领导风格更有效；二是领导风格不存在性别差异。而最新研究表明，领导风格差异源于社会性别角色，探讨女性创业者的性别角色认定特征及其对领导风格的影响十分必要。李成彦、王重鸣等（2012）关注社会性别角色对领导风格的影响。他们采用Bem的BSRI量表研究272名女性创业者的性别角色认定对其领导风格的影响。实证结果显示，不同性别角色认定的女性创业者在领导风格上存在差异，双性化者多采用高定规、高关怀方式，女性化者多采用高关怀的方式，而男性化者则多采用高定规的方式，因此，影响领导风格的并不是个体的性别本身，而是性别角色的认定。

李鲜苗等（2014；2015）认为，角色冲突和心理天花板现已成为女性职业成长的突出障碍，目前对此项问题的研究较为缺乏且不够深入。他们基于对13位女性企业高层领导者的深度访谈，采用质性化的研究方法，以类别与主题分析提取每位女性领导者职业成长过程中的关键要素、关系与出现顺序，对她们的共性进行研究总结，并采用领域与格式塔分析建立诠释主轴，以此形成各要素的动态关系，最后提出六项新的研究命题和形成"心理进价"研究新发现。

蒋海燕（2013）探讨了影响女性创业者创业意向的内外部因素。结果表明，女性知觉行为控制、创业态度、自我效能、创业教育、先验知识及主观规范对女性创业意向具有正向作用。莫寰（2013）探讨了女性创业胜任力的阶段特征及其与成长绩效之间的关系。研究表明，社会和家庭对女性的角色定位、角色要求和角色期望使女性在参与社会经济生活方面处于相对劣势的地位。在创业领域，男女失衡状态主要是受到作为社会政治、经济和文化发展的综合产物的社会性别的影响，女性创业存在着来自文化、价值观、性别歧视、角色冲突、自我效能等因素的制约，是人们对性别角色的期望和看法深深地影响着创业女性的创业选择和创业行为。

工作－家庭关系问题一直是女性心理学研究的重要领域。随着积极心理学的兴起，学者们对工作－家庭关系结果变量的关注已由工作－家庭冲突结果转变为工作－家庭增益等积极结果。工作－家庭增益包括工作对家庭增益和家庭对工作增益。孟德芳（2015）对家庭支持型主管行为对工作对家庭增益和家庭对工作增益两个增益方向的影响关系进行了实证研究。研究表明，家庭支持型主管行为对员工工作对家庭增益和家庭对工作增益两个增益方向均具有显著的直接影响效应；技能资源和视野资源在家庭支持型主管行为与员工工作对家庭增益及家庭对工作之间均具有部分中介作用；家庭身份显著性在家庭支持型主管行为与员工工作对家庭增益之间具有调节效用。这一结论可以为中国企业从积极视角出发，基于主管对员工工作－家庭增益的作用机理以及员工本身的个体差异性，为员工工作－家庭增益的实现提供有效的促进措施。基于工作－家庭增益构念，许多组织建立了诸如弹性工作制、远程办公、婴儿看护计划等“家庭友好型”工作政策，但是越来越多的学者发现这些正式组织的家庭支持政策并没能发挥出积极的作用。为此，王隽（2015）探讨了员工有关家庭支持主观感知对其工作－家庭增益的影响机制。研究表明，感知的组织家庭支持中的有形支持维度对员工工作对家庭增益无显著影响，而对员工家庭对工作增益具有负向影响；无形支持维度无论是对工作对家庭增益还是家庭对工作增益均具有显著的正向作用。因此，为了促进员工实现更高水平的工作－家庭增益，企业应将其焦点从家庭友好支持政策等有形支持内容转变积极促进组织内部家庭支持型工作氛围的形成。

三　研究不足与展望

这五年中，尽管女性心理学研究及学科建设取得了一定的进展，但从一门独立学科的建设和发展角度看，女性心理学仍面临着巨大的挑战，未来应致力于本土化知识体系的构建，促进女性心理学与性别研究其他学科的融合发展，提升女性心理学在心理学中的学科地位。

（一）研究的不足

1. 从学科发展看，女性心理学尚未形成学科设置的合法性基础

西方女性心理学的蓬勃发展主要得益于相关学术机构的建立及其学术刊物的创办。1969 年女性心理学协会（Association for Women in Psychology，AWP）与 1973 年美国心理学会第 35 分会的成立以及 1977 年《女性心理学季刊》（*Psychology of Women Quarterly*，*PWQ*）的创刊标志着美国女性主义心理学得到学术界的认可。此外，加拿大也于 1969 年成立了“加拿大心理学会女性与心理学分会”（Section on Women and Psychology，简称 SWAP），英国于 1987 年成立了“英国心理学会女性心理学分会”（Psychology of Women' Section），并于 1990 年创立了《女性主义与心理学》。这些学术机构与学术期刊旨在：反对心理学及其他行为科学的有关两性本质的非科学的预设；推动新的性别角色模式的实验研究；评述心理学对性别差异的研究；使心理学职业及公众保持对女性的心理、社

会、政治及经济问题的敏感性；保证女性与男性在心理学职业中的平等机会；鼓励研究方法与研究兴趣的多元化，并且发展女性主义和多元文化的方法，以了解女性的心理和社会现实（郭爱妹，2009）。

学科建制是一门学科建立与发展的基础。根据费孝通（1994）先生的说法，一门学科的社会建制大体上应包括五个部分："一是学会，这是群众性组织，不仅包括专业人员，还要包括支持这门学科的人员；二是专业研究机构，它应在这门学科中起带头、协调、交流的作用；三是各大学的学系，这是培养这门学科人才的场所，为了实现教学与研究的相结合，不仅在大学要建立专业和学系，而且要设立与之相联系的研究机构；四是图书资料中心，为教学研究工作服务，收集、储藏、流通学科的研究成果、有关的书籍、报刊及其他资料；五是学科的专门出版机构，包括专业刊物、丛书、教材和通俗读物。"

从学科建制的这些基础条件看，中国女性心理学的研究还极其薄弱，发展仍较为缓慢，表现为：缺乏女性心理学相关课程，缺乏专门从事女性心理学的研究人员，女性心理学的研究不足。尽管已有一些高校心理学专业开设女性心理学课程，但大多被作为选修课程开设；例如，心理学核心学术期刊虽发表过一些与女性或性别有关的研究，但仍以传统的性别差异研究为主；女性心理学的相关书籍不多（胡艳红、王献蜜、马瑜，2011）。中国心理学会现设有21个专业委员会，女性心理学研究主要隶属于理论心理学与心理学史专业委员会、社会心理学专业委员会或发展心理学专业委员会，2011～2015年，全国仅召开过一次以女性心理学为主题的全国性学术研讨会——"第二届全国性别心理学学术研讨会"（2011），主流心理学的学术研讨会几乎没有设置过女性心理学相关的主题论坛。这些均表明，女性心理学的学科合法性基础尚未形成，尚未获得独立的学科地位，严重制约了女性心理学的学科发展。

2. 从学术研究来看，女性心理学的本土化的知识体系尚未形成，边缘化特征显著

女性心理学研究在中国的发展历程还比较短，尚未形成本土化的知识与研究体系，多是以介绍西方女性心理学为主，其所采用的研究视角，应用的理论、概论、方法、工具基本上来自西方女性心理学，缺少本土取向的女性心理学研究（胡艳红、王献蜜等，2011）。

目前女性心理学研究的主流范式是在心理学研究中加入性别研究的内容或视

角，由此发展出一个新的研究方向和研究领域。研究议题上，以性别差异、性别角色社会化等传统女性心理学议题为主，立场不甚明确，大多数研究支持了社会现状，形式主义倾向严重，影响范围较小；研究方法上，以主流心理学所崇尚的实验法、问卷调查等定量研究为主，实证主义研究传统盛行，对主流心理学学科的反思性与批判性不够，无法撼动以“价值中立”和“客观性”为核心的主流心理学的认识论与方法论根基，因而在主流心理学话语中边缘化特征显著。

（二）未来展望

1. 加强本土化女性心理学理论框架与知识体系的构建

女性心理学的研究不能仅仅停留在评介或照搬国外相关的研究结果、研究理论或研究工具，要努力处理好引进与本土的关系，努力构建本土化的女性心理学的理论框架与知识体系。

2. 着力提高女性心理学的学科地位

建议推动在中国心理学会下设立女性心理学分会，鼓励更多心理学研究者关注女性心理学研究；可以在心理学硕士和博士专业下设立女性心理学研究方向，鼓励研究生参与该领域的研究，从而不断增强该学科的研究力量；逐步建立女性/性别心理学的研究网络与研究队伍，搭建学术交流的平台，促进国内外的交流与合作；要想扩大女性/性别心理学对主流心理学的影响，提供其学科地位，女性心理学应该增强学科的自我反思，不断扩大其学术影响，提升学科认同度。

3. 注重质性与量化方法的整合，促进研究方法的多元化

差异性与多元性是社会性别视角下的女性心理学研究的一个重要特点，也是其丰富性和生命力的重要标志。女性心理学研究应致力于平衡心理学研究的科学与价值问题，在注重实证研究的同时整合叙事法、话语分析等质性研究方法来探讨多元的女性经验，并充分认识到多元变量如性别、民族、文化、社会政治力量等对女性现实的交错性影响（郭爱妹，2015），推动主流心理学的方法论变革。

女性文学研究综述（2011～2015年）

董丽敏　凌媛媛[*]

一　研究概述

作为性别研究的重要组成部分，中国的女性文学研究在2011～2015年获得长足的发展。笔者在中国国家图书馆以“女性文学研究”“女性文学批评”为关键词进行检索，结果显示2011～2015年出版著作112部；在中国期刊全文数据库以“女性文学”“妇女文学”“女性写作”“女性批评”等为关键词进行检索，结果显示2011～2015年发表论文834篇，其中博士学位论文61篇，硕士学位论文773篇；在国家社会科学基金项目数据库以“女性文学”“妇女文学”“女性写作”“女性批评”等为关键词进行检索后显示，2011～2015年国家社会科学基金立项为19项，其中重点项目1项、一般项目13项、西部项目2项、青年项目3项；2011～2015年，中国当代文学研究会女性文学委员会分别于2011年、2013年、2015年组织召开了三次“中国女性文学学术研讨会”，其间还召开了“国际女性文学论坛”“女性文学研究”青年论坛等一系列专题研讨会。

这五年来，研究者或对经典作家作品进行新的性别阐释，或考察文学活动文化现象背后的性别文化内涵，或推动性别/女性文学理论走向深入……不同时段、不同地域、不同维度的女性文学研究百花齐放，显示出女性文学研究视野的扩大与内涵的深化。与之前的女性文学研究相比，这一时期的女性文学研究呈现出一系列新的特点和趋势：本土女性经验及文学资源越来越被重视，将性别与地域、民族、阶级、媒体等维度结合在一起的文学分析逐渐成为潮流，性别/女性文学研究在更为自觉的反思中走向深入。

---

* 作者简介：董丽敏，女，上海师范大学人文与传播学院教授；凌媛媛，女，上海大学文学院博士生。

总体而言，这一时期女性文学研究的本土性、历史性与文本性明显加强，双向拓展了性别研究与文学研究的新空间，也留下了一些值得进一步探讨的问题。

二　主要研究内容

（一）性别/女性文学研究的本土化转向

20 世纪 80 年代以来，作为新的学术增长点的中国性别/女性文学研究，一直存在着需要直面解决的瓶颈问题——如何在汲取以欧美发达资本主义国家女性主义为核心的域外女性/性别理论基础上，摆脱翻译路径依赖，探索建构本土性别/女性文学理论概念甚至体系，这已经成为中国性别/女性文学研究确立自身存在的合理性与合法性首先需要处理的棘手问题。2011 ~ 2015 年，来自不同文学学科领域的研究者在这一问题上形成了新的思考和推进。

1. 本土化意识下的域外性别/女性文学研究译介

经过研究者更为自觉的“在地化”视野的过滤，应该说其问题意识明显增强。尽管美国、英国、德国、日本等发达资本主义国家的性别理论及文学实践依然是译介的重点（褚斐青，2011；范丽娟等，2012；刘岩等，2012；李春宁，2012；梅丽，2013；李维屏等，2011；王玉洁，2013；张帆，2012；〔德〕路·莎乐美著，马振骋译，2013；刘春英，2012），但不同于以往对英美这一性别理论全球策源地亦步亦趋式的跟从以及由此对世界“前沿”性别理论的单向度移植意识，这一时期文学界对于女性/性别理论的引进与汲取，除了文学史意义上的对于域外女性文学创作实绩的一般介绍外，在具体的重点译介领域的择取上，却显然打上了译入国特殊的需求烙印——如果意识到生态女性主义的多元文化立场潜藏着对发达资本主义国家文明模式的反思意味的话，那么像《生态女性主义文学批评：理论、阐释和教学法》（〔美〕格蕾塔·戈德等著，蒋林译，2013）、《生态女性主义：性别、文化与自然的文学解读》（南宫梅芳等，2011）等著作的出现，显然蕴含了在学习欧美发达资本主义国家女性主义的基础上试图为自身正名的意味在里面；如果意识到欧美发达资本主义国家的女性主义内部存在着的异质资源往往扮演着某种挑战者角色的话，那么类似于《美国黑人女权主义视域下的女性书写》（嵇敏，2011）、《完整生存：后殖民英语国家女性创作研究》（方红，2011）、《后殖民女性主义文学批评研究》（肖丽华，2013）等著作的出现，也可以被视为寄寓了作为后发现代性国家的中国的性别研究从另类资源中汲取力量寻找突围的愿望。

正是在这样的脉络中，可以注意到，在比较文学与文化的视野中，描绘不同国别的性别文化资源的相互影响乃至彼此缠绕的图景，分析女性文学写作资源构成的复杂性，在本土性与世界性混杂的格局中重塑世界女性文学的版图，进而探讨中国女性文学在世界文学中应有的位置，成为这一时期学者们的又一突出的努力方向。谭渊的《歌德席勒笔下的“中国公主”与“中国女诗人”》（2013）一书，从分析 1800 年前后歌德、席勒笔下中国女性形象与德国社会文化讨论的关系入手，着重分析了中国文化软实力如何通过女性符码的建构深刻影响了德国的文学构成；郭晓霞的《五四女作家和圣经》（2013）则通过对五四女作家笔下的圣经意象和基督教教义的异文比较，呈现了域外文化资源在现代中国女性写作中的渗透与传播；而杨莹莹的《苍凉与疯狂：玛格丽特·杜拉斯和张爱玲》（2012）一书，运用精神分析理论，系统考察了杜拉斯和张爱玲在童年生活、家族传统、母亲角色以及所处社会条件等方面的同与异，试图揭示女性写作得以形成的深层次奥秘；张向荣的《跨越空间的对话：波伏娃与张爱玲文学的女性意识之比较研究》（2013）则以全球化之于中国当代社会转型的影响为问题域，以互为镜像的方式讨论了波伏娃和张爱玲文学中由特定的历史境遇所决定的女性意识。

2. 梳理中国古代性别/女性文学书写传统

与前五年相比，2011～2015 年对古代文学领域进行性别分析的著作并不是很多，但对特定的历史条件下性别文化的特定形态以及演变轨迹的揭示，显然成为该领域研究的重点所在。苏萍的《中国古代女性文学与文化新论》（2014），以系列论文的方式对《红楼梦》中的一系列经典女性形象以及班昭、朱淑真等人的女性文学创作进行研究，阐述了古代女性文学发展的曲折历程；刘建波的《影壁后的她们：女性主义视角下的先秦两汉文学作品中的女性形象》（2011）以女性主义立场对先秦两汉文学中的女性形象进行系统分析，揭示了中国古代女性在生存状态、权利地位和情感意识等方面不同于西方女性的特殊性；俞世芬的《唐诗与女性的研究》（2012）从唐诗的女性主题与审美、唐诗女性命运的整体喻说、唐代女诗人的主体抒写及边缘境遇三部分出发，反映了文本内外唐代女性的价值追求与命运遭际；李雪花的《朝鲜朝闺阁汉诗研究》（2011）甚至将研究的触角延伸到中华帝国之外的汉文化圈，从“影响的焦虑”的层面剖析了朝鲜朝闺阁汉诗作为一种边缘化的存在所保存的传统精英女性的困惑与挣扎。

值得一提的是，台湾花木兰文化出版社这一时期出版了一系列从性别视角审视中国古典文学作品的著作（王怡斐，2011；刘又瑄，2011；陈葆文，2012；王秋文，2012；李栩钰，2012；王欣泺，2013），这些著作将性别理论、文本分析与社会语境有机地结合在一起，从断代、文体、作者群落等方面，阐发了不同的历史阶段所呈现出的不同性别文化风貌，一定程度上复原了性别场域的复杂性以及本土文学书写资源的多姿多彩。

3. 归纳中国现当代女性文学经验

从整体“史”的层面说，作为教育部哲学社会科学研究重大攻关课题“性别视角下的中国文学与文化”系列研究成果之一，乔以钢等著的《中国现代文学文化现象与性别》（2012），立足于百年以来中国妇女解放的实践，以女性文学文化为场域，从社会变革、教育体制、阶级革命、婚恋家庭、城乡关系、民族认同、大众传媒等多个角度，讨论了女性主体建构艰难，深描了女性文学发生发展的基本轨迹；贺桂梅的《女性文学与性别政治的变迁》（2014），对“五四”以来的中国女性文学、女性文学批评以及性别研究做了一种“问题史”的梳理，体现了“以女性为目的”到“以女性为方法”的转向，即性别问题不被单独考察，而是“在总体性的问题场域中，纳入性别视角”；董丽敏的《性别、语境与书写的政治》（2012）提出要回到中国本土社会文化语境，在审慎地检视和处理西方性别理论的影响的基础上，更多尊重并汲取中国本土妇女解放资源，建立起一个以性别为方法、以中国为目的的本土性别研究框架；郭冰茹的《20世纪中国小说史中的性别建构》（2013），在20世纪中国小说史的框架中讨论女性写作的发生、发展与转型，将对西方女性主义理论的反思和对中国女性主义文学批评路径的探索贯穿于全书之中，试图寻找一种既贴近又超越研究对象的理论和方法；杨联芬的《“恋爱”之发生与现代文学观念变迁》（2014）则从个案入手，细致梳理了“恋爱”一词在20世纪初进入现代汉语后如何实现了本土化接受，使得传统文化范畴中的“男女之情”在方式、体验、意义与评价上因新的命名而发生改变，并成功进入公共话语，成为中国现代伦理建构的突破口，产生了从晚清到“五四”一系列新道德命题及与之相应的新文学作品。

就具体研究领域而言，本土化转向的努力也比比皆是：陈千里的《因性而别——中国现代文学家庭书写新论》（2013），在系统梳理中国传统家庭观念史的基础上，将“家庭变革”作为现代中国妇女问题的核心领域之一，从文学书写角度讨论了不同性别的作家对于家庭问题的不同回应方式；郭淑梅的《女性文学景观与文本批评》（2013）以女性主义批评为主体，引入社会历史批评、文化批评、心理批评等方法，试图通过对当代女性作家的“文本细读”达到女性主义“本土化”建构目的；陈宁的《女性身体观念与当代文学批评》（2014）则从“社会性别”角度考察了中国本土身体观念的形成与嬗变，重点探讨女性身体观念的样态、特征及文化内涵，为“文学身体批评”的理论建设做了推进；张莉的《姐妹镜像：21世纪女性写作与女性文化》（2014）考察了“社会性别意识”与“21世纪女性写作”“当代文学”的复杂关系，梳理了21世纪中国女性写作的变化轨迹及其暗含的意义。

需要指出的是，这一时期在性别/女性文学研究领域所普遍存在的本土化转向，并不是简单否定欧美发达资本主义国家的性别理论所具有的参照作用，而更多是强调性别/女性文学研究需要汲取建立在本土历史实践基础上的理论资源，从而在与欧美发达资本主义国家的性别理论有效对话的基础上，推动自身重建与社会历史语境之间的回应性。

（二）女性文学研究与地域、民族、阶级、媒体等维度进一步结合

2011～2015年，性别/女性文学研究以文学为本位，将性别与地域、民族、阶级等维度结合在一起，在学科化/跨学科的双重追求下，形成了若干重点研究领域，具体如下。

1. 从时段上看，对清代文学特别是晚清文学的性别分析成为重点

作为中国社会转型的关键时期，晚清的社会秩序、道德价值乃至性别格局发生着剧烈的变化，因此对晚清文学的性别分析，往往在文化政治的层面上展开，尤其是触及了女性如何参与社会文化的转型以及由此所开掘的种种新的可能性。研究者或者致力于打捞帷幕之后被遮蔽的女性文学的贡献，批判传统不平等的性别文化体制，如聂欣晗的《清嘉道年间女性的诗学研究》（2012）讨论了清代女性的诗学批评、闺秀诗群与性别文化启蒙、历史重读与女性书写中的边缘话语等内容；李木兰（Louise Edwards）的《清代中国的男性与女性：〈红楼梦〉中的性别》（2014）采用性别的视角对《红楼梦》的各种文本进行解读，梳理了不同

时期的红学家对《红楼梦》的阐释努力以及这种努力背后隐藏的性别/政治话语；魏爱莲（Ellen Widmer）的《美人与书：19 世纪中国的女性与小说》（2015）从知识女性作为文学生产机制的重要环节的角度探寻了 19 世纪早期女性与小说之间的关系；或者致力于在古/今、中/西、雅/俗等多种因素的碰撞的“世变之亟”，探讨女性重塑的可能路径，如刘堃的《晚清文学中的女性形象及其传统再构》（2015）围绕中国本土文化、晚清传入中国的西方女性形象以及民族国家话语这三重资源，来分析晚清至“五四”文学中女性形象再构的曲折历程；周乐诗的《清末小说中的女性想象（1902～1911）》（2012）考察了清末政治小说热潮中出现的女国民、女豪杰形象、狎邪小说传统中发展出来的现代女性因素，对 20 世纪中国文学中现代女性形象的形成和女性解放传统的发生做了系统性研究；林丹娅的《从闺阁诗到散文——从秋瑾看女性写作近代之变》（2014）、刘钊的《清末小说女性形象的社会性别意识与乌托邦想象——以〈女子世界〉小说创作为例》（2012）、徐仲佳的《性觉醒与中国现代女性文学的兴起》（2012）、马勤勤的《“浮出历史地表”之前的女学生小说——以〈直隶第一女子师范学校校友会会报〉（1916～1918）为中心》（2014）等论文分别从写作文体、女性期刊、女性性意识等角度，探究了性别文化演变背后的历史性动因以及转型时期特殊的性别政治构成之于女性写作所产生的深远影响。

2. 从地域上看，对港台文学乃至海外华文文学的性别研究，构成了又一个研究重点

在全球化以及后殖民话语盛行的当下，港台文学乃至海外华文文学的异军突起，在认同政治的意义上冲击了既有的文学格局，也使得学界之于性别/女性文学研究的思考表现出更为复杂多元的风貌。这其中，徐学的《地母与疯妇：台湾女性半世纪》（2011）、邱子修的《跨文化的想像主体性：台湾后殖民/女性研究论述》（2012）、黄雅歆的《自我、家族（国）与散文书写策略：台湾当代女性散文论著》（2013）、王钰婷的《女声合唱：战后台湾女性作家群的崛起》（2012）、杨启平的《当代大陆与马华女性小说论》（2012）等一批台湾女性文学著作，从性别出发，探讨了国族、妇女主体与后殖民政治之间的缠绕关系，透露出了女性身份认同的艰难。相形之下，大陆学者的研究则更强调华文文学圈的同根同源性，致力于在性别文化互动的层面上打开讨论台湾文学的新空间，如林丹娅主编的《台湾女性文学史》（2015）作为首部大陆学者编纂的台湾女性文学史，以近百万字篇幅勾勒了从古代至21世纪初年台湾女性文学的缘起、发展、变化的历史脉络，把台湾女性文学的发掘、整理、解读和阐释工作搁置在中华母体文化与母体文学的视角下比较进行，希冀发现被湮没、被遮蔽的女性文学与文化元素，并揭示两岸性别文化的同源同根、同秉同性；樊洛平等著的《海峡两岸女性小说的历史流脉与创作比较》（2014）在比较研究中考察晚清以来海峡两岸女性小说发生演变的历史流脉，尝试勾勒两岸女性小说在不同的历史阶段分流与变异、落差与失衡、发展与融合的历史，归纳两者之间互动的内在规律。还有王艳芳的《论新世纪台湾女性自传性小说叙事话语的嬗变——兼及大陆与海外相关创作个案》（2011）、艾尤的《日常生活·身体叙事·性别政治——台湾女性小说"食、衣、色"书写透视》（2013）、周海琳的《"在地化"书写的疏漏——大陆版台湾文学史对1950年代台湾女性小说的叙述》（2012）等论文，一方面试图厘清台湾女性文学及其品格生成原因，肯定台湾女性文学对于整个中国现当代文学尤其是女性文学的重构所具有的不可或缺的价值；另一方面则试图在超越差异政治的基础上，在更高的层面上把握女性文学的整体性特征及其内涵嬗变。在台湾文学之外，对美国华文文学的性别分析也颇引人注目。如邱智晶的《美国华裔女性作家东方主义观研究》（2011）、王建会的《性别与种族政治：华裔美国女性文学作品研究》（2011）以及付明端的《从伤痛到弥合：当代美国华裔女作家笔下女性文化身份的嬗变》（2013），分别从后殖民主义、种族政治以及身份认同等角度对美国华裔女性文学在多重文化碰撞中所形成的性别书写特点进行系统解读，勾勒出了在后现代碎片化情境中女性写作的困惑与挣扎。

3. 从主题上看，重点之一是关注"性别、革命与民族国家"

该领域特别聚焦中国妇女运动的特殊性，将性别/女性文学更多地与民族国家建构、阶级革命、社会主义等联系在一起，以此来探寻妇女解放的特殊路径。如刘慧英的《女权、启蒙与民族国家话语》（2013）通过对民族国家话语的主流性别论述、早期《妇女杂志》相对"保守"的女性立场以及何震的无政府女权主义这三种性别向度的考察，重新讨论性别与政治、女性与家国之间的复杂关系，试图为中国性别研究提供一种新的阐释框架；汤尼·白露（Tani Barlow）的《中国女性主义思想史中的妇女问题》（2012）以"词语误用"为研究方法，从关键词入手，以文史互动的方式梳理了从19世纪末到20世纪90年代的中国女性主义思想史，尤其聚焦与进步论、殖民现代性、民族主义、毛泽东主义等相关的女性主义资源；颜海平的《中国现代女性作家与中国革命（1905～1948）》（2011）则将对女性书写的考察置于中国革命的背景下，通过研究秋瑾、冰心、庐隐、丁玲等现代女性作家的创作及其生命历程，从反抗“生物种性政治”的“弱者的反抗”的角度复原了“中国”、“革命”与“女性主义”相生相伴的各种复杂面向。论著之外，赵学勇的论文《天地之宽与女性解放——延安女作家群述论》（2013）讨论了延安女性书写如何以特有方式参与了新中国的文化设计与创构，指出，延安女作家表现出强烈的将女性解放与社会革命融为一体的群体性特征，由此开创了一种以历史感、崇高感和使命感为指向的新的女性话语表述空间；林丹娅等的《大革命时期的女性形象与文学创作》（2013）、李玲的《异己的环境中，主体何为——再论丁玲小说〈在医院中〉、〈杜晚香〉》（2013）、刘传霞的《论20世纪50～70年代爱欲叙述中的性别政治》（2011）、马春花的《“女人开火车”：“十七年”文艺中的妇女、机器与现代性》（2014）等论文，分别从妇女与国家政策、性别与欲望、女性劳动、女性主体塑造等角度，阐发了革命－社会主义时期将妇女问题放置在公共空间中处理所形成的独特性别政治。

4. 从主题上看，重点之二是关注“乡土文学中的性别问题”

这方面，王宇的《在知识男性与乡村女性之间：启蒙叙事的一个支点——〈在酒楼上〉〈春风沉醉的晚上〉〈二月〉〈迟桂花〉的互文性阅读》（2011）、《三仙姑形象的多重文化隐喻——重读赵树理〈小二黑结婚〉》（2013）、《乡村现代性叙事与乡村女性的形塑——以20世纪40～50年代赵树理、李准文本为例》（2013）、《“空白之页”与“变异转型”——孙犁乡村女性叙事的复杂性》（2014）等系列论文，通过对现当代文学中的经典作家的乡土小说的解读，从跨学科的视野来考察现当代文学中乡村妇女形象的演变，以及乡村妇女形象所背负的多重文化隐喻；指出乡村妇女难以被现代性整合的文化身份，表征着一种迥异于现代主体的另类/他者主体性，以乡村女性的形塑为支点，可以窥见20世纪上半叶的中国乡村错综复杂的权力纠葛。张莉的《政权意志、民间伦理与妇女翻身——以赵树理小说〈孟祥英翻身〉、〈传家宝〉为讨论中心》（2014）则认为赵树理乡村小说的意义在于，在政治话语与民间伦理之间以寻找契合点的方式重塑了新一代妇女形象。与上述论述有所不同，学界对于新时期之后乡土小说的性别分析，更侧重在城乡二元结构背景下展开，乔以钢等的《近三十年“城乡交叉地带叙事”中的“新才子佳人模式”——以〈人生〉、〈高老庄〉、〈风雅颂〉

为中心的考察》（2011）、董丽敏的《知识/劳动、青年与性别政治——重读〈人生〉》（2014）、李静的《悲悯：当代女性乡土小说的文学特征》（2015）等论文认为，20 世纪 80 年代之后的城乡社会变迁导致了农民劳动形态、价值观念和日常生活发生了一系列变化，也产生了女性身份认同、两性关系以及家庭观念等一系列需要调整的问题，如何在新的历史条件下有效地处理底层草根阶层的性别问题，不仅需要女性立场，也需要将女性问题与三农问题、小农经济传统等更大的问题发生关联，才能找到新的突破口。

三　研究不足和展望

尽管 2011～2015 年的性别/女性文学研究取得了明显的进展，但仍然存在着一些有待于进一步提升的空间。

首先，虽然本土化转向已经成为一种共识，但是美国、英国、德国、日本等欧美发达资本主义国家的性别理论及文学实践的译介依然是理论研究重点，在本土性与世界性混杂的格局中重塑世界女性文学的版图，进而探讨中国女性文学在世界文学中应有的位置，也依然方兴未艾（杨莹莹，2012；谭渊，2013；张向荣，2013；苏萍，2014）。如何将本土妇女解放的实践经验真正地理论化并有效运用于研究实践中，从而形成更有针对性的理论研究范式，显然仍需要探索。如王纯菲在《中国性别理论与女性文学批评》（2014）一书中，批评了中国女性文学批评领域一直存在的“以西律中”“借西构体”的问题，指出要走出西学话语樊篱进行民族主体性理论建构，并提出了建构中国女性文学批评民族主体性理论的构想；乔以钢等的《20 世纪 80 年代女性批评主体的文学实践》（2015）以翔实的史料分析了 20 世纪 80 年代以女性为批评主体的文学实践，指出当代女性文学研究者在特定的历史转折期性别主体意识逐步走向自觉，由此推动 20 世纪 80 年代的文学实践在理论资源、批评观念和研究方法上呈现出了多元并存、新旧杂糅的特点；林树明的《论 20 世纪 80 年代我国文学评论中的性别意识》（2015）则通过梳理 20 世纪 80 年代文学批评的论著，认为需要从性别意识的张扬及女性/女性主义文学特点之思考、女性/女性主义文学概念之争、对外国女性主义文学批评的辩证汲取等多个维度，展开对中国大陆 80 年代文学评论中的性别研究的考察；陈娇华在《近年来中国女性主义文学批评发展的新趋向》（2013）中认为，性别/女性文学研究的首要问题是“过于借鉴和移植西方女性主义理论，缺乏对本土女性资源的发掘利用，缺乏贴近本土女性创作实情的同情、理解批评”，指出需要发展以“社会身份新疆界说”为基础的将文化批评与文学审美相结合的“文化诗学”；王侃的《个人主义、性别结构及现代性》（2013）一文对20世纪90年代以来的中国的女性主义文学批评及性别话语进行了反思，认为女性写作只对个人/私人的经验范畴进行了精到的表述，却鲜有“普遍”的提升。综而论之，可以说，对以民族国家建构为目的的后发现代性国家特殊处境的了解不足，对妇女解放总是与阶级、革命纠缠在一起的历史实践的有意识误读，对女性尤其是底层劳动妇女作为历史实践主体的特殊生存经验的重视不够，才使得本土的性别/女性文学研究范式无法得到有效的修正与完善，因而如何在历史化与本土化中汲取理论资源，显然是本领域未来需要突破的主要问题。

其次，作为性别/女性文学研究的瓶颈问题之一，文学叙事层面的性别分析尽管有所推进，但同样没有实现语境化和体系化，这使得性别与文学的结合，未能深入文学肌理深处而产生出更大的阐释力。可以发现，类似于《女性主义叙事学的研究目标、原则与方法》（2012）、《女性主义叙事学的学科内涵及研究领域》（2014）等论文随处可见，但在中国性别/女性文学研究实践中，其落实的维度依然是相当有限的，更多停留在叙事文体、叙事伦理、叙事话语等层面上。如刘钊的《“女界新文体”与女性主体意识的觉醒》（2013）通过对清末民初“女界新文体”创作群体的考察，发现女性早期的白话文创作存在效仿男性写作模式的历史局限性，但在清末民初的启蒙话语中，这种来自女性的个体声音虽然微弱，却是现代女性主体意识觉醒的开端；李玲的《冰心小说〈相片〉的叙事伦理——兼论东方主体如何对待东方主义问题》（2013）以“东方主义”为进路展示了女性作为“东方主体”在叙事伦理方面面临的矛盾与分裂；沈红芳的《〈商市街〉中的叙事性与主体性》（2012）以鲜活的女性经验和细腻的女性心理表达为叙事特征，在性别、阶级、民族的综合分析框架内对女性个体的现实和文化处境进行了深入思考；王侃在《论1990年代中国女性小说的欲望叙事》（2011）一文中认为，20世纪90年代中国女性小说的欲望叙事别具意义，作为一种批判性的文学实践，女性在有关欲望的叙述和言说中，抵制了被对象化的命运，并构建了某种女性主体；王晖的《别样的在场与书写——论近年女性非虚构文学写作》（2015）从多维与多义话语空间形成、反思与建构的文化表达、见证与写实的书写姿态等角度，分析了近年来女性非虚构文学写作的独特性。总体而言，文学叙事层面的性别分析仍需要探索性别立场与文本分析之间的有效互动，以及叙事分析与内容分析有机结合的路径与方法，以形成更有说服力的分析框架。

再次，性别/女性文学研究如何有效地回应消费社会、大众传媒、少数族裔的性别问题，从而占领学科前沿领域，并生产出更多的引领性话语，这方面的思路尚未全面打开。就性别政治与消费社会研究而言，陈惠芬等著的《现代性的姿容——性别视角下的上海都市文化研究》（2013）通过对20世纪20～30年代上海独特的都市化过程中的性别与消费之关系的研究，从女性主义立场重构了性别、消费与现代性的文化地图，并强调了女性在现代性过程中的身份自觉、挑战姿态与主体地位；姜云飞的《20世纪上半叶女性文学与时尚文化》（2013）一书认为，作为政治、性别和消费主义三种意识形态互相争夺的场域，身体与时尚在20世纪上半叶的中国女性文学中变幻不定，既有“革命的身体”叙事与女性经验之间的对峙，也有消费主义与女性主体性的博弈；郭力的《消费时代女性身体写作的言说困境》（2012）肯定了新生代女作家个人化的感受生命的方式，也指出了其困境所在。可以看到，性别/女性文学研究之于消费社会的思考，抓住了“身体”“时尚”等关键词，但尚未分析到支撑消费社会的政治经济体制，也较少触及全球资本主义一体化这一决定了国际政治、经济、社会、文化格局的根本性因素，如何在更为开阔的跨学科视野中引入更具批判性的理论资源，未来这一领域仍有进一步深入的空间。

以网络为核心的新媒体的崛起，为性别/女性文学研究提供了新的契机，也产出了一些成果，如唐晴川等的《论网络文学女性写作的叙事特征——以盛大公司旗下红袖添香网站为例》（2011）、亓丽的《女性主义视野中的当下网络言情小说》（2012）、陈伶俐的《当代网络修真小说中女性书写的创作特点和写作惯性——以云芨〈一仙难求〉为例》（2013）、胡清等的《网络言情小说改编电视剧的女性主义叙事策略探析》（2013）、徐艳蕊的《网络女性写作的生产与生态》（2015）等。这些论文将性别视角嵌入文学网站、类型文学、文学生产等新媒体领域，剖析了性别政治在新的文学与文化生产机制中生产与再生产的过程及其特点，探讨了网络女性主义的可能性。如果意识到性别/女性文学研究只有与主流文学文化发生关联才能有效扩展自己的影响力与生命力的话，那么上述努力显然是必要的。问题在于，面对网络文学的蓬勃发展，性别/女性文学研究的反应仍显迟缓，表现在如下：这方面的论文数量严重不足，有影响的成果更是偏少；研究队伍以青年教师及博士生为主，资深学者限于学术趣味与知识结构，介入不足；研究范式大多从纸质媒体文学而来，与新媒体、新技术等相适应的研究资源仍显匮乏。如何建立起与中国3.33亿文学网民、2000万互联网写作者相适应的性别/女性文学研究队伍/理论框架，未来仍然任重道远。

作为中国性别/女性文学研究中边缘而又重要的组成部分，少数民族性别/女性文学研究在这一时期也较为活跃，出现了如黄晓娟等撰写的专著《中国当代少数民族女性文学研究》（2014），该著作聚焦了满族、藏族、回族、蒙古族、维吾尔族、彝族、苗族、纳西族、土家族等中国主要少数民族的女性创作，全面反映中华人民共和国成立以来中国各个少数民族女性文学的基本发展状况，从女性经验与民族文化传统、女性话语与族群记忆、多元文化背景下的女性书写、民族身份与作家身份的建构与交融等多个方面分析了少数民族女性文学的独特追求。除此之外，乔以钢等的《"被发明的传统"：当代蒙古族文学蒙元女杰想象》（2014）、吴晓棠等的《论哈萨克女性文学创作的发展》（2014）、吴雪丽的《漂移的书写者——达斡尔族女作家萨娜论》（2014）等论文，分别从历史资源、现实处境、美学追求等不同维度深化了对少数民族女性文学的理解。如果意识到民族问题在当下中国社会的重要性以及身份政治在族裔认同中所具有的举足轻重的位置的话，那么，对于少数民族性别/女性文学研究的关注度显然还需要大大提升，尤其是对于底层少数民族妇女生存经验的把握，这对于未来凝聚社会共识、增进民族团结，将是不可或缺的。

综上所述，可以认为，2011～2015年的性别/女性文学研究在本土化转向意识的引领下正在走向深入，聚焦晚清文学、海外华文文学这两大学科领域，以深切的人文关怀推进了"性别、革命与民族国家"和"乡土文学中的性别分析"这两大研究重点的形成，同时，也在本土妇女解放经验提炼、文学叙事层面的性别分析、消费社会、大众传媒、少数族裔的性别问题等方面留下进一步反思和讨论的空间。作为新兴学科，性别/女性文学研究仍有"漫长的道路"要走。

古代妇女/性别史研究综述（2011～2015年）

李志生　王丹妮*

一　研究概述

相较于21世纪的第一个10年，2011～2015年大陆的中国古代妇女/性别史研究，总体呈平稳发展态势，但学科中各个领域的发展还是有所不同的。2011～2015年，大陆中国古代妇女/性别史的研究成果众多、选题丰富，一些论著、议题引起了学术界的较大关注。据我们的统计，这五年间，妇女/性别史的刊发论文在1200篇左右、著作则有60余部①。

2011～2015年，大陆中国妇女/性别史的学术活动不多，上海师范大学2013年召开了规模较大的“新视野下的世界妇女史研究”国际学术研讨会，论文与讨论囊括了古今中外妇女/性别史，尤其注重对前一时期研究状况与学科建设的总结评析，倡导进一步扩大研究视野，打通中外妇女史研究领域。中华书局《文史知识》编辑部2011年以“历史中的中国女性”为题，举办了第一届《文史知识》论坛，主要议题包括儒家文化与女性、如何将文史结合进行女性研究等。与此同时，中国香港、日本、美国等地区和国家，则有较高水平的会议或研讨班，其成果的出现及参与者之间的交流，在一定程度上全面推动了中国妇女/

* 作者简介：李志生，女，北京大学历史系副教授；王丹妮，女，北京大学历史系硕士研究生。

① 相关论著的统计以如下四种方式进行：一是数据库（中国知网、万方数据知识服务平台、百度学术、中国人民大学“复印报刊资料”、可搜集到的研讨会议论文集等），二是关键词，三是重点刊物（包括中国港澳台及英语世界的论文索引等），四是重点学者。另外，因妇女/性别史与女性学、社会学、民族学、人类学、文化学、文学、哲学以及政治、经济、法律等几乎所有人文、社科学科都有交叉，所以研究范围的界限难以严格划定。有鉴于此，本文的论著收入标准有二：一是选题，须以妇女/性别史为议题；二是使用的材料，所用基础材料一般须为史籍。

性别史的发展①。

自20世纪90年代开始，大陆的一些高校陆续开设了妇女/性别史课程，进入21世纪后，课程数量持续增加。据胥莉的《中国大陆妇女/社会性别史课程建设述评》（2012）一文，中国46家具有历史学一级学科博士点的高校及科研院所开设有妇女/社会性别史的本硕博课程，开课的数量自1995年至2010年由5门增加到62门，呈快速增长态势。同时，各个硕博点及其相关课程对学生的培养也在2011～2015年结出了丰硕成果。据统计，2011～2015年，大陆的妇女/性别史硕博论文有200余篇。通过这些论文可以看到，大陆的许多年轻学者受束缚少，视角开阔、选题多样，他们中的一些佼佼者，既有扎实的实证史学基础，也有掌握外语、前沿理论的优势，所以他们勇于向过去研究较少的领域进军，在深入学习性别理论的基础上，写出了性别视角下的新文化史著作。这也成为这五年中国古代妇女/性别史研究的重要亮点之一。

二　主要研究内容

（一）妇女/性别史理论

妇女/性别史研究的理论探讨，是大陆学者们近年来持续关注的重要议题。2011～2015年发表的相关论文中，高世瑜的《妇女史研究的瓶颈——关于史料鉴别问题》（2011），主要探讨了妇女史的史料问题，分析了目前大陆妇女史发

① 如2010年香港浸会大学举办了“性别视野中的中国历史新貌：研究与教学经验交流会暨语录及书籍展览”活动，成果见刘咏聪主编《性别视野中的中国历史新貌》，北京：社会科学文献出版社，2012；2012年5月香港中文大学历史系主办了“古代及中古之女性与法律宗教”学术工作坊，成果见蒲慕州主编《礼法与信仰——中国古代女性研究论考》，香港：香港商务印书馆，2013。美国的会议如2006年3月在美国加州大学尔湾分校（University of California, Irvine）主办的“中国历史中的妇女传记与性别政治”（“Women's Biography and Gender Politics in China”）国际研讨会，成果见游鉴明等主编《重读中国女性生命故事》，南京：江苏人民出版社，2012；2010年8月在美国加州大学戴维斯分校（University of California, Davis）举办了名为“向前推进：社会性别和中国历史”（“Moving Forward：Gender and Chinese History”）的研讨班，成果见柏文莉（Beverly Bossler）主编《社会性别和中国历史》（Beverly Bossler, ed., *Gender and Chinese History*, Seattle and London：University of Washington Press, 2015）。2013年，日本青山学院大学也举办了“日中韩女性史国际研讨会：女性史·性别史视角下的东亚历史面貌”学术研讨会。

展的阶段和状况。畅引婷和光梅红的《当代中国妇女与社会性别史研究述评》（2015），则总括出了妇女史研究理论的16项内容，并就这些内容爬梳了大陆目前的研究状况。杜芳琴的《如何将父权制和社会性别理论引入中国历史研究——个人的体悟与实践》（2011），从个人的研究经历出发，梳理了大陆中国妇女史研究近30年的理论历程。刘秀丽的《从"情感"角度重观中国妇女史》（2011），强调从女性"情感"与主体经验角度重新观察妇女史。铁爱花在《妇女史研究拓展须"宽""深"相济》（2011）一文中，着重指出了在女性资料碎片化、分散的前提下，全面搜集、整理并精心辨析、利用材料的重要性。

（二）学术史

2011～2015年，有若干相关的综述文章发表。周婵娟的《简帛所见妇女史史料整理与研究综述》（2014），介绍了简帛中的妇女史料及相关研究成果。姚琪艳的《汉代女性研究综述》（2015）则综括了汉代妇女研究的学术史。对唐宋妇女史研究的回顾，有胡海桃的《近十年唐代女性研究综述》（2012）和王申的《近10年唐宋妇女史研究的回顾与反思》（2012）。关于明清知识女性，则有娄欣星的《明清江南文学家族女性群体研究综述》（2014）和姚敏的《近二十余年清代知识女性问题研究综述》（2013）。关于妇女的身体医疗史，陆溪的《宋代女性身体史的国内研究回顾》（2011），梳理了20世纪80年代以来的相关研究状况；田艳霞的《中国古代女性医学史研究综述》（2012），则回顾了近十年来的相关研究历程及三个发展阶段。另外，魏开琼的《中国妇女口述史发展初探》（2012）考察了20世纪90年代以来的大陆妇女口述史发展；褚艳红的《20世纪美国的明清妇女史研究》（2012）和柳雨春的《身体、文本、权力与日常经验——欧美中国妇女史研究的新视野与新成果（2000年至2013年7月）》（2014）、《诗词、传记和历史——海外中国妇女史研究的新成果（2012～2014）》（2015）等文，则对欧美的相关研究做了综述与分析。

（三）通论通史

在通论著作方面，杜学元的《社会女性观与中国女子高等教育》（2011）以女性主义为研究视角，以社会发展时期为节点，考察了近代中国以前各个时期的女性观及其影响下的女子高等教育情况。焕力的《中国后妃政治》（2012）概述了从春秋时期到清朝的后妃政治活动，探讨了后妃政治涉及的重大关系领域，分析了历史上后妃政治的主要朝代及具体作为。程郁的《蓄妾习俗及法规之变迁》（2013），运用社会性别理论审视多重史料，探讨了中国历史上的蓄妾习俗及相关的法规变迁。陈学明、秦博的《经与权：中国传统女性观与妇女生活的变迁》（2015）研究了从秦至近代的中国女性观念及其影响下的女性生活，并在性别视角下着重关注了理论与现实的离合。另外，这五年间，陈高华与童芍素联合主编的多卷本《中国妇女通史》以时代为序，自上古至近代，分为10卷，这是迄今第一部大型的中国妇女通史著作，虽然在理论范式上仍然是添加史，但无疑具有填补空白的意义。2011年，方建新、徐吉军的宋代卷，张国庆、韩志远、史金波的辽金西夏卷和陈高华的元代卷也陆续出版，至此这部多卷本的妇女通史著作的古代部分全部出版。

在论文方面，付开镜的《中国古代崇母贱妻论》（2011）探讨了中国古代女子地位的一个重要现象——母崇妻贱，指出了中国古代妇女地位的两重性特点，此文对理解中国古代妇女人生阶段的差异性无疑是具有意义的。

（四）教材

2011～2015年，有两本教材出版。一本是邓小南、王政、游鉴明主编的《中国妇女史读本》（2011），它选取海内外具有代表性的论文，展示中国妇女史研究的新观念、新视角，为读者深入认识和研究妇女史提供了借鉴和便利。另一本是李志生的《中国古代妇女史研究入门》（2014），此书从当前中国古代妇女史的理论框架、主要材料、研究现状出发，对中国古代妇女史研究中的关键问题（如妇女身体史和以文本解读妇女历史）进行了讲解，使读者得以窥见中国古代妇女史研究的门径。

（五）断代史

2011～2015年，大陆的中国古代妇女史研究还是以断代专题为主。先秦方面，焦杰的《性别视角下的〈易〉、〈礼〉、〈诗〉妇女观研究》（2011）一书，围绕男阳女阴、男尊女卑和窈窕淑女等三个方面，运用性别视角对《易》《礼》《诗》三部经典中的妇女观进行了分析。赵东玉的《从男女之别到男尊女卑——先秦性别角色研究》（2012），以性别与两性关系为研究主题，对性别角色在先秦的出现、初步形成、确定和强化做了缕析。肖发荣的《先秦女性社会地位研究》（2013）一书架构宏大，从理论如母系制、母权制、女性在生产劳动中的作用、“女神”信仰等，到具体问题如婚姻、巫术、禁忌、战争、哲学、女性主体意识等，均有涉及。除了相关专著，在论文方面的介绍也很丰富。如，焦杰的《试论先秦冠礼和笄礼的象征意义》（2011）认为，自进入阶级社会后，冠礼和笄礼不再是男女获得成人资格的象征，而成为西周宗法社会剥夺女性社会权力、实现男性统治的有效工具。王小健的《服制与礼俗——周代妇女“三从”的礼仪符号及制度展现》（2015），则从丧服制度入手，探讨了周代妇女“三从”的礼仪符号意义及制度展现情况。

秦汉方面，有3部专著出版。顾丽华的《汉代妇女生活情态研究》（2012）一书，从国家制度规范、妇女现实生活、特殊女性群体——婢女等三个层面对汉代妇女的日常生活进行了探讨，该书立足于女性视角重点探讨妇女最重要的日常生活，是一部有意义的社会性别著作。吴从祥的《汉代女性礼教研究》（2013）一书，探讨了汉代女性礼教的渊源、发展阶段、内容、传播、影响和局限。另外，还有田艳霞的专著《汉代女性研究》（2013）。论文方面，贾丽英的《秦汉出嫁女与父母本家关系探析》（2012），从伦理、亲情、法理与日常实态、承产承爵等方面讨论了秦汉出嫁女与父母本家的关系。在2011～2015年的妇女史研究中，女性阅读是热点之一。关于秦汉时期的女性阅读，顾丽华的《汉代女性阅读活动述评》（2013）探讨了汉代妇女阅读的一般状况、阶层及性别差异、背景原因、对自身的影响等。汉简的整理对妇女史的研究也有推进，何晋发表了两篇北大入藏汉简《妄稽》的研究论文——《北大汉简〈妄稽〉简述》（2011）、《文学、家庭和女性——以〈妄稽〉和〈孔雀东南飞〉的比较为例》（2014），他认为《妄稽》的写作是对妒妇进行劝诫，此文对了解汉代妇女生活具有重要意义；朱凤瀚的《北大藏秦简〈教女〉初识》（2015）一文，则对秦简《教女》做了整理与释读，指出此文是秦人专论女教的文献，其较班昭《女诫》早300余年，因此成为研究中国古代两性关系史与社会生活史的重要文献。再有关于和亲，黎虎发表了两篇文章《解忧公主与王昭君比较研究》（2011）、《和亲女的常驻使节作用——以汉代为中心》（2011）。前文比较了汉代最著名的两位和亲女解忧公主和王昭君的历史作为和贡献；后文则提出，在常驻使节尚未产生的古代世界，和亲女起到了替代常驻使节的作用。

魏晋南北朝方面，张承宗的《六朝妇女》（2012）综括了六朝时期的妇女历史，该书在理论范畴上仍属添加史。另外，贾小军的《魏晋十六国河西社会生活史》（2011）一书，以专章探讨了这一时期河西壁画墓中的“夫妇劳作图”和河西世族女性生活情况；陈爽的《出土墓志所见中古谱牒研究》（2015）则以专节探讨了中古谱牒中的女性书法与妇女的社会地位。在论文方面，关于女性与政治，束莉的《魏晋南北朝女性的经世实践与文体成就》（2014）探讨了魏晋南北朝女性参与社会活动的多样化、纵深化及其对女性文体的影响；苗霖霖的《北魏女官制度考略》（2015）则研究了中国古代女官制度的确立及细化。关于女性生活，夏增民的论文《身体与空间：汉魏六朝时期上巳节中的女性与女性活动》（2012）分析了汉魏六朝时期上巳节中的女性活动空间由广阔到狭窄的演变及原因。关于女性观念，张小稳的《女性自我意识的觉醒——魏晋南北朝婚姻伦理的一个维度》（2014）探讨了魏晋南北朝女性挣脱儒家伦理纲常的强烈自我意识表现及成因。

隋唐五代方面，著作有周晓薇、王其祎的《柔顺之象：隋代女性与社会》（2012）、葛承雍的《女性与盛唐气象》（2013）、陈丽萍的《贤妃嬖宠：唐代后妃史事考》（2014）等，其中《柔顺之象：隋代女性与社会》和《贤妃嬖宠：唐代后妃史事考》是两部实证研究著作。《柔顺之象：隋代女性与社会》可称为隋代妇女史的开拓之作，它充分运用了隋代墓志铭，弥补了相关传世文献的稀缺，问题研究深入、精当；《贤妃嬖宠：唐代后妃史事考》则梳理了“内命妇”“后妃与宫人”等概念，简析了正史的传统书写模式，重点对两唐书《后妃传》及其他史料中有关记载的错漏混淆进行了辨析补充。论文方面，有五个值得关注的主题。一是关于2013年上官婉儿墓葬的发掘及墓志的发表引发的大讨论，台湾学者郑雅如在此之前，就发表了《重探上官婉儿的死亡、平反与当代评价》（2012）的重要文章，而李明、耿庆刚的《〈唐昭容上官氏墓志〉笺释——兼谈唐昭容上官氏墓相关问题》（2013）、仇鹿鸣的《碑传与史传：上官婉儿的生平与形象》（2014）、郑雅如的《唐代前期预政女性身分的官僚化：从上官婉儿墓志谈起》（2014）等重量级文章的出现，是通过妇女问题而引发史学界关注的又一个集团式研究案例，令人振奋。二是关于佛道两教，李裴（《民间与官方、政治与宗教：以唐代女真白日升仙现象为中心的考察》，2011）、谢健（《唐代虐婢故事的宗教观念发展与女性声音发露》，2012）、张梅雅（《同行解脱之道：南北朝至唐朝比丘尼与家族之关系》，2012）、焦杰（《唐代道教女信徒的宗教活动及其生活：以墓志材料为中心》，2013；《唐代比丘尼的种类、受戒习业以及弘法活动》，2014）、李志生和伍婷婷（《唐代女子的佛教孝亲活动及特点：以出嫁妇为主的考察》，2015）等的研讨值得关注。三是关于女子教育，相关的论文有周晓薇、王其祎的《适人之道：隋代在室女子的家庭教育》（2012）、戴晓芹的《从墓志看阅读对唐代女性生活的影响》（2014）、郭丽的《唐代女教书〈女孝经〉相关问题考辨》（2011）等。四是关于妇女的人生阶段与家庭生活，主要见于蒋爱花（《唐代人口与家庭研究：以墓志铭资料为中心》，2012；《唐代家庭人口辑考：以墓志铭资料为中心》，2013）、张国刚（《唐代家庭与社会》，2014）的著作和万军杰的论文（《唐代女性的初婚年龄》，2014），这些论著主要通过墓志研究了唐代妇女的生、死、婚丧嫁娶、人生阶段、宗教信仰等。另外，张荣强对敦煌、吐鲁番两地成年在室女称谓差异及形成历史原因的探讨（《唐代吐鲁番籍的"丁女"与敦煌籍的成年"中女"》，2011），也值得注意。五是关于妇女日常生活，李志生有对唐代妇女食、住的研究（《中门和中堂：唐代住宅建筑中的妇女生活空间》，2013；《唐代妇女的馈食之责》，2013）。

宋代方面，铁爱花的《宋代士人阶层女性研究》（2011）、邵育欣的《宋代妇女的佛教信仰与生活空间》（2015）、王扬的《宋代女性法律地位研究》（2015）是重要的三部著作。铁爱花的著作对秩序规范和妇女生活实践两方面的具体问题进行了探讨，而对秩序规范的研究，又是该书的亮点。邵育欣的著作以妇女为主体，强调在佛教生活中，妇女既受主流社会影响，也参与推动主流趋势，并以"生活空间"为维度，讨论了女信徒的日常活动、对死亡的想象和佛理践行等，该书贯穿的女性视角值得称道。而这一时期的论文选题丰富，既有传统的政治议题，也有对妇女生活细节的探讨。关于妇女参政，邓小南在《存在？不存在？——女性与中国古代政治史》（2012）中，梳理了妇女与政治这一议题的前沿研究，并以宋代妇女参政为例，阐述了政治这一概念的模糊性与延展性，提示了政治史和妇女史研究的新路径；刘广丰的《北宋女主政治中的女性意识——以对刘太后的考察为中心》（2014）则分析了刘太后与男性皇帝共治天下的政治欲望与"巾帼不让须眉"的女性意识。关于宋代妇女的消费文化，刘秋根、任欢欢的《宋代女性时尚消费》（2011）分析了宋代女性时尚的消费构成、时尚潮流的人群流动及这一消费的社会影响；易水霞、花传国的《从茶诗词看宋代茶文化中的女性角色》（2011）则将宋代妇女参与茶文化分为三层次，即辛勤采茶、卖茶人——下层劳动妇女、精通茶艺的侍茶人——歌妓侍女、孤独幽怨的尚茶者——上层知识女性。关于宋人的产育儿女，杨果、陆溪的《弄璋弄瓦：宋人产育中的性别选择》（2014）分析了宋人从受孕、怀孕到出生后对婴儿性别的干预；刁培俊、张文燕的《芳名遗踪：宋代女性人名用字探考》（2012）和杨果的《从宋代妇女名字看社会性别文化建构——以宋人笔记为中心》（2014），则探讨了宋代女性名字背后的文化内涵。关于妇女的日常生活，铁爱花对妇女行旅进行了研究（《宋代女性行旅风险问题探析——以女性行旅遇劫为中心》，2015）。

辽金元方面，除前文谈到的通史类断代史成果外，张邺的《契丹巾帼：辽代契丹族女性研究》（2014）一书，对内外命妇、下层女性、女性观、女性的社会关系、辽代杰出女性等问题进行了缕析。论文方面，贾淑荣的《北方游牧民族收继婚俗中的女性——以辽金元为例》（2014）认为，辽金元三朝妇女在社会经济文化发展、贞节观加强后，对收继婚充满了挣扎与无奈。关于辽代妇女，两篇关于辽道宗朝党争时后族的文章值得关注，一篇是熊鸣琴的《钦哀后家族与辽道宗朝党争考论》（2013），考察的是钦哀后家族联姻皇室的情况以及这一联姻皇室群体在党争中的政治分化；另一篇是康鹏的《辽道宗朝懿德后案钩沉》（2015），考索了道宗懿德后被诬与伶人赵惟一私通、含冤而逝之案。关于金代妇女，对皇亲贵妇的研究值得关注，像贞懿皇后的政治参与以及出家原因（刘肃勇的《李洪愿出宫回归辽阳当尼姑史事考述》，2013；张君弘的《论贞懿皇后、金世宗与辽阳政变》，2013；王德朋的《金代贞懿皇后出家原因新议》，2014）、后宫制度和命妇（张宏的《金代后妃的选纳范围与标准》，2011；《浅析金代后妃的选纳途径》，2012；赵永春、王姝的《金代品官命妇获封赠途径研究》，2014；王姝的《金朝后妃封号与选纳制度探析》，2015）。西夏方面，张琰玲等爬梳了唐宋元的西夏女性人物（《元代西夏女性遗民人物史料整理与研究》，2013；《党项与西夏女性人物汇考》，2014），探讨这些人物所反映的女性社会地位、社会关系等。关于元代妇女，张楠、贾陈亮的《蒙元后妃宴礼探析》（2012）一文，考察了在依照旧俗进行的蒙古人饮宴中后妃的参与及其礼俗情况。李洁、何沙的《从〈郑氏规范〉探析元代女性的家庭角色与地位》（2012）通过对《郑氏规范》168 项细则的研究，分析了元代妇女为女、为妻、为母三种身份中所处的家庭角色与地位。吴志坚的论文《元代的乐妓》（2011）以《元典章》为中心，考察了乐妓在元杂剧角色体系形成过程中发挥的作用。

明清方面，著作所涉及的主题非常丰富，其中衣若兰的《史学与性别：〈明史·列女传〉与明代女性史之建构》（2011）和李国彤的《女子之不朽：明清时期的女教观念》（2014）两书特别值得关注。衣若兰的著作尝试从性别的视角分析《明史·列女传》的建构，生动地呈现了明代女性史传的构成及模范女性的建构过程。李国彤的著作则从女教、女学及妇女启蒙等三方面，逐一考察了明清时期女教传统的衍变和才女文化的兴盛，并反思清末民初的妇女启蒙观念及其在国家民族话语中的变奏。另外，陈晓昀的《明代女性复仇故事的文化史考察》（2011），从探讨女性暴力与女性柔弱的冲突点的问题意识出发，考察了明代文人士大夫处理伦理脉络下被“正名”的女性暴力——“女性复仇”的态度。陈超的《明代女性碑传文与品官命妇研究：以“四库”明人文集为中心的考察》（2013）整理、分析了“四库”明人文集中的女性碑传文，并以此研究了明代品官命妇群体。林延清等的《明朝后妃与政局演变》（2014）通过对明朝后妃制度和有代表性的后妃的剖析，纠正了明朝后妃不介入朝政的传统观念。此外，著作方面还有赵崔莉对明清妇女社会生活的勾勒（《被遮蔽的现代性：明清女性的社会生活与情感体验》，2015）、吴正茂对清代妇女改嫁的再研究（《清代妇女改嫁法律问题研究》，2015）以及彭勇、潘岳著的《明代宫廷女性史》（2015）等。论文方面，有对传统议题的再探讨，如关于帝母后妃的研究，宋松华的《明成祖生母之谜》（2011）、王思治的《“太后下嫁疑案”辨证》（2011）、张慧的《清人对明懿安皇后之想象——〈明懿安皇后外传〉考证》（2015）等文都值得关注。再如对婚姻中妇女的探讨，赵秀丽的《明代妒妇研究》（2012）分析了明中后期“妒风”的盛行及原因，麻勤、赵媛的《女性文化视角下我国贞节牌坊空间分布及成因初探》（2015）一文，则收集了明清时期296座贞节牌坊，探讨了这些牌坊在各地的分布及大量涌现的原因。除传统议题，20世纪末21世纪初以来的一些热点话题，也有值得关注的研究。如才女文化，其研究进一步向纵深拓展，相关论文如金文凯的《论清代海宁查氏家族闺阁诗人群体——以稀见稿本〈海昌查氏诗钞〉为中心》（2012）和谭邦和、黄曼的《晚明墓碑文中的知识女性》（2013），分别将史料延伸到了稀见稿本和碑志；张聆雨的《清代女性著述出版途径考》（2012）则由才女写作延伸到了女性著作出版；肖亚男的《清代才女晚婚现象及其成因述考——以〈清代闺秀集丛刊〉为基础》（2015）更考察了清代才女晚婚的情况。再如文本书写与妇女，毛立平的《档案与性别——从〈南部县衙门档案〉看州县司法档案中女性形象的建构》（2015），通过《南部县衙门档案》中官员、丈夫和妇女本人对司法档案记录的影响，探讨了州县档案中女性形象的建构；石晓玲的《清代士绅家族对女性的道德形塑——以女性忆传为中心》（2015），通过士人为自己家族女性所做的忆传，追踪了清代女性被形塑和自我形塑以及成为男权制下道德偶像的过程。还有妇女与医疗，陈玉女的《明代妇女的疾病治疗与佛教依赖》（2011）考察了佛教提供给妇女的诊疗与心理安慰；张田生的《女性病者与男性医家——清代礼教文化中的女性隐疾应对》（2014）考察了男女之防下的女性隐疾与男性医家。最后是妇女社会空间的拓展，陈宝良的《明代妇女的社会经济活动及其转向》（2011）显示，明代妇女不但在家庭中扮演着管理者的角色，也广泛参与着社会经济活动；赵崔莉的论文《明清女性职业的多元拓展及价值提升》（2014）则从就业方式、从业角色、从业人群、从业动机、就业地域、性别角色、职业形象、职业类型等方面，考察了明清女性职业的多元拓展及其对女性多元价值提升的影响。

（六）民族与区域史

民族妇女史研究方面，黄秀蓉的《历史时期土家族妇女生活与社会性别研究》（2011）一书，对土家族妇女历史做了鸟瞰式梳理，讨论了土家族源流与土家族妇女史分期、性别机制在各个时期的表现及运作等。论文方面，定宜庄的《关于清代满族妇女史研究的若干思考》（2014）对满族妇女史研究进行了反思，作者认为从事满族妇女史研究，首先要重视原始文献、特别是满文史料，因为满族的特殊习俗与制度在转成汉文后，很多失去了原义；而满族特有的八旗制度，对满族妇女生活的规范和影响有其独特性，并不可以惯常视角论之。张兴的《身体、权力与教育：哈萨克族古代传统女性的养成》（2011）从哈萨克族的游牧生产、生活方式出发，探讨了自然选择下，劳动分工所导致的女性身体弱化及其相对应的古代传统女性教育。吴明冉的《南北朝至隋唐碑铭反映的羌人女性地位》（2014）利用石刻材料，结合传世文献，考察了中古羌人女性的婚姻和社会活动。吴才茂的《清代苗族女性史料的发掘与运用举隅——以清水江地区为例》（2015）结合贵州清水江地区发现的契约文书、碑刻和族谱等民间生活史料，探讨了清代苗族女性的问题。田欢的《清代法律档案所见维吾尔社会中的女性地位》（2015），通过对清代新疆刑事和民事法律档案的研讨，指出与对穆斯林女性保守、受男权压制的刻板印象不同，传统维吾尔族女性享有较高的家庭地位和经济、生活自主权。

关于区域妇女史研究，除贺艳秋的《浙江妇女发展史》（2013）外，凌冬梅的《浙江女性藏书》（2015），缕析了浙江女性藏书史、历代女藏书家、藏书活动的幕后女性、女藏书家的文化成就、传略等。论文方面，陈雁的《财产与性："清水江文书"中的寡妇》（2014），借助"清水江文书"中的相关材料，对中国传统社会寡妇的相关问题展开讨论，其对底层社会和老年寡妇的关注更值得注意。

（七）专题史

著作方面，杜学元的《社会女性观与中国女子高等教育》（2011）将近代前的女性主体意识分为五个时期，并分别讨论了各个时期的女性观与女子高等教育。论文方面，关于妇女身体与医护史，下面的一些研究值得关注，焦杰的《传统习俗禁忌中的"厌女情结"及其原因考察——以社会性别和人类学为视角》（2014）运用社会性别的视角考察"厌女情结"；陈昊的《中古中国的占卜与妊娠女体——以〈产经〉类书籍为中心的研究》（2013），则以《产经》类书籍为切入点，探讨了中古中国的占卜与女性妊娠的关系；李志生在《中国古代女性医护者的被边缘化》（2012）中，对中国古代女性医护者进行了分类，并探讨了女医被边缘化的原因。关于妇女文本，向燕南、王汐牟的《中国古代历史书写中妇女形象的迁变》（2012）一文探讨了妇女在历史书写中呈现的形象及变化原因。

（八）译介与研究

20世纪末以来，妇女史在中国大陆的重新兴起，一直就伴随着对西方研究经验的借鉴，2011～2015年，又有多部海外的中国古代妇女/性别史著作被翻译、引进，其中最值得关注的有：方秀洁（Grace S. Fong）与魏爱莲（Ellen Widmer）编的《跨越闺门：明清女性作家论》（2014）、曼素恩（Susan Mann）的《张门才女》（罗晓翔译，2015）、魏爱莲的《美人与书：19世纪中国的女性与小说》（马勤勤译，2015）等。另外，伊沛霞（Patricia Ebrey）和姚平主编的《当代西方汉学研究集萃·妇女史卷》（2012）将美国研究领域中的一些经典、开拓性的论文介绍到国内。除了这些著作的内容本身值得关注外，作者的“中文版序”、编者的“序”和“前言”及一些译者的导论都是对相关问题的最新阐释，也颇具参考价值。

与此同时，中国学者还对美国的中国妇女史研究进行了整体探讨。如张宏的《近年来美国的中国妇女史研究范式的嬗变》（2012）一文，分析了20世纪90年代以来美国的中国妇女史研究挑战和颠覆妇女受压迫模式的嬗变过程；褚艳红的专著《变动的视角：20世纪60年代以来美国的中国妇女史研究》（2015）则运用学术史和史学史的方法、从研究视角变迁的角度对20世纪60年代以来美国的中国妇女史研究展开了全面考察，梳理了自传教士阶段以来的中国妇女史研究状况及发展脉络，并剖析了其内在历史语境；党为在其著作《美国新清史三十年：拒绝汉中心的中国史观的兴起与发展》（2012）中辟专章介绍了美国清代妇女的研究状况和成果，指出曼素恩《缀珍录》没有关注到满汉对比的遗憾。

三 研究不足与展望

通过梳理2011～2015年大陆的中国古代妇女史研究，可以看到，这一领域继续保持着迅猛发展态势，成果繁多；论著普遍突破了妇女受压迫的传统思维模式，而强调妇女的能动性；一些学者对性别理论的运用更加自如，女性视角的分析更为有效；宏观的著作比例下降，中观的分析增多。虽然如此，也存在着不足：一是微观研究中的“碎片化”现象；二是罗列理论、概念而非有效运用；三是“地位”“作用”“贡献”类宏大议题的比例虽在减少，但仍不乏此类的泛泛之作；四是选题视野不够开阔、新史料运用滞后；五是选题重复，没有新意。

关于大陆中国妇女史的未来发展，许多妇女/性别史研究者都强调对外来女性主义、社会性别理论不能亦步亦趋，这无疑是确论。但对欧美的研究进行借鉴和参考，这也是势在必行。像欧美近期的研究热点——专题史讨论、传记研究愈趋热门、史料的拓展与审视、以性别思维重新审视历史从而达到以两性平等立场改写历史的目的等，都会对我们开阔思路有所助益。

专题史讨论可以集中学者的优势，从各个方面对相关问题做深入探讨，像国际学界对南宋在室女财产权的大讨论，再如两岸学者对上官婉儿的讨论等。而运用统计学方法进行传记研究，其实是计量史学后史学细化与深化的结果，也是妇女/性别史成为“人”的历史的重要研究路径。2011～2015年，以计量史学为研究方法的论著仍然不少，特别是在中古史的研究中，以墓志作为统计对象依然是这一时段研究的突出特点之一。这些研究通过大量数据，对相关研究议题提出了总括式结论，也为其后的精细研究打下了基础。而自20世纪80年代以来，西方史学界出现了向新文化史的转向，在这一潮流下，计量史学著作的枯燥、晦涩、公式化也受到了批评，复杂的统计有时并无助于揭示历史真相，特别是对独具个性的人的活动动因及走向而言更是如此。西方妇女史界对此转向的回应是生动、个性化、情感取向的个体微观研究，如曼素恩的《张门才女》就是其中的代表作。对比之下，在大陆的中国古代妇女/性别史研究中，计量史学的流行风依然强劲，而个人例证式的研究则鲜见。

妇女史料是西方及港台学界都至为关注的一个议题，它既包括对史料的拓展，也包括对史料的解读及运用，香港学者刘咏聪组织学者撰写的论文集《公开的和隐蔽的宝藏：中国妇女史史料论文集》[①]（2012），就集中了一批知名学者对这些问题展开了讨论。而史料的拓展和观察视角的转换也会带来思考的转变，仅以如下几本书为例，张琳德（Linda Cooke Johnson）（2011）以新近出土的墓葬壁画作史料，拓展了史料相对较少的辽金妇女史研究[②]；艾朗诺（Ronald Egan）（2013）以文本研究的方法重新发掘李清照的经历及其接受史[③]；台湾学者衣若兰（2011）将史学史与性别史相结合，开拓了妇女史研究的新领域[④]。相比之下，大陆学界受限于史料和史料解读，研究视野稍显狭窄。

对于欧美和大陆学界性别史研究的特点和区别，邓小南曾总结道：“大陆与海外的社会环境与学术脉络不尽相同，性别史研究的发展路径与关注点也有些内

---

① Clara Wing-chung Ho ed., *Overt and Covert Treasure: Essays on the Sources for Chinese Women's History*, Hong Kong: The Chinese University Press, 2012.

② Linda Cooke Johnson, *Women of the Conquest Dynasties: Gender and Identity in Liao and Jin China*, Honolulu: University of Hawaii Press, 2011.

③ Ronald Egan, *The Burden of Female Talent: The Poet Li Qingzhao and Her History in China*, Cambridge, Mass.: Harvard University Asia Center, 2013.

④ 衣若兰：《史学与性别：〈明史·列女传〉与明代女性史之建构》，太原：山西教育出版社，2011。

在的不同。从学术思潮与现实社会的关联来看，欧美学者对于性别史的相关问题，是基于‘后现代’语境下的关怀；而大陆学者尽管受到后现代思潮的启发，却基本上是处于‘现代化’思想潮流和追求理性的文化理念下的关怀。就学术范式本身的建设而言，从事性别史研究的欧美学者强调对于旧范式的‘颠覆’；而大陆学者则在实际研究中倾向于尊重传统学术根基，并予以融汇补充。”① 在妇女/性别史的研究中，“尊重传统学术根基”最突出的表现，就是以史实为主的实证性研究，故而在这五年的研究成果中，此类论著仍为数不少。而对旧范式做颠覆式的论著，即有意识地以性别思维重新审视历史，从而达到以两性平等立场改写历史目的的论著，如《内闱》《闺塾师》《缀珍录》等既重实证又对重新看待历史产生影响的大作，大陆确实依然鲜见。

基于如上思考，笔者对近期大陆中国古代妇女史研究提出几点建议与希望：①在关注理论学习的同时，更加强调真正弄通弄懂，并且理论的运用还要更多结合本土历史的实际情况；②提高对史料的关注度，强调对史料解读的多重视角和新史料的运用；③继续发挥大陆史学界实证研究的优势，加强中观和微观的扎实研究，并将其与宏观思考相结合；④年轻学者应掌握最新的研究成果与学科发展趋势，如此，才能在选题上知其重点，在方法上有所出新，其结果不但可以有效打破“碎片化”的研究现状，还可对诸多议题做出深化。

① 邓小南：《存在？不存在？——女性与中国古代政治史》，刘咏聪主编《性别视野中的中国历史新貌》，北京：社会科学文献出版社，2012，第3页。

中国近现代妇女/性别史研究综述（2011～2015年）

侯　杰　马晓驰*

一　研究概况

20世纪90年代，随着“社会性别”概念引入妇女史范畴，中国大陆社会性别史研究逐渐兴起，并形成了“妇女/性别史”这一表述方式（杜芳琴，2009；高世瑜，2015），受到学界普遍认可和关注。2006年和2013年，中国妇女研究会先后分两批与中央党校、中国社会科学院、北京大学等32个单位合作共建“妇女/性别研究与培训基地”，开展了一系列富有成效的创新实践，如设置博士、硕士学科点，开设妇女/性别史研究课程，联合招生等，以妇女/性别史为专业方向的研究人员不断增加。

随着研究队伍的壮大，相关学术成果的数量和质量都有相应的提高。2011～2015年，除《妇女研究论丛》《中华女子学院学报》《山东女子学院学报》等妇女/性别研究专门期刊外，《南开学报》（哲学社会科学版）《郑州大学学报》（哲学社会科学版）《华南师范大学学报》（社会科学版）《山西师大学报》（社会科学版）等综合型期刊也纷纷开辟妇女/性别史研究专栏或不定期栏目，为本领域学术成果的发表提供平台。此外，在诸如“历史中的中国女性”（2011年，北京）、“性别与改变：超越界限国际学术研讨会”（2015年，香港）等高层次学术会议上，妇女/性别史常被列为重要的议题供学者深入研讨，表明中国近现代妇女/性别史已逐步成为主流学术热点。据笔者利用数据库和检索工具进行的大致统计①，

* 侯杰，男，南开大学城市文化研究院副院长，中国社会史研究中心教授，历史学院教授、博士生导师；马晓驰，男，南开大学历史学院博士生。

① 笔者检索使用的数据库有：国家图书馆馆藏学位论文数据库（http：//mylib. nlc. cn/web/guest/boshilunwen）及纸本阅览室所藏学位论文、中国知网博硕士学位论文库、万方学位论文库。所使用的综合性检索工具有：百度学术（xueshu. baidu. com）、必应学术（https：//www. bing. com/academic/）、Google学术（scholar. google. com）。

2011年1月至2015年12月在“中国近现代史”学科发表的文章中，标题、摘要、关键词含有“女”或“性别”的论文共有633篇，具体分布如表1所示。

表1　2011～2015年中国近现代妇女/性别史论文发表情况一览

年份	2011	2012	2013	2014	2015
数量(篇)	105	127	129	133	139

需要说明的是，这个统计并未使用“晚清”“民国”“女子教育”等较为精确的关键词进行检索，因此并不完全精确，但仍然可以看出数量逐年增多的趋势，且以妇女/性别史为议题的学位论文达到89篇之多。

这五年中国近现代妇女/性别史研究成果，与女性学、社会学、民族学、人类学、文化学以及政治学、经济学等几乎所有人文、社科学科都有交叉，一些国内外人文、社会科学理论被批判性地引介和运用，产生了一批价值较高的学术成果。新理论、新方法的采用，又促进了研究视野的拓宽。研究者关注时段逐渐由清末民初向民国时期扩展，女性边缘群体、农村女性、中西部女性议题受到越来越多的关注。在研究内容方面，以往关注度较高的婚姻家庭、教育、职业等领域仍是学界热议的焦点，相关研究逐步深化，同时也有对既有结论的再认识和再反思。一些新的研究领域如女性与社会生活、日常生活等，也日益成为人们关注的重要议题。

大陆地区学者与港台学者的交流有所增加，除人员往来外，一些研究著作、论文也经由大陆出版社、期刊推出。如游鉴明有关华东地区女子体育的专著和台湾硕士、博士妇女/性别史优秀学位论文分别由北京大学出版社和山西教育出版社推出后，广受好评，其中后者出版的多部专著属中国近现代史范畴。柯慧玲（2013）等另有论文在大陆发表，香港学者叶汉明（2011）、卢淑樱（2012；2013）等运用新理论，研究视觉文本、报刊媒体、儿童历史的学术成果也备受关注。更有一些大陆学者的研究成果在海外期刊、论文集出版。

在前辈学人和后起之秀的辛勤耕耘之下，2011～2015年中国近现代妇女/性别研究成果中，既有新议题、新视野的开拓和扩展，又有对既有结论的反思和修正，同时也暴露出一些问题。笔者拟对已检索到的论文进行概述、分类和综合分析，尝试为中国近现代妇女/性别史研究者提供参考。

二　主要研究内容

（一）综合性研究

综合性研究包括学术史回顾、方法论探索、通史性著作的出版等方面。通过学术史回顾，可以发现众多研究者开始反思妇女/性别史研究自20世纪90年代在中国大陆兴起以来的实际状况，探讨研究方法的使用情况及其研究前景等。如高世瑜（2015）认为性别视角必将与阶级、地域、族群等共同成为历史研究的角度或范畴，性别研究日益走向多元。畅引婷、光梅红（2015）指出近十余年来妇女/性别史领域具有研究对象、研究领域、研究者学科背景多元的特征，但亦存在高质量的研究成果偏少、低水平重复现象时有发生、生搬硬套西方的概念术语、专门性的妇女史理论研究论著有限等问题。余华林（2015）在肯定中国近代妇女史研究取得一定成就的同时，也指出本土问题意识和理论架构不足、缺乏男性研究等短板。

至于方法论，中国学者大都认同于既不能无视和拒绝外来理论方法，也不应全盘照搬套用，探讨理论的本土化成为学科发展的大趋势。如侯杰、李净昉（2007）曾指出，中国学者要想真正认清中国性别历史与文化的各种面向、与西方学者平等对话，就应该从中国的性别历史与文化出发，建立起一套符合中国经验的研究范式。侯杰（2014）对妇女/性别史中史料发掘及应用问题做回顾和展望时，充分肯定了以报刊、画报、影像为代表的现代媒体和以官书、地方志、年谱等传统媒体的重要性，认为应当着力发掘和充分利用视觉文本以及文史资料等以往受到学者忽视的史料，并呼吁在史料运用中应当发掘女性的主体性、尊重女性群体的差异性以及注意不同时期性别文化的演变。也有研究者努力引用西方理论重新阐释历史事件。如黄华（2015）在考察秋瑾男装的历史意义和性别内涵时，引入当代美国学者朱迪斯·巴特勒（Judith Butler）提出的“性别操演理论”，以重新审视中国本土历史事件。该理论认为性别能够通过重复行动（扮演和操练）在空间中建构出来，作者指出秋瑾从最初自发地反抗家庭中的夫权压制，到自觉投身于推翻封建王朝的革命活动，直至为国捐躯，在此过程中，她不仅摆脱了传统女性角色的束缚，更完成了社会身份的蜕变。

一些资料集和研究成果为研究中国近现代妇女/性别史提供了整体概观和反思的基础。《中国妇女运动历史资料（民国政府卷）》（2011）按照年代排序收入了民国政府时期（1912～1949年）妇女运动历史资料，具有重要的史料价值。耿化敏的《中国共产党妇女工作史》（2015）依托中共妇运文献、全国妇联档案、妇女（联）史志、妇女工作者口述访谈在内的丰富史料，归纳了中国共产党开展妇女工作的历史轨迹和历史经验，有助于增进对20世纪上半叶中国妇女运动进程与走向的理解。

陈雁（2013）通过查阅近代以来多部英汉、汉英字典和辞典，结合《妇女杂志》及《人民日报》等资料，厘清女权主义术语在近代中国的翻译与流转进程，令人耳目一新。秦方（2014）关注了晚清新词“女界”的来源及社会意义，指出新女性欲突破家庭角色的身份认同、以“女界”身份与军界及政界并立，但在试图参与国家民族建构时又受到诸如妓界之挑战。张文灿（2011）将20世纪初中国妇女解放运动概括为“共谋”中存在“冲突”的过程，提出这是有别于西方近代女权运动的女性解放运动实践，需要在中国情境中进行本土化的阐释与反思。肖莉丹（2013）考察了中国女权崛起过程中男性的逻辑，指出男性提倡“女权”是基于国富民强逻辑、自身危机逻辑和男性是女权的捍卫者三点认识。知识女性在思想和行动上都回应着男性心中的女权主义，从而忽视了男女之间的性别问题。潘敏（2011）认为20世纪前二三十年是中国女权运动的活跃时期，女权运动者把参政权利的获取定为主要目标，但收效甚微，她认为只有提高妇女自身素质才能增强妇女的社会参与能力。杨剑利（2013）对近年来兴起的与妇女解放息息相关的“反男性主导”论做出反思，将妇女解放置于国家建构的语境之中，指出“反男性主导”论存在极端性和非历史性的一面，在界定中国妇女解放时存在问题。

（二）女性与革命、战争、政府政治

战争时期的妇女问题持续受到关注。在“慰安妇”问题上，研究者进一步加强了对相关史实的考证、补充和发掘。苏智良（2015）、朱忆天（2015）、吉见义明和王亚琴（2015）、张双兵（2011）等人致力于广泛搜集资料，从制度史和社会调查等角度揭露了侵华日军给中国妇女带来的痛苦和伤害。陈雁（2014）将性别体验与战争史研究相联系，通过对战时职业妇女、摩登女郎、麻将英雌、

女汉奸等不同女性群体的考察，展现了战时女性独特的生命体验及其与“民族国家”历史话语关联、对质中所呈现的复杂历史面向。

革命史曾是传统史学研究的主要范式，中国共产党的妇女政策及实践是研究热点。近年来，研究者不仅“发现”了革命中的妇女/性别问题，而且引入了新的理论方法，尝试探索更多相关问题。张素玲（2011）剖析了早期中国共产党妇女领袖所处的政治文化背景、社会历史地位与贡献、政治思维模式与革命实践之间的复杂关系。宋少鹏（2012）通过展示中共、苏区妇女及中共反对者对妇女运动的不同态度，指出正视阶级性并以劳动妇女作为自己的社会基础，是中国共产党领导的妇女运动最宝贵的历史经验。范红霞（2015）指出，中国共产党和抗日根据地政府对农村妇女角色的全面建构，一定程度上改造了农村的性别秩序，表现出国家与妇女、乡村社会以及两性之间微妙的权力变化和角逐。侯杰、王小蕾（2014）等考察了晋察冀边区流传的妇女歌谣，指出其作为抗战动员话语的一种，不仅表达了抗战动员者的思想主张，更诠释了边区女性在接受抗战动员并参战时的所思所感及其希望通过参战所要实现的目标。这既反映出广大参战女性追求自我解放的呼声，也包含了抗战动员者对女性的同情、理解等意涵。

此外，伪“满洲国”的妇女性别议题更多地走进研究者的视野。如鲍海燕（2015）从意识形态的构建、伦理观念的尊崇、时代潮流的迎合、妇女组织的建设等层面考察了“满洲国”统治下的妇女生存状况；顾文娟（2011）则对日本在华报纸《盛京时报·妇女专刊》中有关妇女的教化策略、特点及影响等问题进行了探讨。

（三）女性与婚姻、家庭

20世纪80年代以来，妇女史被看作社会史的一部分，妇女问题、婚姻家庭问题等是研究的重点。2011～2015年也延续了这一趋势，研究者不仅将婚姻问题进一步细化，而且将新文化史视角及法学、民俗学等学科的研究方法引入，发掘出丰富的研究议题。值得注意的是，对传统革命史范式下共产党婚姻政策研究的反思、再分析成为一个重要的发展趋势。

婚姻缔结及婚姻观念、婚俗。梁景和、廖熹晨（2012）考察清末民初婚姻文化变革时，指出其在一定程度上是对女性与男性的双重解放。田苏苏（2012）指出，晋察冀边区政府新的婚姻政策改变了传统婚姻制度下男女不平等、无婚姻自由、买卖婚姻盛行等陋习，提升了妇女在婚姻关系中的地位，并由此加快了妇女融入边区社会政治、经济生活的步伐。岳谦厚、杜清娥（2015）考察了华北革命根据地的军婚保护制度与实践困局。相关问题的研讨所涉议题十分广泛。

婚姻解除。杨晓蓉（2012）通过解读司法档案发现，尽管民国民法典确立了新的离婚制度，但在实践中仍充满变数，突出表现为传统观念的存留、妇女出于经济因素提出离婚、司法实践同法律文本相背离等情况。江沛、王微（2014）关注了1940年后华北各根据地以女性主动提出为特征的“妻休夫”离婚现象，从公私两个领域和传统、革命、性别三个角度，窥探这一婚姻变革现象的曲折过程及其与民族战争、政治变革、性别解放等相互纠缠的复杂关系。这也是对传统革命史研究范式下根据地婚姻问题的创新性研究。

婚姻中的女性角色和地位。在这一议题上，研究者重视法学方法的引入。如徐静莉（2011）以大理院婚约判解为例，探讨了民初女性婚姻权利的变化，指出民国初年的大理院因受西方民法理念及国内妇女运动的影响，通过一系列判解对《现行律民事有效部分》的相关规定进行了变通，这种变通使民初女性的婚姻权利体现出由客体而主体的变化趋势。

特定群体的婚姻问题。如陈蕊（2013）关注了20世纪前期淮北乡村女性的婚姻生活，指出20世纪前期淮北女性婚姻的“自由”背后，多是淮北社会衰变、生存压力加大造成的女性被宗族所抛弃的情况，以及成为生存救急的“资源”、被政权所异化的强势阶层任意蹂躏的历史现实。淮北特殊的经济形式、社会结构和权力分层决定了该地区女性婚姻的真实状态。沈惠芬（2011）以20世纪30 ~ 50年代福建泉州华侨婚姻为例，分析了华侨家庭留守妇女婚姻的缔结、维持、离婚、重婚以及婚外情等婚姻状况，探讨了国际移民对留守妇女婚姻生活的影响和华侨婚姻中的两性关系。

（四）女性与教育

近代女子教育也是研究的热点和重点。主要涉及以下几个方面。

其一，对著名女子学校的个案研究。如胡钦晓、徐婷婷（2014），钱焕琦（2013），陈兵兵、徐玮玮（2013）等人对教会学校——金陵女子大学的研究，张姗（2011）对华北协和女子大学的研究，庄颖（2014）对成立于1935年的“上海妇女教育馆”的研究等，大多围绕学校的管理、系科与课程设置、学生情况、校园文化、学校规模及其走向等展开叙述，逐步建构起精细而完整的校史。亦有研究者另辟蹊径，关注办学实践与公共舆论、社会性别观念的关系，如李净昉（2014）研究直隶第一女子师范学校时，指出其师生对传统文化的阐释往往与国族主义话语紧密联系，近代报刊媒体为传统文化在近代的阐释与传承提供了十分便捷、开放的舆论平台。徐宁（2012）以近代江南女校生存拓展的历史脉络为线索，分析了江南女校自身发展、规范和引导女学生思想行为的方式，从而指出这对江南社会的日常生活、伦理道德、经济生产、政治活动等产生深远影响。

其二，女性与留学教育。周一川（2013）分析了近代留日女学生的研究状况，指出其内容多集中于留日女学生与妇女解放、女子教育、革命运动的关系等方面，日本学界注重对曾经接受留学生的学校展开调查与研究；近年来殖民地女性赴日本留学越来越受到关注，有学者尝试从留学的角度剖析各地域殖民地文化统治的异同、特殊历史环境中女性的求知动向、留学与抗日的特殊关系。许环环（2013）从女留学生的留学国别、留学方式、留学资格和学科选择等方面阐述了民国时期中国女子留学的特点，指出民国时期女子留学教育是中国女子高等教育的先导和有益补充，对国内女子高等教育的发展产生引领和促进作用。另有高梅（2015）对抗战前中国留美女性群体与近代中国教育的研究，等等。

其三，女子教育思潮研究。王晓慧（2015）指出，近代女子教育议题论争的事实表明，封建的经济基础和政治基础无法支撑作为现代制度体系之一的现代女子教育制度体系之运行。杨景玉（2015）考察了民国时期教育界人士的教育观，其多认为不应抛弃贤妻良母的观念，而是要根据女子的特性和担负的责任施以特殊的教育。作者指出其虽保守，但不失为一种理性的思索。肖海英（2011）认为“贤妻良母主义”自清末提出直至民国仍有影响，而新“贤妻良母主义”则试图在传统文化和西方文化之间寻找结合点，希望女性通过现代知识的学习成为文化、道德和能力的结合体，对女性基本角色定位并未发生实质改变。

其四，女子教育实践的个案研究。此类研究围绕中心人物的教育思想和实践展开，如孙杰明（2011）对邓颖超女子教育思想的阐述，张艳雷（2011）对陈衡哲的女子教育思想和实践的考察，黄宝权（2011）对陶行知，李蓉（2012）对晏阳初教育思想的论述，等等。

（五）女性与职业

研究内容涉及三个方面，即职业女性形象、女子职业教育、各类职业女性群体。

其一，职业女性形象。如桂涛（2011）指出在20世纪30年代报纸、杂志的语境中，女职员被视为“花瓶”的原因主要是现代女子教育制度和社会氛围塑造出来的。邱志红（2014）研究了民国时期女律师尤其是上海以外女律师的职业形象，从观察女性律师的性别认同、自我角色认知、职业角色定位、社会期待与观感出发，审视受性别、法律精英意识影响并附丽于妇女解放运动的发展之下，女性律师塑造以及实践法律职业形象的方式。

其二，女子职业教育。吴国荣（2014）指出清末民初女子职业教育思想由以“贤妻良母”为培养目标的“母职”教育观转向以谋求个性发展的“完全人格”为旨归的教育理念。吴文华（2011）剖析了近代女子职业教育的科目设置情况，指出女子职业教育虽取得一定成绩，但由于受到中国传统文化的制约、教育科目设置不合理及过于狭隘等限制，提高女性的社会地位和经济能力的作用不明显。陆慧（2014）将中国近代女子职业教育思想划分为三个阶段，即1840～1899年的萌芽期、1900～1911年的兴盛期和1912～1927年的飞跃期，进而指出它萌芽于民族危亡、西学东渐的社会背景下，兴盛于实业救国、经济强国的时代要求下，又在科学民主、男女平等的呼唤下实现了质的飞跃。

其三，职业女性群体。研究者关注的近现代女性职业群体从业范围进一步扩大。张远（2011）关注了1900～1937年活跃于平、津、沪三地京剧女演员的学艺生活、艺术定位和舞台形象，旨在阐明女性逐渐从私领域走向公共空间的历程和遭遇。姜虹（2011）、孙静（2014）分别对女子警察职业历程展开研究，前者叙述了1932年中国女警出现之初的基本情形，后者进一步指出近代女警的出现历史价值大于现实价值、象征意义大于实际意义。邱志红则探究了民国时期女性律师的性别认同、自我角色认知、职业角色定位、社会期待与观感。此外还有罗列对清末民初中国本土女性译者的研究（2014），朱小田（2014）对近代江南女巫的研究，李淑苹、王晓娜（2014）对近代岭南地区失明女艺人的考察，等等。

娼妓问题一直是一个传统且研究不断深入的议题。罗衍军、刘平（2015）关注了20世纪30年代初期的杭州废娼运动，指出了娼妓、妇女协会、商人团体、妓院业主、警察等相关各方对这一运动的诉求及其原因。刘雅婧（2014）等关注了20世纪苏州的娼妓业问题，阐述了围绕苏州妓女的身体与政治经济地位等问题所引发的争议，勾勒出市政当局、商会、商户等各自的立场和话语诉求。

（六）女性身体研究

2011～2015年中国大陆史学界对身体史的研究与日俱增，主要关注近代女性身体变化，考察女性身体“变与不变”的政治意涵和性别意涵。由于受米歇尔·福柯的规训理论启发较多，学者们多探讨历史变革时期各种权力关系对身体的塑造。在具体研究中，还将身体研究与报刊媒体、口述史相结合。

女子身体与女性形象。游鉴明（2012）审视了女子体育与国家、社会文化的关系，呈现了西方体育传入后，女子的新观念和新行为影响公众舆论、学校教育、学生生活、运动竞赛、观众反应和视觉文化的方式，使得体育史、妇女史和中国近代史互证互补。高云翔（2013）关注1931～1945年日本侵华时期的中国女运动员形象问题，通过个案探讨明星、政府政策在战争中重塑女运动员生活与事业的方式，以及女运动员应对民主主义因素、男性的关注、现代名声追求间的冲突情况。张彩虹（2011）以20世纪20～40年代中国电影女明星身体政治的主要表现形式为中心，考察了早期女明星与上海都市现代性生成之关系、身体呈现与国家、主体性建构等内容。李从娜（2015）考察了《北洋画报》中的女性形象，指出报刊媒体呈现美与塑造美的旨趣使女性身体之美成为亮点，成为都市社会急剧现代化转型的缩影和重要标准之一。曾繁花的博士学位论文（2011）以19世纪70年代至1911年为考察时间段，对晚清女性身体动向、女性分娩、女子医院、女性形体健康等问题进行了全景式叙述。

缠足问题继续受到关注。研究者关注缠足及反缠足运动所涉及的人物、团体、宗教及其与社会舆论的互动关系。苗延威（2011；2013）比对了近代上海及日据初期台湾的反缠足组织，考察了上海天足会的经费、募款及与地方教会的关系及天足会洋贵妇与中国男性、女性的关系问题；指出台湾“天然足会”到“解缠会”的演变及运行方式的转变，反映了社会在文化认同多重化、社会控制个体化以及身体政治社区化等向度上所发生的历史演变。在方法论上，中国大陆学界对缠足的研究由猎奇式的描述性转向方法论的探讨和反思，关注具体的历史情境。自李小江主编的《让女人自己说话：独立的历程》等妇女口述史系列丛书出版以来，利用田野考察的方法发现女性被遮蔽的声音成为缠足问题研究的一大趋势。一些学者对研究缠足女性的过程中单纯依靠他者言说并据此将其主体身份标签化的方法提出质疑，主张身体史研究应该从身体本身转向对身体经验和感知的研究。如侯杰、赵天鹭（2013；2015）等人基于对山东省淄博市沂源县土门镇、博山区池上镇和博山镇所辖部分村落缠足女性的深度调查，关注民国时期缠足女性作为一个人、一个女人的思想和生活，形成了凸显女性主体性的缠足问题系列研究成果，同时利用口述资料、手抄经卷、歌谣、谚语、俗语等以往研究中曾大量缺席的缠足女性自我言说的史料，分别阐述了缠足女性的婚姻家庭生活，思想、习俗与观念的转变，及其在维系地方信仰风俗传承等方面所做出的努力。杨兴梅（2012）也认为要“将近代中国缠足的行为及反缠足运动的双方放到当时的历史环境当中平等看待”。

女性生育研究。陈永生在《中国近代节制生育史要》（2013）一书中将清末至1949年的节制生育运动分为孕育期、起始期和发展期，分别考察人口、遗传优生、婚恋等领域的思想、实践及其与社会的互动关系。赵婧的《近代上海的分娩卫生研究》（2014）一书则从民族话语、知识资源、医疗从业者以及医疗机构等方面尝试描绘近代以后特别是南京国民政府时期上海在妇婴卫生行政、产科学教育、助产士以及分娩医疗化方面的医疗卫生图景。刘秀红（2015）关注了民国女工的生育保障问题，指出政府推出的生育保障法，尽管由于历史条件限制没有得到切实执行，但女工生育风险应由社会保障的观念为时人所接受，并为后来的政权相关立法提供了思想基础。同类研究还有姚毅的著作《近代中国の出産と国家・社会：医師・助産士・接生婆》（2011）等。

此外，王风先（2014）的博士学位论文通过分析乳房观念变化的原因及特点，反思近代妇女解放的问题，探讨近代中国女性的身体究竟在多大程度上得以“被解放”。徐峰（2015）则关注了革命妇女剪发中的身体政治，指出革命将妇女的身体带入更为宏大的社会场域之同时，也让妇女在参与革命的过程中忽略或暂时放弃了自身的性别身份。

（七）女性与媒体

中国近现代曾发行了大量的报刊，蕴含着丰富的历史信息，能够帮助读者返回历史现场、解读时代氛围，已经成为研究者不可或缺的资料。

在方法论层面，侯杰及其团队着力将文本分析方法引入性别史研究。近几年，他们先后以“惠兴殉学”“赛金花”等涉及性别意涵的公共事件或人物生命历程为中心，揭示报刊媒介制作和传播过程中形成的编者、作者、读者互动关系对近代女性文化建构的重要影响（侯杰、王晓蕾，2011；侯杰、李净昉，2012）。值得注意的是，报刊媒体中呈现女性形象、具有性别意涵的视觉文本因形象直观、意涵丰富，越来越得到研究者的关注。

女性报刊史研究方面，刘人锋（2012）以个案研究的形式，梳理了妇女报刊史的发展线索。张丽萍（2012）以1898～1918年的妇女报刊为研究对象，初步揭示了妇女报刊对新时代女性身份的建构作用。此外，研究者还努力阐发报刊栏目设置、编辑策略及发行对象等方面蕴含的性别意义。如夏晓虹（2012）考察了晚清女报中经由日本传入中国的西方女杰形象，指出晚清女报“传记”栏目刊登的女杰故事，受到了译者契合本土情境的再度阐释与修正，并在与其他栏目相呼应、凸显各报的办刊宗旨与现实思考的同时，对中国女界改造旧道德、培植新品格的精神重塑历程产生了深远影响。此外，连玲玲（2012）对上海孤岛时期妇女刊物中女性文化建构过程的检视，李净昉（2011）对《益世报·妇女周刊》中所呈现的战争、性别与国家民族主义关系的探讨，刘宁元（2015）对北平日伪妇女报刊情状的考察，都将媒体文本置于战争背景、近代国族主义的环境下考察其对性别文化的塑造历程。

此外，媒体中的视觉文本越来越得到重视。如侯杰等人对清末民初《天津画报》、妇女国货年中发行的《方舟》杂志等媒体图像进行了深入研究，作者指出，视觉文本为处于失语状态的女性群体留下了被揣摩的映像，在将女性议题引向公共空间时具有独特优势，反映男性精英知识分子的思维特征及所处时代的认识水平（侯杰、李钊，2011；侯杰、王小蕾，2014）。亦有学者进一步阐发媒体文本的意义，探索报刊中视觉文本与配图文字之间的互动关系。如叶汉明（2011）系统梳理《点石斋画报》中有关妓女的图像和文字后指出，画报编辑在处理某一题材时，图和文通常有不同的效果，如对某些大胆行为，画报的图像力求写真，而文字部分却满含道德训诫。对这些差异作语境分析，将可见《点石斋画报》如何反映和表述19、20世纪之交处于从传统向现代转变边缘的中国对现代性的迎拒与挣扎。

女报人思想及行为更是不可忽视的研究内容。孙贝贝（2015）的硕士学位论文探究了女报人群体的诞生及其办报特点、职业素养、职业化道路等问题。颜雯雯（2013）的硕士学位论文研究了1927～1937年女新闻工作者的职业、家庭、思想、实践。王秀田（2011）关注了《妇女杂志》编辑章锡琛，认为其受“五四”新文化思潮的影响，倾向自由主义，编辑理念一方面与其政治倾向有关，但也与杂志的商业属性有关，章锡琛的编辑理念与读者的接受程度之间存在一定差距。此外还有对浦熙修、杨刚、彭子冈、裘毓芳、唐群英等著名女报人的研究（樊婷婷，2011；张平，2015；刘宏伟，2014）。

（八）女性与宗教、民间信仰

有关女性与基督教的研究最为丰富，涉及来华女传教士、女教徒、基督教报刊、教会学校等方面。研究者综合利用报刊媒体、教会档案、视觉文本、日记及回忆录等资料进行研究。如蔡香玉（2014）描述了近代潮汕地区新教与天主教妇女的生活经历，展示了她们为自己创造经济、社会和宗教空间的自主能力。侯杰、王小蕾（2015）则以“海洋亚洲”为视域考察了基督宗教与清末中国不缠足运动之间的关系，指出该运动与基督宗教在中国扩张的历史进程同步，即以厦门、上海、天津等沿海城市为中心逐渐向内地扩展，最终形成了网络化的发展格局。此外，王晓慧（2012）对教会女学内部的文化霸权、教育控制和女性解放关系的关注，马琰琰、胡卫青（2015）对中华基督教妇女节制会的考察等，都是富于创新性的研究。

近现代女性与佛教方面，李明（2012）考察了女子莲社、女众学院等近代佛教女众教育机构及教育实践，指出佛教女众得到受教育的机会，女众教育也取得一定成效，但仍需要对民国佛教女众教育的真实状况进行反思。于淑娟（2014）利用世情小说、日记资料、女性诗文以及方志等资料，从社会生活到个人生活系统讨论了日常生活中佛教的存在。女性与伊斯兰教研究，则有刘莉对近现代回族女性研究的系列成果，包括回族报刊中回族婚俗问题的研究（2013）、民国穆斯林女子剪发问题（2015）、穆斯林家庭女子教育（2015）等。

（九）性别与社会生活

个体与群体在社会中的生存经验是研究者普遍关注的问题之一，社会生活被视为考察个人、地方与国家互动关系的场域。如贾钦涵（2011）考察了“麻将女人”的娱乐生活与女性生活空间的联系，指出近代中国社会在一步步粉碎束缚传统妇女枷锁的同时，未能有效地建立起接受、容纳“新女性”的社会空间。张源远（2013）引入“公共人”概念，研究了晚清江浙地区女性在公共领域的社会生活。吴方正（2015）则关注了两个以女性为中心的展览（博览会），即 1907 年中国参加的梅勒本女工赛会和同年在上海举办的万国赛珍会，指出尽管中国的参与目的不是提高女性地位，但触及将女性纳入国家生产力结构等议题，提供了女性进入更宽广社会空间的机会，也促成传统性别分工的松动。程郁（2013）通过对 19 位 1949 年前后有过工作经历的上海职业女性（教师、工人、家政工作者、商贩等）进行访谈，记录并展现了个人职业生涯与婚姻家庭生活及在两个时代中所发生的变化。

研究者或赋予女性主体能动性，或强调性别互动，颠覆女性为被动者与屈从受害者的传统观点。王瀛培（2015）认为《妇女杂志》中的广告通过烹饪、育儿知识塑造新贤妻良母，通过美容广告塑造女性形体美，通过卫生产品广告改善了女性生活方式。潘大礼（2012）考察了竹枝词中所描述的湖北女性日常生活，赵凤玲（2013）考察了交际舞对中国都市女性社交生活的影响，宫宝利和万银红（2014）考察了晚清津河广仁堂女性生活等，内容广泛。这些均是微观史与妇女/性别史相结合的有益尝试。

三　研究不足与展望

2011～2015 年对中国近现代妇女/性别史的研究成绩斐然，数量和质量均有提升。在方法论上，中外学界的许多研究者较为理性地再现女性的历史，凸显女性在历史中的发声权、主体性与能动性；亦有学者开始尝试以性别思维重新审视历史，关注两性对话，以期将来的历史由两性共同书写；在西方理论的中国适用度等问题上亦有所反思和批判。选用的史料日益丰富，研究议题也更加广泛，从政治、经济、文化到教育、职业、日常生活，从婚姻家庭到法律地位，从个体研究到群体研究，从公共空间到私人领域，从东部沿海地区到中西部省份和少数民族地区，都有专文探讨，但仍有一些缺憾存在，需学界加以弥补。

（一）本土理论方法探索不足，对西方理论的应用需审慎对待

一些学者尝试引入西方理论，甚至将历史学科以外的其他学科的理论引入妇女/性别史研究，这值得肯定，但是需要结合研究实际对西方理论进行适当的、慎重的、符合历史情境的利用。不仅如此，以中国近现代妇女/性别的历史为依据，整合出更多适合解释中国历史的理论方法，确实需要学界持续思索和不懈努力。

（二）“只见树木不见森林”的碎片化问题严重

历史研究中微观研究、中观研究和宏观研究并存，需要彼此观照，互相支撑。然而，微观研究并不等于碎片化。后现代思潮助推下的碎片化表现为研究对象和选题的琐碎，脱离历史的整体背景，在深刻批判固有认知的同时常常走向极端的所谓“解构”，甚至存在一部分即兴仿效、赶时髦的“研究”，这样势必会对学术研究的良性发展造成冲击和影响。未来中国妇女/性别史要更好地发展，不仅要重回历史本体，更要在中国社会正在发生急剧变革的进程中去审视妇女，在历史发展的大脉络、大趋势、大线索、大走向中探究妇女发展的特点与规律。因此，中国妇女/性别史应往“大”处走，尤其要关注社会、经济、思想等方面的大规模变动，从整体上将其演化动力及深层结构与妇女连接起来。只有这样，才能够更多地推进对历史的一般认识，更准确地把握妇女史全局。

（三）缺乏男性研究

随着20世纪80年代中国妇女史研究兴起及90年代“社会性别”概念的引入，妇女史虽然从理论上实现了向妇女/社会性别史的“华丽转身”，但仍需要加强。目前研究成果仍以妇女为主，社会性别、两性关系研究需要大力开掘，性别史呼唤对男女两性的考察。王政、张颖主编的《男性研究》（2012）选取了该领域一系列国外论文，集中呈现该领域的理论、概念、分析视角和框架、方法等，旨在加强中国男性及研究范式的探索，以实现男女两性共同书写社会性别史的愿望。这是学者应当不懈努力和奋斗的方向。

（四）研究者关注的地区过于集中，导致其他区域相关研究缺乏

据笔者管窥所及，研究者的研究对象多集中在以下区域：北京、南京等政治中心，上海、天津、武汉、广州等开埠较早的沿海沿江城市，中共抗日根据地、边区等。对于中部、西部省份尤其是少数民族地区的妇女/社会性别研究尚待进一步深入。就研究内容而言，女性与媒介中的视觉文本、女性与佛教和伊斯兰教、女性与民间信仰、女性与日常生活等议题存在较大的探索空间。研究者在深化原有议题的同时，也应当致力于开辟新议题，进行新探索。

（五）搜集资料和解读史料的能力亟待提高

如有些研究者所依据的资料主要是《中国妇女运动历史资料》《清末民初社会风情——〈醒俗画报〉精选》等已经编辑出版的资料，对其他没有编辑入册的原始资料，缺少关注；对最新研究成果，主要关注大陆地区出版的著作和论文，而对海外出版的女性期刊资料有所忽视，对数据库资料的系统发掘、使用不够；对某些议题的论述稍显薄弱。今后的研究中要广泛拓展史料来源，关注国内外最新研究成果，切实加强搜集资料和解读史料的能力。

研究成果选介

课题/项目选介

中国特色社会主义妇女理论研究

彭珮云

“中国特色社会主义妇女理论研究”是国家社会科学基金重点项目，项目批准号：11AKS007。课题负责人为彭珮云，主要参与人有甄砚、张祖英、徐伟新、仝华、韩贺南、谭琳、肖扬、丁娟、马焱、黄桂霞、李文、刘晓辉等。该课题2011年立项，2013年结项，最终成果鉴定为“优秀”。

1. 课题背景和研究目的

1999年中国妇女研究会成立以来，全国妇联和中国妇女研究会一直为加强中国特色社会主义妇女理论建设而努力。在长期研究的基础上，在全国哲学社会科学规划办公室的大力支持下，2011年课题被列为国家社会科学基金重点项目。全国妇联为此成立了专门课题组，由全国人大常委会原副委员长、全国妇联名誉主席、中国妇女研究会名誉会长彭珮云担任组长，甄砚担任副组长，课题组邀请黄晴宜、沈淑济、王庆淑、李静之组成顾问组。中国社会科学院、北京大学、中央党校、中华女子学院、全国妇联妇女研究所相关专家组成课题组。本课题力图通过对中国特色社会主义妇女理论的研究丰富中国特色社会主义理论体系，为新时期中国妇女运动和妇女工作提供理论指导，进一步明确妇女运动的思路和妇女发展战略，引导新时期妇女运动沿健康方向发展；探求推动世界妇女事业发展的途径，为国际妇女运动提供中国经验。

2. 项目开展的基本情况

课题研究集合不同领域专家学者的力量，从妇女运动的理论来源、社会主义初级阶段妇女解放与发展的目标和任务、妇女解放与发展的根本道路、妇女解放与发展的基本条件以及妇女解放与发展的主体力量五个方面进行理论概括与总结梳理，并提出相关建议。

3. 主要成果和研究价值

在《中共党史研究》《妇女研究论丛》《中华女子学院学报》《中国人口报》《中国妇女报》发表多篇论文，如韩贺南的《女性/性别学学科范式再探析——研究对象与知识领域》《中共将妇女解放纳入民族解放的历史必然性及理论支撑》、谭琳的《应以促进性别平等的方式追求性别平衡》《农村大龄留守儿童问题与政策分析》、丁娟的《关于中国特色社会主义妇女理论维度与构建的思考》《分层次制定推进妇女政治参与的目标》等。最终成果为专著《中国特色社会主义妇女理论与实践》（11 万字），由人民出版社 2013 年出版。

4. 课题/项目的评价、意义和影响

课题成果发表和出版后，被认为是近年来本领域研究的重要收获，在学界产生了广泛的影响。《中国特色社会主义妇女理论与实践》出版后，得到中宣部、国家社会科学基金乃至多位国家领导人的好评，《中国妇女报》、中国妇女研究网站对该书进行了大力宣传。中宣部、国家社会科学基金等有关部门认为，该书以中国特色社会主义理论体系为指导，坚持马克思主义基本原理，理论联系实际，旗帜鲜明，结构严谨，重点突出，通俗易懂，体现了党的十八大精神，为新时期妇女运动发展提供了理论指导。陈至立同志认为，该书坚持马克思主义基本原理，具有理论联系实际的鲜明特点，深入浅出，文风朴实。专著还被报送相关部门的负责同志，包括中央分管全国妇联的领导、全国妇联领导、中国妇女研究会领导、国务院妇儿工委成员单位领导、省区市领导班子主要领导和分管领导、省妇联领导、中国妇女研究会理事等，并赠送妇女/性别研究与培训基地、国家图书馆、北京图书馆、“211”大学图书馆等，获得一致好评。

马克思主义妇女解放理论研究

潘　萍

“马克思主义妇女解放理论研究”是 2010 年国家社会科学基金项目，项目批准号：10BKS071。课题负责人为潘萍，主要参与人有王郁芳、周爱民、郭小勇、陈飞强。该课题于 2013 年 5 月结项，结项等级为“良好”。

1. 研究目的

该课题的研究目的是助力马克思主义哲学的繁荣与创新，为当代中国妇女研究提供马克思主义指导，为科学整合西方女性主义理论资源、正确展开对话交流提供基本原则和方法，并致力于合理解释与探索解决当前中国妇女解放进程中出现的新情况、新问题。

2. 项目进展情况

该课题的重点是从妇女解放实践与理论的历史发展入手，围绕“妇女解放”的核心问题，在深入挖掘马克思主义之阶级学说、两种生产理论、意识形态学说、公平理论、民主理论、契约观以及人的全面发展理论中与“妇女解放”命题密切相关的重要思想基础上，较为完整地构建起有中国特色社会主义的马克思主义妇女解放理论，揭示马克思主义妇女解放理论的当代价值以及把握这种当代价值的哲学方式与寻求途径。

3. 研究成果形式

该课题有 11 篇学术论文发表，其中 6 篇刊发在 CSSCI 期刊上，3 篇被中国人民大学“复印报刊资料”全文转载，最终成果为《马克思主义妇女解放理论研究》（潘萍著，人民出版社 2014 年 8 月出版，22 万字）。该书着眼于“解放妇女”的理论使命，对有关妇女解放的道路、途径、方法、动力等系列基本问题进行了理性思考与客观分析，对当代中国妇女解放事业的进一步发展具有较强的理论指导力与实践推动力。

4. 研究价值和影响

该课题的价值主要体现在两个层面。其一，在马克思主义研究层面，拓展了马克思主义研究的视野，增强了马克思主义研究的性别意识，在凸显性别立场的基础上对马克思主义的系列经典结论进行了符合妇女解放需要的分析、评价、诠释与发展，有利于促进马克思主义研究的整体繁荣；其二，在妇女研究层面，坚持了马克思主义的研究方法，通过唯物辩证的历史分析确立了科学的妇女研究范式，在马克思主义经典学说的基础上构建出较为系统的“妇女解放”宏观理论。

该课题产生了广泛的社会影响和良好的社会效益。课题研究成果作为湖南省妇女干部学校进行全省妇联系统干部业务培训的系列基础教材之一，为湖南省妇女干部全面、科学、深入、准确地把握马克思主义妇女解放理论的精髓要义，推动妇女解放事业的发展提供了理论指导。

中国人口性别结构与社会可持续发展战略研究

李树茁

“中国人口性别结构与社会可持续发展战略研究”是2008年国家社会科学基金重大攻关课题，项目批准号：08&ZD048。课题负责人为李树茁，主要参与人有靳小怡、王跃生、张思锋、朱正威、杨雪燕、刘慧君、姜全保、伍海霞、韦艳、李艳、果臻、尚子娟、刘利鸽、李成华、郭秋菊、谢娅婷、杨博、李卫东、张群林、毕亚丽等，合作单位包括中国社会科学院人口与劳动经济研究所，合作组织调查单位包括原国家人口计生委宣教司、陕西省人口计生委、浙江省人口计生委、安徽省原巢湖市人口计生委、安徽省原巢湖市和县人口计生局、河南省漯河市郾城区人口计生委、福建省原厦门市人口计生委、厦门市湖里区原人口计生委等。该课题于2013年8月结项。

1. 研究目的与内容

性别失衡与社会稳定的治理是中国目前与人口相关的社会可持续发展领域亟须解决的重大战略和民生问题。随着中国人口、经济和社会的快速转型以及与国际社会发展理念的逐渐接轨和融合，中国的性别失衡与社会可持续发展问题逐渐演变为一个事关全球稳定、和谐发展的重大安全问题，引起了国内外各界的高度重视。

基于对问题和已有研究成果及其复杂性的认识，该研究提出了一种以多视角、非线性、系统性和跨学科为主要特色的新的中国性别失衡和社会可持续发展的研究范式和研究框架。该研究范式涵盖三方面的研究内容：依据社会发展需要和学术创新的需要，系统探讨性别失衡的主要后果及其对社会稳定的影响机制；在学术研究的基础上，从分析、仿真和实验三个方面进行政策和制度研究；基于学术和政策研究成果，在政府主导下，在非政府组织和市场的参与下，进行有针对性的社区试点干预和治理实践。

2. 项目进展情况

在2009～2013年项目执行的4年间，依据研究计划，课题组完成了课题文献梳理、开题论证、中期总结、实证数据收集、政府相关部门的高层倡导以及课题工作总结等工作，并完成了相关调查报告、政策要报的撰写和学术论文的发表。

在宏观研究方面，对中国人口性别结构的演变和发展进行了详尽的分析，并对性别失衡可能引发的社会风险和行为失范进行识别，探求性别失衡下社会风险治理及其放大途径阻断的系统对策；在中微观研究方面，深入分析了性别失衡下相关利益群体的婚姻、家庭、养老等问题，从社区中观层次探讨性别失衡对社区失范和安全的影响；在政策与战略研究方面，将前期学术研究成果进行整合、提炼，上升为现实的公共政策建议，并在此基础上开展社区实践，进行国家战略设计和选择。

3. 研究成果形式

本课题组结合各种数据，在性别失衡的态势和治理，大龄未婚男性状况和促进政策，性别失衡下社会风险、安全和可持续发展三个领域，开展跨学科的学术研究，在各类中英文期刊上发表文章 62 篇，完成 13 部具备地域和文化特征的国家及地方省级治理研究报告，完成 4 部地方性别失衡及其治理的技术分析报告。首席专家李树茁教授获得 2011 年复旦管理学杰出贡献奖。

4. 研究价值和影响

到项目结题时止，已经发表的 62 篇论文，SSCI 引用 17 次，CSSCI 引用 117 次。多篇论文被中国人民大学“复印报刊资料”《高等学校文科学术文摘》《中国社会科学文摘》等转载，如《中国的性别失衡与社会可持续发展——一个跨学科的研究范式与框架》《中国的性别失衡与公共安全——百村调查与主要发现》等。课题组为各级政府提供的公共政策成果得到高度认可，如《国家关爱女孩行动的政策创新——战略规划、治理模式与实践》被认为是迄今为止在性别失衡治理领域最为系统和深入的研究，许多研究成果被政府接受和采纳。主要媒体对课题组的研究成果、活动、获奖和荣誉给予了的关注和广泛的报道。课题成果也得到了国际社会特别是联合国系统的认可，为树立中国良好的国际形象做出了贡献。

当代中国妇女组织发展的制度创新研究

黄 粹

“当代中国妇女组织发展的制度创新研究”是 2010 年度国家社会科学基金

项目，项目批准号：10CZZ012。课题负责人为黄粹，主要参与人有苗翠环、郭道久、李莉、祝洪娇、郑春雨、刘秀伟。该课题于2013年11月结项。

1. 研究目的

女性解放的最高目标是参政议政，而提高女性参政水平的一个有效手段就是借助组织的力量。该研究旨在通过对妇女组织进行现状梳理和制度分析，设计出具有本国适用性的妇女组织发展路径，提升妇女组织能力，从而借助组织的力量提高中国女性的参政意识和水平，推进中国的性别公平建设。

2. 项目进展情况

该课题以制度主义为基本的研究范式，通过大量的调研数据，并以北欧国家妇女组织的兴盛为基本的参照系，探讨了中国妇联组织发展中的官办特性、民间妇女组织发展缓慢的制度约束，并以北京为典型地区对民间妇女组织发展的公信力进行了探讨。在深入的理论研究和充分的现实观照的基础上，提出了推进中国妇女组织发展的创新路径。

3. 研究成果形式

该课题的研究成果有13篇论文，其中6篇发表在中文核心期刊及以上刊物。最终研究成果为研究报告《当代中国妇女组织发展的制度创新研究》，该研究报告曾荣获"全国妇联、中国妇女研究会第三届中国妇女研究优秀成果奖三等奖"。

4. 研究价值和影响

该课题运用制度主义理论对妇女组织进行深入的研究和分析，是制度主义在中国本土适用性的扩展；将社会性别主流化等内容融入对妇女组织的分析中，是对妇女组织研究的深化。

该课题的主要观点及结论能够为中国各级妇联组织及各类民间妇女组织发展中存在的问题提供新的解释，以供其深入剖析自身发展现状；该课题的对策建议是基于对组织的实践调研和系统的理论分析而提出的，对完善中国妇女组织的发展路径具有指导意义。

该课题产生了广泛积极的社会效益，得到了辽宁省和大连市及其他省市相关部门的重视。辽宁省妇女研究会会长、辽宁省妇女儿童发展研究中心主任李建军同志认为："该报告的理论价值和实践意义重大，其中的主要观点'建构横向的妇女组织发展网络''政府应扶持妇女社会组织服务基地的建设''公益性社会组织的成员可以发挥反哺功能助推民间妇女组织的发展’等对全国和辽宁省妇女组织的建设，对当前进行的群团改革及对女性个人的发展等都具有重要的启示意义。在辽宁省妇女儿童发展研究和妇女工作实践中，对该报告进行了讨论借鉴，汲取了其中的一些主要观点，并将继续研究关注。”此外，大连市妇女联合会和哈尔滨市地方社区政府亦采纳了该研究报告中的一些观点和对策。

山东省地方政策法规性别平等评估机制的构建

郭翠芬

“山东省地方政策法规性别平等评估机制的构建”是2014年山东省软科学研究计划项目，项目编号：2014RKB01743。课题负责人为郭翠芬，主要参与人有王文静、吴玉霞、李桂燕、刘霞、张雅维、王绍霞。

1. 研究目的

该课题的研究目的是更好地落实男女平等基本国策，促进性别平等意识纳入相关法律法规及政策的制定与执行中，有效保障妇女的权益，促进社会性别主流化。

2. 项目进展情况

该课题的研究内容主要包括：国际视野下的法律性别平等评估理论研究、山东省地方政策法规性别平等评估指标设计、山东省地方政策法规性别平等评估机制建构等。课题组通过文献考察，搜集了相关文献资料、网络资源及外文资料并进行了深入分析和研究；通过实地考察，学习了其他省份在进行地方政策法规性别平等评估方面的实践经验，最终完成了地方政策法规性别平等评估的理论研究、评估指标的设计和评估机制的建构，形成了研究报告。

3. 研究成果形式

该课题先后有5篇学术论文发表，其中2篇发表于CSSCI。最终研究成果为研究报告《山东省地方政策法规性别平等评估机制的构建研究》。该报告共分三个部分：①国际视野下的政策法规性别平等评估理论和实践研究，对性别平等相关概念及观点进行了理论分析，总结了国内外一些实践经验；②将《消歧公约》、中国宪法及相关法律法规作为政策法规性别平等的评估依据，分析论证了以《消歧公约》作为评估依据的原因，并对其基本原则进行了解读；③从机构设置、建立评估专家队伍、评估流程、评估指标等方面探讨了如何在山东省建立地方政策法规性别平等评估机制。

4. 研究价值和影响

该课题对国际视野下的政策法规性别平等评估进行了理论和实践研究，分析论证了以联合国《消歧公约》、中国宪法及相关法律法规作为评估依据的原因，并对其基本原则进行了解读，重点论证了如何建立山东省地方政策法规性别平等评估机制。在理论方面，该课题成果进一步丰富和扩展了社会性别理论与公共政策理论；在实践方面，通过构建政策法规性别平等评估的指标和机制，分析政策法规中存在的性别盲点与性别歧视问题，提出修改意见和建议，以促进政策法规的完善，并在政策法规的制定和执行过程中贯彻落实性别平等，真正促进现实中的社会性别平等。由于所提建议科学合理、可操作性强，山东省妇联、山东省法制办等单位拟在推进地方政策法规性别平等评估、维护女性合法权益等领域的工作中予以应用，对于从源头维护女性权益、贯彻落实男女平等基本国策具有重要意义。

性别平等政策倡导与行动研究

李慧英

“性别平等政策倡导与行动研究”是2011～2013年国家人口和计划生育委员会委托课题，课题负责人为李慧英，课题于2013年结项。中国/联合国人口基金第七周期性别平等培训子项目是联合国人口基金课题（2011～2015年）。这两项课题形成合力共同进行性别平等的政策倡导。

1. 项目目的

在党校系统和项目试点县培养具有性别平等意识的师资，持续进行性别平等政策倡导，将性别平等纳入综合治理出生性别比失衡之中。同时，力求从根本上解决农村妇女土地权益问题。

2. 项目进展情况

2011～2013年，课题组通过国家人口和计划生育委员会和联合国人口基金在三个出生性别比失衡的重点省推广“登封经验”，并对党校系统师资进行培训。通过试点县师资与当地政府的联合推动，将性别平等的操作经验成功引入，使性别平等意识逐渐深入人心，村民观念得到改变。性别平等试点县的出生性别比下降了7个百分点。此外，课题组还与多部委合作，在河南等9个省份，依法民主修订了能够体现性别平等的村规民约，探索农村社区治理的有效路径，取得了实效和成功经验。

3. 研究成果形式

2013年，课题组不断总结修订村规民约的经验，并对全国妇女土地问题进行调查，共撰写了《修订村规民约　探索农村社区治理的有效途径》《修订村规民约　促进性别平等的政策建议》等5篇调查报告。出版了《修订村规民约操作指南》。

4. 研究价值和影响

该课题的价值主要体现在政策倡导方面，推动将“修订村规民约，推进性别平等”纳入国家人口发展“十二五”规划。“登封经验”成为联合国最佳实践案例。相关研究报告和政策建议得到国务院领导和部委领导的高度重视。

女性高层次人才成长状况研究与政策推动项目

宋秀岩　谭　琳

“女性高层次人才成长状况研究与政策推动项目”是科技部2010年软科学项目，项目批准号：2010GXS1B022。课题负责人为宋秀岩、谭琳，主要参与人有蒋永萍、贾云竹、马冬玲、杨慧，该项目于2009年启动，2013年结项。

1. 课题背景和研究目的

“女性高层次人才成长状况研究与政策推动项目”是全国妇联为贯彻落实人才强国战略、加大对女性高层人才健康成长的政策支持力度、发挥女性人才在全面建设小康社会中的重要作用而着力推进的一个重大项目。全国妇联邀请中组部、人力资源和社会保障部、科技部、教育部、卫生部、国务院国有资产监督管理委员会、国家自然科学基金委员会、中国科协、中国科学院、中国社会科学院等10个相关部门共同协作实施，同时邀请有关部门的领导和专家组成项目专家指导委员会。

2. 项目开展的基本情况

①调查研究。陈至立副委员长亲自主持两次高层座谈会；全国妇联书记处领导带队在北京、吉林、河南、陕西、安徽五省市开展调研座谈会共计15场、200余人参加；北京、上海、广东、河南也分别在省内召开不同形式的座谈会；第三期中国妇女社会地位调查将高层女性人才作为重点人群进行专题调查，除按照抽样方案调查外，还在31个省共补充近3800个高层人才样本。②政策论证和推动。与上述调研几乎同时，课题组检索分析了国内外与女性高层次人才成长相关的政策措施，进行了6个方面的重点政策论证，前4个是方案中设计的，后2个是在项目进行过程中抓住时机开展的。此外，参加项目的4个省市也积极开展省级的政策论证和推动。③通过高层的宣传倡导，营造了良好的社会环境。

3. 主要成果和研究价值

课题组撰写的《科技领域女性高层人才成长状况与发展对策——基于五省市定性调查研究报告》《科技女性人才成长的政策促进》分别在《妇女研究论丛》《科学新闻》上刊发；提交科技部《国外相关政策研究综述研究报告》《男女智力差异研究综述研究报告》，共16000字；撰写《女性高层次人才成长障碍与政策建议报告》《第三期中国妇女社会地位调查女性高层人才分析报告》《女性高层人才定量研究报告》《中国女性负责人和专业技术人员发展概况——基于第六次全国人口普查数据分析》等；最终形成项目总报告，共计65000字。

在政策推动方面：①向中组部提交“对《国家中长期人才发展规划纲要（2009～2020年）（征求意见稿）》的修改建议”，部分建议内容被吸收；②向国家自然科学基金委员会提交“关于发挥国家自然科学基金作用，促进女性人才成长的政策建议”，最终出台了关于培养和扶持女性科研人员的一揽子政策措施；③向教育部提交“关于鼓励科技领域女性后备人才成长的政策建议”，取得一定的进展；④向中组部、人力资源和社会保障部提交“关于率先在高层人才中实行男女平等退休政策的建议”，并作为2010年和2011年的“两会”提案议案提出，相关部门重申1992年中组部22号文件关于县（处级）女干部退休年龄可以延长到60岁的政策精神等；⑤向国家发改委提交“关于在‘十二五’规划中贯彻男女平等基本国策，写好妇女发展一节”的建议，将“全面开发女性人力资源”写入其中，经过全国妇联领导和书记处的积极协调，“十二五”规划对妇女儿童发展的设计更加科学，为各层次女性人才的发展创造了更多机遇；⑥向教育部社会科学研究司两次提交“关于在教育部社会科学重大课题攻关项目中列入女性高层人才成长规律和发展对策研究项目”的建议，得到采纳，已经批准北京大学和同济大学从不同学科视角立项研究。

4. 课题/项目的评价、意义和影响

该项目对贯彻落实人才强国战略、加大对女性高层人才健康成长的政策支持力度、发挥女性人才在全面建设小康社会中的重要作用具有重要的意义。课题组进行的大量调查研究为深入研究女性高层人才成长规律、了解女性高层人才发展存在的问题及障碍提供了丰富的信息，奠定了良好的数据基础。相关政策建议的出台和推动，为各层次女性人才的发展创造了更多机遇和良好的社会环境，产生了积极的社会影响。

女性高层次人才成长规律与发展对策研究

佟　新

2010 年，教育部哲学社会科学研究重大课题攻关项目设立“女性高层次人才成长规律与发展对策研究”，项目批准号：10JZDH045，北京大学社会学系佟新教授为该项目的首席专家，全国妇联妇女研究所和中华女子学院的部分研究人员参与了课题研究。该项目于 2010 年启动，2013 年完成。

1. 项目背景及研究目的

该项目关注女性人才成长规律和相关公共政策。着力探索具有中国本土特色的女性高层次人才成长规律，并在政策层面实现具有可操作性的对策研究。

2. 项目开展情况及研究方法

该研究由四部分组成。一是 2010 年在全国妇女社会地位调查中设有“女性高层次人才专卷”，共计获得 4324 份有关副处级以上党政人才、副教授以上专业技术人才和部门经理与总经理的高层管理人才样本，其中男性占 54%、女性占 46%。二是进行了 150 个访谈和 3 个焦点小组，积累了女性高层次人才的主体经验。三是进行了“2010 年全国女性高层次后备人才调查”，共收集 5031 份本科生、硕士生和博士生问卷。四是 2012 年在北京国家机关进行问卷调查，获得

2800 份调查资料。

项目采用定性和定量相结合的调研方法，深入探讨女性人才发展的障碍，全面总结女性高层次人才成长规律，为制定促进女性高层次人才成长的支持性政策找准了突破口，为政策推动奠定了基础。针对高科技领域女性高层次人才匮乏、人才性别结构不合理和政策制度上存在性别差异等突出问题，通过政策梳理、专题调研、与相关部门的沟通，形成了多项促进女性高层次人才成长的政策建议。

3. 研究成果及主要发现

研究发现，女性高层次人才发展具有“金字塔”特征，越往高层女性所占比例越低。女性科技人才成长既需要遵循科技人才成长的一般规律，还需要更加有利的环境才能脱颖而出；对女性党政人才来说，她们需要更为明确的性别平等意识和性别友好型的组织环境；女性专业技术人才需要更好地平衡工作和家庭的能力；女企业家和女性经营管理人才需要更多的社会支持网。因此，在促进女性高层次人才成长上，要有制度创新，特别是建立性别友好型的组织环境是女性人才全面发展的关键性因素。

4. 研究意义

该项目围绕女性高层次人才成长现状，分析阻碍女性人才成长的外部和内部因素，积极推动改善女性高层次人才的成长环境，在一定程度上推动了相关政策的完善，如中组部、教育部、科技部、国资委等部门都对人才培养和选拔进行了性别上的平衡与倾斜，为女性人才的成长营造了良好环境。

女科技工作者“孕哺期”职业发展研究

魏国英　周　云

“女科技工作者‘孕哺期’职业发展研究”是中国女科技工作者协会委托课题，由北京大学中外妇女问题研究中心承担。课题主持人为魏国英和周云，课题参与人包括社会学系、心理学系、法学院等院系的老师和女性学研究生。该课题于 2011 年启动，2013 年完成。

1. 研究背景及目的

女科技工作者同男科技工作者一样接受了为期多年的系统教育，但受社会性别角色分工的制约，女科技工作者一旦选择了结婚和生育，还要承担人口再生产并更多地承担照顾家庭的责任，从而有可能影响其职业发展。课题研究的目的在于描述当前女科技工作者的生育状况，分析孕哺对她们工作和生活的普遍影响；比较不同年龄、学历、职称与工作单位的女科技工作者孕哺期工作变化状况，探讨孕哺对女科技工作者职业发展影响的群际和代际差异；评估现有的女职工劳动保护相关政策和社会保障体系，提出扶助女科技工作者孕哺期职业发展的政策法规与规章制度建议。

2. 课题开展情况与研究方法

课题组梳理了中国大陆和港澳台地区、日本、美国的孕哺政策法规变迁与现状，以及国内外关于孕哺对女性心理状态的影响研究，翻译了有关美国理工科大学男女学者平衡工作与家庭冲突、在生物科技与纳米科技领域的性别平等状况等研究成果。调研主要采取定量与定性相结合的方法，共回收3402份有效问卷，并对北京市和长春市36位有孕哺经历的女科技工作者进行了访谈。问卷调查主要了解受访者的孕哺期状况，特别关注从怀孕、生产直至孩子3岁这一时段她们工作状态、工作成果的变化，对现有孕哺政策和社会环境的认可程度，以及她们的需求和建议。深度访谈聚焦于孕哺给受访者工作与生活带来的变化、她们平衡孕哺与工作冲突的理念与感受以及对目前政策的评价和需求。

3. 研究成果及主要发现

该研究在《中国妇女报》等报刊上发表了相关研究报告，2015年2月由北京大学出版社出版了《孕哺与女性职业发展》一书。研究发现，多数女科技工作者在孕哺期希望并尽力兼顾工作与家庭，但面临诸多困难；她们认可中国现行的生育政策，但对社会和单位提供的孕哺环境与设施满意度低；国家、单位和家庭应共同承担人口再生产的物质和精神成本，才能不断减少孕哺对女科技工作者职业发展的负面影响。

4. 研究意义

在中国经济社会改革不断推进之际，对女科技工作者群体孕哺期职业发展状况进行研究具有多重价值。一是获得了孕哺对女科技工作者职业发展影响的相关数据和信息，为日后进一步研究做铺垫。二是为党和国家贯彻落实人才发展战略和男女平等基本国策，进一步完善职业女性孕哺期劳动保护的法律政策提供了参考。三是客观、准确地展示了中国女科技工作者孕哺期职业状况，回应国际社会对中国女性人才成长的关注，便于进行不同国家间相关问题的比较研究。

妇女与婚姻家庭社会工作政策研究

卫小将

“妇女与婚姻家庭社会工作政策研究”是民政部2015年社会工作理论研究课题，项目编号：2015MZRO17－20，项目负责人为卫小将，主要参与人有古学斌、何芸、尚立富、吴莹、邓笑、司金超、向荣、刘宁。

1. 项目背景和研究目的

改革开放以来，工业化、城市化、市场化和全球化交织而成的现代化推动中国社会发生了全面深刻的变革。作为社会子系统的家庭面临着诸多问题与挑战，如家庭功能弱化、家庭结构畸形和家风门风丧失等。作为家庭子系统的女性，以婚姻为主轴也萌生了新的问题，如留守问题、婚内暴力、婚内出轨等。面对这些复杂的问题，传统的应对主体、指导理论和技术路线面临前所未有的挑战。有鉴于此，立足本土实际，以国家大力发展社会工作为契机，积极借鉴欧美经验，总结和提炼既有经验，实现二者优势互补，努力推动和构建妇女与婚姻家庭社会工作政策，对于加强和创新社会治理，提升女性福祉具有积极意义。

2. 项目开展基本情况

该研究有三条进路，一是通过文献研究系统梳理了欧美妇女与婚姻家庭社会工作政策体系，主要涵盖政策立法、机构岗位、服务领域和服务内容等。与此同时也搜集了中国本土性的针对妇女和家庭的相关立法、社会政策、社会服务记录、典型本土案例、相关历史档案、文史资料等。二是通过实地调查及其拓展个案研究，总结提炼中国传统的妇女与婚姻家庭社会工作知识体系，实地调查对象包括北京和天津的3个模范基层妇联组织和8个社区，上海市的3个司法组织，北京和深圳的5个草根妇女社会服务组织。三是通过将本土的妇女与婚姻家庭社会工作与欧美进行比较研究，进而提炼中国妇女与婚姻家庭社会工作政策。

3. 主要成果和研究价值

该研究形成了3万字的研究报告——《妇女与婚姻家庭社会工作政策研究》，同时在《国家行政学院学报》《妇女研究论丛》《中国青年研究》等期刊发表相关学术论文3篇，分别为《融合与拓展：中国妇女与婚姻家庭社会工作研究》《妇女与婚姻家庭社会工作的检视与建构》《内卷、漂移与异变的青春：打工妹婚恋模式研究》。此外，本研究明确提出了当前中国妇女与婚姻家庭社会工作政策体系的框架，对于推动相关政策的出台和具体的实务工作都有重要的借鉴价值。

4. 项目评价、意义和影响

项目成果顺利通过民政部验收并予以结项。妇女与婚姻家庭社会工作政策研究是一个前瞻性的研究领域，它对于保护妇女权益和构建和谐家庭具有重要的现实意义。

老年家庭照料对城市中青年女性职业发展的影响

马　焱

“老年家庭照料对城市中青年女性职业发展的影响”是2011年度国家社会科学基金青年项目，项目编号：11CRK009，课题负责人为马焱，主要参与人有宋月萍、贾云竹、李龙、杨胜慧等。该课题2011年开题，2014年结项。最终成果鉴定为“合格”。

1. 课题背景和研究目的

随着人口老龄化且高龄化趋势的迅猛发展，老年人的生活照料需求日益凸显。由于社会照料资源匮乏，加之受传统性别文化规范和角色定型的影响，女性在老年照料中扮演着重要角色。在经济、社会、人口、家庭等多重变迁的复杂背景下，女性作为老年照料主要承担者的家庭角色与其作为职业妇女的社会角色的冲突日益加剧。该课题力图客观呈现承担老年照料重担的城市中青年女性的职业发展状况，从一个侧面探究人口老龄化与妇女发展之间的关系，丰富人口老龄化与妇女发展关系的理论研究，为制定具有性别平等意识的、有助于后代提高女性照料者发展能力的发展型公共政策体系提供依据。

2. 项目开展的基本情况

该课题研究利用2010年第三期中国妇女社会地位调查数据，以“是否从事有偿工作”“工作时间”“是否因照料而放弃了个人发展机会”“劳动收入”4个指标作为因变量，实证分析了老年照料对城市中青年女性职业发展的影响程度；运用在北京、安徽、山东开展的定向访谈资料，从理论上探讨了老年照料负担过重对中青年女性照料者职业发展的影响路径；从公共政策的层面考察了国内对女性老年家庭照料者提供社会支持的状况，并对其中存在的问题及原因进行了剖析，提出了加快完善具有性别平等意识的相关公共政策等对策建议。

3. 主要成果和研究价值

该课题的最终成果为研究报告《老年家庭照料对城市中青年女性职业发展的影响》，12.6万字，2013年8月上报国家社会科学基金规划办公室。在《人口与经济》、《人口与发展》、《妇女研究论丛》、《山西师大学报》（社会科学版）等学术刊物及《人民日报》《中国妇女报》发表了多篇学术论文和研究论文。

目前学术界无论是人口研究领域还是性别研究领域，把老龄化趋势和中青年妇女发展结合起来的研究不多。该课题的研究将人口视角与性别视角相结合，分析了中国人口变动与性别发展趋势，从理论和实证两个角度，探究了人口老龄化与妇女发展之间的关系，深化了人们对人口老龄化与妇女发展关系的认识，具有学术前沿性和现实针对性。

4. 课题/项目的评价、意义和影响

该课题系列成果发表后，在学界产生了较好影响，有的文章被中国人民大学“复印报刊资料”《妇女研究》全文转载，有的在全国性科学研究成果评选中获奖。马焱的论文《从公共政策层面看对女性老年家庭照料者的社会支持》，获得“全国妇联、中国妇女研究会第三届中国妇女研究优秀成果奖”（论文类）二等奖；马焱、李龙的论文《照料老年父母对城镇已婚中青年女性就业的影响》，获得第六届人口科学优秀成果奖（论文类）二等奖；马焱的论文《对女性老年家庭照料者提供公共政策支持的国际经验借鉴》，被中国人民大学“复印报刊资料”全文转载。该课题研究成果多次在国际国内学术会议上进行讨论交流，得到同行专家学者的肯定；该课题成果也受到全国妇联领导的高度重视，已转化为政策建议提交全国妇联及相关职能部门，为决策提供参考依据。

社会性别视角下人口流动对我国人力资本发展的影响

牛建林

"社会性别视角下人口流动对我国人力资本发展的影响"是国家社会科学基金青年项目，项目批准号：12CRK026。负责人为牛建林，主要参与人有齐亚强、邢采、李彩娟。该课题2012年开题，2015年结项。最终成果鉴定为"良好"。

1. 课题背景和研究目的

任何一个时期，流动人口的规模、流向与结构特征在很大程度上影响着区域人口及社会经济的平衡发展。系统考察人口流动对城乡及地区间人力资本发展的影响，不仅是人力资本研究的重要议题，而且有助于深入了解和预测区域人口及社会经济的发展特征。该项目从社会性别视角考察了跨区县人口流动对城乡及地区间人力资本均衡发展的影响。通过搜集和利用最新的关于人口流动与人力资本的调查数据，项目重点分析了城乡人口流动以及相应返乡现象对教育和健康资本的配置效应，及其对这些人力资本增量的附加效应。通过实证研究，该项目为了解现阶段中国人力资本发展的特征和基本趋势、促进社会经济的可持续发展提供了实证依据。

2. 课题研究内容

该研究主要围绕以下问题进行了实证研究：人口流动如何实现地区间人力资本的配置效应，流动经历对流动者的人力资本特征具有什么样的附加效应，大规模的人口流动现象是否会对潜在流动者的人力资本产生影响，返乡现象对人力资本在城乡和地区间的分布有什么影响，等等。研究发现，过去30年来，中国人口流动特别是以农村男女青壮年劳动力外出务工为典型代表的城乡人口流动现象不仅直接改变着城乡及地区间人力资本的分布特征，而且通过信息传递、行为示范、流动经历的额外作用等效应，深刻地改变着流入地和流出地人力资本的发展轨迹。与此同时，人口流动对地区人力资本发展的影响也呈现时变性特征和性别差异。随着人口与社会经济环境的变化，人口流动与区域人力资本均衡发展的和谐、可持续性有望不断提高。

3. 课题成果

该研究的成果有：牛建林的论文《农村地区外出务工潮对义务教育阶段辍学的影响研究》《人口流动对中国城乡居民健康差异的影响》《改革开放以来乡城劳动力流动对农村居民教育的选择性及其变迁》《教育状况对农村居民跨地区流动的影响：基于社会性别视角的研究》《城市“用工荒”背景下流动人口的返乡决策与人力资本的关系研究》；齐亚强和牛建林等的论文《我国人口流动中的健康选择机制研究》《教育的再生产：代际传承与变迁》等。最终成果为研究报告《人口流动对区域人力资本均衡发展的影响》。

4. 课题/项目的评价、意义和影响

该研究成果对于深刻理解人口流动与各地区人力资本发展的关系、促进人口流动和人力资本的和谐发展、提高人力资本发展效率具有理论和现实意义。目前，研究产生的大部分阶段性成果已在核心期刊中公开发表并被学术同行引用，部分研究成果被《中国社会科学文摘》和中国人民大学“复印报刊资料”转载。此外，该研究的部分成果也在国内外学术会议中进行交流讨论，扩大了研究结果的受众和社会影响。牛建林的论文《人口流动对中国城乡居民健康差异的影响》获第六届中国人口科学优秀成果奖优秀奖。

中国“关爱女孩”行动的制度设计和政策创新研究

杨雪燕

中国“‘关爱女孩’行动的制度设计和政策创新研究”是2008年国家社会科学基金青年项目，项目批准号：08CRK006，课题负责人为杨雪燕，主要参与人有李艳、李亮、张群林、闫绍华、尚子娟、杨博、江和春、石艳群、鲁小茜、龚怡。该课题于2011年12月结项，结项等级为“合格”。

1. 研究目的

该研究的目的在于对中国现实背景下男孩偏好的制度“刚性”进行深入分析，揭示其发生作用的关键路径；进一步分析不同层次出生人口性别比治理政策的效果及存在问题，在此基础上进行相应的制度设计和政策创新，为国家“关爱女孩”行动提供政策建议。

2. 项目进展情况

该研究首先从文化、经济和社会层次分析中国性别失衡形成的制度性原因，其次分别从微观、宏观和国际层次分析中国应对性别失衡的政策，最后基于前述分析结果，对中国不同地区的“关爱女孩”行动进行制度设计和政策创新。研究内容包括：揭示中国文化背景下男孩偏好的制度性基础和原因，为削弱或消除男孩偏好产生和发展的制度性链条提供启示和参考；分析目前出生人口性别比治理和“关爱女孩”行动中的政策实施效果及其存在问题，为中国“关爱女孩”行动的政策创新提供依据；以不同地区的实践案例为依托，开展“关爱女孩”行动的制度设计和政策创新，为国家层次出生人口性别比治理的制度设计和政策创新提供借鉴。

3. 研究成果形式

最终发表中文期刊论文 7 篇；完成相关政策咨询报告 3 篇；资助完成硕士学位论文 2 篇。

4. 研究价值和影响

该研究与其他项目联合研究的成果已于 2010 年以报告的形式提交给陕西省人口计划生育部门及国家人口和计划生育委员会，得到相关部门的认可。报告中的部分政策建议已被采纳并付诸实践，为国家“关爱女孩”行动的顺利开展、制定相关政策以治理性别失衡提供了有益参考。另外，该课题资助了多位博士、硕士生参加相关学术会议，扩大了在“关爱女孩”行动、性别失衡治理、公共政策学等研究领域的影响，提高了课题团队的综合研究能力，同时培养了相关研究人才。

性别失衡下的社会风险及其传导研究

刘慧君

“性别失衡下的社会风险及其传导研究”是 2010 年国家社会科学基金后期项目，项目批准号：13FRK001，课题负责人为刘慧君，主要参与人有李树茁、朱正威、果臻。该课题于 2013 年 12 月结项。

1. 研究目的

该研究的目的是探究社会转型背景下性别失衡风险是如何传导放大成影响社会安全与稳定的风险的，回答性别失衡的影响是如何从人口领域上升到公共安全领域这一问题。研究内容包括：识别性别结构失衡与人口健康、公共安全的因果关系；系统梳理人口性别结构失衡在宏观和中微观层面可能引发的社会风险和行为失范；分析性别结构失衡引发的各种社会风险如何在互动、传导中实现风险放大的机制；探索性别失衡及其社会风险的治理对策，为政府积极预防和阻断风险放大途径提供良好的借鉴。

2. 项目进展情况

该研究按照总体设计、基础研究、机制研究、对策研究的顺序进行布局。在基础研究部分，从历史和国际视野，分析了性别失衡下的人口健康和公共安全问题；基于现实调查数据，探索了中国的性别失衡所面临的人口健康和公共安全风险，并对性别失衡背景下的社会风险进行了系统的识别和总结。在机制研究部分，首先采用理论演绎方法进行模型构建，揭示性别失衡社会风险的放大机制；然后采用文献研究、案例分析或多元分析方法检验模型的适用性，并进一步揭示性别失衡社会风险的传导与突变机制。在对策研究部分，分析了性别失衡议题背后的利益格局和政策博弈过程，进一步提出性别失衡社会风险阻断与治理的措施。

3. 研究成果形式

先后在《中国行政管理》、《中国软科学》、《公共管理学报》、*Social Indicators Research* 等国内外期刊上发表论文 19 篇；完成专著 1 部。其中刘慧君、李树茁的论文《性别失衡风险的社会放大与政府危机应对：一个分析模型》被中国人民大学“复印报刊资料”转载，并获 2013 年度陕西省高校人文社会科学研究优秀成果奖三等奖；刘慧君的论文《性别失衡议题中的多元利益格局与政策博弈》被中国人民大学“复印报刊资料”转载；刘慧君、李树茁的论文《性别失衡背景下的社会风险放大及其治理——基于群体性事件的案例分析》获第七届中国软科学学术年会优秀论文奖；论文《性别失衡的社会风险研究——基于社会转型背景》获 2015 年陕西省第十二届哲学社会科学优秀成果奖三等奖。

4. 研究价值和影响

该项目立足公共治理视角，研究分析了中国性别结构失衡下的社会风险问题，不仅系统地识别出性别失衡下存在的可能风险形态，还从风险选择的视角，对性别结构失衡下哪些群体更可能存在或引发风险进行了鉴别，拓宽了公共安全与社会稳定研究的理论视野，较好地诠释了中国人口性别结构与社会可持续发展之间存在的社会问题及其理论关系。

在应对性别失衡引致的社会安全问题上，当前政策层失语现象较为明显。该研究的相关研究成果证明了性别失衡与社会风险之间因果关系的存在，有助于改进决策层对相关问题的意识与态度。研究从根源性治理、缓解性治理以及放大途径阻断三方面提出有针对性的政策建议，可为相关部门制定政策提供依据。

性别视角下的中国文学与文化

乔以钢

“性别视角下的中国文学与文化”是教育部重大课题攻关项目，项目批准号：05JZD00030，于2006年开题。首席专家为乔以钢，主要参与人有陈千里、刘堃、屈雅君、陈宁、林丹娅、李玲、张莉、李贞玉等。课题于2015年结项。最终成果鉴定为“优秀”。

1. 课题背景和研究目的

该课题是文学学科的性别研究首次进入教育部的重大课题。旨在从性别视角出发，对中国文学文化的传统与现实进行多层面的审视；在考察性别因素在古今文学活动中的体现和影响的基础上，扩展到更为宽广的文化视域，深入揭示中华民族思想文化传统及现实与“性别”之间的关联，剖析各类文学文化现象，克服以往因男性中心的单一视角局限而产生的盲点或误解；借鉴本土具有悠久历史的思想文化资源和国外有关性别研究的理论思考，探讨性别理论的建设以及在多学科、跨文化视野中的研究实践。

2. 项目开展的基本情况

课题研究从文学创作、理论批评、文学史写作等多层面，对中国文学文化领域的性别问题进行系统深入的探讨，就相关学术问题提出新见解。在此过程中，对传统的考察与对现实的分析相结合，研究对象贯通古今，并涵盖大陆少数民族地区以及台湾地区。研究尊重事实，不走偏锋，重视文化传统，适当借鉴国外理论资源，积极探索多学科研究方法的互补交融；自觉避免二元对立的简单化思维，在理论方法上做出了有益的探索，体现出学术价值和创新意义。

3. 主要成果和研究价值

阶段性成果为“性别视角下的中国文学与文化”学术丛书，南开大学出版社出版。包括著作10部：陈洪、乔以钢等著《中国古代文学文化的性别审视》，刘思谦、屈雅君等著《性别研究：理论背景与文学/文化的阐释》，张莉著《浮出历史地表之前：中国现代女性写作的发生》，乔以钢等著《中国现代文学文化现象与性别》，陈惠芬等著《现代性的姿容：性别视角下的上海都市文化》，陈千里著《因性而别：中国现代文学家庭书写新论》，陈宁著《女性身体观念与当代文学批评》，刘堃著《晚清文学中的女性形象及其传统再构》，〔韩〕李贞玉著《清末民初的“善女子”想象》，马勤勤著《隐蔽的风景：清末民初女性小说的多元书写（1898～1919）》。此外，在《中国社会科学》《文学评论》《妇女研究论丛》等重要学术期刊发表课题论文81篇。在《南开学报》开设性别研究学术栏目，刊出32期，发表论文116篇。

4. 课题/项目的评价、意义和影响

该课题一系列学术成果发表和出版后，被认为是近年来本领域研究的重要收获，在学界产生了广泛的影响。《中国社会科学报》《中华读书报》《中国图书评论》《妇女研究论丛》《中国现代文学研究论丛》等共发表14篇书评，给予充分肯定。《新华文摘》《中国社会科学文摘》《高等学校文科学术文摘》等转载课题论文多篇。乔以钢发表于《中国社会科学》的论文《近百年中国古代文学的性别研究》获教育部第六届高等学校科学研究优秀成果奖（人文社会科学）三等奖，天津市第十二届社会科学优秀成果一等奖；张莉《浮出历史地表之前：中国现代女性写作的发生》、陈千里《因性而别：中国现代文学家庭书写新论》两部著作获评全国妇联、中国妇女研究会第三届中国妇女研究优秀成果奖二等奖。

提升中国大众传媒的性别意识

刘利群

“提升中国大众传媒的性别意识”是联合国教科文组织2012年国际传播发展计划项目（International Programme for the Development of Communications）。课

题负责人为刘利群，主要参与人有王琴、张敬婕、陈志娟、唐觐英。该课题于2014 年 4 月结项。

1. 研究目的

“提升中国大众传媒的性别意识”项目，旨在通过教育培训和媒体监测提升中国大众传媒性别意识，促进全社会的性别平等，探索出国际经验与中国国情有效结合的路径；了解中国媒体的社会性别意识和社会性别敏感，探讨该指标在中国的实用性。

2. 项目进展情况

“提升中国大众传媒的性别意识”项目活动主要由以下三部分组成。

2012 年 11 月 27～28 日，举行联合国教科文组织国际传播发展计划工作坊。近 80 位专家学者和媒介从业者参加了工作坊。工作坊采取了主题发言、圆桌对话、专题讲座、业界案例讲座和专家讲座等多种形式，内容生动而充实。

2013 年 1～7 月，项目团队开展了媒介监测，监测议题有媒体对“李天一案”报道、女性农民工报道和女大学生就业报道，监测媒体涵盖《新京报》、《南方都市报》、人民网、网易等主流报纸和网络媒体。

2014 年 4 月 18 日，召开国际传播发展计划结项会。来自联合国教科文组织、媒体和高校的 50 多名专家学者和媒介从业者参加了结项研讨会。

3. 研究成果形式

项目团队翻译了联合国教科文组织出版的两本媒介和性别意识相关的册子——《将天平摆正：新闻业中的性别平等》和《媒体性别敏感指标》，并在中国加以推广。项目团队基于“媒体性别敏感指标”开展了媒体监测工作，撰写了《对中国媒体报道的性别敏感监测报告》。

4. 研究价值和影响

该项目丰富了媒介与性别研究的研究经验，开拓了将媒介与性别研究与中国媒介实践相结合的有效路径。项目将中国媒介实践作为核心，以媒体性别敏感指标为框架贯穿其中，充分融合了研究学理性和媒介实践性。另外，以工作坊、媒介监测和结项会为体系的项目丰富了与媒介机构的合作经验。

项目的开展受到学界、业界关注，多家主流媒体对项目进行了跟进与报道。2012 年 11 月 27 日，《光明日报》、《中国社会科学报》、《中国妇女报》、《北京周报》以及人民网、中华女性网、光明网等媒体对项目和工作坊的情况进行了报道。12 月 4 日，联合国教科文组织网站新闻“IPDC Project on Gender Awareness and Media in China launched”对工作坊进行了报道，并重点介绍了项目团队成员翻译的《媒体性别敏感指标》及项目情况。2014 年 3~4 月，《光明日报》、《中国妇女报》、人民网、新华网、网易、光明网，中国妇女研究网、求是理论网、中国法学网、中国甘肃网以及联合国教科文组织网站等均以不同篇幅介绍了“提升中国大众传媒的性别意识”项目结项情况。

朱迪斯·巴特勒的女性主义思想研究

都岚岚

“朱迪斯·巴特勒的女性主义思想研究”是 2010 年教育部人文社会科学基金项目，项目批准号：10YJC752008，课题负责人为都岚岚，主要参与人为张玫玫。该课题于 2015 年 12 月结项，结项等级为“优秀”。

1. 研究目的

作为西方后结构女性主义最前沿的代表人物，美国女性主义思想家朱迪斯·巴特勒（Judith Butler）在整个英语文学、文化理论界以及西方人文社会科学学术界都有广泛的影响。该课题旨在系统研究朱迪斯·巴特勒的女性主义思想，尤其重点讨论她提出的“性别述行理论”的含义、积极意义及其在西方女性主义内部引发的争论和困惑。

2. 项目进展情况

该课题负责人及成员分别对巴特勒的著作加以研读和讨论，梳理和评价了巴特勒的女性主义思想。2014 年 3 月课题组在上海交通大学外语学院召开了“后结构女性主义专题研讨会”，邀请卡迪夫大学批判与文化理论中心的著名后结构女性主义学者克里斯·威顿（Chris Weedon）教授作主旨发言，并与参会的国内女性主义学者进行了深入的研讨。此外，课题组还向王宁、汪民安、陈永国、刘岩等国内专家咨询研究中的难点，对推进该项目的研究工作起到了重要作用。

3. 研究成果形式

该课题先后在《妇女研究论丛》《外国文学》《当代外语研究》《文学理论前沿》《英美文学研究论丛》等刊物上发表了 6 篇学术论文，其中 1 篇被中国人民大学"复印报刊资料"全文转载，最终成果《朱迪斯·巴特勒的后结构女性主义与伦理思想》（将在外语教学与研究出版社出版，16 万字）以美国女性主义理论家朱迪斯·巴特勒的后结构女性主义理论为研究对象，集中分析了其主体理论、性别理论和政治/伦理思想，从上述三个方面研讨体察西方女性主义进入第三次浪潮之后在关注焦点和研究范式上发生的转变，这一研究视角把巴特勒置于女性主义的纵向发展历程和横向理论视点两个维度加以考量，准确定位了其在世界哲学史和女性主义思想史中的作用。

4. 研究价值和影响

该课题立足学术前沿，选题及研究具有重要的学术价值。所发表的阶段性成果在国内均有一定的引用率，专著不仅梳理和评价了巴特勒的女性主义思想，还对近年来其思想中的政治和伦理转向进行了评价，这对于我们思考和改善战争频发、恐怖主义盛行、民族主义仇恨日益加剧的国际局势具有重要的现实意义。

该课题不仅让国内学术界了解了西方女性主义理论发展的最新态势，也对思考中国当代社会中的性别问题具有重要的借鉴和现实意义。从社会学的角度来说，巴特勒的性别理论为国内相关研究提供了理论分析的视角。而从文学研究的角度而言，巴特勒的理论为研究古今中外文学文本中性少数群体的性别、性欲关系提供了新的阐释空间。

中国男性与性别平等研究

王向贤

"中国男性与性别平等研究"项目由联合国人口基金驻华代表处和"预防伙伴"项目共同资助，"预防伙伴"是联合国开发计划署、联合国人口基金会、联合国妇女署和联合国志愿者组织共同建立的预防性别暴力的亚太地区区域项目。"中国男性与性别平等研究"项目是"预防伙伴"在亚洲和太平洋地区开展的联合项目"联合国关于男性与暴力：理解性别、男性气质和权力，以预防性别暴力"的组成部分。亚太地区共有 7 个国家参与。北京林业大学性与性别研究所和中国反家庭暴力网络参与了项目实施。项目首席专家为王向贤，主要参与人有李洪涛和方刚。项目在 2011 ~ 2013 年进行。

1. 研究目的

搜集亲密伴侣关系内外的多种与性别暴力相关的数据；在中国的制度框架下深入理解男女两性关于男性气质、性别平等、父职、性和性别暴力的态度及行为；探究与性别暴力相关的风险和保护因素；提供预防性别暴力、促进男孩和成年男性参与性别平等建设的政策和建议。

2. 项目开展情况

在调研准备工作完成后，该项目于2011年在中国中部的A县进行了多阶段随机抽样调查，共有1103名女性和1017名男性（18～49岁）完成了问卷调查。2012年进行数据分析并撰写中英文报告《男性与性别平等研究：中国定量研究报告》。报告由联合国人口基金会提交全国妇联、全国人大、公安部等相关机关；由“预防伙伴”提交联合国开发计划署、联合国人口基金会、联合国妇女署和联合国志愿者组织等国际机构。

3. 项目主要发现

研究发现，伴侣暴力普遍发生，伴侣暴力严重影响了男女两性的肢体、精神和生殖健康；女性遭受伴侣暴力后，经常不告诉任何人，肢体和性方面的伴侣暴力与童年时期的创伤、男性控制、酗酒、多个性伴侣和争吵密切相关。在性暴力方面，女性更可能遭到来自伴侣的强暴，但来自非伴侣的性暴力也很普遍；最常见的强暴动机为性特权；许多男性实施第一次强暴是在青少年时期；在曾遭受强暴的女性中，大部分从未告诉过别人；实施非伴侣强暴与童年创伤、酗酒和多个性伴侣强相关。在男性暴力经历方面，经历高度的创伤和暴力以及鼓励男性控制、使用暴力的男性气质标准是伴侣暴力普遍发生的文化机制。基于研究发现建议：促进实践层面的性别平等；结束对女性施暴而不受惩罚的现状；加强医疗部门的回应；回应男性的健康和福祉需求；支持受暴女性。

社会性别与性教育能力建设：开发培训教材和培训培训员

赵　捷　胡　珍　师振黎

“社会性别与性教育能力建设：开发培训教材和培训培训员”项目受福特基

金会北京办公室支持，由云南省社科院社会性别与参与式工作室与四川省性学会青少年性教育专业委员会合作开展。项目负责人为赵捷、胡珍和师振黎。项目周期为2011～2013年。项目实施地点在云南和四川。

1. 项目背景

近年来，青少年主要通过互联网、传媒、影视、小说、同伴、家长和学校等渠道获得性与生殖健康信息，内容多样但良莠不齐，有些信息有利于青少年做出自己的选择和判断，有些信息则更强调控制性行为；有些内容挑战了社会性别和性刻板印象，而另一些则在强化这一刻板印象。因此，有必要推动更有利于青少年进行自我选择和判断的教育模式，强调社会性别意识，采用参与式方法，以满足青少年的需求，改善他们的福祉，而其中最能直接帮助到青少年的是学校和老师。

2. 项目目的

加强教育工作者对目前青少年性健康知识状况的认识，以及其相关的意识和行为与社会性别的关系；通过一系列参与式工作坊以及组织开展性教育课程的大、中、小学的教师骨干分析研讨现有的具有社会性别刻板印象的教案和教学方式，找出改进的对策，以提升教育者促使青少年享有更平等的交往关系和健康生活的能力。项目预期产出为培养一批具有性别平等与性别公正敏感性、能够开展参与式性教育的师资，使之能够运用相关知识，开发适用于当地青少年社会性别及性教育的教材或教案。

3. 项目进展

通过专题讲座开展社会动员；进而通过需求调查和评价，在众多参与者中挑选出一批具有代表性的骨干教师作为目标人群；进行需求调查，设计出一系列工作坊的框架和内容。开展培训活动，一是着重弄清楚相关的知识和概念，特别是“性别刻板”印象的影响及表现，引导参与者对性别不平等观念的传播进行批评性反思；二是学习并强化性教育中参与式理念和方法的应用；三是鼓励骨干教师结合性别平等教育和性教育，研讨和开创新的教案和教材，并在教学实践中强化相关技能与方法，对性和性别教育中的平等问题进行检审，同时审视自身的变化等。另外，在项目活动期间，项目组成员还通过QQ群与骨干教师开展教学分享和问题讨论等，并根据参与者反映的问题，及时提供相关的知识和技能。

4. 研究价值和影响

针对青少年的实际状况，如何在教育领域开发有质量的性与社会性别的教育活动，并能够用于普适性的教育当中，该项目在这方面进行了前瞻性的探索；培育了一批相关教师人才，在一定程度上推进了四川和云南开展青少年性健康权利和性别平等教育的主流化建设。

东南亚女性政治参与研究

范若兰

“东南亚女性政治参与研究”是教育部人文社会科学一般项目，项目批准号：10YJA810006，2010 年立项，2014 年结项。项目主持人为范若兰。

1. 课题背景和研究目的

东南亚各国的政治体制、经济发展水平、文化宗教充满差异，影响到各国女性政治参与的程度和特点。以往中国学界对东南亚女性政治研究很少，该课题是教育部首个立项的有关东南亚女性参政的课题，主要研究东南亚主要国家的女性政治参与，包括大众参与和权力参与。通过对女性参与民族独立运动、妇女运动、民主运动的梳理，探讨妇女组织、女选民、女议员、女政治领袖如何参与政治和推动政治民主化进程。通过对东南亚各国政治体制、政党制度、选举制度、政治文化的研究，探讨威权政治、民主政治对女性政治参与的影响，同时探讨父权制和性别秩序变化对女性政治参与的制约。

2. 项目开展的基本情况

该课题主要采用文献研究，辅之以调查和访谈。其中包括：①在国家图书馆、香港大学图书馆、香港中文大学图书馆、中山大学图书馆、马来亚大学图书馆、韩国梨花女子大学图书馆等地查阅大量相关资料；②项目主持人利用到马来西亚开会之机，访问马来西亚的女政治家和各政党的妇女组织，利用在韩国梨花女子大学亚洲妇女研究中心访学的机会，访问东南亚的非政府妇女组织成员和女活动家；③访谈在中山大学学习的东南亚国家的留学生。

该课题分为上、下两编。上编为国别研究，分别探讨了印度尼西亚、菲律宾、泰国、缅甸、马来西亚、新加坡、越南、柬埔寨女性运动和参政运动。下编为专题研究，分别从政治制度、政治文化、性别秩序、女政治领袖对东南亚女性参政等方面进行理论探讨和对比研究。

3. 主要成果和研究价值

阶段性成果为发表在《妇女研究论丛》《东南亚研究》《南洋问题研究》《思想战线》《中山大学学报》等期刊上的多篇学术论文，包括《政治替代者与党内攀登者：东南亚和大洋洲女首脑比较研究》《掌权之后：东南亚女总统与民主转型的性别分析》《东南亚民主化浪潮中的女领袖现象探析》《印尼民主转型时期的妇女权利之争与性别主流化》《新加坡妇女权利与国家父权制关系试析》《父权制类型与女性政治参与模式分析：一个理论思考》《东盟国家威权统治时期女性政治参与探析》《马来西亚华人女性权力参与试析》《父权制松动和性别秩序变化对女性政治参与的影响——以东南亚国家为中心》《当代菲律宾家族政治与女性权力政治参与的关系》等。最终成果为专著《东南亚女性的政治参与》，共44万字，社会科学文献出版社2015年出版。

4. 课题/项目的评价、意义和影响

该课题一系列学术成果发表和出版后，被认为是东南亚女性研究的一部力作，在东南亚研究学界产生了一定影响。

近代中国报刊媒体世界的女性身体建构

李从娜

“近代中国报刊媒体世界的女性身体建构”是2011年教育部人文社会科学研究项目，项目编号：11YJC770022，课题负责人为李从娜，主要参与人有李东风、余维海、赵秀丽、董虹、汪炜伟、习晓敏。

1. 研究目的

首先，丰富妇女/社会性别史的研究。通过研究和分析女性身体的建构，探寻女性主体性、自我意识等附着于女性身体的性别意义，挖掘男女两性在女性身体建构中所处的地位和扮演的角色，揭示女性的生存处境，等等。其次，拓展以往对身体史的研究。该研究对女性身体建构的研究过程中，将碰触到女性身体的解放、重塑、消费、健康等多层面问题，对这些问题进行深入研究，不仅是对身体史研究的进一步推进和深化，还有助于揭示宏大历史叙事之外社会生活的某些侧面及其深层含义。最后，开拓报刊媒体史研究的新思路。

2. 项目进展情况

该课题自2011年9月立项以来，截至2015年12月，项目负责人和课题组成员已经完成系列论文8篇，其中2篇刊发于CSSCI来源期刊、2篇刊发于中文核心期刊、1篇被论文集《中国妇女发展与性别平等：历史、现实、挑战》（谭琳、姜秀花主编，社会科学文献出版社，2012）收录，出版学术专著1部——《近代中国报刊与女性身体研究——以〈北洋画报〉为例》（中国社会科学出版社，2015）。

3. 研究成果形式

公开发表8篇论文。《生态女性主义视角下的近代女神信仰》刊发在《民俗研究》2013年第2期；《天主教婚姻家庭伦理的本土化建构——以天津〈益世报〉为中心的考察》，刊发在《基督教学术》第十三辑（上海三联书店，2015）；《画里话外：民国画报对女性裸体的表现与品评——以〈北洋画报〉为例》刊发在《新闻界》2015年第19期；《〈北洋画报〉中民国女性身体美的绽放——一个女性身体史研究的媒体视角》刊发在《中华女子学院学报》2013年第1期；《记忆缺失与文本呈现："三一八"惨案女烈士研究》刊发在《武汉科技大学学报》（社会科学版）2012年第1期，同时被收录在论文集《中国妇女发展与性别平等：历史、现实、挑战》（谭琳、姜秀花主编，社会科学文献出版社，2012）；《山歌、性别文化与日常生活——以江西崇义畲族山歌为例》刊发在《文化遗产》2015年第1期；《近代报刊媒体中的女性"受虐"形象——以"张致和杀妻案"为中心的考察》刊发在《汕头大学学报》（人文社会科学版）2014年第1期；《民国时期孀妇的再嫁境遇与社会救济——以〈益世报〉为中心的考察》刊发在《城市史研究》（辑刊）2015年第1期。

出版专著1部——《近代中国报刊与女性身体研究——以〈北洋画报〉为例》，由中国社会科学出版社2015年12月出版。

4. 研究价值和影响

该研究成果可为高校、妇联科研工作者在女性/性别史的学术研究、推进男女平等和社会性别主流化方面提供参考。

中国男性杂志发展研究

陈　宁

“中国男性杂志发展研究”是教育部人文社会科学研究一般项目，项目负责人为陈宁，主要参与人包括杨春、刘堃和刘运峰。项目执行时间为 2012 年 1 月至 2015 年 12 月。

1. 课题/项目背景及研究目的

自 1997 年《时尚先生》杂志创刊以来，中国大陆地区曾出现过 40 多种明确以男性为服务受众的杂志。经过长达 10 年的市场磨合与调整，目前男性杂志进入快速发展时期。仅 2008 到 2011 年 3 年间，大陆地区就有 10 余种男性杂志陆续创刊，还有若干种电子杂志在网上热销，其发展速度令出版发行业刮目相看。“做一本男性杂志”成为当前不少杂志媒体进行市场转型、扩大经营范围的首选方向。该课题以势头正健的男性杂志为研究对象，针对其在快速拓展市场过程中的盲从性，从性别理念、图文编制、受众需求和经营方式等多个角度对男性杂志的创新发展提出可行性建议。

2. 课题/项目开展的基本情况

该课题以当前媒体市场中活跃的 30 余种男性杂志为研究对象，通过对杂志采编发行各环节的分析研究，探讨此类杂志存在的发展空间、发展瓶颈、产生问题的原因等，最终将研究重点落实在为中国男性杂志的良性发展提供切实可行的方案。

目前学术界对媒体中的性别形象研究多采用静态的量化研究方法即内容分析法进行。但是，媒介产品的样态和意义并不是静止不变的，在文化产品的传播过程中，它受到传播环境、生产机制和受众反馈等多重因素的影响。该课题将综合使用制作者深度访谈、受众问卷调查、文本细读等方法，将男性杂志还原到动态的传播链条中，系统考察男性媒介形象的生成过程。

3. 主要成果和研究价值

该课题最终形成学术论文4篇，均发表在CSSCI来源期刊。从出版发行实践的角度来看，该课题探讨了男性杂志如何在政府传播管理、市场经营机制和受众的性别需求之间找到适宜的平衡点，如何将公平自由的性别理念渗透到宏观的媒体经营和微观的内容制作，最终形成有中国特色的男性媒体。从文化研究角度来看，该课题站在“男性关怀”的性别立场，揭示当前中国媒体文化中存在的男性刻板印象和性别压迫等问题，并分析这些文化特征与中国特定的政治经济语境之间的内在关联。

4. 课题/项目的评价、意义和影响

21世纪以来，中国的奢侈品市场和男性时尚产业发展迅速，广告主迫切需要定位精准的男性媒体。目前来看，内地男性杂志的广告饱和度远未达到峰值，男性杂志正面临着前所未有的发展商机。该课题研究具有一定的实践意义。同时近年来男性受众的“自我关怀”意识明显增强，男性杂志成为新富阶层确定身份归属的方式之一。但是中国男性杂志在急剧扩张市场的同时还面临一些制约因素。精准的、差异化的市场细分并没有成为男性杂志的自觉。具有中国本土特色的男性文化还没有得到彰显。该课题从性别关怀的角度尝试分析现代男性媒体文化，使之从“男权压迫”的刻板印象中解脱出来。从理论角度来看，男性文化一直作为女性主义者的批判对象，从否定的意义上加以研究。这个立论前提在很大程度上遮蔽了对男性进行文化关怀的需要。现代男性同样面临着性别文化的禁锢和压抑，甚至比歧视女性更为隐性和复杂。该课题站在“双性观照、警觉歧视”的立场，分析男性关怀的现实需求、文化样态和媒体呈现。这对中国性别理论的发展具有一定的开拓意义。

多维视角下女性大众体育发展战略研究

熊　欢

“多维视角下女性大众体育发展战略研究”是2013年国家体育总局体育哲学社会科学研究项目，项目批准号：1912SS13073，课题负责人为熊欢，主要参与人包括秦博、张玲、董业平。该课题于 2014 年 9 月结项，结项等级为“合格”。

1. 研究目的

该研究旨在透过多维的理论视角，通过国外与国内视野的结合、女性学与体育学的结合、理论和实践的结合，系统地建构一个新时期中国女性大众体育的发展战略，以适应女性个体的需求和社会需求。

2. 项目进展情况

该课题首先对中国女性大众体育进行了实证调查，发现中国女性大众体育发展不平衡，集中反映在年龄结构、职业结构、地区结构上，而造成这种不平衡发展的原因更多来自性别制度与体育制度所造成的障碍。在此基础上，课题提出女性大众体育的发展需要战略的制定与政策的关怀，而战略的制定一定是建立在女性自我发展与体育事业整体发展的基础之上的，同时也要兼顾公平、合理、尊重差异等原则：第一，研究制定一个适应中国社会转型期特殊需求的、符合女性体育参与特点的女性大众体育发展战略。第二，围绕发展战略，从不同利益群体出发，制定既兼顾差序化发展，又兼顾公平、公正原则，适当向弱势群体倾斜的相应政策。第三，加强宣传引导，提高女性自尊、自信、自立、自强的主体意识，破除男性社会制度的束缚，拓展女性大众体育活动的参与面。第四，加强组织建设，提高女性大众体育参与的组织化程度，加强指导，逐步提高女性大众体育的科学化水平。第五，充分发挥社会力量，设立女性大众体育发展基金会，鼓励各体育协会设立专门的女性（与青少年）发展部门，丰富女性大众体育参与的内容，提高参与活动水平。第六，与相应机构协商，设置专门的监督、协调机制，处理体育参与中发生的问题与矛盾。妇联、共青团、工会在维护女性参与体育的合法权益方面要发挥主导作用。第七，支持女性体育理论研究，探索女性大众体育的发展规律，加大对女性大众体育参与的理论指导，并及时总结推广好的经验。

3. 研究成果形式

该课题有 7 篇学术论文发表，其中 5 篇在核心期刊发表，1 篇被英文 SSCI 收录；2 篇论文分别获得第二届全国高校女子体育论坛一等奖（2015 年 9 月）、第四届北大人文体育高层论坛“最佳论文奖”（2013 年 11 月）；研究的部分内容收录于《性别、身体、社会：女性体育研究的理论、方法与实践》（熊欢著，即将由中国社会科学出版社出版，54 万字）。

4. 研究价值和影响

该课题的价值体现在，指出了两性在身体、健康、生活方式上的差异及其形成的原因；在实证调查的基础上，阐释了在当代中国社会转型过程中女性大众体育参与的状况及其特征、变动的影响因素以及变动的规律等；总结出了当前制约中国妇女参与体育活动的结构性与个体性的原因。基于此提出了女性大众体育在当今中国社会发展的战略目的、任务以及实现途径，为中国女性自我健康意识的培养以及女性大众体育的总体发展方向提出了具体对策，为决策层制定政策提供了参考。

该课题产生了一定的社会影响和效益。课题研究的阶段性成果被多次引用；在实践层面，特别是在“全民健身”国家战略的背景下，引起了相关部门的重视，为规划女性合理、有序地开展女性大众体育健身提供了参考。

论著选介

《中国特色社会主义妇女理论与实践》（彭珮云主编，北京：人民出版社，2013）

该书以中国特色社会主义理论为指导，以马克思主义妇女理论为理论基础，以改革开放以来中国妇女运动的鲜活经验为实践基础，汲取和借鉴国际妇女运动的理论成果和实践经验，围绕社会主义初级阶段中国妇女解放与发展的目标任务、实现途径、主体力量和条件环境等一系列基本问题展开讨论，旨在为推动中国妇女运动进一步向前发展提供理论支持。通过系统论述中国特色社会主义妇女解放与发展的指导思想、理论来源、实践基础、目标任务以及妇女运动的主体力量与社会共同参与的合力作用，系统阐明了中国妇女解放与发展必须坚持党的领导，坚定不移地走中国特色社会主义道路，在经济、政治、文化、社会和生态文明建设进程中，提高男女平等与妇女发展水平的基本原理。该书具有理论联系实际的鲜明特点，具有理论前瞻性和现实针对性，是学习和宣传中国特色社会主义妇女理论与实践的简明读本，对繁荣社会主义学术、推动中国现阶段的妇女运动具有深远的理论意义和现实意义。（杨一）

《中国特色社会主义妇女理论研究》（岳素兰、魏国英主编，北京：北京大学出版社，2014）

该书为“北京大学女性研究丛书”之一，是一本关于中国特色社会主义妇女理论的专题研究论文集。该书分为三大部分，第一部分为中国特色社会主义妇女理论产生的时代背景及其意义，第二部分为中国特色社会主义妇女理论形成的理论和实践基础，第三部分为中国特色社会主义妇女理论的基本内涵，包括社会主义初级阶段妇女解放和发展的目标与任务、路径与阶段、动力与条件、主体力量等，并比较中国特色社会主义妇女理论与中国特色社会主义理论、与马克思主义妇女理论、与中国传统妇女理论、与西方女权主义理论的联系与区别。内容涉及马克思主义性别理论的立场和方法，中国特色社会主义妇女理论形成的实践基础、时代背景和基本内涵，同时与当代西方女权主义理论进行了比较。该书理论

把握准确，分析深入透彻，论证严谨充分，为中国特色社会主义妇女理论体系的建设提供了新颖的见解。（杨一）

《关于妇女研究和妇女工作的思考》（彭珮云著，北京：中国妇女出版社，2014）

该书凝结着彭珮云同志多年来思索中国特色社会主义妇女理论、研究社会转型期妇女发展中的重点难点问题、推动中国妇女/性别研究、探索中国特色妇女发展道路的智慧和心血。书中收录了2004年以来彭珮云同志针对中国特色社会主义妇女理论、深入贯彻落实男女平等基本国策、构建先进的社会性别文化和如何更好地开展妇女工作等方面的著述。书中强调理论是行动的先导，要重视探索中国特色社会主义妇女理论；强调要注重理论联系实际，用马克思主义的立场、观点、方法深入调查妇女发展面临的新情况、新问题，分析问题的本质及其产生的原因，结合实际提出切实可行的建议；强调高等院校应该为加强妇女/性别研究、传播先进的性别文化做出更大的贡献，要努力推动妇女/性别研究进入社会科学研究领域的主流。该书对于深入贯彻落实男女平等基本国策、推动妇女理论研究深入发展、增强妇女工作者加强理论学习的意识以及工作的责任感/使命感，具有重要的理论和实践意义。（杨一）

《20世纪中国妇女运动史（中、下卷）》（顾秀莲主编，北京：中国妇女出版社，2013）

该书为全国妇联国家社会科学基金重大项目研究成果，生动地反映了中国共产党领导下的中国妇女运动波澜壮阔的历史进程，客观总结了中国妇女运动的经验与教训，对于推动新时期妇女运动具有深远的现实意义。该书系统梳理了20世纪中国妇女运动的发展脉络，总结了中国妇女运动的基本特征，揭示了中国妇女运动的客观规律，充分再现了党领导下的波澜壮阔的妇女运动，全面记述了在革命、建设和改革开放新时期中国妇女为争取民族独立、人民解放和实现国家繁荣富强做出的巨大贡献。该书内容准确、客观、翔实、厚重，是历史研究和妇女研究领域不可多得的佳作，是全面、系统呈现中国妇女运动百年历程的权威著作，其对中国妇女运动基本经验和客观规律的总结，将会对中外妇女运动产生持久而深远的影响。（杨一）

《中国共产党妇女工作史（1921～1949）》（耿化敏著，北京：社会科学文献出版社，2015）

妇女工作是中共党史、妇女运动史研究的传统课题，深入研究和系统总结中国共产党领导妇女工作90多年的历史过程和历史经验，不仅有助于填补中共部门工作史领域的相关学术空白，拓展中国共产党工作史研究的视野，深化中共历史经验的总结，而且对于中国共产党领导当代中国妇女发展事业，进一步加强和改善党的群众工作，特别是对于改革开放新形势下社会管理模式的创新，构建社会主义和谐社会，具有十分重要的现实意义。该书依照中共历史的经典分期，研究了中国共产党开展妇女工作的历史轨迹和历史经验。书中运用包括中共妇女运动文献、全国妇联档案、妇女（联）史志、妇女工作者口述访谈在内的丰富史料，从“中国共产党部门工作史”的新视角，全面、系统、深入地展现了这一时期中国共产党妇女工作的历史形貌，揭示了学界过去语焉不详的中共妇委组织体系和妇女工作领导体制的起源、沿革与变化，进而增进了对20世纪上半叶中国妇女运动进程与走向的理解。（杨一）

《国家、组织与妇女：中国妇女解放实践的运作机制研究》（揭爱花著，上海：学林出版社，2012）

该书通过全面回顾和总结中华人民共和国成立以来妇女解放实践的历程，对中国妇女解放实践模式的历史合理性做出客观分析，并对其取得的历史性成就和局限作出实事求是的评价。在此基础上，围绕国家、社会组织和妇女的关系，作者系统地分析了妇女解放作为国家意志是以何种方式体现到社会行动的组织者，即行政化的各种社会组织的行为之中的，从中梳理总结中国妇女解放实践的运作机制、基本经验与发展规律。继而根据市场经济和改革开放的新形势，就立足于培育和增强妇女解放实践的自主性，重构国家、社会组织与妇女的关系进行前瞻性的对策思考。该书不仅对于深化中国特色妇女解放道路内在运作逻辑和发展规律的研究、总结妇女解放实践的中国经验具有重要的学术价值，而且对于构筑和谐的两性秩序，促进社会主义和谐社会建设具有重要的现实意义。该书对国家干预妇女解放实践的体制建构、制度安排及其微观运行机制进行了深入系统的考察，研究视角及主要学术观点均具有一定的学术创新价值。（杨一）

《南希·哈索克的马克思主义女性主义研究》（鹿锦秋著，北京：中国社会科学出版社，2015）

该书以女性主义与马克思主义相结合为主线，总体梳理了南希·哈索克马克思主义女性主义的出场路径、理论发展轨迹，并从马克思主义的历史唯物主义、唯物辩证法及政治经济学视域，对哈索克马克思主义女性主义理论观点的哲学基础、生成机制、思想实质、建构逻辑、意义及局限等进行多视角、多层面的全面梳理。该书指出，哈索克的马克思主义女性主义从性别维度弥补了历史唯物主义的某些女性空场，打开了马克思主义研究新视域，有助于克服与解决女性主义和马克思主义能否结合和如何结合的理论难题；其认识论、辩证女性主义思想有助于推动马克思主义女性主义及马克思主义哲学的新发展；其对后现代女性主义差异理论的批判和超越有助于力促女性主义重返马克思主义的理论探索；其女性主义全球化理论及当代女性解放规划的新构想，深化了对当代资本主义新变化及女性解放运动新特点的理解；其对马克思主义女性主义具有重要意义的理论问题进行剖析和重构，有助于深化我们对当代西方马克思主义女性主义根本特征与发展趋向的认识以及马克思主义女性主义理论的创新发展的推进。（高翔宇）

《中国女性主义思想史中的妇女问题》（〔美〕汤尼·白露著，沈齐齐译，李小江审校，上海：上海人民出版社，2012）

该书是一部关于20世纪中国女性主义的思想史。作者以“历史性的词语误用”为武器，从“妇女”和“女性”关键词入手，在借鉴历史学、文学、女性主义研究、精神分析和电影批评中的众多分析工具的基础上，回溯了发生在20世纪中国的一系列持续进行却并不连贯的历史事件，并在这些或被遗忘或被重塑的事件中，找到了20世纪女性主义启蒙思潮的积累过程。作者认为中国的女性主义思想的发展，并不完全是依附于西方的一个过程，而或是发生在特有的儒家文化背景下，或是产生于殖民现代性的冲击下，或是存在于社会主义的思想交锋之中。作者在论证几代理论家如何与国际思潮进行辩争的中间，涵盖了优生学、社会性别、性意识、精神分析思想、文学批评、道德伦理以及革命政治意识形态等诸多方面，不仅以一定的深度和广度阐述了中国女性主义理论所关注的性别平等问题，而且沿着左翼思想的脉络，对于中国妇女与其同时代的社会问题做出了多元、多层次的探讨、追问与回答。（高翔宇）

《身体之重：论“性别”的话语界限》（〔美〕朱迪斯·巴特勒著，李钧鹏译，上海：三联书店，2011）

该书是“性与性别学术译丛”之一，朱迪斯·巴特勒聚焦于身体和性别的物质性和述行性，引入“征引”“复现”等重要概念，厘清了她首次在《性别麻烦：女性主义与身份的颠覆》一书中引发争议的“性别述行”理论。作者通过解读柏拉图、伊瑞葛来、拉康、弗洛伊德、德里达等人的相关论述以及威拉·凯瑟和詹妮·利文斯顿等人的文学文本和电影作品，详细考察了霸权话语如何形构了身体、性别和性属，揭示了在此过程中必然产生的排除、错综复杂的身份认同及其不确定性。作者指出，性别的规制力是一种生产力，具有生产它所控制的身体的力量，认为性别是被强行物质化了的理想建构，并非身体的简单事实或静态状况，而是通过管制规范的强制性复现加以实现。此外，作者还特别强调由于这种物质化不曾完整，身体从未对强迫其物质化的规范毕恭毕敬，致使在此过程中规制性律法的权力可以被反戈一击，进而生成了质疑这种霸权的再表述。该书是一部具有理论创见的女性主义精彩论著，并将学界有关身体政治的讨论带入了一个更具开放性的话语空间。（高翔宇）

《女性主义和平学》（李英桃著，上海：上海人民出版社，2012）

该书是教育部社会科学规划项目、北京外国语大学“211 工程”三期建设项目的成果。作者结合中国历史和现实中对和平的认识，通过社会性别视角对和平问题进行深入分析，试图提出中国语境下的和平观念。作者在厘清现有的国际和平学和女性主义和平研究的基本脉络、主要理论与研究成果后，根据中国和中国妇女当前面临的主要问题和学术研究重点，在上编“实现消极和平”中讨论了战争与和平中的妇女角色、妇女的和平努力以及家庭暴力问题的国际和平意义，在下编“通往积极和平”中讨论了社会性别与发展、消除贫困、环境保护、公共健康问题，分析其与实现积极和平的关系，其中全球公共健康问题作为一个和平问题，在该书得到了很大的重视。此外，作者还阐释了“和平教育”在以和平方式实现和平上的重要意义。在该书的结论中，作者提出了一个和平研究的基本框架：“中国语境中的动态三维女性主义和平观”，即由“和平概念的拓展”“个人与集体关系的平衡”“社会性别视角的增强”这三个动态的维度，共同构成一个整体路径，为促进和平、发展与性别平等做出贡献。（高翔宇）

《全球背景下的性别平等与社会转型》（谭琳、周颜玲主编，北京：社会科学文献出版社，2011）

该书为 2009 年 7 月 17 ~ 19 日中国妇女研究会与美国美利坚大学联合举办的“全球背景下的性别平等与社会转型：基于全球的、跨国的及各国的现实与视角”国际研讨会论文选编。在该书中，不同学科领域的专家学者共同研讨国际和国内妇女/性别研究的前沿议题，从社会性别视角质疑已有的研究全球化、跨国主义和各国发展实践的理论范式，分析全球、区域、跨国及各国发展过程中的现实问题。通过强调理论和研究在形塑公共讨论、政策和实践方面的作用，推动理论、方法和实践的发展；通过赋权于各国、跨国和全球的女性和男性，推动女性主义行动；通过为学者、研究者、行动者、政策制定者、公民社会行动者和草根行动者提供一个平台，推动有意义的对话，促进积极的社会变迁。该书记录了一次跨越洲际的对话和交流，可以了解到来自世界不同区域的50多位妇女/性别研究学者的深刻理论见解，观察到发生在中国和世界不同场域妇女生活的片段和妇女运动的轨迹，这种不同的经历、体验和思考将极大地丰富我们关于全球化背景下女性主义的研究。（杨一）

《新时期中国妇女社会地位调查研究》（宋秀岩主编，北京：中国妇女出版社，2013）

该书为“第三期中国妇女社会地位调查丛书”之一，是国家社会科学基金重大项目“新时期中国妇女社会地位调查研究”课题的总报告，集中反映了全国各地的多学科妇女研究者对第三期中国妇女社会地位调查数据的研究成果。第三期中国妇女社会地位调查是继1990年第一期、2000年第二期中国妇女社会地位调查之后的又一次具有广泛性、权威性及追踪性的重要国情、妇情调查。该书全面系统地描述了21世纪前10年中国妇女社会地位状况，阐述了社会变迁中妇女社会地位的发展脉络，分析了中国妇女在健康、教育、经济参与、社会保障、政治参与、婚姻家庭、生活方式、法律权益和认知以及性别观念和态度九个方面取得的进步和面临的挑战，并提出相关的政策建议。该书反映了10年来中国妇女社会地位的深刻变化，充分体现了中国贯彻科学发展观、促进社会公平的诸多成效，对于创新中国特色社会主义妇女理论和丰富新时期中国妇女运动实践具有重要意义。（杨一）

《社会性别视角下的中国社会政策》（宋健编著，北京：社会科学文献出版社，2012）

该书是“21世纪人口学研究系列”丛书之一。主要内容包括：中国的政策法律体系，宪法与保护女性权益的基本政策、生育政策、教育政策、就业政策、财产继承与资源分配政策等。中国在21世纪面临的最严峻挑战之一是出生性别比长期、大范围偏高现象，该书全面系统地梳理了中国政策法律体系下与社会性别相关的现行中国社会政策，沿着生命周期的脉络以案例分析的方式论述了9个社会性别相关社会政策及其对社会性别的影响。其最大特色在于借助“政府－地方－学者”的互动模式，将理论分析与实践干预相结合，揭示了现行社会政策在促进社会性别平等方面低效与失效的原因，探索了协调社会政策的机制和制度模式。（杨一）

《女性高层次人才成长状况研究与政策推动》（陈至立主编，北京：中国妇女出版社，2013）

该书是全国妇联2009~2012年联合有关部门发起的“女性高层次人才成长状况研究与政策推动项目”的成果。书中既有反映项目指导思想、目标任务和基本思路的领导讲话，也有反映女性高层次人才成长状况和政策需求的定性定量研究报告；既有针对国际国内研究和政策文献的评述，又有记录项目进展、反映项目带动效果的工作简报。项目组不仅开展了全国性的调查，还针对不同地区、不同人才群体的情况进行相关研究，从学术性及实践性两条途径分别做出了实证结论，探索了女性高层次人才的成长规律，并在此基础上提出了进一步促进女性高层次人才成长的对策建议，包括切实改善妇女在决策和管理中的参与状况、全面落实女性高层次人才的同龄退休政策、增强面向中青年女性人才的社会支持、宣传优秀女性的正面形象并形成正确的舆论导向、加强各级各类人才的分性别监测评估等内容。该书展现了全国妇联在贯彻落实男女平等基本国策和科教兴国战略方面的努力，同时为新时代女性挑战传统性别角色定位、发挥个人能动性、平衡工作和家庭提供了有益的借鉴和参考。（高翔宇）

《性别与健康：城镇非正规就业女性健康需要和政策回应》（刘春燕著，北京：社会科学文献出版社，2012）

该书认为，中国市场经济时期社会化主导的健康政策模式已经建立，女性健康促进和健康政策的重视程度和统筹能力尚需进一步加强。作者通过理论分析与个案研究的方法，考察了当前城市非正规就业女性的健康需要以及健康政策满足其需要之间的关系。“健康需要”由疾病医疗需要、疾病预防和健康保健需要、健康的环境需要以及康复和健康照顾需要等方面构成。作者发现，非正规就业女性的健康需要满足情况很不理想，健康需要的满足主要由个人和家庭承担。既有的健康政策从表面上看是中立和平等的，但实际上，缺乏社会性别意识的健康政策对城镇非正规就业女性的健康需要回应不足。现有的健康政策维持和强化了不平等的性别结构，损害着女性利益，因此亟须完善。一个体现社会性别公平的较为完善的健康政策可以通过对女性健康需要的满足，弥补女性在经济和社会地位上的不利状况，满足人们的需要并增进公众福祉。该书既可以为相关专业人士提供有益的研究思路，也可以为决策制定者制定女性健康政策提供参考。（刘洁）

《中国农村儿童健康的性别差异：历史、现状及对策》（宋月萍著，北京：中国工人出版社，2011）

该书从社会性别视角出发，从家庭和社区两个层面分析男孩偏好对中国农村儿童健康性别平等的影响，力图为促进农村儿童健康的性别平等、促进人口与社会可持续发展提供参考依据。平等地获得健康机会、维持良好的健康状况，是人口健康的两个重要内涵。目前中国农村儿童健康状况具有性别不平等的特点，主要体现为男女儿童死亡率、营养状况以及医疗卫生服务利用状况等方面存在明显差别。作者构建了以社会性别平等为核心的儿童健康理论框架，在此框架下，使用历年中国健康与营养调查数据，建立起中国农村儿童健康生产方程。作者认为，当前中国农村医疗卫生资源投入难以有效地保障儿童尤其是来自贫困家庭女童平等的健康权利和机会。对此，应通过促进农村贫困地区和家庭的经济发展、提高农村女性教育地位、改善农村社区卫生环境、加强农村合作医疗制度建设等途径，为有效实行性别平等的农村儿童健康保健政策，提供和谐的政策氛围与良好的制度基础。（刘洁）

《巾帼脱贫：农村贫困妇女扶持政策评估及建议》（向德平、程玲等著，北京：社会科学文献出版社，2015）

该书是“中国贫困片区精准脱贫研究丛书”之一，是“连片特困地区贫困妇女扶持政策评估及政策建议——以武陵山区为例”研究的成果。精准扶贫的核心是精准识别扶贫对象，分类施策。作者指出，由于妇女在性别制度中所处的位置，导致她们在贫困状态下受到的影响更为明显。妇女在性别制度中的处境使女性在社会资源分配、意见表达等方面无法被充分重视，女性的主体地位得不到应有的体现。该书运用社会性别视角，通过对连片特困地区贫困女性生活状态的调查，回应贫困妇女的特点和需求，分析连片特困地区贫困女性的贫困状况、反贫困路径以及影响因素等，呈现连片特困地区贫困女性群体在反贫困中的独特经验，评估了现行扶持政策对贫困妇女的实施效果，并在此基础上提出政策建议。该书通过大量的调查、对经验材料和政策的分析，一定程度上丰富了中国特殊贫困群体的反贫困经验研究，对未来中国开展更精准、更有效的扶贫行动具有积极

的参考意义。（刘洁）

《维护农村妇女土地权益报告》（全国妇联权益部主编，北京：社会科学文献出版社，2013）

土地权益是当前农村妇女最关心、最直接、最现实的利益问题，关系着农村妇女的生存发展，影响着社会的和谐稳定，是事关妇女发展和男女平等基本国策落实的大事。党和国家高度重视维护农村妇女的土地权益，各级妇联密切关注农村妇女土地权益问题。在两次土地承包和城市化进程中，部分农村妇女由于婚嫁、离婚、丧偶等原因失去了土地，也失去了获得相应经济赔偿的机会。面对这一社会问题，全国妇联权益部将近年来全国妇联权益部在5个省开展的“失地农民土地权益及生活状况调查”报告以及2012年8月搜集的各级妇联关于农村妇女土地权益问题的优秀调研报告19篇编辑成书。该书共分三篇，即指导、调查和经验。《维护农村妇女土地权益报告》对涉及男女平等和国家政策的问题进行了详尽的分析，并对如何解决这一问题提出了对策建议。（刘洁）

《修订村规民约 推进性别平等——社会管理新格局的探索与实践》（李慧英主编，北京：中国水利水电出版社，2011）

该书是中共中央党校妇女研究中心于2008年承接的国家计生委“探索治理出生性别比失衡的治本之策”课题成果。该书主要内容涉及治理出生性别比失衡与村规民约修订、修订村规民约的实践探索、修订村规民约中的常见问题、修订村规民约操作指南。研究发现，以“传宗接代”和“养儿防老”为代表的村规民约中按照性别进行资源分配的条款，为“男孩偏好”提供了制度性支持，这种村庄集体资源分配的规则，较之国家的利益导向措施更为直接，涉及面更广，也更能发挥作用。在治理出生性别比失衡的多项举措中，为推动修订村规民约中的婚嫁制度和分配规则，该书提出了由相互咬合的三方面构成的治本之策：促进民众生育观念的转变（观念变革）、推动村规民约修订（制度创新）、出台推进性别平等的社会政策（政策拉动）。修订村规民约，不仅可以有效治理出生性别比失衡，而且可以从源头上解决妇女土地权益问题，实现国家法与民间法的统一。该书在实践基础上提炼总结，具有针对性、实用性和可操作性，对各级政府及其官员、理论研究人员有较高的参考价值。（刘洁）

《农村妇女参政问题研究——以河北、黑龙江试点经验为例》（郭建梅主编，北京：中国人民公安大学出版社，2013）

该书是“北京众泽妇女法律咨询服务中心妇女权益保护系列丛书”之一，以农村妇女为研究主体，分为项目总报告、女村官传奇和试点地区分报告三大部分。女性参政是民主政治和社会进步的一个重要标志，农村妇女参政作为中国政治生活中的重要组成部分，是衡量中国农村妇女地位和社会进步的重要尺度。受历史与现实、主观与客观等因素的推动或制约，农村妇女参政的现况一方面适应于农村基层民主建设的要求，取得了一定成绩，同时也明显地存在着不适应之处，体现为农村妇女政治参与方面的问题。该书立足实践，第一部分即项目总报告分为六节，分别是项目概述、现状分析、困境及原因、与时俱变、个案分析、对策探讨。第二部分“女村官传奇”，是关于参与项目的优秀女村干部们成长历程和生活背景的纪实报道。河北和黑龙江两地调研分报告作为第三部分，呈现了试点省份农村妇女参与村级治理的真实现状。该书具有突出的社会关怀与现实价值。(刘洁)

《社会性别与经济发展：经验研究方法》（张莉琴、杜凤莲、董晓媛主编，北京：中国社会科学出版社，2012）

该书通过对国际和国内前沿文献的梳理，从劳动供给、失业、职业流动、工资、劳动迁移、非正规就业、家庭资源配置、医疗服务、家庭照料、时间利用和项目评估等方面系统地介绍了关于性别差异的经济理论和经验分析的方法。作者通过对性别问题的分析，详细介绍了国际经济学界关于使用微观数据进行经验分析的一些先进方法，并辅以相关的经验研究案例，以期进一步推动中国基于微观数据的经验研究，为公共政策的制定和评价提供了依据。该书不仅是第一本将社会性别带进经济学教育的中文教科书，突破了以往经济学领域社会性别的阅读资料均为英文的局限，而且其中的实证材料均来源于中国的数据、发展问题和经验。除此之外，此书为中国女性经济学学者试图在经济学和经济政策分析方面将性别视角纳入主流而采取的措施的第一步。该书主要内容集中于劳动经济学，兼以关注发展和性别平等的关系、家庭内部资源分配、医疗服务中的性别差异和性别经济分析的方法论，适用于应用微观经济学尤其是劳动经济学的教学和研究。(高翔宇)

《中国社会性别预算改革：方法、案例及应用》（马蔡琛等著，北京：经济科学出版社，2014）

该书是国内第二部社会性别预算著作，也是《社会性别预算：理论与实践》

（经济科学出版社，2009）一书的姊妹篇。社会性别预算将经济发展目标与人类发展目标有机结合，将社会性别视角纳入预算决策过程，系统评价公共收支政策对女性和男性所产生的影响差异，是全面深化财税改革的一个重要突破口。该书立足于丰富、深化政府预算和社会性别问题的研究视角，拓展财政部门和公共决策机构的分析视野，力图通过扎实的研究切实推进现代预算制度建设与公共治理转型。作者从现代财政制度建设的时代背景出发，在系统考察社会性别预算理论与实践最新进展的基础上，重点分析了社会性别预算的亚洲模式及其对中国的启示，深入剖析了社会性别预算焦作试验的典型案例，分别从税收和公共支出政策收支两个方面，对诸多前沿性命题进行了深度解读，分析了社会性别预算的主要技术工具和应用方法，展现了中国社会性别预算改革的路线图和关键节点。（杨一）

《性别分层与劳动力市场》（李春玲、石秀印、杨旻等著，北京：中国社会科学出版社，2011）

该书是“中国社会科学院文库国际问题研究系列”丛书之一，是中国社会科学院的重点项目“劳动力市场的性别不平等与职业地位获得的性别差异”、福特基金会资助的“劳动力市场的性别不平等：职业性别分割与两性收入差异”、中国社会科学院社会学研究所资助的“社会经济地位获得的性别差异”等三项研究的初步成果。主要论及就业领域的性别差异，职业、行业和单位的性别隔离，收入的性别差距及其变化，社会经济地位获得的性别差异，工作场所的男女权力差异，单位组织与性别不平等，高等教育机会与性别不平等，流动劳动力（农民工）中的性别差异，性别歧视与女大学生就业。作者指出，经济改革以来的一系列变化，使女性在劳动力市场的参与率、分布领域、机会结构以及男女两性的收入差距都发生了变化，同时，劳动力市场中的一些性别不平等现象和性别歧视现象开始出现并日益盛行。该书基于实证研究资料，描述当前劳动力市场中性别不平等的主要表现形式和运作机制，考察男性与女性职业地位获得的主要差异，并分析了这两者之间的关联，评估劳动力市场的性别不平等和职业地位获得的性别差异对男性和女性的社会经济地位差距的影响。同时，还对劳动力市场的性别不平等和职业地位获得的性别差异进行历史比较和国际比较，深入考察了导致目前性别不平等上升和性别差异扩大的根本原因。（刘洁）

《平等就业：部分国家和地区反就业歧视的立法与实践》（王春光著，北京：

知识产权出版社，2011）

该书是“北京市教委中青年骨干教师‘人才强教’资助项目”丛书之一，旨在通过研究欧盟、荷兰以及亚洲部分国家和地区在消除就业歧视、促进平等就业的法律制度与实践，探索部分国家和地区在就业歧视领域实施法律控制的成功经验，以对消除中国当前十分严重的就业歧视现象、落实宪法确立的公民平等权、促进《就业促进法》《劳动合同法》的实施起到积极的作用。作者指出，平等权是基本人权，就业是民生之本，平等就业关系到每一位公民的生存与发展。在市场经济大潮下，当今中国劳动力市场的不公平竞争问题日益尖锐，性别、年龄、身份、健康等方面的就业歧视现象随处可见，不仅严重损害了公民的人格尊严以及平等就业权利，而且会激化社会矛盾。该书通过对部分国家和地区平等法的主要内容介绍、对部分国家和地区专门执法机构——平等委员会的功能以及就业歧视案件的具体救济途径等现实操作问题的分析，为进一步促进中国平等就业立法以及为就业歧视受害者有效救济机制的建立，提供了一些有益的启示。（刘洁）

《走向法治——工作场所性骚扰的调查与研究》（唐灿、黄觉、薛宁兰著，北京：中国人民公安大学出版社，2012）

该书是中国社会科学院“工作场所中的性骚扰研究”课题组的成果。中国职场性骚扰议题具有历史性、普遍性与严重性，法律方面的性骚扰保护措施虽在进步，但仍不健全，性骚扰存在立案难、证明难及执行难的问题。因此，社会需要加强对性骚扰尤其是工作场所性骚扰问题的关注，反对社会性别歧视，健全社会劳动法制，为女性创造安全的工作环境和社会环境，以建立公平、正义、和谐的社会。该书汇集了对国内性骚扰案例的经验研究，以及对国外有关性骚扰的女性主义理论的研究，还有对于修改和丰富现有法律条文的设想，特别是在卷帙浩繁的文献中，摘录、编辑了美国重要的性骚扰案例，梳理了美国相关司法制度发展的进程。主要内容包括：工作场所中的性骚扰：多重权力、身份关系的不平等——对20余个案例的调查和分析、中国性骚扰案例、关于性骚扰的女性主义理论与行动、美国反性骚扰法律的产生与发展、美国重要性骚扰案例等。这些研究成果，进一步推进了反性骚扰研究，对推动中国防治性骚扰的司法进程有很大的裨益。（刘洁）

《20年，我们走了多远？——’95世妇会后中国妇女权利发展状况研究》

（刘小楠著，北京：法律出版社，2015）

该书一方面运用文献分析方法，对’95 世妇会的各种文件和资料及相关法律文本进行研究，一方面运用结构访谈和非结构访谈的方法，访问在筹备第四次世界妇女大会及大会之后政府有关部门、妇联、学术界和 NGO 在中国出台、修改、保障、执行妇女合法权益相关的法律时，采取具体行动的过程与遇到的机遇和挑战以及中国性别平等理论的发展。1995 年召开的第四次世界妇女大会是国际妇女运动的一座里程碑，《行动纲领》是国际社会在赋权妇女和性别平等方面最全面的政治文件，它强调不同环境和框架下的妇女权利，提出与妇女发展关系密切的 12 个重大关切领域，并制订了相应的战略目标以及政府和其他部门应采取的具体行动。作者回顾了’95 世妇会后中国法律在妇女权益方面的发展，以及中国妇女权利在《行动纲领》所列的 12 个重大关切领域中的实现状况、存在的问题以及今后发展的方向。（刘洁）

《消除家庭暴力与媒介倡导：研究、见证与实践》（卜卫、张祺主编，北京：中国社会科学出版社，2011）

该书是“反对家庭暴力理论与实践”丛书之一，汇编了“反对家庭暴力”网站参与者的研究文本，内容包括倾听家暴幸存者的声音、关注儿童暴力、性别暴力的媒体再现，借以探索大众媒介、传统媒介以及替代性媒介等在推动消除家庭暴力与政策倡导中的作用。著作包括 11 篇研究报告及学术对话、19 篇工作札记和 6 篇实用信息。编者首先提供了针对妇女的家庭暴力的调查报告和中国暴力侵害儿童的形势分析报告，试图从暴力幸存者的视角来审视中国预防、干预暴力的机制和社会支持，为社会动员和媒介倡导奠定了基础。其次，编者分别探讨了大众媒介中的性别暴力再现、民间妇女组织推动消除家庭暴力运动中的传播行动主义策略等议题。最后，该书还提供了媒介动员、媒介干预再现、参与式培训、自下而上的传播倡导以及男性参与的行动方法和实用信息。著作以严谨的研究数据、真实的采访案例为蓝本，对当前的家庭暴力问题进行阐述，并提出了反家庭暴力的倡导，为今后的学术研究与现实干预提供了支持。（刘新宇）

《转型期中国城市家庭变迁：基于五城市的调查》（马春华、李银河、唐灿、王震宇、石金群著，北京：社会科学文献出版社，2013）

该书是“当代中国社会变迁研究文库”丛书之一，是“中国五城市家庭调查”的初步成果，尝试回答在传统因素和现代因素碰撞中，中国家庭的现代转型是如何发生的。近几十年来，中国社会经历了急剧的社会转型。社会、经济、法律和制度等层面的变迁使家庭所处的环境不断发生改变，也对包括家庭结构和家庭关系在内的家庭生活的各个方面产生了深远的影响。作者试图分析，在中国家庭转型的过程中，传统因素和现代因素各自发挥着什么样的作用。中国现代家庭变迁是像西方家庭现代化理论所描述的那样趋于家庭小型化、家庭关系由父子轴转向夫妻轴、家庭内部个人拥有更大的自主性以及核心家庭和亲属网络保持相对的独立，还是有着多种家庭结构和家庭关系模式。由于各种因素的限制，该书在阐明调查的理论背景和调查方法之外，仅对数据做了简单的分析，希望能够以此展示中国现代城市家庭总体上的变化。对变化出现的原因进行初步探讨，也为后面对数据的进一步挖掘开发奠定了基础。（刘新宇）

《个体家庭 iFamily：中国城市现代化进程中的个体、家庭与国家》（沈奕斐著，上海：上海三联书店，2013）

该书是“复旦大学 211 三期·公共安全与危机管理”丛书之一。作者采用访谈和观察等质性方法，探索中国社会的家庭结构和家庭关系的变化，从个体化的理论视角分析上海家庭的多元和流动背后的逻辑，展示个体、家庭与社会三者之间的关系。作者认为，当下的中国家庭变迁并不在于从主干到核心这样一种转变，而在于年青一代逐渐脱离了家庭主义，每个个体都站在自己的立场上界定家庭，在自己的利益上选择和决定家庭的结构和关系。个体成为家庭的核心，个体形塑了家庭的面貌，而不是家庭决定了个体的生活。在城市现代化的过程中，传统和社会变迁以交织的方式影响着家庭结构和内部关系。个体的选择和决定并非是自主决定的，它是在具体的语境下与相关家人的互动、协商、妥协中形成的。书中建构了个体家庭（iFamily）的概念，强调以个体为中心但受制于社会条件而代际关系紧密的家庭模式。沿着个体化理论的研究路径，作者审视了被既有的概念、理论甚至意识形态所遮蔽的社会现实，并根据新发现的社会现实去检验、修正与发展社会科学理论。（刘新宇）

《村庄视野中的阶级、性别与家庭结构：以 1950 年代湘北塘村为中心的考察》（李斌著，长沙：湖南人民出版社，2013）

该书从历史社会学的视角，用实证研究和比较分析的方法对湘北塘村进行调研分析，从阶级、性别、家庭结构三个不同维度综合考察了中华人民共和国成立初期湘北农村妇女的历史。作者以湘北塘村为个案，结合大量的口述资料和地方文献，深化了前人关于妇女解放和男女平等的经典论断。不同于以往革命史叙事下以国家为主体的论述，作者围绕性别、家庭和阶级三个维度，从女性视角出发，展现了农村妇女在中华人民共和国成立前、土地改革时期、农业合作化时期和“大跃进”运动时期切实的处境和生命体验，揭示了不同时期男女平等与不平等、妇女解放与未解放的复杂性。该书从个别到一般推导，将农村妇女重新放回到她们所亲身经历的土地改革、婚姻改革、合作化运动、“大跃进”等政治经济变革之中，运用社会性别视角解读社会变迁，对于今天促进家庭和谐、维护社会稳定、促进农村社会男女平等与妇女解放具有借鉴意义。（刘新宇）

《中国新农村性别结构变迁研究：流动的父权》（金一虹著，南京：南京师范大学出版社，2015）

该书是国家社会科学基金“社会主义新农村建设与性别平等的理论与实践问题研究”与“社会流动影响下的农民家庭关系及稳定性研究”的研究成果，被列入国家“十二五”重点图书出版规划项目。该书旨在从社会性别结构变化的角度来记录、描述、分析剧变中的农村社会变迁，并以父权制度作为理论分析框架，从私人（家庭、家族）、公共（基于血地缘关系交织的共同体：曾经的家族集体制以及村集体）两大领域研究分析农村的性别、代际关系和权威结构，分析父权制在国家、市场的作用下如何被现代化浪潮所解构又如何在新的条件下不断被重建，以呈现一个脉络清晰的、流动变化中的结构关系图景。在该书中，作者除了对于父权制概念谱系的梳理，还借助人类学、社会学、历史学的理论方法，阐释了对于“家庭父权”“集体父权”“全球化时代流动的父权”等问题的理解。作者探讨了父系制家庭的基本结构和亲属关系以及父系制家庭通过婚姻、生育、分家继承使男性继嗣集团得以延续和再生产，研究了受流动影响的农民家庭在经历脱域、脱序与个体化，父权制所面临的“解传统化”及其在衰微中的重构，并在此基础上提出了本土化理论视角下集体父权制的两种形态——家庭/宗族式和村落集体父权制。同时，作者还指出工业化、现代化、城市化、全球资本等流动所带来的去地域化，正侵蚀和撼动着血缘、地缘关系高度重合的中国父权制家庭。（高翔宇）

《幸福像花一样：一份中国农村文化、妇女与发展的实践记录》（古学斌著，北京：北京大学出版社，2014）

该书记载了作者及其组织实践者在云南少数民族的几个乡村社区启动的一项

名为“设计与发展”的新的行动研究，试图挖掘本土的传统文化和开发手工艺产品，一方面使得在地妇女能够改善生计，另一方面保护和再生在地的传统文化。行动研究参与者希望利用当地材料和本土手工艺来打造富有民族特色的手工艺产品，并通过公平贸易的途径让妇女能够得到合理的报酬，同时，透过经济的赋权达到性别和文化的赋权。作者通过考察指出，农村贫困的核心原因不全然是教育水平低、土地贫瘠、村庄位置偏远、技术无法更新以及市场经济知识缺乏等，还有两个重要因素，一是农民失去对发展过程的控制而变得被动无助，二是农户个人主义的抬头导致无法与市场竞争而成为市场经济的牺牲者。该书建议，为了农村可持续发展，我们首要关注的不应只是增加生产效率和农民收入，而是强调能力建设和经济赋权的工作，重建在地民众的文化自尊和信心，达到文化赋权和性别赋权，使得民众成为发展的主体，避免在现代化发展中被边缘化。（高翔宇）

《扎根于生态、生计、文化的“和平妇女”行动研究》（陈顺馨、陈惠芳、赵群、罗燕著，北京：社会科学文献出版社，2013）

该书展示了2008～2011年课题组于大陆、香港、台湾进行的“生态、生计、文化与可持续和平”行动研究的过程、结果与相关的分析。在案例分析中，山西的焦点在于生态、云南的焦点在于生计、江西和香港的焦点在于社区文化，台湾徐兰香、四川高清蓉和内蒙古殷玉珍的案例主题涉及资本主义、城乡分隔和沙漠化。作者认为可持续和平建立在可持续生态、生计和文化的互动，以至贯穿其中的、能体现个别妇女主体性和集体联结力量的知识生产过程的基础上。该书指出可持续生态是有机的、平衡的和循环的、顺其自然的系统与过程；可持续生计为以尊重自然规律的态度、平衡的生产与消费关系和公平的流通，获得足够物质资源以维持生命和生活；可持续文化为包含对人、土地和传统的爱护与尊重，重新建立被切割的社会关系和崩溃的价值，促进性别平等，生产富有创意的和解放性的知识。通过该书读者可以看出生态危机、生计困境与社区生活文化衰败背后的实质，“和平妇女”维护生态平衡、推进可持续生计和社区文化建设的行动效应与张力，和平行动研究的知识生产与性别面向，以及可持续和平行动的条件与愿景。（高翔宇）

《隐藏的世界：农村妇女的人生归属与生命意义》（杨华著，北京：中国政法大学出版社，2012）

该书为“华中村治研究书系”之一，采取田野调查的方法，以湘南水村为个案，探讨的主题是农村妇女的人生归属与意义世界。作者从农村妇女的生命历程切入，探究她们在脱离父姓村落、融入夫姓村落的过程中如何立足、安身、立命的整个动态图景，释读她们如何在既定的亲属结构与村落社会关系中发挥主动性与创造性，逐步释放焦虑，追寻安全感和归属感的生命体验，包含了农村妇女做女儿时在父姓村落的“栖居”、出嫁以后在夫姓村落中找寻坐标、寡妇的命运与生存状态、婆媳关系与娘舅权力的实质以及老年妇女的葬礼与最后归属等内容。作者在村庄研究的基础上建构了作为农民体验意义的“归属体系－传宗接代”模式，认为家族、村落不仅是满足农民日常生活、生产与交往的功能单位，更是农村的精神归属。农村妇女归属其中以及不断获得情感的强化的过程，正是妇女意义世界的建构与实现的过程。在该书的结论中，作者试图论证当前农村出现的伦理性危机，认为真正的根源是传统的家族和村落归属的解体以及农村妇女抛弃传统的归属，进而被纳入一个不平等的、缺乏保障和归属感的资本主义市场体系。（高翔宇）

《双重强制：乡村留守中的性别排斥与不平等》（叶敬忠、潘璐、贺聪志著，北京：社会科学文献出版社，2014）

该书是2013年中国农业大学留守人口研究团队“乡村留守中的性别排斥与不平等研究”的课题成果。课题组成员通过在河南省固始县的6个村庄和新县的4个村庄开展实地调研，将农村社区和整体社会的结构性变迁与农村留守人口的微观生活体验相结合，力图在农村社会的变迁中把握不同性别的留守人口在劳动力流动过程中所承受的社会代价，并重点探讨劳动力的乡城迁移对女性能动性的影响以及对农村性别关系的变化。作者认为，随着农村劳动力乡城流动的不断深化，整个农村人口在以不同形式经历着“流动－留守”拆分下的生存困境，留守农村的女性群体，缘于性别分工规范、父权制和从夫居的文化实践以及家庭中心主义的约束，在流动与留守过程中承受着显著的性别排斥，从而处于更为弱势的境地。在此基础上，作者建议国家对农村留守人口进行保护和政策干预的核心，是尊重以互惠为文化根基的乡村共同体、以农业为生活方式的农民和以退却方案为保障的乡村生产安排，从而在乡村之中为以农民为主体的农业和农村生活创造更多的空间。（高翔宇）

《大龄未婚男性的性福利与性安全——基于性别失衡背景的研究》（杨雪燕、

李树茁、〔法〕阿塔尼·伊莎贝拉著，北京：社会科学文献出版社，2014）

该书是“西安交通大学人口与发展研究所·学术文库”丛书之一。作者利用对比分析的方法，通过对大龄未婚男性的一般性行为、自慰行为、男男性行为和商业性行为的深入分析，揭示性别失衡对大龄未婚男性的性福利和性安全的影响。作者指出，20 世纪 80 年代以来，中国面临长期的出生人口性别比失衡，男性的婚姻挤压现象日益严重，形成大量“被迫失婚”的大龄未婚男性群体，他们的性福利受到损害，性安全难以得到保障。作者以翔实的数据和实证研究对性别失衡的微观后果展开研究后发现，由于成婚困难、性需求难以得到满足，大龄未婚男性普遍处于性匮乏的状态，自慰行为、同性性行为和商业性行为均成为他们弥补性匮乏、满足性需求的替代手段，从而对他们自身的性福利与性安全产生重大影响。该书从特定的性行为角度，将个人层面的性福利与性安全联系起来，分析中国性别失衡后果，丰富了公共卫生、性社会学的相关理论和研究，拓展了性别失衡后果研究的相关内容，具有较大的学术价值和现实意义。（刘新宇）

《当代农村家庭养老性别分工》（宋璐、李树茁著，北京：社会科学文献出版社，2011）

该书是“西安交通大学人口与发展研究所·学术文库”丛书之一。作者利用西安交通大学人口与发展研究所 2001 年 5 月在安徽省巢湖市农村地区进行的“安徽老年人生活福利状况”抽样问卷调查和 2003 年 11 月以及 2006 年 12 月进行的两次跟踪数据调查，对农村老年人家庭养老的性别分工进行了系统的实证研究。作者强调，在中国社会经济转型时期，现代化和城市化转变过程中的农村劳动力外流对农村原有家庭养老体系有较大冲击。社会性别的视角对于分析中国农村家庭中老年人的代际支持与性别分工模式具有积极意义。该书应用系统工程分析思路，提出中国农村家庭养老性别分工模式，从老年父母和成年子女两个角度，分析农村老年人家庭养老性别分工现状、动态变化及其影响后果。该项研究有助于增强家庭中不同性别成年子女养老的能力和意愿，强化家庭养老功能。作者指出，国家出台有针对性的政策，保障农村老年人尤其是老年女性的晚年福利，对于创造更为和谐的代际关系具有积极的指导意义。（刘新宇）

《就业流动中的生存图景和影响模型——南日女的个案研究》（严静著，北京：社会科学文献出版社，2015）

该书以 18～60 岁有就业流动经历的南日岛女性作为研究对象，以空间迁移和身份变迁为切入点，采用问卷调查和个案访谈相结合的方式，对于女性就业流动进行多层次与多指标的统计描述，并全景式地呈现她们的生存状况。作者通过多元回归模型的分析结果和结构方程模型的验证结果，指出女性就业流动的意愿和满意度受到个体、家庭经济能力、社会性别系统的综合影响，女性的人力资本变量会影响女性差异化的就业流动，家庭经济发展能力是影响女性就业流动的家庭禀赋，社会性别系统业已形成的现实语境多重形塑着女性的思想逻辑和行为范式。作者认为由女性就业流动而产生的变迁结果，会唤醒女性的阶级意识，使抗争表达成为弱者的社会行动隐喻，有利于女性家庭、社会地位的提升，社会地位的提升又对传统性别分工、夫妻权力地位、家庭功能带来挑战。在该书的结论中，作者从个体、家庭、社会三个层面提出了优化女性就业流动的本土化路径和政策体系，并从前瞻性的视野审视了女性就业流动研究的未来发展。（高翔宇）

《性之变：21世纪中国人的性生活》（潘绥铭、黄盈盈著，北京：中国人民大学出版社，2013）

该书基于2000年、2006年和2010年对中国人的性生活与性关系的全国总人口的随机抽样调查结果的分析，揭示在21世纪前10年里中国人的性生活与性关系的巨大变化。书中不仅介绍了18～61岁中国人的性观念、性欲、性生活、性技巧等，也包括婚外情、一夜情、找“小姐”等各种非主流的性关系，还包括14～17岁少年的性状况、“多元性别”与同性恋等的情况。作者根据大量的统计数据，运用性社会学的研究方法，对当代中国人的性观念、性心理和性生理进行了全面的描述，按照性的社会建构论从身体、社会、性别、健康、少男少女、交易等角度，对当代人的性生活及性心理进行了深入的剖析。该书指出，中国社会经历了一场“性革命”，它既不等同于性解放或者性自由，也不等同于中国社会在朝着性开放的方向变化，而是根源于由婚姻、家庭、生殖、爱情、社会性别与“性”共同组成的中国人的“初级生活圈”在中国社会变迁的大背景下所发生的变化。（刘新宇）

《中国拐卖拐骗人口问题研究》（王金玲著，北京：社会科学文献出版社，2014）

该书是“中国地方社会科学院学术精品文库·浙江系列”丛书之一。作者通过质性研究并辅之以定量研究，以社会学为视角，对30余年来中国的人口拐卖现象进行研究，提出了具有创新性和较强针对性的反拐新理论和政策倡导建议。作者指出，应当将拐卖拐骗人口视为一种具有复合型链条式结构的社会问题。基于“本土性知识、当事人立场、政策倡导”的研究思路，该书以流出地与被拐卖拐骗者、流经地与拐卖拐骗/被拐卖拐骗、拐卖拐骗与拐卖拐骗者、流入地与收买/收纳方为框架，深入分析了中国的人口拐卖拐骗的重点流出和流出地、流经和流经地、流入和流入地的背景与特征，以及被拐卖拐骗者、拐卖拐骗者和收买/收纳者的行为特征、生存策略、心理状况。作者构建了一种全新的、具有社会性别和下属群体视角与立场的理论，进而倡导更有针对性和实效性的社会政策，辅助包括预防、打击、生活重建在内的反对拐卖拐骗人口尤其是妇女儿童的社会行动。该书作为对底层和边缘人群进行研究的专著，开创了有关中国底层社会和边缘社会研究的一种新的理论思路。（刘新宇）

《女童教育公平与教育质量研究》（强海燕、郑新蓉编著，北京：教育科学出版社，2013）

该书运用社会性别研究方法，从公平和质量两个维度对中国21世纪初十余年来的女童学校教育予以了系统、全面、深入的检视。作者扎根学校，以较大范围的实证调查为基础，注重女童的话语权和主体地位，对女童的教育机会、学业发展、身心发展、性别平等意识与性别观发展等多个主题进行了深入研究，力求揭示和剖析阻碍性别公平教育的障碍，探索学校教育促进性别公平的有效途径和方式，以确保女童学校教育的发展质量。该书不仅对近20年来中国女童教育研究和两性教育公平研究的状况进行了回顾、总结和分析，而且针对城乡和部分地区的女童教育进行了大规模调查问卷分析，并选取了回族、维吾尔族、蒙古族、哈萨克族、瑶族等少数民族女童作为研究对象，系统地调查了有代表性的民族地区的女童教育现状。此外，该书还探讨了跨文化女童教育，介绍了欧洲国家和东南亚地区的女童教育进展、经验以及在促进社会性别主流化方面所做的努力。（高翔宇）

《拉祜族女童的教育选择——一项教育人类学的回访与再研究》（杨红著，北京：民族出版社，2013）

该书将人类学重访与再研究的方法引入关注个人成长的教育学领域，采取宏观民族志与微观民族志相结合的方法，兼顾了文化、社会背景与学校教育内部各因素，对拉祜族女童进行长期的跟踪研究，试图揭示隐藏在过程中的教育不公平现象以及少数民族女童教育的阶段性与复杂性特点。作者除了分析拉祜族的地理定位及文化图景的民族志，着重梳理了拉祜族从原始家庭、社区教育到以“普九”验收为止的教育发展脉络外，还介绍了拉祜族女童班的小学教育历程，重点叙述了拉祜族女童从山野蒙童向现代学童转变的过程，探讨她们从传统中获取的“惯习”与现代学校“场域”之间的互动关系以及她们的资本缺失问题。在拉祜族女童班的初中教育历程研究中，作者探讨了拉祜族女童的分化过程，展示不同教育选择注定了突破或回归的生活轨迹。在此基础上，该书从再生产理论的视角研究拉祜族女童通过现代学校教育实现从文化再生产到社会再生产，构建个人社会空间地位，认为在拉祜族地区，性别作为构建个人社会空间地位的重要动力，具备了资本的特点。（高翔宇）

《社会性别视角下的全球环境问题研究》（金莉、李英桃等著，北京：中国社会科学出版社，2011）

该书从社会性别与全球环境问题的理论、法律规章制度和国别区域研究三个板块，系统介绍和研究了社会性别与全球环境问题。作者首先从哲学角度架构环境主题和性别主题之间的关联，强化了生态女性主义所具有的现实意义；其次，着重讨论了国际法视角下的社会性别与环境问题，凸显出加强环保法律法规制定与执行中社会性别视角的重要性；同时，坚持以典型性和参考价值为原则，选择对美国、俄罗斯、日本、欧洲、南亚和东南亚、非洲以及中国等国家和地区进行区域系统研究，分析社会性别在环境这一全球性问题上的不同态度和理念以及各个国家在这一问题上的异同和经验教训，努力展现关于环境问题上全球话语中的女性角色。作者用独特的分析视角，重新诠释了“国际政治”和“全球问题”的概念和理论体系，把环境问题纳入了“国际政治”这个久远的专业领域，拓展了人们对传统的“国际政治”的认识，这对于推进中国环保事业，拓展中国政治、经济和文化活动中的社会性别视野，具有重要的学术价值和社会意义。（刘新宇）

《社会性别与生态文明》（胡玉坤著，北京：社会科学文献出版社，2013）

该书是“学术共同体文库”丛书之一，旨在从社会性别视角探讨全球化语境下社会性别与生态文明关系的若干理论与实践问题。作者认为，社会性别不平等深嵌于所有发展问题之中。性别歧视与偏见往往同资源耗竭、环境退化、贫困、社会不平等及政策制度缺失等错综复杂地互为交织，致使弱势妇女不但难以平等地参与发展进程、公平地受惠于发展成果，而且会不成比例地承担生态危机的后果。书中篇章不仅考察了国际宏观政策的动态流变，也探究了转型中国的本土经验尤其是微观村落层面的发展动向，内容涉及就业、农作实践、土地利用、“三农”问题、气候变化、艾滋病及健康与保健等一些当代中国具有挑战性的发展议题。作者循着女性理论、实证研究、中国妇女行动三个维度展开评述，力求从中国经验、理论创新、公民权利、政府责任、社会公正等更广阔的视角加以阐述。（刘新宇）

《中国妇女史读本》（邓小南、王政、游鉴明主编，北京：北京大学出版社，2011）

近些年来，随着新史料的出土以及妇女史观的多元化，中国妇女史的研究视角也进一步得以拓展，重新解读或诠释妇女问题成为研究热门。该书是汇集中外妇女史论文、以通史方式编纂的论文集。该书的 19 篇论文，分别从妇女地位、性别与身体、书写妇女、妇女形象建构、媒体与性别、恋爱与婚姻六个方面，对中国各个时期的妇女史进行了独特而深入的研究。在这些论文中，有三项研究趋势值得注意：以妇女为分析范畴的论文在该著中占多数，也有论者把男性列为研究或比较的对象，扩大了性别研究的视角；以女教书、刑律、贞洁观、缠足规范妇女或以国家意识、政党政策、媒体舆论框限妇女，固然是既定事实，并被论者认同；然而，论者们也认为所有规范或限制并不绝对存在，无论传统或近代都出现过松动，他们为妇女的自主性找到了新的诠释；除从女性世界去探究妇女问题之外，许多论者也注意到政治、经济或社会变迁如何影响妇女，让妇女研究有了更多参照面，而不流于独白。（薛英杰）

《中国古代妇女史研究入门》（李志生著，北京：北京大学出版社，2014）

该书是“历史学研究入门”丛书之一。作者从古代妇女史研究的理论框架、主要材料、研究现状出发，对古代妇女史研究中的关键问题和前沿领域进行了系统全面的讲解，概述了中国古代妇女史研究的现状与方法以及当下的关怀与侧重，使读者得以窥见中国古代妇女研究的门径。该书共分 15 讲。第 1～2 讲指出在中国古代妇女史研究中引入社会性别与差异观点的重要性，并介绍了中国古代妇女史史料和主要研究论著，特别提出应该重视以图像资料为代表的边缘史料；第 3～4 讲以妇女观念为关键词，讨论了唐代理想妇女观念和中国古代法律有关女性的规定；第 5 ~ 6 讲研究了《列女传》《女四书》《女孝经》等女教书；第 7 ~ 8 讲分析了古代妇女的“社会性成人身份”以及家庭财产权；第 9 ~ 10 讲在性别视角下解读了中国古代的当国女主和处于权力边缘的后妃；第 11 ~ 13 讲关注的是妇女身体史，分别讨论了古代妇女的缠足、唐代的妇女袒装、古代妇女医护等问题；第 14 ~ 15 讲以妇女形象为主要内容，研究了唐宋时期的杨贵妃文本和唐元明时期的木兰文本。（薛英杰）

《性别、身体与医疗》（李贞德主编，北京：中华书局，2012）

身体史的研究可以限于生老病死的基本经验，也深具潜力地发展出对国家、社会乃至宇宙的各种譬喻。该书主要从性别化的身体观和医疗化两个角度，收录探讨性别、身体与医疗交互作用的 9 篇论文，其中虽涉及对性与美的欲望，但大多则专注于产育的母体，展现了妇科医学的发展过程中母体与欲望之体的斗争。李建民由讨论男性身体提出了“男女不同，自古即然”的说法；李贞德说明了性别化的身体观为中国妇科医学奠基的最初阶段；吴一立从医学知识发展的角度研究了宋明之间医者对鬼胎的诠释；吴嘉苓分析了 50 年来台湾生殖科技发展情况；铃木则子呈现出 19 世纪日本社会以健康之名对审美观念所进行的规范；游鉴明一方面点出 20 世纪前半叶美丽论述与强国保种的体能教育合流，另一方面则尝试挖掘潜伏在救国救民旗帜之下的女性情欲；祝平一论述了塑身美容公司如何借由对医疗术语和药物知识的操弄，在篡取近百年现代医学成绩的同时，也掠夺了 20 年来妇女运动的果实；成令方和傅大为研究了泌尿科学界如何从其医学权威的发言位置规训台湾的男性身体。（薛英杰）

《熟悉的陌生人：明清江南社会才女群体现象的社会学研究》（张杰著，北京：中国社会科学出版社，2015）

在明清这样鼓吹妇女贞洁、强调妇德的社会中，出现了一个迥异于前朝的现象：才女群体的盛行。该书从社会学的“陌生人”视角出发，将才女群体视为一种与西方陌生人迥异的陌生人类型，是熟人社会中的熟悉的陌生人。这种陌生性由于是内生的，成为一种全新的异质性体验，具有个体性、与社会的距离性和流动性等中国传统社会普遍缺乏和遮蔽的异质性特征，但同时又拥有空间的接近性和对社会规范的顺从性（一致性）的特征。通过“熟悉的陌生人”这一概念的建构，该书进一步描述和解释明清才女群体的兴起作为一种“陌生人”，其存在与被容忍是与其特定的社会空间建构联系在一起的。在才女建构的交往规范迥异于礼法空间的异质空间中，才女群体作为陌生人的个体性以及基于个体因素的平等交往法则得到确立和发展。但是这种异质空间由于其建构主体与社会空间规范的一致性特征，使得才女必须放弃其流动能力，成为规训的从而安全的个体，其所建构的异质空间必须具有空间边界的自闭性才能被地域社会所容忍。（薛英杰）

《妇女与差传：19世纪美国圣公会女传教士在华差传研究》（林美玫著，北京：社会科学文献出版社，2011）

该书揭示了美国圣公会中国差会内部的复杂多样性，挖掘圣公会在华女传教士的多个集体性个案，并结合美国宗教史、美国妇女研究、中国妇女研究与基督宗教在华史来阐述19世纪中美两国妇女在宗教-性别-文化上对话的意义。作者开辟了新的解释路径，将"纯正妇女意识"和"妇女性别空间"的概念及理论引入大批的美国妇女为何会从事教会工作的理性思考之中。根据妇女民族差传学，该书从种族、性别、阶级的研究角度切入，探讨在中国这个农业经济仍占绝对主导地位的社会中的妇女问题，以及在美国国内行之有效的"妇女性别空间"概念和理论在中国社会如何转换，以达到启发广大妇女的宗教目的。该著作具有全球化、跨学科的显著特点，展示了过去少为人知的美国圣公会女传教士在19世纪中国基督教发展史上所起到的重要作用，19世纪中美妇女在宗教-性别-文化上的这种对话直至今日仍具有现实参考价值。（刘新宇）

《劳作的女人：20世纪初北京的城市空间和底层女性的日常生活》（〔美〕程为坤著，杨可译，北京：生活·读书·新知三联书店，2015）

该书考察的是清末民初女艺人、女佣、女乞丐、女演员等普通女性的生活经验及其与北京城市公共空间的联系。该书的研究建立在广泛的原始资料基础之上，包括政府档案、报纸杂志、游记、个人回忆录、地方公报、社会学调查以及有关北京地理、历史、通俗文化、宗教、经济生活等主题的相关材料。作者指出20世纪初北京城市公共空间的增长为女性带来了自由度的增加，重塑了女性的认同，底层女性利用大杂院、街道、庙会、戏园、妓院等公共空间来发展社会网络、找工作或者"找乐子"，她们倾向于将公共空间根据需要改造成日常生活的空间，借以增加自己的机会和影响。作者认为北京的公共性别领域是通过两性关系和公共空间的重新定义来建构的：一方面通过不同的工作层级，如底层女性成为性工作者、艺人、女佣、乞丐或临时工，男权得以建立；另一方面通过公共空间的隔离政策，通过强迫女性服从道德指导、管制以及对女性犯罪的干预，公共管理得以运行。这使得现代化改革与底层女性的身份认同、公共活动之间的联系变得复杂而矛盾。（高翔宇）

《超越性别身体：近代华东地区的女子体育（1895～1937）》（游鉴明著，北京：北京大学出版社，2012）

该书试图从性别视角，审视女子体育与国家、社会文化的关系，跳出国家观的体育史窠臼，兼采文字资料和图像资料，呈现西方体育传入中国后，女子的新观念和新行为如何在公众舆论、学校教育、学生生活、运动竞赛、观众反映、大众传媒和视觉文化等层面产生意义。该书前半部分不仅集中考察了1895～1937年社会舆论对于女子体育的目的和运动方式的各种看法，而且以1928年前后为分期，论析了华东地区中等学校和大学的女子体能教育的差异，此外还从多元的角度探究华东地区女学生在校园内外的体育活动以及她们以何种态度去面对体育和新兴群体即女运动员。后半部分侧重于考察女子教育在近代中国的位置，一方面借用媒体的报道，观察记者如何描写女子运动竞赛、女运动员退场后在公私领域的各种面相、女明星的形塑以及广告在女子运动中的参与；另一方面从运动竞赛前后的论评中，分析社会各界对于女子运动的看法与检讨。该书试图给近代中国体育史一个性别的诠释，丰富了我们对近代中国女性历史的认识，也让体育史、妇女史和近代中国史得以互证互补。（高翔宇）

《塑造新母亲：近代中国育儿知识的建构及实践（1900～1937）》（柯小菁著，太原：山西教育出版社，2011）

传统中国女性口耳相传的育儿经验传承方式，透过女子教育的倡导，逐渐改由传媒、书籍学习西方科学育儿新知识。该书按照生育、养育、教育三大主轴，主要分析1900～1937年8份女性杂志中有关育儿知识的讨论，探讨当时的传媒怎样通过育儿知识的建构，教导母亲将其运用于日常的育儿经验，从而塑造新母亲的教育角色。一方面与传统相比较，突出近代育儿知识的特点；另一方面利用当时的读者投书、传记、口述访问等资料，进一步对育儿知识的传播效益做比较。该书指出，近代中国的育儿知识不仅是“新的”“西方的”，有时还混合“旧传统的”甚至也有“错误”的成分，并且以改革传统家庭、迈向小家庭为其目标之一。育儿知识所建构的新母亲图像兼具多元性与沉重的色彩。她们既是丈夫的“贤妻良母”、国家的“国民之母”、符合社会潮流的“摩登主妇”、科学挂帅影响下的“科学母亲”，更是孩子眼中的“万能母亲”；同时她们也肩负着许多时代的期待和价值，包括强国保种、打破封建传统、拥抱民主科学、追求自主、配合国家新生活运动等。（薛英杰）

《性别与战争：上海 1932～1945》（陈雁著，北京：社会科学文献出版社，2014）

该书聚焦于战时上海多元的女性生活面相，分别考察了《女声》杂志的主编佐藤俊子、红色“汉奸”关露、画家李青萍、女性知识分子杨荫榆和杨绛、困守上海的梅兰芳等人物，上海邮政局拒招女职员、女作家代表张爱玲的稿酬之争、“倾城之恋”与“抗战夫人”等现象。此外，该书还将社会性别视角与口述历史方法相结合，考察生活在上海的普通人的战争体验，并以之为切入点，透视女性其时的位置、身份和社会角色，展现了一些女性代表在特殊的历史时期的自我认知以及表达出的“女权”话语。作者指出，“战争”给予了妇女体验、记忆与“民族国家”的历史和话语关联、对质的机会，但是传统的战争史研究却与这些性别体验无关，故而该书尝试突破“国家兴亡，匹妇有责”的传统女性战争史写作套路，从性别角度重新思考民族战争，追问战争语境下民族主义与女权主义的意见分歧，以期为探索战争与解放所包含的复杂历史脉络与多样的社会面相、重新审视这场中日战争对于中国社会尤其是对中国女性的影响，提供新的可能。（高翔宇）

《女权、启蒙与民族国家话语》（刘慧英著，北京：人民文学出版社，2013）

从晚清到“五四”，是中国现代女权思想、女权运动的发生期。该书分析了中国民族国家话语兴起过程中的性别论述，重估女权话语在中国现代性转型过程中的角色和意义。中国的女权启蒙肇始于西方教会势力的干预、中国男性思想启蒙家的动员以及话语建构。“启蒙”及“民族国家”等现代话语虽然热衷女权论述，但其“富国强民”的民族主义意识形态却隐含着显而易见的男权意识，并不断再生出新的性别区隔与压抑。妇女在完成传统的相夫教子的“天职”的同时，又被赋予了辅助男性建立新的民族国家的“重任”。值得注意的是，该书在民族国家话语的主流性别论述之外，发现并诠释了两个另类的女权话语的脉络，即早期《妇女杂志》所体现出的相对客观中立的认识女性及其生活的现实主义向度，以及何震的反国家的无政府女权主义向度。通过对三个向度的女性话语的考察，该书重构了性别与政治、女性与家国之间的复杂关系，从民族国家历史中

拯救出女性历史，为当代中国的性别文化研究提供了一种新的研究方式和阐释框架。（薛英杰）

《中国现代女性作家与中国革命（1905～1948）》（〔美〕颜海平著，季剑青译，北京：北京大学出版社，2011）

该书以 20 世纪中国具有开创性和影响力的女作家为研究对象，重新考察了中国革命的女性主义遗产，特别关注中国女作家在何种激进的程度上，以显然受到历史制约而又根本上是革命的方式，重塑了她们的生活及写作。在女性主义理论批评及其创作几成时髦的现时代，以高深理论和长篇小说的“史诗性”规模出现的女性主义话语，其效果恰恰却是将女性贬入了资产阶级私人领域、纳入“私人写作”。该书在反思这一研究思路的基础上，将女作家的文学活动和生活轨迹视为其进行变革性努力的场所和争取女性社会赋权的奋斗，具体讨论了秋瑾、冰心、白薇、袁昌英、丁玲等作家与中国革命之间的复杂关系。作者虽然从中国现代女性的真实命运出发，但同时却以一种寓言和象征的方式，将中国女性解放的命题引向了公共领域，讲述了弱国、弱势、弱女子的“大故事”。这种把女性与现代中国历史的公共领域紧密联系起来的寓言和象征，其核心乃是对现代世界基本结构的历史唯物主义把握。（薛英杰）

《中国现代文学文化现象与性别》（乔以钢等著，天津：南开大学出版社，2012）

该书是“性别视角下的中国文学与文化”丛书之一，在性别视野中考察了近现代文学及当代创作中的诸多现象，探讨了 20 世纪 80 年代以来的女性文学/性别文化批评，总结和反思了女性文学的发展脉络及学科建设等问题，从性别角度加深了对近代一百多年以来性别与文学文化之间复杂关系的理解。该书共分为三辑。第一辑主要探讨近现代文学与文化现象，具体讨论了国族想象与近代女性主体身份建构、以女学生为代表的新妇女想象、中国女性小说创作的发生、延安时期的性别与阶级、两性作家对家庭的不同表现等诸多学术命题；第二辑关注当代文学与文化现象，分别研究了女性主义诗歌、“文化大革命”叙事的性别化表述、近 30 年“城乡交叉地带叙事”中的“新才子佳人模式”、21 世纪乡土文学叙事中的“好女人”书写、“80 后”女作家的身体写作以及少数民族文学等一系列专题；第三辑集中于对性别批评的理论探索，包括当代女性文学批评的历史轮廓、女性文学批评中的身体想象、生态女性主义的本土化实践、女性文学研究

的新进展以及女性文学学科建设的反思等论题。（薛英杰）

《女性文学与性别政治的变迁》（贺桂梅著，北京：北京大学出版社，2014）

女性主体意识及其文学实践、女性解放与社会主义革命的关系、大众文化中的女性想象，这三者构成了现代以来中国女性文学与文化的焦点问题。该书在宽广的历史视野中，从性别政治变迁的角度，历时性地探讨了女性书写与中国现代性想象的变迁。20 世纪 20～40 年代的现代文学、40～90 年代的女性文学批评、90 年代的女性文学、21 世纪的大众文化现象，构成了讨论的四个具体场域。该书第一部分以丁玲的创作为核心研究对象，探讨了现代文学中的女性写作与中国革命的复杂互动关系；第二部分主要是对当代女性文学批评话语的反思，特别是其中的性别与阶级话语的关系问题；第三部分以林白、陈染、徐小斌等作家为例，研究了 90 年代"女性文学热"现象中的相关作品、女作家出版物等文化现象；第四部分以文化研究的方法考察社会文化想象的性别修辞与女性问题的呈现方式，具体讨论了《激情燃烧的岁月》《色·戒》《金陵十三钗》等大众文化产品。作者一方面试图对"五四"以来中国女性文学（文化）实践过程做一种"问题史"的大致勾勒，也尝试对其中蕴含的现代性经验做出理论化探讨。（薛英杰）

《性别、语境与书写的政治》（董丽敏著，北京：人民文学出版社，2012）

该书较为系统地梳理了性别、语境与文学书写之间的复杂关系，讨论了"性别政治"在文学文本中的种种表征与特点，探讨了性别研究范式在中国社会文化语境中的合理性与局限性。该书的主旨是追问将西方性别理论引入中国文学研究及学科建设中的有效性，为如何在性别与中国语境之间建立关联提供了富有建设性的意见。"导论"部分追溯了中外性别研究的脉络，特别是中国女性文学研究的历史，提出应该在处理"学科化"和"跨学科"之间关系的基础上，将性别研究向纵深处扩展；第一章分析了中国性别研究的格局及参照系问题，尝试梳理出符合中国妇女解放运动实践的言说方式；第二章讨论了文化政治视野中的"妇女/女性文学"概念，以及如何界定中国女性文学与女性主义的互动与差异问题，并反思了当代女性文学史的书写格局；第三章对赵树理小说、20 世纪 50 年代妓女改造和 20 世纪 90 年代以来文学中的女性想象进行了性别分析；第四章

通过有关现当代女性文学的叙事分析，展现了性别政治内在的各种力量交错、汇聚与博弈的另一种方式。（薛英杰）

《新媒体、社会性别、市场经济与都市交往实践》（曹晋、〔英〕格雷姆·默多克等著，上海：复旦大学出版社，2015）

该书是“教育部人文社会科学重点研究基地重大项目成果”丛书之一。作者立足于传播学的视野，在田野考察与资料搜集的基础上，考察处于全球化、市场自由主义、传播新科技与媒体改革等多重力量交织的当代中国语境。书中收录了三位海外学者对数字经济与公众文化、新媒体垄断集中、亚洲知识产权与西方权力控制的张力研究，意在勾连全球市场经济一体化进程中个体都市交往实践所处的国家、市场经济、媒介技术、知识产权等多重权力关系的深层逻辑讨论。12篇原创性论文采取参与式行动研究，从传播与社会相互建构的认识出发，把传播技术、传播制度与传播现象的变迁带入国际与中国社会的政治、经济与文化历史的进程，厘清媒介技术、媒介产业与个体都市生活实践如何镶嵌于媒体与市场消费的商品化逻辑影响之中。该书研究发现，国家、阶级、社会性别、科技、知识产权、城乡、区域、数字劳动等范畴是当下媒介技术、媒介产业与个体都市生活交往实践的结构性权力等级轴心。（刘新宇）

《男性特质论：中国的社会与性别》（〔澳〕雷金庆著，〔澳〕刘婷译，南京：江苏人民出版社，2012）

该书是“凤凰文库·海外中国研究系列”丛书之一。作者全面分析了中国的男性特质，以“文”“武”的独特视角，对诸多传统与当代文本进行了重读与诠释，打破了既往西方对中国乃至亚洲男性特质以阴阳二元对立的理解。该书所分析的文本从《三国》《西厢》到成龙、周润发的电影，不仅时间跨度较大，而且涵盖了文化思潮、经典文学、民间话本和电影作品等诸多体裁。理论构架综合了中西的研究方法，除了本土化的社会建构分析，作者还借鉴西方的符号学和精神分析理论，并对近年海外汉学研究的大量成果广有涉猎。此外，作者还对海外华人进行了分析，用以审视男性特质在国内外的发展状况。作者认为，中国在国际领域中日渐增长的文化、经济参与和影响，意味着中国人观念中的男性特质也正在世界的其他地方生根开花，不断变化的物质环境最终将对“文”“武”这样的思想建构产生持续的影响。然而，这些建构已被证明是使人类关系井然有序的强大工具，它们依然会在传承中保留下来。（刘新宇）

《女性的反响·续集——纪念联合国第四次世界妇女大会二十周年》（刘伯红、谢丽华、吴华主编，北京：当代中国出版社，2015）

该书于2015年面世，是第四次世界妇女大会20周年的纪念文集。1995年联合国第四次世界妇女大会在北京举行之际，部分参会的中国妇女将她们的所见所闻记录在香港剧作家黄婉玲编辑的《女性的反响》文集中。20年后《女性的反响·续集》的编者邀请了当年的文集作者、一直致力于推行中国性别平等事业的女界人士及1995年后成长起来的新一代女性等87人，续写《女性的反响》，用自己的文笔和心声，记录历史，续写辉煌。该书的作者群体来自妇女工作者、公务员、教育工作者、媒体工作者、法律工作者、社会工作者、研究者、志愿者、村干部、打工者等，最年长者85岁，最年幼者属“80后”。该书每位作者写的故事都非常生动，极有个性，它从一个侧面深刻地反映了联合国第四次世界妇女大会为人类发展制定的全球框架的意义和全面性，也反映了北京世妇会制定的战略目标和行动纲领如何影响了中国社会的和谐与可持续发展、中国政策法律的完善和进步以及人们的思想、工作、命运和生活，同时彰显出中国妇女为世界性别平等事业付出的热情、努力与心血。（高翔宇）

《中国女性社会学：本土知识建构》（张李玺主编，北京：中国社会科学出版社，2013）

该书是国家社会科学基金资助的“中国女性社会学学科化的知识建构”课题成果，在借鉴和批判女性主义理论取向的基础上，试图将女性主义研究和社会学研究有机结合起来，对女性面临的社会问题进行了学科化和本土化的理论梳理。该书描述了中国女性社会学知识系统的四个来源，概括了理论和实践的现实演进，探讨了学科化知识建构的内涵，辨析了该学科的若干主要概念，论述了其理论基础、知识体系建构的基本框架和已经取得的重要本土成果。该书通过对“本土化妇女健康”“女性教育的现实困境”“本土思想与和谐主义的性别关系”“中国反贫困与性别平等的理念及途径反思”等方面的理论探讨，丰富了女性社会学在女性与教育、女性与家庭、女性分层与流动、女性与健康、女性与犯罪等方面的研究内容。此外，该书在总结中国妇女社会史研究现状的基础上，还提出引入性别维度、社会分层、群体结构和心态、地域研究等相关方法，并对挖掘档案材料、墓志、出土文书、口述、实物等妇女社会史研究中的史料运用问题做出了探讨。（高翔宇）

《社会工作与性别研究》（刘梦著，北京：中国社会科学出版社，2013）

该书汇集了作者在过去20年中撰写的部分论文，其中中文25篇、英文13篇，涉及了社会工作教育、社会工作评估、家庭暴力、家庭服务等研究领域。在社会工作研究部分，作者探讨了发展中国家社会工作本土化的途径和经验，回顾了中国社会工作教育和研究中取得的成绩、面临的挑战和应对策略，关注了女性社会工作的内涵和外延、女性社会工作与社会工作的异同、妇联工作与社会工作之间的关系等问题，指出了在中国发展女性社会工作需要纳入性别视角以及结合男女平等基本国策的必要性。在性别研究部分，作者探究了市场经济对妇女和婚姻家庭的冲击、父权制残余对女性发展的阻碍、就业市场中的性别歧视、媒体中女研究生的负面形象建构、经济体制改革以来农村妇女的边缘化、国际妇女人权思想在中国的传播等问题。在家庭暴力研究部分，作者指出家庭暴力是中国当今社会特殊的文化、社会产物，家庭暴力的出现与复杂的家庭关系、婚姻基础、夫妻沟通模式等诸多因素有关，并针对中国家庭暴力发生的频率及危害，提出了将社会工作原则和技术运用到处理家庭暴力干预中的建设性意见。（高翔宇）

《遮蔽与再现：学术职业中的性别政治》（王俊著，武汉：华中师范大学出版社，2011）

该书是“高等教育与社会发展研究”丛书之一。作者以一所研究型大学的女教师日常生活为研究对象，使用“情景分析”和“结构分析”的方式来探讨在中国特定文化环境下的大学知识制度、学术制度和组织制度中大学女教师是如何进行学术职业发展的，以及蕴含其间的社会性别不平等是怎样产生的。研究表明：女教师叙述中所呈现的那些看似个人的问题，背后实际上隐含着制度上与结构性的性别不平等以及一个更大社会结构的隐喻。在大学场域中，学校的组织文化、管理文化、学科文化乃至校园空间无不呈现出隐喻的性别符码，女教师在大学场域中呈现出的“无权化”和“边缘化”状态与学校文化有一定的相关性，虽然这种文化是学校活动背后的一种不可见的力量，但它却以器物、行为规范、行话、隐喻及仪式等各种形式表现出来。其中，大学场域中的科层制度安排、“男子气概”的理性与效率、学科文化的性别化特质以及大学空间场域所透露出的性别文化共同运作，是造成学术职业中的性别隔离与阶层化问题的重要因素。（刘新宇）

《女性主义科学编史学研究》（章梅芳著，北京：科学出版社，2015）

该书是“科学技术与文明研究”丛书之一，是国内外首次对女性主义科学史的历史分期、编史方法、编史理论、经验案例、编史纲领、编史意义等问题进行系统研究的著作。作者指出，女性主义科学史研究运用独特的社会性别视角关注了被传统科学史所忽略的“科学与社会性别”的互动关系。该书先从历史的维度，较为系统地考察并梳理了女性主义科学史研究兴起与发展的基本脉络，又运用理论研究和案例分析相结合的方法，探讨了女性主义科学史研究的理论基础与方法论特征。作者认为，女性主义科学史介于传统史学和后现代史学连续谱上的某个中间波段，为科学技术史研究引入了新的研究视角，开辟了新的研究领域，并促进了我们对历史解释等元理论问题的思考。但不容忽视的是，女性主义科学史在编史理论与编史实践方面依然存在一些问题，有待反思和解决。（刘新宇）

论文选介

《关于中国特色社会主义妇女理论维度与构建的思考》（丁娟，《山东女子学院学报》2011 年第 3 期）

该文在界定中国特色社会主义妇女理论的命题及维度的基础上，系统阐述了其思想来源和构建原则。中国特色社会主义妇女理论是中国特色社会主义理论体系的有机组成部分，是对社会主义初级阶段男女平等与妇女发展的规律性的认识。该理论以 20 世纪 80 年代以来的中国社会实践为基础，以男女平等为内涵，以妇女政治、经济、文化以及社会和家庭等子理论系统为外延。作为一个开放的体系，该理论的思想来源包含以下三部分：首先，马克思主义妇女理论是中国妇女运动的一贯指导思想，是阶级解放、民族解放和妇女解放的有机结合体；其次，改革开放以来围绕中国妇女解放运动所产生的探索与争鸣，推动了中国妇女研究高潮的出现；再次，“二战”后发达国家妇女运动的发展、性别研究领域的学科化以及以联合国为代表的国际社会对妇女研究的推动，为中国妇女理论体系的建设拓宽了视野。构建中国特色社会主义妇女理论体系应该遵循以下三项原则：首先，加强马克思主义妇女理论的指导和基础理论优先的原则，在世界各国理论的对比下进行本土性的探索；其次，坚持理论建构与宣传倡导相结合的原则，为现实的男女平等以及社会公正服务；最后，坚持“百家争鸣、百花齐放”的“双百”方针，以宽广的胸怀和相互批评借鉴的态度对待其他流派的理论。（薛英杰）

《试析中国特色社会主义妇女理论构建中的六个关系》（宿茹萍、张李玺，《中华女子学院学报》2013 年第 3 期）

该文系统梳理了在构建中国特色社会主义妇女理论过程中的六组关系：中国特色社会主义妇女理论与马克思主义妇女理论、中国特色社会主义妇女理论与中国特色社会主义理论体系、中国特色妇女解放和发展道路与中国特色社会主义发展道路、中国特色妇女解放和发展的制度保障与中国特色社会主义制度、中国特色社会主义妇女理论与妇女解放和发展的实践、中国特色社会主义妇女理论与西方女性主义理论。具体结论如下：中国特色社会主义妇女理论是以马克思主义妇女观为指导，以中国特色社会主义理论体系为基础，是马克思主义妇女理论中国化的最新成果；中国特色社会主义妇女理论是中国特色社会主义理论体系的重要组成部分，必须植根于中国特色社会主义理论基础之上；中国妇女解放和发展的道路必须参与到中国特色社会主义发展道路中的经济、政治、文化、社会和生态文明建设中去；中国特色社会主义制度为现阶段妇女发展提供了根本政治保障；改革开放以来中国妇女解放和发展的实践是中国特色社会主义妇女理论的动力源泉、根本目的和唯一标准；中国特色社会主义妇女理论应该合理吸收和借鉴西方女性主义理论的有益成果。（薛英杰）

《马克思主义的女性主义前沿问题及其内在逻辑》［董金平，《南京大学学报》（哲学·人文科学·社会科学）2013 年第 5 期］

该文在追溯马克思主义的女性主义发展历程的基础上，解析了诸多相关前沿问题。“二战”之后，马克思主义女性主义发展像一部三幕剧式，呈现为诞生—衰落—复兴的三阶段。20 世纪 60～70 年代，马克思主义女性主义在批判国家资本主义和福利国家的过程中诞生和崛起，她们试图从家务劳动的政治经济学批判出发，寻求女性在生产劳动上与男性平等的地位。80 年代，随着新自由主义的兴起，马克思主义女性主义失语并走向衰落，逐渐被主张“性别差异”的新激进女性主义思潮所取代，女性主义也整体上转向了以身份政治和承认政治为代表的文化政治学。当女性主义的研究集中在以身份和差异为主的文化政治学批判上时，就不可避免地忽视了马克思主义的政治经济学批判。然而，在资本主义全球化的今天，文化政治学无法真正取代马克思主义的政治经济学批判。当资本吸纳剩余价值的目光从哈特和奈格里所说的“形式吸纳”走向“实质吸纳”时，女性的身体就从一个自然的生物学范畴变成了全新的政治经济学范畴——身体的生产本身就是资本的生产与再生产。这种状况为女性主义重新与马克思主义进行结合提供了现实的可能：在身体政治经济学批判的命题下，马克思主义女性主义将在新自由主义的帝国内部浴火重生。（薛英杰）

《平等的中断——反思 20 世纪 90 年代以来的男女平等与性别公正问题》［闵冬潮，《南开学报》（哲学社会科学版）2013 年第 4 期］

该文讨论了以性别公正取代男女平等的理论转向及其兴起背景，重申了男女平等理论的价值。20 世纪 90 年代中期之后，在社会分化、平等中断的状况之下，对男女平等的诉求本应更为强烈，但是有一部分学者却提出以性别公正取代男女平等的观点。性别公正的提出不仅反映了社会现实生活中“不公正”问题的增多，而且反映了改革开放以来社会主义的男女平等理论和实践所面临的困境及多元化诉求。该理论转向具有两方面的背景：首先，阶层化社会的出现要求女性主义研究在分析男女平等时，必须要考虑阶层或阶级因素；其次，该阶段所引进的社会性别理论以“承认差异”为核心，与占支配地位的新自由主义相呼应。但是，平等的前提不一定要同质，差异也不一定会导致不平等。从 20 世纪 80 年代开始，中国妇女在政治、法律、经济、社会、文化等各种权力领域中的发展面临挑战。在这一背景下，解决这种性别差异问题应该从承认女性的地位和发扬女性的价值方面着手，以消除收入上的不平等为关键。社会主义的男女平等理论并没有消失，更不应消失。不论是在公共权利还是个人权利方面，都需要重新探讨其在今天的理论和实践上的意义。（薛英杰）

《中国社会主义女性主义实践再思考——兼论美国冷战思潮、自由/本质女性主义对社会主义妇女研究的持续影响》（王玲珍著，王玲珍、肖画译，《妇女研究论丛》2015 年第 3 期）

在当今英语学界乃至世界范围的研究场域中，有关社会主义革命和中国妇女解放的两种最具影响力的思维定论是：社会主义革命具有父权本质；性/别系统和女性主义实践（运动和研究）都应该具有自治独立地位。该文的第一部分批判性地重估美国 20 世纪 80 年代出版的有关中国社会主义和妇女解放的极具影响的学术著作，揭示其冷战和自由/本质女性主义立场。通过集中分析朱迪斯·斯泰西的《中国的父权与社会主义革命》，该文质疑这批著作中西方中心和变相维护资本主义制度的两个经典结论：中国社会主义革命具有父权本质；性/别系统和女性主义实践都应该具有自治独立性。第二部分则将中国社会主义女性主义重置于反帝、反封建、反资本主义的具体历史场景中，重建社会主义女性主义在革命过程中体制化、整合化并成为多维性主体的特征。中国社会主义女性主义实践的某些局限是历史的，也是同中国革命其他方面的历史局限相关联的。那种认定社会主义革命，无论其具体的政治、经济和社会条件如何，都应该一次性地解决所有理论上对性别问题的设想，具有霸权色彩和盲目脱离实际的倾向。该文的宗旨是批判性地修正现存有关第三世界社会主义女性主义的主流话语，为跨国女性主义实践和文化研究提供一个另类模式。（薛英杰）

《“历史化”性别：“关联”如何可能》（董丽敏，《文艺争鸣》2012 年第 4 期）

以社会性别为视角对“十七年”的社会主义文学/实践进行解读，成为新的学术增长点。该文在批判目前该领域主流研究思路的基础上，提出应该“历史化”地重返“十七年”文学/实践，以有效地把握这一时期的妇女运动/文化实践。在既有研究中，“十七年”文学/实践更多被视为一种被国家意志所形塑的缺少女性主体意识的文学书写，这一时期的妇女实践则被当作“国家”自上而下动员的单一路径产物。该研究范式的形成，不仅与性别研究对主流历史一贯的批判方式有关，也受到了中国学界 20 世纪 80 年代以来对“十七年”文学/实践的主流性理解以及对欧美女性主义理论过度依赖的影响。“性别”或“社会主义”的分析框架要想彰显出自己的独特性，一定要先将自己放置在与其他的资源、其他的维度互动的格局中。为了能够对“十七年”文学/实践进行有效的性别分析，必须在两者之间建立多重关联：不仅要在因社会主义危机而导致的前三十年和后三十年的历史断裂间建立关联，还要在“十七年”的妇女解放运动与同一时期的社会主义实践间建立关联；不仅要在性别研究的概念及理论与“十七年”妇女解放的经验间建立关联，还要在性别研究与研究者自身的立场和问题意识间建立关联。（薛英杰）

《性别的政治：谈“社会性别”概念的不确定性》（柏棣，《山东女子学院学报》2013 年第 5 期）

“社会性别”是美国第二波女性主义的一个重要认识论概念。该文作者总结了该概念的意义、影响及相关批评，并追溯了其在中国语境中所发生的变化。物质女性主义认为“社会性别”过分强调文化的重要性，忽视了自然科学领域对文化的制约作用，强调应该更重视人类、人体在科学技术中变异、变质后以达到解放的可能性。马克思主义对“社会性别”的批评主要集中在其身份政治的纲领上。一方面，身份政治局限在个人的诉求上，无法替代社会运动，因此没有真正的政治意义；另一方面，身份政治假设拥有相同自然身份的人就拥有相同的利益，从而遮蔽了生产关系和阶级利益的社会矛盾。“社会性别”在中国的表述大致包括以下内容：将“社会性别”等同于西方女性主义理论；“社会性别”和“性别”意义相同，基本等于女人或女性；将“社会性别”作为一种理想的需要建设的工程；主张“女性意识”和“女性意识的回归”等命题，要求扩大甚至建立社会性别差异。随着新自由主义资本主义的全球化，“社会性别”也在全球化，并被主流社会所接纳。“社会性别”的主流化，既是世界女权主义运动多年斗争的结果，也反映了“社会性别”的批判性有所减弱，与全球资本和全球政治经济权力之间存在暧昧关系。（薛英杰）

《危险的私通：反思美国第二波女权主义与新自由主义全球资本主义的关系》（苏红军，《妇女研究论丛》2013 年第 3 期）

该文总结了西方国家特别是美国的马克思主义、反种族主义和反帝国主义的女权主义学者，针对第二波女权主义与新自由主义全球资本主义之间关系所进行的反思。反思的出发点分为两个层面：1970 年以来新自由主义资本主义对全球经济结构的重组对世界妇女生活状况和认知产生了深刻影响，在很大程度上造成了妇女贫困化的恶果；女权主义希望建立一个公正的理想社会的初衷，在具有极端暴力性和侵略性的新自由主义全球资本主义的制度中无法实现。针对美国国内女权主义运动的相关反思，主要集中在妇女就业、斗争策略、身份政治和女权主义组织等四个议题中所存在的误区。针对南半球妇女发展实践的反思，则从小额贷款和非政府组织等角度出发，说明美国第二波女权主义的意识形态如何帮助了资本对南半球的经济重组，充当了美国在世界上的霸权主义的一个重要组成部分。有关美国第二波女权主义的反思对中国妇女理论研究具有重要启示：学习美国女权主义相互质疑、不断反思的精神；强调审视的视角和宏观理论框架的重要性；强调女权主义的初衷是为所有的妇女解放和全人类的社会公正；利用和链接改革开放之前中国妇女解放的思想和实践，为世界妇女运动做出贡献。（薛英杰）

《女性主义形而上学研究中的两个热点问题》（肖巍，《马克思主义与现实》2013 年第 4 期）

当代西方女性主义哲学在追求性别正义和社会正义过程中，逐渐地进入主流哲学世界，不断地研究新理论，提出新问题，这尤其表现在形而上学领域对于本体论与认识论问题的关注方面。该文对西方女性主义形而上学中两个讨论热点——“性别本质论”和“认识不正义”的问题进行了评介，说明女性主义形而上学研究对于哲学学科建设和社会变革的重要意义。总体来看，夏洛特·维特（Charlotte Witt）和米兰达·弗里克（Miranda Fricker）在女性主义形而上学框架下对本体论和认识论问题的研究具有以下意义：①把女性主义哲学研究带到更为

"坚硬的"哲学核心地带——形而上学领域，而不再满意于其边缘的和非主流的学科地位；②都有一个良好的动机——试图澄清或摆脱令女性主义哲学陷入理论困境的被动局面，另辟蹊径地回答关乎自身理论根基的问题；③都以一种对于现实社会问题的关注来研究形而上学问题，试图开辟一条使形而上学走向社会现实、为社会变革服务的路径；④都试图开辟一个女性主义形而上学的研究空间，把女性主义哲学中的一些重要争论整合到这一空间中进行；⑤都把女性主义政治观和道德观直接引入形而上学领域，指出我们的认识观念实际上包括一种政治预示和伦理美德，认识和阐释"真理"不可避免地将社会权力、人们的身份甚至道德上的意愿联系在一起。（薛英杰）

《妇女、环境与发展：范达娜·席瓦的生态女性主义及其批评》（张淑兰，《妇女研究论丛》2012 年第 2 期）

该文从妇女、环境与发展的视角出发，通过分析印度范达娜·席瓦（Vandana Shiva）的生态女性主义及其所受到的批评，揭示印度女性与环境和发展的真实关系，为第三世界的妇女解放、环境保护和可持续发展的探索提供一个可供借鉴的案例。范达娜·席瓦系统阐述了妇女、环境与发展的问题，主要观点为：强调妇女与环境关系的物质基础；宣传和重视妇女拥有的传统知识；在解放妇女、保护环境并实现可持续发展的方式上，开始主张利用妇女掌握的丰富生态知识的"女性主义原则"，后来升级成"地球民主"的原则。印度国内学者和国外印裔人士在肯定范达娜·席瓦的创造性贡献的基础上，对其理论展开了深入的评析，形成了独树一帜的女性环境主义理论流派。范达娜·席瓦的生态女性主义所存在的主要问题是性别简化论。她用简单的性别关系来解读殖民以前的印度历史传统，将复杂的"抱树运动"简化为女性主义运动，在整体上严重忽视了种姓在性别与环境、历史与现实以及未来发展中的重要影响。无论女性主义还是环境主义都是现代社会发展中的非主流思潮，要真正在实践中推动妇女、环境与发展的共同进步，批评是次要的，制度性的合作才是最根本的。（薛英杰）

《"性别"抑或"性别体制"？——女性涉腐理论解释框架探析》（宋少鹏，《妇女研究论丛》2015 年第 2 期）

该文通过对已有的中西方女性与腐败关系研究的综述和分析，探讨了中国语境下性别与腐败关系可供借鉴的合理视角和思考路径。文章指出，西方女性涉腐理论普遍采用的"性别特质"与"性别规范"两种视角在女性参政能否促进政府清廉的问题上虽然意见相反，事实上却共享着一个基本假设：性别会影响腐败。文章强调应该转换问题意识，无须纠结“性别是否影响腐败”或者“女性是不是更清廉”这个问题，而应该转移到性别体制对两性腐败行为之影响的研究，询问在具体的政治经济制度、社会文化语境中，性别体制/性别秩序是如何影响两性对待腐败的态度和行动的。针对中国语境下女性参与腐败的原因，文章认为，“混乱的资本/资源获取+性资本”的理论框架并不足以解释经济转型国家中女性参与腐败的原因，而是应该采用“性别化的社会转型/性别化的市场社会+性别体制/性别秩序”的分析视角，以此作为中国语境下探究女性/性别与腐败之关系的一个可能的路径和切入点。（回春萍）

《第三期中国妇女社会地位调查主要数据报告》（课题组，《妇女研究论丛》2011年第6期）

该报告对第三期中国妇女社会地位调查的基本情况进行了综述，并对调查的主要数据进行了初步的分析总结。报告描述了当前中国妇女在健康、教育、经济、社会保障、政治、婚姻家庭生活方式、性别观念、法律权益和认知九个方面的总体状况，并归纳了包括儿童、老年人、大学生、受流动影响人员、高层人才五个典型群体的主要情况。报告提炼归纳了女性社会地位的进步，如女性健康及保健状况明显改善、农村产前检查比例和住院分娩比例大幅度提高、女性教育结构明显改善，男女两性受教育差距显著缩小、农村妇女非农就业比重提高、城镇单位女性社会保障状况明显改善、性别差距缩小等。报告同时也从中西部妇女的教育状况、女性劳动收入、农村妇女失地、妇女参与决策等六个方面列出了值得关注的问题与挑战，并在此基础上提出了相应的对策建议，主张将妇女发展作为社会发展的重要内容、重视妇女社会地位的监测评估、着力促进中西部农村妇女发展、大力宣传男女平等价值观等等。（回春萍）

《性别观念现状及其影响因素——基于第三期全国妇女地位调查》（刘爱玉、佟新，《中国社会科学》2014年第2期）

该文以2010年12月第三期中国妇女社会地位调查数据为基础，分性别考察了性别观念的现代转型及其影响因素。文章指出，中国男女两性的性别观念处于传统与现代的过渡状态，但女性的性别观念总体上更趋现代，越年轻者性别观念越趋向于现代；男性的性别观念更偏传统，且在不同年龄群体间表现出高度的一致性与稳定性。性别观念的形塑源自三类地位实践：先赋地位、自致地位和夫妻间性别地位，其中自致地位的作用更为重要。两性性别观念因夫妻间性别地位的不同而有差异。对于女性而言，婚前家庭经济地位越高、家庭经济贡献比丈夫大、至少有与丈夫相仿的职业地位、家庭权力方面至少与丈夫相仿甚至比丈夫高者，性别观念表现出更趋向现代的特征。影响两性性别观念转型的因素存在差异，对女性而言，通过自身努力获得的受教育机会、职业与政治身份更能促进其现代性别观念的形成；对男性而言，夫妻间平等承担家务更能促进其现代性别观念的形成。（回春萍）

《相对资源禀赋结构中的女性社会地位与家庭地位——基于第三期中国妇女地位调查数据的分析》（吴帆，《学术研究》2014 年第 1 期）

该文以 2010 年 12 月第三期中国妇女社会地位调查主问卷数据为依据，从相对资源禀赋性别结构的视角，分析了当前中国女性的家庭地位如何被其所处的社会地位所影响。文章通过数据包络分析方法（DEA）构建了衡量女性家庭地位与社会地位的平等指标体系并提出对平等指标进行赋值的三原则，将最能体现夫妻平等和睦、女性受到尊重、女性实际掌握资源的三个选项赋值最高。另外，文章运用 Tobit 回归模型分析了中国女性社会地位对家庭地位的影响。研究发现，在中国目前的社会发展阶段，社会性别关系正处于从传统向现代的转变过程之中，女性在社会宏观相对资源禀赋结构中的地位变化对其家庭地位的影响会更显著。因此，拥有更高教育程度、更高收入水平以及更高社会声望职业的已婚女性，一般具有更高的家庭地位，其主观感受往往更为平等；具有相同社会经济地位状况的城镇女性和农村女性，城镇女性的家庭地位要高于农村女性。（回春萍）

《“回家”还是“被回家”？——市场化过程中“妇女回家”讨论与中国社会意识形态转型》（宋少鹏，《妇女研究论丛》2011 年第 4 期）

该文围绕着市场化过程中四次“妇女回家”的争论，从主观和客观两个维度探究了“妇女回家”的背后原因。文章强调，把“妇女回家”仅仅归为观念的转变和妇女的自主选择，是对“主体”和“主体性”的过度信仰。所以，不能只看到妇女要求回家的主体性，而要看到产生“妇女回家”动机的制度性约束。造成“妇女回家”的原因是市场化转型过程中逐渐形成的公私领域的分离，把与“再生产”相关的职能推回家庭，使女性成为市场中相对“劣质”的劳动力。透过“妇女回家”的四次争论，可以发现马克思主义妇女解放理论与自由主义理论范式之间的转化存在着几个关键性的概念替换：以自由替代平等作为社会首要原则；以抽象的形式的平等替代具体的结果的平等；对个人主体性/自主性的提倡替代对社会结构的总体性批判；以文化视角替代经济视角。文章认为在中国社会意识形态的转型期，有必要对结构性压迫展开批判。自由不能成为掩盖结构性压迫的“遮羞布”，对“主体性”的寻找不应盲视结构性的约束，在寻找“文化”压迫时不应遗忘物质性的经济基础。(回春萍)

《参与式性别预算：来自温岭的探索》(郭夏娟、吕晓敏，《妇女研究论丛》2012 年第 1 期)

该文以浙江温岭的实践为例，对中国近年兴起的“参与式性别预算”从背景、参与主体到内容、存在的不足等几个方面加以全面的探索。“参与式性别预算”是指从性别视角审议与监督政府的财政预算，其实质是当地“参与式预算”的延伸与拓展。文章指出，这种参与式性别预算的动力来自体制内部，即“人大”推动和党委政府的支持。参与式性别预算的主体是多元的，包括人大、党委、政府、妇联、人大代表和基层民众等，他们各司其职又紧密配合，其运行机制和参与式预算互为依存，或者说依系于参与式预算的基本框架。参与式性别预算的内容主要包括三个层面：一是针对女性的专项预算支出；二是与女性关系更密切的预算支出；三是一般性的预算支出。这一女性参与决策的新途径已经取得明显成效，包括政府对性别平等诉求特别是女性权益的回应性明显提高；预算资源在两性之间的分配更趋合理；当地民众特别是女性的性别平等意识有所增强等。但是，温岭两镇只是对性别预算投入和活动的前两个周期进行了评估，缺少对产出和效果的评估。因此，仍有待拓展和深化完整规范的预算周期评估。(回春萍)

《土地流转中农村女性权益状况的实证分析——以河北省米村和湖北省石村为例》(狄金华、钟涨宝，《中国农村观察》2012 年第 3 期)

该文以河北米村与湖北石村的调查为基础，对女性在土地流转过程中的角色及其权益状况进行了实证分析，并探讨了女性对这一状况的认知。文章表明，在家庭内部，男性作为富余劳动力首先从农业中转移出去，农业生产呈现女性化的趋势，农业生产的女性化直接影响着土地流转的发生。在土地流转过程中，女性虽然在具体的农业生产中承担了绝大多数的劳动却没有获得特别的决策权；在因婚姻产生的流动中，女性既无法获得丈夫所在村庄新的土地承包经营权，也同时丧失了原本在娘家的土地承包经营权；在父母将自己的土地承包经营权转让给子女的过程中，女性的继承权时常得不到保障。对于女性在土地流转过程中权益受损的现象，女性应当被赋予与男性一样的权利。文章进一步强调，社会既有的性别规范为现实中性别行为提供着结构资源支持，同时又限制着社会成员的性别行为。农村女性并不只是机械地遵从农村社会既定的角色规范，而是参与并促成了新的社会角色规范的形成。（回春萍）

《集体的重构：珠江三角洲地区农村产权制度的演变——以“外嫁女”争议为例》（柏兰芝，《开放时代》2013 年第 3 期）

该文以珠江三角洲地区农村集体股份制改造引起的“外嫁女”争议为例，从历史制度论的视角研究了农村产权制度的演变。在研究方法上，文章以“外嫁女”为主体，检讨了中国制度变迁研究中通常采用的功能性视角，重新以动态的、行动者的角度分析了制度的产生、落实等政治过程。缘起于珠江三角洲地区的农村产权改革将非农化后的集体土地和资产量化配股以保障个别成员的产权和利益，但在确认股东资格的过程中催生了关于成员权的一系列争议。文章指出，出嫁后被剥夺村民待遇的“外嫁女”自 20 世纪 90 年代至今近二十年的时间里对成员权进行了持续的抗争。历经多年的坚持，“外嫁女”终于得到地方政府的支持，同籍同权，理应得到股份分红。但是地方政府的强力介入又引起村组的强烈反弹，以集体行动抗议上级政府干预村民自治。“外嫁女”争议凸显了村民自治和国家法律的冲突以及村庄内部的不平等。该文一方面揭示了产权改革中妇女作为行动主体是如何不断推动制度的演变的；另一方面从宏观层面重新审视了关于国家和社会关系的讨论。（回春萍）

《城镇化进程中妇女土地权利的实践逻辑——南宁“出嫁女”案例研究》（王晓莉、李慧英，《妇女研究论丛》2013 年第 6 期）

该文基于在南宁经开区实地调研的访谈资料，以南宁“出嫁女”为例，阐述了在城镇化进程中“出嫁女”土地权利遭遇剥夺的实践、后果以及解决思路。伴随着城镇化进程中的农地征用，“出嫁女”成为土地权利受侵最为普遍的群体。文章认为“出嫁女”土地维权存在着三个主要问题：征地带来了“性别化”的身份认定，“出嫁女”的成员权在村、组集体层面遭到否定；在村民自治背景下，村民表决的决策程序又为其提供了一个合法化的条件；基层政府难以纠正村民自治中的不当规定，且面临维稳的政绩压力。为了“出嫁女”土地维权的有效和长效解决，作者强调，既需要从国家的整体制度安排层面进行推动，也需要逐步改变村庄（社区）层面传统的父权制规则与重男轻女的传统文化，具体包括在农业和农村能力建设的培训中加强性别平等意识教育、明确“农村集体经济组织成员资格认定”的法规标准、强化对村规民约的法律约束。(回春萍)

《婚嫁失地会加剧农村妇女遭受家庭暴力的风险吗？——对中国农村地区的考察》（宋月萍、谭琳、陶椰，《妇女研究论丛》2014 年第 1 期）

该文利用第三期中国妇女社会地位调查数据，考察了农村已婚妇女因婚嫁而失地的现象，并对婚嫁失地是否会增加其遭受家庭暴力的风险进行了实证分析。因婚嫁失地是农村土地承包制度改革过程中困扰农村妇女生存发展的重要问题，其可能的后果之一是使农村妇女由于没有自己名下的土地而在家庭关系中处于弱势地位，甚至增加遭受家庭暴力的风险。文章通过对农村地区的实证分析发现，在农村普遍遵从“从夫居”婚嫁习俗的背景下，在土地承包政策调整的不同时期结婚的农村妇女，因婚嫁而失地的比重随时间大幅上升；因婚嫁失地使农村已婚妇女遭受来自丈夫的家庭暴力的风险也显著增加。鉴于此，作者建议对土地承包等相关政策进行调整，采取长期政策调整与短期政府干预相结合的方针，切实维护农村妇女的土地承包权益，增强农村妇女的经济赋权。借助于这种具有性别视角的土地政策制定与调整，可以改善农村妇女在家庭关系中的弱势地位，有效降低其遭受家庭暴力的风险。(回春萍)

《照料经济、性别平等与包容性增长——中国落实 2015 后可持续发展目标的思考》（董晓媛，《妇女研究论丛》2015 年第 6 期）

该文从照料经济的视角，总结了中国不同历史时期在相关领域的政策特征，并探讨了照料经济对实现性别平等与 2015 后包容性增长目标的重要意义。作者指出，在计划经济时代，国家和单位在提供社会化照料和减轻就业女性的无偿照料负担方面采取了许多措施，在缩小就业和收入方面性别差距的同时，有效提高了女性的社会地位。但是，在中国从计划经济向市场经济的过渡时期，片面追求经济效率和增长速度的宏观发展战略对照料经济和劳动力市场的性别平等提出了新的挑战，造成了“母亲的工资惩罚”的加大以及“照料赤字”和贫困的代际传递等问题。在此背景下，习近平主席在 2015 年联合国全球妇女峰会上提出的“推动妇女和经济社会同步发展”“积极保障妇女权益”“努力构建和谐包容的社会文化”“创造有利于妇女发展的国际环境”四点主张就显得格外及时与重要。

文章强调，无酬照料劳动的承认不仅是实现性别平等的核心举措，而且对实现消除贫困、促进健康、教育以及充分就业和体面工作等其他2015后可持续发展目标也至关重要。(回春萍)

《我国夫妻财产制立法若干问题探讨》（薛宁兰、许莉，《法学论坛》2011年第2期）

该文就司法实务中与夫妻财产制相关的争议性问题，对相关法理进行了梳理，并探讨了如何从制度层面完善中国夫妻财产制立法。文章指出，婚姻法司法解释（三）草案凸显了中国夫妻财产制立法存在的诸多问题。中国现行法定夫妻财产制是婚后所得共同制。对法定夫妻共同财产范围的界定遵循“婚后所得推定共有”的准则，其法理依据是夫妻之间存在的“协力”关系。约定夫妻财产制是夫妻之间就采用何种类型的夫妻财产制所订立的协议。与一般财产契约不同，夫妻财产制契约直接产生夫妻财产法上的效力，即以双方当事人选定的财产制度替代法定财产制的适用。但无论法定共同财产制还是约定共同财产制都有一定缺陷，在共有制之下，夫妻对共有财产管理权行使可能无法协商一致，进而出现婚内析产并不能化解这一矛盾的情况。针对共同财产制的不足，文章主张在中国夫妻财产制结构中增设非常财产制，使夫妻双方得以终止共有制而代之以分别制，从根本上解决因侵害共有财产管理权或无法正常行使共有权而引发的矛盾。(回春萍)

《她/他们为什么赞成或反对同龄退休？——对选择退休年龄影响因素的实证研究》（刘伯红、郭砾、郝蕊，《妇女研究论丛》2011年第3期）

该研究通过对不同地区、群体、性别等就业者的实证研究，探讨不同性别和身份的人支持或反对同龄退休的复杂原因，以期为退休政策的修改和完善提供可行依据。中国现行的强制性差别退休年龄政策是基于性别和身份的区别对待，相差5～10年。“男女同龄退休”成为现阶段中国妇女运动和人权保障事业努力争取的一个重要目标。对此，中国社会、政府决策者、学术界甚至妇女本身都有各不相同的看法。是什么因素导致人们特别是不同职业、性别和社会身份的人做出支持或反对同龄退休的选择？研究以立意抽样的方式，关注问卷填答者的性别、年龄、职业身份、所有制和单位效益的差异。调查发现，被访者是否“同意”或“反对”同龄退休，与被访者的性别、社会身份、教育程度、家庭收入、工作单位、社会观念等有一定的相关关系。据此，文章认为需对现行的强制性差别

退休年龄规定进行改革，把女性的退休年龄逐步提高到和男性相同，并赋予男女从业者自主选择权。（回春萍）

《论女职工特殊保护立法的新理念》（刘明辉，《妇女研究论丛》2011 年第 5 期）

该文在实证研究和文献比较的基础上，为完善《女职工特殊保护条例》，提出并论证了两种新的立法理念。文章认为，有必要切换视角审视职业禁忌制度，从而发现保护女职工的立法初衷与其实施的结果之间的相悖之处，并意识到单位在防治职场性骚扰方面不可或缺的义务和法律责任。本着“防重于治”的理念和“预防为主”的方针，该文提出了两种立法理念：一是正视现行职业禁忌制度中的歧视性后果，将滞后性“保护”改为前瞻性“赋权”，针对女性群体的个体差异分类规范，赋予无须特殊保护的女性进入男性垄断的高薪职业的选择权；二是正视现行国家法律缺少“防治性骚扰的雇主责任”的弊端，充分利用已经奠定的立法社会基础，增设单位防治职场性骚扰的义务和法律责任。在具体立法方面可以借鉴国外“防重于治”的经验、一些先进企业防治性骚扰的机制以及某些地方法规所创设的雇主责任，以期填补中国国家法律关于“反性骚扰雇主责任”的空白。（回春萍）

《社会性别视角下的生育保险制度改革与完善——从〈生育保险办法（征求意见稿）〉谈起》（蒋永萍，《妇女研究论丛》2013 年第 1 期）

该文以《生育保险办法（征求意见稿）》为出发点，从社会性别的视角分析总结了中国生育保险制度的演变与问题，并提出了改革的设想与基本要求。文章指出，中国生育保险制度的演变基本可以总结为“计划经济”“文化大革命”和经济体制转轨三个时期。如果从社会性别视角加以审视，可以发现现行生育保险由于制度理念相对滞后而导致了三个突出问题，主要表现在：生育保险中政府责任的履行尚不充分；对男性的生育责任缺乏足够的重视；生育保障的职工福利性质导致生育保险待遇的享有率更低，有悖社会公平。《生育保险办法》作为《社会保险法》“生育保险”的配套法规，对解决“生育”这一影响当代妇女发展和性别平等的关键问题具有关键性的意义。为此，文章强调未来完善生育保险制度时需要明晰几个关键问题，包括强化生育保险制度建设中的政府责任、扩大生育保险的覆盖面和受益面、将男性生育陪护假及其津贴纳入生育保险待遇、确保生育津贴的水平足以维持产妇和婴儿的生活和健康等。（回春萍）

《制定反家暴法需要正确处理的几个基本问题》（李明舜，《妇女研究论丛》2014 年第 5 期）

该文基于家庭暴力的特殊性以及相关立法的必要性，着重探讨了在制定反家庭暴力法过程中需要正确处理的几个基本问题。文章指出，制定反家庭暴力法是国家预防和制止家庭暴力、促进社会和谐稳定的一项重要立法措施。由于家庭暴力发生在家庭内部，施暴者与受害者之间存在着特殊的亲密关系，立法干预家庭暴力就存在着一定的特殊性。鉴于此，制定反家庭暴力法的过程中必须正确处理以下几个基本问题：反家庭暴力法应有的先进理念与中国传统文化和风俗习惯的融合问题，家庭暴力概念的确定性与包容性的平衡问题，反家庭暴力措施的有效性与婚姻家庭维护之间的选择问题，反家庭暴力司法措施的强制性与尊重受害人意愿的取舍问题，反家庭暴力法中的专项措施与其他法律中有关规定的衔接问题，反家庭暴力过程中受害人的需求与现实条件的制约问题，反家庭暴力法对公众期待的满足与法律资源有限的矛盾的解决问题。（回春萍）

《新形势下进一步改革完善生育保险制度探讨》（张永英、李线玲，《妇女研究论丛》2015 年第 6 期）

该文探讨了在经济新常态的背景下，改革完善中国生育保险制度的必要性与可行性，在总结了需要解决的主要问题的同时也提出了相应的建议。生育保险制度的建立和完善，不仅是国家对妇女生育社会价值的肯定，而且是均衡用人单位生育负担、预防就业性别歧视、促进公平就业的制度保障。经济新常态给生育保险制度既带来了机遇也带来了挑战。中国对性别平等的政治承诺以及《中国妇女发展纲要（2011—2020 年）》的目标要求，为新形势下进一步改革完善生育保险制度提供了机遇。生育保险费率下调，将生育保险纳入医疗保险、生育保险需求的增加以及生育保险基金收入的减少都给生育保险制度的存在和发展带来了严峻挑战。文章同时指出，当前生育保险制度实施中存在覆盖面较窄、各地生育保险待遇差距较大、生育保险基金来源单一、男性责任和权利没有得到充分体现等问题。基于此，该文对进一步改革完善生育保险制度提出如下建议：将生育保险作为独立险种，规范生育保险待遇的基本内容，提高统筹层次，扩大覆盖面，政府为生育保险基金托底。（回春萍）

《性别特质、身体实践与健康风险行为》（林晓珊，《妇女研究论丛》2011 年第 1 期）

该文以性别特质为主要变量，检视了身体实践在建构身份认同时与健康风险行为的内在关联。文章指出，健康风险行为是建构性别身份认同的重要方面，其中包含着不同性别特质的身体实践。在女性特质的实践中，女性的身体是被视为有缺陷并需要经过现代医疗技术的改造而与健康风险发生关联的。作为当代社会的“神话”，现代医学让广大女性相信身体是可以改造的，也只有不断地改造自己有缺陷的身体，才能符合男权社会的审美要求。在男性特质的实践中，男性的身体是被视为优越于女性并需要不断以伤害自己的方式（如吸烟）来展演其自身的优越性而与健康风险发生关联的。伤害男人自身身体的社会实践通常是男人用来建构与获取权力的工具，男人要获得权力，就必须抑制自己的需求并且拒绝承认自己的疼痛。文章认为，在以男性为中心的社会中，不仅女性的身体面临极大的风险，男性的身体同样也是这种性别秩序的牺牲品。在女性健康被问题化的同时，男性健康也被理所当然化了，由此而掩盖了男性的健康需求，使男性身处风险情境之中。（回春萍）

《经历乳腺癌：疾病与性别情境中的身体认同》（鲍雨、黄盈盈，《妇女研究论丛》2014 年第 2 期）

该文在经验研究的基础上，探讨了乳腺癌患者在疾病情境与性别情境中两种基本的身体认同形式。文章指出，身体认同是个体根据身体状况的差异性，将自我归为一定的社会群体中，并再生产这一群体特定的身体表征的过程。乳腺癌作为一种严重的疾病不仅损害了女性患者的身体，而且带来了她们在身体认同上的危机。在疾病情境中，乳腺癌患者身体认同的基本形式是疾病健康态的身体认同，即患者在其患病治疗、康复的过程中把自己归属于健康人或是病人群体的过程。在性别情境中，乳腺癌患者的身体认同呈现为另外一种形式——社会性别态的身体认同。这种认同形式表现为患乳腺癌的女性把自己归为一个完整女性还是一个残缺的女性。文章进一步指出，身体认同是一个流动的过程。疾病的来临改变了女性原本健康的、完整的身体认同，她们通常会逐步接受患病的、残缺的身体认同，并发展出一系列身体实践与印象管理的手段，在病人/健康人、残缺女性/完整女性两个维度上进行抗争与妥协，形成新的身体认同。（回春萍）

《儿子偏好还是儿女双全？——中国人生育性别偏好态度构成及其政策含义》（杨雪燕、李树茁、尚子娟，《妇女研究论丛》2011 年第 6 期）

该文以 2009 年陕西省的调查数据为基础，对中国人生育性别偏好态度的内在结构、态度差异和政策含义进行了分析和总结。分析揭示，中国人的生育性别偏好态度是六个一阶因素、两个二阶因素构成的二层结构。一阶与二阶模型的初步验证结果都表明，儿子偏好态度下属的各个维度与女儿偏好态度下属的各个对应维度之间存在显著的正向相关关系，并非相互排斥的关系。分析进一步显示，不同人群之间在儿子偏好和女儿偏好的得分上均存在差异；但每类人群的儿子偏好均比女儿偏好更为强烈。文章最后讨论了研究结论的政策含义并指出研究的局限性和未来的改进方向。政策含义包括两个方面：一是子女的文化和宗教功能相比经济功能具有强烈的刚性，二是古往今来在儿女双全的理想中，儿子偏好仍要比女儿偏好更强烈。该研究认为其自身的局限性在于，数据和方法层面的欠缺导致了无法得到完整的结构模型的验证性分析结果。（回春萍）

《男孩偏好与性别失衡：一个基于需求视角的理论分析框架》（杨菊华，《妇女研究论丛》2012 年第 2 期）

该文将中国的出生性别比失衡置于亚洲视野中进行比较，基于需求视角阐述男孩偏好赖以生存的基础，进而为缓解男孩偏好提出初步的政策性思考。文章指出，出生性别比失衡是在生育转变过程中、具有男孩偏好的国家和地区不可避免的一个社会人口现象。在特定的文化模式下，男孩偏好不仅反映出女性个体利益与家庭和群体利益的矛盾、错位和冲突，还体现为不同家庭通过对胎儿性别的选择来应对现实生活的一种策略，是基于个体生存、家庭发展和父权制度延续的多方面层次需求。文章认为，群体层面性别差异的固化，在一定程度上保证了个体层次的人身安全、保障安全、地位安全、自我价值实现。缓解出生性别比失衡必须缓解家庭主体对儿子的需求，从易到难，由表及里，层层剥蚀，集中攻坚：首先找到需求的薄弱环节，并利用性别敏感的替代模式和替代物品来满足家庭主体多方面的需求；然后整合力量，有效动摇儿子需求的根基，缓解男孩偏好，最终达到降低出生性别比的目的。（刘新宇）

《政府何为：生育“性别偏好”的地区差异及其启示——以河北省定州市与湖北省大冶市为例》（刘爽、冯解忧，《中州学刊》2014 年第 10 期）

该文通过比较两个典型地区的生育观念和生育行为差异，探索影响出生性别比的因素与机制，为更有效地综合治理出生性别比失常提供了新的视角和思路。文章发现，出生性别比严重偏高、经济社会相对发达的大冶地区农村育龄妇女生男孩的愿望更为强烈，更看重子女对父母的回报，家庭重大决策依赖丈夫的也较多，公婆对其生育决策有重要影响；出生性别比多年正常、经济发展水平较为落后的定州地区，生育过程中的性别“男孩偏好”反倒不是那么明显。分析结果显示，妇女的受教育程度、公婆态度、所在地区“男孩偏好”氛围以及人们对不同性别子女作用的认知，都影响着生育的“性别偏好”。定州市在政府主导下长期坚持倡导婚俗变革、促进男女平等的政策宣传和社会实践，弱化生育“男孩偏好”，创建新型婚育文化，维护了正常的出生性别比。这说明社会干预出生性别比失常的问题时，政府首先应该有所作为。（刘新宇）

《从家庭和妇女的视角看生育和计划生育》（郑真真，《中国人口科学》2015年第2期）

该文从家庭和妇女的角度重新审视生育和计划生育。文章指出，曾经的计划生育政策与家庭生育需求之间的矛盾正逐渐转变：一方面人口的生育率已经长期保持在极低水平，即使政策允许也未能充分释放二孩生育潜力；另一方面严格的生育政策限制着个别有特殊生育需求的家庭，使其生育需求无法得到满足。“单独二孩”新政的遇冷，不仅反映了家庭对二孩生育的慎重对待和理性权衡，还体现了当前家庭内的计划生育意识。在中国低生育水平的背景下，妇女的社会地位及其在家庭中的自主程度与生育率呈反向相关，妇女的生育决策主导着生育行为与结果。文章认为，在生育政策调整和完善的过程中，需要从家庭、妇女的角度考虑政策取向。尽管家庭生育数量的变化和差别仅在于一个或两个孩子之间，但公共政策应重视家庭的生育需求，并营造友好的育儿社会环境，以及制定相应的政策支持妇女实现家庭和事业的平衡。（刘新宇）

《中国已婚妇女生育状况对就业的影响——兼论经济支持和照料支持的调节作用》（宋健、周宇香，《妇女研究论丛》2015年第4期）

该文利用2010年第三期中国妇女社会地位调查数据，基于新家庭经济学理论，实证分析了中国已婚妇女生育状况对就业的影响，同时检验了家庭经济支持以及照料支持的调节作用。文章指出，“单独二孩”生育政策实施后并没有出现学界所担心的生育堆积问题，其重要原因是生育成本太高，尤其体现在女性参与社会劳动的入职、升迁和终身发展之上。研究发现，生育二孩、家有婴幼儿、曾因生育中断就业的经历均会对妇女目前的就业状态产生消极影响；但孩子数量对城乡妇女就业影响上有所不同，在就业中断经历的影响上也有显著差异。丈夫对家庭经济的支持能力会削弱生育二孩妇女就业的可能性，而家庭照料支持则会减少生育对妇女就业的不利影响。文章从促进妇女就业与生育平衡的角度提出政策建议，认为应通过提供照料支持和促进妇女连续就业，尽可能减少生育二孩对妇女就业的负面影响，从而在落实人口政策的过程中避免妇女发展权益受损。（刘新宇）

《家庭政策背后的主义之争》（吴小英，《妇女研究论丛》2015 年第 2 期）

该文旨在厘清家庭政策背后的主义之争，从中发掘家庭政策中的性别议题，进而为分析理解家庭政策与家庭问题提供依据与视角。文章指出，当前家庭政策的研究充满争议，其概念包含两层含义：一是狭义的政策领域和议题，二是家庭友好的政策视角。围绕家庭政策概念以及热点问题展开的争论，与其背后秉承的价值立场和主义密切相关。从三个方面的边界划分上看：在国家和家庭的关系层面上，表现为公私分界问题上的两种倾向；在国家与个人的关系层面上，表现为自由多些还是福利多些的争论；在个人与家庭的关系层面上，表现为以家庭价值观为核心的家庭主义与个人主义、女性主义之争。文章认为，中国的家庭政策不能纳入任何一种西方经典模式，它存在的问题显示了国家主义治理模式的缺陷。未来走向家庭化和多元化的关键在于一种协商机制的建立，家庭政策一方面要适应家庭价值观上个人取向的新变革，还要满足个人特别是女性的主体需求，考虑是否最终能使女性及其自身发展受益。（刘新宇）

《后社会主义国家的家庭政策和性别平等：1989 年后的匈牙利和波兰》（马春华，《妇女研究论丛》2014 年第 5 期）

该文以匈牙利和波兰两个国家为例，探讨家庭政策的变动如何重塑女性与国家、女性与家庭以及两性的关系。文章指出，波兰和匈牙利这两个后社会主义国家，在 1989 年因为类似的压力都进行了家庭政策改革，但由于改革时机等因素的影响形成了不同的家庭政策新体制。在改革前的匈牙利，国家是家庭福利的重要提供者，给所有的妇女提供假期和津贴，家庭也同时对养育幼儿的母亲发挥支持作用；改革前的波兰没有实行普惠制的家庭政策，但家庭在福利生产中处于中心位置，妇女是家庭的主要照顾者。匈牙利和波兰在 1989 年后重构了家庭政策，一方面对于女性走入劳动力市场和实现经济独立的支持减少；另一方面鼓励男性参与育儿，但只是停留在条文之中。文章认为，波兰和匈牙利改革之后的性别平等状况不仅没有改善，反而有恶化的趋势，因为其新的家庭政策体制都表现出明

显的“母性主义”倾向。波兰女性面对更加激烈的家庭与工作冲突，处于更为不利的位置。（刘新宇）

《产科医生遇上“怕疼”产妇？——中国女性生产经历的身体政治》（陶艳兰，《妇女研究论丛》2012 年第 1 期）

该文通过对访谈资料和网络论坛生产日志进行分析，将“产妇怕疼”现象放置于文化、技术、权力、知识与医疗环境这一理论框架，从两个方面反驳了目前流行的“产妇怕疼导致剖腹产率升高”的论述。文章认为，尽管剖腹产与产妇怕疼的确有关联，但是将它看成是高剖腹产率的重要原因之一，是一种简化论。首先，不友善的医疗环境和过多的医疗介入加重产妇的疼痛和焦虑，可能会导致产妇对剖腹产的诉求，怕疼已经不仅仅是生理反应，还有技术与环境层面的原因，不应当仅仅指责产妇，还应该检视当今产科医疗环境及技术滥用。其次，怕疼的产妇最后是否会剖腹产，较多地取决于医院的等级及医生的态度立场。剖腹产决策的做出背后有着复杂而精细的权力和利益运作过程；在检讨中国近年来高剖腹产率的时候，产妇不应该成为众矢之的。文章呈现出，中国产妇在生产过程中受到了来自文化、技术、专业权威、科层制组织、城乡差异等方面的管理和控制。（刘新宇）

《协商式亲密关系：独生子女父母对家庭关系和孝道的期待》（钟晓慧、何式凝，《开放时代》2014 年第 1 期）

该文以 2010 ~ 2011 年对广州 22 个家庭的深度访谈材料为基础，描述不同于“受害者”形象的“积极父母”形象，从父母角度分析中国家庭中金钱与情感的关系，并说明父母对子女承担孝道的新期待。近年来在中国城市中，许多父母为独生子女出资购房，舆论及学者将此称为“啃老”，担心家庭关系功利化、孝道衰落。文章基于“亲密关系”和“个体化”的理论视角提出不同看法：父母们不认为自己是“被啃”的受害者；相反，他们是购房的主动发起者或积极参与者。首先，父母们是为了与成年子女建立协商式的亲密关系。这种关系涉及金钱、感情和集体决策三种要素，与西方强调倾诉和表达的“纯粹关系”不同。基于中国的经验研究不仅扩展了西方主义对“亲密关系”的定义，也有助于重新理解以往研究中中国家庭经济活动与感情交流二元对立的关系。其次，这反映了在中国个体化进程中，这一代父母既获得了自由，又感知到了风险。他们积极构建新的家庭关系，是一种重新嵌入社会的努力。（刘新宇）

《社会政策如何构建父职？——对瑞典、美国和中国的比较》（王向贤，《妇女研究论丛》2014 年第 2 期）

该文通过比较瑞典与美国关于父职的政策框架，为理解中国目前父职所嵌入的制度政策提供参考。文章指出，在父职构建方面，由于瑞典和美国相关社会政策对社会福利的根本目标和对亲密关系与家庭形式的理解存在差异，使瑞典和美国分别属于社会民主主义路线和市场自由主义路线。在社会福利的根本目标上，美国聚焦于提高“脆弱父亲”的经济能力，瑞典则从公民权的高度构建父职；在对亲密关系与家庭形式的理解上，瑞典对亲密关系和家庭形式持开放态度，亲密伴侣关系中的男性可以平等享有父职权利。美国主流的社会政策则呈保守色彩，认为异性恋婚姻是抚养儿童的最有效方式，父亲的缺席和负面的父职参与损害了儿童的健康发展。文章认为，中国目前父职构建结合保守主义与市场自由主义，并有以下问题亟待解决：保障男性履行父职的社会政策非常缺乏，经济抚养基本被认为是父亲和家庭的个体责任，父亲对孩子日常照顾的缺席。（刘新宇）

《“严母慈祖”：儿童抚育中的代际合作与权力关系》（肖索未，《社会学研究》2014 年第 6 期）

该文通过考察城市家庭中广泛存在的代际育儿合作现象，深入分析了代际间的分工合作与权力关系。文章指出，当代的代际合作育儿不仅体现了代际互助传统在家庭中的延续，同时也昭示了家庭代际关系的新现象，即代际权力关系的变迁。家庭内部形成了“严母慈祖”的分工和权力格局，母亲成为育儿“总管”，以“科学育儿”为指导，对儿童发展进行总体规划，同时掌握主导孩子成长的话语权和决策权，并承担社会性抚育的教育职责；祖辈以“帮忙者”的角色进入子女家庭，承担大量的儿童生理性抚育和家庭照料的工作，但在家庭事务决策和话语权上处于边缘位置。文章认为，不同于传统制度化的家庭权力结构，“严母慈祖”是一种非制度化的弹性权力关系，受制于成员间的协调与博弈，并高度依赖于代际间特定亲密关系的建立与维系。这一格局的形成、发展和变动与亲子两代间亲密关系的建构有着不可分割的关系。亲密关系如何影响了家庭成员在其他形式的代际交换互助合作中对公平、正义的诉求，将是未来研究要持续探讨的问题。（刘新宇）

《教育“拼妈”：“家长主义”的盛行与母职再造》（金一虹、杨笛，《南京社会科学》2015 年第 2 期）

该文立足于中国社会的“教育拼妈”现象，分析个体家庭为什么要进行教育比拼以及它对家庭性别分工和母职意识产生的影响。文章指出，在全球化的背景下，当下越演越烈的“教育拼妈”现象，是竞争性教育和“家长主义”泛滥的产物。这种机制制造和不断扩大了教育的不平等，使那些无论在经济资本还是文化资本方面都无优势可言的低收入劳动者难以企及。另外，“教育拼妈”和“父亲缺席”并存，既是“男外女内”性别分工在教育领域的表现，也在对母职及观念意识进行重构，加大了教育权重，造成“母职密集化”。文章强调，女性并非完全被动地被定义和被形塑，她们在介入教育的同时，重新定义着母职，展现了新母职意识抵抗对主体消解的另一面相。消解女性主体和女性不甘被消解并试图找回主体的矛盾，是母亲教育焦虑生成的重要原因。新的母职通过教育职责的扩展，给女性抵抗消解主体性、寻找更强大的自我以新的机会和空间。（刘新宇）

《双薪家庭的家务性别分工：经济依赖、性别观念或情感表达》（刘爱玉、佟新、付伟，《社会》2015 年第 2 期）

该文基于 2010 年第三期中国妇女社会地位调查数据的分析，探索当前城镇家庭家务劳动分工的特征。文章研究表明，经济依赖关系、工作时间、性别角色观念均显著地影响着两性的家务分工，但其影响机制存在差别。对于男性而言，经济上的独立与成就对于其家务劳动投入的影响最大，其次是工作时间与性别角色观念，这些要素均相对独立地发挥作用，男性家务劳动的承担不存在“性别表演”。对于女性而言，纯粹的经济独立（对配偶收入的依赖程度、本人的绝对收入状况等）并非其家务劳动投入的最好预测，性别角色观念也不独立地对家务劳动参与产生影响。文章指出，现当代中国城镇家务劳动的性别分工是相对经济依赖和性别角色观念共同形塑下的以女性为主的模式。部分女性的家务劳动在经济依赖与性别角色观念交互影响下存在着形态与效应各异的“性别表演”。这一特征揭示了两性在劳动力市场中的经济地位与社会文化期待交互影响的形塑作用。（刘新宇）

《女孩如何在父姓村落获得人生归属？——村落“历史感”与“当地感”的视角》（杨华，《妇女研究论丛》2013 年第 2 期）

该文通过对湘南农村的长时段参与式调查，探讨未嫁女孩如何在父姓村落度过短暂的“栖居”生活，以获得人生归属。文章指出，在从夫居普遍盛行的中国农村，农村女性的人生归属的定义包含两个层面：一是如何与男性家族、村落建立权利义务关系，在亲属结构、村落社会关系网络中获得应有的地位和位置，扮演恰当的角色；二是在获得结构性位置和扮演恰当角色的过程中，如何体验人生的意义和生命的价值，实现其对超越性的追求。文章认为，女孩依托父亲在村落的“历史感”与“当地感”，与父姓家族、村落其他人建立权利义务关系，获得在父姓村落的人生归属，并因此体验生活的意义和生命的价值，完成在父姓村落短暂的“栖居”生活。而女孩一旦亡父，则将被断绝家族、村落的权利义务关系，因而无法在父姓村落获得稳定且体面的归属，她做女儿的“栖居”生活将暗淡无光，并可能影响她一辈子的生活和人生归属。（刘新宇）

《农村中年女性的温情策略与家庭关系期待——对河北上村隔代照顾实践的研究》（张爱华，《妇女研究论丛》2015年第5期）

该文采取民族志的研究方法，对河北上村的隔代照顾进行研究，分析农村中年女性通过“反思性生涯”发展的新型代际策略。文章指出，与传统婆婆在代际支持上的“缺席”不同，中年女性积极营造与儿媳妇的代际关系，她们通过出让工作权利，诉诸亲密关系，力图“生产”融洽的代际关系与和睦的家庭伦理，进而“激发”子辈的感激、依恋乃至对其未来养老的承诺。文章认为，尽管温情策略确实达到了维护和睦家庭关系的目的，但其本身充满着内在张力。首先，这种策略是传统与现代碰撞下的结果，彰显了中年妇女在传统与现代之间的彷徨与应对策略；其次，它也体现了处于夹心层的农村中年女性的主体性和能动性；最后，温情策略的实施显示出中年女性处于一个尴尬的社会地位。研究指出，在父权制与市场经济的双重作用下，中年女性的权利在代际关系重构的图景中隐而不见，她们不得不面临权力丧失与主体性消融的困境。（刘新宇）

《农村社会全面市场化中的性别秩序——基于对山东Q市某乡农村集市的个案研究》（管田欣，《妇女研究论丛》2015年第5期）

该文通过分析山东Q市某乡三代农村集市女的不同经历，探索农村经济转型过程中农村家庭性别秩序的变与不变。文章指出，由于传统的性别分工和性别规范，传统集市基本是男性主导的场域，而在1978年经济改革之后，乡村集市中买主和卖主却往往都是妇女，集市逐渐变成了女性化的场域。随着市场化和城镇化的推进，集市女出现了代际更替的现象。文章认为，农村社会全面市场化的转型利用并再生产了农村家庭的性别分工及权力结构。首先，农村的经济转型是性别化的，新的权力秩序和性别分工使农村家庭足以承受和适应全面市场化所带来的经济冲击。其次，农村社会全面市场化转型是性别化的，性别化的解决方式保证了家庭在熟人社会中的经济收入，也勉强维系着金钱冲击下岌岌可危的伦理关系。最后，农村社会全面市场化的结果是性别化的，农村社会全面市场化转型的结果既为妇女带来机会，更提出挑战，甚至也使一些妇女陷入困境。需要深入研究相关难点并发展对策，以便男女能够平等拥有机会和权益。（刘新宇）

《一种“情境－行动分析”视角的生成：山西井村妇女的群体性抗争》（卫小将、姜利标，《妇女研究论丛》2013 年第 2 期）

该文试图勾连“结构－制度分析”与“过程－事件分析”两种研究模式，并结合社会性别因素来审视山西井村妇女的群体性抗争。文章指出，上述两种研究模式在理论上存在着张力，然而在具体研究中，单独使用其中之一又会凸显出各自的优劣。由于生活本身是具体与抽象的组合，行动又是处在即时情境和社会情境之中，因此尝试将“结构－制度”化约为社会情境、“过程－事件”化约为即时情境，形成一种“情境－行动分析”视角。在中国经济与世界接轨的过程中，山西矿区农村女性自觉或不自觉地被拖入“煤炭经济”的链条中，卷入传统父权制和现代资本主义共同编织的权力网络中，没有享受到煤炭资源带来的财富，却承担了煤炭资源引发的生存风险。她们生活在一种环境恶劣、“官煤政治”、权力宰制、贫富差距、组织涣散和男性精英缺席的社会情境中，这些结构性因素无形地塑造着她们的认知和心理，促使她们产生一种结构性的怨恨，即对煤老板的怨恨、对干部的不信任、对男性精英不作为的失落等，并随着环境的恶化不断充斥于她们的日常生活中。女性特有的敏感使她们在生活琐碎中不断积累、强化着怨气和不满，结构性怨恨和生活怨气积累的合力不断作用于妇女们，在一定情境下（触媒事件）可能会引发女性的反作用力即抗争行动。（高翔宇）

《旅游地女性表演者身体的社会形塑——基于广西 L 演出剧场的考察》（张文馨、叶文振，《妇女研究论丛》2014 年第 3 期）

该文以身体为出发点，以广西 L 演出剧场为例，考察少数民族地区女性表演者的社会形塑，从而揭示旅游演艺将民族文化化约为隐匿在其背后的传统性别秩序与社会性别角色。文章指出，随着旅游业的发展，实景演出剧场作为新旅游空间，招募了大量非少数民族青年女性从事少数民族歌舞表演。在性别化身体消费的逻辑下，去个体化的歌舞表演经由商业化运作，从策划、组织到实施，不再仅仅作为一项艺术表演，而成为旅游产业链条中文化产品的一个环节。国家民族文化在旅游场域中，通过身体的多方形塑而得以再造。女性表演者在经过招募、身体的训练、穿戴上民族服饰、在舞台上化身为少数民族女性这一过程，完成了从学生到表演者、从非少数民族女性到少数民族女性的身份转换，意味着在旅游场域的民族文化生产线上，她们既是文化的生产者又是文化产品，身体在生产过程中从“私人的”“平常的”被塑造成为“公共的”“性欲化的”“消费的”身体，同时具有了生产性、性欲化消费性和民族文化性三重属性。由此，文化价值（经济价值、性的价值等）对身体的符号化含义和想象更明晰地烙印在表演者的身体上。表演编排好的剧目，将女性表演者置于传统的性别角色中，给观众呈现出的并非身体本身而是将性别角色隐匿在身体的表演之中，实质上展演的是民族文化透视下的传统性别秩序与社会性别角色。(高翔宇)

《科技领域女性高层人才成长状况与发展对策——基于五省市定性调查研究报告》（全国妇联女性高层人才成长状况研究与政策推动项目课题组 蒋永萍、马冬玲、贾云竹、杨慧，《妇女研究论丛》2011 年第 3 期）

该文采用定性研究方法，对科技领域女性高层人才的成长状况和发展对策进行研究。文章认为，女性在中国科技人力资源中占有重要地位，但科技女性发展中也存在一些不可忽视的问题，最为突出的问题是各类高层人才女性只占 5%。文章通过中高层女性科技人员、管理者和男性伙伴的讲述与分析，一方面揭示了科技领域女性人才的成长状况和发展规律，包括男女平等原则的贯彻以及科技兴国战略的实施等重要国家政策的支持、学校和工作单位创造了有利于女性成长的小环境、家人鼓励女性挑战传统性别角色以及理解和支持科技女性的发展需求、科技女性能够发挥个人能动性等因素；另一方面，分析了科技女性发展中的主要困难和障碍，如传统社会性别刻板印象造成的专业中的性别隔离和就业中的性别歧视等、“男主外，女主内”的家庭性别分工、科技女性缺乏必要的社会支持、科技领域男性化的社会交往方式、决策中的女性缺位以及不平等的退休政策打击了女性科研人员的积极性，甚至造成女性科研人才的浪费。在此基础上，作者建议科研资源应适当对女性倾斜、实行男女平等的退休政策、为女性提供平等的培训和交流机会、完善社会服务制度以及通过加大对女科技人员的正面宣传以营造良好的社会环境。(高翔宇)

《性别家庭与高校教师的时间分配——基于 2011 年全国科技工作者时间利用调查》（朱依娜、卢阳旭，《妇女研究论丛》2014 年第 5 期）

该文利用 2011 年全国科技工作者时间利用调查数据，以高校教师为研究对象，探讨性别婚姻家庭状况与时间分配的关系。结果表明，高校教师的时间分配模式的确存在明显的性别差异，女教师的工作总时间、科研时间少于男教师，教学时间、家务劳动时间多于男教师；结婚和养育子女对高校教师的工作时间投入——无论是总时间还是科研或教学时间——并没有明显的影响，同时也不是造成高校教师工作时间性别差异的原因，这说明女教师在工作总时间和科研时间上的投入较低不能简单地归咎于婚姻和家庭原因；婚姻和养育子女会明显增加高校教师的家务劳动时间，但对家务劳动时间的性别差异的影响更为复杂：从“未婚”到“结婚”再到“有子女”的过程中，家务时间的性别差异经历了从“有差异”到“无差异”再到“较大差异”的变化，这意味着“结婚但不养育孩子”不但没有加剧反而消减了家务劳动时间的性别差异，养育子女才是导致家务劳动时间性别差异急剧上升的主要因素；婚姻家庭对男性高校教师的休闲时间几乎没有影响，但却会显著减少女性教师的休闲时间，养育子女的影响尤为突出。这可能意味着已婚女教师在很大程度上牺牲了休闲时间来保证工作和家务时间，这使得她们无法及时缓解工作压力、放松心情和补充能量，工作表现可能会受到影响。(高翔宇)

《中国流动人口的生育水平——基于全国流动人口动态监测调查数据的分析》(李丁、郭志刚，《中国人口科学》2014 年第 3 期)

该文基于全国流动人口动态监测调查数据对中国流动人口的生育水平进行了研究。文章指出，全国流动人口动态监测调查系列数据中的总和生育率与第六次全国人口普查（以下简称“六普”）数据相比明显偏高，尤其是“一孩”总和生育率偏高。流动人口动态监测样本中妇女的生育时间与其流动时间存在紧密关联，而且样本的生育率存在越接近调查时点其水平越高的特征。作者综合研判认为，监测样本过多搜集近期生育案例是导致监测生育率偏高并出现上述特征的主要原因。为避免年龄组中各种偏差效应在计算总和生育率时被叠加放大，文章汇总了该样本流动妇女按出生队列的平均子女数，并与“六普”相应结果进行比较。结果发现，该样本 1970 年以前各出生队列所拥有的子女数与“六普”结果几乎一样，而且流动妇女各队列的终身子女数与全国情况一样不断减少。1970 年后队列的平均子女数已降到 1.6 个，更年轻流动妇女队列的子女数也处于减少趋势中。文章建议，在当前形势下，应从对流动人口逃生、超生的过分担心中解放出来，做好流动人口的生育服务，特别要为流动育龄妇女提供均等化的计划生育公共服务以及生育、避孕节育、生殖健康等指导和服务；对于流动人口计生情况的登记应更多围绕提高服务质量而不是强化管理展开，且应改变以往过分侧重即将或已经生育的妇女、不够重视未婚妇女和未生育妇女的情况。（高翔宇）

《身体的自我规训与抗争表达——对阿玲就业流动经历的性别解读》（严静，《妇女研究论丛》2014 年第 3 期）

该文通过对女性阿玲的就业流动经历进行个案描述，展示了阿玲的就业流动经历和在工厂工作的生存图景。文章认为，阿玲的就业流动经历从某种意义上来说，具有一定的典型性和代表性，展现了社会、家庭、企业多重场域框约下女性对于身体的自我规训和重塑，使之契合于社会的性别角色期待、家庭的性别分工以及企业现代化生产的结构化流程和组织性纪律。在此个案中，可以看到女性在就业流动中所遭受的异化劳动的极限体验，深刻而清醒地看到社会场域下生活世界日益殖民化的倾向。对于女性群体特别是新生代女性群体而言，她们的阶级意识已经觉醒，并能以“用脚投票”等方式表达对于制度和组织的不满，虽然这只是日常生活中的表象仪式，但这代表着新生代女性就业流动者主体意识的形成，让我们能积极而乐观地看到女性就业流动者作为社会弱势群体所表达出来的积极的社会行动隐喻。（高翔宇）

《从公共政策层面看对女性老年家庭照料者的社会支持》（马焱，《妇女研究论丛》2013 年第 5 期）

该文针对中国人口老龄化、高龄化趋势的加剧，使得老年照料需求日益凸显这一问题进行研究。文章指出，目前对老年人的日常生活照料主要由家庭成员承担，尤其是女性家庭成员在老年照料中扮演着重要角色。老年家庭照料隐含着强烈的性别议题，有着丰富的政策含义。然而梳理相关文献发现，现有政策更多强调的是家庭成员对老年人养老的责任与义务，对老年家庭照料者的支持极其有限，性别视角缺失。该文分析了当前中国女性老年照料者面临的困难与挑战：女性成年子女平衡老年照料与其职业发展的矛盾日益突出，照料老人的机会成本逐渐加大；传统的老年家庭照料资源逐渐减少，女性照料者来自家庭成员的帮助越来越有限；原有的国家负担的公共福利和公共服务逐步市场化和家庭化，女性照料者所能获取的社会资源日益萎缩。在分析现有的相关公共政策存在问题的基础上，建议增强关于老年照料的社会责任意识和性别平等意识，尽快建立提高女性照料者发展能力的发展型公共政策体系；发展对女性老年照料者的社区支持策略，将老年照料纳入公共服务的范畴；政府应鼓励企业履行包括促进性别平等在内的社会责任。（高翔宇）

《全球化与国际老龄化政策——基于社会性别视野的考察》（胡玉坤、温煦，《妇女研究论丛》2015 年第 1 期）

该文基于社会性别视野对全球化时代国际老龄化政策的演进做了一个系统的梳理。文章认为，国际社会对“人口老龄化是一个社会性别问题”的认识和理解，是伴随全球化进程不断提速而逐渐加深的。在过去数十年里，对老年妇女和老龄化过程中性别差异的关注夹杂在各种发展干预之中并进入国际政策框架，经由一系列全球大会得到了广泛传播。不仅历次世界妇女大会不断拓宽老龄妇女的议题，而且妇女/社会性别的议题被摆上了两次老龄问题世界大会议程，甚至老龄化的性别维度也被纳入了联合国其他发展大会。20 世纪 90 年代中叶前后可以说是国际政策话语和政策干预转变的一个分水岭。由于全球化浪潮的激荡，国际层面的政策回应逐渐从狭隘地针对发达国家的个人福祉问题，转向关注世界各地妇女整个生命周期的脆弱性和不公平待遇，进而对老龄化问题采取以权利为本的策略。文章分析了背后的原因：一是随着全球化和老龄化的齐头并进，人口老龄化开始在发展中国家普遍出现，而且以比发达国家更快的速度在推进；二是国际社会在发展政策和实践中开始采取主流化和利益相关者参与等新干预；三是鉴于人口结构变动所带来的深刻人权影响，人权保障被提到了前所未有的高度；四是由于全球化的结果，有关老龄化问题的全球知识体系逐渐被建构起来了，国际、国家和地方性的政策话语开始出现交叉和会合。（高翔宇）

《性、社会性别与充权：关于四川地震灾区妇女刺绣小组领袖的个案研究》（裴谕新，《妇女研究论丛》2011 年第 5 期）

妇女是具有社会性别视角的社会工作实务的中心，也是世界非政府组织、国际发展组织工作的重点。在社会性别视角下，社会工作者如何运用妇女的个人经验，深入了解她们的多样性与复杂性，将日常私人领域或以家庭为基础的关系与权力关系、社会关系连接起来，以此达到女性的充权，这是本土社会工作实务发展的新议题。文章立足灾后重建过程中三位妇女小组领袖的成长，通过参与式行动研究，探究妇女的个人故事，尤其是在特殊社会情境中困扰着她们的性关系、性别关系与性别角色问题，关注并认可她们的独特性，介入她们生活中的种种复杂性，回应她们独特的需要，推动妇女自我意识的提升与社会空间的拓展。文章指出，该研究运用生命故事的聆听，借助社区发展工作，包括其中的个案、小组、社区活动等，对妇女日常生活中的微观生活层面予以关注，使性别角色、性别分工、性别期待、性别关系发生了一定的改变。这些改变动摇了原有的社会性别分工，增长了女性的自我决定权，在某种程度上也可看成是社区变革、社会变革的一个小小尝试。（高翔宇）

《认识一个捡拾和安放“自尊”的私人空间——对性服务妇女服务原则的一种理解》（王金玲，《妇女研究论丛》2012 年第 4 期）

该文借助维特根斯坦（Ludwig Josef Johann Wittgenstein）对于语言的哲学研究指出，若将意识形态意义上的“自尊”回落到日常生活中，即只能是也必须是一种个人对于自己是否尊重自己的判断和评价。由此出发，文章解读了性服务妇女个体在实施服务时所坚持的选择原则，以及在私人次空间中实践和实现自尊的策略，包括分离策略（包括自己与本群体中的他人分离和场景分裂两种类型）、非工具化策略（包括自己不再是性服务的工具和不再是赚钱的工具）、服务对象工具化策略（包括将性消费男子工具化为报复的工具、出气的工具、性工具、赚钱的工具、利益实现的工具等），认为一个捡拾和安放自尊的私人空间——边缘和底层者的自尊以私人体验的形式掏空了“自尊”原有的德性的意义，使之回归平凡。这不仅破坏了“自尊”原有的社会范式，使之成为一种私人体验，而且挑战了“自尊”原有的公共空间类型，使之具有了私人空间特有的张力。而也正是从这一人类原始精神出发的对他人生命 - 生活及其表现/表达的尊重和理解，使研究者能够突破自身“此在”和“此知”的疆界，进入研究对象“自尊”的“此在”和“此知”之中，并被研究对象的心理空间接纳，认识和了解/理解了有关自尊私人体验和私人空间的“能在”和“能知”。（高翔宇）

《大学组织文化的社会性别逻辑——对一所研究型大学的案例分析》（王俊，《妇女研究论丛》2012 年第 6 期）

长期以来，大学组织文化的性别化特质并未受到关注。该文通过进入一所研究型大学进行性别考察后发现：男性气质的组织文化与性别阶层化现象在以工科为主导的 T 大学非常明晰，大学组织制度表面上平等与中立，其背后却隐藏着性别化的逻辑，复制甚至强化了原有的社会性别关系。在 T 大学，男性主导学校决策系统非常明显，反映了大学场域中存在着明显的资源配置、权力分配性别不平衡问题。表面上看，在行政权力、学术权力以及各种资源的争夺中，教师的行政身份、资历、职称、获取经费的能力等构成了其拥有权力和资源的显著条件，但实际上，年龄、性别等因素也悄然作用于其中，诸多因素共同形塑了大学场域中组织文化的性别化特征。由于市场逻辑和科层制逻辑所遵循的是“无性人”的效率逻辑，不仅女性被剥夺了女性特征，男性也被塑造成不需要家庭和不应该照料孩子的角色。女性虽然进入大学学术领域，但她们并未从性别意义上改变其作为“他者”的位置，特别是在社会性别作为大学组织中一种制度性基础的重要性并未受到学术界普遍关注的情况下，如何在学术职业中建立更平等或更有包容力的性别体制，营造和谐的学术社区，仍是任重而道远。（薛英杰）

《学术性骚扰的共犯性结构：学术权力、组织氛围与性别歧视——基于国内案例的分析》（李军，《妇女研究论丛》2014 年第 6 期）

该文从国内数个案例出发，分析学术性骚扰的特点以及导致其发生与持续的结构性因素。该文主张，学术性骚扰的双方，在相互权力关系方面有着与职场性骚扰不一样的特点。正是学生，尤其是研究生在学业、生活、经济来源和职业生涯等方面对教授评判权力的严重依赖，教师对个人权力的策略性运用，师生之间社会经验和性经验的差距，导致学生难以反抗和举报性骚扰。性骚扰对被骚扰者的消极影响是多重的，包括学业受阻或失败、降低自信、降低人际信任、身体疾病、心理障碍。组织环境中学术权力过于集中、师生关系缺乏制度制约、学术机构中无所不在的性别歧视的文化氛围，是性骚扰被忽略、被合理化、被容忍而免于实质性惩处的根本原因。性别角色的溢出、性别歧视和性污名构成了学术性骚扰的宏观环境。因此，防范性骚扰，应该进一步考察学术性骚扰发生的现实情境，规划更可操作的程序性规范，在配置资源、分配权力时保证性别比例均等，避免权力过度集中、资源垄断于一部分人或者单一性别等。（薛英杰）

《谁之身体，谁之孝？——对明清浙江方志记载女性“割股疗亲”现象的考察》（徐鹏，《妇女研究论丛》2015 年第 5 期）

该文以明清浙江方志中内容丰富的“孝女”“孝妇”为资料基础，透过性别化的身体观这一视角，着力探讨了方志文本中女性“割股疗亲”的类型特质、传主身份及其身体归属等问题。明清之际，浙江地区的修志者目睹了女性“割股疗亲”的渐成风尚，希望借由书写，呈现各种“对美德规范自我耽溺”的女德典范，以吸引更多居于家内的年轻女性代父、代夫、代兄尽孝。为了达成这一目标，他们通过调整编纂体例、入志标准、男女比例及赋予女性割股以旌表门闾、文士作传、刊刻诗集、乡党称颂等叙事策略，实现了对女性割股数量扩大化、个体低龄化、行事主动化的新规范，进而满足了儒家精英知识分子以女性身体玉成自身孝义及自我主体建构的需要。在“割股疗亲”这一行为中，女性的身体被四分五裂为各种权力和话语争夺、角逐的场域，其所言所行亦在男性如影随形的“凝视”下内化为一种扭曲的自觉自愿。男性除了是割股的最早“发明者”、“实践者”与后期的“推动者”外，割股的每一种文化内涵和性别指向，都源于他们的男权社会观念。男人们不仅在地方教化中审视着女性的割股行为，而且在择偶标准上行使着“规训权力”——“闻其孝者争欲缔姻”。由此带来的是，女性对自主意识和身体的双重“失控”。（薛英杰）

《晚清女报中的国族论述与女性意识——1907 年的多元呈现》［夏晓虹，《北京大学学报》（哲学社会科学版）2014 年第 4 期］

1907 年是中国女报界迅速扩展的一年，当年最少有十种杂志面世。其中影响最大的是《中国女报》《中国新女界杂志》《天义报》。三份刊物共同的特点是，编辑均为女性且都有留学或居留日本的经历。该文以三份女报主编发表在“社说”（或“论著”“论说”）与“演坛”（或“演说”）的论说文为主，参以三人在其他栏目以及其他女作者在上述两栏目中的撰述，考察三家女报的同中有异及各自独特的探求。秋瑾主办的《中国女报》从最低的启发女性挣脱奴隶地位，经由国民意识的加入，最终提升到赋予女子从清政府与列强手中拯救中国的至高责任，女子的性别身份也相应地从贤妻良母、国民女杰直指汉侠女儿；从强烈的国家主义理念出发，燕斌主编的《中国新女界杂志》以塑造具有“新道德”的女国民为中心，充分展开了对于逐步实现女权的设想；基于无政府主义理想，何震编辑的《天义报》所倡导的“女界革命”以“实行男女绝对之平等”为精义，不纠缠于枝节，而始终寻求根本解决之道。以上三家女报从不同的角度与层面切近了女性与国族的关系论述，从而丰富了近代中国的思想图景。（薛英杰）

《生物种族政治和女性的赋权：中国女作家的想象性写作（1905～1948）》（颜海平著，季剑青译，《河南社会科学》2013 年第 11 期）

在现代中国女性的写作中，以令人震惊的频率出现垂死和死亡身体的形象。它们既标示出中国社会的物质条件，也示意着这些女性批判性想象的特殊视域。

该文将现代女性作家的事业置于当时动荡的社会环境中，讨论了女性为在历史中生存下来所付出的努力。中国女性的毕生劳作和文学书写，不仅描绘和形构出“弱质性别”的困境与作为“命运特征”的“生物属性”无法摆脱地联系在一起，而且范式性地示意出这种“命运属性”是如何被指派给现代历史上各种被边缘化、被剥削、被僭越、被戕害或被剥夺的人们。“弱质性别及种类”的范畴和问题，在这些中国女性的书写中表现为一种对此类双重暴力的质疑和抗争，这种质疑和抗争实际上意味着一种以女性为载体、杠杆和社会特征的“弱性物种”的争取赋权，它对于中国现代文化自觉的建构具有核心意义。以“弱所以强”的文学形象出现，正是女性作者们开风气之先的公共性的表达本身。在整个中国现代女性社会运动和文学写作的历史中，在漫长的社会经济危机、文明的崩溃和全球连锁暴力无止境的爆发中，被认定的被动无力者这种想象性的争取赋权的行为及其在现实生活中的对应或回音，以一种对话的方式相互启示和激发，彼此互为基础。（薛英杰）

《二十世纪初苏俄妇女解放观在中国的传播与影响》（何黎萍，《中共党史研究》2012 年第 12 期）

该文系统梳理了 20 世纪初以早期共产主义者为代表的中国先进知识分子对苏俄妇女解放观的介绍和传播，并讨论了苏联与共产国际对中共早期妇女政策的影响。早期共产主义者在翻译介绍苏俄及国际共产主义妇女理论时，开始受到马克思主义唯物史观的影响，并以此来分析和认识妇女问题。他们一致认为社会经济制度的变更导致了妇女地位、家庭制度的改变，所以男性对女性的压制是由私有制这一根源所决定，妇女的解放只有通过消灭阶级、消灭私有制来实现。早期共产主义者将欧美资产阶级女权运动称之为第三阶级的妇女运动，将苏俄妇女解放运动称之为第四阶级的妇女运动，认为两者的区别如下：①资产阶级女权运动的对象是男性，目标是男女平权；无产阶级妇女运动是为了推翻阶级压迫与摆脱贫穷，目标是阶级解放和男女平等。②性别解放与阶级解放有密切的关系。③中国妇女运动应该走苏俄式的劳动妇女解放的道路。同时，这种思想观念也影响了受共产国际指导的中国共产党的妇女政策，使之随着共产国际妇女运动指示的变化而改变。中共早期“苏俄模式”的妇女政策，由于脱离中国实际而收效甚微。然而，这一教训有助于后来中共制定中国特色的妇女政策，并构建中国本土的妇女理论。（薛英杰）

《邓颖超对中国妇女运动理论与实践的贡献——以苏区和解放区争取农村妇女土地权和婚姻自主权为中心的考察》（杜芳琴，《山东女子学院学报》2015年第4期）

该文从革命、民族、阶级、性别等角度出发，总结了邓颖超在不同阶段的农村妇女运动思想、实践及其意义。1925～1926年国民革命时期，邓颖超在粤东开展妇女运动，起草《中国国民党二次全国代表大会关于妇女运动决议案》；1928～1934年苏维埃土地革命时期，她起草中共六大《妇女运动决议案》，坚持农村妇女运动大方向，撰写指导苏维埃区域的农村妇女工作意见，在苏区产生重要影响；1943～1949年在延安及华北解放区，她致力于面向全国的妇女土地权和婚姻自主权的立法和实施。妇女拥有土地的权利和婚姻制度的密切联系，是贯穿在邓颖超这25年三个时期的农村妇女运动中的核心议题。她在善于把握党的妇女运动总趋势总方向的前提下，将妇女运动主流话语变成民众和妇女的行动，推动实现党的妇女运动目标，并同时改善妇女的生存状况。1947年由中央妇委给中央呈交的《妇女工作任务》（邓颖超执笔）成为党的“妇女工作方针”，标志着中国妇女运动达到历史最高水平，它确定了妇女运动的目标——反帝反封建土地改革中妇女获得土地所有权，路线——依靠贫苦农民和农妇，策略——在农民翻身中妇女获得解放。回顾和梳理邓颖超等老一代革命者推进男女平等的精神遗产，对今天实现男女平等国策具有特别重要的意义。（薛英杰）

《从“婚姻自由”到“婚姻自主”：20世纪40年代陕甘宁边区婚姻的重塑》（丛小平，《开放时代》2015年第5期）

该文利用陕甘宁边区高等法院的档案，对20世纪40年代边区婚姻纠纷案例和婚姻政策变化进行了分析。作者认为“婚姻自由”的激进政策源于都市知识分子在五四新文化运动中对家庭革命的论述以及中国共产党的革命理想，与北方乡村社会的实际格格不入，因此在指导社会改造的具体实践中遭遇挫折。但是在20世纪40年代的法律实践中，基层法律工作者发展出了新的实践原则，即“婚姻自主”，用以处理婚姻纠纷。“婚姻自主”原则避免了“婚姻自由”所引起的混乱，赋予女性当事人选择婚姻的决定权，并试图以此排除父母和第三方对妇女婚姻问题的干涉，从而削弱了父权势力。在若干年的实践之后，“婚姻自主”终于在1978年写入《宪法》，1986年写入《民法通则》，被定义为婚姻当事人的事实权利。虽然“婚姻自由”仍然作为一种价值导向的观念，但“婚姻自主”则成为婚姻实践中可以操作的、个人的事实权利，即“婚姻自由”是一种理想化的愿景，而“婚姻自主”则是实践性原则，它凝聚了中国革命的经验。从“婚姻自由”的政治口号到“婚姻自主”的法律权利，这一发展过程反映了20世纪中国通过法律实践探索适合中国社会的变革方式。（薛英杰）

《口述史与重庆妇女抗战》（李丹柯，《中华女子学院学报》2013年第5期）

尽管近年来抗战史研究已经受到越来越多的学术关注，但口述史特别是研究重庆妇女与抗战的口述史还没得到相应的关注。该文旨在简要介绍作者研究抗战时期重庆妇女口述史的一些心得，揭示抗日战争期间生活在重庆的各阶层普通妇女如何以日常生活的形式参与抗战，如何用求生存、拒死亡的坚强意志和足智多谋的生存方式保全家庭和民族的幸存，从而使中国赢得了抗战的胜利。重庆妇女抗战口述历史说明了这样一个事实：抗日战争时期，在国民党统治下的重庆妇女有着多面的形象——她们既是抗战动员、支持抗战宣传和战时生产的积极分子，也是抗战期间性暴力和经济困难时期的受害者，还是作为生存策略策划者和家庭与社区的生存事务管理者。口述史对研究妇女抗战史具有重要作用。它使我们了解了中国的抗日战争是一个性别化了的课题，注重抗战时期中国普通妇女日常生活的重要性，重新思考“反抗侵略”在中国抗日战争史中的释义，并重新思考中心与边缘的问题。口述史不仅可以为我们提供文字档案鲜有的资料，而且可以帮助我们开拓新的抗战妇女研究的视野。（薛英杰）

《上海地铁女性着装“骚”“扰”之争：性别化公共空间的后果》（魏伟，《妇女研究论丛》2013年第1期）

2012年夏天上海地铁官方发布的一条微博，引发了围绕女性性感着装和性骚扰的广泛讨论。基于这一事件及其后续争议，结合不同的理论视角，该文对发生在城市公共空间来自陌生人的性骚扰进行了剖析。此次论战的焦点集中在女性着装的“骚”和来自陌生人的“扰”之间的关系。女权主义者主张拥有着装的自主权，反对者则强调女性在公共场合穿着暴露是对公众（主要是男性）造成的视觉和心理骚扰。但是双方均未注意到社会力量对女性的“骚”的形塑。从社会学的视角出发，该文强调“骚”和“扰”其实有着共同的社会根源，都反映了性别化公共空间的后果。市场经济主导的男权社会对理想的女性气质的建构，一方面，女性需要展示性感实现自身的价值，进而获得向上流动和与男性分享权力的机会；另一方面，女性又必须遵守男权社会中的各种性别规范，不断进行自我审视，避免由于展示性感而落下“发骚”的骂名。该文最后引用相关的社会科学研究发现，对两者的关系进行了一个更为复杂的讨论。性骚扰不仅是性骚扰当事人的个人特质的问题，也和男女两性的权力平等有关。关注男女不平等的权力差异理论以及此次论战中女权主义者提出的诸多批判性观点，可以为我们提供有益的经验。（薛英杰）

《“剩女”与盛宴——性别视角下的“剩女”传播现象与媒介传播策略研究》（刘利群、张敬婕，《妇女研究论丛》2013 年第 5 期）

“剩女”这个词成为近年来媒体中频频出现的热点词，也成为公众议论和关注的社会焦点。该文从“话语情境”“文化编码”“意识形态”“市场与权力”四个分析维度，阐释了媒介对“剩女”议题的聚焦、转换、制造和营销策略，初步勾勒出当前媒介对女性形象与性别议题的再现与建构的实质。该文认为，媒介对“剩女”议题的呈现是经过特定的议程设置与选择的结果，媒介对“剩女”的过度聚焦，挤占了其他性别议题对媒介资源的利用机会；媒介利用隐蔽的文化编码策略，将“剩女”原本的优势内涵转换为负面的社会评价；并将这样的负面评价覆盖到全体女性的身上，无视女性个体之间的差异性，从而对“剩女”的形象、气质及其社会评价进行强制性、单一性的制造；“剩女”成为媒介持续关注的热点，不仅源于适龄女性单身现象的普遍存在，更在于媒介实现了营销收益与权力主导的双赢。从这个意义上讲，“剩女”无异于媒介聚焦、转换、制造与营销的一场“盛宴”。传媒对“剩女”议题的传播，与其说旨在解决女性的婚恋难题，不如说是从传统性别观念和媒介盈利的角度出发对特定的女性群体进行的性别规训。（薛英杰）

《媒介粉丝文化与女性主义》［鲍震培，《南开学报》（哲学社会科学版）2013 年第 6 期］

受流行文化与媒介的影响，近十年来中国粉丝文化迅猛发展。该文试图梳理国内新媒介与粉丝的关系、粉丝文化与流行文化的关系、媒介社区中粉丝主体意识与女性主义的范导或契合、主动投入的激情与集体无意识的迷失等，从而对日常生活中越来越普遍的粉丝文化做出定性分析和更切合现代女性自身发展意义的探讨。目前以女性为主体的粉丝文化凸显新娱乐精神，以尚美求真的精神旨趣和文化消费主义等姿态颠覆女性历史上的“被看”身份，女性也由被动受众转而成为主动寻找玫瑰梦的原创动力。粉丝文学不是独立的文学形式，它是附丽于偶像而存在的、以天马行空的幻想和想象力为创作动机、以娱人娱己为目的、以强烈的情感性和通俗化形式美为最主要特征的次生态文学。传统意义上的粉丝只是被动的受众，是被动接受媒介内容的“追星族”，而今的粉丝是主动的接受者，是全新媒介环境中主动出击寻找内容的视听人。虽然以女性为主体的粉丝文化是女性主体性意识的加强和表现，但媒介社区或平台上女性主义意见领袖处于缺失的状态，面临重新陷入男权陷阱的危险。因此，大力加强新媒介文化中的女性主义声音，有利于女性主体意识的自觉增强。加强对以女性为主体的粉丝文化的引导，对性别平等的先进文化建设具有重要意义。（薛英杰）

《王苹与中国社会主义女性电影——主流女性主义文化、多维主体实践和互嵌性作者身份》（王玲珍著，王玲珍、肖画译，《妇女研究论丛》2015 年第 4 期）

该文主要研究社会主义中国第一位女导演王苹和她的主流代表作品《柳堡的故事》（1956），重新定义女性作者概念并着力质疑和批判现存女性主义电影理论和中国电影研究中两个重要结论：女性电影是个体边缘实践并自然具有颠覆性；社会主义电影是“铁板一块”的政治宣传品，没有艺术价值。该文首先勾勒对中国现代女性电影起着至关重要作用的早期社会主义女性主义公共/官方空间的形成；其次通过梳理多重历史背景，简要揭示对女性电影发展不容忽视的社会主义早期电影的公共生产模式和能动实验性；最后通过分析王苹的电影，重审社会主义时期女性文化实践的多维主体性，将其视为镶嵌于多重历史力量互动作用中的一个具有机动/耦合性的呈现。主要结论如下：主流以及多方面机制化的社会主义女性主义以及公有制电影生产模式不仅催生了中国大陆第一代女性导演，也为创建一种大众的、多元的社会主义女性主义文化开辟了体制化的公共空间；与跨国女权主义电影研究相关，对社会主义中国第一位主流电影女导演的研究质疑了女性电影研究中的中心论断，即女性主义电影只能占据一个反电影的、小众的、边缘化的或者独立的位置；社会主义电影作者或创作主体是一个协作、机动和耦合的概念。（薛英杰）

《超越“妇女与媒介”——〈北京行动纲领〉回顾、中国经验与“北京 + 20”评估》（卜卫，《妇女研究论丛》2015 年第 5 期）

该文批判性地回顾和分析了《北京行动纲领》中有关传播的内容，提出应超越“妇女与媒介”的两个战略目标来审视传播在推动性别平等方面的作用。作者提出，对“妇女与媒介”20 年的进展和问题，要“超越‘媒介与妇女’”并结合中国在地经验进行评估：①观照“信息生产和制作”“针对妇女的信息赋权”“针对公众的性别平等信息”“妇女参与媒介”“大众媒介治理”五个领域，以此为框架进行评估。这一框架来自对《北京行动纲领》的概括，虽为一个初始框架，但为我们发掘自己的经验、潜力以及差距提供了更为多元的视角。②对《北京行动纲领》保持批评的态度。③不仅要审视大众媒介被建构出来的信息或知识的性别化，还要审视中国情境下大众媒介运行的各个环节，即生产或建构信息的各种影响因素如意识形态、媒介组织规则等，并发现哪些行动措施可以改变这些影响因素。④一定要从脆弱妇女群体，如流动女工、农村妇女、少数民族妇女、贫困妇女的视角和经验来看传播，而不是一味地倡导利用“新媒体”。作者指出，“北京＋20”评估不仅仅是将中国数据填充在其“标准框架”中，各国的（包括中国的）性别平等的经验教训和最佳实践，都会对这种“标准框架”的改变做出自己的贡献。（薛英杰）

《污名与冲突：时代夹缝中的广场舞》（王芊霓，《文化纵横》2015 年第 2 期）

对广场舞者来说，跳舞是一种重要的生活情趣，大大小小的舞队已然成为当代中国中老年女性排遣孤独、沟通情感的团体。与广场舞提供给其参与者的正能量相对比的，则是这一群体所蒙受的社会污名。该文跳脱了围绕噪音和空间问题的讨论思路，沿着历史脉络和时代背景去解读“广场舞”及其参与者招致污名的深层原因。对“广场舞”的污名，裹挟了两个方面的社会期待：一方面是对它的主要参与者——中高龄女性行为的社会期望；另一方面是对公共空间如何被利用的期待。从性别期待来看，女性在公共场合“扭动”是被社会主流认为不适宜的，主流社会对所有已婚女性的期待应该是安分地甚至是一如既往地在家庭内部做好照顾者的角色。从空间期待来看，在当前社会，以中产阶层为代表的现代都市主流群体普遍认为一个现代城市的公共空间应该是安静而有序的，而广场舞代表的一种热闹聒噪的行为方式显然和他们的期待有所冲突。公共空间中的矛盾和碰撞，暗含着变革时代的隐喻。（薛英杰）

研究机构和组织、学术活动、学者简介

研究机构和组织简介

清华大学性别与伦理研究中心

清华大学性别与伦理研究中心成立于2015年12月，是国内高校成立的首家致力于推动性别与伦理学研究的学术组织。中心主任为肖巍、副主任为王蓉蓉。该中心聘请了5位国际性别研究领军人物作为学术顾问，并拥有30名来自清华大学和国内外相关领域的专家学者，形成了一支有学术前瞻性、哲学批判精神以及实践行动力的学术团队。

该中心致力于性别与哲学、伦理学理论与实践问题的研究，力图从人类思维领域最古老、最深邃也是最顽固的堡垒——哲学中探讨有助于实现个体自由、人性解放、性别平等、社会和谐、中国梦和全球公正理想的相关理论与实践问题。

研究领域主要有：中国传统伦理的女性主义分析、西方伦理思想史的女性主义解读、妇女哲学史、妇女哲学家伦理学理论、性别研究与当代伦理学、当代性别与伦理学问题、女性主义哲学、女性主义伦理学、女性主义生命伦理学、性别公正与性别平等、公共健康与女性的精神健康、女性的道德发展、家庭伦理建设与青少年关怀教育等。

该中心积极开展学术交流，在清华大学全校范围内为博士、硕士研究生和本科生开设“性别研究与伦理学”“性别与哲学”等相关学科课程，举办各种讲座，并基于清华大学院系设置招收硕士研究生、博士研究生以及博士后研究人员，同时也面向社会从事学术培训工作。

通讯地址：清华大学善斋301B

邮政编码：100084

联系电话：（010）62784253

传　　真：（010）62773393

首都师范大学中国女性文化研究中心

首都师范大学中国女性文化研究中心成立于2000年6月，是国内唯一的中国女性文化学术组织。中心主任为艾尤副教授，现有成员80余人，主要由来自国内高校的教师、社会科学院研究人员以及海外专家学者、知名女作家、艺术家构成。中心创办的学术刊物《中国女性文化》至今已出版20期，彭珮云为学刊名誉顾问。

该中心的宗旨是，坚持基于中国文化母体之上，倡导平等和谐的先进性别文化理念，汇聚海内外的女性文学、文化、艺术与历史的理论研究，汇聚女性生存现状问题与经验的实践研究，探索中国女性文化理论与实践的本土化生成发展之路。该中心以《中国女性文化》学刊为核心纽带，走多元化、开放式办科研的道路，跨学科、跨领域、多渠道、多层面地开展中心各项工作，在推动女性文化与文学研究的基础上，整合海内外华文女性文化/文学力量，从多学科视角开展与性别相关的理论研究、文化研究、文学研究、实证研究，并着力将研究成果转化为文化实践，为女性的现实需要和发展服务，努力打造具有国际影响力的以中国女性文化、世界华文女性文学为研究特色的学术品牌，将中心建设成为与国际接轨的中国高端女性文化/文学研究、交流与合作平台。

2012年3月，该中心荣获“北京市三八红旗集体”称号。该中心成立17年来，联合国内外女性研究机构举办学术研讨会与专题论坛52次。与中国港澳台地区以及美国、加拿大、德国、荷兰、蒙古国等多个国家的女性研究组织和学者建立了学术交流关系，在女性文学与文化研究界产生了较为广泛的影响。

通讯地址：北京市海淀区西三环北路83号

邮政编码：100089

联系电话：13810032699

天津体育学院体育与女性研究中心

天津体育学院体育与女性研究中心成立于2010年6月，现有成员8人，包括6名博士、2名硕士，其中教授2名、副教授3名、讲师2名、助教1名；3人为天津市“131”人才建设第二、三梯队人才。有硕士研究生导师5人，在读硕士研究生20余名。

该中心作为学校的独立科研机构，有专门工作经费和设施建设费。现拥有价值150万元的投影、视频、计算机、摄录像机等设备，拥有价值70万元的近3000册学术研究用书；拥有教师、研究生工作室以及图书资料室和视频会议室。

近年来，该中心成员承担国家级及省部级课题23项，涉及体育思想史、体育非物质文化遗产保护、城市体育文化的变迁与发展等多个领域；发表女性体育相关论文20余篇。中心成员先后参与2008年北京奥林匹克科学大会、2012年伦敦奥林匹克科学大会、国际华人体育与健康协会（美国）学术大会、国际体育运动史研讨会（中国台湾）、体育与女性生活质量研讨会（北京）等学术会议，就体育与女性发展、奥林匹克运动与女性发展、女性健身与运动等主题做会议发言。

该中心坚持以课程建设为引领，推进性别文化在体育院校中的普及与传播。在已开设硕士研究生“女性体育文化研究”前沿课程的基础上，在体育人文社会学专业研究生中开设了“性别与体育”专业课，并在本科生中开设了“女性体育”公共选修课程。在研究生培养中，引导学生开展女性发展方向的研究，保持每年都有关于女性研究选题的硕士研究生论文，初步形成科研与教学相互支撑的女性研究发展趋势。

通信地址：天津市河西区卫津南路51号天津体育学院主教学楼八楼

邮　　编：300381

电　　话：（022）23923525

传　　真：（022）23923525

电子信箱：tywhyj@126.com

太原理工大学女性研究中心

太原理工大学女性研究中心成立于2013年6月，中心主任为梁丽萍，现有专兼职研究人员20余名。该中心以坚持马克思主义妇女观、积极宣传男女平等基本国策为宗旨，围绕影响女性发展的重大理论和现实问题，开展女性高层人才研究、妇女/性别文化观念研究、女大学生成长研究、女性学教学研究，以服务于时代和社会的需要。

该中心承担并完成了第三期中国妇女社会地位调查研究“山西女性教育与社会地位”“山西女性高层人才发展状况研究”的任务，发表了《女性人才群体发展状况研究——基于第三期中国妇女社会地位调查山西调查问卷的分析》《政治社团与社会主义民主政治建设——妇联组织的视角》《城镇化进程中妇女教育的现状调查》《女性功利性择偶及文化背景分析》等研究论文。

在组织研讨方面，该中心连续举办“转型跨越与女知识分子的使命”“恋爱·婚姻·学业·事业与女性发展”“社会变迁与知识女性的处境”“铿锵玫瑰精彩人生——优秀女性事迹报告会”等论坛，邀请校内外杰出女性知识分子代表、在校女大学生、研究生以及部分男性代表参与讨论。组织系列女性学术报告，开设女性学选修课程，推进女性学学科建设与繁荣。

在对外合作与交流方面，该中心与山西省妇女研究会、山西省女性人才研究中心、山西省女教授协会、山西省女知识分子协会、太原市工商联女企业家协会等合作开展学术交流与联谊活动。参加山西省妇女研究会“女性高峰论坛”；与高校教授、女知识分子协会成员就如何发挥女知识分子作用，构建先进性别文化进行座谈。

通信地址：山西省太原市迎泽西大街79号太原理工大学

邮　　编：030024

电　　话：（0351）6014379

电子邮箱：faihong9908@126.com

河海大学性别与发展研究中心

河海大学性别与发展研究中心成立于2010年5月，2012年成为中国妇女研究会团体会员。目前有兼职教学科研人员30余人，其中教授、副教授15人，讲师10人；具有博士学位的研究人员15人；分别来自管理学、人口学、社会学、哲学、法学、教育学、传播学、心理学等多个学科。中心主任为施国庆教授，副主任为朱秀杰副教授，加拿大西蒙菲莎大学的Habiba Zaman教授担任中心顾问。

该中心秉承开放、整合和凝聚的精神，旨在为热爱妇女/性别研究的广大师生搭建平台。目前，中心以公共管理学院为主要依托，联合法学院、马克思主义学院、外国语学院、社会发展研究所等多所院系合作共建，并确定了以科研为中心，以教学为载体，面向社会开展性别培训工作，打造科研、教学和社会实践一体化，理论与实践相结合的工作机制。

自20世纪80年代后期开始，河海大学就已结合世界银行、亚洲开发银行在中国的投资贷款项目，开始关注并从事妇女/性别问题研究。多年来，承担了多项国家、部委和市级等课题，并参与到多个部委和政府机构的政策、社会性别行动计划的制订之中；组织29位研究生、本科生担任江苏省妇联性别平等评估观察员，学生毕业论文和调研报告中大量选题与妇女/性别问题相关。2003年开始面向全校本科生开设公共选修课“社会性别概论”“性别与发展”“女性学”；2007年学校研究生培养方案中，首次将“女性人口学”列为研究生选修课。2013～2015年，该中心承担并完成中央高校业务费关于“发展项目与社会性别”“新型城镇化与妇女发展”等项目，并承接了江苏省妇联、南京市妇联等委托的各类课题。

该中心致力于促进国内外学者在社会性别领域的交流与对话。成立至今，组织了“性别平等文化进校园”等系列讲座和沙龙活动。

通信地址：江苏省南京市江宁区佛城西路8号
邮政编码：211100
联系电话：（025）83786503
传　　真：（010）83718914

福建农林大学性别与发展研究中心

福建农林大学性别与发展研究中心成立于2005年5月，中心主任为郑逸芳教授，现有成员31人，学科背景涉及管理学、经济学、农学、社会学、人口学、教育学、哲学等，是一支知识结构、学历结构、职称结构和年龄结构合理的研究团队。

自成立以来，该中心依托农村社会管理二级学科博士点、公共管理一级学科硕士点和省级重点学科，秉持面向“农村妇女发展”的主要研究特色，积极探索妇女理论研究和先进性别文化建设，中心成员先后公开发表有关闽台妇女合作、女性教育、女性就业/创业、婚恋、生育、农村妇女权益保障、农村妇女组织发展等学术论文30余篇，已完成和正在研究中的与妇女/性别直接或密切相关的各级各类课题21项（其中全国教育科学规划项目1项、福建省社科规划项目7项、福建省科技厅项目3项、福建省教育厅项目4项、福建省总工会项目1项、福建省妇女理论研究会项目5项），指导学术型硕士及MPA毕业论文14篇。该中心积极推动“先进性别文化进校园”，除了承担面向全校本科生和研究生的“女性学”公共选修课程外，还在“农村发展研究方法”、“农村家政学”和“农业推广”等课程中陆续增设“性别平等”章节以及在MPA教学中设置“性别与发展”专题教学，并且在公共管理专业硕士研究生培养中增设妇女/性别研究方向。

2011~2015年，该中心承担的课题主要有：福建省软科学项目“外出流动对农民家庭婚姻稳定性的影响及公共政策选择研究”和福建省农业厅项目“农村妇女土地权益保障研究”；承接福建省妇联委托的“福建省乡镇（街道）妇联工作的现状、问题与对策研究”“福建省特困妇女家庭基本情况调研”“福建省‘妇女之家’建设状况调查”等研究任务。福建农林大学巾帼专家服务团坚持每年深入农村实践调研，并就各类问题献计献策，服务海西新农村发展，推进男女平等进程。中心成员发表《闽台妇女NGO合作探析》《农村妇女参与村民自治法律保障研究》《“村改居”社区教育妇女参与状况的实证研究》等论文10余篇；农村妇女贫困与脱贫帮扶、电商创业与就业发展、基层治理参与与维权保障、妇女地位与家庭稳定等调研成果，累计获得福建省、福州市各类征文评比一等奖 7 项、二等奖 13 项、三等奖 15 项。

通信地址：福建省福州市仓山区上下店路 15 号福建农林大学
邮政编码：350002
联系电话：（0591）83789323
传　　真：（0591）83789323
电子邮箱：zyf7151@ 126. com

华东交通大学女性研究中心

华东交通大学女性研究中心成立于 2006 年 11 月，2007 年 7 月获批成为江西省高校人文社科重点研究基地。中心主任现为李东风教授，副主任为杜云辉副教授。中心自成立以来逐步建立起一支以中青年为主体的研究团队，专兼职研究人员 10 余人，其中教授 7 人、具有博士学位的研究人员 5 人。

该中心现有母亲教育研究、文学女性研究、当代女性研究 3 个研究室，多年来致力于母亲教育、婚姻家庭、文学女性、女大学生、妇女/性别史等领域的研究，科研成果较为丰硕。中心成员先后主持和参与福特基金项目、国家社会科学基金项目、教育部人文社科项目、省社科规划项目、省教育规划项目、省高校人文社科项目等多项课题，在 CSSCI 期刊、北大核心期刊、高校学报等发表相关论文 80 余篇，出版编著及专著 10 余部。

该中心积极推动妇女/性别研究的学术交流与合作，除不定期举办学术沙龙与研讨之外，2011 年 7 月承办了中国社会学年会“性别 · 生态文明 · 和谐社会”分论坛，还主办了“传统文化 · 女性发展”全国学术研讨会和第四届全国母亲教育年会。该中心与江西省民政厅、江西省社会学会、江西省妇联、江西省妇女研究会、江西省妇女研究所、江西财经大学性别与发展研究所等保持着良好的合作关系。2014 年 12 月江西省妇女社会学研究会在该中心挂牌。

该中心近年来在社会工作与社会服务方面取得显著成效。围绕“立足中心，服务社会”的宗旨，长期致力于母亲教育、家庭教育事业的普及与推广工作，不定期举办研习班。中心开展的有关女大学生就业、传统文化教育、婚姻恋爱指导等一系列活动得到很好的反响。中心同时承担委托研究课题，与实际部门工作人员开展实地调研、合作研究，进行青少年心理、婚姻恋爱、家庭教育、亲子关系、老年人关怀等方面的个案心理疏导以及相关的社会工作综合服务，收效良好。

通信地址：江西省南昌市经济技术开发区双港东大街808号
邮政编码：330013
联系电话：（0791）87045430
传　　真：（0791）87045430

河南理工大学性别与发展研究中心

河南理工大学性别与发展研究中心是以性别与发展问题研究作为主要研究领域、具有鲜明的多学科交叉研究特点的科研机构，是依托社会管理学院的校级研究中心。早在2006年与性别研究相关的学术活动就已开始，2012年10月中心正式启动后，步入研究人员专职化、科研重点明晰化、宣传教育系统化、咨询服务专业化的全面发展规划阶段，现有专兼职教师15名，其中教授5名，具有博士学位的研究人员9名，均具有较强的理论功底和研究能力，学科背景涉及哲学、社会学、心理学、教育学、文学、历史学、法学、政治学等，形成了较强的研究合力。2013年12月，河南省妇联授牌与河南理工大学共建“河南省妇女/性别研究与培训基地”，为该中心的发展提供了新的机遇。

该中心秉承“跳出女性谈女性，超越两性谈平等”的理念，围绕“研究和探索男女平等和两性和谐发展的模式途径，优化两性平等的社会文化环境，促进和谐社会构建”的主题展开科研、教育、宣传等各项工作。近年来，该中心成员先后主持省级、市厅级和校级科研项目13项，发表学术文章若干篇；先后开设“性别与发展”“性别与影视人生”“女性学导论”等选修课，在校内开展性别研究主题讲座几十余次，受到全校师生好评；与省妇联、焦作市妇联合作开展行动研究和性别意识教育培训，编写《男女平等教育读本》，举办论坛、讲座等活动数次，产生了较为广泛的社会影响。

该中心配备有完善的办公条件和充足的图书资源，有近300多平方米的办公用房，妇女/性别研究领域的图书资料近万册，期刊60余种。学校每年投入10万~30万资金用于中心建设，社会管理学院也拨付专项资金用于中心的研究与教学工作，为中心的发展提供了很好的保障。近两年来，中心成员先后到北京大学、武汉大学、天津师范大学、南开大学、湖南女子学院等院校的性别研究机构进行学习交流，建立了良好的合作关系；参与中华女子学院主持的妇女口述史项目；通过“请进来”和“走出去”的学术交流活动，积累了一定的学术资源，提高了科研学术水平。

今后，中心将紧紧围绕“立足女性，旨在促进两性和谐；立足平等，旨在实现两性的自我价值；立足高校，旨在构建先进性别文化；立足理论，旨在服务育人和社会”的发展目标，在开发女性人力资源、促进中原经济区建设、优化性别文化环境、促进性别公正、加快和谐社会构建进程中进一步做出努力。

通信地址：河南省焦作市高新区河南理工大学应急管理学院

邮政编码：454000

联系电话：（0391）3986550

电子邮箱：helloln@ hpu. edu. cn

中山大学性别教育与研究中心

中山大学性别教育与研究中心原名为妇女与性别研究中心，成立于2001年3月，2006年改为现名。中心主任为亚太研究院范若兰教授，成员学科分布较广，有文学、历史学、哲学、政治学、法学、教育学、社会学、人类学、传播学等。

该中心成员承担多项国家、教育部、广东省有关妇女研究课题，主要有：“东南亚女性政治参与研究”（教育部一般课题，2010~2013年）、“19~20世纪华南乡村妇女的‘独身化’现象：以自梳女、惠安女为中心的考察”（国家社会科学基金青年项目，2009~2012年）、“性别考古学与中国史前社会研究”（教育部留学回国人员启动基金，2009 ~ 2011 年）等。

该中心成员出版和发表的妇女/性别研究相关专著和论文主要有：《暴力冲突中的妇女：一个性别视角的分析》（范若兰，时事出版社，2013）、《身体、创伤与性别：中国新时期小说的身体书写》（柯倩婷，广东人民出版社，2009）、《移民、性别与华人社会：马来亚华人妇女研究》（范若兰，中国华侨出版社，2005）、《婚姻家庭法》（卓冬青，中山大学出版社，2005）、《多重主体策略的自我命名：女性主义文学理论研究》（宋素凤，山东大学出版社，2002）、《高等教育中女性地位的研究》（张建奇，中山大学出版社，1999）等。译著主要有《性别麻烦：女性主义与身份的颠覆》《激情的疏离：女性主义电影理论导论》《语言与社会性别导论》《女权主义理论读本》等。

该中心成员为全校学生开设妇女与性别研究公选课，主要有“多维视野下的女性与性别研究”“二十世纪的中国妇女：影像、文本与口述的历史”“妇女与婚姻法”“珠三角自梳女研究”“女性与历史”“中国古代妇女史”“性别与美国文明”等。

通信地址：广州中山大学亚太研究院

邮政编码：510275

联系电话：（020）84034755

电子邮件：fanrl@ mail. sysu. edu. cn

汕头大学妇女研究中心

汕头大学妇女研究中心成立于 2009 年，是一个跨学科的教学、研究单位。中心现为中国妇女研究会团体会员、全国妇联和中国妇女研究会妇女/性别研究与培训基地、中国社会工作教育协会会员暨妇女社会工作专业委员会成员。

该中心为汕头大学提供育人、治学和实践服务为一体的教育课程，携同国内外妇女研究机构及专家，开展跨学科的妇女/性别研究，催生并传播研究成果，并通过参与妇女公益事业，促进社会发展和性别公正。

该中心通过开发妇女/性别领域通识课程，如“妇女、国际公益发展和文化”“性别、社会与文化”等，面向学生推广性别平等教育，帮助学生获得国际视野、前沿理念和知识；开设公益课程，如“助蕾行动——关怀农村女生成长”等，促进学生关注女性发展，提升服务能力。

与中国妇女研究会合作设立2012～2014年度、2014～2016年度“中国青年学者妇女性别实证研究”项目，并出版论文集；在汕头大学设立“妇女参与农村发展”“潮汕女性专项研究”专项研究项目，组织汕头大学教师开展跨学科的专题研究。

该中心历年来举办学术讲座、座谈会、工作坊等各类活动数十次，促进学生对妇女/性别热点议题的关注与思考；设立四期“粤东地方文化中的女性——学生研究员计划”，推动发现女性在经济、社会、文化发展中的重要作用；参与妇女公益项目研发，如“启璞计划”“展璞计划”等，通过多种形式的教育、培训和参与式行动研究等回馈社会，促进社区的发展。

通信地址：广东省汕头市金平区大学路243号汕头大学
邮政编码：515063
联系电话：（0754）86502581
传　　真：（0754）86500630
中心网址：http：//cws. stu. edu. cn

西南交通大学国际老龄科学研究院

（四川省性别平等与妇女事业发展研究培训基地）

西南交通大学国际老龄科学研究院成立于2015年5月，是全国老龄办批准设在高校的第一个致力于跨学科老龄问题研究的国家老龄科学研究基地。同时加挂四川省妇联、省政府妇儿工委办公室批准建设的四川省性别平等与妇女事业发展研究培训基地。研究院院长为陈志坚教授，常务副院长为张雪永教授。研究院现有专兼职成员12人，来自西南交通大学各有关学院，从事公共管理、法学、政治学、马克思主义理论、历史学、建筑学、设计学、心理学、信息科学等学科的教学与学术研究工作。中国人事科学研究院原院长吴江研究员、中国人民大学公共管理学院原院长董克用教授等多位国内外著名学者担任研究院首席专家。

国际老龄科学研究院注重老龄研究与性别研究的结合；承担并完成联合国人口基金、全国老龄办关于老龄事业发展、老年妇女贫困等研究项目。致力于促进国内外学者在社会性别与老龄化问题研究领域的交流与对话，举办学术讲座、座谈会等数十次，来访嘉宾包括马瑞琳·华林等多位国内外知名学者。2014 年 4 月同 UNDP 合作开展 GEPMI 性别平等教育培训项目，中国就业促进会执行副会长、国际劳工组织特别顾问张幼云，联合国开发计划署纽约总部发展政策局全球治理顾问克里斯蒂娜等出席授课。短期课程结束后召开小型研讨会，邀请联合国开发计划署和妇女署、地方党政相关部门、各级妇联组织、全体学员及有关专家学者共同研讨新时期城镇化背景下的性别公平与社会发展议题。

自 2015 年成立至今，研究院在社会性别与老龄化课程体系的建立与推广、教材编写、学术交流以及学术研究等方面做了大量工作。目前以西南交通大学、四川省委党校（四川行政学院）为教学基地，开设了“老龄社会的跨学科洞察力”“公共政策中的社会性别主流化”等多门社会性别和老龄化研究方向的相关课程。

2015 年 6 月，四川省妇联与西南交通大学启动了“性别平等与妇女发展事业研究合作项目”。项目合作的目标在于借此平台不断探索和解决四川省乃至西部地区性别平等及妇女发展事业出现的新情况、新问题，在构建国家治理体系和治理能力现代化的大背景下，联合开展“妇联组织参与政府购买公共服务的路径和方式研究”等课题研究，探讨群团组织参与社会治理的定位和途径，探索适合的制度设计、政策选择。同时设立“西南交通大学巾帼志愿者活动基地”，通过妇联牵头负责的基层群团组织社会服务中心，为高校青年学生提供社会实践机会。2015 年 12 月起，西南交通大学国际老龄科学研究院作为第三方评估方，主持四川省妇女儿童“两纲”（2011～2014 年）的阶段性评估工作，撰写“《四川妇女儿童发展纲要（2011～2020 年）》阶段性评估报告（2011～2014 年）”“《成都妇女儿童发展纲要（2011～2020 年）》阶段性评估报告（2011～2014 年）”，获得国务院妇儿工委、四川省政府妇儿工委的嘉奖。

通讯地址：四川省成都市高新西区西南交通大学犀浦校区

邮政编码：611756

联系电话：（028）66367413
传　　真：（028）66367413
联系邮箱：yfyang@ swjtu. cn
学院网址：http：//niia. swjtu. edu. cn

西北师范大学西北少数民族妇女研究中心

西北师范大学西北少数民族妇女研究中心成立于2001年5月。中心主任为陆春萍教授，现有成员16人，聘请国内外专家学者和有实践工作经验的人员为特约研究员和学术顾问。2013年，该中心获批全国妇联和中国妇女研究会第二批“妇女/性别研究与培训基地”。

该中心主要依托社会发展与公共管理学院，整合全校师资力量，尤其是对少数民族女性研究感兴趣的社会力量，成为集教学、研究、培训为一体的跨学科研究与教学机构。其宗旨是：立足西北，面对新时代下妇女/性别出现的新问题，开展多学科的社会调查和理论政策研究，以研究推动西北地区妇女尤其是西北少数民族妇女发展。

该中心目前已形成专门从事女性/性别研究与教学的学术梯队。承担国家社会科学基金、乐施会、美国福特基金会、全国妇联、国家民委、甘肃省教育厅、甘肃省妇联等一系列课题项目。近五年完成“西北少数民族地区妇女NGO发展问题研究”“甘南牧区藏族女性社会角色变迁研究”“残疾青年婚恋困境的小组介入”“少数民族女童升学动机缺乏问题的学校社会工作介入”等多项省部级课题。发表妇女研究论文30多篇，出版《东乡族保安族女性/性别研究》《西北少数民族女性/性别研究》《西北地区社会组织发展现状及其管理》等多部著作。

该中心开设了“家庭社会学”“婚姻与家庭”“性别与生活”“性别社会学”等本科生课程，2006年至今开设了“女性社会工作”硕士研究生课程；围绕少数民族妇女问题组织多次学术讲座，例如，2013年美国圣约翰大学Mary Ann Maslak教授做的“东乡族女企业家的非正规教育”专题讲座。

该中心成立以来多次开展针对少数民族妇女和妇女干部的培训。2005年，对甘肃省临夏州干部、积石山县干部、东乡族妇女、保安族妇女进行“社会性别与参与式培训”；2006 年，举办“东乡族、保安族妇女发展”学术研讨会、“女性/性别研究与少数民族妇女发展”学术研讨会；2007 年，举办“西北少数民族妇女生存状况与发展对策研究”研讨会；2015 年，举办兰州市七里河区女性干部行政能力培训班。

通信地址：甘肃省兰州市安宁东路 967 号 西北师范大学 社会发展与公共管理学院

邮政编码：730070

联系电话：（0931）7970516

传　　真：（0931）7075027

网　　址：http：//www. nwnu. edu. cn/cate. do？dept＝0071

附：前4卷《年鉴》已介绍过的研究机构、学术团体名录

1.《中国妇女研究年鉴（1991～1995）》中介绍的研究机构、研究组织、学术团体（共64个）

研究机构

中华全国妇女联合会妇女研究所

中国管理科学研究院妇女研究所（现为北京红枫妇女心理咨询服务中心）

中国农业大学农村妇女研究所（该机构已撤销，具体时间不详）

中国农业大学国际农村发展中心妇女与农业发展小组（现名为中国农业大学人文与发展学院妇女与农村发展研究中心，没有确切更名时间）

大连市妇女研究所

黑龙江省妇女（婚姻家庭）研究所

江苏省妇女研究所

中国妇女管理干部学院山东分院妇女问题研究所（1995年更名为中华女子学院山东分院妇女问题研究所，2010年更名为山东女子学院妇女问题研究所）

山东省妇联妇女研究中心（该机构已撤销，具体时间不详）

河南省中原文化经济研究开发中心妇女研究所

四川省妇联妇女研究所

研究组织

北京大学中外妇女问题研究中心

中国人民大学女性研究中心

首都师范大学妇女工作理论研究会

中共中央党校妇女研究中心

中国社会科学院妇女研究中心

复旦大学妇女研究中心

上海社会科学院妇女研究中心

南开大学妇女与发展研究中心

天津师范大学妇女研究中心（2006 年更名为天津师范大学性别与社会发展研究中心）

河北大学妇女研究中心

河北省社会科学院妇女与社会发展研究中心

东北师范大学妇女研究中心（2006 年更名为东北师范大学女性研究中心）

延边大学妇女问题研究中心（2000 年更名为延边大学女性研究中心）

南京师范大学金陵妇女发展研究中心

浙江大学妇女研究中心

杭州大学妇女学研究中心（1998 年杭州大学随 4 校合并扩充为浙江大学，该中心同时随之加入浙江大学妇女研究中心）

武汉大学妇女研究中心（2006 年更名为武汉大学妇女与性别研究中心）

华中理工大学中国女子教育研究中心（2005 年更名为华中科技大学女子教育研究中心）

郑州大学妇女学研究中心（2003 年更名为郑州大学社会性别研究中心）

海南大学妇女研究中心

四川联合大学妇女研究中心（1998 年更名为四川大学妇女研究中心）

西安交通大学女性人口研究中心（2008 年更名为西安交通大学性别与发展研究中心）

陕西师范大学女性研究中心

新疆大学妇女研究中心

学术团体

中国婚姻家庭研究会

北京市妇女理论研究会

北京市婚姻家庭研究会

上海市妇女学学会

上海市婚姻家庭研究会

全国女性人才研究会（1993年更名为中国人力资源开发研究会女性人才研究会）

山西省妇女理论研究会

山西省女性人才研究中心

辽宁省妇女运动理论研究会（2009年更名为辽宁省妇女研究会）

吉林省妇女学学会

吉林省婚姻家庭研究会

江苏省妇女学研究会

安徽省妇女学学会（2009年更名为安徽省妇女研究会）

安徽省婚姻家庭研究会

浙江省妇女问题研究会（2004年更名为浙江省妇女研究会）

福建省妇女问题研究会（1997年更名为福建省妇女理论研究会）

湖南省妇女学研究会

湖南省婚姻家庭研究会

湖北省妇女理论研究会

广东妇女学研究会（2006年更名为广东妇女研究会）

海南省妇女问题研究会（1999年更名为海南省妇女儿童问题研究会）

广西妇女理论研究会

四川省婚姻家庭及妇女理论研究会

云南省妇女问题理论研究会（2003年更名为云南省妇女理论研究会）

云南生育健康研究会（2007年更名为云南省健康与发展研究会）

陕西省妇女理论、婚姻家庭研究会（准确名称为陕西省妇女理论婚姻家庭研究会）

甘肃省妇女问题研究会

青海省妇女问题研究会

新疆维吾尔自治区妇女理论研究会

2.《中国妇女研究年鉴（1996～2000）》中介绍的学术组织（共28个）

四川大学妇女研究中心（2007年该机构已撤销）

浙江省社会科学院妇女与家庭研究中心

江西省妇女研究所

厦门大学工会妇女理论研究会

江苏省社科院妇女研究中心

北京市法学会妇女法学研究分会（准确名称为北京市法学会妇女法学研究会）

广西医科大学妇女研究中心

山东社会科学院妇女研究中心（准确名称为山东省社科院女性研究中心）

山东省女性人才研究中心

北京市社会科学院妇女问题研究中心（该机构已撤销，具体时间不详）

中国陶行知研究会女学生教育专业委员会

华东师范大学妇女研究中心

上海交通大学妇女研究中心

云南省民族学院少数民族女性与社会性别研究中心（2003 年更名为云南民族大学少数民族女性与社会性别研究中心）

江西省妇女学学会（2002 年更名为江西省妇女研究会）

河南省妇女问题理论研究会

宁夏妇女问题研究会（2009 年更名为宁夏妇女研究会）

江苏省妇女学研究会

河北省妇女发展研究会

江苏省妇女研究所

重庆市妇女理论研究会

中央民族大学中国少数民族妇女研究中心

云南省社会科学院妇女与发展研究中心

华中师范大学妇女理论研究中心

山东大学妇女研究中心

江西省社会科学院妇女研究中心

湖北大学妇女文化研究中心（2008 年更名为湖北大学女性文化研究中心）

吉林大学妇女研究会

3.《中国妇女研究年鉴（2001～2005）》中介绍的学术组织（共19个）

华南师范大学妇女研究中心

中山大学妇女与性别研究中心（该机构已撤销，具体时间不详）

湖南省妇女研究中心

上海国际问题研究所国际妇女比较研究中心（2008年更名为上海国际问题研究院国际妇女比较研究中心）

福建师范大学女性学研究所

中华女子学院

云南大学女性与社会性别研究中心

厦门大学福建女性发展研究中心

内蒙古师范大学女性研究中心（准确名称为内蒙古师范大学女性问题研究中心）

中国社会科学院法学研究所性别与法律研究中心

湖南商学院女性研究中心

北京师范大学性别与发展研究中心

上海大学妇女研究中心

广西大学妇女与发展研究中心

上海政法学院女性研究中心（准确名称为上海政法学院女性问题研究中心）

郑州大学社会性别研究中心

云南省曲靖市妇女研究会

中国传媒大学媒介与女性研究中心

内蒙古妇女儿童研究会

4.《中国妇女研究年鉴（2006～2010）》中介绍的学术组织（共21个）

中国人才研究会妇女人才专业委员会

全国妇联老龄妇女研究会

北京外国语大学社会性别与全球问题研究中心

天津市妇女发展研究中心

天津大学中国社会性别与公共管理研究中心

山西师范大学妇女与性别研究中心

太原师范学院女性人才研究中心

内蒙古大学妇女问题研究中心

大连市妇女研究会

沈阳师范大学妇女与性别研究中心

中国人力资源开发研究会女性人才研究会

同济大学妇女研究中心

武汉妇女研究会

华中科技大学社会性别研究中心

湖南女子学院妇女/性别研究与女性教育中心

珠海市妇女联谊总会妇女发展研究分会

深圳市妇女发展研究会

广西师范学院女性文化研究中心

四川师范大学女性研究中心

西安交通大学性别与发展研究中心

陕西省委党校妇女研究中心

学术活动简介

2011 年

1 月 15～17 日 妇女/社会性别学学科发展网络在广西壮族自治区桂林市举办第二届全国妇女/社会性别学课程建设与发展经验研讨会，来自全国 36 所高校的 62 位教师围绕妇女/社会性别学课程教学进行了交流和研讨。

2 月 25 日 中国社会科学院性别与法律研究中心与妇女/性别研究中心在北京联合召开“性别发展与权益保障”论坛。中国妇女研究会、中国社会科学院妇女/性别研究中心、全国妇联妇女研究所的领导专家和来自高校科研机构、司法服务机构的理论界实务界专家学者出席会议，就农民工养老保险制度设计对女性的影响、新生代女性农民工健康服务需求及男女同龄退休问题展开热烈研讨。

3 月 4 日 《文史知识》杂志社在中华书局举办第一届《文史知识》论坛，主题为“历史中的中国女性”。来自国家博物馆、中国现代文学馆、全国妇联妇女研究所、中国人民大学、北京语言大学、天津师范大学、首都师范大学、南京师范大学、兰州大学等研究机构、高校的专家学者参加会议。会议从儒家文化与女性、传统文史领域中的女性研究及近代女权等角度，围绕以孔子为代表的儒家学说在中国古代性别制度的建构中所起的作用、阴阳学说对于两性的性别规范、宋代理想性别制度的构建，贤妻良母观念、传统女德规范的现代价值，“女性”和“性别”观念在近代中国的建构，辛亥革命与民初时期婚姻文化的变革，当代中国妇女史研究的价值取向及发展走势，如何文史结合以拓展妇女史研究等议题对历史中的中国女性进行考察和探讨。

3 月 10 日 2010 年度教育部哲学社会科学研究重大课题攻关项目“女性高层次人才成长规律与发展对策研究”开题论证会在北京大学召开。北京大学社会学系佟新教授作为该课题的首席专家，联合中国社会科学院、全国妇联妇女研究所及中华女子学院等单位的专家学者进行跨学科合作研究。课题组成员一致表示，要以本次重大课题攻关为契机，开展跨学科研究，探索具有中国本土特色的女性高层次人才成长规律以及具有可操作性的对策研究。

3月29日 由国际劳工组织北京局和全国妇联妇女研究所主办的“关于退休年龄问题研究”和“《女职工劳动保护规定》修改研究”课题成果发布暨研讨会在北京召开。来自国际劳工组织北京局的负责人、联合国妇女署的项目负责人、国家人力资源与社会保障部、全国总工会、国务院妇儿工委及全国妇联相关部门的领导以及中国社会科学院、中华女子学院、全国妇联妇女研究所等科研单位的专家学者参加会议。两个课题通过调查，深入研究了同龄退休和女职工劳动保护的突出问题，为退休政策和《女职工劳动保护规定》的修改和完善提供了切实可行的依据。

4月8日 全国妇联妇女研究所在北京举办了“推动中国妇女参政交流研讨会”，来自全国20多个妇女组织的40多位妇女研究者、社会行动者、媒体从业者围绕政策倡导、培训和研究3个方面展开交流与研讨。

4月9~10日 中国社会科学院性别与法律研究中心与四川省妇联、西南财经大学法学院在四川省成都市联合举办“加强妇女社会权利法律保护培训研讨会”，研讨会得到荷兰驻华大使馆资助。来自四川省成都市中级人民法院、四川省各级妇联、西南财经大学及中国社会科学院的40多名专家学者和实务工作者参加会议。围绕“妇女权利保护：紧急救助”、“妇女权利保护和司法救济”、“司法调解视角下的妇女权益保障”、“妇联组织维护妇女权益的途径和措施”、“妇女权利保护的行政救济”、“妇女劳动权利救济”、“农村妇女土地承包权的保护途径”和“国际人权条约框架下的妇女维权程序”8个议题展开了深入的交流和研讨。

4月16日 首都师范大学和北京市妇联在北京共同举办“第二届中国女性文化研究基地学术研讨会暨当代中国婚恋热点问题论坛”，首都师范大学百名硕博士生参与研讨和互动。此次论坛是一场当代青年婚恋价值观的大讨论，针对当代青年婚恋中灵与肉、爱与性的分离，爱情理想与物质冰山碰撞等多重婚恋困惑展开热烈的研讨，不仅是一场点燃真爱圣火、探寻幸福之门的校园行动，更是一次重释女性婚恋情感经验、思考女性理论本土化建构的尝试。

4月20日 全国妇联在湖南长沙启动“推动中国妇女参政”项目，全国妇联副主席、书记处书记孟晓驷等领导出席项目启动会。“推动中国妇女参政”项目为期4年，在湖南、黑龙江和山西三省开展试点，旨在对妇女参政状况进行动态监测，完善推动妇女参政的政策和制度，增强女性的参政能力和影响力，并促进女性参政比例的提高。

5月13日　中国女性艾滋病病毒感染者性与生殖健康需求调查报告研讨会在北京召开。来自联合国驻华系统、相关政府部门、科研院校、媒体和非政府组织的30多位代表，就如何构建女性感染者性与生殖健康权利和服务的支持性社会环境等议题展开研讨。

6月23日　由上海市妇联、上海市妇女学学会、上海社会科学院等单位举办的“党旗铸辉煌、巾帼创新业”纪念中国共产党成立90周年妇女理论研讨会在上海市召开。来自历史学、哲学、社会学、文学、妇女学等领域的专家学者约150人参加会议，围绕“党对妇女运动的领导”“解放思想与妇女解放”“上海妇女发展60周年的思考”等主题开展交流。

6月24日　中华女子学院在北京举办“女性学学科建设与专业人才培养”暨女性学系十年发展历程学术论坛。来自北京大学、清华大学、中国人民大学、北京师范大学、首都师范大学、天津师范大学、山西师范大学、湖南女子学院、中央编译局、美国克萨斯州立大学、美国德儒大学、西班牙奥维耶多大学等单位的20余位中外专家学者与中华女子学院的10余位教师，就女性学学科建设、专业人才培养和性别研究开展交流与研讨。

6月27日　汕头大学妇女研究中心举办“农村妇女发展暨启璞计划学术研讨会”，来自海内外妇女研究领域学者、地方妇联研究机构人员以及启璞项目培训教师等会聚一堂，就汕头大学启璞计划学术论文展开交流研讨，对启璞计划女村干部培训实施一年以来的工作做出总结和研究，以增强汕头大学启璞计划的学术研究，推动农村妇女领导力发展。与会专家学者围绕“启璞计划——村‘两委’女干部培训试点项目经验及论文研讨、农村妇女领导能力建设、培训理念与方法的交流、农村妇女参与公共事务与政策”等4个方面的议题开展研讨。

7月12日　2011年度国家社会科学基金重点项目“中国特色社会主义妇女理论研究”在北京召开理论研讨会暨项目启动会。第九届全国人大常委会副委员长、全国妇联名誉主席、中国妇女研究会名誉会长彭珮云出席会议并作重要讲话。该项目由彭珮云亲自领导，全国妇联妇女研究所联合中国社会科学院、中央党校、北京大学和中华女子学院4个单位的专家学者组成课题组，开展联合攻关，共同探索中国特色社会主义妇女理论，联合撰写《中国特色社会主义妇女理论初探》。

7月15日 《中国妇女研究年鉴（2006～2010）》作者交流研讨会在北京举行，来自北京大学、清华大学、中国人民大学、中国社会科学院、南京大学、南京师范大学、中山大学、南开大学、天津师范大学、全国妇联妇女研究所等20余所高校和研究机构的50余名专家学者参加会议。《妇女研究论丛》编辑部主任姜秀花介绍了《中国妇女研究年鉴（2006～2010）》的内容框架及综述写作要求，申明了各研究专题综述和学科综述的写作原则、要点、规范和体例等事项，与会专家学者分别从各自承担的专题研究或学科综述的角度踊跃发言，提出建议。

7月17日 山东女子学院在北京举办“性别与社会论坛”，其主题为“变迁与性别聚焦下的‘贞’‘处’现象”。来自高校和研究机构的专家学者围绕“多维视角关照下的‘贞节’观念”“历史演变中的‘贞节’观念”“关于‘性别教育’的讨论”3个议题进行深入的交流和讨论。

7月23～24日 中国社会学会2011年学术年会分论坛“性别·生态文明及和谐社会”在江西省南昌市召开，分论坛由华东交通大学女性研究中心（母亲教育研究所）、江西妇女/社会性别学学科发展子网络主办。来自17个省市的专家学者30余人从不同视角与层面对“性别·生态文明及和谐社会”的诸多问题进行了具体而深入的探讨，提出了许多有价值的创见，有助于推动该领域研究的进一步丰富和拓展。

7月24日 在第21届中国社会学年会上，由性别社会学专业委员会主办、浙江师范大学妇女发展研究中心和妇女/社会性别学学科发展网络之社会学子网络联合承办的“性别研究方法论探析论坛”在江西省南昌市举行。论坛聚焦性别研究的方法论议题，17位专家学者围绕性别研究的方法自觉，底层研究的学者立场与当事人立场，话语、文本与性别研究，研究实践中的方法论考量等4个板块作了发言。在学术成果的交流中，打开了视野，为将来的进一步交流与合作奠定了基础。

7月 中国社会科学院性别与法律研究中心在北京举办中国警察院校教师社会性别培训班。该培训以家庭暴力为切入点，对警察院校教师进行培训。

10 月 15～17 日　“性别与可持续发展国际研讨会”在陕西省西安交通大学举行，来自海内外的 60 名专家学者围绕“性别平等与社会经济可持续发展”这一主题，就性别失衡的公共政策与公共治理实践，亚洲国家性别平等等议题展开讨论。通过此次国际会议，西安交通大学“中国的性别失衡与公共安全”长江学者创新团队将从国际社会的性别平等促进措施和政策中提炼出更加有益的经验与模式，进而为中国治理性别比失衡、促进性别平等和实现社会可持续发展提供可借鉴的干预策略。

10 月 15～17 日　陕西师范大学妇女研究中心在西安举办“第三届社会性别国际学术研讨会”，会议主题为“媒介与性别”。来自韩国、日本、美国、马来西亚以及国内各研究机构和高校的性别研究专家 50 余人参会，围绕性别与传媒、性别与网络、性别与电影、性别与电视、性别与出版物、性别与叙事以及性别与展览等议题展开讨论。

10 月 21 日　第三期中国妇女社会地位调查主要数据报告在北京发布，全国妇联副主席、书记处第一书记、第三期中国妇女社会地位调查小组组长宋秀岩代表全国妇联和国家统计局发布调查的基本情况和主要数据，全国妇联副主席、书记处书记甄砚，国家统计局副局长李强同志出席发布会，并与宋秀岩同志一起回答中外记者提问。

10 月 21～22 日　中国人力资源开发研究会女性人才研究会和重庆女性人才研究会在重庆联合举办“2011 中国（重庆）女性论坛”，此次会议的主题是“红色旗帜·女性风采——建党九十周年与女性发展”。来自北京、上海、重庆、四川、江苏、山西等 10 个省市的近 160 位代表围绕女性与革命战争、女性与人才研究、女性与改革发展、女性与参政议政及法律四个专题展开研讨。

10 月 29 日　由山东女子学院、山东社会科学院、M&D Forum（澳大利亚）联合主办，山东省女性人才资源开发与管理重点研究基地、山东女子学院妇女研究所、山东社会科学院妇女研究中心、《山东女子学院学报》编辑部、北京中经蓝山文化交流有限公司承办的“2011 女性生存与发展国际研讨会”在济南市召开。来自厦门大学、同济大学、山东大学等高校和科研院所、妇联系统的专家学者 150 余人围绕“女性生存与发展”这一主题展开研讨交流。

10 月 29～30 日　南京师范大学、复旦大学、艾伯特基金会和江苏省社科联在南京联合举办“中国家庭变迁和公共政策国际研讨会”，来自社会学、人口学、性别研究和公共政策研究领域的20多位中外学者，就中国家庭的变迁和相关公共政策问题进行探讨。与会者理论观点的碰撞，反映出近年来中国家庭领域本土化研究的丰富与厚实，也反映出研究者日益开阔的国际视野和对理论的多元与不竭的探求精神。

11月2日 全国妇联妇女研究所组织召开“第三期中国妇女社会地位调查主要数据报告研讨会”，全国妇联领导、全国妇联妇女研究所专家及各省区市及新疆建设兵团调查数据主要撰稿人等参会。会议就各地发布本地主要数据报告，进一步开展数据清理工作，开展深入的数据分析，促进研究成果的社会转化等内容展开研讨。

11月17日 上海市妇联、上海市妇女学学会、上海市婚姻家庭研究会联合召开以“社会管理创新与妇女群众工作”为主题的2011年上海妇女工作理论研讨会，上海市妇联领导、老干部，妇女理论和婚姻家庭研究领域的专家学者、妇女干部及热心妇女事业的社会人士等150余人出席会议，从理论、政策、机制等方面深入探讨基层妇联参与社会管理创新的路径、方法等，提出从法规政策、联动机制、表达渠道、服务项目以及在网上建立互动服务平台等方面的建议。

11月18日 上海市妇女学学会、上海市婚姻家庭研究会、华东师范大学妇女研究中心、上海市伦理学学会在华东师范大学联合举办华东师范大学“妇女之家”揭牌仪式暨“促进创新发展共享和谐幸福”——妇女理论研讨会。来自上海市社会科学院、高校的专家学者和妇女干部约70人出席研讨会，与会者从社会主义核心价值体系的视角分析了提升女性“幸福感”和“幸福观”的重要意义，提出女性的幸福指数是衡量社会进步的重要标尺，也是妇女进步与发展的重要标志之一；同时还要从文化、健康的心理、社会公共政策等方面提升女性的幸福指数，焕发女性参与社会、经济生活的精神面貌。

11月22～24日 2011年中国妇女研究会年会暨“新时期中国妇女发展与性别平等”研讨会在北京举行。这次研讨会在回顾中国共产党领导下的中国妇女运动历史经验的基础上，重点研讨在《中国妇女发展纲要（2011—2020年）》颁布实施的新形势下，如何推动新时期中国妇女发展与性别平等。全国人大常委会副委员长、全国妇联主席、中国妇女研究会会长陈至立出席研讨会并讲话。全国妇联各部门和直属单位负责人、中国妇女研究会理事、团体会员、21 个妇女/性别研究基地代表及以文与会的专家学者近 200 人参加研讨会。

11 月 24 日　上海市妇女学学会、复旦大学社会性别与发展研究中心在复旦大学联合召开“复旦大学社会性别与发展研究中心成立十周年暨转型期的社会政策与社会性别论坛”。上海市妇联主席、上海市妇女学学会会长张丽丽，复旦大学党委副书记、上海市妇女学学会副会长刘建中及上海市各高校妇女研究中心负责人、妇女干部、大学生 80 余人参加论坛。与会者回顾总结了复旦大学社会性别与发展研究中心十年发展历程，并从生育保险政策研究、培养创新性女性人才、婚姻家庭法律等方面提出了促进性别平等的建议。

11 月 26 日　陕西省妇女理论婚姻家庭研究会与陕西省法学会婚姻家庭法学研究会在西北政法大学共同举办“《婚姻法》司法解释（三）实施问题”研讨会；与会专家学者、法官、律师、政府职能部门的代表围绕《婚姻法》解释（三）中有关财产问题、司法审判与法律事务涉及的相关疑难问题展开讨论。

11 月 28 日　上海市婚姻家庭研究会、上海政法学院女性问题研究中心在上海政法学院联合举办“社会公共政策与老年妇女问题”论坛。上海市妇联副主席、上海市婚姻家庭研究会会长翁文磊，上海政法学院党委副书记霍光以及政府有关部门领导、专家学者和妇女干部 50 余人参加论坛。会上，上海市人大常委会法工委处长刘伟东，华东师范大学教授崔丽娟，上海理工大学管理学院研究所王波、罗国芬，上海政法学院教授李有亮，上海市婚姻家庭研究会办公室李汉琳分别做“做好应对老龄化的制度建设”“老年人心理健康的社会预防研究”“社区养老：问题与模式创新”“家有社区青年的都市老年女性之‘养老需防儿’初论”“女性文学中‘老年缺席’问题探讨”“上海老年生活掠影与思考”的主题报告，从政策、心理、文化、人力资源开发、措施上阐述上海养老事业的现状、存在的问题并提出应对建议。

11 月 30 日　由上海市妇女学学会、同济大学妇女工作委员会、同济大学妇女研究中心、同济大学建筑与城市规划学院、同济大学设计与艺术学院联合举办的“女性 · 创意 · 城市”上海妇女理论研讨会在同济大学召开。来自上海各高校和科研院所的专家学者、妇女干部以及女大学生等 60 余人参加研讨会。论坛围绕“女性与创意”“女性与创意产业”“女性与城市”3 个主题展开讨论。与会者从不同视角的研究表明，创意城市的建设需要女性的直接参与，女性独特的视角、认知及其敏锐的直觉可以为城市发展带来新的内涵、元素和活力，为上海创意产业的业态和软件建设提升提供重要支撑。

12 月 3 日 福建省社会科学界联合会、福建师范大学社会科学界联合会、福建师范大学女性学研究所联合举办福建师范大学女性学研究所建所 10 周年暨福建省社会科学界 2011 年学术年会“城市化进程中的女性角色”分论坛。与会代表围绕城市化与女性发展、社会性别视野中的参政议政、妇女劳动权利保障和城市化背景下的女性学发展等议题展开交流和研讨。

12 月 10～11 日 中华女子学院在北京举办“性别与公共政策国际研讨会”。来自美国、日本等国家以及中国大陆和台湾地区的 110 名代表，围绕性别与公共政策的理论与研究范式、教育·科技·性别、性别·健康·三农、妇女参与决策、家庭政策与妇女就业、男女退休政策的理论与实践等 6 个专题展开研讨。

12 月 16～19 日 由复旦大学－密歇根大学社会性别研究所、复旦大学社会性别与发展中心、复旦大学新闻传播与媒介化社会研究国家哲学社会科学创新基地、海外中华妇女学学会联合举办的“华人女性与视觉再现国际研讨会”在复旦大学召开。来自美国密歇根大学、康奈尔大学、纽约大学、中国台湾成功大学、香港大学以及复旦大学、南京大学、南开大学等高校和研究机构从事女性研究的学者专家、艺术家、新闻工作者近 100 人参加会议，围绕“重审社会主义电影与革命话语”“革命的艺术再现与女权主义”“社会性别、视觉再现与性”“社会性别、视觉再现与性教育”“当代香港、台湾和大陆女性电影现状及动态”等 20 多个专题进行探讨，梳理百年华人女性在海内外各地区文化发展中的重要作用与影响，从女性视角形象变迁中关注女性自身的发展变化和女性在社会进程中的作用。会议期间还通过影像、绘画、装置等多元的文化形式探索华人女性问题，引起社会各界的热切关注。

2012 年

2 月 15 日 中国社会科学院妇女研究中心在北京召开“制定家庭暴力防治法可行性”研讨会。来自全国妇联、全国人大法工委、中国政法大学、中国人民大学、中国社会科学院、中国法学会反对家庭暴力网络等部门与机构的专家学者约 50 人参加会议，围绕“反家暴立法的必要性和可行性”“反家暴立法中的儿童权利”“警察在多机构合作中的作用”“保护令纳入立法的必要性和可行性”等主题进行交流，从理论和实践的角度，就防治家庭暴力立法的必要性和可行性展开研讨。

3 月 9 ~ 10 日　首都师范大学历史学院中国近现代社会文化史研究中心在北京举办“第二届中国二十世纪婚姻·家庭·性别·性伦文化”学术研讨会。来自日本大妻女子大学、复旦大学、陕西师范大学、河北省社会科学院、北京大学、中国人民大学、北京林业大学、中央司法警官学院及首都师范大学的 30 余位专家学者及师生代表参会，跨学科、多视角地对中国社会百年生活变迁展开观察和分析。

3 月　天津体育学院体育与女性研究中心同美国明尼苏达大学 Tucker 女子体育研究中心合作建立“中美体育文化研究中心”，举办“中美女性体育与社会发展”学术报告会。

4 月 28 日　全国妇联妇女研究所、中国人民大学妇女研究中心在北京联合主办“第三届中国人口·性别·发展论坛”。第九届全国人大常委会副委员长、中国人口学会名誉会长、中国妇女研究会名誉会长、全国妇联名誉主席彭珮云出席会议。全国妇联副主席、书记处书记、中国妇女研究会副会长甄砚在开幕式上致辞。来自国务院妇儿工委办、国家人口与计划生育委员会、全国妇联妇女研究所、国家统计局、中国社会科学院、中国人民大学、北京大学、南开大学、首都经济贸易大学、厦门大学、福建江夏学院、北京市人口研究所、河北省妇联等部门的 40 余名专家学者和实务工作者参与研讨。会议以第六次全国人口普查和第三期中国妇女社会地位调查数据为基础，深入分析 21 世纪第一个 10 年的中国人口、性别与发展状况，正确认识当前人口、性别与发展面临的新形势，着力回答中国人口、性别与发展面临的新问题，分享人口学领域和性别研究领域的最新研究成果和信息。

5 月 3 日　上海市妇女学学会、上海社会科学院性别与发展研究中心等单位共同举办“新媒体与性别文化论坛”。来自上海市的专家学者、新闻媒体、大学生代表和妇联干部等 60 余人参加论坛。与会者建议，新媒体应该服务大局，实现社会价值与网民需求的统一，积极倡导先进的性别文化，展示女性的力量，推进女性的发展。会议期间，与会者还与网民在微博上进行互动交流。

5月7～9日 由全国妇联主办、海南省妇联承办的“第三期中国妇女社会地位调查研讨会”在三亚召开。全国妇联副主席、书记处书记、第三期中国妇女社会地位调查领导小组副组长甄砚出席会议并讲话。来自全国28个省区市妇联的领导及联络员与来自全国37所高校、研究院所的专家学者共130余人与会。会议通过大会发言、研究培训和专题讨论等形式，围绕第三期中国妇女社会地位调查数据深入分析研究的主要发现和基本认识，交流全国及各省区市主要数据报告的研究、撰写、发布及政策转化情况，分享全国及各省区市课题组首批研究成果，探讨社会性别视角的定量研究方法和经验。

5月11～12日 北京大学中外妇女问题研究中心和亚洲女性发展协会在武汉联合举办第六届“亚洲女性论坛”。第九届全国人大常委会副委员长、全国妇联名誉主席、亚洲女性论坛主席彭珮云出席开幕式并致辞。全国妇联副主席、书记处书记甄砚致辞。来自中国大陆和港澳地区以及韩国、日本、印度、老挝、越南、美国等国家的200余位学者、企业家和社会人士围绕“家庭婚姻·社会变革·性别文化”这一主题，从多个学科领域进行研讨。

5月13日 武汉大学妇女与性别研究中心举办“母亲文化与家庭教育高峰论坛”。第九届全国人大常委会副委员长、全国妇联名誉主席彭珮云同志出席论坛并作“全社会要更多地关爱母亲和儿童”讲话。

5月20日 “女娲暨中华女性文化”研讨会在湖北省竹山县举行，本次研讨活动是中国·十堰第二届女娲文化旅游节活动的核心内容。来自全国妇联及北京师范大学、首都师范大学、武汉大学、湖北省社会科学院等高校和社科院所等单位的50余名专家学者，从文学、历史、考古、旅游等不同角度就女娲与女性文化展开研讨。

5月21～24日 由美国福特基金会资助，北京林业大学性与性别研究所承办的“性别多元：理论与实务研讨会”在北京召开，60多人参加会议。会议既包括女性/社会性别研究涉及的内容，也包括关于性别多元、性多元的议题。会上，学术界与实务界共同参与，交流互动，凸显了会议的学术性和实务性。

5月27～28日 由中国社科院法学研究所主办、荷兰驻华使馆资助的“加强妇女社会权利的法律保护国际研讨会”在北京举办。来自国内高校和中国社会科学院相关领域的专家学者，全国妇联、国务院法制办公室、人力资源和社会保障部的领导和代表以及来自荷兰、德国、英国有关高校和英中协会等机构的专家学者参加会议。此次研讨会有 4 个议题："妇女社会保障权的立法、行政和司法保护""国际法和国内法对妇女社会权利的保护""妇女健康权的立法、行政和司法保护""妇女劳动权的立法、行政和司法保护"。研讨会从程序法的视角，研讨妇女权利受到侵害时的救济程序和救济途径，探讨妇女社会权利法律保护措施。

6 月 7 日　全国妇联妇女研究所举办"女职工劳动保护规定专家讨论会"，组织相关专家就女职工劳动保护立法进展与问题进行探讨。

6 月 8 ~ 9 日　第五次世界女子教育联盟大会在南京师范大学召开，会议主题为"高等教育中的性别问题——全球化与本土经验"，来自中国、美国、日本、沙特等 10 个国家的 30 多所女子院校的 100 位专家参加会议，此次会议旨在总结经济全球化语境下的女子教育发展经验，讨论女性发展与高等教育的关系，在回顾女子高等教育历史的基础上探讨女子教育面临的挑战与未来的发展方向。

6 月 8 ~ 10 日　哈尔滨工业大学应用伦理中心和中国心理卫生协会妇女健康与发展专业委员会在哈尔滨联合主办首届"女性 · 健康 · 伦理 · 社会"国际论坛。论坛旨在通过多学科研究方法探讨人口健康和女性健康问题，以促进当代中国公共健康事业的发展，推动公正与和谐社会的建设。来自国内外的专家学者围绕女性、健康和伦理主题进行了研讨。

6 月 28 日　"启璞计划试点项目国际论坛——农村妇女领导力建设：经验与政策"在汕头大学召开，来自国内外的政策决策者、相关专家学者和实务工作者 100 余人参加会议，围绕"政策制定与能力建设""村庄治理与性别主流化""信息通信技术与妇女赋权""妇女发展和教育赋权：资源开发与路径"4 个专题进行了研讨。

7 月 2 ~ 3 日　中国传媒大学传播研究院、加拿大西蒙菲莎大学传播学院、联合国教科文组织"媒介与女性"教席在北京联合举办"性别传播与社会发展 2012 中加国际学术论坛暨数字时代的媒介政策、商业和实践"2012 年联合暑期班。来自中国、加拿大、美国、英国、芬兰、坦桑尼亚 6 个国家 26 所高校和研究机构的 70 余位学者参与论坛，就新的社会历史条件下性别平等的理论内涵、性别范畴与阶层范畴的复杂关联、本土语境下女性主义的再思考、科学传播中的女性受众、战争报道与性别等议题展开研讨。

7月14～15日 中华预防医学会劳动卫生与职业病分会妇女劳动卫生与生殖健康专业学组第七届学术交流暨换届工作会议在青海省西宁市召开。来自全国妇联、高等院校和职业病防治、疾病控制、妇幼保健、卫生监督等机构的40余名专家学者和专业技术人员参加会议。会议结合女职工劳动保护情况和职业危害对女职工健康特别是生殖健康的影响，将“妇女劳动卫生专业学组”更名为“妇女劳动卫生与生殖健康专业学组”。

7月15日 在宁夏回族自治区银川市召开的2012年中国社会学年会上，全国妇联妇女研究所举办“社会转型中的中国妇女社会地位”论坛。来自各地高校、党校、社科研究机构和妇联的13位专家学者利用第三期中国妇女社会地位调查数据，围绕妇女与经济、社会保障、教育、婚姻家庭、生活方式、性别观念等议题进行了研究成果交流。

7月15～18日 由中国妇女研究会妇女教育专业委员会主办，中华女子学院、贵州省妇女干部学校承办的中国妇女研究会妇女教育专业委员会第六届年会暨女性创新人才培养与先进性别文化建设研讨会在贵州省贵阳市召开。来自全国的女子院校、女子职业学院、高校女子学院以及北京大学、东北师范大学、南京师范大学、西北政法大学、重庆工商大学等高校和部分党校、妇联从事妇女教育工作的专家学者和实务工作者近百人围绕“创新女性人才培养”“妇女干部继续教育”“先进性别文化建设”等议题展开研讨。

7月21日 由美国权利与资源行动组织（RRI）资助、中国林业科学研究院科技信息研究所主办的亚洲社会性别与林权暨中国集体林权制度改革国际研讨会在北京举行。来自国家林业局林改司、政法司、资源司、天保办、经研中心等司局、单位，中国科学院、中国社会科学院、中国林业科学研究院、北京大学、北京林业大学等教学研究机构，《曼谷邮报》、《科技日报》、《中国绿色时报》等中外媒体，联合国粮农组织（FAO）、美国农村发展研究所（Landesa）、国际混农林业研究中心（ICRAF）、施政改革伙伴关系组织（PGR）、变革农业与自然资源经营管理的妇女组织（WOCAN）等国际组织和研究机构的代表70余人参加会议，围绕亚洲经验、中国视角、未来走向、改革建议等4个环节的内容展开交流和讨论。

7 月 21 ~ 22 日　中国国际民间组织合作促进会在北京举办“以就业创业提升妇女参与”主题研讨会，来自意大利、俄罗斯、乌兹别克斯坦、哈萨克斯坦和国内的代表从不同角度交流了妇女经济赋权的经验。

7 月 24 ~ 27 日　中国社会科学院性别与法律研究中心主办、吉林省妇联和长春市妇联承办的“东北三省性别平等与婚姻家庭冲突调解技巧培训研讨班”在长春市举行。此次培训以社会性别为视角，旨在提升公安执法人员和司法调解员的性别平等意识，使其学习并掌握化解婚姻家庭冲突的方法，公平执法。来自东北三省的一线民警、警察学院教师和妇联工作人员 49 人参加研讨班。

7 月 27 日　由生态文明贵阳会议组委会主办，中国妇女研究会协办，贵州省妇联承办，贵阳市妇联、贵州晟世锦绣民族文化投资有限公司协办的 2012 生态文明贵阳会议“妇女事业与少数民族区域可持续发展”专题分论坛在贵州省贵阳市举行。全国妇联副主席、书记处书记甄砚担任论坛主席并做主旨演讲，博鳌亚洲论坛国际咨询委员会委员、原外经贸部首席谈判代表、副部长龙永图做主旨演讲。本次论坛旨在充分利用生态文明贵阳会议这一国际化、有影响力的高端平台，力邀各界知名人士从不同视角关注和研究妇女事业与少数民族区域可持续发展两者的关系，为使作为经济社会发展促进者、参与者、实践者、共享者的妇女在推动可持续发展中发挥重要作用打下思想和理论基础。

8 月 16 日　全国妇联妇女研究所在北京召开“妇女土地权益法律政策促进研讨会”，全国 30 多位从事维护农村妇女土地权益工作的决策者、专家学者和实际工作者就改革开放以来中国农村妇女土地权益状况和主要问题、影响妇女土地权益的各种因素以及维护妇女土地权益的良好经验进行回顾和讨论。

8 月 20 ~ 28 日　国家民族事务委员会和全国妇联在中央民族干部学院举办第五期全国少数民族女干部培训班，来自 29 个省（区、市）的少数民族县处级女干部共 44 人参加培训。此期培训班邀请中央国家机关、中组部、国家民委、全国妇联妇女研究所、中国人事科学研究院、中国社会科学院、国家行政学院、中央教育电视台等部委领导和著名专家学者就民族理论和民族政策、民族地区和边境地区经济社会发展、国家中长期人才规划解读、妇女发展与性别平等、危机管理与领导科学等做专题辅导报告，组织学员就“如何提高妇女干部的综合素质，充分发挥妇女干部的作用”“如何加快少数民族地区经济、社会的发展”进行专题研讨。

8 月 30~31 日 北京大学社会学系、北京大学中外妇女问题研究中心与哥本哈根大学性别研究中心在北京大学共同举办“21 世纪中丹性别动态研讨会”。来自丹麦哥本哈根大学、香港理工大学、全国妇联妇女研究所、中国社会科学院以及北京大学等高校和研究机构的 40 余位师生，围绕“劳动：中国与全球视野”“家庭、照料与消费”“交叉研究”“人口学与福利”等议题展开深入研讨。

9 月 3 日 美国农村发展研究所（LANDESA）在北京举办“中国集体林权制度改革中的妇女林地权益研讨会”。与会专家围绕中国集体林权制度改革中妇女的林地权益问题进行探讨和交流。

9 月 20 日 国家社会科学基金重大项目“男女平等价值观研究与相关理论探讨”开题会在安徽合肥举行，全国人大常委会副委员长、全国妇联主席、中国妇女研究会会长、项目首席专家陈至立出席会议并作重要讲话。全国妇联副主席、书记处书记甄砚主持会议。全国妇联有关部门和单位负责同志、参与该项研究的中国传媒大学和河北大学的校领导及各子课题的负责人、课题组主要成员 30 余人参加会议。

9 月 20~21 日 2012 年中国妇女研究会年会暨“社会主义文化发展繁荣与性别平等”研讨会在安徽省合肥市召开。全国人大常委会副委员长、全国妇联主席、中国妇女研究会会长陈至立出席会议并讲话。九届全国人大常委会副委员长、全国妇联名誉主席、中国妇女研究会名誉会长彭珮云出席会议。安徽省省长李斌在开幕式上致辞。全国妇联副主席、中国妇女研究会副会长陈秀榕主持会议开幕式。全国妇联副主席、中国妇女研究会副会长甄砚在闭幕式上作会议总结。来自全国各地的 200 余位专家学者围绕“性别文化的理论研究”“性别文化的历史研究”“文学、艺术中的性别文化”“性别、文化与传媒”“性别文化与法律政策”“性别观念、婚姻家庭与妇女发展”“女性教育与先进性别文化宣传倡导”等议题展开研讨。除大会发言和专题研讨，本次会议还首次设立青年论坛。

9 月 28 日 上海市妇儿工委、上海市妇联共同举办的“转型发展‘她’驱动——2012 上海妇女发展国际论坛”在上海举办。全国妇联副主席孟晓驷、上海市副市长沈晓明出席了论坛并在开幕式上致辞。论坛以转型发展与妇女进步为主题，吸引了来自 17 个国家和地区的 260 名中外专家及代表参加。与会人员围绕“经济转型与女性参与”“城市文化与女性智慧”“生态文明与女性发展”3个议题，从社会政策环境和政府支持系统、女性创业就业及女性社会责任承担等方面展开讨论。论坛期间，上海市妇联还与韩国妇女发展研究院签署了合作备忘录，双方就联合开展妇女学方面的研究和促进两国女性组织间的交往交流达成了合作共识。

10 月 18 日　全国妇联妇女研究所在北京举办“农村留守妇女与社会管理政策促进研讨会”。来自民政部、全国妇联、联合国儿童基金会、世界银行中国局、北京市妇联、四川省妇联、中国农业大学、中华女子学院、中国社会科学院、北京农家女文化发展中心等部门和机构的政府官员、专家学者和非政府组织代表 40 余人参加会议。全国妇联妇女研究所所长谭琳致辞并介绍课题背景，联合国儿童基金会项目官员刘亚丽发表讲话。与会者就进一步完善项目研究成果、总结各地经验和好的做法、解决农村留守妇女问题的切实可行的政策建议等问题进行了深入热烈的讨论。

10 月　深圳市妇联、深圳市妇女发展研究会、深圳市福尔泽文化发展有限公司策划并共同打造了公益文化交流平台——“深圳女性文化沙龙”。沙龙以“弘扬‘四自’精神，融合古今文化，提升女性素质，推动性别平等，促进社会和谐”为宗旨，邀请大陆、台湾、香港及澳门的文化、艺术、教育等领域的学者名流担任主讲嘉宾，精选深圳本土知名的文化人士担任对话嘉宾，通过对话交流，分享智慧，传递正能量。

10 月 19 ~ 21 日　由山东女子学院、山东省“十二五”高校人文社科基地——女性人力资源开发与管理研究基地、澳大利亚 M&D Forum 联合主办，《山东女子学院学报》编辑部、北京中经蓝山文化交流有限公司承办的“2012 女性人力资源开发与管理暨女性生存与发展国际学术研讨会”在山东女子学院开幕。来自日本东京理科大学、厦门大学、南开大学、山东大学等国内外高校和全国妇联妇女研究所等研究机构、妇联系统的专家学者及山东女子学院师生代表 200 余人参加会议。此次会议围绕“女性人力资源开发与管理”“女性生存与发展”的主题，就女性人力资源成长社会环境、农村女性劳动力转移、旅游服务业女性人力资本提升、女性与社会发展等议题展开研讨交流。

10 月 27 ~ 28 日　由中国社会科学院日本研究所、南开大学日本研究院联合主办的“中日韩女性问题”国际学术研讨会在北京举行。来自韩国、日本等国外高校和研究团体，以及全国妇联妇女研究所、中国社会科学院、南开大学等国内高校及研究机构中的女性问题研究学者 30 余人参加会议，就女性社会地位及责任意识、女性教育的差距及对策、女性就业的影响因素分析以及中日韩三国女性的婚姻（包括跨国婚姻）、信仰、女性文学、妇女史学、女性文化等议题进行了讨论。

11 月 9～11 日 由国家人口和计划生育委员会国际合作司、中国人口与发展研究中心和中央党校妇女研究中心联合举办的“性别平等政策倡导党校教学研讨会”在北京举办。会议旨在将教学与政策倡导结合，通过教学观摩对项目进行反思。中央党校和部分省市 9 家党校教师，大陆和台湾地区部分高校教师，有关专家学者、政府官员和新闻媒体人员参加会议。研讨会就开设治理出生性别比与修订村规民约课程、性别平等政策倡导的特点分析、中国农村土地政策研究、农村发展战略与政策研究、行动研究、佛教的特点与文化意义、传统文化视域下女性观的反思——以文学经典为例、就业歧视的性别分析、社会性别平等折射国家法治现状等 13 个讲座和主题进行研讨。

11 月 14 日 上海市妇女学学会、上海社会学学会、上海大学妇女研究中心等单位在上海大学联合举办“性别文化与妇女发展”理论研讨会。来自上海市各高校、社会科学院的专家学者和妇女干部 70 余人参加研讨会。与会者从历史的视角评述“妇女解放”“男女平等”“社会公正”，提出先进性别文化是社会主义先进文化不可或缺的重要内容，需从历史、政治、经济、社会、文化、婚姻家庭等视角进行反思、质疑和追寻，努力扭转和消除几千年来形成的性别偏见，让男女平等的价值观得到更广泛的认同。

11 月 15 日 上海市妇女学学会、上海女性人才研究中心在上海第二工业大学联合举办“创意·创新·创业——上海女性人才发展研讨会”。全国女性人才研究会理事长、中科院院士叶叔华，上海市妇联副主席朱鸣、第二工业大学党委副书记胡晟以及来自各高校、科研机构的专家学者、妇女干部约 60 人参加会议，与会者围绕文化创意产业的概念、内涵、基本思路以及对城市转型创新的重要意义展开研讨，提出了开发女性创意创造人才的发展要求、激励机制、成长环境以及国际化创意人才标准等。

11 月 16 日 上海市妇联、上海市妇女学学会等单位在上海联合举办“参与社会协同推进社会化转型”——2012 年上海妇女工作理论研讨会。120 余位专家学者、妇女干部及热心妇女事业的社会人士出席会议。会议明确了妇联参与社会管理创新的定位和功能，提出妇联参与社会管理创新的有效举措，谋划妇联参与社会管理的创新思路。

11 月 21 ~ 22 日　深圳市妇女发展研究会和深圳大学法学院、美国耶鲁大学法学院中国法律中心在深圳联合举办“深圳性别平等机构建设研讨会”。来自美国平等就业机会委员会、香港平等机会委员会、美国耶鲁大学，深圳市人大、市编办、市妇联，香港大学、深圳大学、南方科技大学、深圳市委党校等有关部门的领导和专家学者 50 余人参加会议，共同探讨加快深圳性别平等机构建立的问题，为深圳贯彻实施性别平等条例提供经验借鉴。

11 月 23 日　全国妇联妇女研究所与德国汉斯·赛德尔基金会在北京共同举办“中德人口迁移与社会融合国际研讨会”。

11 月 23 日　北京妇女理论研究会在北京举办“性别平等与家庭文化建设”专题交流会，旨在总结回顾以往关于性别平等和家庭文化的理论研究和实践经验，共同探讨促进家庭文化建设的途径模式，进一步贯彻落实党的十八大和北京市十一次党代会精神，以家庭文化建设的丰硕成果推动首都社会文化大发展、大繁荣，进一步明确家庭文化对社会文化的重要推动作用。来自首都各高校和科研院所妇女研究机构的专家学者，各党派团体妇委会、各行业女性团体、市妇联各研究会会员，各级妇女干部以及向此次会议提交论文的各界人士等百余人参加会议。

11 月 23 ~ 24 日　中华女子学院性别与发展学院女性学系在北京举办“女性学学科范式与学科地位”研讨会。来自北京大学、清华大学、中国人民大学、北京师范大学等高校和全国妇联妇女研究所等研究机构的 50 多位专家学者围绕“女性学的学科范式与学科地位”“女性学学科状况”“女性学学科建设的困惑与两难处境”“女性学的本土建构”4 个议题展开研讨。

11 月 27 ~ 28 日　由中国传媒大学和首都女新闻工作者协会联合举办的联合国教科文组织“媒介与女性”教席 2012 年度论坛暨联合国教科文组织国际传播发展计划工作坊在中国传媒大学举行。论坛旨在推进传播学的学术研究和国际合作，并启动联合国教科文组织国际传播发展计划。来自联合国教科文组织北京办事处、中国妇女研究会、首都女新闻工作者协会、中央电视台、网易、《中国妇女报》、北京市东城区妇联、北京大学及中国传媒大学的近 100 位专家学者和媒体从业者参加论坛，围绕女性与传媒、社会性别与媒介作为、提升性别平等意识、制作性别平等节目、中国对外传播面临的新情况、媒体人的职业素质等内容进行了研讨。

11 月 29 日　第三届全国高校妇女/性别研究与培训基地建设研讨会在厦门大学召开。来自全国各地 10 所高校妇女/性别研究与培训基地的领导和专家学者代表围绕“妇女/性别课程与学科建设”这一议题从课程设计、课程专业方向、课程效果评估等方向开展交流和探讨。

12 月 7 日　全国女性学学科建设与社会性别研讨会在湖南女子学院举行。来自中华女子学院、湖南省社会科学院等 20 多所高校、研究机构的 80 多位专家参加会议，围绕如何促进女性学学科发展、深入开展社会性别研究以及推动社会性别意识进入高校、政府机关、研究机构等议题进行交流。

12 月 7 日　由重庆市妇联、重庆市妇女理论研究会、重庆市女性人才研究会联合举办的“2012 重庆女性人才可持续发展论坛”在重庆市举行。重庆市委党校、重庆大学、西南政法大学等高校、机关和重庆市各区县 100 多人参会，围绕“女性人才可持续发展”这一主题，从女性人才的发展与经济变革、女性人才发展与科教发展、女性人才发展与社会文化、女性人才发展与家庭和谐、女性人才发展与身心健康等方面展开研讨。

12 月 8 日　北京大学妇女体育研究中心举办“体育与女性生活质量”研讨会，来自北京及周边地区不同领域的女性领导、专家学者和企业家约 40 人参加会议，围绕体育改善女性生活质量的作用、途径、政策支持及其他相关问题展开交流和对话。

12 月 9～10 日　由中华女子学院主办的“中国特色妇女解放与发展道路学术研讨会”在北京举行。来自北京市和全国部分省市的妇联、中央党校、高校和社会科学科研院所的 80 多名专家学者围绕“中国妇女解放与发展道路”这一主题，分别从马克思主义妇女解放理论、妇女参政、妇女历史、女性文学、女性高等教育等角度阐述观点，展开交流。

12 月 15～16 日　中国妇女研究会与汕头大学妇女研究中心合作举办的“2012 年中国妇女/性别研究青年学者论坛”在汕头大学举行。全国妇联副主席、书记处书记、中国妇女研究会副会长甄砚出席论坛开幕式并讲话。来自全国 20 个省区市的青年学生、专家学者和来自全国妇联、广东省妇联、汕头市妇联和深圳市妇联的有关领导、“妇女/性别研究与培训基地”的代表及汕头大学师生等80人参加会议。来自不同学科的青年学者交流了研究成果，分享了下一步研究的计划方案。会上，中国妇女研究会颁发了第四届妇女/性别研究优秀博士、硕士学位论文奖。

12月18~19日　由中国妇女报社、《农家女》杂志社和北京农家女文化发展中心主办的第四届“全国百位女村官论坛”在北京举行。来自全国22个省区市的100位女村干部参加了论坛，共同讨论如何破解农村养老这一社会难题。

12月22日　福建省妇联、福建省妇女理论研究会在福州市联合召开“妇女发展与先进性别文化建设暨福建省第三期中国妇女社会地位调查”研讨会，来自福建省的妇女理论研究专家学者、论文获奖者、妇联干部和高校学生90余人参会。与会人员围绕“妇女发展与先进性别文化建设”和“福建省第三期中国妇女社会地位调查”两个专题展开了研讨。

2013年

4月23~26日　中国妇女研究会在北京举办2013年妇女/性别研究研训班。全国妇联副主席、书记处书记，中国妇女研究会副会长甄砚出席开班仪式并讲话。研训班共邀请9位专家就“社会科学研究的伦理道德和研究习惯”“与妇女/性别相关的法律政策研究”“社会科学研究论文的写作规范”“第三期中国妇女社会地位调查研究进展”“现代青年人的性别观念”“定量研究方法”“历史研究中的社会性别视角”“婚姻家庭研究中的性别视角和研究方法”等内容开展培训。这是中国妇女研究会自2005年以来举办的第10期妇女/性别研究研训班，共有来自全国27个省、自治区、直辖市的中国妇女研究会团体会员单位的代表及其他相关研究人员百余人参加了培训。

5月9日　由联合国人口基金、联合国妇女署、联合国儿童基金会和福特基金会主办，联合国社会性别主题工作组承办的“基于性别的暴力及研究”研讨会在北京举行。会议旨在提高对搜集基于性别的暴力的相关数据以用于政策制定、社会倡导和项目实施的重要性的认识。来自联合国相关机构、双边组织和全国妇联、推动性别平等的非政府组织、学术界及媒体等国内外代表80余人出席会议。中外与会者围绕“性别暴力的国际研究”、“在中国进行的国际研究项目”、“中国关于性别暴力的近期研究”以及“性别暴力研究的数据信度和数据使用”等四个议题展开了交流与讨论。

6月18日 上海市妇联、上海市妇女学学会、德国艾伯特基金会在上海市联合举办了“社会性别预算在中国：理论、方法与实践”研讨会。来自上海、北京、天津、南京、深圳、浙江、河南等省、市政府有关部门的代表、专家学者和妇联干部70余人参加研讨会。会议围绕“社会性别预算在中国的机遇与挑战、理论框架、技术方法、区域性实践经验”等展开讨论。与会者建议，要完善性别统计制度，改进性别统计数据的搜集，提高性别统计数据的公开和利用程度，更好地服务于性别平等政策的促进和倡导；要加强顶层设计，构建性别统计、性别预算、性别审计的管理体系；要强化性别预算的公民基础，逐步推动性别预算的制度化和法制化，在推广和实践的基础上，编制本土化的“性别预算应用指南”。

6月20日 天津师范大学政治与行政学院、性别与社会发展研究中心/妇女与性别研究培训基地与加拿大尼皮辛大学社会发展与政策研究学院在天津师范大学共同召开“推动中加两国社会福利与家庭政策教学研究研讨会”。两校三机构的师生42人参加会议。尼皮辛大学社会发展与政策研究学院的主任陈澜燕教授和研究员 Manuel Litalien、Sal Renshaw 分别做了题为“加拿大的女性与健康：与不平等作战”“社区服务与学习：推动公民进步”“超越学科：跨学科伦理中的性别平等与社会公正项目模式”学术报告。会上，与会者讨论了双方合作事宜，决定今后将通过“社区学习”（community learning）的项目交换两校学生易地实习。

6月21日 山东省女性人力资源开发与管理基地在山东女子学院举办“旅游服务业女性人力资源开发与管理研讨会”。研讨会对进一步整合旅游专业学科建设与实践教学的资源、深化校企合作、创新人才培养模式、提升人才培养质量将起到积极作用。

6月21日 上海市妇女学学会、上海市社会科学院性别与发展研究中心在上海市联合举办“中国梦与女性发展”论坛。来自上海市的专家学者、妇联干部70余人参加会议，与会者认为，中国梦的内涵与女性发展是高度一致的，中国梦为女性发展和角色重塑提供了难得的契机和更大的空间，也为当代女性的幸福注入新的生存智慧，要进一步推进惠及广大女性的社会公共政策落实，收获性别“红利”。

6月22～25日　由山东省社科联主办，山东女子学院承办的“山东社科论坛——妇女解放、发展及社会性别研讨会暨读书班”在山东女子学院举行。240余位专家学者围绕妇女解放、女性发展与社会性别三个主题展开对话和研讨。柏棣、唐娅辉、刘伯红等学者做了学术报告。读书班上，学者们围绕经典理论、马克思主义/女性主义理论和中国实践三个主题进行了领读、自学和讨论。

6月28日　北京大学妇女/性别研究与培训基地与厦门大学妇女/性别研究与培训基地、中华女子学院妇女/性别研究与培训基地三校基地在北京大学联合举办“当代中国妇女理论研究会”。全国妇联名誉主席、九届全国人大常委会副委员长彭珮云出席会议并作重要讲话。来自北京大学、厦门大学、中华女子学院、中国社会科学院、全国妇联妇女研究所、广东省委党校、中国农业大学、美国德儒大学等国内外高校和科研机构的50多位学者出席会议，与会者从各自的学科背景出发，深入探讨了当代中国妇女理论的发展，特别是中国特色社会主义妇女理论形成与发展的时代条件、理论依据、内涵与特点，与中国特色社会主义理论体系的关系，以及与国外女性主义理论比较等议题。

8月1～2日　由中国社会科学院性别与法律研究中心主办，云南民族大学承办的“司法公正与性别平等——性别与法律研究网络2013年年会”在云南省昆明市召开。来自性别与法律研究网络成员单位的20多家高校、研究机构、律师事务所的30余位代表参加会议。会议围绕“司法人员社会性别培训的现状、挑战与对策”“司法实践与社会性别意识”“社会性别视角下的立法与司法”等议题进行讨论。会后，中心成员赴云南省第三女子监狱调研，并与监狱管理工作人员进行座谈。

9月16～18日　2013年中国妇女研究会年会暨“全面建成小康社会与性别平等”研讨会在上海举行。十一届全国人大常委会副委员长、全国妇联原主席、中国妇女研究会会长陈至立出席开幕式并作重要讲话。九届全国人大常委会副委员长、全国妇联名誉主席、中国妇女研究会名誉会长彭珮云出席研讨会。会议开幕式由全国妇联副主席、书记处书记、中国妇女研究会副会长甄砚主持，上海市委副书记李希发表致辞。来自全国26个省区市的妇女研究会领导、32个妇女/性别研究与培训基地的领导和代表以及专家学者260余人参加会议，围绕经济建设与性别平等、政治建设与性别平等、社会建设与性别平等、文化建设与性别平等、生态文明建设与性别平等五个议题进行了交流研讨。开幕式上还举办了第二批妇女/性别研究与培训基地的颁牌仪式。

9 月 25 日 《中国特色社会主义妇女理论与实践》新书出版座谈会在北京召开。全国人大常委会副委员长、全国妇联主席沈跃跃出席会议并讲话。九届全国人大常委会副委员长、全国妇联名誉主席、中国妇女研究会名誉会长彭珮云，十一届全国人大常委会副委员长、全国妇联原主席、中国妇女研究会会长陈至立出席会议并讲话。全国妇联副主席、书记处第一书记宋秀岩主持座谈会。与会领导和专家充分肯定该书的理论意义和实践价值，认为该书具有理论前瞻性和现实针对性，是学习和宣传中国特色社会主义妇女理论和实践的简明读本。

10 月 15 ~ 16 日 陕西省妇女理论婚姻家庭研究会在陕西省西安市举办“城镇化过程中的西部乡村建设——妇女的参与”工作坊。长期参与农村政策制定的领导和致力于农村建设研究的学者以及来自陕西省各地的女村干部和农村社区工作者 50 多人参加工作坊，深入探讨如何提升并有效发挥妇女在西部乡村建设中的能力，尤其是在经济发展、参政议政、乡村发展和生态文明保护等领域的能力。

10 月 16 日 全国女性人才研究会与四川女性人才开发研究会共同主办的“创意、创新、创业——女性人才发展”2013 成都全国女性论坛在成都举办。论坛展示了女性在“三创”方面的成果，针对女性发展存在的问题提出解决建议和方案，为女性的平等发展鼓与呼，营造“三创”的良好氛围。各地女性人才研究会、各地妇女组织 200 多人参加会议。

10 月 22 日 国家社会科学基金重大项目“20 世纪中国妇女运动史”结项暨出版座谈会在北京召开。全国人大常委会副委员长、全国妇联主席沈跃跃出席会议并讲话。十届全国人大常委会副委员长、全国妇联原主席、中国关心下一代工作委员会主任顾秀莲出席会议。全国妇联副主席、书记处第一书记宋秀岩主持座谈会。与会专家认为该书内容准确、客观、翔实、厚重，填补了党史、国史和妇女史研究的空白，是历史研究和妇女研究领域不可多得的扛鼎之作，是全面、系统呈现中国妇女运动百年历程的权威著作，对中国妇女运动基本经验和客观规律的总结将会对中外妇女运动产生持久而深远的影响。

10 月 23 日 由中国传媒大学新闻传播学部和媒介与女性研究中心联合主

办、MBA 学院协办的“妇女发展与媒介责任”研讨会暨全国妇联、中国妇女研究会“妇女/性别研究与培训基地”揭牌仪式在中国传媒大学举行。来自全国妇联、中国妇女研究会、中华全国新闻工作者协会、中央电视台、中国教育电视台、北京电视台、北京人民广播电台、凤凰卫视、太原广播电视台、人民网、《中国妇女报》、《光明日报》、《中国社科报》、社会科学文献出版社、北京外国语大学、中华女子学院以及中国传媒大学等机构和高校的 40 余位专家学者和媒介从业者参加会议。与会者就“妇女发展和媒介责任”主题进行圆桌对话，围绕“妇女发展：媒体的责任与影响”“女性与媒介传播：观察、行动与经验分享”“传媒教育与性别意识”等议题进行了研讨。

10 月 26 日　由山东女子学院、澳大利亚 M&D Forum 联合主办，山东女子学院妇女/性别研究与培训基地、山东女子学院女性与文化传播研究基地、北京中经蓝山文化交流有限公司承办，山东省性别平等研究中心、山东省女性人力资源开发与管理研究基地、山东女子学院学报编辑部协办的“2013 当前文化环境下的女性生存与发展国际学术研讨会”在山东女子学院举行。来自全国妇联妇女研究所、南开大学、南京师范大学、中华女子学院、重庆工商大学、西安工业大学、井冈山大学、山东大学、山东师范大学、山东农业大学、临沂大学等高校和科研院所的专家学者和山东女子学院师生 200 余人参加会议。会议围绕“当前文化环境下的女性生存与发展”主题，围绕性别文化研究、妇女发展的理论与实践研究、女性创业就业研究、先进性别文化建设与社会主义先进文化建设研究、女性成才与发展规律研究等议题展开了研讨交流。

10 月 26 ~ 27 日　中国政法大学宪政研究中心主办的第四届反歧视年会——“反歧视的理论与实践问题研讨会”在北京召开。来自清华大学、北京大学、中国政法大学、武汉大学、西南政法大学、中华女子学院、中国社会科学院等高校、科研机构以及妇联、残联、法院的专家学者以及来自北京、南京、深圳、香港等地的律师、NGO 组织代表和社会活动家等 60 余人参加会议，围绕性别、性倾向和残障歧视在中国的状况与存在的问题、反对歧视的概念与原理及策略与方法三大议题展开了多学科、多角度的讨论和交流。

10 月 26 ~ 27 日　南京大学社会学院在江苏省南京市举办首届“女社会学家论坛”。来自北京大学、清华大学、中国社会科学院、复旦大学、中山大学、河海大学、华东理工大学、南京大学、南京师范大学、上海市社会科学院等高校和研究机构的知名女性社会学家报告了自己的思考和研究成果。与会者围绕“社会建设、性别与性话语、婚姻家庭、热点研究”等四个主题展开了研讨。

11 月 1 日　上海市妇女学学会、上海师范大学妇女研究中心在上海师范大学联合举办“都市文化与女性职业发展研讨会”，60 余位专家学者及大学生代表参加了研讨会。与会者结合《上海职业妇女口述史》新书发布，阐述了都市文化与女性职业发展的关系，提出都市文化研究应该引入性别视角，不仅要关注女性精英文化，更要关注女性大众文化的研究价值，都市文化的大众文化和生活文化是女性文化研究的新空间。

11 月 5～8 日　由云南民族大学主办、云南民族大学妇女/性别研究与培训基地承办的“性别平等与高校女性学学科繁荣学术研讨会”在云南民族大学召开，会议主题为“性别平等与高校女性学学科繁荣”。来自全国妇联、浙江省社会科学院、湖北省委党校、北京大学等 20 多个科研单位和高校的 50 多位专家学者及 30 多位博士、硕士研究生参加会议，并围绕“性别平等与学科建设”、“社会性别视角下的女性权益”、“妇女/性别研究与培训基地经验交流”、“女性主义视角的多元思考”以及“当代妇女社会地位的变迁”五个议题进行了研讨。

11 月 14 日　由上海市妇女学学会、上海市婚姻家庭研究会、同济大学妇女工作委员会和同济大学妇女研究中心联合举办的“女性・城市・梦想”上海妇女理论研讨会在同济大学召开。上海各高校妇女研究中心的专家学者 50 余人参加会议。同济大学经济与管理学院博导、同济大学可持续发展与管理研究所所长诸大建教授、上海社会科学院哲学研究所副研究员李元博士、同济大学经济与管理学院罗瑾琏教授和同济大学建筑与城市规划学院黄怡副教授分别做了题为“城市生态文明与女性发展”“‘中国梦’与全球化背景下女性人才发展的哲学思维方式”“积攒正能量，助推女性职业进阶”“全球化、城镇化与新城市女性梦想”的主题发言。与会者从学理上诠释了妇女梦、家园梦与中国梦紧密相连的脉络，引导广大妇女参与智慧女性成才行动、巾帼建功奉献行动、美好家庭建设行动、妇女民生服务行动、妇女权益保障行动，在实现中国梦的伟大实践中释放巾帼潜能、展现女性风采，为上海的创新驱动、转型发展做出新的贡献。

11 月 17 日　为了贯彻落实中国妇女十一大会议精神，进一步推进反家庭暴力法的立法进程，中国妇女研究会在京举办“反家暴立法专家咨询会”，全国妇联书记处书记、中国妇女研究会秘书长谭琳出席会议，并认真听取了来自中国社会科学院、北京大学、中国政法大学、中华女子学院以及全国妇联妇女研究所等高校和科研机构专家学者的意见和建议。

12 月 2 日　由北京市妇联主办，北京妇女研究中心、北京妇女理论研究会、北京市婚姻家庭研究会、北京市家庭教育研究会、北京市法学会妇女法学研究会、北京市家庭建设促进会联合承办的“战略思维与妇女发展”专题交流会在北京举行。来自首都各高校、科研院所的专家学者，各党派团体妇委会、女性团体和社会妇女组织的代表，市妇联所属各研究会成员以及各级妇女工作者 80 余人参会。北京外国语大学李英桃教授、中华女子学院李明舜教授、首都经济贸易大学张琪教授、北京理工大学何海燕教授分别作“战略思维：关于中国妇女发展的形势与任务的分析思路”“新形势下的妇女发展问题”“北京市妇女职业发展状况反思”“对创新全球化与女性科技人才发展的思考”的主旨发言。此次会议将妇女的发展纳入经济社会发展全局来思考、把握和谋划，以战略思维的方式分析妇女发展面临的形势任务、机遇挑战，从宏观视角审视妇女的发展现状，结合具体问题研究推动妇女发展的目标策略。

12 月 5 ~ 6 日　上海师范大学女性研究中心、上海师范大学人文与传播学院、上海师范大学世界史学科等单位在上海师范大学联合举办“新视野下的世界妇女史研究”全国学术研讨会。来自国内外的 60 余位与会者基于多学科的视野，围绕“中外妇女与性别研究”“妇女与性别史研究的理论与方法”“亚非拉妇女与性别史”“西方妇女史与性别史”等议题展开探讨。

12 月 7 日　福建省妇女理论研究会在福州召开“全面建成小康社会中的妇女发展和性别平等”研讨会，福建省有关高校、省委党校专家学者、论文获奖作者、各级妇联干部 90 多人出席会议。围绕妇女在社会主义经济建设、政治建设、社会建设、文化建设及生态文明建设中的地位和作用等议题进行交流研讨。

12 月 13 日　人力资源和社会保障部劳动科学研究所与国际劳工组织北京局在北京联合举办“促进女性公平就业问题研讨会”。来自国际劳工组织、中国人民大学、对外经贸大学、全国妇联妇女研究所、首都经贸大学、中华女子学院、中国人事科学院、中国社会科学院等单位的领导和专家 30 余人参加会议，围绕就业歧视产生的原因、特点及表现形式、促进公平就业的目标和对策等相关议题进行讨论。

12月18日 2012年度国家社会科学基金重大项目“男女平等价值观与相关理论探讨”在北京召开中期课题研讨会。全国妇联书记处书记、妇女研究所所长谭琳出席会议，听取各子课题汇报，并对下一步工作提出了建议和要求。

12月19日 由暨南大学人文学院妇女发展研究中心、珠海妇女发展研究会、广东省高校女性发展研究中心共同举办的“广东省高校女性发展论坛”在暨南大学珠海校区召开，来自珠海市、广州市、香港和澳门地区的数十位专家学者围绕女性权利、女性通过参与实现自身发展以及男性参与女性发展等话题展开探讨与分享。

12月28～29日 全国妇联妇女研究所在北京召开“第三期中国妇女社会地位调查研讨会”。来自全国人大法工委、民政部、人社部、文化部、国家卫计委、国家统计局、国务院妇儿工委办、全国妇联有关部门和单位的领导，以及北京大学、中国人民大学、北京师范大学、南开大学等13所高校和科研机构的专家学者近80人参加会议。会议基于第三期中国妇女社会地位调查研究成果，探讨如何在全面深化改革的新形势下继续推动中国妇女发展与性别平等。

12月31日 山东省妇女理论研究会在山东济南举办山东省妇女理论研究会第六次会员代表会议暨贯彻男女平等基本国策研讨会，来自高校、社科研究机构、妇联系统的百余名代表参加会议，围绕保障妇女儿童权益与基本公共服务均等化、山东省城镇化中农村女性转移劳动力作用发挥、政治选举中性别配额制应用的效用分析、社会性别意识与妇女地位等专题展开研讨。

2014年

3月3日 由上海市妇联、上海市妇女学学会、上海女摄影家分会联合举办的“环保中的女性力量”研讨会暨“我爱零负担环保行动摄影展”在上海戏剧学院举行。来自各高校和科研机构的专家学者、环保部门的代表、社团组织、女摄影家以及志愿者120余人参加研讨会。会议从理论到实践诠释和阐述了保护环境是全人类的共同事业，将妇女、自然、社会和谐共生的理念转化为具体的实践，把生态文明体现在妇女生活和妇女发展的每一个细节之中，为建设“美丽上海、美丽中国”做出共同努力。同时，还举办了为期三天的《我爱零负担环保行动——2014 年海上女摄影家作品展》。

4 月 9 日　中国妇女研究会在北京举办“‘单独两孩’政策与促进妇女就业”座谈会，全国妇联书记处书记、中国妇女研究会秘书长、妇女研究所所长谭琳主持座谈会。会议邀请来自国务院妇儿工委办、全国妇联、新华社、北京市妇联、人力资源与社会保障部劳动科学研究所、中国人口与发展研究中心、北京大学、中国人民大学、中国政法大学、中华女子学院以及全国妇联妇女研究所的有关负责同志和专家学者，围绕如何理性看待“单独两孩”政策对妇女就业的影响进行讨论，并就如何通过加强舆论引导和完善政策措施，防止这一政策的实施成为一些用人单位歧视女性的新借口提出对策建议。

4 月 11～13 日　由中国伦理学会少数民族伦理学专业委员会、云南民族大学妇女/性别研究与培训基地、云南省民族伦理学会、广西壮族自治区伦理学会共同主办，云南民族大学妇女/性别研究与培训基地承办的“民族伦理与少数民族道德生活史”研讨会在云南民族大学举行。来自宁夏大学、曲阜师范大学、云南大学、云南师范大学、昆明理工大学、《道德与文明》杂志社、四川省社科联、云南省社会科学院等单位的 50 多位专家学者及 30 多位研究生代表参加会议，围绕会议主题进行探讨。

4 月 14～23 日　由国家民委人事司和中央民族大学妇女/性别研究与培训基地共同举办的第六期 2014 年全国少数民族女专家高级研修班在中央民族大学举行。来自内蒙古等民族八省区、武陵山片区四省区、内蒙古民族大学等 15 所民族院校和民族出版社等单位的 50 位女性专业技术人员参加培训班。

4 月 18 日　中国传媒大学在北京举办“性别传播的国际发展与中国实践”研讨会暨联合国教科文组织国际传播发展计划结项会在中国传媒大学举行。与会专家学者以“媒介与女性教席：探索与发展之路”为题展开了圆桌讨论，并围绕“教席平台的国际化拓展”“教席的社会合作”“教席发展的路径探索”等议题进行了深入的研讨交流。

5 月 13 日　上海市婚姻家庭研究会、上海市社会科学院家庭研究中心、上海市社会科学院社会学研究所在上海市社会科学院召开“庆祝国际家庭年 20 周年座谈会”。来自北京、上海的 50 余位专家学者参加了座谈。与会者阐述了家庭政策的设计制定及如何体现性别平等，并从可持续发展的角度探讨未来家庭政策的走向。

5 月 19 ~ 20 日　“男女平等价值观的理论基础研讨会”在北京召开。这是国家社会科学基金重大项目“男女平等价值观研究及相关理论探讨”的一项重要研讨活动，也是中国妇女研究会贯彻中央《关于培育和践行社会主义核心价值观的意见》的一项积极行动。该项目首席专家、十一届全国人大常委会副委员长、全国妇联原主席、中国妇女研究会会长陈至立出席会议并作重要讲话。全国妇联书记处书记、妇女研究所所长谭琳主持会议。由全国妇联妇女研究所、中国传媒大学和河北大学组成的课题组成员与来自北京大学等高校和科研单位的专家学者 50 余人参会。与会专家学者围绕男女平等价值观的理论基础和内涵、男女平等价值观的传播、男女平等价值观在婚姻家庭领域的体现、男女平等价值观的大众化等问题展开研讨。

5 月 21 ~ 23 日　中国妇女研究会和中国婚姻家庭研究会在北京联合举办 2014 年年会暨“家庭和谐、社会进步与性别平等”研讨会。九届全国人大常委会副委员长、全国妇联原主席、中国妇女研究会名誉会长彭珮云出席会议，十一届全国人大常委会副委员长、全国妇联原主席、中国妇女研究会会长陈至立在开幕式上做了讲话，全国妇联副主席、书记处第一书记，中国妇女研究会副会长宋秀岩主持开幕式。全国政协社会法制委员会副主任、中国妇女研究会副会长、中国婚姻家庭研究会会长甄砚做会议总结，全国妇联书记处书记、中国妇女研究会秘书长谭琳主持闭幕式。会议旨在以学术研讨形式纪念国际家庭年 20 周年，推动中国新形势下有关家庭问题的理论研究和实践，努力营造有利于家庭和谐和性别平等的社会环境。中国妇女研究会及全国 18 个省区市的妇女研究会领导、17 个妇女/性别研究与培训基地的领导和代表、中国婚姻家庭研究会部分在京常务理事以及来自全国 25 个省区市的专家学者和妇女工作者 220 余人参会。与会者围绕中国婚姻家庭的现状、特征与变迁，婚姻家庭的法律政策及影响，构建和谐家庭的理念和途径，大众传媒与家庭和谐以及面对家庭的社会工作研究五个议题进行交流。

5 月 23 ~ 24 日　中国妇女研究会与汕头大学妇女研究中心在京合作举办“2014 年中国妇女/性别研究青年学者论坛”，全国妇联书记处书记、妇女研究所所长、中国妇女研究会秘书长谭琳出席论坛开幕式并讲话，来自全国 12 个省、自治区、直辖市的 50 位青年学者、青年学生及专家参会，会上青年学者分享了研究计划，与会专家给出了深入细致的点评。

6 月 2 日　清华大学道德与宗教高等研究院、清华大学人文学院联合举办了“性别与哲学国际研讨会”。来自美国、以色列、冰岛和中国的学者分别从伦理学、历史学和哲学等视角深入探讨了各种性别研究议题，其中包括现代西方性别观念的历史流变，如何在当代哲学视域中加强女性主义视角，以及如何结合中国传统哲学资源解决当代中国性别问题。

6 月 21～22 日　上海大学妇女研究中心、南京大学－布朗大学性别与人文研究合作项目、上海大学外语学院在上海共同举办“全球资本主义与妇女运动新动向”国际学术研讨会。来自国内外大学和研究机构的 40 多位性别研究学者参与了研讨。研讨会聚焦如何历史地、批判地分析新自由主义与性别秩序之间的关系，探寻全球化时代妇女解放的策略。同时，与会者普遍强调要重返“政治经济学”视角来理解当前妇女问题的重要性。

6 月 25 日　国家社会科学基金特别委托项目“新时期中国妇女社会地位调查研究”课题组召开结题情况通报暨后续数据开发圆桌会议。全国妇联书记处书记、妇女研究所所长谭琳主持会议，来自中国社会科学院及有关高校和全国妇联妇女研究所的课题组成员 30 余人参会。该项目历时 5 年，在全国妇联的领导下，在各有关部门和单位的大力支持下，在各级妇联组织的共同努力下，在多机构、多领域专家学者的积极参与下，获得了高质量的数据，取得了丰硕的研究成果，提供了有价值的对策建议，产生了良好的社会反响，受到国家社会科学基金评审专家的高度评价，并顺利结题。

6 月 26 日　“中国非政府妇女组织‘北京＋20’报告”启动会在北京举行。全国妇联书记处书记、中国妇女研究会秘书长谭琳出席开幕式并致辞。来自党校、社科研究机构和高校的专家学者，全国妇联系统的妇女工作者以及相关领域的非政府组织和妇女代表近 70 人参会。2015 年是第四次世界妇女大会召开 20 周年，也是联合国“千年发展目标”评估及“2015 后千年发展目标”的制定之年，是全球推动妇女发展和性别平等至关重要的一年。中国非政府妇女组织积极行动，撰写《中国非政府妇女组织“北京＋20”报告》。该报告全面回顾了 20 年来中国在妇女与贫困、妇女与教育、妇女与保健、反对对妇女的暴力、妇女与经济、妇女参与权力与决策、妇女的人权与法律、妇女与媒体、妇女与环境、女童、提高妇女地位的机制与社会性别主流化和老年妇女等领域取得的进展，分析存在的问题和面临的挑战，提出相应的对策建议。

7月5日 由山东省社科联等单位主办、山东女子学院承办的“山东社科论坛——新型城镇化背景下的女性发展”研讨会在山东女子学院举行。山东省社科联、山东省教育厅、山东省妇联等相关部门负责人以及来自全国妇联、北京大学、中华女子学院、天津师范大学、山东女子学院等单位的专家学者50余人参加会议。会议围绕“新型城镇化背景下的女性发展”主题，就妇女政治参与、劳动就业、社会福利、文化生活等内容进行研讨交流。

7月28～31日 中国妇女研究会在北京举办2014年妇女/性别研究研训班，全国妇联书记处书记、妇女研究所所长、中国妇女研究会秘书长谭琳出席开班仪式并讲话。研训班旨在落实中国妇女十一大提出的工作任务，推动建立法律政策的性别平等评估机制，研讨法律政策的性别平等评估方法，交流不同领域法律政策性别平等评估经验，提高妇联组织和专家学者参与性别平等评估工作的能力和水平。围绕法律政策的性别平等评估议题，邀请了来自全国人大法工委、全国妇联权益部、北京大学、中国社会科学院、中华女子学院、LANDESA（美国农村发展研究所）和全国妇联妇女研究所的专家学者和妇女工作者进行授课。来自全国24个省区市的中国妇女研究会团体会员单位代表和妇联权益部、国务院妇儿工委办公室等相关部门和单位的130人参加研训班。

8月4～5日 中国社会科学院性别与法律研究中心在北京举办“性别平等与司法实践”高级研讨班。来自最高人民法院以及河北、甘肃、陕西、内蒙古、黑龙江、吉林、河南、四川、浙江、福建等10个省区、四级法院的20余位法官以及中国政法大学、西北工业大学、黑龙江大学、中华女子学院、中国社会科学院等科研院所的40位专家学者参会。会议对司法实践的性别检视、婚恋暴力引发刑事案件的审理、《婚姻法》司法解释（三）的适用、“嫖宿幼女罪”立法与司法问题等几个在司法实践中和理论研究中均具有争议性的热点问题进行了讨论。

8月7～13日 国家民族事务委员会、全国妇联在中央民族干部学院联合举办第六期全国少数民族女干部培训班。来自全国的52位县处级少数民族女干部参加培训。培训班邀请国家民委、全国妇联妇女研究所、中央党校、国家行政学院、中国科学院、中国人民解放军国防大学、中央电视台、中央教育电视台等部委领导和专家学者就党的十八届三中全会精神、正确把握和处理民族问题、领导创新能力、突发事件应对处置、现代职场形象设计、领导者口才历练与场景讲话艺术等进行专题辅导。并围绕“如何提高妇女干部的综合素质，充分发挥妇女干部的作用”进行专题研讨交流，同时，研训班学员赴中关村国家自主创新示范区展示中心进行实践教学。

8月9日　由李嘉诚基金会资助，汕头大学妇女研究中心、中山大学性别教育论坛、中山大学中国公益慈善研究院及华南理工大学性别研究中心共同主办的“资讯科技和妇女公益论坛及工作坊”在广州中山大学举行，来自社会组织、高校及媒体的150余位专家学者和实务工作者参加论坛。论坛围绕“资讯科技发展和女性权益倡导”“资讯科技在女性公益服务中的应用”“新媒体助力女性公益发展”三个主题邀请多位业内达人及专家进行主题演讲，同时开展“妇女公益实践行动的媒体传播策略”“对话与资源整合——科技赋权妇女方法创新”两个实务工作坊，旨在增进社会组织和公益机构在女性服务项目中对资讯科技的应用，以科技赋权方法创新。

8月27日　由上海市精神文明办、上海市妇联和上海市伦理学会、上海市家庭研究会、上海市社区发展研究会、上海市台湾研究会联合举办了“家训家风与文化传承”学术研讨会。来自沪、台不同学科和领域的专家学者以及媒体代表80余人出席了这次研讨会。与会学者分享两地家训、家风传承的个案情况，并就家训文化与文化传承展开理论研讨。

9月15~16日　浙江大学公共管理学院与德国艾伯特基金会上海办公室在浙江大学联合召开了“社会性别预算的倡议与行动：来自国内外的经验”国际研讨会。会议旨在从性别视角探讨国内外政府财政预算的理论与实践，明确性别预算对国家治理现代化以及性别意识融入政府决策的意义。来自联合国及德国、葡萄牙、奥地利、新加坡、马来西亚、印度尼西亚、印度等国家的专家学者及政府官员，国内来自妇联系统的代表，来自复旦大学、天津大学、厦门大学、华中师范大学、河南理工大学和中国行政管理学会等研究机构的知名专家，还有来自人大和财政部门一线的实务工作者参加了会议。会议通过对性别预算在不同国家和地区多样性发展途径的探讨，深化了对社会性别预算理论及相关知识的认识，为来自国内外高校、政府和非政府组织的研究者和实践者提供了一个国际交流与合作平台，也为中国社会性别预算的进一步推广完善提供了建设性的研究成果。

9月22～23日 由中国社科院学部主席团主办、中国社会科学院新闻与传播研究所和瑞典隆德大学东南亚研究中心共同承办、丹麦哥本哈根大学北欧亚洲研究所和复旦大学北欧研究中心协办的中国社会科学论坛“第五届中国－北欧妇女与性别国际研讨会”在北京举办。来自中国、瑞典、挪威、丹麦、芬兰、加拿大、澳大利亚、印度尼西亚、印度等国家的传播学和性别领域的100多位学者、研究生、媒体记者、民间妇女组织代表出席会议。围绕“性别与传播：信息传播技术的使用、再现、发声与赋权”的主题展开了对话和讨论。

9月28日 全国妇联和联合国人口基金在北京联合举办了“反对针对妇女暴力高层论坛”。会议旨在分享全国妇联和联合国人口基金合作的反对针对妇女暴力项目成果，就反对针对妇女暴力方面需要重点关注的问题、反对针对妇女暴力立法中需要体现的相关内容进行研讨，为推动相关研究成果纳入反家暴立法视野提供参考依据。全国妇联书记处书记、中国妇女研究会秘书长、妇女研究所所长谭琳出席开幕式并讲话，联合国人口基金驻华代表处副代表巴素雅女士致辞。来自联合国驻华机构的代表，公安局、检察院、法院、司法局、卫计委、民政部门、国务院妇儿工委等政府部门的代表，以及来自北京大学、中国社会科学院等高校、科研机构的专家和妇联系统的代表、媒体记者70人出席会议。会上，18位专家围绕中国反家暴立法相关问题以及反对性骚扰、嫖宿幼女罪的立法和执法等问题进行讨论，分享了国外在医疗干预、机构设置、经费支持等方面的立法经验。

10月11～13日 延边大学举行“2014图们江论坛”国际学术会议女性分论坛，女性研究中心负责女性分论坛“女性的再生产健康与权利”，邀请16位中国各个高校、朝鲜金日成综合大学以及韩国梨花女子大学的知名女性学者发表学术论文，并进行深入交流。

10月18日 由中共山东省委宣传部、山东省社科联、山东省委党校、大众报业集团、山东社会科学院、山东广播电视台主办，山东女子学院妇女/性别研究与培训基地、山东省女性人力资源开发与管理研究基地、北京中经蓝山文化交流有限公司联合承办的“山东社科论坛——2014女性人力资源开发与管理暨女性生存与发展学术研讨会”在山东女子学院召开。山东省有关部门负责人、省内外专家学者200余人参加会议。与会者围绕会议主题，就性别平等理论、女性与社会发展、女性创业及女性文化等议题展开研讨交流。

10月20日　全国妇联妇女研究所与中国社会科学院人口与劳动经济研究所共同召开合作协议签约暨圆桌讨论会。全国妇联书记处书记、妇女研究所所长谭琳和中国社会科学院人口与劳动经济研究所党委书记张车伟正式签署全国妇联妇女研究所与中国社科院人口与劳动经济研究所的合作伙伴协议。这是国内两个一流研究机构充分发挥各自优势，创新合作机制，拓展合作领域，探索建立互利共赢、长期稳定的全面合作关系。双方一致同意，以两所机构组织和研究团队为基础，从合作研究和学术交流入手，在管理、科研和人才培养方面开展全方位合作，建立长期稳定的合作机制，促进相关领域的社会科学事业发展，为国家社会经济发展建言献策。会上，研究人员以三期中国妇女社会地位调查数据和社科院相关数据资料为主要基础，就高层人才、女性劳动参与、老年和婚姻家庭等议题的合作研究进行交流，达成多项合作研究议题，确立了合作团队并制订了初步的研究计划。

10月20~21日　中华女子学院中国妇女发展研究中心、性别与社会发展学院在北京举办“家庭政策与妇女发展”专题论坛。来自国家老龄委、全国妇联权益部、中国社会科学院、北京大学、清华大学、中国人民大学、南京大学、云南民族大学、全国妇联妇女研究所、中华女子学院等机构的专家学者约100人出席论坛，围绕家庭变迁与家庭政策、生育政策与生育保障、平衡工作与家庭，以及育儿政策和养老政策等议题展开讨论。

10月25日　全国高校首批妇女/性别研究与培训基地第六届建设会议暨高校知识女性发展研讨会在武汉大学召开。来自北京大学、厦门大学、中央民族大学、东北师范大学、云南民族大学与武汉大学等高校基地代表，以及非基地高校代表70余人出席会议，围绕女大学生、女研究生、女教师、女干部群体发展以及高校知识女性权利保障问题展开讨论。

10月30日　全国妇联和中国妇女研究会联合共建妇女/性别研究与培训基地的全国22所高校在京举办“高校预防和制止性骚扰机制研讨会”，就高校预防和制止性骚扰提出八项具体建议。全国妇联书记处书记、中国妇女研究会秘书长谭琳出席会议并讲话。全国妇联权益部、教育部教师工作司领导和22所高校的领导和代表50余人参会。会议由全国妇联妇女研究所和中华女子学院共同承办。

11月1日　由国家社会科学基金重大项目“世界性与本土性交汇：莫言文

学道路与中国文学的变革研究”课题组、首都师范大学中国女性文化研究中心、山东女子学院妇女/性别研究与培训基地、《山东女子学院学报》编辑部联合举办的“女性文化视野下的莫言创作研究”学术研讨会在山东女子学院召开。国家社会科学基金重大项目“世界性与本土性交汇：莫言文学道路与中国文学的变革研究”项目组成员、莫言先生的弟子们以及来自北京大学、南开大学、陕西师范大学、浙江师范大学、沈阳师范大学、佳木斯大学、山东大学、武汉大学、杭州师范大学、闽南师范大学、河南大学、中华女子学院、中国现代文学馆、中国教育报刊社、山东省社会科学院等高校及科研院所的专家学者和山东女子学院师生60余人参加会议，与会专家学者围绕会议主题从多个视角对莫言的创作和作品进行研讨。

11月7日 上海社会科学院性别与发展研究中心与上海市妇女学学会、上海市婚姻家庭研究会、《上海妇女》编辑部联合举办了“社会发展与性别影响力”理论研讨会暨新书发布会。“性别影响力”围绕政治、法律、社会、婚育、文化领域内的性别议题进行研究，就性别观变迁、生育政策评估以及“丁克”家庭的冷思考等主题展开论述。会议还就“社会发展与性别影响力”进行了理论研讨。

11月8日 “海峡两岸妇女/性别研究与社会发展”学术研讨会在厦门大学举行。全国台联汪毅夫会长应邀参会并发表主题演讲。来自海峡两岸17所高校的30余位专家学者参加会议，从历史学、经济学、社会学、教育学、法学、医学等多学科角度出发，围绕海峡两岸妇女/性别研究的最新进展与最新成果展开交流和研讨。

11月12日 由上海市妇联、上海市妇女学学会等联合主办的“妇联组织参与社会治理创新的理论、方法、实践——2014年上海市妇女理论研讨会”在上海市社会科学院举行。来自全国各地的专家学者、妇联干部以及社会人士代表等近200人参加会议。会上，上海社科院社会学研究所所长杨雄、上海大学副校长李友梅、全国妇联妇女研究所副所长杜洁、上海市妇联主席徐枫分别以“治理主体和社会活力：创新基层治理之关键”“新时期社会治理主体与社会组织体制若干思考”“治理体系能力现代化视域下的妇联组织：一个公共政策和社会资本的视角”“社会治理现代化视角：把妇联组织优势转化为参与治理优势”为主题与参会者进行交流。

11 月 15 ~ 16 日　全国妇联妇女研究所在北京召开第三期中国妇女社会地位调查研讨会。来自全国高校、科研院所和各地妇联组织的有关专家学者约 120 人参加会议。全国妇联书记处书记、妇女研究所所长谭琳出席会议，与会专家围绕经济与社会保障、健康与教育、婚姻与家庭、法律权益和政治参与、性别观念与生活方式、典型群体研究等领域的热点议题进行了充分的讨论。

11 月 19 日　上海市妇女学学会、上海市婚姻家庭研究会、华东师范大学妇女研究中心在华东师范大学共同举办“当代职业女性工作与家庭现状”学术研讨会。来自各高校和社科院研究机构的专家学者、妇女干部 40 余人参加会议，围绕“职业发展”“家庭现状”两个主题展开讨论。

11 月 22 ~ 23 日　北京师范大学哲学与社会学学院和德国罗莎·卢森堡基金会在北京联合召开“社会再生产的分析视角：性别与移民”国际研讨会。来自北京大学、北京师范大学、南京师范大学、中南民族大学、全国妇联妇女研究所、北京市社会科学院、德国罗莎·卢森堡基金会、德国哥廷根大学、澳大利亚悉尼大学等中外学者，以及部分从事女性农民工工作的 NGO 组织者参加会议。围绕社会再生产的概念讨论、性别观念和变化及流动的影响、家政工的劳动过程和组织化、中国妇女学的学科发展和移民政策研究四个议题展开交流和讨论。

11 月 25 日　中国妇女研究会在北京召开《中华人民共和国反家庭暴力法（征求意见稿）》专家座谈会，全国妇联书记处书记、中国妇女研究会秘书长谭琳主持会议，来自全国妇联权益部和宣传部、中国社会科学院法学所和新闻与传播研究所、中华女子学院、全国妇联妇女研究所、中国妇女报社等单位的专家学者近 30 人参会。与会专家积极肯定《反家庭暴力法（征求意见稿）》出台的重大意义，认为多个条款在维护中国妇女人身权利方面具有重大突破，并就进一步完善家庭暴力的立法提出具体建议。

12 月 3 ~ 4 日　中国妇女研究会在北京召开团体会员秘书长/联络员会议。来自 23 个省、自治区、直辖市的 66 个团体会员的近 80 位代表参会。全国妇联妇女研究所副所长肖扬代表全国妇联书记处书记、中国妇女研究会秘书长谭琳在开幕式上讲话。会议邀请中国法学会婚姻家庭法学研究会副会长、北京大学法学院马忆南教授做“妇女研究对法律政策制定和实施的影响”的专题报告。来自北京、上海、江苏、福建四省市妇女研究会代表交流了近年来的工作情况。中国妇女研究网和中国妇女研究会会刊《妇女研究论丛》编辑部负责同志分别介绍了中国妇女研究网和中国妇女研究会网站以及《妇女研究论丛》的相关内容。与会团体会员秘书长、联络员就进一步推动妇女研究工作进行了深入交流，对在新形势下搞好妇女研究的组织建设、创新运作方式、拓展工作内容等方面进行讨论，并提出建设性意见和建议。此次会议是中国妇女研究会第一次召开以研讨、交流研究会工作为主要内容的专门会议。

12月6日 福建省妇女理论研究会、福建省和谐社会研究会和福建省法学会婚姻家庭分会在福州联合举办福建省社会科学界2014年学术年会“家庭建设的时代意义与实现路径”分论坛，福建省各高校、省委党校的专家学者、政法工作者、各级妇联干部、论文作者、福建江夏学院师生150多人参加会议。与会人员围绕家庭建设与妇女发展展开了多学科、多领域和多层次的探讨。

12月17日 山东女子学院妇女/性别研究与培训基地与山东省婚姻法学研究会共同举办“《中华人民共和国反家庭暴力法（征求意见稿）》座谈会”，来自中国社会科学院法学研究所、中华女子学院等科研院所和高校的60余位专家学者参加会议，围绕《中华人民共和国反家庭暴力法（征求意见稿）》的立法的宗旨、立法的原则、家庭暴力的定义、处置机关、证据认定、立法的定位、人身保护令的设计、框架结构和文字表述等问题进行讨论，形成了《关于反家庭暴力法（征求意见稿）的修改意见》，并提交国务院法制办。

12月18日 《妇女研究论丛》编辑部在北京召开2014年编委扩大会议。20余位编委、媒介同行专家和妇女/性别研究专家参会，听取编辑部一年来的工作汇报，反思和讨论发展中存在的问题和挑战，进一步明确了未来发展方向。

12月19日 中国婚姻家庭研究会、中华女子学院中国妇女人权研究中心在北京举办“民法典体系下婚姻法律制度修改与完善研讨会”，来自高校、科研机构的研究者、法律实务工作者、政府部门和国际机构的官员以及妇联等部门的实务工作者80余人参加会议，为婚姻法的修改和民法典的编纂提供思路，贡献智慧，建言献策。

12月19日 海南省妇女儿童问题理论研讨会在海口市召开。来自全省社会各界关注妇女儿童问题、热心妇女儿童问题研究的专家学者、妇联干部和社会工作者，围绕“在法治海南建设中发挥妇联组织和妇女群众的作用”和“妇女就业创业、岗位建功”两个主题展开交流和讨论。

12 月 20 日　中国社会科学院法学研究所社会法研究室、性别与法律研究中心和中国法学会婚姻法学研究会在北京共同举办“《中华人民共和国反家庭暴力法（征求意见稿）》专家座谈会”。来自中国社科院法学研究所和国际法研究所、中国政法大学、中华女子学院、北京市警察学院、全国妇联、北京市青少年法律援助与研究中心等组织的专家学者以及法官、律师等实务工作者 30 余人参加座谈会。此次会议按照征求意见稿，先后就总则、家庭暴力的预防、家庭暴力的处置、人身安全保护裁定、法律责任、附则各章展开细致而深入的讨论。

12 月 20 ~ 21 日　由华东交通大学女性研究中心、江西省妇女研究会主办的“传统文化·女性发展”全国学术研讨会在江西省南昌市举行。来自北京大学、厦门大学、山东大学、武汉大学、南昌大学、江西师范大学等省内外高校、行政单位、社会团体、媒体行业的专家学者近百人参会。与会者围绕传统文化、女性发展和母亲教育的理论研究成果分享等议题展开研讨。此次学术研讨会上还宣布成立江西省妇女社会学研究会。

12 月 21 ~ 23 日　华东交通大学女性研究中心在江西省南昌市召开全国母亲教育年会。来自江西省内外的母亲教育专家，妇联、高校、企业代表、家长 50 余人参加会议，总结母亲教育事业的工作实践，探索母亲教育的途径，就如何贯彻落实全国母亲教育协会筹委会会议精神、推动母亲教育事业向全国普及深入发展展开讨论。

12 月 22 日　由北京市妇联和北京市社科联联合主办，北京妇女研究中心、北京妇女理论研究会、北京市婚姻家庭研究会、北京市家庭教育研究会、北京市法学会妇女法学分会、北京市家庭建设促进会共同承办的“妇女发展与家庭和谐”论坛在北京国际会议中心举办。论坛旨在以学术研讨形式推动新形势下有关妇女发展的理论研究和实践探索，努力营造有利于家庭和谐和性别平等的社会环境。来自各大专院校妇女问题研究机构的专家学者，各党派团体妇委会、女性团体和社会妇女组织的代表，北京市妇联所属各研究会成员单位以及各区县妇联 150 余人参加论坛。

2015 年

1 月 5 日　中国社会科学院性别与法律研究中心在北京举办“反家庭暴力立

法研讨会”。中国政法大学、北京师范大学、中国社科院法学所和国际法所、中国社会科学院法学所性别与法律研究中心等机构的专家学者和实务工作者以及中国社会科学院研究生院部分研究生参加会议。正在北京访问的宾夕法尼亚大学法学院 Amy Gadsden 博士及“全球妇女领导力倡导”机构的主任 Rangita De Alwis 博士也应邀参加了研讨。研讨会围绕《中华人民共和国反家庭暴力法（征求意见稿）》，从法律改革与法治发展、全球反家庭暴力立法经验、中国反家庭暴力立法进程等视角进行了深入讨论。

1 月 10 ~ 11 日　全国妇联妇女研究所与山东女子学院联合举办了“非政府妇女组织与消除性别歧视暨第四次世界妇女大会二十周年”研讨会。专家学者和山东女子学院师生 300 余人参加会议。与会人员从不同的领域与视角，深入探讨了中国推动男女平等的内涵建设、现状际遇与策略途径等问题。与会专家还就联合国审议报告的场景举行了现场模拟讨论会，并通报了联合国审议报告的主要意见。

1 月 20 日　湖北高校性别平等论坛成立大会暨“法律政策视域下的性别问题”学术研讨会在华中师范大学举行。湖北省妇联工作者和各高校专家学者近 200 人参加会议。与会学者围绕法治与性别平等关系、性别平等的制度缺失与构建、农村妇女土地权益及参与政策治理、性别平等中的特定女性问题四个议题进行交流和探讨。

3 月 10 日　全国妇联妇女研究所与中国传媒大学媒介与女性发展研究中心以国家社会科学基金重大项目“男女平等价值观研究与相关理论探讨”为平台，在北京联合举办了“大众传媒与男女平等价值观传播”座谈会，旨在回应媒体上有关“女汉子”“女神”等有关女性价值的讨论，进一步促进男女平等价值观的有效传播，大力弘扬社会主义核心价值观，全国妇联书记处书记、妇女研究所所长谭琳主持座谈会。会议邀请中国社会科学院、北京大学、中国人民大学、中华女子学院等高校和科研机构的专家学者，中央电视台、《光明日报》及北京人民广播电台等各类媒体工作者以及全国妇联宣传部、权益部、中国妇女杂志社等部门和单位负责同志，重点围绕近期电视、网络等媒体中涉及男女平等价值观的问题进行了讨论和交流。

3 月 10 日　陕西省委党校妇女研究中心与西安工业大学联合在陕西省委党校举办了“黄克功案件反思与妇女权益”纪念第一个国家宪法日主题活动。陕西省委党校领导及校内外教师 70 余人参加活动。

3 月 20 日　由中华女子学院和联合国教科文组织“媒介与女性”教席在中华女子学院共同举办了“性别平等与媒介责任”研讨会。来自中华全国新闻工作者协会、中国社会科学院、全国妇联妇女研究所、北京大学、中华女子学院、中国传媒大学、《中国妇女报》、凤凰卫视、网易等单位的 60 余位专家学者参加会议，围绕“性别平等与媒介责任”主题进行发言和交流。

4 月 16 日　长征女红军红一方面军编研座谈会在北京召开。长征女红军红一方面军编研由中国延安精神研究会李铁映会长提议，全国妇联主席沈跃跃专门批示，全国妇联副主席、书记处第一书记宋秀岩指示，全国妇联妇女研究所具体承担课题研究。此次会议旨在共同讨论如何挖掘搜集长征女红军史料，交流学界关于长征及女红军研究的最新动态，提供相关史料和人物线索，以期更好地完成长征女红军红一方面军编研课题。来自中共中央党史研究室、中国人民解放军国防大学、军事博物馆、中国延安精神研究会、优生优育协会、全国妇联妇女研究所、中华女子学院等单位的专家学者近 20 人出席会议。与会专家围绕女红军史料搜集、学术研究动态、研究视角和方法等问题展开讨论和交流。

4 月 21 ~ 30 日　国家民委与全国妇联在中央民族干部学院联合举办了第二期全国少数民族高级女专家科研工作与人才成长研修班，旨在深入贯彻落实党的十八大以来的重大路线、方针、政策，进一步发挥少数民族女专家在国民经济与社会发展中的重要作用，凝聚各民族妇女共筑团结梦、发展梦、中国梦。来自内蒙古等民族八省区、武陵山片区四省市、国家民委所属高校和文化事业单位的 16 个民族的 45 位学员参加培训。研修班针对女专家的需求和特点，组织安排了介绍其各自专业领域情况和成长经历的学员论坛、共同探讨“女性人才的成长与使命”的分组讨论和参观中国妇女儿童博物馆的实践教学等环节，帮助大家进一步坚定理想信念、增强大局观念；加强对国家民族理论政策的理解，对国家科技发展形势和专业技术人才管理的思考；强化社会性别意识，共促平等发展。

5 月 21 ~ 22 日　北京大学中外妇女问题研究中心、香港中文大学性别研究中心/性别课程中心、韩国启明大学女性研究所在北京大学联合主办“北京世妇会 +20：我们在行动”学术研讨会。来自中国大陆、港澳台地区以及韩国、美国的 60 余位学者出席研讨会。与会专家学者分别从女性与法律、女性与就业、女性与家庭、女性与暴力、女性与政治、女性与健康、女性与体育、性别与性、老年女性、女权主义方法论、性别平等观念等多个领域回顾了联合国第四次世界妇女大会召开20年来妇女地位的改善，探讨了当今男女平等面临的现实挑战以及今后妇女发展的方向。

5月23日　上海市妇女学学会、上海外国语大学国际妇女儿童研究交流中心和上海外国语大学国际关系与公共事务学院在上海外国语大学共同举办“纪念第四次世界妇女大会20周年暨妇女问题国别研究论坛”。有关方面领导、专家学者以及研究生等100余人出席论坛。与会者从国际视野、法规政策、社会性别等多维视角探讨当下妇女发展的状况，从历史唯物主义的视角就“女权”“当代中国新女权主义”“美国女性主义”“男女平等基本国策”展开交流。

6月2日　国家社会科学基金特别委托项目“中国特色社会主义法治体系建设中的妇女权益保障研究”项目开题会在京举行。全国妇联党组书记、副主席、书记处第一书记，项目首席专家宋秀岩出席会议并作重要讲话。会议由全国妇联书记处书记、妇女研究所所长谭琳主持。来自全国人大常委会法工委社会法室、国务院法制办社会管理司、国务院妇儿工委办公室、最高人民法院刑一庭及全国妇联权益部、组织部等相关部门的负责同志和来自北京大学、中国政法大学、中华女子学院、中国人民大学、全国妇联妇女研究所及天达律师事务所等高校、科研机构、律所的专家学者等50余人参加会议。与会人员围绕“四个全面”的重大战略布局，从保障和维护妇女权益的理论和现实出发，就课题的研究方向、逻辑思路、主要内容、重点难点、方法路径及预期目标进行讨论。

6月3日　上海市妇联、上海市妇女学学会等单位在上海图书馆共同举办“互联网+：聚起女性创业磅礴力量”论坛。来自互联网创业大咖、创业新秀、怀揣创业梦想的大学生、女性创业研究者、政府相关部门（机构）和妇女干部等200余人参加论坛。论坛从理论与实践结合上提出，“互联网+”给“她”发展带来新契机，“互联网+”让“她”经济独占优势，“互联网+”助推“她”创业。

6月12～13日　以“立足新常态，共创新未来”为主题的“2015首届京津冀精英女性论坛”在天津隆重举行。论坛由北京市妇女联合会、天津市妇女联合会、河北省妇女联合会、北京日报报业集团、天津日报传媒集团、河北日报报业集团联合主办。论坛以女性视角，建言京津冀协同发展，汇聚获得京津冀地区各行业顶端荣耀的200余名精英女性，她们从自身经历出发，就“女性引领更加美好的世界”等议题展开了一场兼具广度和深度的分享和讨论。论坛在总结成果的同时，以女性的视角为京津冀协同发展建言献策，并就经济、健康、生活、女性领导力等话题进行探讨。现场分别以“女性引领更加美好的世界”、“京津冀区域女性共谋发展”、“互联网＋她创业”为主题进行了分组讨论。同时，“年度时代风尚女性”“年度创新力女性”“年度优秀女企业家”“年度影响力女性”“最受女性欢迎品牌”五个奖项的获奖者也在此次论坛中揭晓。

6月16日　《妇女研究论丛》编辑部邀请有关专家学者，召开“历史·现实·未来——中国妇女/性别研究理论20年回顾与展望”座谈会，总结回顾20年来中国特色妇女/性别理论的发展历程，搭建平台，促进学界进一步探讨中国妇女/性别理论研究的重大议题。

6月16~17日　中国社会科学院性别与法律研究中心在北京举行“中国司法体制改革中的社会性别主流化”研讨会。来自全国人大、最高人民法院、湖北省宜昌市中级人民法院、浙江省温州市法院和检察院、北京市延庆县法院以及中国政法大学、中华女子学院、国家法官学院、国家检察官学院、西北工业大学、中国社会科学院法学研究所及国际法研究所的近30位专家参加研讨会，围绕“中国司法体制改革的现状与发展趋势”、“中国司法体制改革中的社会性别主流化问题”及“法学教育与司法体制改革”3个议题展开讨论。

6月26日　上海市妇联、上海工程技术大学、上海市妇女学学会、上海市婚姻家庭研究会在上海工程技术大学共同举办“上海工程技术大学妇女研究中心成立暨女性发展与社会治理”论坛研讨会。有关方面领导、各妇女研究中心负责人、专家学者、研究生共100余人出席会议，围绕“女性发展与社会治理”主题，就“妇联及女性社会组织在社会治理中的作用”“上海基层社区女性利益诉求与回应机制”“上海市社会保障政策及实施过程中的性别平等”“女性社会组织在社区养老服务中的作用”等议题进行探讨。

7月3~4日　浙江敦和慈善基金会、汕头大学文学院妇女研究中心、四川大学民政部国家社会工作专业人才培训基地、四川大学－香港理工大学灾后重建与管理学院共同发起举办了“社会性别视角下的灾害管理研讨会”，来自妇女/性别研究、实践领域及灾害管理机构/项目的40名嘉宾进行了专题演讲、经验交流及现场讨论。

7 月 10 日　全国妇联妇女研究所在北京举办“新形势下完善生育保险制度面临的机遇和挑战”专家座谈会。全国妇联书记处书记、妇女研究所所长谭琳主持会议并讲话。来自国务院妇儿工委办公室、人力资源和社会保障部医疗保险司、社会保障研究所、劳动科学研究所、全国妇联权益部、中国社会科学院人口与劳动经济研究所、中华女子学院和全国妇联妇女研究所的 20 多位专家学者参加了此次座谈会。与会专家围绕协调推进“四个全面”的大局，针对各地生育保险出现的新情况、新问题，从性别视角深入探讨了完善生育保险制度面临的机遇及实施中面临的问题和挑战，从不同学科视角提出了值得深入探讨的问题和建议。

7 月 11～12 日　在第 25 届中国社会学年会上，中国社会学会性别社会学专业委员会、北京大学社会学系在湖南长沙联合举办“世妇会 20 年：性别社会学研究的回顾与展望”分论坛，28 位发言人就性别社会学的有关理论与实证问题进行了探讨。

7 月 30 日　北京市妇联、北京市社科联在国家会议中心联合举办“妇女发展与社会进步暨纪念’95 世妇会召开 20 周年”专题论坛。全国妇联党组副书记、副主席、书记处书记孟晓驷，北京市委副秘书长刘宇辉出席论坛并致辞。来自高校科研机构、党派团体妇委会、行业女性团体、各级妇联组织的妇女问题专家和工作者以及部分驻华使馆、机构和留学生代表等 300 多名中外嘉宾出席论坛。论坛呼吁在全社会进一步大力宣传北京妇女事业发展取得的辉煌成就，动员社会各界为促进妇女全面发展再出发、再行动，倡导掀起贯彻落实男女平等基本国策的新高潮。

8 月 21～22 日　天津师范大学性别与社会发展研究中心/妇女与性别研究培训基地与韩国圣公会大学东亚研究所共同在韩国圣公会大学举办了第三届韩中性别研究会议——“人口、身体、场所——少子化时代的韩、中、日人口政策与性别”。中心/基地的成员杜芳琴、李红、张莉、崔鲜香、王向贤等参加会议，与韩国和日本的 8 位学者就会议主题通过研究报告、研讨等方式进行了学术交流。

8 月 23 日　中国妇女研究会第四届会员大会在京召开。全国人大常委会副委员长、全国妇联主席沈跃跃当选中国妇女研究会第四届会长，并作重要讲话。十一届全国人大常委会副委员长、全国妇联原主席、中国妇女研究会第三届会长陈至立做工作报告。全国妇联党组书记、副主席、书记处第一书记，中国妇女研究会副会长宋秀岩主持会议。大会审议并通过了《中国妇女研究会章程（修正案）》，产生了新一届理事会和团体会员。会议还向第三届中国妇女研究优秀成果、优秀组织获奖代表颁发了证书，并启动了“新世纪中国妇女研究成果展”。

8月24～26日　中国妇女研究会办公室面向新一届理事，与中国传媒大学妇女/性别研究与培训基地联合举办了主题为“新媒体环境下的妇女研究和妇女工作”理事研训班，旨在贯彻落实习近平总书记在党的群团工作会议上的重要讲话精神，按照沈跃跃会长在中国妇女研究会第四届会员大会上的讲话要求，配合妇联构建网上网下相互促进、有机融合的工作新格局，提升中国妇女研究会理事的媒体意识和媒体运用能力，扩大妇女研究和妇女工作的社会影响力，推动妇女研究和妇女工作的创新发展。全国妇联书记处书记、中国妇女研究会副会长兼秘书长谭琳出席开班仪式并讲话，中国妇女研究会副会长张李玺主持开班仪式。来自人民网等权威媒体和中国传媒大学、中华女子学院等高校的知名专家从新媒体与性别平等的角度，围绕当前网络舆论生态及舆情应对、1995年世妇会以来性别平等与媒介传播的进展、女性媒介素养的提升、新媒体环境下电视制播与内容呈现、媒介呈现中性别歧视的研判等专题进行了生动、精彩的理论讲座与实践案例的研讨。中国妇女研究会理事、全国妇联相关部门代表、各民主党派妇委会代表150余人参加了研训班。

8月25～27日　由中国人口与发展研究中心、中央党校妇女研究中心、陕西省委党校在陕西西安共同举办“社会性别研讨暨党校师资培训班”。研训班以修订性别歧视的村规民约为线索，把社会性别理论和实践相结合，大家共同参与探索社会治理的方向。来自全国23个省（区、市）的各级党校、高校、研究机构、党政机关及妇联的50余名代表参加。研训班得到了联合国人口基金第七周期项目组支持。

8月31日　上海市妇联、弗里德里希·艾伯特基金会、上海市婚姻家庭研究会在上海联合举办了“家庭护理假与职业发展”专题研讨会。来自中德两国的专家以及从事家庭护理的实践者、妇女干部30余人参加会议。会上，德国联邦家庭、老人、妇女和青年事务部“家庭护理假、亲属长期护理”处处长克里斯蒂娜·史度本博士，华东师范大学社会发展学院社会工作系、人口研究所所长黄晨熹教授，上海市社会学学会秘书长张钟汝教授，上海静安区清风老年护理服务社方佩儿社长分别做了“兼顾家庭护理与职业发展的法律框架——来自德国的经验”“家庭照顾者支持政策：问题和挑战”“居家护理的需求与回应”“当前居家护理社会支持的思考”的主题发言。

9月11日 全国妇联权益部和妇女研究所在北京共同举办了新形势下维护妇女权益专家座谈会，分享目前妇女维权工作的积极进展，交流新形势下进一步维护妇女儿童权益的意见和建议。来自中国社会科学院、北京大学、中国人民大学、中国政法大学、中华女子学院、中国婚姻家庭研究会、北京青少年法律援助与研究中心等高校、科研机构和妇女社会组织的近30位专家学者参加会议。全国妇联书记处书记谭琳同志主持座谈会，与专家学者深入交流，听取意见建议。

9月15日 上海市妇女学学会、上海市妇联等单位在上海市科学育儿基地共同举办第五期“她视界妇女研究论坛（2015）——探索：性别平等推进策略”。来自驻沪领馆、高校、性别研究领域的知名专家、妇女干部、社会人士等60余人参加论坛。会上，美国驻上海总领事馆经济官员邵蔼帝女士、上海市妇女干部学校校长葛影敏、上海外国语大学印度籍教授英迪拉、复旦大学副教授沈奕斐、上海市妇联研究室主任李苏华、复旦大学副教授许晓茵分别介绍了国外以及中国港澳地区的性别平等在法规政策中的体现。上海大学教授邓伟志等4位上海性别研究领域的知名学者也在借鉴国内外经验的基础上，与与会者共同探讨上海进一步推进性别平等的路径。

9月15～17日 第八届亚洲女性论坛在天津召开，来自18个国家和地区以及12个省区市的400位中外嘉宾出席会议。全国妇联书记处书记兼妇女研究所所长谭琳在论坛开幕式上致辞。亚洲女性论坛是亚太地区规模大、层次高、具有国际影响力的女性盛会。本届论坛主题为“凝聚女性力量，促进亚太繁荣”，中外嘉宾围绕推进京津冀协同发展、社会进步与女性贡献等专题进行了深入探讨，有13家机构达成合作意向。

9月19～20日 由东北师范大学妇女/性别研究与培训基地与延边大学妇女/性别研究与培训基地联合举办的“女性教育与社会地位”国际学术会议在延边召开。来自韩国梨花女子大学、朝鲜金日成综合大学及国内其他高校近30位学者参加了会议。与会学者共同探讨了图们江区域各个国家正在进行的有关女性教育的内容、形式、存在的问题等，集中研讨了女性教育与女性社会地位之间的关系。

9月　陕西省妇女理论婚姻家庭研究会举办了“性别平等让公益更有效·北京+20：中国民间公益慈善妇女峰会”。国内公益慈善领域中的女性领导者、与会相关领域专家学者及其他社会各界人士90余人参加了本次会议。会议回顾北京，95世妇会举办20年来，妇女与民间公益组织的成长与发展，探讨了公益与社会性别发展的问题，推动公益慈善行业中的社会性别平等。围绕公益中的女性视角、公益行业中社会性别现状和挑战、让公益慈善具有性别视角这三个议题，与会嘉宾展开了精彩的发言及讨论，回顾、思考了民间组织在这20年间的行动、作用、存在的问题及下一步的行动。

10月9日　中国传媒大学媒介与女性研究中心在北京举办了联合国教科文组织媒介与女性教席十周年论坛。来自联合国教科文组织、中国社会科学院、北京大学、清华大学、中国传媒大学、中华女子学院、全国妇联妇女研究所、《中国妇女报》、天津市妇联、社会科学文献出版社等单位的100余位专家学者参加会议，围绕全球视野中的新闻教育、性别传播的研究与实践、新媒体时代的性别话语等主题进行了交流探讨。此次论坛上还举行了《联合国教科文组织新闻教育课程模板》和《媒介与女性蓝皮书：中国媒介与女性发展报告（2013～2014）》蓝皮书发布会。

10月13～14日　全国妇联和中国妇女研究会在北京共同举办了“纪念北京世妇会20周年深入贯彻男女平等基本国策论坛”。论坛旨在纪念北京世妇会20周年，学习贯彻习近平总书记在全球妇女峰会上的重要讲话精神，推动男女平等基本国策贯彻落实和妇女事业全面发展。全国人大常委会副委员长、全国妇联主席、中国妇女研究会会长沈跃跃出席论坛并作重要讲话，九届全国人大常委会副委员长、全国妇联原主席彭珮云出席会议，全国妇联党组书记、副主席、书记处第一书记、中国妇女研究会副会长宋秀岩主持论坛。全国妇联书记处在京领导、中国妇女研究会领导、全国妇联各部门和直属单位负责人、各省区市妇联和妇女研究会负责人、有关政府部门的领导、非政府组织代表及妇女研究的专家学者400余人参加会议。论坛期间，与会人员集体参加了国务院妇儿工委和全国妇联联合在人民大会堂举办的“纪念北京世妇会20周年深入贯彻男女平等基本国策大会”。

10 月 15 日　南京师范大学金陵女子学院和南京师范大学妇女/性别研究与培训基地联合举办了“女性·发展·领导力”论坛，来自中外政界、学界、企业界的近百名优秀女性参加会议。中外组织和学者就各自所处环境，对女性领导力的现状进行了研究成果介绍，共同探讨了女性领导力的培养、发展和未来走向。

10 月 15～18 日　由中国人力资源开发研究会女性人才研究会主办，广西壮族自治区妇联、广西妇女理论研究会、广西女性专业技术人才联谊会承办的 2015 年全国女性人才发展论坛在南宁举办。论坛主题为“新时代女性之梦——女性人才发展”。来自全国女性人才研究会以及广西、江苏、重庆、四川、河南、上海等地的女性人才研究会、妇女学会代表、妇联主席、妇女理论研究学者 180 余人参加会议，围绕会议主题，对互联网与女性人才发展、基层建设与妇女培训、女大学生创业、女性人才队伍建设、职业女性发展、女性人才发展与法律保障、女性与养老服务、妇女与婚姻家庭等 8 个专题进行了深入研讨。

10 月 16 日　湖南省妇女学研究会、中共湖南省委党史研究室和湖南省社科联在溆浦县联合主办纪念向警予同志诞辰 120 周年座谈会暨学术研讨会，向警予同志亲属代表、专家学者代表、相关单位代表、离退休老同志及女性先进人物代表近百人参加会议。与会人员围绕向警予同志的思想和生平进行了研讨交流。

2014 年 10 月 16～17 日　由中国妇女研究会妇女教育专业委员会主办，中华女子学院、四川省妇女干部学校承办的中国妇女研究会妇女教育专业委员会第七届年会暨教育公平与妇女发展研讨会在四川省成都市召开。来自全国的 120 余名代表参加了会议。与会者围绕“高等教育公平与妇女发展”“继续教育公平与妇女发展”“家庭教育与妇女发展”3 个议题展开研讨。

10 月 17 日　由山东省社科联、山东女子学院主办，山东省高校“十二五”女性人力资源开发与管理研究基地、山东女子学院妇女/性别研究与培训基地承办，北京中经蓝山文化交流公司、山东女子学院学报编辑部协办的“山东社科论坛——2015 女性生存与发展暨纪念北京世妇会 20 周年研讨会”在山东女子学院召开，会议主题为学习贯彻习近平主席在全球妇女峰会上的重要讲话精神，纪念北京世妇会 20 周年，为推动男女平等、促进妇女发展建言献策。来自全国妇联妇女研究所、北京大学、厦门大学、华东交通大学、山东师范大学、济南大学等高校及科研院所的专家学者和师生代表150余人参加会议并进行了交流和研讨。

10月28日　由上海市妇女儿童工作委员会、上海市妇联主办，上海市妇女学学会等单位承办的“上海市纪念北京世妇会20周年贯彻落实男女平等基本国策大会”在上海科学会堂举行。专家学者、妇女干部200余人出席大会。此次会议从妇女理论研究、妇女规划实施、妇女发展状况以及对外国际交流等4个维度回眸20年来男女平等基本国策推动和落实的历程，总结了上海的实践经验，提出了具体措施。

11月24日　由上海市妇女学学会、上海女子教育联盟、上海开放大学女子学院联合在上海开放大学共同举办了“互联网+与女性教育”研讨会。上海市妇女理论专家、从事终身教育的工作者及妇女干部60余人参加研讨会。来自上海开放大学、上海师范大学、上海社会科学院、沪江网、思来氏信息有限公司的专家、学者和实践者围绕女性终身教育的探索和思考、学习者的性别差异表现、互联网女性教育的机遇及其提升空间、“互联网+”形势下的女性教育与创业等与与会者进行交流。

11月26日　由上海市妇女学学会、上海市婚姻家庭研究会、同济大学妇女研究中心在同济大学联合举办“女性·创新·未来”2015上海妇女理论研讨会。来自上海市妇联及各区妇联、上海市各高校妇工委、妇女研究中心的专家学者40余人出席研讨会。与会者就“科创中心建设视野下的科技女性人才成长环境分析及对策建议”“构建女性创新人才的服务平台”“上海城市未来发展中的女性智慧作用发挥研究”“创建高端女性人才工作室”等议题展开讨论，共同探讨上海女性在科创中心建设及创新产业发展中的作用及其相关问题。

11月　陕西省妇女理论婚姻家庭研究会与陕西师范大学女性学术中心合作开办了“女性学术沙龙”双月系列讲座。

11月27日至12月2日　国家民委与全国妇联在中央民族干部学院联合举办了第7期全国少数民族女干部培训班。来自30个省区市和新疆生产建设兵团的42名少数民族妇女干部参加此次培训。培训班重点学习党的十八届五中全会精神、习近平总书记的治国理政思想、中央民族工作会议精神、少数民族和民族地区的经济社会发展、性别平等与妇女发展、性别文化对女性人生的影响、职业女性形象设计、提升领导胜任力、互联网信息传播的社会影响等内容，并就“如何提升领导力”开展研讨，围绕“如何提高少数民族女干部综合素质，充分发挥女干部作用”等主题举办学员论坛。

12 月 4 日　“现代家庭建设研究”多边研讨会暨复旦大学家庭发展研究中心成立仪式在复旦大学举行。来自北京及上海的家庭理论专家、政界、商界和社会各界人士 50 余人出席会议。研讨会以主旨演讲、多边研讨、多边讨论的形式探讨现代化和现代性的中国家庭变迁，提出应注重家庭、注重家教、注重家风建设，打造建设现代家庭智库。

12 月 5～6 日　全国妇联妇女研究所和中国社会科学院人口与劳动经济研究所在北京联合举办了 2015 年“中国妇女社会地位调查研讨会”。研讨会主题为“'95 世妇会以来中国经济社会发展与妇女地位变迁”，全国妇联书记处书记、妇女研究所所长谭琳，中国社会科学院人口与劳动经济研究所所长张车伟出席会议并致辞。来自全国各地高校和科研院所的专家学者和妇联组织的代表 100 余人围绕“性别平等 20 年回顾与展望”“互联网时代的妇女发展”“劳动力市场的性别平等”“家庭与妇女发展”“妇女的政治参与”“性别平等与价值观念”“社会性别与老龄化”等专题展开交流和讨论。本次研讨会还专门设立了青年论坛和论文展板，鼓励青年学者踊跃参与。

12 月 10 日　由中国妇女研究会妇女教育专业委员会、中华女子学院、中共湖南省委党校、湖南省妇女联合会、湖南省青年社会科学工作委员会共同主办，湖南省妇女干部学校承办的中国妇女研究会妇女教育专业委员会“纪念北京世妇会 20 周年学术研讨会暨全国妇干校校长论坛”在湖南长沙召开。来自全国的百余名代表参加了会议，学者围绕女性的教育培训、女性权益保障、性别文化与女性发展等主题展开了研讨。

12 月 12 日　福建省妇女理论研究会、福建省社会学会、福建省和谐社会研究会在福州联合举办了福建省社会科学界 2015 年学术年会“‘四个全面’与社会公平发展”分论坛，全省各高校、省委党校的专家学者、各级妇联干部，福州大学师生 200 多人参加会议。会议围绕社会政策公平与社会治理创新、男女平等与性别和谐发展、社会工作与社会福利 3 个议题进行了交流研讨。

学者简介

董丽敏　女，1971 年 4 月生，汉族，2002 年毕业于复旦大学，获文学博士学位。现为上海师范大学人文与传播学院教授，美国哈佛大学东亚系访问学者，入选教育部新世纪优秀人才支持计划（2011）、上海市曙光计划（2008），并获得 2014 ~ 2015 年度上海市“三八红旗手”称号。兼任中国当代文学研究会女性文学委员会副主任委员兼秘书长、中国妇女研究会理事、上海市婚姻家庭研究会理事、北京市人文社科重点研究基地“中国女性文化基地”特聘研究员等。

主要从事 20 世纪中国女性文学/文化研究、传播媒介与 20 世纪中国文学等领域的研究。开设“妇女研究导论”“性别政治与 20 世纪中国文学”“20 世纪中国女性文学研究”等课程。在《文学评论》等学术期刊发表论文 60 余篇，出版《性别、语境与书写的政治》等 3 部专著，合著《女性文学教程》等 5 部著作，获得包括教育部高等学校科学研究优秀成果奖（人文社会科学）在内的科研奖项 5 项，主持包括国家哲学社会科学基金项目在内的科研项目近 10 个。

风笑天　男，1954 年 7 月生，汉族，1982 年毕业于华中师范大学数学系，获理学学士学位，1990 年毕业于北京大学社会学系，获法学博士学位。现为南京大学社会学院教授，博士生导师。兼任国家社会科学基金社会学评审组成员、北美华人社会学协会（NACSA）中国大陆协调人、中国社会学会常务理事等。1993 年获国务院特殊津贴。

主要从事社会研究方法、青年社会学、家庭社会学、人口社会学、中国独生子女问题等研究。开设社会研究方法、青年社会学等课程。作为负责人承担国家社会科学基金重大项目 1 项、国家社会科学基金重点项目 1 项、国家社会科学基金一般项目 3 项；教育部社会科学基金重大攻关项目 1 项、教育部社会科学基金一般项目 2 项；国外基金项目 2 项、国际合作项目 4 项等；出版独著、合著以及主编、主译著作、教材 30 多部，参编 20 多部；在《中国社会科学》《社会学研究》《教育研究》《人口研究》等学术刊物上发表唯一作者和第一作者论文 140 余篇。获得 10 项省部级科研成果奖。

郭夏娟　女，1956 年 6 月生，汉族，2003 年于浙江大学人文学院哲学系毕业，获博士学位。现为浙江大学公共管理学院教授，浙江大学妇女研究中心副主任，博士生导师。兼任浙江省行政管理学会常务理事。获“全国维护妇女儿童权益先进个人”荣誉称号。

主要从事女性主义理论、性别政治与政策、女性政治参与、性别预算、公共行政伦理等领域研究，长期开设“伦理学”、“行政伦理学”、“行政管理学”、“西方政治学经典著作选读”（双语）、“女性主义政治学”等课程。公开发表中英文学术论文数十篇，其中，在 *The China Quarterly* 等国际著名刊物和国内妇女/性别研究知名刊物《妇女研究论丛》上发表性别研究论文多篇。出版《公共行政伦理学》《为正义而辩：女性主义与罗尔斯》等学术专著 6 部，主编教材 3 本，译著 3 本。获多项省部级以上科研成果奖；主持国家、省部级科研项目十余个，承担各级政府部门委托项目十余个。

计迎春　女，1975 年 2 月生，先后毕业于南京大学、加拿大维多利亚大学和美国北卡罗来纳大学教堂山分校社会学系，并在该校的北卡人口中心接受过 5 年的人口学训练，其后在北卡大学教堂山分校、新加坡国立大学亚洲研究院和上海大学社会学院从事研究、教学工作。现为上海市高校东方学者特聘教授，上海大学教授、博士生导师，同时担任国际华人社会学会理事和上海市老年学会副会长。

主要研究领域包括家庭社会学、社会人口学、性别研究和社会学、医学交叉学科研究，在方法取向上包括定量研究和定量、质性混合研究方法。先后担任过 *Journal of Marriage and Family*，*Chinese Sociological Review* 等期刊的客座主编。在 *Journal of Marriage and Family*，*Sex Roles*，*Temporalités*（法文期刊），*Journal of Family Issues*，*Population Studies*，*Chinese Journal of Sociology*，*Chinese Sociological Review* 等期刊发表过多篇学术论文。目前，除了实证研究之外，主要致力于人口学、家庭研究以及性别研究领域理论的本土化研究。

蒋美华　女，1971 年 1 月生，汉族，1998 年毕业于南京大学，获博士学位。

现为郑州大学公共管理学院教授，社会工作系主任，MSW 教育中心负责人，硕士生导师。获河南省百名优秀青年社科理论人才、河南省高校科技创新人才(人文社科类)、河南省青年骨干教师、河南省优秀妇女理论工作者、河南省大学生课外学术科技作品竞赛优秀指导教师等荣誉称号。兼任中国社会工作教育协会妇女社会工作委员会副主任委员、中国社会工作学会理事、中国社会学会理事、河南省社会工作教育协会副会长、河南省社会学会常务理事、河南省妇女研究会副秘书长、郑州社会工作协会副会长、郑州市社会学会副会长、郑州大学社会性别研究中心主任、全国职业院校民政职业技能大赛社会工作者实操技能竞赛国家裁判员等职。

主要从事社会性别与社会发展、社会工作与社会治理等方面的研究。开设“妇女社会工作”“社会性别与社会发展”等课程。发表学术论文 90 余篇，独著、合著学术著作 9 部，主持国家社会科学基金、教育部、省社会科学等项目 20 余项，科研成果多次获得河南省人文社科优秀成果奖。指导学生的论文作品曾获全国挑战杯总决赛二等奖。

焦杰　女，1964 年 12 月生，汉族，1985 年毕业于河南大学历史系，获历史学学士学位；1988 年毕业于陕西师范大学，获历史学硕士学位；2010 年毕业于陕西师范大学，获历史学博士学位。现为陕西师范大学历史文化学院教授、博士生导师，兼任陕西师范大学女性研究中心常务副主任、中国民主促进会陕西师大总支部委员、陕西省妇女研究会理事。

主要从事中国古代文化史与妇女史研究。开设社会性别与妇女发展通识课程，主讲社会性别历史文化问题、中国古代史、目录版本学、文化史专题讲座、古代民间信仰等多门课程。发表学术论文 50 余篇，独著学术著作 2 部、论文集 1 部。主持国家社会科学基金项目、教育部项目 2 个。在《中国史研究》《南开学报》《厦门大学学报》《妇女研究论丛》《陕西师范大学学报》等核心期刊发表历史性别文化、女性生活和妇女解放与发展等方面的论文 30 余篇。

李玲　女，1965 年 8 月生，汉族，1997 年毕业于苏州大学，获博士学位，1999 ~ 2001 年在南京大学从事博士后研究，2009 ~ 2010 学年为美国哈佛大学访问学者。现为北京语言大学人文学院教授、博士生导师、校学术委员会委员。兼任中国当代文学研究会女性文学委员会副主任委员、冰心研究会副会长、中国老舍研究会副会长、中国茅盾研究会副会长。

主要从事中国现当代文学研究、性别文化研究、知识分子研究。开设中国现当代女性文学专题、性别文化专题、中国现当代文学的性别与叙事等课程，主讲中国现当代文学男女作家创作中的性别意识问题。在《文学评论》等刊物发表学术论文80多篇，其中2篇论文被《新华文摘》全文转载。独立出版学术著作《中国现代文学的性别意识》《书生邓拓》等。主持国家社会科学基金项目“中国现代文学的性别主体建构”等。曾获1999～2000年江苏省哲学社会科学优秀成果三等奖（2001）、第二届中国女性文学奖（2003）、第二届中国妇女研究优秀成果论文类三等奖（2009）、北京市优秀教师奖（2013）等。2004年在中央电视台“百家讲坛”做“想象女性——男权视角下的女性形象”“作家笔下的婚姻生活”2场学术讲座。

林建军　女，1968年8月生，汉族，1993年毕业于中国政法大学，获法学硕士学位，中国政法大学人权专业在读博士研究生。现为中华女子学院法学院教授，中华女子学院妇女人权研究中心执行主任，硕士生导师。获全国“五五”普法中期先进个人、2013年全国维护妇女儿童权益先进个人称号。兼任中国法学会婚姻法学研究会秘书长、常务理事，中国婚姻家庭研究会副秘书长、常务理事等职务。

主要从事婚姻家庭继承法、妇女法、妇女人权等研究。开设“婚姻家庭继承法”“妇女法”“妇女人权”等课程。在《中国法学》《妇女研究论丛》等核心期刊发表学术论文30余篇，独著专著1部、主编/副主编学术著作13部，主编/副主编教材4本。荣获中国法学会婚姻法学研究会2014年优秀科研成果论文类一等奖、2015年第三届中国妇女研究优秀成果论文类一等奖等近10个科研成果奖。主持国家社会科学基金1项、国家社会科学基金重大课题子课题1项，主持省部级等课题及承担中央有关部门委托项目等13个，参与国家社会基金等课题20余项。

刘爱玉　女，1964年5月生，汉族，2003年获北京大学社会学系法学博士学位。现为北京大学社会学系教授、北京大学社会调查研究中心主任，博士生导师。曾获北京市第九届哲学社会科学优秀成果著作一等奖（2006）、北京大学第十二届“十佳教师”（2007）、教育部高等学校科学研究优秀成果著作三等奖（2009）。兼任中国社会学会性别社会学专业委员会、劳动社会学专业委员会副主任、理事等职务。

主要从事劳动社会学、经济社会学、组织社会学、性别与劳动、人力资源开发与管理方面的研究。近年来承担多项国家社会科学基金、教育部人文社会科学博士点基金及世界银行贷款公路、水库及环保项目的移民安置、社会影响评估、雇主品牌与传播等项目的研究。主要学术著作有《劳动社会学教程》《选择：国企变革与工人生存行动》《SPSS 基础分析教程》。多篇论文在《中国社会科学》《社会学研究》《社会》《中国行政管理》《妇女研究论丛》等期刊发表。

刘传霞　女，1965 年 12 月生，汉族，1986 年毕业于华东师范大学，获学士学位，2001 年、2006 年于山东师范大学获硕士、博士学位。现为济南大学文学院教授，山东省人文社会科学基地女性文学与性别文化研究中心负责人，硕士生导师。山东省教学名师、山东省首届签约文学评论家。兼任山东省中国语言文学类专业教学指导委员会委员、中国当代文学研究会女性文学委员会副秘书长、山东当代文学研究会副会长等职务。

主要从事中国现当代文学、女性文学与性别文化研究。开设“女性主义文学批评与实践”、“中国现当代女性文学研究”等研究生课程以及“中国现代文学”、“中国当代文学”等本科生课程。发表学术论文 120 余篇，独著学术著作 3 部。主持国家社会科学基金项目 1 个，教育部人文社会科学研究项目 2 个，山东社会科学规划项目 4 个，山东省高等教育教学研究项目 2 个。4 个科研成果获山东省社会科学优秀成果奖，2 个教研成果获山东省优秀教学成果奖。

刘梦　女，1963 年 7 月生，汉族，1999 年 4 月毕业于香港大学，获哲学博士学位，现任中华女子学院副院长，二级教授，硕士生导师。获北京市优秀教师、北京市教学名师称号。兼任中国社会工作教育协会副会长、北京市婚姻家庭研究会副会长，担任《中国社会工作研究》编委、*International Social Work* 和 *Critical Social Policy* 杂志编委。

主要研究领域包括：家庭暴力理论与实践研究、社会工作教育、社会工作干预研究、社会工作本土化、家庭暴力、女性社会工作、性别研究等。开设的课程包括“社会工作理论与实践”“妇女与家庭社会工作”“社会工作评估研究”等。获北京市优秀教学（高等教育）成果二等奖。主编的《小组工作》获北京市精品课程和精品教材，专著《中国婚姻暴力》获中国妇女研究会优秀成果奖专著类二等奖。出版专著4本、译著5本，主编教材6本，参编教材8本。在国内外杂志发表英文论文15篇、中文论文30余篇。主持国家社会科学基金项目2个，主持省部级和国际组织资助的项目12个。

刘英　女，1968年6月生，汉族，2002年毕业于南开大学，获英语语言文学博士学位。现为南开大学外国语学院教授，外国文学研究中心主任，博士生导师。兼任全国美国文学研究会常务理事、中国外国文学学会英语文学研究分会常务理事、中美比较文化研究会常务理事。

主要从事英美文学和女性文学研究。开设女性主义文学批评课程和美国女性文学课程。发表学术论文30余篇，独著《书写现代性：美国文学中的地理与空间》《寻求和谐：中美当代女作家的共同追求》2部学术著作。主编教材1本，获1项省部级社会科学成果奖三等奖，主持国家社会科学基金重大项目1个，主持并完成国家社会科学基金一般项目1个、省部级项目2个。

刘钊　女，1965年7月生，汉族，2005年毕业于南开大学，获文学博士学位。现为长春师范大学文学院教授，硕士生导师。获吉林省第十三批有突出贡献的中青年专家、吉林省第五批拔尖创新人才第二层次人选、吉林省高校首批学科领军教授等多项荣誉称号。兼任中国当代文学研究会女性文学委员会常务理事、中国近代文学研究会小说分会理事、吉林省文学学会常务理事等职务。

主要从事中国近现代文学与女性文学文化研究。开设中外女性文学通识课程。发表学术论文42篇，独著、合著学术著作3部，主编教材2本。获全国教学成果二等奖1项、吉林省哲学社会科学优秀成果（论文类）一等奖2项、第三届中国妇女研究优秀成果论文类二等奖1项。主持国家、教育部项目2个，承担省市有关部门委托项目2个，参与国家、教育部重大招标项目2个。

罗婷　女，1964年11月生，汉族，2002年毕业于四川大学，获文学博士学位。现任湖南女子学院党委书记，二级教授，兼任四川大学和湘潭大学博士生导师，是“新世纪百千万人才工程”国家级人选、享受国务院特殊津贴专家、“湖南省新世纪 121 人才工程”第一层次人选、湖南省湖湘女性文化研究基地首席专家、湖南省重点建设学科“比较文学与世界文学”学科负责人；兼任中国高教学会高等教育管理分会副理事长、中国妇女研究会妇女教育专业委员会副主任、首批全国妇女/性别研究与培训基地（湖南女子学院基地）负责人、十二届湖南省妇女联合会兼职副主席、湖南省女社会科学工作者协会副会长等职务。

主要从事比较文学与女性文学、女性文化与女性教育等领域的研究，主持国际项目 4 个以及国家级、省（部）级科研项目 10 多个。获湖南省哲学社会科学优秀成果奖 4 项，湖南省高等教育省级教学成果奖及湖南省教育科学研究成果奖 3 项。出版《女性主义文学与欧美文学研究》《女性主义文学批评在西方与中国》等著作 6 部，主编《女性文学与文化研究丛书》《女子高校发展战略研究》等著作 10 余部。在《外国文学评论》《光明日报》《中国高等教育》等刊物发表论文 100 余篇。

马蔡琛　男，1971 年 10 月生，汉族，2003 年毕业于中国人民大学财政金融学院，获经济学博士学位。现为南开大学经济学院教授、博士生导师。主要社会兼职有：中国新供给经济学 50 人论坛成员、中国财政学会理事、中国国际经济关系学会常务理事、全国政府预算研究会理事、全国高校财政学教学研究会理事。

主持国家社会科学基金重大项目等国家级和省部级课题 10 余项。在《财贸经济》《财政研究》《税务研究》等期刊发表论文近 200 篇，多篇被中国人民大学“复印报刊资料”全文转载。自 2005 年以来，一直聚焦于性别预算改革问题，在《妇女研究论丛》等核心期刊发表论文 10 余篇。2009 年和 2014 年，出版国内第一部和第二部社会性别预算研究专著。其中，《社会性别预算：理论与实践》一书获得第三届中国妇女研究优秀成果奖专著类二等奖（2015）。还直接参与策划了河南焦作、河北张家口、浙江温岭等地的性别预算改革，实现了学术研究的现实应用。

马焱　女，1973 年 1 月生，汉族，2013 年毕业于中国人民大学，获法学博士学位。现为全国妇联妇女研究所研究员，妇女理论研究室副主任，中国妇女研究会理事。

主要从事中国特色社会主义妇女理论、男女平等价值观、妇女组织、人口老龄化与妇女发展、性别暴力等问题的研究。发表学术论文60余篇，参与编著学术著作4部。2000年以来，先后参与3个国家社会科学基金重大项目、主持1个国家社会科学基金青年项目、9个省部级项目。在《马克思主义与现实》《妇女研究论丛》《山西师大学报（社会科学版）》《浙江学刊》《人口研究》《人口与经济》《光明日报》等发表有关妇女基础理论、人口与社会发展方面的论文22篇，其中3篇论文分别获得第二届中国妇女研究优秀成果奖论文类三等奖、第三届中国妇女研究优秀成果奖论文类二等奖、第六届人口科学优秀成果奖论文类二等奖。

马忆南　女，1961年10月生。1983年毕业于北京大学法律系，获法学硕士学位。现任北京大学法学院教授，全国妇联执委。兼任中国法学会婚姻家庭法学研究会副会长，北京市妇联副主席，北京市人大立法咨询专家，国家卫计委公共政策咨询委员会专家，民政部政策研究中心博士后合作研究导师。曾任《中华人民共和国婚姻法》《中华人民共和国妇女权益保障法》《中华人民共和国人口与计划生育法》起草/修订组专家。

主要从事婚姻家庭法、继承法以及妇女、儿童、老人权益保护等研究。主要学术著作有《婚姻法修改论争》《婚姻家庭法新论》《婚姻家庭法原理与实务》《婚姻家庭继承法学》，公开发表学术论文上百篇。曾获北京市哲学社会科学研究成果二等奖、北京大学优秀教学奖、中国法学会“十大青年法学家”提名奖、全国妇联“全国维护妇女儿童权益先进个人”称号。主持和参与国家、教育部、北京大学妇女与法律研究、家事法研究课题若干项。在法学类刊物和《妇女研究论丛》等发表有关妇女法律方面的论文10余篇。

庞晓鹏　女，1969年2月生，汉族，1997年毕业于中国人民大学，获经济学博士学位。现为中国人民大学农业与农村发展学院教授、副院长，博士生导师，中国女经济学者联谊会秘书长，日本关西学院大学特聘教授，中国妇女研究会第四届理事会理事，国际女性主义经济学协会会员、中国留美经济学学会会员。此外，还担任多家国内外杂志的匿名审稿人、一些基金项目匿名评审工作。

主要研究领域为发展经济学、社会性别与经济发展、反贫困及农村发展。侧重从性别平等视角、运用经济学手法研究经济领域的性别不平等问题。主持社会科学基金等国家级课题、省部级课题 7 项，国际合作课题 8 项。在 *The China Quarterly*，*Contemporary Economic Policy*，*Journal of Development Effectiveness*，*China Economic Review*，*American Journal of Ophthalmology*，《管理世界》，《中国农村观察》，《农业技术经济》，《经济理论与经济管理》等杂志发表学术论文 40 余篇，独著、合著学术著作 3 部。

宋健　女，1971 年 4 月生，汉族，1995 年毕业于中国人民大学并留校担任教学科研工作，2002 年获法学博士学位。现为中国人民大学社会与人口学院教授，党委副书记兼副院长，博士生导师。获教育部“新世纪优秀人才支持计划”资助、北京市优秀人才培养资助项目资助。获中国人民大学首届“杰出青年学者”“十大教学标兵”等称号。兼任中国人口学会青年学者专业委员会主任、中国社会学会青年社会学专业委员会理事、北京市人口学会理事、北京市老年学会理事、国家卫生计划生育委员会和联合国人口基金项目国家级专家。

主要从事婚姻家庭、社会性别与社会政策相关领域研究。开设“人口概论”“人口统计学”“中国社会转型与人口变迁”“调查设计与抽样”等课程。在核心期刊发表学术论文 80 余篇，出版《社会性别视角下的中国社会政策》等学术著作 10 余部。获高等学校科学研究优秀成果奖（人文社会科学）、中国人口科学优秀科研成果奖等省部级奖励 10 余项。主持国家、教育部项目数十个，承担中央和省市有关部门委托项目、国际项目 30 余个，参与国家、教育部重大招标项目 10 余个。

王红旗　女，1956 年 10 月生，汉族，1982 年毕业于山西师范大学，获学士学位，2000 年毕业于中国社会科学院研究生院，获硕士学位，现为首都师范大学编审、教授、研究员，中国女性文化研究中心主任，中国女性文化研究基地主任，《中国女性文化》主编。获北京市“三八红旗手”称号。兼任北京妇女理论研究会副会长，中国世界华文文学学会女性文学委员会主任，中国当代文学研究会女性文学委员会常务理事，中华女子学院特聘讲座教授。

主要从事女性文学、中国女性文化本土化建构、性别文化与女性艺术理论与实践等领域研究，开设“社会性别与妇女发展”通识讲座课程，主讲女性精神生命自我重建、现当代世界华文女性文学研究、现当代性别热点问题研究等内容。发表学术论文36篇，独著、合著学术著作6部。获全国妇联、中国出版协会全国优秀妇女图书奖，第三届女性文学特别奖，国际女性发展支持奖。个人负责的中国妇女文化研究中心获北京市红旗集体奖。主持国家教育部人文社会科学规划项目、北京市教育委员会高等教育专项研究多项。在《妇女研究论丛》《中华女子学院学报》《名作欣赏》等期刊发表论文16篇。

王俊　曾用名王珺，女，1970年7月生，汉族，2015年6月毕业于华中科技大学，获教育学博士学位。曾任职于中国人民解放军海军工程大学，现为华中师范大学教育学院教授，博士生导师。主要学术兼职有：中国妇女研究会妇女教育专业委员会副主任、中国高等教育学会高等教育学专业委员会常务理事、中国高等教育学会院校研究分会常务理事、湖北省妇女研究会常务理事等。

主要从事高等教育学、教师教育、女性教育等领域的研究与教学，开设“教育与性别”“女性主义教育思潮”等通识课程及研究生专业课程。出版个人专著3部，主编、参编著作（教材）6部，在中英文核心期刊发表论文60余篇，被《新华文摘》、中国人民大学“复印报刊资料”、《教育科学文摘》等相关刊物转载20余篇。主持国家社会科学基金一般课题、教育部人文社会科学基金、中国博士后科学基金、湖北省教育科学规划重点课题、福特基金项目、香港乐施会项目等10余个课题的研究。

王伊欢　女，1969年3月生，汉族，2003年毕业于荷兰瓦赫宁根大学，获博士学位。现为中国农业大学人文与发展学院教授，博士生导师，中国妇女研究会第四届理事会理事。

主要从事性别与发展研究，特别是女性中的弱势群体研究、农村旅游中的妇女研究、农村同性恋相关研究等。主讲发展项目管理及发展社会学课程，并将性别议题纳入课程教材及授课主题之中。先后作为性别专家承担国际国内发展机构的性别研究及评估工作，如UNDP性别主流化研究、妇女基金会小额贷款项目评估、新西兰政府支持的上海切花生产的性别研究，等等。参与撰写学术著作

《性别与发展教程》，发表《农村女性能人对于社区发展的多元意义》、《乡村旅游对农村妇女的影响——以北京市延庆县农村社区为例》、“Influx of Sightseers Increases Rural Women's Incomes, Work-related Responsibilities”等多篇学术论文。主持联合国开发计划署“性别主流化研究”“统筹城乡就业研究及参与式管理技术支持项目”子项目、德国 EED 基金会“发展干预与社区转型研究”“社会性别教育/研究/培训基地建设”等多项课题项目。

魏开琼　女，1972 年 5 月生，汉族，1994 年毕业于中国人民大学，获哲学学士学位，2008 年获哲学博士学位。现为中华女子学院女性学系系主任，教授，中华女子学院性别与哲学研究中心主任，硕士生导师。兼任中国妇女研究会理事等职务。

主要从事女性主义理论、社会主义妇女解放理论、女性学学科建设等研究。开设“女性学导论”“女性学理论”“女性学研究方法”等课程，主讲女性学专业方向性课程。负责北京市支持中央在京高校共建项目女性学专业学科入门指导课程改革项目。主持与参与国家社会科学基金“性别与知识：女性主义知识论研究”项目等国家、省部级社会科学项目 4 个，主持校级科研项目 2 个，承担教改项目 2 个。在《妇女研究论丛》《浙江学刊》《现代哲学》等核心期刊发表论文 20 篇，其中有关女性主义理论文章 10 篇，合著学术著作 1 部，主编学术著作 3 部。

吴帆　女，1976 年 9 月生，汉族，2005 年毕业于南开大学，获经济学博士学位。现为南开大学周恩来政府管理学院教授，博士生导师，加州大学伯克利分校访问学者。2010 年入选教育部“新世纪优秀人才支持计划”，2014 年入选南开大学“百名青年学科带头人培养计划”。兼任中国人口学会人口与家庭专业委员会委员、中国社会学会家庭社会学专业委员会理事、中国妇女研究会理事、中国社会工作教育协会理事等职务。

主要从事中国人口发展、家庭变迁、妇女发展、社会工作等领域的理论与实务研究。发表学术论文 50 余篇，独著、合著学术著作 7 部。获中国人口科学优秀成果一等奖和二等奖以及费孝通奖教金。主持国家社会科学基金重点项目、教育部项目，承担中央和省市有关部门委托项目 20 余项。在《社会学研究》《人口研究》《社会》《妇女研究论丛》等学术期刊发表有关家庭变迁和女性发展领域论文20余篇。

吴宏洛　女，1963年3月生，汉族，2009年毕业于福建师范大学，获博士学位。现为福建师范大学马克思主义学院教授，经济与社会发展研究中心主任，博士生导师。获福建省哲学社会科学领军人才、福建省高等学校新世纪优秀人才支持计划、福建省优秀青年社会科学专家、福建省教学名师等荣誉称号。是福建省首批哲学社会科学学术咨询专家。兼任中国社会保障学会教学委员会、中国医疗保险研究会等3个全国一级学会的常务理事，以及中国妇女理论研究会等5个全国一级学会的理事职务。是福建省社会保险与人力资源研究会会长，福建省妇女理论研究会副会长，福建省民政厅和人力资源与社会保障厅专家委员会委员。

主要从事社会保障与社会福利研究。开设多门社会福利与社会性别研究生课程。发表学术论文100余篇，独著、合著学术著作10部，主持国家社会科学基金和教育部社会科学基金各1项，主持省部级以上课题7项。2项成果获福建省社会科学优秀成果一等奖，2项成果获民政部优秀成果一等奖。

夏晓虹　女，1953年6月生，汉族，1984年毕业于北京大学，获文学硕士学位。原为北京大学中文系教授，博士生导师，现已退休，兼任复旦大学中国古代文学研究中心学术委员、清华大学国学研究院学术委员会委员、华南师范大学岭南文化研究中心学术委员。

主要从事近代中国的文学思潮、女性生活及社会文化研究。开设有“近代文人妇女观”“晚清女性与社会”等研究生专题课。发表学术论文约200篇。独著、合著学术著作《觉世与传世——梁启超的文学道路》、《晚清文人妇女观》（日文译本《纏足をほどぃた女たち》）、《晚清女性与近代中国》、《阅读梁启超》、《晚清上海片影》、《梁启超：在政治与学术之间》、《晚清白话文与启蒙读物》、《晚清女子国民常识的建构》等近20部。其中《晚清文人妇女观》获北京市第四届哲学社会科学优秀成果二等奖（1996），《晚清女性与近代中国》获教育部第四届中国高校人文社会科学研究优秀成果奖三等奖（2006），《〈世界古今名妇鉴〉与晚清外国女杰传》获宋淇翻译研究论文纪念奖（2010）。

颜海平　女，1959年生，1982年毕业于上海复旦大学中文系，1987年获美国康奈尔大学硕士学位，1990 年获博士学位。现任清华大学外文系系主任。曾任上海交通大学跨文化研究讲席教授、上海交通大学媒体文化和社会发展高等研究院院长、上海 2011 年首批千人计划特聘国际专家。曾任美国加州大学洛杉矶分校戏剧、影视、新媒体学院教授、批评理论终身正教授博导，加州大学洛杉矶分校中国艺术与媒体研究项目主任。归国前任美国康奈尔大学戏剧电影系终身正教授博导、戏剧电影及理论艺术学研究生部主任，戏剧电影、比较文学与东亚文学博导，康奈尔大学中国研究所所长，康奈尔大学经济与社会研究所跨文化社会研究资深研究员。

主要研究领域为戏剧、文学、电影与媒体艺术文化、跨文化审美与批评理论等。主要中英文著作包括《戏剧与社会：当代中国戏剧》《别样的跨国：散居的亚洲及其艺术审美》《中国现代女性作家和女性主义想象（1905 ~ 1948）》等，发表中英文论文数十篇。

杨联芬　女，1963 年生，1994 年毕业于北京师范大学中文系，获文学博士学位，2005 ~ 2006 年度哈佛燕京访问学者。1994 ~ 2012 年任北京师范大学中文系讲师、副教授、教授，现任中国人民大学文学院教授，为中国人民大学首批杰出人文学者、特聘教授。

主要从事中国现代文学史、现代小说、革命文学与知识分子、妇女思想史与女性文学、中国现代文化思潮研究。曾主持教育部人文社会科学研究项目“女性与革命中国”、国家社会科学基金项目“西方性别理论与现代文学思潮研究”等。出版学术专著《中国现代小说中的抒情倾向》《晚清至五四：中国文学现代性的发生》等 10 余部，曾获北京师范大学首届人文社会科学研究优秀成果二等奖（1998），首届唐弢青年文学研究一等奖（2003），北京市第八届哲学社会科学优秀成果二等奖（2004），教育部第六届高等学校科学研究优秀成果三等奖（2013），等等。教学工作曾获北京师范大学教育教学成果一等奖（2004）、北京师范大学本科教学优秀奖（2004）、北京市教学成果（高等教育）二等奖（2005）、北京师范大学教学名师奖（2012）。

杨雪燕　女，1970 年 3 月生，汉族，2006 年毕业于西安交通大学，获管理科学与工程博士学位。现为西安交通大学公共政策与管理学院教授，性别与发展研究中心副主任，博士生导师。获教育部新世纪优秀人才支持计划、陕西省高校人文社会科学青年英才支持计划以及西安交通大学青年拔尖人才支持计划（A类）。兼任中国妇女研究会理事、中国社会学会家庭专业委员会理事、陕西省人口学会常务理事、清华大学苏世民书院社会实践导师、武汉大学出版社《中外女性健康》杂志英文版联合主编等职务。

主要从事性别失衡与社会稳定、性别角色冲突与健康风险行为、科技领域的社会性别创新等领域的研究。发表学术论文60余篇，其中SSCI/SCI收录的英文源期刊论文15篇，CSSCI收录的中文源期刊论文40余篇；独著、合著学术著作6部，主编教材1本。获省部级以上科研成果奖10余项；主持国家、教育部项目5个，承担省市有关部门委托项目10余个；参与国家、教育部重大招标项目3个。

叶敬忠　男，1967年11月生，汉族，2002年毕业于荷兰瓦赫宁根大学，获社会学博士学位。现为中国农业大学人文与发展学院院长、教授、博士生导师。分别获得第六届、第七届高等学校科学研究优秀成果奖（人文社会科学）一等奖、三等奖，北京市第十届、十一届、十四届哲学社会科学优秀成果奖一等奖、二等奖、二等奖，第四届中国农村发展研究奖、霍英东教育基金会第九届高等院校青年教师奖、宝钢优秀教师奖、国家林业局优秀专家称号等。享受国务院政府特殊津贴，入选教育部新世纪优秀人才支持计划和北京市新世纪社会科学理论人才百人工程。

研究领域包括发展历史与发展反思、发展干预与社会转型、农村社会与农政变迁、劳动力流动与留守人口、小农农业与土地政治、农村教育与社会问题等。发表中英文论文近200篇，出版专著、编著、译著30余部。主持国家社会科学基金重点项目等多项研究课题。2006年关于新农村建设的研究和2004年开始的关于中国农村留守人口的研究均产生重要的政策和社会影响。

祝平燕　女，1964年3月生，汉族，1984年毕业于华中师范大学政教系，2006年于华中师范大学政治学研究院获博士学位，现为华中师范大学社会学院教授、华中师范大学社会性别与妇女发展研究中心主任。获中国十大社工人物、湖北省高校先进女职工等多项荣誉称号。兼任中国妇女/社会性别学学科发展网络专家、中国妇女研究会第四届理事会理事。

主要从事女性创业、性别社会学、医务社会工作等领域的教学、实务和研究工作，开设多门本科生、硕士生课程，发表学术论文 60 余篇。主编和参编著作/教材 10 余本。获 10 余项全国和省部级科研成果奖和多项教学成果奖。主持和参与基金会、省部级、社会科学基金等课题/项目 30 余个。赴韩国、越南以及中国台湾和香港参加社会学/社会工作等学术研讨会和专业培训几百余次，担任多家主流媒体、企业、高校、政府部门的专家和顾问。

附录

国家社会科学基金与性别相关项目索引

2011 年国家社会科学基金年度项目与妇女/性别研究直接相关立项项目汇总

（共 32 项）

编号	序号	项目名称	负责人	工作单位	项目类别	学科分类	批准号
1	7	中国特色社会主义妇女理论研究	彭珮云	全国妇联	重点项目	马克思主义·科学社会主义	11AKS007
2	84	妇女解放路径的中国特色研究	畅引婷	山西师范大学	一般项目	马克思主义·科学社会主义	11BKS076
3	85	中国共产党妇女参政理论与实践研究	白艳	吉林大学	一般项目	马克思主义·科学社会主义	11BKS078
4	108	农村妇女非农就业、家庭迁移与土地流转	商春荣	华南农业大学	一般项目	应用经济	11BJY094
5	31	当代中国妇女参政议政新趋势研究	董美珍	南京师范大学	一般项目	政治学	11BZZ023
6	33	建国以来农村妇女的政治参与研究	杨翠萍	华中农业大学	一般项目	政治学	11BZZ025
7	92	社会排挤与女性婚姻家庭权益的法律保障	王歌雅	黑龙江大学	一般项目	法学	11BFX072
8	106	西北农村回族妇女家庭暴力问题研究	王雪梅	宁夏大学	青年项目	社会学	11CSH024
9	27	妇女外流引发的少数民族男性单身人群问题对边疆社会稳定的影响研究	刘江	云南民族大学	一般项目	社会学	11BSH018
10	38	转型期女性流动与社会分层的研究	王立波	沈阳师范大学	一般项目	社会学	11BSH029
11	107	性别隔离行业新生代农民工择偶研究	孙淑敏	华东理工大学	青年项目	社会学	11CSH025
12	109	交叉理论视角下的女性农民工收入歧视研究	周亚平	兰州大学	青年项目	社会学	11CSH022
13	110	劳动过程中的性别冲突与职业女性的社会适应研究	聂春雷	东南大学	青年项目	社会学	11CSH023
14	13	我国农村中老年女性人口生殖健康需求与服务机制研究	孙晓明	南京人口管理干部学院	一般项目	人口学	11BRK016

续表

编号	序号	项目名称	负责人	工作单位	项目类别	学科分类	批准号
15	16	“十二五”时期治理出生性别比升高对策研究	吕红平	河北大学	一般项目	人口学	11BRK012
16	21	女大学生就业问题研究	叶文振	江夏学院	一般项目	人口学	11BRK020
17	28	老年家庭照料对城市中青年女性职业发展的影响	马焱	全国妇联	青年项目	人口学	11CRK009
18	37	贫困地区通婚圈变动与男性婚配困难问题研究	王磊	中国社会科学院	青年项目	人口学	11CRK015
19	43	女大学生就业中的反隐形性别歧视问题研究	张琳	西南大学	青年项目	人口学	11CRK020
20	38	社会转型与摩梭母系家庭和婚姻变迁研究	石高峰	云南省社会科学院	一般项目	民族问题研究	11BMZ027
21	56	云桂妇女流动与边境地区的长治久安研究	罗树杰	广西大学	一般项目	民族问题研究	11BMZ049
22	10	犹太妇女史	张淑清	鲁东大学	一般项目	世界历史	11BSS010
23	23	新疆维吾尔族女性宗教信仰现状调查研究	姚学丽	新疆师范大学	一般项目	中国文学	11BZJ019
24	92	中国女性文学转型期(1900～1919)的文学创作及其文学史意义研究	郭延礼	山东大学	一般项目	中国文学	11BZW085
25	120	当代两岸四地女性文学整合研究	王艳芳	徐州师范大学	一般项目	中国文学	11BZW114
26	121	台湾女性小说性别叙事转型研究	艾尤	首都师范大学	一般项目	中国文学	11BZW115
27	132	西方性别理论与中国现代文学思潮研究	杨联芬	北京师范大学	一般项目	中国文学	11BZW123
28	164	中国现当代女性日常生活叙事及其文化张力研究	陆兴忍	武汉纺织大学	青年项目	中国文学	11CZW018
29	197	史事与传奇——清末民初小说内外的女学生研究(1898—1919)	黄湘金	西南大学	青年项目	中国文学	11CZW053
30	15	东亚视阈中的日本古代女性散文体叙事文学研究	张龙妹	北京外国语大学	一般项目	外国文学	11BWW015
31	79	德国文学中的中国女性形象研究	谭渊	华中科技大学	青年项目	外国文学	11CWW021
32	31	爱丽丝·门罗研究	傅利	哈尔滨工业大学	一般项目	外国文学	11BWW029

2012年度国家社会科学基金年度项目与妇女/性别研究直接相关立项项目汇总
（共32项）

编号	序号	项目名称	负责人	工作单位	项目类别	学科分类	批准号
1	225	西方伦理思想的女性主义解读	肖巍	清华大学	重点项目	哲学	12AZX011
2	1801	华北及陕甘宁革命根据地女性婚姻问题研究	岳谦厚	山西大学	重点项目	中国历史	12AZS010
3	687	经济转型对农村妇女减贫脱贫的影响研究	王爱君	中南财经政法大学	一般项目	应用经济	12BJY090
4	736	农村妇女"乳腺癌、宫颈癌"检查——卫生经济学评价及政策研究	闫菊娥	西安交通大学	一般项目	应用经济	12BJY143
5	1106	古代中国婚变中妇女利益维护的司法模式研究	崔兰琴	浙江工商大学	一般项目	法学	12BFX025
6	1181	反就业性别歧视的法律评估机制研究	刘明辉	中华女子学院	一般项目	法学	12BFX115
7	1348	农业女性化对农业发展的影响研究	吴惠芳	中国农业大学	一般项目	社会学	12BSH025
8	1349	中产阶层化过程中女性社会空间建构研究	郭爱妹	南京师范大学	一般项目	社会学	12BSH027
9	1360	藏传佛教和伊斯兰教文化圈女性价值观比较研究	拉毛措	青海省社会科学院	一般项目	社会学	12BSH037
10	1542	农村留守妇女生计策略及家庭福利效应研究	罗丞	陕西省社会科学院	一般项目	人口学	12BRK022
11	1649	少数民族山区贫困女性现状与因地制宜脱贫政策研究	徐莉	广西师范大学	一般项目	民族问题研究	12BMZ080
12	1822	唐代墓志中女性资料的整理与研究	焦杰	陕西师范大学	一般项目	中国历史	12BZS029
13	2002	19世纪英国中产阶级女性研究	潘迎华	浙江外国语学院	一般项目	世界历史	12BSS023
14	2235	左翼文学与现代女作家的革命书写研究	张凌江	洛阳师范学院	一般项目	中国文学	12BZW091
15	2244	当代女性诗歌写作的变革与转型研究	赵彬	吉林大学	一般项目	中国文学	12BZW099

续表

编号	序号	项目名称	负责人	工作单位	项目类别	学科分类	批准号
16	2245	抗战时期女性文学叙事研究	程亚丽	重庆师范大学	一般项目	中国文学	12BZW100
17	2246	中国现当代女性文学与妇女解放思潮互动关系研究	马超	天水师范学院	一般项目	中国文学	12BZW101
18	2247	中国新时期女性文学的话语系统研究	王侃	杭州师范大学	一般项目	中国文学	12BZW102
19	2269	满通古斯语民族民间口述资源的女性研究	郭淑梅	黑龙江省社会科学院	一般项目	中国文学	12BZW124
20	2441	后殖民视域下的美国黑人女性作品译介研究	章汝雯	浙江财经学院	一般项目	外国文学	12BWW052
21	2946	社会阶层结构下社会性别与休闲体育发展研究	韩勤英	河南师范大学	一般项目	体育学	12BTY022
22	1444	市场、制度与网络：女性农民工职业发展研究	孙琼如	华侨大学	青年项目	社会学	12CSH034
23	1445	我国城市女性的社会经济地位与婚姻质量研究	张会平	中国人民大学	青年项目	社会学	12CSH035
24	1473	城市男同性恋人群性别角色与精神健康研究	庚泳	中山大学	青年项目	社会学	12CSH063
25	1507	弱势群体权利保障中的打击拐卖妇女儿童行动研究	周俊山	中国人民公安大学	青年项目	社会学	12CSH098
26	1557	社会性别视角下人口流动对我国人力资本发展的影响	牛建林	中国社会科学院	青年项目	人口学	12CRK026
27	1957	清代黔东南苗族妇女的婚姻与生活研究	吴才茂	贵州凯里学院	青年项目	中国历史	12CZS059
28	2349	清代女性别集叙录	宋清秀	浙江师范大学	青年项目	中国文学	12CZW056
29	2446	朱迪斯·巴特勒的后结构女性主义文论研究	都岚岚	上海交通大学	青年项目	外国文学	12CWW005
30	2481	美国左翼女作家研究	张莉	郑州大学	青年项目	外国文学	12CWW040
31	2796	大众媒介中的大龄女青年形象及其传播效果研究	李琦	湖南师范大学	青年项目	新闻学	12CXW035
32	2995	都市职业女性体育休闲方式及体育休闲产业研究	马纯红	湖南省社会科学院	青年项目	体育学	12CTY016

2013年国家社会科学基金年度项目与妇女/性别研究直接相关立项项目汇总（共35项）

编号	序号	项目名称	负责人	工作单位	项目类别	学科分类	批准号
1	98	“四化同步”发展背景下的农村留守妇女家庭离散问题治理及公共政策研究	刘筱红	华中师范大学	重点项目	政治学	13AZZ008
2	139	多机构合作留守妇女社区服务模式研究	张李玺	中华女子学院	重点项目	社会学	13ASH008
3	883	村庄女性化背景下的治理困境及路径优化	郭夏娟	浙江大学	一般项目	政治学	13BZZ053
4	895	当代台湾女性参政的制度研究	林小芳	福建师范大学	一般项目	政治学	13BZZ065
5	938	公权力干预家庭暴力的适度性研究	李明舜	中华女子学院	一般项目	法学	13BFX045
6	1100	社会性别视野中的大学生就业竞争差异及其政策干预	揭爱花	浙江大学	一般项目	社会学	13BSH029
7	1170	女性流动人口生育健康公共服务均等化研究	罗阳	中南大学	一般项目	人口学	13BRK010
8	1173	社会性别视角下农村流动人口生存与发展的影响机制与对策研究	任义科	山西师范大学	一般项目	人口学	13BRK016
9	1185	丧偶老人的居住安排研究	贾云竹	全国妇联妇女研究所	一般项目	人口学	13BRK006
10	1187	婚姻迁移模式对农村女性发展的影响研究	韦艳	西安财经学院	一般项目	人口学	13BRK025
11	1235	社会性别视角中的苗族风俗变迁研究	麻友世	铜仁学院	一般项目	民族问题研究	13BMZ042
12	1443	慰安妇制度源流史研究	朱忆天	华东理工大学	一般项目	世界历史	13BSS020
13	1610	清代八旗女性文学创作研究	詹颂	首都师范大学	一般项目	中国文学	13BZW081
14	1653	女性镜像与当代中国的主体认同（1940～2010）	贺桂梅	北京大学	一般项目	中国文学	13BZW129

续表

编号	序号	项目名称	负责人	工作单位	项目类别	学科分类	批准号
15	1659	21世纪初年女性乡土叙事潮流的崛起及其意义	王宇	厦门大学	一般项目	中国文学	13BZW125
16	1680	当代东北女性文学的文化研究	王东	长春师范大学	一般项目	中国文学	13BZW151
17	1726	革新时期的越南女性文学	黄以亭	广东外语外贸大学	一般项目	外国文学	13BWW027
18	1744	澳大利亚女作家伊丽莎白·乔利研究	梁中贤	牡丹江师范学院	一般项目	外国文学	13BWW041
19	1757	当代美国少数族裔女作家的后现代家园书写研究	胡俊	北京语言大学	一般项目	外国文学	13BWW055
20	1764	艾德里安娜·里奇:性别诗学和文学建构	许庆红	安徽大学	一般项目	外国文学	13BWW062
21	2077	我国竞技体育中的女性“解放”研究	杨雪	沈阳体育学院	一般项目	体育学	13BTY020
22	2217	组织社会化策略对女性员工工作适应与职业成长的作用机理研究	何辉	北京工商大学	一般项目	管理学	13BGL084
23	2235	女性主体地位凸显的旅游业人力资源管理模式创新研究	杨云	中山大学	一般项目	管理学	13BGL091
24	635	性别失衡对青年择偶的影响研究	贾志科	河北大学	青年项目	社会学	13CSH046
25	637	儿童照顾安排对城镇已婚妇女就业的影响及社会性别机制研究	陶艳兰	苏州科技学院	青年项目	社会学	13CSH044
26	711	性别失衡背景下农村大龄未婚男性的性健康与公共政策促进研究	张群林	西安工程大学	青年项目	人口学	13CRK017
27	726	妇女生命历程对男孩偏好的影响研究	杨凡	中国人民大学	青年项目	人口学	13CRK032
28	776	民族旅游发展对黎族女性的影响研究	陈丽琴	海南大学	青年项目	民族问题研究	13CMZ050
29	874	抗战时期的女性精英群体研究	宋青红	上海理工大学	青年项目	中国历史	13CZS036
30	1036	明末清初女性作品总集编刊研究	付湘龙	湖南大学	青年项目	中国文学	13CZW049

续表

编号	序号	项目名称	负责人	工作单位	项目类别	学科分类	批准号
31	1039	历代女性总集叙录与文献整理	赵厚均	华东师范大学	青年项目	中国文学	13CZW052
32	1072	中国近现代女性观的演变与文学内外的新女性形象研究	颜浩	中国传媒大学	青年项目	中国文学	13CZW083
33	1111	美国犹太女作家流散写作研究	敬南菲	杭州电子科技大学	青年项目	外国文学	13CWW032
34	1120	两战之间英国女性文学的伦理观与现代性探析	金小天	四川大学	青年项目	外国文学	13CWW037
35	1253	大众媒介与男性身份研究	吕鹏	上海社会科学院	青年项目	新闻学与传播学	13CXW033

2014 年国家社会科学基金年度项目与妇女/性别研究直接相关立项项目汇总（共 27 项）

编号	序号	项目名称	负责人	工作单位	项目类别	学科分类	批准号
1	158	婚姻挤压背景下农村男性生命质量研究	杨雪燕	西安交通大学	重点项目	人口学	14ARK002
2	422	马克思主义妇女观在中国的实践研究	史界	海南师范大学	一般项目	马列·科社	14BKS113
3	471	中国共产党妇女教育思想研究	隋悦	吉林省委党校	一般项目	党史·党建	14BDJ031
4	603	生态女性主义文化批判理论及其现实意义研究	陈英	湖南省社会科学院	一般项目	哲学	14BZX099
5	628	伊利加雷女性主义身体哲学及其现实启示研究	吴秀莲	华中师范大学	一般项目	哲学	14BZX124
6	1339	空巢女性老人养老需求与老年福利供给性别策略研究	吴宏洛	福建师范大学	一般项目	社会学	14BSH045
7	1370	新生代女性农民工身份认同的应对策略与认同管理路径研究	管健	南开大学	一般项目	社会学	14BSH076
8	1380	农村留守女童性侵害防范机制研究	杨素萍	广西师范学院	一般项目	社会学	14BSH086
9	1451	城镇化进程中农业女性化区域比较研究	黄鹂	安徽大学	一般项目	人口学	14BRK015

续表

编号	序号	项目名称	负责人	工作单位	项目类别	学科分类	批准号
10	1464	婚龄性别比与家庭稳定性关系研究	刘中一	中国人口与发展研究中心	一般项目	人口学	14BRK028
11	1532	边疆安全视角下傈僳族妇女发展问题研究	李智环	云南民族大学	一般项目	民族问题研究	14BMZ061
12	1663	宋元时期女性神灵的塑造研究	易素梅	中山大学	一般项目	中国历史	14BZS023
13	1666	明代女性著述整理研究	王雪萍	黑龙江大学	一般项目	中国历史	14BZS026
14	1752	清末民初民间习惯视野下北方女性日常生活研究	王蕊	山东社会科学院	一般项目	中国历史	14BZS112
15	1860	希伯来圣经女性传统研究	方蔚林	南京大学	一般项目	宗教学	14BZJ026
16	1864	新疆伊斯兰教原教旨主义思潮与维吾尔族女性发展研究	阿丽努尔·阿不力孜	新疆社会科学院	一般项目	宗教学	14BZJ030
17	2083	日本女性主义文学中的女性形象研究	李先瑞	解放军外国语学院	一般项目	外国文学	14BWW015
18	2087	20 世纪印度女性文学研究	王春景	河北师范大学	一般项目	外国文学	14BWW019
19	2129	美国犹太女作家研究	郑丽	北京航空航天大学	一般项目	外国文学	14BWW061
20	2130	英国当代女性小说之超验叙事研究	程倩	暨南大学	一般项目	外国文学	14BWW062
21	2304	社会性别定型的俄汉语用对比研究	周民权	苏州大学	一般项目	语言学	14BYY158
22	411	新生代女性农民工城市社会网络重构中的社会认同研究	焦璨	深圳大学	青年项目	社会学	14CSH026
23	487	农村大龄未婚男性的生存状况及其政策促进研究	果臻	华中科技大学	青年项目	人口学	14CRK025
24	602	晚清女子教育与女性形象建构研究	秦方	首都师范大学	青年项目	中国历史	14CZS045
25	702	明清女性文学在东亚的接受与影响研究	乔玉钰	东南大学	青年项目	中国文学	14CZW028
26	774	美国南方女性小说解读研究	肖明文	南昌大学	青年项目	外国文学	14CWW023
27	777	安吉拉·卡特的女性政治书写研究	冯海青	山东农业大学	青年项目	外国文学	14CWW026

2015 年国家社会科学基金项目与妇女/性别研究直接相关立项项目汇总
(共 43 项)

序号	编号	项目名称	负责人	工作单位	项目类别	学科	批准号
1	218	基于语料库的两岸三地百年女性文学翻译史论	刘泽权	河南大学	重点项目	语言学	15AYY004
2	424	“井冈儿女”口述史料征编与研究	柯华	中国井冈山干部学院	一般项目	党史·党建	15BDJ019
3	447	中国妇女在抗战中的重大贡献研究	丁卫平	吉林省委党校	一般项目	党史·党建	15BDJ042
4	480	弗雷泽女性主义批判理论的逻辑谱系及其现实启示研究	戴雪红	南京大学	一般项目	哲学	15BZX017
5	685	子女家庭护理的经济学分析及社会支持政策研究	刘德溯	南京大学	一般项目	理论经济	15BJL093
6	1125	高校性骚扰防治机制研究	林建军	中华女子学院	一般项目	法学	15BFX109
7	1265	非正规就业女性生育保险问题研究	庄渝霞	上海社会科学院	一般项目	社会学	15BSH044
8	1275	“单独二孩”政策对妇女就业的影响研究	蒋莱	上海对外经贸大学	一般项目	社会学	15BSH054
9	1276	“单独二孩”政策对已婚女性非农劳动参与的影响及社会应对策略研究	郝娟	陕西师范大学	一般项目	社会学	15BSH055
10	1277	基层社会治理与遏制性别分层加剧研究	李慧英	中央党校	一般项目	社会学	15BSH056
11	1285	新时期高校贫困女生群体弱势处境和社会支持研究	石彤	中华女子学院	一般项目	社会学	15BSH064
12	1359	西部农村老年妇女养老现状与养老保障体系构建研究	金淑彬	成都信息工程学院	一般项目	人口学	15BRK005
13	1364	出生性别比失衡的生育选择机制研究	宋健	中国人民大学	一般项目	人口学	15BRK010
14	1386	劳动力外流背景下农村因婚迁移女性的社会适应研究	李艳	西安工程大学	一般项目	人口学	15BRK032
15	1389	调整完善生育政策对城镇女性就业的影响机理研究	杨慧	全国妇联妇女研究所	一般项目	人口学	15BRK035

续表

序号	编号	项目名称	负责人	工作单位	项目类别	学科	批准号
16	1438	东南地区畲族女性学校教育研究	兰俏梅	浙江丽水学院	一般项目	民族问题研究	15BMZ046
17	1673	新文化史学视野下的抗战时期西南地区妇女抗争研究	徐杨	贵州师范大学	一般项目	中国历史	15BZS116
18	1720	英国工业化时期女性犯罪及其社会反应研究	宋严萍	江苏师范大学	一般项目	世界历史	15BSS032
19	1836	博物馆场域下的性别表征、知识生产与文化实践研究	傅美蓉	咸阳师范学院	一般项目	中国文学	15BZW033
20	1872	中国古代小说中的女神书写研究	周秋良	中南大学	一般项目	中国文学	15BZW069
21	1881	清代女子诗社研究	莫立民	湘潭大学	一般项目	中国文学	15BZW078
22	1929	异域影响与中国当代女性文学研究	赵树勤	湖南师范大学	一般项目	中国文学	15BZW126
23	1948	文化伦理视域下新移民女作家小说研究	刘红英	浙江越秀外国语学院	一般项目	中国文学	15BZW145
24	1993	少数民族女性文学的中华文化认同与传承研究	黄晓娟	广西民族大学	一般项目	中国文学	15BZW190
25	2003	历代白族女诗人研究	周锦国	大理学院	一般项目	中国文学	15BZW200
26	2028	20世纪韩国女性文学发展史论	郑冬梅	山东大学	一般项目	外国文学	15BWW024
27	2059	美国现代女诗人玛丽安·摩尔诗歌研究	倪志娟	杭州电子科技大学	一般项目	外国文学	15BWW055
28	2459	生态女性主义视域下城市健身圈建设研究	周毅刚	郑州大学	一般项目	体育学	15BTY026
29	51	中国共产党领导的妇女组织研究（1921～1949）	周蕾	全国妇联妇女研究所	青年项目	党史·党建	15CDJ006
30	202	人口老龄化背景下代际时间转移对已育年轻女性劳动供给的影响研究	李云荣	西南财经大学	青年项目	应用经济	15CJY017
31	430	京津冀返乡创业女大学生生存状态研究	冯用军	唐山师范学院	青年项目	社会学	15CSH033
32	431	新型城镇化进程中妇女生活方式变迁研究	姜佳将	浙江省社会科学院	青年项目	社会学	15CSH034

续表

序号	编号	项目名称	负责人	工作单位	项目类别	学科	批准号
33	434	中国同妻生活质量现状及艾滋病易感性研究	李现红	中南大学	青年项目	社会学	15CSH037
34	481	西部地区农村老年女性家庭养老类型及其影响研究	郭秋菊	华中科技大学	青年项目	人口学	15CRK003
35	486	生育意愿和生育行为不一致现象的原因及其影响机制研究	张银锋	天津社会科学院	青年项目	人口学	15CRK008
36	487	中国低生育水平下的生育意愿与生育行为差异及对策研究	王军	中山大学	青年项目	人口学	15CRK009
37	502	整体性治理视角下性别失衡社会治理体系与政策创新研究	尚子娟	长安大学	青年项目	人口学	15CRK024
38	546	西南边境民族地区妇女发展与社会稳定问题研究	王天玉	云南师范大学	青年项目	民族问题研究	15CMZ045
39	643	宗教改革时期的修女还俗与家庭回归研究	周施廷	中国人民大学	青年项目	世界历史	15CSS008
40	738	历代女性文章总集研究	唐新梅	四川大学	青年项目	中国文学	15CZW030
41	746	清代女性文学书写方式建立研究	黄晓丹	江南大学	青年项目	中国文学	15CZW038
42	787	美国现代女作家笔下的中国妇女形象研究	龙丹	四川外国语大学	青年项目	外国文学	15CWW021
43	796	英国殖民历险小说中的女性形象研究	周子玉	长沙理工大学	青年项目	外国文学	15CWW030

论 著 索 引

中国特色社会主义妇女理论研究

1. **变革社会中的性别平等问题**/丁东红主编/北京：中共中央党校出版社/2011
2. **中国妇女运动研究文集**/李静之著/北京：社会科学文献出版社/2011
3. **中国化马克思主义妇女理论与实践研究**/乌尼日著/北京：中国社会科学出版社/2012
4. **中国妇女解放与现代民族国家的建构**/那瑛著/哈尔滨：黑龙江人民出版社/2012
5. **中国特色社会主义妇女理论与实践**/彭珮云主编/北京：人民出版社/2013
6. **马克思主义妇女解放理论及其当代价值**/李丹著/哈尔滨：黑龙江大学出版社/2013
7. **社会性别视角下中国妇女权利**/孙桂燕著/南昌：江西人民出版社/2013
8. **当代中国性别和谐问题研究**/冷舜安著/北京：人民出版社/2013
9. **新时期中国妇女解放理论与实践研究**/史界著/北京：科学技术文献出版社/2014
10. **马克思主义妇女解放理论研究**/潘萍著/北京：人民出版社/2014
11. **中国特色社会主义妇女理论研究**/岳素兰、魏国英主编/北京：北京大学出版社/2014
12. **性别平等与社会公正：一种能力方法的诠释与解读**/王新宇著/北京：中国政法大学出版社/2014
13. **现代化语境下的两性和谐问题——马克思主义妇女观和西方女性主义比较研究**/何华征著/北京：九州出版社/2015
14. **中国性别平等推进的理论与实践——纪念第四次世界妇女大会二十周年**/刘利群、刘梦主编/北京：当代中国出版社/2015
15. **世界社会主义运动视域下的中国妇女解放**/王涛著/北京：中国社会科学出版社/2015

公共政策与公共管理中的社会性别研究

1. **女性主义公共行政理论**/王宇颖著/北京：中国社会科学出版社/2011
2. **修订村规民约 推进性别平等——社会管理新格局的探索与实践**/李慧英主编/北京：中国水利水电出版社/2011
3. **女性人力资源管理研究**/卜永华著/太原：山西经济出版社/2011
4. **西部农村女性人力资源开发研究**/黄雯著/北京：经济科学出版社/2011
5. **企业人力资源多样化：女性发展问题研究**/赵慧军著/北京：首都经济贸易大学出版社/2011
6. **人力资本投资性别差异研究**/袁迎菊著/徐州：

中国矿业大学出版社/2011

7. **女性：人力资源与开发**/岳素兰、魏国英主编/北京：北京大学出版社/2012

8. **少数民族女性人才资源开发研究：以广西为个案**/徐学莹、唐荣德著/桂林：广西师范大学出版社/2012

9. **社会性别与公共管理（第5辑）**/张再生主编/天津：天津大学出版社/2011

10. **社会性别视角下的中国社会政策**/宋健编著/北京：社会科学文献出版社/2012

11. **性别与公共政策**/陈方主编/北京：对外经济贸易大学出版社/2012

12. **灾害管理的社会性别分析倡导与政策创新——以汶川地震应急救援和恢复重建为案例**/郭伟、唐兵著/成都：四川大学出版社/2012

13. **转型国家养老金制度改革的性别视角分析**/李娟著/北京：经济科学出版社/2012

14. **中国参政、就业政策中的性别平等问题研究**/周敏著/长春：吉林人民出版社/2013

15. **入世后对保障妇女生存权利与社会地位的对策研究**/王爱英著/北京：科学技术文献出版社/2013

16. **中国社会性别预算改革：方法、案例及应用**/马蔡琛等著/北京：经济科学出版社/2014

17. **社会性别与公共政策（之二）**/李慧英、刘澄主编/北京：中国社会科学出版社/2014

18. **公共管理视阈下城市女性生存现状研究**/黄璐著/北京：中国社会科学出版社/2015

19. **中国妇女发展20年：性别公正视角下的政策研究**/柯倩婷主编/北京：社会科学文献出版社/2015

20. **性别统计与中国的和谐发展**/陈澜燕主编/天津：天津人民出版社/2011

妇女组织与妇女工作研究

1. **现代国家建构与妇女公共参与——组织变迁的视角**/陈琼著/北京：社会科学文献出版社/2011

2. **与时代同行——妇女发展与社会进步**/福建省妇女联合会、福建省妇女理论研究会编/北京：中国妇女出版社/2011

3. **国家、组织与妇女：中国妇女解放实践的运作机制研究**/揭爱花著/上海：学林出版社/2012

4. **和谐社会中的妇女非政府组织：角色、作用与行动**/李莉著/北京：中国社会科学出版社/2012

5. **妇女儿童家庭社会工作实务案例**/江苏省妇女联合会组编/北京：中国人民大学出版社/2013

6. **关于妇女研究和妇女工作的思考**/彭珮云著/北京：中国妇女出版社/2014

7. **性别之网：社会转型中的农村妇女组织**/张翠娥著/北京：中国社会科学出版社/2014

8. **妇联组织妇女小额信贷发展研究**/王海静著/北京：中国农业出版社/2014

9. **妇女发展与妇女工作：2014年上海妇女理论研究成果汇编**/上海市妇女联合会编/上海：上海人民出版社/2014

10. **性别社会工作理论与实践**/李松柏著/杨凌：西北农林科技大学出版社/2014

11. **社会工作理论与方法本土化：妇联参与社会治理及典型案例点评**/唐雄山、仇宇、王伟勤、王昕、罗胜华著/广州：中山大学出版社/2015

12. **中国共产党妇女工作史（1921～1949）**/耿化敏著/北京：社会科学文献出版社/2015

妇女与就业研究

1. **反就业歧视的策略与方法**/刘小楠主编/北京：法律出版社/2011
2. **反对就业歧视 促进就业平等**/张峻峰主编/北京：中国经济出版社/2011
3. **性别分层与劳动力市场**/李春玲、石秀印、杨旻等著/北京：中国社会科学出版社/2011
4. **中国城镇地区性别工资差距研究**/葛玉好著/北京：中国经济出版社/2011
5. **反就业歧视的理论与实践**/刘小楠主编/北京：法律出版社/2012
6. **性别与职业生涯：大学英语女教师职业生涯发展研究**/蒋玉梅著/南京：南京大学出版社/2012
7. **上海职业妇女口述史：1949 年以前就业的群体**/程郁、朱易安著/桂林：广西师范大学出版社/2013
8. **转型中城镇女性劳动供给行为研究**/谭岚著/北京：中国社会科学出版社/2013
9. **劳动市场中的性别分析：理论、方法与实证研究**/王震著/北京：经济管理出版社/2014
10. **工业化与女性就业：工业化进程中的中美女性就业比较**/刘彩霞著/郑州：河南人民出版社/2014
11. **女大学生就业创业调研与指导**/林建军、唐芳主编/北京：中国社会科学出版社/2014
12. **民族地区女性农民工返乡创业问题研究**/李玫著/北京：中国社会科学出版社/2014
13. **女性创业领导力的行为特征及其效能机制：多水平效应分析**/杨静著/北京：经济科学出版社/2014
14. **企业女性管理者政治技能对职业成功的影响研究**/罗青兰著/北京：经济科学出版社/2014
15. **杭州妇女发展报告（2014）：女性就业与创业**/ 魏颖主编/北京：社会科学文献出版社/2014
16. **让梦想从这里开始：肇庆市女性居家灵活就业情况调查与对策研究**/赖翅萍、张丽文、谈郁平主编/广州：暨南大学出版社/2014
17. **中国女性非正规就业研究：基于性别差异视角**/袁霓著/北京：中国社会科学出版社/2015
18. **孕哺与女性职业发展**/魏国英、周云主编/北京：北京大学出版社/2015
19. **贸易自由化与工资和就业的性别差异——基于中国的理论与实证**/席艳乐著/北京：经济科学出版社/2015
20. **企业女性领导者职业成长的进阶规律**/李鲜苗、罗瑾琏著/北京：中国社会科学出版社/2015
21. **驱动女性领导者职业成功的组织情境**/肖薇、罗瑾琏著/北京：中国社会科学出版社/2015
22. **饭店女性部门经理职业发展困境与出路**/范向丽著/北京：社会科学文献出版社/2015

农村妇女土地权益研究

1. **维护农村妇女土地权益报告**/全国妇联权益部主编/北京：社会科学文献出版社/2013
2. **农村妇女与农村土地**/赵玲编著/杭州：浙江工商大学出版社/2014

妇女与贫困研究

1. **社会性别与妇女反贫困**/赵群、王云仙主编/北京：社会科学文献出版社/2011
2. **留守妇女与新农村建设——典型贫困地区妇女在新农村建设中的作用研究**/郭亚莉、唐国阳、唐利著/哈尔滨：黑龙江人民出版社/2013
3. **社会性别视阈内的西北农村回族妇女反贫困问题**/罗彦莲著/银川：宁夏人民出版社/2015
4. **巾帼脱贫：农村贫困妇女扶持政策评估及建议**/向德平、程玲等著/北京：社会科学文献出版社/2015
5. **制度如何制造不平等：一个北方城市贫困女性社会排斥的制度分析**/李敏著/北京：中国社会科学出版社/2015

妇女人权与法律研究

1. **家事法研究（2010 年卷）**/陈苇主编/北京：群众出版社/2011
2. **外嫁女法律问题研究**/杨择郡等编著/武汉：湖北长江出版集团、湖北人民出版社/2011
3. **多学科视野下的女性社会保障研究**/金一虹、保剑著/广州：中山大学出版社/2011
4. **婚姻家庭法之女性主义分析**/黄宇著/北京：群众出版社/2012
5. **人文主义视阈下的离婚法律制度研究**/冉启玉著/北京：群众出版社/2012
6. **人权知识妇女权利读本**/班文战、夏吟兰主编/长沙：湖南大学出版社/2012
7. **反就业歧视法基础理论问题研究**/冯祥武著/北京：中国法制出版社/2012
8. **女大学生就业权益法律保护**/王丽娟、宫玲琳编著/南京：南京大学出版社/2013
9. **女性就业权的平等保护——美国的法律实践及其对中国的启示**/郭延军著/北京：法律出版社/2013
10. **妇女权利保障研究**/邹晓红、关鑫著/长春：吉林大学出版社/2013
11. **妇女社会权利的保护：国际法与国内法视角**/李西霞、〔瑞士〕丽狄娅·R. 芭斯塔·弗莱纳主编/北京：社会科学文献出版社/2013
12. **港台性别平等立法及案例研究**/刘小楠著/北京：法律出版社/2013
13. **性别平等立法的深圳实践：《深圳经济特区性别平等促进条例》百家谈**/深圳市妇女联合会、深圳市妇女发展研究会编/北京：社会科学文献出版社/2013
14. **离婚扶养制度研究**/冉启玉著/北京：群众出版社/2013
15. **非婚同居的法律问题研究**/阚凯著/长春：长春出版社/2014
16. **配偶权制度研究——以社会性别平等为视角**/梁琳著/北京：中国社会科学出版社/2014
17. **家事调解制度研究**/来文彬著/北京：群众出版社/2014
18. **性别变更法律问题研究**/李燕著/北京：中国法制出版社/2014

19. **女犯社区矫治的可能性研究——基于辽宁省的实证考察**/艾晶著/北京：中国社会科学出版社/2014
20. **女性犯罪人被害化调查研究**/包雯、张亚军等著/北京：中国检察出版社/2015
21. **在法律的边缘处：就业性别歧视案例研究**/郭慧敏、高涛、段燕华编著/西安：西北工业大学出版社/2015
22. **女性服刑者的环境适应与再社会化研究**/刘柳著/北京：中国社会科学出版社/2015
23. **20年，我们走了多远？——95世妇会后中国妇女权利发展状况研究**/刘小楠著/北京：法律出版社/2015
24. **妇女儿童权益保护**/刘玉民主编/北京：中国民主法制出版社/2015
25. **社会性别平等与妇女权益保障制度研究**/袁翠清著/北京：中国政法大学出版社/2015

反对针对妇女的暴力研究

1. **家庭暴力现状及干预**/张亚林、曹玉萍主编/北京：人民卫生出版社/2011
2. **家庭暴力受虐妇女杀夫犯罪问题研究**/邢红枚著/北京：法律出版社/2011
3. **家庭暴力防治法制度性建构研究**/夏吟兰主编/北京：中国社会科学出版社/2011
4. **城市社区多机构干预家庭暴力的实践**/朱东武、齐小玉著/北京：中国社会科学出版社/2011
5. **针对妇女暴力的医疗干预服务指南**/吴久玲主编/北京：人民卫生出版社/2012
6. **消除家庭暴力与媒介倡导：研究、见证与实践**/卜卫、张祺主编/北京：中国社会科学出版社/2011
7. **中国反对针对妇女暴力的研究与行动**/肖扬主编/北京：社会科学文献出版社/2012
8. **反家庭暴力研究**/刘晓霞、王丽丽主编/北京：中国政法大学出版社/2012
9. **基于性别的家庭暴力之民法规则——中国法与美国法之比较**/秦志远著/北京：群众出版社/2012
10. **家庭暴力引发犯罪刑法适用问题研究**/包雯、张亚军、翟海峰、王韬著/北京：中国检察出版社/2012
11. **走向法治——工作场所性骚扰的调查与研究**/唐灿、黄觉、薛宁兰著/北京：中国人民公安大学出版社/2012
12. **中国反家庭暴力行动报告**/吕频主编/北京：中国社会科学出版社/2013
13. **涉家庭暴力案件审理技能**/陈敏著/北京：人民法院出版社/2013
14. **职场性骚扰雇主责任研究**/李妍著/长春：吉林大学出版社/2014
15. **性骚扰纠纷解决机制研究**/骆东平著/北京：人民出版社/2014
16. **我国防治家庭暴力情况实证调查研究——以我国六省市被抽样调查地区防治家庭暴力情况为对象**/陈苇主编/北京：群众出版社/2014
17. **清代“家庭暴力”研究——夫妻相犯的法律**/钱泳宏著/北京：商务印书馆/2015
18. **中国反对针对妇女暴力的立法与司法实务探讨：“反对针对妇女暴力高层论坛”论文集**/姜秀花主编/北京：社会科学文献出版社/2015
19. **最高人民法院 最高人民检察院 公安部 司法部家庭暴力犯罪案件司法政策理解适用与案例**

指导/黄尔梅主编/北京：人民法院出版社/2015

20. **家庭暴力妇女受害者权益之法律保障研究**/罗杰著/北京：群众出版社/2015

21. **亲密关系如何伤害我们：性别暴力的94个案例**/陈亚亚主编/北京：中国社会科学出版社/2015

妇女与参政研究

1. **当代中国女性政治参与问题研究**/师凤莲著/济南：山东大学出版社/2011
2. **当代台湾女性参政研究**/林小芳著/北京：九州出版社/2011
3. **当代中国性别政治与制度公正**/李晓广著/南京：南京大学出版社/2012
4. **社会转型期妇女参政的社会支持系统研究**/祝平燕著/北京：社会科学文献出版社/2012
5. **从政留珍：女领导干部成长规律与培养途径研究**/王之球、张桐俊主编/天津：天津社会科学院出版社/2012
6. **政治理想与现实冲突——女领导干部生命故事研究**/杨静著/北京：中国社会科学出版社/2012
7. **社会性别视角下的我国女性干部选拔政策研究**/钟曼丽著/北京：中国经济出版社/2012
8. **女性参政：社会性别的追问**/鲍静著/北京：中国人民大学出版社/2013
9. **农村妇女参政问题研究——以河北、黑龙江试点经验为例**/郭建梅主编/北京：中国人民公安大学出版社/2013
10. **性别正义视域下当代中国女性参政研究**/牛天秀著/南京：南京师范大学出版社/2014

妇女与健康研究

1. **中国农村儿童健康的性别差异：历史、现状及对策**/宋月萍著/北京：中国工人出版社/2011
2. **性别与健康：城镇非正规就业女性健康需要和政策回应**/刘春燕著/北京：社会科学文献出版社/2012
3. **印象管理与女性健身活动及心理健康的关系**/张立敏著/北京：北京体育大学出版社/2014

妇女与教育研究

1. **遮蔽与再现：学术职业中的性别政治**/王俊著/武汉：华中师范大学出版社/2011
2. **社会女性观与中国女子高等教育**/杜学元著/北京：人民出版社/2011
3. **社会性别视角下的教育传统及其超越**/周小李著/北京：教育科学出版社/2011
4. **独木成林：案例研究与社会性别主流化**/赵捷、王俊主编/昆明：云南人民出版社/2011

5. **论女生教育**/张天庭著/长沙：湖南教育出版社/2011
6. **社会女性观与中国女子高等教育**/杜学元著/北京：人民出版社/2011
7. **历史的背影：一代女知识分子的教育记忆**/姜丽静著/北京：教育科学出版社/2012
8. **中国妇女教育发展报告 No. 2：女子院校发展研究**/张李玺主编/北京：社会科学文献出版社/2012
9. **党校教育与性别研究（2006～2010 年）**/薛引娥、高锋、金沙曼主编/西安：陕西人民出版社/2012
10. **性权与性别平等：学校性教育的新理念与新方法**/方刚著/北京：东方出版社/2012
11. **女性教育沉思录**/段红英编/北京：中国社会科学出版社/2013
12. **科学教育背后的性别政治**/周小李著/武汉：华中师范大学出版社/2013
13. **与青春同行：社会性别与中学性教育**/ 胡珍、吴银涛、李扁、罗登远主编/北京：科学出版社/2013
14. **向青春迈进：社会性别与小学性教育**/胡珍、苟萍、李扁主编/北京：科学出版社/2013
15. **教育公平视野下的女性领导力建设**/徐莉等著/桂林：广西师范大学出版社/2013
16. **圣玛利亚女校（1881～1952）**/徐永初、陈瑾瑜主编/上海：同济大学出版社/2014
17. **中国共产党领导的女性教育主流化运动研究（1921～1956）**/徐爱新著/北京：中国妇女出版社/2014
18. **追寻她们的人生——学前和初等教育女性工作者卷**/张李玺主编/北京：中国妇女出版社/2014
19. **文化与教育的包容性发展：大学女校长的使命与作为**/李汇群、周丽娜主编/北京：中国传媒大学出版社/2014
20. **男生：性别差距的新弱者——基础教育性别不平等研究**/胡振京著/天津：天津教育出版社/2014
21. **为什么要办女校？——女校存在与发展的价值**/吴宏岳、王世豪等著/武汉：华中师范大学出版社/2014
22. **中国女子高等教育**/周廷勇、张兰著/北京：中国传媒大学出版社/2014
23. **女子教育大辞典**/郭明蓉、杜学元编著/成都：四川人民出版社/2014
24. **青岛女子教育发展的史影与传统**/石阳著/济南：黄河出版社/2014
25. **世界女子大学**/张艳秋等著/北京：中国传媒大学出版社/2014
26. **江南女校与江南社会（1850～1937 年）**/徐宁著/上海：上海人民出版社/2015
27. **近代中国女子教育论争史研究（1895～1949）**/王晓慧著/北京：中国社会科学出版社/2015
28. **虔贞女校**/ 唐冬眉、王艳霞著/广州：花城出版社/2015
29. **教育公平与妇女发展：中国妇女研究会妇女教育专业委员会第七届年会论文集**/张李玺主编/北京：知识产权出版社/2015
30. **中小学性别平等教育指南**/冯继有编著/广州：华南理工大学出版社/2015
31. **我们时代的性与性别——大学生性别文化素养培育系列讲座**/徐仲佳编著/武汉：武汉大学出版社/2015
32. **女性主义道德教育评析**/李芳著/北京：中国书籍出版社/2015

妇女与科技研究

1. **女性科学家成功的幸福密码：南京市29名杰出科技女教授访谈录**/莫国香编著/南京：南京大学出版社/2011
2. **中国科技女性职业发展影响因素研究**/李乐旎著/上海：上海交通大学出版社/2014
3. **筑梦边陲的云岭巾帼：云南农村妇女科技致富带头人访谈实录**/王晓艳著/昆明：云南科技出版社/2015
4. **女性主义科学哲学**/徐志宏著/上海：复旦大学出版社/2015
5. **女性主义科学编史学研究**/章梅芳著/北京：科学出版社/2015

妇女与环境研究

1. **社会性别视角下的全球环境问题研究**/金莉、李英桃等著/北京：中国社会科学出版社/2011
2. **社会性别与生态文明**/胡玉坤著/北京：社会科学文献出版社/2013
3. **环境治理视域下的女性权益保护：基于马克思恩格斯文本的研究**/杨征征著/上海：上海三联书店/2014

妇女与婚姻家庭研究

1. **现代婚姻关系研究**/王小英、牛振宇著/太原：山西出版集团、山西人民出版社/2011
2. **青年白领女性的工作家庭冲突研究**/唐美玲著/厦门：厦门大学出版社/2011
3. **当代农村家庭养老性别分工**/宋璐、李树茁著/北京：社会科学文献出版社/2011
4. **家庭与性别评论（第3辑）**/吴小英主编/北京：社会科学文献出版社/2011
5. **建和谐家庭 享幸福生活：北京市和谐家庭建设论坛论文集**/北京市妇女联合会编/北京：中国农业大学出版社/2011
6. **一个人的城市：中国单身女性调查**/吴淑平编写/北京：外文出版社/2012
7. **婚姻·家庭·性别研究（第一辑）**/梁景和主编/北京：社会科学文献出版社/2012
8. **婚姻·家庭·性别研究（第二辑）**/梁景和主编/北京：社会科学文献出版社/2012
9. **幸福开源：低收入女性单亲家庭的生活应对研究**/陈羿君等著/苏州：苏州大学出版社/2012
10. **婚姻·家庭·性别研究（第三辑）**/梁景和主编/北京：社会科学文献出版社/2013
11. **抗战前十年间民事诉讼中的女性权利与家庭关系**/谭志云著/南京：南京出版社/2013
12. **现代中国社会文化嬗变研究（1919～1949）——以婚姻·家庭·妇女·性伦·娱乐为中心**/梁景和著/北京：社会科学文献出版社/2013
13. **转型期中国城市家庭变迁：基于五城市的调**

查/马春华、李银河、唐灿、王震宇、石金群著/北京：社会科学文献出版社/2013

14. **个体家庭 iFamily：中国城市现代化进程中的个体、家庭与国家**/沈奕斐著/上海：上海三联书店/2013

15. **村庄视野中的阶级、性别与家庭结构：以1980年代湘北塘村为中心的考察**/李斌著/长沙：湖南人民出版社/2013

16. **性别比失衡背景下的农村男方婚姻支付——对豫北H镇的调查**/栗志强著/北京：中国社会出版社/2013

17. **流动妇女婚姻质量研究**/曹锐著/上海：上海人民出版社/2013

18. **女性与婚姻家庭**/张莹、吴玉霞主编/北京：龙门书局/2013

19. **当代中国婚姻家庭调查与研究（2008～2013）**/樊爱国主编/北京：中国妇女出版社/2013

20. **性别平等与家庭文化建设专题交流会论文集**/赵津芳主编/北京：北京出版社/2013

21. **家庭与性别评论（第4辑）**/马春华主编/北京：社会科学文献出版社/2013

22. **家庭与性别评论（第5辑）**/陈午晴、汪建华主编/北京：社会科学文献出版社/2014

23. **婚姻·家庭·性别研究（第四辑）**/梁景和主编/北京：社会科学文献出版社/2014

24. **大理院婚姻、继承司法档案的整理与研究——以民初女性权利变化为中心**/王坤、徐静莉著/北京：知识产权出版社/2014

25. **新中国成立初期华北地区婚姻家庭变迁诸问题研究**/赵晓培著/成都：四川大学出版社/2014

26. **中国家庭变迁和国际视野下的家庭公共政策研究**/金一虹、史丽娜主编/南京：南京师范大学出版社/2014

27. **中国剩女调查**/罗爱萍、王蜂、江宇著/广州：广东人民出版社/2014

28. **职业女性的发展与工作－家庭关系研究**/闫淑敏等著/北京：社会科学文献出版社/2015

29. **家庭与性别评论（第6辑）**/吴小英主编/北京：社会科学文献出版社/2015

30. **家庭和谐、社会进步与性别平等**/谭琳、姜秀花主编/北京：社会科学文献出版社/2015

31. **杭州妇女发展报告（2015）：女性与家庭文化**/魏颖主编/北京：社会科学文献出版社/2015

32. **多样性与变迁：婚姻家庭的跨文化研究**/瞿明安、施传刚主编/北京：知识产权出版社/2011

女性与媒介研究

1. **中国戏剧女导演创作研究**/顾春芳著/上海：上海远东出版社/2011

2. **女性·历史·消费：当代电视剧的文化批判**/李庚著/哈尔滨：黑龙江大学出版社/2011

3. **女性形象塑造的跨文化研究——基于中美部分主流报纸的对比分析**/吴越民著/上海：中西书局/2011

4. **中韩女性媒介比较研究**/刘利群、张敬婕、孙鹤云编著/北京：中国传媒大学出版社/2011

5. **报刊与文化身份——1898～1981中国妇女报刊研究**/张丽萍著/北京：中国书籍出版社/2012

6. **老广告里的香艳格调**/由国庆著/上海：上海远东出版社/2012

7. **性别传播的研究与行动：联合国教科文组织**

“媒介与女性”教席五年发展实录/刘利群、辛格（Abhimanyu Singh）主编/北京：中国传媒大学出版社/2012

8. **性别观念与媒介素养**/张敬婕著/北京：中国广播电视出版社/2012
9. **影视文化的性别批评**/李东著/北京：中国戏剧出版社/2012
10. **会话风格的性别模式研究：以电视媒体会话为例**/马继红著/成都：四川大学出版社/2012
11. **东方银幕女性形象掠影**/赵小青著/北京：中国电影出版社/2012
12. **新世纪中国女性电影导演研究**/厉震林、万传法主编/北京：中国电影出版社/2013
13. **性别诗学下的电影研究**/何燕李、柳改玲、杨怡著/成都：四川大学出版社/2013
14. **中国媒介与女性发展报告（2011～2012）**/刘利群主编/北京：社会科学文献出版社/2013
15. **社会性别视野下的媒介研究**/刘利群等著/北京：中国传媒大学出版社/2013
16. **媒介与女性研究教程**/刘利群、张敬婕主编/北京：中国广播电视出版社/2013
17. **现代性的姿容——性别视角下的上海都市文化**/陈惠芬等著/天津：南开大学出版社/2013
18. **新中国革命题材电影中的女性寓言（1949～1978）**/张霁月著/北京：中国社会科学出版社/2014
19. **女性书写：文学、电影与生活**/黄淑娴著/杭州：浙江大学出版社/2014
20. **社会转型时期电视剧中的女性意识嬗变**/华昊著/北京：中国书籍出版社/2014
21. **中美女性电视节目比较研究**/刘利群、张敬婕著/北京：中国传媒大学出版社/2014
22. **媒介与性别：女性魅力、男子气概及媒介性别表达**/徐艳蕊著/杭州：浙江大学出版社/2014
23. **中国媒介与女性发展报告（2013～2014）**/刘利群主编/北京：社会科学文献出版社/2015
24. **新媒体、社会性别、市场经济与都市交往实践**/曹晋、〔英〕格雷姆·默多克等著/上海：复旦大学出版社/2015
25. **媒介与社会性别研究：理论与实例**/曹晋著/北京：清华大学出版社/2015
26. **女性与传媒**/汪力娟等著/桂林：广西师范大学出版社/2015
27. **中国女性期刊史**/吴敏娟著/北京：中国社会科学出版社/2015
28. **《纽约时报》的中国女性形象研究（2001～2010年）**/李敏著/北京：人民出版社/2015
29. **认知社会语言学视角下与性别相关的会话举止研究——中德电视剧中的夫妻会话分析**/汪亚利著/北京：外语教学与研究出版社/2015
30. **电影与文化：电影史论·女性电影·后现代美学**/秦喜清著/北京：北京时代华文书局/2015

女性主义艺术研究

1. **中国女性主义艺术性修辞学**/佟玉洁著/桂林：广西师范大学出版社/2011
2. **图像、性别与观念**/马晓琳著/西安：陕西出版集团、陕西人民美术出版社/2011
3. **女性主义、后殖民主义与女性镜像研究**/陈颖、张秀梅、胡大芳、田园编著/哈尔滨：黑龙江朝鲜民族出版社/2011
4. **玉台画史研究：关注女画家社会角色与创作**/

徐玉红著/杭州：中国美术学院出版社/2012

5. **女性主义与中国当代文化**/王澄霞著/北京：社会科学文献出版社/2012

6. **先秦女性审美研究**/程勇真著/北京：中国社会科学出版社/2013

7. **她建筑——女性视角下的建筑文化**/秦红岭著/北京：中国建筑工业出版社/2013

8. **镜·境：女性视角艺术**/徐玉玲主编/昆明：云南人民出版社/2013

9. **歌曲与性别——中国当代流行音乐研究**/陆正兰著/北京：中国社会科学出版社/2013

10. **花开的声音：论女性艺术的性别意识与行为方式**/刘坚著/湘潭：湘潭大学出版社/2014

11. **宋代女性头饰设计艺术探赜及其文化索隐**/付黎明、许静著/长春：吉林大学出版社/2014

12. **性别焦虑与冲突：男性表达与呈现的音乐阐释**/姚亚平著/北京：中央音乐学院出版社/2015

妇女与宗教研究

1. **妇女与差传：19世纪美国圣公会女传教士在华差传研究**/林美玫著/北京：社会科学文献出版社/2011

2. **女性主义视角下的宗教人格与创作——勃朗特姐妹研究**/张静波著/桂林：广西师范大学出版社/2015

3. **宋代妇女的佛教信仰与生活空间**/邵育欣著/北京：中国社会科学出版社/2015

女性与体育研究

1. **超越性别身体：近代华东地区的女子体育（1895～1937）**/游鉴明著/北京：北京大学出版社/2011

2. **女子运动员性别角色与职业角色冲突与调适的研究**/李健、姚辉洲著/北京：人民体育出版社/2011

3. **健美操在职业女性中的应用与发展**/佟永清、赵玉翠编著/北京：中国商务出版社/2011

4. **论妇女与我国民族传统体育**/张选惠等著/北京：人民体育出版社/2012

5. **健身健美体育：女性身体美的理性回归：湖南长、株、潭职业女性的调查**/杨斌著/北京：北京体育大学出版社/2013

6. **社会性别与女性休闲体育研究**/邱亚君著/杭州：浙江大学出版社/2014

7. **现代女子足球科学竞训指导**/王松岩著/北京：现代教育出版社/2014

女性生活方式研究

1. **中国女性生活状况报告 No. 5（2011）**/韩湘景主编/北京：社会科学文献出版社/2012

2. **中国女性生活状况报告 No. 6（2012）**/韩湘景主编/北京：社会科学文献出版社/2012
3. **社会生活探索：以性别文化等为中心**/梁景和主编/北京：首都师范大学出版社/2012
4. **春节习俗与女性身份意识**/王卫华著/北京：商务印书馆/2013
5. **中国女性生活状况报告 No. 7（2013）**/韩湘景主编/北京：社会科学文献出版社/2013
6. **中国女性生活状况报告 No. 8（2014）**/韩湘景主编/北京：社会科学文献出版社/2014
7. **中国女性生活状况报告 No. 9（2015）**/韩湘景主编/北京：社会科学文献出版社/2015

女性与旅游研究

1. **民族旅游与少数民族妇女发展**/吴忠军、张瑾、项萌等著/北京：民族出版社/2012
2. **服务业性别优势密码：旅游业女性营销能力透视**/陈钦兰著/北京：社会科学文献出版社/2015
3. **入境游客旅游地意象认知的性别差异研究——以西安市为例**/谢雪梅著/天津：南开大学出版社/2015

性别与空间研究

1. **女性类型与城市性别秩序**/方英著/北京：社会科学文献出版社/2011
2. **公开：当代成都“同志”空间的形成和变迁**/魏伟/上海：上海三联书店/2012
3. **空间 文化 表演：东北 A 市男同性恋群体的人类学观察**/富晓星/北京：光明日报出版社/2012

社会性别视角下的性与身体研究

1. **边缘的权利：女性性工作者被害问题经验研究**/赵军著/北京：中国法制出版社/2011
2. **被扭曲的身体：意大利文艺复兴时期女性形象规训与形塑**/黄鹤著/北京：中国社会科学出版社/2011
3. **身体政治：百年中国电影女明星研究**/张彩虹著/北京：中国广播电视出版社/2011
4. **性别、身体与医疗**/李贞德主编/北京：中华书局/2012
5. **身体、符号权力与秩序——对女性身体实践的研究与解读**/李叔君著/成都：四川大学出版社/2012
6. **身体·性别·欲望：20 世纪八九十年代小说中的女性身体叙事**/杨秀芝、田美丽著/武汉：武汉大学出版社/2013
7. **性之变：21 世纪中国人的性生活**/潘绥铭、黄盈盈著/北京：中国人民大学出版社/2013
8. **“女孩子”“男孩子”荷尔蒙暗示下的身体剧场**/江露露著/西安：陕西人民教育出版社/2013
9. **欲望都市：上海 70 后女性研究**/裴谕新著/上

海：上海人民出版社/2013

10. **后女性主义社会理论下的女性美容手术研究**/董金平著/南京：南京大学出版社/2013
11. **性别话语与社会行动**/王金玲主编/北京：社会科学文献出版社/2013
12. **中国近现代身体研究读本**/李蓉编著/北京：北京大学出版社/2014
13. **社会·身体·性别：近代中国女性图像身体的解放与禁锢**/曾越著/桂林：广西师范大学出版社/2014
14. **李银河：我的社会观察**/李银河著/北京：中华工商联合出版社/2014
15. **近代中国报刊与女性身体研究：以《北洋画报》为例**/李从娜著/北京：中国社会科学出版社/2015
16. **大龄未婚男性的性福利与性安全——基于性别失衡背景的研究**/杨雪燕、李树茁、〔法〕阿塔尼·伊莎贝拉著/北京：社会科学文献出版社/2014

男性气质研究

1. **男公关**/方刚著/北京：群众出版社/2011
2. **性属、媒介与权力再生产：消费社会背景下电视对男性气质的表征研究**/吕鹏著/北京：北京理工大学出版社/2011
3. **男性研究**/王政、张颖主编/上海：上海三联书店/2012
4. **动员男性加入反对性别暴力的实践：挑战性与性别暴力背后的制度环境**/英国苏塞克斯大学发展研究学院编著、汕头大学妇女研究中心编译/汕头：汕头大学出版社/2013
5. **想象、追随和质疑：中国现代女性小说中的男性形象解读**/刘瑜著/重庆：重庆出版社/2015
6. **做全参与型好男人：男性气质与男性参与**/方刚著/北京：中国社会科学出版社/2015
7. **男人的声音：16位“性别平等男”讲故事**/方刚、朱雪琴主编/北京：中国社会科学出版社/2015
8. **身份建构与男性气质：舍伍德·安德森小说研究**/浦立昕著/南京：南京大学出版社/2015
9. **销售边缘男性气质——彼得·凯里小说性别与民族身份研究**/龚静著/成都：四川大学出版社/2015
10. **性别之路：瑞文·康奈尔的男性气质理论探索**/詹俊峰著/桂林：广西师范大学出版社/2015

少数民族妇女研究

1. **社会性别视野下少数民族妇女的健康与生态环境保护**/杨国才主编/北京：知识产权出版社/2011
2. **结构与行动——西双版纳傣泐家庭婚姻的社会性别分析**/章立明著/北京：人民出版社/2011
3. **历史时期土家族妇女生活与社会性别研究**/黄秀蓉著/重庆：西南师范大学出版社/2011
4. **经济组织中的维吾尔族妇女**/李智环著/北京：中国社会科学出版社/2011
5. **黔东南苗族侗族女性服饰文化比较研究**/周梦

著/北京：中国社会科学出版社/2011

6. **蒙古族游牧文化与女性民俗文化探微**/邢莉著/西安：世界图书出版公司/2011

7. **黔东南苗族婚姻习惯法与国家法的冲突与调适**/李向玉著/北京：知识产权出版社/2011

8. **社会变革时期的彝族婚姻形态研究（1368～1949年）**/沈乾芳著/北京：民族出版社/2011

9. **哈萨克族女性教育变迁研究**/张兴著/乌鲁木齐：新疆人民出版社/2011

10. **平地女性与山地女性——大理地区不同生态环境下女性地位的变迁**/张宏宏著/北京：民族出版社/2011

11. **东乡族女教师职业生涯发展研究**/李艳红著/兰州：甘肃教育出版社/2012

12. **维吾尔女性文学**/古力加马力·买买提明著/乌鲁木齐：新疆大学出版社/2012

13. **少数民族女性人才资源开发研究——以广西为个案**/徐学莹、唐荣德著/桂林：广西师范大学出版社/2012

14. **中间地带——西南中国的社会性别、族性与认同**/沈海梅著/北京：商务印书馆/2012

15. **赫哲族女性历史文化研究**/吕秀莲、赵坤宇著/哈尔滨：黑龙江人民出版社/2012

16. **社会性别多样性研究：基于凉山彝族性别关系变迁考察**/马林英著/北京：民族出版社/2013

17. **嫁给谁：新疆阿村维吾尔族妇女婚姻民族志**/冯雪红著/北京：社会科学文献出版社/2013

18. **妇女何在？——三江并流诸峡谷区的性别政治**/王天玉著/广州：中山大学出版社/2013

19. **全国穆斯林妇女文化发展研讨会论文集**/马国英主编/兰州：甘肃民族出版社/2013

20. **小人物的故事：少数民族村寨妇女小组能力建设个案**/龙思海主编/昆明：云南人民出版社/2013

21. **女性生存状态透视：广西少数民族女性口述史**/朱慧珍主编/桂林：广西师范大学出版社/2013

22. **云南少数民族女性传统文化研究**/金少萍等著/北京：知识产权出版社/2013

23. **多学科视野下的壮族女性民俗文化研究**/陈丽琴著/北京：民族出版社/2013

24. **神圣、世俗与性别关系：中国甘肃省东乡族的民族志研究**/满珂著/北京：中国社会科学出版社/2013

25. **回族民俗文化变迁与社会性别研究**/杨华著/北京：中央民族大学出版社/2014

26. **西北少数民族民俗文化变迁的社会性别研究**/王百玲、章琦、李城瑶著/北京：民族出版社/2014

27. **界线与差异——摩梭人的社会性别研究**/许雪莲著/北京：民族出版社/2014

28. **云南少数民族史诗歌谣中女性形象的认同构建**/曾静著/北京：中国社会科学出版社/2014

29. **人口较少民族妇女革新性扫盲 促进和谐社区建设的研究**/刘义兵主编/重庆：重庆大学出版社/2014

30. **国家、传统与性别——现代化进程中花瑶民族的社会发展与制度变迁**/米莉著/北京：中国社会科学出版社/2014

31. **中国当代少数民族女性文学研究**/黄晓娟、晁正蓉、张淑云著/上海：上海文艺出版社/2014

32. **西藏妇女教育发展及其对策研究**/强俄巴·次仁央宗主编/北京：中国藏学出版社/2015

33. **女性社会学视野中的少数民族妇女流动**/杨国才著/昆明：云南民族出版社/2015

34. **跨民族视域中的性别书写与身份建构——新时期以来少数民族女性创作研究**/王冰冰著/杭

州：浙江工商大学出版社/2015

35. **珞巴妇女性别角色与社会地位变迁：以米林县南伊珞巴民族乡为例**/次仁央宗著/北京：社会科学文献出版社/2015

36. **维吾尔族女性的一生——新疆一个绿洲社区的调查**/王海霞著/北京：中央民族大学出版社/2015

37. **神坛女人：大理白族村落“莲池会”女性研究**/张翠霞著/北京：中央民族大学出版社/2015

38. **蒙汉女性人力资本代际传递比较研究**/胡伟华著/呼和浩特：内蒙古大学出版社/2015

农村妇女发展研究

1. **农村已婚妇女就业选择行为研究——以河南省为例**/任晓静著/北京：中国农业出版社/2011

2. **城镇化过程中青年女性农民工的发展与保障**/刘铁鹰著/成都：电子科技大学出版社/2011

3. **社会性别平等诉求挑战发展神话**/赵群著/北京：中国书籍出版社/2011

4. **柔性的风格：女性参与建构社会的实践逻辑——双龙村性别关系的百年变迁**/崔应令著/北京：中国社会科学出版社/2011

5. **改革开放以来中国农村妇女角色与地位变迁研究——基于新制度主义视角的观察**/刘筱红、赵德兴、卓惠萍著/北京：中国社会科学出版社/2012

6. **中国妇女发展报告 No. 4：妇女与农村基层治理**/高小贤主编/北京：社会科学文献出版社/2012

7. **社会性别与农村发展**/孙大江编著/兰州：甘肃人民出版社/2012

8. **女性生命历程的角色实践——以湖北省燕山村为例**/孔海娥著/北京：中国社会科学出版社/2012

9. **农村独生子女与性别平等：基于江苏、四川两省的实证研究**/肖富群著/桂林：广西师范大学出版社/2012

10. **隐藏的世界：农村妇女的人生归属与生命意义**/杨华著/北京：中国政法大学出版社/2012

11. **农村妇女生命关爱的考察与反思**/莫文秀主编/北京：中国社会科学出版社/2013

12. **农村妇女参政问题研究：以河北、黑龙江试点经验为例**/郭建梅主编/北京：中国人民公安大学出版社/2013

13. **留守中国：中国农村留守儿童妇女老人调查**/刘旦、陈翔、王鹤、李栋、徐静著/广州：广东人民出版社/2013

14. **沿海发达地区农村妇女人力资源开发研究**/巢小丽著/杭州：浙江大学出版社/2013

15. **如何保护自己：写给农村留守妇女**/张士杰、胡静波、朱多策编著/北京：中国财政经济出版社/2013

16. **经济发展对中国农村家庭时间利用性别差异的影响研究**/畅红琴著/北京：经济日报出版社/2013

17. **陕西农村妇女的日常生活（1949～1965）**/李巧宁、陈海儒著/北京：中国社会科学出版社/2014

18. **双重强制：乡村留守中的性别排斥与不平等**/叶敬忠、潘璐、贺聪志著/北京：社会科学文献出版社/2014

19. **幸福像花一样：一份中国农村文化、妇女与发展的实践记录**/古学斌著/北京：北京大学出版社/2014

20. **新中国成立以来农村妇女社会地位变迁：以忻州为例**/徐晓琴著/北京：中国妇女出版社/2014
21. **村规民约与男女平等读本**/全国妇联妇女研究所课题组编/北京：中国妇女出版社/2014
22. **农村妇女参与村级治理的政策运行机制研究——基于奥斯特罗姆的IAD框架**/李琴著/北京：中国社会科学出版社/2015
23. **农村女性医疗资源利用及其影响因素分析——以江苏地区为例**/蒋浩君、姚兆余著/北京：社会科学文献出版社/2015
24. **农村妇女权益保护案例解析**/石磊、刘国辉编著/武汉：武汉大学出版社/2015
25. **新农村建设中的农村妇女参与研究**/董江爱等著/太原：山西经济出版社/2015
26. **大国空村：农村留守儿童、妇女与老人**/李强著/北京：中国经济出版社/2015
27. **妇女小额信贷及农村金融问题研究**/李树杰著/大连：东北财经大学出版社/2015
28. **中国新农村性别结构变迁研究：流动的父权**/金一虹著/南京：南京师范大学出版社/2015
29. **国际发展援助对妇女公共参与的影响——基于中国、尼泊尔案例的实证研究**/曾璐著/北京：中国社会科学出版社/2014

受流动影响的妇女研究

1. **流动还是留守——城市化进程中农村女性劳动力流转问题研究**/王东平著/北京：中国社会科学出版社/2011
2. **农民工随迁子女的权利保障研究**/韩世强著/北京：法律出版社/2012
3. **中西部地区农村女性人口流动问题研究**/刘宁、崔燕等著/北京：中国社会出版社/2013
4. **城市女性流动人口社会融入问题研究**/周海旺著/上海：上海社会科学院出版社/2013
5. **京城保姆：农村进城务工女性社会网络研究**/李春霞、吴加志、洪眉著/北京：九州出版社/2013
6. **流动妇女婚姻质量研究**/曹锐著/上海：上海人民出版社/2013
7. **农村流动女性城市生活发展报告（2014）**/姚德超、张琳、邹伟全著/北京：社会科学文献出版社/2014
8. **流动女青工社会公平促进**/郭维明、申秋红主编/北京：中国农业科学技术出版社/2014
9. **农村婚姻移民的社会适应与时代变迁**/邓晓梅著/北京：光明日报出版社/2014
10. **就业流动中的生存图景和影响模型：南日女的个案研究**/严静著/北京：社会科学文献出版社/2015
11. **近代中国“打工妹”群体研究**/池子华著/北京：中国社会科学出版社/2015
12. **女性社会学视野中的少数民族妇女流动**/杨国才著/昆明：云南民族出版社/2015

女性高层人才研究

1. **大学可持续发展与女性领导力：第四届世界大学女校长论坛**/王琴、周丽娜主编/北京：中国

传媒大学出版社/2011

2. **管理者性别刻板印象研究**/康宛竹著/北京：经济科学出版社/2012
3. **女性高层次人才成长状况研究与政策推动**/陈至立主编/北京：中国妇女出版社/2013
4. **吉林省高层女性人才成长与发展规律研究**/关德伟主编/长春：长春出版社/2013
5. **杰出女性成长规律研究**/张丽琍主编/北京：北京师范大学出版社/2014
6. **全球视角：女性成长经验分享**/周丽娜主编/北京：中国传媒大学出版社/2014
7. **困境与超越：高校女教师发展的社会性别审思**/禹旭才著/北京：中国社会科学出版社/2015
8. **女性领导**/孙晓莉著/北京：国家行政学院出版社/2015
9. **女性党政领导人才开发对策：以江苏省为例**/张捷、时云著/南京：南京大学出版社/2015
10. **超越“天花板”的女性：我国高等学校女性领导群体特征研究**/王饮寒、喻恺著/上海：上海交通大学出版社/2015

女童研究

1. **中国西部女童：西部三十名贫困女童学业成就提高的质性研究**/李剑著/北京：中央编译出版社/2011
2. **女童教育公平与教育质量研究**/强海燕、郑新蓉主编/北京：教育科学出版社/2013

老年妇女研究

1. **浙江省老年人口生活状况及其性别差异研究**/朱旭红著/北京：社会科学文献出版社/2012
2. **老年妇女问题研究**/国家应对人口老龄化战略研究、老年妇女问题研究课题组著/北京：华龄出版社/2014

女性主义国际关系研究

1. **国际刑法对武装冲突中妇女性权利的保护**/杜晓君著/北京：知识产权出版社/2012
2. **女性主义和平学**/李英桃著/上海：上海人民出版社/2012
3. **暴力冲突中的妇女：一个性别视角的分析**/范若兰著/北京：时事出版社/2013

国外女性/性别研究

1. **英国女性小说史**/李维屏、宋建福等著/上海：上海外语教育出版社/2011

2. **两个世界的媒介：德国女汉学家口述实录**/臧健著/北京：北京大学出版社/2011
3. **平等就业：部分国家和地区反就业歧视的立法与实践**/王春光著/北京：知识产权出版社/2011
4. **女性进步与性别和谐：战后日本女性经济社会地位的提高历程**/史春阳、孙冀等著/沈阳：万卷出版公司/2011
5. **女性书写与书写女性：20世纪英美女性文学研究**/刘岩、马建军、张欣等编著/上海：上海外语教育出版社/2012
6. **19至21世纪英美女性文学作品研究**/褚斐青著/长春：吉林大学出版社/2011
7. **美国华裔女性作家东方主义观研究**/邱智晶、何乃平、张晓辉、蒋红编著/哈尔滨：黑龙江朝鲜民族出版社/2011
8. **性别与种族政治：华裔美国女性文学作品研究**/王建会著/青岛：中国海洋大学出版社/2011
9. **美国黑人女权主义视域下的女性书写**/嵇敏著/北京：科学出版社/2011
10. **美国20世纪部分女性诗人诗学理论透视**/崔明路著/长春：吉林大学出版社/2011
11. **完整生存：后殖民英语国家女性创作研究**/方红著/杭州：浙江大学出版社/2011
12. **英国反就业性别歧视法研究**/饶志静著/北京：法律出版社/2011
13. **澳大利亚妇女小说史**/向晓红主编/北京：中国社会科学出版社/2011
14. **美国生态女性主义批评理论与实践研究**/吴琳著/北京：人民出版社/2011
15. **西方女性研究**/朱影主编/北京：中国人民大学出版社/2011
16. **朝鲜朝闺阁汉诗研究**/李雪花著/哈尔滨：黑龙江朝鲜民族出版社/2011
17. **并不柔弱的话语：女性主义视角下的20世纪英语文学**/刘岩、马建军等编著/重庆：重庆大学出版社/2011
18. **生态女性主义：性别、文化与自然的文学解读**/南宫梅芳、朱红梅、武田田、吕丽塔著/北京：社会科学文献出版社/2011
19. **战争与女性：美韩朝鲜战争题材小说中的韩国女性形象比较研究**/朴玉明著/延吉：延边大学出版社/2012
20. **美国电影塑造的中国女性形象：1990~2001**/杨静著/上海：上海外语教育出版社/2012
21. **圣经中的女性：《创世记》的文本与潜文本**/南宫梅芳著/北京：社会科学文献出版社/2012
22. **英美女性文学入门研究**/黄驰、康莲萍编著/成都：四川大学出版社/2012
23. **女性主义知识考古学**/倪志娟著/北京：高等教育出版社/2012
24. **战后英国女性文学选读**/张亚婷、王文主编/西安：世界图书出版公司/2012
25. **女性主义特征的及物性研究：中篇小说《饥饿》个案分析**/秦俊红著/济南：山东大学出版社/2012
26. **女性的书写：英美女性文学研究**/杨建玫著/北京：经济管理出版社/2012
27. **同源异流的文化情结——中韩国际婚姻中朝鲜族女性婚姻移民现象探析**/全信子著/北京：学苑出版社/2012
28. **日本近现代女性文学名篇解析**/林敏主编/成都：四川文艺出版社/2012
29. **日本女性文学史**/刘春英著/北京：商务印书馆/2012
30. **美国新女性小说研究**/李春宁著/北京：兵器工业出版社/2012
31. **德国早期浪漫主义女性诗学**/张帆著/上海：

上海大学出版社/2012

32. **日本女性教育家与女子学校：1868～1945**/周萍萍著/北京：世界知识出版社/2012

33. **与郎共舞：英语文学中的女性世界**/刘阳阳著/北京：北京燕山出版社/2012

34. **她们的故事——女性主义文学批评**/陈颖、赵一奇、伞娜编/哈尔滨：黑龙江朝鲜民族出版社/2013

35. **后现代女性主义理论研究**/王淼著/北京：经济科学出版社/2013

36. **弗吉尼亚·伍尔夫：性别差异与女性写作研究**/潘建著/北京：人民文学出版社/2013

37. **卡罗尔·安·达菲诗歌女性主义研究**/周洁著/厦门：厦门大学出版社/2013

38. **后殖民女性主义文学批评研究**/肖丽华著/杭州：浙江大学出版社/2013

39. **现当代日本文学女性作家研究**/叶琳主编/南京：南京大学出版社/2013

40. **尤多拉·韦尔蒂小说的主导性男性气质研究**/汪涟著/北京：外语教学与研究出版社/2013

41. **透过女性视角：戏剧传统语境中的弗戈尔戏剧研究**/金李俪著/上海：上海外语教育出版社/2013

42. **歌德席勒笔下的"中国公主"与"中国女诗人"：1800年前后中国文化软实力对德影响研究**/谭渊著/北京：中国社会科学出版社/2013

43. **莎士比亚的"性别之战"——莎翁戏剧作品的女性解读**/王玉洁著/厦门：厦门大学出版社/2013

44. **从伤痛到弥合——当代美国华裔女作家笔下女性文化身份的嬗变**/付明端著/北京：国防工业出版社/2013

45. **异质的风景——当代世界女性小说创作面面观**/张磊著/北京：中国财富出版社/2013

46. **幻想·性别·文化：韩国学者眼中的中国古典小说**/〔韩〕崔真娥著/北京：社会科学文献出版社/2013

47. **性别差异的诗意书写——埃莱娜·西苏理论研究**/郭乙瑶著/北京：北京师范大学出版社/2013

48. **当代英美女性主义类型小说研究**/梅丽著/上海：复旦大学出版社/2013

49. **美国反就业歧视法律制度研究**/姚国建著/北京：中国政法大学出版社/2013

50. **反就业歧视的案例与评析：来自亚洲若干国家和地区的启示**/林燕玲、刘小楠、何霞著/北京：社会科学文献出版社/2013

51. **颠覆与重塑——美国女性作家对传统自然符号的修正**/朱婷婷著/南京：东南大学出版社/2013

52. **生态女性主义视角下主体身份研究：解读美国文学作品中主体身份建构**/戴桂玉等著/北京：中国社会科学出版社/2013

53. **西方女性媒介文化研究**/张舍茹、陆道夫编著/广州：暨南大学出版社/2013

54. **中世纪英国农村妇女研究**/王向梅著/北京：中国社会科学出版社/2013

55. **东亚社会发展与女性参与**/李卓、胡澎主编/北京：中国社会科学出版社/2013

56. **20世纪美国女性戏剧文学与文化的语用文体研究**/左进著/南京：南京大学出版社/2013

57. **欧盟妇女劳动权利保护的法律制度研究**/郝鲁怡著/北京：中国社会科学出版社/2013

58. **18～19世纪英国社会中的犯罪妇女研究**/曾亚英等著/成都：四川大学出版社/2014

59. **《青鞜》与日本近代女性问题**/于华著/北京：中国社会科学出版社/2014

60. **她们的舞台——当代美国妇女剧作家研究**/张

生珍著/北京：中国社会科学出版社/2014
61. **莎乐美形象的历史演变及文化解读**/关涛著/北京：中国社会科学出版社/2014
62. **贝尔·胡克斯黑人女性主义文学批评研究**/赵思奇著/北京：中国社会科学出版社/2014
63. **性别理论视阈下尤金·奥尼尔剧作研究**/刘永杰著/北京：中国社会科学出版社/2014
64. **性别向度的美国社会观察：女性话题美国访谈录**/刘利群著/北京：中国传媒大学出版社/2014
65. **中美女性电视节目比较研究**/刘利群、张敬婕著/北京：中国传媒大学出版社/2014
66. **美国生态女性主义文学批评研究**/华媛媛著/北京：人民文学出版社/2014
67. **传统与法律：罗马女性经济权益掠影**/何越著/郑州：河南人民出版社/2014
68. **日本农村妇女问题研究**/王国华著/北京：中国农业出版社/2014
69. **19世纪中后期英国女子教育研究**/姚琳著/北京：人民出版社/2014
70. **双重他者的声音：当代美国黑人女性戏剧家作品中的对话策略研究**/黄坚著/上海：复旦大学出版社/2015
71. **19世纪英国女性文学生态伦理批评**/温晶晶著/北京：国防工业出版社/2015
72. **现代日本女性——权益问题研究**/张冬冬著/北京：中国社会科学出版社/2015
73. **英国现代离婚制度研究**/石雷著/北京：群众出版社/2015
74. **美国性别批评理论研究**/王楠/北京：北京大学出版社/2015
75. **东南亚女性的政治参与**/范若兰著/北京：社会科学文献出版社/2015
76. **印度婚姻家庭法研究——基于女性主义的分析视角**/秦文著/北京：法律出版社/2015
77. **碎片人生：二十世纪五六十年代英国知识女性生存状态的文学构想**/陈姝波著/北京：中国社会科学出版社/2015
78. **女性城市书写：20世纪英国女性小说中的现代性经验研究**/尹星著/北京：清华大学出版社/2015

译著

1. **实现消除贫困和千年发展目标中的社会性别主流化：政策制定者和利益相关者指导手册**/〔加拿大〕娜拉·卡比尔著、陈澜燕译/天津：天津人民出版社/2011
2. **身体之重：论性别的话语界限**/〔美〕朱迪斯·巴特勒著、李钧鹏译/上海：上海三联书店/2011
3. **男人之间：英国文学与男性同性社会性欲望**/〔美〕伊芙·科索夫斯基·塞吉维克著、郭劼译/上海：上海三联书店/2011
4. **音乐学与差异：音乐研究中的社会性别和性**/〔美〕露丝·索莉编、谢锺浩译/上海：上海音乐学院出版社/2011
5. **马六明：性别表演与生命政治**/鲁明军著、梁舒涵译/长沙：湖南美术出版社/2011
6. **英国的家庭、性与婚姻 1500～1800**/〔英〕劳伦斯·斯通著、刁筱华译/北京：商务印书馆/2011
7. **陀思妥耶夫斯基与女性问题**/〔美〕尼娜·珀利堪·斯特劳斯著，宋庆文、温哲仙译/长春：

吉林人民出版社/2011

8. **女性主义与青年文化**/〔英〕安吉拉·默克罗比著，张岩冰、彭薇译/开封：河南大学出版社/2011
9. **灵长类视觉——现代科学世界中的性别、种族和自然**/〔美〕唐娜·哈拉维著、赵文译/开封：河南大学出版社/2011
10. **类人猿、赛博格和女人——自然的重塑**/〔美〕唐娜·哈拉维著，陈静、吴义诚译/开封：河南大学出版社/2012
11. **妇女与国际人权法（第三卷）：走向赋权**/〔美〕凯利·D. 阿斯金、〔美〕多萝安·M. 科尼格编，黄列、朱晓青、毕小青译/北京：生活·读书·新知三联书店/2012
12. **男人能做的女人能做得更好：世界优秀女性如何兼顾家庭、事业**/〔爱尔兰〕敖力韦著，胡振明、谢文思译/北京：清华大学出版社/2012
13. **中国女性主义思想史中的妇女问题**/〔美〕汤尼·白露著、沈齐齐译、李小江审校/上海：上海人民出版社/2012
14. **心理学：关于男性（第8版）**/〔美〕迈克尔·金梅尔、〔美〕迈克尔·梅斯纳著，张超译，桑标审校/上海：上海人民出版社/2012
15. **男性特质论：中国的社会与性别**/〔澳〕雷金庆著、〔澳〕刘婷译/南京：江苏人民出版社/2012
16. **描绘道德的图景：女性思维对心理学理论与教育的贡献**/〔美〕卡罗尔·吉利、〔美〕贾妮·维多利亚·沃德、〔美〕吉尔·麦克莱恩·泰勒等著，季爱民、杨启华译/北京：教育科学出版社/2012
17. **反抗的文化：拒绝表征**/〔美〕贝尔·胡克斯著，朱刚、肖腊梅、黄春燕译/南京：南京大学出版社/2012
18. **世界妇女史：从史前至公元1500年（上卷）**/〔美〕凯瑟琳·克莱、〔美〕钱德里卡·保罗、〔美〕克里斯蒂娜·塞内卡尔著，裔昭印、张凯译/上海：格致出版社、上海人民出版社/2012
19. **世界妇女史：1500年至今（下卷）**/〔美〕帕梅拉·麦克维著，洪庆明、康凯译/上海：格致出版社、上海人民出版社/2012
20. **音乐和社会性别**/〔美〕贝弗莉·黛蒙德、〔美〕皮尔蔻·莫伊萨拉编，谢锺浩译/上海：上海音乐学院出版社/2012
21. **时间的旅行——女性主义、自然、权力**/〔美〕伊丽莎白·格罗兹著，胡继华、何磊译/开封：河南大学出版社/2012
22. **他者女人的窥镜**/〔法〕露西·伊利格瑞著，屈雅君、赵文、李欣、霍炬译/开封：河南大学出版社/2013
23. **生态女性主义文学批评：理论、阐释和教学法**/〔美〕格蕾塔·戈德、〔美〕帕特里克·D. 墨菲主编，蒋林译/北京：中国社会科学出版社/2013
24. **向前一步：女性、工作及领导意志**/〔美〕谢丽尔·桑德伯格、〔美〕尼尔·斯科维尔著，颜筝、曹定、王占华译/北京：中信出版社/2013
25. **生命的自主权：堕胎、安乐死与个人自由的辩护**/〔美〕罗纳德·M. 德沃金著，郭贞伶、陈雅汝译/北京：中国政法大学出版社/2013
26. **动员男性加入反对性别暴力的实践：挑战性与性别暴力背后的制度环境**/英国苏塞克斯大学发展研究学院编著，汕头大学文学院妇女研究中心编译/汕头：汕头大学出版社/2013
27. **高等教育中的沙特女性**/沙特阿拉伯王国高等

教育部著、沈允育译/北京：中国出版传媒股份有限公司、中国对外翻译出版公司/2013

28. **当代英联邦国家女性诗歌纵览**/范丽娟、王倩编译/哈尔滨：黑龙江人民出版社/2013

29. **男性与女性**/〔法〕保罗－劳伦·阿苏著、徐慧译/福州：福建教育出版社/2013

30. **阁楼里的女人：莎乐美论易卜生笔下的女性**/〔德〕路·莎乐美著、马振骋译/上海：上海人民出版社/2013

31. **女权主义简史**/Margaret Walters 著，朱刚、麻晓蓉译/北京：外语教学与研究出版社/2013

32. **女性与恶**/〔美〕内尔·诺丁斯著、路文彬译/北京：教育科学出版社/2013

33. **女性主义社会工作：理论与实务**/〔英〕Lena Dominelli 著，王瑞鸿、张宇莲、李太斌译/上海：华东理工大学出版社/2014

34. **成濑巳喜男的电影：女性与日本现代性**/〔加〕凯瑟琳·罗素著、张汉辉译/上海：复旦大学出版社/2014

35. **性别、政治与民主**/〔澳〕李木兰著、方小平译/南京：江苏人民出版社/2014

36. **清代中国的男性与女性：《红楼梦》中的性别**/〔澳〕李木兰著、聂友军译/北京：北京大学出版社/2014

37. **登上巅峰的女性：女性领导力发展与生活平衡**/〔美〕张妙清、贺黛安著，张妙清、陈雪飞译/北京：电子工业出版社/2014

38. **图绘：女性主义与文化交往地理学**/〔美〕苏珊·斯坦福·弗里德曼著、陈丽译/南京：译林出版社/2014

39. **女性影响力**/〔美〕马蒂·迪特瓦、〔美〕克莉丝汀·拉森著，张美惠译/桂林：漓江出版社/2014

40. **当代美国女性主义经典理论选读**/〔美〕伊丽莎白·韦德、何成洲主编/南京：南京大学出版社/2014

41. **科学中的性别**/〔德〕克里斯蒂娜·冯·布劳恩、〔德〕英格·斯蒂芬著，史竞舟译/北京：人民出版社/2014

42. **社会性别与高等教育**/〔美〕芭芭拉·J. 班克编著，朱运致、周宇芬、马黎燕译/南京：江苏凤凰教育出版社/2015

43. **赋身以性——性别政治和性的建构**/〔美〕安妮·福斯托－斯特林著，秦海花、秦文、叶红译/南京：江苏凤凰教育出版社/2015

44. **妇女与家庭**/〔美〕马尔腾著，高尔松、高尔柏译/北京：全国图书馆文献微缩复制中心/2015

45. **性别的历史**/〔英〕马特·里德利著，刘茉、褚一明译/重庆：重庆出版社/2015

46. **性别符号学：政治身体/身体政治**/〔加〕达琳·M. 尤施卡著、程丽蓉译/南京：译林出版社/2015

47. **论女性：女同性恋案例的心理成因及其他**/〔奥〕弗洛伊德著，刘慧卿、杨明敏译/北京：社会科学文献出版社/2015

48. **“惹事”的美国妇女——香港的性别与国民记叙**/〔美〕福史德著、李俊飞译/武汉：华中师范大学出版社/2015

49. **劳作的女人：20 世纪初北京的城市空间和底层女性的日常生活**/〔美〕程为坤著、杨可译/北京：生活·读书·新知三联书店/2015

50. **观文化，看政治：印度后殖民时代的电视、女性和国家**/〔美〕普尔尼马·曼克卡尔著、晋群译/北京：商务印书馆/2015

51. **克里斯蒂娃自选集**/〔法〕克里斯蒂娃著、赵英晖译/上海：复旦大学出版社/2015

52. **符号学：符义分析探索集**/〔法〕克里斯蒂娃著、史忠义等译/上海：复旦大学出版社/2015

53. **厌女：日本的女性嫌恶**/〔日〕上野千鹤子著、王兰译/上海：上海三联书店/2015

54. **美人与书：19世纪中国的女性与小说**/〔美〕魏爱莲著、马勤勤译/北京：北京大学出版社/2015

55. **张门才女**/〔美〕曼素恩著、罗晓翔译/北京：北京大学出版社/2015

56. **父性**/〔意〕鲁格·肇嘉著，张敏、王锦霞、米卫文译/北京：世界图书出版公司/2015

57. **人类婚姻史（全三卷）**/〔芬兰〕E. A. 韦斯特马克著，李彬、李毅夫、欧阳觉亚译/北京：商务印书馆/2015

女性学学科建设

1. **女性主义研究方法解析**/郑丹丹著/北京：社会科学文献出版社/2011

2. **女性管理学概论（上、下册）**/郭丽双著/北京：清华大学出版社/2011

3. **婚姻家庭继承法学**/李明舜主编/武汉：武汉大学出版社/2011

4. **女性学导论**/王宏维主编/广州：广东人民出版社/2012

5. **女性学著作概览**/杨国才等著/北京：中国社会科学出版社/2012

6. **女性学**/周天枢、宋岩、吴春编著/武汉：华中师范大学出版社/2013

7. **女性学**/骆晓戈主编/长沙：湖南大学出版社/2013

8. **女性学**/王蕾蕾、李桂燕主编/北京：科学出版社/2013

9. **中国妇女发展报告（No. 5）：妇女/社会性别学学科建设与发展**/王金玲主编/北京：社会科学文献出版社/2014

女性主义哲学研究

1. **生态女性主义伦理形态研究**/袁玲红著/上海：上海人民出版社/2011

2. **波伏瓦女性主义伦理思想研究**/屈明珍著/长沙：湖南人民出版社/2011

3. **中国道学女性伦理思想研究**/刘玮玮著/长春：吉林大学出版社/2012

4. **女性视界——女性主义哲学的兴起**/陈英、陈新辉著/北京：中国社会科学出版社/2012

5. **女性与社会变革：唯物主义女性主义研究**/许春荣著/北京：中央编译出版社/2012

6. **“否定性辩证法”视域中的“女性”主体性重构**/李昀著/北京：社会科学文献出版社/2012

7. **“近女性”与“流”的艺术哲学实践**/王虹著/北京：民族出版社/2012

8. **哈拉维赛博格理论研究：学术分析与诗化想象**/刘介民、刘小晨著/广州：暨南大学出版社/2012

9. **女性主义哲学**/曹剑波、宋建丽主编/厦门：厦门大学出版社/2013

10. **女性主义知识论**/魏开琼、曹剑波著/北京：光明日报出版社/2013

11. **多元时代的正义寻求——I. M. 扬的政治哲学**

研究/马晓燕著/北京：光明日报出版社/2013

12. **欲望际：精神分析与女性主义**/王保中著/北京：中国社会科学出版社/2013

13. **在平等与差异之间：女性主义对自由主义的批判**/付翠莲著/北京：社会科学文献出版社/2013

14. **南希·哈索克的马克思主义女性主义研究**/鹿锦秋著/北京：中国社会科学出版社/2015

女性主义法学研究

1. **西方女性主义法理学的多元化发展研究**/沈国琴著/北京：兵器工业出版社/2011

2. **社会性别与法律**/刘明辉主编/北京：高等教育出版社/2012

3. **性别与法**/李秀华、李傲等著/北京：中国政法大学出版社/2012

4. **女性与法律**/张雅雅、于晓丽主编/北京：科学出版社/2014

5. **妇女法学**/李明舜、林建军主编/北京：法律出版社/2015

女性经济学研究

1. **性别经济学**/王忠著/北京：科学出版社/2012

2. **社会性别与经济发展：经验研究方法**/张莉琴、杜凤莲、董晓媛主编/北京：中国社会科学出版社/2012

女性社会学与社会工作研究

1. 2011 **中国女性公益慈善发展蓝皮书**/黄晴宜主编/北京：中国妇女出版社/2012

2. **中国女性社会学：本土知识建构**/张李玺主编/北京：中国社会科学出版社/2013

3. **社会工作与性别研究**/刘梦著/北京：中国社会科学出版社/2013

4. **性别社会工作理论与实践**/李松柏/杨凌：西北农林科技大学出版社/2014

5. 2012 **中国女性公益慈善发展蓝皮书**/黄晴宜主编/北京：中国妇女出版社/2014

6. 2013 **中国女性公益慈善发展蓝皮书**/黄晴宜主编/北京：中国妇女出版社/2015

女性人口学研究

1. **中国拐卖拐骗人口问题研究**/王金玲著/北京：社会科学文献出版社/2014

2. **出生性别比偏高的社会性别机制**/朱秀杰著/北京：社会科学文献出版社/2011

3. **农村大龄未婚男性的社会支持网络**/李艳、李树茁著/北京：社会科学文献出版社/2011
4. **出生人口性别比升高问题及其对策研究**/蔡菲著/北京：社会科学文献出版社/2012
5. **性别平等与社会可持续发展**/李树茁、尚子娟、杨博主编/北京：社会科学文献出版社/2012
6. **出生人口性别比：性别平等与人口安全**/叶文振主编/厦门：厦门大学出版社/2012
7. **中国出生人口性别比偏高问题研究**/王俊祥、吕红平、包芳著/保定：河北大学出版社/2012
8. **中国性别失衡治理：战略和模式**/朱楚珠编著/北京：社会科学文献出版社/2012
9. **武汉社会性别平等促进研究**/郭维明、吴克敏主编/北京：中国人口出版社/2012
10. **中国生育政策调整**/王广州、胡耀岭、张丽萍著/北京：社会科学文献出版社/2013
11. **人口危局：反思中国计划生育政策**/何亚福著/北京：中国发展出版社/2013
12. **出生性别比问题的社会学探究**/周全德著/郑州：河南人民出版社/2013
13. **性别失衡的社会风险研究——基于社会转型背景**/刘慧君、李树茁等著/北京：社会科学文献出版社/2014
14. **我国出生性别比问题研究**/汤兆云著/成都：电子科技大学出版社/2014
15. **中国计划生育政策史论**/梁中堂著/北京：中国发展出版社/2014
16. **中国生育政策研究**/梁中堂著/太原：山西人民出版社/2014
17. **计生政策、生育选择与农村家庭发展——基于可持续生计分析框架**/石智雷、赵峰、程广帅等著/武汉：湖北人民出版社/2014
18. **中国计划生育利益导向政策研究**/洪娜著/上海：上海大学出版社/2014
19. **家庭生育性别决策的经济分析**/陶涛著/北京：中国人口出版社/2014
20. **二孩，你会生吗：生育意愿、生育行为和生育水平关系研究**/顾宝昌、马小红、茅倬彦主编/北京：社会科学文献出版社/2014
21. **新中国人口生育政策变迁研究**/朱秋莲著/长沙：湖南师范大学出版社/2015
22. **中国生育革命纪实：**1978～1991/陈剑著/北京：社会科学文献出版社/2015
23. **性别平等促进与出生性别失衡治理——来自中国三个县的实践**/刘鸿雁、汤梦君主编/北京：中国人口出版社/2015
24. **中国人口性别结构与社会可持续发展**/李树茁、靳小怡、王跃生等著/北京：社会科学文献出版社/2015

女性人类学研究

1. **潜在课程的性别审视：在东乡族中小学的教育人类学考察**/吕晓娟著/兰州：读者出版集团、甘肃教育出版社/2011
2. **性别文化视域下的神话叙事研究之一：女神论**/刘勤著/北京：中国社会科学出版社/2013
3. **女性主义与人类学**/白志红著/北京：知识产权出版社/2014
4. **神话·民俗·性别·美学：中国文化的多面考察与深层识读**/李祥林著/北京：中国社会科学出版社/2015
5. **拉祜族女童的教育选择——一项教育人类学的回访与再研究**/杨红著/北京：民族出版社/2013

女性心理学研究

1. **文化发展心理学视野下的性别认同：以青春期女生为例**/马川著/上海：上海人民出版社/2011
2. **女性心理学**/宋心田编著/西安：陕西师范大学出版社/2012
3. **女性心理学概论**/程玮、周蓝岚编著/北京：科学出版社/2015
4. **女性文科硕士研究生学习焦虑的调查研究**/周俊瑜/北京：社会科学文献出版社/2015

女性文学研究

1. **谢无量文集（第5卷）：中国妇女文学史**/谢无量主编/北京：中国人民大学出版社/2011
2. **影壁后的她们：女性主义视角下的先秦两汉文学作品中的女性形象**/济南：山东大学出版社/2011
3. **女性主义文学批评导论**/魏天真、梅兰著/武汉：华中师范大学出版社/2011
4. **中国现当代女性主义文学论纲**/金文野著/北京：中国社会科学出版社/2011
5. **声音与姿态：中国女性小说叙事形式演变**/陈淑梅著/广州：中山大学出版社/2011
6. **女性形象书写与文化**/李娅菲编著/昆明：云南民族出版社/2011
7. **中国现代女性作家与中国革命：（1905～1948）**/颜海平著、季剑青译/北京：北京大学出版社/2011
8. **性别诉求的多重表达：中国当代文学的女性话语研究**/孙桂荣著/北京：人民文学出版社/2011
9. **中国当代言情小说女性原型研究**/刘玉霞著/北京：中国社会科学出版社/2011
10. **未竟的审美之旅：论新时期女性小说对日常生活的诗性探寻**/赖翅萍著/开封：河南大学出版社/2011
11. **叛逆与超越：新时期女性小说的先锋性**/张赟著/沈阳：辽宁教育出版社/2011
12. **女性书写和欲望的场域**/宋晓萍著/北京：北京大学出版社/2011
13. **成长如蜕：二十世纪九十年代女性成长小说研究**/高小弘著/北京：人民出版社/2011
14. **断裂、转型与深化：中国九十年代女性诗歌写作研究**/赵彬著/北京：光明日报出版社/2011
15. **站立与行走：从王安忆和虹影的作品看女性写作的双重向度**/李晶著/北京：线装书局/2011
16. **性别·习俗·文化：转型期有关问题的考察备案**/谢玉娥著/开封：河南大学出版社/2011
17. **两浙女性文学：由传统而现代**/付建舟著/北京：中国社会科学出版社/2011
18. **甘肃当代女性写作史稿**/刘洁主编/兰州：敦煌文艺出版社/2011
19. **英语语调中的社会性别：女性升调现象研究**/蒋红柳著/成都：四川大学出版社/2011
20. **性别平等与文化构建**/谭琳、姜秀花主编/北京：社会科学文献出版社/2012
21. **谭正璧学术著作集：中国女性文学史·女性词话**/谭正璧著/上海：上海古籍出版社/2012

22. **江南女性别集（三编）**/胡晓明、彭国忠主编/合肥：黄山书社/2012
23. 20**世纪中国女性文学史**/曹新伟、顾玮、张宗蓝著/北京：北京大学出版社/2012
24. 20**世纪中国女性作家作品研究**/赵秀媛、顾玮、田焱著/北京：北京大学出版社/2012
25. **中国女性文学发展览论**/周淑舫著/长春：吉林大学出版社/2012
26. **长河荒凉却温暖的灯光——中国女性文学焦点透视**/何静、胡辛著/北京：中国社会科学出版社/2012
27. **中国儿童文学中的女性主体意识**/陈莉著/郑州：海燕出版社/2012
28. **唐诗与女性的研究**/俞世芬著/北京：人民出版社/2012
29. **清嘉道年间女性的诗学研究**/聂欣晗著/广州：世界图书出版公司/2012
30. **清末小说中的女性想象：（1902～1911）**/周乐诗著/上海：复旦大学出版社/2012
31. **中国现代女性文学发展审视**/张丽、雷玉梅、邵百艳著/长春：吉林大学出版社/2012
32. **中国现代文学文化现象与性别**/乔以钢等著/天津：南开大学出版社/2012
33. **苍凉与疯狂：玛格丽特·杜拉斯和张爱玲：童年、家族小说、女性写作**/杨鋆莹著/长春：吉林人民出版社/2012
34. **女神 女性 女性文学**/盛英著/天津：南开大学出版社/2012
35. **中国现当代女性作家创作探究**/李晓红著/长春：吉林大学出版社/2012
36. **性别、语境与书写的政治**/董丽敏著/北京：人民文学出版社/2012
37. **玫瑰门中的中国女人：铁凝与当代女性作家的性别认同**/刘莉著/北京：北京师范大学出版社/2012
38. **天生女性主义：女性主义在今日的意义**/荒林著/北京：九州出版社/2012
39. **汉语性别语言学**/孙汝建著/北京：科学出版社/2012
40. **汤显祖和莎士比亚的女性观与性别意识**/张玲著/北京：中国传媒大学出版社/2013
41. **中国女性文学读本**/荒林、苏红军主编/桂林：广西师范大学出版社/2013
42. 20**世纪中国小说史中的性别建构**/郭冰茹著/上海：华东师范大学出版社/2013
43. **女性文学景观与文本批评**/郭淑梅著/哈尔滨：黑龙江人民出版社/2013
44. **女性与文学——女性主义文学批评与经典重读**/徐丽萍主编/北京：科学出版社/2013
45. **女权、启蒙与民族国家话语**/刘慧英著/北京：人民文学出版社/2013
46. **因性而别——中国现代文学家庭书写新论**/陈千里著/天津：南开大学出版社/2013
47. **家务与星空：文学与性别研究**/降红燕著/北京：中国社会科学出版社/2013
48. 20**世纪上半叶女性文学与时尚文化**/姜云飞著/郑州：河南人民出版社/2013
49. **中国现当代女性文学的整合审视**/雷水莲著/北京：中国社会科学出版社/2013
50. **多彩的女性文学世界**/周艳丽著/北京：新华出版社/2013
51. **燕赵女性文学史**/宫红英等著/北京：新华出版社/2013
52. **生态女性主义与现代中国文学女性形象**/王明丽著/北京：中国书籍出版社/2013
53. **五四文学中的女子问题叙事研究——以同期女性思潮和史实为参照**/张文娟著/济南：山东人民出版社/2013

54. **五四女作家和圣经**/郭晓霞著/北京：中国社会科学出版社/2013
55. **现代女性的精神历程：从冰心到张爱玲**/韩立群著/北京：中国人民大学出版社/2013
56. **跨越空间的对话：波伏娃与张爱玲文学的女性意识之比较研究**/张向荣著/广州：暨南大学出版社/2013
57. **日常生活价值重构：中国当代女性主义文学思潮研究**/荒林著/北京：北京大学出版社/2013
58. **21世纪中国女性文化本土化建构研究报告集成（2001～2012）**/王红旗主编/北京：现代出版社/2013
59. **中国古代女性文学与文化新论**/苏萍著/长沙：中南大学出版社/2014
60. **唐传奇女性形象研究**/陈丽荣著/太原：山西经济出版社/2014
61. **江南女性别集（四编）**/胡晓明、彭国忠主编/合肥：黄山书社/2014
62. **中国文学：关于女性的叙事**/屈雅君等著/北京：人民出版社/2014
63. **中国性别理论与女性文学批评**/王纯菲等著/北京：社会科学文献出版社/2014
64. **女性文学与性别政治的变迁**/贺桂梅著/北京：北京大学出版社/2014
65. **在共同体与社会之间——20世纪90年代中期以来的乡村女性形象**/李彦文著/天津：南开大学出版社/2014
66. **国族、乡土与性别**/王宇著/北京：中国社会科学出版社/2014
67. **性别政治与国家：论中国妇女解放**/张念著/北京：商务印书馆/2014
68. **女性身体观念与当代文学批评**/陈宁著/天津：南开大学出版社/2014
69. **姐妹镜像：21世纪女性写作与女性文化**/张莉著/北京：中国社会科学出版社/2014
70. **性别视域下的中国本土职场小说批评**/闫寒英著/北京：中国社会科学出版社/2014
71. **比较视域下的湖湘女性文学研究**/罗婷等著/北京：中国社会科学出版社/2014
72. **海峡两岸女性小说的历史流脉与创作比较**/樊洛平、王萌著/北京：人民出版社/2014
73. **社会语言学视域下的性别差异研究**/柳福玲、滕达著/长春：吉林大学出版社/2014
74. **俄汉社会性别语言的语用对比研究**/周民权著/北京：北京大学出版社/2014
75. **异度时空下的身份书写：香港女性小说研究**/王艳芳著/北京：中国社会科学出版社/2015
76. **江南女性民俗的文学展演研究**/毛海莹著/北京：中国社会科学出版社/2015
77. **明清女性作家戏曲创作研究**/刘军华著/北京：科学出版社/2015
78. **清代江南女性文学史论**/宋清秀著/上海：上海古籍出版社/2015
79. **晚清文学中的女性形象及其传统再构**/刘堃著/天津：南开大学出版社/2015
80. **清及民国长三角地区文化家族中之女性文学研究**/段继红著/上海：上海社会科学院出版社/2015
81. **特定历史文化场域中的精神诉求——1990年代中国女性文学研究**/王璐著/长春：时代文艺出版社/2015
82. **多元文化视域下的中国女性文学研究**/周梦焱著/北京：光明日报出版社/2015
83. **中国西南文化研究：妇女与社会性别研究专辑**/杨福泉主编/昆明：云南人民出版社/2015
84. **台湾女性文学史**/林丹娅主编/厦门：厦门大学出版社/2015

85. **语言与文化读本：社会性别**/王利芬、郑丹丹主编/武汉：华中科技大学出版社/2015

86. **女性精神与女性回归——女性灵性生命觉醒的深层文化解读**/韩佳慧著/郑州：河南人民出版社/2015

87. **女性文化学**/赵树勤主编/长沙：湖南师范大学出版社/2015

妇女/性别史研究

1. **中国妇女通史（宋代卷）**/方建新、徐志军著/杭州：杭州出版社/2011

2. **中国妇女通史（辽金西夏卷）**/张国庆、韩志远、史金波著/杭州：杭州出版社/2011

3. **中国妇女通史（元代卷）**/陈高华著/杭州：杭州出版社/2011

4. **中国妇女史读本**/邓小南、王政、游鉴明主编/北京：北京大学出版社/2011

5. **闽台妇女史研究**/汪毅夫著/福州：海风出版社/2011

6. **性别视角下的〈易〉、〈礼〉、〈诗〉妇女观研究**/焦杰著/北京：中国社会科学出版社/2011

7. **唐代入道女性世界中的性别意识与情欲**/李晓培著/太原：山西出版集团、山西教育出版社/2011

8. **宋代士人阶层女性研究**/铁爱花著/北京：人民出版社/2011

9. **明代女性复仇故事的文化史考察**/陈晓昀著/太原：山西出版集团、山西教育出版社/2011

10. **史学与性别：《明史·列女传》与明代女性史之建构**/衣若兰著/太原：山西出版集团、山西教育出版社/2011

11. **乾隆年间四川拐卖妇人案件的社会分析——以巴县档案为中心的研究（1752~1795）**/李清瑞著/太原：山西出版集团、山西教育出版社/2011

12. **近代平津沪的城市京剧女演员**/张远著/太原：山西出版集团、山西教育出版社/2011

13. **塑造新母亲：近代中国育儿知识的建构及实践（1900~1937）**/柯小菁著/太原：山西出版集团、山西教育出版社/2011

14. **近代中国革命运动中的妇女**/柯惠铃著/太原：山西出版集团、山西教育出版社/2011

15. **历史镜像：社会变迁与近代中国女性生活**/王晓丹著/昆明：云南大学出版社/2011

16. **革命与限制——中国共产党早期妇女领袖（1921~1927）**/张素玲著/开封：河南大学出版社/2011

17. **革命与变迁：沂蒙红色区域妇女生活状况研究1938~1949**/王克霞著/济南：山东大学出版社/2011

18. **我们成长在那个年代——新中国成立初期新疆各族妇女成长口述**/刘云、杨霞、张玉霞主编/兰州：兰州大学出版社/2011

19. **闻香识玉：中国古代闺房脂粉文化演变**/知缘村著/上海：上海三联书店/2012

20. **性别视野中的中国历史新貌**/刘咏聪主编/北京：社会科学文献出版社/2012

21. **中国妇女报刊史研究**/刘人锋著/北京：中国社会科学出版社/2012

22. **从男女之别到男尊女卑：先秦性别角色研究**/赵东玉著/哈尔滨：黑龙江人民出版社/2012

23. **汉代妇女生活情态**/顾丽华著/北京：社会科学文献出版社/2012

24. **六朝妇女**/张承宗著/南京：南京出版社/2012
25. **柔顺之象：隋代女性与社会**/周晓薇、王其祎著/北京：中国社会科学出版社/2012
26. **身体之争：近代中国反缠足的历程**/杨兴梅著/北京：社会科学文献出版社/2012
27. **重读中国女性生命故事**/游鉴明、胡缨、季家珍主编/南京：江苏人民出版社，2012
28. **闽西妇女运动史：新民主主义革命时期**/张雪英著/北京：中共党史出版社/2012
29. **湘鲁女兵在新疆**/姚勇著/北京：光明日报出版社/2012
30. **当代西方汉学研究集萃·妇女史卷**/姚平主编/上海：上海古籍出版社/2012
31. **先秦女性社会地位研究**/肖发荣/银川：黄河出版传媒集团、宁夏人民出版社/2013
32. **汉代女性礼教研究**/吴从祥著/济南：齐鲁书社/2013
33. **汉代女性研究**/田艳霞著/郑州：河南人民出版社/2013
34. **魏晋南北朝家庭关系研究——以文献考察为中心**/王仁磊著/郑州：中州古籍出版社/2013
35. **女性与盛唐气象**/葛承雍著/合肥：安徽人民出版社/2013
36. **宋代女性婚姻家庭法律地位研究**/张兰新著/北京：团结出版社/2013
37. **明代女性碑传文与品官命妇研究：以“四库”明人文集为中心的考察**/陈超著/北京：光明日报出版社/2013
38. **性别与国家：晚清江浙地区女性公共人化研究**/张源远著/北京：中国社会科学出版社/2013
39. **中国近代妇女史**/邵雍著/合肥：合肥工业大学出版社/2013
40. **20世纪中国妇女运动史（中卷）**/顾秀莲主编/北京：中国妇女出版社/2013
41. **20世纪中国妇女运动史（下卷）**/顾秀莲主编/北京：中国妇女出版社/2013
42. **浙江妇女发展史**/贺艳秋著/杭州：杭州出版社/2013
43. **抗战前十年间民事诉讼中的女性权利与家庭关系**/谭志云著/南京：南京出版传媒集团、南京出版社/2013
44. **解放的限界——中国共产党的妇女运动（1921～1949）**/张文灿著/北京：中国政法大学出版社/2013
45. **东西文化经典中的女性与性别研究**/贺璋瑢著/上海：上海三联书店/2013
46. **中国古代妇女史研究入门**/李志生著/北京：北京大学出版社/2014
47. **中国婚姻史**/陈顾远著/北京：商务印书馆/2014
48. **贤妃嬖宠：唐代后妃史事考**/陈丽萍著/北京：社会科学文献出版社/2014
49. **契丹巾帼：辽代契丹族女性研究**/张郧著/北京：民族出版社/2014
50. **女子之不朽：明清时期的女教观念**/李国彤著/桂林：广西师范大学出版社/2014
51. **明朝后妃与政局演变**/林延清等著/北京：人民出版社/2014
52. **跨越闺门：明清女性作家论**/〔加〕方秀洁、〔美〕魏爱莲编/北京：北京大学出版社/2014
53. **性别视角下的译者规范：20世纪初叶中国首个本土女性译者群体研究**/罗列著/北京：北京师范大学出版社/2014
54. **1902～1937年北京的妇女救济——以官方善业为研究中心**/孙高杰/厦门：厦门大学出版社/2014
55. **民国时期上海女子教育口述研究**/杨洁著/西

安：陕西师范大学出版社/2014

56. 1950 **年的中国妇女**/刘晓丽著/太原：山西教育出版社/2014

57. **性别与战争：上海 1932～1945**/陈雁著/北京：社会科学文献出版社/2014

58. **女性，战争与回忆：35 位重庆妇女的抗战讲述**/〔美〕李丹柯著/重庆：重庆出版社/2015

59. **经与权：中国传统女性观与妇女生活的变迁**/陈学明、秦博著/成都：四川大学出版社/2015

60. **中国妇女生活史**/陈东原著/北京：商务印书馆/2015

61. **我国古代婚姻与女性传统婚服简略**/王革非编著/北京：中国经济出版社/2015

62. **粉黛罗绮：中国古代女子服饰时尚**/陈芳等著/北京：生活·读书·新知三联书店/2015

63. **传统文化与女性发展研究**/李东风主编/南昌：江西人民出版社/2015

64. **宋代女性法律地位研究**/王扬著/北京：法律出版社/2015

65. **明代宫廷女性史**/彭勇、潘岳著/北京：故宫出版社/2015

66. **被遮蔽的现代性：明清女性的社会生活与情感体验**/赵崔莉著/北京：知识产权出版社/2015

67. **《牡丹亭》与明清女性情感教育**/谢雍君著/北京：北京时代华文书局/2015

68. **熟悉的陌生人：明清江南社会才女群体现象的社会学研究**/张杰著/北京：中国社会科学出版社/2015

69. **清代妇女改嫁法律问题研究**/吴正茂著/北京：中国政法大学出版社/2015

70. **传承与嬗变：中国近代女性财产继承权的变迁**/温慧辉著/北京：法律出版社/2015

71. **近代中国"打工妹"群体研究**/池子华著/北京：中国社会科学出版社/2015

72. **"她"字的文化史：女性新代词的发明与认同研究**/黄兴涛著/北京：北京师范大学出版集团、北京师范大学出版社/2015

73. **浙江女性藏书**/凌冬梅著/杭州：浙江大学出版社/2015

74. **记录她们 20 年的行动足迹：北京+20 妇女活动家访谈录**/张李玺主编/北京：中国妇女出版社/2015

75. **女性的反响续集：纪念联合国第四次世界妇女大会二十周年**/刘伯红、谢丽华、吴华主编/北京：当代中国出版社/2015

其他

1. **全球背景下的性别平等与社会转型**/谭琳、周颜玲主编/北京：社会科学文献出版社/2011

2. **"北京+15"：中国性别平等与妇女发展回眸与前瞻**/谭琳主编/北京：社会科学文献出版社/2011

3. **中国－东盟妇女理论与实践研究**/乌尼日、黄家周编著/北京：中国社会科学出版社/2011

4. **中国妇女发展与性别平等：历史、现实、挑战**/谭琳、姜秀花主编/北京：社会科学文献出版社/2012

5. 2012 **年世界发展报告：性别平等与发展**/世界银行著，胡光宇、赵冰译/北京：清华大学出版社/2012

6. **厦门大学妇女/性别研究学术文选**/陈力文主编/厦门：厦门大学出版社/2012

7. **厦门大学妇女理论研讨会论文选集（1997～**

2010）／陈力文主编／厦门：厦门大学出版社／2012

8. **学术编辑视角下的女性文化研究**／曲雯著／北京：社会科学文献出版社／2012

9. **社会主义文化发展繁荣与性别平等**／谭琳、姜秀花主编／北京：社会科学文献出版社／2013

10. **2008～2012年：中国性别平等与妇女发展报告**／谭琳主编／北京：社会科学文献出版社／2013

11. **亚洲女性论坛报告：性别平等与女性发展**／魏国英、马忆南主编／北京：北京大学出版社／2013

12. **上海妇女儿童发展：政策与实践**／焦扬主编／上海：上海交通大学出版社／2013

13. **建设先进性别文化 推动社会和谐发展**／广西壮族自治区妇女联合会、广西妇女理论研究会编／南宁：广西人民出版社／2013

14. **跨越式发展中的新疆妇女社会地位**／新疆维吾尔自治区妇女联合会、新疆维吾尔自治区妇女理论研究会编著／乌鲁木齐：新疆人民出版社、新疆科学技术出版社／2013

15. **新时期中国妇女社会地位调查研究**／宋秀岩主编／北京：中国妇女出版社／2013

16. **第三期中国妇女社会地位调查论文集**／全国妇联妇女研究所编／北京：中国妇女出版社／2013

17. **中国：性别与发展**／胡光宇著／北京：人民出版社／2013

18. **扎根于生态、生计、文化的“和平妇女”行动研究**／陈顺馨、陈惠芳、赵群、罗燕著／北京：社会科学文献出版社／2013

19. **第三期中国妇女社会地位调查论文集2**／全国妇联妇女研究所编／北京：中国妇女出版社／2014

20. **全面建成小康社会与性别平等**／谭琳、姜秀花主编／北京：社会科学文献出版社／2014

21. **性别影响力**／上海社会科学院性别与发展研究中心主编／上海：上海社会科学院出版社／2014

22. **社会发展与性别研究**／乔以钢、关信平主编／天津：南开大学出版社／2014

23. **妇女／性别研究（第1辑）**／詹心丽主编／厦门：厦门大学出版社／2014

24. **妇女／性别研究（第2辑）**／詹心丽主编／厦门：厦门大学出版社／2015

25. **中国性别平等与妇女发展（2015年9月）**／中华人民共和国国务院新闻办公室编／北京：人民出版社／2015

26. **生存与发展：弱势女性群体的调查与研究**／程艳敏著／哈尔滨：哈尔滨工程大学出版社／2015

博士学位论文索引

中国特色社会主义妇女理论研究

1. **马克思主义妇女解放理论研究**/李丹/哈尔滨师范大学/2011
2. **新时期中国妇女解放理论与实践研究**/史界/新疆大学/2012
3. **马克思主义妇女观中国化进程研究（1921～1949）**/赵小波/西南交通大学/2012
4. **性别的历史唯物主义研究——马克思主义之于妇女解放的历史意蕴**/陈英/华南理工大学/2012
5. **中国当代女性生存问题探析**/杨兰/吉林大学/2012
6. **人的全面而自由发展理论视域下的女性解放**/金卓/东北师范大学/2013
7. **论性别政治的终结**/段成利/浙江大学/2013
8. **马克思恩格斯女性权益保护理论研究**/杨征征/苏州大学/2013
9. **马克思恩格斯妇女解放思想研究**/康丹/武汉大学/2014
10. **马克思主义妇女解放理论中国化研究**/施浩杰/江西农业大学/2014
11. **新时期中国共产党妇女理论与实践探索**/韩贺南/东北师范大学/2014
12. **马克思恩格斯妇女理论及其在当代中国的发展研究**/赵会娜/电子科技大学/2014
13. **马克思主义女性解放思想研究**/白婧/黑龙江大学/2015

妇女参政与公共政策、公共管理研究

1. **论政府对农村性别文化的型塑与重构**/卓惠萍/华中师范大学/2011
2. **武汉市女性生活质量现状研究——基于制度供给理论的视角**/黄璐/武汉大学/2011
3. **中国参政、就业政策中的性别平等问题研究**/周敏/吉林大学/2011
4. **我国三城市流产后计划生育服务的影响因素分析及服务质量的综合评价**/吉宁/北京协和医学院/2013
5. **性别正义视域下当代中国女性参政研究**/牛天秀/南京师范大学/2013
6. **中国当代女性法官职业群体研究**/李娟/南开大学/2013
7. **社会性别视角下当代中国女性党政领导人才职业发展研究**/张小莉/辽宁师范大学/2014
8. **中国的计划生育政策与农村妇女——湖南西村历史变迁（1950～1980）**/胡桂香/华东师范大学/2014
9. **“间断－平衡理论框架”下的中国城镇女性就业支持政策研究**/谭宁/华中师范大学/2014

10. 妇女人权的文化话语研究——剖析与评估中国政府计生话语的特质、策略和原则/杨娜/浙江大学/2014

妇女与就业、社会保障、贫困研究

1. 中国花卉产业链中的性别角色组成、性别主流化和企业社会责任研究/布家荣/华中农业大学/2011
2. 大学英语女教师的职业生涯发展研究/蒋玉梅/南京大学/2011
3. 饭店女性部门经理职业发展危机研究/范向丽/华侨大学/2011
4. 中国当代女性就业问题研究/金窗爱/东北师范大学/2012
5. 社会资本视角下的"市场化与收入性别不平等"/张莉/上海大学/2012
6. 中国女性非正规就业研究——基于性别差异视角/袁霓/首都经济贸易大学/2013
7. 基于个人社会网络的女性创业意向影响因素研究/蒋海燕/吉林大学/2013
8. 最低工资对就业性别差异的影响研究——基于中国省级面板数据和行业数据/刘玉成/武汉大学/2013
9. 中国城镇已婚女性劳动力供给及其收入分配效应研究/陆利丽/浙江大学/2014
10. 女性创业领导力的行为特征及其效能机制：多水平效应分析/杨静/浙江大学/2014
11. 我国职业性别隔离测度研究/杨定全/合肥工业大学/2015
12. 农民工性别工资差异研究/罗俊峰/首都经济贸易大学/2015

反对针对妇女的暴力研究

1. 家庭暴力中严重躯体施暴行为的代际传袭：从心理 - 社会 - 精神病理 - 遗传学角度探讨/柳娜/中南大学/2011
2. 家庭暴力立法与实践研究——以民事法律规制为中心/罗杰/西南政法大学/2012

妇女健康、性和身体研究

1. 健身健美体育：女性身体美的理性回归——湖南长、株、潭职业女性的调查/杨斌/上海体育学院/2011
2. 中国少数民族地区妇幼保健服务提供模式研究/温春梅/华中科技大学/2011
3. 建立和完善妇幼卫生营养保障之初探/牟岩/财政部财政科学研究所/2011
4. 妇女身体：作为"性"符码的生产和消费——以文字文本和图像文本两类文本为例/赵卫东/首都师范大学/2012
5. 未婚人流女性生殖健康知识、态度、行为现状及影响因素研究/胡平成/中南大学/2013

6. 话语、性别、身体：库切的后殖民创作研究/张勇/山东大学/2013

7. 女大学生体重控制认知行为失调研究/周璠/山西大学/2014

8. 规训与抵抗：权力、身体与真实电视——基于《非诚勿扰》的个案研究/杨瑾瑜/南京大学/2014

9. 孕产期保健服务利用影响因素研究/尤华/浙江大学/2014

10. 低流行区农村孕产妇预防艾滋病母婴传播的综合服务利用研究/马建军/吉林大学/2014

11. 社区围绝经期、绝经后期女性生殖健康现状调查及干预性研究/尹惠芬/上海交通大学/2014

12. 体力活动对绝经后妇女的执行功能影响特点及机制研究/徐畅/上海体育学院/2014

妇女与教育研究

1. 中国共产党妇女干部培养教育研究/白艳/吉林大学/2012

2. 20 世纪 80 年代以来中国女子院校的再兴及发展研究/欧阳林舟/华东师范大学/2012

3. 近代中国女子教育议题论争研究：国家政权建设的视角/王晓慧/南京师范大学/2012

4. 女性主义视野中的教学民主研究/胡白云/西南大学/2012

5. 农村妇女职业教育对农业经济和社会发展的影响研究——基于河北省的研究/刘华/中国农业大学/2013

6. 当代女性主义视野下的中国高师音乐教育/韦希/南京师范大学/2013

7. 大学生性别偏见内隐与外显双系统研究/贾凤芹/苏州大学/2013

8. 中国共产党领导的女性教育主流化运动研究/徐爱新/河北大学/2013

9. 自由教育与女性自主意识的唤起——从女性教育史看女性审美意识形态的变迁/徐芳/湖南师范大学/2014

妇女与科技、女性高层人才研究

1. 企业女性经理人性别角色认同和领导效能感之实证研究/李六珍/华东师范大学/2011

2. 21 世纪中国女性党政领导人才开发研究/高莹/中共中央党校/2011

3. 企业女性管理者政治技能对职业成功的影响研究/罗青兰/吉林大学/2013

4. 科技政策视野下的女性科技人才发展研究——以 H 省为例/肖军飞/华中师范大学/2013

5. 女性领导力特质、团队氛围与员工绩效研究/史洁慧/对外经济贸易大学/2015

妇女与婚姻家庭研究

1. 当代中国婚姻家庭制度演变的观念基础/朱丽娟/吉林大学/2011
2. 民国三四十年代湖北婚姻冲突案例研究/潘大礼/华中师范大学/2011
3. 新中国十七年（1949～1966）北京市婚姻文化嬗变研究/李慧波/首都师范大学/2012
4. 婚姻、家庭、生育与妇女地位——以黔东南一个侗族村寨为例/刘彩清/中央民族大学/2012
5. 农村男方婚姻支付：性别比失衡背景下的农民婚姻策略——对豫北H镇的田野考察/栗志强/上海大学/2012
6. 走向关怀——性别正义视阈下家庭政策的理论模式比较研究/刘笑言/吉林大学/2013
7. 婚姻推迟与性别比上升的经济分析———个对储蓄率上升和增长的解释/江涛/西北大学/2013
8. 家庭伦理的松动："临时夫妻"的婚姻、家庭、生育与性——以广东省惠州市的田野考察为例/刘婧/武汉大学/2014
9. 革命根据地女性婚姻家庭财产权研究（1937～1949）——以一种跨学科整体综合考察的视角/张婧/山西大学/2015

女性与媒介研究

1. 女性杂志中女性身份的话语建构——基于Cosmopolitan的个案分析/张艺/山东大学/2011
2. 《妇女杂志》女性观研究/刘方/吉林大学/2012
3. 《妇女杂志》（1920～1925）的"新女性"形象研究/金润秀/复旦大学/2012
4. 跨媒介使用中的女性文化传播——罗曼史网络社区文化现象研究/陈晓华/复旦大学/2012
5. 社会转型时期电视剧中的女性意识嬗变/华昊/苏州大学/2012
6. 《中国妇女》杂志的性别话语研究（1990～2009）/魏漫江/武汉大学/2013
7. 基于性别视角的媒介暴力研究/范红霞/浙江大学/2013
8. 《新华日报》副刊《妇女之路》研究（1940～1947）/陈可猛/郑州大学/2014
9. "我的电视，我的家"：女性个体化进程中的电视经验研究——以婆媳剧为例/周红丰/复旦大学/2014
10. 汉语多人会话结构分析与性别建构研究——以电视谈话节目为例/马春燕/浙江大学/2014
11. 近现代女性期刊性别叙事研究/杜若松/东北师范大学/2015

女性主义艺术研究

1. **变革与模仿：试论中国当代女性电影的审美创新及其社会意义（1978～2010）**/刘敬/华东师范大学/2011
2. **唐敦煌壁画女性形象研究**/阮立/上海大学/2011
3. **对美国20世纪末西方音乐研究中女性主义批评的审视**/宋方方/福建师范大学/2011
4. **新中国革命题材电影中的寡母寓言**（1949～1978）/张霁月/上海大学/2011
5. **莎士比亚：原初女性主义者还是厌女主义者？——莎翁戏剧作品的女性主义解读**/王玉洁/上海外国语大学/2011
6. **从女明星到人民演员——人民共和国早期的上海电影女演员（1949～1960）**/万笑男/华东师范大学/2011
7. **蒙福之女——从《受胎告知》看圣母绘画形像的演变**/朱天/南京艺术学院/2013
8. **女性参与·女性话语——现代西方女性室内设计史述与解析**/杨京玲/南京艺术学院/2014
9. **城市空间的书写、身份认同的困惑与女性意识的独特表达——许鞍华电影研究**/马楠楠/上海大学/2014
10. **声音性别表演——越剧女小生性别现象研究**/孙焱/上海音乐学院/2015

妇女与宗教研究

1. **基督教信仰对妇女婚姻满意感之影响**/陈玉英/华东师范大学/2011
2. **性别·信仰·权力——北魏女主政治与佛教**/陈开颖/郑州大学/2012
3. **近代中国妇女宣教运动研究——以东方女子教育促进会和英国圣公会女部为中心**/尹翼婷/山东大学/2013
4. **神坛女人：大理白族村落“莲池会”女性研究**/张翠霞/中央民族大学/2013
5. **花山庙女神与“女书”文化**/伦玉敏/武汉大学/2013
6. **走向经济母神：越南女性母神信仰研究**/张秋贤/华东师范大学/2015

妇女与体育研究

1. **社会性别视域中的近代中国女子体育（1843～1937）**/王云/南京大学/2011
2. **中国女性体育文化管理研究**/夏青/山东大学/2015

性别与空间研究

1. 存“异”求“同”——北京男性“同性恋”人群文化的描述、理解和阐释/赵万智/中央民族大学/2011
2. 中国农民自杀问题研究（1980~2009）——社会互构论的视角/刘燕舞/华中科技大学/2012
3. 新时期的漂泊叙事与现代性体验——对空间、时间、性别的家园体验/杨慧琼/福建师范大学/2012
4. 明清江南地域社会才女群体现象的社会学研究——基于“陌生人”的视角/张杰/南京大学/2012
5. 城市、戏曲与性别：近代京津地区女伶群体研究（1900~1937）/董虹/南开大学/2012
6. 身体、空间与性别：西北回族穆斯林女学研究/胡美娟/兰州大学/2014
7. 空间理论视域下的弗吉尼亚·伍尔夫研究/牛宏宇/天津师范大学/2014
8. 安吉拉·卡特小说的空间与主体性研究/姜晓渤/北京外国语大学/2015

男性研究

1. 想象性书写与边缘性阅读——中国现代男作家的性别意识分析/李军/吉林大学/2011
2. 男性气质的多维想象——斯蒂芬·克莱恩作品研究/舒奇志/南京大学/2011
3. 灰色的亚当——论中国现代女作家对于“男性”的认知与书写/华维勇/暨南大学/2012
4. 90年代中期以来好莱坞电影中的男性气质研究/董雪飞/武汉大学/2012
5. 贫困农村大龄未婚男性心理福利研究——以贵州CS、XF县为例/徐晓秋/浙江大学/2014
6. 中国耽美小说中的男性同社会关系与男性气质/宁可/南开大学/2014

少数民族妇女研究

1. 回族婚姻价值观研究/白蓉/西南大学/2011
2. 中越跨境民族婚姻家庭习惯法研究——以壮、傣、瑶、苗等民族为重点/江南/中央民族大学/2011
3. 现代性体验下苗族乡村妇女的家庭生活——基于贵州黔东南西江千户苗寨的调查与阐释/李欣欣/华中科技大学/2011
4. 社会继承制度变迁中的苗族女性研究——以贵州黔东南雷山县郎德上寨为个案/袁洁/中央民族大学/2012
5. 云南少数民族史诗歌谣中女性形象的认同研究/曾静/云南大学/2012
6. 藏族传统婚姻文化研究/切吉卓玛/中央民族大学/2012
7. 多元文化语境中的少数民族女性书写/王冰冰/中央民族大学/2012

8. **维吾尔族妇女民间互助研究——以新疆喀什地区为例**/李慧娟/兰州大学/2012
9. **摩梭母系文化词群研究**/许瑞娟/云南大学/2013
10. **中国民族地区妇女发展研究**/商万里/中央民族大学/2013
11. **当代中国蒙古族文学叙事的性别研究**/包天花/南开大学/2013
12. **沙甸回族女性社会生活研究**/马颖娜/中央民族大学/2013
13. **怒江傈僳族女性婚姻角色的嬗变**/桂宇/云南大学/2014
14. **蒙汉女性人力资本代际传递比较研究**/胡伟华/陕西师范大学/2014
15. **苗族“蒙”和“阿卯”支系的婚姻模式变迁研究——以三角苗族村为个案**/邵维庆/云南大学/2015

农村妇女发展与受流动影响的妇女研究

1. **农村女性人口土地权益保障研究**/张彦红/西南财经大学/2011
2. **新农村建设中的农村妇女经济行为研究——以黑龙江省为例**/李玉杰/东北林业大学/2013
3. **基于社会资本理论的农村女性创业问题研究**/霍红梅/沈阳农业大学/2013
4. **上海市流动育龄女性避孕节育知情选择干预研究**/王克伟/复旦大学/2014
5. **我国农村留守妇女参与村级治理研究**/李娟/华中师范大学/2015

老年妇女研究

1. **老年女性跌倒相关的下肢姿势控制能力的研究**/李宗涛/北京体育大学/2011

女性主义国际关系研究

1. **国际政治中女性领导人的政治传播比较研究**/万明/上海外国语大学/2011
2. **构建美国外交政策中的女性主义话语**/蒋倩昱/上海外国语大学/2013
3. **国际社会视域中的女权主义研究**/邱吉青/上海交通大学/2015

国外女性/性别研究

1. **美国女性单亲家庭福利史研究（1935～1996）**/吕洪艳/东北师范大学/2011
2. **华裔美国文学的性与性别研究——以黄哲伦、赵健秀和汤亭亭为个案**/李丽华/上海外国语大

学/2011

3. “沉默”的言说——苏珊·桑塔格小说创作研究/张莉/中央民族大学/2011

4. 格尔达·勒纳女性主义史学思想研究/金利杰/东北师范大学/2011

5. 探寻“自我”——夏洛蒂·勃朗特小说主题研究/周小娟/南京大学/2011

6. 柯莱特小说中的女性形象研究/陈凌娟/南京大学/2011

7. 历史视角下美国科学教育性别问题探究——兼析对中国的借鉴价值/冯秀梅/华中师范大学/2011

8. 美国女子高等教育史：**1837～2000**——女性主义视角/丁坤/河北大学/2011

9. 孤寂的风景：论艾米莉·狄金森诗歌中的孤独意识/王金娥/山东大学/2011

10. 身体的囚禁，精神的逃离——玛格丽特·阿特伍德长篇小说研究/张雯/浙江大学/2011

11. 西蒙娜·德·波伏瓦在中国的译介与接受研究/沈珂/南京大学/2011

12. 种族、性别与自然——艾丽斯·沃克小说中的生态女人主义/王冬梅/上海外国语大学/2011

13. 朝鲜朝后期家庭小说中的女性群像研究/孙庆兰/中央民族大学/2012

14. 安·达菲诗歌女性主义研究/周洁/上海外国语大学/2012

15. 波伏瓦在中国的接受/王芳/湘潭大学/2012

16. 农业小企业对孟加拉国农村贫困妇女生计资产影响研究/MD Shajahan Kabir/西北农林科技大学/2012

17. 孟加拉农村妇女微型创业的影响因素和意义研究/Lovely Parvin/西北农林科技大学/2012

18. 边缘人的呼喊与细语——欧洲中世纪晚期女性作家研究/杜力/南开大学/2012

19. 当代西方女性身体观研究/吴华眉/南京师范大学/2012

20. 朱迪斯·巴特勒身体政治学理论研究/王玉珏/南京大学/2012

21. 朱里亚·克劳迪王朝皇室妇女的婚姻和政治生活/李英/东北师范大学/2012

22. 现代西方女性主义正义观研究/肖爱平/湖南师范大学/2012

23. 基于当代（后现代）黑人女性主义视角再论黑人母亲身份/孙麟/上海外国语大学/2012

24. 朝鲜朝妓女诗人汉诗研究/于欣/中央民族大学/2012

25. 十三世纪西欧女性神秘主义研究/汪丽红/复旦大学/2012

26. 纳博科夫小说中男性视阈下女性形象的建构/许原雪/上海外国语大学/2012

27. 生态女性主义文学批评视域下的薇拉·凯瑟小说研究/孙凌/吉林大学/2012

28. 论安吉拉·卡特的小说对现实和主体性的颠覆/曾雪梅/上海外国语大学/2012

29. 女性叙述空间——格特鲁德·斯坦因《三个女人》的个案研究/孙然颖/上海外国语大学/2013

30. 艾丽丝·默多克小说中女性自我身份的解构与重构/徐明莺/上海外国语大学/2013

31. 小天地与大世界——当代澳大利亚女权主义小说研究/黄洁/苏州大学/2013

32. 婚约中的妇女——托勒密埃及妇女家庭地位研究/徐海晴/复旦大学/2013

33. 二战后美国女性就业变化的研究（二战后至**80**年代）/王春侠/东北师范大学/2013

34. 论索尔·贝娄女性观的演进/纪琳/上海外国语大学/2013

35. **抵抗的诗学：贝尔·胡克斯激进黑人女性主义批评研究**/肖腊梅/南京大学/2013
36. **性别文化与社会权利：尼日利亚和中国的比较**/奥玛/南京师范大学/2013
37. **19世纪中后期英国女子教育研究**/姚琳/西南大学/2013
38. **美国当代女性小说家的母性书写**/李芳/北京外国语大学/2013
39. **11世纪拜占廷女皇现象研究**/陈悦/南开大学/2013
40. **从“真正女性崇拜”到“新女性想象”——19世纪中期美国女性作家的伦理探索**/崔娃/吉林大学/2013
41. **社会性别视角下的美国妇女参政研究（1920～2000）**/王业昭/上海外国语大学/2014
42. **国外马克思主义女权主义：理论梳理·观点评析·殊异甄析**/程铭莉/吉林大学/2014
43. **英美澳三国小知女性形象的比较研究**/马石子/东北师范大学/2014
44. **女性学视角下埃及近代妇女研究**/段智婕/上海外国语大学/2014
45. **书写信仰：玛丽莲·罗宾逊小说中的宗教元素研究**/于倩/北京外国语大学/2014
46. **英国现代离婚制度研究**/石雷/西南政法大学/2014
47. **古巴比伦时期马瑞王金瑞林后宫等级结构重建与王室妇女研究（1775～1762 BC）**/陈艳丽/东北师范大学/2014
48. **越南对中国当代女性文学的接受（从2000年至今）**/阮明山（NGUYEN MINH SON）/华东师范大学/2014
49. **罗宾·沃霍尔女性主义叙事学理论研究**/孙桂芝/山东大学/2014
50. **关于生存理想的言说——论D. H. 劳伦斯的神话书写**/祝昊/南开大学/2014
51. **禁锢与解放——施尼茨勒小说中的女性形象塑造演变**/尹岩松/上海外国语大学/2014
52. **玛格丽特·阿特伍德“生存”主题和“经典重构”策略研究**/张传霞/山东大学/2014
53. **同时代女性的言说——林芙美子文学中的女性主义思想研究**/杨本明/上海外国语大学/2014
54. **简·奥斯汀小说女性“纯洁”的文本呈现与象征表达研究**/Rebecca Kenseh Madaki/东北师范大学/2014
55. **新世纪日本芥川获奖女作家及其作品研究**/王玉英/东北师范大学/2015
56. **现代埃及女性主义思潮研究**/周华/北京外国语大学/2015
57. **美国东、南欧女性移民经济活动及其影响（1880～1920）——以俄国犹太和意大利移民为中心**/杨静/东北师范大学/2015
58. **《希伯来圣经》和拉比文献中妇女观的比较研究**/陈艳艳/山东大学/2015
59. **后殖民女性主义视域中的流散身份——四部当代英国女性移民小说研究**/赵静/北京外国语大学/2015
60. **十七世纪英国革命期间女性写作研究——基于女性出版著作的考察**/王素平/武汉大学/2015
61. **宫本百合子文学研究**/于海鹏/吉林大学/2015

女性主义哲学研究

1. **性别表演——后现代语境下的跨界理论与实践**/幸洁/浙江大学/2012
2. **欲望际——精神分析与女性主义**/王保中/陕西师范大学/2012
3. **女性主义的后现代转向与新型女性文化的建构**/乔蕤琳/黑龙江大学/2014
4. **南希·哈索克的马克思主义女性主义研究**/鹿锦秋/山东大学/2014
5. **马克思主义女性主义研究**/单丹丹/哈尔滨师范大学/2015
6. **福柯主体理论及其女性主义应用**/戴蓓芬/清华大学/2015

女性法学研究

1. **社会性别视角下的法律分析**/詹淼/吉林大学/2011
2. **女性视角下的夫妻间权利义务平衡**/于涓/武汉大学/2012
3. **关于生育权的理论思考**/王淇/吉林大学/2012
4. **当代中国婚姻法与婚姻家庭研究**/马荟/山东大学/2013
5. **法律规制视野下的当代中国生育行为研究**/罗潇/西南财经大学/2014
6. **近代以来中国婚姻立法的移植与本土化**/方砚/华东政法大学/2014

女性社会学研究

1. **入境游客旅游地意向认知的性别差异研究——以西安市为例**/谢雪梅/陕西师范大学/2011
2. **女性管理者的性别角色与人格特征关系研究**/刘莉/西南财经大学/2012
3. **乡村性别文化重构——以河南省登封市为例**/南储鑫/中共中央党校/2012
4. **特质推理中的内容效应及性别刻板印象的影响**/张庆/山东师范大学/2012
5. **都市女性白领的身份建构——基于上海外企的经验研究**/林晓兰/华东理工大学/2013
6. **当代娼妓现象的生成与治理——以S市为例**/陈荣武/华东理工大学/2013
7. **社会流动背景下的性别收入差距**/陈煜婷/上海大学/2014
8. **当代中国城市社会房产分配中的性别不平等**/洪理达/清华大学/2014
9. **市场转型背景下工人的婚姻策略研究——以东北H市A企业为例**/徐佳/吉林大学/2014

女性人口学研究

1. **我国独生子女政策实施以来的出生性别比变化研究**/赵煜程/华中科技大学/2011
2. **低生育水平地区生育观念和生育行为分析——来自江苏五县的调查**/李玉柱/中国社会科学院研究生院/2011
3. **从人口生产视角看妇女解放之路**/罗月婵/中南大学/2013

女性人类学研究

1. **乡村回族妇女疾病与健康的人类学研究——以下阴洼村为例**/孙金菊/兰州大学/2011
2. **"身体惯习"所映射的回族性别建构——基于甘肃临夏八坊回族聚居区的民族学调查**/王艳/中央民族大学/2012
3. **女性经验对民族志文本生产的影响途径研究**/张晓佳/复旦大学/2012
4. **女娲与当地女性生活——基于河北涉县女娲神话与载体的考察**/严淑华/武汉大学/2013
5. **"祖荫"博弈与意义建构——大理白族"不招不嫁"婚姻的人类学研究**/许沃伦/云南大学/2015

女性心理学研究

1. **中国女性择偶倾向研究——基于进化心理学的解释**/田芊/复旦大学/2012
2. **性别角色对压力行为反应的影响**/丁志强/复旦大学/2013
3. **本土心理学视域下的偶像崇拜——以李敏镐的中年女性粉丝为研究对象**/金圣华/吉林大学/2015

女性教育学研究

1. **基督教会学校女子音乐教育研究——以江南地区四所学校为例**/陈晶/中央音乐学院/2011
2. **女性思想政治教育研究**/陈蕾/中国矿业大学（北京）/2013
3. **以"淑"为表征的传统女性教育合理性问题研究**/关景媛/东北师范大学/2014
4. **高等学校中的社会性别偏差问题与性别意识教育研究**/陈新叶/山东师范大学/2014

女性文学研究

1. 地域文化视野中的90年代女性城市小说/李冬梅/吉林大学/2011
2. 晚清女性传记与国族想象的形成研究/金正秀/北京大学/2011
3. 多重视角下的女书及女书文化研究/贺夏蓉/华中师范大学/2011
4. 任璧莲小说中的身份焦虑/李红燕/苏州大学/2011
5. 性别视域下的中国本土职场小说批评/闫寒英/武汉大学/2011
6. 梁贵子与池莉婚姻爱情小说比较/王红梅/延边大学/2011
7. 女性修辞研究/谢元春/复旦大学/2011
8. 试论明代中后期女性创作的兴起/王茁/南京大学/2011
9. 坚守与超越——近三十年湖北女作家日常生活叙事研究/马英/武汉大学/2012
10. 清末民初女性西游与文学/刘峰/苏州大学/2012
11. 明代世情小说中的僧尼形象研究/田冬梅/中央民族大学/2012
12. 中韩现代女作家的女性意识比较研究——以萧红与姜敬爱为中心/金美英/浙江大学/2012
13. “新生代”女作家的日常生活叙事/李晓丽/南开大学/2012
14. 江南女性民俗的文学展演研究——以现代文学江南作家的女性民俗书写为例/毛海莹/华东师范大学/2012
15. 民国女性词研究/王慧敏/南开大学/2012
16. 性别文化视域中的张恨水与金庸比较研究/马琳/陕西师范大学/2012
17. 清代女性诗歌总集研究/陈启明/复旦大学/2012
18. 宋词的女性化特征演变史/孙艳红/吉林大学/2012
19. 批判、焦虑、探寻——夏目漱石小说中近代新女性身份的建构/陈雪/上海外国语大学/2012
20. 现代战争叙事中的女性形象研究（1894～1949）/雷霖/华中师范大学/2013
21. 我说故我在——1990年以来中国女性文学叙述声音研究/宁凡/云南大学/2013
22. 冰心、罗蕙锡、宫本百合子文学的女性意识比较研究/沈丽瑛/中央民族大学/2013
23. 论女性意识视域下的当代女性诗歌/赵林云/山东大学/2013
24. 近二十年女作家小说中的“乡土女性”书写/崔彦玲/南开大学/2013
25. 狭邪、情欲与文人风骚——明代青楼文化与文学/刘士义/南开大学/2013
26. 五四一代女作家写作的自我想象/张韦华/福建师范大学/2013
27. 挣扎在困境中的女性——诺曼·梅勒早期小说研究/许梅花/上海外国语大学/2013
28. “晚年丁玲”研究/李美皆/苏州大学/2013
29. 中国现当代女性作家作品英译史研究：性别视角/郝莉/山东大学/2013
30. 木兰故事的文本演变与文化内涵/张雪/南开大学/2013
31. 20世纪40年代上海沦陷区女作家小说服饰研究/翟兴娥/武汉大学/2013
32. 近三十年中国女性成长小说研究/梁小娟/武汉大学/2013

33. **帝国的男孩与女孩：帝国主义和“黄金时代”儿童小说中的性别模范**/裴斐/上海外国语大学/2013
34. **新时期女性小说的变态心理书写——以残雪、铁凝、陈染为中心**/杨敏/武汉大学/2013
35. **汉日隐性性别词语对比研究**/陈叶斐/华东师范大学/2013
36. **围城内外的变奏——五四文学婚恋伦理叙事**/吴志凌/湖南师范大学/2014
37. **女性主义与创伤叙事——虹影长篇小说研究**/唐湘/福建师范大学/2014
38. **明清女作家弹词小说与明清社会**/魏淑赟/南开大学/2014
39. **重述他者与自我——赛珍珠、史沫特莱和项美丽与民国妇女的跨文化镜像认同研究**/龙丹/北京外国语大学/2014
40. **清代女性文学批评研究**/王翼飞/武汉大学/2014
41. **英语世界的《红楼梦》研究——以成长、大观园、女性话题为例**/李丽/北京外国语大学/2014
42. **90年代以来韩中女性成长小说比较研究**/张惠莲/辽宁大学/2014
43. **讲述心灵世界的故事——王安忆小说创作中的外国文学影响**/毕磊菁/南京师范大学/2014
44. **满族说部之女神研究**/张丽红/吉林大学/2014
45. **汉越语性别歧视现象研究**/阮氏清/华中师范大学/2014
46. **清代闺秀词研究**/李小满/陕西师范大学/2015
47. **中国现代小说中性别隐喻的批评认知分析**/周玉芳/南京师范大学/2015
48. **新时期以来东北女作家小说创作的文化考察**/刘颖慧/东北师范大学/2015
49. **明清女性的文学批评**/王郦玉/华东师范大学/2015
50. **宋代女性词乐的美学研究**/池瑾璟/南京艺术学院/2015
51. **“后革命”时期的爱情：1990年代的文学文化与感觉结构**/陈泉/上海大学/2015
52. **汉语礼貌表达方式的性别语言差异性调查与研究——基于英汉语言对比的视角**/海波（Robert Grzybowski）/上海师范大学/2015

妇女/性别史研究

1. **晚清女性身体问题研究——基于若干报刊的考察**/曾繁花/暨南大学/2011
2. **宋代妓女若干问题研究——立足于身体史的考察**/柳雨春/武汉大学/2011
3. **中国古代贞节观新考辨**/孙慧玲/黑龙江大学/2011
4. **中古诗歌中的女性形象研究**/王小燕/复旦大学/2011
5. **中国传统女性性心理研究**/葛喜平/黑龙江中医药大学/2011
6. **变动中的女性研究视角——20世纪60年代以来的美国中国妇女史研究**/褚艳红/华东师范大学/2011
7. **两周秦汉社会对女性特质的建构过程研究**/马媛媛/南京大学/2011
8. **战争、国家与女性：抗战时期宋美龄的妇女动员**/张玲/浙江大学/2011
9. **1950年代的塘村妇女——村庄研究中的阶级、

性别与家庭结构/李斌/华东师范大学/2011

10. 新生活运动促进总会妇女指导委员会研究（1938～1946年）/宋青红/复旦大学/2012

11. “文革”时期女性形象政治化研究/黄巍/首都师范大学/2012

12. 在婚姻与事业之间——以四位金女大学生的传记为中心/杨笛/南京大学/2012

13. “走向解放”：集体化时期太行山区妇女的农业劳动/刘洁/南开大学/2012

14. 第二次浪潮之后——1980年代以来的性别文化景观/桦桢/陕西师范大学/2012

15. 中国古代婚嫁称谓词研究/果娜/山东大学/2012

16. 1902～1937年北京的妇女救济——以官方善业为研究中心/孙高杰/南开大学/2012

17. 女校与近代江南社会的变迁（1850～1931）/徐宁/上海师范大学/2013

18. 出土墓志与唐代夫妻关系/曹圆/复旦大学/2013

19. 性别与职业：民国时期女记者的身份认同（1920s～1940s）/冯剑侠/复旦大学/2013

20. 唐代后宫妇女宫廷生活研究/姜红/武汉大学/2013

21. 近世稳婆群体的形象建构与社会文化变迁/张璐/南开大学/2013

22. 唐代女性理想人格研究——以两《唐书》为中心的考察/胡海桃/中共中央党校/2013

23. 1912～1937年北京婢女问题研究/张秀丽/南开大学/2014

24. 清末民初女子教科书文化传承与创新之研究/刘景超/湖南师范大学/2014

25. 走出家门：上海妇女从业研究（1958～1962）/张牛美/复旦大学/2014

26. 金代女性研究/王姝/吉林大学/2014

27. 台湾女性导演研究1957～2000/刘亚玉/上海大学/2014

28. 清代皇族女性墓葬研究/韩佺/南开大学/2014

29. 五四新文化运动时期女性伦理思想研究/尹静/黑龙江大学/2014

30. 雍乾女性词人研究/韩荣荣/南京师范大学/2014

31. 民国时期妾的法律地位研究/朱颖/华东政法大学/2014

32. 清代妇女社会活动研究/万银红/南开大学/2014

33. 异军与正道——以中央苏区妇女解放运动为考察/胡军华/华东师范大学/2014

34. 马克思主义妇女观与中央苏区妇女运动——兼论客家妇女地位变迁/刘国钰/华南理工大学/2014

35. 周代婚育习俗及其民间信仰研究/解洪兴/东北师范大学/2015

妇女/性别研究学术刊物及专栏名录

一　学术刊物

《妇女研究论丛》

《妇女研究论丛》由中华全国妇女联合会主管、全国妇联妇女研究所和中国妇女研究会联合主办，1992 年创刊，是中国妇女研究会会刊、国家社科基金资助期刊。多年来连续被评为中文社会科学引文索引来源期刊、中国人文社会科学核心期刊、全国中文核心期刊、中国核心学术期刊和中国人民大学“复印报刊资料”《妇女研究》重要转载来源期刊，是中国妇女/性别研究领域的一本重要杂志。该刊为大 16 开本，双月刊，在国内外公开发行。主编为谭琳。

该刊始终坚持以马克思主义为指导，积极探索有中国特色的妇女理论；坚持以理论研究促进妇女运动发展，推动将性别意识纳入决策主流；坚持吸收多学科的理论和方法，丰富和拓展妇女/性别研究的理论视野；借鉴国际妇女运动的理论与实践，并将中国妇女运动的实践经验向世界传播。主要栏目有：“理论研究”“实证研究”“法律与政策研究”“妇运观察与历史研究”“文学·文化·传播”“国外妇女/性别研究”“青年论坛”“研究动态与信息”“图书评介”等。

地址：北京市东城区建国门内大街 15 号（2012 年后暂搬至北京市东城区灯市口大街 50 号）

邮编：100730

电话：010－65103472

电子邮箱：luncong@ wsic. ac. cn

《中华女子学院学报》

《中华女子学院学报》由全国妇联主管、中华女子学院主办，创刊于 1989

年，是中国第一家以研究和探索妇女问题为主的综合性学术刊物。曾用名为《中国妇女管理干部学院学报》，大16开本，双月刊。该刊为中国人民大学“复印报刊资料”《妇女研究》重要转载来源期刊、“中国人文社会科学引文数据库”来源期刊、全国百强社科学报、中国社会科学期刊精品数据库期刊。主编为蔡锋。

《中华女子学院学报》自创刊以来，始终坚持“双百”方针、立足妇女教育、站在时代前沿、突出女性特色的办刊宗旨，坚持为党和国家的工作全局服务，为推动女性高等教育、促进妇女发展服务；始终坚持正确的学术导向，及时刊发妇女研究领域最新的科研成果，以引领和传播先进性别文化为己任。主要栏目有：“女性与法律”“女性高等教育研究”“性别研究”“国外妇女研究”“女性文学研究”“妇女史研究”“儿童发展研究”等。

地址：北京市朝阳区育慧东路1号

邮编：100101

电话：010－84659045

电子邮箱：znxy@ chinajournal. net. cn

《山东女子学院学报》

《山东女子学院学报》由山东省教育厅主管、山东女子学院主办，创刊于1987年，双月刊，大16开本。主编为杨荣。

《山东女子学院学报》是以研究性别平等理论、妇女问题等为特色的专业性学术理论刊物。其办刊宗旨是“面向改革时代，探索妇女问题，研究妇女理论，促进妇女发展”，并始终高举中国特色社会主义伟大旗帜，以邓小平理论、“三个代表”重要思想、科学发展观为指导，认真贯彻执行习近平总书记所提出的实现中华民族伟大复兴“中国梦”的重要指导思想和重要执政理念，主要刊登探讨性别平等理论、女性与社会发展、妇女史、女性文化、女性文学、国外女性/性别、女性与法律、女性教育、女性人力资源等内容的学术论文。该学报是“全国高校优秀社科期刊”“全国地方高校精品期刊”“华东地区优秀期刊”“山东省优秀期刊”。“性别平等理论研究”栏目为全国高校优秀社科期刊特色栏目、“女性与社会发展研究”栏目为全国地方高校学报名栏。

地址：山东省济南市长清大学科技园大学路 2399 号

邮编：250300

电话：0531－86526071/86526369

电子邮箱：shandongnzxb@163.com

《妇女/性别研究》

《妇女/性别研究》由厦门大学妇女/性别研究与培训基地主办，旨在关注与展示各个学科领域里的妇女/性别研究成果，主要包括文学、哲学、历史学、社会学、法学、教育学、政治学、经济学、公共卫生等学科，尤其重视海峡两岸学术界妇女/性别研究的进展。2014 年创刊以来，已经由厦门大学出版社连续出版 2 辑。主编为詹心丽。

地址：福建省厦门市思明南路 422 号厦门大学妇女/性别研究与培训基地

邮编：361005

电话：0592－2180406

电子邮箱：xdfwh@xmu.edu.cn

《新女学周刊》

《新女学周刊》由《中国妇女报》创办，于 2012 年 1 月 10 日正式出刊。办刊宗旨是关注女性/性别研究的新趋势、新发展，各界学人的新思考、新观点，女性发展的新实践、新成果。周刊共两版，力求集思想性、知识性、实践性为一体，体现“知行合一”的办刊理念。“知・道”版致力于学术思想的展示与女学知识的传播；“行・范”版着力于记录与女学相关的实践探索。“知・道”版主要栏目有：“女学热点”“前沿视线”“学人关注”“女学书馆”“女史重建”；“行・范”版主要栏目有：“权威调查”“口述实录”“实践存档”“玫瑰思语”“新锐秀场”。主编为禹燕。

地址：北京市地安门西大街 103 号

邮编：100009

电话：010－57983094
邮箱：zbs2006@126.com

《社会性别与公共管理》

《社会性别与公共管理》由天津大学中国社会性别与公共管理研究中心主办，是以研究社会性别理论、社会性别与公共政策和公共政策的性别平等问题为特色的综合性以书代刊的系列出版物。创刊于2007年，由天津大学出版社出版，目前已出版5辑。主编为张再生。

该书以中国特色社会主义理论为指导，注重借鉴西方社会性别理论，研究探讨有中国特色的妇女发展理论、社会性别问题和公共政策的性别分析等，以推动和促进中国社会性别主流化和性别平等的公共政策为己任。该书坚持面向社会和公共管理工作者，坚持理论联系实际、实事求是，坚持百家争鸣、繁荣学术的方针。主要关注的问题有："社会性别理论研究""公共政策性别分析""社会性别主流化""性别与就业""性别与社会保障""公共管理教育与社会性别平等""社会性别预算"等。

地址：天津市卫津路92号天津大学管理与经济学部
邮编：300072
电话：022－87401925
电子邮箱：tjugender@gmail.com

《家庭与性别评论》

《家庭与性别评论》是由中国社会科学院社会学所家庭与性别研究室主编的集刊，自2008年由社会科学文献出版社出版第1辑始，除个别年份外，每年出版1辑，至2015年，已出版6辑。

《家庭与性别评论》每辑一个专题，展示海内外围绕家庭与性别领域相关专题的多样化视角和成果，并对这些成果及其学术影响进行系统评论。2011～2015年，第3～6辑《家庭与性别评论》分别聚焦家庭和性别模式的变迁，华人社会亲属代际关系及其变化，家庭主义、个体主义与个体化等专题，既有对国内家庭研究的理论检索和反思，也有将家庭研究扩展到社会研究大视野中的尝试，希望通过来自不同视角的研究和争论，捕捉到中国语境下独有的家庭理念及其流变，揭示其背后复杂的影响机制，从而更好地理解现代性与家庭变迁之间的关系在中国的呈现。

地址：北京市建国门内大街5号中国社会科学院社会学所

邮编：100732

电话：010－85195558

电子邮箱：ios@ cass. org. cn

《中国家庭研究》

《中国家庭研究》由上海社会科学院家庭研究中心编，自2006年以来已经由上海社会科学院出版社连续出版8卷。主要撷取近年来家庭学研究的最新动态和理论探讨观点，探讨家庭研究中有关家庭权利、性别和性别平等、家庭健康、婚前性行为等诸多家庭研究领域的前沿问题。

地址：上海淮海中路622弄7号599室上海社会科学院家庭研究中心

邮编：200020

电话：021－53060606转2599（周二、五）

邮箱：jiating@ sass. org. cn

《中国女性主义》

由首都师范大学妇女问题研究中心和广西师范大学出版社共同主办，创刊于2004年，属出版社连续出版发行的学术丛刊，是“十一五”国家重点图书出版规划项目，已出版12卷。主编为荒林。

该刊展示全球女性主义思潮前卫动态，介绍全球女性主义最新理论成果，并深入探讨中国女性主义的发展趋势和与国际女性主义的对话情况。设“女性主义在行动”“女学”“女性主义教育学”“女性主义关键词”“女性主义文本细读”“女性主义群落”“女性主义视窗”“女性主义数据存档”“女性主义全球信息点击”等专栏，呈现各国各群落女性主义风貌，反映各国各地区女性主义学科建设形势。

地址：北京市海淀区北洼路29号颐安嘉园19层1907室
邮编：100089
电话：010－68411587
电子邮箱：alleyeshot@263.net
地址（桂林）：广西桂林市中华路22号广西师范大学出版社
邮编：541001
电话：0773－5806962
电子邮箱：zgnx@bbtpress.com

《中国女性文化》

该学刊由首都师范大学中国女性文化研究中心、首都师范大学历史学院中国近现代社会文化史研究中心主办，创办于2000年，属于以书代刊的连续出版物。至2015年，已出版19辑。主编为王红旗。

该刊以“性别”为文化命名，以“创建两性平等、互补共生的性别和谐文化”为宗旨，以女性的生命体验与文化经验为核心，对中国历史与现实的女性文化精神与创造经验进行整合性、探索性研究。坚持中国女性文化的本土化建构，是一份中国本土的文化女性主义研究理论学刊。主要栏目有：“前沿”“对话”“性别”“人物”“赏典”“画廊”“学林”“学术沙龙”。该刊容纳争鸣，重视新见，注重打开新视野，明辨新理论，发现新问题，共享新成果。

地址：北京市西三环北路105号首都师范大学主校区第四教学楼402室
邮编：100087
电话：010－68905519
电子邮箱：wanghongqi7856@vip.sina.com

二　学术刊物专栏

《山西师大学报》（社会科学版）“妇女与性别研究”栏目

《山西师大学报》（社会科学版）由山西师范大学主办，是全国中文核心期刊、全国百强社科学报、中国人文社科类核心期刊、北方优秀期刊、山西省一级期刊。该刊不定期设有“妇女与性别研究”栏目。

地址：山西省临汾市贡院街1号

邮编：041004

电话：0357－2051149

电子邮箱：skxb1973@126.com

《南开学报》（哲学社会科学版）“性别视角下的中国文学与文化”栏目

《南开学报》（哲学社会科学版）由南开大学主办，是国家社会科学基金首批资助期刊、教育部名刊工程首批入选期刊、全国中文核心期刊、中国人文社会科学核心期刊、中文社会科学引文索引（CSSCI）来源期刊。该刊每年第2、4、6期有“性别视角下的中国文学与文化”栏目。

地址：天津市卫津路94号

邮编：300071

电话：022－23501681

《中共宁波市委党校学报》“妇女与社会”栏目

《中共宁波市委党校学报》由中共宁波市委党校、宁波市行政学院、宁波市社会主义学院主办，是全国优秀社科学报、全国高校优秀社科期刊、中国学术期刊综合评价数据库来源期刊、中国核心期刊遴选数据库收录期刊、中国期刊网中国学术期刊（光盘版）全文收录期刊、万方数字化期刊群全文上网期刊、中文科技期刊数据库上网期刊。该刊不定期设有“妇女与社会”栏目。

地址：浙江省宁波市江北区慈水东街328号

邮编：315032

电话：0574－89184895

电子邮箱：xuebao@nbdx.cn

《徐州工程学院学报》（社会科学版）“女性主义与性别文化研究”栏目

《徐州工程学院学报》（社会科学版）由徐州工程学院主办，为“中国知网”、“万方数据－数字化期刊群”、中国科技期刊数据库、CEPS 中文电子期刊服务资料库等全文收录期刊，为中国人民大学“复印报刊资料”“高等学校文科学术文摘”等来源期刊。该刊不定期设有“女性主义与性别文化研究”栏目。

地址：江苏省徐州市南郊徐州工程学院

邮编：221000

电话：0516－83888205

电子邮箱：bjb@ xzit. edu. cn

《云南民族大学学报》（哲学社会科学版）“女性问题研究”“女性社会学”栏目

《云南民族大学学报》（哲学社会科学版）由云南民族大学主办，是全国中文核心期刊、中国人文社会科学核心期刊、中文社会科学引文索引（CSSCI）来源期刊。该刊不定期设“女性问题研究”或者“女性社会学”栏目。

地址：云南省昆明市一二一大街 134 号

邮编：650031

电话：0871－65137404

电子邮箱：ynmdxb@ 163. com

《武汉大学学报》（哲学社会科学版）“妇女与性别研究”栏目

《武汉大学学报》（哲学社会科学版）由武汉大学主办，为 CSSCI 来源期刊、全国“百强社科期刊”、国家社会科学基金第一批 100 家资助期刊、中国人民大学“复印报刊资料”重要转载来源期刊。2012 年以来不定期开设“妇女与性别研究”专栏。

地址：湖北省武汉市武昌区珞珈山街 16 号

邮编：430072

电话：027－68754203

《华南师范大学学报》（社会科学版）“女性问题研究”“女性文学与女性主义批评研究”等栏目

《华南师范大学学报》（社会科学版）由华南师范大学主办，是全国中文核心期刊、中国人文社会科学核心期刊、中文社会科学引文索引（CSSCI）来源期刊。该刊 2003 年开始不定期开设“女性问题研究”“女性文学与女性主义批评研究”“妇女问题研究女性主义的多视角观照”“女性/社会性别研究”“女性社会性别研究市场经济与性别分工性别差异”“女性权益与法律保护”“妇女史”等栏目。

地址：广东省广州市天河区石牌华南师范大学学报编辑部

邮编：510631

电话：020－85211440 转 810

邮箱：tougaow@ scnu. edu. cn

妇女/性别研究网站名录

（按行政区划顺序排序）

中文名称： 中华全国妇女联合会
网　　址： http://www.women.org.cn
主办单位： 中华全国妇女联合会
栏目设置： 机构、新闻、聚焦、专题、文献

中文名称： 国务院妇女儿童工作委员会
网　　址： http://www.nwccw.gov.cn
主办单位： 国务院妇女儿童工作委员会
栏目设置： 新闻、机构、两纲、工作动态、地方动态、文献、服务

中文名称： 中国妇女研究网
网　　址： http://www.wsic.ac.cn
主办单位： 中国妇女研究会、全国妇联妇女研究所
栏目设置： 机构概况、研究课题、研究成果、图书资料、学术活动、妇女研究论丛

中文名称： 中国女网
网　　址： http://www.clady.cn
主办单位： 中国妇女报社
栏目设置： 新闻、妇联、女界、权益、家教、文化、情感、健康、公益、双创、新女学、生活馆、家风馆、好视频

中文名称： 中华女子学院
网　　址： http://www.cwu.edu.cn

主办单位：中华女子学院
栏目设置：学校新闻、学校概况、教学单位、管理机构、教育教学、科学研究、招生就业、校园文化、图书档案、交流合作

中文名称：中国性别与法律网
网　　址：www. genderandlaw. org. cn
主办单位：中国社会科学院性别与法律研究中心
栏目设置：性别与法律研究中心、性别与法律研究网络、研究动态、热点关注、研究资料

中文名称：中国传媒大学媒介与女性研究中心
网　　址：http：//mgi. cuc. edu. cn
主办单位：中国传媒大学媒介与女性研究中心、联合国教科文组织“媒介与女性”教席（2005）、全国妇联、中国妇女研究会“妇女/性别研究与培训基地”（2013）
栏目设置：机构简介、学术研究、交流合作、教学培养、教席论坛、资源库

中文名称：社会性别与全球问题研究
网　　址：http：//blog. sina. com. cn/gendercenter
主办单位：北京外国语大学社会性别与全球问题研究中心
栏目设置：博文目录、图片

中文名称：红枫妇女心理咨询服务中心
网　　址：http：//www. maple. org. cn
主办单位：北京红枫妇女心理咨询服务中心
栏目设置：红枫动态、红枫热线、品牌项目、心理服务、学术研究、红枫志愿者、专题

中文名称：北京市千千律师事务所
网　　址：http：//www. woman-legalaid. org. cn

主办单位： 北京众泽妇女法律咨询服务中心
栏目设置： 中心简介、成员介绍、案例锦集、要闻动态、资料中心、项目介绍、中心快讯、媒体报道、公众论坛、观点荟萃、人物专访、焦点关注

中文名称： 东北师范大学女性研究中心
网　　址： http：//wzhongxin. nenu. edu. cn
主办单位： 东北师范大学女性研究中心
栏目设置： 中心简介、人员组成、学术研究、资料文献、课程建设

中文名称： 山东女子学院
网　　址： http：//www. sdwu. edu. cn
主办单位： 山东女子学院
栏目设置： 学校概况、机构设置、教学资源、科学研究、人才培养、招生就业、学团在线、合作交流、女院风采、院部动态、人才引进

中文名称： 湖南女子学院
网　　址： www. hnnd. com. cn
主办单位： 湖南女子学院
栏目设置： 学校概况、学校新闻、管理机构、二级学院、教育教学、科学研究、学生工作、招生就业、合作交流

中文名称： 麓山枫：湖南妇女/社会性别学与文学论坛
网　　址： www. 38hn. com
主办单位： 湖南商学院女性研究中心
栏目设置： 网站信息、跨界合作、教学资源、电子学刊、学术空间、讲座预告、社区行动、留守儿童、女书研究、有机生活、麓山枫论坛

中文名称： 西部女性网
网　　址： http：//www. westwomen. org
主办单位： 陕西省妇女理论婚姻家庭研究会

栏目设置：我们的机构、我们的项目、社会关注、研究交流、电子数据库

中文名称：陕西妇源汇性别发展培训中心
网　　址：http：//www. gdschina. org
主办单位：陕西省妇女理论婚姻家庭研究会
栏目设置：新闻、培训、项目、支持、专题

中文名称：南京师范大学金陵女子学院
网　　址：http：//jny. njnu. edu. cn
主办单位：南京师范大学金陵女子学院
栏目设置：学院概况、人才培养、学术研究、党建人事、招生就业、学生工作、继续教育、对外交流

中文名称：厦门大学妇女/性别研究与培训基地
网　　址：http：//xdfnjd. xmu. edu. cn
主办单位：厦门大学
栏目设置：基地介绍、新闻资讯、教研团队、招生信息、教学培训、学术科研、社会服务、妇女/性别研究

全国妇联、中国妇女研究会第三届
中国妇女研究优秀成果奖、优秀组织奖
获奖名单（2015年）

一　优秀成果奖

特别奖

（1）彭珮云主编《中国特色社会主义妇女理论与实践》，北京：人民出版社，2013。

（2）顾秀莲主编《20世纪中国妇女运动史（上、中、下卷）》，北京：中国妇女出版社，2013。

（3）陈至立主编《女性高层次人才成长状况与政策推动》，北京：中国妇女出版社，2013。

（4）宋秀岩主编《新时期中国妇女社会地位调查研究（上、下卷）》，北京：中国妇女出版社，2013。

（5）中华全国妇女联合会编《中国妇女运动百年》，北京：中国妇女出版社，2011年3月。

一等奖

1. 专著类

（1）张李玺主编《中国女性社会学：本土知识建构》，北京：中国社会科学出版社，2013。

（2）金莉、李英桃等著《社会性别视角下的全球环境问题研究》，北京：中国社会科学出版社，2011。

（3）肖霞著《元始女性是太阳——“青鞜”及其女性研究》，济南：山东人民出版社，2013。

（4）樊洛平、王萌著《海峡两岸女性小说的历史流脉与创作比较》，北京：人民出版社，2014。

2. 调查研究报告类

（1）李玫等：《民族地区女性农民工返乡创业问题研究》，上报全国哲学社会科学规划办公室，2012。

（2）上海市妇女联合会、上海社会科学院编《上海妇女60年发展报告》，上海：上海社会科学院出版社，2010。

（3）王金玲主编《转型与发展：福建妇女社会地位研究（2000～2010年）》，北京：中国妇女出版社，2013。

3. 论文类

（1）金一虹：《流动的父权：流动农民家庭的变迁》，《中国社会科学》2010年第4期。

（2）刘爱玉、佟新：《性别观念现状及其影响因素——基于第三期全国妇女地位调查》，《中国社会科学》2014年第2期。

（3）林建军：《规制夫妻暴力民事立法的功能定位与制度完善》，《中国法学》2012年第6期。

（4）王鹏、吴愈晓：《初婚年龄的影响因素分析——基于CGSS2006的研究》，《社会》2013年第3期。

4. 学术普及读物（含教材）类

邓小南、王政、游鉴明主编《中国妇女史读本》，北京：北京大学出版社，2011。

5. 工具书类

中华全国妇女联合会妇女研究所、中国第二历史档案馆编《中国妇女运动历史资料·民国政府卷（上、下）》，北京：中国妇女出版社，2011。

6. 译著类

（空缺）

二等奖

1. 专著类

（1）胡玉坤著《社会性别与生态文明》，北京：社会科学文献出版社，2013。

（2）刘筱红、聂金山著《村庄治理中的女性：角色、地位与制度变迁》，北京：中国社会科学出版社，2013。

（3）尹旦萍著《当代土家族女性婚姻变迁——以埃山村为例》，北京：社会科学文献出版社，2009。

（4）万琼华著《近代女子教育思潮与女性主体身份建构——以周南女校（1905～1938）为中心的考察》，北京：中国社会科学出版社，2010。

（5）董丽敏著《性别、语境与书写的政治》，北京：人民文学出版社，2012。

（6）陈千里著《因性而别——中国现代文学家庭书写新论》，天津：南开大学出版社，2013。

（7）马蔡琛等著《社会性别预算：理论与实践》，北京：经济科学出版社，2009。

（8）张莉著《浮出历史地表之前——中国现代女性写作的发生》，天津：南开大学出版社，2010。

（9）周巍著《技艺与性别——晚清以来江南女弹词研究》，上海：上海人民出版社，2010。

（10）孙文恺著《法律的性别分析》，北京：法律出版社，2009。

2. 调查研究报告类

（1）全芳：《市民化转型中的群体性焦虑：进城务工女性的心理问题与治理对策——基于全国22省市的调查与H厂的干预实验》，上报联合国社会性别主题工作组，2013。

（2）华中师范大学农村妇女研究中心：《2012年湖北省农村留守妇女状况调查报告》，上报湖北省妇联，2012。

（3）魏颖主编《杭州妇女发展报告（2014）——女性就业与创业》，北京：社会科学文献出版社，2014。

（4）江苏省妇女联合会、江苏省妇女学研究会编《江苏妇女社会地位十年回眸（2000 ~ 2010 年）》，北京：中国妇女出版社，2013。

3. 论文类

（1）严静：《身体的自我规训与抗争表达——对阿玲就业流动经历的性别解读》，《妇女研究论丛》2014 年第 3 期。

（2）韩贺南：《性别文化“嵌入性”探析》，《妇女研究论丛》2013 年第 4 期。

（3）汪炜炜：《建国初妇女解放中的自杀现象——以福建省惠安县妇女集体自杀为考察对象》，《南方人口》2012 年第 3 期。

（4）刘钊：《清末小说女性形象的社会性别意识与乌托邦想象——以〈女子世界〉小说创作为例》，《南开学报》（哲学社会科学版）2012 年第 6 期。

（5）马焱：《从公共政策层面看对女性老年家庭照料者的社会支持》，《妇女研究论丛》2013 年第 5 期。

（6）薛宁兰：《防治职场性骚扰法律的性别分析》，《中华女子学院学报》2012 年第 6 期。

（7）杨慧：《80 后女大学生就业状况与性别差异分析》，《妇女研究论丛》2014 年第 3 期。

（8）叶文振：《中国女性心理健康：现状、原因与对策》，《马克思主义与现实》2010 年第 5 期。

（9）侯杰、赵天鹭：《近代中国缠足女性身体解放研究新探——以山东省淄博市部分村落为例》，《妇女研究论丛》2013 年第 5 期。

（10）王宇：《新世纪女性乡土叙事潮流的崛起及其意义》，《南开学报》（哲学社会科学版）2013 年第 2 期。

4. 学术普及读物（含教材）类

（1）陈明侠、黄列主编《性别与法律研究概论》，北京：中国社会科学出版社，2009。

（2）李志生著《中国古代妇女史研究入门》，北京：北京大学出版社，2014。

（3）温益群、赵捷主编《性别平等与村务管理——农村干部读本》，昆明：云南出版集团公司、云南人民出版社，2013。

5. 工具书类

（1）杨国才等编《女性学著作概览》，北京：中国社会科学出版社，2012。

（2）武汉大学、青岛大学：《中国性别平等与妇女发展地图集》，北京：中国地图出版社，2010。

6. 译著类

（1）〔美〕凯瑟琳·克莱、钱德里卡·保罗、克里斯蒂娜·塞内卡尔著《世界妇女史（上卷）》，裔昭印、张凯译上海：格致出版社、上海人民出版社，2012。

（2）〔美〕帕梅拉·麦克维著《世界妇女史（下卷）》，洪庆明、康凯译，上海：格致出版社，上海人民出版社，2012。

（3）〔美〕季美珍著《历史宝筏：过去、西方与中国妇女问题》，杨可译，南京：江苏人民出版社，2011。

三等奖

1. 专著类

（1）杨静著《政治理想与现实冲突——女领导干部生命故事研究》，北京：中国社会科学出版社，2012。

（2）郝鲁怡著《欧盟妇女劳动权利保护的法律制度研究》，北京：中国社会科学出版社，2013。

（3）荒林著《日常生活价值重构：中国当代女性主义文学思潮研究》，北京：北京大学出版社，2013。

（4）赵津芳、金莉主编《世界城市妇女发展状况比较研究——纽约 伦敦 巴黎 东京》，北京：社会科学文献出版社，2013。

（5）周小李著《科学教育背后的性别政治》，武汉：华中师范大学出版社，2013。

（6）崔应令著《柔性的风格：女性参与建构社会的实践逻辑——双龙村性别关系的百年变迁》，北京：中国社会科学出版社，2011。

（7）李东著《影视文化的性别批评》，北京：中国戏剧出版社，2012。

（8）陈雁著《性别与战争：上海 1932～1945》，北京：社会科学文献出版社，2014。

（9）苏智良、姚霏、陈丽菲编《侵华日军“慰安妇”问题研究》，北京：中共党史出版社，2011。

（10）程郁、朱易安著《上海职业妇女口述史：1949 年以前的职业群体》，桂林：广西师范大学出版社，2013。

（11）庄渝霞著《资本与行动：生育决策的跨学科研究》，上海：上海人民出版社，2009。

（12）焦杰著《性别视角下的〈易〉、〈礼〉、〈诗〉妇女观研究》，北京：中国社会科学出版社，2011。

（13）蒋美华著《转型期中国女性职业变动研究》，天津：天津人民出版社，2010。

（14）周全德著《出生性别比问题的社会学探究》，郑州：河南人民出版社，2013。

（15）杨木高著《中国女犯矫正制度研究》，南京：南京大学出版社，2012。

（16）吕红平、丁娟、包芳主编《中国性别文化概论》，北京：中国人口出版社，2011。

（17）陈苇主编《我国防治家庭暴力情况实证调查研究——以我国六省市被抽样调查地区防治家庭暴力情况为对象》，北京：群众出版社，2014。

2. 调查研究报告类

（1）吴倩等：《青海省女大学生就业状况调查报告》，上报青海省妇女问题研究会，2013。

（2）内蒙古自治区党委组织部干教处、内蒙古自治区妇联：《新时期女干部教育培训面临的挑战及对策研究——以内蒙古女干部教育培训调查为例》，2012。

（3）黄粹：《当代中国妇女组织发展的制度创新研究》，上报全国哲学社会科学规划办公室，2013。

（4）吴旭主编《四川妇女社会地位研究（2000～2010 年）》，北京：中国妇女出版社，2014。

（5）跨境民族婚姻调查课题组：《云南跨境民族婚姻现状调研报告——云南边境四县外来妇女婚姻状况问卷调查分析》，2014。

（6）张务伟等：《新生代女性农民工梯度融入机制及路径优化研究》，上报共青团中央，2013。

（7）张雅维等：《山东省女性劳动权益法律保护调查与研究》，上报山东省妇联的内参，2012 年第 6 期。

（8）张宝义：《犯罪中的性别差异及比较研究——以 21 世纪初天津市为背景的研究》，《江苏警官学院学报》2010 年第 5 期。

（9）刘越等：《转型期流动妇女心理健康状况的调查与分析》，上报江苏省哲学社会科学规划办公室，2010。

（10）都沙等：《2005 ~ 2009 重庆女性素质现状与发展调查报告与决策建议》，上报重庆市妇联、重庆市科委，2010。

（11）华侨大学调研小组：《福建省女大学生创业状况调研报告》，上报福建省妇女理论研究会，2010。

（12）何银玲：《宁夏妇女发展与性别平等状况研究报告——第三期中国妇女社会地位调查宁夏数据分析》，载于《2014 年宁夏社会蓝皮书》，银川：宁夏人民出版社，2013。

3. 论文类

（1）马冬玲：《情感劳动——研究劳动性别分工的新视角》，《妇女研究论丛》2010 年第 3 期。

（2）杨雪燕、李树茁、李艳、石艳群：《中国县区级出生性别比治理的社会政策系统协调性分析》，《妇女研究论丛》2009 年第 4 期。

（3）张荣丽：《“嫖宿幼女罪”存废论——基于儿童优先和非歧视原则的分析》，《妇女研究论丛》2013 年第 1 期。

（4）张敬婕：《论性别与传播交叉研究的两种范式》，《国际新闻界》2012 年第 2 期。

（5）张文馨、叶文振：《旅游地女性表演者身体的社会形塑——基于广西 L 演出剧场的考察》，《妇女研究论丛》2014 年第 3 期。

（6）陈丽琴：《建国以来女县长身份认同变迁透析——基于湖北省 35 个女县长的访谈分析》，《妇女研究论丛》2010 年第 4 期。

（7）苏彦捷：《亲子交流与儿童心理理论的获得和发展：文化的视角》，《心理科学进展》2012 年第 3 期。

（8）居凌云、梅强：《女性创业的现状与需求分析》，《软科学》2014 年第 4 期。

（9）牛天秀：《中国女性参政改革的可能模式分析》，《江海学刊》2013年第2期。

（10）柳华文：《性别平等：联合国人权条约机构的实践及其启示》，《法学杂志》2009年第8期。

（11）周云：《对日本2011年〈男女共同参与白皮书〉的解读——以政治领域、科技领域女性参与为重点》，《妇女研究论丛》2012年第3期。

（12）王志华、孙燕玲：《从当前电视相亲节目看中国社会的性别关系》，《山东师范大学学报》（人文社会科学版）2011年第3期。

（13）管健：《外来务工女性刻板印象威胁的应对策略与认同管理》，《心理科学》2013年第4期。

（14）杨笛：《看与被看的性别政治——民国时期金陵女大女生和金陵大学男生的故事》，《妇女研究论丛》2012年第6期。

（15）徐延辉、熊欢：《女性高层次人才的社会排斥及其影响因素分析——基于福建省的调查》，《妇女研究论丛》2011年第3期。

（16）黄桂霞：《中国共产党妇女就业保障思想与实践的发展》，《妇女研究论丛》2011年第4期。

（17）陈方：《性别与发展研究：起源、理论和方法》，《中华女子学院学报》2009年第6期。

（18）黄洁华：《我国IT行业女经理的社会网络研究——社会性别化的“关系”》，《华南师范大学学报》（社会科学版）2012年第2期。

（19）林丹娅、郑斯扬：《论近年女性写作中的乡土伦理观》，《东南学术》2013年第5期。

（20）孙浩然：《民国早期女性基督徒的社会责任与文化精神——以中华国内布道会在云南的活动为例》，《云南民族大学学报》（哲学社会科学版），2012年第4期。

（21）田丽丽、周文静：《职业女性自杀态度与自杀意念及其影响因素分析》，《妇女研究论丛》2013年第6期。

4. 学术普及读物（含教材）类

（1）刘明辉主编《社会性别与法律》，北京：高等教育出版社，2012。

（2）厦门大学性别与哲学研究中心编著《女性主义哲学》，厦门：厦门大学出版社，2013。

5. 工具书类

孙晓梅主编《中国近现代女性学术丛刊》，北京：线装书局，2010。

6. 译著类

（空缺）

二　优秀组织奖

1. 优秀组织奖

中国妇女研究会妇女教育专业委员会

福建省妇女理论研究会

厦门大学妇女/性别研究与培训基地

上海市妇女学学会

江苏省妇女学研究会

东北师范大学女性研究中心（东北师范大学妇女/性别研究与培训基地）

南开大学妇女与发展研究中心（南开大学妇女/性别研究与培训基地）

云南民族大学妇女与性别研究中心（云南民族大学妇女/性别研究与培训基地）

武汉大学妇女与性别研究中心（武汉大学妇女/性别研究与培训基地）

山东女子学院

2. 组织奖

北京妇女理论研究会

安徽省妇女/性别研究与培训基地

湖南省妇女干部学校

湖北省妇女理论研究会

重庆市妇女理论研究会

广东妇女研究会

河北省妇女发展研究会

辽宁省妇女研究会

青海省妇女问题研究会

中国妇女研究会
第四届妇女/性别研究优秀博士、
硕士学位论文评选获奖名录

（一）博士学位论文获奖名录（共15名）

一等奖：**2** 名

1. 论文题目：《西部农村留守妇女婚姻质量研究——以四川两县农村为例》
作　　者：许传新
毕业院校：南京大学
报送单位：江苏省妇女学研究会

2. 论文题目：《晚清文学中的女性形象及其传统再构》
作　　者：刘堃
毕业院校：南开大学
报送单位：天津市妇联

二等奖：**5** 名

1. 论文题目：《媒体·消费·性别：民国时期都市女性身体研究
——以天津〈北洋画报〉为中心》
作　　者：李从娜
毕业院校：南开大学
报送单位：江西省妇女研究会

2. 论文题目：《贝尔·胡克斯黑人女性主义文学批评研究》
作　　者：赵思奇
毕业院校：山东大学
报送单位：河南省妇女问题理论研究会

3. 论文题目：《论我国非婚同居的二元法律规制
——从个人自由与国家干预的关系视角》
作　　者：但淑华
毕业院校：中国政法大学
报送单位：中华女子学院

4. 论文题目：《当代新疆文学的性别书写及其文化内涵》
作　　者：王志萍
毕业院校：南开大学
报送单位：天津市妇联

5. 论文题目：《农村独生子女与性别平等》
作　　者：肖富群
毕业院校：南京大学
报送单位：江苏省妇女学研究会

三等奖：**8 名**

1. 论文题目：《调适与应对：天主教婚姻家庭伦理在华处境研究
——以天津〈益世报〉为中心的考察（1915～1937）》
作　　者：赵秀丽
毕业院校：南开大学
报送单位：山东省妇女理论研究会

2. 论文题目：《中国老年教育参与者性别失衡研究
——基于社会性别视角的分析》
作　　者：贾云竹
毕业院校：中国人民大学
报送单位：全国妇联妇女研究所

3. 论文题目：《中国城镇居民收入的代际差距研究》
作　　者：杨慧
毕业院校：中国人民大学
报送单位：全国妇联妇女研究所

4. 论文题目：《论基于性别的家庭暴力的民法规制

——中国法与美国法之比较研究》

作　　者：秦志远

毕业院校：西南政法大学

报送单位：重庆市妇女理论研究会

5. 论文题目：《中国电子显微学发展的社会性别研究》

作　　者：宋琳

毕业院校：北京科技大学

报送单位：北京妇女理论研究会

6. 论文题目：《现代性视域下的女性解放问题研究》

作　　者：马芳平

毕业院校：中国人民大学

报送单位：陕西省妇联

7. 论文题目：《女性领导力研究》

作　　者：蒋莱

毕业院校：华东师范大学

报送单位：上海市妇女学学会

8. 论文题目：《清末女性才德观研究

——以上海为中心（1897～1907）》

作　　者：刘丽娟

毕业院校：复旦大学

报送单位：上海市妇女学学会

（二）硕士学位论文获奖名录（共13名）

一等奖：1名

1. 论文题目：《十七年“家务劳动”话语研究

——以〈中国妇女〉（1949～1966）为中心》

作　　者：张弛

毕业院校：首都师范大学

报送单位：北京妇女理论研究会

二等奖：2 名

1. **论文题目：**《社会性别预算：理念、实践与路径选择》
作　　者：季仲赟
毕业院校：中国社会科学院研究生院
报送单位：全国妇联妇女研究所
2. **论文题目：**《全球化浪潮下在华跨国公司的性别政治研究
——以花旗银行为例》
作　　者：赵丹丹
毕业院校：复旦大学
报送单位：上海市妇女学学会

三等奖：10 名

1. **论文题目：**《论新世纪底层文学中的“新‘青楼’女性”》
作　　者：董蓬蓬
毕业院校：山东师范大学
报送单位：山东省妇女理论研究会
2. **论文题目：**《女大学生村官职业生涯发展研究
——以河南省为例》
作　　者：张冰
毕业院校：郑州大学
报送单位：河南省妇女问题理论研究会
3. **论文题目：**《农村妇女选举权行使的社会性别分析
——以乡镇基层选举为例》
作　　者：刘玉强
毕业院校：云南大学
报送单位：云南省妇女理论研究会
4. **论文题目：**《地方志中的女性形象
——以民国时期华北地区为中心的考察》

作　　者：陈文君
毕业院校：南开大学
报送单位：天津市妇联

5. 论文题目：《婚恋观转变与基层行政
——以 1953 年北京贯彻婚姻法运动月为中心》
作　　者：李二苓
毕业院校：首都师范大学
报送单位：北京妇女理论研究会

6. 论文题目：《古典时期雅典悲剧中的女性形象》
作　　者：陈佳寒
毕业院校：上海师范大学
报送单位：上海市妇女学学会

7. 论文题目：《试论邓颖超妇女解放思想》
作　　者：刘梦娟
毕业院校：广西大学
报送单位：广西妇女理论研究会

8. 论文题目：《福建城市女性慈善参与状况的研究
——基于福建三个城市的调查》
作　　者：吕蓉蓉
毕业院校：福州大学
报送单位：福建妇女理论研究会

9. 论文题目：《社会性别视角下的社会保障政策公平性研究
——基于福建省的分析》
作　　者：苏映宇
毕业院校：福建师范大学
报送单位：福建妇女理论研究会

10. 论文题目：《当代女研究生性别角色教育的研究》
作　　者：季瑾
毕业院校：南京师范大学
报送单位：江苏省妇女学研究会

中国妇女研究会
第五届妇女/性别研究优秀博士、硕士学位论文评选获奖名录

（一）博士学位论文获奖名录（共21名）

一等奖：**1名**

1. 论文题目：《城市、戏曲与性别：近代京津地区女伶群体研究（1900～1937）》
   作　　者：董虹
   毕业院校：南开大学
   报送单位：天津市妇女发展研究中心

二等奖：**8名**

1. 论文题目：《性别视域下的“双性同体”文化与文学》
   作　　者：朱郁文
   毕业院校：厦门大学
   报送单位：福建省妇女理论研究会
2. 论文题目：《女性创业成功影响因素及作用机制研究
   ——基于山东省服务业创业女性的实证研究》
   作　　者：孙国翠
   毕业院校：山东大学
   报送单位：山东省妇女理论研究会
3. 论文题目：《农村妇女参与村级治理的政策运行机制研究
   ——基于奥斯特罗姆的IAD框架》
   作　　者：李琴
   毕业院校：华中师范大学

报送单位：湖北省妇女理论研究会

4. 论文题目：《新中国十七年（1949～1966）北京市婚姻文化嬗变研究》

作　　者：李慧波

毕业院校：首都师范大学

报送单位：北京妇女理论研究会

5. 论文题目：《我国媒介女性形象再现研究》

作　　者：陈志娟

毕业院校：中国社会科学院研究生院

报送单位：北京妇女理论研究会

6. 论文题目：《转型社会中舆论对女性权益保障的影响研究
——以“邓玉娇案”为个案》

作　　者：唐觐英

毕业院校：中国传媒大学

报送单位：北京妇女理论研究会

7. 论文题目：《美在爱和死——凯特·肖邦作品研究》

作　　者：万雪梅

毕业院校：上海外国语大学

报送单位：江苏省妇女学研究会

8. 论文题目：《流动妇女婚姻质量研究》

作　　者：曹锐

毕业院校：厦门大学

报送单位：上海市妇女学学会

三等奖：12 名

1. 论文题目：《“文革”时期女性形象政治化研究》

作　　者：黄巍

毕业院校：首都师范大学

报送单位：辽宁省妇女研究会

2. 论文题目：《20 世纪中国文学中的贞节观》

作　　者：程春梅

毕业院校： 山东大学

报送单位： 山东省妇女理论研究会

3. **论文题目：**《论政府对农村性别文化的形塑与重构》

作　　者： 卓惠萍

毕业院校： 华中师范大学

报送单位： 山东省妇女理论研究会

4. **论文题目：**《中国古代婚嫁称谓词研究》

作　　者： 果娜

毕业院校： 山东大学

报送单位： 山东省妇女理论研究会

5. **论文题目：**《后现代女性主义伦理学研究：伊丽格瑞的性别差异伦理学》

作　　者： 朱晓佳

毕业院校： 清华大学

报送单位： 北京妇女理论研究会

6. **论文题目：**《格尔达·勒纳女性主义史学思想研究》

作　　者： 金利杰

毕业院校： 东北师范大学

报送单位： 吉林省妇女学会

7. **论文题目：**《民国女性法律地位之嬗变与中国现代文学书写
——在法律、历史与文学之间》

作　　者： 章敏

毕业院校： 中国社会科学院研究生院

报送单位： 湖南省妇女研究中心

8. **论文题目：**《马克思主义妇女解放理论探要》

作　　者： 潘萍

毕业院校： 浙江大学

报送单位： 湖南省妇女研究中心

9. **论文题目：**《美国性别传播研究的历史梳理与范式研究》

作　　者： 张敬婕

毕业院校： 中国传媒大学

报送单位：北京妇女理论研究会

10. **论文题目：**《在婚姻与事业之间
——以四位金女大学生的传记为中心》
作　　者：杨笛
毕业院校：南京大学
报送单位：江苏省妇女学研究会

11. **论文题目：**《中国女性择偶倾向研究
——基于进化心理学的解释》
作　　者：田芊
毕业院校：复旦大学
报送单位：上海市妇女学学会

12. **论文题目：**《女性经验对民族志文本生产的影响途径研究》
作　　者：张晓佳
毕业院校：复旦大学
报送单位：上海市妇女学学会

（二）硕士学位论文获奖名录（共16名）

一等奖：1名

1. **论文题目：**《城市单身女性性存在的研究——基于女性主义的视角》
作　　者：朱雪琴
毕业院校：华东理工大学
报送单位：上海市妇女学学会

二等奖：6名

1. **论文题目：**《小额信贷政策对农村女性创业活动影响的研究
——以厦门市为例》
作　　者：陆洋
毕业院校：厦门大学

报送单位：福建省妇女理论研究会

2. 论文题目：《社会性别视角下公共部门女性科技人才发展研究

——基于H省科、教、农、卫四部门的实证调查》

作　　者：施远涛

毕业院校：华中师范大学

报送单位：湖北省妇女理论研究会

3. 论文题目：《杨三姐告状案

——民初女性诉讼案中的法、理、情》

作　　者：王小蕾

毕业院校：南开大学

报送单位：天津市妇女发展研究中心

4. 论文题目：《“女孩子”“男孩子”性别符号生成及操演研究

——以J小学田野调查为例》

作　　者：江露露

毕业院校：北京师范大学

报送单位：陕西省妇联

5. 论文题目：《走进历史空间：李玉史剧女性形象研究》

作　　者：马思聪

毕业院校：北京师范大学

报送单位：北京妇女理论研究会

6. 论文题目：《新中国初期北京女工研究（1949～1966）》

作　　者：孟丽媛

毕业院校：首都师范大学

报送单位：北京妇女理论研究会

三等奖：9名

1. 论文题目：《中产阶层女性时间分配及影响因素分析

——基于福建省的调查》

作　　者：徐婷

毕业院校：厦门大学

报送单位：福建省妇女理论研究会

2. **论文题目：**《支持妇女参与村级治理的政策演进：国家和社会的互动》

作　　者：李凡

毕业院校：华中师范大学

报送单位：湖北省妇女理论研究会

3. **论文题目：**《早期拜占庭（4～6世纪初）紫衣女性地位评析》

作　　者：贾继玉

毕业院校：东北师范大学

报送单位：吉林省妇女学会

4. **论文题目：**《吉林省农村丧偶老年女性贫困现状研究》

作　　者：刘彦喆

毕业院校：东北师范大学

报送单位：吉林省妇女学会

5. **论文题目：**《高中生性别学科刻板印象及其干预研究》

作　　者：徐振敏

毕业院校：南京师范大学

报送单位：江苏省妇女学研究会

6. **论文题目：**《农村独居女性老年人社会支持研究
——以鲁西地区F村为个案》

作　　者：李月英

毕业院校：河海大学

报送单位：江苏省妇女学研究会

7. **论文题目：**《电视剧“第三者”形象之裂变
——论中国转型期女性角色和社会关系变化》

作　　者：徐晓鸥

毕业院校：复旦大学

报送单位：上海市妇女学学会

8. **论文题目：**《性别平等与国际武装冲突的定量研究》

作　　者：乐天

毕业院校：复旦大学

报送单位：上海市妇女学学会

9. 论文题目：《利维娅研究》

作　　者：柳思思

毕业院校：上海师范大学

报送单位：上海市妇女学学会

全国妇联妇女研究所简介

全国妇联妇女研究所（Women's Studies Institute of China，WSIC）成立于1991年1月，是由中华全国妇女联合会主管、具有综合研究职能的国家级妇女研究机构。现任所长刘亚玫，副所长杜洁、姜秀花。历任所长陶春芳、李秋芳（全国妇联书记处书记兼）、谭琳（全国妇联书记处书记兼）。

妇女研究所目前设8个处室，分别为办公室、科研处、妇女理论研究室、妇女历史研究室、国际妇女研究室、政策法规研究室、《妇女研究论丛》编辑部、信息中心。

妇女研究所坚持以马克思主义为指导，坚持妇女研究为国家法律政策的制定与实施服务，为妇女运动和妇女工作实践服务的正确方向，坚持走“社会化、开放式办科研”的道路，实施“出重大科研成果、出优秀研究人才”的发展战略，从多学科视角开展妇女理论研究、历史研究、实证研究、法律法规政策研究和中外妇女理论比较研究，努力促进妇女发展，推进男女平等进程。

妇女研究所始终密切关注社会经济、政治、文化等领域的妇女发展和性别平等问题，自1990年以来，每隔十年开展一次全国规模的中国妇女社会地位调查，深入开展中国特色社会主义妇女理论研究、中国妇女运动史研究、女性高层次人才成长状况研究与政策推动、全面建设小康社会性别平等与妇女发展指标的研究与应用、推动法律/政策制定与执行中的性别平等、先进性别文化研究、促进妇女参政研究、大众传媒与妇女发展研究、妇女生育健康研究、生殖健康宣传倡导项目、西部妇女人力资源开发对策研究、社会性别平等倡导项目、在“3+1”机制中提高社会性别主流化能力、妇联组织能力建设、社会性别与发展培训等一系列重大国内国际研究课题；组织关于《就业促进法》、《社会保险法》、《劳动合同法》、《物权法》、《女职工劳动保护条例》（修改草案）、“性别平等的退休政策”等法律政策的研究；编辑出版《中国性别平等与妇女发展报告》（妇女绿皮书）、《中国妇女研究年鉴》等一系列成果，为国家立法、党政决策和妇联工作提供了重要的参考依据，产生了积极的社会影响。

此外，妇女研究所还承担中国妇女研究会办公室的日常工作，承办了中国妇女研究会的历年年会，举办妇女/性别研究研训班和研讨会，组织协调 32 个妇女/性别研究与培训基地开展活动，竭诚为广大妇女研究者服务，促进中国妇女研究事业发展。

联系电话：010 - 65103462；010 - 65103762

传真：010 - 65252539

网址：www. wsic. ac. cn

通信地址：北京市东城区建国门内大街 15 号

邮政编码：100730

主编简介

刘亚玫，女，全国妇联妇女研究所所长，中国妇女研究会秘书长、常务理事，《妇女研究论丛》主编。主要研究领域为中国特色社会主义妇女理论、妇女发展与公共政策、妇女工作等，长期在全国妇联工作，曾主持多项性别平等与妇女发展的研究项目，公开发表多篇论文。

杜洁，女，全国妇联妇女研究所副所长、研究员，中国妇女研究会副秘书长，《妇女研究论丛》执行主编。主要研究领域为性别平等与法律政策、妇女与发展、妇女参政、妇女组织研究等，多次参与国家社会科学基金项目，编著论文集多部，发表论文多篇。

图书在版编目(CIP)数据

中国妇女研究年鉴. 2011～2015 / 全国妇联妇女研究所编. --北京：社会科学文献出版社，2019. 12
ISBN 978－7－5201－4512－1

Ⅰ. ①中… Ⅱ. ①全… Ⅲ. ①妇女工作－研究－中国－2011－2015－年鉴 Ⅳ. ①D442. 6－54

中国版本图书馆 CIP 数据核字（2019）第 049176 号

中国妇女研究年鉴（2011～2015）

编　者 / 全国妇联妇女研究所
主　编 / 刘亚玫　杜　洁
副 主 编 / 宓瑞新　史凯亮　杨玉静

出 版 人 / 谢寿光
责任编辑 / 周雪林
文稿编辑 / 殷　霞

出　版 / 社会科学文献出版社 · 城市和绿色发展分社（010）59367143
地址：北京市北三环中路甲 29 号院华龙大厦　邮编：100029
网址：www. ssap. com. cn
发　行 / 市场营销中心（010）59367081　59367083
印　装 / 北京盛通印刷股份有限公司

规　格 / 开　本：787mm × 1092mm　1/16
印　张：59　字　数：1015 千字
版　次 / 2019 年 12 月第 1 版　2019 年 12 月第 1 次印刷
书　号 / ISBN 978－7－5201－4512－1
定　价 / 298. 00 元